公司法实施精要

难点问答与实务应对

刘 斌 主编

Essentials
of
the
Implementation
of
Company
Law

中国政法大学出版社

2025·北京

图书在版编目（CIP）数据

公司法实施精要：难点问答与实务应对 / 刘斌主编. -- 北京 ：中国政法大学出版社, 2025. 6. -- ISBN 978-7-5764-2181-1

Ⅰ. D922.291.915

中国国家版本馆 CIP 数据核字第 2025AY3771 号

	公司法实施精要：难点问答与实务应对
书　名	GONGSIFA SHISHI JINGYAO:NANDIAN WENDA YU SHIWU YINGDUI
出版者	中国政法大学出版社
地　址	北京市海淀区西土城路 25 号
邮　箱	bianjishi07public@163.com
网　址	http://www.cuplpress.com (网络实名：中国政法大学出版社)
电　话	010-58908466(第七编辑部) 010-58908334(邮购部)
承　印	北京中科印刷有限公司
开　本	720mm×960mm　1/16
印　张	51.75
字　数	870 千字
版　次	2025 年 6 月第 1 版
印　次	2025 年 6 月第 1 次印刷
定　价	198.00 元

主编简介

刘　斌，中国政法大学民商经济法学院副教授、博士生导师、法学博士。担任商法研究所副所长、钱端升青年学者。在第六轮公司法修订中，担任全国人大常委会法工委公司法修改工作专班成员。先后参加国务院《市场主体登记管理条例》《上市公司监督管理条例》《公司登记管理实施办法》等的起草论证工作。

兼任中国政法大学国际银行法律与实务研究中心执行主任。担任中国法学会银行法学研究会理事、中国法学会证券法学研究会理事、北京银行法学研究会常务理事、秘书长。主要研究领域为民商法、公司法、金融私法。先后发表 CSSCI 论文数十篇，主持和参加国家社科基金、省部级课题十余项。

编委会

序　言

公司法的生命在于正确实施

2023 年 12 月 29 日，注定是中国公司法的重要历史时刻，全国人大常委会审议通过了第六轮修改、第二次修订的《公司法》。新公司法一经公布，即引发了理论界和实务界的广泛关注和持续的学习热情。全国 5200 多万家公司、行政机关、司法机关、律所等机构和个人通过各种方式开展学习，以便及时地将新制度转化为生产力，释放制度红利。法律的生命在于实施，公司法当然亦属其中。然而，公司法所涉利益重大，牵涉主体众多，法律关系错综复杂，价值判断差异明显，这使得新公司法的诸多条款在实施中产生了巨大争议。例如，2023 年《公司法》第 88 条第 1 款能否溯及适用，引发了巨大的社会影响。一言以蔽之，公司法的生命不是在于实施，而是在于正确实施。

2024 年 11 月份，在某次新公司法的研讨会上，我在第 N 次为新公司法的条款"辩护"之后，回到座位上开始认真聆听与会嘉宾的发言。会间，有位坐在我前排的学者压低声调但又毫不客气地指出，此次公司法修改解决了一些问题，但同时带来了更多问题，在他看来，还不如不改。听闻此言，我大为震惊。我想，这可能是很多理论界和实务界人士的真实想法。历经四年有余的第六轮公司法修改，虽然坚持了开门立法、民主立法，多次征求各部门机构、企业界、学界、法律实务界等的意见，争取达成最大共识，但是，仍然难以企及不少人"理想中的公司法"，很多条款的解释仍然难得一致见解。

学界的争议永不止息，但新公司法的实施却在无时无刻不在持续推进之中。企业咨询三位专家，可能会得出五种解释观点，那么，在实务中应当如何应对这些莫衷一是的问题，是最值得审慎思考的。

一、实事求是，本书的最大底色在于来源于实践一线的真实问题

2023 年《公司法》公布后，我先后为包括中央企业、地方国有企业、上市公司、民营企业、金融机构等各类公司，各级国资委、市场监管部门、证券监管部门、公安机关等行政机关，法院、检察院等司法机关，各地律师协会、律师事务所、商会组织等开展了大量的宣讲工作。公司法宣讲永远不是单向输出的过程，而是双向互动、互相提升的过程。每次讲座结束后，我都会收到大量的专业问题，以至于不得不专门设置了一个"商法刘斌"的微信公众号予以汇总整理。经过汇总，征集到的问题有上千条之多，当然，其中不免有重复者。对于研究者而言，如何提出正确的问题，往往比如何正确地回答问题更为重要。这些来自实务一线的问题，我视若珍宝。即使仅仅简单加以归纳汇总，也不失为一本"商法研究者选题指南"，无疑是十分具有研究价值的，遂成此书。

有些问题，我们在理论上看来可能不是一个问题，但在地域广阔、区域发展不平衡的我国，却成为实践中的痛点。例如，2023 年《公司法》将股份公司的"股东大会"修改为"股东会"，有地方的登记机关要求所有股份公司（包括上市公司）就章程中的表述做相应修改，否则不予办理其他登记业务。再例如，2023 年《公司法》采用了"审计委员会"一词，有的国资监管部门要求采用"审计与风险委员会"一词，企业夹在登记机关与监管部门之间，因为一词的表述差异，左右为难。还有，2023 年《公司法》引入的某些新制度，有些部门在实施的时候以上级部门尚未出台细则、无法实施为由予以推脱。事实上，公司法文本上采用的术语和实践中只要能对应起来即可，并不强求一致，也无法强求一致。1993 年《公司法》以来，法律文本上一直使用的"经理"一词，在实践中早已"通货膨胀"，更多用于指代一线办事人员。真正意义上作为公司管理层首脑的"经理"，实践中多使用总经理、总

裁、CEO 等称谓，以上皆未尝不可。这些真正的实践关切，本书予以关注。

再例如，对于国有企业而言，国务院国资委在 2024 年 8 月印发了《央企章程指引》，各地国资委也在此基础上制定了各地的国有企业公司章程指引，对中央企业和国有企业的章程提出了繁多但又宏观的修订要求。单就取消监事会的改革而言，由于各级央国企的规模大小、历史背景、经营行业、股权结构等存在巨大差异，而法律和监管文件又不可能事无巨细地予以对应规定，即产生了诸多问题。诸如原来的供电所等转型而来的"基层"国有企业，其规模往往较小，原来仅有一名董事兼任经理、一名监事，根本无法直接实现设置审计委员会的改革要求。即使对于可以实现审计委员会制度的公司而言，审计委员会成员如何选任、辞任、罢免、更换，审计委员会如何召集、通知、开会和决议，审计委员会与董事会的关系如何处理，凡此种种，都很难直接找到答案，需要在公司法的体系内进行规则阐释。这些问题，都是当前国企改革中切切实实的难点和痛点。为此，本书系统梳理了和审计委员会制度相关的 12 个问题，基本涵盖了前述难点和痛点。

又例如，2023 年《公司法》第 86 条规定，股权转让的，受让人自记载于股东名册时起可以向公司主张行使股东权利。该条款的立法本意在于，确立有限责任公司股权转让凭股东名册变更的股权变动模式。对此，在某次投资界的公司法讲座上，有一位白发苍苍的资深投资人不无质疑地向我提问道，他从事投资行业三十年有余，从未见过规范的股东名册，立法是否有"水无源、木无根"之嫌，该制度是否会因此无法落地？不少法官也提出，当事人公司的办公室主任提交过来的一张写着股东名录、盖着公司印章的"股东名册"，他们是断断不敢认可也不能认可。因此，公司如何置备规范的股东名册，这一问题是值得认真回答却一直没有得到认真回答的问题。此外，公司法明定有限公司的股权变动模式之后，对于股权转让与担保、股权查封与保全、受让人善意判断等都将产生实质影响。本书专设了问题 103、问题 104 和问题 105 予以回应。

总之，本书所设置的 203 个问题，都是的的确确来自实践之中的问题，而非学者在书斋中的自我提问和闭门造车。易言之，本书不以问题之多为所求，首先的诉求是问题之"真"和"实"。

二、直面争议，避免作出"骑墙式"回答

公司法理论博大精深，争议繁多，观点纷呈，理论探讨一直在路上。如果期待理论上达成一致共识方才实施法律，显然并无可能。同一法律条文，不同法院、不同法官、不同学者、不同律师等可能均有不同见解。更有实务人士一针见血地指出，每家法院乃至于每位法官都有一部自己理解的"公司法"。观点探讨存在争议是常态，但实务操作却难以骑墙兼顾，往往仅能选择一种"有理且有利"的诉讼或非诉讼方案。因此，对于仍在探讨乃至于新公司法司法解释制定中的所涉问题，本书并不追求左右逢源，力求给出旗帜鲜明的讨论结论和应对方案。

例如，2023年《公司法》第54条引入了股东出资义务加速到期的规则，但截至目前，学界和实务界对该制度的三大要件均产生了重大的解释分歧。如何界定"公司不能清偿到期债务"？公司和债权人如何启动加速到期程序？应当遵循"入库"还是"出库"的规则？对前述问题，后续的新公司法司法解释必须要予以回应，否则必然造成实践中的不一。虽然目前"法答网"和最高司法机关的释义书中给出了倾向性意见，但本书所持不同见解，亦未做骑墙式调整。

再例如，2023年《公司法》第40条引入了法定公示事项，这是我国公司法和商事登记制度的一大创新和特点。归属于该条文的公示信息，既不同于登记事项，也不同于备案事项。有观点认为其产生类似于登记的对抗效力，也有观点认为其不具有任何公示和对抗的效力，还有观点认为居于二者之间，但至于具体到二者之间的哪里，则含糊不清。为此，本人曾专门撰文研究，对其法定公示事项的公示效力及实务影响尝试提出了更为清晰的界定。

由于本书所涉及问题的巨大争议性，几乎每一个问题都存在多种解释路径。但是，本书并未为了绝对的"正确答案"，选择予以含糊回应，预留容错空间，相反，而是基于公司法理论，旗帜鲜明地作出回答。

三、因地制宜，因问题不同而给出"丰俭由人"的答案

在本书所涉及的 203 个问题中，由于所涉理论的复杂程度差异，每个问题所需要回答的篇幅也不相同。对此，本书也不过于追求各问题的规模规整，而是因地制宜，以清楚阐释问题为必要。语言的黄金原则是简洁性原则，本书虽然兼顾理论性，但主要面向实务界，所以力求结构清晰、语言简明。

例如问题 75，在实践中有公司提出，能否设置两名、三名职工董事，甚至有上市公司提出能否设置四名甚至更多的职工董事。该问题不涉及复杂的公司法理论，更多的是法条阐释的问题。但是，对于设置更多职工董事的诉求动因，却不可不察。通过设置更多的职工董事，上市公司意欲实现的是"反收购"的目的，有可能触发反收购条款的合法性审查问题。中外合资企业、国有和民营的混合所有制企业，也有可能通过职工董事实现董事会席位平衡配置的诉求。

再例如，2023 年《公司法》第 89 条第 3 款所引入的控股股东滥用权利时强制回购救济规则，实际上是中国版的"不公平损害救济"制度。由于我国公司以封闭公司、中小公司为主体，该条引发了理论届和实务届的大量关注。包括滥用权利的界定、能否适用于股份公司、是否适用于公司僵局、能否要求控股股东购买、是否可以适用于实际控制人滥用权利、如何认定股权的合理价格，都是重大疑难问题。为此，本书不惜笔墨，分设了 6 大问题，予以详细回应。

四、追本溯源，力求最大程度地贴合公司法的立法本意

对于新公司法实施后产生的诸多问题，我们看到了太多囿于个人见解或者学科背景而产生的学理解释。虽然理论争议颇多，但是，在回答这些问题时仍然有着基本的阐释基础和逻辑，那就是 2023 年《公司法》的文本。笔者始终坚持认为，只有最贴合立法本意的解释，才是最能反映立法者价值判断的解释。

例如，2023 年《公司法》第 191 条引入了董事对第三人责任制度，条文同样十分简要。对于该制度的适用，不少观点将其简单作为民事侵权的一种

具体情形，从而纳入侵权责任的框架，或者简单基于法条的表面文字提取其构成要件。这种解释方式，罔顾了董事对第三人责任作为一种组织法责任的特殊性，将造成该责任的无序扩张。试想，如果该责任仅仅是侵权责任之一种，其完全可以适用民法典的一般规定，而无需在组织法范畴内再予以规定。为此，本书坚持组织法上的主体要件、行为要件、违反信义义务的故意或重大过失要件等特殊要件，以贴合立法本意。在近期笔者参加的各类学术论坛中，注意到这种组织法要件的强调，已经成为我国商法学界的通说观点。

再例如，为了阐释审计委员会制度的运行逻辑，笔者还专门回应了引入审计委员会制度的立法背景，详见问题 78 的回答。对于审计委员会的引入，立法机关在《关于〈中华人民共和国公司法修订草案〉的说明》中给出了明确的解释，这一背景阐释也是制度运行的基础。根据审议说明，审计委员会制度的引入目的包括推进国有企业改革、便利公司治理与国际接轨、改善公司内部监督效能等。

又比如，对于审计委员会制度的引入，其底层逻辑是进行具体制度改革的基础，实际上也蕴含在法律条文之中。为此，本书问题 80 总结了四点实施变化，并非"换汤不换药"，包括改列席式监督为参与式监督、有助于克服信息屏障、改外部监督为内部监督、从合法性监督扩张至合理性监督等。唯有对制度变革的底层逻辑予以阐释，方能为具体规则的解释奠定基础。

此外，为了确保本书的实践底色，还特别邀请了武汉市律师协会副会长、上海锦天城（武汉）律师事务所主任李伊苓律师和北京市律师协会跨境并购投资专业委员会副秘书长、北京市炜衡律师事务所公司法律业务部副主任余菲菲律师两位实务专家参与本书编写。李伊苓律师从业近二十年，长期专注于资本市场的法律实践与研究，在公司融资、并购重组、公司治理等领域，具有丰富的实践经验和深厚的理论积淀。余菲菲律师是研究型、学者型律师，多次赴各高校、法院、律协等机构授课，是我国公司法律实务界的青年专家。两位律师都是我国公司法实务的业内知名专家，其深度参与为本书增色不少。

最后，特别向中国政法大学出版社编辑部牛洁颖主任及编辑团队表示感谢！牛主任对本书选题的全方位支持，确保了本书写作和出版的顺利进行。

在策划、选题、编校等各个流程，都充满了编辑团队的心血，确保了高水平的编校质量。

　　当然，由于作者的水平和时间所限，书中难免出现纰漏，还请各位读者不吝赐教，予以斧正。

刘斌

2025 年 6 月 20 日于蓟门桥

目　录

第二章　公司登记

■ 第三章　有限责任公司的设立和组织机构 ■

第四章　有限责任公司的股权转让

第五章　股份有限公司的设立和组织机构

▪ 第六章　股份有限公司的股份发行和转让 ▪

■ 第七章　国家出资公司组织机构的特别规定 ■

■ 第八章　公司董事、监事、高级管理人员的资格和义务 ■

第九章　公司债券

第十章　公司财务、会计

第十一章　公司合并、分立、增资、减资

第十二章　公司解散和清算

第十三章　外国公司的分支机构

第十四章　法律责任

第十五章　附则

第一章
总　则

问题 1 ◁**2023 年《公司法》[1]第 1 条引入了弘扬企业家精神的规定，什么是企业家精神？弘扬企业家精神条款有什么实践价值？**

2023 年《公司法》第 1 条开宗明义，增加规定了"完善中国特色现代企业制度，弘扬企业家精神"作为立法目的之一。在这部共计 31 456 字的法律中，"弘扬企业家精神"七个字仅占其万分之二，但实质地改变了这部法律的精神气质。这是企业家精神第一次进入到我国公司法的视野，将对公司法的价值体系起到实质塑造的效用，也将对向管理者赋权、管理者的义务和责任配置等诸多公司治理问题乃至于授权资本制等资本规则产生实质映射。公司法是一部以公司利益为中心的法律，也应当是一部以企业家和企业家精神（Entrepreneurship）为中心的法律。企业家精神条款的引入，将对中国公司法的精神气质起到进阶塑造的效用，也将对公司治理、资本制度、公司管理者的权利、义务和责任等诸多问题有实质影响。不同于经济学、管理学意义上的企业家精神，公司法上的企业家精神界定应当有其规范性、体系性、确定性。

1. 企业家精神：从政治表达到法律表达

2017 年 9 月 8 日，中共中央、国务院公布了《关于营造企业家健康成长环境弘扬优秀企业家精神更好发挥企业家作用的意见》，明确提出"弘扬优秀企业家精神，更好发挥企业家作用"，具体包括爱国敬业、遵纪守法、艰苦奋斗、创新发展、专注品质、追求卓越、履行责任、敢于担当、服务社会等精神。为了贯彻落实前述文件，北京市、广东省、青海省、吉林省、江西省、江苏省、黑龙江省、重庆市等省市也先后发布了相关弘扬企业家精神的意见或通知。例如，2019 年 7 月 25 日，中共北京市委、北京市人民政府印发了《北京市大力营造企业家创新创业环境充分激发和弘扬优秀企业家精神若干措施》的通知。2018 年 7 月 30 日，中共重庆市委、重庆市人民政府印发了《关于进一步营造企业家健康成长环境弘扬优秀企业家精神更好发挥企业家作用的实施意见》等。

2017 年 10 月，党的十九大报告明确提出，激发和保护企业家精神，鼓励更多社会主体投身创新创业。2022 年 10 月，党的二十大报告中进一步提出：

---

〔1〕 本书中所引用的中国法律法规，为行文方便，省略"中华人民共和国"字样。

"完善中国特色现代企业制度，弘扬企业家精神，加快建设世界一流企业。"企业家精神的引入，系本轮公司法修改的四大任务之一，即"持续优化营商环境、激发市场创新活力"。[1]全国人大常委会于 2021 年 12 月 24 日公布的《中华人民共和国公司法（修订草案）》[2]在公司设立和退出、公司登记、优化公司治理机制等方面作出了诸多改革，以激发市场创新动能和活力。2022 年 12 月 30 日公布的《中华人民共和国公司法（修订草案二次审议稿）》[3]则不仅聚焦于具体制度的完善，还进一步在第一条中增加了"完善中国特色现代企业制度，弘扬企业家精神"的规定。2023 年 12 月 29 日，立法机关审议通过的 2023 年《公司法》延续了前述规定，正式确立了我国公司法中的企业家精神条款。该条款入法，意味着企业家精神从政治表述转变为法律表述，从政治意义转变为法律意义。实证研究表明，企业家创业和创新精神对经济增长有显著的正效应，制定有利于发挥企业家精神的制度和政策，对于经济的可持续发展至关重要。[4]

2. 企业家精神的经济学和管理学内涵

经济学和管理学意义上的企业家精神内涵十分宽泛。早在 18 世纪，经济学家理查德·坎蒂隆在《商业性质概论》中首次提出了企业家和企业家精神的概念，企业家系指"使经济资源的效率由低转高的人"，"企业家精神"则是企业家的"特殊技能"，是精神和技巧的集合。[5]马克斯·韦伯总结了理性资本主义精神包括进取心、合理获得利润、禁欲主义、勤劳、诚信和公正等。[6]管理学家约瑟夫·熊彼特指出，企业家的功能是创新，创造性地破坏均衡，企业家的职能即进行创新，企业家精神就是不断创新的精神。[7]管理学家彼得·德鲁克指出，企业家精神就是有目的、有组织的系统创新。[8]基

---

〔1〕 王瑞贺：《关于〈中华人民共和国公司法（修订草案）〉的说明》，载《中华人民共和国全国人民代表大会常务委员会公报》2024 年第 1 期。

〔2〕 下文简称《公司法（修订草案一审稿）》。

〔3〕 下文简称《公司法（修订草案二审稿）》。

〔4〕 李宏彬等：《企业家的创业与创新精神对中国经济增长的影响》，载《经济研究》2009 年第 10 期。

〔5〕 ［爱尔兰］理查德·坎蒂隆：《商业性质概论》，余永定、徐寿冠译，商务印书馆 1986 年版，第 24 页。

〔6〕 ［德］马克斯·韦伯：《新教伦理与资本主义精神》，阎克文译，上海人民出版社 2018 年版，第 220 页。

〔7〕 ［美］约瑟夫·熊彼特：《资本主义、社会主义与民主》，吴良健译，商务印书馆 2009 年版，第 146-147 页。

〔8〕 ［美］彼得·德鲁克：《创新与企业家精神》，蔡文燕译，机械工业出版社 2007 年版，第 23-26 页。

于商业经营中的风险，有学者将企业家精神界定为承受创业与经营企业的风险的精神。[1]我国经济学家张维迎教授将企业家精神总结为冒险精神、创新精神、不满足精神、英雄主义精神。[2]

在我国，两千多年的商业史可谓跌宕起伏，相应地，在重农抑商的整体基调中，我国企业家精神若隐若现。早在汉代，司马迁在《史记·货殖列传》中，开创了正史为商人立传的先河，描述了中国早期商人的智慧与伦理。商业发展的重要性自不待言，正如司马迁之谓：待农而食之，虞而出之，工而成之，商而通之。[3]但是，历史文献中更多的是对商人的嘲讽和压制。诸如，"君子喻于义，小人喻于利"的圣人教导，"商人重利轻别离，前月浮梁买茶去"的文人遣词，都屡见不鲜。尽管如此，逐利、敬业和冒险仍然是我国传统商人精神的主要体现。晋商、徽商、潮商等不畏艰辛、开拓创业、敢于冒险的商业精神，重商立业、诚信义利的经商理念，矢志高远、务实精进的商业追求，历经苦难、百折不挠的本心坚持，是我国古代集权管制经济体制中的一抹亮色。前述精神是中国古代商人遗留的精神遗产，提供了我国公司法上引入企业家精神的历史脉络。

3. 企业家精神的法律内涵

从法律内涵上而言，"弘扬企业家精神"条款的引入，实质上系"商事自治原则"的公司法表述，系对企业家自治的法律肯认。传统公司治理理论强调公司分权制衡，淡化了对企业家精神价值的肯认。基于承担商业风险的企业家精神，公司治理的焦点应当从减少代理成本转向为企业家提供激励。在此基础上，形成兼顾公司利益和代理人利益的企业家精神激发机制。近年来，域外公司法也趋于通过修法实现公司治理的结构变革，以促进企业家精神的发挥。比如，日本公司法通过董事会多元化、向经营者（企业家）赋权等方式实现进攻型的公司治理。[4]与之相对应，所谓"防守型"的公司治理，强调负面的减少和加强对经营者的监督。[5]为了使得公司管理者能够行使其职权，英国公司法赋予了董事非常宽泛的自由裁量权。[6]

---

〔1〕　［美］威廉·尼克尔斯等：《认识商业》，陈智凯等译，世界图书出版社公司2016年版，第152页。

〔2〕　张维迎：《重新理解企业家精神》，海南出版社2022年版，第26-30页。

〔3〕　阎汉武，田化青编著：《司马迁经济思想及经济著作注译》，宁夏人民教育出版社2021年版，第34页。

〔4〕　平力群：《日本公司法与公司治理》，社会科学文献出版社2021年版，第9页。

〔5〕　平力群：《日本公司法与公司治理》，社会科学文献出版社2021年版，第9页。

〔6〕　Gower, Principles of Modern Company Law, 11th ed., Thomson Reuters (2021). 10-003.

在公司法上，弘扬企业家精神需要建立以企业家为中心的公司规范体系，包括强化公司自治、明确产权规则、设置合理责任、实现权责平衡、增强可诉性等。具体而言，在公司治理制度中，向经营者赋权，通过董事会中心主义乃至于经理层中心主义，赋予企业家以企业经营之中心地位；[1]通过明确商业判断规则，给予企业家充分的自治决策权，实现企业家经营创新和商业创造之赋能；通过经营者责任的区分、限制与免除，避免简单的"大锅饭""一锅端"式责任，解除企业家的后顾之忧，过责相称的责任配置实现企业家对经营风险的理性控制；[2]在公司资本制度中，应为公司在资本制度的前端、中端、后端的运作提供更为多元、自治的供给方案，便利企业的投融资决策，减少压制企业家经营权利的障碍。譬如肯认企业家的人力价值，将人力资本纳入出资形式范畴，或者通过股权激励和员工持股计划等形式体现对创新型人才的重视，借以实现契合创新需求的"进取型"公司治理规则体系。[3]唯有实现企业家精神的实质入法，才能促进企业活力的进一步增长，鼓励和激荡企业家意志。总之，企业家精神作为支撑公司治理变革的核心价值，可以具化为规则而进入公司法体系之中。

4. 企业家精神条款在司法实践中如何适用？

在2023年《公司法》引入企业家精神条款之后，更为重要的是该条款的司法适用。在司法实践中，公司纠纷错综复杂，所涉利益关系众多，法律条款抽象，在适用中又往往缺乏类型化的场景，导致了法律适用上的争议和分歧。在司法适用中，企业家精神有法律解释、裁判说理、决断价值冲突等三个层次的功能。在2023年《公司法》引入企业家精神条款后，应当积极发挥该条款的司法功能。实证研究表明，除立法之外，弘扬企业家精神更需要执法、司法层面的推动和实施，否则法律规定的预期很有可能落空。[4]

4.1 法律解释功能

对于法律条款的阐释，企业家精神条款能够提供实质的解释基础，具备

---

〔1〕 傅穹、陈洪磊：《董事会权力中心的生长与回归》，载《北京理工大学学报（社会科学版）》2022年第5期。

〔2〕 刘俊海：《董事责任制度重构：精准问责、合理容错、宽容失败——以弘扬企业家精神为视角》，载《交大法学》2023年第3期。

〔3〕 吴凡：《股权激励制度的历史解读与法律构建——以晋商"顶身股"为视角》，载《河北大学学报（哲学社会科学版）》2022年第2期。

〔4〕 沈伟：《中小企业、企业家精神和法律——基于立法效果的实际考察》，载《地方立法研究》2018年第3期。

法律解释功能。对法律条款的解释方法众多，包括文义解释、体系解释、历史解释、目的解释等。在法律条文解释过程中，简单以字面意思解释，与基于弘扬企业家精神为基础的内涵阐释，显然并不相同。在体系解释过程中，这一差异更加明显。

以 2023 年《公司法》第 191 条为例，该条在一般条款层面规定了董事对第三人责任，理论上对其构成要件产生了激烈争议，主要有特殊侵权责任说、商事侵权责任说和法定责任说三种学说。特殊侵权责任说认为，董事对第三人责任本质上是侵权行为责任，系公司法针对民法上一般侵权责任作出的特别法规范。[1]商事侵权责任说同样站在侵权责任说的立场上，但认为董事对第三人责任是基于特别的商事侵权行为而非一般民事侵权行为发生。商事侵权责任说的特殊性在于认为董事并非对第三人损害的直接过错，而是对公司的职务懈怠行为对于第三人的损害存在可归责性，因此要求董事违反了对公司的信义义务，且对职务懈怠存在故意或重大过失；同时认为损害包括直接损害与间接损害。[2]法定责任说则认为，董事对第三人责任系公司法为保护第三人利益规定的法定责任，是不同于债务不履行责任与侵权责任的特别责任。[3]

判断是否存在职务懈怠取决于公司法对董事的履职要求，同样需要结合 2023 年《公司法》第 179 条、第 180 条的规定，董事应当遵守法律、行政法规和公司章程，履行对公司的忠实义务和勤勉义务。因此，董事违反对公司的信义义务系董事对第三人责任在组织法上的基础要件。关于"违反信义义务"要件与"故意或者重大过失"要件的关系，有一种理解认为，前者可被后者吸收。但是，本书认为，违反信义义务与故意或重大过失在责任认定标准上并非同一面向，董事是否违反信义义务决定了董事履行职务时是否达到应有的注意程度，系认定其是否存在故意或重大过失的行为标准；而故意或重大过失的主观过错系对董事主观状态的否定性评价，是个人过错相对于公司过错具有可识别性的法定标准，强调主观过失的严重程度。此外，由于我国的信义义务体系上并未形成稳定的主观判断标准，信义义务的违反也并非与组织法上的故意或重大过失完全对应，因此二者不宜放在构成要件的同一层次。易言之，2023 年《公司法》第 191 条项下董事对第三人责任的构成应包括违反信义义务之要件，否则董事对第三人责任并不触发。

---

〔1〕　冯果、柴瑞娟：《论董事对公司债权人的责任》，载《国家检察官学院学报》2007 年第 1 期。

〔2〕　[日]山本为三郎：《日本公司法精解》，朱大明等译，法律出版社 2015 年版，第 211–212 页。

〔3〕　陈景善：《论董事对第三人责任的认定与适用中的问题点——以日本法规定为中心》，载《比较法研究》2013 年第 5 期。

4.2 支撑裁判说理功能

在司法裁判中，企业家精神条款可以为法律适用的方向提供指南，为裁判说理提供支持，具有裁判说理功能。最高人民法院在《关于加强和规范裁判文书释法说理的指导意见》中指出，裁判文书释法说理的目的是通过阐明裁判结论的形成过程和正当性理由，提高裁判的可接受性，其主要价值体现在增强裁判行为公正度、透明度，规范审判权行使，提升司法公信力和司法权威。公司法纠纷中疑难复杂者甚众，司法对公司的纠纷的介入和干预应当保持应有的谦抑性，司法裁判者要尊重作为市场主体的公司基于自由和理性作出的选择和商业判断。[1]

譬如，在对赌协议的效力认定问题上，《全国法院民商事审判工作会议纪要》（以下简称《九民纪要》）肯认"对赌"交易系公司外部的投资人在不充分了解或相信目标公司业绩情形下为克服信息不对称而进行的风险规避安排，是故基于尊重市场主体自治的立场，不再机械否定"对赌"交易方式的合理性。此系以商事自治支撑裁判说理之实质体现，实践中发挥了降低交易成本、促进经济要素流动，便利企业融资等积极功能。[2]又如2023年《公司法》第89条第3款增设"公司的控股股东滥用股东权利，严重损害公司或者其他股东利益"时的有限责任公司股东退股的法定情形，回应了公司治理中企业投资者的退股实践需求。但是，实践中一些有限责任公司股东，基于彼此之间的身份地位、特殊关系、相互期待等多种因素，时常自主约定特别的退股事由。[3]对于此等协议的效力认定，裁判者或可在个案中以"尊重公司自治、弘扬企业家精神"作为裁判文书中的说理依据。以企业家精神为基础展开说理，能够促进司法机关的审判权审慎行使，促进对公司自治的尊重。

4.3 决断利益衡量和价值冲突的功能

法律上的冲突本身是利益冲突，而利益冲突的平衡取舍取决于价值判断。公司法上的价值判断冲突，本质上系如何衡平公司、股东、债权人等各方主体之利益。如何对各项冲突利益进行衡量，系立法者和司法者的价值判断产物。前述公司法上各利益主体的利益，其层次可划分为个体利益、群体利益、社会利益。其中，个体利益是明确的，即公司利益、股东利益和债权人利益。具体而言，股东利益包括个体股东的利益和全体股东的利益，债权人利益包

---

〔1〕 周友苏：《中国公司法论》，法律出版社2024年版，第17页。

〔2〕 刘贵祥：《从公司诉讼视角对公司法修改的几点思考》，载《中国政法大学学报》2022年第5期。

〔3〕 段威：《多元共治下民营经济发展法治模式论纲》，载《北方法学》2024年第2期。

括个体债权人的利益和整体债权人的利益。群体利益包括社会中股权投资者的利益、债权人群体的利益。群体社会利益是该制度所影响的社会整体利益。前述利益关系既需要微观上的权衡，也需宏观上的考量。[1]

面对复杂的商事纠纷，企业家精神可以为解决公司治理冲突提供新的价值判断理据。以公司为中心，所涉利益主体众多，包括但不限于股东、债权人、职工、政府、社区乃至于环境等。对此，公司法提供对公司、股东、职工和债权人的差序保护，对各类利益冲突进行衡量取舍，进而对各类主体的利益提供有序保护。2023 年《公司法》第 1 条提供了公司法上价值判断的基本框架，以公司利益为本位，为公司、股东、债权人的利益设定了差序化而非等同齐观的保护格局。因此，公司利益是公司法保护的首要、核心和基本利益。除公司法之外，其他法律也提供对前述主体的保护。比如，民法典上的合同制度、担保制度等从民法角度为债权人提供相应保护，与公司法上的债权人保护规则兼容并济。但是，应该区分公司法和民法上的价值判断差异，在处理公司纠纷时以公司利益为核心。[2]

例如，2023 年《公司法》第 54 条所确立的出资义务加速到期制度，不仅仅解决了出资义务期限的问题，还改变了公司资本弹性的主导权。在 2023 年修订前公司法的认缴制度安排中，公司资金弹性的主导权并非归属公司，而是掌握在出资股东手上，且无法要求尚未履行出资义务的股东缴纳股款。经过此次修订，解决公司期限错配问题的主导权，已经回到了公司手中，即公司可以基于清偿债务需求主张加速到期。追本溯源，该制度系基于公司法的利益衡量序列，将公司利益置于股东利益和债权人利益之前，并构成了包括出资义务加速到期规则在内的各项公司法制度的基础和起点。基于此，无论是公司启动的出资义务加速到期，抑或债权人启动的出资义务加速到期，本质上均应以维护公司利益为其本质，而不应有所偏颇。[3]

问题 2 ▷ **2023 年《公司法》生效后，章程条款是否还可以沿用基于原公司法的相关条款？公司变更登记业务是否都要按照新公司法制定一套完整的新章程呢？**

公司章程是由公司依法制定的旨在规范公司组织与行为的自治性规范文件，对公司、股东、董事、监事和高级管理人员等均具有约束力。在 2023 年

---

[1] 梁上上：《利益衡量论》，法律出版社 2016 年版，第 118—123 页。
[2] 傅穹：《公司利益范式下的董事义务改革》，载《中国法学》2022 年第 6 期。
[3] 刘斌：《出资义务加速到期规则的解释论》，载《财经法学》2024 年第 3 期。

《公司法》中，"章程"一词先后出现了 110 余次，章程自治规则与公司法所规定的规则之间呈现出紧密且复杂的关系，发挥了对公司法予以细化、选择、排除、填补等多重功能。由于 2023 年《公司法》对公司章程规定事项进行了修订，各类公司需根据法律及相关监管部门的规定对章程条款进行一定程度的调整。

1. 一般类型公司

对于一般的有限责任公司与股份有限公司，在 2023 年《公司法》生效后，未作实质性改动的法律条文所涉及的章程条款仍可沿用。如果现有章程的某些条款与 2023 年《公司法》不符或受到约束，其中属于强制性规范的，公司应该按照 2023 年《公司法》的新要求进行修订，如有限责任公司的 5 年限期认缴制规定；属于任意性规范的，法律为公司自治预留了空间，公司章程可以根据自身需要选择继续保留原有条款或进行更新，如公司治理结构的单层制或双层制选择。

对公司章程进行修改的，通常无须制定一套完整的新章程，并不影响后续的公司登记业务。而对于以下四类特殊类型公司，相关监管机构已出台了文件或通知指引其章程修订，各公司可予以参考。下文简述之。

2. 特殊类型公司

2.1 国家出资公司

2024 年，国务院国有资产监督管理委员会（以下简称国务院国资委）印发的《中央企业公司章程指引》（以下简称《央企章程指引》）对于国家出资公司章程修订提供了详细的指引。在原有的《中央企业公司章程指引（试行）》基础上，新版《央企章程指引》将适用对象分为国有独资公司、国有资本控股公司两种公司类型，分别提供了两个版本的章程指引，并针对性地作出不同安排，契合了 2023 年《公司法》对于国家出资公司的具体分类。基于国家出资公司的特殊性，《央企章程指引》存在许多不同于公司法中一般公司规定之处，主要包括以下几个方面内容。

（1）总体结构安排

《中央企业公司章程指引（国有独资公司）》（以下简称《国有独资公司章程指引》）共十章，在常规公司章程内容之外，单独设置了"履行出资人职责的机构"以及"公司党委（党组）"两章。第五章董事会部分又下设五节，分别规定了董事会的组成、职权、权利义务以及相关机构等具体事项。《中央企业公司章程指引（国有资本控股公司）》（以下简称《国有资本控股公司章程指引》）共十二章，相较于前者，删去"履行出资人职责的机构"一章，改为"注册资本、公司股东及其出资情况""股东的权利和义务""股东会"三章，其余部分基本等同于《国有独资公司章程指引》。

（2）履行出资人职责机构的职权规定

根据《国有独资公司章程指引》第 15 条、第 16 条规定，国有独资公司不设股东会，由国务院国资委作为履行出资人职责的机构，依据有关法律、行政法规和国务院授权，代表国务院对公司履行出资人职责，享有出资人权益。该章程指引对履行出资人职责机构的职权进行了详细列举，主要包括对公司重大事项和涉国有资产事项的批准权和决定权、对董事及董事会的人事管理权以及抽查检查公司重大事项的监督权。另外，根据《国有独资公司章程指引》第 17 条规定，国务院国资委可以按照有关规定授权董事会行使出资人的部分职权，决定公司重大事项。类似的是，《国有资本控股公司章程指引》第 24 条规定，股东会可以依法向董事会授权，但不得授予董事会行使股东会的法定职权，且授权不免责。董事会未经股东会同意，也不得将股东会授予决策的事项向其他治理主体转授权。

（3）强化公司党委（党组）的法定地位

《央企章程指引》将公司党委（党组）单列一章，并根据《中国共产党国有企业基层组织工作条例（试行）》（以下简称《条例》）以及《关于中央企业在完善公司治理中加强党的领导的意见》等文件，进一步明确了党组织的人员构成、主要职责和重大经营管理决策程序等内容。首先，规定了公司党委的产生办法以及任免方式，并对党组织的人数和任职配置进行了细化。其次，明确公司党委（党组）发挥领导作用，依照规定讨论和决定公司重大事项，详细列举了公司党委职责。最后，规定了重大经营管理事项清单制度。重大经营管理事项需经党委（党组）前置研究后，再由董事会等按照职权和规定程序作出决定。

（4）公司治理机构设置及职权规定

《央企章程指引》对外部董事、专门委员会设置等进行了明确规定，是中央企业董事会建设中的重要创新举措。根据其规定，董事会为公司必设机构，其中外部董事人数应当超过董事会全体成员半数，且外部董事与公司不应当存在任何可能影响其公正履职的关系。与上市公司类似，国家出资公司董事会下设由董事组成的战略与投资委员会、薪酬与考核委员会、审计与风险委员会，并可根据实际工作需要设提名委员会和其他专门委员会。专门委员会是董事会的专门工作机构，为董事会决策提供咨询和建议，对董事会负责。此外，公司设董事会秘书 1 名，以董事会办公室作为董事会办事机构。

在高级管理人员方面，2023年《公司法》改变了原《公司法》对经理职权的列举式规定，但《央企章程指引》仍充分列举了总经理职权，利于理清总经理与董事会的权责关系，避免公司治理困局，符合国有企业治理实践。对于授权管理，《央企章程指引》明确了董事会可以将部分职权授予董事长、总经理行使，但董事会是规范授权管理的责任主体，不因授权而免除法律、行政法规、国资监管规章和规范性文件规定的应由其承担的责任。

2.2 上市公司

2024年12月，中国证券监督管理委员会（以下简称证监会）发布了《关于新〈公司法〉配套制度规则实施相关过渡期安排》（以下简称《过渡期安排》），规定了申请首发上市的企业、上市公司、证券基金期货经营机构等机构的内部监督机构调整的过渡期安排。2025年3月，证监会出台了《上市公司章程指引》（下文称为《上市公司章程指引（2025）》），为上市公司章程修订提供了指引。相较于《上市公司章程指引（2023）》，《上市公司章程指引（2025）》主要根据2023年《公司法》调整了监事会和监事的相关规定，新增了审计委员会相关内容，完善了独立董事制度和法定代表人制度等。

（1）申请首发上市企业与上市公司内部监督机构调整的过渡期安排

《过渡期安排》对于申请首发上市的企业与上市公司作出了不同规定。自2026年1月1日起，申请首发上市的企业仍设有监事会或监事的，应当制定公司内部监督机构调整计划，确保于上市前根据2023年《公司法》和2024年国务院《关于实施〈中华人民共和国公司法〉注册资本登记管理制度的规定》（以下简称《注册资本登记管理规定》）的规定进行调整。企业上市前完成公司内部监督机构调整的，审计委员会应当承接监事会职权，并按照相关规定对发行上市申请文件进行审核、重新出具书面意见。中介机构应当按规定对审计委员会成员的任职资格、履职情况等进行核查，并对调整完成情况、调整前后的内控规范性和公司治理结构有效性发表明确意见。申报企业应当在最近一次更新披露招股说明书时，对"发行人基本情况"等部分的相应内容进行调整。不设监事会或监事的，发行上市规则中关于监事会、监事的规定不再适用，但是报告期内曾设置的监事会或者曾聘任的监事，应当对其曾签字确认的申请文件继续承担相应责任，对其信息披露和核查要求仍执行发行上市规则中有关监事会、监事的规定，中介机构应当核查并发表明确意见。

根据《过渡期安排》，上市公司应当在2026年1月1日前，按照2023年《公司法》《注册资本登记管理规定》及证监会配套制度规则等规定，在公司章程中规定在董事会中设审计委员会，行使2023年《公司法》规定的监事会的职权，不设监事会或者监事。上市公司调整公司内部监督机构设置前，监事会或者监事应当继续遵守证监会原有制度规则中关于监事会或者监事的规定。上市公司在 2026 年 1 月 1 日前申请再融资或者发行证券购买资产的，按照以下原则执行：①申报时尚未完成公司内部监督机构调整的，按照修改前的相关规则执行；②申报时已完成公司内部监督机构调整的，按照修改后的相关规则执行；③在审计期间完成公司内部监督机构调整的，审计委员会按相关规定对申请文件进行重新审核并出具书面意见后，按照修改后的相关规则执行；④申请再融资或者发行证券购买资产的上市公司在报告期内曾设置的监事会或者曾聘任的监事，应当对其曾签字确认的申请文件继续承担相应责任，对其核查要求仍执行修改前的相关规则。中介机构应当按照修改前的相关规则对其进行核查，并发表明确意见。

（2）《上市公司章程指引（2025）》的修订要点

根据证监会发布的《〈上市公司章程指引〉修订说明》，《上市公司章程指引（2025）》的主要修订要点如下：

第一，完善了总则、法定代表人、股份发行等规定。一是完善了公司章程的制定目的，是为了维护公司、股东、职工和债权人的合法权益。二是对法定代表人的职责和变更规定也进行了细化，调整担任法定代表人的相关表述，明确公司应在章程中规定法定代表人的产生、变更办法；新增法定代表人职务行为的相关规定，包括其以公司名义从事民事活动的法律后果、职权限制的对抗效力以及造成他人损害后的责任承担与追偿等内容。三是对面额股每股金额等表述也进行了修订，以衔接 2023 年《公司法》关于无面额股的规定。

第二，完善了股东、股东会相关制度。一是在体例上新增了控股股东和实际控制人专节，明确规定控股股东及实际控制人的职责和义务。二是在股东权利保护方面，要求存在类别股的公司在章程中载明类别股的权利义务以及中小股东权益的保护措施；增加了股东"复制"相关文件的权限，进一步明确股东可以查阅公司的会计账簿和会计凭证，扩充了股东的知情权。三是修改了股东会召集与主持、代位诉讼等相关条款，降低临时提案权股东的持股比例，优化股东会召开方式及表决程序。

第三，完善了董事、董事会及专门委员会等公司治理制度。在公司内部治理结构上，新增专节规定董事会专门委员会以及独立董事，明确公司在章程中规定董事会设置审计委员会行使监事会的法定职权，并规定独立董事的定位、独立性及任职条件、基本职责及特别职权等事项。在董事任职资格、职工董事设置、董事和高级管理人员职务侵权行为的责任承担等方面也新增条款予以完善。在权责方面，公司机构职权进一步优化，对一些事项的审议权限进行了调整，如股东会职权删去了"决定公司的经营方针和投资计划"，股东会与董事会职权均删去了"审议批准公司的年度财务预算方案、决算方案"等，与2023年《公司法》保持一致。同时，强化董事信义务，新增了董事忠实义务和勤勉义务的内涵并调整相关禁止性事项的表述，也新增了董事对第三人责任制度以及违法履职时对公司的损害赔偿责任。

2.3 金融机构

2024年12月，国家金融监督管理总局出台了《关于公司治理监管规定与公司法衔接有关事项的通知》（以下简称《衔接通知》），以衔接公司治理监管规定与2023年《公司法》，为金融机构在完善治理架构、开展章程修改等工作提供具体遵循。

（1）《衔接通知》主要内容

《衔接通知》主要包括三部分内容。①允许金融机构根据自身实际优化监督机构设置。可以继续保留监事会、监事，也可以选择由董事会下设的审计委员会履行监事会职责，不设监事会或监事。对于拟设立审计委员会取代监事会的机构，原外部监事若符合独立董事任职要求，可按照独立董事选任程序转任独立董事，但累计任职年限原则上不得超过6年。②职工董事相关规定。职工人数300人以上的机构，除依法设监事会并有职工监事的外，其董事会成员中应当有职工董事。职工董事由公司职工通过职工代表大会、职工大会或者其他形式民主选举产生，高级管理人员和监事不得兼任职工董事，以避免利益冲突。③金融机构要加强与股东、职工等利益相关方的沟通，结合实际推进章程修改和人员选任工作。

（2）证券基金期货经营机构内部监督机构调整的过渡期安排

根据《过渡期安排》的规定，证券基金期货经营机构同时设置审计委员会和监事会、监事的，应当在2026年1月1日前在公司章程中明确选择监事会、监事或者审计委员会作为公司内部监督机构；选择审计委员会作为内部监督机构的，应当行使2023年《公司法》规定的监事会的职权，不设监事会或者监事；选择监事会或者监事作为内部监督机构的，不设审计委员会。证券公司经营证券经纪业务、证券资产管理业务、融资融券业务和证券承销与保荐业务中两种以上业务的，应当根据《证券公司监督管理条例》的规定在董事会中设审计委员会，并在2026年1月1日前，根据2023年《公司法》的规定行使监事会的职权，不设监事会或者监事。证券基金期货经营机构属于上市公司或者国有企业的，应当同时遵守上市公司或者国有企业的内部监督机构设置要求。

2.4 外资企业

《外商投资法》于 2020 年 1 月 1 日生效，原有的《中外合资经营企业法》《外资企业法》《中外合作经营企业法》同时废止。根据《外商投资法》规定，外商投资企业的组织形式、组织结构及其活动准则适用公司法、合伙企业法等的法律规定，于《外商投资法》生效前设立的外商投资企业需要在 5 年过渡期内完成转型，按照 2023 年《公司法》的规定调整内部治理结构。在 2023 年《公司法》施行的背景下，2024 年 7 月 1 日后修改章程的外商投资企业应当"双轨并行"，兼顾 2023 年《公司法》与《外商投资法》的双重架构要求，外资企业最迟应当于 2024 年 12 月 31 日前完成过渡，若外商投资企业未及时完成章程调整，可能对后续的公司治理和经营产生不利影响。其中，较为重要的调整事项包括以下几个方面。

（1）公司治理结构

原三资企业法下，外商投资企业多以董事会为公司最高权力机构，虽然董事会中心主义逐渐成为现代企业改革趋势，但外资企业仍需按照《外商投资法》以及 2023 年《公司法》规定确定股东会与董事会职权的划分，明确股东会地位及职权。相应地，还需注意调整董事会的议事方式、表决程序、董事任期和职工董事的设置等。关于公司监督机构，外商投资企业可以根据自身经营需求决定是否保留监事或监事会，或改设审计委员会。企业的法定代表人也不再强制为董事长，可由执行董事或经理担任，但章程中必须明确法定代表人的产生、变更办法。此外，董事和高级管理人员的忠实义务和勤勉义务，以及对控股股东和实际控制人的约束机制也须在章程中加以规定。

（2）公司资本制度

就术语而言，原公司章程中"储备基金、职工奖励及福利基金"等概念需替换为 2023 年《公司法》中的"法定公积金、任意公积金"等概念。股权转让方面，也需衔接 2023 年《公司法》的规定，将一致同意规则修改为优先购买权规则。公司利润可不再按照注册资本比例分配，有限责任公司可以按照全体股东的约定进行利润分配。另，《注册资本登记管理规定》为 2023 年《公司法》施行前设立的存量公司设置了 3 年过渡期，外资企业应在过渡期内将出资期限调至 5 年以内，2032 年 6 月 30 日前完成出资即符合要求。因此，对于尚未缴足出资且剩余出资期限自 2027 年 7 月 1 日起超过 5 年的外商投资企业，应当缩减出资期限以满足相关规定。

问题 3 ▷ 2023 年《公司法》中有哪些公司章程可以自主规定的事项？

2023 年《公司法》对于公司章程可以自主规定的事项可分为三种类型，分别为排除型事项、补充型事项以及约定型事项。

1. 排除型事项

排除型事项条文一般表述为"公司章程另有规定的除外"，此时可以根据公司需求排除公司法的条文规定而由公司章程自主规定。例如，公司章程可排除电子通信方式召开会议、另行决定股东会会议的通知期限、规定不按出资比例行使表决权或者分配利润、对股权转让作出额外限制性规定、限制自然人股东死亡后股东资格的继承、另行规定知情权行使的最低比例要求、规定公司合并无需经股东会决议、另行决定清算组成员构成等。

2. 补充型事项

补充型事项条文一般表述为"按照公司章程的规定"或"除本法有规定的外，由公司章程规定"，需要根据公司具体情况确定以及公司法规定的不完备事项可通过公司章程加以补充。例如，公司经营范围、法定代表人和董事长的产生办法、公司担保决议和投资的限额、决议通过的人数和表决权数要求、出资期限、定期会议的召开、会议程序要求、审计委员会的设置、董事任期、经理职权设置、是否采取授权资本制、公司解散事由等。

3. 约定型事项

约定型事项条文一般表述为"全体股东另有约定的"、"经全体股东承诺"或"经全体股东一致同意"，由于某些事项超过了公司章程的要求，需要达到全体股东一致同意才可生效。例如，不召开股东会直接作出决议、股东会会议通知期限变更、不设监事、有限公司不按出资比例分配利润或增资减资、适用简易注销程序等。

三种类型事项详见表 1-1。

表1-1 公司章程可自主规定的三种类型事项

排除型事项	电子通信方式召开会议和表决的方式（第24条）
	召开股东会应提前通知的期限（第64条）
	表决权可不按出资比例行使（第65条）
	股权转让的限制（第84条、第157条、第160条）
	股东资格的继承（第90条、第167条）
	行使知情权时股东持股比例最低限制（第110条）
	分配利润可不按出资比例（第210条）
	公司合并无需股东会决议（第219条）
	定向减资可不按出资比例（第224条）
	增资可不按出资比例认缴（第227条）
	清算组不一定需由董事组成（第232条）
补充型事项	经营范围（第9条）
	法定代表人的选任（第10条）
	对外担保决议或投资限额（第15条）
	出席会议人数及表决权数规定（第27条）
	出资期限的约定（第47条、第49条、第97条）
	定期会议召开（第62条）
	股东会、董事会、监事会、审计委员会的议事方式和表决程序（第66条、第73条、第81条、第103条、第121条、第132条）
	董事长产生办法（第68条、第121条）
	审计委员会的设置（第69条、第121条）
	董事任期（第70条）
	经理职权（第74条、第126条）
	监事会职工代表比例限制（第76条）
	解散事由（第89条、第95条、第161条、第229条）
	（无）面额股+类别股决议事项（第142条、第146条）
	授权资本制（第152条）
	回购事项由董事会决议（第162条）
	财务资助的例外（第163条）

续表

	涉及关联交易、商业机会、竞业禁止的决议机构（第 182 条、第 183 条、第 184 条）
	会计报告送交期限（第 209 条）
	聘用会计师事务所的决定机构（第 215 条）
	高级管理人员的范围（第 265 条）
约定型事项	不召开股东会的决议（第 59 条）
	股东会会议的通知期限（第 64 条）
	不设监事的情形（第 83 条）
	不按出资比例分配利润的情形（第 210 条）
	定向减资（第 224 条）
	不按出资比例优先认缴增资出资（第 227 条）
	简易注销程序（第 240 条）

问题 4 ▷ **2023 年《公司法》第 21 条规定了股东不得滥用权利，如何界定股东滥用权利？**

在我国，无论是有限责任公司，抑或股份有限公司，绝大多数公司都是封闭性公司。控股股东和中小股东之间的利益冲突和代理成本是我国公司治理中最主要的问题类型。股东权益特别是中小股东权益的保护，事关投资者权利，与营商环境休戚相关，是公司法修改的重要目标。根据《公司法（修订草案一审稿）》的审议说明，本轮公司法修改的四大任务之一即"完善产权保护制度、依法加强产权保护"，"切实维护公司、股东、债权人的合法权益"。2023 年《公司法》第 21 条是禁止股东权利滥用的一般条款，是禁止权利滥用的私法一般条款在公司法上的体现，公司股东不得滥用股东权利损害公司或者其他股东的利益，否则应当承担赔偿责任。但是，该条款存在认定标准不统一、司法适用分歧等实践问题，存在适用困难。

1. 禁止股东权利滥用的规范体系

针对各类股东滥用权利的行为，2023 年《公司法》采取了一般条款加特别条款的规范模式。在适用关系上，应当优先适用具体条款，具体条款无法提供救济的，方可适用一般条款。一般条款即 2023 年《公司法》第 21 条，针对具体滥用行为的特别条款可以根据内容细分为"权利行使规范条款"、

"权利行使规范+法律后果条款"和"法律后果条款"，详见表1-2。

表1-2　2023年《公司法》关于禁止股东权利滥用的规范体系

条款类型	条款	主要内容
权利行使规范条款	2023年《公司法》第57条第2—4款、第110条第2—4款——股东知情权行使规范	有限责任公司股东、股份有限公司连续180日以上单独或者合计持有公司3%以上股份的股东要求查阅公司的会计账簿、会计凭证，公司有合理根据认为股东查阅会计账簿、会计凭证有不正当目的，可能损害公司合法利益的，可以拒绝提供查阅。 股东查阅前款规定的材料，可以委托会计师事务所、律师事务所等中介机构进行。 股东及其委托的会计师事务所、律师事务所等中介机构查阅、复制有关材料，应当遵守有关保护国家秘密、商业秘密、个人隐私、个人信息等法律、行政法规的规定。 上市公司股东查阅、复制相关材料的，应当遵守《证券法》等法律、行政法规的规定
	2023年《公司法》第62条第2款——股东召开临时股东会权行使规范	有限责任公司代表1/10以上表决权的股东可以提议召开临时股东会
	2023年《公司法》第15条第3款、第65条、第116条第1款——股东表决权行使规范	公司为公司股东或者实际控制人提供担保的，前述股东或者受前述实际控制人支配的股东，不得参加该担保事项的股东会决议表决。 有限责任公司股东会会议由股东按照出资比例行使表决权；但是，公司章程另有规定的除外。 股份有限公司股东出席股东会会议，所持每一股份有一表决权，类别股股东除外
	2023年《公司法》第115条第2款——股东提案权行使规范	股份有限公司中，单独或者合计持有公司1%以上股份的股东，可以在股东会会议召开10日前提出临时提案并书面提交董事会。临时提案应当有明确议题和具体决议事项
	2023年《公司法》第189条——股东代表诉讼权行使规范	股东以自己的名义代表公司提起诉讼，需履行法定前置程序

续表

条款类型	条款	主要内容
权利行使规范+法律后果条款	2023 年《公司法》第 22 条——不当关联交易	公司的控股股东、实际控制人、董事、监事、高级管理人员不得利用关联关系损害公司利益。违反前款规定，给公司造成损失的，应当承担赔偿责任
	2023 年《公司法》第 180 条第 3 款——事实董事	公司的控股股东、实际控制人不担任公司董事但实际执行公司事务的，适用忠实义务和勤勉义务的规定
	2023 年《公司法》第 192 条——影子董事与影子高管	公司的控股股东、实际控制人指示董事、高级管理人员从事损害公司或者股东利益的行为的，与该董事、高级管理人员承担连带责任
	《最高人民法院关于适用〈中华人民共和国公司法〉若干问题的规定（四）》〔1〕第 15 条——抽象利润分配请求权	股东未提交载明具体分配方案的股东会或者股东大会决议，请求公司分配利润的，人民法院应当驳回其诉讼请求，但违反法律规定滥用股东权利导致公司不分配利润，给其他股东造成损失的除外
法律后果条款	2023 年《公司法》第 25—27 条——决议无效、撤销、不成立	公司股东会、董事会的决议内容违反法律、行政法规的无效。 公司股东会、董事会的会议召集程序、表决方式违反法律、行政法规或者公司章程，或者决议内容违反公司章程的，股东自决议作出之日起 60 日内，可以请求人民法院撤销。但是，股东会、董事会的会议召集程序或者表决方式仅有轻微瑕疵，对决议未产生实质影响的除外。 有下列情形之一的，公司股东会、董事会的决议不成立：①未召开股东会、董事会会议作出决议；②股东会、董事会会议未对决议事项进行表决；③出席会议的人数或者所持表决权数未达到本法或者公司章程规定的人数或者所持表决权数；④同意决议事项的人数或者所持表决权数未达到本法或者公司章程规定的人数或者所持表决权数
	2023 年《公司法》第 89 条第 3 款——强制回购请求权	公司的控股股东滥用股东权利，严重损害公司或者其他股东利益的，其他股东有权请求公司按照合理的价格收购其股权

---

〔1〕 下文简称《公司法司法解释（四）》。

续表

条款类型	条款	主要内容
	2023 年《公司法》第 231 条、《最高人民法院关于适用〈中华人民共和国公司法〉若干问题的规定（二）》[1]第 1 条——司法强制解散公司	公司经营管理发生严重困难，继续存续会使股东利益受到重大损失，通过其他途径不能解决的，持有公司 10%以上表决权的股东，可以请求人民法院解散公司

2. 股东滥用权利认定标准

2.1 股东滥用权利认定的路径方法

股东不得滥用股东权利，是禁止权利滥用民法基本原则在公司法领域的具体体现。《民法典》第 132 条规定，"民事主体不得滥用民事权利损害国家利益、社会公共利益或者他人合法权益"。第 83 条第 1 款规定，"营利法人的出资人不得滥用出资人权利损害法人或者其他出资人的利益；滥用出资人权利造成法人或者其他出资人损失的，应当依法承担民事责任。"2023 年《公司法》第 21 条仅抽象概括地规定股东不得滥用权利，并未明确具体新的界定标准。在我国民商合一的私法体系下，2023 年《公司法》没有具体规定，可以适用《民法典》及相关司法解释规定。《最高人民法院关于适用〈中华人民共和国民法典〉总则编若干问题的解释》（以下简称《民法典总则编司法解释》）第 3 条第 1 款中对权利滥用的认定进行了规定，包括考量权利行使的对象、目的、时间、方式、造成当事人之间利益失衡的程度等因素，属于动态系统论的模式。这种认定路径，本质上是基于比例原则，对超出权利边界的比例进行判断。此外，该条第 2 款规定了权利滥用的主观认定因素，行为人以损害国家利益、社会公共利益、他人合法权益为主要目的行使民事权利的，应当认定构成滥用民事权利。

《民法典总则编司法解释》第 3 条第 2 款是对《民法典》第 132 条所规定的禁止权利滥用条款构成要件的补充。《民法典》第 132 条仅规定了禁止权利滥用的客观要件，即在权利行使过程中滥用民事权利和损害国家利益、社会公共利益或他人合法权益，没有考虑行为人的主观状态。《民法典总则编司法

---

[1] 下文简称《公司法司法解释（二）》。

解释》第 3 条第 2 款增加了权利滥用判断的主观要件，即主观上以造成他人利益损害为主要目的。[1]如果仅仅以客观要件来认定滥用权利的构成，会把大量的本不属于滥用权利的行为纳入滥用权利制度的适用范围中，从而导致权利的正当行使受到妨害。故而在股东权利滥用的判断中，也应以"损害公司或其他股东利益为主要目的"为构成要件。

由于禁止权利滥用制度的适用范围非常宽泛，主客观结合的三个构成要件仍较为抽象概括，故《民法典总则编司法解释》第 3 条第 1 款规定采用了动态系统论的认定方法。[2]认定是否构成权利滥用在确定构成要件之外，可以考虑在具体的法律关系中，影响责任成立的各种因素及其强度，法官在考量过程中可以依据这些因素的强弱进行动态调整。[3]该款规定的权利行使的对象、目的、时间、方式、造成当事人之间利益失衡的程度等认定因素为不完全列举，实践中仍然可以根据具体情况提炼出其他因素。[4]在公司法的利益权衡中，还需要考虑资本多数决、公司利益等组织元素。比如，在资本多数决之下，大股东与中小股东对公司事务的参与程度不同，由此所获得的收益也不相同。禁止权利滥用在公司法的适用中需要承认控制股东追求其愿景的权利，但同时也需要保护投资者免受控制股东从事自我交易和其他转移公司价值方式而导致的侵害。[5]但是，如何区分控制股东的合法诉求和中小股东所应受到的保护是十分困难的：过度保护控制股东将损害中小股东的投资权益，而过度保护中小股东将损害控制股东对公司管理的参与程度，同时也意味着更多的司法干涉。此外，资本多数决本身即蕴含着持有多数表决权的股东意志上升为公司意志的安排，小股东天然地难以对公司决策产生实质性影响，使得部分权利滥用行为天然地在形式上具有合法的外衣。

禁止股东权利滥用的主要目的在于保持各方利益的平衡，比例原则则是优越的利益衡量工具，有利于化解各主体之间的利益冲突。[6]在公司法语

---

〔1〕 王利明：《论禁止滥用权利——兼评〈总则编解释〉第 3 条》，载《中国法律评论》2022 年第 3 期。

〔2〕 王利明：《论禁止滥用权利——兼评〈总则编解释〉第 3 条》，载《中国法律评论》2022 年第 3 期。

〔3〕 ［日］山本敬三：《民法中的动态系统论——有关法律评价及方法的绪论性考察》，解亘译，载梁慧星主编：《民商法论丛》（第 23 卷），金桥文化出版（香港）有限公司 2002 年版，第 177 页。

〔4〕 贺荣主编：《最高人民法院民法典总则编司法解释理解与适用》，人民法院出版社 2022 年版，第 96 页。

〔5〕 ［美］杰弗里·N. 戈登、［德］沃尔夫-格奥尔格·林格编：《牛津公司法与公司治理手册》（上册），罗培新等译，上海人民出版社 2022 年版，第 514 页。

〔6〕 张兰兰：《作为权衡方法的比例原则》，载《法制与社会发展》2022 年第 3 期。

境下，借比例原则判断的"四阶段说"[1]，对股东权利行使行为展开具体审查可分为以下四个步骤：第一步，目的正当性原则。股东权利行使需要有正当目的，即合理的商业目的。第二步，适当性原则。即股东权利行使的方式（行使本身）有助于合理商业目的的实现。第三步，必要性原则。如果存在能实现相同目的的多种方式，须审查股东权利行使之方式是否对公司或其他股东等权利主体损害相对较小。第四步，狭义比例原则。股东权利行使的方式与所欲达到的合理商业目的之间必须符合比例或相称。例如，有限公司股东会根据章程的授权作出处罚股东的决议，若通过了以上前三步的审查要求，那么所作处罚（股东行使表决权以形成决议）与规制受罚股东行为对公司的危害程度（目的正当性）是否成比例将最终决定该决议的效力。[2]第三步与第四步总体意味着在权利行使过程中，权利人通过行使权利造成他人的损害不能远超自身应当享有的利益。[3]总而言之，以股东权利行使存在"合理商业目的"，且"合理商业目的"的实现与目的实现合比例，作为股东是否滥用权利的认定标准，是较为合理且可行的认定路径。

2.2 司法实践中的认定标准

在以往司法实践中，法院认定股东是否滥用权利，主要考虑两个方面：第一，行权程序，若股东行权符合章定或法定的程序，法院便倾向于保持司法克制，尊重股东自治；第二，股东权利行使的外部界限，即使行权程序获得履行，但若股东行权超过外部界限亦构成权利滥用。[4]所谓"外部界限"，指法律法规、公司章程对行权股东施加的义务和为其他股东明确的权利。如在"佳惠公司等诉华经科工贸公司等与公司有关的纠纷案"[5]中，法院认为，佳惠公司作为华能公司的股东，利用其在华能公司的有利地位，与蔡某阳恶意串通，伪造借款凭证，将正常投入到华能公司的 20 万元投资款改成借

---

〔1〕 关于比例原则"四阶段说"以及相关理论的介绍，详见刘权：《目的正当性与比例原则的重构》，载《中国法学》2014 年第 4 期。

〔2〕 王毓琛：《有限责任公司股东会处罚决议的效力》，载《人民司法》2021 年第 1 期；典型案例，南京安盛财务顾问有限公司诉祝某股东会决议罚款纠纷案，见《中华人民共和国最高人民法院公报》2012 年第 10 期。

〔3〕 王利明：《论禁止滥用权利——兼评〈总则编解释〉第 3 条》，载《中国法律评论》2022 年第 3 期。

〔4〕 楼秋然：《〈公司法〉第 20 条中"滥用股东权利"规定的理论与实践》，载《西部法学评论》2016 年第 3 期。

〔5〕 (2010) 浙嘉商终字第 245 号民事判决书。本书中案例发生在不同时段，为确保法律适用的准确性，书中所使用的法律、法规、司法解释为案件审理时有效的法律、法规、司法解释，为行文方便，以下不一一标注修改时间。

款，并以华能公司借款未归还为由提起诉讼，明显属于滥用股东权利的行为。法院实际上是以股东不得抽逃出资法律规定的外部界限为认定依据。再如，在"平湖伟峰科技公司与叶某卫等公司决议效力纠纷上诉案"[1]中，一审法院认为，"虽然资本多数决原则是公司法的一项基本原则，对属于资本多数决处分范围的股东权，应尊重公司多数决的意志，但控股股东也不应滥用资本多数决原则侵害小股东的权益，尤其是股东固有的，非经股东自身同意不可剥夺的权利"。该法院系以其他股东享有之权利的外部界限为认定依据。并且，二审法院最终认为案涉股东会决议内容违反 2005 年《公司法》的规定，存在滥用股东权利损害其他股东利益的情形，亦是借助外部法律规定之界限认定股东权利滥用。

然而，权利滥用并非仅从权利的外部界限加以考察，行使权利以损害他人为主要目的，即使权利行使仍属于权利范围内，亦属于权利滥用。[2]该权利滥用情形也被《民法典总则编司法解释》第 3 条第 2 款列为典型的权利滥用情形。在"广东盛乐房地产投资有限公司、广州市番禺南星有限公司损害股东利益责任纠纷案"[3]中，最高人民法院从"合理商业目的"和"小股东合理预期"两个角度对大股东主导的增资决议是否不当进行审查，认为目标项目所涉各方已在合作协议中对目标公司的经营负债及利益分配等情况进行了充分考量，由此作出的增资方案于法无悖，事实和法律依据充分，不构成股东权利滥用。本案中对"合理商业目的"和"小股东合理预期"进行考量，并未局限于是否违反外部界限之判断，是对权利行使行为内审的回归，体现了行为方式与目的相称且采取损害较小方式的比例原则思想。

实践中，亦有法院采用比例原则的分析框架，殊值肯定。在"赵某与北京众智博睿教育科技有限公司公司决议效力确认纠纷案"[4]中，法院认为："公司法中的资本多数决滥用，并非控股股东实施所有的对小股东不利的行为都能被认定为滥用权利的行为，在同时具备以下三种条件的情况下，不能认为属于资本多数决的滥用：第一，给少数股东造成的利益损害确实为实现全体股东利益所必需；第二，控股股东与少数股东均因此利益受损，而且利益受损程度与持股比例成正比；第三，在实现股东会决议目的的诸种可选手段中，选取了少数股东利益受损程度最低的一种手段。"第一个条件体现了股东

---

[1] （2011）浙嘉商终字第 185 号民事判决书。

[2] 楼秋然：《〈公司法〉第 20 条中"滥用股东权利"规定的理论与实践》，载《西部法学评论》2016 年第 3 期。

[3] （2020）最高法民申 2611 号民事裁定书。

[4] （2020）京 0105 民初 16201 号民事判决书。

权利行使需具有"合理的商业目的";第二个条件将股东平等原则纳入股东权利滥用行为的考量,但该考量因素会扩大股东权利滥用的认定范围,只要少数股东没有获得与控股股东相同的待遇,法院就会认定"权利滥用"的存在,强调绝对的平等会降低公司追求正当商业经营需求的能力;第三个条件体现了"对其他股东损害较小"的考量,但遗漏了"行为方式与目的相称"的比例原则审查因素。

3. 构成要件类型化分析

3.1 具有股东身份

就主体而言,滥用股东权利的通常是大股东,大股东因其占有表决权的大多数或绝对多数,对股东会决议和公司决策足以产生重大影响,但也不排除中小股东滥用股东权利的情形。比如,中小股东存在滥用查阅权、提案权的行为。在公司章程规定某事项决议需要全体股东一致通过时,中小股东可能会滥用其一票否决权,无视公司利益,敲诈大股东,此时该中小股东亦构成权利滥用。

3.2 股东以损害公司或其他股东利益为主要目的的方式行使股东权利

首先,构成股东权利滥用要求股东主观上以损害公司或其他股东利益为主要目的。行为人主观目的可以通过客观表现出的行为进行判断,综合考量行使权利的外部行为所体现出来的各种因素,从行为的外观来判断,其权利行使的主要目的是追求自身利益还是损害他人。[1]

其次,就具体行为表现而言,股东滥用股东权利损害公司或其他股东利益的情形有:滥用表决权、滥用查阅权、滥用提案权、滥用诉权等。最典型的当数控股股东滥用其表决权,如表决通过不公平的决议、随意解任中小股东担任的管理职位、决议不给中小股东分红等。如在"湖南胜利湘钢钢管有限公司与湖南盛宇高新材料有限公司公司决议纠纷案"[2]中,原告主张被告滥用多数股东权利通过公司决议修改公司章程(取消少数股东的董事名额及公司副总经理的提名权),诉求决议无效。法院认为,被告的行为属于利用"资本多数决原则变相侵害出资较少股东的利益",故决议违反法律规定,判决无效。

另外,以往司法实践中适用禁止权利滥用一般条款规制控股股东不当管

---

〔1〕 王利明:《论禁止滥用权利——兼评〈总则编解释〉第3条》,载《中国法律评论》2022年第3期。

〔2〕 (2015)潭中民三终字第475号民事判决书。

理的情形，在 2023 年《公司法》中可适用新增的特别条款，即第 180 条第 3 款事实董事和第 192 条影子董事、影子高管条款予以规制。此系控股股东规制体系的完善和进步，特别条款相较于一般条款更有利于司法裁判具体明确的解释和适用。如在"南阳市鸿源投资有限公司诉河南三源粮油食品有限公司损害股东利益责任纠纷案"[1]中，原告认为被告单方决定停止公司的生产经营活动，使原告的投资无法产生经济效益，诉求赔偿投资损失，法院认为"被告在未征得其他股东同意的情况下滥用股东权利私自暂停公司项目，致使原告股东利益受损"，故判决赔偿投资款及利息。在 2023 年《公司法》规范体系下，可以借助更具体的事实董事条款，适用董事信义义务规则，认定案涉股东行为性质以及赔偿责任。

3.3 给公司和其他股东利益造成损害

股东滥用权利，给公司或其他股东造成损害，且损害与股东行为之间存在因果关系，股东应当赔偿因此给公司或者其他股东造成的损失。在损害其他股东利益的认定上，既包括对个别股东利益的损害，也包括对全体股东利益的损害。

滥用股东权利所造成的损害既包括公司与股东实际遭受的损害，还包括公司或股东丧失商业机会等期待利益受到损害的纯粹经济损失。[2]比如，基于股东协议或其他股东间的非正式安排，股东有担任公司高管并获得薪酬的合理期待，此时若随意解任股东所担任的高管，即构成对股东利益的损害，如上文的湖南胜利湘钢钢管有限公司与湖南盛宇高新材料有限公司公司决议纠纷案。此外，根据 2023 年《公司法》第 21 条的规定，可得赔偿之损害一般为财产性损害。当财产性股东权利和公司的财产权受到损害之时，可界定具体损害数额并诉诸损害赔偿；而若管理性股东权利受到损害，因损害后果一般无法以财产界定而难以适用赔偿责任。

问题 5 ▷ **2023 年《公司法》第 23 条所规定的法人人格否认制度的责任主体是否包括实际控制人？**

公司法人人格否认制度，又称公司法人人格否认制度（disregard of corporate personality），美国称"揭开公司面纱"（lifting the veil of the corporation），英国称"刺破公司面纱"（piercing the corporate veil），德国称"直索责任"（Durch-

---

[1] （2015）桐民商初字第 00049 号民事判决书。
[2] 朱慈蕴主编：《新公司法条文精解》，中国法制出版社 2024 年版，第 37 页。

griff），日本称"透视理论"，是指为阻止公司滥用独立人格，就具体法律关系中的特定事实，否认公司的独立人格和股东的有限责任，责令公司的股东对公司债权人或公共利益直接负责的一种法律制度。[1]

我国 2005 年《公司法》引入该制度，在后续《公司法》修订中逐步加以完善。2023 年修订后的《公司法》第 23 条将法人人格否认制度独立成条，其中第 1 款规定："公司股东滥用公司法人独立地位和股东有限责任，逃避债务，严重损害公司债权人利益的，应当对公司债务承担连带责任。"从该规定中可以看出，法律明文规定法人人格否认的责任主体为公司股东，而对于是否包括公司实际控制人则语焉不详，由此引发了实际控制人是否能够作为法人人格否认制度的责任主体的争议。

1. 理论争议：扩张责任主体为多数说

2023 年《公司法》第 265 条第 3 项规定了实际控制人的定义："实际控制人，是指通过投资关系、协议或者其他安排，能够实际支配公司行为的人。"相较于 2018 年《公司法》规定，该项定义删除了"不是公司的股东"这一要件，使得对实际控制人的定义更为周延。当实际控制人为公司股东时，法人人格否认制度适用于该实际控制人自无疑问，但对于非公司股东的实际控制人是否可经由法人人格的穿透从而对公司债务承担责任，学界存在不同观点。

支持适用于实际控制人的主流学说为"双重刺破"理论，其逻辑基础在于法人人格否认本质上是否认公司的独立责任能力，使滥用公司人格之主体对公司债务承担连带责任，而非局限于否定股东有限责任，只是传统上公司的意志通常具体化为股东意志，因此否认法人人格通常即否认股东有限责任。[2]在实践中，实际控制人支配公司的情形已十分普遍，扩张法人人格否认制度的责任主体存在强烈的现实需求。[3]有学者提出，可以将实际控制人视为实质股东或者事实股东，从而提起揭开公司面纱之诉。[4]也有学者主张，应将公司法中某些仅适用于股东或控股股东的条款类推适用于实际控制人，除将实际控制人滥用控制权之行为纳入法人人格否认中以外，还应禁止实际控制人滥

---

[1] 赵旭东主编：《公司法学》，高等教育出版社 2025 年版，第 6 页。

[2] 虞政平、王朝辉、吴飞飞：《论公司人格否认规则对实际控制人的适用》，载《法律适用》2021 年第 2 期。

[3] 王艳丽、张枫波：《法人人格否认制度对公司实际控制人的适用与反思》，载《经济问题》2022 年第 6 期。

[4] 朱慈蕴主编：《新公司法条文精解》，中国法制出版社 2024 年版，第 44 页。

用控制权，并增加实际控制人压迫下异议股东行使回购权之情形。[1]还有学者认为，非为公司股东与公司股东控制公司独立人格损害债权人利益的行为具有同质性，可以产生相同的法律后果。因此，应建构广义实际控制人概念，将其纳入法人人格否认制度规制的范围内。[2]另外，也有观点虽主张将非股东的实际控制人纳入法人人格否认制度的责任主体范围，但此种情形应当比一般的法人人格否认制度适用更为严格和谨慎。[3]反对观点则认为，实际控制人已经超出了"股东"的文义涵摄范围，不应适用法人人格否认规则，且若实际控制人滥用控制权损害了公司债权人利益，债权人可以借助其他手段维护自身权益，而无需借助于法人人格否认制度。[4]

2. 裁判实践：目的解释或类推解释以填补漏洞

对于此问题，司法实践中，法院通常采取目的解释或类推解释方法将法人人格否认的责任主体扩张至实际控制人。例如，在"杜敏某、杜觅某买卖合同纠纷案"中，杜敏某、杜觅某作为能盛公司实际控制人，实施了滥用能盛公司独立人格、侵犯中石化江西分公司债权利益之行为，对此最高人民法院再审认定"尽管杜敏某、杜觅某非能盛公司股东，但《公司法》第20条规制股东滥用公司法人人格之立法目的自应涵盖公司实际控制人滥用公司法人人格之情形，故原审基于此判令杜敏某、杜觅某对案涉债务承担连带清偿责任符合《公司法》第20条之立法目的，并不属于适用法律确有错误之情形。"[5]在类案"李某亭与储某建实际控制人损害公司债权人利益责任纠纷案"中，北京市第二中级人民法院引用了上述案例，并对裁判观点予以采纳。[6]

在"柳某金、马某兰采矿权转让合同纠纷案"中，最高人民法院指出，公司人格否认制度旨在矫正有限责任制度在特定情形下对债权人利益保护的失衡，非公司股东但与公司存在关联或控制关系的其他主体通过操作或控制公司而损害公司债权人利益，与公司股东滥用公司人格损害债权人利益具有同质性，应基于公平及诚信原则，类推适用2018年《公司法》第20条第3

---

[1] 蒋大兴：《双控人"责任统一性"规则之检视》，载《国家检察官学院学报》2025年第1期。

[2] 陈洁：《实际控制人公司法规制的体系性思考》，载《北京理工大学学报（社会科学版）》2022年第5期。

[3] 周友苏：《中国公司法论》，法律出版社2024年版，第110页。

[4] 《公司实际控制人能否成为公司法人人格否认的责任主体？》，载微信公众号"公司法"，发布日期：2023年3月5日。

[5] 最高人民法院（2019）最高法民申6232号民事裁定书。

[6] 参见北京市第二中级人民法院（2022）京02民终3613号民事判决书。

款规定予以规制，以实现实质公正。[1]此裁判说理也广被引用于佐证实际控制人可作为法人人格否认制度的责任主体的依据。

3. 实际控制人应被纳入法人人格否认责任主体范围

实践中，实施滥用法人人格行为的往往是控股股东和实际控制人，但控股股东因股东身份可被纳入法人人格否认制度的规制范围内，实际控制人则不然。常见的情形是，公司集团架构下，母公司通过一系列协议等安排控制了孙公司，虽然母公司并非孙公司的股东，但无疑是其实际控制人。若母公司滥用孙公司独立法人人格逃避债务，受限于法人人格否认制度的适用条件，债权人不仅无法穿透至母公司，甚至也难以对子公司股东进行穿透。而除此以外，孙公司债权人很难再寻找到其他法律上的救济途径，此时就形成了法律上的漏洞。

在 2023 年《公司法》修订过程中，有意见建议将法人人格否认的责任主体扩张至实际控制人，若仅从本条文义规定来看，立法并未采纳该意见。从地位上来看，"双控人"的共性在于都享有公司控制权，只是控制权的实现方式不同，控股股东通过股权控制，实际控制人主要是非股权控制，如协议或其他安排等。[2]正如学者所言，2023 年《公司法》对于控股股东和实际控制人采取了相同的规制逻辑，也即从"地位同一性"到"责任统一性"，但该逻辑未完全贯穿，导致"双控人"的责任规范存在诸多缺失，尤其体现在实际控制人缺乏行权的一般条款和法人人格否认规制。[3]因此，将实际控制人纳入法人人格否认责任主体实有必要。

本书认为，应当对 2023 年《公司法》第 23 条进行目的论扩张解释，从而涵盖非股东的实际控制人。对于具有股东身份的实际控制人而言，滥用控制权时可直接适用法人人格否认制度而令其对公司债务承担连带责任；对于不具有股东身份的实际控制人，则可参照 2023 年《公司法》第 23 条规定进行责任的类推适用，以填补法律漏洞。需要注意的是，法人人格否认制度本身作为一种例外情形应当保持谦抑性，对其责任主体进行类推适用更应当谨慎，仅在穷尽救济途径时才可对实际控制人适用法人人格否认制度，防止随意穿透公司人格使得连带责任泛化。关于适用条件的界定，可根据实际控制人对公司的影响力、滥用行为的严重程度（对债权人的损害程度）、滥用行为和债权人损失的关联性强弱等因素进行考量。

---

[1] 最高人民法院（2020）最高法民终 185 号民事判决书。

[2] 葛伟军：《中国特色影子董事：新〈公司法〉第 192 条评析》，载《法学杂志》2024 年第 5 期。

[3] 蒋大兴：《双控人"责任统一性"规则之检视》，载《国家检察官学院学报》2025 年第 1 期。

问题 6 ▷ 法人人格混同如何认定，单笔转款能否被认定为法人人格混同？"一套人马，两块牌子"是否构成法人人格混同？

法人人格混同，实质是公司与股东人格的完全混同，公司仅仅是股东的另一形象，是股东行为的工具，因而失去独立存在的价值。[1]人格混同是适用法人人格否认制度的主要情形之一，除此以外，过度支配与控制、资本显著不足也是常见的法人人格否认理由。由于人格混同的表述并未直接为我国公司法所采用，仅在 2019 年最高人民法院印发的《九民纪要》中出现，理论与实践上对于法人人格混同的认定存在一定争议。

1.《九民纪要》关于法人人格混同的规定

根据《九民纪要》第 10 条规定，认定公司人格与股东人格是否存在混同，最根本的判断标准是公司是否具有独立意思和独立财产，最主要的表现是公司的财产与股东的财产是否混同且无法区分。在认定是否构成人格混同时，应当综合考虑以下因素：①股东无偿使用公司资金或者财产，不作财务记载的；②股东用公司的资金偿还股东的债务，或者将公司的资金供关联公司无偿使用，不作财务记载的；③公司账簿与股东账簿不分，致使公司财产与股东财产无法区分的；④股东自身收益与公司盈利不加区分，致使双方利益不清的；⑤公司的财产记载于股东名下，由股东占有、使用的；⑥人格混同的其他情形。在出现人格混同的情况下，往往同时出现以下混同：公司业务和股东业务混同；公司员工与股东员工混同，特别是财务人员混同；公司住所与股东住所混同。人民法院在审理案件时，关键要审查是否构成人格混同，而不要求同时具备其他方面的混同，其他方面的混同往往只是人格混同的补强。

从上述规定可得知，法人人格混同主要表现为财产上的混同，除此以外，还表现为业务混同、人员混同以及住所混同等。财产混同是对分离原则的背离，极易导致公司财产的隐匿、非法转移或被股东私吞、挪作他用。[2]概言之，财产混同的认定因素包括共用资金账户、财务记载混乱等；业务混同表现为从事相同业务，且交易行为受同一控制主体支配；人员混同则主要表现为"一套人马、两块牌子"情形，也即公司管理人员交叉任职、员工统一调配等。在纵向法人人格否认中，法人人格混同指的是公司与股东之间的人格

---

[1] 赵旭东主编：《公司法学》，高等教育出版社 2025 年版，第 9 页。

[2] 朱慈蕴：《公司法人格否认法理研究》，法律出版社 1998 年版，第 151 页。

混同，包括母子公司混同；在横向法人人格否认中，法人人格混同一般指关联公司间的混同，此时往往存在关联企业实质合并破产制度的适用空间。

2. 单笔转款能否被认定为法人人格混同

正如《九民纪要》所言，公司人格独立和股东有限责任是公司法的基本原则。否认公司独立人格，由滥用公司法人独立地位和股东有限责任的股东对公司债务承担连带责任，是股东有限责任的例外情形，只有在股东实施了滥用公司法人独立地位及股东有限责任的行为，且该行为严重损害了公司债权人利益的情况下才能适用。公司人格否认不是全面、彻底、永久地否定公司的法人资格，只是在具体案件中依据特定的法律事实、法律关系，突破股东对公司债务不承担责任的一般规则，例外地判令其承担连带责任。独立人格作为公司最重要的特征，对法人人格的否认必须审慎适用，防止将例外滥用成一般规则。因此，在一般情况下，不能仅通过单笔转款就认定为存在法人人格混同情形，必须结合其他因素具体认定。若法院结合其他证据认定为该单笔转款存在人格混同情形，那么基于法人人格否认制度的谦抑性，债务的连带清偿责任也仅限于该笔转款，而不能随意扩张至其他债务。

在"凯利公司、张某确认合同效力纠纷案"中，最高人民法院指出，凯利公司的单笔转账行为尚不足以证明凯利公司和张某构成人格混同，且凯利公司以《资产转让合同》目标地块为案涉债务设立了抵押，碧桂园公司亦未能举证证明凯利公司该笔转账行为严重损害了其作为债权人的利益，因此凯利公司向张某转账 2 951.838 4 万元的行为，尚未达到否认凯利公司的独立人格的程度。[1]虽然并不能根据单笔转款认定存在法人人格混同，但该行为客观上转移并减少了公司资产，降低了公司的偿债能力，根据"举重以明轻"原则，股东仍应就公司债务不能清偿的部分在其转移资金及利益范围内承担补充赔偿责任。

3. "一套人马，两块牌子"能否被认定为法人人格混同

"一套人马，两块牌子"的情形在关联企业中较为常见，通常指的是多个公司表面上各自具有独立法人人格，但实际共用同一套管理人员、员工、办公场所乃至财务资源，从而形成实质上的统一运营体。这种运营模式由于多存在财务、人员以及业务上的交叉混同，很大程度上会被认定为法人人格混同，导致关联企业对外承担连带责任。

---

[1] （2019）最高法民终 960 号民事判决书。

　　司法实践中，"海南鹿业发展公司、海南联合资产管理有限公司借款合同纠纷案"即为该情形的典型案例。财产上，海南省鹿场擅自以鹿业发展公司的名义进行了土地租赁、抵押等行为，海南省鹿场公司名下的土地也长期由海南省鹿场实际使用，构成财产混同；财务上，海南省鹿场为鹿业发展公司补缴灵山土地的相关税款，且两公司为共同的员工共同缴纳一份社保，构成财务混同；人员上，两公司存在一人同时或者前后兼任两公司法定代表人的情况，并出具《证明》称两公司是"一套人马，两块牌子"，足以证明两公司在人员上是混同的。综上，最高人民法院认为鹿业发展公司和海南省鹿场在财产、财务、人员等方面均有混同，足以认定二者人格混同，损害了债权人利益，鹿业发展公司应当对海南省鹿场的债务承担连带清偿责任。[1]

　　应当注意的是，"一套人马，两块牌子"的情形通常同时存在人员、业务和财务的交叉混同，属于实质上的人格混同，但不应随意进行认定，而应结合个案具体判断。例如，在"柏德公司与黎某芬、明耀公司、林某延、陈某传合同纠纷案"中，关于柏德公司与明耀公司是否存在人格混同的问题，在人员方面，陈某传虽同时担任明耀公司法定代表人及柏德公司业务主管，但法律未禁止法定代表人兼职，且其未在柏德公司担任董事或高管等核心管理职务，两公司组织架构未交叉重叠，不构成"一套人马，两块牌子"的实质混同；在业务层面，两公司虽营业执照经营范围相同，但实际交易中黎某芬仅与柏德公司发生业务往来，且无证据表明两公司交替使用名义签约或共享交易利益，不符合业务混同标准；在财务层面，两公司提供独立账册及会计凭证，虽存在数据矛盾，但第三方会计公司对差异作出专业解释，法院采纳其说明并认定财务具有独立性。一审法院指出，在拟否认公司的独立人格时，应当采取谨慎态度，只有具有明确人格混同的事实，才能否认公司的独立人格，而该案中并没有确切证据证实柏德公司、明耀公司存在人格混同的事实，因此对黎某芬的主张不予采信。[2]

　　综上，对于实践中出现财务、人员或业务混同表现的关联公司，法院均需结合个案逐一具体判断，而非仅通过单笔转款或少量非实质性证据直接认定存在法人人格混同，或过于泛化适用"一套人马，两块牌子"的人格混同情形，以免造成法人人格否认制度的滥用。

---

〔1〕　最高人民法院（2018）最高法民申 4702 号民事裁定书。
〔2〕　广宁县人民法院（2019）粤 1223 民初 2041 号民事判决书。

问题7 ▷ 我国是否承认逆向法人人格否认制度?

法人人格否认是一种平衡股东有限责任与防止滥用公司独立人格的法律手段。在理论上，根据刺破法人人格的方向，可以分为纵向法人人格否认、横向法人人格否认和逆向法人人格否认。其中，纵向法人人格否认，也称正向法人人格否认，是指否认公司法人人格，使公司股东对公司债务承担连带责任，是法人面纱的正向刺破；横向法人人格否认，是指否认各关联公司的法人人格，使关联公司之间对对方的债务承担连带责任，是法人面纱的横向刺破；逆向法人人格否认，也称反向法人人格否认，是指否认公司的法人人格，使公司对股东的债权人承担连带责任，是法人面纱的逆向刺破。

1. 我国立法未明确规定逆向人格否认制度

我国早在2005年《公司法》就引入了法人人格否认制度，最初仅规定了纵向法人人格否认的情形，并一直沿用至2018年《公司法》。在此基础上，2023年《公司法》进行了实质修改，第23条第2款增设了法人人格的横向否认条款，即"股东利用其控制的两个以上公司实施前款规定行为的，各公司应当对任一公司的债务承担连带责任"，扩充了法人人格否认制度的适用情形。另，2018年《公司法》第63条关于一人公司法人人格否认的规定被移至2023年《公司法》第23条第3款，即"只有一个股东的公司，股东不能证明公司财产独立于股东自己的财产的，应当对公司债务承担连带责任"，使得条文在体系上更加融贯。从文义上来看，本条并未直接规定逆向法人人格否认制度，但实践中股东为逃避个人债务而滥用公司独立人格的情形却屡见不鲜。是否承认以及是否有必要承认逆向法人人格否认制度，已成为我国法人人格否认制度研究中的一大争议。

2. 理论与实践倾向于逐步承认

理论与实务界对于是否应承认逆向法人人格否认制度存在诸多观点。支持者一般认为，无论正向或逆向法人人格否认，其所规制的都是股东机会主义行为，破坏资产分割理论所带来的社会效益，应当对逆向法人人格否认予以承认；反对者则认为，二者存在本质区别，逆向法人人格否认的适用会影响公司其他股东和公司债权人之利益，导致利益失衡，不宜类推适用。[1]还

---

〔1〕 岳万兵：《反向否认公司人格：价值、功用与制度构建》，载《国家检察官学院学报》2021年第6期；马更新、王焕悟：《反向法人人格否认制度的理论反思和规范构建》，载《北京联合大学学报（人文社会科学版）》2023年第5期；王毓莹：《新公司法热点问题解析》，载《法律适用》2024年第12期。

有观点认为，逆向公司人格否认制度价值有限，母公司债权人可以请求执行该母公司对子公司的股权，大多数情形下足以满足其偿债需求。[1]该观点实际上否认了承认逆向法人人格制度的必要性。

在"华夏银行股份有限公司武汉洪山支行、北京长富投资基金股权转让纠纷案"中，中森华置业公司作为一人有限责任公司，并未给出充分证据证明自身财产与其母公司中森华投资公司独立，母子公司实则构成人格混同。最高人民法院指出，"《公司法》第63条的规定虽系股东为公司债务承担连带责任，但目前司法实践中，在股东与公司人格混同的情形下，公司亦可为股东债务承担连带责任"。[2]也即作为全资子公司的一人有限责任公司与其母公司构成人格混同时，最高人民法院肯定了逆向法人人格否认制度的适用，认为该制度具有相当的示范效应。

在法答网精选问答（第九批）中，最高人民法院民二庭法官对此问题进行了进一步回应。从2023年《公司法》第23条的规定看，主要是针对滥用法人人格、股东对公司债务承担责任，即所谓的"正向人格否认"。在股东与公司交易关系清晰、财产可以区分的情形下，若股东存在向公司无偿转让财产或怠于行使对公司的债权等行为导致债权人债权难以实现的，债权人也可以通过民法典规定的撤销权、代位权等制度寻求救济，因此一般情况下没有"逆向否认法人人格"的必要。但是，在出现人格混同的情况下，由于股东财产与公司财产边界不清、无法区分，此时的人格否认将产生母子公司对债务互负连带责任的情况。比如，实质合并破产程序中以母子公司的财产统一向所有债权人承担责任，由此可能会在形式上产生以子公司财产为母公司债务承担责任的效果，可以认为属于"逆向否认法人人格"的情况。因此，所谓"逆向法人人格否认"应仅限于法人人格混同这一特定情形。[3]由此，逆向法人人格否认制度的适用空间从一人有限责任公司的母子公司人格混同情形扩大至所有公司人格混同情形。

3. 解释结论：有必要承认，但应审慎适用

逆向法人人格否认制度有其独特价值和实践需求，虽并未被现行法明文规定，但在现行法框架下实则可以解释出逆向法人人格否认制度的适用空间。2023年《公司法》第23条第2款规定了横向法人人格否认制度，条文所用之

---

[1] 李建伟主编：《公司法评注》，法律出版社2024年版，第91页。
[2] 最高人民法院（2020）最高法民申2158号民事裁定书。
[3] 《法答网精选问答（第九批）——公司类精选答问专题》，载《人民法院报》2024年8月29日，第7版。

词为"控制"而非"控股",根据文义解释,横向否认实际可以适用于广义上所有的关联公司,而不仅限于平行关系的姐妹公司。举例而言,在公司集团架构下,母公司 A 同时控制子公司 B 以及 B 的子公司 C(也即母公司的孙公司),此时若在 BC 之间进行横向法人人格否认,令 C 公司对 B 公司债务承担连带责任,此时对 B 公司债权人而言,即公司对股东的个人债务承担连带责任,此即逆向法人人格否认制度的体现。美国法上所盛行的"三角刺破说"也是将纵向人格否认与逆向人格否认相结合而解释出横向人格否认,由此可见三者内在相关。

对比而言,正向法人人格否认制度并未从整体上动摇公司法的有限责任基础,只是对公司独立人格和股东有限责任的一种修正,该原则只有在严格限定的条件下才能适用;而"反向揭开公司面纱"则从根本上颠覆了公司有限责任的基础,在适用过程中应更加谨慎。[1]基于公司的关联性,在公司集团架构下的关联公司间承认逆向法人人格否认具有一定合理性,而对于自然人股东为债务人的情形,不宜进行逆向刺破使得公司为股东个人债务承担连带责任,否则将颠覆有限责任基本原则,导致其他股东与公司债权人的利益严重失衡。司法适用应当以实证法内容为基本遵循,在能够通过纵向与横向法人人格否认对关联公司的人格刺破进行解释时,就无必要通过逆向法人人格制度路径进行裁判说理,确有必要引入该制度也须注意充分论证、审慎适用,避免随意"造法"。

问题 8 ▷ 公司如何应对债权人超标的查封关联公司账户的行为?

超过必要限度的查封一般被称为超标的(额)查封,指的是查封被执行人财产的价额明显超过了其应当清偿的执行债务以及执行费用金额。在大量涉及公司债务的纠纷中,公司债权人往往会提出财产保全申请以维护自身权益,超额查封问题也屡见不鲜。例如,2023 年 6 月,大连万达集团新增两则股权冻结信息,股权被执行标的企业均为大连万达商业管理集团股份有限公司,被冻结股权数额分别为 4527 万元、19.33 亿元,合计约 19.79 亿元。嗣后,万达集团发布声明指出,前述股权对应的资产价值约为 1287 亿元,引发了广泛讨论。

在法人人格否认制度之下,对于股东和关联公司而言,债权人为了确保自身债务的清偿,往往一并起诉债务人的关联公司,并进行过度查封行为,

---

〔1〕 最高人民法院民事审判第二庭编著:《中华人民共和国公司法理解与适用(上)》,人民法院出版社 2024 年版,第 90 页。

导致关联公司的正常运营受到不利影响。2023年《公司法》实施后，某些信用状况优良的中央企业甚至也遭受了超额查封之苦，对公司正常经营和融资造成了不必要的影响。对于被债权人超标的查封的关联公司而言，可以考虑采取以下两种救济路径。

1. 查封必要性审查与比例原则的适用

在民事诉讼领域，债权人的查封行为必须严格遵循查封必要性原则，这是保障各方合法权益、维护司法公正与效率的关键所在。法院在进行查封必要性判断后，还须遵循比例原则确定查封的范围，即查封应当公平、合理、适当，兼顾各方当事人和利害关系人的合法权益，不得超过实现执行目的所需的必要限度。法院在判断是否为超标的查封时应当同时考虑债权实现可能性与债务人合法权益保障，唯有二者达到相对均衡的状态，查封方能具备合法性与合理性。

《民事诉讼法》第253条对查封的范围进行了总括式规定，即"不得超出被执行人应当履行义务的范围"。《最高人民法院关于规范和加强办理诉前保全案件工作的意见》第17条规定，人民法院准许诉前保全财产的价值，应当与申请人申请保全的数额相当，不得明显超标的、超范围保全。2020年《最高人民法院关于人民法院民事执行中查封、扣押、冻结财产的规定》第19条进一步具体化，明确了查封被执行人的财产应以其价额足以清偿法律文书确定的债权额及执行费用为限，不得明显超标的额查封。对于超标的额查封，法院一般应当及时解除对超标的额部分财产的查封。除此以外，还有一些规范性文件也对超标的查封进行了规范，[1]此处不再一一列举。虽然相关规范数量可观，但由于缺乏对被查封财产价值的统一的具体认定方法，在司法实践中适用仍存在较大困难。

实际操作中，当债权人申请查封时，法院肩负着严格审查的重要职责。超标的额查封主要根据实体规则确定查封范围，而对财产范围的取舍以不动产最为复杂，需要考虑该不动产的可分性才能进行价值评估。在确定查封财产范围之后，执行机构还需要根据执行依据确定的债权额对财产价值进行估

---

[1] 具体可查询《最高人民法院关于人民法院办理财产保全案件若干问题的规定（2020修正）》第15条、《最高人民法院关于在执行工作中进一步强化善意文明执行理念的意见》第4条、《最高人民法院关于人民法院强制执行股权若干问题的规定》第5条、《最高人民法院关于审理民事、行政诉讼中司法赔偿案件适用法律若干问题的解释》第3条等。

算。[1]若债权人申请查封的财产价值远超出其债权范围，便极有可能构成过度查封。法院应依据法律规定，要求债权人提供合理的财产价值评估依据，并结合案件实际情况借助专业的市场价值评估手段进行综合判断。

例如，在"大铭公司黄山分公司、大铭公司合同纠纷案申请复议案"中，大铭公司黄山分公司、大铭公司向安徽省高级人民法院申请复议，认为黄山市中级人民法院财产保全的数额明显超过裁定保全的标的额，请求撤销裁定并解除查封措施。对此，安徽省高级人民法院指出，黄山市中级人民法院应就已保全财产的价值进行初步审查，从而判断是否明显超标的查封，但该院对此未作认真审查，申请复议人关于异议裁定认定事实不清、证据不足的理由成立。[2]本案即法院审查不到位引发的超标的查封情形，对此复议申请人提供了充足证据，最终得以解除查封措施。

具体而言，若诉前债权人申请查封债务人关联公司，基于诉前保全的特殊性，债权人应当提交证据证明情况紧急，不立即申请保全将会使其合法权益受到难以弥补的损害。通常情况下，诉前保全并不能直接针对债务人之外的第三人财产，法院必须评估债务人公司的资产状况是否足以满足偿债要求，若债务人财产足够清偿债务则无须对关联公司进行查封，此即查封必要性的判断。对于诉前进行的不必要查封以及生效裁判文书作出后出现的超标的查封情形，债务人的关联公司可以依据法律规定向法院提出执行异议和复议申请，并积极收集相关证据，如资产价值证明、企业运营受影响的材料等，以证明查封行为的过度性。法院在收到异议申请后，需依照法定程序对查封行为进行全面审查和必要调整，确保查封措施始终在合理必要的范围内实施，切实维护相关主体的合法权益。

2. 申请采取替代性保全措施

过度查封会导致企业难以正常开展生产经营活动，从而引发一系列严重后果。一方面，企业无法正常运转会导致其经济效益下滑，进而可能影响其偿债能力，最终损害债权人的利益；另一方面，从社会经济发展的宏观角度来看，企业的停产停业还可能引发员工失业等社会问题。因此，被查封的关联公司可以考虑采取一些替代性的保全措施，从而减少保全行为对自身的不良影响。

首先，可以申请改查封为监管。对于一些特殊的财产，如大型的生产设

---

[1] 熊德中：《论规范超标的额查封的执行行为——兼谈民事执行中的比例原则》，载《北方法学》2023年第1期。

[2] 安徽省高级人民法院（2016）皖执复19号复议裁定书。

备、正在运营的企业资产等，如果直接查封或扣押可能影响其正常运营或造成较大损失，此时可以由法院指定专人或委托相关机构对财产的使用、处置等进行监督管理，确保财产在诉讼期间不被恶意转移或不当使用。监管措施并不会过度妨碍财产的合理使用，从而保障企业在诉讼期间仍能维持一定的生产经营活动，同时也能够保护债权人的利益。

其次，可以另行提供担保。担保财产虽然也须置于他人的控制下，但担保人可以对担保财产进行选择，如具有相当价值的闲置生产设备或积压的产品等，将其作为担保物能够较好平衡被查封的关联公司以及债权人之间的利益。在实践中，还可以通过提供担保函的方式予以替代。如果申请人恶意申请查封，并导致股东利益受损，可要求申请人就开具保函的费用进行损害赔偿。

概言之，在未刺破法人人格时，法院应判断是否具有查封的必要性。若债务人财产不足以清偿债务，如果债权人能够通过其他法律手段获得救济，那么法院应优先考虑其他救济方式，如行使债权人代位权和撤销权、请求股东出资加速到期等，而非径行适用法人人格否认制度。[1]在确有必要对关联公司进行查封时，还需要根据比例原则进行查封范围的确定，以损害最小的方式进行查封，此时可以运用专业的市场价值评估手段进行综合判断。对于已经发生的过度查封行为，债务人关联公司可以通过改采监管、另行提供担保等替代性保全措施以解除查封，将保全措施对自身的不利影响降至最小。

问题 9 ▷ 一人公司在我国所有公司中占比约 **40%**，一人公司股东如何自证清白，避免承担连带责任？

一人公司，系指股东仅为一人并由该股东持有公司的全部出资或所有股份的公司。2023 年《公司法》对一人公司制度作出了重大调整，在结构上删除了原《公司法》第二章第三节"一人公司的特别规定"；范围上，原《公司法》仅允许一人有限公司，2023 年《公司法》又引入了一人股份公司类型；此外，2023 年《公司法》还取消了对自然人设立一人公司的数量限制以及自然人股东设立的一人公司再设立一人公司的限制，以便利投资兴业，释放市场主体活力，繁荣市场经济。关于一人公司法人人格否认制度的适用，2023 年《公司法》第 23 条第 3 款基本沿袭了 2018 年《公司法》第 63 条之规定，一人公司财产混同的举证责任倒置，若不能自证公司财产独立于股东财产，股东应当对公司债务承担连带责任。

---

〔1〕 刘凯湘：《法人人格否认制度的新发展与规则适用》，载《中国应用法学》2024 年第 6 期。

1. 一人公司的财产独立性风险

一人公司有其营业自由度高的固有优势，伴随而来的是股东滥用行为频发给公司债权人造成的高度风险。华盛顿大学 Robert B. Thompson 教授主持的一项关于"揭开公司面纱"的实证分析资料表明，在闭锁公司判例中一人公司被揭开面纱的比例占 50%，超过了股东为二至三人的闭锁公司 46% 的比例。[1]一人公司仅由一个股东控制，公司的唯一股东往往身兼数职，行为缺乏监督和限制，可以作出符合个人利益最大化的决定，因而较之其他类型的公司更容易发生滥用公司独立人格的情形。对于交易相对人而言，其往往难以区隔一人公司与公司的唯一股东，此时即出现明显的利益失衡，更有刺破法人面纱的必要性。故此，各国法律倾向于加强对一人公司的法律规制，适用法人人格否认制度时将财产独立的举证责任倒置给一人公司方即典型体现。除此以外，还表现为设置特别的公示要求、更严格的审计要求、最低资本金制度和设立数目限制等。

从制度起源来看，德国联邦法院在 1985 年以法官造法的方式创设了"推定关系企业"理论，即母公司基于股东身份对子公司日常事务行使经常且广泛的控制力，或长久且强力地控制，可以推定母公司未尽诚信义务，因而应对子公司的债务负责。将"推定关系企业"理论应用于法人人格否认之诉，实际上意味着实行举证责任倒置，将举证责任移转给被告母公司，除非其能够成功举证抗辩，否则面临直索责任。[2]日本最高法院首例适用法人人格否认法理的场合即发生在一人公司承担其背后股东债务的判例中，法官认为，法人与其组成成员在法律上的人格当然是不一样的，即使在股东只有一人的情况下也同样如此。但一般而言，法人人格的赋予是基于对社会中存在的团体价值进行评价的立法政策，在法人人格只不过徒具形式或者为回避法律的适用而被滥用时，对法人人格的认可并不符合赋予法人人格的本来目的，因而就产生了否定法人人格的必要。[3]

就我国司法实践来看，有研究报告选取了截至 2024 年 9 月的 121 个一人公司法人人格否认样本案例，其中有 94 例被法院认定为人格混同，一人公司

---

〔1〕　Robert B. Thompson："Piercing the Corporate Veil：An Empirical Study"，Cornell Law Review，Vol. 76：1036，1991.

〔2〕　李建伟：《公司法人格否认规则在一人公司的适用——以〈公司法〉第 64 条为中心》，载《求是学刊》2009 年第 2 期。

〔3〕　[日] 森本滋：《法人格的否认》，载 [日] 江头宪治郎等编：《会社判例百选》（第五版），有斐阁 1993 年版，第 10—11 页。

人格刺破率高达 77.69%。[1]其中，自然人作为一人公司股东的案例样本最多，剔除存在夫妻关系的一人公司股东案例样本后，公司人格刺破率甚至超过 95%。就涉案一人公司股东自证清白的证据类型与刺破率之间的关联性而言，未提供证据进行自证的公司人格刺破率最高，即使提供了年审报告或其他证据，也不一定能充分证明财产独立。通过以上数据分析可得知，对于一人公司法人人格否认案件，法院多先入为主认定公司与股东财产并不独立，而年审报告等证据由于其自身的形式要求和制作来源也并不能成为一人公司股东免予承担连带责任的"免死金牌"，更加剧了一人公司股东"自证清白"的难度。

当然，司法实践中滥用公司法人人格和股东有限责任原则的现象十分复杂，并不都是股东利用空壳公司谋取股东自身之利益的情况，如全资子公司的支配股东或母公司有可能向被控制公司转移资产或利润以逃避自身的责任，[2]本质上是逆向法人人格否认的适用。

2. 一人公司法人人格否认的风险应对

首先需要明确的是，一般的法人人格否认制度与一人公司法人人格否认制度的适用关系。根据拉伦茨教授的"法律规整"理论，法律中的诸多法条并非只是单纯并列，而是以多种方式相互指涉，透过彼此交织及相互合作而产生一个规整，法秩序即由许多规整所构成，法学最重要的任务之一正是要清楚指出彼等由此而生的意义关联。[3]按照其逻辑，一人公司法人人格否认应当是法人人格否认秩序中的一部分，而法人人格否认正是 2023 年《公司法》所追求的债权人保护这一更广泛的规整的组成部分。从条款关系上来看，2023 年《公司法》第 23 条第 3 款源自原《公司法》关于一人公司特别规定一章的第 63 条，故一人公司法人人格否认应属于法人人格否认制度的特别条款。在公司债权人主张一人公司与其股东财产不分而应否定公司法人人格的情形下，由股东承担举证责任；如若公司债权人主张一人公司与其股东因其他原因而应否定公司法人人格，则应适用第 23 条第 1 款之规定，由债权人承担举证责任。[4]举证责任的承担关乎不利结果的承受，因此，一人公司股东避免法律风险的核心问题就在于如何证明财产独立。

---

〔1〕《关于一人公司股东如何"自证清白"的实证研究》，载微信公众号"民商法律实务研究"，发布日期：2024 年 9 月 16 日。

〔2〕 朱慈蕴：《公司法人人格否认法理与一人公司的规制》，载《法学评论》1998 年第 5 期。

〔3〕 ［德］卡尔·拉伦茨：《法学方法论》，陈爱娥译，商务印书馆 2003 年版，第 144 页。

〔4〕 蒋大兴：《一人公司法人人格否认之法律适用》，载《华东政法学院学报》2006 年第 6 期。

实践中，不乏一人公司通过"自证清白"而免于承担连带责任的案例。在最高人民法院公报案例"应某峰诉嘉美德公司、陈某美其他合同纠纷案"中，一审法院认为，陈某美作为嘉美德公司的股东，代表嘉美德公司与原告应某峰签订《投资合同》，其与嘉美德公司之间意思表示一致，并不是相互独立的；此外，作为嘉美德公司的唯一股东，陈某美未能向法院提供证据证明嘉美德公司的财产独立于其个人财产，又因嘉美德公司坚持不进行审计，故无法证明应某峰所交付的投资款已用于嘉美德公司而排除另作他用的可能性。为防止一人公司的唯一股东滥用公司独立人格，增强对公司债权人的保护，应某峰要求陈某美对嘉美德公司的债务承担连带清偿责任的诉讼请求应予以准许。[1]而二审法院推翻了一审法院的上述判决结论，认为嘉美德公司的相关审计报告可以反映其具有独立完整的财务制度，相关财务报表亦符合会计准则及国家规定，且未见有公司财产与股东个人财产混同的迹象，可以基本反映嘉美德公司财产与陈某美个人财产相分离的事实。嘉美德公司收到应某峰的投资款后，虽有部分用于支付均岱公司的员工工资及货款等费用，但是根据双方投资合同的约定，应某峰投资后，均岱公司的业务将全部转入嘉美德公司，因此均岱公司的业务支出与应某峰的投资项目直接有关；这些费用的支出均用于均岱公司的业务支出，并无款项转入陈某美个人账户的记录。因此，本案证据并不能反映嘉美德公司财产与陈某美个人财产有混同的迹象。

在"弈成新科技公司、湘电风能公司债权人代位权纠纷案"中，对于湘潭电机公司是否应当对湘电风能公司的案涉债务承担连带责任的争议焦点问题，二审法院认为，一人有限责任公司股东和公司如能举证证明其股东财产与公司财产分别列支列收，单独核算，利润分别分配和保管，风险分别承担，应认定公司和股东财产的分离。本案中，股东和公司承担了公司财产和股东财产独立的初步证明责任，而弈成科技公司和南通东泰公司并未提出湘电风能公司和湘潭电机公司构成财产混同的任何证据，亦未指出审计报告中存在哪些可能构成财产混同的问题，因此认定湘潭电机公司并不对湘电风能公司债务承担连带责任。[2]

本书认为，一人公司股东若要自证财产独立从而避免承担连带责任，在日常经营中应当注意以下几点：

其一，公司应有独立于股东个人账户的银行账户，这是最基本的财务独立要求。所有与公司相关的收入、支出、贷款等都应通过公司账户处理，并

---

〔1〕 上海市长宁区人民法院（2013）长民二（商）初字第 S829 号民事判决书。
〔2〕 最高人民法院（2020）最高法民终 479 号民事判决书。

且应当尽量避免作出可能导致股东资产与公司资产混同的行为。

其二，必须有清晰的财务记录。公司账簿与股东账簿应当分开设置，若公司和股东间须进行必要的交易，必须在双方账簿上进行明确全面的记载。应妥善制作财务会计报告并定期审计，确保报告符合相关法律法规的形式和内容要求，防止在诉讼中因存在瑕疵而影响证据的有效性。对于制作报告的原始凭证和材料也应完整保存，必要时可作为补强证据增强证明力。

其三，可通过健全公司治理来避免财产或人格混同行为。可制作完备的公司章程，明确股东的权利和公司运营规则，确保公司具备法人治理的基本框架的同时也明晰股东权利边界；公司各项重要决策也应有书面记录，以留档备查；建立完善的内部控制和合规体系，确保公司所有经营活动符合相关法律法规。再者，公司应有和正常经营活动相匹配的注册资本。虽然我国公司法早已取消最低注册资本的公司设立要求，但一人公司基于其特殊性仍须适以适当的注册资本彰显设立股东并无滥用法人人格独立性逃避债务之目的，防止法院产生先入为主的不良印象。

其四，就公司外部而言，还可以引入独立第三方对公司和股东间的重大关联交易进行独立审查或定价，确保公允性。

问题 10 ▷ **2023 年《公司法》第 24 条规定了电子通信方式会议，电子通信方式包括哪些类型？可以适用于公司的哪些会议种类和事项？**

2021 年 12 月，全国人大常委会在《关于〈中华人民共和国公司法（修订草案）〉的说明》中指出，新《公司法》的修订要充分利用信息化建设成果，明确电子营业执照、通过统一的国家企业信用信息公示系统发布公告、采用电子通信方式作出决议的法律效力。[1]目前，我国的计算机与通信技术发展位居世界前列，信息化建设取得显著成果，线上会议平台的使用广泛融入了人们日常的工作生活之中。在此背景下，2023 年《公司法》第 24 条与时俱进，将电子通信会议纳入公司"三会"会议的召开与表决方式，为公司治理降本增效提供助力。

1. 2023 年《公司法》全面引入电子通信会议制度

在 2023 年《公司法》修订前，虽然 2018 年《公司法》中并未对公司召开会议采用电子通信方式进行规定，但公司电子化会议的规范已经存在于部

---

〔1〕 王瑞贺：《关于〈中华人民共和国公司法（修订草案）〉的说明》，载《中华人民共和国全国人民代表大会常务委员会公报》2024 年第 1 期。

分部门规章和行业规范中。证监会于 2000 年发布的《上市公司股东大会规范意见》中即引入了上市公司股东大会的通讯表决制度，随后在 2004 年发布的《上市公司股东大会网络投票工作指引（试行）》中则进一步包含了上市公司股东大会网络投票时股东大会的通知、网络投票方式以及表决票数计算等方面的细化规定。[1]2022 年《上市公司股东大会规则》则将电子化会议规定为上市公司股东大会召开的必要形式。[2]在董事会会议方面，已失效的《商业银行公司治理指引》中规定董事会会议可以采用会议表决（包括视频会议）和通讯表决两种表决方式。[3]《上市公司章程指引（2023）》和 2018 年《上市公司治理准则》也未禁止董事会议事规则中规定采用电子通信方式作为董事会的召开和表决程序，为董事会采用电子化方式开会预留出空间。[4]此外，2018 年《公司法》第 43 条、第 48 条和第 55 条也规定相关公司机关的议事方式和表决程序除法律有规定的外可以由公司章程进行规定，并未明确否认公司电子通信会议的法律效力。

但是，2023 年《公司法》出台前的电子通信会议相关规范缺乏系统性和普适性，大多只专注于参加会议或进行表决等个别环节，缺乏对会议整体电子化的系统规定；同时这些规范局限于股东会或董事会等具体会议，缺乏对公司"三会"的普遍适用规范。与之不同，2023 年《公司法》第 24 条规定："公司股东会、董事会、监事会召开会议和表决可以采用电子通信方式，公司章程另有规定的除外。"在法律中承认了公司采用电子通信方式召开会议和表决的效力，这种方式具有效力层级高、覆盖流程全、适用主体广的特点，是公司会议形式的全方位改进。

---

〔1〕《上市公司股东大会规范意见》第 6 条规定，年度股东大会和应股东或监事会的要求提议召开的股东大会不得采取通讯表决方式；临时股东大会审议下列事项时，不得采取通讯表决方式。《中国证券监督管理委员会关于发布〈上市公司股东大会网络投票工作指引（试行）〉的通知》第 3 条规定，上市公司召开股东大会，除现场会议投票外，鼓励其通过网络服务方式向股东提供安全、经济、便捷的股东大会网络投票系统，方便股东行使表决权。股东大会议案按照有关规定需要同时征得社会公众股东单独表决通过的，除现场会议投票外，上市公司应当向股东提供符合前款要求的股东大会网络投票系统。

〔2〕2022 年《上市公司股东大会规则》第 20 条第 2 款规定，股东大会应当设置会场，以现场会议形式召开，并应当按照法律、行政法规、中国证监会或公司章程的规定，采用安全、经济、便捷的网络和其他方式为股东参加股东大会提供便利。股东通过上述方式参加股东大会的，视为出席。

〔3〕《中国银监会关于印发商业银行公司治理指引的通知》第 29 条第 2 款规定，董事会会议可以采用会议表决（包括视频会议）和通讯表决两种表决方式，实行一人一票。采用通讯表决形式的，至少在表决前 3 日内应当将通讯表决事项及相关背景资料送达全体董事。

〔4〕《上市公司章程指引（2023）》第 109 条规定，董事会制定董事会议事规则，以确保董事会落实股东大会决议，提高工作效率，保证科学决策。2018 年《上市公司治理准则》第 29 条规定，上市公司应当制定董事会议事规则，报股东会批准，并列入公司章程或者作为章程附件。

2. 什么是电子通信方式？

2.1 电子通信方式的技术特征

2023 年《公司法》第 24 条打破了传统电子化规范局限性的桎梏，首次在法律层面上对公司会议采用电子通信方式进行规定，具有效力层级高的特点。同时，电子通信方式的运用贯穿公司会议从召集到表决的各个环节，是对公司会议程序的全流程覆盖。此外，2023 年《公司法》第 24 条允许股东会、董事会和监事会在开会时选用电子通信方式，赋予了电子通信会议在公司治理中的普适意义。

相比实体的线下会议，电子通信会议具有以下技术特征：

第一，电子通信会议具有与会非现场性。所谓与会非现场性，是指通过线上会议平台参会的成员并不处于同一实体空间，他们只能通过电子信息的传递米进行互相联系。这就导致参会人员无法同线下实体会议一样，能够保证会议信息准确、没有延迟地传递给在座的参会成员。此外，诸如会议材料的传递、表决权的行使方式等也与线下会议产生了形式上的差别。线上会议平台难免会出现网络信号延迟、中断、参会成员对会议软件使用不熟练等问题，从而影响会议议程或表决权的行使。

第二，电子通信会议存在信息确认要求。在传统线下会议中，面对面交流和文件资料传递并不存在真实性确认的障碍，而电子通信会议的参会成员却是依靠电子信息在彼此之间传递文件资料，虽然具有快速、简便的优点，却无法确保相关信息的真实性。[1]如果出现了使用计算机手段恶意篡改或截取传递中的信息，导致信息接收方收到了错误信息或未及时收到相关信息，就会使其作出错误决策。因此相较于线下会议，电子通信会议需要注意对信息的真实性进行确认，并且要保障信息传递过程的安全性。这在一些重点程序方面尤其应当关注，如参会成员身份的确定、会议表决程序等。

2.2 电子通信方式的界定要点

电子通信会议同样有其明确的外延范畴，公司应当在规定的概念范围内使用电子通信会议。一旦公司对电子通信方式的运用超出了一定的界限，则不能被视为 2023 年《公司法》第 24 条所规范的电子通信会议，并且可能导致决议的效力存在瑕疵。

其一，电子通信会议不包含非即时会议类型。公司会议采用电子通信方

---

[1] 房绍坤、姜一春：《公司 IT 化的若干法律问题》，载《中国法学》2002 年第 2 期。

式，通过电子信号在参会成员间传递信息，保持成员间信息的实时交互，其本质上是通过线上途径来实现传统实体会议的功能。公司会议的召开也是为了使参会成员间能够实时交流并表达观点，以实现在对审议事项的充分认识后进行表决，这一目标的达成离不开会议的即时召开。因此，非即时会议，例如通过信息或邮件来传递审议事项的文件资料并由参会成员回复信息表达观点，不能够被视为2023年《公司法》第24条所规定的电子通信会议，只能参照传签规则进行处理。

其二，电子通信会议程序不得被非法简化。电子通信会议只是公司"三会"会议召开和表决所采用的一种形式，并不影响公司"三会"的职能行使。需知公司"三会"作为公司内部机关，其行使公司治理职能的途径即通过召开"三会"会议并作出决议，而公司决议的效力首先应当取决于决议作出的程序，正如公司决议效力瑕疵首先应当是程序瑕疵。[1]因此，会议程序对于公司决议的有效性至关重要，电子通信会议仍然要具备一个完整的公司会议所应包含的召集、议事、表决等程序，其只是提供了更为便捷的方式，而不是对会议程序进行了替代和取消。

其三，技术上的即时通信不等于法律上的即时通信。电子通信会议要求参会成员使用信息技术进行即时信息互通来召开会议，在对审议事项进行了解和知悉的前提下进行表决，从而作出会议决议。然而，当前人们生活中所使用的微信、钉钉、QQ等即时聊天软件属于"即时通信工具"，通过这些软件发送的消息可以被对方即时接收到，保障实时沟通交流的便捷性。但是这种技术上的即时通信不可被当然视为法律上的即时通信。电子通信会议中的即时通信性是建立在会议召开的基础之上的，如果缺乏会议的必要形式，那么即使是通过即时通信工具在成员间传递信息也不能被视为召开了一次会议。比如，在所有公司董事的微信群聊中发送审议事项，而缺少事先的通知程序，导致有些董事及时看到了群聊消息而有些董事没有看到，在此情形下难以认定会议完成了召集程序。即使是有过半数的董事在群聊中回复"同意"，仍然不能认为董事会作出了一个有效的决议。

3. 电子通信会议的适用场景与事项

首先，电子通信方式可以适用于股东会、董事会、监事会，以及董事会审计委员会、战略委员会、提名委员会等内设机构，是信息技术在公司会议领域的全方位运用。根据2023年《公司法》第24条之规定，电子通信制度

---

[1] 陈雪萍：《程序正义视阈下公司决议规则优化之路径》，载《法商研究》2019年第1期。

的适用主体包含股东会、董事会、监事会等公司机关，而审计委员会、战略委员会等特别委员会属于董事会内设机构，其会议的召开和表决自然也可以适用电子通信方式。如《央企章程指引》第 47 条即规定在特殊情形下公司董事会可以采用电子通信方式对议案作出决议。[1]其实，电子通信会议制度的引入就是公司治理电子化的整体趋势在公司会议领域的聚焦，既是具体适用的法律规范，也是立法对公司治理电子化倾向的体现。公司"三会"成员在日常经营管理中通过电子通信会议能够免去传统实体会议的繁琐程序，在简便会议形式、降低开会成本的同时也能提高公司运营决策的效率。[2]

其次，电子通信方式可以适用于开会和表决两个事项，以及召集、通知、主持、表决等会议全过程，适用方式灵活。不同于 2022 年《上市公司股东大会规则》中要求上市公司股东会必须设置线下会场，也不同于《商业银行公司治理指引》等文件只着眼于规定公司会议的表决等个别环节，2023 年《公司法》第 24 条的电子通信会议既可以适用于公司会议的整体环节，也可以在个别环节单独使用；既可以只设置线上会议平台，也可以采用线上线下双会场的模式，是电子通信技术的应用在公司法领域的大胆扩张与灵活规范。2025 年 3 月 28 日生效的《上市公司章程指引（2025）》《上市公司股东会规则》中也予以明确，股东会除设置会场以现场形式召开外，还可以同时采用电子通信方式召开。但是，需要注意，由于电子通信会议与传统实体会议的信息交流方式存在差异，可能存在网络传输技术障碍、参会成员网络知识限制、信息交流及沟通不畅等问题，从而导致会议和决议本身效力方面的若干瑕疵。因此，公司章程等文件应当在程序方面建构和细化电子通信会议自身的特殊规则。[3]

问题 11 ▷ 如果公司准备采用电子通信方式开会，需要明确写入章程条款吗？章程条款应该如何规定电子通信会议？

在实践中，对于 2023 年《公司法》第 24 条进行正确适用的前提之一，即正确认识电子通信会议制度的具体立法模式。2023 年《公司法》所规定的电子通信会议制度采"默示选入，明示选出"的缺省性规范模式：除非公司

---

〔1〕 2024 年《关于印发〈中央企业公司章程指引〉的通知》第 47 条规定，除不可抗力因素外，董事会定期会议须以现场会议形式举行。董事会召开临时会议原则上采用现场会议形式；当遇到紧急事项且董事能够掌握足够信息进行表决时，也可采用电话会议、视频会议或者形成书面材料分别审议的形式对议案作出决议。

〔2〕 王志刚：《电子通信会议，并非想象中那么简单》，载《董事会》2024 年第 4 期。

〔3〕 刘斌编著：《新公司法注释全书》，中国法制出版社 2024 年版，第 115 页。

章程明确排除电子通信方式适用，公司会议和决议即可通过电子通信方式进行。为了规范公司内部电子通信会议的适用，建议章程条款细化电子通信会议的具体适用规则，在重要会议类型中排除电子通信方式的适用；此外，针对网络故障的处理、会议记录等信息的置备与留存等也要在公司章程中予以明确，以应对当前电子通信会议法定具体规则的空缺。

1. 电子通信会议制度采默示选入模式

在 2023 年《公司法》立法过程中，理论上对电子通信会议制度的置入模式有不同观点。一种意见认为，应当采取"默示选入，明示选出"模式，即除非公司章程另有规定外，公司均可以采取电子通信方式召开会议和作出决议；另一种意见则认为，应当采取"默示排除，明示选入"的模式，即只有公司章程规定可以采取电子通信方式召开会议和作出决议时，公司方可采用电子通信方式。[1]

"默示选入，明示选出"和"默示排除，明示选入"又分别称为缺省性规范和赋权性规范，都属于任意性法律规范，公司可以根据商事需求进行自治安排。相较于需要主动选择才能够适用的赋权性规则，缺省性规范则是默示置入于规范之中的，体现了更加强烈的推荐适用的倾向，对公司抉择产生更大影响。[2]《公司法（修订草案一审稿）》在 2021 年 12 月公布时，规定只有在公司章程规定下才可以采用电子通讯方式召开会议和表决，采"明示选入，默示选出"的模式。《公司法（修订草案二审稿）》改采"默示选入，明示选出"模式，即除非公司章程另有规定，公司均可以采取电子通信方式召开会议和进行表决，肯认了公司会议默认情况下选用电子通信形式的合法性。三审稿与通过后的 2023 年《公司法》第 24 条均延续了二审稿的默示选入模式。

域外法中对于电子通信会议制度的置入模式也存在不同的规定。采"默示选入，明示选出"的立法规范有《美国示范公司法》和《美国特拉华州普通公司法》等。《美国示范公司法》规定除非公司章程或内部细则另有规定，董事会可以允许董事以电子通信方式出席董事会。[3]《美国特拉华州普通公司法》规定，除非章程大纲或者章程细则另行限定，任何公司董事会或者董事

---

〔1〕 刘斌编著：《新公司法注释全书》，中国法制出版社 2024 年版，第 116 页。

〔2〕 伍坚：《缺省性公司法规则的构造——基于减少交易成本和代理成本的分析》，载《法学研究》2023 年第 5 期。

〔3〕《美国示范公司法》第 8.20 节（b）。

会设立的委员会的成员都可以通过电子通信方式参会。[1]而采"明示选入，默示选出"的立法规范有《德国股份公司法》《法国公司法》《日本公司法》《韩国商法》等。《德国股份公司法》第 118 条第 1 款规定，章程可以规定，或者授权董事会规定，股东不在现场而且没有代理人也可以参加股东大会并全部或者部分地通过电子通讯方式行使其全部权利或者个别权利。[2]《法国公司法》第 225-107 条规定，如公司章程有规定，在计算参加会议的法定人数与多数票时，通过可以鉴别音像的视听或电讯方式参加股东大会的股东，视为出席会议。《日本公司法》第 312 条第 1 款规定，表决权以电磁方法的行使，依政令的规定，得到股份公司的承诺，在法务省令规定时以前，以将表决权行使书面应记载事项以电磁方法向该股份公司提供的方式进行。[3]《韩国商法》第 368 条之四规定，公司股东可以根据董事会的决议采用网络投票制度。[4]

　　2023 年《公司法》第 24 条最终选择采用"默示选入，明示选出"的立法模式，存在多方面的考量。从成本效益方面进行考虑，电子通信会议制度作为缺省性规则，最大程度扩张了公司会议召开和表决可以采用的形式，肯认了默认情况下公司采用电子通信方式的决议效力，降低公司召开会议和表决的成本。但同时公司章程也可对电子通信会议的效力予以限制和排除，为公司自治预留了制度空间。公司会议作出决议是公司实现自我利益的方式，会议形式和决议制度也应当以私法自治为底色。[5]若公司基于现实情况或公司治理的考量在章程中规定不得采用电子通信方式召开会议或表决的，则公司"三会"继续采用电子通信方式所作出的决议可撤销。我国 2023 年《公司法》第 24 条最终采取"默示选入，明示选出"的置入模式也与我国目前的互联网发展水平有关。根据 2024 年 3 月中国互联网络信息中心（CNNIC）发布的第 53 次《中国互联网络发展状况统计报告》，截至 2023 年 12 月，我国网民规模达 10.92 亿人，互联网普及率达 77.5%。[6]钉钉、腾讯会议和微信群聊等软件可以满足在线实时会议对于人员验证、文件传输、记录保存和信息统计的要求，为电子通信会议提供了便捷高效的平台。上海、深圳证券交易

---

〔1〕《美国特拉华州法典》第八编第一章第 141（9）条。

〔2〕《德国商事公司法》，胡晓静、杨代雄译，法律出版社 2014 年版，第 122 页。

〔3〕吴建斌编译：《日本公司法：附经典判例》，法律出版社 2017 年版，第 168 页。

〔4〕王延川、刘卫锋编译：《最新韩国公司法及施行令》，法律出版社 2014 年版，第 72 页。

〔5〕吴飞飞：《决议行为归属与团体法"私法评价体系"构建研究》，载《政治与法律》2016 年第 6 期。

〔6〕参见《第 53 次〈中国互联网络发展状况统计报告〉》，载 https://www.cnnic.net.cn/n4/2024/0322/c88-10964.html，最后访问日期：2025 年 3 月 22 日。

所也早已为上市公司股东会网络投票搭建了网络平台。我国采用电子通信方式召开会议和作出决议的已经基本具备相应的科技条件和技术能力。

2. 章程可以也应当进一步细化电子通信会议规则

电子通信会议作为 2023 年《公司法》修订中所引入的新制度，受到了公司实务各界的广泛关注。当前实践中，对公司章程中缺乏相关规定的情形下股东会、董事会、监事会会议采用电子通信方式的有效性已无异议，其主要关注点在于电子通信会议具体操作程序的细化，包括电子通信方式的选择、文件置备等事项。公司章程和董事会议事规则应当在董事会电子通信会议的召集通知、参会成员身份确认、会议文件资料的传递、会议议程信息的传递、表决程序以及会议记录的置备与留存等方面做好规则完善工作，以健全的程序来应对董事会电子通信会议中的潜在瑕疵问题。

2.1 通过章程细化电子通信会议规则的必要性

电子通信方式作为 2023 年《公司法》第 24 条以"默示选入，明示选出"的立法模式所引入的法条，对电子通信会议制度在公司治理中的运用呈现出鼓励的立法态度，因此，在公司章程没有进行明确规定的情况下以电子通信方式召开和表决的公司会议以及所形成的决议是有效的。但是，章程也需要进一步细化电子通信会议在公司会议中的适用程序，以填补当前电子通信会议规范缺失所造成的规则空缺，如 2023 年《公司法》第 24 条出台后的《央企章程指引》第 47 条即规定，除不可抗力因素外，董事会定期会议须以现场会议形式举行。董事会召开临时会议原则上采用现场会议形式；当遇到紧急事项且董事能够掌握足够信息进行表决时，也可采用电话会议、视频会议或者形成书面材料分别审议的形式对议案作出决议。在一些特殊的会议场景下，比如某些董事会专门委员会的会议，或者涉及公司重大决策事项的董事会或股东会会议时，可能因涉及公司商业秘密等安全性的考量而不宜采用电子通信方式进行会议，公司章程可以明确在此等情形下排除电子通信会议的适用。

2.2 通过章程细化电子通信会议的召集通知规则

通知程序是公司会议召集程序的重要组成部分，也是电子通信会议召开的必要前置程序。我国公司法规定了公司会议通知的时间、内容及方式。根据 2023 年《公司法》，股东会和董事会会议通知的时间部分法定、部分可由章程规定。会议通知的内容则应当包括会议时间、会议地点和审议事项。此外，公开发行股份的公司应当以公告的方式作出相应通知，而对于其他类型的公司，2023 年《公司法》并未规定明确的通知方式，交由公司章程进行规定。电子通信方式为公司会议的召集通知提供了更为便捷高效的方式，可以根据实际会议情况对会议通知的时间、内容及方式进行适当调整，通过公司章程加以细化规定。

电子通信会议通知的时间仍然应当参照传统实体会议确定，在正式召开的一段时间前传递给参会成员，其目的是让各参会成员对会议审议事项进行充分的准备。会议审议事项越复杂、越重要，越要给参会成员留足充分的准备时间。如果提前通知时间不足可能影响参会成员"观点和理由之形成"，最终影响会议作出决议的质量。[1]公司采用电子通信方式开会的，也需要给参会成员留足参会的准备时间，不可图程序之简便而缩短会议通知的时间，否则可能会造成决议效力存在瑕疵。

2023年《公司法》第115条规定，会议通知的内容应当包括会议召开的时间、地点和审议的事项。公司采用电子通信方式开会的，会议通知内容应当明确包含电子通信会议的入会通道和入会时间，包括具体线上会议平台、会议房间号、入会密码等。这也是参会成员能够顺利参会的基础，反之则应当视为公司未完成召集程序，造成决议效力存在瑕疵。[2]此外，股份公司股东会会议通知中还应当包括会议审议的事项。由于会议决议是由议案转化而来的，因此召集人在会议召开前应当将审议事项名称或内容通知各参会成员，否则"股东会不得对通知中未列明的事项作出决议"。

作为电子通信会议的一环，召集通知自然也可以电子信息形式发出。但需要注意的是，公司会议采用电子通信方式进行通知的，应当确认参会成员收悉，比如以电子邮件的方式发送到参会成员的邮箱或将短信发送至参会成员预留的手机号上。[3]这需要事先获得参会成员的同意或有章程的明确规定。[4]同时，公司章程要明确通知信息的送达规则，规定以电子信息形式发出的通知的送达时点。公司董事和监事作为公司治理人员，一般不存在无法收悉会议通知的问题。非公众公司股东会会议的通知可以通过公司留存的电子邮件、传真、短信、微信等方式发送至股东。公众公司的会议通知采用公告的方式进行的，视为所有股东都收到了会议通知。例如，《隆基绿能公司章程》第166条规定，公司发出的通知，以公告方式进行的，一经公告，视为所有相关人员收到通知。

---

〔1〕　吴维锭：《论公司决议程序瑕疵轻微的认定》，载《财经法学》2024年第1期。

〔2〕　艾获环境技术（上海）有限公司诉上海境闲机械设备制造有限公司公司决议撤销纠纷案，上海市第一中级人民法院（2018）沪01民终3108号。

〔3〕　[日]近藤光男、志谷匡史：《修改股份有限公司法Ⅰ》，弘文堂2002年版，第156页。

〔4〕　王宗正：《股东大会的"互联网+"：技术创新与制度回应》，载《社会科学研究》2017年第1期。

2.3 通过章程细化电子通信会议的议事程序规则

公司会议的议事程序是公司向参会成员说明审议事项的具体内容、参会成员提出质询或发表意见的重要环节，也是参会成员对审议事项形成认识，并为会议表决进行铺垫的前提程序。不同于传统实体会议，电子通信会议具有与会非现场性的特点，需要对参会成员身份进行确认。此外，电子通信会议中需要注意保持会议议程信息的有效传递，做到参会成员间信息接收的同步性。同时，在会议文件资料的传递方面也要注意保密性和确认收悉等方面的要求。在当前规范缺失的情况下，以上内容应当交由公司章程进行细化。

（1）参会成员身份确认

以股东会会议为例，其议事程序主要包括核实身份、核对人数是否符合法律和章程要求、宣布开会、宣读提案、提问与辩论、分组讨论、交付表决等，因此公司会议召开时首先需要参会成员签到并确认其身份。基于电子通信会议的与会非现场性，会议召集人和线上参会成员缺乏空间上的直接接触，公司会议召集人需要根据一定的技术手段确认参会成员身份的真实有效，避免参会成员身份存在争议而导致表决权效力出现瑕疵等问题。

在域外法上，《美国特拉华州普通公司法》第 211 条要求采取远程传输方式召开股东会的公司"应当采取合理措施，证实通过远程传输参加会议并投票的每个人都是股东或者股东代表人"，规定由公司负责对参会股东身份进行确认。《韩国商法施行令》第 13 条也要求："作为网络投票的股东，在确认股东身份之后在公司通知的网络地址根据公司规定的方式进行网络投票……为了确保网络投票的效率性和公正性，指定网络投票的管理机关，以便于可以委托股东身份的确认等行使表决权的程序。"[1]规定对股东身份确认可以由网络投票管理机关负责。

我国上市公司股东会采用网络投票形式的，股东可以通过股东大会网络投票系统参会并进行投票。由于上市公司中的所有股东都在中国证券登记结算系统中进行了登记，因此股东输入账号密码登录网络投票系统即表明该账号中的股权为该股东所持有，可视为对股东身份进行了确认。在我国非公众公司中，会议议事程序属于公司的自治事项，没有相应法律规范对公司会议召开时参会成员的身份确认进行规定。非公众公司采用电子通信方式召开会议的，可以使用线上会议平台的功能完成对参会成员的身份确认，比如，在登录线上会议平台时输入对应的账号密码、在会议召开前要求参会成员打开

---

〔1〕《韩国商法施行令》第 13 条。参见王延川、刘卫锋编译：《最新韩国公司法及施行令》，法律出版社 2014 年版，第 187 页。

摄像头并展示身份证或者其他身份证件，或要求参会成员添加会议秘书并由会议秘书确认其身份后允许其进入会议平台等。

（2）会议文件资料的传递

会议文件资料使用电子通信方式进行传递的，充分利用了电子信息传输简易、便捷的特征，也是包括股东等在内的参会成员行使提案权、质询权、知情权的重要途径。[1]在电子通信会议召开的过程中，也要保障参会成员能够有效进行互动，畅通会议议程信息的获取渠道。

电子通信会议是通过线上会议平台召开的，文件资料可以通过线上平台的文件传输功能进行传递，视为参会成员已经获取相关文件。电子文件资料也可以通过发送至参会成员的电子邮箱或其他特定系统来进行传递，但这种途径需要事先通知或征得参会成员同意以确认其收悉。不论选择哪种方式，都要保证电子文件资料能够有效被参会成员接收，保障其对会议议程的参与，因此章程或议事规则中需要增加对文件传递的送达和收悉的确认规则。

文件资料通过电子通信方式进行传递的，也要注意对信息保密性的要求。涉及公司商业秘密的信息文件，可以使用文档加密的方式，或者采用区块链等更加安全的文件传输途径进行，也可以通过线下邮寄等方式完成文件的纸质传递。公司章程或者会议通知也可对电子文件资料的传递在真实性证明方面作进一步规定。

同时，采用电子通信方式传递文件资料，不仅包含会议召集人向参会成员的传递，还包括参会成员向会议召集人的信息传递，如股东向股东会递交电子质询函或委托代理人的证明文书，以及参会成员之间的电子文件传递。因此，会议举办方应当提供畅通的电子文件资料传输路径，比如在会议通知中指明文件资料接收的电子地址，或者线上会议平台文件传输功能的使用方式，避免产生文件传输效力方面的争议。

（3）会议议程信息的传递

公司会议以电子通信方式召开的，应当在会议视音频传递方面确保参会成员对议程信息即时有效地接收，从而保障参会成员对会议审议事项的充分了解和彼此间意见的讨论与交换，为后续表决程序奠定基础。

域外法上，《美国示范公司法》8.20（b）规定利用任何通信手段召开会议，"只要该上述通信手段使得参会的所有董事可以在会议上听到彼此发言"，会议议程信息传递的要求以"可以在会议上听到彼此发言"为最低标准。《美国特拉华州普通公司法》第211条则要求电子通信会议要使得参会成员能够

---

〔1〕 王宗正：《股东大会电子化的法律问题研究》，西南政法大学2017年博士学位论文。

"阅读或者收听与会议程序实质性同步的会议程序"。《法国公司法》第225-107条要求以电子通信方式出席股东大会的股东应该是"可以鉴别音像"的视听或电讯方式。

电子通信会议中，要保证各参会成员会议程序上的同步，即参会成员以电子通信方式参会的应当与传统实体会议在效果上实质相同。公司召开会议是参会成员了解公司业务具体情况、讨论研究具体问题、审议会议议案的重要途径，因此，公司会议议程信息的畅通是对各成员参会主要目的实现的基本保障。公司采用电子通信方式召开会议的，要将会议议案内容、业务情况汇报、会议发言人员观点等基本内容即时、完整、准确地传递给参会成员，不论是通过会议音像转播或通过文字转述等途径。同时，为了避免由于网络传输故障等因素存在，可以对会议同步进行录音录像，比如提供直播回放等方式，对可能存在的信息传输瑕疵进行补正。

在部分电子通信会议平台上，参会成员只能通过私信留言的方式与其他参会者进行有限的意见交流，参会成员之间并无法在主持人发言时在台下同步讨论。此时，除信息留言外，彼此间的讨论说服渠道大幅受限。且参会成员对会议议题的提问也可能受到会议主持人的忽视，从而导致其权利受到影响。[1]此类问题，均应当予以避免和克服。

2.4 通过章程细化电子通信会议的表决程序规则

公司"三会"会议以电子通信方式进行表决的，在2023年《公司法》出台前已有实践，如上市公司股东会的网络投票。同时，随着通信技术的发展，逐渐出现了电子邮件投票、微信群投票、视频会议投票等新型电子表决方式。表决作为公司会议的核心环节，直接影响公司决议的形成，也容易引发决议瑕疵纠纷。因此，如何保障参会成员的顺利表决是电子通信会议制度设计的重点，这一部分内容应当交由公司章程进行细化。

首先，完善线上线下投票权一体保障。由于电子通信会议的与会非现场性，在公司会议同时设置线上会场与线下会场的情况下，可能存在网络信号不畅、决议事项投票不同步等问题，因此需要考虑在投票表决程序中线上线下成员权利行使的一致性。[2]当网络信号存在中断或卡顿等问题时，可能导致线上成员无法与线下成员同时进行投票，影响对表决票数的统计。另外，

---

〔1〕　陈俊仁：《从视讯股东会到光洋科条款——论后疫情时代下的股东权益维护》，载我国台湾地区《财经法学论丛》2024年第1期。

〔2〕　叶林、刘辅华：《构建上市公司股东大会网络通讯表决制度的法律思考》，载《当代法学》2005年第5期。

如果出现网络信号延迟问题，线上成员对前一个决议事项进行的投票可能被算入下一个决议事项中，从而出现表决票统计的错误。以上两点可能出现的问题都是由于线上投票与线下投票的时间错位造成的，因此同时设置线上和线下会场的公司会议应当为每个决议事项的表决留足充分时间，以应对潜在的故障问题。[1]

其次，建立透明化计票程序。电子通信会议可能存在投票形式不一致的情况，而会议的投票结果直接影响决议的形成以及决议的效力，因此需要重点关注电子通信会议的计票程序问题。第一，公司会议通过电子通信方式表决时应当注意对表决权真实性的确认，要注重对参会成员身份的确认以及保障投票渠道的系统安全。第二，电子通信会议在表决环节应当明确表示同意、不同意以及弃权意思的形式，避免因表决意思不明确造成表决票统计错误。比如在微信群投票或线上会议平台表决时，有的参会成员发送"同意/不同意"，有的却发送"1/2"，从而导致意思理解的偏差。第三，由于可能存在网络信号延迟或参会成员重复投票等问题，致使表决票统计混乱，因此建议电子通信会议表决程序在对每个审议事项的表决票统计完成后再进入对下一事项的表决。

最后，引入电子通信表决修正权。由于电子通信会议在表决过程中，可能出现参会成员对投票系统操作不熟练或者误触等问题，从而影响表决结果。因此，电子通信表决可以设置一定的表决时间，允许参会成员在表决时间内对表决票进行修改，在表决时间结束时固定参会成员的投票结果，从而避免重复投票或意思表示不真实的问题。[2]电子通信表决也可以设置表决票确认程序，区分保存与发送系统，在参会成员发送表决意思前对其进行检查。[3]表决修正权在电子通信会议表决程序中的加入也有赖于线上会议平台功能的支持，在会议通知中应当注意选择适当的线上平台，同时也需要事先明确表决的流程和意思表示方式。

2.5 通过章程细化电子通信会议记录的置备与留存规则

会议记录记载了公司会议的全过程，是公司会议形成的重要法律文件。正确制作的会议记录能够全面准确地反映公司会议的实际状况，有助于揭示参会成员的真实意思、解释会议决议的准确含义，为会后参会成员的免责与

---

[1] 王宗正：《股东大会通讯表决的运行规则》，载《政治与法律》2008年第12期。

[2] 赵金龙、武戎：《股东网络投票制度的重构》，载《科技与法律》2012年第4期。

[3] 陈景善：《股东会电子化中股东平等原则的规范构造》，载《南京师大学报（社会科学版）》2024年第4期。

正确追责提供文件依据。[1]章程应当进一步细化公司电子通信会议记录的置备与留存规则。

域外法上，《美国特拉华州普通公司法》第 141 条规定，不召开董事会会议而直接作出决议时"备忘录是纸质形式的，存档应当是纸质形式；备忘录是电子形式的，存档应当是电子形式"。对备忘录与存档形式的一致性作出了要求。目前美国另有亚利桑那州、加利福尼亚州、马里兰州、得克萨斯州及怀俄明州承认了电子化会议记录的有效性。[2]《日本公司法》第 312 条也规定，股份公司必须自股东大会之日起三个月内，将记录了股东以电磁方式表决事项的电磁记录备置于其总公司，同时"股东在股份公司的营业时间内，随时可提起前款以法务省令规定的方法表示的电磁记录上所记录的事项的阅览或复印的请求"。

我国公司法也对公司置备和保存会议记录进行了规定。根据公司法，有限公司股东会应当对所议事项的决定作成会议记录，出席会议的股东应当在会议记录上签名或者盖章。股份公司股东会应当对所议事项的决定作成会议记录，主持人、出席会议的董事应当在会议记录上签名。会议记录应当与出席股东的签名册及代理出席的委托书一并保存。董事会和监事会会议也应当对所议事项的决定作成会议记录，由出席会议的董事、监事在会议记录上签名。因此公司会议通过电子通信方式召开和表决的，应当注意对所议事项的决定进行留存，并同时记录参会成员的个别意见。

公司会议采用电子通信方式进行表决的，在信息留存方面天然具有优势。诸如微信群聊天记录、腾讯会议聊天记录、截录屏软件工具等都可以提供便捷的会议记录留存方式。对于会议记录的形式，我国公司法并未规定公司会议记录一定要采用纸质形式置备，公司可以根据章程规定和实际需要来进行决定。采用电子通信方式召开会议和表决的，在章程和法律规范没有具体规定的情况下，会议记录可以配套采用电子化方式进行保存。[3]参会成员的签名也可以采用电子签名的方式，相关规则依照《电子签名法》处理。

此外，公司应当同时根据相关规定在章程中设置公司会议记录的保存期限。如《上市公司章程指引（2025）》第 78 条规定了上市公司董事会会议记

---

〔1〕 叶林：《股东会会议决议形成制度》，载《法学杂志》2011 年第 10 期。

〔2〕 H. B. 2603, 53d Leg., 2d Reg. Sess. （Ariz. 2018）（signed by Arizona's governor on Apr. 3, 2018）；S. B. 136 (Md. 2019) (effective Oct. 1, 2019)；S. B. 838 (Cal. 2018) (approved by California's governor on Sep. 28, 2018)；H. B. 101 64th Leg., Budget Sess. （Wyo. 2018）（signed by Wyoming's governor on Mar. 10, 2018）.

〔3〕 刘小勇：《日本公司法制的 IT 化改革及对我国的启示》，载《法学杂志》2005 年第 1 期。

录的保存期限不少于 10 年。《银行保险机构公司治理准则》第 71 条则规定监事会会议记录保存期限为永久。因此，公司需要根据章程规定以及决议内容的重要程度妥善对会议记录进行保存。

问题 12 ▷ 在实践中，不少公司股东会不召开会议而是采取传签方式进行，其决议是否存在效力瑕疵？

公司作为法人组织，其决议的作出应当以召开会议为前提条件。但是，在实践中，不召开会议而径行"传签"的方式数见不鲜。在一般情形下，采取"书面传签"方式形成的决议属于未召开会议，根据 2023 年《公司法》第 27 条属于决议不成立的效力情形。例外地，"书面传签"的方式在 2023 年《公司法》第 59 条第 3 款的情形下属于合法的决议作出形式，但仍然要注意严格遵照法律规定的方式，不得对例外情形进行非法扩张。

1. 2023 年《公司法》中公司决议效力规则三分法

在《公司法司法解释（四）》出台前，公司决议的效力瑕疵情形中缺少决议不成立这一类型，采用决议无效和决议可撤销的"二分法"划分决议效力。但是，二者之间存在"断崖式"的效力悬殊结构：公司决议内容违法，则法律后果是决议自始无效；决议程序违法，当事人可以在决议作出的 60 日内向法院请求撤销该决议。这是先前立法思路中所隐含的"内容重于程序"的观念使然。随着公司法规则的不断完善，以及公司法作为组织法的特性不断凸显，公司治理中程序的重要性逐渐被立法所关注。[1]

由此，《公司法司法解释（四）》第 5 条增加规定了公司决议不成立的五种情形，包括未召开会议、召开会议而未表决、出席会议的人数或者所持表决权数未达到公司法或者公司章程的要求、同意决议事项的人数或者所持表决权数未达到本法或者公司章程的要求，以及其他情形。在《公司法司法解释（四）》第 5 条的基础之上，2023 年《公司法》第 27 条规定了未召开会议、召开会议而未表决、出席会议的人数或者所持表决权数未达到公司法或者公司章程的要求，以及同意决议事项的人数或者所持表决权数未达到本法或者公司章程的要求等四种情形。至此，2023 年《公司法》第 25 条、第 26 条、第 27 条分别规定了公司决议无效、可撤销、不成立的三种情形，形成了公司决议效力的"三分法"立法模式。

---

〔1〕 吴飞飞：《〈公司法〉修订背景下公司决议规则重点立法问题探讨》，载《经贸法律评论》2021 年第 5 期。

2. 召开会议是形成决议的前提和基础

我国公司治理实践中会议繁多，但缺乏严格的会议规则，也缺乏成熟的会议文化，传签现象在公司治理实践中时常出现。所谓"传签"，是指不召开公司会议，而通过在事先拟定好的决议文件上进行传递签名的形式作出公司决议。实践中，既存在公司为了应对突发情况需要作出决议，或者因股东的时间安排不一致等原因，不召开会议而采用传签决议文件的形式作出决议；也存在公司股东会开会后未立即进行表决，而是在会议结束后由参会股东以传签会议文件的方式作出决议，实践中对于"传签"行为的内涵认识不一致。本章在此仅对未开会而传签作出决议的行为进行讨论，开会后再进行传签表决的不属于此处"传签"的讨论范围。

公司行动必须满足公司法上的程式要求，否则可能导致公司行动无效。[1]从决议行为的"意思表示说"观点来看，公司作为社团法人组织，虽然《民法典》总则编第 134 条第 2 款将决议规定为法律行为的一种，但公司的决议行为与一般的民事法律行为存在显著差异。一般的法律行为以行为人的意思表示为核心，并依照行为人意思表示的内容发生法律上的效果。与之不同，公司的决议是通过出席会议的一定数量的成员的意思表示，并经由法律拟制为公司意思，是由决议机关所作出的社团内部意思。[2]公司股东会决议的通过是由资本多数决所决定的，决议一经作出对未表示同意决议的当事人亦可发生拘束力，这与一般的民事法律行为所包含的意思自治这一核心理念相扞格。而且，股东会决议中参会股东表决的意思表示并非针对其他作出表示的股东，而是针对作为意思形成机构的公司股东会。决议行为的法律结构可以概括为"意思表示+程序"，强调程序在决议作出过程中的重要性。[3]因此，不能直接认为参会成员的意思表示一致即可形成公司意思而作出公司决议，仍然需要符合法定的程序性要求。

从《民法典》总则编第 134 条第 2 款规定来看，该项规定虽然将公司决议定性为民事法律行为，但也同时强调决议作出的"议事方式和表决程序"。也就是说，公司决议的作出应当是正当程序的结果，决议的效力也取决于决议

---

〔1〕 施天涛：《公司法论》，法律出版社 2025 年版，第 298-299 页。
〔2〕 刘得宽：《民法总则》，五南图书出版公司 1996 年版，第 136 页。
〔3〕 吴飞飞：《决议行为"意思形成说"反思——兼论决议行为作为法律行为之实益》，载《比较法研究》2022 年第 2 期。

程序的合法性、公正性。[1]例如，《银行保险机构公司治理准则》第 50 条第 2 款规定，"董事会决议可以采用现场会议表决和书面传签表决两种方式作出"。该条规定赋予了董事会决议通过现场会议表决和书面传签表决两种作出方式，但是不能缺乏董事的沟通与会议的流程。按照《民法典》与 2023 年《公司法》的要求，即使公司决议采用书面传签方式作出的也不能够脱离会议的形式。如果缺乏必要的决议作出程序，即使是拥有表决权的成员存在一致的意思表示，也不能作出有效的公司决议。

总之，对于"书面传签"这种方式来讲，其缺乏必要的召集、召开和表决程序，因此相关会议并未真实召开。根据 2023 年《公司法》第 27 条之规定，应当属于未召开会议的决议不成立的瑕疵情形。当然，对于一人有限责任公司与一人股份有限公司，或者公司内部不设董事会等情形，由于其公司机关不存在"会"的形式。因此，只需要根据 2023 年《公司法》第 60 条或第 112 条由股东采用书面形式作出决定，或者签署执行一人董事决定即可。[2]

3. 可以书面传签的例外情形

虽然在一般情形下以"书面传签"的方式作出的公司决议缺乏会议召开的必要程序，导致相关决议不成立，但 2023 年《公司法》第 59 条规定了例外情形。根据 2023 年《公司法》第 59 条第 3 款之规定，对于第 1 款所列之有限责任公司股东会相关职权事项，全体股东以书面形式一致表示同意的，可以不召开股东会会议，直接作出决定，并由全体股东在决定文件上签名或者盖章。2023 年《公司法》第 59 条第 3 款的适用要件有四，缺一不可：一是适用的主体为有限责任公司的股东会决议；二是决议内容为 2023 年《公司法》第 59 条第 1 款的有限责任公司股东会相关职权事项；三是全体股东必须以书面形式一致表示同意；四是由全体股东在决定文件上签名或者盖章。

在我国实践中，绝大多数有限责任公司股东人数较少，封闭性强。如果全体股东一致同意，即使不召开会议，也并不影响全体股东意思的形成。股东出席股东会并进行发言、讨论、质询以及投票等行为是股东之权利，若股东自愿放弃相关权利的法律也无理由予以禁止。[3]基于此，2023 年《公司法》第 59 条第 3 款规定了股东会通过书面决议进行决定、行使职权的方式。此时，不仅需要全体股东一致同意，全体股东还必须在决定文件上签名或者

---

〔1〕 陈雪萍：《程序正义视阈下公司决议规则优化之路径》，载《法商研究》2019 年第 1 期。

〔2〕 赵旭东主编：《新公司法条文释解》，法律出版社 2024 年版，第 66 页。

〔3〕 李建伟主编：《公司法评注》，法律出版社 2024 年版，第 117 页。

盖章。

例如，在"北京汇力钊众矿业投资有限公司与湖北恒金矿业投资有限公司等公司决议效力确认纠纷上诉案"中，法院认为："本案双方在金山公司章程中对如何通知股东参加会议没有另行规定，全体股东也没有另行约定，故双方应当遵守 2018 年《公司法》的相关规定；在《秭归金山实业有限公司股东会议决议》上没有恒金公司签章或周某的签名，且汇力公司始终未能提交通知股东的记录和会议记录，恒金公司对此也不知情，足以证实在 2013 年 11 月 8 日金山公司未召开股东会，故汇力公司单方形成的'股东会决议'缺乏成立的要件，该决议不成立。因此，依照《公司法司法解释（四）》第 5 条第 1 项之规定，恒金公司提起股东会决议不成立之诉，依据充分，本院予以支持。"[1]

需要注意的是，我国公司法仅设定了有限责任公司股东会书面决议时的会议豁免，董事会、监事会、审计委员会等组织机构，仍然应当按照法律和章程规定召开会议并作出决议。

此外，对于股份公司而言，2023 年《公司法》第 112 条在引致第 59 条第 1 款、第 2 款关于有限责任公司股东会职权的规定时，并未引致本条第 3 款。因此，2023 年《公司法》第 59 条第 3 款所规定的"书面决议"规则并不适用于股份有限公司。

问题 13 ▷ 经全体董事一致同意，董事会是否可以不召开会议直接作出决议？

我国公司治理实践中会议繁多，但缺乏严格的会议规则，也缺乏成熟的会议文化，未召开会议进行"传签"等情况经常发生。从公司法层面而言，作为公司治理的主要机关，董事会作出决议必须经过召开会议并进行表决，不开会而直接作出的决议属于不成立的公司决议。由于公司法对程序的强调，董事会"非会决议"缺乏必要的法定程序，属于 2023 年《公司法》第 27 条所规定的未召开会议的决议不成立的瑕疵情形。而且，基于监事会列席董事会的权利等关联规则的需要，如果不召开会议的话也将导致监督权落空。基于实践中的董事会传统线下会议繁琐的召集、表决等程序，建议各家公司注重对 2023 年《公司法》第 24 条所规定的电子通信会议制度的运用，从而提升董事会开会的效率。

在我国的国有企业治理实践中，有公司提出，国务院国资委在章程指引

---

[1] 湖北省宜昌市中级人民法院（2021）鄂 05 民终 956 号。

中的规定，是否可以视为豁免了董事会会议的现场要求？之所以有该问题，其原因在于，国务院国资委在《央企章程指引》第 47 条中规定，除不可抗力因素外，董事定期会议须以现场会议形式举行。董事会召开临时会议原则上采用现场会议形式；当遇到紧急事项且董事能够掌握足够信息进行表决时，也可采用电话会议、视频会议或者形成书面材料分别审议的形式对议案作出决议。该条规定是否意味着在特定情形下董事会可以进行"传签"？

无独有偶，原中国银保监会在《银行保险机构公司治理准则》第 50 条中规定，董事会决议可以采用现场会议表决和书面传签表决两种方式作出。董事会表决实行一人一票。但是，利润分配方案、薪酬方案、重大投资方案、重大资产处置方案、聘任或解聘高级管理人员、资本补充方案等重大事项不得采取书面传签方式表决，并且应当由 2/3 以上董事表决通过。第 70 条规定，监事会决议可以采用现场会议表决和书面传签表决两种方式作出。第 114 条规定，本准则所称"书面传签"，是指通过分别送达审议或传阅送达审议方式对议案作出决议的会议方式。那么，这是否同样意味着金融监管部门新增了"传签"作为会议的合法形式？

1. 董事会"非会决议"效力的法理逻辑

1.1 董事会"非会决议"的规范分析

域外法上，《美国特拉华州普通公司法》规定，在章程大纲或者章程细则没有例外限制的情况下，对于经过董事会或者委员会全体成员一致同意可以不经会议而作出决议。[1]《英国 2006 年公司法》规定，私人公司以书面方式作出的决议具有效力，并且当有资格成员的必要多数已经签署他们对决议的同意时，该决议通过。[2]但是，公众公司的成员决议必须在成员会议上通过，不能未召开会议而作出决议。[3]由此可见，英国公司法区分了私人公司与公众公司在以书面形式作出决议方面的适用情况。《日本公司法》规定，董事设

---

〔1〕《美国特拉华州法典》第 141 条第 6 款规定，除非章程大纲或者章程细则另有限制，对于董事会会议或者委员会会议要求或者允许的行为，如果董事会或者委员会全体成员（根据具体情况而定）使用书面文件或者电子传输文件表示一致同意，并且书面或者电子传输文件和董事会或者委员会的程序备忘录一并存档的，该行为可以不经会议而直接作出。备忘录是纸质形式的，存档应当是纸质形式；备忘录是电子形式的，存档应当是电子形式。参见《特拉华州普通公司法》，徐文彬等译，中国法制出版社 2010 年版，第 41 页。

〔2〕《英国 2006 年公司法》第 288 条、第 296 条。参见《英国 2006 年公司法》，葛伟军译，法律出版社 2012 年版，第 178、第 182 页。

〔3〕《英国 2006 年公司法》第 281 条。参见《英国 2006 年公司法》，葛伟军译，法律出版社 2012 年版，第 174 页。

置公司可依章程规定以书面形式作出同意的意思表示并作出董事会决议。[1]
由此可见，日本公司法允许董事会决议通过书面传签方式作出。

与前述立法例明显不同，根据我国 2023 年《公司法》第 27 条之规定，
未召开股东会、董事会会议而作出的决议不成立。如果没有召开股东会或董
事会会议，不存在形成决议的会议基础，此时决议无法成立。但是，本法第
59 条规定有例外情形：有限责任公司的股东对股东会的职权事项以书面形式
一致表示同意的，可以不召开股东会会议，直接作出决定，并由全体股东在
决定文件上签名或者盖章。除了法律另有规定的情况，会议乃决议之当然基
础，未召开股东会、董事会会议作出决议，决议不成立。

1.2 董事会决议作出的程序基础：董事会运行方式

对于董事会"非会决议"的有效性这一问题进行回答，我们首先要明确董
事会行使职权的方式。需知，董事是整体以"会"的形式进行运作的，而非单
个董事以"个人"的身份实施管理。也就是说，董事会作为一个整体的公司机
关对公司的治理享有相当的权限，但董事个人对公司则没有任何权力。[2]此
外，要求公司董事聚在一起开会并作出决议也是希望各董事通过集思广益、
群策群力，对更多的想法和观点进行考虑，并得出相较于董事单独的行动决
策而言更好的结论。[3]因此，董事会"非会决议"不符合程序正义的要求，
属于 2023 年《公司法》第 27 条所规定的未召开会议的决议不成立的瑕疵
情形。

2023 年《公司法》对董事会会议举行时董事的出席人数要求的规则明
晰，也凸显了公司法对会议程序的规范强化。相较于 2018 年《公司法》，
2023 年《公司法》第 73 条第 2 款新增有限责任公司董事会会议的出席人数比
例要求，规定董事会会议应当有过半数的董事出席方可举行。该规则的明确
化也体现了公司法对董事会作出决议需经召开会议这一程序的强调。不满足
法律、章程规定的出席定足数的股东会、董事会会议即非合法的公司意思机
关，更遑论未召开会议的董事会之表决能力与资格。[4]如果未经董事会会议
的召开而通过"书面传签"等形式作出董事会决议，则这类决议应当被认为
是不成立的。

---

〔1〕《日本公司法》第 370 条，参见吴建斌编译：《日本公司法：附经典判例》，法律出版社
2017 年版，第 198 页。

〔2〕 施天涛：《公司法论》，法律出版社 2025 年版，第 316 页。

〔3〕 朱锦清：《公司法学》，清华大学出版社 2019 年版，第 266 页。

〔4〕 李建伟主编：《公司法评注》，法律出版社 2024 年版，第 118 页。

1.3 公司法关联规则的实现要求

公司法中的其他关联规则也需要通过董事会会议来实现，否则可能导致相关权力行使的落空。例如 2023 年《公司法》第 79 条第 1 款规定，"监事可以列席董事会会议，并对董事会决议事项提出质询或者建议"，表明监事可以列席董事会会议，从而了解董事会决策过程，监督董事履职的全过程，对于董事的不当行为提出质询或建议。这是监事对董事会监督权的体现和重要实现路径，属于事前或者事中的监督，能够防患于未然。如果董事会不召开会议即可作出决议，则可能导致监督权的落空，无法对董事会作出的经营决策等进行及时、必要的风险管控。此外，审计委员会对于董事会作出的决议也可以行使监督与质询的权利，而董事会"非会决议"则缺少相关权力的行使路径。因此，从监事列席董事会会议的权力及审计委员会的监督、质询权等关联规则考量，董事会不得不开会而作出决议，以避免关联权力行使的落空。

另外，董事会会议要求作成会议记录，会议记录记载了公司会议的全过程，是公司会议形成的重要法律文件。正确制作的会议记录能够全面准确地反映公司会议的实际状况，有助于揭示参会成员的真实意思、解释会议决议的准确含义，为会后参会成员的免责与正确追责提供文件依据。[1]即使董事对某一事项进行全票同意通过，也不排除个别董事的意见在会议记录中进行记录，而董事会"非会决议"中则缺乏这一重要的会议信息留存方式。因此，公司法中关联规则的存在也不容许董事会"非会决议"的存在。

2. 董事会"非会决议"的现实争议

对于董事会"非会决议"的现实争议主要在于，对于人数较少的封闭公司，管理人员数量有限，日常经营管理中较少形式主义地召开会议，而是通过互相通报的方式来协调彼此的工作事务。对于较为重要的事项，如需要董事会批准的重大协议，公司可能会利用"非会决议"不成立的法律规则来逃避合同债务，从而带来无辜的交易第三人利益受损的问题。法院也因此寻找了诸多理由来认定合同有效，从而判决公司应当受到协议的约束，尽管并无正式的公司决议作为协议的支撑。[2]

事实上，前述隐忧并不必然依赖于公司会议的效力问题。从交易相对人角度而言，一般情形下，其并无对公司会议是否实际召开进行实质审查的法定义务，而仅在存在对外担保等特定情形下有对公司决议进行形式审查的义

---

〔1〕 叶林：《股东会会议决议形成制度》，载《法学杂志》2011 年第 10 期。

〔2〕 朱锦清：《公司法学》，清华大学出版社 2019 年版，第 266 页。

务。相对人对公司决议进行审查是为了证明其自身是善意相对人，即使决议本身存在效力瑕疵，也不影响相对人与公司之间合同的效力。根据《九民纪要》第18条，相对人应当对公司担保决议进行审查，但是"债权人对公司机关决议内容的审查一般限于形式审查，只要求尽到必要的注意义务即可，标准不宜太过严苛"。相对人对于公司决议的形式审查主要包括两方面：审查股东或者董事的身份是否属实；在关联担保情况下，应当回避表决的股东是否参与表决。[1]也就是说，形式审查义务只需要相对人履行"必要的注意义务"，只对公司对外提供担保时是否具有决议进行审查即可，判断标准较为宽松。[2]因此，现实中即使存在董事会"非会决议"，也并不影响相对人与公司所签订的合同的效力，更不会因此而影响董事会"非会决议"是否成立的判断。

3. 董事会"非会决议"的替代性解决方案

考虑到实践中公司治理往往伴随着繁杂的公司会议，造成董事参加会议的负担，也可能致使公司经营和决策的效率受到影响，因此，公司应当注重对2023年《公司法》第24条所引入的电子通信会议制度的运用，以此作为以往不规范的董事会"非会决议"的替代路径。在实践中，公司董事会当未雨绸缪，在董事会电子通信会议的适用以及会议程序方面采取措施，以防止相关程序问题造成决议效力存在瑕疵。公司可以在涉重大事项决议中电子化会议的排除适用、全流程记录会议信息以及在章程中细化董事会电子通信会议规则等方面进行着手，化解电子化会议可能存在的瑕疵风险。

3.1 采用电子通信会议方式解决

2023年《公司法》第24条引入了电子通信会议制度。电子通信会议相较于传统线下会议在信息留存方面存在天然优势，可以做到以更低的成本、更简便的存储方式记录下更多信息。除了会议记录的置备，董事会电子通信会议还可以全程进行录音录像，以应对会议议程中可能出现的信号断联、文件传输失败或者其他技术故障问题。诸如微信群聊天记录、腾讯会议文件传输记录、截录屏工具等都可以提供便捷的会议信息留存方式。这些留存信息与会议记录的作用相似，但可以为决议瑕疵纠纷和异议董事的事后免责提供更多的证据支持。另外，我国公司法并未规定公司会议记录一定要采用书面形式置备，董事会电子通信会议的会议记录也可以配套选用更加简便的电子

---

〔1〕 最高人民法院民事审判第二庭编著：《〈全国法院民商事审判工作会议纪要〉理解与适用》，人民法院出版社2019年版，第187页。

〔2〕 陈树森：《公司对外担保：实践·规则·理念》，法律出版社2023年版，第261页。

化存储方式。建议将电子化的董事会会议记录平行作成纸质形式进行留存，为会议记录的安全存储提供进一步的保障。

但是，当前法律规范中针对公司电子通信会议仍然缺乏具有可操作性的程序规则。就当前来看，这一规则的缺失无疑是需要由各家公司章程或董事会议事规则进行填补的。公司章程和董事会议事规则应当在董事会电子通信会议的召集通知、参会成员身份确认、会议文件资料的传递、会议议程信息的传递、表决程序以及会议记录的置备与留存等方面做好规则完善工作，以健全的程序来应对董事会电子通信会议中的潜在瑕疵问题。换言之，基于电子通信会议的形式选择要求，董事会电子通信会议程序不得被过分简化，比如没有进行会议通知而直接在包含所有董事的微信群聊中发送审议事项，各董事的表决时间跨度也比较大，则难以称之为一次有效的董事会会议，章程和议事规则应当对此进行规定排除。

3.2 董事会会议的事后补充召开

在特殊情况下，如果公司董事会来不及召开会议，只能采取书面传签的方式形成一份决议文件，事实上在这种情况下所作出的董事会决议是不成立的。因此，建议公司董事会在事后补充召开董事会会议，对先前文件进行认可或重新作出新的决议文件，以完善会议程序，避免会议程序缺失带来的决议不成立的风险。

值得注意的是，董事会会议决议作出的时间应当是事后补充会议的时间，而非先前的传签决议落款的时间。先前的传签作出的决议已经确定不成立，也无法予以补正。在这一点上，决议的效力规则与合同的效力规则存在差异，《民法典》第490条第2款规定，法律、行政法规规定或者当事人约定合同应当采用书面形式订立，当事人未采用书面形式但是一方已经履行主要义务，对方接受时，该合同成立。允许当事人通过履行来补正合同效力的瑕疵。合同的效力基于当事人之间的合意，只要当事人之间有明确的合意，合同即可在其之间产生拘束力，形式上的瑕疵不影响当事人之间形成合意。与之不同，决议作为公司意思，其形成规则需要遵循组织法上的程序性规则，而会议的召开则是决议形成的必要过程，也是公司意思形成的基础，"书面传签"等未经会议而作出的"决议"缺乏决议成立的基础，当然无法予以补正。"许某龙等诉南京市工商局撤销工商登记案"等案件判决也表明，传签的决议缺乏决议作出的正当程序基础，本就不存在的决议自然也无事后"补正"之可能。[1]这一

---

〔1〕 南京市白下区人民法院（2003）白行初字第76号行政判决书；江苏省南京市中级人民法院（2004）宁行终字第115号行政判决书。

点在实践中需要重点予以关注。

4. 监管文件要求和法律效力规范需分别判断

如前所述，国务院国资委在《央企章程指引》第 47 条中规定，除不可抗力因素外，董事定期会议须以现场会议形式举行。董事会召开临时会议原则上采用现场会议形式；当遇到紧急事项且董事能够掌握足够信息进行表决时，也可采用电话会议、视频会议或者形成书面材料分别审议的形式对议案作出决议。原中国银保监会在《银行保险机构公司治理准则》第 50 条中规定，董事会决议可以采用现场会议表决和书面传签表决两种方式作出。董事会表决实行一人一票。但是，利润分配方案、薪酬方案、重大投资方案、重大资产处置方案、聘任或解聘高级管理人员、资本补充方案等重大事项不得采取书面传签方式表决，并且应当由 2/3 以上董事表决通过。第 70 条规定，监事会决议可以采用现场会议表决和书面传签表决两种方式作出。第 114 条规定，本准则所称"书面传签"，是指通过分别送达审议或传阅送达审议方式对议案作出决议的会议方式。那么，这是否同样意味着国有资产监督管理部门和金融监管部门肯定了"传签"作为公司会议的合法形式？

对此，应当区分公司法作为法律和监管文件的功能差异，二者并不同一。前述监管文件的功能在于规范公司治理，无法直接确定公司决议的效力，是国资监管工作中的裁量审查标准。公司决议的效力，作为特定民事法律行为效力之一，有赖于公司法作为法律的厘定，是私法效力的判断标准。易言之，符合国资监管和金融监管要求的公司治理行为本身，并不必然充分满足公司法上的判断标准。对于广大国有公司和金融公司而言，更为科学稳妥的公司治理选项，是选择同时可以满足公司法和监管文件规定的行为方式。

问题 14 ▷ 公司章程能否规定允许采用书面传签方式作出决议？

书面传签方式作出的决议效力问题在实践中存在巨大争议。那么，公司章程是否允许公司采用书面传签的方式作出决议？基于公司章程的此类规定作出的决议效力如何？从 2023 年《公司法》的体系予以解释，章程应不能豁免必需的会议程序。

首先，从规范变迁角度分析。《公司法司法解释（四）》第 5 条中规定，公司未召开会议的，但依据公司法第 37 条第 2 款或者公司章程规定可以不召开股东会或者股东大会而直接作出决定，并由全体股东在决定文件上签名、盖章的除外。根据该条规定，司法解释上允许章程授权公司股东会、股东大会采用"书面传签"方式作出决议，且不限于有限责任公司一种。但是，

2023 年《公司法》第 27 条并未吸收《公司法司法解释（四）》第 5 条第 1 项中"但依据公司法第三十七条第二款或者公司章程规定可以不召开股东会或者股东大会而直接作出决定，并由全体股东在决定文件上签名、盖章的除外"的相关内容。因此，2023 年《公司法》对《公司法司法解释（四）》第 5 条中公司章程授权采用书面传签的情形并未接纳，仅允许有限责任公司股东会在符合 2023 年《公司法》第 59 条第 3 款的情形下采用书面传签方式。

其次，从规范解释角度分析。2023 年《公司法》除了规定第 59 条第 3 款的有限责任公司股东会书面传签的例外情形之外，并无对公司章程可以授权公司机关采用书面传签的方式作出决议的相关规定，也无法从现有条文中进行推断。因此，从对 2023 年《公司法》的规范分析角度出发，无法得出公司章程可以规定允许采用书面传签的方式作出决议。

最后，从决议作出的正当程序角度分析。公司决议具有集合性、团体性、程序性等特点，公司股东会、董事会也需要以"会"的形式来行使职权。召开会议既是公司决议形成的必要程序，也是公司各股东、董事群策群力、发挥集体智慧的重要制度设计，会议乃决议之当然基础。在法律没有规定章程可以授予董事会或股份公司股东会不开会而作出决议的情况下，应当认为公司章程不能对这一重要且基础的决议作出程序规则进行规定，决议不成立的瑕疵情形无法通过公司章程的规定进行治愈。

问题 15 ▷ 监事会决议是否可以依照 2023 年《公司法》第 27 条被认定不成立？

无论是新旧公司法抑或司法解释均将效力规则适用对象限定为股东会与董事会决议，而未对监事会决议效力规则加以明确。那么，监事会决议是否可以参照适用决议的不成立规则？究其缘由，立法上之所以付之阙如，系因为监事会在公司权力结构上的地位并不同于股东会与董事会，理论与实务上对其决议的重视程度不够，监事会决议效力问题也鲜有讨论。2023 年《公司法》第 27 条新增了公司决议不成立的情形，内容上是对《公司法司法解释（四）》第 5 条的承继，正式确立了公司决议效力规则采"三分法"，即决议不成立、决议可撤销与决议无效。这一公司决议效力规则体系同样适用于监事会会议决议。

1. 监事会现状：监督效能不彰与地位边缘化

在我国公司传统治理结构中，股东会、董事会与监事会是公司的三大机构，股东会作为权力机构，掌握公司重大事项决策权；董事会负责公司业务经营和管理，也具有相当程度的决策权；监事会为监督机关，确保公司董事和高级管理人员等为公司利益行事，防止其滥用权力。这一结构设计看似合理，但在我国公司发展实践中并不尽如人意，尤其表现为监事会作用的弱化与缺失。监事会仅有监督权，而对公司各项事务的决策与管理难以置喙。脱离了经营管理的监督权难免被边缘化，公司内部监督力量面临着固有的弱势地位制约，难以与决策者权力相抗衡，在我国控制股东主导的公司治理语境下更加明显。面对股东会、董事会、监事会近乎"三位一体"的存在，法律上预设的分权制衡模式难免流于纸上。[1]在此背景下，掌握公司核心控制权的股东会与董事会所作出的决议会对公司的发展经营产生重大影响，而受制于边缘地位的监事会所作决议似对公司影响甚微。故此，在谈论公司决议效力规则时，无论是立法条文表述还是学界理论探讨，均下意识将监事会决议排除在外。

2. 实践困境：无实证法依据下法院驳回起诉成为普遍选择

我国司法实践中，公司决议效力纠纷往往仅涉及股东会与董事会决议，因监事会决议效力问题引发的纠纷较为罕见。通过案例检索得知，即使当事人诉请确认监事会决议不成立，法院的处理通常是驳回该诉求，认为确认监事会决议效力并不属于法院受理民事诉讼的范围。

如在"海航公司与喜乐航公司公司决议效力确认纠纷案"中，原告海航公司请求判令确认喜乐航公司于2020年3月14日作出的《喜乐航公司2020年监事会第一次临时会议决议》不成立，一审法院经审查认为，根据《公司法》第22条、《公司法司法解释（四）》第5条的规定，公司决议效力之诉的审查对象应为股东会决议、董事会决议，而不包含监事会决议。原告海航公司要求确认监事会决议不成立，不属于人民法院受理民事诉讼的范围，其起诉不符合法定条件，应当予以驳回。[2]

又如，在"唐某坤、倪某祎公司决议纠纷案"中，二审法院认为，公司的权力机构和执行机构为股东会和董事会（执行董事），监事会仅为监督机构，无权处分公司的实体权利；公司决议效力之诉的审查对象仅为股东会、董事会决议，并不包含监事会决议。唐某坤等27人诉请确认监事会决议不成立，不属于人民法院受理民事诉讼的范围，一审法院驳回唐某坤等27人的起诉并无不当。[3]

---

[1] 刘斌：《公司机构设置的组织法逻辑与改革路径》，载《法律适用》2021年第7期。

[2] 北京市朝阳区人民法院（2021）京0105民初25891号民事裁定书。

[3] 四川省成都市中级人民法院（2020）川01民终12628号民事裁定书。

对于法院而言，监事会决议效力并无成文法规定，驳回诉求属于较为谨慎的处理方式。不同于我国，德国式监事会兼具监查和指导职能，虽不参与公司的日常经营，但有权决定公司的重要业务。[1]正因如此，德国公司法虽未单独规定监事会决议的效力规则，但法院通常适用股东会或董事会决议的标准来审查监事会决议的效力。

3. 监事会决议应一体适用股东会、董事会决议不成立规则

就其法律性质而言，监事会决议与股东会、董事会决议并无区别，均属于法律行为。对于决议行为属性是否为法律行为，学界曾提出多种观点，自2017年《民法总则》第134条第2款明确将决议行为纳入法律行为"大家庭"后，决议行为作为法律行为的性质获得了实定法上的肯认。从理论意义上来看，将决议行为纳入法律行为体系可使得法律行为与意思表示的关系更加明晰，法律行为的效力评价规则更加精准。[2]法律行为分为成立和生效两个不同阶段，同理，决议行为的形成需依多数决形成社团意思，而后才能进一步涉及其效力判断问题，故也应区分决议成立认定与效力判断。[3]监事会决议是否成立仅涉及程序上的判断，即个体意思是否经合法程序而形成决议团体意思，法律对决议成立的干预是程序正义的要求，因此，应同等适用股东会、董事会的决议不成立规则。

此外，从程序规定上看，2023年《公司法》第81条和第132条分别规定了有限责任公司与股份有限公司监事会的决议程序要求，与股东会、董事会决议程序基本保持一致。因此，监事会决议参照适用2023年《公司法》第27条股东会、董事会决议不成立的判断规则并无逻辑和法律上的障碍，应予以参照适用。

问题 16 ▷ 公司未通知小股东参加的股东会决议的效力如何认定？

我国绝大多数公司属于封闭性公司，大股东与小股东之间的利益冲突为其主要治理问题。在大股东的控制之下，通过各种方式侵害中小股东权益的行为数见不鲜，召开股东会时甚至不通知中小股东，剥夺中小股东参会的合法权利。

---

[1] 郭雳：《中国式监事会：安于何处，去向何方？——国际比较视野下的再审思》，载《比较法研究》2016年第2期。

[2] 吴飞飞：《决议行为"意思形成说"反思——兼论决议行为作为法律行为之实益》，载《比较法研究》2022年第2期。

[3] 徐银波：《决议行为效力规则之构造》，载《法学研究》2015年第4期。

对此，2023 年《公司法》第 26 条第 2 款规定，未被通知参加股东会会议的股东自知道或者应当知道股东会决议作出之日起 60 日内，可以请求人民法院撤销；自决议作出之日起 1 年内没有行使撤销权的，撤销权消灭。该款对 2018 年《公司法》作出了实质性修订，新增了未被通知参会股东可提起决议撤销之诉进行救济，并规定了行使撤销权的 1 年最长法定期间。同时，本条也删除了 2018 年《公司法》第 22 条第 3 款要求起诉股东提供担保的规定。对于未被通知参会的小股东，本条明确了可提起决议撤销之诉的救济路径。此外，在实践中，仍有股东选择提起确认决议不成立或无效之诉以寻求权益救济。

1. 决议撤销之诉的救济路径

根据 2023 年《公司法》第 26 条规定，决议的可撤销事由包括三种：①会议的召集程序违反法律、行政法规、公司章程。股东会会议和董事会会议的召开需要遵守法律和公司章程规定的程序。常见的召集程序瑕疵有召集权瑕疵、通知程序瑕疵、通知内容瑕疵、通知未附带议案、通知方式瑕疵、通知对象遗漏、会议主持人主持权瑕疵或主持方式瑕疵等。②表决方式违反法律、行政法规或公司章程。常见的表决方式瑕疵有无表决权人参与表决、表决事项瑕疵、表决权计算错误等。③决议内容违反公司章程。公司章程是公司经营的自治规范，公司作出决议时应当遵守公司章程。此处的决议内容违反公司章程，系仅违反公司章程对公司事项的规定，但并不存在违反法律、行政法规的强制性规定导致决议无效和违反公序良俗的情形，否则决议的效力不限于可撤销。[1]尽管存在前述可撤销事由，但并非一定会给公司和股东造成损害，故撤销权主体可自主选择撤销与否。

虽然存在前述瑕疵，但如果决议瑕疵被事后治愈，则不可撤销。比如，公司全体股东同意豁免通知瑕疵、未被通知股东追认决议内容等，此时可撤销决议可转换为无瑕疵决议，不得撤销。符合瑕疵决议撤销条件的，股东必须通过决议撤销之诉的方式行使撤销权。在撤销期间上，需要在决议作出之日起 60 日内提出请求。对于未被通知参加股东会的股东，本条第 2 款规定了特别期间，股东可以自知道或者应当知道股东会决议作出之日起 60 日内向法院申请撤销，但是该期间仍然受到 1 年最长行使期限的限制。与《民法典》规定的撤销权最长期间为 5 年不同，本条第 2 款规定的 1 年期间更符合商事交易的效率性追求，是商法短期时效主义的体现。

---

〔1〕 刘斌编著：《新公司法注释全书》，中国法制出版社 2024 年版，第 131 页。

2. 决议不成立之诉的救济路径

在实践中，公司未通知股东参会，亦有股东直接向法院提起确认决议不成立之诉，而非撤销决议之诉。例如，在"朱某华、幸某刚等公司决议纠纷案"中，原告股东因未被通知参会而诉请确认公司股东会决议不成立，法院认为在幸某刚、卢某明持有某乙公司股权比例67%的情况下，无论朱某华对股东会决议持何种意见，均不影响股东会决议已达公司章程规定比例的要求，不能实质性改变股东会决议的内容，故驳回原告诉求。[1]又如"北京某公司公司决议效力确认纠纷案"，原告股东主张公司未通知其参会从而请求确认股东会决议不成立，一审法院认为未通知股东参会的行为与一般程序瑕疵明显不同，其后果并非影响股东表决权的行使，而是从根本上剥夺了股东行使表决权的机会和可能，故属于严重的程序瑕疵，对股东会决议的成立有根本性影响，股东会决议应认定为不成立。[2]二审法院虽然维持了原判，但其认为股东会决议不成立的理由是结合案涉证据认定股东会未实际召开，也即依据为2023年《公司法》第27条第1项规定，而非一审法院所依据的《公司法司法解释（四）》第4条第5项兜底性规定。[3]

值得注意的是，2023年《公司法》第27条虽然基本承继了《公司法司法解释（四）》第4条的内容，却删除了最后的兜底性规定。对此，全国人大常委会法工委释义指出，该条规定的决议不成立情形应仅限于法律所明确列举的四种情形。[4]本书认为，删除兜底性规定并不意味着决议不成立情形仅限于法律所明确列举的四种情形，基于决议的法律行为性质，其仍可以适用民事法律行为不成立的规则。

在韩日公司法上，决议的撤销与不成立事由具有关联性，程序瑕疵的严重程度未达到足以影响公司决议成立的属于可撤销事由，程序瑕疵明显重大以致影响决议成立的，属于不成立事由。[5]由此来看，未通知股东参会实则是一种对程序瑕疵严重程度的衡量，认为属于轻度瑕疵则适用决议撤销规则，属于严重瑕疵则适用决议不成立规则。因此，在2023年《公司法》生效后，未被通知参会的股东提起确认决议不成立之诉，仍有被法院支持的可能性。

---

〔1〕 广东省中山市中级人民法院（2024）粤20民终5643号民事判决书。

〔2〕 北京市大兴区人民法院（2023）京0115民初9564号民事判决书。

〔3〕 北京市第四中级人民法院（2024）京04民终381号民事判决书。

〔4〕 王瑞贺主编：《中华人民共和国公司法释义》，法律出版社2024年版，第43-44页。

〔5〕 李建伟：《论公司决议可撤销的适用事由——基于司法适用立场的立法解释》，载《浙江社会科学》2009年第8期。

提起决议撤销之诉，则具有更为明确的法律依据，即2023年《公司法》第26条第2款之规定。二者的区别还在于，撤销决议存在法定期间限制，而确认决议不成立之诉并无法定期间之限制。需要注意的是，如果股东不及时行权也会导致股东会决议的效力长期处于不确定状态，不利于公司内部治理、公司对外开展经营活动以及外部业已形成的经济秩序的稳定，此时也可作为是否适用决议不成立规则的考量因素。

3. 决议无效之诉的救济路径

实践中，也有法院认为未参会情况下召开会议作出决议的行为系对公司法强制性规定的违反，亦系对成员基本权利的严重侵害，应当适用决议无效规则。[1]通常而言，决议无效规则规制的是决议内容本身违反法律、行政法规的强制性规定的情形，并不能通过程序上的瑕疵解释出决议的违法性，也不适用于未通知股东参会的情形。但是，如果公司决议同时触发了无效情形，未被通知参会的股东当然可以选择决议无效之诉的救济途径。

综上，未被通知参会的股东有两条救济路径可选：其一为提起决议撤销之诉，此时存在明确的法律依据，获法院支持的可能性较大，但受到60日和1年的权利行使期间限制，胜诉则股东会决议被撤销；其二为提起确认决议不成立之诉，此时法律依据较为模糊，须更多依赖于法官的说理和类推适用，但不受权利行使期间限制，胜诉则股东会决议自始不成立。

问题 17 ▷ 公司股东会、董事会决议上的签名系伪造，该决议的效力如何认定?

对于公司决议伪造签名的行为，从狭义上讲，仅指他人伪造签名或印章的行为，也即冒名行为。从广义上而言，还包括受欺诈、胁迫而签名盖章的行为。对狭义的公司决议伪造签名行为进一步细分，还可分为在真实作出的决议中伪造签名，以及通过伪造签名而伪造出整个决议的情形。在伪造整个决议的情形下，决议并不真实存在，伪造决议的行为吸收了伪造签名的行为。本问题语境下仅讨论单纯的冒名行为，也即决议真实作出，仅伪造了其中部分签名的情形。

1. 司法解释起草中的两种思路与争议

《最高人民法院关于适用〈中华人民共和国公司法〉若干问题的规定

---

〔1〕　上海市第一中级人民法院（2012）沪一中民四（商）终字第 S485 号民事判决书。

（四）（征求意见稿）》（以下简称《公司法司法解释（四）意见稿》）第5条第3项对于伪造签名的决议效力问题规定了两种可选的认定思路：一是伪造签名直接导致未形成有效决议；二是去除被伪造签名的股东的表决权数，再依剩余表决权数是否符合公司法或者章程的规定来认定决议的效力，也即"表决权扣减规则"。

上述两条路径的核心区别在于伪造股东签名是否可以直接影响公司决议效力，这一问题既关涉股东意思表示的成立与生效，又涉及公司法上对组织内部程序的规定，具有行为法和组织法交叉的特点。[1]由于"未形成有效决议"的表述较为笼统，在2023年《公司法》采决议效力"三分法"的背景之下，难以具体认定决议的效力瑕疵类型，故此路径不宜采用。然而，最终通过的司法解释正式稿删除了本条规定，将伪造签名的决议效力问题再次置于空白，因此在实践中引发了较大争议。

2. 个体法与团体法认定路径之争

实践中，各级法院对于伪造签名决议效力的认定意见不一，同案不同判现象频发，主要存在决议不成立、决议无效和决议可撤销三种结论。就认定为决议不成立的判决而言，判决理由主要为未形成一致的意思表示[2]、伪造签名属于股东虚构协议[3]；认为决议可撤销的判决，则主要从召集程序瑕疵[4]、表决方式瑕疵[5]以及无权代理[6]三个角度来论证；认为决议无效的判决较多，判决理由也表现得更为多样化，包括意思表示不真实[7]、侵犯股东共益权[8]、未通知股东而构成重大程序瑕疵[9]等。

伪造签名的决议本质上是一种表决权瑕疵决议。总体而言，法院对于此类表决权瑕疵决议效力纠纷案件的裁判思路主要分为两种路径：一为个体法路径，二为团体法路径。个体法路径以一般意思表示瑕疵为切入点，认为伪造签名的表决权瑕疵属于股东个体意思表示不真实、不自由，进而适用一般

---

〔1〕 冉克平、刘文华：《论公司决议中意思表示瑕疵规则的适用及其限度》，载《法治现代化研究》2024年第1期。

〔2〕 天津市第二中级人民法院（2018）津02民终2802号民事判决书。

〔3〕 江苏省南京市中级人民法院（2013）宁商终字第887号民事判决书。

〔4〕 北京市第二中级人民法院（2010）二中民终字第00415号民事判决书。

〔5〕 北京市第一中级人民法院（2008）一中民终字第14072号民事判决书。

〔6〕 北京市第二中级人民法院（2009）二中民终字第17173号民事判决书。

〔7〕 北京市第一中级人民法院（2009）一中民终字第13311号民事判决书。

〔8〕 辽宁省沈阳市中级人民法院（2005）沈中民（3）权终字第39号民事判决书。

〔9〕 重庆市渝北区人民法院（2011）渝北法民初字第11346号民事判决书。

法律行为效力规则。团体法路径并不将表决权瑕疵视为股东意思表示瑕疵从而得以当然影响公司决议效力，而是将其评价为组织法上的议事程序或者方法瑕疵，通过判断这一公司意思形成机制中是否存在相应的违法性因素来影响决议效力。[1]

有法院采取纯粹的个体法思维进行裁判，如在"郁某建与菏泽华鸿置业有限公司决议效力确认纠纷案"中，二审法院认为，由于9份股东会决议上郁某建的签字均非其本人所签，故可以确认该9份股东会决议内容均不是其真实意思表示，一审法院据此认定该9份决议无效，并无不当。[2]有学者即对此提出批评，认为"法院依旧以民法慈母般的关怀来审视此类商人间的纠纷，将公司决议等同于民事法律行为，以冒名是意思表示不真实的表现而认定决议无效，或者以实体权利受到侵害的结果囊括冒名行为的决议瑕疵，再或者直接以行为不合法进行认定"，进而主张以公司法为直接依据进行裁判，对民事与商事加以区分。[3]也有类似观点提出，决议属于团体意思，超越了单个股东的意思，因此该团体意思一旦形成，原则上不受股东表决行为瑕疵的直接影响，而以意思表示不真实为由认定决议无效会对决议团体性造成极大威胁。[4]还有学者主张，应当以民法为基础、以团体法为辅助的路径，优先适用民法规则，尚有不足之处再以团体法特殊规则予以补足。[5]

3. 伪造签名决议的效力认定应当从团体法路径出发

对于不同路径的选择，实则取决于对决议性质以及对我国私法体系的理解。《民法典》第134条第2款规定了决议的成立，将决议纳入了民事法律行为的体系内，决议理应适用一般民事法律行为的效力认定规则。2023年《公司法》第25条至第27条又特别规定了公司决议的效力规则，此时即产生了一般民事法律行为效力规则与公司决议效力规则适用的"竞合"问题。相较于一般的民事法律行为，决议在效力规则上有其自身特殊性——决议形成的多数决意味着多数意思表示可以吸收少数意思表示，决议的程序规则也会对其效力产生影响。[6]因此，需重点关注决议行为本身的独特性，在此基础上

---

[1] 周淳：《组织法视阈中的公司决议及其法律适用》，载《中国法学》2019年第6期。

[2] 山东省高级人民法院（2016）鲁民终780号民事判决书。

[3] 栗鹏飞：《股东会决议瑕疵法律问题探析——公司决议中冒名（伪造签名）案件的实证分析》，载《中国政法大学学报》2019年第1期。

[4] 王延川：《伪造股东签名的股东会决议效力分析》，载《当代法学》2019年第3期。

[5] 袁碧华：《伪造股东签名之公司决议行为效力的区分认定》，载《国家检察官学院学报》2022年第2期。

[6] 李建伟：《公司决议无效的类型化研究》，载《法学杂志》2022年第4期。

明确意思表示瑕疵等一般法律行为效力规则在公司决议中的适用路径及其边界。[1]

从我国私法体系来看，对于民法与商法的关系可概括为"形式上的民商合一，实质上的民商分立"，商法实为私法的特别法而非民法的特别法。[2]我国有民法典而无商法典，但一系列商事单行法的存在无疑证明商法有其难以被容纳进民法的特殊性。就公司法来看，正如学者所言，保持公司法本身体系的独立性是很有必要的，体系性缺失反映在制度层面的直接后果就是不同制度的功能错位。[3]因此，对于决议效力的认定，公司法的规则应当优先于民法上的一般规定适用，而在特殊规则无法实质性解决问题时才可考虑适用一般规则。

综上，伪造签名的决议效力应主要从团体法路径下检视，《公司法司法解释（四）意见稿》中所采取的表决权扣减规则值得借鉴。伪造签名的表决权瑕疵类型本质上是程序瑕疵，原则上可根据 2023 年《公司法》第 26 条的规定请求撤销决议。尽管 2023 年《公司法》加强了对未通知参会股东的保护，被伪造签名且不知开会的股东可以自知道或应当知道决议作出 60 日内起诉撤销，但仍然受到 1 年最长期间的限制。根据 2023 年《公司法》第 27 条的规定，如果同意决议事项的表决权数未达到本法或者公司章程规定的表决权数，公司决议将被认定为不成立。此时，无需借助可撤销决议路径，股东可提起公司决议不成立之诉进行救济。易言之，伪造签名行为并不涉及决议内容，仍然系属于决议形成的程序性事项。

问题 18 ▷ **董事、监事、高级管理人员是否可以提起公司决议撤销之诉？**

根据 2023 年《公司法》第 26 条的规定，会议召集程序、表决方式违反法律、行政法规或者公司章程，或者决议内容违反公司章程的，股东可以向法院提起公司决议撤销之诉。本条规定的撤销权主体仅限于股东，《公司法司法解释（四）》第 1 条也仅规定公司股东、董事、监事等有权主张决议无效或不成立，并未规定此类主体是否能够提起公司决议撤销之诉。就董事会决

---

〔1〕 冉克平、刘文华：《论公司决议中意思表示瑕疵规则的适用及其限度》，载《法治现代化研究》2024 年第 1 期。

〔2〕 刘斌：《论我国民法总则对商事规范的抽象限度——以民法总则的立法技术衡量为视角》，载《当代法学》2016 年第 3 期。

〔3〕 范健：《公司法改革中的泛民法化风险——兼谈〈民法总则〉颁布后的〈公司法〉修订》，载《环球法律评论》2019 年第 4 期。

议以及董事会下设专门委员会决议而言，由董事会进行撤销并无太大争议。然而，对于董事等主体是否能够起诉撤销股东会决议，理论与实务界存在较大争议。

1. 扩张决议撤销主体的立法尝试

2005 年《公司法》修订时，中国商法学研究会曾建议赋予董事以股东会决议撤销权，但并未被立法所采纳。2021 年 12 月公布的《公司法（修订草案一审稿）》第 73 条第 1 款规定，股东会、董事会会议的召集程序、表决方式违反法律、行政法规或者公司章程，或者决议内容违反公司章程的，股东、董事、监事自决议作出之日起 60 日内，未被通知参加股东会、董事会会议的股东、董事自知道或者应当知道股东会、董事会决议作出之日起 60 日内，可以请求人民法院撤销；但是，股东会、董事会会议的召集程序或者表决方式仅有轻微瑕疵，对决议未产生实质影响的除外。该条规定扩大了决议撤销权的主体范围，明确了董事、监事也享有决议撤销权。但是，遗憾的是，后续草案并未沿用本条规定，最终通过的正式稿依然仅规定了股东具有提起决议撤销之诉的原告资格。

2. 司法实践通常不予扩张主体范围

我国司法实践中，极少有法院支持董事、监事和高级管理人员作为决议撤销权的主体。究其缘由，法律上并无明确的法律依据支持股东之外的主体撤销公司决议，法院支持董事、监事、经理等作为决议撤销的主体须承担较重的论证负担。例如，提起股东会决议撤销之诉的董事或经理多同时具有股东身份，如最高人民法院指导案例 10 号"李某军诉上海佳动力环保科技有限公司公司决议撤销纠纷案"，原告李某军为公司总经理，同时持有公司 46% 的股份，其起诉撤销股东会决议的依据依然是 2023 年《公司法》第 26 条所规定的股东撤销决议的路径。[1]

对于不具有股东身份的原告提起的公司决议瑕疵之诉，法院往往选择驳回起诉。在"信达广东分公司和广州大广高速公路有限公司与公司有关的纠纷案"中，原告作为被告公司的质押权人，诉请确认被告公司股东会决议无效，而原告并非被告公司的股东或董事、监事等内部人员。对此，一审法院认为，股东会决议作为公司内部决议不具有对外效力，而公司债权人作为公司外部人一般也不受公司内部决议的约束，对介入股东会决议效力的纠纷并

---

〔1〕 上海市第二中级人民法院（2010）沪二中民四（商）终字第 436 号民事判决书。

无现实法益。信达广东分公司只是大广公司股东之一胜洲公司的债权人及质权人，通过其与胜洲公司签订的质押合同诉讼即可实现其权利救济，并无通过对大广公司提起股东会决议无效之诉来实现其权利救济的必要性和实效性，因此信达广东分公司对本案的确认之诉并无诉的利益。[1]

3. 公司决议撤销主体的两种立法模式与理论争议

在立法例上，对于公司决议的撤销主体主要形成两种立法模式，一种为"单纯股东主义"，仅股东有权撤销公司决议，我国公司法即采该种模式；另一种为"利害关系人主义"，股东之外的其他利害关系人在某些情况下也可以提起决议撤销之诉，该种模式被德国、日本、韩国等国家所采。

就"利害关系人主义"立法模式而言，《德国股份公司法》第245条规定，董事会及董事、监事成员均有权提起公司决议撤销之诉，董事会作为整体享有撤销权，而董事、监事仅在执行决议会导致犯罪、行政违法抑或承担赔偿责任时才享有撤销权。[2]《日本公司法》第831条规定，公司决议撤销诉讼的原告原则上限于股东、董事、清算人、监事。基于股东大会决议被解任的董事、监事、清算人以及基于后任者选任决议而丧失董事、监事、清算人资格的人，也具有原告资格。对股东而言，其诉权系基于其股东的地位，对董事、清算人、监事而言，系基于其职务上的权限和义务，而被认可具有诉讼的利益。[3]《韩国商法》第376条规定，股东大会的召集程序或者决议的方法违反法令或者显著不公正时，或者其决议内容违反公司章程时，股东、董事或者监事可以自决议之日起两个月之内提起决议取消之诉。根据该条规定，决议瑕疵撤销之诉的原告包括股东、董事和监事，对股东的原告资格，未加入其他限制性条件。

以上两种立法模式代表了不同的利益考量。我国立法和司法的选择体现了一种谨慎倾向，即限制公司决议撤销的主体范围，防止撤销权被滥用。即使具有股东身份，对于未出席会议的股东、对瑕疵提出异议的股东、无表决权的股东以及转让股权的股东等特殊情形下的股东是否享有撤销权依然争议不断。认为股东之外的主体不享有公司决议撤销权的学者指出，董事、监事的职权源自股东会授权，其行使股东会决议撤销权本质上是对公司最高意志的干预，造成"源于此而高于此"的逻辑悖论；此外，董事、监事履行信义

---

〔1〕 广东省广州市从化区人民法院（2020）粤0117民初3702号民事裁定书。

〔2〕 ［德］格茨·怀克、克里斯蒂娜·温德比西勒：《德国公司法》，殷盛译，法律出版社2010年版，第554页。

〔3〕 张凝：《日本股东大会制度的立法、理论与实践》，法律出版社2009年版，第283页。

义务的最终目的在于维护公司利益，而其依据此项义务而撤销公司决议，反而会造成公司不稳定、效率低下等负面影响。[1]还有学者认为，就公司法与民事诉讼法的关系而言，民事诉讼法属于一般法，公司法属于特别法，尽管利害关系主体可通过民事诉讼法得到原告资格上的解释，但从体系解释的角度看，公司法应优先适用，不应将公司决议撤销之诉的原告范围做突破 2018年《公司法》第 22 条特别规定之外的扩张。[2]

相反，主张应当将股东会决议撤销之诉主体扩张至董事、监事的主要理由则包括以下几点：第一，决议撤销之诉不仅是为了股东利益，也关涉公司利益，董事会和监事会分别具有执行决议和监督决议及公司业务执行的职责；第二，对涉及董事、监事的任免和报酬问题的决议，董事和监事与决议的内容有着直接的利害关系；第三，决议对董事和监事具有法律约束力，董事和监事都有执行决议的义务，如果据以执行的决议具有瑕疵，还牵涉董事、监事是否需要承担损害赔偿责任的问题；第四，董事和监事对公司负有忠实和勤勉义务，独立董事还承担着保护中小股东利益的责任，如果董事、监事发现决议存在瑕疵危及公司利益，就瑕疵决议提起诉讼，也是其履行忠实和勤勉义务的表现；第五，董事和监事直接参与公司日常经营管理活动，他们比股东更了解公司的状况，更容易发现股东会、董事会决议中的瑕疵，更有能力发现和纠正决议中的瑕疵。[3]

4. 董监高应享有撤销与自身利害相关的股东会决议原告资格

本书认为，虽然我国目前采"单纯股东主义"立法模式，但法理上来看，董事、监事及高级管理人员应当享有撤销与其自身存在利害关系的决议之权利。利害关系可分为直接利害关系与间接利害关系，当决议涉及董事、监事及高级管理人员的任免与薪酬等事项时，决议与其存在直接的利害关系。如故意遗漏通知与某董事存在利害关系的股东，或者为违反公司章程规定的董事任免标准（或薪酬认定标准），完全可能产生对董事明显不当的任用、免职或者薪酬认定。[4]就间接利害关系来看，决议一旦形成即对董事和监事等公司内部管理人员产生拘束力，其负有执行决议的义务。如果执行了存在瑕疵

---

〔1〕 黄绍坤：《公司决议撤销权主体范围的规范重构》，载《法商研究》2023 年第 5 期。

〔2〕 李志刚：《公司股东会撤销决议之诉的当事人：规范、法理与实践》，载《法学家》2018 年第 4 期。

〔3〕 最高人民法院民事审判第二庭编著：《中华人民共和国公司法理解与适用（上）》，人民法院出版社 2024 年版，第 108 页。

〔4〕 张梁：《公司决议撤销权法理基础之厘清与撤销权行使主体的因变》，载《理论月刊》2019年第 6 期。

的股东会决议，可能会因违反法律或者章程而承担损害赔偿责任，甚至承担行政和刑事上的责任，无疑将严重影响执行主体的利益。[1]正是基于这一点，德国法才赋予了董事、监事在此情形下的撤销权。

就权利行使的合理性而言，董事会及董事在股东会的会议程序中往往密切参与，起到了重要的作用，同时，对股东会决议内容也有很大的"可预见性"。[2]因此，具有天然的信息优势，更易发现公司决议的瑕疵，从而在尚未造成严重后果时及时提起撤销之诉。此外，依据《公司法司法解释（四）》第1条规定，董事、监事等可以请求确认股东会、董事会决议无效或者不成立，而就同为决议瑕疵之诉类型的性质及效力来看，决议撤销之诉的原告资格并无依据有超过确认决议无效或不成立之诉原告资格的要求。因此，虽然我国公司法未明确赋予董事、监事以及高级管理人员以公司决议撤销权，但基于理论和实践需要，后续司法解释应当作出相关规定，以完善公司决议撤销制度。

问题 19 ▷ 违法的关联交易的效力是什么？是无效还是可撤销？

在公司运营中，关联交易普遍存在，关联交易在关联关系的主体之间进行，可能导致不正当利益转移。关联交易本质上是一种利益冲突交易，发生在特定的关联主体与公司之间，关联主体一般包括控股股东、实际控制人、董事、监事、高级管理人员等，这些主体既可能利用关联关系与公司发生直接交易关系，也可能通过其他协议或安排间接转移公司利益，从而引发公司控制集团与公司、多数股东与少数股东等之间的利益冲突。[3]应当注意的是，关联交易本身是中性概念：正常的关联交易可以降低交易成本、提高运营效率、实现规模经济，但违法的关联交易会严重损害公司、股东及债权人利益。因此，需要明确违法关联交易的效力认定规则，加强规制。

1. 公司法中关联交易的规范体系与规制要点

我国公司法上关于关联交易的规定主要有 2023 年《公司法》第 22 条、第 182 条、第 185 条和《最高人民法院关于适用〈中华人民共和国公司法〉若干问题的规定（五）》（以下简称《公司法司法解释（五）》）第 1 条。

---

〔1〕 蔡立东、杨宗仁：《论股东会决议撤销权的主体及其行使》，载《当代法学》2008 年第5 期。

〔2〕 张梁：《公司决议撤销权法理基础之厘清与撤销权行使主体的因变》，载《理论月刊》2019年第 6 期。

〔3〕 施天涛、杜晶：《我国公司法上关联交易的皈依及其法律规制——一个利益冲突交易法则的中国版本》，载《中国法学》2007 年第 6 期。

对于上市公司,还有 2023 年《公司法》第 139 条关于上市公司关联事项的表决的规定。对于关联担保等特别关联交易,还包括第 15 条对关联担保的规定。前述条款形成了较为完善的关联交易规范体系。

2023 年《公司法》第 22 条是公司法中规制关联交易的一般条款,承继了 2018 年《公司法》第 21 条的规定。该条第 1 款规定,公司的控股股东、实际控制人、董事、监事、高级管理人员不得利用关联关系损害公司利益。实践中,关联交易是公司的控股股东、实际控制人、董事、监事、高级管理人员从公司谋取不正当利益的重要手段。比如,通过控制公司高价买入或者低价卖出商品或者服务,从而从公司谋取不正当利益;或通过关联交易的形式进行抽逃出资,将同时触发抽逃出资的法律责任。但是,该条并未规定违法关联交易的法律效力。

就我国公司法对关联交易的规制要点而言,主要体现在信息披露、程序正当、对价公允三个层面。

就信息披露而言,2023 年《公司法》第 182 条规定:"董事、监事、高级管理人员,直接或者间接与本公司订立合同或者进行交易,应当就与订立合同或者进行交易有关的事项向董事会或者股东会报告,并按照公司章程的规定经董事会或者股东会决议通过。董事、监事、高级管理人员的近亲属,董事、监事、高级管理人员或者其近亲属直接或者间接控制的企业,以及与董事、监事、高级管理人员有其他关联关系的关联人,与公司订立合同或者进行交易,适用前款规定。"该条将监事纳入了关联交易的规制范围,同时扩大了关联人的范围,有助于识别关联交易公允性的程序规则的落实。另外,该条新增了董事、监事和高级管理人员对董事会或股东会的关联交易事项的报告义务,关联交易的同意权主体交由公司章程决定,更好地满足了不同规模的公司的治理需要。经由信息披露,董事会或股东会可以及时充分地掌握情况,在充分研判的基础上采取有利于公司利益的应对措施。

就程序正当而言,2023 年《公司法》第 185 条规定:"董事会对本法第一百八十二条至第一百八十四条规定的事项决议时,关联董事不得参与表决,其表决权不计入表决权总数。出席董事会会议的无关联关系董事人数不足三人的,应当将该事项提交股东会审议。"该条系统规定了关联董事的回避表决制度,使该规则不再专属于上市公司。

就对价公允而言,系指关联交易应当符合其商业价值,并且不损害公司或者其他股东的利益。[1]比如,在司法实践中,可通过第三方对比测试来予

---

[1] 刘斌编著:《新公司法注释全书》,中国法制出版社 2024 年版,第 101-102 页。

以判断，即公司是否愿意以同等条件与第三人进行交易作为实质性公允性判断标准。《公司法司法解释（五）》第 1 条第 1 款规定："关联交易损害公司利益，原告公司依据民法典第八十四条、公司法第二十一条规定请求控股股东、实际控制人、董事、监事、高级管理人员赔偿所造成的损失，被告仅以该交易已经履行了信息披露、经股东会或者股东大会同意等法律、行政法规或者公司章程规定的程序为由抗辩的，人民法院不予支持。"根据本条规定，关联交易不仅以履行了信息披露和决议程序即具有合法性为前提，还需要审查关联交易的实质公平性。

2. 违法关联交易的效力认定争议

违反上述规则的关联交易可能构成违法关联交易，给公司和债权人利益造成损害。对于违法关联交易的法律效力，公司法并未明确规定。《公司法司法解释（五）》第 2 条提及了关联交易合同存在无效、可撤销或对公司不发生效力的情形，但未予以明确。在公司法修订过程中，对违法关联交易的效力认定问题争议巨大。

在这一问题上，合同法和组织法的思维相互渗透，目前主要存在以下观点：一是有效说，认为股东会或董事会决议批准的规定并非效力规定，而仅是公司内部基于公司章程确立的程序性规定，履行相关程序纯属公司内部事务，相对人并没有义务审查，因此交易有效，违反程序仅产生董事的内部责任。[1] 二是无效说，认为公司法禁止董事自我交易行为，董事未履行法律要求的程序进行的自我交易违反了法律的强制性规定，因此无效。[2] 三是可撤销说，违反程序规则的关联交易合同若被证明不公平，法院可认定该关联交易可撤销。[3] 四是效力待定说，认为董事是否可以进行自我交易属于代表权之有无问题，其行为并非当然无效，而是构成无权代表行为，按照民法规定，无权代表行为的效力取决于公司的追认。[4] 对此，最高人民法院刘贵祥专委认为，关联交易本身不会对合同效力产生特别的影响，对于合同效力的判断应当根据民法典等相关法律规范予以判断。[5]

在我国司法实践中，法院对违法关联交易的效力认定也存在差异。就认

---

[1] 王保树：《从法条的公司法到实践的公司法》，载《法学研究》2006 年第 6 期。

[2] 石少侠：《公司法》，吉林人民出版社 1994 年版，第 243 页。

[3] 董安生、陈洁：《不公平关联交易合同的可撤销性问题研究》，载《法学杂志》2009 年第 2 期。

[4] 何永哲：《董事自己代表和双方代表与公司交易行为之禁止探讨》，载《中国司法》2001 年第 10 期。迟颖：《有限责任公司董事自我交易制度建构与司法适用》，载《法学家》2021 年第 3 期。

[5] 刘贵祥：《关于新公司法适用中的若干问题》，载《法律适用》2024 年第 6 期。

定关联交易行为有效的判决来看，在"桦亮公司等与赵某宽公司商品房预售合同纠纷案"中，最高人民法院指出，1993年《公司法》第61条第2款[1]规定的意图在于避免公司董事、经理通过自我交易损害公司利益，因此设置了"公司章程的规定或者董事会同意"的条件，本案中虽然赵某宽没有举出证据证明符合该条件，但由于赵某宽与桦亮公司之间签署的合同并不损害桦亮公司的利益，因此合同应当认定有效。[2]该案从关联交易不损害公司利益角度论证其有效，类似的还有"江苏七宝光电集团有限公司与浙江富春江光电科技有限公司公司关联交易损害责任纠纷案"，法院认为我国公司法及相关司法解释并不禁止关联交易，仅规制不正当利用关联关系损害公司利益的行为，而原告所提交的证据不足以证实公司在案涉关联交易中遭受了损失，因此认定关联交易有效。[3]

除公司利益因素以外，认定关联交易行为效力的重要因素还包括对公司法上关联交易的规制是否为影响行为效力的强制性规定的认识。在"鄂尔多斯市鼎晟房地产公司与王某华房屋买卖合同纠纷案"中，最高人民法院认为，2013年《公司法》第148条第1款第4项[4]并没有明确规定违反该规定的合同是无效合同，即违反该规定并不必然导致案涉协议无效，案涉协议不存在1999年《合同法》第52条[5]规定的无效情形，且没有证据证明双方约定的认购价格过分低于市场价格，王某华的认购行为损害了公司其他股东及公司债权人利益的情况下，原审法院认定案涉协议有效并无不当。[6]

然而，在"胡某焰等与胡某明等合同纠纷案"中，最高人民法院又一改此前观点，认为公司法关于关联交易的规定为禁止性规定，不管是胡某明的转让行为还是订立协议行为，均未经公司股东会作出合法决议，也不属于公司章程规定允许的行为，应当被认定无效。[7]类似地，在"防城港市泰和贸易有限公司、唐某浩确认合同效力纠纷案"中，一审法院认为2018年《公司法》第147条规定只是明确了董事、监事、高级管理人员对公司负有的忠实

---

[1] 1993年《公司法》第61条第2款规定，董事、经理除公司章程规定或者股东会同意外，不得同本公司订立合同或者进行交易。

[2] 最高人民法院（2013）民提字第98号民事判决书。

[3] 江苏省苏州市吴江区人民法院（2019）苏0509民初2299号民事判决书。

[4] 2013年《公司法》第148条第1款第4项规定，违反公司章程的规定或者未经股东会、股东大会同意，与本公司订立合同或者进行交易。

[5] 1999年《合同法》第52条规定："有下列情形之一的，合同无效：（一）一方以欺诈、胁迫的手段订立合同，损害国家利益；（二）恶意串通，损害国家、集体或者第三人利益；（三）以合法形式掩盖非法目的；（四）损害社会公共利益；（五）违反法律、行政法规的强制性规定。"

[6] 最高人民法院（2016）最高法民申1951号民事判决书。

[7] 最高人民法院（2018）最高法民申3825号民事判决书。

义务，是公司内部的管理性强制规定而非效力性强制性规定，但该结论被二审法院推翻，二审法院认为该条属于效力性强制性规定。[1]

在同样认定关联交易行为无效的判决中，也有法院另辟蹊径，从认定当事人恶意串通的角度来判断违法关联交易行为的效力。如"李某凡与大连东港房地产开发有限公司等确认合同无效纠纷案"的二审法院认为，东港公司和尚某宇均未能举证证明双方的交易行为经过股东会同意或符合公司章程的规定，故认定双方签订合同的行为不具有合法性、主观上并非善意，并结合交易行为的背景、合同内容及履行情况等，判断双方存在恶意串通行为，从而认定交易无效。[2]

3. 违法关联交易的类型与效力区分

如前所述，公司法上对关联交易的规范要求包括信息披露、程序正当和对价公允，因此，违反关联交易的类型可能是违反信息披露要求的违法关联交易、违反正当程序的关联交易、对价不公允的关联交易。除违反公司法的规范要求之外，还有可能违反民法典对一般民事法律行为所规定的效力瑕疵事由。因此，正如《公司法司法解释（五）》第2条所规定的："关联交易合同存在无效、可撤销或者对公司不发生效力的情形，公司没有起诉合同相对方的，符合公司法第一百五十一条第一款规定条件的股东，可以依据公司法第一百五十一条第二款、第三款规定向人民法院提起诉讼。"关联交易的效力状态可能为无效，也可能为可撤销，甚至可能存在不成立的情形，惟其事由多样。对于违反《民法典》所规定的效力瑕疵事由，适用民法典的一般规定即可。例如，违反《民法典》第153条规定的关联交易，自属无效。在公司法上需要明确的是，如果单纯违反了公司法上的关联交易规制措施，关联交易的效力如何？

从交易安全的角度来看，认定交易有效虽利于保护交易的稳定性，但有悖于规制违法关联交易的立法目的。若不对违法关联交易的效力予以消极评价，仅依靠归入权的赔偿制度对公司予以救济，公司因此受到的损失可能远远难以弥补，从而产生明显的利益失衡。就无效说而言，违法的关联交易并不一定损害公司利益，在交易于公司有利的情况下，法院径直认定交易无效反而可能损害公司利益。相较之下，效力待定说虽然在一定程度上兼顾了董事等关联交易主体与公司之间的利益平衡，并且将违法关联交易效力决定权

---

[1] 广西壮族自治区防城港市中级人民法院（2018）桂06民终10号民事判决书。

[2] 辽宁省大连市中级人民法院（2018）辽02民终1637号民事判决书。

交由公司，体现商事自治，但效力待定本质为民法上的制度，不符合商事效率的要求。若公司始终未表示是否追认，将会使得交易一直处于不确定的状态，损及交易安全，破坏市场安定性。

从比较法上来看，英美法上关联交易的规制最初起源于受信义务制度。英国早期信托法规定了"自我交易规则"，即受托人不得将信托财产出售给自己，不得滥用职务便利使自己得利，即所谓不得让"牧羊人变成狼"，一旦受托人自己与信托财产进行交易，那么该交易就是可撤销的，选择权在受益人手中。[1]后该规则被移植到公司法上，就构成了关联交易规则的基本内容。如著名的 Aberdeen Rly Co. v. Blaikie Bros 一案即利用受托人义务的原理和规则确立了英国衡平法中关于董事忠实义务的严格规则——董事与其公司订立的合同原则上是可撤销的。[2]依据美国法，在控制权人与其受控公司之间发生关联交易协议的情况下，"该项交易之公平性便会受到怀疑，在传统的普通法的观念中，这种交易是一种可以被撤销之交易，不论该交易是否得到其他未由其中获得私人利益之董事的同意"。就大陆法系来看，根据《法国商事公司法》规定，公司董事或总经理系某一企业的企业主、无限责任股东、经理、董事、总经理、经理室或监事会成员时，公司与该企业之间签订的协议应事先经过批准，事先未经董事会批准而签订的协议，如已对公司造成损失的，可予以撤销。[3]

因此，本书认为，应当跳出一味保护善意相对人利益的传统合同法思维，而应以公司利益为审查核心，将选择权交由公司，同时兼顾交易的安全性，对于违反决策程序的关联交易的效力认定采取可撤销说较为合适。事实上，违反批准程序的关联交易并不必然损害公司利益，公司可事后根据该关联交易是否实质公允决定是否撤销，在撤销之前该交易一直有效。对于该撤销权行使的除斥期间，原则上应以 1 年为宜，自公司知道或应当知道之日起算，符合商法短期时效主义追求，督促公司及时行权，维护自身合法权益。嗣后，无论公司的损失能否根据合同救济得以填补，最终意义上均可适用 2023 年《公司法》第 22 条规定填补公司损害。

---

〔1〕 Graham Moffat, Gerry Bean & John Dewar, Trusts Law: Tex and Materials, 4th ed., Cambridge, Cambridge Univensity Press, 2005, pp. 435-436.

〔2〕 Robert R. Pennington, Company Law, 8th ed., London, Butterworths（tm）, 2001, p. 727.

〔3〕《法国商法典》，金邦贵译，中国法制出版社 2000 年版，第 128-129 页。

第二章
公司登记

问题 20 ▶ 2023 年《公司法》中法定代表人制度有何变化？修订原因是什么？

相较于 2018 年《公司法》，2023 年《公司法》主要完善了法定代表人的以下四个方面规则：扩大了法定代表人的选任范围、明确了法定代表人的选任和辞任规则、明确了法定代表人的登记变更规则、修改了章程中法定代表人的记载事项要求。具体而言，修订内容分散在本法第 10 条、第 35 条、第 46 条、第 70 条、第 95 条等条文中，共同构成了修订后的法定代表人制度体系。经修改后，法定代表人制度的自治性得以增强，实践中法定代表人制度的部分痼疾在一定程度上得以克服。

1. 我国法定代表人制度变迁及修法背景

法定代表人是我国公司法上的独特机构，可溯源至计划经济阶段的一长制，本来是为了解决国有企业经营效率低下而产生的权力分配和责任承担机制问题。裹挟着本土特色的权力意识，手持法定表意管道的权杖，法定代表人进退失据：要么逾越权限损害公司利益，要么被公司绑定而无法脱身，在实践中引发了诸多争议问题。[1]

1982 年《国营工厂厂长工作暂行条例》首次提出工厂行政负责人概念，该条例第 2 条规定，工厂实行党委（独立核算工厂的总支部、支部，下同）领导下的厂长负责制。厂长是工厂的行政负责人，受国家委托，负责工厂的经营管理。除本条例第十条、第十一条规定的以外，生产经营方面的问题，由厂长全权决定。该条例第 4 条规定，厂长对工厂的生产经营活动实行集中统一指挥，对工厂党委和上级主管单位直接负责。规定厂长作为工厂生产经营的首要责任人。1983 年《国营工业企业暂行条例》再次明确厂长是企业的行政领导人。

随后 1982 年《民事诉讼法（试行）》第 44 条第 2 款规定："企业事业单位、机关、团体可以作为民事诉讼的当事人，由这些单位的主要负责人作为法定代表人。"首次提出了"法定代表人"的术语。1986 年《民法通则》第 38 条规定："依照法律或者法人组织章程规定，代表法人行使职权的负责人，

---

〔1〕 刘斌：《见微知著：新〈公司法〉中法定代表人制度的务实变革》，载《中国市场监管研究》2024 年第 5 期。

是法人的法定代表人。"奠定了法定代表人的法律地位。1992 年《有限责任公司规范意见》和 1993 年《股份有限公司规范意见》将法定代表人制度嫁接到了公司中，为 1993 年《公司法》全面引入公司法定代表人制度进行铺垫。

"法定代表人"在《民法典》中出现了 13 次，重要条文如《民法典》第 61 条第 1 款、第 2 款规定："依照法律或者法人章程的规定，代表法人从事民事活动的负责人，为法人的法定代表人。法定代表人以法人名义从事的民事活动，其法律后果由法人承受。"规定了法定代表人的法律地位，以及法定代表人职务行为的法律后果。《民法典》第 81 条第 3 款规定："执行机构为董事会或者执行董事的，董事长、执行董事或者经理按照法人章程的规定担任法定代表人；未设董事会或者执行董事的，法人章程规定的主要负责人为其执行机构和法定代表人。"规定了法定代表人的担任资格要求。

"法定代表人"在 2018 年《公司法》中出现了 9 次，其主要职权包括 2018 年《公司法》第 13 条所规定的法定代表人的选任资格与变更登记要求："公司法定代表人依照公司章程的规定，由董事长、执行董事或者经理担任，并依法登记。公司法定代表人变更，应当办理变更登记。"第 128 条第 3 款所规定的股票签名要求："股票由法定代表人签名，公司盖章。"第 146 条第 1 款第 4 项所规定的执业禁止规定，"担任因违法被吊销营业执照、责令关闭的公司、企业的法定代表人，并负有个人责任的，自该公司、企业被吊销营业执照之日起未逾三年"，以及第 155 条所规定的发行公司债券的签名要求："公司以实物券方式发行公司债券的，必须在债券上载明公司名称、债券票面金额、利率、偿还期限等事项，并由法定代表人签名，公司盖章。"

在 2023 年《公司法》修订之前，我国的法定代表人制度存在选任范围狭窄、导致董事地位异化、垄断公司表意渠道、工商登记变更困难、削弱公司治理效用等问题。[1] 在修法过程中，各方面的意见主要集中在建议废除法定代表人制度、降低法定代表人制度的强制性、扩大法定代表人的选任范围、允许设立复数法定代表人、明确法定代表人的任免机制等方面。

横向比较，域外公司法上并没有法定代表人的概念，通常通过董事会或董事代表公司进行行为。因此，法定代表人制度是一项极具本土色彩的制度，需要基于本土资源予以破解。对于我国公司表意机制的调整路径，长期以来在学说上主张不一。有观点主张废除法定代表人制度，改采公司代理人制度，放任公司进行自主选任。[2] 有观点则主张摒弃法定代表人概念，以公司代表

---

〔1〕 刘斌：《公司治理视域下公司表意机制之检讨》，载《中国政法大学学报》2021 年第 2 期。
〔2〕 袁碧华：《法定代表人的制度困境与自治理念下的革新》，载《政法论丛》2020 年第 6 期。

人代之，并且强调其与非代表董事的平等地位，借此修正法定代表人特殊地位所带来的公司治理失衡。[1]有观点虽然未主张废止法定代表人制度，但强调其向"法人的意思表达"功能回归。[2]

2. 2023 年《公司法》对法定代表人制度的完善要点

2023 年《公司法》对法定代表人制度的完善主要集中于以下方面：

2.1 法定代表人的担任范围扩张

根据 2023 年《公司法》第 10 条第 1 款前段，法定代表人的选任和产生由公司章程规定。法定代表人如何产生、变更、由谁担任，均须依照公司章程确定，系属于公司自治范畴。但是，公司章程的规定不应超出法定的选任范围。

2023 年《公司法》第 10 条在原规定的基础上扩张了可以担任法定代表人的人员范围。根据 2018 年《公司法》第 13 条的规定，公司法定代表人依照公司章程的规定，由董事长、执行董事或者经理担任，并依法登记。该条中的执行董事，是指股东人数较少或者规模较小的有限责任公司所设的执行董事，用以替代董事会，由其行使董事会的职权。2023 年《公司法》修订之后，新法删除了执行董事的该种用法，将执行董事的概念重塑为执行公司事务的董事，与非执行董事相对应。2021 年《公司法（修订草案一审稿）》曾在未对执行董事概念作出界定的情况下径行改变了执行董事的含义，引发了诸多误解。故而，为了避免新法与旧法中用语的混淆，2023 年《公司法》第 10 条采取了"代表公司执行公司事务的董事"的内涵表述方式，而没有径直将其定义为执行董事。

因此，根据 2023 年《公司法》第 10 条第 1 款的规定，可担任法定代表人的董事范围从董事长扩大至所有执行公司事务的董事，以及公司的经理。需要指出的是，此处的经理仅指总经理，而不包括副经理。无论执行公司事务的董事，抑或负责日常经营管理工作的经理，均具有担任法定代表人的适当性。那么，何谓"执行公司事务的董事"？从立法旨意来看，2023 年《公司法》第 10 条第 1 款中所谓"执行公司事务的董事"，即要求担任法定代表人的人员必须是参与公司的经营管理、负责公司内部业务执行的人员，避免出现公司选任一些不负责公司业务经营的人员担任法定代表人这种不合理的

---

[1]　杨汝轩：《论中国公司代表人制度的改革——以两大法系比较研究为视角》，载《河北法学》2012 年第 11 期。

[2]　蔡立东：《论法定代表人的法律地位》，载《法学论坛》2017 年第 4 期。

现象。[1]因此，从反面解释的角度而言，肩负公司业务监督职能的外部董事、独立董事等均不具有担任法定代表人的适格性。

2.2 明确法定代表人的辞任和补任规则

在辞任规则方面，2023年《公司法》第10条第2款新增规定，担任法定代表人的董事或经理辞任的，视为同时辞去法定代表人。由于本条第1款限定了法定代表人的选任范围，并非公司的任何人员皆可担任，故而，如果担任法定代表人的董事或经理辞任，其本身即不再符合本法规定的担任法定代表人的资格条件，应当同时卸任法定代表人职务。除了本款规定的辞任情形外，法定代表人还可以单独辞去其法定代表人职务，并同时保留其董事或经理职务。此时，仅发生法定代表人卸任的后果，并不影响其董事或经理的职位。值得注意的是，本款同样适用于法定代表人被解任的情形。

在补任规则方面，2023年《公司法》第10条第3款新增规定，法定代表人辞任的，公司应当在法定代表人辞任之日起30日内确定新的法定代表人。从法律后果而言，该款实际上承认了公司的法定代表人可以因特殊事由而短暂空缺。

2.3 章程中法定代表人记载事项的变革

2023年《公司法》第46条第1款第7项将2018年《公司法》第25条中的"公司法定代表人"修改为"公司法定代表人的产生、变更办法"，不再要求有限责任公司章程载明法定代表人的姓名，是本次公司法修订的重大调整。在原《公司法》中，变更法定代表人需要修改公司章程，而修改公司章程程序严格，不仅需要召开股东会，还需要特别决议通过，导致了实践中法定代表人的变更困难。通过要求章程记载"法定代表人的产生、变更办法"，可以有效克服前述问题。公司仅需要根据公司章程所记载的法定代表人的产生、变更办法，形成法定代表人变更的决议文件即可进行法定代表人变更，而不再需要召开股东会，极大简化了法定代表人的变更程序。本项修改是配合法定代表人制度优化的重要组成部分之一，简化了变更法定代表人时的章程修改程序。

2.4 明确变更法定代表人登记的签署主体

2023年《公司法》第35条第3款规定，公司变更法定代表人的，变更登记申请书由变更后的法定代表人签署。在公司登记实践中，部分登记机关在公司申请变更法定代表人登记时，要求原法定代表人和新法定代表人均要签

---

[1] 王翔主编：《中华人民共和国公司法释义》，中国法制出版社2024年版，第16页。

署。在公司因法定代表人变更产生矛盾甚至冲突时，前述条件往往很难实现，导致了法定代表人的变更登记僵局。对此，本款专门规定了变更登记申请书的合法签署主体是变更后的法定代表人。究其原因，在公司决议或决定变更法定代表人后，原法定代表人即失去其代表权，已非合法的签署主体，当然不应该由其签署变更申请文件。

3. 法定代表人制度的配套规定

2024 年 12 月 20 日，国家市场监督管理总局公布了《公司登记管理实施办法》作为 2023 年《公司法》的重要配套规定，自 2025 年 2 月 10 日起施行。该办法涉及法定代表人制度的主要条款包括：

其一，该办法第 4 条规定，公司营业执照应当载明法定代表人姓名。

其二，该办法第 14 条第 2 款规定，登记联络员可以由公司法定代表人、董事、监事、高级管理人员、股东、员工等人员担任。

其三，该办法第 17 条规定，公司法定代表人、董事、监事、高级管理人员、股东等被依法限制人身自由，无法通过实名认证系统、本人现场办理或者提交公证文件等方式核验身份信息的，可以按照相关国家机关允许的方式进行实名验证。

其四，该办法第 20 条规定，有证据证明申请人明显滥用公司法人独立地位和股东有限责任，通过变更法定代表人、股东、注册资本或者注销公司等方式，恶意转移财产、逃避债务或者规避行政处罚，可能危害社会公共利益的，公司登记机关依法不予办理相关登记或者备案，已经办理的予以撤销。

其五，该办法第 23 条规定："因公司未按期依法履行生效法律文书明确的登记备案事项相关法定义务，人民法院向公司登记机关送达协助执行通知书，要求协助涤除法定代表人、董事、监事、高级管理人员、股东、分公司负责人等信息的，公司登记机关依法通过国家企业信用信息公示系统向社会公示涤除信息。"新增了以法院生效文书办理法定代表人涤除登记的实现路径。

问题 21 ◇ **法定代表人如何辞去职务？辞职后公司拒不变更法定代表人登记怎么办？**

在公司治理实践中，法定代表人辞任争议时有出现，包括辞任困难、如何辞任、辞任后果等问题，甚至引发诉讼。法定代表人既可以单独辞去其法定代表人职务，也可以通过辞去其董事或经理身份而一并辞去其法定代表人职务。法定代表人辞任后的补任义务由公司承担。公司拒不变更法定代表人登记的，辞任后的法定代表人可以请求公司进行涤除登记。

1. 2023 年《公司法》上的法定代表人辞任规则

1.1 法定代表人可单方面辞任

法定代表人是根据公司法和公司章程而确定的代表公司从事民事活动的人。从法定代表人与公司之间的关系而言，其法律性质为委任关系或委托关系，系属于公司内部事务。[1]基于委托关系之基础，法定代表人或公司任何一方均可单方予以解除。在"大拇指环保科技集团（福建）有限公司与中华环保科技集团有限公司股东出资纠纷案"中，最高人民法院指出，对法定代表人变更事项进行登记，其意义在于向社会公示公司意志代表权的基本状态。工商登记的法定代表人对外具有公示效力，如果涉及公司以外的第三人因公司代表权而产生的外部争议，应以工商登记为准。而对于公司与股东之间因法定代表人任免产生的内部争议，则应以有效的股东会任免决议为准，并在公司内部产生法定代表人变更的法律效果。[2]由此可见，法定代表人可以单方面辞任，无需公司同意或批准。相应的，2023 年《公司法》第 10 条第 3 款前段规定，法定代表人辞任的，其意旨在于法定代表人可单方面辞任，辞任采送达生效主义，辞任的通知到达公司后即可生效。[3]

2023 年《公司法》第 10 条第 2 款规定，担任法定代表人的董事或经理辞任的，视为同时辞去法定代表人。由于本条第 1 款限定了法定代表人的选任范围，并非公司的任何人员皆可担任，故而，如果担任法定代表人的董事或经理辞任，其本身即不再符合本法规定的担任法定代表人的资格条件，应当同时卸任法定代表人职务。除本款规定的辞任情形外，法定代表人还可以单独辞去其法定代表人职务，并同时保留其董事或经理职务。此时，仅发生法定代表人卸任的后果，并不影响其董事或经理的职位。但需要注意的是，因为法定代表人产生、变更方法由公司章程规定，若实务中公司章程存在法定代表人与董事长身份绑定等要求，则公司法定代表人在辞任时也要一并辞去其公司董事长等身份，否则将造成与公司章程的冲突。

1.2 法定代表人辞任后公司应当及时补任

2023 年《公司法》第 10 条第 3 款规定，法定代表人辞任的，公司应当在

---

[1] 韦某兵与新疆宝塔房地产开发有限公司等请求变更公司登记纠纷案，最高人民法院（2022）最高法民再 94 号民事判决书。

[2] 最高人民法院（2014）民四终字第 20 号民事裁定书。

[3] 赵旭东主编：《新公司法条文释解》，法律出版社 2024 年版，第 25 页。

法定代表人辞任之日起 30 日内确定新的法定代表人，实际上承认了公司的法定代表人可以因特殊事由而短暂空缺。法定代表人是公司的法定表意机构，也是公司对外意思表示的惯常通道。除通过法定代表人对外进行意思表示之外，在司法实践中，在法定代表人空缺或怠于履职时，由股东会或董事会通过决议的方式授权代理人的表意方式，也为法院所承认。比如，在"巴菲特投资有限公司诉上海自来水投资建设有限公司股权转让纠纷案"中，上海市第二中级人民法院认为，涉案被告自来水公司形成的董事会决议，虽然未标明为"授权委托书"，但其内容已体现出授权委托的意思表示，符合授权委托的基本要素。基于同样的法理，如果公司解任法定代表人的，同样应当在解任之日起 30 日内确定新的法定代表人。易言之，本款同样适用于法定代表人被解任的情形。

2. 法定代表人辞任后应当予以涤除登记

在 2023 年《公司法》实施前，辞任后的法定代表人请求公司办理涤除登记缺乏直接的法律依据。2018 年《公司法》第 13 条仅规定了法定代表人变更时公司的变更登记义务，但并未明确辞任后的法定代表人请求公司办理涤除登记的行使条件。实践中，如何实现法定代表人辞任后的涤除登记存在巨大争议。由于法定代表人辞任后公司登记信息中的法定代表人姓名仍然具有外部公示效力，存在潜在的不利影响，辞任后的法定代表人请求公司办理涤除登记的权利至关重要。

在司法实践中，对于法定代表人请求公司办理涤除登记的权利，主要存在否定说和肯定说两种观点。

否定说认为法定代表人的选任属于公司内部自治事项，应当经由公司内部决议变更，而非通过司法裁判等进行干涉；同时法定代表人作为法定登记事项须臾不可空缺，因此办理法定代表人信息的涤除登记须以选任出继任法定代表人的董事或经理为前提，在此之前原法定代表人需继续履行职务。"韦某兵与新疆宝塔房地产开发有限公司等请求变更公司登记纠纷案"的一审、二审法院判决即采此种观点。[1]

肯定说则认为应当审查该辞任后的法定代表人是否与公司无实质关联，并且当事人已经无法通过公司自治机制实现法定代表人身份的涤除，则法院应当支持当事人的法定代表人身份涤除请求。如最高人民法院（2020）最高法民再 88 号民事裁定书指出"王某某对某瑞公司办理法定代表人变更登记的

---

[1]　最高人民法院（2022）最高法民再 94 号民事判决书。

诉讼请求具有诉的利益，该纠纷系平等主体之间的民事争议，属于人民法院受理民事诉讼的范围"，即持此种观点。

对两种学说进行分析，可以发现，否认说并没有考虑到现实中所存在的公司拒绝变更法定代表人的情况。法定代表人姓名作为2023年《公司法》第32条所规定的公司登记事项，公司拒绝变更的可能导致原法定代表人辞任后因为登记事项的记载而继续承担相应的责任，如被列为失信被执行人等。在这种情况下排除司法介入并对法定代表人的变更进行实质审查是不合理的，会阻断原法定代表人请求涤除登记的渠道。同时，基于法定代表人与公司之间的委任或委托法律关系，原法定代表人辞任后即失去公司法定代表人身份，其与公司之间不存在法律关系。辞任后的变更登记应当属于公司的后合同义务，公司是法定代表人信息的变更登记义务人，其拒绝履行变更登记义务的应当构成对委任合同的违约，辞任后的法定代表人当然拥有请求法院进行涤除登记的权利。因此，应当坚持肯定说的观点，在法定代表人辞任后公司拒绝变更登记时，辞任后的法定代表人有权请求法院进行涤除登记。

从规范上看，在2023年《公司法》实施后，该法第10条第3款明确规定公司为原法定代表人辞任后寻找继任法定代表人的义务人，而非原法定代表人。原法定代表人辞去法定代表人职务并不以公司办理工商登记为生效要件，而是自其辞任通知到达公司之日起即不承担公司法定代表人职责。因此在法定代表人辞任后公司拒不变更法定代表人登记的，辞任后的法定代表人自然有向法院请求公司办理法定代表人信息的涤除登记的权利。此外，根据《市场主体登记管理条例》第19条规定，"登记机关应当对申请材料进行形式审查。对申请材料齐全、符合法定形式的予以确认并当场登记"。从工商登记管理的角度，登记机关对于法定代表人变更事项的审查仅为形式审查，公司登记信息并不产生法定代表人变更的生效效力，也不能对公司登记信息中的法定代表人是否具有公司代表权进行实质判断。因此，应当允许司法介入工商登记中的法定代表人实体权益的审查。[1]

作为2023年《公司法》重要的配套制度，国家市场监督管理总局《公司登记管理实施办法》第23条规定："因公司未按期依法履行生效法律文书明确的登记备案事项相关法定义务，人民法院向公司登记机关送达协助执行通知书，要求协助涤除法定代表人、董事、监事、高级管理人员、股东、分公司负责人等信息的，公司登记机关依法通过国家企业信用信息公示系统向社

---

〔1〕 最高人民法院民事审判第二庭编著：《中华人民共和国公司法理解与适用（上）》，人民法院出版社2024年版，第36页。

会公示涤除信息。"该条规定了凭人民法院的协助执行通知书办理涤除，在公司拒绝配合办理涤除登记时，辞任后的法定代表人可以通过法院进行涤除诉讼来实现对法定代表人登记信息的涤除，为公司登记机关和人民法院的"府院联动"协调处理提供制度支持。

对于未发生诉讼的情况，如果公司自愿办理变更登记的，也符合 2023 年《公司法》第 10 条的规定，无论基于辞任抑或解任，亦应当可以进行变更登记，《公司登记管理实施办法》对此未再赘述。总之，《公司登记管理实施办法》为实践中法定代表人、董事、监事、高级管理人员等主体依照法院生效文书请求办理法定代表人信息的涤除登记提供了较为系统的解决方案。

问题 22 ◎ 公司变更法定代表人，公司登记机关是否可以要求原法定代表人一同签字？

2023 年《公司法》第 35 条第 3 款规定，公司变更法定代表人的，变更登记申请书由变更后的法定代表人签署，并不需要由原法定代表人签署，公司登记机关也不得额外要求原法定代表人一同签字。相较于先前规范，2023 年《公司法》明确完善了法定代表人变更后的签署主体。这一规定存在多种因素的考量，主要包括解决实践中出现的公司僵局问题，以及基于对公司自治原则的尊重。[1]

1. 法定代表人变更登记的规则变化

在公司登记实践中，部分登记机关在公司申请变更法定代表人登记时，要求原法定代表人和新法定代表人均要签署。在公司因法定代表人变更产生矛盾甚至冲突时，前述条件往往很难实现，导致了法定代表人的变更登记僵局。之所以产生此类问题，是因为 2018 年《公司法》第 13 条仅规定"公司法定代表人变更，应当办理变更登记"，缺少对法定代表人变更登记具体操作的程序性规定，从而导致实践中出现对该变更登记申请书由原法定代表人或是变更后的法定代表人签署的疑惑。有观点认为，依据已失效的《公司登记管理条例》第 27 条之规定，公司法定代表人事项的变更也需要原法定代表人的签字。对于这一分歧，《市场主体登记管理条例实施细则》第 33 条规定，市场主体更换法定代表人、执行事务合伙人（含委派代表）、负责人的变更登记申请由新任法定代表人、执行事务合伙人（含委派代表）、负责人签署。

2023 年《公司法》第 35 条第 3 款规定，公司变更法定代表人的，变更登

---

〔1〕　王瑞贺主编：《中华人民共和国公司法释义》，法律出版社 2024 年版，第 56 页。

记申请书由变更后的法定代表人签署。法定代表人的变更实际上是单纯的登记技术问题。[1] 对此，本款专门规定了变更登记申请书的合法签署主体是变更后的法定代表人。前述规定的逻辑在于，公司法定代表人的选任和解任均系公司内部事项，法定代表人的变动凭公司决议或决定而发生，法定代表人的商事登记事实并不具有生效效力，而仅具有对抗效力。因此，在公司决议或决定变更法定代表人后，原法定代表人即失去其代表权，已非合法的签署主体，当然不应该由其签署变更申请文件。

此外，2023 年《公司法》第 35 条第 2 款虽然规定公司变更登记事项涉及修改公司章程的，应当提交修改后的公司章程，但相较于 2018 年《公司法》第 25 条、第 81 条所规定的公司章程应当载明公司法定代表人的姓名不同，2023 年《公司法》第 46 条和第 95 条仅要求公司章程载明公司法定代表人的产生、变更办法即可，不再要求载明公司法定代表人的姓名。因此，单纯法定代表人的变更也不涉及公司章程的修改，公司登记机关也不可再基于此要求公司提交变更法定代表人后的公司章程等文件。

2. 签署规则的背后逻辑在于公司权力的配置

由于法定代表人的变更属于公司内部事项，法定代表人取得代表权的时点是公司的法定代表人变更决议作出之时，无须经过公司登记机关的变更登记才取得代表权。原法定代表人职务的解除在公司作出相应决议之时起已生效，申请办理变更登记之时公司的法定代表人已然发生变更，与原法定代表人已无关联。此时原法定代表人签署的文件已经缺乏代表公司的效力，再要求原法定代表人签署法定代表人变更登记的文件缺乏效力基础。因此，公司申请变更登记事项只需要提交变更后的法定代表人签署的变更登记申请书、依法作出的变更决议或者决定等文件即可。

总之，基于对公司自治原则的尊重，公司登记机关不应当对公司内部治理事务进行干涉。在公司内部法定代表人已经完成变更的情况下，不应当再要求原法定代表人签署变更登记申请书等文件，原法定代表人拒绝配合交接的也不能影响公司变更法定代表人信息等公司登记事项。

问题 23 ▷ **法定代表人被解任后拒绝离任，也不配合登记变更和事项交接，怎么办？**

在公司解任法定代表人之后，如果公司的公章、证照等由原法定代表人

---

[1] 朱慈蕴主编：《新公司法条文精解》，中国法制出版社 2024 年版，第 64 页。

持有，在其拒绝交还相关证照的情况下，将对公司事务造成诸多影响，甚至影响公司正常营业。在实践中，被解任的法定代表人拒绝配合公司完成交接时，主要通过要求公司证照诉讼方式解决问题。实务中也存在变更后的法定代表人尝试办理重刻印章，但因其没有被变更登记为法定代表人，被认为无权要求重刻的情况出现。[1]

1. 公司印章等证照的法律效力

对于公司印章等证照的效力问题，我国法律承认印章是公司的意思表示的外在推定形式，如《民法典》第 490 条第 1 款规定，"当事人采用合同书形式订立合同的，自当事人均签名、盖章或者按指印时合同成立。在签名、盖章或者按指印之前，当事人一方已经履行主要义务，对方接受时，该合同成立"。印章在公司对外签订合同等场合具有重要作用，如《最高人民法院关于适用〈中华人民共和国民法典〉合同编通则若干问题的解释》（以下简称《民法典合同编通则司法解释》）第 22 条第 3 款也规定，合同仅加盖法人、非法人组织的印章而无人员签名或者按指印，相对人能够证明合同系法定代表人、负责人或者工作人员在其权限范围内订立的，人民法院应当认定该合同对法人、非法人组织发生效力。《民法典》第 493 条规定，"当事人采用合同书形式订立合同的，最后签名、盖章或者按指印的地点为合同成立的地点，但是当事人另有约定的除外"。在诉讼中，公司印章也是公司意思表示的初步证据。

在原法定代表人拒绝交还公司营业执照、房产证等证件时，可能造成公司权利行使的障碍。比如公司对外签订合同、参与招投标，或者进行营业执照记载事项变更等情况下，缺乏公司营业执照会给公司正常经营管理活动带来困难。《市场主体登记管理条例》第 36 条规定，市场主体应当将营业执照置于住所或者主要经营场所的醒目位置。从事电子商务经营的市场主体应当在其首页显著位置持续公示营业执照信息或者相关链接标识。要求公司等市场主体亮照经营，在公司营业执照被原法定代表人不当扣留的情况下，还可能导致公司面临行政处罚等不利处境。

2. 公司证照返还之诉的适格代表人或代理人

公司证照返还纠纷中，需要注意其起诉原告主体，如果原告身份不适格可能会被法院裁定驳回起诉或判决不予支持其诉讼请求。如在"安森蒂凡尼

---

[1]　参见李某明、桑某丽公司证照返还纠纷案，（2019）豫 01 民终 22737 号。

公司、杨某华公司证照返还纠纷案"中，法院就认为担保权人提出返还公司印章、证照及撤换法定代表人等诉讼请求，等同于直接介入和干涉公司经营管理，违背了担保的基本法理，其不能代表安森蒂凡尼公司要求二被告返还公司印章、证照及撤换法定代表人，因此对其请求不予支持。[1]

《民事诉讼法》第51条第2款规定，"法人由其法定代表人进行诉讼。其他组织由其主要负责人进行诉讼"。根据该规定，公司应当由其法定代表人代表公司进行诉讼，在法定代表人缺位的情况下，可以由公司董事会或董事会委托的相关主体行使代表权，或者章程规定的其他有权主体行使签署权力。

若公司进入清算程序，根据《公司法司法解释（二）》第10条第2款的规定，"公司成立清算组的，由清算组负责人代表公司参加诉讼；尚未成立清算组的，由原法定代表人代表公司参加诉讼"。此时，应当由公司清算组负责人代表公司提起证照返还之诉。

如果公司不能提起此类诉讼，在公司证照返还诉讼中也可以通过股东代表诉讼的方式实现。[2]在股东代表诉讼路径中，股东提起诉讼需要满足符合股东身份条件及股东代表诉讼的前置程序，否则可能会因为诉讼主体不适格而被驳回起诉。2023年《公司法》第189条第4款也引入了股东双重代表诉讼的制度，母公司股东也可以为全资子公司的利益而提起股东代表诉讼，但也需要注意满足相应的前置程序要求。

3. 公司证照返还纠纷中原法定代表人可能的抗辩事由

在公司证照返还纠纷中，拒绝返还公司证照的原法定代表人可能以各方面的事由进行抗辩，需要在实践中予以注意。

首先，若公司原法定代表人以其为工商登记的法定代表人等提出抗辩，认为其仍为公司法定代表人，有权持有公司印章等证照的，应当不予支持。由于法定代表人的更换属于公司内部事项，法定代表人进行更换并由新法定代表人取得代表权的时点是公司内部的决议作出之时，进行登记信息的变更只具有外部公示效力，并不影响法定代表人身份的内部取得。因此，在公司的变更决议作出后，原法定代表人已经并非公司的真实法定代表人，以其为登记的法定代表人为由进行抗辩的应当不予支持。如"北京科立信控制技术有限公司诉肖某公司证照返还纠纷案"中指出，"根据章程规定，董事长为公司的法定代表人，故陈某先有权以公司名义提起本案诉讼，肖某以其为登记

---

〔1〕 四川省成都市中级人民法院（2020）川01民终4959号民事判决书。

〔2〕 赵旭东主编：《新公司法诉讼实务指南》，法律出版社2024年版，第318页。

的法定代表人且持有公章为由否定科立信公司在本案中的诉讼主体地位缺乏法律依据。陈某先以公司法定代表人的身份，以公司名义提起诉讼，要求原法定代表人肖某向公司交还相关证照及财务资料，于法有据"。[1]

若公司法定代表人以其拥有其他身份，如公司董事、监事、高级管理人员等身份，并依据该特殊身份占有公司证照来进行抗辩也是需要讨论的问题。在实践中，公司董监高因其特殊身份也通常会成为公司日常经营管理中公司证照的管理人或使用人。但是，董监高对于公司证照的占有和使用也是需要经过公司授权，而不能仅以其具有相关身份而当然占有公司证照。在公司变更法定代表人后，原法定代表人以其具有董监高身份为由拒绝返还公司证照的，公司可以作出决议撤销对于原法定代表人占有公司证照的授权，或者确认其不享有继续占有公司证照的权利，从而使公司原法定代表人缺乏继续占有公司证照的基础。

其次，若原法定代表人以其与公司之间存在债权债务关系为由而主张对公司证照行使留置权的，也不应当予以支持。公司证照虽然属于公司财产，但其与公司的其他动产在性质上存在显著区别，具有特殊性。公司证照的财产性并不强，其主要目的在于公司的经营管理上表征身份的需要，对公司证照进行留置并不能有效变现从而清偿公司的债务。因此，对于原法定代表人以此为由的抗辩也不应当予以支持。

最后，若公司证照过期或失效的，公司请求公司证照的持有人返还相关证照的，也应当依法予以支持。公司证照如公司印章等具有表征公司意思的外观效力，公司原法定代表人利用其持有的公司证照与相对人签订合同的行为可能构成表见代理，并给公司造成损失。因此，即使公司重刻了公章等证照，但其仍有向原证照持有者请求返还公司证照的权利。正如《市场主体登记管理条例实施细则》第23条第3款规定，"市场主体在办理涉及营业执照记载事项变更登记或者申请注销登记时，需要在提交申请时一并缴回纸质营业执照正、副本"。在公司办理涉及营业执照记载事项的变更登记或者申请注销登记时，也需要向公司登记机关提交原营业执照的纸质版。缺乏相关证件的可能导致公司办理变更登记或注销登记的障碍。因此即使公司营业执照等过期的，原法定代表人等公司证照的持有人也不能以此为由进行抗辩，拒绝返还公司证照。

---

[1]　北京市海淀区人民法院（2013）海民初字第14395号民事判决书。

问题 24 ▷ 法定代表人取得代表权的时间点是什么，是否以工商登记为准？

根据 2023 年《公司法》第 35 条第 1 款之规定，法定代表人取得代表权的时间点为公司任免决议作出之时，工商登记中的法定代表人姓名仅具有外部公示效力。

1. 法定代表人取得代表权的时点是公司作出相关决议时

2023 年《公司法》第 35 条第 1 款规定了公司申请变更登记应提交的文件，即公司申请变更登记，应当向公司登记机关提交公司法定代表人签署的变更登记申请书、依法作出的变更决议或者决定等文件。从本条规定来看，公司而非法定代表人系变更登记的申请主体。由于法定代表人系代表公司对外从事民事活动的人，故变更登记申请应由其签署。公司决议或决定系公司登记事项变更的基础，故应当提交依法作出的变更决议或者决定。如果所涉及变更需要经过批准的，还应当提交相关的批准文件。由于公司法定代表人与公司之间为委托或委任关系，法定代表人受公司委任而代表公司对外行事，公司对于法定代表人的变更应当属于公司内部治理事项，因此，法定代表人的变更时点为公司的任免决议作出之时。基于本条规定，可以明确新旧法定代表人的权力交接和衔接问题，即在公司内部，凭借决议生效时点决断法定代表人的权力过渡。[1]

2023 年《公司法》第 35 条第 3 款规定，"公司变更法定代表人的，变更登记申请书由变更后的法定代表人签署"。公司登记实践中，部分登记机关在公司申请变更法定代表人登记时，要求原法定代表人和新法定代表人均要签署。当公司因法定代表人变更产生矛盾甚至冲突时，前述条件往往很难实现，易导致法定代表人的变更登记陷入僵局。对此，该款专门规定了变更登记申请的合法签署主体是变更后的法定代表人。《市场主体登记管理条例实施细则》第 33 条同样规定，市场主体更换法定代表人、执行事务合伙人（含委派代表）、负责人的变更登记申请由新任法定代表人、执行事务合伙人（含委派代表）、负责人签署。

前述规定的逻辑在于，公司法定代表人的选任和解任均系公司内部事项，法定代表人的变动凭公司决议或决定而发生，公司法定代表人变更的生效在

---

〔1〕 刘斌：《见微知著：新〈公司法〉中法定代表人制度的务实变革》，载《中国市场监管研究》2024 年第 5 期。

进行公司登记事项的变更登记前已然完成，法定代表人的商事登记事实并不具有生效效力，仅具有对抗效力。

在"大拇指环保科技集团（福建）有限公司与中华环保科技集团有限公司股东出资纠纷案"中，最高人民法院判决观点对此也持肯定意见："对法定代表人变更事项进行登记，其意义在于向社会公示公司意志代表权的基本状态。工商登记的法定代表人对外具有公示效力，如果涉及公司以外的第三人因公司代表权而产生的外部争议，应以工商登记为准。而对于公司与股东之间因法定代表人任免产生的内部争议，则应以有效的股东会任免决议为准，并在公司内部产生法定代表人变更的法律效果。"〔1〕因此，在公司决议或决定变更法定代表人后，原法定代表人即失去其代表权，已非合法的签署主体，不应该由其签署变更申请文件。

2. 法定代表人登记对外具有对抗效力

在公司代表权纠纷中，我国法院通常秉持内外区分的裁判思路，即对内部争议以公司决议为准，对外部争议则以公司登记为准。在公司法定代表人登记制度中，已废止的《企业法人法定代表人登记管理规定》等规范性文件，实质上系采登记生效主义的立场。该规定第3条规定："企业法人的法定代表人（以下简称法定代表人）经企业登记机关核准登记，取得法定代表人资格。"要求在企业登记机关核准登记后，法定代表人才取得相关资格。这种方式看起来维护了法定代表人的公信力，但登记代表人易于与公司内部所确立的未登记代表人之间产生冲突。

随后的一系列规则修改，逐步从强调公司登记的效力转向尊重公司自治，公司法定代表人登记事项未变更的不影响公司内部法定代表人代表权的取得。《公司登记管理条例》第26条第2款规定，"未经变更登记，公司不得擅自改变登记事项"。第30条规定，"公司变更法定代表人的，应当自变更决议或者决定作出之日起30日内申请变更登记"。前述规定实际上取消了公司登记事项的生效效力。2023年《公司法》第34条第2款规定，"公司登记事项未经登记或者未经变更登记，不得对抗善意相对人"。第35条第3款规定，"公司变更法定代表人的，变更登记申请书由变更后的法定代表人签署"。前述规定明确公司登记事项仅具有对抗效力，法定代表人变更的生效时点并不在于办理公司登记事项的变更登记，而是在于公司内部变更法定代表人的决议作出

---

〔1〕　最高人民法院（2014）民四终字第20号民事裁定书。

之时。[1] 在将公司表意机制放归自治之后，商事登记的价值在于交易相对人的善意保护而非确定代表人的正当身份。于公司内部，公司自行选择代表人即生效力，但未变更情形下第三人可基于登记外观得以保护，由此平衡公司的内外部关系、重构公司表意机制的自治性。

根据 2023 年《公司法》第 32 条之规定，公司登记事项中包括法定代表人的姓名，该信息应由公司登记机关通过国家企业信用信息公示系统向社会公示，具有外部的公示效力，此工商登记事项中的法定代表人信息并非不重要，根据 2023 年《公司法》第 34 条第 2 款之规定，公司登记事项未经登记或者未经变更登记，不得对抗善意相对人。因此，公司变更法定代表人的应当及时办理变更登记，避免辞任的法定代表人继续以公司名义从事活动从而给公司造成损失。

问题 25 ▷ 如果公司章程未明确规定，公司变更法定代表人应该经过半数还是 2/3 以上决议通过？

公司法定代表人作为公司常设机关，对外享有公司代表权，对于公司来说具有重要意义。[2] 通常而言，公司根据公司章程通过公司决议变更法定代表人，自无争议。但是，法定代表人应当通过何种决议变更，以及决议的通过比例是多少，则在公司治理实践中存在不同理解，在司法实践中也存在裁判分歧。这一问题，在实践中往往与公司控制权争夺密切关联，争夺法定代表人岗位是确保公司控制权的重要环节，不可不察。

1. 2023 年《公司法》修订前的法定代表人变更决议

由于 2018 年《公司法》未作规定，在实践中存在对这一问题的不同认识：①须经股东会 2/3 以上比例通过，其原因在于，根据 2018 年《公司法》第 25 条、第 81 条之规定，有限责任公司及股份有限公司章程应当记载公司法定代表人，因此，公司变更法定代表人的，公司章程也应当随之进行修改。鉴于公司章程的修改要求股东会 2/3 以上决议比例通过，故不少观点坚持变更法定代表人同样需要 2/3 以上决议比例。②法定代表人变更非属于法律明确规定的增资减资等重大事项，过半数同意的决议即可。③根据公司章程规定程序产生变更即可，无需决议。

对于 2/3 以上决议比例通过的观点，实践中不少案件持否定见解。例如，

---

[1] 王翔主编：《中华人民共和国公司法释义》，中国法制出版社 2024 年版，第 16 页。

[2] 施天涛：《公司法论》，法律出版社 2025 年版，第 335 页。

在"歙某庆、李某男请求变更公司登记纠纷案"中，法院认为，公司法中并未明确规定变更法定代表人必须经代表 2/3 以上表决权的股东通过，同时，由于法定代表人名称的变更在章程中仅是一种记载方面的修改，并非对公司经营造成特别重大影响的事项，因此无需 2/3 以上表决比例通过。[1]据此，该案否认了公司变更法定代表人决议通过比例需要 2/3 以上或者全体一致通过，认为公司变更法定代表人属于公司自治事项。

在新疆维吾尔自治区高级人民法院审理的"豪骏公司、张某升与祥平实业公司、祥平房地产公司公司决议撤销纠纷案"中，法院认为，我国公司法虽然规定股东会会议作出修改公司章程、增加或者减少注册资本的决议，以及公司合并、分立、解散或者变更公司形式的决议，必须经代表 2/3 以上表决权的股东通过。但对于法定代表人变更事项的决议，并无明确规定，而房地产公司的章程对此也未作出特别约定。张某升及豪骏公司申请再审认为房地产公司法定代表人的变更须经代表 2/3 以上表决权的股东签署通过的理由不能成立。易言之，本案中，法院同样认为，凭过半数的股东会决议通过即可。[2]

2. 2023 年《公司法》中的法定代表人变更逻辑

2023 年《公司法》第 46 条第 1 款第 7 项将 2018 年《公司法》第 25 条中的"公司法定代表人"修改为"公司法定代表人的产生、变更办法"，同时第 95 条第 8 项也针对 2018 年《公司法》第 81 条第 7 项做了相同修改，不再要求公司章程载明法定代表人的姓名，是本次公司法修订的重大调整。在原《公司法》中，变更法定代表人需要修改公司章程，而修改公司章程程序严格，不仅需要召开股东会，还需要特别决议通过，导致了实践中法定代表人的变更困难。通过要求章程记载"法定代表人的产生、变更办法"，可以有效克服前述问题。公司仅需要根据公司章程所记载的法定代表人的产生、变更办法，形成法定代表人变更的决议文件即可进行法定代表人变更，而不再需要召开股东会，极大简化了法定代表人的变更程序。本项修改是配合法定代表人制度优化的重要组成部分之一，简化了变更法定代表人时的章程程序。

2.1 公司章程应当对法定代表人的选任机制作出规定

允许公司根据章程自由选定代表人，是厘清法定代表人与公司关系，使

---

[1]（2019）浙民申 1501 号民事判决书。
[2]（2014）新民再终字第 1 号民事判决书。

得公司对外代表机制回归私法本质的题中之义。[1]具体而言，如何规定法定代表人的产生和变更办法，系属于公司自治事项，至少可包括以下产生和变更渠道：其一，由股东会选任和解任法定代表人，即由股东会通过一般决议或特别决议予以选任或解任。其二，由董事会选任和解任法定代表人。该种方式属于最为适当的选任方式，与董事会负责公司的运行和决策相适应。其三，由监事会或审计委员会选任和解任法定代表人。该种方式既有助于发挥监事会对法定代表人的监督作用，也不失为一种配置代表权的方式。其四，由股东直接选任和解任法定代表人，例如由大股东直接担任。其五，其他选任和解任方式，例如由董事长、总经理兼任等等。无论采用何种方式，均应当在章程中予以明确规定以避免不必要的争议。这种自治化的产生方式，契合了公司法定代表人的动态选任需求。[2]在实践中，公司应当通过章程条款予以细化和明确。

2.2 公司章程未作规定时的选任机制

如果公司章程未作规定，那么该如何处理？对于这一问题的回答，需要特别强调的是，变更法定代表人的决议和章程修订系属于两个决议，不能将变更法定代表人的决议等同于章程修订的决议。正确的顺序是，根据章程规定变更法定代表人的决议生效之后，对章程相应条款再进行相应的形式性修改。正因于此，如果章程有明确的选任机制，例如规定由董事会选任，在董事会决议选任之后，不应再要求股东会决议即可进行章程变更。

在公司章程没有明确规定法定代表人的产生、变更办法的情况下，2023年《公司法》仍未对公司变更法定代表人的决议比例进行规定。对此，应当认为公司变更法定代表人仅需依照简单多数决，过半数比例通过变更决议即可。其原因在于：

首先，从反面解释的角度而言，法定代表人变更的事项并非公司法所明确的以绝对多数比例通过的决议事项。根据公司自治的原则，应当认为变更法定代表人属于一般决议事项，仅需满足决议相对多数比例通过即可。

其次，法定代表人是从董事、经理中选举出来的公司代表，在法定代表人缺位时，公司的代表权也可以由董事会等公司机关或者董事会委托的主体进行行使，法定代表人的缺位并不影响公司的正常经营管理。法定代表人可以由董事会进行选举，当章程规定由股东会选举时，依普通决议过半数通过

---

[1] 王毓莹：《公司法定唯一代表制：反思与改革》，载《清华法学》2022年第5期。

[2] 袁碧华：《法定代表人的制度困境与自治理念下的革新》，载《政法论丛》2020年第6期。

即可。[1]如已失效的《企业法人法定代表人登记管理规定》第 7 条曾规定，有限责任公司或者股份有限公司更换法定代表人需要由股东会、股东大会或者董事会召开会议作出决议，法定代表人应经由股东会或董事会决议进行变更。

问题 26 ▷ 法定代表人是否可以空缺，如果空缺了公司怎么对外打交道？

2023 年《公司法》第 10 条第 3 款规定，"法定代表人辞任的，公司应当在法定代表人辞任之日起三十日内确定新的法定代表人"。本款规定了法定代表人辞任后公司确定新法定代表人的 30 日期限，事实上承认了公司的法定代表人可以因特殊事由而短暂空缺。此时，可以由公司董事会代表公司，也可以由董事会授权代理人代表公司，法定代表人的缺位并不妨碍公司的正常经营活动。

1. 法定代表人缺位情形的法理分析

法定代表人作为我国公司的常设机关，对外享有公司代表权，是公司代表权的当然行使机关。[2]由于法定代表人在我国公司治理中的重要性，实践中有观点认为，法定代表人不能缺位，否则可能导致我国公司治理的障碍。如在"韦某兵与新疆宝塔房地产开发有限公司等请求变更公司登记纠纷案"中，一审、二审法院均以公司未作出变更决议为由驳回原告诉讼请求。[3]虽然该案再审支持原告诉讼请求，但由于该公司一直未作出变更决议，原告法定代表人迟迟未能涤除。

事实上，公司代表权并不必然需要经由法定代表人而行使，法定代表人缺位的情形并不会导致公司代表权行使的障碍。法定代表人缺位情况下法人意思该如何表示的问题其实涉及法人本质的问题，主要有三种学说，包括法人拟制说、法人实在说以及法人否认说。法人拟制说认为法人是法律拟制的实体，本身没有意思表示的能力而只能通过代理人作意思表示；法人实在说则针对拟制说和否认说，认为法人有其独立实体存在，通过其机关作意思表示，其机关的意思即为法人之意思。对外作意思表示的机关即为公司的法定

---

[1]　施天涛：《公司法论》，法律出版社 2025 年版，第 335 页。
[2]　施天涛：《公司法论》，法律出版社 2025 年版，第 335 页。
[3]　宁夏回族自治区银川市中级人民法院（2019）宁 01 民初 3717 号民事判决书；宁夏回族自治区高级人民法院（2021）宁民终 82 号民事判决书。

代表人。[1]

法人除了通过代表人进行民事活动之外，还可以通过代理人进行民事活动，二者所为法律行为的效果均归属于法人承受，在法律效果上并无区别。虽然代表人和代理人之间存在独立主体性的差异，但可以说法定代表人的代表权在本质上就是一种代理权。[2]法定代表人与公司的其他机关如股东会、董事会等都具有使公司为意思表示之权能，而董事会作为公司治理主要机关，其会议决议也是公司意思表示的体现，在法律效果上法定代表人的职务行为与董事会通过决议并无实质区别，仅存在职权范围上的差异。在法定代表人空缺的公司，也可以由董事会代表或董事会授权代理人予以代表，并不会妨碍公司代表权的行使。[3]我国 2023 年《公司法》第 10 条第 3 款也新增了法定代表人的补任规则，明确了法定代表人辞任后公司在 30 日内确定新的法定代表人的要求，表明公司法对法定代表人短暂空缺的许可。因此，对于公司空缺法定代表人的情形，并不妨碍公司运行。但是，为了平衡相对人利益，避免原法定代表人的表见代表行为，应当将法定代表人空缺的状态予以登记和公示。

在 2023 年《公司法》修订过程中，对于法定代表人数量曾引发讨论，存在两种观点。一种观点认为法定代表人数量应当是唯一的，而另一种观点则认为可以承认复数法定代表人的存在。[4]法定代表人作为公司对外的代表主体，其所具有的权力是巨大的，公司的正常经营管理活动离不开法定代表人的参与。根据 2023 年《公司法》第 11 条第 1 款之规定，"法定代表人以公司名义从事的民事活动，其法律后果由公司承受"。

有学者认为，"过度强调法定代表人的唯一性，不仅会在公司内部形成高度集权，还容易使公司承受巨大风险。"[5]从解释论展开，我国公司的法定代表人数量应当是唯一的。从立法沿革来看，1993 年《公司法》仅允许董事长或执行董事担任公司法定代表人，法定代表人的数量是明确为一人的。此后，2005 年《公司法》修改扩大了法定代表人的选任范围，允许董事长或执行董事或者经理担任公司法定代表人。2023 年《公司法》的修改进一步扩大了法定代表人的选任范围，允许由代表公司执行公司事务的董事或经理担任。虽

---

〔1〕 朱锦清：《公司法学》，清华大学出版社 2019 年版，第 250 页。

〔2〕 梁慧星：《民法总论》，法律出版社 2021 年版，第 230 页；朱锦清：《公司法学》，清华大学出版社 2019 年版，第 251 页。

〔3〕 见巴菲特投资有限公司诉上海自来水投资建设有限公司股权转让纠纷案，（2009）沪高民二（商）终字第 22 号民事判决书。

〔4〕 赵旭东主编：《新公司法条文释解》，法律出版社 2024 年版，第 26 页。

〔5〕 叶林：《公司法研究》，中国人民大学出版社 2008 年版，第 145 页。

未直接明确法定代表人的数量为一人，但是根据我国公司法的立法沿革来看，法定代表人数量仍然是唯一的。法定代表人担当人选的范围扩大，不等于允许设立复数法定代表人。[1]此外，从税法、行政法、刑法等公法的角度来看，公法意义上的法定代表人数量是唯一的。因此，为维护法秩序的统一，应当认为我国公司法中的法定代表人数量具有唯一性，以避免因法定代表人数量的不明造成混乱和纠纷。[2]

2. 法定代表人缺位情形下公司代表权行使规则

2.1 董事会或其授权代理人行使公司代表权

在法定代表人缺位的情形下，公司代表权应当由董事会行使，也可以由董事会授权代理人予以代表。[3]公司董事会作为公司治理主要机关，董事会决议即为公司的意思表示。在公司法定代表人因为辞任等原因缺位的情况之下，公司董事会可以行使公司的代表权，包括以公司名义从事民事活动、代表公司参与诉讼等。在董事会代表公司的情况下，董事会所为之行为即为公司的行为。但需要注意，董事会的权力是一种集体性权力，董事必须集体行动，单个董事则无权因其董事职位而为公司作出决定或代表公司行动。[4]因此，需要注意董事会要以其整体对外行使代表权。此外，董事会也可以授权其他代理人行使公司的代表权，在实践中需要注意载明授权的具体范围，避免出现权利行使的障碍。

域外法上，公司代表人的模式存在共同代表制、法定代表制、单独代表制、任意代表制等多种情形。[5]将公司表意权归属于董事会，此种立法例在域外法上为常态。譬如，《德国股份公司法》第78条规定，"董事会在诉讼上和在诉讼外代表公司。董事会由数人组成的，在章程无其他规定时，董事会的全体成员有权以共同的方式代表公司"。《日本公司法》第349条规定，"董事代表股份有限公司。但另行规定代表董事及其他代表股份有限公司的人的情形除外。前款规定的董事有2人以上的，董事各自代表股份有限公司。股份有限公司（董事会设置公司除外）可基于章程、章程规定的董事互选或股

〔1〕李建伟主编：《公司法评注》，法律出版社2024年版，第32页。

〔2〕赵旭东主编：《新公司法条文释解》，法律出版社2024年版，第26页。

〔3〕刘斌：《见微知著：新〈公司法〉中法定代表人制度的务实变革》，载《中国市场监管研究》2024年第5期。

〔4〕[美]理查德·D.弗里尔：《美国公司法》，崔焕鹏、施汉博译，法律出版社2021年版，第110页。

〔5〕李建伟：《公司法学》，中国人民大学出版社2024年版，第92页。

东大会决议，从董事中确定代表董事。代表董事有实施有关股份有限公司业务的一切诉讼内或诉讼外行为的权限"。允许董事对外单独代表公司。美国法上，《美国特拉华州普通公司法》第 141 条第 1 款规定，"根据本章规定成立的公司，公司业务和公司事务应当由董事会管理，或者在董事会指导下处理，但本章或章程大纲另有不同规定的除外"。对公司代表人的人数和资格不作规定，交由公司自行决定。

2.2 总经理等工作人员的职务代理

根据 2023 年《公司法》第 74 条与第 126 条之规定，经理作为公司高级管理人员，对董事会负责，根据公司章程规定或董事会授权行使职权。事实上，经理的实际地位和自由裁量权远远不止于此。[1]在大陆法系国家和地区，经理不仅是一种职位，更是作为"经理权"的外观形式而存在的，经理权是基于经理这一职位取得的对外代表公司和对内经营管理的权力，具有了经理的职位则意味着拥有了法律上的经理权。[2]经理权也称商事职务代理权，其核心内涵是商事主体的对外代表权。[3]在德国，经理可以与股东或董事一并行使公司代表权，如《德国商法典》第二编第 125 条第 3 款规定，"在公司合同中可以规定，如果不是由数个股东共同行为，则股东只应有权与一个经理人共同代表公司"。《德国股份公司法》第 78 条第 3 款也规定，"章程可以规定，个别董事有权单独或者与一个经理共同代表公司"。我国《民法典》第 170 条第 1 款规定，"执行法人或者非法人组织工作任务的人员，就其职权范围内的事项，以法人或者非法人组织的名义实施的民事法律行为，对法人或者非法人组织发生效力"。本款规定了公司经理等工作人员的职务代理权。

对于公司正常的业务代理权，法定代表人与职务代理人均可为之。[4]《民法典合同编通则司法解释》第 21 条第 2 款从反面列举了法人、非法人组织的工作人员订立合同时超越其职权范围的事项，包括"（一）依法应当由法人、非法人组织的权力机构或者决策机构决议的事项；（二）依法应当由法人、非法人组织的执行机构决定的事项；（三）依法应当由法定代表人、负责人代表法人、非法人组织实施的事项；（四）不属于通常情形下依其职权可以处理的事项"。此后第 21 条第 3 款则规定，"合同所涉事项未超越依据前款确定的职权范围，但是超越法人、非法人组织对工作人员职权范围的限制，相对人主

---

[1] 施天涛：《公司法论》，法律出版社 2025 年版，第 330 页。
[2] 周友苏：《中国公司法论》，法律出版社 2024 年版，第 405 页。
[3] 赵旭东主编：《商法学》，高等教育出版社 2019 年版，第 227 页。
[4] 李建伟主编：《公司法评注》，法律出版社 2024 年版，第 39 页。

张该合同对法人、非法人组织发生效力并由其承担违约责任的，人民法院应予支持"。

2023 年《公司法》第 74 条与第 126 条相较于 2018 年《公司法》删去了经理的法定职权，改为经理根据公司章程的规定或者董事会的授权来行使职权。通常来讲，经理享有下列职权：①主持公司的生产经营管理工作，组织实施董事会决议；②组织实施公司年度经营计划和投资方案；③拟订公司内部管理机构设置方案；④拟订公司的基本管理制度；⑤制定公司的具体规章；⑥提请聘任或者解聘公司副经理、财务负责人；⑦决定聘任或者解聘除应由董事会决定聘任或者解聘以外的负责管理人员；⑧董事会授予的其他职权。[1]在公司经理职权范围内，其也可以依照职务代理的规则行使对公司的代理权，可以对外以公司名义实施法律行为，并对公司发生效力。

问题 27 我国是股权代持的大国，对于未登记的股权，实际出资人能否对抗名义股东的债权人？

2023 年《公司法》第 34 条作为新修订的条款，衔接了《民法典》第 65 条对法人的实际情况与登记不符时登记事项的对抗效力问题的规定。我国作为股权代持的大国，实践中存在大量的隐名股东与显名股东，而股东名册及工商登记信息所显示的显名股东与实际出资人之间的分离可能导致股权代持关系内部与外部的一系列法律问题。根据 2023 年《公司法》第 34 条的规定，在判断未登记的股权能否对抗名义股东的债权人时，需要注意外观主义的适用范围。如果该债权人系善意相对人，则属于外观主义的保护范畴；如果该债权人属于相对人之外的第三人，则超出了外观主义的保护范畴。超出交易相对人的第三人，并非外观主义的保护对象，需要注重财产的实质归属，而不单纯地取决于公示外观。因此，2023 年《公司法》第 34 条关于登记效力的规定，对于解决因股权代持导致的内外部权利冲突具有十分重要的意义。

1. 未登记股权对抗效力的实践争议

实践中股权代持问题的关键在于对投资权益归属的争议，尤其是涉及显名股东的债权人以及隐名股东的债权人等股权代持关系之外的第三人时，隐名股东能否突破股权代持的外观而对抗名义股东的债权人等外部人的执行申请，也即商事外观主义在此类纠纷中该如何适用的问题，是解决实践中股权代持关系的核心问题。对于外观主义能否适用于非交易相对人的问题，在实

---

[1] 施天涛：《公司法论》，法律出版社 2025 年版，第 330 页。

践中存在巨大争议，也经由判例形成了数个观点。

1.1 裁判观点一：实际出资人不能排除名义股东债权人的强制执行

在"中信银行股份有限公司济南分行与海航集团等执行异议之诉纠纷案"中，最高人民法院认为，股权代持法律关系不得对抗第三人。[1]名义股东的金钱债权人就代持股权申请强制执行，隐名股东以其为代持股权的实际权利人为由，提起执行异议之诉请求排除强制执行的，不予支持。主要有四个原因：第一，从实际出资人与名义股东的内部代持法律关系的性质分析。代持法律关系其本质属于一种债权债务关系，受合同相对性原则的约束，对合同当事人以外的第三人不产生效力。第二，从信赖利益保护的角度分析。根据商事法律的外观主义原则，交易行为的效果以交易当事人行为的外观为准。即使外在的显示与内在的事实不一致，商事主体仍须受此外观显示的拘束。第三，从债权人和隐名股东的权责和利益分配上衡量……由海航集团承担因选择代持关系出现的风险和不利益，更为公平合理。第四，从司法政策价值导向上衡量……如果侧重于承认和保护隐名股东的权利从而阻却执行，客观上则会鼓励通过代持股份方式规避债务，徒增社会管理成本。

在本案中，最高人民法院基于外观主义原则，认为股权代持法律关系不得对抗第三人，强调股权代持法律关系仅属于受合同相对性原则约束的债权债务关系，与2013年《公司法》第32条第3款之规定保持一致。但是，本案最高人民法院的判决中并未区分外观主义原则之下的善意相对人与恶意相对人，循此思路显名股东的任意债权人都能够获得优先于实际出资人的保护，外观主义原则下的股权代持法律关系不能对抗的范围存在过大的疑问。

1.2 裁判观点二：名义股东的一般金钱债权人不属于除信赖该股权权利外观的"善意第三人"

据此观点，名义股东的金钱债权人就代持股权申请强制执行，隐名股东以其为代持股权的实际权利人为由提起执行异议之诉请求排除强制执行的，应予支持。

在"中国银行股份有限公司西安南郊支行申请上海华冠投资有限公司执行人执行异议之诉案"中，最高人民法院认为，名义股东的一般金钱债权人不属于信赖该股权权利外观的"善意第三人"。[2]名义股东的金钱债权人就代持股权申请强制执行，实际出资人以其为代持股权的实际权利人为由提起

---

〔1〕 最高人民法院（2016）最高法民再360号民事判决书。
〔2〕 最高人民法院（2015）民申2381号民事裁定书。

执行异议之诉请求排除强制执行的，应予支持。其理由在于，商事外观主义作为商法的基本原则之一，其实质是一项在特定场合下权衡实际权利人与外部第三人之间利益冲突所应遵循的法律选择适用准则，目的在于降低交易成本、维护交易安全，故其适用范围不应包括非基于股权处分的债权人。申请执行人并非针对被执行人名下的股权从事交易，仅因债务纠纷而寻查被执行人的财产还债，并无信赖利益保护的需要，因此其不能适用商事外观主义原则主张对股权进行强制执行。

相较于观点一，观点二中最高人民法院的民事裁定书对外观主义的适用对象进行了一定的限缩，认为涉及股权代持关系的法律纠纷中外观主义的适用对象应当是基于股权处分的债权人，这些债权人是基于对股权归属于显名股东的商事外观的信赖而作出相应的决策，因此，可以适用商事外观主义而排除实际出资人的执行异议申请。除此之外的显名股东的一般金钱债权人通常是基于显名股东的整体财产而作出的商业决策，不能说此类一般金钱债权人是仅基于对显名股东持有该股权的商事外观的信赖而作出决策，因此外观主义原则不能对其适用。

对于观点二，最高人民法院在"江某权与谢某平、张某良、钟某彤案外人执行异议之诉再审案"中对这一观点进行了进阶说理。[1]该案观点进一步指出，从权利性质角度来说，名义股东债权人的权利性质为普通金钱债权，而隐名股东享有的是返还请求权，名义股东债权人并不能当然取得优先性；从信赖利益保护角度来说，名义股东债权人并非股权交易相对人，不属于因信赖权利外观而需要保护的民事法律行为之善意第三人；从善意取得制度角度来说，名义股东债权人并非股权交易相对人，不适用 2007 年《物权法》第106 条之规定；从权利形成时间角度来说，隐名股东对代持股权享有权益的时间通常远远早于名义股东债权人取得债权的时间。

1.3 区分股权代持关系与债权形成时间

以上案例并未区分股权代持关系与显名股东的债权债务关系形成时间先后对于外观主义原则适用的影响。在"黄某鸣与李某俊与蜀川公司案外人执行异议之诉再审案"中，最高人民法院认为，黄某鸣、李某俊作为隐名股东享有的利益是静态利益。[2]在该案中，最高人民法院根据股权代持关系形成时间的先后区分了外观主义原则的适用要求，若股权代持关系产生在先，则可以适用外观主义原则；若股权代持关系产生在后，则不可以适用外观主义

---

〔1〕 最高人民法院（2018）最高法民申 5464 号民事裁定书。
〔2〕 最高人民法院（2019）最高法民再 45 号民事判决书。

原则。其原因在于，根据权利形成的先后时间，如果代为持股形成在先，则根据商事外观主义，债权人的权利应当更为优先地得到保护；如果债权形成在先，则没有商事外观主义的适用条件，隐名股东的实际权利应当得到更为优先的保护。因案涉股权代持形成在先，诉争的名义股东蜀川公司名下的股权可被视为债务人的责任财产，债权人皮某的利益应当得到优先保护。

1.4 部分高级人民法院的裁判观点

对于股权代持中投资权益的归属问题，各地方法院也在实践中形成了不同的观点。

2018 年 7 月 17 日，《山东省高级人民法院民二庭关于审理公司纠纷案件若干问题的解答》第 6 条规定，名义股东因借款、买卖等非股权交易纠纷而成为被执行人时，名义股东债权人依据工商登记中记载的股权归属，申请对该股权强制执行。实际出资人以其实际享有股东权利，提出执行异议被驳回后，又提起案外人执行异议之诉，请求停止对该股权强制执行的，法院应予以支持。据此，山东省高级人民法院采实际出资人可以对抗显名股东债权人的裁判观点，相较于最高人民法院在"中国银行股份有限公司西安南郊支行申请上海华冠投资有限公司执行人执行异议之诉案"中得出的观点二更为宽松，倾向于保护实际出资人。

2018 年 12 月 24 日，《吉林省高级人民法院关于审理执行异议之诉案件若干疑难问题的解答（二）》问题十四："金钱债权执行中，案外人以其系案涉股权的实际出资人或隐名股东为由提起执行异议之诉请求排除执行的，人民法院该如何处理？答：金钱债权执行中，人民法院对登记在被执行人名下的股权实施执行，案外人仅以其系案涉股权的实际出资人或隐名股东为由提起执行异议之诉请求排除执行的，除法律另有规定外，人民法院不予支持。"据此，吉林省高级人民法院采实际出资人不能对抗显名股东债权人的裁判观点，即使是在金钱债权执行中实际出资人也不能对抗显名股东的债权人，与最高人民法院在"中信银行股份有限公司济南分行与海航集团等执行异议之诉纠纷案"中得出的观点一相一致。

2019 年 3 月 21 日，《江苏省高级人民法院执行异议及执行异议之诉案件审理指南（三）》第 18 条规定，执行法院对登记在被执行人名下的股权实施强制执行，案外人以其系真实股东或实际出资人为由提出执行异议，请求排除执行或一并提出确认其股东资格的，不予支持。案外人因此提起的执行异议之诉，如其提供的证据能够充分证明申请执行人明知或应知其是隐名股东或实际出资人的，应予以支持；否则，不予支持。据此，江苏省高级人民法院将提出执行异议与提起执行异议之诉的法律效果进行区分，不支持实际出资人排除执行或一并确认其股东资格的请求，但允许实际出资人通过提出执行异议之诉来排除对显名股东名下股权的强制执行。但江苏省高级人民法院要求案外人因此提起的执行异议之诉要能够提供充分证据证明申请执行人明知或应知其是隐名股东或实际出资人，即要求案外人在执行异议之诉中证明申请执行人非善意。这一裁判观点与 2023 年《公司法》第 34 条第 2 款的"不得对抗善意相对人"之规定相一致。

2019 年 6 月 22 日，《江西省高级人民法院关于执行异议之诉案件的审理指南》第 38 条规定，人民法院对登记在被执行人名下的股权强制执行，案外人以其系实际出资人为由提起执行异议之诉，请求排除执行的，不予支持。据此，江西省高级人民法院采实际出资人不能对抗显名股东债权人的裁判观点，与最高人民法院在"中信银行股份有限公司济南分行与海航集团等执行异议之诉纠纷案"中得出的观点一相一致。

1.5 其他规范性文件的观点

《九民纪要》（征求意见稿）第 119 条【案外人系实际出资人的处理】曾规定，在金钱债权执行过程中，人民法院针对登记在被执行人名下的房产或者有限责任公司的股权等实施强制执行，案外人有证据证明其系实际出资人，与被执行人存在借名买房、隐名持股等关系，请求阻却执行的，人民法院应予支持。但是，由于在《九民纪要》制定过程中对该问题存在较大争议，也存在不予支持的观点，因此，在《九民纪要》正式稿中并未保留该条规定。

在最高人民法院于 2019 年公布的《关于审理执行异议之诉案件适用法律问题的解释（一）》（向社会公开征求意见稿）第 13 条【隐名权利人提起的执行异议之诉的处理】中也存在两种方案。方案一认为，应当规定为"金钱债权执行中，人民法院对登记在被执行人名下的财产实施强制执行，案外人以下列理由提起执行异议之诉，请求排除强制执行的，人民法院不予支持……（三）案外人借用被执行人名义对有限责任公司出资，其系被执行股权的实际出资人……案外人因借名所遭受的财产损失，可以依法向被借名者另行主张权利"。方案二认为，应当规定为"金钱债权执行中，人民法院对登记在被执行人名下的财产实施强制执行，案外人以下列理由提起执行异议之诉，请求排除强制执行，经查证属实，且不违反法律、行政法规强制性规定，亦不违背公序良俗的，人民法院应予支持……（三）案外人借用被执行人名义对有限责任公司出资，其系被执行股权的实际出资人……"。由于该征求意见稿并未实际公布，因此未有生效的法律文件提供参考。但是方案一与方案二对股权代持中实际出资人排除执行人强制执行采取针锋相对的正反两种观点，足可见该问题在实践中的争议之大。

2. 外观主义效力范围的规范变化

《九民纪要》指出，"注意处理好民商事审判与行政监管的关系，通过穿透式审判思维，查明当事人的真实意思，探求真实法律关系；特别注意外观主义系民商法上的学理概括，并非现行法律规定的原则，现行法律只是规定了体现外观主义的具体规则，如《物权法》第 106 条规定的善意取得，《合同法》第 49 条、《民法总则》第 172 条规定的表见代理，《合同法》第 50 条规定的越权代表，审判实务中应当依据有关具体法律规则进行判断，类推适用亦应当以法律规则设定的情形、条件为基础。从现行法律规则看，外观主义是为保护交易安全设置的例外规定，一般适用于因合理信赖权利外观或意思表示外观的交易行为。实际权利人与名义权利人的关系，应注重财产的实质归属，而不单纯地取决于公示外观。总之，审判实务中要准确把握外观主义的适用边界，避免泛化和滥用"。

从《九民纪要》的规定中，我们可以总结出最高人民法院对商事外观主义在裁判适用中的要点。根据最高人民法院的观点，首先，《九民纪要》强调外观主义只是民商法上的学理概括，并非现行法律规定的原则，现行法律只是规定了体现外观主义的具体规则。因此，在司法裁判中仍然要基于现行法律规定进行裁判，不能直接援引外观主义的学理概括作为裁判依据。其次，《九民纪要》强调外观主义是为保护交易安全设置的例外规定，一般适用于因合理信赖权利外观或意思表示外观的交易行为。外观主义只能在交易场合之下进行适用，对于非交易相对人则不能进行适用，如显名股东的遗产继承人等。最后，《九民纪要》强调实际权利人与名义权利人的关系，应注重财产的实质归属，而不单纯地取决于公示外观。对于调整实际权利人与名义权利人内部关系这种不涉及合理信赖的纠纷中，应当注重财产的实际归属，在股权代持内部法律关系中不存在外观主义的适用空间。

2023 年《公司法》第 34 条第 2 款系统回应了公司登记的效力争议，即公司登记事项未经登记或者未经变更登记，不得对抗善意相对人。2018 年《公司法》第 32 条第 3 款规定："公司应当将股东的姓名或者名称向公司登记机关登记；登记事项发生变更的，应当办理变更登记。未经登记或者变更登记的，不得对抗第三人。"二者相较而言，原规定仅限于股东姓名或名称的登记效力，对于其他登记事项并未一体规定，2023 年《公司法》第 34 条则系统规定了各类公司登记事项的效力，而且与《民法典》第 65 条相一致，将不得对抗的范围从"第三人"修改为"善意相对人"。

3. 未登记股权对抗效力的具体范围

3.1 未登记股权不能对抗善意相对人

相较于2018年《公司法》第32条第3款的规定，2023年《公司法》第34条第2款将"不得对抗第三人"修改为"不得对抗善意相对人"，大幅限缩了公示对抗效力的作用范围。该条所称相对人，是指与公司进行民事活动的民事主体。本条所称善意，是指相对人对与登记情况不一致的公司实际情况不知情，如果知情则不构成善意。[1]公司登记信息具有公示效力和公信效力，是商法上商事外观主义的应有之义。但是，外观主义的边界止于交易安全之保护必要。超出交易相对人的第三人，并非外观主义的保护对象，需要注重财产的实质归属，而不单纯地取决于公示外观。比如名义股东配偶请求分割夫妻共同财产的，以及名义股东去世后其继承人请求分割遗产的，不属于此处的"相对人"，因此，也不应当受到外观主义原则的保护，实际股东可以对抗之。

3.2 外观主义已经确定的具体裁判规则

（1）外观主义适用于股权的善意取得

2023年《公司法》第34条相较于2018年《公司法》第32条产生了重大变化，从2018年《公司法》第32条第3款"不得对抗第三人"修改为"不得对抗善意相对人"，缩小了公司登记事项未经登记或者未经变更登记不得对抗的对象范围。如果显名股东的债权人非善意，则不能请求对被代持的股权强制执行。此外，由于《九民纪要》强调外观主义只能在交易场合之下进行使用，也就是说，股权代持关系中显名股东的债权人作为该被代持股权的交易相对人可以适用外观主义的保护，从而善意取得该被代持股权。

（2）外观主义不适用于代持的内部关系

《九民纪要》强调在实际权利人与名义权利人的关系中，应当注重财产的实际归属，而股权代持法律关系中作为名义权利人的显名股东与作为实际出资人对彼此之间的关系心知肚明，自然不需要外观主义的适用和保护。因此，在显名股东与隐名股东作为股权代持的内部关系产生争议之时，法院应当根据二者之间的股权代持协议，确定实际出资的隐名股东为股权代持中投资权益的最终归属者。

---

[1] 刘斌编著：《新公司法注释全书》，中国法制出版社2024年版，第172页。

（3）外观主义不适用于恶意的相对人

2023 年《公司法》第 34 条规定"公司登记事项发生变更的，应当依法办理变更登记。公司登记事项未经登记或者未经变更登记，不得对抗善意相对人"。相较于 2018 年《公司法》第 32 条第 3 款之规定缩小了公司登记事项未经登记或者未经变更登记不得对抗的对象范围。前述江苏省高级人民法院在《江苏省高级人民法院执行异议及执行异议之诉案件审理指南（三）》第 18 条中即持此观点。如果相对人是恶意的，则其在作出商业决策之时对被代持股权的真实情况已然了解，不再需要外观主义对其进行保护，因此，恶意相对人请求对显名股东的被代持股权强制执行时，实际出资人可以排除其强制执行申请。

（4）外观主义不适用于被冒名的名义权利人

由于股权代持法律关系中显名股东与隐名股东之间签署了股权代持协议，二者之间存在的股权代持法律关系可以通过合同法进行调整。[1]而被冒名的名义权利人与实际出资人之间并不存在股权代持的合意，其也不属于交易相对人，因此，外观主义对于被冒名的名义权利人维护自身权益不存在适用空间。冒名人冒用他人名义出资并将该他人作为股东在公司登记机关登记，被冒名的名义权利人应当通过申请涤除登记等途径维护自身合法权益。该种救济具有可诉性，被冒名的当事人还可以公司为被告请求确认其并非公司股东，并可参照股东失权的有关规定处理。此时的诉讼系属于消极确认之诉。由于被冒名人并非股东，公司、公司债权人等也无权请求被冒名人履行出资义务。

问题 28 ▷ 2023 年《公司法》第 40 条规定了法定公示事项，如果未依法公示将导致什么法律后果？如果公示了又将产生什么效力？

2023 年《公司法》吸收了商事登记制度改革的成果，分别在第 32 条和第 40 条规定了公司登记事项和法定公示事项，从而开创了登记信息与法定公示信息的二元分置格局。不同于登记型信息公示的公信力和对抗力，2023 年《公司法》第 40 条所规定的法定公示信息之功能在于信息披露，相对人足以信赖，但并不能直接对相对人产生对抗效力。

1. 我国公司登记制度的规则变化

公司登记制度是各国法上公司信息公示之渊薮，中国公司法上的公司登记制度亦概莫能外。然则，除了登记制度之外，中国法上还存在有特殊演进

---

〔1〕 张坤、何建：《股权代持情形下的股东资格确认》，载《人民司法（案例）》2020 年第 23 期。

过程的公司信息公示制度。中国法上的公司信息公示制度肇始于 2013 年开始的商事制度改革，在此之前，对公司信息的法律规制主要通过登记、备案、年度检查（年检）等方式实现。通过前述渠道所形成的公司信息不仅种类差异较大，公开程度也不一。譬如，按照原国家工商行政管理总局《企业登记档案资料查询办法》的规定，企业登记档案资料的查询，按照提供途径，可以分为机读档案资料查询和书式档案资料查询。机读档案资料主要包括企业登记事项、企业登记报批文件、企业变更事项、企业注销（吊销）事项、监督检查事项等，书式档案资料包括核准登记企业的全部原始登记档案资料。对于机读档案资料，各组织、个人均可向各地工商行政管理机关申请进行查询。对于书式档案资料，各级机关可持有关公函，并出示查询人员有效证件，向各级工商行政管理机关查询；律师事务所代理诉讼活动，查询人员出示法院立案证明和律师证件，可以进行书式档案资料查询。由此可见，由于信息的类型不同，其所公开的程度存在较大差异，从完全公开到查询受限，不一而足。

2014 年国务院《企业信息公示暂行条例》的实施，标志着企业信息统一公示制度的建立，实施多年的强制性企业年度检查制度宣告废止，信息公示取代行政检查，成为企业信息规制的新方式。对于该条例明确要求公示的信息，年报公示和即时公示取代了之前的档案查询机制，标志着市场中企业信息供给和获得方式的重要变化。美国学者孙斯坦曾指出："在 21 世纪，穷国和富国都会逐渐摆脱命令和控制的模式，而趋向于通过公开信息，开发新市场，鼓励人们运用自己的创造性来发现降低风险的新方法。其中，开示与风险相关的信息是最有效率的策略。"[1]因此，新一轮商事制度改革要求以信息公开为基本手段，强化信用约束和信用监管，旨在形成新型市场监管体制，深化"放管服"改革，实现有效的社会共治。在前述商事制度改革的基础上，2023 年《公司法》第 40 条进一步提升了立法位阶。虽然从上下位法律的关系来看，《企业信息公示暂行条例》系对公司法的细化规定，但是，从二者的先后顺序上，《企业信息公示暂行条例》则早于 2023 年《公司法》的规定。易言之，2023 年《公司法》是对既有企业信息公示制度的实践经验总结和规范抽象的产物。

2023 年《公司法》系统确立了登记与法定公示信息的二元模式。在登记制度上，根据 2023 年《公司法》第 32 条的规定，公司登记事项共包括六类：

---

〔1〕 ［美］凯斯·R. 孙斯坦：《风险与理性——安全、法律及环境》，师帅译，中国政法大学出版社 2005 年版，第 366 页。

名称；住所；注册资本；经营范围；法定代表人的姓名；有限责任公司股东、股份有限公司发起人的姓名或者名称。前述公司登记事项具有以下两大特征：在外延上是闭合的，即仅包括前述六类事项；在效力上是明确的，2023 年《公司法》第 34 条第 2 款规定"公司登记事项未经登记或者未经变更登记，不得对抗善意相对人"。

与之不同，2023 年《公司法》第 40 条所规定的企业信息公示事项并非完全列举，除了该条列举的认缴和实缴资本信息、股权和股份变更信息、行政许可信息之外，还规定了"法律、行政法规规定的其他信息"。本条所引致的行政法规主要是指《企业信息公示暂行条例》，后者还规定有其他需要公示的信息。根据该条例第 9 条的规定，企业应当公示的年报信息还包括，"（一）企业通信地址、邮政编码、联系电话、电子邮箱等信息；（二）企业开业、歇业、清算等存续状态信息；（三）企业投资设立企业、购买股权信息；（四）企业为有限责任公司或者股份有限公司的，其股东或者发起人认缴和实缴的出资额、出资时间、出资方式等信息；（五）有限责任公司股东股权转让等股权变更信息；（六）企业网站以及从事网络经营的网店的名称、网址等信息"。企业可自主选择公示的年报信息则包括，"（七）企业从业人数、资产总额、负债总额、对外提供保证担保、所有者权益合计、营业总收入、主营业务收入、利润总额、净利润、纳税总额信息"。该条例第 10 条规定了企业应当公示的信息，即企业应当自下列信息形成之日起 20 个工作日内通过国家企业信用信息公示系统向社会公示，"（一）有限责任公司股东或者股份有限公司发起人认缴和实缴的出资额、出资时间、出资方式等信息；（二）有限责任公司股东股权转让等股权变更信息；（三）行政许可取得、变更、延续信息；（四）知识产权出质登记信息；（五）受到行政处罚的信息；（六）其他依法应当公示的信息"。因此，在讨论法定公示信息问题时，不应当仅仅囿于 2023 年《公司法》第 40 条所明列的事项，还应当包括《企业信息公示暂行条例》要求公示的其他事项，以维持规范体系上的一致。

总之，2023 年《公司法》所确立的登记公示与法定信息公示的二元分置格局，体现了我国公司信息规制的两大特征：一是优化规制方式，减少行政干预和实质审查，还归市场自治，提升公示信息的数量与质量。二是对庞杂的公司信息进行分流处理，通过第 32 条和第 40 条区分不同的信息类型。

2. 法定公示信息效力的法理逻辑

2.1 法定信息公示制度的价值冲突与底层逻辑

法律上如何厘定法定公示信息的范围，向来争议巨大，涉及公司信息保护与交易安全保护、信息获得成本和交易效率、公司自治与政府管制等多重价值面向。因此，法定信息公示的底层逻辑建立在前述价值冲突的考量与取舍基础之上，也是辨析法定信息公示效力的前提与背景。

（1）公司信息保护与交易安全的冲突考量

对于交易相对人而言，其所获得的公司信息越全面，越有助于交易风险的判断。立法例上诸如《澳门商法典》第 61 条即明确规定，商业登记之目的系将商业企业主及企业之法律状况公开，以保障法律保护之交易之安全。[1]对于公司而言，过重的信息公示有可能加重公司负担，提升经营成本，产生潜在的商业风险、社会风险乃至于舆论风险等。因此，在公司信息的公示设定上，需要权衡公司利益与交易相对人利益。一个典型的事项是受益所有人的信息公示问题，所谓受益所有人，即指最终拥有或者实际控制企业，或者享有企业最终收益的自然人。[2]欧盟《第 5 号反洗钱指令》赋予公众访问与受益所有人相关的信息的能力，而无需任何特定条件或要求。[3]但是，2022年 11 月，欧盟法院在判决 C-37/20 和 C-601/20 号案件中，禁止公众在没有特定条件的情况下访问受益所有人登记册，主要有两个原因：其一，追求商业交易的透明度不能被视为普遍利益的目标，允许公众在不必表明信息"合法利益"的情况下访问与受益所有人有关的信息，不符合比例标准；其二，允许公众进入，与该指令的目标不相称。[4]亦言之，对于通常的交易相对人，并无权获得基于反洗钱行为本质所设定的信息公示机制。在我国，根据 2024年《受益所有人信息管理办法》的规定，受益所有人信息并未成为需要法定公示的信息，该信息的获得需要遵循备案信息的查询程序。[5]

（2）信息公示所产生的交易成本与交易效率的冲突考量

基于对交易成本与交易效率的冲突的考量还将进一步影响信息公示的效力设定。譬如，前引之公司章程公示问题，理论与实务上向来存在争议。《市场主体登记管理条例》第 9 条将章程作为备案事项，要求公司向登记机关办理备案，同时，该条例第 16 条要求将公司章程作为公司登记文件提交给市场监督管理部门。因此，公司章程属于法定备案事项，但非法定公示事项。在实践中想要查询某企业章程，须适用《档案法》和《企业登记档案资料查询

〔1〕　曹锦俊、刘耀强：《澳门商法》，社会科学文献出版社 2015 年版，第 155 页。

〔2〕　FATF, *FATF Report to the G20 on Beneficial Ownership*, 载 https://www.fatf-gafi.org/media/fatf/documents/reports/G20-Beneficial-Ownership-Sept-2016.pdf

〔3〕　The Fifth AML Directive (Directive (EU) 2018/843 of May 30, 2018).

〔4〕　Court of Justice of the European Union, joined cases C-37/20 and C-61/20, judgement of 22 November 2022.

〔5〕　《受益所有人信息管理办法》第 9 条、第 10 条、第 12 条。

办法》的有关规定。企业章程不属于机读档案范围，因此并非各组织、个人均可向各地工商行政管理机关申请，将其作为书式档案的内容，依据《企业登记档案资料查询办法》第 7 条的规定，私主体想要查询某公司章程，需要委托律师，律师之后持律师事务所的介绍信和律师执业证，可查询与代理事项有关的企业登记档案资料，此过程中需要准备诸多相关材料，且需经过行政机关审批后才能进行查询。由此可见，公司章程在实践中公开程度非常低且查询程序复杂，获取难度大，缺乏赋予公示效力的正当性。[1]进一步而言，如果赋予全面的公司章程公示，由于每家公司的治理结构和权力配置差异，交易相对人在哪些交易情形下需要审查公司章程、审查公司决议，将导致巨大的交易成本，降低交易效率。对此，2017 年欧盟《关于公司法相关问题的指令》第 9 条第 2 款规定，"基于公司章程或公司有权机构的决议而对特定公司机构的权能进行限制的，不得对抗第三人；即使上述限制已经对外公开，亦不例外"。[2]因此，虽然公司信息公示旨在提升交易安全，但并不能简单公开了之，否则将导致相对人过重的审查负担。

（3）公司自治与政府管制的冲突考量

追本溯源，我国从 2013 年开始的"放管服"改革是公司信息公示制度形塑的宏观背景，凸显了逐渐放松政府管制、加强公司自治的发展特点。[3]2023 年《公司法》第 40 条所规定的法定公示信息制度，承接了原有的企业年检信息、备案信息等内容，是公司信息规制模式上的重大变化。对公司登记与公示信息的审查模式主要有实质审查、形式审查和折中审查三种模式。形式审查模式之下，登记机关仅对材料的数量、种类、形式等事项进行审查，而不对登记事项的真伪进行核查。实质审查模式之下，登记机关不仅要关注申请材料的形式妥当性，亦需要对其真实性、合法性、有效性予以核查。合理的审查标准需要在效率与信息准确性两个目标间取得恰当的平衡，[4]实质审查模式下的商事主体登记制度越来越偏离市场化要求，对于交易安全的过度强调会降低商事交易的高效便捷性，政府权力寻租现象也不时出现。[5]根据《企业信息公示暂行条例》的规定，政府部门和企业分别对其公示信息的

---

〔1〕 刘斌、张昕惠：《商事主体登记与备案之辨——兼评〈商事主体登记管理条例（草案）〉》，载《经贸法律评论》2021 年第 2 期。

〔2〕 DIRECTIVE (EU) 2017/1132 of 14 June 2017 relating to certain aspects of company law, Article 9.

〔3〕 刘俊海：《公司登记制度现代化的解释论与立法论：公共信息服务、公示公信效力与可诉可裁标准的三维视角》，载《法律适用》2023 年第 1 期。

〔4〕 刘凯湘：《我国商事主体登记制度改革的难题与路径——以登记效力的考察为中心》，载《中国法律评论》2022 年第 3 期。

〔5〕 赵旭东主编：《新公司法讲义》，法律出版社 2024 年版，第 61-62 页。

真实性、及时性负责。对于企业公示的信息虚假的，2023年《公司法》和《企业信息公示暂行条例》均规定了事后的行政处罚措施，本质上是一种事后规制机制而非事前审查机制。

总之，2023年《公司法》第40条规定的法定信息公示制度，是在原有登记信息范畴的基础之上，为进一步保护交易安全，提升交易效率而引入的法律规则。公示信息的内容与效力，应当与前述价值目标维持应有的比例，否则将导致交易双方的成本提升或权益受损。该制度的引入，消解了政府实质介入公司信息的行政管制，转而通过公司自主公示、自主承担责任的方式予以实现，因此，公司法定信息公示的私法效力厘定就成为了更重要的后续问题。2023年《公司法》第40条所规定的公示事项，经公示后可以产生何种效力，更是该条的核心解释争议。

2.2 法定信息公示的私法效力

登记事项和法定公示事项均需要依法公示，登记的公示效力比较明确，可以作为比较分析的参考坐标。根据2023年《公司法》第34条第2款规定，公司登记事项未经登记或者未经变更登记，不得对抗善意相对人。商法理论上对登记效力的内容存在不同见解，包括创设效力、公信效力、对抗效力乃至于弥补效力、宣告效力、免责效力等，不一而足。[1]但是，公司登记的公示效力包括公信效力和对抗效力两个方面，为多数共识。[2]所谓公信效力，是指登记事项一经登记公示，便推定其真实有效，即便登记信息与客观状况不符，善意相对人基于对登记事项的信赖而与商事主体进行的交易，亦应受到法律保护。[3]对抗效力，又可进一步分为积极对抗力与消极对抗力。所谓积极对抗力，是指对于已登记事项，相对人可援用登记事实对抗商事主体，即使登记信息与真实状况不符；所谓消极对抗力，是指应登记事项未登记，登记外观与真实状况不符，此时商事主体不能以未登记来对抗相对人。[4]

与之相对应，针对2023年《公司法》第40条公示事项的效力，主要观点有两种：一种观点认为，由于该条未明确登记之外的法定公示事项具有对

〔1〕谢怀栻：《外国民商法精要》，法律出版社2014年版，第270-271页；赵中孚主编：《商法总论》，中国人民大学出版社2007年版，第246-247页；李克武：《公司登记法律制度研究》，中国社会科学出版社2006年版，第61-78页。

〔2〕王远明、唐英：《公司登记效力探讨》，载《中国法学》2003年第2期；赵万一主编：《商事登记制度法律问题研究》，法律出版社2013年版，第88-98页；赵旭东等：《中国商事法律制度》，法律出版社2019年版，第158页。

〔3〕冯翔：《商事登记效力研究》，法律出版社2014年版，第121页。

〔4〕范健、王建文：《公司法》，法律出版社2018年版，第165页。

抗效力，且未经登记机关之审查，仅为企业自主公示之"电子公告板"，因此，个中信息仅具有披露和提示功能，尚不能作为判断交易效力之依据，也无法对交易相对人产生审查义务。[1]另一种观点认为，基于商事外观主义，包括商事主体、商事行为等应以外观为准确定效力与法律责任，然而，公司和第三人均应当受外观之约束，以公示信息为准。[2]亦言之，该观点认为，法定公示事项亦同样具有公信力和对抗力。

对此，分析如下：

（1）基于登记机关的审查强度厘定公示效力的逻辑难以成立

有观点认为，国家机关之登记和商事主体自行之宣示的不同在于，前者有公权力"背书"，为第三人信赖提供保障，使得交易具有确定性，后者则不具有。[3]循此逻辑，登记的公信力来自行政行为的公定力，然而，公司自主公示因缺乏该过程而不具有公信力。事实上，我国的商事登记在2013年以前实质上确系实质审查标准，但是随着商事制度改革的推进，登记机关的审查强度也已经大幅降低，已然转向形式主义审查标准。登记义务人对于其所提交材料的真实性、合法性负责，这一点与备案、法定信息公示中的信息形成过程并无实质差异。即使在实质审查的标准之下，登记机关也无法确保所有的信息均为真实有效。[4]另一方面，虽然国家企业信用信息公示系统需企业自主在公示系统上进行操作，但仍然存在最低程度的审查。因此，正如有学者所言，商事登记的公信效力与登记机关的行政属性之间并无内在关联。[5]因此，在登记事项与法定公示事项的审查强度已无实质区别的情况下，基于审查强度区分公示效力的逻辑自然无法成立。

实际上，对于法定公示事项，虽然缺乏和登记一样的行政审查机制，但为了确保公示信息的真实性，2023年《公司法》第251条规定，公司未依照本法第40条规定公示有关信息或者不如实公示有关信息的，由公司登记机关责令改正，可以处以1万元以上5万元以下的罚款。情节严重的，处以5万元以上20万元以下的罚款；对直接负责的主管人员和其他直接责任人员处以1万元以上10万元以下的罚款。除了行政责任层面将导致罚款的行政处罚，虚假公示还将对善意信赖公示外观的主体带来信赖利益损害，进而产生信赖利

---

〔1〕 王伟等：《企业信息公示与信用监管机制比较研究：域外经验与中国实践》，法律出版社2020年版，第355页。

〔2〕 吴韬：《企业信用信息公示制度研究》，华东政法大学2017年博士学位论文。

〔3〕 李建伟、罗锦荣：《有限公司股权登记的对抗力研究》，载《法学家》2019年第4期。

〔4〕 王文宇：《公司法论》，元照出版公司2018年版，第731页。

〔5〕 党海娟：《商事登记制度基本问题研究》，法律出版社2017年版，第204页。

益赔偿。更为严重的欺诈行为甚至将进一步追究刑事责任。通过事后责任的追究，同样可以实现信赖保护，维护公示信息的公信力。

（2）登记信息与公示信息效力无法一体视之

根据登记信息和公示信息的统一外观而一体对待登记和公示事项的效力，在逻辑上也过于约化，公信力与对抗力也并不必然联系。有反对观点认为，根据商事外观法理，无论登记事项或法定信息公示事项，二者均依法进行了公示，均具有同等的商事外观效力，二者的法律效力亦应当等量齐观，法定信息公示事项同样具有公信力和对抗力。[1]究其论据，盖因于企业信息公示制度之目的在于确立公示信息之可信赖性，如果信赖存疑，当事人无法信赖国家企业信用信息公示系统上之公示信息，则难以实现降低交易成本、保障交易安全之制度目的。[2]但是，前述论点有待商榷。

一则，公信力与对抗力之产生机制并不相同，将对抗力与之直接绑定、等量齐观，缺乏必要论证。信赖保护虽然系私法中的重要命题，也是法定信息公示制度的重要目标所系，但并非所有的信赖保护均需借助于公示手段和对抗力而存在。诸如，缔约过失中的信赖损害赔偿，与公示外观即毫无关联。[3]在不赋予法定公示信息以对抗力的情况下，仍然可以通过私法责任实现信赖保护，维护公示事项的可信赖性或者公信力。

二则，从司法实践来看，《九民纪要》指出，"外观主义系民商法上的学理概括，并非现行法律规定的原则，现行法律只是规定了体现外观主义的具体规则，如《物权法》第 106 条规定的善意取得，《合同法》第 49 条、《民法总则》第 172 条规定的表见代理，《合同法》第 50 条规定的越权代表，审判实务中应当依据有关具体法律规则进行判断，类推适用亦应当以法律规则设定的情形、条件为基础。从现行法律规则看，外观主义是为保护交易安全设置的例外规定，一般适用于因合理信赖权利外观或意思表示外观的交易行为"。因此，在法律没有明确规定的情况下，直接适用商事外观主义缺乏依据。

故而，商事外观主义既不能简单适用于 2023 年《公司法》第 40 条，也不能仅基于公示推断出对抗力。譬如，2023 年《公司法》第 40 条所明定的公示事项中包括有限责任公司股东的出资日期，如果公司按照规定进行了公示，那么，交易相对人难道只能依照公示的出资日期要求股东承担出资责任

---

〔1〕 李裕琛：《企业信息公示制度研究》，黑龙江大学 2023 年博士学位论文。

〔2〕 邹学庚：《〈民法典〉第 65 条商事登记公示效力研究》，载《国家检察官学院学报》2021 年第 1 期。

〔3〕 马新彦：《现代私法上的信赖法则》，社会科学文献出版社 2010 年版，第 9-13 页。

吗？在 2023 年《公司法》第 54 条引入了出资义务加速到期条款之后，该信息即使已经公示也不能阻却出资义务的加速到期请求。事实上，即使在出资义务加速到期条款引入之前，出资日期的公示也不应当成为阻却出资义务加速到期的理由。再比如，2023 年《公司法》第 40 条所规定的有限责任公司股权变更信息，如果公示情况与实际情况不同，也难以推导出公示外观具有对抗效力。即使股权公示具有公示外观，也系因 2023 年《公司法》第 32 条将有限责任公司股东的姓名或名称规定为登记事项所致，系登记效力使然。之所以如此，很大程度上是因为 2023 年《公司法》第 40 条所规定的公示事项具有自身特征，其公示效力需要结合其他法律条款厘定，而非直接套用登记的效力规则。如果赋予 2023 年《公司法》第 40 条之全部事项以对抗效力，将导致交易相对人负有过高之审查义务。

（3）公示信息影响交易相对人"善意"之判断

虽然 2023 年《公司法》第 40 条所规定的信息公示并不能直接产生对抗力，但其仍然能够发挥信赖保护之功能，并不简单是"提示功能"。如果仅仅是提示功能，则交易相对人可予以关注，亦可不予以关注，毕竟系为其利益所设之法律条款。但是，法律一经公布即推定全民皆知，面对法律所明定的公示事项，如果交易相对方不能审慎审查真实情况，将对其过错的构成和法律责任构成影响。[1]一项著例即为法律层面引入法定信息公示规则将影响交易相对人的过错判断。2023 年《公司法》第 88 条第 2 款规定，"未按照公司章程规定的出资日期缴纳出资或者作为出资的非货币财产的实际价额显著低于所认缴的出资额的股东转让股权的，转让人与受让人在出资不足的范围内承担连带责任；受让人不知道且不应当知道存在上述情形的，由转让人承担责任"。2023 年《公司法》第 40 条规定要求公示有限责任公司股东认缴和实缴的出资额、出资方式和出资日期，如果相关瑕疵出资信息明确呈现于国家企业信用信息公示系统，但受让人未进行查询调查而导致其不知情，将构成其主观状态之瑕疵，即"不知道但应当知道"，进而导致其承担连带责任。股权交易作为重要的商事交易形态，对其过错的判断不能停留在民事主体的审查水平，而应当基于公司法体系设定其注意义务的水平。但是，对于通常交易，交易相对人并无须达到前述注意标准。因此，除法定信息公示所面临的前述效力争议之外，其对公司法上的诸多关联制度也存在直接或间接的影响。

当然，2023 年《公司法》第 40 条所规定的公示事项，以及其所引致的

---

[1] 王利明：《论越权代表中相对人的合理审查义务以〈合同编解释〉第 20 条为中心》，载《中外法学》2024 年第 1 期。

行政法规规定的事项，绝大多数仅关涉公司信用，与行为效力问题不直接相关。例如，行政许可的得失变更信息，知识产权出质登记信息、受到行政处罚的信息等等。因此，对此类信息的强化，更多涉及对公司整体信用之判断，而非具体交易之效力。

第三章
有限责任公司的设立和组织机构

问题 29 ◎ **2023 年《公司法》第 47 条之下，有限责任公司是改采实缴制了吗？"两虚一逃"的犯罪是否会死灰复燃？**

2023 年《公司法》第 47 条第 1 款规定："有限责任公司的注册资本为在公司登记机关登记的全体股东认缴的出资额。全体股东认缴的出资额由股东按照公司章程的规定自公司成立之日起五年内缴足。"在公司法既有的出资制度变化中，首次对自 2005 年开始逐渐放开的认缴制进行了限制，由此引发了当下出资制度属于认缴制还是实缴制的争论。事实上，本款规定仍然系属于限期认缴制，仍然属于认缴制范畴，"两虚一逃"作为适用于传统实缴制领域的犯罪，仍然不适用于采认缴制的有限公司，也不适用于可采授权资本制的普通股份公司。

1. 有限责任公司系改采限期认缴制

纵观公司法历史中的出资制度修改，1993 年《公司法》采注册资本实缴制，在第 23 条第 1 款规定，"有限责任公司的注册资本为在公司登记机关登记的全体股东实缴的出资额"。2005 年《公司法》修订后，采有限制的注册资本认缴制，该法第 26 条第 1 款规定，"有限责任公司的注册资本为在公司登记机关登记的全体股东认缴的出资额。公司全体股东的首次出资额不得低于注册资本的百分之二十，也不得低于法定的注册资本最低限额，其余部分由股东自公司成立之日起两年内缴足；其中，投资公司可以在五年内缴足"。在此之上，有限责任公司注册资本的最低限额为人民币 3 万元。法律、行政法规对有限责任公司注册资本的最低限额有较高规定的，从其规定。2013 年《公司法》采完全认缴制，在第 26 条中明确突破旧法中的表述，第 1 款规定："有限责任公司的注册资本为在公司登记机关登记的全体股东认缴的出资额。"不再设定任何缴纳期限的限制，也取消了最低注册资本的一般规定。[1]

世界主要经济体的公司资本缴纳模式大致可分三种类型：第一种模式类似我国 1993 年《公司法》的制度，要求股东一次性支付全部股份对价，其典型代表是《美国示范公司法》与《日本公司法》。第二种模式类似 2023 年《公司法》和 2005 年《公司法》下的出资制度，不要求股东一次性进行全部

---

[1] 刘斌编著：《新公司法注释全书》，中国法制出版社 2024 年版，第 217 页；王瑞贺主编：《中华人民共和国公司法释义》，法律出版社 2024 年版，第 73-74 页；最高人民法院民事审判第二庭编著：《中华人民共和国公司法理解与适用（上）》，人民法院出版社 2024 年版，第 193-194 页。

实缴，但要求股东在一定期限或一定比例内实缴出资，其典型代表是《欧盟第二公司法指令》、《德国有限责任公司法》、《德国股份公司法》、《法国商法典》及《英国 2006 年公司法》中的公开公司。第三种模式则由诸多英美法系采用，公司可以发行部分实缴或未实缴的股份，并根据需求或法律规定向股东进行催缴（类似 2023 年《公司法》加速到期制度，但不完全相同），其典型代表是《英国 2006 年公司法》中的私人公司，《澳大利亚公司法》、《新加坡公司法》以及《美国特拉华州普通公司法》。[1]

纯粹的法律语词之争不具备任何现实的意义，反而容易陷入概念法学的窠臼。对 2023 年《公司法》出资制度系属认缴制还是实缴制的争论源头，实际上是对认缴制、实缴制之间的区分标准之分歧。认为当下出资制度是实缴制的观点，仅承认 2013 年《公司法》下的毫无限制的认缴出资制度为认缴制，其余的全部属于实缴制的范畴。[2]支持新法出资制度系认缴制的观点，往往只认为 1993 年《公司法》的出资制度属于实缴制，其余的出资制度均属认缴制。[3]双方核心的分歧是，当对股东认缴出资的意思自治进行法律上的限制时，是否还属于认缴制的范畴。

从通说采用的概念界定来看，认缴制仅表示："在公司设立时，不要求公司股东必须同时缴纳所有的认缴注册资本额。股东可以不实际出资，而是根据公司章程规定的出资方式、出资时间和出资额履行出资义务。"[4]结合《公司登记管理实施办法》第 5 条、第 7 条中的认缴出资等表述来看，2023 年《公司法》第 47 条的限期认缴制只是对完全认缴制的修改和完善，并不是对完全认缴制的全盘否定，2023 年《公司法》并未改变我国公司资本缴纳制度采取认缴制的本质，更没有退回实缴制。[5]

2. "两虚一逃"犯罪不会死灰复燃

全国人大常委会在 2014 年通过立法解释的方式，对《刑法》中"两虚一

---

〔1〕 岳万兵：《公司资本缴纳模式的立法选择》，载《现代法学》2024 年第 1 期。

〔2〕 岳万兵：《公司资本缴纳模式的立法选择》，载《现代法学》2024 年第 1 期。

〔3〕 刘斌编著：《新公司法注释全书》，中国法制出版社 2024 年版，第 219−220 页；刘俊海：《论注册资本认缴制的兴利除弊：兼论期限利益与交易安全的动态平衡》，载《学术论坛》2024 年第 1 期；朱慈蕴：《有限责任公司全面认缴该何去何从？——兼评〈公司法（修订草案三审稿）〉第 47 条》，载《现代法学》2023 年第 6 期；沈朝晖：《重塑法定资本制——从完全认缴到限期认缴的动态系统调适》，载《中国法律评论》2024 年第 2 期。

〔4〕 见宋燕妮、赵旭东主编：《中华人民共和国公司法释义》，法律出版社 2019 年版，第 49 页。

〔5〕 赵旭东主编：《新公司法重点热点问题解读：新旧公司法的比较分析》，法律出版社 2024 年版，第 76 页；王瑞贺主编：《中华人民共和国公司法释义》，法律出版社 2024 年版，第 74 页。

逃"的虚报注册资本罪，虚假出资、抽逃出资罪进行了解释，《全国人民代表大会常务委员会关于〈中华人民共和国刑法〉第一百五十八条、第一百五十九条的解释》规定："刑法第一百五十八条、第一百五十九条的规定，只适用于依法实行注册资本实缴登记制的公司。"由于 2023 年《公司法》中的一般有限责任公司仍然属于认缴制度下的公司，并不符合《刑法》中"两虚一逃"犯罪的构成要件。[1]因此，虚报注册资本罪，虚假出资、抽逃出资罪没有死灰复燃的机会。

存在争议的是，2023 年《公司法》对于股份有限公司已全面适用实缴制，第 98 条第 1 款规定："发起人应当在公司成立前按照其认购的股份全额缴纳股款。"对于股份有限公司适用"两虚一逃"犯罪存在两种观点。一种观点认为，由于 2023 年《公司法》针对所有股份有限公司都改为实缴制，故"两虚一逃"犯罪应全面适用；另一种观点认为，"两虚一逃"犯罪仍然应限缩于对注册资本有最低数额要求的股份有限公司，如《证券法》第 121 条对从事各类证券业务的证券公司注册资本最低限额分别规定了 5000 万元、1 亿元、5 亿元的限制；《商业银行法》对全国性商业银行注册资本最低限额为 10 亿元等。

考虑到 2023 年《公司法》促进市场经济发展的改革思路与刑法的谦抑性理念。2023 年《公司法》虽然落实了股份有限公司的实缴制，但同时亦配套实施了授权资本制，仍然允许公司在公司自治范围内进行股份发行的安排。因此，从弘扬企业家精神和保持刑法谦抑性的角度，本书认为，"两虚一逃"犯罪不应对一般股份有限公司进行适用，"两虚一逃"犯罪不会也不应该大面积卷土重来。

问题 30　在 2023 年《公司法》改采"限期认缴制"之后，是否需要验资？怎么确保股东缴纳出资？

2013 年《公司法》修正后，我国公司法改采完全认缴制，并删除了验资要求。2023 年《公司法》则进一步改采限期认缴制，是对认缴制的修改，但并未规定是否验资的问题。这引发了实务中对是否需要进行验资以及如何确保股东完全出资的担忧。

1. 关于验资要求的立法沿革

2005 年《公司法》分别用第 29 条、第 84 条和第 90 条三个条款规定了有

---

〔1〕　张明楷：《刑法学》，法律出版社 2021 年版，第 969-971 页。

限责任公司、发起设立的股份有限公司、募集设立的股份有限公司的验资要求。其中，第 29 条规定："股东缴纳出资后，必须经依法设立的验资机构验资并出具证明。"第 84 条第 3 款规定："发起人首次缴纳出资后，应当选举董事会和监事会，由董事会向公司登记机关报送公司章程、由依法设定的验资机构出具的验资证明以及法律、行政法规规定的其他文件，申请设立登记。"第 90 条第 1 款规定："发行股份的股款缴足后，必须经依法设立的验资机构验资并出具证明。发起人应当自股款缴足之日起三十日内主持召开公司创立大会。创立大会由发起人、认股人组成。"在该部公司法中，验资尚且是所有类型公司设立的必经过程。

随着 2013 年《公司法》确立了全面认缴制的规则，其仅在第 89 条第 1 款规定："发行股份的股款缴足后，必须经依法设立的验资机构验资并出具证明。发起人应当自股款缴足之日起三十日内主持召开公司创立大会。创立大会由发起人、认股人组成。"仅仅保留了募集设立的股份有限公司验资规定。而后 2018 年《公司法》沿用之。

2023 年《公司法》在此基础上进一步进行了限缩，仅在第 101 条规定："向社会公开募集股份的股款缴足后，应当经依法设立的验资机构验资并出具证明。"《公司登记管理实施办法》第 5 条第 2 款明确规定："采取向社会公开募集设立的方式成立的股份有限责任公司，办理登记时应当依法提交验资机构出具的验资证明；有限责任公司、采取发起设立或者向特定对象募集设立的方式成立的股份有限责任公司，办理登记时无需提交验资机构出具的验资证明。"修法前后对于验资事项的规定如表 3-1 所列：

表 3-1　修法前后对验资事项的规定对比

2023 年修法前后	股份有限公司			有限责任公司
	公开募集设立	特定对象募集设立	发起设立	
修法前	需要验资	需要验资	无需验资	无需验资
修法后	需要验资	无需验资	无需验资	无需验资

因此，对于验资这一问题，即便 2023 年《公司法》改采"限期认缴制"，仍然仅对公开募集设立的股份有限责任公司要求验资。

2. 确保股东缴纳出资的方法

虽然自 2013 年起《公司法》取消了普遍化的验资要求，但并不代表资本真实原则不再得到坚持，也不代表股东足额缴纳出资无法得到保障与救济。[1]验资制度本身也不是规避虚假出资的万能方法，无论有无强制的验资制度，虚假出资都不可避免。[2]2013 年《公司法》以及 2023 年《公司法》，主要构建了以下方法以确保股东足额缴纳出资，保护公司的利益。2013 年《公司法》第 28 条还规定了股东之间的出资违约责任，基于公司法的组织性，2023 年《公司法》删除了这一规定，留待当事人约定解决，仍然是确保股东缴纳出资的有效手段。

2.1 董事会核查、催缴和失权规则

针对未足额缴纳出资的股东，公司法规定了董事会的核查和催缴职责。[3]2023 年《公司法》第 51 条第 1 款规定："有限责任公司成立后，董事会应当对股东的出资情况进行核查，发现股东未按期足额缴纳公司章程规定的出资的，应当由公司向该股东发出书面催缴书，催缴出资。"本款明确了董事对于未足额缴纳出资股东的催缴义务。如果董事未能尽到该义务，则需要对公司的损失承担赔偿责任。因此，2023 年《公司法》通过督促董事的事前方式促使股东足额缴纳出资。此外，2023 年《公司法》第 180 条亦规定了董事、监事、高级管理人员的勤勉义务。公司资产的维持与充实系公司经营的基石，董事、监事、高级管理人员都有依据一般化的勤勉义务在职权范围内确保股东按时足额缴纳出资的义务。因此，如股东被催缴后仍不出资，董事可以依据恰当商业判断选择起诉股东并强制执行其财产以履行出资义务。有观点认为，公司无法强制执行未出资股东的出资义务，但本书认为，股东的出资义务可以被诉请履行，并强制执行。如董事依据勤勉义务恰当判断认为，强制执行未出资股东有利于公司未来的资本充实与持续经营，则应果断采取措施，起诉瑕疵出资股东并强制执行。

同时，2023 年《公司法》第 52 条规定了催缴失权的制度。如果股东在被催缴后仍不出资，可能触发催缴失权制度，被公司决议失权。这一方式，可进一步敦促股东按期足额缴纳出资。

2.2 出资评估作价规则

2023 年《公司法》第 48 条第 2 款规定："对作为出资的非货币财产应当

---

〔1〕 赵旭东：《资本制度变革下的资本法律责任——公司法修改的理性解读》，载《法学研究》2014 年第 5 期。

〔2〕 施天涛：《公司资本制度改革：解读与辨析》，载《清华法学》2014 年第 5 期。

〔3〕 王瑞贺主编：《中华人民共和国公司法释义》，法律出版社 2024 年版，第 76 页；施天涛：《公司资本制度改革：解读与辨析》，载《清华法学》2014 年第 5 期。

评估作价，核实财产，不得高估或者低估作价。法律、行政法规对评估作价有规定的，从其规定。"第 98 条第 2 款规定："发起人的出资，适用本法第四十八条、第四十九条第二款关于有限责任公司股东出资的规定。"因此，对于股份有限公司发起人和有限责任公司股东的非货币出资都需要进行评估作价，以确保出资的真实性和确定性。[1]

依据《民法典》第 604 条价金风险转移的规则，对于非货币出资的贬值风险，应当自股东、发起人交付公司后由公司承担。因此，估值的时点应以交付时为准。如果评估确定的价值高于章程所定价额或者与章程所定价额相当，应认定出资人依法履行了出资义务。如果实际出资的非货币财产的实际价额显著低于所认缴的出资额，应认定出资人未依法全面履行出资义务，构成股东出资不实。[2]

2023 年《公司法》虽然没有规定评估义务人，但出资股东、发起人显然具有自行评估的权利。由于公司是出资的接收方，也是出资义务的履行对象，其自然具备判断是否认可该估值的权利。因 2023 年《公司法》第 51 条将出资催缴的职责划归董事会，董事会自然应当在履行催缴义务时对股东、发起人的出资估值真实性进行审查。

2.3 股东未按期足额缴纳的赔偿责任

2023 年《公司法》第 49 条第 3 款规定："股东未按期足额缴纳出资的，除应当向公司足额缴纳外，还应当对给公司造成的损失承担赔偿责任。"该款对于瑕疵出资股东加设了赔偿责任，从事后救济的角度促使股东按时足额缴纳出资。

对于债权人而言，根据《最高人民法院关于适用〈中华人民共和国公司法〉若干问题的规定（三）》（以下简称《公司法司法解释（三）》）第 13 条的规定，股东未足额缴纳出资，债权人可以请求该股东在未出资本息范围内对公司债务不能清偿的部分承担补充赔偿责任。即便该司法解释未必留存，依据《民法典》代位权的基础规则，公司债权人也仍然可以行使代位权向未足额缴纳出资的股东主张权利。

2.4 发起人的连带责任

2023 年《公司法》第 50 条规定："有限责任公司设立时，股东未按照公

---

[1] 最高人民法院民事审判第二庭编著：《中华人民共和国公司法理解与适用（上）》，人民法院出版社 2024 年版，第 205 页。

[2] 最高人民法院民事审判第二庭编著：《中华人民共和国公司法理解与适用（上）》，人民法院出版社 2024 年版，第 206 页。

司章程规定实际缴纳出资，或者实际出资的非货币财产的实际价额显著低于所认缴的出资额的，设立时的其他股东与该股东在出资不足的范围内承担连带责任。"据此，发起人之间对公司设立时出资不足的部分，负有连带责任。对该问题的详述，可参见问题 34 的回答。

问题 31 ▷ 以股权出资有什么特殊性？有哪些需要注意的事项？

股权出资是出资人以其拥有的公司股权作为出资或抵作股款，投资设立新公司或向已设立的公司增加出资及认购其新发行股份的行为。[1]股权出资是一种特殊的股权转让。[2]股权不同于以有体物为客体的物权，具备一定特殊性。因此，对股权出资具备特殊的注意事项。

1. 股权出资规则的历史沿革

1993 年《公司法》中只规定了实物、工业产权、非专利技术和土地使用权四种非货币财产出资形式，其中并不包括股权。尽管当时股权出资在法律上没有明确规定，但没有妨碍股权作为一种重要的出资方式频繁地见诸经济实践，尤其在国企改制、资产重组以及上市公司组建的过程中更是不可或缺。

2005 年《公司法》第 27 条规定，股东可以用货币出资，也可以用实物、知识产权、土地使用权等可以用货币估价并可以依法转让的非货币财产作价出资；但是，法律、行政法规规定不得作为出资的财产除外。将股东出资方式扩大为"可以用货币估价并可以依法转让的非货币财产"，股权显然是符合这一要求的，由此以股权作价出资更为活跃。

2009 年，原国家工商行政管理总局发布了《股权出资登记管理办法》（已失效），该办法主要内容包括：用作出资的股权条件及比例、评估作价、缴纳出资期限及手续、验资等，为股权出资行为在实践中的具体操作办法提供了依据。以规章的形式对股权出资进行了承认与规范。2011 年施行的《公司法司法解释（三）》对股权出资效力问题进行了专门规定，使股权出资不仅在实践中广泛运用，也通过规章、司法解释等得以规范。[3]2014 年，原国家工商行政管理总局发布的《公司注册资本登记管理规定》（已失效）明确指出，股东或发起人可以其持有的在中国境内所设立公司的股权出资，以股权的

---

〔1〕 李福祥：《对股权出资问题的思考与建议》，载《上海金融》2009 年第 4 期。

〔2〕 周友苏：《股权出资的权利交付问题研究》，载《西南民族大学学报（人文社会科学版）》2013 年第 7 期。

〔3〕 潘勇锋：《关于股东出资方式的实践思考》，载《法律适用》2024 年第 2 期。

方式来进行出资的情况下，该股权应当权属清楚、权能完整、依法可以转让。

2022 年，国家市场监督管理总局发布《市场主体登记管理条例》，废止了原《公司注册资本登记管理规定》，对市场主体登记管理相关的规定进行了统一规范，但保留了其关于股权出资的相关规定。

2. 股权出资规则的实施要点

股权出资实质上属于股权转让，公司作为受让人不仅面临股权价值本身的商业风险，而且面临着承担原本属于以股权出资股东对他公司出资责任的风险。[1]基于股权出资的特殊性，我国公司法和司法解释呈现不同的发展脉络。

《公司法司法解释（三）》第 11 条第 1 款规定："出资人以其他公司股权出资，符合下列条件的，人民法院应当认定出资人已履行出资义务：（一）出资的股权由出资人合法持有并依法可以转让；（二）出资的股权无权利瑕疵或者权利负担；（三）出资人已履行关于股权转让的法定手续；（四）出资的股权已依法进行了价值评估。"后续的规定亦延续该司法解释的规定，故对此处规定的四个要件一一进行分析。

2.1 出资的股权由出资人合法持有并依法可以转让

从各国公司法立法例来看，限制转让股权主要有四种情形：一是限制发起人所持有的本公司股份转让；二是限制公司董事、监事、高管持有的本公司股份的转让；三是部分立法例限制母子公司交叉持股；四是部分立法例允许公司发行转让受限的类别股。[2]我国对股权出资的限制在这四个方面都有所涉及。

2023 年《公司法》第 84 条第 3 款规定："公司章程对股权转让另有规定的，从其规定。"2023 年《公司法》第 144 条第 1 款规定："公司可以按照公司章程的规定发行下列与普通股权利不同的类别股：（一）优先或者劣后分配利润或者剩余财产的股份；（二）每一股的表决权数多于或者少于普通股的股份；（三）转让须经公司同意等转让受限的股份；（四）国务院规定的其他类别股。"这说明，无论是在有限责任公司还是股份有限公司中，都可能存在股权、股份转让受限之情形。在有限责任公司中表现为转让受章程限制的情况，在股份有限公司中则表现为转让受限的类别股。因此，对于此两种情况下股权出资的情况可能存在法律上无法实现的情况。

2023 年《公司法》第 141 条第 1 款规定，上市公司控股子公司不得取得

---

〔1〕 刘贵祥：《关于新公司法适用中的若干问题》，载《法律适用》2024 年第 6 期。
〔2〕 潘勇锋：《关于股东出资方式的实践思考》，载《法律适用》2024 年第 2 期。

该上市公司的股份。因此，这意味着股东无法以上市公司的股票对上市公司的控股子公司进行出资。

2023年《公司法》第160条第1款、第2款规定，公司公开发行股份前已发行的股份，自公司股票在证券交易所上市交易之日起1年内不得转让。法律、行政法规或者国务院证券监督管理机构对上市公司的股东、实际控制人转让其所持有的本公司股份另有规定的，从其规定。公司董事、监事、高级管理人员应当向公司申报所持有的本公司的股份及其变动情况，在就任时确定的任职期间每年转让的股份不得超过其所持有本公司股份总数的25%；所持本公司股份自公司股票上市交易之日起1年内不得转让。上述人员离职后半年内，不得转让其所持有的本公司股份。公司章程可以对公司董事、监事、高级管理人员转让其所持有的本公司股份作出其他限制性规定。对于受到股权转让限制的股东、实际控制人、董事、监事、高级管理人员，可能无法以相应股权进行转让出资。

2.2 出资的股权无权利瑕疵或者权利负担

根据《民法典》第443条第2款的规定，基金份额、股权出质后，不得转让，但是出质人与质权人协商同意的除外。出质人转让基金份额、股权所得的价款，应当向质权人提前清偿债务或者提存。因此，被设立质权的股权可能无法转移变更登记。被依法采取司法冻结措施的股权同样面临着被设立质权股权的问题，因此一般也无法被用来出资。

所谓无权利瑕疵，是指不存在任何第三人就该用于出资的股权向公司主张任何权利的事由。实践中，股权瑕疵多产生于出资义务未履行或未全面履行的情形，如出资不足、虚假出资、抽逃出资等。有的股权，如果当事人对其权属发生争议也属于存在权利瑕疵的股权。根据2023年《公司法》第88条第2款的规定，未按照公司章程规定的出资日期缴纳出资或者作为出资的非货币财产的实际价额显著低于所认缴的出资额的股东转让股权的，转让人与受让人在出资不足的范围内承担连带责任；受让人不知道且不应当知道存在上述情形的，由转让人承担责任。如果股东以出资不实的股权出资的，接受出资股权的公司就处于受让人的地位，如果知道或者应当知道存在上述情形的，公司应当与出资股东在出资不足范围内承担连带责任，只有公司证明自己善意，即不知道且不应当知道存在上述出资不实的情形时，才能免除该种责任。如果以瑕疵出资股权作价出资，公司因此承担了相应责任，可以在承担责任的范围内向出资股东进行追偿。[1]因此，如果以未缴纳出资

---

〔1〕 潘勇锋：《关于股东出资方式的实践思考》，载《法律适用》2024年第2期。

的股权向公司出资，造成公司承担责任，可能构成未适当履行出资义务的情形。

此外，2023 年《公司法》第 84 条第 2 款规定："股东向股东以外的人转让股权的，应当将股权转让的数量、价格、支付方式和期限等事项书面通知其他股东，其他股东在同等条件下有优先购买权。股东自接到书面通知之日起三十日内未答复的，视为放弃优先购买权。两个以上股东行使优先购买权的，协商确定各自的购买比例；协商不成的，按照转让时各自的出资比例行使优先购买权。"对于以有限责任公司股权出资的股东应额外注意优先购买权对于股权转让的影响，以侵害其他股东优先购买权的方式进行股权转让可能导致股权转让的失败与瑕疵出资，进而导致瑕疵出资的问题。

可能存在争议的是，2023 年《公司法》下未届出资期限的有限责任公司股权。2023 年《公司法》第 88 条第 1 款规定："股东转让已认缴出资但未届出资期限的股权的，由受让人承担缴纳该出资的义务；受让人未按期足额缴纳出资的，转让人对受让人未按期缴纳的出资承担补充责任。"未届出资期限的股权转让后，也可能导致受让公司承担出资的责任。从这一意义上看，亦不满足不存在任何第三人就该用于出资的股权向公司主张任何权利的情形。但是，以股权出资，是股东以转让对他公司的股权为对价获得公司股权。正常情况下，股权价值的评估已考量了其在他公司的出资状况，以股权出资的股东是否承担出资责任只能以出资时的股权状态及评估为依据，以公司当时的商业判断为依据，而不是以出资后出现的公司应承担责任情况或面临的风险为依据。[1]公司对该未届出资期限股权承担出资责任并未造成公司的利益受到实质损害，且对于未届出资期限且未实际缴资的股权，股东并未违反出资义务，其不属于存在权利瑕疵的股权，法律也未禁止其转让。[2]因此，应当允许股东以未届出资期限的股权进行出资，受让公司则需审慎评估该未届出资期限股权的价值，以防自身承担过高的风险。

2.3 出资人已履行关于股权转让的法定手续

股权出资的权利交付主要以权属变更为标志。股权出资的权利交付就是出资标的的权利转移。股权出资作为一种权利移转，被投资公司获得的股权不是可以直接占有和处分的财产，而主要表现为对股权公司收益分配和剩余财产的请求权，其价值是通过"持有"而不是像其他现物出资那样通过"使用"来体现。持有主体的变动完全可以在不影响股权公司对财产占有和支配

---

〔1〕 刘贵祥：《关于新公司法适用中的若干问题》，载《法律适用》2024 年第 6 期。
〔2〕 潘勇锋：《关于股东出资方式的实践思考》，载《法律适用》2024 年第 2 期。

的前提下，通过变更权利归属来完成。[1]从这一意义上来说，股权转让不但是股权出资的条件要求，也是判断股权出资交付的关键时点，同时自然构成评估股权价值的时点与判断股权出资是否充实的判断时点。

2023 年《公司法》第 86 条第 2 款规定："股权转让的，受让人自记载于股东名册时起可以向公司主张行使股东权利。"尽管仍有学者认为该条规定的有限责任公司股权转让不需要股东名册变更登记作为要件[2]，通说认为这一款表明"只有记载于股东名册后才发生股权变动的效果"[3]。因此，对于以有限责任公司股权出资情形下，股东以持有的其他公司股权出资的，以该其他公司股东名册变更为准，股权由股东转移至接受出资的公司。股东名册的变更是受让人取得股权的标志，是否向公司登记机关办理变更登记，不影响受让人取得股权。而经公司登记机关办理变更登记后具有对抗效力，可以对抗善意相对人。

尽管根据法律规定，无论有限责任公司还是股份有限责任公司，均应置备股东名册，但是目前实践中部分公司管理不规范，存在股东名册形同虚设甚至不设股东名册的情况。针对这一现实情况，考虑到股东名册记载变更的目的归根结底是公司正式认可股权转让的事实，有学者认为，审判实践中可以根据案件实际审理情况，认定股东名册是否变更。在不存在规范股东名册的情况下，有关的公司文件，如公司章程、会议纪要等，只要能够证明公司认可受让人为新股东的，都可以产生相应的效力。[4]但为避免事后瑕疵出资的风险，出资人宜敦促要求公司制备股东名册并变更登记，以确定股权出资时点。

2023 年《公司法》第 159 条第 1 款规定："股票的转让，由股东以背书方式或者法律、行政法规规定的其他方式进行；转让后由公司将受让人的姓名或者名称及住所记载于股东名册。"说明对于股份有限公司的股权转让需要"背书方式或者法律、行政法规规定的其他方式"才能实现。尽管有学者认为股东名册的登记对此处的股权出资交付亦属必要[5]，但以股权转让作为出资的标准判断，仍应认为股东名册的变更仅涉及对抗公司的效力，在发生股权转让效力后即可认为完成出资。

〔1〕 周友苏：《股权出资的权利交付问题研究》，载《西南民族大学学报（人文社会科学版）》2013 年第 7 期。

〔2〕 李建伟主编：《公司法评注》，法律出版社 2024 年版，第 404-405 页。

〔3〕 王瑞贺主编：《中华人民共和国公司法释义》，法律出版社 2024 年版，第 125 页。

〔4〕 潘勇锋：《关于股东出资方式的实践思考》，载《法律适用》2024 年第 2 期。

〔5〕 周友苏：《股权出资的权利交付问题研究》，载《西南民族大学学报（人文社会科学版）》2013 年第 7 期。

2.4 出资的股权已依法进行了价值评估

股权出资作为一种典型的非货币财产，应经具备评估资质的评估机构进行评估，如被发现价值显著低于公司章程所定价额的，应由出资人以货币形式补足出资。《公司法司法解释（三）》第15条规定："出资人以符合法定条件的非货币财产出资后，因市场变化或者其他客观因素导致出资财产贬值，公司、其他股东或者公司债权人请求该出资人承担补足出资责任的，人民法院不予支持。但是，当事人另有约定的除外。"因此，评估应以股权出资转让时的价值为准。

综上所述，股权出资需在股权满足可转让且无瑕疵的情况下，完成股权转让的法定手续，并最终进行价值评估，以此方能确保股权出资到位。

问题 32 ◇ 以债权出资有什么特殊性？如果债权嗣后无法实现，股东是否需要承担责任？

债权出资，是指出资人以其对公司或者第三人的债权向公司投资入股，又称"以债作股"。债权出资的需求在我国公司法历史上存续已久，但法律规范一直对此未有明确回应，2023年《公司法》首次明确肯定了债权出资的类型合法，标志着资本制度的进一步完善。

1. 债权出资逐步放宽的立法沿革

我国债权出资最早可追溯到20世纪90年代初由一些公司发行的可转换公司债券。20世纪90年代中期，为解决国有企业沉重的债务问题，我国允许特定国有企业"拨改贷"资金转为国家资本金，形成"政策性债转股"。为实现国有大中型企业脱困，处置银行不良资产，我国从20世纪90年代末开始实行另一种类型的"政策性债转股"。[1]

1993年《公司法》采取严苛的法定资本制度，在出资形式上对债权出资持明确禁止的态度。1993年《公司法》第24条以穷尽列举的方式规定能用来出资的资产仅限于货币、实物、工业产权、非专利技术和土地使用权五种形态，排除了债权出资的可能。2005年《公司法》对法定资本制度有所缓和，在第27条第1款规定："股东可以用货币出资，也可以用实物、知识产权、土地使用权等可以用货币估价并可以依法转让的非货币财产作价出资；但是，法律、行政法规规定不得作为出资的财产除外。"2005年《公司登记

---

〔1〕 孟勤国、戴盛仪：《论公司法上的债权出资》，载《社会科学战线》2013年第7期。

管理条例》第 14 条规定，股东的出资方式应当符合《公司法》第 27 条的规定，但股东不得以劳务、信用、自然人姓名、商誉、特许经营权或者设定担保的财产等作价出资。虽然《公司登记管理条例》未明令禁止债权出资，但在列举的六种形态之后又加了一个"等"作为兜底性规定。因而我国公司法对债权出资进入了未明确认可、无明令禁止状态。立法上是否允许债权出资在理论上存有争议，但支持者居多。

2011 年实施的《公司法司法解释（三）》对出资形式进一步放宽，明确了股权出资的合法性，但对于债权出资虽在征求意见稿中意图明确其合法性，在正式出台后并未保留。之后，公司法的数次修改仍旧对债权出资问题进行了回避。[1]2022 年《市场主体登记管理条例》第 13 条第 2 款规定："出资方式应当符合法律、行政法规的规定。公司股东、非公司企业法人出资人、农民专业合作社（联合社）成员不得以劳务、信用、自然人姓名、商誉、特许经营权或者设定担保的财产等作价出资。"债权出资即已呼之欲出，唯仍未正面予以明确。2023 年《公司法》第 48 条正式将债权出资纳入资本形成的合法方式当中，是本次修法的又一进步。

2. 域外法的经验

在比较法上，各国对出资形式的限制不同。与大陆法系国家普遍严格的法定资本制相比，多数英美法系国家在公司立法上对于出资方式限制较少，如《英国 1985 年公司法》第 99 条规定公司的股份以及其他相应的费用可以用现金或价值物进行支付，该法第 206 条至第 209 条还明确规定公司的债权人可以用其对公司的债权来换取公司等价值的股份或股票。《美国示范公司法》在 6.21 节规定，"董事会可以授权就拟发行的股票收取的对价为任何有形或者无形的财产或者公司获得的利益，包括现金、本票、已提供的劳务、待履行的服务合同或者公司的其他证券"。[2]德国在判例中首先明确了部分债权可以作为出资方式。[3]《日本公司法》则在第 582 条规定，"股东在以债权为出资标的，该债权的债务人在清偿期未清偿时，该股东承担其清偿责任。此时，该股东除支付其利息外，必须赔偿损害"，认可股东以债权的方式进行出资。[4]

---

〔1〕 张斌：《再论债权出资——现代公司法视阈下的一个前瞻性视角》，载《上海金融》2016 年第 4 期。

〔2〕 沈四宝编译：《最新美国标准公司法》，法律出版社 2006 年版，第 49-50 页。

〔3〕 刘倚源：《以对第三人债权出资之风险防范研究》，载《甘肃政法学院学报》2017 年第 5 期。

〔4〕 王保树主编：《最新日本公司法》，于敏、杨东译，法律出版社 2006 年版，第 312 页；孟勤国、戴盛仪：《论公司法上的债权出资》，载《社会科学战线》2013 年第 7 期。

由此可见，尽管不同法系下资本形成过程中出资形式的限制强弱不同，无论英美法系国家还是大陆法系国家对于债权出资都普遍持有肯定态度。

3. 债权出资的特殊性

在我国，对于能否以对目标公司外第三人享有的一般债权作价出资，一直存在支持与反对两种对立观点。反对债权出资的观点认为，股东以其对第三人享有的债权出资的，不利于公司资本充实，应当认定出资无效。另一种观点认为，既然 2005 年《公司法》中已经规定可以用货币估价并可以依法转让的非货币财产均可作价出资，债权作为非货币资产的一种，其具有财产价值且能够转让，应该可以作为非货币财产出资。[1]

我国理论与实践之所以对债权出资产生不同看法，源于债权出资的特殊性。债权不同于实物资产或其他财产性权利，不能以登记或占有作为公示方式表彰权利。因债权具有相对性，本身缺乏公示外观，故债权是否真实存在，除债权人和债务人之外的第三人难以知晓。事实上，虚假债权已经成为实践中的突出问题，第三人调查核实债权真实性成本较高。[2]

此外，债权出资与一般现物出资最大的差异就在于债权本身是一种期待性的财产，这种财产的现实性依赖于债权的实现。债权出资只是将一种期待权和请求权注入公司资本，法人财产的真正充实并非当期。[3]正因如此，公司对其他非货币出资可以直接对相应财产行使物权，无须他人的帮助即可实现，而基于债权为请求权的法律属性，作为出资的债权的实现必须有债务人的协助，否则公司不能实现相应的财产权利。[4]

债权的这两个特点引发了债权出资的风险性。如果不加限制地接受债权出资，一旦债权到期无法实现，难免造成公司资本空洞化。[5]那么，在债权不能实现的情况下，出资股东是否应承担出资不足责任？正常的市场风险导

---

〔1〕 潘勇锋：《关于股东出资方式的实践思考》，载《法律适用》2024 年第 2 期。

〔2〕 最高人民法院民事审判第二庭编著：《中华人民共和国公司法理解与适用（上）》，人民法院出版社 2024 年版，第 202 页；潘勇锋：《关于股东出资方式的实践思考》，载《法律适用》2024 年第 2 期。

〔3〕 陈良军、袁康：《论债权出资的特殊性及其法律规制》，载《武汉大学学报（哲学社会科学版）》2013 年第 2 期；宋良刚：《债权出资的法律问题与对策探析——兼评〈公司法〉司法解释（三）第 16 条》，载《政法论坛》2011 年第 6 期。

〔4〕 宋良刚：《债权出资的法律问题与对策探析——兼评〈公司法〉司法解释（三）第 16 条》，载《政法论坛》2011 年第 6 期。

〔5〕 潘勇锋：《关于股东出资方式的实践思考》，载《法律适用》2024 年第 2 期；最高人民法院民事审判第二庭编著：《中华人民共和国公司法理解与适用（上）》，人民法院出版社 2024 年版，第 202 页。

致债权不能实现与出资时就已经存在风险导致债权不能实现，出资责任是否应当区别对待？公司设立时按正当程序进行的评估或公示是否可以成为出资股东免除相应责任的抗辩事由？[1]这些问题都涉及对于债权出资如何符合资本充实原则的理解。

4. 债权出资的要求

对于债权无法实现的风险问题，因股东以虚假债权出资和真实债权出资存在区别，以下分别分析。

4.1 出资债权由出资人合法持有并依法可以转让

针对出资债权真实性风险问题，如果作价出资的债权本身虚假（如来自债务人的通谋虚伪或存在债务人抗辩导致债权不存在），则股东对公司的出资虚假，公司可以要求股东在债权不能实现范围内承担出资不足责任。[2]具体而言，公司可以根据2023年《公司法》第49条的规定，请求出资不实的股东补足相应出资，给公司造成损失的，一并进行赔偿。公司还可以根据2023年《公司法》第52条第1款的规定，向出资股东发出失权通知，自通知发出之日起，该股东丧失相应股权。[3]

同时，有观点认为，在出资债权的债权人与债务人串通虚构债权的情况下，为保障被投资公司的利益，应当参照《民法典》第763条关于虚构应收账款保理规定的原则进行处理。[4]《民法典》第763条规定："应收账款债权人与债务人虚构应收账款作为转让标的，与保理人订立保理合同的，应收账款债务人不得以应收账款不存在为由对抗保理人，但是保理人明知虚构的除外。"本书认为，债权出资不能等同于保理合同，二者的性质完全不同，不宜类推适用。在这一情况下仍应认定出资人不存在合法债权，未履行出资义务。

此外，根据《民法典》第545条的规定，债权人可以将债权的全部或者部分转让给第三人，但是有下列情形之一的除外：①根据债权性质不得转让；②按照当事人约定不得转让；③依照法律规定不得转让。当事人约定非金钱债权不得转让的，不得对抗善意第三人。当事人约定金钱债权不得转让的，不得对抗第三人。对于《民法典》明确规定的三种无法转让的情况，将导致

---

〔1〕　刘贵祥：《从公司诉讼视角对公司法修改的几点思考》，载《中国政法大学学报》2022年第5期。

〔2〕　刘贵祥：《从公司诉讼视角对公司法修改的几点思考》，载《中国政法大学学报》2022年第5期。

〔3〕　潘勇锋：《关于股东出资方式的实践思考》，载《法律适用》2024年第2期。

〔4〕　潘勇锋：《关于股东出资方式的实践思考》，载《法律适用》2024年第2期。

该债权不能进行出资。

4.2 出资的股权无权利瑕疵或者权利负担

《民法典》第 445 条第 2 款规定："应收账款出质后，不得转让，但是出质人与质权人协商同意的除外。出质人转让应收账款所得的价款，应当向质权人提前清偿债务或者提存。"对于设立质权负担的债权，无法进行转让，自然不能进行出资。

对于瑕疵债权出资的补充出资问题，实务中曾产生诸多不同判断方法。有法院判决认为，在债权人起诉后，债务人股东将以货币出资转变为以债权出资，在债务人丧失清偿能力的情况下，股东仍然要承担补足出资的责任。[1]有法院则导向另一极端，认为在债权人起诉后，债务人股东将以货币出资转变为以债权出资，尽管债务人已丧失清偿能力，但仍可以认定股东履行了出资义务，无须就债务人未清偿的债务对债权人承担补充赔偿责任。[2]在此之外，尚有以罹于时效或存在其他抗辩权债权出资的问题。

针对出资债权实现风险问题应当明确，债权能否实现，受到债务人债权到期时的清偿能力所限，因此，实现风险是债权本身固有的风险。在公司或其他股东决定是否接受债权出资以及对出资债权进行评估作价时，都应当充分考虑这一风险因素，作出合理的评估。一旦接受债权出资，一般情况下就应当接受其存在实现的风险。[3]因此，债权本身不能实现的风险，是一个在债权价值评估中需要考虑的问题，与实物出资价值评估过高无实质区别。[4]同理，对于存在抗辩权的债权，因为债务人不必然行使抗辩权，债权存在实现的可能。因此，仍应认可存在抗辩权的债权出资的有效性，只是在评估作价时需考虑该因素予以恰当的估值。

4.3 出资人已履行关于债权转让的法定手续

《民法典》第 546 条第 1 款规定："债权人转让债权，未通知债务人的，该转让对债务人不发生效力。"因此，股东以债权出资的，不但需要与公司进行债权转让，还应积极通知债务人债权人变更事项。

4.4 出资的股权已依法进行了价值评估

债权出资作为一种典型的非货币财产，应经具备评估资质的评估机构进

---

[1] （2022）京 02 民终 14735 号。

[2] （2022）湘 01 民终 4215 号；（2020）鲁 05 民终 1662 号。

[3] 潘勇锋：《关于股东出资方式的实践思考》，载《法律适用》2024 年第 2 期。

[4] 刘贵祥：《从公司诉讼视角对公司法修改的几点思考》，载《中国政法大学学报》2022 年第 5 期。

行评估，如被发现价值显著低于公司章程所定价额的，应由出资人以货币形式补足出资。评估应当以出资时的债权状况为依据，如果在评估当时债权是虚假的，可以认定为出资不实；如果在评估时债权真实，即使其后债权不能实现也不能认定出资不实。[1]《公司法司法解释（三）》第 15 条规定："出资人以符合法定条件的非货币财产出资后，因市场变化或者其他客观因素导致出资财产贬值，公司、其他股东或者公司债权人请求该出资人承担补足出资责任的，人民法院不予支持。但是，当事人另有约定的除外。"因此，评估应以股权出资转让时的价值为准。

问题 33 ▷ 股东是否可以其对公司的债权抵销其出资义务？

在债权出资中，一个比较特殊的问题是，股东是否可以对公司的债权抵销其自身的出资义务？如果仔细考虑，会发现大部分出资债权抵销本质上不属于严格意义上的履行出资义务，而是属于代物清偿性质的债之履行。这一行为的本质系用公司债权代替了自己的实际应缴出资进行了出资，从交易的视角甚至可以认为是以公司债权与公司交易取得了自己的债权。

1. 出资义务抵销的他山之石

比较法上各国对出资债权抵销态度不同。《德国有限责任公司法》第 19 条在 1980 年修订前后的文本都明确规定，出资不得要求抵销（此为原则），但是出资是以非货币或者以转让财产的抵销组成之时，且这种出资缴纳已在公司章程中明确的，股东不得主张抵销。2005 年《日本公司法》第 208 条第 3 款、第 281 条第 3 款规定，募集股份的认股人、新股预约权人不得以缴纳出资的债务与对股份有限公司享有的债权相抵。不过，日本理论界也认为，《日本公司法》只是禁止来自股东的抵销，但不排除来自公司的抵销或通过与公司合意的抵销，但如果公司财产状况恶化、没有清偿能力，此时股东对公司债权的实际价值低于名义价额，不管从资本充实原则角度，还是善管注意义务角度，这都是有问题的。自 1866 年 Grissell 案以来，英国判例法认为，不得提起以公司债务抵销股东未缴纳出资债务的交叉诉讼。公司出资的催缴数额无法因股东提出的以公司债务作抵销而得到满足，股东必须先缴足出资；在破产条件下，公司所有成员得到的分配都在所有公司债权人之后，所以，亦不得抵销。美国判例法认为，股东对公司未缴纳的出资款是公司一般债权人的信托基金，总体而言，与股东对公司享有的债权并不相同，所以不得为

---

〔1〕 刘贵祥：《关于新公司法适用中的若干问题》，载《法律适用》2024 年第 6 期。

抵销。[1]

2. 出资义务抵销的理论争议

对于出资义务抵销问题，我国学者存在不同观点：

反对的观点认为，无论公司是否处于破产程序，无论是否由公司主动抵销，无论约定还是法定抵销，亦不论股东对公司的债权是否到期、明确、价值完整，本体性的出资债权与衍生体的出资债权，基于出资债权的资本属性、组织法属性以及债的抵销本旨，都不得抵销。[2]譬如，出资义务对应的债权和其他债权的一项重要区别在于，出资债权不罹于诉讼时效的经过。对此，《公司法司法解释（三）》第 19 条明确排除了出资股东的诉讼时效抗辩："公司股东未履行或者未全面履行出资义务或者抽逃出资，公司或者其他股东请求其向公司全面履行出资义务或者返还出资，被告股东以诉讼时效为由进行抗辩的，人民法院不予支持。公司债权人的债权未过诉讼时效期间，其依照本规定第十三条第二款、第十四条第二款的规定请求未履行或者未全面履行出资义务或者抽逃出资的股东承担赔偿责任，被告股东以出资义务或者返还出资义务超过诉讼时效期间为由进行抗辩的，人民法院不予支持。"

赞同的观点则认为，在性质上股东对公司享有的债权与其出资义务可以抵销。若公司资信状况良好、正常经营，股东债权抵销出资义务不存在侵蚀公司资本的危险，应当允许股东以对公司享有的债权抵销对公司的出资义务。但是，股东不能因对公司享有债权而擅自决定以债权抵销出资。股东向公司作出将其对公司享有的债权抵销其出资义务的意思表示，该意思表示需取得公司或其他股东同意。同时，在公司已经明显丧失清偿能力或无法正常经营的情形下，以及公司债权人提起瑕疵出资诉讼要求股东在瑕疵出资范围内承担责任时，为保护公司债权人权益，避免股东债权优先受偿，应当禁止以股东对公司享有的债权抵销其对公司的出资义务。[3]

3. 出资义务抵销的司法实践

在司法实践中，人民法院认为："未履行或者未全面履行出资义务的股东

---

〔1〕 张其鉴：《论公司出资债权不得抵销——以出资债权的法律构造为中心》，载《中国政法大学学报》2022 年第 2 期。

〔2〕 张其鉴：《论公司出资债权不得抵销——以出资债权的法律构造为中心》，载《中国政法大学学报》2022 年第 2 期。

〔3〕 潘勇锋：《关于股东出资方式的实践思考》，载《法律适用》2024 年第 2 期；刘贵祥：《关于新公司法适用中的若干问题》，载《法律适用》2024 年第 6 期。

以其对公司享有的到期债权抵销出资义务的，应当符合以下条件：一、应当通过股东会决议修改公司章程，将出资方式变更为债权出资，并确认实缴出资；二、前述股东会决议作出时，公司应当具有充足的清偿能力；三、修改后的公司章程应当经公司登记机关备案。对于不符合上述条件的，公司债权人请求未履行或者未全面履行出资义务的股东在未出资本息范围内对公司债务不能清偿的部分承担补充赔偿责任的，人民法院依法予以支持。"[1]事实上，法院的这一判决并不属于严格意义上的抵销，而是出资形式变更。与之不同，《民法典》中的抵销权系形成权，无须事先变更出资形式，而直接产生双方出资义务发生对应消灭的效果。

需要强调的是，债权不只是一种请求关系，还是一项独立的财产。从前述债权出资的视角评估，如公司自身偿债能力下降，出资股东对公司享有的债权估值可能无法达到债权数额所对应的价值，进而造成出资不实。如从债权作为财产的视角理解，则以估值较低无法达到出资数额之不良债权资产履行清偿了股东自身出资义务，实际上也造成了公司不当减免了股东出资义务的情况，显然会加剧公司资本不实。

因此，本书认为，可以沿用司法实践中的判断方式，以债权替代股东出资的方式实现债权抵销的效果。在实际操作上，既需要公司变更出资形式，又需要公司具备清偿能力，以保证公司债权的资产价值与出资额相同。否则，应当认定抵销无效，出资人需要在出资不实的范围内承担责任。

问题 34 ▷ **2023 年《公司法》第 50 条规定了设立时股东的连带责任，该责任是否仅限于设立时未履行的出资义务？**

在司法实践中，因共同发起设立公司而承担连带责任的情形数见不鲜，已经成为发起设立公司的重大法律风险。这种"一日设立、终生担责，甚至转让股权后也要承担发起人连带责任"的追责模式，是否符合公司法的规定？

对此，2023 年《公司法》第 50 条予以明确规定："有限责任公司设立时，股东未按照公司章程规定实际缴纳出资，或者实际出资的非货币财产的实际价额显著低于所认缴的出资额的，设立时的其他股东与该股东在出资不足的范围内承担连带责任。"本条系在原《公司法》第 30 条和《公司法司法解释（三）》的基础上修改而来的，核心要义在于明确了连带责任仅限于公司设立时已到期但未缴纳的出资义务部分，而不无限扩张于公司设立后的到期出资义务。

---

[1]　(2021) 京 01 民终 4078 号民事判决书。

1. 发起人责任的立法变化

1993 年《公司法》第 28 条规定，有限责任公司成立后，发现作为出资的实物、工业产权、非专利技术、土地使用权的实际价额显著低于公司章程所定价额的，应当由交付该出资的股东补交其差额，公司设立时的其他股东对其承担连带责任。2005 年《公司法》第 31 条规定："有限责任公司成立后，发现作为设立公司出资的非货币财产的实际价额显著低于公司章程所定价额的，应当由交付该出资的股东补足其差额；公司设立时的其他股东承担连带责任。"其后，内容一直未作变动。但该规定仅针对非货币财产出资不实的一种情形，而未针对完整的出资瑕疵情形。2011 年《公司法司法解释（三）》系统解释了公司法的规定，首次进行了统一规定，该司法解释第 13 条第 3 款规定："股东在公司设立时未履行或者未全面履行出资义务，依照本条第一款或者第二款提起诉讼的原告，请求公司的发起人与被告股东承担连带责任的，人民法院应予支持；公司的发起人承担责任后，可以向被告股东追偿。"[1]对于实践中的理解分歧，2023 年《公司法》对该条款明确作出了重大的限缩解释。

2. 域外法上的观点

从比较法的视角看，境外各国和地区的公司立法一般均规定，股东应当履行出资义务。股东未履行出资义务的，公司设立时的发起人或董事应当承担相应的责任。

《日本公司法》第 52 条第 1 款规定，"股份有限公司成立时的实物出资财产等的价额明显低于已记载或记录于章程上的该实物出资财产等的价额（已进行章程变更时，指变更后的价额）时，发起人及设立时董事对该股份有限公司负有连带支付该不足额的义务"。该条采取无过错责任主义，即使经全体股东同意也不能免除发起人的责任；如果认股人认购了股份，但未能缴清股款，发起人和董事负连带缴纳股款的责任；发起人现物出资的财产被高估，高于公司章程规定的数额时，发起人和公司设立时的董事负有填补出资的责任；此外，发起人未能履行填补出资责任和缴纳股款责任时，应对公司承担损害赔偿责任。

与日本法相比，德国法更强调发起人的缴纳股款责任和损害赔偿责任。

---

[1] 最高人民法院民事审判第二庭编著：《中华人民共和国公司法理解与适用（上）》，人民法院出版社 2024 年版，第 222 页。

如《德国股份公司法》第46条规定，发起人对投资不足承担给付责任并履行损害赔偿的义务；发起人对出资不实承担过失赔偿责任。此外，德国公司法还形成了所谓的"差额责任"理论。其内容为，发起人的出资额的实际价值不能少于公司章程所规定的资本额，如果公司的财产由于公司正式成立前欠下了债务而减少，以至于不能满足公司章程所规定的数额时，发起人就有义务继续支付欠款、补足差额的义务，承担"差额责任"。

3. 2023年《公司法》明确限于设立时点

因为设立时的股东（发起人）属于合伙关系，这是他们相互之间承担资本充实连带责任的法理基础。公司一旦成立，则发起人之间的合伙关系结束，投资公司的发起人成为公司股东。[1]因有限责任公司章程中载明了股东的出资额、出资方式和出资日期，而公司设立时需要缴纳的出资并不包括股东认缴部分出资，因此，有限责任公司原始股东相互之间对出资承担连带责任限于公司设立时的实缴出资部分，对认缴出资部分不承担连带责任。有限责任公司股东实缴部分，在公司成立之前应当缴足。认缴，只是给出承诺，公司成立时出资期限尚未届至，不需要实缴。实缴部分的发起人之间的连带关系，是因为其是在公司成立之前已经产生的义务，不会因为公司成立而消除；而公司成立之后，发起人之间的关系就变成了公司股东之间的关系，其公司成立之前的合伙状态结束，之后新产生的义务自然不需要相互承担连带责任。[2]

因此，在全国人民代表大会宪法和法律委员会《关于〈中华人民共和国公司法（修订草案四次审议稿）〉修改意见的报告》中，宪法和法律委员会认为："修订草案四次审议稿第五十条规定，有限责任公司设立时的股东，在出资不足的范围内承担连带责任。有的意见提出，上述要求应仅适用于设立时股东未实际缴纳出资或实际出资的非货币财产的实际价额显著低于所认缴的出资额的情形，建议进一步予以明确。宪法和法律委员会经研究，建议采纳这一意见，对相关表述进行调整。"[3]由此明确，2023年《公司法》第50条的连带责任仅限于公司设立时股东即应履行而未履行出资义务的情况，对

---

〔1〕 沈朝晖：《重塑法定资本制——从完全认缴到限期认缴的动态系统调适》，载《中国法律评论》2024年第2期；最高人民法院民事审判第二庭编著：《中华人民共和国公司法理解与适用（上）》，人民法院出版社2024年版，第226页。

〔2〕 最高人民法院民事审判第二庭编著：《中华人民共和国公司法理解与适用（上）》，人民法院出版社2024年版，第226页。

〔3〕 见王瑞贺主编：《中华人民共和国公司法释义》，法律出版社2024年版，第430页；王翔主编：《中华人民共和国公司法释义》，中国法制出版社2024年版，第497页；刘斌编著：《新公司法注释全书》，中国法制出版社2024年版，第241页。

于设立后到期的出资义务，并无任何连带责任之空间。当然，2023 年《公司法》第 50 条所规定的发起人连带责任，即使经过股权转让，发起人的该责任也并不消灭。这对于合理框定发起人的责任边界，促进投资，弘扬企业家精神，都十分重要。

问题 35 ▷ **2023 年《公司法》第 51 条规定了董事会的催缴义务，董事会应当如何履行该义务？各董事之间的责任应当如何划分？**

2023 年《公司法》第 51 条新增对于董事会催缴义务的规定。《公司法司法解释（三）》第 13 条第 4 款规定："股东在公司增资时未履行或者未全面履行出资义务，依照本条第一款或者第二款提起诉讼的原告，请求未尽公司法第一百四十七条第一款规定的义务而使出资未缴足的董事、高级管理人员承担相应责任的，人民法院应予支持；董事、高级管理人员承担责任后，可以向被告股东追偿。"2023 年《公司法》则在此基础上，将董事会催缴义务拓展到针对所有阶段的出资核查与催缴上。

1. 催缴义务的比较法经验

在比较法上，各国都有相应的出资催缴制度。《美国特拉华州普通公司法》第 163 条规定，对于部分未实缴股份，董事会有权随时催缴，但应给予股东一定的准备期。《法国商法典》规定，资本必须被全部认购，货币股份在认购时必须缴纳一半，剩下股权根据董事会或经理的决定，在公司注册之日起，在不超过 5 年的期限内，分一次或若干次缴纳。[1]《日本公司法》第 46 条规定，董事在产生后应当毫不懈怠地对下列事项展开调查：发起人或股东采取现物方式出资的，现物价值是否符合公司章程约定之价值；中介机构所出具的现物财产价值证明是否适当；发起人和股东的出资义务是否履行完毕；股份有限责任公司之设立程序是否违反法令或章程。[2]

可以看出，不同国家的催缴制度虽然存在细微的差异，如美国的催缴制度，实际上是自催缴时产生立即出资义务，而日本的催缴制度则按固定的期限进行催缴，但总体而言，各国对于催缴机关都统一选择了负担公司日常管理的董事会，并对其怠于履行该义务时规定了相应的信义义务责任。

---

〔1〕 王瑞贺主编：《中华人民共和国公司法释义》，法律出版社 2024 年版，第 78 页。
〔2〕 沈四宝编译：《最新美国标准公司法》，法律出版社 2006 年版，第 75 页。

2. 催缴义务的性质争议

对于催缴义务，学者对其性质有所争议。部分学者认为这一义务来源于董事对公司的勤勉义务。[1]部分学者认为这一义务系董事特殊的监督义务。[2]还有部分学者认为该义务主要为勤勉义务，但在董事也是股东时也属于忠实义务的范畴。[3]忠实义务的内容一般包括禁止利益冲突规则与禁止利益取得规则。为避免利益冲突与利益取得给公司带来的代理成本损失，各国在董事忠实义务的规则设计中都普遍直接禁止或相对禁止侵占、自我交易、竞业、篡夺公司机会、泄密等行为。相较而言，董事勤勉义务则不以禁止利益冲突或禁止利益取得为前提，即便董事的行为给公司造成了损失，只要其行为建立在没有利害关系、充分掌握商业信息以及善意决策的基础上，就可以免于承担法律责任。[4]从该义务的性质和内容来看，董事主要需勤勉决策及时向股东主张出资，维护公司的资本充实，应属于勤勉义务。在少数情况下，当董事同时是公司股东时，要避免利益冲突，这一义务也体现出忠实义务的色彩。但无论如何，该义务从性质上系法定义务应无争议，董事必须履行该义务而无约定排除适用的空间。

同时，由于董事会并非法律主体，2023 年《公司法》第 51 条的义务主体、责任主体都并非董事会，而系单一董事。形式上承担上述职责的主体是董事会、作出催缴这一商业决策的也是董事会，但实际负责催缴行为操作的要追责到董事个人。[5]

3. 义务履行方式：核查与催缴

董事履行催缴义务包含两个内容和阶段。

第一阶段为核查义务的履行。核查股东出资情况，具体可以表现为董事会决议，也可以表现为董事会的下设机构或者某一特定董事；核查的内容既应当包括股东认缴出资、实缴出资等一般情况，也应当包括公司是否偿债不能、出资时间是否已逾 5 年等情况；核查的法律意义表现为董事是否履行勤

---

[1]　王艺璇：《董事催缴出资义务的公司法解释》，载《北京理工大学学报（社会科学版）》2024 年第 4 期；王毓莹：《论董事对股东出资的催缴义务》，载《现代法学》2024 年第 6 期。

[2]　邹学庚：《论董事对股东出资的监督义务——兼评"斯曼特"损害公司利益责任纠纷案》，载《甘肃政法大学学报》2022 年第 2 期。

[3]　刘斌编著：《新公司法注释全书》，中国法制出版社 2024 年版，第 245 页；李建伟主编：《公司法评注》，法律出版社 2024 年版，第 212 页。

[4]　王毓莹：《论董事对股东出资的催缴义务》，载《现代法学》2024 年第 6 期。

[5]　李建伟主编：《公司法评注》，法律出版社 2024 年版，第 212 页。

勉义务的认定标准。[1]

第二阶段则是在核查发现股东存在尚未缴纳到期出资情况时的催缴。如果董事会经核查发现股东未按期足额缴纳公司章程规定的出资的，应当向该股东发出书面催缴书，催缴出资。从本款规定的文义来看，董事会的催缴情形为"发现股东未按期足额缴纳公司章程规定的出资的"。有观点认为，本条的法定催缴情形仅限于未按期缴纳出资的情形，不包括出资价额显著不足的情形，因为后者显然不属于"未按期缴纳"。也有观点认为，此处的"未按期足额缴纳"既包括未按期缴纳，也包括未足额缴纳。后一种情形下，股东虽然按期出资了，但其出资价格显著不足，仍然不符合"按期足额缴纳"的法定要求。对此，本书认为，无论发现何种出资瑕疵情形，董事会均应予以催缴，以保障公司的资本充实，维护公司利益。[2]

存在问题的是，对于抽逃出资的返还是否适用本条所规定的催缴义务。对于这一问题，目前尚有争议。但对于2023年《公司法》第52条催缴失权是否适用抽逃出资的情形则已形成诸多讨论，详见后述。问题在于，催缴失权是股东未按照公司章程规定的出资日期缴纳出资，经法定程序催缴后仍未履行出资义务的，公司经董事会决议可以令该股东丧失其未缴纳出资的股权。[3]如果认为抽逃出资可以适用失权处理，则必然应当可以催缴，否则不存在失权的空间。因此，基于本书认可抽逃出资可以适用催缴失权，则对于抽逃出资的返还义务也属于本条董事会应当催缴的情形。退一步说，即便依据一般勤勉义务，也可以得出，董事会对于抽逃出资的股东存在催缴返还的义务。

对于董事会催促股东缴纳出资的方式，2023年《公司法》第51条第1款规定为"向该股东发出书面催缴书"。催缴出资系公司的重大事项，须采取要式方式。根据本款规定，董事会履行催缴出资职责必须以书面形式进行，书面形式包括纸质书面、电子书面等股东可以确认收悉的方式，以口头形式作出的催缴通知不发生催缴出资效力。同时，董事会应当通过决议的方式，明确催缴的负责人，由具体的负责人执行该催缴任务，向股东进行书面催缴。

4. 董事责任划分

4.1 董事责任与股东补充出资责任相互独立

对于董事怠于履行催缴义务的责任划分，实践中存在诸多观点：深圳市

---

[1]　王毓莹：《论董事对股东出资的催缴义务》，载《现代法学》2024年第6期。

[2]　刘斌编著：《新公司法注释全书》，中国法制出版社2024年版，第246页。

[3]　最高人民法院民事审判第二庭编著：《中华人民共和国公司法理解与适用（上）》，人民法院出版社2024年版，第236页。

中级人民法院在"丘某良等诉福建福日电子公司等公司债权人利益责任纠纷案"中以法律未明确规定为由，直接否认董事的催缴出资义务，认为要求董事对股东未出资部分承担补充赔偿责任于法无据。[1]浙江省平湖市人民法院在"艾克森光电（嘉兴）有限公司、陈某追收未缴出资纠纷案"中以董事未履行义务与公司损失之间无因果关系等理由否认董事责任的成立。[2]最高人民法院在"斯曼特微显示科技（深圳）有限公司与胡某生等损害公司利益责任纠纷再审案"中认为，未履行催缴出资义务的董事应与股东就所欠缴的出资承担连带赔偿责任。[3]2025年1月，最高人民法院采纳最高人民检察院的抗诉意见，第二次再审判决未尽催缴义务的三名董事就公司10%的损失共同承担赔偿责任，该责任不是连带责任，而是与其过错相当的、违反勤勉义务的相应责任。北京市第一中级人民法院则在"北京银广保联科技有限公司与黎某豪等追收未缴出资纠纷案"中认为，未履行催缴出资义务的董事应就股东未出资的部分承担补充责任。[4]山东省菏泽市中级人民法院在"李某君、江苏润圆单县地产有限公司等股东出资纠纷案"中认为，董事应当按比例承担补充责任。[5]可见，对于董事责任的形态，在既有的司法实践中存在诸多不同观点。

从2023年《公司法》第51条的规定看，负有责任的董事应当承担赔偿责任。由此可以看出，该条款并未如《公司法司法解释（三）》一样将董事的责任与股东责任进行联系。在股东欠缴出资时，股东和董事的作用阶段不同，股东在前部，其出资违约致使公司不能实现出资合同项下的权利；董事会在后部，其作为公司的内部机关，应积极应对股东违约的事实，其无法控制股东，无法确保公司必然获得股东出资，仅能竭力降低公司损失，维护公司利益。因此，不能仅以公司未获得股东出资的事实作为董事责任成立和责任范围确定的基础。董事责任是否成立，应全面考量董事的应对措施，董事责任范围的确定也应综合考量案件事实，以确定公司应避免而未避免，或不应扩大而扩大的损失。总之，在董事与欠缴出资的股东之间不成立共同责任，应独立判断董事责任的成立和责任范围[6]，对于董事与股东的责任关系，一种观点认为双方构成比例连带关系；另一种观点认为构成按份的关系。本书

---

〔1〕 （2014）深中法涉外终字第36号。

〔2〕 （2021）浙0482民初2943号。

〔3〕 （2018）最高法民再366号。

〔4〕 （2021）京01民初821号；（2022）皖04民终675号。

〔5〕 （2021）鲁17民终5266号。

〔6〕 王艺璇：《董事催缴出资义务的公司法解释》，载《北京理工大学学报（社会科学版）》2024年第4期；王毓莹：《论董事对股东出资的催缴义务》，载《现代法学》2024年第6期。

认为，比例连带关系与《民法典》第 178 条中连带责任必须法定或约定的规定不符，按份责任则不利于对公司债权人的保护，应当由股东承担第一位的责任，董事承担后顺位的补充赔偿责任。

4.2 负有责任的董事间责任划分

在董事之间责任划分上，根据 2023 年《公司法》第 51 条第 2 款的规定，未及时履行前款规定的义务，给公司造成损失的，负有责任的董事应当承担赔偿责任。董事催缴义务的责任主体限于"负有责任的董事"。董事责任的产生在于违反了该条所规定的催缴义务。如果董事会在公司成立后没有对股东的出资情况进行核查，或者核查发现股东存在违反出资义务的行为后未向该股东发出书面催缴书，则违反了勤勉义务，应当承担违反勤勉义务的法律责任。此时，实际承担赔偿责任的为怠于履行职责的全体董事。判断董事个人是否尽到催缴义务，应当以其是否履行了职责为标准，并不限于催缴决议之作出或者催缴书之发出。例如，若某董事提议召开董事会讨论催缴事宜，被其他董事所拒绝或忽视，则应当认为该董事已尽其义务。[1]同时，该条催缴义务并不包括后续继续起诉乃至强制执行股东的义务，后者仍需董事基于勤勉义务，结合商事判断进行处理。

虽然核查催收出资在公司内部为董事会的义务，但是不履行该义务需要承担责任的主体是负有责任的董事个人。哪些董事需要对董事会不履行核查催缴出资义务承担责任，一般要基于董事在公司内部的职责分工等情况判断，不能不加区分地及于所有董事。[2]在董事责任的分配上，应当区分董事的身份和职能，区分执行董事与非执行董事、独立董事与非独立董事、内部董事与外部董事、职工董事等。基于因果关系的判断，董事所承担的责任仅限于其未尽催缴义务所导致的损害后果，而未必是全部的损害后果。[3]

问题 36 ▷ 董事会催缴之后，股东仍然不履行出资义务，董事会可以采取哪些措施？

2023 年《公司法》第 51 条第 1 款规定："有限责任公司成立后，董事会应当对股东的出资情况进行核查，发现股东未按期足额缴纳公司章程规定的

---

[1] 刘斌编著：《新公司法注释全书》，中国法制出版社 2024 年版，第 247 页。

[2] 最高人民法院民事审判第二庭编著：《中华人民共和国公司法理解与适用（上）》，人民法院出版社 2024 年版，第 232 页。

[3] 刘斌编著：《新公司法注释全书》，中国法制出版社 2024 年版，第 245 页；李建伟主编：《公司法评注》，法律出版社 2024 年版，第 213 页。

出资的，应当由公司向该股东发出书面催缴书，催缴出资。"哪怕公司的董事会尽到核查、催缴义务，也难免存在股东仍然主观或客观上不缴纳出资的情况。《公司法（修订草案一审稿）》第47条第2款规定，董事、监事、高级管理人员知道或者应当知道设立时的股东有前款规定行为未采取必要措施，给公司造成损失的，应当承担赔偿责任。该规定要求董事进一步采取必要措施。但是，由于"必要措施"难以判断，争议较大，最终该条款没有保留，而是以催缴义务的形态存续。尽管没有明确的法律条文，董事仍旧应当按照勤勉义务的要求，根据商业判断对瑕疵出资股东采取适当措施。

1. 以诉讼或非诉讼方式请求股东继续履行

董事可以选择请求股东继续履行，其既可以通过合理方式通知股东缴纳出资，也可在股东不出资时提起诉讼。此时，董事会需进行商业判断，若股东拒绝缴纳出资，提起诉讼是否是必须采取的措施。股东拒绝缴纳出资可能基于两种原因：一是股东在客观上已无资产，丧失偿付能力，此时公司无提起诉讼必要；二是股东主观上不愿履行，此时公司提起诉讼，可通过强制执行方式获得股东出资。当然，由于公司在部分情形中无法确定股东的资产情况，仍可以先进行起诉，申请强制执行以确保股东出资充实。不过，即便在这些情形中，提起诉讼仍不是必须采取的措施，如在股东欠缴出资数额较少、诉讼成本较高时，董事可选择不提起诉讼，转而采取限制股东表决权等较为缓和的违约救济措施，并通过与股东协商的方式，通过非诉讼的手段落实股东出资。[1]

2. 催缴失权

如董事选择对股东采取失权的策略，根据2023年《公司法》第52条第1款的规定，股东未按照公司章程规定的出资日期缴纳出资，公司依照前条第1款规定发出书面催缴书催缴出资的，可以载明缴纳出资的宽限期；宽限期自公司发出催缴书之日起，不得少于60日。宽限期届满，股东仍未履行出资义务的，公司经董事会决议可以向该股东发出失权通知，通知应当以书面形式发出。自通知发出之日起，该股东丧失其未缴纳出资的股权。该路径下则需要处理后续减资或其他股东分担出资义务的情况。

---

[1] 王艺璇：《董事催缴出资义务的公司法解释》，载《北京理工大学学报（社会科学版）》2024年第4期。

3. 提请股东会除名

《公司法司法解释（三）》第 17 条第 1 款规定："有限责任公司的股东未履行出资义务或者抽逃全部出资，经公司催告缴纳或者返还，其在合理期间内仍未缴纳或者返还出资，公司以股东会决议解除该股东的股东资格，该股东请求确认该解除行为无效的，人民法院不予支持。"董事仍然可以提请股东会对未履行出资义务的股东进行除名。

4. 提请股东会限制股东权利

2023 年《公司法》第 65 条规定："股东会会议由股东按照出资比例行使表决权；但是，公司章程另有规定的除外。"因此，对于不履行出资义务的股东，董事可以提请股东会修改公司章程，对其表决权行使进行限制。

同时，《公司法司法解释（三）》第 16 条规定："股东未履行或者未全面履行出资义务或者抽逃出资，公司根据公司章程或者股东会决议对其利润分配请求权、新股优先认购权、剩余财产分配请求权等股东权利作出相应的合理限制，该股东请求认定该限制无效的，人民法院不予支持。"董事会还可以提请股东会决议，对未履行出资义务股东的相应股权进行合理限制，以促使其尽快缴纳出资。

无论采用上述何种手段，都属于董事基于公司所处环境进行商事判断的结果，董事的判断需要遵守信义义务进行判断决策。

问题 37 ▷ 2023 年《公司法》第 52 条引入催缴失权制度后，股东除名制度何去何从？

2023 年《公司法》第 52 条新引入了催缴失权制度。该制度系在《公司法司法解释（三）》第 17 条的基础上发展而来，在功能上具有重叠。《公司法司法解释（三）》第 17 条规定，有限责任公司的股东未履行出资义务或者抽逃全部出资，经公司催告缴纳或者返还，其在合理期间内仍未缴纳或者返还出资，公司以股东会决议解除该股东的股东资格，该股东请求确认该解除行为无效的，人民法院不予支持。在前款规定的情形下，人民法院在判决时应当释明，公司应当及时办理法定减资程序或者由其他股东或者第三人缴纳相应的出资。在办理法定减资程序或者其他股东或者第三人缴纳相应的出资之前，公司债权人依照本规定第 13 条或者第 14 条请求相关当事人承担相应责任的，人民法院应予支持。那么，在公司法已经明确引入催缴失权规则的情况下，股东除名制度应当何去何从？

1. 域外的类似制度安排

在域外实行资本认缴制的法域中，基于公司的资金需求而由董事会进行催缴系常例。《德国有限责任公司法》第 21 条至第 25 条系统性地规定了催缴失权制度。《德国有限责任公司法》第 21 条规定，股东迟延缴纳出资的情况下，可以以警告取消相应的股份的方式再次要求迟延缴纳的股东在特定宽限期内缴纳出资。催缴以挂号信的方式作出。宽限期必须至少为一个月，催告期间届满并且无结果的，为公司的利益，应声明迟延缴纳的股东丧失其出资额及所缴纳的部分出资。对于公司因拖欠的金额或因嗣后催缴的基本出资而遭受的亏缺数额，被开除的股东仍对公司负有责任。《德国股份公司法》第 64 条规定为 "迟延股东的开除" 程序。德国的股东失权制度惩戒性较强，迟延履行出资义务的股东在公司给予宽限期后仍未缴付的，公司有权收回该股东的所有股份并不返还股东已缴的出资，即对拖欠出资的股东予以 "除名"或 "开除" 处理。《日本公司法》第 36 条则规定了发起人不履行出资义务的催缴失权规则。[1]

《美国特拉华州普通公司法》第 163 条规定，"公司股份的股款应当按照董事会要求的数额和期数支付。对于股款没有付清的每一股份，董事会可以随时要求支付董事会认为业务所必需的数额，但总数不超过该股份尚未付清的余额；对于被要求支付的款项，应当按照董事会指定的时间和数目向公司支付"。对于期限届满后仍未支付的股东，董事会可以通过诉讼从股东手中取得未交付股款、催缴款项或其他任何未付金额，否则可以公开拍卖欠缴股东的适当数量股份。在英国，通过《公司标准章程》的指引，在出资期限届至或者董事会认为必要时作出董事会决议，可以向股东发出催缴通知。[2]

2. 催缴失权应与股东除名同时存续

自创设后，股东除名规则总体在司法实践中适用不多，但有多个最高人民法院案例库入库案例。如 "上源智慧水务（深圳）有限公司与上海上源泵业制造有限公司决议纠纷案"[3]，"燕某某诉唐某某、胡某某、郭某某股东资格确认纠纷案"[4] 等。其中，"刘某芳诉常州凯瑞化学科技有限公司等公

---

〔1〕　曾祥生：《股东失权制度研究》，载《法学杂志》2024 年第 6 期。
〔2〕　赵旭东主编：《新公司法重点热点问题解读：新旧公司法的比较分析》，法律出版社 2024 年版，第 103 页。
〔3〕　(2021) 沪 0116 民初 14414 号。
〔4〕　(2021) 宁 0122 民初 3140 号。

司决议效力确认纠纷案"[1]成为最高人民法院公报案例。最高人民法院对该制度的重视可见一斑。

但是，股东除名规则也存在比较明显的问题。究其原因，系因为该规则的适用范围有限，仅限于股东完全未缴纳出资或者抽逃全部出资。即使进行了象征性的出资，即可排除本条规定的适用。正是为了进一步解决股东不按期缴纳出资的问题，2023年《公司法》才在第52条引入了催缴失权制度。[2]

催缴失权与股东除名制度在适用上存在诸多区别。首先，从适用对象上看，催缴失权适用的对象比股东除名要广，包括所有类型的公司，而股东除名仅适用于有限公司；其次，股东除名制度仅适用于完全未履行出资义务与抽逃全部出资的情况，适用范围远窄于催缴失权制度；再次，股东除名的决议机构是股东会，而催缴失权的决议机构是董事会；最后，股东除名的后果系转让或减资，而催缴失权在此之外还设置了兜底的其他股东承担出资义务的规定。[3]

因此，催缴失权制度并非对除名制度的取代，二者应在日后并行不悖，共同在各自的适用情况下得到适用，作为维护公司利益的多元路径。[4]

问题 38 ▷ **催缴失权的适用情形是什么，是否仅限于未按期出资而不包括其他瑕疵出资情形？**

目前，理论上对催缴失权的适用情形主要存在以下分歧：除未按期出资之外，对于未足额缴纳非货币出资的情形是否适用？抽逃出资的情形是否适用？股东出资加速到期的情形是否适用？以下分别讨论。

1. 催缴失权可适用于未足额缴纳非货币出资情形

一种观点认为，这种出资不实的情形，货币出资与非货币财产出资方式均可能出现，既包括货币出资未按期足额缴纳的情形，也包括非货币财产出资未按照章程规定的日期交付出资的情形，但不包括实际出资的非货币财产的实际价额显著低于所认缴的出资额的情形。[5]《公司法（修订草案一审稿）》曾将非货币财产的实际价额显著低于所认缴的出资额适用失权制度，

---

〔1〕 (2018) 苏 04 民终 1874 号。

〔2〕 刘斌编著：《新公司法注释全书》，中国法制出版社 2024 年版，第 250 页。

〔3〕 李建伟主编：《公司法评注》，法律出版社 2024 年版，第 221 页。

〔4〕 刘斌编著：《新公司法注释全书》，中国法制出版社 2024 年版，第 250 页。

〔5〕 最高人民法院民事审判第二庭编著：《中华人民共和国公司法理解与适用（上）》，人民法院出版社 2024 年版，第 236 页。

通过的法律删去此规定，原因是失权制度主要是督促未按期缴纳出资的股东缴纳出资，对经催告后的股东失权带有一定的惩罚性质，对股东权利影响较大。因此，适用的情形应当是股东严重地违反出资义务，且规则比较明晰，能够避免适用该制度产生过多纠纷。造成非货币财产的实际价额显著低于所认缴的出资额的原因比较多，可能是股东故意虚报非货币财产价值，也可能是评估作价机构存在过错导致评估价格过高，还可能是董事会没有尽到核查义务导致价值高估。后两种情形下非货币财产的实际价额显著低于所认缴的出资额的，显然不宜让股东失权。非货币财产的实际价额显著低于所认缴的出资额的，原则上由该股东补足差额。[1]

另一种观点认为，从法理上分析，应扩张解释催缴失权制度的适用范围。股东出资和公司股权互为对价。此种对价关系，是自然正义的要求。循此推论，无论是股东未按期足额缴纳货币出资，还是非货币出资未出资或者实际价额显著低于所认缴的出资额，均应纳入催缴失权的适用范围。[2]

本书认为，第二种观点更值得赞同。虽然从本条文义来看，催缴失权制度仅适用于股东未按期出资的情况，并不包括出资显著不足的情形。之所以作此规定，系因为股东未按照公司章程规定的出资日期缴纳出资的情形较为明确，进行催缴失权较为清晰，不易产生纠纷。但是，股东未足额缴纳非货币出资的情形与其他违反出资义务的情形并无本质差异，缺乏区别对待的实质理由。因此，对于股东未足额缴纳非货币出资的情况同样可以适用催缴失权制度。[3]

2. 催缴失权可适用于抽逃出资情形

对于股东抽逃出资是否适用催缴失权制度存在两种观点。一种观点从文义解释的视角出发，认为2023年《公司法》第52条的文义为"未按照公司章程规定的出资日期缴纳出资"，不包括抽逃出资的情况，对于抽逃出资的行为，仍然应当按照《公司法司法解释（三）》第17条的方式处理，即仅在抽逃全部出资的情况下得以除名，而无适用催缴失权制度的空间。[4]

另一种观点认为，虽然本款未列明抽逃出资的情形，但也并未排除该情

---

[1]　王瑞贺主编：《中华人民共和国公司法释义》，法律出版社2024年版，第79-80页。

[2]　赵旭东、邹学庚：《催缴失权制度的法理基础与体系展开》，载《中国应用法学》2024年第3期；赵旭东主编：《新公司法重点热点问题解读：新旧公司法的比较分析》，法律出版社2024年版，第118页；李建伟主编：《公司法评注》，法律出版社2024年版，第219页。

[3]　刘斌编著：《新公司法注释全书》，中国法制出版社2024年版，第251页。

[4]　最高人民法院民事审判第二庭编著：《中华人民共和国公司法理解与适用（上）》，人民法院出版社2024年版，第242页。

形的适用可能，差异仅在于抽逃出资情形下可能导致的争议更多。因为股东出资后即抽逃出资与未出资在效果上并无显著区别。不对其进行规制显然违反该条意旨。因此，在抽逃出资的情形下，董事会仍然可以根据本条规定进行出资核查、催缴和作出失权决议、失权通知。[1]

本书持第二种观点。对比前述股东除名制度，可以发现，完全抽逃出资的情形同样符合股东除名规则的适用条件。概其缘由，系由于抽逃出资和未出资在效果上存在同一性，都会导致公司资本不足，应当存在适用催缴失权的空间，但并不影响抽逃出资股东的法律责任。股东也不得滥用权利，不得借用催缴失权规则逃避出资义务和抽逃出资，否则均属于无效行为。

3. 催缴失权规则可以衔接加速到期规则

有观点认为，因为 2023 年《公司法》第 52 条规定"未按照公司章程规定的出资日期缴纳出资"，而第 51 条则系"股东未按期足额缴纳公司章程规定的出资"，从文义上看，前者的范围应小于后者，仅指在公司章程规定的出资日期没有缴纳出资的情况，不包括因加速到期导致股东未缴纳出资的情况。因此，加速到期的情况无法适用催缴失权制度。

对此，本书认为，对于加速到期时股东无法缴纳出资的情况，如果有其他股东或投资者既具有受让意愿，也具有出资能力，董事会通过失权决定后将股份转让至有出资能力的受让人，可以进一步促进公司资本充实，解决不能清偿到期债务的不利境地，法律上也无禁止之必要。[2]

由此可见，催缴失权制度相比于股东除名制度，适用范围更加广阔，对于一切出资瑕疵均有适用空间。[3]

问题 39 ▷ 催缴失权的失权程序为何？如何规范地进行催缴失权操作？

对于失权的程序，2023 年《公司法》第 52 条第 1 款规定，股东未按照公司章程规定的出资日期缴纳出资，公司依照前条第 1 款规定发出书面催缴书催缴出资的，可以载明缴纳出资的宽限期；宽限期自公司发出催缴书之日起，不得少于 60 日。宽限期届满，股东仍未履行出资义务的，公司经董事会决议可以向该股东发出失权通知，通知应当以书面形式发出。自通知发出之日起，

---

〔1〕 刘斌编著：《新公司法注释全书》，中国法制出版社 2024 年版，第 251 页。

〔2〕 刘斌：《出资义务加速到期规则的解释论》，载《财经法学》2024 年第 3 期。

〔3〕 李建伟主编：《公司法评注》，法律出版社 2024 年版，第 221 页。

该股东丧失其未缴纳出资的股权。

根据前述规定，董事会应当首先以公司名义向该股东发出书面催缴书。如希望催缴失权，则书面催缴书需要载明出资宽限期，宽限期自公司发出催缴书之日起，不得少于 60 日。宽限期届满，股东仍未履行出资义务的，董事会应当对是否向股东发出失权通知作出决议。规定由董事会作出决议，主要原因是，失权制度的目的是对未按期缴纳出资的股权进行处理，以便实现公司资本充实，董事会负有维护资本充实的义务。失权制度以实现资本充实为目的，董事会作出决议更有效率，且董事会对公司负有忠实和勤勉义务，应当从公司利益最大化角度出发对是否作出决议进行判断。[1]

董事会在作出失权决议时，应当综合考虑公司的整体利益、失权是否会对公司造成损害等因素。如果认为剥夺股东的部分股权不利于公司利益，可以不作出失权决议，继续通过诉讼等方式要求股东履行出资义务。[2]同理，如通过失权的手段更利于公司的资金需求，此时董事怠于作出失权决议，则同样构成勤勉义务的违反，需面临勤勉义务违反后的赔偿责任。

1. 宽限期的合理设置

对于宽限期的设置，有学者认为，董事会催缴出资的宽限期制度设置不完善。法律规定宽限期最短为 60 日，但未明确最长期限限制。在缺乏最长期限限制的情况下，实务中可能会出现超长期限设置的情况，使失权流程被无限拉长，实际上损害制度的效率，特别是在有限责任公司股东与董事会成员高度重合的情形下，控股股东为免除自己的法律责任，甚至可能通过设置超长期限使制度虚化。[3]从这一意义上看，法律似乎应当对宽限期进行限制。但是，根据 2023 年《公司法》第 51 条的规定，催缴义务本身即为董事的法定义务。董事会应根据商业判断对催缴的时限进行安排，如安排不妥，则存在违反勤勉义务或忠实义务责任的问题。当然，公司对于宽限期的最长期限可以进行自治，即通过公司章程对董事会催缴时的宽限期限在法律的基础上进一步限制。但直接由法律对最长期限进行限制容易造成一刀切等干预公司自治的问题。如果因为董事会宽限期设置造成公司损失，则可以依据勤勉义

---

〔1〕 王瑞贺主编：《中华人民共和国公司法释义》，法律出版社 2024 年版，第 80 页；李建伟、何健：《股东催缴失权制度的规范完善与功能调适》，载《国家检察官学院学报》2025 年第 1 期；最高人民法院民事审判第二庭编著：《中华人民共和国公司法理解与适用（上）》，人民法院出版社 2024 年版，第 237 页。

〔2〕 刘斌编著：《新公司法注释全书》，中国法制出版社 2024 年版，第 252 页。

〔3〕 曾祥生：《股东失权制度研究》，载《法学杂志》2024 年第 6 期。

务的规定追究董事的赔偿责任。

2. 失权通知作出的时间限制

与宽限期设置相同，对于催缴失权的程序，公司发出失权通知也无明确的时间限制。由于失权通知发出后才产生股东失权的结果，在此之前，该股东仍享有相应股权，虽然其股东权利可能因为公司章程的规定受到部分限制，但在缺乏失权通知发出的期间限制的情况下，失权股东可能趁此不确定的时间差，利用其尚存的股东权利损害公司及其他利益相关者的合法权益。[1]因此，公司章程可以自治性约定在作出失权决议的一定期限内发出失权通知，或由董事会自行决定是否、何时发出失权通知[2]，亦符合公司自治的一贯原则，无须法律进行强制约束。同时，与宽限期相同，如因失权不及时导致公司受损，亦可追究董事违反勤勉义务的责任。

3. 关联董事的回避制度

对于决议机关的选择，曾存在股东会与董事会的选择争议，令股东失权事关股东根本性权利，且从后续事项处理来看，与其他股东关系甚大，是否应由股东会决定？从司法实践处理类似制度的经验来说，如果由股东会决定，难以避免的一个难题是，如果其他股东也有出资不实的情形，是否应当回避表决？如果回避表决，极易造成没有办法决议的情形；如果不回避表决，这一制度容易沦落为大小股东之间欺压或掣肘的工具。因此，最终立法选择由董事会决议股东是否失权。[3]依照这一思路，为了防止大股东控制董事会，使董事会永远无法作出催缴大股东出资的决议，在董事会作出催缴决议时，应当类推适用2023年《公司法》第185条的规定，要求关联董事回避表决。这是因为，虽然董事们负有信义义务，但他们可能仍然无法完全摆脱大股东的控制。特别是，在一些情形下，大股东本身就直接出任董事，此时信义义务在该问题上的作用将大打折扣。[4]通过类推2023年《公司法》第185条的回避制度，可以有效遏制大股东对于失权的决定控制董事会的情形。

但是，如果因为回避表决导致董事会人数不足，仍然可能令该决议由股

---

〔1〕 曾祥生：《股东失权制度研究》，载《法学杂志》2024年第6期。

〔2〕 赵旭东主编：《新公司法条文释解》，法律出版社2024年版，第131页。

〔3〕 最高人民法院民事审判第二庭编著：《中华人民共和国公司法理解与适用（上）》，人民法院出版社2024年版，第237页；赵旭东主编：《新公司法重点热点问题解读：新旧公司法的比较分析》，法律出版社2024年版，第112页。

〔4〕 赵旭东主编：《新公司法重点热点问题解读：新旧公司法的比较分析》，法律出版社2024年版，第110页。

东会决定，进而受被催缴股东影响。有学者认为，在这一阶段，瑕疵出资股权的表决权可按折算比例行使，并给出了对半折算的方案。[1]但2023年《公司法》第65条规定："股东会会议由股东按照出资比例行使表决权；但是，公司章程另有规定的除外。"此处的出资比例被认定为认缴比例已成共识。[2]则除非公司章程提前规定，否则股东会决议中并无充足理由对被催缴股东表决权进行限制。但鉴于其可能对此产生的影响，公司应当提前在章程中对此事项进行预先安排。此外，因为股东除名制度在司法实践中存在排除除名股东表决权的实践判例[3]，可以借鉴这一司法经验，在股东会表决中排除失权股东的表决权。

4. 失权通知系采发出主义，不可撤回

失权通知一经作出即引发股东失权的效果。在2023年《公司法》修订中，曾有意见主张，失权通知应在送达之日起生效。但是，失权通知发出时间确定，而送达时间不确定，股东住所地可能难以确定，中间存在送达风险。且股权行使对象是公司，当公司不再认可股东行使股权时，股东实际上就丧失了股权行使的基础。此外，按照章程规定时间缴纳出资系股东应当向公司履行的基本义务，股东自身清楚该义务的时间节点，失权程序本身也规定了发出催缴书，且有宽限期规定，股东有充足的时间准备，发出主义不会损害股东的利益。[4]

从失权通知作出即导致股东失权这一点看，失权通知系典型的无需受领的单方法律行为，一旦作出即已发生效果，不再存在撤回的权利。同时，该法律行为将剧烈地影响当事人之间的法律关系，且在失权之后可能需要对失权股份进行复杂的处理。如在失权股权处理完成后撤回失权通知，则一应关系又发生剧烈变动。因此，失权通知的撤回既违背形成权行使无受领方、单方法律行为作出即生效的原则，也造成组织法上剧烈的变动，使当事人之间的法律关系呈现不稳定，不利于交易相对人的保护与商事实践的效率。基于上述理由，应否认失权通知的可撤回性，在董事会作出该通知后即永久性地导致股东失权。

---

〔1〕　刘凯湘、韩雪：《股东失权的法律后果解释论》，载《经贸法律评论》2025年第1期。

〔2〕　王瑞贺主编：《中华人民共和国公司法释义》，法律出版社2024年版，第99页。

〔3〕　(2018) 最高法民再328号；(2018) 京03民终468号。

〔4〕　最高人民法院民事审判第二庭编著：《中华人民共和国公司法理解与适用（上）》，人民法院出版社2024年版，第237-238页。

问题 40 ▶ 催缴失权后会产生什么法律后果，失权股东是否仍然需要承担出资义务？

2023 年《公司法》第 52 条第 2 款规定，"依照前款规定丧失的股权应当依法转让，或者相应减少注册资本并注销该股权；六个月内未转让或者注销的，由公司其他股东按照其出资比例足额缴纳相应出资"。这一款规定了失权的后果，催缴失权造成股东失去相应未出资对应的股权。对于该股权，法律规定了三种处理方式，首先公司可以决定其转让或减资注销，如六个月内未能实现，则法律设置了兜底规定，由其他股东按出资比例承担该股权对应的出资义务。[1]但是，对于这一款的剩余理解存在诸多分歧，包括股东是否需要继续履行出资义务、失权股权的后续处置、与抽逃出资制度的衔接等等，分析如下。

1. 失权股份本质上属于库存股

对于失权股份的处理，存在两种不同的理解路径，二者在规范适用的结果上完全不同，需要提前明确。如对于此处的转让理解为公司对于库存股的处理[2]，则此"转让"实际上属于发行与认购，而非单纯的股东对股权的转让行为。此时则有 2023 年《公司法》第 227 条的适用，有限责任公司增加注册资本时，股东在同等条件下有权优先按照实缴的出资比例认缴出资。但是，全体股东约定不按照出资比例优先认缴出资的除外。股份有限责任公司为增加注册资本发行新股时，股东不享有优先认购权，公司章程另有规定或者股东会决议决定股东享有优先认购权的除外。如按照本款文义以转让理解此处的失权股份处理，则有限责任公司有 2023 年《公司法》第 84 条的适用，即"股东向股东以外的人转让股权的，应当将股权转让的数量、价格、支付方式和期限等事项书面通知其他股东，其他股东在同等条件下有优先购买权。股东自接到书面通知之日起三十日内未答复的，视为放弃优先购买权。两个以上股东行使优先购买权的，协商确定各自的购买比例；协商不成的，按照转让时各自的出资比例行使优先购买权"。[3]

---

〔1〕 王瑞贺主编：《中华人民共和国公司法释义》，法律出版社 2024 年版，第 80 页。

〔2〕 刘斌编著：《新公司法注释全书》，中国法制出版社 2024 年版，第 253 页；赵旭东主编：《新公司法重点热点问题解读：新旧公司法的比较分析》，法律出版社 2024 年版，第 101 页。

〔3〕 王瑞贺主编：《中华人民共和国公司法释义》，法律出版社 2024 年版，第 80 页；曾祥生：《股东失权制度研究》，载《法学杂志》2024 年第 6 期；刘贵祥：《关于新公司法适用中的若干问题》，载《法律适用》2024 年第 6 期；彭冰：《论新〈公司法〉的股东失权制度》，载《地方立法研究》2024 年第 5 期。

但是，如果将库存股的处理视为转让而非发行，则导致后续认为该处向公司缴纳的属于转让款而非出资，进而引发转让后违反资本充实原则的风险。因此，美国学者对此批评道"法律在这个问题上长期受到库藏股这一表面现象的困惑，在这个问题上，案例和几乎所有的法律都选择了按照表面特征而非实质特征来处理这个问题"。[1]本书认为，对于失权后的股份，实际上构成公司的库存股，之后的转让属于股份的发行而非转让。后续的处理都需要适用股份发行的规则。2023年《公司法》第52条实际上赋予了董事会对失权股份再发行的权利。有观点认为，失权后股东仍然持有股权，公司的后续股权处理实际是基于本条的法定代理。[2]本书认为，自失权通知发出后，股东即丧失对应股权。该部分股权毫无疑问会转回公司，构成公司的库存股。此时，公司应当变更股权登记，明确其权属地位。

2. 失权股东的出资义务相应免除

对于失权股东对公司的出资义务，通说认为，2023年《公司法》催缴失权制度并非为惩罚股东创设。循此而言，我国的催缴失权制度不同于德国法下的除名制度，并不具备惩罚未出资股东的目的，也不存在惩罚其的正当性。在股东失权后，其出资义务应立即对应消灭，不再以任何形式对失权股份承担出资义务，由此则债权人请求的基础消灭。

但是，针对失权股东对债权人的责任，则存在两种观点。第一种观点认为，股东失权后转让或减资程序完成、公司办理完毕登记之前，失权股东在登记上依然是股东，而股东实际已经丧失了股权，客观上形成了一种隐名持股的法律关系。此时公司已经无权要求失权股东来履行给付出资的义务，但因股权仍然登记在失权股东的名下，应当对公司债权人提供相应保障。如果公司债权人不知晓股东失权的情况，基于对公司登记的信任，主张股东承担出资不实的责任时，失权股东不能仅以其为名义股东为由而主张免责。[3]第二种观点认为，在公司对股东发出失权通知后，该股东的出资义务即告消灭，无须对公司债权人承担任何责任。否则，当该失权股东向公司债权人承担了

---

〔1〕 Bayless Manning & James J. Hanks, Legal Capital, 4th ed., Foundation Press, 2013, pp. 55-56.

〔2〕 李建伟、何健：《股东催缴失权制度的规范完善与功能调适》，载《国家检察官学院学报》2025年第1期。

〔3〕 最高人民法院民事审判第二庭编著：《中华人民共和国公司法理解与适用（上）》，人民法院出版社2024年版，第239-240页；潘勇锋：《论审判视角下新公司法主要制度修订》，载《中国应用法学》2024年第1期；李建伟主编：《公司法评注》，法律出版社2024年版，第222页；曾祥生：《股东失权制度研究》，载《法学杂志》2024年第6期；刘凯湘、韩雪：《股东失权的法律后果解释论》，载《经贸法律评论》2025年第1期。

相应的责任后，其是否还能够被认为是失权，将存有疑问。[1]

需要强调的是，2023 年《公司法》中不存在债权人直接请求股东赔偿的条款，双方不存在直接的法律关系。所以，失权股东并不存在可资债权人信赖而与之产生法律关系的状态，也不应当对债权人承担任何责任。同时，在股东失权后，公司应积极变更股东名册与公司登记，债权人也难以产生信赖的外观基础。此外，如果认为此时股东仍然对债权人承担责任，往往需要处理股东承担责任后追偿或重新恢复股权的情形。[2]不论选择何种路径，都不存在目前实体法上的请求基础，其后续处理反而会继续引发混乱，不宜采用。

3. 失权股权的处理不适用 2023 年《公司法》第 88 条

由于前述分析，失权后股东的出资义务对应消灭，失权股份系属于库存股，后续的股权处理本质上属于股份发行，二者皆排除了股权转让规则的适用空间。

在失权股份的处理过程中，对于未出资不足的部分，存在不同观点。第一种观点认为，失权股东和后手股东间虽非为直接股权转让关系，但是这时公司的角色更似失权股权的"暂管者"，实质的前手股东仍是失权股东。失权股东仍应与受让人在出资不足的范围内承担连带责任。[3]第二种观点认为，如果适用 2023 年《公司法》第 88 条第 2 款，要求受让人在转让价款之外还要承担填补出资额与转让价格之间的差额，这等于要求受让人只能以出资额作为转让价格。强制要求受让人只能以出资额作为转让价格，降低了失权股权转让成功的可能性，不符合通过转让补充出资、力求公司资本充实的立法目的。转让价格低于出资额的部分，只由失权股东承担补充责任，受让人在向公司支付转让价款后不再承担补充出资的责任。[4]

本书认为，由于失权股份属于库存股，在转让或由其他股东按比例取得时实际上是股份发行而非法律上的股份转让，不存在 2023 年《公司法》第 88 条适用的空间。同时，从前述失权股东出资义务相应消灭来看，无论后续股

---

[1] 赵旭东主编：《新公司法重点热点问题解读：新旧公司法的比较分析》，法律出版社 2024 年版，第 113 页；赵旭东、邹学庚：《催缴失权制度的法理基础与体系展开》，载《中国应用法学》2024 年第 3 期。

[2] 刘凯湘、韩雪：《股东失权的法律后果解释论》，载《经贸法律评论》2025 年第 1 期。

[3] 曾祥生：《股东失权制度研究》，载《法学杂志》2024 年第 6 期；赵旭东主编：《新公司法重点热点问题解读：新旧公司法的比较分析》，法律出版社 2024 年版，第 114-115 页；赵旭东、邹学庚：《催缴失权制度的法理基础与体系展开》，载《中国应用法学》2024 年第 3 期；刘贵祥：《关于新公司法适用中的若干问题》，载《法律适用》2024 年第 6 期。

[4] 彭冰：《论新〈公司法〉的股东失权制度》，载《地方立法研究》2024 年第 5 期。

权如何流转处理，由于在失权时股东出资义务也已经对应消灭，失权股东承担连带责任的基础也丧失，不应适用 2023 年《公司法》第 88 条的规定处理。

但是，对于失权股东因瑕疵出资对公司的损害赔偿责任，失权股东仍需承担。2023 年《公司法》第 49 条第 3 款规定："股东未按期足额缴纳出资的，除应当向公司足额缴纳外，还应当对给公司造成的损失承担赔偿责任。"该责任系因未按期足额缴纳出资导致出资义务违反而引发。因此，失权股东作为瑕疵出资股东也应承担这种责任，并不因其被公司除权而免除。[1]

此外，对于失权股东是否承担发起人责任的问题，公司设立时股东或发起人身份的失权股东虽因丧失股权被免除相应的出资义务，但发起人连带责任的基础系发起人协议间的合伙关系。因此，失权股东对公司设立时的其他股东或其他发起人的保证责任不因其不再担任股东而消灭。在失权股东同时是公司设立时的股东或发起人时，其对公司设立时的其他股东或其他发起人须承担的资本充实责任并不因失权而被免除。[2]

4. 抽逃出资的风险

此时失权股东的出资义务发生消灭，实际上导致公司未来获得出资陷入不确定的状态，受让人或其他股东的出资能力亦不得而知。在股东恶意利用该制度失权脱身，由其他不具备清偿能力的股东承担出资义务的情况下，存在极大可能性被认定为股东抽逃出资。这种违法行为，在实践中业已出现。因此，股东与董事会在适用催缴失权时，应高度注意公司的资本状况，避免利用该款恶意躲避出资义务的履行。

问题 41 ▷ 失权股东可以采取哪些救济措施？

2023 年《公司法》第 52 条第 3 款规定："股东对失权有异议的，应当自接到失权通知之日起三十日内，向人民法院提起诉讼。"这是关于失权股东异议制度的规定，引入了一种新的诉讼类型：失权异议之诉。除失权异议之诉外，还可以通过董事会决议瑕疵之诉、股东直接诉讼等方式实现权利救济。

1. 救济路径之一：失权异议之诉

之所以作此规定，是因为在催缴过程中可能存在程序瑕疵，在董事会计

---

[1] 曾祥生：《股东失权制度研究》，载《法学杂志》2024 年第 6 期。

[2] 曾祥生：《股东失权制度研究》，载《法学杂志》2024 年第 6 期；（2013）沪二中民四（商）终字第 1398 号民事判决书。

算失权比例时也可能存在争议。失权股东此时往往也会对失权存在争议。比较常见的情况是对自己是否出资不实提出异议、辩解；公司还可能令股东失权有选择权，在股东同样未履行或未全部履行出资义务的情况下，可以选择性地只令一部分股东失权，而不令另一部分股东失权，股东也往往对此产生争议。[1]

在《公司法（修订草案一审稿）》的审议过程中，有的常委会组成人员和部门、专家学者、社会公众提出，草案规定的失权制度对股东权利影响较大，建议明确失权的决议程序和失权股东的异议程序。因此，为保护股东的合法权益，本条规定了失权后的救济措施。此时，公司向股东发出失权通知的行为，其效力将受到司法审查。特别是，我国有限责任公司多为股东人数较少的封闭性公司，董事会易受到控股股东、实际控制人的控制而丧失其独立性，可能会选择性地针对中小股东进行催缴失权，将导致股东压制的后果，导致董事会决议本身产生效力瑕疵。[2]

在诉讼时，原告为被失权股东，股东失权之诉应以公司为被告，审理范围应为失权是否符合公司法的规定情形、部分失权情况和失权范围是否正确等事项。被失权股东之外的其他股东，因可能按照出资比例承担失权后的出资义务，系利益相关人，也是适格原告。在实体审理事项上，违法的失权决议和通知系无效行为，不产生相应的法律效力。例如，以催缴失权之名，行抽逃出资之实，此时行为无效，失权股东仍然需要继续承担抽逃出资的法律责任。

2. 救济路径之二：董事会决议效力之诉

除了失权异议之诉外，股东还可就董事会作出的失权决议提起效力之诉。需要注意的是，股东基于本条规定享有的异议之诉请求权的对象是公司的失权行为而非董事会作出的失权决议，二者系不同的诉讼事由。如果股东对董事会作出的失权决议效力存在异议，应当按照本法第 25 条至第 27 条提起确认董事会决议效力的诉讼。但是，二者的司法审查重点和行权期限都有较大差异。对于失权异议之诉，法院侧重审查整个失权行为的正当性、程序合法性，对于决议瑕疵之诉，则重点审查失权决议作出过程决议的程序合法性与效力问题。

---

[1] 最高人民法院民事审判第二庭编著：《中华人民共和国公司法理解与适用（上）》，人民法院出版社 2024 年版，第 240 页。

[2] 刘斌编著：《新公司法注释全书》，中国法制出版社 2024 年版，第 253 页。

3. 救济路径三：股东直接诉讼

2023 年《公司法》第 190 条规定，董事、高级管理人员违反法律、行政法规或者公司章程的规定，损害股东利益的，股东可以向人民法院提起诉讼。如果董事会违法采取催缴失权规则，损害股东利益的，股东可以根据本条规定维护权利，请求损害赔偿。

总之，对于前述救济路径，股东可以基于自身的考虑与情况自行选择。

问题 42 ◐ **2023 年《公司法》实施之后，抽逃出资的认定标准应当如何判断？**

2023 年《公司法》第 53 条规定："公司成立后，股东不得抽逃出资。违反前款规定的，股东应当返还抽逃的出资；给公司造成损失的，负有责任的董事、监事、高级管理人员应当与该股东承担连带赔偿责任。"相较于 2018 年《公司法》，本条新增了第 2 款关于法律责任的规定。虽然本条第 1 款的表述未变，但由于关联条款的变化，抽逃出资规则在 2023 年《公司法》上亦有更新。

1. 抽逃出资规则的立法沿革

1993 年《公司法》第 34 条规定："股东在公司登记后，不得抽回出资。"2005 年《公司法》修订时，该条被修改为：公司成立后，股东不得抽逃出资。之后一直沿用，现成为 2023 年《公司法》第 53 条第 1 款。该款规定调整了《公司法司法解释（三）》第 14 条第 1 款的规定："股东抽逃出资，公司或者其他股东请求其向公司返还出资本息、协助抽逃出资的其他股东、董事、高级管理人员或者实际控制人对此承担连带责任的，人民法院应予支持。"

在 2023 年《公司法》修订过程中，《公司法（修订草案一审稿）》第 52 条增加了第 2 款，"股东有前款规定情形的，应当由该股东返还出资并加算银行同期存款利息；给公司造成损失的，还应当承担赔偿责任"；第 3 款，"董事、监事、高级管理人员知道或者应当知道股东有本条第一款规定行为未采取必要措施，给公司造成损失的，应当承担赔偿责任"。在责任形式上，《公司法（修订草案二审稿）》明确了股东抽逃出资给公司造成损失的，负有责任的董事、监事、高级管理人员应当与该股东承担连带赔偿责任；在责任主体中，删除了不明确的"知道或应当知道者"表述，仅增设了董事、监事与高级管理人员；同时在返还范围中也删去了银行同期存款利息的规定。《中华人民共和国公司法（修订草案第三次审议稿）》[1]未做变动，直至形成目前公司法的内容。最终审议通过的 2023 年《公司法》新增了给公司造成损失的，负有责任的董事、监事、高级管理人员应当与该股东承担连带赔偿责任的规定，构成本条第 2 款。[2]

2. 抽逃出资认定的既存共识与分歧

构成股东抽逃出资至少需要满足以下三个要件：第一，公司已成立，股东出资已构成公司资本。第二，股东依据公司章程所约定的出资已到位。此时，公司股东才有通过抽逃行为使资金减少的物质基础。第三，抽逃出资的直接责任主体为公司股东。[3]但是，对于最关键的抽逃要件，并没有直接的规定与共识。

尽管我国法律制度中，"抽逃出资"这一概念被广泛应用，但是迄今为止，唯一具体描述了抽逃出资表现形式的文件仅有《公司法司法解释（三）》。《公司法司法解释（三）》第 12 条规定："公司成立后，公司、股东或者公司债权人以相关股东的行为符合下列情形之一且损害公司权益为由，请求认定该股东抽逃出资的，人民法院应予支持：（一）制作虚假财务会计报表虚增利润进行分配；（二）通过虚构债权债务关系将其出资转出；（三）利用关联交易将出资转出；（四）其他未经法定程序将出资抽回的行为。"该列举性规定的前三项总结了实践中抽逃出资的几种主要类型，但是，由于抽逃出资的隐蔽性与多样性，司法解释仍然保留了"其他未经法定程序将出资抽回的行为"的兜底条款。

在司法实践中，"其他未经法定程序将出资抽回的行为"往往包括以下行为，进而被法院适用抽逃出资的规定进行处理：违反减资法定程序作出的减资行为，应认定为名为减资、实为抽逃出资性质；[4]将股东本属于资本公积金的出资转变为公司对其的借款，并采用以物抵债的形式予以返还，属于股东变相抽逃出资行为；[5]提供虚假企业资产负债表、利润表和虚构购销合同，以所属公司为出票人，在金融机构办理银行承兑汇票被认定为抽逃出资罪；转出注册资本后，若再注入资金但不能证明其系补足出资的；股权或债权受

---

〔1〕 下文简称《公司法（修订草案三审稿）》。

〔2〕 最高人民法院民事审判第二庭编著：《中华人民共和国公司法理解与适用（上）》，人民法院出版社 2024 年版，第 243 页。

〔3〕 王瑞贺主编：《中华人民共和国公司法释义》，法律出版社 2024 年版，第 81 页。

〔4〕 （2019）最高法民再 144 号。

〔5〕 （2013）民提字第 226 号。

让方应支付的对价，变相由出让方公司支付，导致公司法人财产不当减少，构成抽逃出资。[1]但是，司法实践的类型化归纳，并没有办法为该要件的判断提供统一的标准。此外，由于其在该四种类型上仍然要求"损害公司权益"，不仅因该概念的模糊未实质界定抽逃出资的本质含义，而且还导致对"抽逃出资"的认定延伸到公司成立后的交易及分配等环节而进一步引发了"抽逃出资"还是"变相分配"的新困惑。[2]

在公司法理论上，禁止抽逃出资规则与利润分配规则、股份回购规则、减资规则等同属于资本维持原则，是资本维持原则具体化的子规则。[3]禁止抽逃出资规则是资本维持原则的基石性原则，发挥着规制兜底的作用。[4]公司的某种"分配行为"，如果难以归入利润分配行为、股份回购行为或者减资行为，但是又有实质性的损害后果，导致公司资本或资产不当地流向股东，就需要用禁止抽逃出资规则进行规制兜底，以满足资本维持原则的要求。[5]

因此，前述司法解释中核心的争议在于"其他未经法定程序将出资抽回的行为"和"损害公司权益"。这两者恰恰对应了资本流出的识别与分配违法标准的判断，而这两者也构成了抽逃出资条款需要明确的重要内容。

3. 抽逃出资认定的域外法实践

理论上通常认为，资本维持，是指公司在其存续过程中应维持与其资本总额相当的财产，以防止资本的不当减少，保护债权人利益。[6]它通常以"禁止公司向股东返还资本"的规则来表达，是一项古老的公司法规则，迄今依然存活于大陆法系和绝大多数英美法系国家的公司法中。

基于不同的规制模式，各国公司法上的分配范畴可分为广义分配和狭义分配两种。广义分配涵盖公司直接或间接地将货币或者其他财产无偿转让给股东或者为股东利益而承担债务的各类行为，该立法模式以《美国示范公司法》第6.40条为其著例，涵盖利润分配、股份回购、减资、清算分配等行为类型。欧洲学者起草的《欧洲示范公司法》第7.01条亦循此立场，对分配概

---

〔1〕 中华全国律师协会公司法专业委员会组编：《公司法重点条款律师实务评注》，法律出版社2024年版，第181页。

〔2〕 刘燕：《重构"禁止抽逃出资"规则的公司法理基础》，载《中国法学》2015年第4期。

〔3〕 傅穹：《公司资本维持原则的现代思考》，载《社会科学战线》2004年第1期。

〔4〕 王毓莹：《论禁止抽逃出资规则的规范定位》，载《比较法研究》2023年第5期。

〔5〕 吴飞飞：《资本维持原则的当下意蕴及其对偿债能力测试的借鉴》，载《政法论坛》2023年第4期。

〔6〕 刘斌编著：《新公司法注释全书》，中国法制出版社2024年版，第256页；最高人民法院民事审判第二庭编著：《中华人民共和国公司法理解与适用（上）》，人民法院出版社2024年版，第244页。

念采广义界定：分配包括直接或间接地向股东或第三方转让金钱或金钱价值的无真实商业目的行为，包括但不限于利润分配、特别分配、捐赠、股份回购、减少资本、股份回赎、清算分配等。[1]狭义的分配仅指利润分配或者盈余分配，如我国 2018 年《公司法》第 166 条规定的利润分配。在大陆法系，《德国股份公司法》第 57 条宣告了"公司不得向股东返还出资"。《德国股份公司法》还补充规定，"（1）既不得向股东承诺利息，也不得向股东支付利息；（2）在公司解散前，只能向股东分配决算盈余"。换言之，股东出资必须留在公司中承受公司的经营风险，公司只能向股东分配经营中实现的利润，不得承诺固定收益，更不能返还出资。[2]

对于分配标准，则主要存在两种主流的判断方式。一种是以德国为代表的资产负债表法，其判断方式是，如分配造成资产负债表中所有者权益的实收资本减少，则属于违法分配。在这一方法下，虽然具体标准各异，但往往与资产负债表中的实收资本数额密切相关。另一种则是以《美国示范公司法》创新的偿债能力测试法。该方法系以分配后是否能够清偿到期债务为标准进行判断，如果导致债务不能清偿则属于违法分配。这两种方法并非完全对立，目前也有大量地区一并运用两个方法进行判断。[3]

4. 抽逃出资的认定应采用侵蚀股本的标准

由于公司法中的广义分配规则分散于 4 个条款当中，分别是第 210 条的利润分配规则，第 224 条的减资规则，第 89 条、第 161 条、第 162 条的回购规则和第 53 条的抽逃出资规则。从其规范地位上看，抽逃出资实际上是资本维持原则的兜底性体现。因此，该条款可以用于各类分配行为的检验与规制，惟此才能确保资本维持原则没有被违反。因此，应当借鉴《美国示范公司法》中 6.40 条款中广义分配的方式，无论采取什么形式，任何由公司向股东的财产转移如果没有相应的股东向公司的财产转移，都属于分配。[4]

对于"损害公司权益"这一违法分配的标准，存在着不同的观点。一种裁判观点认为，公司权益保护注册资本和公积金等附加资本，股东无正当理由转出的资本公积金应当向公司返还，无正当理由减少资本公积金就是减弱公司偿债能力、侵害公司财产权益、损害债权人利益的行为，应当认定为抽

〔1〕 刘斌编著：《新公司法注释全书》，中国法制出版社 2024 年版，第 257 页。

〔2〕 中华全国律师协会公司法专业委员会组编：《公司法重点条款律师实务评注》，法律出版社 2024 年版，第 179 页。

〔3〕 Bayless Manning & James J. Hanks, Legal Capital, 4th ed., Foundation Press, 2013, pp. 187-191.

〔4〕 Bayless Manning & James J. Hanks, Legal Capital, 4th ed., Foundation Press, 2013, p. 187.

逃出资。[1]一种观点认为，抽逃出资仅指股东抽逃"注册资本"，而资本公积金与注册资本截然不同，公司依照法定程序作出的关于减少资本公积金的决议不能认定为抽逃出资。[2]还有一种观点认为，只要客观上减少了公司财产，就降低了偿债能力，无须考虑公司是否具体能够偿还到期债务而一律构成抽逃出资。[3]在学理上，有的学者认为，作为抽逃出资规则规范对象的各种行为，都应当依照资产负债表检测法和实际偿付能力检测法处理。[4]有的学者则认为，只要公司"股本"未被侵蚀，就不宜用"抽逃出资"这种严厉的规则来惩罚公司或股东。[5]

考虑到要求股东不得抽逃出资，目的是防止因股东抽逃出资而减少公司资本，股东不得抽逃出资不等于绝对禁止股东从公司撤回投资，股东可以按照公司法允许的方式，实现资本的流出和撤回。[6]本书认为，抽逃出资应当采用侵蚀股本的判断标准，对于 2023 年《公司法》第 210 条、第 89 条、第 161 条、第 162 条、第 224 条外的公司直接或间接地向股东或第三方转让金钱或金钱价值的无真实商业目的的行为，如果造成公司股本的侵蚀，令公司资产负债表中所有者权益低于实收资本，则构成抽逃出资。这是因为，侵蚀股本规则是资本维持原则的本意所在。资本维持的实质即对于投入公司的资产，需要维持在注册资本这一数额之上，不得随意流向股东，以对债权人提供基础的可信赖之保证。因此，倘若司法解释列举的行为，导致公司资产负债表所有者权益低于实收资本数额，即构成侵蚀股本，违反资本维持原则，属于抽逃出资。反之，则其行为不受资本制度调整，各自受公司治理等规则（如关联交易规则）的规制。

5. 抽逃出资认定的疑难情形枚举

在明确抽逃出资的规范定位后，尚有实践中典型情况是否构成抽逃出资存在疑问。以下对这些情况一一进行详细分析讨论。

5.1 增资协议解除

对于增资协议解除后投资人要求公司返还增资款，既有的司法实践认为：

---

〔1〕 最高人民法院（2018）最高法民终 393 号民事判决书。

〔2〕（2020）陕民终 633 号。

〔3〕（2019）最高法民终 960 号民事判决书。

〔4〕 王军：《抽逃出资规则及公司分配制度的系统性改造》，载《法学研究》2021 年第 5 期。

〔5〕 刘燕：《重构"禁止抽逃出资"规则的公司法理基础》，载《中国法学》2015 年第 4 期。

〔6〕 最高人民法院民事审判第二庭编著：《中华人民共和国公司法理解与适用（上）》，人民法院出版社 2024 年版，第 244 页。

增资协议依法解除后，对尚未完成工商登记变更程序的，人民法院应当判决公司向投资人退回投资款。[1]增资协议的解除适用《民法典》合同编有关规定，但协议解除的后果实际系处理投资人作为原增资股东的退出问题，在投资人出资已转化为公司资本的情况下，应按照公司法的特别规定适用执行，不得依据《民法典》一般规定直接要求返还。[2]之所以将是否完成工商变更登记作为增资协议解除后投资人能否有权主张返还投资款的标准，是出于工商变更登记具有公示力，在还未办理股权变更登记时，所涉增资款对公司债权人尚未产生公示效力，公司债权人尚无需要保护的信赖利益，因此此时返还投资款不会涉及因抽逃出资或不按法定程序减资损害公司债权人利益的问题。[3]

本书认为，既有的司法裁判符合抽逃出资的处理方式。一旦出资完成且变更登记后，公司增资即完成。在股东解除增资协议后，尽管对公司享有请求返还的权利，但公司返还增资款，即需遵守资本维持的规则，对是否侵蚀股本进行审查，否则即构成抽逃出资。

5.2 股东以实物出资后又以分公司名义借用

股东以出资方式将有关财产投入公司后，该财产的所有权发生转移，成为公司的财产，公司依法对其财产享有占有、使用、收益和处分的权利。公司为发挥出资设备的使用价值将资产借用给分公司使用并签订借用合同，是公司依法享有其财产所有权的体现。分公司隶属总公司，分公司虽占有并使用相关出资设备，但该资产仍然保留于总公司名下。[4]总公司的资产并未减损，也未发生向股东直接或间接转移的情况。因此，尚且不构成分配，更不构成抽逃出资。

5.3 公司为股东之间股权转让协议提供担保

在司法实践中，该类行为曾在最高人民法院呈现相反裁判观点之判决。最高人民法院在个案中认为，公司为股权转让协议提供的担保约定违反抽逃出资规则，应认定无效。因为公司提供这样的担保，意味着在受让方不能支付股权转让款的情形下，公司应向转让股东支付转让款，从而导致股东以股权转让的方式从公司抽回出资的后果。公司资产为公司所有债权人债权的一般担保，股东不得以任何形式用公司资产清偿其债务构成实质上的返还其投

---

[1] （2019）最高法民终 1993 号。

[2] （2019）沪 01 民终 11265 号。

[3] （2019）最高法民申 1738 号。

[4] （2021）苏 0612 民初 4843 号；（2022）苏 06 民终 1170 号。

资。[1]但是，在之后另案的判决中，最高人民法院转而认为，股权转让后，承担支付股权转让款义务的系受让股东，公司承担保证责任属于或然债务，并不必然发生，即使公司承担了保证责任，也有权向受让股东追偿，并不会导致公司财产的必然减少。[2]其中，最高人民法院的后一观点明显受到会计准则的影响，根据《企业会计准则第 13 号——或有事项》，对外担保的负债未必构成负债，并不一定必然计入资产负债表反映于资产减损。

然而，公司承担担保债务本身即对其增设负担，且本不能将股东是否构成抽逃出资的判断系基于受让股东的偿债能力。更何况，公司如果承担了支付转让款的保证责任，转让股东实际上就先于公司债权人从公司资产中获得了支付。公司承担保证责任后，尽管对受让股东享有追偿权，但公司的资产构成已发生变化："银行存款"这类流动性强的资产会变成"其他应收款"这类有可能无法收回或变现的资产，公司资产的偿债能力很可能遭受无法弥补的损失。[3]因此，本书认为，公司为股东之间股权转让协议提供担保，属于间接向出让股东提供利益的分配行为。如果承担保证义务造成其资产减损，进而侵蚀股本，应当认为构成抽逃出资。

问题 43 ▷ 在实际出资人抽逃出资的情况下，名义股东是否需要承担法律责任？

2023 年《公司法》和《公司法司法解释（三）》虽对抽逃出资作出规制，但是并没有明确是否存在实际出资人抽逃出资的情况，亦未明确若存在这一情况时，名义股东是否需要承担法律责任。本书认为，首先应就实际出资人抽逃出资的可能性和情形展开类型化讨论，其次应对不同情形下名义股东的责任进行分析。

1. 实际出资人抽逃出资的可能性和情形

我国实定法与学界通说均认可，抽逃出资的主体系股东，其他协助股东抽逃出资的主体亦需承担相应的法律责任，但对其他责任主体是否包括实际出资人这一问题，则语焉不详。在实定法层面，我国法律及相关司法解释规定，股东以及协助抽逃出资的其他股东、董事、高级管理人员和实际控制人，需就股东抽逃出资的行为承担相应的法律责任。学界对此的探讨，大多聚焦

---

[1]　（2012）民二终字第 39 号民事判决书。

[2]　（2015）闽民终字第 1292 号民事判决书；（2015）民二终字第 435 号民事判决书。

[3]　王军：《抽逃出资规则及公司分配制度的系统性改造》，载《法学研究》2021 年第 5 期。

于股东抽逃出资的法律责任[1]，及协助抽逃出资者的法律责任[2]，而对于实际出资人抽逃出资情况下，其他相关主体是否也应承担法律责任的问题，则鲜有涉及。

域外公司法虽并未采用"股东不得抽逃出资"的表述，但亦肯定抽逃出资的主体系股东。《德国股份公司法》第57条与《德国有限责任公司法》第30条均明文规定，公司不得向股东返还股本。英国公司法则设定了公司向股东分配的前提，即公司的净资产价值必须不低于股本账户、股份溢价账户及其他不可分配数额的总和。[3]《美国示范公司法》第1.40条则采纳了宽泛的分配概念，将股息分配、股权回购、股份赎回及剩余资产分配均视为广义上的分配行为，而"分配"一词，指的是公司因其股份向股东或为其利益而直接或间接转让货币、财产（公司自身股票除外）、承担债务的行为。

虽然我国法与域外法均未规定实际出资人系抽逃出资的责任主体，但是若实际出资人系公司"真实股东"，则亦存在实际出资人抽逃出资的可能性。对于实际出资人和公司的关系，可以区分为完全隐名和不完全隐名两种情形，实际出资人抽逃出资时名义股东是否应承担法律责任及承担何种法律责任，亦应基于此两种情形作出不同回答。

2. 不同情形下名义股东的法律责任有所不同

虽然有学者指出，依据公司和其他股东对代持关系是否知情这一标准，可以分为完全隐名的股权代持和不完全隐名的股权代持。[4]依据这一分类，完全隐名的股权代持之下，因公司对实际出资人并不知情，故不存在实际出资人系真实股东的可能性，亦不存在不具备股东资格的实际出资人抽逃出资的可能性。

2.1 完全隐名的实际出资人抽逃出资时名义股东的法律责任

在完全隐名的股权代持的情况下，因公司不知晓实际出资人的存在，故实际出资人并不是股东，其不具有实施抽逃出资行为的身份。此时存在两种情况：一为实际出资人亲自抽逃出资；二为实际出资人指示、教唆或协助名

---

[1] 王毓莹：《论禁止抽逃出资规则的规范定位》，载《比较法研究》2023年第5期。

[2] 叶林、龚文瑾：《股东抽逃出资公司法禁令的检视——兼论〈公司法司法解释三〉》，载《河南社会科学》2024年第5期。

[3] ［英］保罗·戴维斯、莎拉·沃辛顿：《现代公司法原理》，罗培新等译，法律出版社2016年版，第312-314页。

[4] 王毓莹：《股权代持的权利架构——股权归属与处分效力的追问》，载《比较法研究》2020年第3期。

义股东抽逃出资。就第一种情况而言，因实际出资人欠缺实施抽逃出资行为的身份，故其行为实际系侵吞公司财产的行为。在此情况下，名义股东原则上不承担法律责任，除非其为实际出资人抽逃出资行为提供了帮助。就第二种情况而言，名义股东应就其抽逃出资的行为承担法律责任。

2.2 不完全隐名的实际出资人抽逃出资时名义股东的法律责任

在不完全隐名的股权代持的情况下，因公司知晓实际出资人的存在，故实际出资人系"真实股东"，其具备实施抽逃出资行为的身份。若实际出资人实施抽逃出资的行为，实际出资人应对其抽逃出资的行为承担法律责任。如果名义股东在实际出资人抽逃出资的过程中提供了协助，名义股东也应相应地承担法律责任。

问题 44 ▷ **抽逃出资的法律责任在股东、董事、监事和高级管理人员之间如何分配？**

2023 年《公司法》第 53 条第 2 款规定："违反前款规定的，股东应当返还抽逃的出资；给公司造成损失的，负有责任的董事、监事、高级管理人员应当与该股东承担连带赔偿责任。"该款系新增对违反抽逃出资董事、监事、高级管理人员责任的规定。本款规定的责任呈现双层结构，一是返还出资责任，二是损失赔偿责任。前者是指实施了抽逃出资行为的股东承担的将其抽逃的出资返还给公司的责任；后者是指股东及"负有责任"的董事、监事、高级管理人员赔偿公司损失的连带赔偿责任。从赔偿责任的形式上，本条规定为连带责任。抽逃出资损害赔偿的性质系共同侵权，因此，2023 年《公司法》明确在这种情况下董事、监事、高级管理人员与股东共同承担连带责任。

1. 抽逃出资的主体

从责任主体上来看，抽逃出资的主体既包括抽逃出资的股东，也包括负有责任的董事、监事、高级管理人员。所谓"负有责任"，是指直接参与了抽逃出资过程，或者未尽勤勉义务导致了公司资产被股东侵害的法律后果。[1]负有责任的董事、监事、高级管理人员既包括协助股东抽逃出资的相关人员，也包括为股东抽逃出资提供便利或者怠于履行职责放任股东抽逃出资的董事、监事、高级管理人员。但是，在股东抽逃出资后未勤勉履行催缴或追还义务

---

〔1〕　刘斌编著：《新公司法注释全书》，中国法制出版社 2024 年版，第 261 页；最高人民法院民事审判第二庭编著：《中华人民共和国公司法理解与适用（上）》，人民法院出版社 2024 年版，第 245 页；赵旭东主编：《新公司法条文释解》，法律出版社 2024 年版，第 136 页。

的董事，显然不构成此处负有责任的情况，应依据 2023 年《公司法》第 51 条或第 180 条违反催缴义务或一般化勤勉义务承担责任。

不同职责的管理层，参与程度不同，对造成损害后果的过错程度也不相同：有的人可能协助股东抽逃出资，其不协助，股东无法完成抽逃；有的人可能是知道或者应当知道股东抽逃出资却没有采取必要措施，放弃自己的法定职责，导致股东抽逃出资成功。[1]董事、监事、高级管理人员与股东对给公司造成的损失承担连带赔偿责任，董事、监事、高级管理人员和股东内部的责任分担按照其过错程度、对损失的因果关系、过错程度等因素综合确定，已经承担连带责任的，可以根据其过错程度向其他主体追偿。[2]

2. 损失的范围

此处的损失，主要是指因为股东抽逃出资占用公司资金给公司造成的资金占用成本。除利息之外，抽逃出资还可能给公司造成其他损害，如公司经营资产不足、错失商业机会，甚至陷入经营困境等。[3]如果股东抽逃出资系占用了公司的经营性资金，应当承担从抽逃之日到实际返还之日期间的利息。股东抽逃出资给公司造成的损失标准化计算为占用公司资产期间的利息，利率一般按照中国人民银行同期贷款利率计算。如果抽逃出资占用公司资产较为特殊，还给公司造成其他特别损失的，则应当承担相应赔偿责任。[4]

问题 45 ◐ "对赌协议"中股权回购权的性质及其行权期限如何认定?

对赌协议，又称估值调整协议，是指股权交易中投融资双方在拟定融资协议时，为了解决双方所掌握信息的不对等以及目标公司未来发展的不确定性而搭建的包含金钱补偿、股权回购等对目标公司未来价值进行估值调整的协议。[5]作为一种常见的投融资工具，以对赌协议为代表的回购协议被广泛应用于企业融资实践中，在资本市场发挥着日益重要的作用。但是，对赌协议约定条件成就后，回购权如何行使，是否罹于除斥期间或法定期间的经过而消灭，因最高人民法院的"表态"在实务界和理论界掀起了轩然大波。

---

〔1〕 最高人民法院民事审判第二庭编著：《中华人民共和国公司法理解与适用（上）》，人民法院出版社 2024 年版，第 246 页。

〔2〕 王瑞贺主编：《中华人民共和国公司法释义》，法律出版社 2024 年版，第 82 页。

〔3〕 王瑞贺主编：《中华人民共和国公司法释义》，法律出版社 2024 年版，第 82 页。

〔4〕 最高人民法院民事审判第二庭编著：《中华人民共和国公司法理解与适用（上）》，人民法院出版社 2024 年版，第 245 页。

〔5〕 《九民纪要》第 5 条。

1. 对赌协议回购权的争议背景

在我国现行法律体系中，尽管《九民纪要》的出台弥合了对赌协议效力认定的分歧，但针对股权回购权的法律性质及其行权期限问题仍然处于立法空白状态。相关案件缺乏具体明确的裁判依据，司法实践中裁判尺度呈现显著分歧，出现同案不同判的现象。2024 年 8 月，最高人民法院发布《法答网精选答问（第九批）》，其中"问题 2"针对"对赌协议中股权回购权性质及行权期限"进行了回应，回复如下，本书原文照引。[1]

咨询问题："对赌协议"中股权回购权性质及其行权期限如何认定？

答疑意见："对赌协议"中经常约定股权回购条款，如约定目标公司在 X 年 X 月 X 日前未上市或年净利润未达到 XX 万元时，投资方有权要求股东或实际控制人按照 X 价格回购投资方持有的股权。审判实践中，对上述股权回购权性质和行权期限，存在较大争议。有观点认为投资方请求回购股权系债权请求权，适用诉讼时效制度。也有观点认为投资方请求回购股权系形成权，受合理期间限制。

我们认为，该问题的实质是如何认识投资方请求大股东或实际控制人回购股权的权利性质。就股权估值调整协议中投资方有权请求大股东或实际控制人回购股权的约定，根据民法典第一百四十二条第一款确立的合同解释规则，对该约定除按照协议所使用的词句理解外，还要结合相关条款、行为的性质和目的、习惯以及诚信原则来理解。从双方约定的目的看，实际上是在符合（未上市或利润未达标）条件时投资方既可以请求对方回购进而自己"脱手"股权，也可以不请求对方回购而继续持有股权。因投资方行使此种权利有自主选择的空间，以合理期限加以限定，较为符合当事人的商业预期。具体而言：1. 如果当事人双方约定了投资方请求对方回购的期间，比如约定投资方可以在确定未上市之日起 3 个月内决定是否回购，从尊重当事人自由意志的角度考虑，应当对该约定予以认可。投资人超过该 3 个月期间请求对方回购的，可视为放弃回购的权利或选择了继续持有股权，人民法院对其回购请求不予支持。投资方在该 3 个月内请求对方回购的，应当从请求之次日计算诉讼时效。2. 如果当事人双方没有约定投资方请求对方回购的期间，那么应在合理期间内行使权利，为稳定公司经营的商业预期，审判工作中对合理期间的认定以不超过 6 个月为宜。诉讼时效从 6 个月之内、提出请求之次

---

〔1〕《法答网精选答问（第九批）》，载 https://www.court.gov.cn/zixun/xiangqing/441371.html，最后访问日期：2025 年 1 月 25 日。

日起算。

该答疑意见在效力层级上虽然不是司法解释，但影响甚大，6 个月的行权期间将对投资人的退出权利造成实质性的重大影响。一石激起千层浪，在因对赌协议引起的股权回购纠纷数量日益增长的背景下，该答疑意见引发了业界热议和关注，理论和实务界对此争执不下，形成以请求权说和形成权说为代表的二元对抗局面。

2. 对赌协议回购权的实践争议

从答疑意见观点来看，对于对赌协议中股权回购权的性质，最高人民法院并没有直接进行定义，但是结合其对行权期限的界定可知，最高人民法院实质上是把回购权界定为形成权，在行权期限上当事人有约定的从约定，没有约定的需要遵守 6 个月的期间限制。根据最高人民法院的解释立场，在实操中，如果对赌期限履行届满，请求权人要及时行使回购权，然后产生股权回购之债，适用 3 年的诉讼时效。除在约定期限或 6 个月内及时行使回购权外，还需要注意在诉讼时效期间内及时提起诉讼。

司法裁判实践中，也有持请求权说的观点。持请求权说的法院主要观点为股权回购条款是附生效条件的条款，条件成就时条款生效，回购权人根据条款约定即可享有要求回购方支付回购款的债权请求权，其债权请求权的基础系股权回购条款生效的法律事实，并非回购权人的单方意思表示。[1]支持形成权说的法院则认为解除投资关系回购股权的权利性质上为形成权，应在合理的除斥期间内行使。[2]在最高人民法院发布答疑意见后的对赌协议回购权纠纷案中，上海市第一中级人民法院参考了答疑意见的思路进行裁判，认为："案涉股权回购权是请求回购的选择权与进行回购交易时要求对方给付价款的请求权的复合型权利，只有在投资方选择行使股权回购权后，给付价款请求权的诉讼时效才能开始计算。本院认为，在股权回购条款对行权期限有约定时，应按照约定。双方对行权期限约定不明的情况下，若对行权期限不加合理限制，可能会影响公司的股权结构和稳定性，不利于公司的长远发展，应当根据诚实信用、公平原则，综合考量目标公司经营管理的特性，股权价

---

〔1〕 东阳某公司与陈某甲等合同纠纷上诉案，浙江省高级人民法院（2023）浙民终 71 号民事判决书；黄某涛与同系（北京）资本管理有限公司股权转让纠纷案，北京市第三中级人民法院（2022）京 03 民终 14424 号民事判决书等。

〔2〕 黄某与王某民间借贷纠纷案，上海市松江区人民法院（2024）沪 0117 民初 6357 号民事判决书。

值变动、合同目的等因素，确定股权回购的合理期限不超过 6 个月为宜。"[1]

3. 对赌协议回购权的理论阐释

针对对赌协议中回购权的性质，采用请求权说和形成权说会产生不同的法律后果。以法律上之力的性质为标准，可以将权利划分为支配权、请求权、形成权、抗辩权四种类型。所谓请求权，指的是权利人得请求他人作为或不作为的权利。[2]19 世纪，德国法学家温德沙伊德将请求权概念引入德国民法体系中，促成了请求权制度的诞生。最终，《德国民法典》第 194 条将请求权定义为 "要求他人作为或不作为的权利"。[3]请求权不同于支配权，其作用方式表现为对特定人行为的请求，而非对特定标的物的直接支配。[4]因此，对赌协议中的投资者需要在回购条件成就后向目标公司或目标公司股东提出回购请求，至于投资者的回购请求能否实现，则取决于对赌相对方的配合。此时的请求权本质上是一种附条件的请求权，所附条件为合同约定的回购事由出现。所谓形成权，指的是依照权利人单方意思表示即可生效从而改变相应法律关系的权利。[5]形成权概念的出现晚于请求权，初见于德国法学家泽克尔的著作《私法中的形成权》，为揭示权利的本质提供了重要价值，完善了权利类型体系的构建。[6]干涉效力是形成权最为本质的法律效力，[7]基于此，投资人仅凭单方面的意思表示即可导致法律关系的变动，无须经过回购方的同意或配合。

针对对赌协议中回购权的行权期限，若采请求权说观点，则应当适用诉讼时效规则。诉讼时效也称消灭时效，指因一定期间不行使权利，至其请求权消灭的法律事实。[8]对应到对赌协议之中，适用 3 年的诉讼时效期间，自权利人知道或应当知道权利受到损害以及义务人之日起开始计算，且可以发

---

[1]　某某公司 1 等与某某公司 2 等其他合同纠纷案，上海市第一中级人民法院（2024）沪 01 民终 12277 号二审民事判决书。

[2]　梁慧星：《民法总论》，法律出版社 2017 年版，第 73 页；朱庆育：《民法总论》，北京大学出版社 2016 年版，第 515 页。

[3]　《德国民法典》，杜景林、卢谌译，中国政法大学出版社 2014 年版，第 39 页。

[4]　朱庆育：《民法总论》，北京大学出版社 2016 年版，第 515 页。

[5]　[德]卡尔·拉伦茨、曼弗瑞德·沃尔夫：《德国民法中的形成权》，孙宪忠译注，载《环球法律评论》2006 年第 4 期；朱庆育：《民法总论》，北京大学出版社 2016 年版，第 518 页；史尚宽：《民法总论》，中国政法大学出版社 2000 年版，第 25 页。

[6]　参见马骏驹、申海恩：《关于私权类型体系的思考——从形成权的发现出发》，载《法学评论》2007 年第 3 期。

[7]　申海恩：《私法中的权力：形成权理论之新开展》，北京大学出版社 2011 年版，第 50 页。

[8]　王泽鉴：《民法总则》，北京大学出版社 2009 年版，第 492 页。

生中止、中断、延长。诉讼时效制度的正当性在于督促权利人及时行权，从而维护法律秩序的稳定，也起到便利当事人收集证据的作用。[1]在适用诉讼时效的司法判例中，法院一般以回购权的请求权属性作为判断基础，认为投资方提出的股权回购请求应当适用诉讼时效制度予以规制。[2]

若采形成权说观点，则一般认为回购权受到除斥期间的限制。除斥期间为法定的权利存续期间，因该期间经过而发生权利消灭的法律效果。[3]《民法典》第199条明确了除斥期间起算的一般规则以及除斥期间经过的法律效果，除斥期间的起算时点采主观起算标准，为权利人知道或者应当知道权利产生之日，不适用有关诉讼时效中止、中断和延长的规定，除斥期间经过的法律效果为权利消灭。[4]部分法院参照合同解除权行使期间的规则判定回购权的行使期间，认为对赌协议中回购权行使的法律效果实际上相当于合同解除，使投资者取回了投资本金及利息，放弃了股东资格，因此可类推适用《民法典》第199条及第564条关于解除权1年除斥期间的规定，因此投资方在回购条件触发后的1年半以后要求目标公司进行回购已超出了除斥期间。[5]

对于最高人民法院将对赌协议回购权界定为形成权的做法，本书持不同见解。本书认为，请求权说充分尊重了合同自治，并且给予投资人更多的选择自由，更为恰当。据此，投资人可以根据公司的经营状况自主判断是否行使权利，不必急于在约定期限或6个月内主张回购，符合当事人最大限度获取投资收益的本意。最高人民法院在答疑意见中预设的理想情况是6个月内完成权利行使，但是，实践中对赌情形通常较为复杂，双方来回切磋的过程可能就会远超过6个月。至于将回购权认定为请求权之后3年的行权期限是否过长，这本身是风险收益兼具的过程，也符合当事人的约定，即使长期不行使权利也并不必然会对公司造成损害。

---

〔1〕 史尚宽：《民法总论》，中国政法大学出版社2000年版，第623页。

〔2〕 石河子某合伙企业、李某等股权转让纠纷案，最高人民法院（2023）最高法民申2573号民事裁定书；黄某涛与同系（北京）资本管理有限公司股权转让纠纷案，北京市第三中级人民法院（2022）京03民终14424号民事判决书等。

〔3〕 梁慧星：《民法总论》，法律出版社2017年版，第250页。

〔4〕 朱晓喆：《〈民法典〉第一百九十九条（除斥期间）评注》，载《法治研究》2022年第5期。

〔5〕 崔某龙与廖某杰等股权转让纠纷案，上海市第一中级人民法院（2023）沪01民终5708号民事判决书。

问题46 ▷ 股东出资加速到期的适用条件"公司不能清偿到期债务"应当如何界定？和企业破产法又该如何衔接？

2023年《公司法》在第54条中引入了加速到期制度，对于这一制度的衔接适用，引发了诸多讨论，包括其适用条件、实施程序、入库与否等，本书将分别予以详细阐释。

1. 出资义务加速到期条件的解释分歧

2023年《公司法》以"不能清偿到期债务"为加速到期的条件，对于"不能清偿到期债务"在理论界存在不同认识。有观点认为不能清偿到期债务"既包括公司主观上不愿意清偿到期债务，也包括公司客观上无法清偿到期债务"[1]；有观点认为"执行法院已竭尽强制执行措施，仍未发现公司有方便执行的财产而被迫终结本次执行程序，就应认定公司不能清偿到期债务"。[2]

在既有司法实务案件中，截至本书成稿之时，除仅有的一案中所涉公司并未经过执行终结，法院径直以公司未能偿还到期债务为由认定公司股东出资义务加速到期外[3]，其余案例所涉公司均已经过执行终结。[4]因此，从目前司法实践的倾向来看，仍旧坚持以《九民纪要》的思路理解2023年《公司法》加速到期条款的加速条件似乎是多数选择。

2. 出资义务加速到期规则的立法沿革

我国认缴资本制的引入始于2005年《公司法》，该法第26条规定除了首

---

〔1〕赵旭东主编：《新公司法条文释解》，法律出版社2024年版，第162页；蒋大兴：《论股东出资义务之"加速到期"——认可"非破产加速"之功能价值》，载《社会科学》2019年第2期。

〔2〕刘俊海：《论注册资本认缴制的兴利除弊：兼论期限利益与交易安全的动态平衡》，载《学术论坛》2024年第1期；张磊：《认缴制下公司存续中股东出资加速到期责任研究》，载《政治与法律》2018年第5期。

〔3〕《来了！绥芬河市人民法院适用"新公司法"审理首起股东出资义务"加速到期"案》，载微信公众号"绥芬河市人民法院"，发布日期：2024年7月17日。

〔4〕《西城法院审结首例适用新公司法加速到期规则案件》，载微信公众号"北京西城法院"，发布日期：2024年7月1日；《姜堰法院审结首例适用新公司法加速到期规则案件》，载微信公众号"泰州姜堰法院"，发布日期：2024年7月2日；《常熟法院审结首例适用新公司法加速到期规则案件》，载微信公众号"常熟市人民法院"，发布日期：2024年7月3日；《认缴出资加速到期｜崇川法院审结首例适用新〈公司法〉规则案件》，载微信公众号"南通崇川法院"，发布日期：2024年7月5日；《【媒体播报】丹阳日报：我市审理宣判适用"新公司法"首例案件》，载微信公众号"丹阳市人民法院"，发布日期：2024年7月25日；《天津一中院审结首例适用新公司法案件》，载微信公众号"天津一中院"，发布日期：2024年7月19日；《武清法院作出首份适用新公司法判决》，载微信公众号"武清法院"，发布日期：2024年7月22日；《公司无法偿还债务，未出资股东需要承担责任吗？｜徐小槌说法》，载微信公众号"徐州市中级人民法院"，发布日期：2024年7月29日。

次出资额之外的其余部分自公司成立之日起 2 年内缴足，投资公司 5 年内缴足。2007 年 6 月开始施行的《企业破产法》第 35 条规定了人民法院受理破产申请后出资义务加速到期的规则。2008 年 5 月起施行的《公司法司法解释（二）》第 22 条规定了公司解散时出资义务加速到期的规则。此两种情形下，之所以可以加速到期，系因为破产和解散均需要进行债权债务的清理，甚至导致公司不复存在（重整与和解除外）。2013 年《公司法》进行认缴制改革后，我国公司法上虽然扩充了认缴制的适用空间，但并未明确规定新的加速到期情形，在司法实践中，对于公司无法清偿到期债务的情形，最高人民法院倾向于由债权人通过申请债务人破产的方式，待进入破产程序后通过《企业破产法》第 35 条予以加速到期，以保护全体债权人利益。部分学者通过扩大解释《公司法司法解释（三）》第 13 条的方式，在公司非破产、解散的情况下引入股东出资加速到期制度。[1]由于实务界保守与学术界激进主张的冲突，最高人民法院于 2019 年《九民纪要》中明确：在注册资本认缴制下，股东依法享有期限利益。债权人以公司不能清偿到期债务为由，请求未届出资期限的股东在未出资范围内对公司不能清偿的债务承担补充赔偿责任的，人民法院不予支持。但是，下列情形除外：（1）公司作为被执行人的案件，人民法院穷尽执行措施无财产可供执行，已具备破产原因，但不申请破产的；（2）在公司债务产生后，公司股东（大）会决议或以其他方式延长股东出资期限的。

在 2023 年《公司法》的立法过程中，加速到期制度经历了前后的变化。《公司法（修订草案一审稿）》第 48 条规定："公司不能清偿到期债务，且明显缺乏清偿能力的，公司或者债权人有权要求已认缴出资但未届缴资期限的股东提前缴纳出资。"该条规定了加速到期必须同时满足双重要件，即"公司不能清偿到期债务"和"明显缺乏清偿能力"。无论是"公司不能清偿到期债务"要件，抑或"明显缺乏清偿能力"要件，在《企业破产法》和《最高人民法院关于适用〈中华人民共和国企业破产法〉若干问题的规定（一）》（以下简称《破产法司法解释（一）》）中均有界定。因此，这一规定实质上是《九民纪要》规定的同义表述。与《公司法（修订草案一审稿）》不同，《公司法（修订草案二审稿）》第 53 条规定："公司不能清偿到期债务的，公司或者已到期债权的债权人有权要求已认缴出资但未届缴资期限的股东提前缴纳出资。"依照该条规定，出资义务加速到期制度的适用以公司不能清偿到期

---

[1] 李建伟：《认缴制下股东出资责任加速到期研究》，载《人民司法》2015 年第 9 期；梁上上：《未出资股东对公司债权人的补充赔偿责任》，载《中外法学》2015 年第 3 期。

债务为前提，既无须对是否资不抵债或明显丧失清偿能力进行附加判断，也无须受制于破产程序或执行程序。《公司法（修订草案三审稿）》延续了前述规定，最终审议通过的 2023 年《公司法》予以维持。

3. 不能清偿到期债务系采停止支付标准

依照 2023 年《公司法》的制度设计，"不能清偿到期债务"是出资义务加速到期的唯一条件，从表述上明显有别于《企业破产法》第 2 条所规定的破产原因。《企业破产法》上的破产原因，包括"不能清偿到期债务+资产不足以清偿全部债务"和"不能清偿到期债务+明显缺乏清偿能力"两种情形。文义上来看，构成出资义务加速到期的标准低于破产原因。从文字表述上，2023 年《公司法》毕竟采取了和《企业破产法》同样的术语表达，二者均属于同一商事法律体系，在解释上应当有其内在逻辑的一致性。

通常认为，我国《企业破产法》第 2 条的"不能清偿到期债务"在破产法理论上称为支付不能或无支付能力。[1]从支付不能的构成来看，其取决于债务人的支付能力，而非支付意愿，需要比较可支配的资产和到期需支付的债务；从支付不能的程度上来看，也不必达到"很大程度"，资金不足以偿付多个债权人之一即可构成支付不能，但很小的资金链断裂不构成支付不能且不同于支付不能，停止支付是任何可归责于债务人的行为并且使合同相对方产生因无支付能力而不能支付的印象，停止支付推定为支付不能。[2]

在我国法上，《破产法司法解释（一）》第 2 条规定，同时具备债权债务关系依法成立、债务履行期限已经届满、债务人未完全清偿债务三个要件的，人民法院应当认定债权人不能清偿到期债务。该条件是启动破产程序的必要条件，同时还要附加资不抵债或者明显缺乏清偿能力的任一要件，二者叠加在解释上实际效果相当于德国法上的支付不能。对于"明显缺乏清偿能力"的认定，《破产法司法解释（一）》第 4 条规定了明显缺乏清偿能力的具体类型和兜底条款：①因资金严重不足或者财产不能变现等原因，无法清偿债务；②法定代表人下落不明且无其他人员负责管理财产，无法清偿债务；③经人民法院强制执行，无法清偿债务；④长期亏损且经营扭亏困难，无法清偿债务；⑤导致债务人丧失清偿能力的其他情形。由此亦可看出，"经人民法院强

---

〔1〕 最高人民法院民事审判第二庭编著：《最高人民法院关于企业破产法司法解释理解与适用——破产法解释（一）·破产法解释（二）》，人民法院出版社 2017 年版，第 55 页。

〔2〕 ［德］乌尔里希·福尔斯特：《德国破产法》，张宇晖译，中国法制出版社 2020 年版，第 69-70 页；［德］托马斯·莱塞尔、吕迪格·法伊尔：《德国资合公司法（下）》，高旭军等译，上海人民出版社 2019 年版，第 827 页。

制执行，无法清偿债务"是对"明显缺乏清偿能力"的认定，而非对"不能清偿到期债务"的判断。在 2023 年《公司法》中作为"不能清偿到期债务"这一条件的解释，并不符合体系解释的要求。

如前所述，《公司法（修订草案一审稿）》中规定的"明显缺乏清偿能力"要件在二审稿中被删除，由此导致了加速到期条件明确不同于破产界限。这明确体现了立法机关摒弃了企业破产法中对清偿能力判断的要求，将加速到期的时点从破产标准变成公司不具备破产原因但不能清偿到期债务。[1]

由此，本书认为，2023 年《公司法》第 54 条中所规定的"不能清偿到期债务"，与《破产法司法解释（一）》第 2 条中的停止支付作同一解释较为妥当，也契合商事法律体系的一致性。由于停止支付并非支付不能，无论是主观意愿上的停止支付，抑或客观能力导致的停止支付，均在此列。[2]

问题 47 ▷ 公司启动出资义务加速到期应当遵循什么规则和程序？应当由哪个公司机关负责？

根据 2023 年《公司法》第 54 条的规定，启动出资义务加速到期的主体包括公司和债权人。公司作为组织，其具体的职责和行为需由公司机关实施，这又取决于公司治理架构。在何条件下、何一公司机关可以启动该程序，分述如下。

1. 公司启动出资义务加速到期应满足法定条件

2023 年《公司法》第 54 条明确规定了加速到期的条件是"不能清偿到期债务"，采取了客观标准的方式，这一点与美国法中相关规定存在区别。《美国特拉华州普通公司法》第 163 条规定，部分出资股份的出资义务在董事会催缴时立刻到期。因此，有观点认为应仿照该制度设计我国的加速到期制度，在董事会认为应当到期时发生到期。[3]对于"不能清偿到期债务"启动条件的具体判断，详见本书问题 46 的解答。

2. 公司启动出资义务加速到期的机关可由章程自主规定

2023 年《公司法》第 54 条规定公司可以要求股东提前缴纳出资，且其

---

[1] 王瑞贺主编：《中华人民共和国公司法释义》，法律出版社 2024 年版，第 83 页。
[2] 刘斌：《出资义务加速到期规则的解释论》，载《财经法学》2024 年第 3 期；最高人民法院民事审判第二庭编著：《中华人民共和国公司法理解与适用（上）》，人民法院出版社 2024 年版，第 256 页。
[3] 王文宇：《简政繁权——评中国大陆注册资本认缴制》，载《财经法学》2015 年第 1 期。

决议机关法律并未明定，可由公司自行决定。基于公司章程，要求股东提前缴纳出资的决议可以由股东会决议作出，也可以由董事会决议作出，甚至可以通过其他方式作出该决定，只要能够代表公司的意志即可。当然，即使从保护股东根本利益的角度出发，认为要求股东提前缴纳出资的决议应当由股东会作出，也并非一定要代表 2/3 以上表决权的特别决议才能通过。这给了公司经营更大的自由度和决定权限。[1]公司可以在章程中明确决议机关与表决规则，以解决这一问题。

在我国纷杂的公司治理现状中，对于公司催缴主体的认识并不一致，在2023 年《公司法》修订中，曾有以下主张：①法定代表人负责催缴；②已出资股东负责催缴；③董事会负责催缴；④法定代表人、董事、其他股东均有义务催缴；⑤法定代表人和其他股东均有义务催缴；⑥法定代表人、董事会、监事会、其他股东依次催缴；⑦由已缴纳股东向股东会提议，经股东会决议后再由公司通知催缴。公司可从中选取一种适合的方式订入公司章程，根据公司自治的原则，公司章程确定的其他机关亦有权向股东主张加速到期。

3. 默认情形下董事会系决定出资义务加速到期的主体

在公司不能清偿到期债务的情况下，要求股东出资义务加速到期是维护公司利益的行为。因此，实施加速到期的决策和催缴行为，本身既具有权力的一面，也具有义务的一面。董事会作为日常经营决策机关，对公司财务状况和资金需求更为了解，具有商业判断能力，且负有信义义务作为履职保障，由其承担相应职责较为妥当。这也契合了 2023 年《公司法》修订中全面强化董事、监事、高级管理人员维护资本充实义务的改革方向。2023 年《公司法》第 52 条规定了催缴失权制度中董事会负责核查出资和催缴，在出资义务加速到期中，负责为公司利益提出加速到期要求的机构默认应为董事会。[2]董事会的行权方式实际上已经在 2023 年《公司法》第 51 条中作出了明确的规定，此处不赘。

4. 公司启动出资义务加速到期时应平等对待各股东

公司主张加速到期时，涉及股东平等原则。在要求未届出资期限的股东提前缴纳出资时，董事会应遵循公平原则，不得滥用权利损害股东利益。2023 年《公司法》第 190 条规定：“董事、高级管理人员违反法律、行政法

---

[1]　最高人民法院民事审判第二庭编著：《中华人民共和国公司法理解与适用（上）》，人民法院出版社 2024 年版，第 256 页。

[2]　刘斌：《出资义务加速到期规则的解释论》，载《财经法学》2024 年第 3 期。

规或者公司章程的规定，损害股东利益的，股东可以向人民法院提起诉讼。"因此，在要求未届出资期限的股东提前缴纳出资时，如果存在多个股东，原则上应当要求各股东同比例提前缴纳出资。如果出资财产无法进行同比例分割，比如厂房、机器等，应当通过不损害其他股东利益和合理期待的方式实现，比如征得其他股东同意等。

对于滥用权利而选择性要求部分股东提前缴纳出资的请求行为，其他股东可予以抗辩，对于所生损害可要求损害赔偿。[1]2023 年《公司法》第 89 条第 3 款规定："公司的控股股东滥用股东权利，严重损害公司或者其他股东利益的，其他股东有权请求公司按照合理的价格收购其股权。"2023 年《公司法》第 21 条规定："公司股东应当遵守法律、行政法规和公司章程，依法行使股东权利，不得滥用股东权利损害公司或者其他股东的利益。公司股东滥用股东权利给公司或者其他股东造成损失的，应当承担赔偿责任。"如果股东滥用股东权利操纵董事会不公平要求部分股东加速到期提前缴纳出资，该部分股东亦可以沿用上述条款，按照相关规定主张自己的权利。

问题 48 ▷ 债权人启动出资义务加速到期应该遵循什么规则和程序？

债权人作为出资义务加速到期的主体，其债权是否要求必须到期？主张加速到期的金额是否限于其主债权及附加债权数额？是否可以随意选择股东要求加速到期？均是出资义务加速到期在实操中面临的具体问题。

1. 债权人的债权须为已到期债权

根据 2023 年《公司法》第 54 条的规定，公司或者已到期债权的债权人有权要求已认缴出资但未届满出资期限的股东提前缴纳出资。在文义上首先明确要求有权请求股东提前缴纳出资的债权人必须是已到期债权的债权人。最初，在《公司法（修订草案一审稿）》第 48 条中，并无对已到期债权的限制。在《公司法（修订草案二审稿）》第 53 条中则修改为已到期债权的债权人，并于 2023 年《公司法》中保留。因债权如尚未到期，自不发生得以向公司主张的正当性，更不发生向公司股东进一步主张的正当性。因此，债权人启动出资义务加速到期的必要条件即债权到期。

---

〔1〕 刘斌：《出资义务加速到期规则的解释论》，载《财经法学》2024 年第 3 期。

2. 限于已经到期的债权数额

由于债权人主张股东出资加速到期具备代位权性质。[1]根据《民法典》第 535 条第 2 款的规定，代位权的行使范围以债权人的到期债权为限。因此，债权人请求加速到期的数额应当以其主债权和附加债权为限度，而不应随意扩大。[2]实际上，这也正是《公司法（修订草案二审稿）》在《公司法（修订草案一审稿）》的基础上将债权人限定为"已到期债权的债权人"的题中之义，并延续至审议通过后的 2023 年《公司法》第 54 条。基于同样的解释逻辑，已到期债权的债权人也不应扩大其行权范围，超出其权利保护的合理限度。[3]当然，此处的债权数额包括主债权、利息、实现债权的费用等内容。

3. 可以随意选择股东

在要求加速到期的股东主体上，债权人请求加速到期，可随意请求任一未届期限的股东提前出资，而不必限于同等比例，这一点与公司启动加速到期的程序不同。在公司不能清偿到期债务时，此时公司未届出资期限的所有股东均为义务主体，每一位股东的出资义务相互独立，不存在先后主次之分。债权人作为公司外部人，对公司清偿债务具有整体上之利益，法律上不应对其施加更多义务。因此，应当允许已到期债权的债权人随意向任一股东提起加速到期请求。[4]因此，在债权人对股东主张加速到期时，可以独立地选择股东行使权利，而不受任何股东平等原则的限制。

问题 49 ▷ 出资义务加速到期后，是否应当遵循"入库规则"？

2023 年《公司法》实施后，作为广受关注的出资义务加速到期制度，其一项重大争议即加速到期后的股东出资的流向问题：是支付给公司并由公司支付给债权人，即所谓的入库规则，还是直接支付给债权人，即所谓直接清偿或出库规则？

---

[1] 最高人民法院民事审判第二庭编著：《中华人民共和国公司法理解与适用（上）》，人民法院出版社 2024 年版，第 257 页；彭冰：《新〈公司法〉中的股东出资义务》，载《中国应用法学》2024 年第 3 期。

[2] 刘斌：《出资义务加速到期规则的解释论》，载《财经法学》2024 年第 3 期。

[3] 刘斌：《出资义务加速到期规则的解释论》，载《财经法学》2024 年第 3 期。

[4] 刘斌：《出资义务加速到期规则的解释论》，载《财经法学》2024 年第 3 期。

1. 出资财产流向的解释争议

2023年《公司法》施行后，关于加速到期已经产生多个判决。从目前的司法实践来看，法院适用2023年《公司法》第54条时，普遍按照《九民纪要》的法效果裁判股东承担"补充赔偿责任"，没有检索到一例裁判股东向公司缴纳出资的判决。[1]尽管不少案例，如北京市西城区人民法院在判决时提到代位权的适用，并未明确提到《九民纪要》，但"补充赔偿责任"并非《民法典》中代位权的适用效果，判决说理前后矛盾，不能令人信服。

《公司法司法解释（三）》引入了债权人对股东的直索权利，《九民纪要》加速到期制度亦在此制度上建立。2023年《公司法》一改《九民纪要》第6条"补充赔偿责任"的表述方式，尽管债权人依然作为权利人，但其请求的行为被限制为"缴纳出资"。因此，理论与实务中普遍认为，2023年《公司法》中的加速到期规范在债权人主张时呈现不同的构造路线。至于债权人主张加速到期是否一并适用"入库规则"，存在不同观点。

一种观点认为，由于2023年《公司法》第54条规定的公司偿债不能标准不同于《企业破产法》第2条规定的破产原因，对股东出资财产不宜机械套用该法中的入库规则。为激励债权人激活股东出资加速到期制度，司法实践普遍采取先来后到的个别清偿规则，而非入库规则。[2]最高人民法院对该观点表示认可，并给出三点理由进行论述：①股东将出资直接交付公司与在应当出资的范围内就公司债务不能清偿的部分向公司债权人直接承担责任消灭公司债务，均属于股东履行出资义务的方式。②从我国多年司法实践来看，追究股东出资瑕疵责任的原告多数是债权人。在债权人直接提起诉讼的情形下，股东直接向债权人承担责任，有利于保障债权人的积极性。③与《九民

---

〔1〕《西城法院审结首例适用新公司法加速到期规则案件》，载微信公众号"北京西城法院"，发布日期：2024年7月1日；《姜堰法院审结首例适用新公司法加速到期规则案件》，载微信公众号"泰州姜堰法院"，发布日期：2024年7月2日；《常熟法院审结首例适用新公司法加速到期规则案件》，载微信公众号"常熟市人民法院"，发布日期：2024年7月3日；《认缴出资加速到期｜崇川法院审结首例适用新〈公司法〉规则案件》，载微信公众号"南通崇川法院"，发布日期：2024年7月5日；《【媒体播报】丹阳日报：我市审理宣判适用"新公司法"首例案件》，载微信公众号"丹阳市人民法院"，发布日期：2024年7月25日；《天津一中院审结首例适用新公司法案件》，载微信公众号"天津一中院"，发布日期：2024年7月19日；《武清法院作出首份适用新公司法判决》，载微信公众号"武清法院"，发布日期：2024年7月22日；《公司无法偿还债务，未出资股东需要承担责任吗？｜徐小槌说法》，载微信公众号"徐州市中级人民法院"，发布日期：2024年7月29日。

〔2〕刘俊海：《新公司法的制度创新》，中国法制出版社2024年版，第237页。

纪要》以来长期的司法实践相统一。[1]

另一种观点认为，2023 年《公司法》第 54 条的法律后果为"提前缴纳出资"，并未规定股东对债权人的补充赔偿责任，即要求股东提前缴纳出资而非要求股东对个别债务承担补充赔偿责任。股东缴纳出资的对象是公司，通过充实公司的责任财产从而概括地、间接地保障全体债权人的利益。[2]全国人大常委会法工委对该观点表示认可，并认为债权人作为公司的债权人，原则上不能直接要求股东出资，但是公司不能清偿债务，公司不向股东主张出资义务，会损害债权人利益，此时债权已届期的债权人有权请求股东向公司出资，并非股东直接向债权人清偿。[3]

2. 应采取入库规则为宜

本书认为，在出资义务加速到期制度中，适用入库规则更具妥当性。

首先，从法理逻辑上而言，债权人与公司之间、公司与未出资股东之间的关系存在明显的相对性，股东承担的出资义务对象系公司而非债权人。未届期股东的出资义务一旦触发加速到期条件，可因债权人或公司的要求而即时到期，成为一项履行期届满的义务。

其次，需要考量公司作为独立法人主体的利益，这一点不同于民法上的代位权行使。股东对公司的出资形态是多元的，对于公司而言，股东出资的价值并不局限于债权担保，同时，对公司有意义的出资形态，未必能够满足债权人之需要。为加速到期后的股东出资完全有可能成为盘活公司资产、恢复公司清偿能力的救命稻草。此时，若径行要求股东向债权人直接清偿，无异于杀鸡取卵，浪费资产的经营价值。

最后，入库规则可在最大范围内实现全体债权人公平清偿的目的，如果多个债权人提起加速到期，入库规则还可以避免诉讼竞争和讼累。反对的观点认为，此时公司并未陷入破产，完全无须遵循公平清偿的规则。如前所述，虽然停止支付仅为破产的推定事由，并不等同于破产，不需要遵循公平清偿规则。但是，加速到期情形毕竟属于清偿异常形态，已经触发了破产界限的要素之一，实际上"半条腿已经迈进了破产的门槛"。尤其是我国司法实践中，诸多事实上已经破产的企业，因为这样或那样的原因无法进入破产程序，

---

〔1〕　最高人民法院民事审判第二庭编著：《中华人民共和国公司法理解与适用（上）》，人民法院出版社 2024 年版，第 258 页。

〔2〕　中华全国律师协会公司法专业委员会组编：《公司法重点条款律师实务评注》，法律出版社 2024 年版，第 187 页。

〔3〕　王瑞贺主编：《中华人民共和国公司法释义》，法律出版社 2024 年版，第 83 页。

均仰赖 2023 年《公司法》第 54 条清理债务。此时，事实上，2023 年《公司法》第 54 条将在相当程序上发挥"影子破产法"的功能。即使在《民法典》第 537 条中，债务人虽未破产但其债权被采取保全、执行措施的，亦需要适用限定入库规则以保障清偿公平。入库规则的确会导致债权人缺乏激励，并产生债权人搭便车的理性选择，从而影响制度效率，但这是在公司停止支付情形下较为理想的选择方案。

问题 50 ▶ 2023 年《公司法》实施后，有限责任公司股东具体可以查阅哪些公司文件类型？

2023 年《公司法》第 57 条规定："股东有权查阅、复制公司章程、股东名册、股东会会议记录、董事会会议决议、监事会会议决议和财务会计报告。股东可以要求查阅公司会计账簿、会计凭证。股东要求查阅公司会计账簿、会计凭证的，应当向公司提出书面请求，说明目的……股东要求查阅、复制公司全资子公司相关材料的，适用前四款的规定。"该条明确规定了有限责任公司股东有权查阅公司以下 8 类文件：①公司章程；②股东名册；③股东会会议记录；④董事会会议决议；⑤监事会会议决议；⑥财务会计报告；⑦会计账簿；⑧会计凭证。其中，前 6 类文件除查阅外，股东亦可请求复制，后 2 类只能查阅而不能复制。

1. 2023 年《公司法》中知情权规则变化

相较于 2018 年《公司法》，2023 年《公司法》上知情权规则的变化要点主要有：

一是，进一步扩张了有限责任公司股东查阅权范围与行使对象，新增股东对"会计凭证"的查阅规则。允许查阅会计凭证，是 2023 年《公司法》修订的重大突破。在近年来的司法实践中，股东知情权纠纷仍然是公司纠纷类案件中占比较大的一类案件，而在股东知情权纠纷中最大的争议是股东能否查阅会计凭证。为解决司法实践长期以来的争议，进一步保障股东知情权，2023 年《公司法》顺应学界主流，回应实践关切，明确规定有限责任公司股东可以要求查阅公司会计凭证，围绕在法学理论与司法实践中有关股东查阅会计凭证的巨大争议也随之终结。[1]

二是，新增查阅"股东名册"的规定，呼应了 2023 年《公司法》第 86 条将"记载于股东名册"作为有限责任公司股权变动的时点，因此股东名册

---

〔1〕 王瑞贺主编：《中华人民共和国公司法释义》，法律出版社 2024 年版，第 86 页。

在法律意义上反映了最真实的股东身份信息，地位重要。[1]

三是，作为配合 2023 年《公司法》第 189 条中股东双重代表诉讼的制度，2023 年《公司法》第 57 条第 5 款允许股东知情权可以穿越行使至全资子公司。2023 年《公司法》第 189 条新增了股东双重代表诉讼制度，而股东知情权是一种工具性的权利，对其他股东权利的实现具有重要的辅助作用，是进行股东双重代表诉讼的基础。

2. 关于查阅会计凭证的理论争议

自 2005 年《公司法》规定"股东可以要求查阅公司会计账簿"以来，在公司实务和司法实践中，对于股东知情权范围存在的争议集中表现在股东能否查阅公司的会计凭证。[2]会计账簿是指以会计凭证为根据，由一系列格式化且相互联系的账页所组成的簿册。会计凭证则是记录各项经济业务发生或完成情况的书面证明，包括原始凭证和记账凭证，具体包括以形成会计凭证具体数据所依据的银行转账凭证、支票、汇票、税务发票或收据，以及用于证明该数据的真实性、合法性和关联性的交易合同、审批流程和其他辅助资料。依据不同的立场，关于"股东能否查阅公司会计凭证"，学说上主要存在两种观点，即否定说与肯定说。

2.1 否定说

在 2005 年《公司法》新增"股东可以查阅公司会计账簿"后，持否定说的学者主张不能根据"有限责任公司股东可查阅会计账簿"推导出股东查阅范围包括会计凭证。论据有三：

一是，根据《会计法》相关规范，财务会计报告、会计账簿以及会计凭证是不同的概念，三者之间虽有密切联系，但并非包容关系，在会计法上具有相对独立的地位。

二是，我国 2018 年及之前的《公司法》仅明确规定了有限责任公司股东可查阅公司财务会计报告及会计账簿，并未规定会计凭证。[3]

三是，公司财务审计权中的查账权与股东查账权在含义上存在实质不同，审计所包含的查账权表现为"检查"，以"查阅"为前提，大于"查阅"的内涵。公司的财务审计职能主要赋予了监事会或监事，而非股东。故而，股

---

〔1〕 李建伟主编：《公司法评注》，法律出版社 2024 年版，第 246 页。

〔2〕 石少侠：《对〈公司法〉司法解释（四）若干规定的理解与评析》，载《当代法学》2017年第 6 期。

〔3〕 杨路：《股东知情权案件若干问题研究》，载《法律适用》2007 年第 4 期。

东仅能根据公司法明确规定查阅会计账簿，不能延伸至会计凭证。[1]

2.2 肯定说

此后，越来越多的学者认识到股东查阅权的共益权性质，赋予股东查阅会计凭证的权利有利于保障股东知情权的正当行使，以及公司财务会计报告、会计账簿与会计凭证之间存在密切的逻辑关联，肯定说逐渐成为主流。主要论据包括以下四点：

一是，有限责任公司股东查阅权作为一种共益权，是股东对公司经营管理的监督权的一种制度延伸，公司监事在行使会计监督的过程中可以查阅会计账簿以及包括原始凭证在内的所有会计资料，那么股东亦当可以。[2]

二是，公司会计账簿乃依据原始会计凭证制作，会计凭证作为公司最原始的会计资料，其造假难度远高于会计账簿与财务会计报告，且与会计账簿可相互印证，有利于股东知情权行使。[3]

三是，回顾公司监督权的行使，原本被寄予厚望的公司审计监督机关监事会怠于行使监督权的现象普遍，监事会并未真正发挥对公司财务的审计查账职责。[4]

四是，纵观域外法，立法例上不乏允许股东查阅会计凭证的规定。[5]例如，《日本公司法》规定股东可查阅的范围包括"会计账簿及相关资料"，日本学界对股东可查阅的会计账簿是否包含公司在经营中任意制作的会计账簿存在争议，但就其中相关资料包括制作会计账簿的基础资料——会计凭证并无分歧。《德国有限责任公司法》规定股东可查阅公司账簿和文件，包括公司与第三人签订的合同。[6]

3. 2023 年《公司法》实施前的不同裁判立场

由于在 2023 年《公司法》修订之前，2018 年《公司法》未明确规定有限责任公司股东查阅权范围包含公司会计凭证，《公司法司法解释（四）》亦将查阅权范围以"公司特定文件材料"概括之，除法学理论界对该问题存

---

[1]　陈群峰：《股东查账权若干问题探讨》，载《法学杂志》2007 年第 6 期。

[2]　朱大明：《论股东会计账簿查阅权的监督功能——以查阅权的共益性为中心》，载《北方法学》2021 年第 1 期。

[3]　刘俊海：《公司自治与司法干预的平衡艺术：〈公司法解释四〉的创新、缺憾与再解释》，载《法学杂志》2017 年第 12 期；石少侠：《对〈公司〉司法解释（四）若干规定的理解与评析》，载《当代法学》2017 年第 6 期。

[4]　李建伟：《股东查阅会计凭证的公司法修订方案》，载《国家检察官学院学报》2023 年第 4 期。

[5]　李建伟：《股东查阅会计凭证的公司法修订方案》，载《国家检察官学院学报》2023 年第 4 期。

[6]　李建伟：《股东查阅会计凭证的公司法修订方案》，载《国家检察官学院学报》2023 年第 4 期。

在截然不同的观点外，司法实践中，也存在大量裁决不一，同案不同判现象。

部分法院认为："会计账簿的登记是以会计凭证为基础，会计凭证的填制，需要以公司实际发生经济业务事项为基础，《公司法》第 33 条第 2 款规定的会计账簿，其外延应当包括会计凭证和与会计凭证形成有关的基础性材料。"[1]相反，亦有法院认为："会计凭证与会计账簿相互联系，又相互独立，两者属于不同的法律概念，不存在包含的关系，基于此，虽然《公司法》规定股东可以查阅公司会计账簿，但不能当然依据《公司法》的规定得出股东可以查阅公司会计凭证的结论。"[2]这一现象在 2023 年《公司法》实施后有望消除。

4. 会计凭证查阅的必要性限度

2023 年《公司法》赋予股东对公司会计凭证查阅权后，一方面公司需要配合股东进行会计凭证查阅，另一方面股东查阅会计凭证应当以相关性和必要性为限。具体而言，公司向股东提供会计凭证的，应当根据股东查阅的正当目的，提供制作会计账簿所依赖的相关部分的会计凭证，在满足股东知情权行使的同时，注意对公司信息利益的保护。[3]之所以允许股东查阅会计凭证，主要支持理由也在于公司会计账簿乃依据会计凭证制作，会计凭证作为公司最原始的会计资料，与会计账簿可相互印证，有利于股东知情权的行使。对于具有不正当目的的查阅，公司可以予以拒绝。关于不正当目的的认定和判断，请详见下一问题的回答。

问题 51 ○ 如何认定股东行使知情权时具有"不正当目的"？

2023 年《公司法》第 57 条第 2 款规定："股东可以要求查阅公司会计账簿、会计凭证……"相较于本条第 1 款规定的股东对公司章程、股东名册等书面文件的绝对性查阅权，股东查阅公司会计账簿、会计凭证实则是一种限制性查阅权，即公司认为股东具有"不正当目的"时可拒绝股东查阅。一方面，股东知情权作为固有权利不可剥夺，对股东利益保护具有基础性价值，另一方面，由于公司会计账簿与会计凭证包含公司所进行的各类交易和业务信息，存在大量

---

〔1〕 杨某与福建省厦门市烽胜餐饮管理有限公司股东知情权纠纷案，福建省厦门市中级人民法院〔2020〕闽 02 民终 5584 号民事判决书。

〔2〕 北京金曦永利商贸有限责任公司等股东知情权纠纷案，北京市第二中级人民法院（2022）京 02 民终 14549 号民事判决书。

〔3〕 上海市第二中级人民法院商事审判庭课题组、朱川、李非易：《股东知情权客体的第三层面：查阅会计凭证的证成与限度——兼谈公司法修订草案第 51 条》，载《法律适用》2022 年第 10 期。

的商业秘密，也应受到法律保护。[1]为平衡股东知情利益与公司信息利益，公司法赋予了公司就股东查阅权行使以"不正当目的"为根据的抗辩事由。

关于"不正当目的"的认定，我国《公司法司法解释（四）》第8条规定了几种情形：股东自营或他营与公司主营业务存在实质性竞争关系的业务；股东曾向或为了向他人通报相关信息，损害公司合法利益；以及股东有不正当目的的其他可能情形。其中，如何认定股东经营行为（是否包含投资行为）、公司主营业务认定标准、经营范围重合是否认定为有实质性竞争关系、损害公司诉讼利益是否是损害公司合法利益以及其他可能情形等具体问题，理论与实践中存在争议，有待进一步厘清。

1. "不正当目的"认定的立法模式

对于"不正当目的"的法律规定，各国立法例大致可分为两种立法模式，即正向概括模式与反向列举模式。

1.1 正向概括模式

正向概括模式是指就股东行使知情权的"正当目的"提出一定的原则性标准。如《美国修订示范公司法》第16.02（c）节规定，股东行使查阅权的正当目的必须符合三要件：股东要求查阅和复制是出于善意；股东为了查阅和复制文件说明了具体合理的目的；股东要求查阅的内容与股东陈述目的之间具有紧密联系。[2]正向概括模式以抽象性原则为主，赋予了法官更大的自由裁量空间，同时也对法官裁判水平提出了更高的要求。

1.2 反向列举模式

反向列举模式则是指列举了多种可被认定股东具有"不正当目的"的情形。如《日本公司法》第433条第2款规定，除下列情况外，公司不得拒绝股东查阅请求：①该请求股东出于为确保其权利或者行使其股东权利而进行相关调查以外的目的提出请求时；②该请求股东出于妨碍该股份公司的业务执行，或者损害股东的共同利益的目的提出请求时；③该请求股东正在经营同该股份公司的业务存在实质上的竞争关系的业务，或者正要从事同该股份公司的业务存在实质上的竞争关系的业务时；④该请求股东是为了将通过查阅或者誊写该股份公司会计账簿或者相关资料后获知的信息和事实向第三人进行通报，牟取利益时；⑤该请求股东存在在过去2年内将通过查阅或者誊

---

〔1〕 李建伟：《股东知情权边界的利益衡量》，载《暨南学报（哲学社会科学版）》2022年第6期。

〔2〕 Revised Model Business Corporation Act §16.02（C）（2024）.

写该股份公司会计账簿或者相关资料后获知的信息和事实向第三人进行通报并牟取利益的情况时。[1]相较于正向概括模式，反向列举模式由于规则更为具体，更易于操作，是一种更为接近形式审查的判断标准，同时给予了股东在行使知情权时更大的确定性。[2]

1.3 我国法采反向列举模式

我国《公司法司法解释（四）》第8条类似于《日本公司法》的规定，采用反向列举式模式，规定了四种被认定为"不正当目的"的情形：①股东自营或者为他人经营与公司主营业务有实质性竞争关系业务的，但公司章程另有规定或者全体股东另有约定的除外；②股东为了向他人通报有关信息查阅公司会计账簿，可能损害公司合法利益的；③股东在向公司提出查阅请求之日前的3年内，曾通过查阅公司会计账簿，向他人通报有关信息损害公司合法利益的；④股东有不正当目的的其他情形。同时，采用举证责任倒置原则，由公司对认定股东具有"不正当目的"承担举证责任。[3]

2. 我国法上"不正当目的"的具体认定情形

2.1 股东自营或他营与公司主营业务存在实质性竞争关系的业务

除公司章程另有规定或者全体股东另有约定外，股东请求查阅公司会计账簿和会计凭证的，公司可以"股东自营或者为他人经营与公司主营业务有实质竞争关系业务"为由，主张股东行使查阅权具有不正当目的。"实质性竞争关系"条款相较于《公司法司法解释（四）》第8条规定的其他不正当目的的情形，属于较为具象的规定，且股东参与投资、经营多家公司的现象较为普遍，因此司法实践中公司提出此类抗辩的情形占据压倒性优势。[4]但就"自营""他营""主营业务""实质性竞争关系"等概念如何认定还有待进一步厘清。

（1）经营行为：自营或为他人经营

本条规定股东需存在经营行为，行为类型具体包括自营与为他人经营。需要注意的是，为防止公司过度限制股东知情权行使，限缩股东自由投资的市场需求，应明确一点，此处的"经营"不等同于"投资"。若股东仅认购

---

〔1〕吴建斌编译：《日本公司法：附经典判例》，法律出版社2017年版，第237-238页。

〔2〕朱大明：《论股东会计账簿查阅权的监督功能——以查阅权的共益性为中心》，载《北方法学》2021年第1期。

〔3〕梁彦红、韩璐璐：《社会正义视角下股东知情权之限制》，载《河北学刊》2019年第4期。

〔4〕李建伟：《竞业股东查阅会计账簿的目的限制研究——〈公司法解释（四）〉第8条第1项的法教义学分析》，载《北方法学》2020年第5期。

其他竞争公司股权，并未实际参与被投资竞争公司经营管理，则不得认定为此处的"经营"。当然，如果股东对其他竞争公司投资已达到控股地位，成为其他竞争公司实际控制人。[1]所谓实际控制人，是指通过投资关系、协议或者其他安排，能够实际支配公司行为的人。2023 年《公司法》新增影子董事、事实董事下实际控制人的信义义务，此时已不是单纯的投资行为，该股东通过投资行为作为被投资竞争公司的实际控制人，与公司的经营管理具有高度紧密性，与其竞争利益具有高度盖然性。

实践中还存在一种情形，即股东的近亲属自营或为他人经营与公司主营业务存在实质性竞争关系的业务，此时应当如何认定，存在争议。根据《公司法司法解释（四）》第 8 条第 1 项的文义解释，该项规定仅限于股东自己从事经营行为，并未扩张至股东近亲属的经营行为。对此，应当独立判断股东并不能左右近亲属的经营行为，不应该因近亲属的经营行为从而剥夺股东知情权，比如，夫妻之间也可能采取分别财产制。如果构成《公司法司法解释（四）》第 8 条第 2 项情形，即"股东为了向他人通报有关信息查阅公司会计账簿，可能损害公司合法利益的"，当然可以拒绝查阅。当然，这在实践中举证十分困难。

（2）公司主营业务

主营业务是指企业为完成其经营目标而从事的日常活动中的主要活动。判断标准主要包括形式标准与实质标准两个维度。形式标准即根据企业营业执照上规定的主要业务范围，实质标准则是指某项业务对公司盈利收入的主要贡献。其中，实质标准是判断主营业务的核心标准，不能仅根据公司所登记的经营范围来认定公司主营业务。

（3）存在实质性竞争关系

判断是否存在实质性竞争关系，在股东知情权诉讼的司法实践中，法院对竞争关系的认定根据严格程度划分主要存在三种倾向。宽松标准下认为公司经营范围重合即认定具有竞争关系；适中标准下认为经营范围的重合是广义上业务范围的重合，还需具体分析两公司具体业务是否存在重合才能判断是否对公司构成潜在的危害；严格标准下则认为需要综合考虑两公司核准的经营范围、经营现状、经营业绩、经营地点、设立时间先后、具体经营产品或项目、股东在其他公司的任职或投资情况来认定两公司存在竞争关系。出于对股东知情权这一基础性固有权利的克制性限制，宽松标准显然认定范围

---

〔1〕 李建伟：《竞业股东查阅会计账簿的目的限制研究——〈公司法解释（四）〉第 8 条第 1 项的法教义学分析》，载《北方法学》2020 年第 5 期。

过广，实践中也鲜少有法院直接以经营范围重合认定具有竞争关系。[1]

"竞争关系"并非公司法的专有词汇，其更多出现于竞争法领域。如《反垄断法》第15条第2款规定："本法所称相关市场，是指经营者在一定时期内就特定商品或者服务（以下统称商品）进行竞争的商品范围和地域范围。"此处所说的"相关市场"即"竞争关系"的反映，因此，判断公司之间是否存在竞争关系，即判断双方是否处于一个"相关市场"当中。判断因素主要有三：商品、地域、时间。商品是指双方经营的商品或服务属于同一种类，属于可替代商品。地域是指双方销售市场辐射同一地域，若一个处于南美洲，仅辐射南美市场，一个处于亚洲，仅辐射亚洲市场，则不属于同一地域。时间则是指双方正在经营或一方将要经营，若一方早已注销停止经营，则不符合时间要件。

（4）可能损害公司合法利益

《公司法司法解释（四）》第8条第1项规定的"股东自营或他营与公司主营业务存在实质性竞争关系的业务"并非一个单纯的行为要件，需要结合2023年《公司法》第57条第2款规定共同适用，即该情形下还包含一个隐藏性结果要件，即该种经营行为需要满足"可能损害公司合法利益"。[2]换言之，若股东请求查阅的会计账簿与会计凭证与公司商业秘密相距较远，不会损害公司合法利益，那么即使存在实质性竞争关系，也不必然表明股东存在不正当目的。[3]

之所以需要强调此点，一则是公司法及其司法解释的体系解释，二则也防止了公司对股东查阅权抗辩的过分滥用。对"存在实质性经营关系"的抗辩事由，司法解释加入了除外规定以避免对股东知情权过度限制，但是该条除外规定在多数股东压制少数股东的公司治理语境下，极难保障少数股东知情权，少数股东人微言轻下难以与公司进行此种除外约定。[4]此时，"可能损

---

〔1〕　认为单凭经营范围重合无法认定为竞争关系的案例：美国阿某斯公司诉河北阿某斯公司股东知情权纠纷案，最高人民法院（2020）最高法民再170号民事判决书；杨某某与某技术有限公司股东知情权纠纷案，陕西省西安市中级人民法院（2024）陕01民终23065号民事判决书；某科技公司与赵某股东知情权纠纷案，北京市第二中级人民法院（2024）京02民终12915号民事判决书；宿迁市某实业有限公司、吴某敏股东知情权纠纷案，江苏省宿迁市中级人民法院（2024）苏13民终2967号民事判决书；某建设公司与某建筑公司股东知情权纠纷案，北京市第三中级人民法院（2024）京03民终16749号民事判决书；无锡某某设备有限公司、唐某德股东知情权纠纷案，江苏省无锡市中级人民法院（2024）苏02民终5286号民事判决书。

〔2〕　杜万华主编、最高人民法院民事审判第二庭编著：《最高人民法院公司法司法解释（四）理解与适用》，人民法院出版社2017年版，第185页。

〔3〕　李建伟：《股东查阅会计凭证的公司法修订方案》，载《国家检察官学院学报》2023年第4期。

〔4〕　李建伟：《竞业股东查阅会计账簿的目的限制研究——〈公司法解释（四）〉第8条第1项的法教义学分析》，载《北方法学》2020年第5期。

害公司合法利益”这一结果判断标准的加入就显得尤为重要了。

2.2 股东曾向或将向他人通报相关信息，损害公司合法利益

（1）“他人”的认定

股东为了向他人通报有关信息查阅公司会计账簿和会计凭证，或在向公司提出查阅请求之日前的 3 年内，曾通过查阅公司会计账簿和会计凭证，向他人通报有关信息损害公司合法利益的，公司可认为股东行使查阅权具有不正当目的，拒绝股东的查阅请求。对于此种情形，有学者曾形象地将其称之为“经济间谍”与“经济间谍前科”。[1]此处的“他人”，往往是与股东具有密切联系的公司的竞争者或者诉讼对手，也可能是前述的经营与公司存在实质性竞争关系的股东的近亲属。[2]

（2）“公司合法利益”的认定

与“存在实质性竞争关系”的情形相似，此处也由行为要件与结果要件共同构成。行为要件即股东曾向或将向他人通报相关信息，结果要件即损害公司合法利益。此二要件中需要特别说明的一点是结果要件中所要求的“公司合法利益”，即并非“公司全部利益”，需该利益“合法”。

具体而言，在司法实践中公司常以股东行使查阅权是为将相关信息告知给与公司存在诉讼纠纷的第三人以便为其提供支持胜诉的证据为由，主张股东行使查阅权具有不正当目的，从而拒绝查阅。公司此种主张即忽略了知情权抗辩所保护的只是其合法利益，并非全部利益。在最高人民法院公报案例“李某君、吴某、孙某、王某兴诉佳德公司股东知情权纠纷案”中，被上诉人佳德公司认为四上诉人查阅会计账簿的目的是收集并向广厦公司提供工程款纠纷仲裁一案中对佳德公司不利的证据，损害佳德公司及其他股东的合法利益。对此法院认为：“《公司法》（2005 年修订）第 34 条规定的公司拒绝查阅权所保护的是公司的合法利益，而不是一切利益。基于诚实信用原则，案件当事人理应对法庭或仲裁庭如实陈述，并按法庭或仲裁庭要求提供自己掌握的真实证据，以拒不出示不利于己的证据为手段而获得不当利益的行为为法律所禁止。如佳德公司持有在仲裁一案中应当提供而未提供相关证据，则不能认定股东查阅公司账簿可能损害其合法利益。”[3]换言之，股东要求查阅公

---

[1] 李建伟：《股东查阅会计账簿的“不正当目的”抗辩研究——〈公司法〉第 33 条第 2 款的法教义学分析》，载《当代法学》2021 年第 1 期。

[2] 杜万华主编、最高人民法院民事审判第二庭编著：《最高人民法院公司法司法解释（四）理解与适用》，人民法院出版社 2017 年版，第 186 页。

[3] 李某君、吴某、孙某、王某兴诉佳德公司股东知情权纠纷案，见《中华人民共和国最高人民法院公报》2011 年第 8 期。

司会计账簿，但公司怀疑股东查阅会计账簿的目的是为公司涉及的其他案件的对方当事人收集证据，并以此为由拒绝提供查阅的，不属于上述规定中股东具有不正当目的、可能损害公司合法利益的情形。[1]

2.3 股东有不正当目的的其他可能情形

列举式规范的缺陷在于无法穷尽相关规则，为避免挂一漏万，其后多附以兜底性条款。《公司法司法解释（四）》第8条亦是如此，除上述规定的"存在实质性竞争关系""经济间谍""经济间谍前科"三种情形外，引入"股东有不正当目的的其他情形"。[2]如何认定"其他情形"？

既然"其他情形"的作用在于防止前三项列举不够周延，弥补溢出前三项所能涵盖范围之外的问题，那么"其他情形"与前三项应当具有同质性，即包含"股东行使查阅权可能损害公司合法利益"这一核心要素。同时，若股东的行为并不以损害公司利益为目的，如仅为自己或他人获取一定利益，但事实上可能会对公司的已存利益或潜在利益造成损害的，也宜认定为具有不正当目的，即对"损害公司合法利益"的认定应当采客观标准。例如，在实践中，被告公司常以"股东行使知情权可能影响公司正常运营"为由主张股东存在不正当目的。对此，如果股东行使知情权过于频繁，行使知情权的强度显然超过其必要性，可能对公司的正常经营造成损害，则可以认定股东存在"其他不正当目的"。[3]

问题 52 ▷ 公司能否以双方存在未决诉讼为由拒绝股东查阅会计账簿？

股东知情权是股东的固有权利，而公司会计账簿、会计凭证能真实、完整反映公司的财务状况，可能涉及公司的商业秘密，公司可以股东存在不正当目的可能损害公司利益为由，拒绝股东查阅。如何认定"不正当目的"，是平衡股东权利与公司利益的核心所在。《公司法司法解释（四）》第8条反向

---

〔1〕　认为股东查阅会计账簿及会计凭证用于诉讼不属于不正当目的的案例还有：北京通大投资管理有限公司与深圳一房和信资产管理有限公司股东知情权纠纷案，北京市第三中级人民法院（2023）京03民终4066号民事判决书；成都某电子商务有限公司与成都某商业管理有限公司股东知情权纠纷案，四川省成都市中级人民法院（2023）川01民终7392号民事判决书；潍坊昌荣置业有限公司、孟某等股东知情权纠纷案，山东省潍坊市中级人民法院（2021）鲁07民终6569号民事判决书；赵某与天津航峰希萨科技有限公司股东知情权纠纷案，北京市朝阳区人民法院（2018）京0105民初3277号民事判决书。

〔2〕　李建伟：《股东查阅会计账簿的"不正当目的"抗辩研究——〈公司法〉第33条第2款的法教义学分析》，载《当代法学》2021年第1期。

〔3〕　杜万华主编、最高人民法院民事审判第二庭编著：《最高人民法院公司法司法解释（四）理解与适用》，人民法院出版社2017年版，第188-189页。

列举了构成"不正当目的"的四种情形，判断公司能否以双方存在未决诉讼为由拒绝股东查阅会计账簿，关键在于判断双方存在未决诉讼是否构成"不正当目的"。原则上，提起诉讼是股东诉权的合法行使，公司不得以双方存在未决诉讼为由拒绝股东查阅会计账簿，除非双方存在未决诉讼构成"可能损害公司合法利益的其他情形"。

1. 原则上合法的未决诉讼不构成"不正当目的"

如前所述，股东行使知情权可能损害公司合法利益的，方能构成"不正当目的"，此处为"公司合法利益"，而非"公司所有利益"。例如，在最高人民法院公报案例"李某君、吴某、孙某、王某兴诉佳德公司股东知情权纠纷案"中，法院认为，基于诚实信用原则，案件当事人理应对法庭或仲裁庭如实陈述，并按法庭或仲裁庭要求提供自己掌握的真实证据，以拒不出示不利于己的证据为手段而获得不当利益为法律所禁止，公司主张股东查阅会计账簿的目的是为公司涉及的其他案件的对方当事人收集证据的行为属于不正当目的的抗辩不成立。[1]

股东行使查阅权收集证据，用于股东自身与公司的合法诉讼中，不构成不正当目的，公司不能以双方存在未决诉讼为由拒绝股东查阅会计账簿和会计凭证。相反，股东知情权作为一种工具性权利，其重要目的就是为正在进行或后续将要进行的维护自身权益的合法诉讼寻找证据，而部分被告公司以此证明原告股东的目的不正当，显然是对知情权诉讼的错误理解。[2]司法实践中，对于公司此种主张，亦多持否定态度。[3]

---

〔1〕 李某君、吴某、孙某、王某兴诉佳德公司股东知情权纠纷案，见《中华人民共和国最高人民法院公报》2011年第8期。

〔2〕 黄辉：《〈公司法〉修订背景下的股东知情权制度检讨：比较与实证的视角》，载《比较法研究》2023年第3期。

〔3〕 认为股东与公司存在未决诉讼不构成"不正当目的"的案例：云南某某能源开发有限公司与李某股东知情权纠纷案，云南省迪庆藏族自治州中级人民法院（2023）云34民终50号民事判决书；沈某娟、漳州耀星房地产开发有限公司股东知情权纠纷案，福建省漳州市中级人民法院（2022）闽06民终2112号民事判决书；威海市海大客运有限公司、威海畅通船舶用品有限公司股东知情权纠纷案，山东省威海市中级人民法院（2022）鲁10民终574号民事判决书；旺微科技（浙江）有限公司、徐某与公司有关的纠纷案，浙江省嘉兴市中级人民法院（2021）浙04民终438号民事判决书；彭泽县龙泉投资有限公司、徐某峰股东知情权纠纷案，江西省九江市中级人民法院（2020）赣04民终846号民事判决书；付某与中联环球国际拍卖（北京）有限公司股东知情权纠纷案，北京市海淀区人民法院（2018）京0108民初60867号民事判决书。

2. 例外：恶意的未决诉讼构成“不正当目的”

如上所述，股东的诉讼权利与股东知情权均为股东的固有权利，二者相互独立，原则上，股东与公司存在诉讼并不能影响股东对公司知情权的行使。但是，若股东与公司存在的诉讼满足《公司法司法解释（四）》第8条规定的“不正当目的”的兜底性条款，符合“股东有不正当目的的其他情形”，与前三项具有同质性，构成存在同业竞争关系或侵犯商业秘密的行为，则公司当然可依据该未决诉讼对股东知情权的行使主张“不正当目的”的抗辩。例如，股东与公司存在实质性竞争关系，同时股东正在通过与公司恶意诉讼企图影响公司经营管理，增加公司诉累，此时股东行使知情权则可认定为有“不正当目的”，公司可以未决诉讼为由拒绝股东行使知情权。

概言之，股东与公司存在未决诉讼不当然构成“不正当目的”，关键在于判断公司与股东的未决诉讼是否属于股东的恶意诉讼，是否可能损害公司的“合法利益”。

问题 53 ▷ 股东行使知情权时，是否要求股东本人必须在场？是否可以委托专业人士辅助查阅？

简而言之，2023 年《公司法》第 57 条第 3 款规定了知情权的辅助行使，允许股东委托会计师事务所、律师事务所等中介机构辅助查阅，且股东本人无需在场。《公司法司法解释（四）》第 10 条第 2 款规定：“股东依据人民法院生效判决查阅公司文件材料的，在该股东在场的情况下，可以由会计师、律师等依法或者依据执业行为规范负有保密义务的中介机构执业人员辅助进行。”

相较于前款规定，2023 年《公司法》第 57 条第 3 款对股东委托查阅规则进行了两点修订：一是删除了委托查阅时股东本人仍需在场的规则限制；二是明确了接受股东委托查阅的受托人仅是会计师事务所、律师事务所等中介机构，而非中介机构执业人员。因此，股东行使知情权时，其可以委托会计师事务所、律师事务所等专业中介机构代其查阅，委托查阅时，股东本人无需在场。

代理制度，本旨即在于弥补个人行为不能或行为不便、扩大个人活动范围的。在商事领域，代理制度更有利于填补专业能力不足、提高交易质量和效率，等等。中介机构接受股东委托行使查阅权为事实行为，虽不构成代理，但效果亦是如此。股东查阅的公司资料反映公司经营状况，其中涉及财务知识以及合法合规性的判断，由于股东可能并不具备专业的法律和财务知识，甚至会导致知情权的落空风险。律师、注册会计师等专业辅助人员则能够弥补股东对于专业内容的不足，保障股东所获信息的质量，协助股东实现查阅目的、保障查阅效果。[1]

因此，公司法进一步放宽股东委托查阅的限制，不囿于股东知情权的人身权属性，更加着眼于对股东知情权的保障，不要求股东必须在场，进一步便利了股东查阅权的行使。

问题 54 ▷ 股东查阅会计凭证时，是否可以复印、拍照、扫描、摘抄、誊写等？

会计账簿是指以会计凭证为根据，由一系列格式化且相互联系的账页所组成的簿册。会计凭证则是记录各项经济业务发生或完成情况的书面证明，包括原始凭证和记账凭证。会计凭证中包括公司所进行的各类交易和业务信息，存在大量的商业秘密。为平衡股东知情权与公司商业秘密保护的利益，2023 年《公司法》第 57 条第 2 款、第 110 条第 2 款明确规定，有限责任公司股东和符合条件的股份有限公司股东可查阅公司会计账簿、会计凭证，但不允许复制。关于何为"复制"以及其与摘抄、摘录、誊写等形式之间的关系，如禁止复制是否禁止摘抄、摘录、誊写，司法实践中存在截然不同的观点，有待明晰。

所谓"复制"，《现代汉语词典》中解释为："依照原件制作成同样的"，[2]包括复印、扫描、拍照等借助不同工具实现的图文信息获得方式。因此，不允许复制，自然意味着不允许复印、拍照、扫描等。在股东知情权诉讼中，常发生争议的主要是对"复制"与"摘抄"的理解——二者是否为同一含义？股东是否可请求摘抄公司会计凭证？不同法院对该问题的理解存在较大偏差，主要可以分为两种观点，即肯定说与否定说。肯定说认为，复制是指依照原件制作成同样的文本，而摘抄、摘录则是选取一部分进行抄录，摘抄不等同于复制。会计凭证中包含大量、专业的数据信息，摘抄系辅助实现股东知情权的手段，"查阅"文义应当进行广义理解，摘抄是查阅的延伸，应当

[1] 姜磊：《会计师事务所受托行使查阅权的保障与规制研究》，载《中国注册会计师》2024 年第 8 期。

[2] 中国社会科学院语言研究所词典编辑室编：《现代汉语词典》，商务印书馆 2016 年版，第 412 页。

被允许。[1]否定说则认为，公司法仅规定股东有权查阅，未规定股东在查阅会计凭证时可以摘抄、摘录，股东摘抄会计凭证于法无据。[2]

之所以禁止股东复制会计凭证，主要原因在于会计凭证作为公司经营业务信息的原始凭证，涉及大量公司商业秘密，而由于复制是指依照原件制作同样的副本，其核心特质在于"与原件完全一致"，这将大大增加会计凭证的副本数量和对外传播的便利性，易造成公司商业秘密、经营信息的不当泄露。[3]出于此种立法目的的考量，复印、扫描、拍照等具体图文信息获得方式构成事实上的复制，应当被禁止。但是，"摘抄""摘录"是指从文件、书籍等材料中选取一部分内容抄录下来，其侧重在"非原件形态"与"部分"。[4]同时，股东行使知情权的目的多在于为此后诉讼做准备，会计凭证中存在大量专业的财务数据与法律问题，若不允许其部分摘抄，如何详细理解并保留其中部分信息作为证据以便诉讼便成为难题。

因此，摘抄与复制的关键差异即在两点，一是是否与原件完全一致，二是部分与整体。公司应当允许股东就会计凭证中的相关必要信息进行摘抄、摘录或部分誊写，但不得以全篇摘抄的方式间接复制全部资料，以免构成事实上的复制。

---

[1] 孙某与某某公司股东知情权纠纷案，上海市松江区人民法院（2024）沪 0117 民初 12195 号民事判决书；邓某杰、佛山市某某投资有限公司股东知情权纠纷案，广东省佛山市三水区（市）人民法院（2024）粤 0607 民初 218-2 号民事判决书；天津某某企业管理咨询中心、遵化市某某商贸有限公司股东知情权纠纷案，河北省遵化市人民法院（2024）冀 0281 民初 1876 号民事判决书；周某凯与云县某某房地产开发有限公司、胥某伟等股东知情权纠纷案，云南省云县人民法院（2024）云 0922 民初 11 号民事判决书；李某虹与兰州某某集团有限公司股东知情权纠纷案，甘肃省兰州市七里河区人民法院（2023）甘 0103 民初 7965 号民事判决书；代某磊、邢台市源美塑料科技有限公司股东知情权纠纷案，河北省邢台市中级人民法院（2023）冀 05 民终 4110 号民事判决书；顾某军股东知情权纠纷案，北京市第二中级人民法院（2023）京 02 民终 7460 号民事判决书；张某与某广告公司股东知情权纠纷案，陕西省西安市中级人民法院（2023）陕 01 民终 6742 号民事判决书；宝钢发展有限公司与上海乐宝酒店服务有限公司股东知情权纠纷案，上海市宝山区人民法院（2022）沪 0113 民初 20404 号民事判决书。

[2] 张某军与陕西恒意广告有限公司股东知情权纠纷案，陕西省高级人民法院（2023）陕民再304 号民事判决书；李某与湖南某某检测有限公司股东知情权纠纷案，湖南省长沙市岳麓区人民法院（2024）湘 0104 民初 2579 号民事判决书；马某与个某乙商品混凝土有限公司股东知情权纠纷案，云南省个旧市人民法院（2024）云 2501 民初 730 号民事判决书。

[3] 上海市第二中级人民法院商事审判庭课题组、朱川、李非易：《股东知情权客体的第三层面：查阅会计凭证的证成与限度——兼谈公司法修订草案第 51 条》，载《法律适用》2022 年第 10 期。

[4] 中国社会科学院语言研究所词典编辑室编：《现代汉语词典》，商务印书馆 2016 年版，第1643 页。

问题 55 ▷ 股东滥用知情权损害公司利益时，公司应当如何救济？

我国理论界与司法实务界多将目光聚焦于对股东知情权的保护，在股东滥用查阅权损害公司利益时，如何对公司进行救济常常被忽略。根据救济阶段的不同，公司的救济措施可以分为事前救济与事后救济。事前救济，也称预防性救济，即在股东滥用查阅权损害公司利益之情形尚未发生时，事先通过公司章程、保密协议与股东约定履行相应保密义务及不履行义务的损害赔偿责任，以及在股东行使查阅权存在不正当目的时进行抗辩，拒绝股东行使知情权。事后救济，即在股东滥用知情权已经损害公司利益时，通过民事、行政以及刑事等诉讼途径救济，请求股东承担相应的法律责任。

1. 股东滥用知情权的事前救济

1.1 "不正当目的" 抗辩

2023 年《公司法》第 57 条第 2 款规定："股东可以要求查阅公司会计账簿、会计凭证。股东要求查阅公司会计账簿、会计凭证的，应当向公司提出书面请求，说明目的。公司有合理根据认为股东查阅会计账簿、会计凭证有不正当目的，可能损害公司合法利益的，可以拒绝提供查阅，并应当自股东提出书面请求之日起十五日内书面答复股东并说明理由。公司拒绝提供查阅的，股东可以向人民法院提起诉讼。"关于公司"不正当目的"的抗辩事由，在前文"如何认定股东行使知情权时具有'不正当目的'？"一节中已有详细论述，此处不赘。

1.2 在章程或协议中与股东约定保密义务

根据公司法及司法解释规定，股东及其中介机构在行使知情权时应当履行相应的保密义务，违反保密义务致使公司遭受损失的应当承担赔偿责任。为平衡股东知情利益与公司信息利益，除法定赔偿责任外，公司亦可在公司章程中规定禁止股东滥用查阅权的具体情形，或与股东另行订立协议，约定股东滥用查阅权违反保密义务所需承担的违约责任。相较于侵权责任，违约责任不要求股东对滥用查阅权行为存在主观过错，且可通过约定违约金等方式确定损害赔偿的最低限度，更有利于公司维护自身合法权益，同时也对股东合法行使查阅权起到积极引导和威慑作用。

2. 股东滥用知情权的事后救济

2.1 民事损害赔偿责任

2023 年《公司法》第 57 条第 4 款明确了查阅股东及其委托的辅助行使查阅权的中介机构的保密义务，规定"股东及其委托的会计师事务所、律师事务所等中介机构查阅、复制有关材料，应当遵守有关保护国家秘密、商业秘密、个人隐私、个人信息等法律、行政法规的规定"。该条规则承继自《公司法司法解释（四）》第 11 条："股东行使知情权后泄露公司商业秘密导致公司合法利益受到损害，公司请求该股东赔偿相关损失的，人民法院应当予以支持。根据本规定第十条辅助股东查阅公司文件材料的会计师、律师等泄露公司商业秘密导致公司合法利益受到损害，公司请求其赔偿相关损失的，人民法院应当予以支持。"

换言之，股东及查阅辅助人对行使查阅权所掌握的公司信息具有法定的保密义务，违反保密义务的，公司可诉请该股东及相关中介机构承担相应的赔偿责任。从请求权基础视角看，公司所享有的请求权类型为侵权损害赔偿请求权，其需满足侵权损害赔偿四要件，即侵权行为、损害结果、过错及因果关系。其中，前三要件存在一定特殊性，需进一步说明。

（1）侵权行为：保密义务客体范围扩大

侵权行为即指股东违反保密义务的泄密行为。相较于《公司法司法解释（四）》第 11 条，2023 年《公司法》第 57 条第 4 款扩大了保密义务的客体范围，不再局限于商业秘密，将其扩充至国家秘密、商业秘密、个人隐私和个人信息。例如，查阅信息中可能记载有股东个人姓名、住址、财产情况等信息，此类信息即股东个人信息乃至个人隐私，但可能不涉及公司商业秘密。对该类信息的泄露，亦属于对保密义务的违反。

（2）损害结果：损害公司合法利益

股东违反保密义务所产生的损害结果需是公司合法利益的损害。例如，查阅股东将其查阅到的信息作为诉讼证据通报给第三人，此时明显损害了公司胜诉利益。如果当事人按法庭或仲裁庭要求提供自己掌握的真实证据，以拒不出示不利于己的证据为手段而获得不当利益为法律所禁止，因此，公司此种利益并非其合法利益，不受法律保护。

（3）归责原则：过错责任

对于股东滥用查阅权、违反保密义务所应承担侵权责任的归责原则，法律并未明确规定。根据侵权责任的一般归责原则，其应为过错责任，需满足股东就泄密行为存在故意或过失。实践中，过错作为一种主观心理状态，公司证明查阅股东就泄密行为存在故意或过失存在较大困难。股东通过行使知情权获得相关信息以期保障股东利益，相应地，其对所获悉的信息亦应负有较高的注意义务，以保护公司的信息利益，此为平衡股东知情利益与公司信息利益的应然之意。

在域外法上，《澳大利亚公司法》第247C规定，违反保密义务的查阅股东，构成刑法上犯罪的，采严格责任的归责原则。除了严格责任之外，理论上还有学者主张适用过错推定责任。相较于严格责任，过错推定责任仍然考虑股东过错，只不过是将证明义务倒置，由股东证明自身无过错。我国法上之所以未规定过错推定的特殊过错责任，主要有以下考量：一是公司股东滥用查阅权的，若股东同为公司董监高，此时除追究股东责任外，公司亦可根据信义义务追究其董监高责任；二是出于繁荣市场经济的需要，对于股东若苛以过重责任，不利于鼓励投资，也不利于其维权；三是股东难以证明其没有泄露这一消极事实，过错推定将使股东背负较重的证明义务。

即使仍采一般过错的归责原则，也不妨碍在诉讼过程中，通过采客观过错判断标准对双方利益进行一定平衡。理论界对于过错系主观过错还是客观过错存有不同认识。主观过错说认为，过错是违法行为人对自己的行为及其后果所具有的主观心理状态。客观过错说认为，对过错的判断标准应当客观化，过错指行为人未尽到一般人所能尽到的注意义务，也即违背了社会秩序要求的注意义务。[1]客观过错说仅要求被损害公司证明股东违反一般理性人应有的注意义务，而无须探求股东内心真意，降低了公司的证明责任。

在实践中，公司可以采取查阅信息标注水印、身份验证加密等方式，保障查阅信息安全。嗣后，如果附加有股东识别信息的查阅信息泄露，将构成股东违反保密义务、存在过错的直接客观证据。

2.2 行政与刑事责任

（1）行政责任

根据2019年《反不正当竞争法》第21条规定，公司股东对行使查阅权获取到的公司商业秘密等信息，不履行相关保密义务，违法披露、使用的，可由监督检查部门责令停止违法行为，没收违法所得，处10万元以上100万元以下的罚款；情节严重的，处50万元以上500万元以下的罚款。

（2）刑事责任

根据《刑法》第219条规定，公司股东违反保密义务或者违反权利人有关保守商业秘密的要求，披露、使用或者允许他人使用其所掌握的商业秘密

---

〔1〕 王泽鉴：《侵权行为》，北京大学出版社2016年版，第13-14页。

的，情节严重的，处 3 年以下有期徒刑，并处或者单处罚金；情节特别严重的，处 3 年以上 10 年以下有期徒刑，并处罚。

问题 56 ▷ 对于全资子公司的财务会计信息，股东如何行使知情权？

2023 年《公司法》第 57 条第 5 款、第 110 条第 3 款规定了股东知情权穿越行使制度，即股东有权查阅、复制公司全资子公司相关材料，此前公司法未有规定，为 2023 年《公司法》修订中的重大制度创新。在公司法明确股东知情权穿越行使制度以前，司法实践中即出现了大量母公司股东请求查阅子公司相关资料的诉讼案件，裁判观点也大有不同。多数案例的法院并未支持原告股东的诉讼请求，理由主要有两点：一是原告主体不适格，即原告仅为母公司股东，并非子公司股东，其查阅请求于法无据。[1]二是母公司与子公司均是独立的法人人格，母公司股东对子公司的查阅请求突破了法人独立人格，于法无据。[2]少数法院则基于母公司与子公司的投资性控股关系，母公司股东的实际利益在子公司，以及公司章程对股东知情权穿越行使的约定，支持了原告股东的穿越请求。[3]2023 年《公司法》赋予了股东知情权查阅行使的权利，避免了司法实践中存在的分歧。

1. 知情权穿越制度的理论依据

知情权是股东基于公司股东身份所享有的一种人身属性的固有权利，其行权的前提是具备公司股东身份，股东知情权穿越制度将股东知情权的行使对象由控股公司扩张至具有独立法人人格的全资子公司，显然不符合知情权

---

〔1〕 持此种观点的案例：林某满、安徽省瓯江商贸有限公司股东知情权纠纷案，安徽省滁州市南谯区人民法院（2023）皖 1103 民初 3380 号民事判决书；杜某萍、江苏志学高科技有限公司股东知情权纠纷案，江苏省宿迁市中级人民法院（2023）苏 13 民终 149 号民事判决书；熊某诉上海红富士家纺有限公司股东知情权纠纷案，上海市闵行区人民法院（2016）沪 0112 民初 32549 号民事判决书；卢某与宜昌山水投资有限公司、宜昌山水房地产开发有限公司股东知情权纠纷案，湖北省宜昌市伍家岗区人民法院（2015）鄂伍家岗民初字第 00632 号民事判决书。

〔2〕 持此种观点的案例：卢某某与山东齐某某工业股份有限公司股东知情权纠纷案，山东省淄博市张店区人民法院（2019）鲁 0303 民初 125 号民事判决书；徐某兵与成都墨龙科技有限公司股东知情权纠纷案，四川省成都市高新技术产业开发区人民法院（2018）川 0191 民初 15704 号民事判决书；CROWN CANOPY HOLDINGS SRL 股东知情权纠纷案，上海市静安区人民法院（2013）静民二（商）初字第 S1041 号民事判决书。

〔3〕 支持投资性控股关系观点的案例：郭某林与金浦投资控股集团有限公司股东知情权纠纷案，江苏省高级人民法院（2017）苏执监 648 号民事判决书；支持章程另有约定的案例：上海景域文化传播股份有限公司与浙江华策影视股份有限公司股东知情权纠纷案，上海市第二中级人民法院（2021）沪 02 民终 467 号民事判决书。

行使的一般法理。目前，学界关于知情权穿越正当性的主要理论依据包括：法人人格否认理论、穿越理论、集团法理论。

其一，法人人格否认理论。传统公司法理论认为母公司与子公司均具有独立法人人格，母公司股东并非子公司的股东，将母公司股东知情权行使对象扩展至子公司，超出了知情权这一人身性权利的基本权能，突破了公司的人格独立。法人人格否认理论则进一步论述，认为在母公司与子公司通过投资关系形成实质的控制关系时，子公司的人格独立性即被大大削弱，子公司大多沦为母公司工具，此时应当进行适当的法人人格否认，允许母公司股东对子公司行使知情权。[1]

其二，穿越理论。穿越理论类似于法人人格否认理论，其认为子公司这一新的法人人格的设立不应该以减损原有股东的基本权利为代价，若成立子公司实质上剥夺了进行投资的母公司股东的权利，那么子公司的法人人格就存在被滥用的可能，应当允许母公司股东穿过母公司直接向子公司行使权利，知情权穿越行使亦是如此。[2]

其三，集团法理论。集团法理论认为，随着企业集团化发展，在母子公司架构下，当企业集团的经营资产集中于子公司时，母公司股东的收益将主要来源于子公司。此时，公司集团作为一个巨大的经济体，每个母公司、子公司都应被视为集团的一部分。[3]因此，出于对母公司股东合法权益的保护，应当允许知情权的穿越行使。

2. 知情权穿越制度的实践需要

除上述关于股东知情权穿越制度的理论依据外，出于司法实践的需要，亦应当适当赋予母公司股东对子公司相关材料穿越行使知情权的权利。实践需要主要包括两点：一是避免股东知情权架空；二是辅助股东进行双重代表诉讼。

2.1 避免股东知情权架空

在母子公司的制度架构下，公司董事、监事及高级管理人员极可能利用子公司法人人格的独立性，通过设立母子公司来阻止母公司股东获取子公司相关信息，架空公司法赋予股东知情权的立法意旨。具体而言，在公司集团

---

〔1〕 王建文：《论我国股东知情权穿越的制度构造》，载《法律科学（西北政法大学学报）》2019 年第 4 期。

〔2〕 董新义：《股东对公司所控股公司的知情权》，载《财经法学》2021 年第 3 期。

〔3〕 王森、王国平：《母公司股东知情权穿越行使的正当性基础及制度设计》，载《东南学术》2014 年第 6 期。

中，若集团的主要资产集中于子公司，子公司实际从事集团内的经营投资业务，而母公司仅作为一个基于投资关系形成的控股公司，本身并不进行相应的业务运行，此时，子公司的收益与母公司及其股东的利益直接相关。若母公司股东仅能查阅母公司相关信息，而无法获取子公司信息，则其亦无法真正了解公司经营全貌，从而监督公司运营，维护自身权益。[1]正如在1944年的Anderson v. Abbott案中，美国联邦最高法院即认为，公司法人人格的插入（通过设立子公司从而使得母公司成为插入母公司股东与子公司之间的法律主体），不能被用来规避立法政策，如果母公司仅仅是经营者架空股东控制权的工具，则应当通过人格否认的方式恢复股东控制权。[2]因此，为避免母公司股东知情权被实质架空，应当赋予其对子公司知情权的穿越行使。

2.2 辅助股东进行双重代表诉讼

在母子公司制度架构下，尤其是在母公司100%控股其全资子公司时，子公司董事会成员往往由母公司董事会选派，子公司董事的违法行为也通常受母公司董事的指使实施，此时，母公司作为子公司股东往往不会代表子公司对侵权董事进行诉讼。为此，2023年《公司法》修订新增了股东双重代表诉讼制度，规定于本法第189条第4款："公司全资子公司的董事、监事、高级管理人员有前条规定情形，或者他人侵犯公司全资子公司合法权益造成损失的，有限责任公司的股东、股份有限公司连续一百八十日以上单独或者合计持有公司百分之一以上股份的股东，可以依照前三款规定书面请求全资子公司的监事会、董事会向人民法院提起诉讼或者以自己的名义直接向人民法院提起诉讼。"股东知情权是一种工具性的权利，对其他股东权利的实现具有重要的辅助作用，是进行股东双重代表诉讼的基础。由此，作为配合本法第189条中股东双重代表诉讼的制度，允许股东知情权可以穿越行使至全资子公司。

同时，从公司法原理上来看，股东双重代表诉讼的前置程序与普通代表股东的原理相同，因此，母公司的股东需"竭尽母、子公司内部救济"，即母公司股东须履行双重的前置程序，分别向子公司和母公司提起救济请求，只有当二者均不可行时，才能以自己的名义提起双重代表诉讼。这种双重前置程序虽然周全，但也将降低股东双重代表诉讼的效率。我国股东代表诉讼本身并不活跃，为了简化程序，提升诉讼效率，根据2023年《公司法》第189条第4款的规定，母公司股东只需书面请求全资子公司的监事会、董事会向

---

〔1〕 李秀文、林彦：《股东查阅权穿越制度的引入和规制》，载《福州大学学报（哲学社会科学版）》2023年第4期。

〔2〕 美国联邦最高法院判例：Anderson v. Abbott，321 U. S. 349（1944）。

人民法院提起诉讼即可，而不要求其向母公司董事会、监事会再行请求。[1]

3. 知情权穿越制度的行使路径

3.1 参照知情权行使一般规定

根据 2023 年《公司法》规定，股东要求查阅、复制公司全资子公司相关材料的，参照股东知情权行使的一般规定。即股东知情权穿越行使的对象包括全资子公司的公司章程、股东名册、股东会会议记录、董事会会议决议、监事会会议决议和财务会计报告，也包括全资子公司的会计账簿和会计凭证。对于前者，股东可以以任何形式向全资子公司提出查阅、复制其公司章程、股东名册、股东会会议记录、董事会会议决议、监事会会议决议和财务会计报告的请求，全资子公司应当满足股东的请求；对于后者，当查阅材料为全资子公司的会计账簿、会计凭证时，应当履行书面说明查阅请求及其目的的前置程序。

3.2 知情权穿越行使的限制

关于股东知情权穿越行使的限制，《美国特拉华州普通公司法》第 220 条明确要求股东对公司附属机构的账簿和记录行使知情权的条件是"实际控制子公司"；[2]《日本公司法》第 433 条则要求股东可对任一子公司行使知情权，但在知情权穿越行使时需"经法院批准"[3]。由于"实际控制子公司"的限制条件的模糊性，如何判断"实际控制"存在较大的不确定性，而"经法院批准"流程上也过于繁复，给股东造成了较重的行权负担。我国公司法在该问题上采取了更为明确克制的态度，即仅允许股东对公司全资子公司行使知情权。如此处理，一是全资子公司的判断标准明确；二是与股东双重代表诉讼对象亦限制于全资子公司相互呼应；三是全资子公司仅存在母公司一个股东，母公司股东行使知情权不至于损害其他股东利益。

需要注意的是，在解释上，此处的全资子公司，包括直接全资子公司和间接全资子公司。所谓直接全资子公司，即母公司直接持有子公司 100% 的股权。所谓间接全资子公司，即母公司虽然实质全资持有子公司 100% 的股权，但系通过间接持股关系实现。比如，A 公司持有 B 公司 100% 股权，A 公司持有 C 公司 90% 股权，B 公司持有 C 公司 10% 股权，此时，虽然 C 公司不是 A 公司的直接全资子公司，但 A 公司实质上仍然是最终全资母公司，此时符合

---

〔1〕 刘斌编著：《新公司法注释全书》，中国法制出版社 2024 年版，第 679 页。

〔2〕 《特拉华州普通公司法》，徐文彬等译，中国法制出版社 2010 年版，第 91 页。

〔3〕 吴建斌编译：《日本公司法：附经典判例》，法律出版社 2017 年版，第 237-238 页。

本条规定条件。[1]

3.3 知情权穿越行使的对象

司法实践中，原告股东行使知情权穿越的方式主要有两种：第一，向母公司主张，同时请求要求查阅子公司相关资料信息；第二，直接向子公司主张，请求查阅相关资料信息[2]。其中，第一种是最为常见的方式，相关案例较多，第二种往往是以母公司和子公司为共同被告。根据2023年《公司法》，母公司股东请求查阅、复制公司全资子公司相关资料的，应直接向全资子公司请求，以其为被告，而无需通过母公司。那么，这是否意味着股东不得通过母公司提出就全资子公司相关资料的查阅请求？实则不然。实践中，股东往往希望同时查阅母公司与其子公司的相关资料，尤其是在全资子公司受母公司绝对控制时。从提高行权效率、维护母公司股东权益的现实角度出发，亦应当允许股东根据自身需要，通过母公司间接行使对全资子公司的查阅权。[3]

问题 57 ▶ 股份有限公司股东行使知情权，在主体资格上的具体要求是什么？

2023年《公司法》第110条新增股份有限公司股东查阅会计账簿、会计凭证的准用规则及其条件。由于股份有限公司股票流通性较好，股东人数众多，尤其以中小投资者为甚，如果无条件地允许任何股东行使知情权，则易给公司的经营秩序带来负面影响。为保障公司的正常经营，平衡股东知情权利益与公司的经营利益，应当根据查阅内容的不同区分不同的主体资格要求。具体而言，股份公司股东请求查阅、复制公司章程、股东名册、股东会会议记录、董事会会议决议、监事会会议决议、财务会计报告的，仅须具备股东身份即可，无其他特殊性限制。请求查阅公司会计账簿及会计凭证的，除应具备股东身份外，仍需满足"单独或者合计持股3%以上""连续持股180日以上""允许章程作出较低规定"三个特殊主体要件。

1. 持股数量：单独或者合计持股3%以上

股份有限公司股东请求查阅公司会计账簿或会计凭证的，需要满足持股

---

[1]　刘斌编著：《新公司法注释全书》，中国法制出版社2024年版，第678-679页。

[2]　直接向子公司主张的案例：卢某与宜昌山水投资有限公司、宜昌山水房地产开发有限公司股东知情权纠纷案，湖北省宜昌市伍家岗区人民法院（2015）鄂伍家岗民初字第00632号民事判决书。

[3]　参见王建文：《论我国股东知情权穿越的制度构造》，载《法律科学（西北政法大学学报）》2019年第4期。

数量达到 3%。值得注意的是，在《公司法（修订草案一审稿）》中，曾规定持股数量限制为 1%，与股东代表诉讼主体资格一致，后出于对公司经营稳定与信息利益的保护，最终采 3% 这一标准。如此，作为诉讼工具性权利的股份有限公司会计账簿、会计凭证查阅权的资格门槛高于股东代表诉讼资格，股东有权提起代表诉讼却无权查阅会计账簿、会计凭证。[1]同时，为保护股份有限公司中小股东的利益，避免少数股东因持股数量难以达到 3% 而无法向公司行使知情权，对于持股数量的计算可以是某一股东单独行使知情权，对其股权单独计算；亦可是多个股东共同行使知情权，对其股权共同计算。

2. 持股期限：连续持股 180 日以上

除持股数量需达到 3% 外，对于持股期限，亦要求满足连续持股 180 日以上，以确保行使知情权股东的身份资格具有一定的稳定性。关于持股期限的限制，需要注意两点：一是，180 日需连续计算而非累计计算，也即股东持股期限不得发生中断，如持股 90 天后丧失股东身份，经过一段时间后又持股 90 天，此时仍然不满足连续持股 180 日这一要件；二是，在多个股东共同行使知情权且持股数量合计达到 3% 的场合，连续持股 180 日以上的要求应当及于每一个股东。

3. 公司自治：允许章程作出较低规定

公司章程属于公司内部的自治规范，是全体股东共同意志的体现。当公司章程赋予股东的权利大于法定范围时，只要经股东自愿同意，则该约定并未违反法律强制性规定，而属于公司自治的范围，应该优于法律规定适用。[2]因此，为更好地保护中小股东的利益，尽量保证每一股东均可正常行使其知情权，关于股东持股数量单独或者合计持股 3% 以上的要求，2023 年《公司法》第 110 条第 2 款后段规定章程可以对前述持股数量作出较低规定，但不能规定高于本法规定的条件。同时，关于股东持股期限为连续持股 180 日以上的要求，2023 年《公司法》第 110 条并没有明确规定章程是否能够约定更短的持股期限，对此，出于保护中小股东的知情权考量，应同样允许。[3]

---

〔1〕 李建伟主编：《公司法评注》，法律出版社 2024 年版，第 479 页。

〔2〕 杜万华主编、最高人民法院民事审判第二庭编著：《最高人民法院公司法司法解释（四）理解与适用》，人民法院出版社 2017 年版，第 211 页。

〔3〕 刘斌编著：《新公司法注释全书》，中国法制出版社 2024 年版，第 446 页。

问题 58 ▶ 上市公司股东行使知情权，受《证券法》等法律法规的哪些限制？

2023 年《公司法》第 110 条第 4 款新增上市公司股东查阅、复制权的引致规定："上市公司股东查阅、复制相关材料的，应当遵守《中华人民共和国证券法》等法律、行政法规的规定。"基于上市公司股票在证券交易所公开上市交易的特殊性，我国法律对上市公司股东知情权实行双轨制模式，即由《证券法》及相关法律法规与 2023 年《公司法》共同组成上市公司知情权规则体系。在 2023 年《公司法》层面，规定上市公司股东参照适用一般股份有限公司股东的查阅权与复制权；在《证券法》及证监会、各交易所规则层面则特别规定上市公司信息披露规则等。根据《证券法》及相关法律法规的规定，上市公司股东行使知情权还应受到以下几方面特殊限制。

1. 已经公开披露的信息自行获取

《证券法》第 78 条第 1 款规定："发行人及法律、行政法规和国务院证券监督管理机构规定的其他信息披露义务人，应当及时依法履行信息披露义务。"第 86 条规定："依法披露的信息，应当在证券交易场所的网站和符合国务院证券监督管理机构规定条件的媒体发布，同时将其置备于公司住所、证券交易场所，供社会公众查阅。"上述条文明确规定上市公司的信息披露义务及披露场所。同时，根据《上市公司信息披露管理办法》第 7 条可知，信息披露文件具体包括定期报告、临时报告、招股说明书、上市公告书、收购报告书等。2023 年《公司法》所规定的公司章程、三会决议、财务会计报告等，属于上市公司应依法公开披露内容。因此，为避免上市公司重复提供书面文件占用公司经营成本与效率，对于该部分书面文件的查阅与复制，上市公司股东应当自行通过证券交易场所网站、合规媒体、公司住所、证券交易场所等公开渠道自行查阅、复制。

2. 需要披露但尚未披露的信息不得提前查阅

出于对证券市场交易公平与稳定的考量，《证券法》第 83 条规定："信息披露义务人披露的信息应当同时向所有投资者披露，不得提前向任何单位和个人泄露。但是，法律、行政法规另有规定的除外。任何单位和个人不得非法要求信息披露义务人提供依法需要披露但尚未披露的信息。任何单位和个人提前获知的前述信息，在依法披露前应当保密。"因此，对于此类需要披露但尚未披露的信息，上市公司股东请求公司提前查阅该类信息的，上市公司可以拒绝查阅。

3. 股东名册查阅限制

2023 年《公司法》第 110 条第 1 款明确股份有限公司的股东有查阅并复制公司股东名册的权利，但根据《证券法》及《上市公司信息披露管理办法》规定，上市公司仅需在中期报告中披露股东总数及公司前十大股东持股情况，并非公司全部股东的个人信息与持股情况。

《证券登记结算管理办法》第 15 条亦规定，证券持有人、质权人仅能就与其本人有关的证券资料请求证券登记结算机构查询，否则证券登记结算机构应当拒绝查询。因此，上市公司股东请求查阅公司股东名册的，目前事实上仅限于自身股东名册信息的查询、复制。

4. 股东会完整表决情况禁止查阅

2023 年《公司法》规定股份有限公司股东有权查阅并复制公司股东会会议记录，但并未规定股东有权查阅并复制股东会完整表决情况。《上市公司股东会规则》第 38 条第 3 款规定："通过网络或者其他方式投票的公司股东或者其代理人，有权通过相应的投票系统查验自己的投票结果。"换言之，股东仅有权查阅自身投票结果，无权了解其他股东投票结果。之所以如此规定，主要在于股东会表决权乃股东基于自身合法利益对公司事项决策的自由意志最真实地行使，属股东个人隐私。公司对其他股东的具体投票情况负有保密义务，否则将侵害其他股东享有的合法权利，甚至可能引发股东与公司间、股东间的矛盾和冲突。尤其是对于上市公司而言，多数股东与少数股东的表决情况对外界释放的信息是不一样的，一旦此种信息泄露，对公司的对外形象、在证券市场中的交易价格会产生极大影响，不利于证券市场的稳定。因此，上市公司股东应禁止查阅股东会完整表决情况，仅允许就自身表决结果进行查验。

问题 59 ▷ 在 2023 年《公司法》实施后，公司应当如何应对股东知情权的规则变化？

如前所述，2023 年《公司法》修订后，股东知情权规则发生了诸多变化：对于有限责任公司股东，在行使范围上，新增股东对股东名册的查阅及复制权、对公司会计凭证的查阅权；在行使主体上，新增股东对会计师事务所、律师事务所等中介机构的委托查阅权；在行使对象上，新增股东对公司全资子公司的知情权穿越行使制度。对于股份有限公司股东，则参照适用有限责任公司上述规定，同时新增上市公司股东查阅、复制权的引致规定。前述股东知情权规则的变化，对公司信息管理和股东权利保护均产生了重大影响，公司应当予以审慎应对。必要时，可修订公司章程，对股东知情权的行使予以具体规定和适当限制。

1. 核查股东身份资格

针对股东所属公司类型及行使知情权内容的不同，2023 年《公司法》规定了不同的主体要件。根据《公司法司法解释（四）》第 7 条第 2 款的规定，公司有证据证明前款规定的原告在起诉时不具有公司股东资格的，人民法院应当驳回起诉，但原告有初步证据证明在持股期间其合法权益受到损害，请求依法查阅或者复制其持股期间的公司特定文件材料的除外。

知情权主体为股东，公司在收到股东行使知情权请求时，应当首先核查申请主体是否具备公司股东身份或是否曾经为公司股东，核查依据包括公司股东名册、公司章程记载及公司登记等文件。同时，2023 年《公司法》对股份有限公司股东查阅公司会计账簿、会计凭证存在特殊的主体条件，查阅人除具备公司股东身份外，在章程无较低约定时，还应满足每个股东均连续持股 180 日以上的持股时间要求和单独或者合计持有公司 3% 以上股份的持股数量要求。因此，对于上述要件亦应当予以审查。

在实践中，由于股权代持行为日益增多，常存在实际出资人向公司主张知情权的情形。由于实际出资人并非公司名义上的股东，公司对实际出资人的股份身份核查较为困难，因此，当实际出资人向公司请求行使知情权时，应当首先履行相应的显名程序。

2. 积极履行文件置备义务

《公司法司法解释（四）》第 12 条规定了公司董事高管未履行相关文件置备义务的赔偿责任，即公司董事、高级管理人员等未依法履行职责，导致公司未依法制作或者保存公司法第 33 条、第 97 条规定的公司文件材料，给股东造成损失，股东依法请求负有相应责任的公司董事、高级管理人员承担民事赔偿责任的，人民法院应当予以支持。因此，为保障公司股东知情权的顺利行使，公司应当积极履行对相关文件的置备义务。2023 年《公司法》进一步扩大了股东知情权查阅范围，新增股东对"股东名册""会计凭证"的查阅权，进一步加重了公司的置备义务。

以股东名册为例，我国公司法虽规定置备股东名册是公司的一项法定义务，但并未规定未置备情形下的处罚措施，缺乏有效监管。股东名册亦非公司对外登记所需提交的文件，实践中，不少公司都缺乏对股东名册的置备，公司股东名册名存实亡。[1]公司股东和董事会、管理层对股东名册管理缺乏基本认识，常常将股东名册与公司登记文件混淆，或直接以公司章程中的股东章节替代股东名册。[2]如此，在"股东名册"被明确为股东知情权查阅范围后，公司股东名册的缺位使得公司股东知情权无法得到保障，公司董监高因怠于履行置备义务而应对公司股东的损害承担赔偿责任。基于此，公司董监高应当积极履行包含股东名册在内的知情权相关文件的置备义务，以免承担相应的损害赔偿责任。

3. 明确会计凭证查阅的相关性和必要性

2023 年《公司法》回应理论界与实务界的关切，明确规定了股东在说明自身正当目的后有权查阅公司会计凭证。会计凭证是公司记录经济业务、明确经济责任、按一定格式编制的据以登记会计账簿的书面证明，包括原始凭证和记账凭证。会计凭证是公司生产经营活动最原始的体现，包含以形成会计凭证具体数据所依据的银行转账凭证、支票、汇票、税务发票或收据，以及用于证明该数据的真实性、合法性和关联性的交易合同、审批流程和其他辅助资料，内含公司大量商业秘密。因此，对于会计凭证的查阅权，公司法一直持谨慎态度，在公司法修订前亦未将其作为可查阅内容。

2023 年《公司法》赋予股东对公司会计凭证查阅权之后，一方面，公司需依法置备真实准确的会计凭证，并允许适格股东查阅；另一方面，也应明确股东查阅会计凭证应当以相关性和必要性为限。具体而言，公司向股东提供会计凭证的，应当根据股东查阅的正当目的，提供制作会计账簿所依赖的相关部分的会计凭证，在满足股东知情权行使的同时注意对公司信息利益的保护。[3]之所以允许股东查阅会计凭证，主要支持理由在于公司会计账簿乃依据原始会计凭证制作，会计凭证作为公司最原始的会计资料，其造假难度远高于会计账簿与财务会计报告，且与会计账簿可相互印证，有利于股东知情权行使。[4]同时，对未附于会计凭证账簿内的合同协议、银行流水或银行对账单等公司可以拒绝查阅。

---

[1] 张双根：《论有限责任公司股东资格的认定——以股东名册制度的建构为中心》，载《华东政法大学学报》2014 年第 5 期。

[2] 王志刚：《新公司法下，如何做好股东名册管理？》，载《董事会》2024 年第 9 期。

[3] 上海市第二中级人民法院商事审判庭课题组、朱川、李非易：《股东知情权客体的第三层面：查阅会计凭证的证成与限度——兼谈公司法修订草案第 51 条》，载《法律适用》2022 年第 10 期。

[4] 刘俊海：《公司自治与司法干预的平衡艺术：〈公司法解释四〉的创新、缺憾与再解释》，载《法学杂志》2017 年第 12 期；石少侠：《对〈公司法〉司法解释（四）若干规定的理解与评析》，载《当代法学》2017 年第 6 期。

4. 要求股东、中介机构履行相应的保密义务

2023 年《公司法》第 57 条第 3 款、第 4 款规定："股东查阅前款规定的材料，可以委托会计师事务所、律师事务所等中介机构进行。股东及其委托的会计师事务所、律师事务所等中介机构查阅、复制有关材料，应当遵守有关保护国家秘密、商业秘密、个人隐私、个人信息等法律、行政法规的规定。"该条删除了委托查阅时股东本人仍需在场的规则限制，明确规定了股东及辅助行使知情权的中介机构的保密义务。

允许股东向公司行使知情权是对股东知情利益的保障，而要求股东承担相应的保密义务则是对公司信息利益的维护。公司法允许会计师事务所、律师事务所等中介机构可在股东未在场时独自查阅、复制公司相关材料，公司信息泄露风险随之增大，苛以相关主体以保密义务就显得更为重要。为维护公司合法利益，除公司法明确规定的保密义务外，公司亦可与股东及相关中介机构订立保密协议，通过协议方式进一步要求查阅主体履行相应的保密义务，实现侵权责任与违约责任的双重救济。

问题 60 ▷ 有限责任公司的表决权是按照认缴还是实缴比例行使？章程是否可以限制股东的表决权？

2023 年《公司法》第 65 条规定："股东会会议由股东按照出资比例行使表决权；但是，公司章程另有规定的除外。"关于有限责任公司表决权规范，主要存在两方面问题：一是此处的"按出资比例"是指实缴比例还是认缴比例？二是章程是否可以另外约定限制股东表决权，以及应当如何限制股东表决权，该限制是否会损害部分股东合法利益？

1. 章程无约定的，按照认缴比例行使表决权

关于"出资比例"究竟是按认缴比例还是实缴比例产生了诸多争议。部分学者认为，在章程没有约定的情况下，基于公司法对有限责任公司实行认缴资本制，那么表决权也应当按照认缴出资认定，这亦有利于鼓励创新创业。[1]亦有部分学者认为，股东没有实际出资时不用承担公司经营失败的风险，此时公司损失与股东损失不大，股东基于认缴比例即可享有相应的表决权可能

---

〔1〕 许中缘：《论〈公司法〉第 42 条但书条款的规范解释》，载《现代法学》2021 年第 2 期。

会导致股东滥用表决权，应当采实缴比例。[1]同时，在司法裁判中，亦存在众多同案不同判的情形。有法院认为，在公司章程没有约定的情形下，所谓的按出资比例就是指认缴出资比例。[2]亦有法院基于权利与义务相统一的主张，认为应当按照实缴比例分配表决权。[3]

对此，《九民纪要》第 7 条规定，股东认缴的出资未届履行期限，对未缴纳部分的出资是否享有以及如何行使表决权等问题，应当根据公司章程来确定。公司章程没有规定的，应当按照认缴出资的比例确定。该条明确了在公司章程无另外约定的情形下，有限责任公司股东按照认缴比例行使表决权。

在认缴制之下，按认缴出资比例行使表决权存在其合理性。首先，表决权作为一项共益权，其并不像利润分配请求权、新股优先认购权等自益权与实际出资的关系密切，法律对于后者采实缴出资比例的，均进行了明确限制。其次，股东一旦认缴出资，即负担足额缴纳出资的义务，享有股东权利，因此，股东利益在认缴那刻即与公司利益息息相关，尤其是在公司法新增股东出资加速到期制度下，更难以存在因未实缴出资就不顾公司利益滥用表决权的情形。最后，如将出资比例限缩解释为实缴比例，若所有股东均未实缴出资时，表决权将陷入无人可行使的尴尬境地。[4]

2. 章程可依法对股东表决权进行限制

对于有限责任公司股东的表决权，2023 年《公司法》沿袭了 2018 年《公司法》的规定，交由公司章程自治，允许公司章程对此另有规定。该条规范实则与股份公司类别股制度异曲同工。由于 2023 年《公司法》第 144 条仅规定了股份有限公司类别股制度，允许股份有限公司发行每一股的表决权数多于或者少于普通股的股份，并不适用于有限责任公司。因此，有限责任公司仅能通过公司章程对股东表决权的内容作出特别安排，如在章程中赋予有限责任公司的创始股东以较多的表决权。

有限责任公司章程对股东表决权的限制，有学者将限制情形划分为三大

---

[1] 彭冰：《未完成的改革——以股东分期缴付出资制度为例》，载《华东政法学院学报》2006 年第 1 期。

[2] 上海上工房产实业有限公司诉上海工惠房产经纪有限公司公司决议撤销纠纷案，上海市闵行区人民法院（2014）闵民二（商）初字第 1814 号民事判决书；李某等诉南京赛贝生物科技有限公司公司决议撤销纠纷案，江苏省南京市中级人民法院（2014）宁商终字第 1017 号民事判决书；俞某根与梁某力股东会决议效力纠纷案，江苏省南京市中级人民法院（2012）宁商终字第 991 号民事判决书。

[3] 休宁中静华东有色投资有限公司等诉江苏华东有色投资控股有限公司公司决议纠纷案，江苏省南京市中级人民法院（2014）宁商终字第 795 号民事判决书。

[4] 李建伟主编：《公司法评注》，法律出版社 2024 年版，第 285 页。

类，即排除某股东的表决权、限制某股东的表决权以及不按照认缴出资比例行使表决权，不同限制情形下需履行不同的程序性要件，前两种应征得被限制排除股东的同意，后一种则需全体股东一致同意。[1]这种分类标准可能存在不周延之处，例如，公司章程约定按照股东人数行使表决权，即一人一票，此时对认缴出资比例较大的股东表决权已造成了限制，但同时也符合未按照认缴出资比例行使表决权的情形。换言之，章程自治下排除或限制部分股东表决权的情形，亦为不按认缴出资比例行使表决权的情形。

那么，前述章程限制是否需要全体股东一致同意？公司章程包括初始章程和嗣后章程，二者通过的比例存在差异。正如有学者主张，此处的章程仅指初始章程，而非章程修正案，因初始章程需全体股东一致同意，而章程修正案仅需资本多数决，不利于对少数股东利益的保护，有悖股东平等原则。[2]

与之相似，《九民纪要》并未采章程规定需经全体股东一致同意的观点，其第7条规定，如果股东（大）会作出不按认缴出资比例而按实际出资比例或者其他标准确定表决权的决议，股东请求确认决议无效的，人民法院应当审查该决议是否符合修改公司章程所要求的表决程序，即必须经代表2/3以上表决权的股东通过。符合的，人民法院不予支持；反之，则依法予以支持。即只要公司章程对表决权确定标准的约定符合法定程序，初始章程制定经全体股东一致同意，章程修改经代表2/3以上表决权（此时仍按修改前标准行使表决权）的股东通过，此种对股东表决权的限制即属于合法限制。

当然，即使在现有法律法规规定下，公司章程对股东表决权限制仅需满足资本绝对多数决即可实现，但是这并不意味着对于控股股东滥用其表决权修改章程、限制或排除少数股东表决权时必然不受约束。在多数股东滥用表决权损害少数股东利益时，少数股东亦可通过转让自身股权脱离公司、提起股东会决议无效之诉以及行使公司法新增的控股股东滥用股东权利时其他股东的回购请求权等途径寻求救济。

问题 61 ▶ 股东会可以行使哪些职权？2023年《公司法》对股东会的职权进行了何种调整？

在2018年《公司法》第37条的基础上，2023年《公司法》第59条对于股东会职权规定作出了如下修改：其一，删除了"决定公司的经营方针和投资计划""审议批准公司的年度财务预算方案、决算方案"两项职权；其

---

〔1〕　许中缘：《论〈公司法〉第42条但书条款的规范解释》，载《现代法学》2021年第2期。

〔2〕　钱玉林：《公司章程"另有规定"检讨》，载《法学研究》2009年第2期。

二，增加了本条第 2 款，允许股东会授权董事会对发行公司债券作出决议；其三，本条第 3 款将全体股东一致同意的书面决定形式的签署方式由"签名、盖章"修改为"签名或者盖章"。

在公司治理实践中，股东会、董事会与经理的分权关系历来为关注重点，也存在较多的解释争议。在 2023 年《公司法》修订中，伴随着强化董事会在公司治理中地位的改革思路，股东会的职权配置也存在相应变动。故而，对股东会职权的理解不应当局限于第 59 条规定，还应当关注 2023 年《公司法》第 67 条所规定的董事会职权。股东会作为公司的权力机构，其决定的事项一般是公司的重大事项，对公司利益和股东利益具有重要的影响。

从权利来源上来看，股东会的职权包括法定职权和章定职权两部分。

1. 股东会的法定职权

根据 2023 年《公司法》第 59 条的规定，股东会的法定职权包括：

其一，选举和更换董事、监事，决定有关董事、监事的报酬事项。现代公司以委托管理为基本特征，所有权与管理权的分离是公司治理的基本逻辑。股东会通过选举产生董事会、监事会进行公司管理，选举和更换董事、监事是股东的固有权利，公司章程不得限制或者剥夺。需要注意的是，董事会和监事会中的职工代表，由公司职工通过职工代表大会、职工大会或者其他形式民主选举产生，不由股东会选举产生，也不由股东会更换。

其二，审议批准董事会、监事会的报告。董事会、监事会由股东会选任产生，需要向股东会报告工作。由股东会审议批准董事会、监事会的报告，不仅有助于股东了解公司的经营情况，也是对董事会、监事会工作的监督，确保公司经营符合股东的投资预期。

其三，审议批准公司的利润分配方案和弥补亏损方案。2023 年《公司法》第 67 条规定，董事会负责制订公司的利润分配方案和弥补亏损方案，股东会负责审议批准。股东收益权是股权的核心内容，也是股东投资于公司的重要目的。利润分配方案和弥补亏损方案与股东收益权密切相关，故本条规定二者须由股东会作出决议。从权力配置模式来看，利润分配和弥补亏损的决策权实际上由股东会和董事会共同行使。在 2023 年《公司法》修订过程中，有意见建议将公司的利润分配和弥补亏损的决策权配置给董事会行使，更契合董事会的商业判断职能，但最终未予以采纳。

其四，对公司增加或者减少注册资本作出决议。增加和减少注册资本将导致公司资本和资产的变化，对公司利益有重大影响。在增资和减资过程中，还通常涉及股权增减、股权比例变化甚至股东的变化，是公司的重大事项。

其五，对发行公司债券作出决议。发行债券将影响公司的资产负债结构，严重的清偿不能将导致公司破产。在公开发行公司债券的过程中，还可能涉及公众投资者的利益。不同于股东会的其他法定职权，本项职权允许股东会授权董事会行使。

其六，对公司合并、分立、解散、清算或者变更公司形式等作出决议。公司合并是指两个或两个以上的公司不经清算程序直接合并为一个公司，包括吸收合并和新设合并。公司分立是指一个公司不经清算程序，分为两个或两个以上的公司，包括新设分立和派生分立。变更公司形式在我国包括两种情况：一是有限责任公司变更为股份有限责任公司，二是股份有限公司变更为有限责任公司。公司解散导致公司进入清算程序，进而消灭公司人格。清算是指公司解散或宣告破产后，清理公司所有事务及财产，最终使公司终止。前述变化均属公司的重大变化，应当由股东会予以决议。

其七，修改公司章程。公司章程是由公司依法制定的，旨在规范公司组织与行为的自治性规范文件，对公司、股东、董事、监事和高级管理人员具有约束力。有限责任公司设立时，公司章程由股东共同制定，由股东会决议修改。

虽然前述事项均为股东会的职权，但各事项的决议通过比例并不相同。对于修改公司章程、增加或者减少注册资本的决议，以及公司合并、分立、解散或者变更公司形式等事项，股东会会议作出决议应当经代表 2/3 以上表决权的股东通过。除这些特别事项之外，其他事项需经过半数的表决权通过即可。

2. 股东会的章定职权

除了前述法定职权之外，股东会还可以行使公司章程规定的其他职权，即章定职权。对于此类事项，公司章程可以自行安排调整。比如，重大资产处置、借贷、关联交易等事项，公司可以在章程中分配给股东会或董事会。

对此，《国有资本控股公司章程指引》第 23 条提供了可资参考的范本：

①决定公司的发展战略和规划；

②决定公司的投资计划；

③选举和更换非由职工代表担任的董事，对其履职情况进行评价，决定其报酬事项；

④审议批准董事会的报告；

⑤审议批准公司年度财务预算方案、决算方案；

⑥审议批准公司利润分配方案和弥补亏损方案；

⑦审议批准公司业绩考核和重大收入分配事项；

⑧对公司增加或者减少注册资本作出决议；

⑨决定公司年度债券发行计划；

⑩对公司合并、分立、解散、清算、申请破产、变更公司形式作出决议；

⑪决定公司章程的制定和修改；

⑫审议批准公司重大国有资产转让、部分子公司国有产权变动事项；

⑬审议批准公司重大财务事项和重大会计政策、会计估计变更方案，以及为公司股东或者实际控制人提供担保事项；

⑭对公司年度财务决算进行审计，对公司重大事项进行抽查检查，并按照公司负责人管理权限开展经济责任审计；

⑮法律、行政法规规定的其他职权。

问题 62 ▷ 2023 年《公司法》对董事会的职权进行了哪些调整？是否扩充了董事会的法定职权范围？

董事会是公司治理的核心，其职权配置不仅对公司治理制度具有系统性影响，同时也关涉公司资本制度的设置与变革。[1] 自 1993 年以来，我国公司法对董事会职权一直采封闭性的具体列举方式。为了放松管制，2005 年《公司法》在董事会职权列举中增加了"公司章程规定的其他职权"的兜底条款，以通过章程自治的方式进一步厘定董事会与股东会的权力划分问题。从权力属性来看，董事会的职权属于法定职权，不能通过章程的方式分配给其他机构，也不能随意剥夺。除了十项法定权力之外，尚有兜底条款允许公司章程赋予董事会其他职权。2023 年《公司法》修订以董事会在公司治理中的地位为一大修法主线，该主线不但贯穿了公司治理制度，也与公司资本制度中的相关规则关系密切，比如董事催缴义务与责任。

2023 年《公司法》第 67 条规定了董事会的职权，该条在 2018 年《公司法》第 46 条的基础上作出了以下修改。其一，第 1 款删除了董事会对股东会负责的表述，增加了有限责任公司设董事会的规定，但 2023 年《公司法》第 75 条另有规定的除外，也即规模较小或股东人数较少的有限责任公司可以不设董事会，仅设一名董事。其二，第 2 款删除了 2018 年《公司法》第 46 条中董事会"制订公司的年度财务预算方案、决算方案"的职权，与第 59 条对 2018 年《公司法》第 37 条中股东会"审议批准公司的年度财务预算方案、决算方案"两项职权的删除相衔接；第 2 款第 10 项在既有的"公司章程规定

---

〔1〕 刘斌编著：《新公司法注释全书》，中国法制出版社 2024 年版，第 314 页。

的其他职权"基础上，增加规定董事会行使"股东会授予的其他职权"，同样与第 59 条第 2 款新增的授权规定相衔接。其三，第 3 款增加了公司章程对董事会职权的限制不得对抗善意相对人的规定。

1. 董事会权力条款的形成过程

强化董事会在公司治理中的地位是 2023 年《公司法》修订的重要目标。2021 年 12 月《公司法（修订草案一审稿）》审议说明指出，突出董事会在公司治理中的地位，并根据《民法典》的有关规定，明确董事会是公司的执行机构。该草案删除了 2018 年《公司法》对董事会的职权列举，改采概括式立法模式。在董事会权力范围上，该草案第 62 条规定，董事会行使"本法和公司章程规定属于股东会职权之外的职权"。与之相匹配，该草案第 69 条对经理的职权列举也作了删除处理，概括规定为根据公司章程的规定或者董事会的授权行使职权。从形式上来看，《公司法（修订草案一审稿）》对董事会职权的规定与《美国示范公司法》第 8.01 条相类似。后者规定，公司所有职权应由董事会或者在董事会授权下行使，公司的经营或事务应由董事会管理或者在其指导下管理，除非公司章程或者经第 7.32 条的股东协议另有安排。类似的立法例还有《美国特拉华州普通公司法》第 141 条（a）款："依（本法）本章组建的公司，其业务或事务应由董事会管理或在董事会指令之下管理，除非（本法）本章或公司章程另有规定。"从条文文义来看，《公司法（修订草案一审稿）》所明确的"剩余权力"不仅涵盖了董事会的既有权力事项，也进一步扩大至公司法和公司章程未明确划分的事项，从逻辑上来看董事会的权力范围将进一步扩张，反映了"突出董事会在公司治理中的地位"的修法思路，具有重要价值。

2022 年 12 月，《公司法（修订草案二审稿）》又恢复了董事会的职权列举。该草案的审议说明指出，有的常委委员、地方、部门和专家学者、社会公众建议进一步完善公司组织机构设置及其职权相关规定，提升公司治理效果。宪法和法律委员会经研究，建议进一步厘清股东会和董事会的职权划分，恢复现行公司法关于董事会职权的列举规定。但是，《公司法（修订草案二审稿）》并未完全恢复 2018 年《公司法》中全部的董事会职权，而是删除了"（三）决定公司的经营计划和投资方案；（四）制订公司的年度财务预算方案、决算方案"两项职权。相应地也删除了股东会"决定公司的经营方针和投资计划""审议批准公司的年度财务预算方案、决算方案"两项职权。《公司法（修订草案三审稿）》对此予以延续。

《公司法（修订草案三审稿）》公开征求意见后，有意见认为，公司的经营计划和投资方案是公司的重大事项，应当由董事会决议。因此，在《中华人民共和国公司法（修订草案四次审议稿）》[1]中，又恢复了"决定公司的经营计划和投资方案"的规定。最终通过的2023年《公司法》中，该项修改被保留。

之所以赘文详述，系因为董事会职权设置的草案变化，是我们理解公司法中董事会职权的重要参考坐标。

2. 董事会的职权

现代公司以委托管理为其基本特征，董事会在公司治理中处于核心地位，负担经营决策或监督管理的核心职能。虽然《民法典》以及《公司法（修订草案一审稿）》规定董事会是公司的执行机构，但董事会的功能较为复杂，可能肩负执行、经营决策、监督等多重功能。比如，在外部董事占多数的国家出资公司中，董事会更多发挥的是监督功能。因此，正式通过的2023年《公司法》删除了前述定位的描述，董事会不再简单被定性为执行机构。易言之，公司由董事会负责经营管理或者在董事会监督之下进行经营管理，这是公司董事会的基本职能定位。[2]从权力来源而言，董事会的职权包括法定职权、公司章程规定的职权、股东会授权的职权三大部分。

2.1 董事会的法定职权

根据2023年《公司法》第67条的规定，董事会的法定职权包括：

（1）召集股东会会议，并向股东会报告工作

2023年《公司法》第63条规定，股东会会议由董事会召集，董事长主持。董事会不能履行或者不履行召集股东会会议职责的，由监事会召集和主持；监事会不召集和主持的，代表1/10以上表决权的股东可以自行召集和主持。对于董事会的工作报告，2023年《公司法》第59条规定由股东会审议批准。

（2）执行股东会的决议

从积极的角度而言，对于股东会所作出的利润分配、弥补亏损、增资减资、发行公司债券、合并分立、解散清算、变更公司形式等事项决议，董事会负责执行。从消极的角度而言，2023年《公司法》第125条规定，董事会的决议违反法律、行政法规或者公司章程、股东会决议，给公司造成严重损失的，参与决议的董事对公司负赔偿责任。因此，董事会决议不得违反股东

---

[1] 下文简称《公司法（修订草案四审稿）》。
[2] 刘斌编著：《新公司法注释全书》，中国法制出版社2024年版，第317页。

会决议。

（3）决定公司的经营计划和投资方案

虽然本项与2018年《公司法》的规定相同，但是，需要注意的是，2023年《公司法》删除了第59条中股东会与董事会具有竞争性的相应职权，即股东会"决定公司的经营方针和投资计划"的职权。由此解决了长期以来经营方针与经营计划、投资计划与投资方案的区分困难和实践争议。究其实质，无论是经营事项，抑或投资事项，除非其触及结构性变更，否则均属于商事裁量事项，应调整至董事会行使。后文对此问题有所详述。

（4）制订公司的利润分配方案和弥补亏损方案

公司利润分配和亏损弥补，不仅与股东利益密切相关，更直接影响公司利益。如果过度分配公司利润，将导致公司资金的流动性下降。因此，本法将利润分配的决策权配置给董事会和股东会共同行使，以避免对公司利益和股东利益造成损害。亏损弥补方案同样如此，既关涉公司利益，也涉及股东利益。因此，本法也将制订方案的职权配置给董事会，将批准的职权配置给股东会。

（5）制订公司增加或者减少注册资本以及发行公司债券的方案

公司之所以要进行增资、减资、发行债券，应当首先考量公司利益，由董事会制订方案，然后提交股东会批准。

（6）制订公司合并、分立、解散或者变更公司形式的方案

公司合并、分立、解散、变更公司形式，均系对公司利益有重大影响的事项，首先由董事会制订方案，然后提交股东会批准。

（7）决定公司内部管理机构的设置

该权利为董事会的法定职权，比如公司的机构设置、部门设置、合规组织安排等，均由董事会自行决定。此处的内部管理机构，系公司法决定设置的公司机构之外的其他机构。诸如股东会、董事会、监事会、审计委员会等机构的设置，非此处所规定的内部管理机构。

（8）决定聘任或者解聘公司经理及其报酬事项，并根据经理的提名决定聘任或者解聘公司副经理、财务负责人及其报酬事项

根据2023年《公司法》第74条规定，有限责任公司可以设经理，由董事会决定聘任或者解聘。经理对董事会负责，根据公司章程的规定或者董事会的授权行使职权。经理可以提名副经理、财务负责人，由董事会决定。

（9）制定公司的基本管理制度

公司经营管理涉及人事、财务、业务、法务、合规等多个方面，需要制定相应的内部管理制度。根据本项规定，董事会负责制定公司的基本管理制

度。对于较为具体的管理制度，可由各职能部门或业务部门制定。

2.2 董事会的章定职权与授予职权

除前述法定职权之外，董事会的职权还包括公司章程规定或者股东会授予的其他职权。2023 年《公司法》在既有的"公司章程规定的其他职权"基础上，增加规定董事会行使"股东会授予的其他职权"。之所以增加该规定，是为了对应 2023 年《公司法》第 59 条第 2 款规定的"股东会可以授权董事会对发行公司债券作出决议"。除发行债券之外，股东会的其他法定职权不允许通过授权的方式交由董事会行使。本书后文详述之。

对此，《央企章程指引》对董事会职权的规定可资借鉴：

①召集股东会会议，执行股东会的决议，向股东会报告工作；

②制订贯彻党中央、国务院决策部署和落实国家发展战略重大举措的方案；

③制订公司发展战略和规划；

④制订公司年度投资计划，决定经营计划、投资方案及一定金额以上的投资项目；

⑤制订公司的年度财务预算方案、决算方案；

⑥制订公司的利润分配和弥补亏损方案；

⑦制订公司增加或者减少注册资本的方案；

⑧制订年度债券发行计划；

⑨制订公司合并、分立、解散、清算、申请破产、变更公司形式的方案；

⑩制订公司章程草案和公司章程的修改方案；

⑪制订公司重大国有资产转让、部分子公司国有产权变动方案；

⑫制定公司的基本管理制度；

⑬决定公司内部管理机构的设置，决定分公司、子公司的设立或者撤销；

⑭根据授权，决定公司内部有关重大改革重组事项，或者对有关事项作出决议；

⑮根据有关规定和程序，聘任或者解聘公司高级管理人员；制定经理层成员经营业绩考核和薪酬管理制度，组织实施经理层成员经营业绩考核，决定考核方案、考核结果和薪酬分配事项；

⑯制订公司的重大收入分配方案，包括公司工资总额预算与清算方案等（国务院国资委另有规定的，从其规定），批准公司职工收入分配方案、公司年金方案、中长期激励方案，按照有关规定，审议子公司职工收入分配方案；

⑰制定公司重大会计政策和会计估计变更方案，在满足国务院国资委资产负债率管控要求的前提下，决定公司的资产负债率上限；

⑱决定聘用或者解聘负责公司财务会计报告审计业务的会计师事务所及其报酬；

⑲审议批准一定金额以上的融资方案、资产处置方案以及对外捐赠或者赞助方案；

⑳审议批准公司担保事项；公司为公司股东或者实际控制人提供担保除外（国有资本控股公司）；

㉑建立健全内部监督管理和风险控制制度，加强内部合规管理；决定公司的风险管理体系、内部控制体系、违规经营投资责任追究工作体系、合规管理体系，对公司风险管理、内部控制和法律合规管理制度及其有效实施进行总体监控和评价；

㉒指导、检查和评估公司内部审计工作，决定公司内部审计机构的负责人，建立审计部门向董事会负责的机制，审议批准年度审计计划和重要审计报告；

㉓制定董事会的工作报告；

㉔听取总经理工作报告，检查总经理和其他高级管理人员对董事会决议的执行情况，建立健全对总经理和其他高级管理人员的问责制度；

㉕决定公司安全环保、维护稳定、社会责任方面的重大事项；

㉖审议公司重大诉讼、仲裁等法律事务处理方案；

㉗决定公司行使所出资企业的股东权利所涉及的重大事项；

㉘法律、行政法规规定或者国务院国资委授权行使的其他职权。

问题 63 ▷ **制订公司的利润分配方案和弥补亏损方案等职权属于董事会，股东是否享有制订前述方案并在股东会提案的职权？**

2023 年《公司法》第 67 条明确董事会职权包括"制订公司的利润分配方案和弥补亏损方案"，第 59 条将方案的批准权保留于股东会，延续了董事会专业经营与股东会终局决策的职能分工。实践中，出现了股东会越过董事会直接制订方案并在股东会进行提案的情况，股东会是否享有此种职权有待探讨。

从两权分离的合理性来看，股东会与董事会职权的划分是基于公司所有权与管理权分离原则的结果。董事会作为公司的经营决策和执行机构，凭借其专业知识和日常运营经验，能够制订出符合公司实际经营状况和利益最大化的利润分配和亏损弥补方案；而股东会作为公司的权力机构，代表股东的整体利益，对方案享有最终的批准权，以保障股东权益。相较于董事会，股东会往往人数众多，且缺乏商业决策判断的专业能力，由其直接制订公司利润分配和弥补亏损方案的可行性较低，且制订出的方案内容并不一定尽如人意。作为专业的管理者，由董事会进行方案的制订更能保证方案内容的合理性。

从利益平衡角度看，公司利润分配和亏损弥补方案不仅与股东利益密切相关，更直接影响公司利益。如果过度分配公司利润，股东短期利益似有上升，但长远来看将导致公司资金的流动性下降，影响公司经营能力；如果一味将资金投入公司经营而不分配利润，导致股东长期无法得到投资回报，也有损于股东利益。因此，如若赋予股东会制订公司利润分配以及弥补亏损方案的职权，股东会很可能从股东短期利益出发进行方案的制订，之后再由股东会自己进行批准。此过程缺乏对股东会职权的限制，不利于公司利益的维护。2023 年《公司法》将制订方案的职权赋予董事会，即使董事会所提方案侵害了股东利益，股东会还可在最终的审批环节对方案进行否决，从而维护股东利益。由董事会制订方案可以受到股东会的监督，而由股东会亲自制订方案将会导致"自己监督自己"，容易导致权力滥用。

因此，无论基于两权分离的合理性还是公司与股东间的利益平衡，股东不宜享有直接制订公司利润分配方案和弥补亏损方案的职权。该职权属于董事会的法定职权，股东会不能擅自行使或者通过修改章程赋予自身此项职权。若股东会越权作出了公司利润分配或弥补亏损方案的相关决议，对公司或债权人利益造成了影响，该项决议可能被法院认定为无效或可撤销。若董事会滥用权力或怠于提出方案，严重损害股东利益的，股东可直接对董事提起诉讼或作出决议更换董事来进行救济。

问题 64 ▷ 2023 年《公司法》第 67 条删除了"董事会对股东会负责"的表述，其原因是什么？又将产生什么样的法律效果？

2023 年《公司法》第 67 条整体上承袭了 2018 年《公司法》第 46 条关于董事会职权的规定内容。除职权的具体变化外，还更改了第 1 款的表述，删除了董事会"对股东会负责"的字样。该表述的删除具有重大意义，也将影响我国公司理论与实践中对股东会和董事会之间关系的理解。

1. 删除"董事会对股东会负责"表述的缘由

1.1 正本清源：董事会并非股东会下级机构

早期我国公司法受所有权理论的影响，在股东会与董事会的关系构建上，倾向于强调股东会的核心地位。1993 年《公司法》规定了董事会对股东会负责的条款，并一直沿用到 2018 年《公司法》。这一架构在一定程度上体现了对公司所有权与管理权关系的理解，即股东会作为所有者代表掌握公司的最高权力，处于中心地位，董事会仅作为执行机构负责落实股东会的决策。"董事会对股东会负责"的表述实则沿袭了我国行政体制中常见的"下级对上级负责"的观念，遵循股东会中心主义模式下以董事会为附庸的旧律，循着董事会由股东会选举产生、股东会审议批准董事会报告的逻辑推导出董事会对股东会负责的结论，与现代公司法治所倡导的董事会独立性扞格。[1]

就世界范围来看，早在 1937 年，受到德国银行家拉兹诺"企业自体"理论的影响，《德国股份公司法》率先废除了股东本位的法律结构，大大削减了股东会的权限，同时加强了董事会相对于股东会的独立性和管理权限。[2]董事会中心主义治理模式勃兴并逐渐成为各国公司法改革的趋势，这一倾向也影响了我国公司法改革的方向。从我国 2023 年《公司法》对股东会与董事会职权的改革情况来看，除删去了"董事会对股东会负责"的表述外，还扩张了董事会的职权，并相应缩减了股东会的职权，使得董事会独立性进一步增强。董事会不再被机械定义为股东会的下级执行机关，而是具有自身独立性的公司治理机构，进一步突出了董事会在公司治理中的重要地位。

1.2 对谁负责：董事会对公司而非对股东会负责

股东会中心主义与董事会中心主义之争的实质在于公司权力的归属与董事会服务的对象。[3]股东会中心主义支持者主张在公司治理中强调股东权利的优先，而不是债权人等其他利益相关者的利益优先，[4]公司的一切重大决策事项均赋予股东会决定权，股东会被奉为公司的权力中心，董事会仅为消极、机械的执行机关，天然应当对股东会负责。[5]董事会中心主义的支持者则认为，公司法改革的基本方向应是向董事会扩权，减少股东会对董事会的干预，以制度方式进一步实现"两权分离"，董事会应对公司而非股东会负责。[6]

在我国控股股东主导股东会的实践常态下，董事会独立性完全湮灭在股

---

〔1〕 甘培忠、马丽艳：《董事会中心主义治理模式在我国公司法中的重塑》，载《财经法学》2021年第 5 期。

〔2〕 钱玉林：《股东大会中心主义与董事会中心主义——公司权力结构的变迁及其评价》，载《学术交流》2002 年第 1 期。

〔3〕 梁上上：《公司权力的归属》，载《政法论坛》2021 年第 5 期。

〔4〕 Stephen M. Bainbridge, The New Corporate Governance in Theory and Practice, Oxford University Press, 2008, pp. 8-12.

〔5〕 郭富青：《我国公司法的权利/权力再配置》，载《甘肃社会科学》2023 年第 6 期。

〔6〕 蒋大兴：《公司董事会的职权再造——基于"夹层代理"及现实主义的逻辑》，载《现代法学》2020 年第 4 期。

东会的强势手段中，控股股东可能僭越公司决策机制、操控董事选举而将董事会转变为其意志的执行者和利益的代言人。[1]当董事会职权被股东会架空时，监事会地位又被边缘化，由控股股东引发的权力滥用风险便大大增加，中小股东利益乃至公司利益均会受到不利影响。因此，若要求董事会对股东会负责，丧失独立性的董事会作为公司治理机构的效能将大打折扣，专业管理者为公司创造附加利益的可能性也会降至最低，董事会轻易沦为股东会的"提线木偶"。

从董事信义义务的角度来看，根据 2023 年《公司法》第 180 条前两款之规定，董事对公司负有忠实和勤勉义务，应当采取措施避免自身利益与公司利益冲突，执行职务应当为公司的最大利益尽到管理者通常应有的合理注意。贯穿本条的表述为"公司利益"而非"股东利益"，董事负有信义义务的对象是公司而非股东。又根据 2023 年《公司法》第 186 条和第 188 条规定，董事违反信义义务需要向公司承担损害赔偿责任，公司对董事违反信义义务所得收入享有归入权。董事及董事会向公司负责具有天然正当性，这也是尊重公司独立人格、符合现代公司治理趋势的要义所在。

1.3 职工董事：维护职工与公司利益的身份双重性

2023 年《公司法》进一步完善了职工董事制度，使得董事会保持独立更有其必要性。职工董事是公司治理法律机制的重要构成，是职工参与公司民主管理的形式之一，[2]其核心在于将劳动者的声音引入企业决策层，实现"利益相关者共同治理"。2023 年《公司法》扩大了设置职工董事的公司范围，强化了职工董事地位，董事会的多元利益构成特性得到凸显。职工董事由公司职工通过职工代表大会、职工大会或者其他形式民主选举产生，并非由股东会任命。与非职工董事不同，作为公司治理结构中的特殊存在，职工董事主要是为了调整公司利益与职工利益的矛盾。职工董事天然就具有身份双重性和功能双向性，既要基于职工身份在董事会运作中反映和维护职工利益，又要基于董事身份在董事会运作中追求和维护公司利益。[3]因此，职工董事并不对股东会负责，作为董事会成员的一部分，"董事会对股东会负责"也已成为旧谈。

---

〔1〕 甘培忠、马丽艳：《董事会中心主义治理模式在我国公司法中的重塑》，载《财经法学》2021年第 5 期。

〔2〕 楼秋然：《职工参与公司治理：制度透视与建构方案》，载《湖北社会科学》2024 年第 2 期。

〔3〕 陈嘉白：《职工董事信义义务的双重结构与双向协调》，载《法学家》2025 年第 1 期。

2. 为重新审视董事会在公司中的定位提供契机

概言之，删除"董事会对股东会负责"的表述进一步突出了董事会在公司治理中的重要地位，强化了董事会作为公司治理机构的独立性，重申了董事会向公司负责的内在逻辑，回应了 2023 年《公司法》修订的主线脉络，为理论与实践重新审视董事会在公司中的定位提供了宝贵契机。需要明确的是，公司治理的争端恒久存在，法律并不预设何种治理模式最优，而仅为公司提供可选择的方式。[1]公司治理模式优化选择的使命和任务不是择其一种并定于一尊的排他性选择，而是回应公司客观需要进行的适当性或适配性安排。[2]我国公司法改革正是将公司治理模式规范"去强制化"，赋予其更多任意性，允许公司根据自身需要进行选择。此表述的删除可以使公司走出股东会中心主义治理模式的法律预设，允许公司董事会以相对独立的管理权制约股东会对所有权的滥用，从而维护公司整体利益。

因此，取消"董事会对股东会负责"的规定后，并不影响股东会审议批准董事会报告，以及董事会执行股东会的决议、向股东会报告工作等职权，董事会仍对股东会承担一定职责；股东会的法定职权原则上也不可授权给董事会行使，除非法律有特别规定。同理，股东会也不得干预董事会独立行使职权或越权行使董事会职权，双方的法定职权具有严格界限。若股东认为董事会决议不当，无权直接以股东会决议否定董事会决议，而应通过决议瑕疵之诉来救济。

问题 65 ▷ 2023 年《公司法》施行后，公司章程是否仍然可以将经营方针和投资计划规定为股东会职权？

2023 年《公司法》第 59 条删除了 2018 年《公司法》第 37 条第 1 款关于"决定公司的经营方针和投资计划"的股东会职权，第 67 条却保留了"决定公司的经营计划和投资方案"的董事会职权。经此修改，引起了实践中对于股东会能否继续保留该项股东会职权的争议。由于《央企章程指引》和各地国有企业章程指引均选择保留了股东会"决定公司的投资计划"的职权，因此，至少对于中央企业和国有企业而言，其章程中仍可保留股东会的该项

---

〔1〕 林一英：《新〈公司法〉提升中小公司治理灵活性及其适用与展望》，载《交大法学》2024年第 5 期。

〔2〕 赵旭东：《股东会中心主义抑或董事会中心主义？——公司治理模式的界定、评判与选择》，载《法学评论》2021 年第 3 期。

职权。

2023 年《公司法》之所以将"决定公司经营方针和投资计划"从股东会职权中删去，而对董事会的相应职权予以保留，系因为"经营方针"和"经营计划"、"投资计划"和"投资方案"，在实务中殊难区分。笔者曾接到数十起关于如何区分前述事项的咨询，究其原因，在于二者需要履行的公司决策程序并不相同。基于语义上的重叠和行使主体的非专属性，故而 2023 年《公司法》予以删除。

之所以说难以区分，从文义上来看，"方针"一词比喻指导工作或事业前进的方向和目标，"计划"是指工作或行动以前预先拟定的具体内容和步骤，"方案"则是指进行工作的具体计划或关于某一问题的规定。[1] 通过文义解释，一项工作应先制订大体方针，再进行具体计划，最后制订详细方案。虽然文义上存在区别，但实际操作中应如何区别，给实务工作造成了一定的困惑。审判实务中，对于公司的某种行为，例如卖出持有的上市公司股票究竟是属于"投资计划"还是"投资方案"，应该由股东会决议还是董事会决议，很难确定明确的区分标准。[2]

例如，在"某公司决议撤销纠纷案"中，二审法院认为，案涉决议、文件"系各股东为实现投资目的经协商一致达成，涉及公司经营计划、投资方案，也涉及股东权利的处置与分配等各项事宜……亦影响各股东实现投资目的、享受股东权利、履行股东义务，应属于某公司经营计划和投资方案等股东会决议事项"。由此认定该公司董事会决议超越权限，从而应予撤销。[3] 法院将"投资方案"归于股东会职权，显然混淆了"投资计划"和"投资方案"。

最高人民法院在"袁某、潘某损害公司利益责任纠纷案"中指出，公司法有关股东会和董事会职权的相关规定并不属于效力性强制性规定，公司股东依法享有选择管理者的权利，该管理者的权限也可以由公司股东会自由决定，公司法并未禁止有限责任公司股东会自主地将一部分决定公司经营方针和投资计划的权力赋予董事会。[4] 此处虽明确了经营方针和投资计划由股东会享有，但由于可赋予董事会行使职权，减弱了该项职权由股东会享有的专属性。

---

[1] 以上释义来自新华字典网站，载 www.zidian.com.cn。

[2] 最高人民法院民事审判第二庭编著：《中华人民共和国公司法理解与适用（上）》，人民法院出版社 2024 年版，第 285—286 页。

[3] 北京市第一中级人民法院（2024）京 01 民终 8901 号民事判决书。

[4] 最高人民法院（2017）最高法民申 1794 号民事裁定书。

修订之后，经营方针和投资计划等属于经营管理类事项，既可以由股东会决定，也可以交由董事会决定，法律对此不作强制性规定，可由公司根据自身情况自主通过公司章程决定。[1]实践中，可不再对所谓"方针""计划""方案"进行用语上的区分，进一步明晰了股东会与董事会的职权界限，强化了董事会在公司治理中的作用。[2]董事会负责公司的经营管理，由其决定公司的经营计划和投资方案，以符合公司灵活经营的需要，方便董事会根据形势变化和公司发展情况及时作出相应的投资决定。[3]该项修订不仅可以发挥董事会的专业性与效率性优点，实质上也扩充了董事会对公司经营和投资的职权外延，降低了股东会在经营领域与董事会产生对抗的可能性，进一步释放了公司董事会的职权限制。[4]

综上所述，经营方针和投资计划本质属公司自治事项，性质上应为任意性条款，基于旧法路径依赖以及公司治理的多样化需求，公司章程仍可选择将该职权赋予股东会，但需要明确与董事会职权的界限，以避免职权重叠给公司治理带来不利。

问题 66 ▷ 2023 年《公司法》为什么删除了股东会审议批准公司的年度财务预算方案、决算方案的职权？公司章程是否仍然可以将该两项职权配置给股东会？

2023 年《公司法》第 59 条和第 67 条均删除了有关公司年度财务预算方案和决算方案的股东会和董事会职权内容。这一删除并不意味着股东会或董事会不再享有该项职权，而是公司章程可根据公司自身情况自由配置该项职权，这体现了法律对于公司自治的尊重。

1. 财务预决算方案规则的修订理由

预算是根据企业的战略目标和发展计划进行的财务规划，是事先的预计和安排；而决算则是在一个特定的会计期间结束后进行的财务总结，是实际的经营结果反馈。关于财务预算和决算，我国更多是对国有企业有相关要求，而对于民营企业并不做强制性规定。如《企业国有资产法》第六章专章规定

---

〔1〕　王瑞贺主编：《中华人民共和国公司法释义》，法律出版社 2024 年版，第 92 页。

〔2〕　最高人民法院民事审判第二庭编著：《中华人民共和国公司法理解与适用（上）》，人民法院出版社 2024 年版，第 315 页。

〔3〕　王瑞贺主编：《中华人民共和国公司法释义》，法律出版社 2024 年版，第 102 页。

〔4〕　汪青松、张顺凯：《论新公司法下的公司内部授权机制》，载《济南大学学报（社会科学版）》（网络首发时间：2024 年 7 月 30 日）。

了国有资本经营预算要求，其中第58条明确，国家建立健全国有资本经营预算制度，对取得的国有资本收入及其支出实行预算管理。除此以外，财政部以及国务院国资委等部门也会发布部门规范性文件对国有企业预算和决算管理进行规范，如《中央国有资本经营预算管理暂行办法》《关于印发2024年度中央企业财务决算报表的通知》等。对于民营企业，尤其对于小微企业而言，法律未对其强制要求执行财务预算与决算，但仍需遵守《企业会计准则》等规范，确保财务数据真实完整。

删除该项职权的另一大理由在于，作为具体的经营管理事项，公司财务预算、决算权可赋予董事会下属经理层或其他专业委员会，而不必交由董事会或股东会亲自行使，从而实现"业务执行"与"决策监督"的职能分离。经理层等高级管理人员作为公司具体事务执行机构，通常更为了解公司的日常运营状况，其中的财务人员也具备专业的财务管理知识，由其负责年度财务预算方案和决算方案的制订能够使方案更贴近公司实际运营需求。

2. 公司章程可自主配置该项职权

虽然财务预算和决算并非所有公司都强制要求进行，但方案一旦制定，即关系公司发展前景和规划，影响公司未来的经营走向。加之实践中许多民营企业的财务体系尚不成熟，经理层所制订的财务预算与决算方案仍需经过董事会与股东会的把关。因此，公司可根据需要在章程中继续规定股东会和董事会关于财务预算和决算方案的相关职权。此处改动是提高公司法的任意性、尊重公司自治性的重要举措，法律鼓励公司章程根据需要对公司内部权力进行合理分配。

问题 67 ▷ 公司是否可以通过章程或者股东会决议的方式将股东会的权力授权给董事会？

公司机构的职权配置是公司治理的重要内容。在合理配置不同机构职权的前提下，公司内部授权制度的完善也是我国公司法改革的努力方向和前进目标。2023年《公司法》新增多处可授权事项，包括股东会向董事会授权、董事会向经理层授权等情形，如2023年《公司法》第59条第2款规定，股东会可以授权董事会对发行公司债券作出决议；第67条第2款第10项规定，董事会享有公司章程规定或者股东会授予的其他职权。股东会职权分为法定职权和章定职权，法定职权层面法律仅明确允许授权董事会发行公司债券，至于其他法定职权以及章定职权可否授予董事会行使并未明确，因此也引发了实践中对股东会授权董事会行为效力的争议。

1. 公司机构职权立法演变：从概括模式到列举模式

就立法模式而言，公司法对于公司机构职权的规范方式存在着列举主义和概括主义两种模式，列举主义立法模式将机构职权逐项罗列，如《俄罗斯联邦股份公司法》第 48 条列举了 20 项股东会职权；概括主义立法模式则只做原则性或抽象性规定，如《美国示范公司法》第 8.01 条、《法国商法典》第 L225-64 条[1]。2021 年 12 月公布的《公司法（修订草案一审稿）》曾删除董事会职权的具体列举，改采概括主义立法模式，直接明确了公司剩余权力的归属，但并未解决授权机制的合法性问题。后《公司法（修订草案二审稿）》又恢复了对董事会职权的列举主义立法模式，但允许股东会将某些事项授权给董事会。由于可授权事项争议较大，仅就发行公司债券一项内容达成共识，最终便构成了正式稿第 59 条第 2 款规定。

2. 普通公司股东会的职权授予规则

2.1 股东会法定职权：原则上不允许授权，例外可授权

（1）原则上不允许授权的职权范围

有学者将公司权力分为所有者权力和经营者权力：所有者权力是指股东作为公司的所有者对关涉公司最根本事项所保有的权力，这些事项关系到公司的基础，直接决定公司的存续与发展并直接影响全体股东的重大投资权益；经营者权力是指公司的实际管理者对公司经营管理事项所享有的权力，为董事会和经理所享有。[2]因二者本质不同，既不能穿越行使，也不能随意授权调整。[3]2023 年《公司法》修订过程中，有意见认为，从 2018 年《公司法》的权力配置来看，董事会和经理的法定职权固然都是经营者权力，但股东会的权力却不止所有者权力，还包括部分经营者权力，如经营方针和投资计划的决定权，有待通过法律修改进行调整。而后通过的正式稿删除了股东会"决定公司的经营方针和投资计划"的职权，仅保留了董事会"决定公司的经营计划和投资方案"的职权，回应了此建议。

就我国司法实践来看，在"徐某霞与安顺绿洲报业宾馆有限公司、第三

---

〔1〕《法国商法典》第 L225-64 条第 1 款规定，管理委员会享有在任何情况下代表公司进行活动的最广泛的权力。管理委员会在公司宗旨范围内行使这些权力，但法律明文规定属于监事会与股东大会的权限除外。《法国商法典（上册）》，罗结珍译，北京大学出版社 2015 年版，第 252 页。

〔2〕赵旭东：《股东会中心主义抑或董事会中心主义？——公司治理模式的界定、评判与选择》，载《法学评论》2021 年第 3 期。

〔3〕刘斌编著：《新公司法注释全书》，中国法制出版社 2024 年版，第 299 页。

人贵州黔中报业发展有限公司公司决议效力确认纠纷上诉案"中，法院指出，董事会、股东会均有法定职权和章程规定职权两类，强调的都是权利，在没有法律明确禁止的情况下，权利可以行使、可以放弃，也可以委托他人行使；但修改公司章程、增加或者减少注册资本的决议，以及公司合并、分立、解散的决议有且只有公司股东会才有决定权，这是股东会的法定权利；《报业宾馆章程》第 7 条将股东会的法定权利规定由董事会行使，违反了上述强制性法律规定，应属无效。[1] 此处法院将"职权"与"权利"混为一谈，但至少确定股东会的核心法定职权不得授权给董事会。在案情相似的"江苏益建拓华智能建筑科技有限公司与江苏省第一建筑安装集团股份有限公司公司决议效力确认纠纷案"中，案涉公司作出股东会决议将公司章程修改权授予董事会，法院却以符合公司章程修改程序而认定授权有效，与前案裁判结论完全相反。[2] 上述两案的法院之所以会得出大相径庭的结论，乃因公司法未对股东会能否将特定职权授予董事会行使的问题作出回应，致使公司内部权力配置及行使陷入相对任意、缺乏直接约束的局面。[3]

从法定的分权制衡逻辑上而言，股东会法定职权原则上不得授权给董事会行使。股东会授权董事会行使部分职权，不应破坏公司基本的治理结构，打破二者的平衡和制约关系。[4] 目前我国法对于公司类型的规定仅限于有限责任公司与股份有限公司两种，并不能如同域外法中无限公司、合同公司等随意调整公司治理架构，原则上应维持公司组织体权力架构的基本稳定。2023 年《公司法》第 59 条关于股东会职权的规定属于刚性规定，不能随意将法定职权授予董事会，否则将破坏公司类型法定的立法体制。[5]

具体而言，2023 年《公司法》第 59 条第 1 款前三项内容均具有明显股东人身属性，股东会通过对董事和监事的人事任免权及审议批准报告权等间接管理与控制公司，若授权董事会行使，将出现"自己监督自己"的局面，不利于公司经营与股东利益。而第 5 项、第 7 项、第 8 项规定的内容又属于公司重大事项，法律要求股东会代表 2/3 以上表决权的股东通过作出决议才可变更。公司章程是股东意思自治的最高效力文件，而增减公司注册资本，公司合并、分立、解散等事项直接关乎股东出资责任、公司存亡以及偿债能力，

---

〔1〕 贵州省高级人民法院（2015）黔高民商终字第 61 号民事判决书。

〔2〕 江苏省镇江市中级人民法院（2020）苏 11 民终 626 号民事判决书。

〔3〕 汪青松、张顺凯：《论新公司法下的公司内部授权机制》，载《济南大学学报（社会科学版）》（网络首发时间：2024 年 7 月 30 日）。

〔4〕 最高人民法院民事审判第二庭编著：《中华人民共和国公司法理解与适用（上）》，人民法院出版社 2024 年版，第 287 页。

〔5〕 曾斌、刘斌主编：《对话新公司法》，江苏凤凰教育出版社 2024 年版，第 164 页。

理应由股东会亲自作出决议，不能授权董事会。类似地，第 15 条公司关联担保、第 135 条上市公司买卖重大资产或超额提供担保、第 152 条非货币财产出资的股份发行以及第 162 条股份回购原则上均应由股东会作出决议，而不能授权董事会。

（2）例外可授权的职权范围

第一，发行公司债券的权力由立法明确规定可授权给董事会行使。根据 2023 年《公司法》第 59 条第 2 款规定，股东会发行公司债券的权力被法律明确规定可授权给董事会。延伸的问题是，该授权是否存在授权期限、授权数额等方面的限制？由于法律并未予以规定，一般认为股东会授权董事会此项权力并不存在法律上的限制，是否对授权进行限制取决于公司自治。

对授权进行限制是控制公司财务风险的重要手段。随着时间推移，公司的经营状况、市场环境等都会发生变化，债券发行策略需要定期进行评估和调整，以确保始终符合公司的最大利益。如果董事会无限制地滥用发行债券的权力，可能会导致公司负债过高，增加财务成本和偿债压力，进一步影响股东和公司债权人的利益。实践中，公司章程和股东会通常参照公司法对于董事会发行股份的限制性规定，结合公司具体经营情况和市场环境，在授权董事会发行公司债券时设定一定的期限和数额限制，以确保董事会在行使该职权时能够合理控制风险。相较于公司股份而言，公司债券的发行具有更宽泛的自治权，公司可根据自身需要设置更为灵活的授权限制。

当然，就发行债券行为本身，董事会应当遵守公司法和证券法等法律法规的相关要求，确保发行程序合法合规，并做好尽职调查与风险防控等事项。若公司章程对此另外作出了限制，董事会作出决议时应当依照章程的规定，严格在授权范围内进行公司债券的发行。由于发行债券的权力来源于股东会授权，董事会作出公司债券发行决议须遵循股东会的会议以及决议程序进行。此外，根据 2023 年《公司法》第 24 条的规定，债券发行的会议和表决方式可采用电子通信方式进行，但公司章程另有规定的除外。

第二，决定公司利润分配和弥补亏损方案的权力是否能授予董事会存在争议。对此，立法司法与公司实践出现了截然相反的局面。实践中，已有不少上市公司选择将此权力授予董事会，如中国电信股份有限公司在《2023 年中期利润分配方案公告》中明确"本次利润分配方案已由 2022 年年度股东大会授权董事会决定"，中国平安保险（集团）股份有限公司在同期利润分配方案公告文件中也明确"本公司股东大会授权董事会可分配中期股息"。[1]而在"袁某与某公司公司决议效力确认纠纷上诉案"中，法院指出，资产收益作为公司股东享有的根本权利之一，应由公司全体股东决定公司未分配利润的分配方案，案涉股东会决议中概括性授权董事会决定上岗股东奖金的分配方案问题限制了股东对未知奖金利润分配方案行使否决的行为，一旦实施完全有可能终止或者限制股东的资产收益权，因此该条内容违反了法律的规定应确认为无效。[2]该案法院从股东固有权益角度出发，认为由董事会进行利润分配或弥补亏损将损害股东资产收益权，故不得授权。《上市公司章程指引（2025）》第46条注释2也明确规定，除法律、行政法规、中国证监会规定或证券交易所规则另有规定外，上述股东会的职权不得通过授权的形式由董事会或者其他机构和个人代为行使。

就所有者权力与经营者权力二分格局来看，公司利润分配和弥补亏损实际上同时涉及公司经营者和所有者利益，这些事项究竟归属于所有者权力抑或经营者权力，其决策权如何分配，主要取决于立法者的价值判断。例如，利润分配通常被认为是所有者权力事项，但如果从公司利益视角观察，利润分配事项与公司经营更为攸关。[3]比较法上，对于公司分配的决定权，《美国示范公司法》第6.40条明确规定，董事会可以授权并由公司向股东进行分配，但应符合该条（c）款规定的清偿能力标准。英国公司法上利润分配权由董事会和股东会共同享有，封闭公司和公开公司的示范章程条款均要求利润分配由董事会提出方案并由股东会批准，但股东会不得批准高于董事会建议水平的利润分配方案。[4]在德国法上，有限责任公司可以基于公司章程将利润分配决定权分配给任一公司机构，默示情形下由股东会决定；股份公司的利润分配请求权则强制性地归股东会享有，但其只能根据董事会和监事会确定的年终报表进行决议，所以基本没有可能反对管理机构提出的分配建议并提出一个新的分配方案。[5]在日本法上，股东会行使利润分配的决定权，但也设定了董事会决议进行利润分配的例外，包括《日本公司法》第454条规

---

〔1〕《JT&N观点 | 刍议新公司法（之二）：股东会与董事会的相爱相杀》，载微信公众号"金诚同达"，发布日期：2024年6月28日。

〔2〕上海市第一中级人民法院（2013）沪一中民四（商）终字第822号民事判决书。

〔3〕刘斌：《董事会权力的失焦与矫正》，载《法律科学（西北政法大学学报）》2023年第1期。

〔4〕［英］保罗·戴维斯、莎拉·沃辛顿：《现代公司法原理》，罗培新等译，法律出版社2016年版，第382—392页。

〔5〕［德］托马斯·莱赛尔、吕迪格·法伊尔：《德国资合公司法（上）》，高旭军等译，上海人民出版社2019年版，第287页、第689页。

定的中期分红，以及满足第 459 条规定的特定情形下的分红。[1]

利润分配关涉多元主体的利益，既包括个体层面的公司利益、股东利益（包括大股东和中小股东）、债权人利益等，也包括整体层面的团体利益、社会利益、公共利益、国家利益等。就公司治理而言，分配决定权的归属主要取决于公司利益和股东利益如何权衡。例如，就作为狭义分配的利润分配事项而言，对于公司而言，利润分配关系到其清偿能力、商业经营、企业维持等因素，本质上属于一项商事裁量事项；对于股东而言，其虽然有权获得资产收益，享有抽象的利润分配请求权，但在形成具体的利润分配请求权之前并无法行使。2023 年《公司法》第 1 条开宗明义确立了公司、股东、债权人的差序保护格局，公司作为公司法首先保护的利益主体，在同一规范体系下应当维持价值判断的统一性，以公司利益作为优位因素。相较于异质化利益诉求的股东，董事更能够代表和维护公司利益。进一步而言，利润分配作为商事裁量事项，由作为经营管理机构的董事会决定更符合董事会的商事判断能力和信息优势，股东会显然不适合作此判断。[2]

因此，本书坚持认为，未来立法与司法应持开放性态度，明确该项职权可授予董事会行使。但是，依据目前的立法现状，公司股东会仍应审慎授权董事会该项权利，以免与法律法规规定抵触而被法院认定为授权无效，给公司带来不利影响。

2.2 股东会章定职权：可自由授权董事会行使

法定职权之外，2023 年《公司法》保留了"公司章程规定的其他职权"的规定，公司章程可根据实际需要对股东会和董事会进行赋权，此为公司自治事项。在不与法定职权相冲突的前提下，股东会可将章定职权授权给董事会行使。2023 年《公司法》在多处明确了可由章程规定的职权，如对外提供担保、审计委员会的设置、类别股的发行等，多表述为"公司章程另有规定的除外""按照公司章程的规定"等，为公司章程加以具体规定留出余地。

3. 国家出资公司的特别规定

国家出资公司包括国有独资公司和国有资本控股公司。根据 2023 年《公司法》第 172 条的规定，国有独资公司不设股东会，由履行出资人职责的机构行使股东会职权。履行出资人职责的机构可以授权公司董事会行使股东会

---

〔1〕　［日］近藤光男：《最新日本公司法》，梁爽译，法律出版社 2016 年版，第 357 页。

〔2〕　刘斌：《董事会权力的失焦与矫正》，载《法律科学（西北政法大学学报）》2023 年第 1 期。

的部分职权，但公司章程的制定和修改，公司的合并、分立、解散、申请破产，增加或者减少注册资本，分配利润，应当由履行出资人职责的机构决定。对比 2018 年《公司法》第 66 条规定，本条增加规定了申请破产、分配利润由履行出资人职责的机构决定，明确了不允许将利润分配事宜授予董事会行使；同时删除了发行债券应当由履行出资人职责的机构决定的规定，从而适用 2023 年《公司法》第 59 条的一般规定，允许授权董事会予以决定。

对于国有资本控股公司，根据《国有资本控股公司章程指引》第 24 条的规定，经股东会决议，股东会可以依法向董事会授权，但不得将法定由股东会行使的职权授予董事会行使。股东会加强对授权事项的评估管理，授权不免责。董事会行权不规范或者决策出现问题的，股东会应当及时收回授权。该条明确了国有资本控股公司股东会不得授予董事会以法定职权，但并未将发行公司债券的职权排除在外。由于 2023 年《公司法》并未对国有资本控股公司股东会授权规则进行规定，从解释的一致性上出发，应当认为国有资本控股公司股东会也可授权董事会发行公司债券。基于授权不免责规则，实践中，国有企业应当结合地区和行业发展实际，充分考虑决策质量与决策效率的结合，在科学充分论证的前提下确定授权范围和限度，防范过度授权甚至丧失控制权的现象产生。[1]

问题 68 ❯ 股东会超越职权所形成的决议，如行使了董事会职权，决议是否有效？

股东会超越职权所形成的决议，也即无权决议或越权决议。依据权限的来源，越权决议分为三类：一是违反法律的权限规定而作出的越权决议；二是违反章程的权限规定而作出的越权决议；三是违反所授予的权限规定而作出的越权决议。对于股东会越权行使董事会职权所作出的决议，既可能是超越了董事会法定职权，也可能是超越了董事会的章定职权，但其作为授予董事会职权的主体，不存在超越自身授予职权的情形，因此只需考虑前两种情形下的越权决议。

1. 问题的前提：股东会可能被认定超越董事会职权吗？

传统公司法认为股东权利至上，股东会为公司的最高权力机构。就公司目的而言，股东是公司财富共享体系中的剩余索取权人；就公司治理而言，

---

〔1〕 汪青松、张顺凯：《论新公司法下的公司内部授权机制》，载《济南大学学报（社会科学版）》（网络首发时间：2024 年 7 月 30 日）。

股东是公司控制权配置体系中的最终控制权人。[1]作为董事会权力的唯一来源，股东会自然可以通过决议形式介入公司运营管理，就董事会职权范围事项作出决议，也可将自身职权委托给作为公司集体机构的董事会。[2]公司董事会并不是权力机构，而是股东的代理人，不享有最高决策权或终极控制权，[3]公司董事会权力实则来源于股东会授权，股东会行使董事会职权很难被认定为超越权限。

上述理论具有明显的不周延性。董事的职权多样且复杂，并不能直接照搬委任或代理规则。董事会应当被视为一种法律特别规定的、具有混合性质的公司机关，[4]董事并非仅作为执行股东会意志的代理人，董事的权力来源于法律和公司章程规定，而非仅来自股东的授权。[5]除法律另有规定外，股东会和董事会的法定职权具有严格界限，不允许随意逾越。因此，当股东会行使董事会职权作出决议时，完全有可能构成超越权限从而被认定为越权决议。

2. 股东会越权决议的效力认定

2.1 立法尝试与司法实践

我国在《公司法司法解释（四）》（原则通过稿）中曾试图对决议无效进行类型化，其中包括了越权决议的情形。根据其规定，股东会或者股东大会、董事会决议内容有下列情形之一的，应当确认无效：①违反公司法第20条规定，损害公司、股东或者公司债权人的利益；②违反公司法第37条、第46条、第99条等规定，超越股东会或者股东大会、董事会职权；③违反公司法第166条规定向股东分配利润；④违反法律、行政法规的强制性规定的其他情形。但因争议过大，本条最终未出现在正式发布的司法解释之中。在2023年《公司法》修订中，该问题亦因争议过大而搁置，2023年《公司法》也未能进行类型规定。

从司法实践来看，法院普遍将股东会此类越权决议认定为无效决议。在

---

〔1〕　Lucian A. Bebchuk & Roberto Tallarita, The Illusory Promise of Stakeholder Governance, 106 Cornell L. Rev. 91, 120, 2020.

〔2〕　傅穹、陈洪磊：《董事会权力中心的生长与回归》，载《北京理工大学学报（社会科学版）》2022年第5期。

〔3〕　刘俊海：《论股东会中心主义治理模式的勃兴：评〈公司法（修订草案）〉中股东会的权力机构地位》，载《法学杂志》2023年第5期。

〔4〕　叶林：《公司治理制度：理念、规则与实践》，中国人民大学出版社2021年版，第152-153页。

〔5〕　[美]理查德·D.弗里尔：《美国公司法》，崔焕鹏、施汉博译，法律出版社2021年版，第74页。

"王某成与珠海市加新华房产有限公司公司决议撤销纠纷案"中，法院指出，股东会的职权源自法律和公司章程的规定，除法律规定的法定职权外，公司可以根据经营管理的需要通过公司章程的规定授予股东会其他职权，股东会无权在法律法规和公司章程的规定之外行使权力，不能越权行使法律和公司章程授予董事会等法定职能机构的职权，否则可能构成滥用权力，因此而形成的股东会决议将构成规避法律法规、公司章程的规定而无效或者被撤销。[1]"江西某某农业投资有限公司与某某集团有限公司、江西某某有限公司公司决议纠纷案"的二审法院认为，股东会是公司的权力机构，董事会是股东会这一权力机构的执行机构，但双方的职权范围仍有明确边界，并非委托代理关系，公司法及公司章程对股东会和董事会的职权范围的规定是强制性规定；本案所涉股东会决议第6条第3款内容超出股东会职权范围，应当属于董事会的职权范围，故该部分决议内容应当无效。[2]类似地，贵州省高级人民法院在"沈某松、羊某新、江某兴与贵州熏酒有限公司、胡某云、胡某杰公司决议效力确认纠纷案"中也指出，虽然股东会是公司的最高权力机构，但也必须遵守公司法的强制性规定和公司章程相关规定；公司的法定代表人和总经理应由公司董事会来决定解聘，股东会作出解聘决议不符合上述规定，超越了股东会职权，应当被认定无效。[3]

2.2 越权决议效力应当区分情形认定

前文已述，根据权限的来源，股东会行使董事会职权的越权决议可分为超越法定职权的决议和超越章定职权的决议。在股东会决议行使了董事会法定职权而构成越权时，该决议属于违法决议，一般应当认定为无效；在股东会决议行使了董事会章定职权而构成越权时，该决议属于违反章程的决议。根据2023年《公司法》第26条规定，该决议可被撤销。

2023年《公司法》第25条对决议无效的情形仅进行了抽象的原则性概括，规定决议内容违法时决议才可认定其无效。越权是否属于内容上的违法？对此，基于决议的法律行为属性，可以回归民法上寻找依据。根据《民法典》总则编第153条第1款规定，违反法律、行政法规的强制性规定的民事法律行为无效。该条属于民事法律行为无效的一般规定。从公司法的特别法立场看，可以体系性理解为包括权限瑕疵，故本条可以作为诉求越权决议无效的

---

〔1〕 广东省珠海市香洲区人民法院（2019）粤0402民初2942号民事判决书。

〔2〕 江西省赣州市中级人民法院（2024）赣07民终18号民事判决书。

〔3〕 贵州省高级人民法院（2015）黔高民商终字第1号民事判决书。

民法依据。[1]

在股东会行使董事会章定权限而被认定为越权决议时，决议可撤销并无疑问。若要修改章程，必须经过完整正规的股东会会议流程，经代表 2/3 以上表决权的股东通过才可对章程进行修改，而非径直超越权限，以一般决议程序替代章程修订程序。

问题 69 ▷ **董事会是否可以将董事会权力授权给总经理办公会或投资委员会等非公司法上的组织机构？是否可以将股东会授予董事会的职权进行转授权？**

2023 年《公司法》第 74 条第 2 款规定，经理对董事会负责，根据公司章程的规定或者董事会的授权行使职权。本条明确了董事会可以向经理进行授权。由于董事会的职权可能来自公司法规定、公司章程规定或股东会授予，根据董事会职权的来源，董事会向下授权又可分为自身职权的直接授权与股东会授予权力的转授权，来源的不同也直接影响到董事会向下授权的效力。

1. 董事会可向经理直接授权

传统公司法认为，公司股东会为权力机关，董事会为执行机关，监事会为监督机关，而经理一般被认为是董事会的下属机关，其定位模糊，常常被排除在法定公司机关之外。在2023 年《公司法》出台以前，经理职权采列举主义立法模式，包括组织实施股东会、董事会的决议和方案计划、拟定公司具体制度规章以及任免下级管理人员等职权。可以看出，经理职权中包含了相当程度的执行业务，将其定位为董事会的执行机关似无不妥。

然而，决策业务和执行业务的区分其实是相对的。二者都是针对某一特定业务事项的概念，但在前后相接、相互关联的业务事项中，某一下游事项的决策机关很可能就是上游事项的执行机关；同理，某一上游事项的执行机关往往就是下游事项的决策机关。公司决策事项和决策层次具有复杂性和多样性，难以将某一机关界定为纯粹的执行机关或决策机关，因此经理既是其负责事务的执行者，也是决策者。[2]因此，经营管理主体的权限划分实际上是一种决策管理层次上的划分。[3]股东会决策的是宏观层面，涉及公司存续

---

[1]　李建伟：《公司决议无效的类型化研究》，载《法学杂志》2022 年第 4 期。

[2]　赵旭东：《再思公司经理的法律定位与制度设计》，载《法律科学（西北政法大学学报）》2021 年第 3 期。

[3]　王鸿：《公司经理法律地位的确认与职权区域的界定》，载《当代法学》2003 年第 7 期。

和发展的重大事项，是最高层次的决策；董事会决策的是中观层面，涉及公司管理机构设置、基本管理制度和主要管理人员聘任的公司重要事项；经理决策的则是微观层面，是公司经营管理中的具体事项。[1]在此意义上，公司章程或董事会将具有决策性质的某些职权授予经理层行使具有逻辑上的正当性。

2. 董事会授权行为的效力认定

通常而言，授权人至上是授权行为的价值导向，授权行为的实施要求用于授予的权利应归属授权人所有，授权人有足够依据对相关权利的行使进行支配。[2]就董事会自身权力的授权而言，不同于股东会所代表的所有者权力，董事会自身更多的是管理者权力，而经理所享有的权力也具有管理性质，因此，2023年《公司法》第67条所规定的董事会法定职权原则上可授予经理层行使。但是，决定聘任或者解聘公司经理及其报酬事项、根据经理的提名决定聘任或者解聘公司副经理、财务负责人及其报酬事项的职权由于与经理层本身存在密切关联，若授权给经理层行使容易导致权力的滥用，因此应当认为该项职权不能向下授权，只能由董事会行使。除此以外，董事会的章定职权也可授权经理层行使。而就转授权而言，股东授予董事会行使的职权本质仍属所有者权力，董事会将股东会所授予的职权转授给经理层行使必须经过股东会的同意，否则转授权无效。

需要明确的是，董事会向下授权并不能因此免除自身责任，也即"授权不免责"。《央企章程指引》明确规定，董事会可以根据有关规定将部分职权授予董事长、总经理行使，法律、行政法规、国资监管规章和规范性文件另有规定的依规执行。董事会是规范授权管理的责任主体，不因授权而免除法律、行政法规、国资监管规章和规范性文件规定的应由其承担的责任。虽然该指引仅规范国家出资公司，但基于一般法理，"授权即免责"极容易导致董事会通过向下授权将责任转嫁至经理层，从而逃避自身责任，不利于公司利益和股东利益的维护。因此，对于一般的有限责任公司和股份有限公司也应适用"授权不免责"之规则。

3. 董事会是否可授权非公司法上的组织机构

实践中，公司常常根据自身需要设置一些公司法未予以明确类型化规定

---

〔1〕 赵旭东：《再思公司经理的法律定位与制度设计》，载《法律科学（西北政法大学学报）》2021年第3期。

〔2〕 汪青松、张顺凯：《论新公司法下的公司内部授权机制》，载《济南大学学报（社会科学版）》（网络首发时间：2024年7月30日）。

的公司机构，如由投资条线人员担任的投资决策委员会、风控人员担任的诉讼事务委员会等。这些机构一般由公司的高级管理人员或专业领域人士组成，其职权大多仅涉及某一具体领域。由于董事会作为集体议决的组织在业务执行方面存在先天的缺陷，难以胜任公司决策的及时性、效率性要求，更多只能从较为宏观的层面进行事务的决策和执行，进一步的具体操作仍然依靠经理层或各类专业委员会来执行。[1]因此，此类非公司法上的治理机构能否承接正式公司组织机构的职权，即成为实践中的疑点问题。

从公司治理的底层逻辑出发，此类问题并不复杂。实践中经常出现的投资决策委员会，实际上其相当于董事会的咨询机构，而不能直接替代董事会决策。易言之，在所谓的投资委员会决策之后，董事会还应当就此问题进行决议确认，而非完全成为"甩手掌柜"。否则，将导致勤勉义务的违反和董事问责。

至于董事会给总经理办公会授权，实际上是对总经理权力的授权、分解与制衡。总经理办公会由公司总经理领导，成员通常包括各部门经理及其他高级管理人员。与授权给总经理相比，增加了议事机制和集体决策的程序，其实质在于创设了一个集体行使的"经理权"。这种授权机制并不违反公司法的底层逻辑，但可能降低总经理的决策效率，将导致公司权力再次下沉。

问题 70 ▷ **公司章程是否属于登记事项、备案事项或者公示事项？**

公司章程作为公司设立和运营的基础和依据，是规范公司组织和活动的基本准则，对公司具有重大意义，可谓居于公司"宪法"之地位。公司章程的意义不仅限于公司内部，对交易相对人而言也有重大价值。比如，公司章程中对外担保事项的规定，决定了其担保的决策程序，可能对担保权人的利益造成影响。那么，公司章程是否需要进行登记、备案或者公示呢？

1. 关于章程公示的立法争议

2023 年《公司法》整合了公司登记制度相关规定，将公司登记单列一章，并引入了公司法定信息公示条款。2023 年《公司法》第 32 条规定了公司登记事项："公司登记事项包括：（一）名称；（二）住所；（三）注册资本；（四）经营范围；（五）法定代表人的姓名；（六）有限责任公司股东、股份有限公司发起人的姓名或者名称。公司登记机关应当将前款规定的公司

---

〔1〕　韩长印、吴泽勇：《公司业务执行权之主体归属——兼论公司经理的法律地位》，载《法学研究》1999 年第 4 期。

登记事项通过国家企业信用信息公示系统向社会公示。"可见，其中并未包括公司章程。

2023 年《公司法》第 40 条规定："公司应当按照规定通过国家企业信用信息公示系统公示下列事项：（一）有限责任公司股东认缴和实缴的出资额、出资方式和出资日期，股份有限公司发起人认购的股份数；（二）有限责任公司股东、股份有限公司发起人的股权、股份变更信息；（三）行政许可取得、变更、注销等信息；（四）法律、行政法规规定的其他信息。公司应当确保前款公示信息真实、准确、完整。"可见，其中也不包括公司章程。

对于公司章程公示问题，在 2023 年《公司法》修订中曾产生激烈的理论争议，其中就包含了公司章程是否应当作为法定公示事项。2021 年 12 月审议的《公司法（修订草案一审稿）》第 32 条规定，公司登记机关应当将公司登记事项、公司章程等信息通过统一的国家企业信用信息公示系统向社会公示。该条规定增加了章程公示的要求，一石惊起千层浪，最终因争议过大而在《公司法（修订草案二审稿）》中被删除。

坊间不少学者支持公司章程应予以公示。例如，有学者主张，创设公司章程的公示公信效力，既保护善意第三人对公司章程的信赖，也允许公司基于公司章程的内部控制机制对抗非善意第三人，因此，立法者应将公司章程明确为登记与公示事项，有助于确保公司内部决策与内控程序获得对抗第三人的公示公信效力，消除同案不同判现象，有益于建立公司及其股东与债权人之间包容普惠、多赢共享的法治化营商环境。[1]究其原因，随着公司设立登记的完成，公司章程规定事项不得对抗第三人，因为第三人可以通过公示了解公司章程内容，进而决定是否与公司进行交易。亦有学者从公司章程公示的经济价值证成角度分析，认为商法外观主义原则适用于公司担保问题的内在逻辑也是追求交易效率和降低交易成本的目的。基于此思路，一般而言，由付出成本较小的一方履行该义务或承担该风险，是有效率的做法，在公司章程对外效力的法经济学解释上，"通知与公示"与"第三人之资讯搜索"的方式相比成本更低。[2]

2. 目前公司章程为备案事项，并非登记与公示事项

《市场主体登记管理条例》第 9 条规定，市场主体的下列事项应当向登记机关办理备案：①章程或者合伙协议；②经营期限或者合伙期限；③有限责

---

〔1〕 刘俊海：《公司章程应予登记与公示的法律逻辑》，载《检察日报》2020 年 7 月 22 日，第 7 版。

〔2〕 周林彬、吴劲文：《公司章程"对外"效力何以可能？——以公司章程担保条款为例》，载《甘肃政法学院学报》2019 年第 3 期。

任公司股东或者股份有限公司发起人认缴的出资数额，合伙企业合伙人认缴或者实际缴付的出资数额、缴付期限和出资方式；④公司董事、监事、高级管理人员；⑤农民专业合作社（联合社）成员；⑥参加经营的个体工商户家庭成员姓名；⑦市场主体登记联络员、外商投资企业法律文件送达接受人；⑧公司、合伙企业等市场主体受益所有人相关信息；⑨法律、行政法规规定的其他事项。其中，第一项即包括公司章程。所谓备案，系指"留档备查"的性质来看，其制度预设为事后监督。

备案既不同于登记，也不同于公示。登记、备案与公示三者呈现出了纷繁复杂的关系：登记事项均得到了公示，部分备案事项得到了公示，部分备案事项未得到公示，部分公示事项既不属于登记事项又不属于备案事项。从一般意义上而言，在登记与备案的适用事项上，对商事主体的交易安全有较大影响、市场公开度要求较高的信息实施登记公示的管理方式；对于公开度要求较低，但是基于行政管理和监督需要行政机关掌握的信息施行备案备查的管理方式。[1]

总之，根据前述规定，公司章程需要进行的操作是"备案"而非"登记"，也非"公示"。自然，公司章程也不具有 2023 年《公司法》第 34 条所规定的登记对抗效力，也不具有 2023 年《公司法》第 40 条规定的法定信息公示效力。

3. 章程公示的可能路径

在 2023 年《公司法》修订过程中，对公司章程公开持反对意见的一项重要理由在于公司章程中往往含有商业秘密，就其内容而言不宜公开。此问题的关键在于我国公司章程表现为单一的文件。与之不同，在英美法系国家，公司章程通常由两个文件组成，一是章程大纲或者组织大纲、设立章程、外部章程等；二是章程细则或者运作章程、内部细则、内部章程等。通常情况下，章程大纲规定公司的外部事务或者外部关系，内容相对简单、明确，需要在公司设立时提交公司注册登记机关，从而予以公示。章程细则主要调整公司的内部事务，如公司机关的选择和权力配置、公司管理层的具体职权与责任、公司各个参与者的利益协调等详细问题。[2]因此，未来立法改采章程二元制，或可成为兼顾各方利益的均衡方案。

---

〔1〕 关于登记与备案的问题，详见刘斌、张昕惠：《商事主体登记与备案之辨——兼评〈商事主体登记管理条例（草案）〉》，载《经贸法律评论》2021 年第 2 期。
〔2〕 朱慈蕴：《公司章程两分法论——公司章程自治与他治理念的融合》，载《当代法学》2006 年第 5 期。

问题 71 ▶ 公司章程是否可以对董事会职权加以限制？交易相对人是否负有审查的法定义务？

作为公司法自治性的体现，公司章程可以对公司法的一些规定进行排除、补充规定或另外约定，公司机构的职权划分即为这一重要体现。在公司章程制订之前，股东会、董事会、经理等公司机构的职权实际上是不确定的，章程实际上是职权分配的最终依据。[1]因此，公司章程可对董事会进行赋权，也可以对董事会职权加以限制。这种职权限制有可能造成越权行为，并直接影响到交易相对人的风险判断与预防。

1. 公司章程可以限制董事会职权

2023年《公司法》第67条第3款规定"公司章程对董事会职权的限制不得对抗善意相对人"。从文义解释上而言，本款明确了公司章程可以对董事会职权加以限制。但是，公司章程选择限制董事会权力时应当审慎，这不但会违反2023年《公司法》修订的本旨，也可能降低公司运行的效率。正如有学者所言，在董事会中心主义的模式下，公司章程在董事会法定职权的基础上对其进一步限权，并不符合现代公司法的精神，与董事会中心主义背道而驰。[2]

2. 公司章程不具有外部效力

交易相对人是否对章程对董事会职权的限制负有审查义务，取决于公司章程是否具有外部效力。公司章程的效力主要是内部效力，包括公司的基本管理制度、具体规章和内部细则等规范性文件都必须以章程为蓝本来制订，而且公司各组织机构作出的决定、决议不得违反章程，否则就可能导致决议行为被撤销。[3]公司章程主要规定公司内部事项，内部规定条款于外界无涉，难以产生外部效力。然而，在某些特殊场合，公司内部行为是可以具有"溢出效应"的，可以对第三人产生一定的法律效果。[4]此时即产生了公司章程是否具有外部效力的争议。

有关公司章程外部效力的性质，有称之为"拘束力"或"约束力"者[5]，

---

〔1〕 赵旭东：《公司组织机构职权规范的制度安排与立法设计》，载《政法论坛》2022年第4期。

〔2〕 李建伟主编：《公司法评注》，法律出版社2024年版，第303页。

〔3〕 周友苏：《中国公司法论》，法律出版社2024年版，第222页。

〔4〕 梁上上：《公司担保合同的相对人审查义务》，载《法学》2013年第3期。

〔5〕 陈进：《公司章程对外效力研究》，载《甘肃政法学院学报》2012年第5期。

也有表述为"对抗力"或"对世效力"者[1]。民法上的约束力一般指的是合同约束力，即契约经意思合致而成立时，当事人因而受契约之约束，除当事人同意或有解除原因外，不容任意反悔请求解约或无故撤销。[2]约束力一般仅存在于形成意思表示的内部人之间，而不得约束外部人。而公司章程的约束力应作广义上的理解，公司与外部人无法根据公司章程直接成立某种具体法律关系，也不在彼此间产生直接的权利义务。仅仅应将此处的约束力理解为对抗力的相对面，二者实为一体之两面，不能对抗即相对方不受拘束，能对抗即相对方受拘束。因此，无论采何种表述，所表达的含义实际上是同一的。有学者将公司章程的外部效力表述为"已生效的章程条款在公司方面已然形成一种规范性关系或秩序性事实，公司以此种秩序性事实来作为形塑与交易相对人间合同关系的前提或基础，并排除或对抗交易相对人方面可能提出的与之相左的其他事实或主张"。[3]

学界对于公司章程的外部效力多持否定态度。[4]持肯定态度的多数观点认为，章程的外部效力源自登记公示制度所带来的"推定知道"效应。章程一旦经登记对外公示，即推定和公司进行交易的相对人知道章程内容，章程由此对外部产生效力。"推定知道"理论是传统英美公司法上的一项重要制度，实际是在章程登记的前提下课以公司外部人一项查阅公司章程的抽象义务，若未履行该义务则承受不利后果。在公司章程进行了登记的前提下，章程的外部效力即转化为商事登记效力。商事登记事项具有公示效力，包括公信效力与对抗效力两方面。所谓公信效力，是指登记事项一经登记公示，便推定其真实有效，即便登记信息与客观状况不符，善意相对人基于对登记事项的信赖而与商事主体进行的交易，亦应受到法律保护。[5]对抗效力，是指登记义务人得以登记事实对抗相对人的效力，即法律推定相对人知晓登记事实并由其承担相应的交易风险和不利后果的效力。[6]商事登记的对抗效力与"推定知道"理论规则内核一致，在某种程度上均是商事外观主义的体现——保护合理信赖，但未经审查的轻信不予保护。然而，前文已述，我国法上公司章程并非登记事项，也非法定公示事项，而仅仅是备案事项。在登记这一

---

〔1〕　吴飞飞：《公司章程司法裁判问题研究》，商务印书馆 2020 年版，第 292 页；刘俊海：《现代公司法》（上册），法律出版社 2015 年版，第 139-140 页。

〔2〕　王泽鉴：《债法原理》，北京大学出版社 2013 年版，第 204 页。

〔3〕　张双根：《公司章程"对外效力"问题辨析》，载《清华法学》2023 年第 5 期。

〔4〕　施天涛：《公司法论》，法律出版社 2025 年版，第 112 页；李东方：《公司法教程》，中国政法大学出版社 2015 年版，第 51 页；李建伟：《公司法学》，中国人民大学出版社 2024 年版，第 117 页。

〔5〕　冯翔：《商事登记效力研究》，法律出版社 2014 年版，第 121 页。

〔6〕　赵旭东主编：《新公司法讲义》，法律出版社 2024 年版，第 44 页。

前提条件无法满足时，"推定知道"的理论基础便被推翻。

从比较法来看，许多国家选择直接否定公司章程条款的外部效力，倾向于保护公司外部的交易相对人。如《德国商法典》第 50 条第 1 款规定商事主体内部规定对经理权的限制对第三人无效，《德国有限责任公司法》第 37 条第 2 款、《德国股份公司法》第 82 条第 1 款均有类似规定。2017 年欧盟《关于公司法相关问题的指令》第 9 条第 2 款规定，基于公司章程或公司有权机构的决议而对特定公司机构的权能进行限制的，不得对抗第三人；即使上述限制已经对外公开，亦不例外。[1]《英国 2006 年公司法》第 40（1）条规定，对于善意与公司进行交易的人，董事职权或授权他人的职权被视为不受公司章程规定的任何限制。

3. 交易相对人并不负有审查章程的义务

公司章程作为公司内部行为规范，在通常情况下不易被公司外部人员所知晓，所以在确定其外部效力方面，要考虑对善意相对人的权益保护，维护交易安全。[2]如前所述，公司章程原则上并不具有外部效力，公司章程对董事会职权所作的限制，交易相对人也并不负有审查义务。

问题 72 ▷ **2023 年《公司法》规定了"规模较小或股东人数较少的公司"可以简化公司治理结构，如何界定"规模较小"和"股东人数较少"？**

"规模较小或股东人数较少"是公司法简化组织机构的法定标准。

就有限公司而言，2023 年《公司法》第 75 条规定："规模较小或者股东人数较少的有限责任公司，可以不设董事会，设一名董事，行使本法规定的董事会的职权。该董事可以兼任公司经理。"第 83 条规定："规模较小或者股东人数较少的有限责任公司，可以不设监事会，设一名监事，行使本法规定的监事会的职权；经全体股东一致同意，也可以不设监事。"

就股份公司而言，2023 年《公司法》第 128 条规定："规模较小或者股东人数较少的股份有限公司，可以不设董事会，设一名董事，行使本法规定的董事会的职权。该董事可以兼任公司经理。"第 133 条规定："规模较小或者股东人数较少的股份有限公司，可以不设监事会，设一名监事，行使本法规定的监事会的职权。"

---

〔1〕 DIRECTIVE（EU）2017/1132 of 14 June 2017 relating to certain aspects of company law，Article 9.

〔2〕 最高人民法院民事审判第二庭编著：《中华人民共和国公司法理解与适用（上）》，人民法院出版社 2024 年版，第 316 页。

那么，应当如何界定公司规模较小？又如何界定股东人数较少？该问题事关公司在组织机构设置上的选择权边界，也事关公司登记机关对公司登记的行政要求。比如，在实践中，公司登记机关如何判断公司组织机构设置的合法性时，即面临该标准如何执行的问题。

1. 公司规模界定的立法尝试

根据公司规模繁简组织机构设置的规范始于我国公司法诞生之时。1993年《公司法》第51条第1款规定，有限责任公司，股东人数较少和规模较小的，可以设一名执行董事，不设立董事会。第52条规定："有限责任公司，经营规模较大的，设立监事会，其成员不得少于三人……有限责任公司，股东人数较少和规模较小的，可以设一至二名监事……"立法者在此同质事项上分别使用了"规模""经营规模"两个语词，然而其含义指向并不明确。全国人大常委会法工委在释义书中指出："公司设立监事会或者监事，主要应当根据股东的人数和公司的生产经营规模。"[1]由此可见，立法者并未区分"规模"与"经营规模"的含义，以上仅系语词的混用。

1999年《公司法》对此条款未作修改，2005年《公司法》则作出较大改动。2005年《公司法》修订过程中，曾采纳国务院的建议，于2005年8月的修订稿中对公司规模的具体内涵作出界定：有限责任公司，注册资本在人民币500万元以上或者职工人数在200人以上的，应当设立监事会，其成员不得少于3人。但是，这一界定最终未得保留，2005年《公司法》的文本中不仅不再存有关于规模含义之界定的内容，更是直接取消了"经营规模较大"的公司须设置监事会的要求。除此之外，其还将"股东人数较少"与"规模较小"两大条件之间的连接词由"和"修改为"或者"，从而将董事会、监事会的简化条件统一界定为"股东人数较少或者规模较小"，这一规定也为2018年《公司法》所维持。

2023年《公司法（修订草案三审稿）》对此条款继续作出修改。首先，在简化条件上，删去了"股东人数较少"，仅保留了"规模较小"的要求。其次，在简化程度上，对于董事会的简化，由"可设一名执行董事……执行董事可以兼任公司经理"进一步简化为"设一名董事或者经理"。再次，在适用对象上，由有限公司扩张至股份公司，"规模较小"的股份公司亦得简化董事会和监事会，只是在董事会的简化程度上不如有限公司，仍需"设一至两

---

〔1〕　全国人大常委会法制工作委员会研究室编著：《〈中华人民共和国公司法〉讲话》，法律出版社1994年版，第41页。

名董事"。最后，在适用范围上，另在关于职工董事设定与否的组织机构特别事项上，引入了职工人数作为标准。

追根溯源，立法者有意识地基于从较小型到较大型的序列认识两类公司并作出差异化的制度安排。正如彼时立法说明所指出的："公司的机构设置上既要重视其规范化，又要保留一定灵活性。对于股份有限公司，考虑到其规模较大、股东人数多而分散，发生问题会影响广大股票持有者的利益，内部管理体制需要明确和规范化，资产状况必须向社会公开，因此必须设立股东会、董事会和监事会。对于部分有限责任公司，考虑到其股东较少，有些规模较小，其内部组织机构可以更精干些，可以不设董事会，设一名执行董事；可以设监事，也可以不设监事。"这一差异化设置，总体上体现了"抓大放小"的思维，从而区分对不同规模公司的治理要求。

2. 公司规模大小识别的域外法借鉴

在域外法上，日本公司法根据"公司负债总额"和"注册资本额"之规模指标，将公司分为大公司与非大公司，并强制要求前者设置会计监察人以及构筑内部统制系统。2005年，日本公司法废除了有限责任公司，实现了股份有限公司的一元化，并对股份有限公司作公开公司和非公开公司、大公司和一般公司的区分，在公司机构设置上引入了各种选择模式。公开公司必须设董事会，大公司（主要是指资本金额在5亿日元以上的股份有限公司或者负债额为200亿日元以上的股份有限公司）必须设会计监查人（由股东会选任的注册会计师或会计师事务所指派的注册会计师担任），公开大公司必须设监事会或董事会专门委员会等。日本学者根据公司法的规定归纳出了21种公司组织机构设置的不同类型。与之相似，法国公司法采纳的标准是"公司负债总额""总营业额""员工人数"。德国公司法则以"员工人数"的数量，作为公司设置不同类型的监事会的门槛。[1]

在韩国，有限公司和股份公司有不同的公司机构设置要求。有限公司的业务执行机关是各董事，由董事代表公司；监事是监察机关，属于任意设置机构。股份公司则按照公司规模匹配不同的组织机构。首先，股份公司分为上市公司与非上市公司。其次，非上市公司分为资本金未满10亿韩元（约合550万元）的公司与资本金10亿韩元以上的公司。资本金未满10亿元韩元的非上市公司，可以选择性地设置非常任监事、常任监事、监察委员会。资本

---

〔1〕 ［德］格茨·怀克、克里斯蒂娜·温德比西勒：《德国公司法》，殷盛译，法律出版社2010年版，第508页。

金超过 10 亿韩元的非上市公司，必须设常任监事或监察委员会。最后，上市公司又分为资产未满 1000 亿韩元（约合 5.5 亿元）的上市公司（小型上市公司）、资产 1000 亿韩元以上但未满 2 兆韩元（约合 110 亿元）的上市公司（中型上市公司）、资产 2 兆韩元以上的上市公司（大规模上市公司）。小型上市公司可以只设非常任监事，也可以选择性设置常任监事或监察委员会。中型上市公司必须设常任监事，也可以设置监察委员会。大型上市公司必须设监察委员会。[1]

3. 我国公司规模区分的可行性标准

在国内，区分公司规模大小的做法并不少见。例如，《中小企业促进法》根据企业规模界定中小企业，从而赋予其政策优惠，但是并未将规模的判断权直接授予中小企业的投资者，而是交由《中小企业划型标准规定》（以下简称《划型标准》）界定。《划型标准》根据"企业从业人员""营业收入""资产总额"等规模指标界定中小企业，并赋予其政策上的优惠。其之所以严格筛选标准，强调"小企业要有小企业的样子"，只是为了精准识别小企业从而赋予政策优惠，并未剥夺小企业应得的自主权。[2]《企业所得税法实施条例》根据"员工人数""资产总额"等规模指标界定小型微利企业，使其可减按 20% 的税率缴纳企业所得税。由此可见，不同法上的公司大小划分，其本旨并不相同。

与前述法律法规不同，公司法上区分公司规模大小的本旨在于公司治理机构的规制，以回应不同公司的代理成本差异。

3.1 股东人数与公司治理结构密切相关

股东人数在公司法上有其特殊意义。2023 年《公司法》以股东（发起人）的人数上限作为区分有限公司和股份公司的重要形式标准，"股东人数"本身即蕴含规模属性。因此，在现有公司类型内部根据公司规模大小进一步分类时，这一标准自然亦可委以重任。股东人数之多寡也确实将直接影响所有者与经营者的分离程度和股东之间的互动关系。

股东人数较少时，股东通常身兼经营之职，公司呈现所有权与经营权相结合之表象，此时若将针对大规模公司所有权与经营权分离的特征而设计的

---

〔1〕 ［韩］崔埈璿：《韩国公司法（上）》，王延川、崔嫦燕译，中国政法大学出版社·2020 年版，第 50 页。

〔2〕 参见工业和信息化部中小企业局：《关于〈中小企业划型标准规定〉修订情况的说明》（2021 年）。

法律制度套用于小型公司，将形成小孩穿大衣的窘境。[1]投资者为优化资源配置，必然偏好于最低运营成本及风险但利益最大化的选择。[2]因此，从投资者理性选择视角观之，当股东人数较少时，既然执行和监督机关职务为股东兼任而被虚置，基于降低成本、提高效率的考虑，应当允许公司简化组织机构的设置。除此之外，股东数量还直接影响股东间的互动关系。股东人数较少时，公司治理体现"契约性"的色彩，所谓"契约性"是指：股东间信赖程度高，公司的设立、运作可以经过股东的充分协商。具有这一特性的公司的决议、纠纷处理并不需要过分依托于资合公司严密的组织机构以及"资本多数决"的决议制度，而是可以通过公司股东之间的协商、谅解实现。

在《公司登记管理实施办法》制定的过程中，曾选取 10 人作为判断股东人数多少的分界线，但具体的数字总因争议过大而难求共识。笔者在《公司法注释全书》中曾提出，股东人数在 5 人以内（包括 5 人）的属于股东人数较少的公司。该论述的意思并非 5 人为判断股东人数多少的绝对标准，但应该是一个比较安全的保守标准，可资参考。

3.2 公司资本多少与公司规模

除股东人数外，注册资本额标准亦具备对公司治理结构的影响力。首先，注册资本额自身即彰显规模属性。我国公司法直到 2013 年修改前，对于有限公司和股份公司一直存在不同程度的最低注册资本额的限制要求，这也成为彼时两类公司的一大重要区分标准。其次，从投资者理性选择视角而言，注册资本额之变化关乎机构设置繁简。股东不直接管理或控制公司时，公司交由董事会经营，因所有者与经营者之间存在利益冲突，故公司另设监事会负责监督，监督成本与之俱增。投资者在机构繁简的选择上，会比较因利益冲突而致的受损成本和为之付出的监督成本，"注册资本额"的大小直接影响成本之变化。注册资本额较小时，潜在损失小于监督成本，基于理性选择，投资者会选择简化组织机构。最后，注册资本额系分配的基本标尺，关系债权人的保护。因此，即便是力主资产信用的学者也承认，在我国严格的资本维持制度下，确定和维持公司的一定数额的资本，对于保障债权人的利益和交易安全仍然具有一定意义。[3]

具体而言，2005 年《公司法》修订时曾选取注册资本 500 万元作为规模大小的判断标准，应该来说在当时是较为合适的共识性标准。随着 2013 年

---

[1] 王文宇：《公司法论》，元照出版公司 2018 年版，第 63 页。
[2] 郭富青：《论公司法律形态现代化再造与创新》，载《北方法学》2022 年第 1 期。
[3] 赵旭东主编：《公司法学》，高等教育出版社 2015 年版，第 162 页。

《公司法》全面引入认缴制，公司注册资本数额也趋于水涨船高，加之我国经济的发展等因素，笔者认为，适度将该标准调整为 1000 万元，应当不失为一个合理的选项。

问题 73 ▷ 职工超过 300 人但股东人数较少（如一人公司）的有限责任公司，能否只设一名董事和一名监事？

2023 年《公司法》第 75 条规定："规模较小或者股东人数较少的有限责任公司，可以不设董事会，设一名董事，行使本法规定的董事会的职权。该董事可以兼任公司经理。"第 83 条规定："规模较小或者股东人数较少的有限责任公司，可以不设监事会，设一名监事，行使本法规定的监事会的职权；经全体股东一致同意，也可以不设监事。"根据上述两条规定，有限责任公司不设董事会、监事会，仅设一名董事和一名监事的前提条件是"规模较小"或者"股东人数较少"，上述两大条件之间的连接词为"或者"，即两个条件满足其一即可。

2023 年《公司法》第 68 条第 1 款规定："……职工人数三百人以上的有限责任公司，除依法设监事会并有公司职工代表的外，其董事会成员中应当有公司职工代表……"该条文的意旨为职工人数 300 人以上的公司，董事会成员中须设职工代表，或者设监事会并在监事会中配置职工代表。那么，本条文是否意在要求职工人数 300 人以上的公司必须设立董事会？是否会与2023 年《公司法》第 75 条的规定产生冲突？在 2023 年《公司法》实施后，在许多公司尤其是国有公司中产生了诸多争议。

1. 职工人数超过 300 人并非必须设董事会和监事会

职工超过 300 人但股东人数较少的有限责任公司，由于其满足"股东人数较少"这一条件，仍然可以根据 2023 年《公司法》第 75 条和第 83 条的规定只设一名董事和一名监事，无需设置董事会。同时，从截至 2020 年底统计的数据结构来看，我国有限责任公司中，股东人数为 5 人以上的仅为 33.4 万家（占比 0.87%），超过 99% 的有限责任公司的股东人数不超过 5 人。[1]虽然 5 人并非股东人数较少的绝对标准，但应当是判断股东人数较少的一个安全标准或保守标准。一人有限责任公司当然属于股东人数较少的公司，可以不设董事会和监事会。

---

[1] 刘斌编著：《新公司法注释全书》，中国法制出版社 2024 年版，第 203 页。

2. 职工代表的设置须依托董事会与监事会

根据 2023 年《公司法》第 68 条第 1 款的规定，职工人数 300 人以上的有限责任公司，董事会或监事会中必须有职工代表。需要注意的是，职工董事与职工监事的设立需要依托于董事会与监事会这一公司机关，在公司股东人数较少而未设董事会、监事会，仅设立一名董事或监事时，此时职工董事与职工监事缺乏设立土壤，无需设立。事实上，公司职工人数变动不居，对职工人数超过 300 人应当设立职工代表这一条件的适用不应过分僵化，除职工代表这一职工监督权行使途径外，职工还可通过公司工会、劳动监察部门以及劳动诉讼等途径进行监督救济。

问题 74 ▷ 如果公司不设监事会但是设置了两名监事，其中一名是职工监事，此时公司董事会还需要有职工董事吗？

根据 2023 年《公司法》第 68 条第 1 款的规定，"有限责任公司董事会成员为三人以上，其成员中可以有公司职工代表。职工人数三百人以上的有限责任公司，除依法设监事会并有公司职工代表的外，其董事会成员中应当有公司职工代表。董事会中的职工代表由公司职工通过职工代表大会、职工大会或者其他形式民主选举产生"。同时，根据 2023 年《公司法》第 120 条的规定，股份有限公司参照适用上述规范。因此，在公司不设监事会情形下，关于公司董事会中是否需要有职工董事，可分以下情形判断：

当职工人数为 300 人以下时，根据 2023 年《公司法》第 68 条第 1 款的规定，公司董事会成员中"可以"有职工代表，此为公司自治事项，并非强制性要件。因此，无论公司是否设立监事会或监事，是否有职工监事，都不影响公司对其董事会成员中是否设立职工董事的意思自治性。

当职工人数为 300 人以上时，根据 2023 年《公司法》第 68 条第 1 款的规定，"公司依法设立监事会并有职工代表"与"公司董事会成员中应当有职工代表"是择一关系，二者满足其一即可。需要注意的是，当公司不设立监事会，但设置了两名监事，且其中一名是职工监事时，事实上仍已满足"公司依法设立监事会并有职工代表"这一条件。公司设立职工代表的目的主要在于保障职工民主管理，虽无监事会但有职工监事，亦能够实现公司职工民主管理这一立法目的。因此，此时公司董事会中亦不需要有职工董事。

问题 75 ◎ 公司能否设置两名、三名甚至更多的职工董事?

2023 年《公司法》第 1 条开宗明义规定:"为了规范公司的组织和行为,保护公司、股东、职工和债权人的合法权益,完善中国特色现代企业制度,弘扬企业家精神,维护社会经济秩序,促进社会主义市场经济的发展,根据宪法,制定本法。"相较于 2018 年《公司法》,该条新增"公司法应当保护职工权益"的要求。我国公司法中,对职工权益的保护主要体现在对职工董事与职工监事制度的规范要求。关于职工董事的人数,2023 年《公司法》第 68 条仅规定下限 1 人,并未对上限进行限制,公司可根据自身需要设置多名职工董事。

1. 职工董事的人数上限为公司自治事项

2023 年《公司法》第 68 条规定,职工人数不足 300 人的公司,其董事会成员中可以有公司职工代表,此为任意性规定;职工人数为 300 人以上的公司,除了设立职工监事的,其董事会成员中应当有职工代表,此为强制性规定。但无论何种情形下,2023 年《公司法》对职工董事的人数并未设置上限,而是交由公司自治,公司可根据自身需要,自主决定职工董事在董事会中的具体席位。

在学界关于职工董事的讨论中,部分学者认为,我国公司法在将职工董事设置作为强制性规范的情形下,仅规定了"公司应当设置职工董事",并未规定具体比例,这意味着由公司章程自治,即由公司股东会单方面决定。可以合理预见的是绝大多数公司可能并不会主动提升职工董事的比例,而会选择仅仅引入一名职工完成形式合规。[1]这一点与德国法上的比例要求明显不同。以德国为例,德国公司法根据职工人数的不同规定了职工监事的不同比例要求,对于职工人数在 500 人到 2000 人之间的公司,德国 2004 年的《三分之一参与法》要求监事会中应至少有 1/3 的职工代表;如果职工人数超过 2000 人的,则职工代表的比例应增加至 1/2。[2]

因此,若公司基于内部职工人数等实际情况,有意在公司董事会中设立多名职工董事,此非但不违反法律之规定,亦更符合法律加强对职工保护之立法意旨。

---

[1] 楼秋然:《职工参与公司治理:制度透视与建构方案》,载《湖北社会科学》2024 年第 2 期;曾培芳:《公司社会责任背景下的职工参与权问题》,载《江苏社会科学》2007 年第 5 期。

[2] 黄来纪、李志强、杨合庆主编:《完善中德职工董事、职工监事法律制度研究》,中国民主法制出版社 2015 年版,第 24—28 页。

2. 公司设置多名职工董事的实践考量

如前所述，在公司治理的实践中，由于职工董事所代表的为公司全体职工利益，而非股东利益，因此，公司往往仅会设置一名职工董事完成形式合规。在外商投资企业与公司采取反收购措施等特殊情形下，亦存在公司主动设置多名职工董事的情况。在 2023 年《公司法》实施后，至少在实践中出现了以下两种增加职工董事人数的需求。

其一，中外合资企业平衡两方利益。在外商投资企业中，存在由两国以上股东共同投资作为股东设立的中外合资公司，双方在董事会的委任人数甚至是对等的。此时，职工董事往往成为决定对董事会影响力的关键一员。此时，为了维护双方在董事会中的人数均衡，中外双方可各选任职工董事一名，共设置两名职工董事，以平衡双方利益，避免单方面打破公司权力平衡。更进一步，也可以设置两名以上的职工董事，以满足公司治理需求。

其二，利用职工董事规则作为反收购措施之一种。根据 2023 年《公司法》第 68 条第 1 款的规定，职工董事由公司职工通过职工代表大会、职工大会或其他民主方式选举产生。因此，敌意收购者即使通过收购股权在公司股东会中占有多数表决权，亦无法直接选举职工董事，从而无法在董事会中占据多数席位。而职工董事往往是公司元老级职工，与公司原股东存在较为密切的联系，职工董事在董事会中人数越多，敌意收购者控制公司董事会难度越高。这是职工董事制度的新功能。

问题 76 ▷ 职工董事在公司中的职权、义务与责任为何？与一般董事有什么区别？

我国职工董事制度的引入是为了回应国有企业民主管理的要求。1993 年《公司法》第 45 条第 2 款规定，两个以上的国有企业或者其他两个以上的国有投资主体投资设立的有限责任公司，其董事会成员中应当有公司职工代表，而第 68 条则明确国有独资公司"董事会成员中应当有公司职工代表"。2023 年《公司法》第 68 条扩大了职工董事适用范围，对职工人数 300 人以上且无职工监事的公司，其董事会中应当设置职工董事。

关于职工董事的职责，公司法并未作任何特别规定，原则上来说，职工董事应当享有非职工董事的全部职责。同时，在这一基础上，由于职工董事本身的"职代表"特性，其还拥有一定的特别职责。

1. 职工董事职责的相关规范

职工董事权利、义务与责任的规范，最早可见于有关国有企业公司治理相关文件中，如国务院国资委发布的《国有独资公司董事会试点企业职工董事管理办法（试行）》、《董事会试点中央企业职工董事履行职责管理办法》（已失效），上述规定相对全面，对于非国有企业而言，也具有参考意义。现行法上关于非国有企业的职工董事职权规范，主要依据中华全国总工会在2006年出台的《关于进一步推行职工董事、职工监事制度的意见》以及2016年出台的《关于加强公司制企业职工董事制度、职工监事制度建设的意见》。以下将对上述规范性文件具体条款进行相应列举。

1.1《国有独资公司董事会试点企业职工董事管理办法（试行）》

该管理办法第四章具体规定了职工董事的权利、义务、责任。

其中，第10条："职工董事代表职工参加董事会行使职权，享有与公司其他董事同等权利，承担相应义务。"第11条："职工董事应当定期参加国资委及其委托机构组织的有关业务培训，不断提高工作能力和知识水平。"第12条："董事会研究决定公司重大问题，职工董事发表意见时要充分考虑出资人、公司和职工的利益关系。"第13条："董事会研究决定涉及职工切身利益的问题时，职工董事应当事先听取公司工会和职工的意见，全面准确反映职工意见，维护职工的合法权益。"第14条："董事会研究决定生产经营的重大问题、制定重要的规章制度时，职工董事应当听取公司工会和职工的意见和建议，并在董事会上予以反映。"第15条："职工董事应当参加职工代表团（组）长和专门小组（或者专门委员会）负责人联席会议，定期到职工中开展调研，听取职工的意见和建议。职工董事应当定期向职工代表大会或者职工大会报告履行职工董事职责的情况，接受监督、质询和考核。"第16条："公司应当为职工董事履行董事职责提供必要的条件。职工董事履行职务时的出差、办公等有关待遇参照其他董事执行。职工董事不额外领取董事薪酬或津贴，但因履行董事职责而减少正常收入的，公司应当给予相应补偿。具体补偿办法由公司职工代表大会或职工大会提出，经公司董事会批准后执行。"第17条："职工董事应当对董事会的决议承担相应的责任。董事会的决议违反法律、行政法规或者公司章程，致使公司遭受严重损失的，参与决议的职工董事应当按照有关法律法规和公司章程的规定，承担赔偿责任。但经证明在表决时曾表明异议并载于会议记录的，可以免除责任。"

1.2《董事会试点中央企业职工董事履行职责管理办法》（已失效）

该管理办法第二章具体规定了职工董事的特别职责。

其中，第4条："职工董事享有与其他董事同等的权利，承担相应的义务。职工董事在履行董事职责时，应该履行由本办法规定的特别职责。"第5条："职工董事享有与公司其他董事同等权利、承担相应义务的同时，还应履行关注和反映职工合理诉求、代表职工利益和维护职工合法利益的特别职责。"第6条："公司章程或董事会议事规则应当对职工董事的特别职责作出具体规定。职工董事特别职责涉及的事项一般可以分为董事会决议事项和向董事会通报事项两类。（一）决议事项：主要包括公司劳动用工、薪酬制度、劳动保护、休息休假、安全生产、培训教育和生活福利等涉及职工切身利益的基本管理制度的制定及修改。（二）通报事项：主要包括职工民主管理和民主监督方面的诉求、意见与建议，以及涉及职工利益的有关诉求意见或倾向性问题。"第7条："职工董事履行特别职责的基本方法：（一）职工董事就履行特别职责的相关事宜听取职代会、工会等方面的意见。开展各种形式的调查研究活动，直接听取职工意见和建议。（二）职工董事就职工利益诉求方面的情况与董事会其他成员保持经常性沟通和交流，并可通过会议等形式，听取外部董事的意见和建议。（三）职工董事可参与决议事项的议案拟定，将征集的职工有关意见或合理诉求在议案形成过程中得以体现，或在董事会会议决议过程中反映、说明或提出建议意见。（四）在董事会会议研究决定涉及职工切身利益的决议程序中，职工董事可提供该决议事项需要特别说明的调查材料或资料，并就该事项的决议发表意见。（五）董事会会议可听取职工董事关于职工对公司经营管理的建议、职工相关利益诉求和倾向性问题等方面的通报性事项专题报告。"第8条："职工董事履行特别职责应承担相应义务：（一）遵照国家法律法规和公司章程的有关规定，对公司负有忠实勤勉和保守商业秘密等义务，对公司职工负有忠实代表和维护其合法权益的义务。（二）积极参加有关培训和学习，不断提高履职能力和专业知识水平。（三）全面准确地反映职工诉求和意愿，在反映诉求、发表专项意见和参与董事会决策中，应充分考虑出资人、公司和职工的利益关系，依法维护职工的合法权益。（四）自觉接受出资人和职工的监督和评价。（五）职工董事独立在董事会上表决，个人负责。（六）依法接受监事会的监督。"

1.3《关于进一步推行职工董事、职工监事制度的意见》

该意见第2条关于进一步规范职工董事、职工监事制度中第3项具体规定了职工董事的职责。

其中，职工董事、职工监事享有与其他董事、监事同等的权利，承担相应的义务，并履行下列职责：职工董事、职工监事应经常或定期深入到职工群众中听取意见和建议。职工董事、职工监事在董事会、监事会研究决定公司重大问题时，应认真履行职责，代表职工行使权利，充分发表意见。职工董事在董事会讨论涉及职工切身利益的重要决策时，应如实反映职工要求，表达和维护职工的合法权益；在董事会研究确定公司高级管理人员时，要如实反映职工代表大会民主评议公司高级管理人员的情况。职工监事要定期监督检查职工各项保险基金的提取、缴纳，以及职工工资、劳动保护、社会保险、福利等制度的执行情况。职工董事、职工监事有权向上级工会、有关部门和机构反映有关情况。

1.4《关于加强公司制企业职工董事制度、职工监事制度建设的意见》

该意见第 3 条关于依法规范职工董事、职工监事履行职责规则中第 1 项依法明确职工董事、职工监事的职权、义务和责任。

职工董事、职工监事依法享有与公司其他董事、监事同等权利，在董事会、监事会研究决定公司重大问题时，职工董事、职工监事应充分发表意见，履行代表职工利益、反映职工合理诉求、维护职工和公司合法权益的职责与义务，并承担相应责任。

职工董事依法行使下列职权：参加董事会会议，行使董事的发言权和表决权；在董事会研究决定公司重大问题时充分发表意见，确定公司高级管理人员的聘任、解聘时，如实反映职代会民主评议高级管理人员情况；对涉及职工合法权益或大多数职工切身利益的董事会议案、方案提出意见和建议；就涉及职工切身利益的规章制度或者重大事项，提出董事会议题，依法提请召开董事会会议，反映职工合理要求，维护职工合法权益；列席与其职责相关的公司行政办公会议和有关生产经营工作的重要会议；要求公司工会、公司有关部门通报相关情况，提供相关资料；向公司工会、上级工会或有关部门如实反映情况；法律法规、规章制度和公司章程规定的其他权利。

职工董事、职工监事应当履行以下义务：认真学习党的理论和路线方针政策，学习国家法律法规，积极参加相关培训，提高自身思想政治素质和相关业务素质；遵守法律法规和公司章程及各项规章制度，执行股东会、董事会、监事会的决议，保守公司秘密，认真履行职责；及时了解企业管理和发展状况，经常深入职工群众广泛听取意见和建议，在董事会、监事会上真实准确、全面充分地反映职工的合理诉求；执行职代会的决议，在董事会、监事会会议上，按照职代会的相关决议或在充分考虑职代会决议和意见的基础上发表意见，行使表决权；建立履职档案，对履行职责情况进行书面记录并妥善保存；每年至少一次向公司职代会报告工作，接受监督、质询、民主评议；法律法规和公司章程规定的其他义务。职工董事、职工监事向公司职代会作述职报告的主要内容包括：①全年出席董事会、监事会会议情况，包括未出席会议的原因、次数；②在董事会、监事会会议上发表意见和参与表决的情况，包括投出弃权票或者反对票的情况及原因；③对公司劳动关系重大问题和职工切身利益重要事项进行调查，反映职代会意见和职工利益诉求，与董事会、监事会其他成员及公司管理层进行交流磋商等情况；④参加教育培训情况；⑤根据相关法律法规、规范性文件和公司章程，履行职工董事、职工监事权利义务其他需要报告的情况。

职工董事、职工监事应担负的责任：董事会、监事会的决议、决定违反法律法规或者公司章程、股东大会决议，致使公司遭受严重损失的，参与决议或决定的职工董事、职工监事应当按照有关法律法规和公司章程的规定，承担相应责任。但经证明在表决时曾表明异议或者代表职代会意见并载于会议记录的，可以免除责任。职工董事、职工监事在收到董事会、监事会议题议案，审议发现有损害职工利益的内容，或者与已有的职代会意见相悖，必要时应向董事长、监事会主席提出暂缓审议该项议题或议案的建议，并及时向职代会报告。因故不能参加董事会、监事会会议时，应以书面形式委托其他董事、监事代为反映意见，并在委托书中明确授权范围。

2. 职工董事的职责

2.1 职工董事的一般职责

根据上述相关规范性文件的规定，职工董事代表职工参加董事会行使职权，享有与公司其他董事同等权利，承担相应义务。例如，2023年《公司法》第67条、第120条所规定的董事会职权，职工董事可一体参与。同时，根据2023年《公司法》第179条、第180条的规定，职工董事作为公司董事，行使相关职权时应当遵守法律、行政法规和公司章程，同样对公司负有忠实勤勉义务。职工董事违反上述忠实勤勉义务的，所得的收入应当归公司所有，给公司、股东、第三人造成损害的，应当承担相应的赔偿责任。

正如《央企章程指引》第35条第2款规定：职工董事除与公司其他董事享有同等权利、承担同等义务外，还应当履行关注和反映职工正当诉求、代表和维护职工合法权益等义务。

2.2 职工董事的特别职责

相较于公司一般董事为公司意志的实施者，代表公司的利益外，公司设置职工董事制度的价值在于，将公司利益与职工利益之间关系的调整机制建构在公司治理结构之中，以"从源头上维护职工的合法权益"，从而使公司利益与职工利益在董事会议决过程中能够得到协调实现。[1]换言之，职工董事更多的是代表公司职工的利益，是职工参与公司民主管理的形式之一。因此，职工董事在履行董事职权时需要尤其关注职工合法权益、从职工角度出发，此即职工董事的特别职责。

职工董事特别职责涉及的事项一般可以分为董事会决议事项和向董事会通报事项两类。具体而言包括对公司劳动用工、薪酬制度、劳动保护、休息休假、安全生产、培训教育和生活福利等涉及职工切身利益的基本管理制度的制定及修改给予特别关注；对涉及职工合法权利或大多数职工切身利益的董事会议案、方案提出意见和建议；就涉及职工切身利益的规章制度或者重大事项，提出董事会议题，依法提请召开董事会会议，反映职工合理要求，维护职工合法权益；以及经常性与职工、工会进行沟通，征集职工意见，接受职工监督等。

问题 77　在 2023 年《公司法》下，有哪些公司组织机构的设置选项?

引入公司的组织机构的单层制是公司治理架构改革的重要面向，是 2023 年《公司法》的重要制度创新。根据是否设立监事会或监事，2023 年《公司法》下的公司治理架构可以分为单层制与双层制。总体而言，新公司法提供了多种公司结构选项，详见表 3-2。

表 3-2　2023 年《公司法》下的组织机构选项

		有限责任公司	股份有限公司
双层制		董事会+监事会	董事会+监事会
		董事会+监事	董事会+监事
		董事+监事会	董事+监事会
		董事+监事	董事+监事
单层制		董事会（审计委员会）	董事会（审计委员会）
		董事会	
		董事	

---

[1]　陈嘉白：《职工董事信义义务的双重结构与双向协调》，载《法学家》2025 年第 1 期。

1. 公司治理的单层制选项

2023 年《公司法》就公司的组织机构设置采选择制，公司须在审计委员会或监事会中择一设置，即"二选一"。在立法模式上，该项修改在原有的双层制基础上展开，在立法模式上采取"选出"方式，即满足法定条件的情形下可以不设监事会。针对有限责任公司和股份有限公司，2023 年《公司法》规定不同的选出条件。根据 2023 年《公司法》第 69 条的规定，有限责任公司不设置监事会的条件有二：一是按照公司章程的规定在董事会中设置由董事组成的审计委员会，即审计委员会设置的组织要件；二是由审计委员会行使本法规定的监事会的职权，即审计委员会行使的职权要件。

依照 2023 年《公司法》第 83 条的规定，"规模较小或者股东人数较少的有限责任公司，可以不设监事会，设一名监事，行使本法规定的监事会的职权；经全体股东一致同意，也可以不设监事"。此类公司经全体股东一致同意，仅需设置董事会，既无须设置监事会或监事，也无须设置审计委员会，是最简单利落的单层制治理模式，可以将之称为简单单层制。

因此，2023 年《公司法》实施后，有限责任公司的治理架构将包括三种类型：董事会与监事会并设的传统双层制、设董事会审计委员会的一般单层制、不设董事会审计委员会的简单单层制。从我国公司数据来看，超过 90% 的有限责任公司属于规模较小或股东人数较少的公司，故可以预见的是，前述简单单层制的治理架构将是我国有限责任公司中的绝对主流。[1]

对于股份有限公司而言，根据 2023 年《公司法》第 121 条的规定，除了前述两项条件之外，还包括审计委员会组成的适当性要件：即审计委员会成员为三名以上，过半数成员不得在公司担任除董事外的其他职务，且不得与公司存在任何可能影响其独立客观判断的关系。2023 年《公司法》第 133 条规定，规模较小或者股东人数较少的股份有限公司，可以不设监事会，设一名监事，但不能进行更进一步的简化。即使规模较小或股东人数较少的股份有限公司，也必须在审计委员会和监事会或监事之间择一设置。因此，2023 年《公司法》实施后，股份有限公司的治理架构将包括两种类型：董事会与监事会并设的传统双层制、设董事会审计委员会的一般单层制。

此外，2023 年《公司法》第 137 条还规定了上市公司审计委员会设置和职权，是穿越单层制和双层制的公司治理条款，既包括单层制上市公司的审计委员会，也包括传统双层制上市公司的审计委员会。该条所规定的审计委

---

〔1〕 刘斌：《公司机构设置的组织法逻辑与改革路径》，载《法律适用》2021 年第 7 期。

员会职权，同时适用于单层制和双层制治理架构下的审计委员会。根据证监会的过渡规则要求，上市公司在 2026 年 1 月 1 日前需要完成单层制改革，取消监事会，并由审计委员会全面行使监事会职权。

2. 公司治理的双层制架构

若公司选择在治理架构中保留监事会，则可以形成"董事或董事会+监事或监事会"的双层制治理架构。根据 2023 年《公司法》第 75 条之规定，规模较小或者股东人数较少的有限责任公司，可以不设董事会，设一名董事，行使本法规定的董事会的职权。同时，2023 年《公司法》第 83 条也规定，规模较小或者股东人数较少的有限责任公司，可以不设监事会，设一名监事，行使本法规定的监事会的职权，表明有限责任公司的双层制治理架构可以采用"董事或董事会"加上"监事或监事会"的组织机构选项，可以任意进行两两组合共计四种类型。

对于股份有限公司的双层制治理架构，2023 年《公司法》第 128 条新增规模较小或股东人数较少的股份有限公司可不设董事会而设一名董事的规定，同时第 133 条也新增规模较小或股东人数较少的股份有限公司可不设监事会而设一名监事的规定，因此在 2023 年《公司法》下股份公司的双层制治理架构也可以采用"董事或董事会"加上"监事或监事会"两两组合共四种组织机构选项，与有限公司保持一致。

3. 国有独资公司审计委员会设置要求

从当前的立法趋势来看，国有公司内部的监事会制度处在即将被废除的境地。2018 年国务院发布的《关于推进国有资本投资、运营公司改革试点的实施意见》指出，国有资本投资、运营公司设立党组织、董事会、经理层，纪检监察机关向国有资本投资、运营公司派驻纪检监察机构。监事会在公司治理结构中的设置被取消，而改由外派纪检监察机构行使对公司董事会、经理层的监督职能。党的十九届三中全会通过的《深化党和国家机构改革方案》也指出，将国有重点大型企业监事会的职责划入审计署，不再设立国有重点大型企业监事会。此后，2021 年《公司法（修订草案一审稿）》第 153 条规定，"国有独资公司按照规定不设监事会或者监事，在董事会中设置由董事组成的审计委员会等专门委员会，审计委员会的成员应当过半数为外部董事。审计委员会负责对公司财务、会计进行监督，并行使公司章程规定的其他职权"。允许国有独资公司按照规定由审计委员会替代监事会行使监督职权。2022 年的《公司法（修订草案二审稿）》第 176 条进一步规定，"国有独资公司不设监事会或者监事，在董事会中设置审计委员会，行使本法规定的监事会职权"。可见，该草案规定系强制取消国有独资公司中监事会的设置，实行单层制治理模式。

最终审议通过的 2023 年《公司法》第 176 条规定，"国有独资公司在董事会中设置由董事组成的审计委员会行使本法规定的监事会职权的，不设监事会或者监事"。在对该条文的理解上，有观点认为，本条规定系对国有独资公司单层制的强制性规定，国有独资公司设置行使监事会职权的审计委员会是直接依据法律该条规定。[1]此观点与本条文义不符，可能系受到 2021 年《公司法（修订草案一审稿）》规定的影响使然。最终通过的 2023 年《公司法》对草案的规定作出了改变。究言之，本条规定的仍然是选择式单层制，并未作一刀切的规定，国有独资公司是否设立审计委员会仍属公司自治决定的事项。[2]

之所以作此规定，是因为，一方面，对于国有独资公司而言，采取单层制与否，可由国企改革过程中的其他规范性文件决定，公司法层面无须作出特别规定；另一方面，国家出资公司适用与普通公司同样的选择式单层制，体现了同等对待国有公司和非国有公司的平等保护原则。至于实践中，国资委通过行使出资人权益决定公司治理结构，由此导致的单层制改革系其股东权利行使的结果，而非通过公司法的强制性规定实现的。

4. 重要的配套制度：2024 年《公司登记管理实施办法》

《公司登记管理实施办法》是 2023 年《公司法》实施后公司登记领域最为重要的配套制度。该办法细化了 2023 年《公司法》公司登记相关规则，增强了相关规则的可操作性。《公司登记管理实施办法》第 13 条规定："设置审计委员会行使监事会职权的公司，应当在进行董事备案时标明相关董事担任审计委员会成员的信息。"该条规定统一了先前的不同认识，有助于实现更为确定的公司治理结构，并为后续各主体的权利行使提供基础。

首先，该条重申和明确了公司组织架构的设置条件，要求公司设置 2023 年《公司法》第 69 条或第 121 条单层制公司治理架构下所规定的审计委员会的功能是替代行使监事会职权，从而明确区分单层制公司和双层制公司，避免社会公众误解。

其次，该条规定要求设置审计委员会的公司在备案董事时标明担任审计

---

〔1〕 周友苏：《中国公司法论》，法律出版社 2024 年版，第 400 页。

〔2〕 最高人民法院民事审判第二庭编著：《中华人民共和国公司法理解与适用（上）》，人民法院出版社 2024 年版，第 554 页。

委员会成员的信息，有助于明确审计委员会成员的身份和权责，为审计委员会成员的职权行使提供保障。

再次，该条规定要求对担任审计委员会成员的信息在备案时进行明确，有利于董事各司其职，股东等主体增强对公司各董事的理解与认识，从而更好地行使权利。例如，审计委员会承接的原监事会职权中，可能关涉股东权利。通过审计委员会成员的备案明确，股东行使权利时可以获得明确的责任主体。

最后，对担任审计委员会成员的董事身份在备案中明确也有利于司法诉讼中更好地适用法律，明确责任承担的主体，实现精准问责。2023年《公司法》对各董事的责任采区分认定路径，其中，监督型董事与执行型董事是划分责任的重要依据。

问题 78 ▷ 2023 年《公司法》为什么要引入审计委员会制度？

理解审计委员会制度的功能定位，离不开 2023 年《公司法》修订中的改革动因。在 2021 年《公司法（修订草案一审稿）》的审议说明中，立法机关指出，之所以引入审计委员会制度，系根据国有独资公司、国有资本投资运营公司董事会建设实践，并为我国企业走出去及外商到我国投资提供便利，允许公司选择单层制治理模式（即只设董事会、不设监事会）。据此，引入审计委员会制度有三个方面的重要动因，即满足国企改革要求、便利我国企业域外运行、外国企业来我国投资。参考域外单层制的改革经验，在法律允许单层制之后，90% 以上的公司可能将转向单层制架构。除了前述实践需求之外，监事会制度的运行效果不理想也是制度改革的重要动因。

其一，进一步推进国有企业改革。就国企改革而言，外派监事会制度的改革是本轮公司治理架构改革的基点。近年来，国有企业改革转而寻求外部监督力量，在国家出资公司中实行外部董事制度，取消监事会设置，并通过审计署的审计监督力量增强监督效能，提供了公司监督制度改革的新路径。[1]国务院办公厅《关于进一步完善国有企业法人治理结构的指导意见》提出，董事会应当设立提名委员会、薪酬与考核委员会、审计委员会等专门委员会，为董事会决策提供咨询，其中薪酬与考核委员会、审计委员会应由外部董事组成。国务院《关于推进国有资本投资、运营公司改革试点的实施意见》要求，董事会下设战略与投资委员会、提名委员会、薪酬与考核委员会、审计委员会、风险控制委员会等专门委员会。因此，国企改革为公司法

---

〔1〕　刘斌：《公司治理中监督力量的再造与展开》，载《国家检察官学院学报》2022 年第 2 期。

修改提出了新的要求，自 1993 年以来强制性的董事会与监事会并存的双层制面临调整需求。

其二，便利公司治理架构与国际接轨，包括中国公司"走出去"和外国公司"走进来"。自 21 世纪初，我国公司开始逐步在世界各国投资经营，外资企业在我国的投资规模巨大。但是，由于公司治理结构的差异，导致了诸多衔接问题。诸如，随着近年来我国资本市场对外双向开放的节奏加快，我国公司境外直接或间接上市、境外企业在我国境内发行存托凭证，两地或多地上市制度建立，均强化了我国公司与境外公司的互动与竞争。由此可见，虽然我国证券市场国际板尚未落地，但域外公司制度的冲击和竞争已然展开，域外的公司治理制度也与我国公司法产生制度竞争。通过资本市场的制度转化，与我国投资者关联的公司治理已经涉及域外公司法，公司治理的架构选择同样应当考量制度的全球竞争力。对于域外公司法可以提供的制度供给，如果我国公司法无法提供，显然将导致我国企业处于劣势、我国公司法在全球竞争中处于劣势。

比如，中芯国际作为在开曼群岛设立的公司，其公司治理结构系按照开曼群岛法律运行，虽然为了境内上市进行了章程规则修改，但在下述方面仍然享有开曼群岛法律上的制度红利：①公司可以适用股份溢价进行利润分配；②公司董事会享有决定董事报酬、决定发行公司一般债权、决定公司财务预算方案、变更公司募集资金用途、向并表企业提供担保等权限；③不设立监事会，由独立非执行董事和审计委员会行使监督职权；④可以资本公积金弥补亏损等。虽然证监会明确要求境外发行人在投资者权益保护的安排总体上不低于境内法律要求，但是制度红利仍然不容小觑。[1]

其三，允许公司自主选择监督机构，改善内部监督效能。我国原公司法上监督制度的运行效果不尽如人意，作为专门监督机构的监事会和肩负监督使命的上市公司独立董事均难以实现立法目的。[2]如何再造和重构公司监督制度广为公司法学界所关注，也被视为 2023 年《公司法》修改的重要使命。对此，学界和实务界提出了多种改革主张：有意见主张强化监事会职权，有意见主张取消监事会并将董事会改造成公司唯一监督机关，有意见主张同时强化以监事会和独立董事为核心的两种监督模式并赋予上市公司选择权，有意见主张发展多元化的监督体系，虽观点各异，但均对现行公司法上监督机制的实际效用持消极评价。对此，2023 年《公司法》修改并未发挥"家长主

---

〔1〕《中芯国际首次公开发行股票并在科创板上市发行公告》，载 https://www.smics.com/site/company_ statutoryDocuments？type＝a_ share，最后访问日期：2025 年 3 月 20 日。

〔2〕赵旭东：《中国公司治理制度的困境与出路》，载《现代法学》2021 年第 2 期。

义"，而是兼容并蓄，容许企业自主选择监督机构。

总之，2023 年《公司法》所引入的审计委员会，可谓是单层制的基础设施，从而简化了公司治理结构，为公司释放更多的自治空间。

问题 79 ◎ 2023 年《公司法》引入的审计委员会，其与之前的审计委员会有何区别？

2023 年《公司法》修订引入了我国公司的单层制治理模式。单层制治理模式是由组织机构设置、职权配置、组织运行、义务与问责等一系列规则构成的庞大制度体系。2023 年《公司法》第 69 条和第 121 条分别规定了不设监事会或监事的条件，均包括在董事会中设置审计委员会，行使监事会职权，是我国公司单层制治理模式的组织基础。[1] 该制度系借鉴英美法系公司治理的经验，以及我国上市公司治理实践而作出的治理结构创新。[2] 审计委员会的概念虽然第一次被引入我国公司法中，但这一概念在其他规范性文件中并不陌生，国资委、证监会等多个部门的既有文件中均规定有审计委员会。因此，需要区分"1.0 版"的审计委员会与"2.0 版"的审计委员会，以免发生概念的混淆。

1. 审计委员会"1.0 版"：狭义审计委员会

在 2023 年《公司法》出台前，上市公司中《上市公司治理准则》、《上市公司章程指引（2023）》与 2023 年《上市公司独立董事管理办法》等规范性文件都存在设置审计委员会的相关规定。证监会在 2018 年《上市公司治理准则》第 38 条中规定了上市公司董事会应当设立审计委员会。该准则第 39 条还规定了审计委员会的五项职责：①监督及评估外部审计工作，提议聘请或者更换外部审计机构；②监督及评估内部审计工作，负责内部审计与外部审计的协调；③审核公司的财务信息及其披露；④监督及评估公司的内部控制；⑤负责法律法规、公司章程和董事会授权的其他事项。2023 年《上市公司独立董事管理办法》第 5 条第 2 款规定，上市公司应当在董事会中设置审计委员会。《上市公司章程指引（2023）》第 107 条规定，公司董事会设立审计委员会，并根据需要设立战略、提名、薪酬与考核等相关专门委员会。在

---

〔1〕　当然，根据 2023 年《公司法》第 83 条，也存在有限责任公司仅设董事会或董事，而不设审计委员会及监事会或监事的简单单层制治理架构。

〔2〕　最高人民法院民事审判第二庭编著：《中华人民共和国公司法理解与适用（上）》，人民法院出版社 2024 年版，第 321 页。

国有企业改革过程中，审计委员会也是完善国有企业法人治理结构的重要抓手。国务院办公厅《关于进一步完善国有企业法人治理结构的指导意见》提出，董事会应当设立提名委员会、薪酬与考核委员会、审计委员会等专门委员会，为董事会决策提供咨询，其中薪酬与考核委员会、审计委员会应由外部董事组成。国务院《关于推进国有资本投资、运营公司改革试点的实施意见》要求，董事会下设战略与投资委员会、提名委员会、薪酬与考核委员会、审计委员会、风险控制委员会等专门委员会。专门委员会在董事会授权范围内开展相关工作，协助董事会履行职责。

不难发现，前述审计委员会与 2023 年《公司法》第 69 条和第 121 条所规定的审计委员会虽然名称相同，但二者与董事会的关系、职权设定均大相径庭。2018 年《上市公司治理准则》等上市公司相关规则以及国企改革文件中所要求设置的审计委员会，仍然属于董事会与监事会并存的双层制治理模式之下董事会内设机构，主要负责财务和会计方面的监督工作，并不全面承接监事会职权。此种审计委员会属于董事会中的专门委员会，与薪酬委员会、战略委员会等属同一性质，并非 2023 年《公司法》所规定的法定公司机构，不享有法定职权。此种"1.0 版"的审计委员会由于并不承接公司监事会的职权，因此可以与公司监事会并存。有鉴于此，可以将此类审计委员会称为狭义审计委员会。

2. 审计委员会"2.0 版"：广义审计委员会

与上述"1.0 版"的狭义审计委员会不同，2023 年《公司法》第 69 条及第 121 条所规定的审计委员会属于公司单层制治理模式下的法定公司机构，行使监事会的职权。"2.0 版"审计委员会与公司监事会是无法并存的。

2023 年《公司法》第 69 条规定，有限责任公司可以按照公司章程的规定在董事会中设置由董事组成的审计委员会，行使本法规定的监事会的职权，不设监事会或者监事。新法引入了有限责任公司在董事会中设置审计委员会的单层制治理模式，不设监事会或者监事。2023 年《公司法》第 121 条第 1 款、第 2 款则规定，股份有限公司可以按照公司章程的规定在董事会中设置由董事组成的审计委员会，行使本法规定的监事会的职权，不设监事会或者监事。审计委员会成员为三名以上，过半数成员不得在公司担任除董事以外的其他职务，且不得与公司存在任何可能影响其独立客观判断的关系。在股份有限公司中，除了设置董事会审计委员会并由审计委员会行使监事会职权之外，还需要满足审计委员会的成员应当过半数为独立董事的要求。此外，2023 年《公司法》第 137 条所规定的上市公司审计委员会，既包括单层制上市公司的审计委员会，也包括传统双层制上市公司的审计委员会。相应地，该条所规定的审计委员会职权，同时适用于单层制和双层制治理架构下的审计委员会。单层制架构下的上市公司审计委员会，除了2023年《公司法》第137条所规定的审计委员会职权，还行使监事会职权。与之相比，双层制架构下的上市公司审计委员会，并不全面行使监事会职权。

同样，域外法上的审计委员会规则也存在差异。2002年《萨班斯—奥克斯利法》第301条要求设置审计委员会，并为其设定法定职权，包括：负责聘请注册的会计师事务所，决定其报酬，监督其工作；受聘的会计师事务所直接向审计委员会报告；接受、保留和处理有关会计、内部会计控制、审计方面的投诉；聘请独立的法律顾问或其他咨询顾问。2014年日本公司法修改后，引入了监查等委员会设置公司，以替代监事会。《日本公司法》第327条规定，监查等委员会以及提名委员会等设置公司，不得设监事。《韩国商法》第415-2条规定，公司设置监查委员会的，不得设置监事。以上立法例皆规定了公司单层制治理模式下不设监事会或监事的要求。

3. 审计委员会不同于公司内部审计机构

需要注意的是，2023年《公司法》第69条与第121条所规定的审计委员会并非作为公司内部审计机构的董事会专门委员会。虽然"2.0版"的审计委员会以"审计"命名，但该委员会实际上是替代行使监事会职能的法定公司机构，以简化公司治理架构，其职能范围不仅限于行使对公司的审计职能，在实践中需要注意避免将之与董事会内设审计机构进行混淆。如《央企章程指引》第32条规定："公司不设监事会、监事，由董事会审计与风险委员会、内部审计等机构行使相关职权。"该文件将公司监事会或监事的相关职权交由内部审计机构进行行使，混淆了公司内部审计机构与董事会审计委员会的概念，存在明显不当。内部审计机构作为公司内部管理机构，其本身并不具有公司法上的职权和地位。在2023年《公司法》修订过程中，有学者建议将其称之为监督委员会或监察委员会，以避免混淆，但并未被采纳。[1]为与前述"1.0版"的狭义审计委员会相区分，在此可以将之称为广义审计委员会。

---

〔1〕　刘斌：《公司治理中监督力量的再造与展开》，载《国家检察官学院学报》2022年第2期。

问题 80 ◇ 审计委员会是不是监事会的"平替"，用审计委员会取代监事会是不是"换汤不换药"？

我国公司法上审计委员会取代监事会的制度改革并非"换汤不换药"，而是有其深刻的制度内涵。相较于监事会，审计委员会在提升监督效能、克服监督过程中的信息屏障、对董事会进行内部监督方面存在实质变化，是审计委员会制度机能的体现，并非换汤不换药。2023 年《公司法》在引入作为单层制公司治理结构基础设施的审计委员会，代替行使监事会职权的同时，强化了双层制公司治理结构中监事会的法律地位与职权，提供了优化公司监督的制度方案。

1. 从监事会到审计委员会的四点实质变化

2023 年《公司法》规定了审计委员会的组织设置与职能定位，与德国双层制模式下的审计委员会[1]、美国公司法上的审计委员会均存在重大差异，而与日本、韩国等东亚国家公司法上的单层制规则较为趋近，但亦存在诸多不同之处，可谓特色鲜明的"中国式审计委员会"。在 2023 年《公司法》引入审计委员会制度之后，单层制董事会在整体功能上将变成管理与监督功能相融合的组织机构。[2]由此可见，审计委员会规则的引入，其影响并非止步于取代监事会，还将对董事会的权责配置产生影响。[3]

整体而言，作为公司董事会的内设机构，审计委员会相较于监事会具有以下四项优势：

其一，相较于监事会的列席式监督，审计委员会系参与式监督。监事会作为专门的监督机构，公司内部监督力量面临着固有的弱势地位制约，脱离了经营管理的监督权难免被边缘化，殊难以与决策者的权力相抗衡。这一点在我国公司控制股东主导的公司治理语境下更加明显。面对股东会、董事会、监事会近乎"三位一体"的存在，法律上预设的分权制衡模式经常难免流于纸上。在发挥监督作用的方式上，审计委员会的工具箱也更为丰富。在最为重要的参与公司治理的方式上，监事虽然有列席董事会的权力，但是面对董事会的商业判断，却经常难以置喙，多是仅仅发表意见以供董事会决策参考，

---

[1] 德国公司治理实践中的审计委员会是由监事会根据其履行各项职责的实际需要而设立的，性质上属于监事会的履职助手。杨大可：《审计委员会能替代监事会吗？——兼论公司内部监督机构的应然职责》，载《中国政法大学学报》2022 年第 5 期。

[2] 林一英：《公司监督机构的立法完善：超越单层制与双层制》，载《法学杂志》2022 年第 4 期。

[3] 刘斌：《董事会权力的失焦与矫正》，载《法律科学（西北政法大学学报）》2023 年第 1 期。

走过场的形式主义色彩也很浓厚。与之不同的是，审计委员会成员本身即为董事，其要参与董事会决策的投票表决，在有不同意见时可以通过弃权票、反对票阻断决策。

其二，审计委员会有助于克服监督过程中的信息屏障。在双层制的公司治理实践中，监事会或监事无法有效履职的一大原因就是存在信息屏障，公司的经营管理信息掌握在董事和高级管理人员手中，监事会往往只能获得筛选后的信息，难以及时对经营异常情况作出判断并进行调查监督。加之我国公司会议文化匮乏，很多公司没有建立起程序严谨的董事会会议制度，监事列席董事会会议的机制形同虚设，信息传递机制难以保障。与之不同的是，审计委员会的成员，由于本身即公司董事，董事会开展各类活动包括建立微信群等沟通渠道，不能排除审计委员会董事的加入，因而审计委员会制度可以克服监督信息屏障，便于监督者获取公司经营异常情况的一手信息，进而提升监督效能。

其三，相较于监事会的外部监督，审计委员会系内部监督。虽然监事会和审计委员会都属于公司的内部监督机构，但进一步而言，监事会相较于董事会属于外部监督机构，审计委员会本质上系属于董事会的内部监督机构。在分权制衡机制之下，内部监督机构的重要优势在于信息获得和激励问责两大方面。与之相反，外部监督机构的劣势也有两个方面：信息不对称、激励问责机制失当。因此，审计委员会的内部监督机制更具有一般优势。实际上，我国历史上有着丰富的监督机制设置经验。譬如，唐朝时的相权三分，中书省负责制定法令，门下省负责审核法令，尚书省负责执行法令，同时，三省合署办公，既能分权制衡，又能提升效率，有相当的借鉴价值。[1]

其四，审计委员会的监督从合法性监督扩展至合理性监督。在商业判断中，有无表决权的效果差异是实质性的。由于审计委员会成员具有董事身份，其实际参与了董事会的表决，涉及决策的商事裁量，必然涉及合理性判断。[2]因此，审计委员会成员对公司事务执行行为的监督不仅要审查其合法性，也要审查其合理性。审计委员会是董事会的内设机构，其成员具有董事身份，其参与公司决策，涉及决策的商事裁量，必然涉及合理性判断。监事的监督仅审查合法性，而不审查合理性，这是审计委员会与监事会的监督权之间的重大差异。

---

〔1〕　钱穆：《中国历代政治得失》，生活·读书·新知三联书店 2001 年版，第 110 页。
〔2〕　刘斌：《公司治理中监督力量的再造与展开》，载《国家检察官学院学报》2022 年第 2 期。

2. 2023 年《公司法》下监事会职能的强化

2023 年《公司法》引入了单层制治理架构下的审计委员会替代行使监事会职能，从而简化了单层制下公司治理架构。同时，也强化了双层制下监事会的职权，优化而非放弃了双层制选项。首先，2023 年《公司法》第 80 条新增了监事会可以要求董事、高级管理人员提交执行职务的报告，保障监事会信息获得权。其次，2023 年《公司法》第 215 条新增监事会为聘用、解聘承办公司审计业务的会计师事务所的决定主体，可根据章程规定由监事会决定审计机构选任，强化了监事会对审计机构选任的决定权。最后，2023 年《公司法》第 181 条新增了监事违反忠实义务时公司的归入权，解决了违反忠实义务时监事追责的法律依据缺失问题。2023 年《公司法》对监事会职权的强化为监事会在外资企业、民营企业、股东人数较多的企业及混合所有制企业等企业中的适用提供了更加完善的权能类型，为双层制下公司治理架构中监督权的行使提供了更加有力的保障。

综上所述，审计委员会和监事会的作用优劣很难一概而论，需要根据每家公司自己的情况而定。比如，虽然长期以来监事会的作用饱受诟病，但在投资实务中，机构投资者通过委派监事也是获得公司信息、参与公司管理和监督的重要渠道。亦言之，如果在公司治理架构中充分赋权监事会，其仍然可以成为有效的公司权力制衡机构。

问题 81 ▷ 按照 2023 年《公司法》，公司是否可以同时设立监事会和审计委员会？

在 2023 年《公司法》下，要确定公司是否具有同时设立监事会和审计委员会的权力，需要区分审计委员会属于"1.0 版"的狭义审计委员会还是"2.0 版"的广义审计委员会。狭义审计委员会可以与监事会或监事同时设置，而广义审计委员会则不得与监事会或监事同时设置。

1. 狭义审计委员会可以与监事会或监事共设

"1.0 版"的审计委员会实际上属于公司董事会的内设专门委员会，与薪酬委员会、战略委员会、提名委员会等性质相同，不属于 2023 年《公司法》第 69 条或第 121 条所规定的公司法定机构。这一意义上的审计委员会的功能在于进一步完善法人治理架构，在董事会中设置专门委员会负责财务会计信息的监督工作，监督职能范围较为有限。由于"1.0 版"的狭义审计委员会并不全面承担监事会的职能，而是只负责公司财务与会计方面的监督工作，因此，其与监事会或监事共同设立的并不会导致公司监督权的重叠。

2. 广义审计委员会不得与监事会或监事共设

2023 年《公司法》第 69 条与第 121 条引入了公司单层制治理架构下的审计委员会制度，行使监事会的职权。第 69 条明确规定，"有限责任公司可以按照公司章程的规定在董事会中设置由董事组成的审计委员会，行使本法规定的监事会的职权，不设监事会或者监事。公司董事会成员中的职工代表可以成为审计委员会成员"。第 121 条第 1 款也规定，"股份有限公司可以按照公司章程的规定在董事会中设置由董事组成的审计委员会，行使本法规定的监事会的职权，不设监事会或者监事"。从规范角度来看，2023 年《公司法》引入的审计委员会与监事会在机构设置上属于"二选一"的关系，公司不得既设置监事会又设置审计委员会。审计委员会作为公司单层制治理结构中行使监督权的重要机构，2023 年《公司法》对于其组织形式的规定应当属于强制性的结构性规范，公司章程也不能够对公司的基础机构设置另行规定，否则也可能导致工商登记信息等方面的困惑。[1]

此外，由于 2023 年《公司法》第 69 条与第 121 条所规定的审计委员会在业务监督、财务监督、人事监督、程序性职权、诉讼代表权等方面全方位承接了监事会的权能，监事会与审计委员会的共存势必会导致二者之间行使职权的矛盾与冲突。可以说，审计委员会制度就是在完善公司单层制治理架构之下所引入的，与双层制架构下的监事会处于并行的两种公司组织架构之下，因此，二者之间不存在同时设置的组织基础。

问题 82 ▷ 如果公司既不设监事或监事会，也不设审计委员会，此时如何进行公司监督？

2023 年《公司法》第 83 条规定，"规模较小或者股东人数较少的有限责任公司，可以不设监事会，设一名监事，行使本法规定的监事会的职权；经全体股东一致同意，也可以不设监事"。该条规定了规模较小或者股东人数较少的有限责任公司，可以简化其监督机构的设置。经全体股东一致同意，甚至可以既不设监事会，也不设监事。在此情况下，有限责任公司的组织结构可只设董事会，或根据 2023 年《公司法》第 75 条之规定只设一名行使本法规定的董事会职权的董事，而不设监事会或审计委员会。

2023 年《公司法》引入的单层制系选出式单层制。对于通常的公司而

---

〔1〕 赵旭东主编：《新公司法条文释解》，法律出版社 2024 年版，第 173 页。

言，单层制的选择是有法定条件的，即须设置审计委员会，并由审计委员会行使监事会职权。在我国有限责任公司中，股东人数超过 5 人的仅为 33.4 万家（占比 0.87%），其他公司股东人数均为 5 人以下。易言之，实践中超过99% 的有限责任公司的股东人数不超过 5 人，应属于股东人数较少的公司之列。对于此类公司，虽有简化公司治理机构、进行单层制改革的强烈需求，但也的确没有设立审计委员会的需求和必要性。对此，2023 年《公司法》第83 条大刀阔斧，允许规模较小或者股东人数较少的有限责任公司，可以不设监事会，设一名监事；经全体股东一致同意，也可以不设监事。此类公司治理架构，料将成为我国公司治理中的主流模式。

与有限责任公司不同，规模较小或者股东人数较少的股份有限公司可以依照 2023 年《公司法》第 133 条之规定设立一名监事，不设监事会，而不能选择不设任何监督机构。对于非属于小型的普通股份公司而言，则须在监事会和审计委员会中择一设置。

如果公司既不设监事或监事会，也不设审计委员会，公司监督权将转向股东一端的监督，包括股东会监督和股东单独监督。此时，监督作用的发挥实质上从典型监督机制移转至非典型监督机制。事实上，在公司出现早期，公司管理的监督是通过年度股东会实现的。由于股东会的时段性和会议体形式，其无法实现持续性的日常监督，由此产生了设置专门机构负责日常监督的需求。尽管股东会的监督存在前述局限性，但选任董事或其他经营者的权力（任免权）是控制公司的关键策略，也是解决小股东和控股股东之间以及雇员与股东整体之间代理问题的核心策略。就股东单独监督而言，股东代表诉讼、股东压制救济、公司决议瑕疵诉讼等或将成为进一步仰赖的公司治理制衡制度，由此产生了进一步完善这些制度的需求。[1]

对于国有企业的监督而言，党的十九届三中全会通过的《深化党和国家机构改革方案》指出，将国有重点大型企业监事会的职责划入审计署，不再设立国有重点大型企业监事会。《中共中央关于深化党和国家机构改革的决定》也指出，要"完善巡视巡察工作，增强以党内监督为主、其他监督相贯通的监察合力"。国务院《关于推进国有资本投资、运营公司改革试点的实施意见》则指出，要"整合出资人监管和审计、纪检监察、巡视等监督力量，建立监督工作会商机制，按照事前规范制度、事中加强监控、事后强化问责的原则，加强对国有资本投资、运营公司的统筹监督，提高监督效能"。从以上党内法规与规范性文件中可以看出，国有企业的监督除了公司法上的监督

---

〔1〕 刘斌编著：《新公司法注释全书》，中国法制出版社 2024 年版，第 367 页。

之外，还有党委、纪委、国资委、审计署、巡视组等多元化的监督机制。关于小规模国有企业的监督机制，详见本书中国家出资公司部分的相关问题解答。

问题 83 ◎ 审计委员会成员如何选任、解任、辞任和罢免？

2023 年《公司法》以简要条文引入了审计委员会制度，但对于审计委员会的组织和运行规则未有具体规定。在实施审计委员会制度的过程中，许多企业遇到了如何执行的困境。首先面临的问题便是，如何进行审计委员会成员的选任、解任、辞任和罢免等。对此，理论和实务上均有不同主张和见解。

审计委员会的选任指的是公司审计委员会成员的选举和任命；解任指的是解任审计委员会成员的董事职务；辞任指的是审计委员会成员主动辞去其审计委员会成员的身份；罢免则指免去该名成员的审计委员会成员身份而保留其董事职务。实践中，对于审计委员会成员的选任通常存在三种模式：股东会选任模式、董事会选任模式以及职工民主选举产生模式。[1]

审计委员会成员的选任、解任、辞任和罢免问题主要包含两个层次：其一，具有董事身份系担任审计委员会成员之基础。对于董事的选任，职工董事之外的其他董事由股东会选任，不生疑义。一旦董事被解任，其亦自动丧失审计委员会成员身份。其二，除董事身份外，审计委员会成员还具有其任职于审计委员会的专门委员会成员身份。在这一层面，董事担任审计委员会成员时由何机构选任？审计委员会成员的任期如何确定？在无法胜任该职位时，由何机构予以更换或移除？

1. 审计委员会成员任免规则的适用争议

关于审计委员会的选任，理论上的主张有三：股东会选任模式、董事会选任模式、股东会和董事会共同选任模式。其中，股东会选任模式，系指在股东会选举董事时，由一般董事和审计委员会董事分别选举，选举完成后，组成董事会和审计委员会开展工作。董事会选任模式，系指董事会在符合法律和章程规定的人员范围内确定审计委员会成员，组成审计委员会。所谓股东会和董事会共同选任模式，系指股东会选任具有审计委员会成员资格的候选董事，嗣后董事会再选举产生审计委员会。三者的实质区别在于，在审计委员会的人员组成上，究竟是哪个公司机构具有决定权？

---

〔1〕 最高人民法院民事审判第二庭编著：《中华人民共和国公司法理解与适用（上）》，人民法院出版社 2024 年版，第 557 页。

支持股东会选任的模式的观点，主要论据有二：一是由于2023年《公司法》将审计委员会定位于监事会的功能替代机构，故而，其组织机制也应准用监事会的选任机制，以避免减损股东监督权的行使。这种选任模式，也可以避免监督者由被监督者选任的结果出现，保障审计委员会的独立性。二是2023年《公司法》第144条第3款规定，公司发行本条第1款第2项规定的类别股的，对于监事或者审计委员会成员的选举和更换，类别股与普通股每一股的表决权数相同。对于本款规定，一种见解认为，该款规定的实质意义在于，监事或审计委员会成员的选举和更换系股东会表决事项，故而，审计委员会成员应由股东会确定和更换，该规定不仅适用于发行类别股的公司，也适用于未发行类别股的公司。究其原因，类别股的特殊性建构在普通股的基础之上，该条规定本身系保护类别股股东利益的表决权恢复机制。[1]如果仅发行普通股的公司的审计委员会并不要求由股东会选任，则类别股应同样对待，而无须予以特别规定。易言之，该条的文义涵盖了特殊表决权股和普通股均具有选任审计委员会成员的权利。相反见解认为，本条仅适用于发行类别股的公司，而不适用于其他公司类型。[2]

股东会选任模式的缺陷主要在于：一是股东会选举负担较重，不但要区分董事类型，也要考虑董事会的人员组成，候选人类型稍显复杂，甚至可能导致选举失败的结果。二是选任效率较低，一旦出现审计委员会人员变动，即需要召开股东会予以填补，难以保障审计委员会的组织适合性。

相反，董事会选任模式则避免了前述股东会选任模式的缺陷，避免了候选人类型的复杂性，对董事的专业能力也更为熟悉和了解。而且，从组织机构上而言，虽然审计委员会具有实质独立性，但其仍然系董事会的内设专门委员会，其权限在于降低审计委员会的独立性，导致被监督者选任监督者的客观结果。

至于股东会和董事会共同选任模式，则分权模式更为细碎，兼具上述优点与缺点。

2. 审计委员会成员任免规则的域外法借鉴

对于以上问题可参酌东亚式单层制的立法例予以考察。在韩国法上，非上市股份公司的监查委员会的成员由董事会选任和罢免。对此，《韩国商法》第415-2条第3款规定，董事会关于罢免审计委员会成员的决议应要求经三

---

[1] 郭富青：《论公司法与邻近法律部门的立法协同》，载《法律科学（西北政法大学学报）》2021年第6期。

[2] 《沈朝晖｜讲稿｜公司治理运动：董事等的义务责任》，载微信公众号"组织法与金融法辉映"，发布日期：2024年5月15日。

分之二的董事同意。对于上市公司，则要求审计委员会成员从股东大会选任的董事中任命，并由股东大会选任和罢免。但是，上市公司中选举和解聘审计委员会成员有表决权限制，持股超过 3% 的股东不具有表决权。[1]《日本公司法》第 329 条第 2 款规定，对于设置监查等委员会的公司，董事的选任，需区分作为监查等委员会的董事与其之外的董事分别进行。由此可见，在日本法上，监查等委员会中的董事选任和解任与其他董事不同，须由股东大会的特别决议通过。[2]

3. 2023 年《公司法》的留白意味着公司自治

从 2023 年《公司法》的体系解释而言，对于审计委员会选任规则的留白，意味着该事项上的公司自治，这是解释论的最合理结果。因此，建议公司根据前述利弊衡量，自主确定审计委员会的选任组成机制。如果旨在打造更为独立、履职更有保障的审计委员会，且能够承受随时因审计委员会人员变化而召开股东会等治理成本，股东会选任模式更为契合。如果旨在保障审计委员会选任效率，通过审计委员会人员任职资格等前置方式、后续问责等方式确保审计委员会有效履职，那么，采取董事会选任模式也无可厚非。譬如，上市公司中，审计委员会的选任范围实则非常受限，且要求过半数为独立董事，此时，审计委员会的独立性可以通过独立董事的独立性机制保障，则未必需要通过股东会选任。且上市公司的股东会召开程序繁琐，时间成本较高，难以保障审计委员会成员的及时产生更换。故而，从《上市公司章程指引（2025）》来看，其本质上仍然延续了董事会选任模式。对于封闭性强的国有公司等而言，如果旨在加强股东一端的监督效能，采股东会选任模式也并不违反公司法的规定。

那么，哪种选任方式更为契合公司法的立法本旨呢？追本溯源，如果进一步求解审计委员会在公司法中的制度预设，更为合理的方式应是股东会选任模式。若公司章程规定由董事会任免审计委员会成员，则可能导致审计委员会的独立性受到侵害，不利于审计委员会行使对董事会的监督职能，但前提是公司能够承受股东会选任模式所带来的治理成本。因此，基于对审计委员会独立性的维护，公司可在章程中规定由股东会享有审计委员会成员的任免权力。

至于是否将职工董事置入审计委员会，亦应遵循相同的解释路径，在法

---

〔1〕［韩］崔埈璿：《韩国公司法（上）》，王延川、崔嫦燕译，中国政法大学出版社 2020 年版，第 510-512 页。

〔2〕［日］近藤光男：《最新日本公司法》，梁爽译，法律出版社 2016 年版，第 282 页。

律未作强制性规定的情况下，应当交由公司自治。一方面，职工董事属于董事会决策成员，能够在董事会审议财务报告和作出重大经营决策时发挥监督作用，也能够在董事会中与以独立董事为代表的审计委员会成员展开沟通与协作，即便股东会或董事会决议不将其选入审计委员会，也不会削弱公司的监督体系。另一方面，权力与问责相伴随，公司如果将通常缺乏监督能力的职工董事免于选入审计委员会，某种意义上也是对后者的一种保护。[1]

4. 审计委员会成员的解任、辞任和罢免规则

在审计委员会成员解任问题上，应当与选任保持一致。如果章程规定审计委员会成员的选任由股东会负责，那么，董事会无权移除、更换、解任审计委员会成员，其也应属于股东会的权力范围。特别需要注意的是，在审计委员会成员的解任规则方面，应当区分解任董事和罢免审计委员会成员两种情况。由于董事身份乃审计委员会成员身份之基础，如果股东会单独罢免某一董事的审计委员会成员身份，而保留其董事身份，那么，此时董事会中董事的人数并不发生变化，但审计委员会成员的数量将会减少。在股东会解任审计委员会成员后，应当注意符合法定的最低审计委员会成员数量，并及时选任新的审计委员会成员。

在审计委员会成员的选任、解任及罢免规则之外，审计委员会成员的辞任规则也应当予以明确。审计委员会作为董事会的法定内部监督机构，其成员也仅能由公司董事担任，董事身份是其作为审计委员会成员的基础。因此，审计委员会成员辞任公司董事的，其自然一并辞任其审计委员会成员身份。担任审计委员会成员的董事也可以单独辞去其审计委员会成员的身份而保留其董事的身份，此时，董事会中董事的人数并不发生变化，但审计委员会成员的数量将会减少。

需要注意的是，审计委员会成员的辞任也需要避免审计委员会成员数量或董事会成员数量低于法定人数。2023 年《公司法》第 77 条的第 2 款规定，"监事任期届满未及时改选，或者监事在任期内辞任导致监事会成员低于法定人数的，在改选出的监事就任前，原监事仍应当依照法律、行政法规和公司章程的规定，履行监事职务"。审计委员会作为单层制公司治理结构中承担监事会职权的法定公司机关，公司法对监事的辞任规则的限制也应当适用于审计委员会成员。根据 2023 年《公司法》第 121 条之规定，股份有限公司的审

计委员会成员为三名以上，且过半数为独立董事。[1]如果该审计委员会成员的辞任导致审计委员会成员的数量低于法定人数，或者独立董事的比例低于法定人数的，在改选出的审计委员会成员就任前，原审计委员会成员仍应当继续依法履行审计委员会成员职务。对于有限责任公司审计委员会而言，前述规则亦然。

对 2023 年《公司法》第 144 条第 3 款的文义进行分析可知，股份有限公司审计委员会成员的选举和更换应当交由股东会进行决定。有限责任公司可以交由章程进行自治规定，但我们仍然建议参照股份有限公司交由股东会决定。在解任审计委员会成员董事身份，或者审计委员会成员辞去其董事身份时，其审计委员会成员身份也自动丧失。此外，也可以单独罢免该成员的审计委员会成员身份而保留其董事身份，该成员也可以单独辞去审计委员会成员职务而继续担任公司董事。

问题 84 ▷ 对于审计委员会作出的决议，董事会能否推翻，或者重新作出决议？

尽管审计委员会属于董事会内设机构，但作为法定的单层制公司治理结构中的监督机关，审计委员会在行使法定职权时所作出的决议具有独立性与终局性。对于审计委员会作出的决议，董事会不得推翻或重新作出决议，否则会导致审计委员会的法定监督职权无法履行。如果审计委员会超越法定和章程规定的职权，则可基于决议效力瑕疵规则予以处理。

1. 审计委员会行使法定职权而作出的决议具有终局性

从逻辑上来看，任意性的专门委员会作为董事会内设机构，系为了提高董事会运行效率而设，在组织设置上具有附属性，其职权的行使来源于董事会的授权。在授权范围内，此类专门委员会的决议与董事会决议具有同等效力。但是，在专门委员会通知各董事后，董事会可以对专门委员会决议的事项重新作出决议。与董事会中依照章程设立的任意性的专门委员会不同，审计委员会的权力由法律规定，其监督职权也具有法定性，而前者职权的行使则来源于董事会的授权。这种内部监督的机制，旨在确保监督力量的独立性和监督效率。在这一意义上审计委员会属于嵌套进董事会中的法定公司机关，其与董事会存在分权制衡的关系，董事会自然也无法推翻审计委员会作出的

---

〔1〕　此处需注意外部董事与独立董事概念之区分，详见刘斌编著：《新公司法注释全书》，中国法制出版社 2024 年版，第 39 页。

决议。如果审计委员会作出的决议能够被董事会的决议推翻，则审计委员会难以行使公司法所预设的监督职权，单层制公司治理结构下的监督机制也将流于形式。比如，《韩国商法》第 415 条明确规定，监查委员会作出决议后通知董事会的事项，董事会不得重新作出决议。[1]对此，虽然我国公司法未予以明定，但基于其法定职权之设置，应作同样解释。

在审计委员会的职权范围内，审计委员会的决议即为董事会决议，也可以成为决议无效、决议可撤销、决议不成立等决议瑕疵之诉的适格对象。

2. 审计委员会决议可适用决议的效力瑕疵规则

审计委员会除具有行使法定的监事会相关职权以及公司章程所赋予的职权外，还可能存在公司内部由董事会对审计委员会所授予的职权。如果审计委员会在召开会议和表决时违反法律或章程规定，将导致其归于无效、可撤销、不成立。公司可依照 2023 年《公司法》第 25 条、第 26 条、第 27 条的规定予以处理，但这并不影响审计委员会决议的独立性。

问题 85 ▷ 2023 年《公司法》规定由审计委员会行使原监事会的职权，这种安排是否让董事们自己监督自己？

根据 2023 年《公司法》第 69 条和第 121 条的规定，公司可以选择设立审计委员会行使监事会职权时，不设监事会或监事，即单层制公司治理架构。此时，审计委员会成员一方面是监督者的角色，承接原监事会的职权，另一方面也是董事会的成员，承担决策职能。那么，这是否会造成董事自己监督自己，既是运动员又是裁判员，甚至造成"董董相护"的结果？该问题的关键在于，由于审计委员会具有职权的法定性、决议的独立性、运行的自治性，其已经突破传统董事会专门委员会的附属性，系具有相当独立性的监督机构。

1. 审计委员会属于法定型专门委员会

对审计委员会监督职权的行使的理解，首先要厘清审计委员会与董事会的关系。除了审计委员会之外，董事会还可以根据公司需求设立战略委员会、提名委员会、薪酬与考核委员会等其他委员会。这些专门委员会旨在提高董事会的运行效率，解决董事会通过会议体方式日常履职的障碍，特别是对于大型公司而言更有必要性。[2]董事会通过设立专门委员会并任命专门委员会

---

〔1〕 王延川、刘卫锋编译：《最新韩国公司法及施行令》，法律出版社 2014 年版，第 92 页。

〔2〕 Richard D. Freer, The law of corporations in a nutshell., West Academic, 2020, pp. 178-180.

成员，可以将董事会的部分职权授予专门委员会行使，此时，专门委员会行使的权力即董事会权力。

对于董事会内部的功能性专门委员会的设置与否，法律上通常不做强制性要求。例如，《美国示范公司法》第 8.25 节规定，除本法、公司章程或内部细则另有规定外，董事会可以设立一个或多个专门委员会，并指定一名或多名董事会成员服务于任何委员会；在董事会或者公司章程或者内部细则规定的范围内，每个专门委员会都有权行使董事会权力。[1]证监会《上市公司治理准则》第 39 条第 1 款规定，上市公司董事会应当设立审计委员会，并可以根据需要设立战略、提名、薪酬与考核等相关专门委员会。《上市公司章程指引（2019）》第 107 条第 2 款的规定亦如出一辙。因此，在《上市公司章程指引（2025）》修订之前，我国上市公司相关专门委员会系董事会根据监管规则和管理需要自主设立，履行章程和董事会授予的职权，其提案则提交董事会审议决定。该种类型的审计委员会，本质上属于董事会决定型审计委员会。《上市公司章程指引（2025）》实施后，证监会则要求上市公司改采强制性的单层制，即法定型的审计委员会模式。

但是，随着 2023 年《公司法》第 137 条新增了对上市公司的审计委员会设置和职权的规定，该委员会的法定性已然强化，并享有法律赋予的法定权力。这种强化审计委员会的立法路径，与域外法中审计委员会的设置规则有异曲同工之处。例如，为强化公司治理的有效性，2002 年《萨班斯—奥克斯利法》第 301 条要求设置审计委员会，并为其设定法定职权，包括：负责聘请注册的会计师事务所，决定其报酬，监督其工作；受聘的会计师事务所直接向审计委员会报告；接受、保留和处理有关会计、内部会计控制、审计方面的投诉；聘请独立的法律顾问或其他咨询顾问。[2]此种对审计委员会的法定设置要求，系为了确保其财务会计监督效能之实现。[3]受美国法影响，日本 2005 年公司法修改引入了提名委员会等公司设置，通过董事会选任提名委员会、审计委员会、报酬委员会来分别行使人事、监督、薪酬等重要权限。但是，前述三委员会设置公司出现了水土不服的现象，导致了过重的治理成本负担，并不为日本公司所欢迎。[4]2014 年《日本公司法》修改后，引入了监查等委员会设置公司，以替代监事会。《日本公司法》第 327 条规定，监查

---

〔1〕 Model Business Corporation Act, Section 8.25.

〔2〕 The Sarbanes-Oxley Act（2002）, Section 301.

〔3〕 Malik. M, Audit committee composition and effectiveness：A review of post-SOX literature, Journal of Management Control, 25（2014）, p.85.

〔4〕 林一英等：《公司法修订的立法选择笔谈》，载《政法论坛》2022 年第 4 期。

等委员会以及提名委员会等设置公司，不得设监事。[1]与之类似，《韩国商法》第415-2条规定，公司设置监查委员会的，不得设置监事。[2]总之，虽然美国式审计委员会与东亚式审计委员会的设置均具有法定性，但其内生逻辑大相径庭，前者旨在强化财务会计监督的效能，后者则旨在全面承接和行使监督职权。我国2021年《公司法（修订草案一审稿）》中的审计委员会与前者更为趋近，正式通过的2023年《公司法》则转向了后一方案。

在2023年《公司法》下，审计委员会虽然系由公司章程自主选择设立，但其与监事会一样，均具有组织类型法定与职权法定的法定性色彩。易言之，法定型审计委员会的设置系基于公司章程而确定，而章程的制定与修改权执于股东或股东会之手，审计委员会的存废显然不能由董事会决议之，否则将导致公司治理中监督力量的消减甚至废止。

例如，《上市公司章程指引（2025）》第133条规定："公司董事会设置审计委员会，行使《公司法》规定的监事会的职权。"该规定，不仅要求上市公司必须设审计委员会、取消监事会，也衔接了原监事会的所有监督职权，更加凸显了审计委员会的法定型监督机构的色彩。关于审计委员会的具体职权承接，参见下一问题的阐释。

2. 审计委员会决议的独立性

厘清审计委员会与董事会关系需要解决的一个重要问题，当属审计委员会决议的法律地位。对于审计委员会决议与董事会决议之间的关系，2023年《公司法》未设条文予以规定。审计委员会在职权范围内作出的决议具有终局性与独立性，董事会不得将其推翻或重新作出决议。而审计委员会超越法定和章程规定的职权作出的决议没有终局性，董事会可以将其推翻或对相关事项重新作出决议。总体而言，审计委员会在行使其监督权能时所作出的决议是独立于公司董事会决议的，以实现其法定职权的正常履行。对于审计委员会决议独立性的内容，可以详见问题84的回答。

3. 审计委员会运行的自治性

除了审计委员会决议上的独立性之外，审计委员会还应具备运行上的自治性。所谓"运行上的自治性"，应指公司在会议的召集、主持、决议、实施监督等行为的过程中，应当具备运行规则上的自治性，以确保其独立行使职

---

[1] 吴建斌编译：《日本公司法：附经典判例》，法律出版社2017年版，第174页。

[2] ［韩］崔埈璿：《韩国公司法（上）》，王延川、崔嫦燕译，中国政法大学出版社2020年版，第403页。

权，避免不当干涉。

对于股份有限公司审计委员会的运行，2023 年《公司法》第 121 条设置了四款规定。对于有限责任公司审计委员会，则未设置条文。审计委员会作为监事会功能的替代机关，其组织规则能否借鉴监事会规则？2023 年《公司法》主要规定了审计委员会对监事会的实体职权应予以承接，对于程序规则并未规定如何准用。原因在于审计委员会属于董事会内部机构，缺少完全独立机构的必要建制。比如，我国公司法并没有规定审计委员会的会议召集人和主持人，但审计委员会会议的召开显然需要相关人员予以启动。如《日本公司法》第 399-8 条规定，监查等委员会，由各监查等委员负责召集。《韩国商法》第 415-2 条第 4 款规定，审计委员会应从其成员中选出一名成员代表委员会，在这种情况下，可以选出一名以上的成员共同代表委员会。

对于上市公司的审计委员会运行，《上市公司独立董事管理办法》第 5 条第 2 款规定，上市公司审计委员会成员应当为不在上市公司担任高级管理人员的董事，其中独立董事应当过半数，并由独立董事中会计专业人士担任召集人。由于狭义审计委员会以财务会计监督为其本旨，由会计专业人士担任召集人自属应当。证监会在《上市公司章程指引（2025）》第 134 条中同样规定，审计委员会召集人由独立董事中会计专业人士担任。事实上，2023 年《公司法》下的广义审计委员会的职权更为广泛，其监督职责之履行具有多元性和复杂性，其召集人实际上应不限于会计专业人士。如果由会计专业人士担任的话，那么会计专业人士毫无疑问需要加强对公司法的学习。

2023 年《公司法》第 121 条第 3 款和第 4 款规定了审计委员会的决议比例和表决规则，包括：审计委员会作出决议，应当经审计委员会成员的过半数通过；审计委员会决议的表决，应当一人一票。除此之外的议事方式和表决程序，则由章程自主规定。这与第 81 条规定的监事会议事方式和表决程序保持了一致。根据 2023 年《公司法》第 95 条第 9 项的规定，股份有限公司章程应当载明的事项包括监事会的组成、职权和议事规则。相应地，前述事项亦应当作为承接监事会职权的审计委员会的章程的必要记载事项予以记载。因此，无论规定由审计委员会内部选任，抑或规定审计委员会任一成员均可召集和主持会议，该事项均不可或缺，不然将导致审计委员会出现履职障碍。如果公司无法确保审计委员会的有效履职，那么股东代表诉讼的前置程序则可以废弃。

此外，由于审计委员会承接了监事会职权，其职权行使情况应当可供股东知晓。2023 年《公司法》第 109 条规定了股份有限公司应当将监事会会议记录置备于公司，审计委员会同样应当作此置备。对于有限责任公司，第 46

条规定的章程记载事项更为简要，但由于审计委员会设置属于重要的公司机构，其产生办法、职权、议事规则同样属于章程的绝对必要记载事项。第 110 条规定了股东有权查阅、复制监事会议决议，相应地，审计委员会的会议决议亦应当属于可查阅、复制范畴。审计委员会履职所产生的费用，可援引 2023 年《公司法》第 82 条，由公司负担。

例如，《上市公司章程指引（2025）》第 136 条规定："审计委员会每季度至少召开一次会议。两名及以上成员提议，或者召集人认为有必要时，可以召开临时会议。审计委员会会议须有三分之二以上成员出席方可举行。

审计委员会作出决议，应当经审计委员会成员的过半数通过。

审计委员会决议的表决，应当一人一票。

审计委员会决议应当按规定制作会议记录，出席会议的审计委员会成员应当在会议记录上签名。

审计委员会工作规程由董事会负责制定。

注释：除上述规定外，公司可以在章程中就审计委员会的议事方式和表决程序作出其他规定。"

前述规定对其他类型的公司而言，同样具有参考价值。

总之，我国公司法所引入的审计委员会，本质上系享有广义监督职权的独立性专门委员会，不同于附属性的审计委员会，其在决议事项上具有独立性，在组织运行上具有自治性。唯有如此，方能为审计委员会独立履行法定的监督职权奠定组织上之基础，否则，组织基础欠缺的后果必将是审计委员会难堪其任。

问题 86 ▷ 审计委员会具体可以行使哪些权力？是否可以提供一份权力清单？

2023 年《公司法》第 69 条和第 121 条规定了审计委员会行使监事会的职权，但并未予以列明。2024 年《央企章程指引》更是规定，审计与风险委员会等行使"相关职权"，但也未予以列明。那么，审计委员会具体可以行使哪些权力？

1. 2023 年《公司法》对审计委员会职权的规定采准用模式

对于审计委员会的职权，立法例上有概括规定和列举模式两种，前者如韩国商法，后者如日本公司法等。《韩国商法》规定，公司实行监查委员会制度的，应废止监事制度，可行使由监事行使的所有职权。据此，商法中关于监事的职权，包括业务监查权与会计监查权、要求董事进行报告的权利与调查权、临时股东大会的召集请求权、董事会召集请求权、董事会出席与意见陈述权、董事会记录签名权、董事的违法行为停止请求权、在董事与公司的诉讼中代表公司的权利，以及各种公司决议效力瑕疵的诉权等权力均可准用之。[1]与之不同，《日本公司法》则采取列举模式，于第399-2条以下对审计委员会的职权进行了详细列举。至于传统的单层制公司法，因无规则可准用，只能采取列举式立法。

我国2023年《公司法》第69条和第121条规定审计委员会行使监事会职权，虽然并未使用"准用"一词，但本质上也属于准用模式，与前述立法例具有同质性。所谓准用（Mutatis Mutandis），即经必要修改后适用，意指法律规定的适用需作出必要的修改之意，但因过于明显所以无需说明，并不影响其本旨。然则，审计委员会对监事会的部分职权承接比较明显，部分职权的承接实则并不明显，比如如何承接代表公司诉讼的权力等事项，仍然需要展开详细探讨。

2. 审计委员会的一般监督权

所谓一般监督，系指审计委员会成员作为董事，通过参与董事会决策所实现的监督功能。比如，在参与公司投资、对外担保、关联交易等事项时，审计委员会成员本身即参与表决，参与决策的过程也是监督的过程。由于一般监督权的存在，审计委员会成员在参与董事会决议时应当尽到其监督义务，如存在异议时应当积极与其他董事进行交流意见，在投票时也应当投弃权票或反对票。

3. 审计委员会的特别监督权

所谓特别监督，系指基于公司法或章程赋予审计委员会的具体监督职权，是审计委员会在行使一般决策监督之外进行的专门监督。根据2023年《公司法》第69条及第121条之规定，单层制公司治理模式下的审计委员会对监事会职权进行承接。2023年《公司法》所规定的监事会法定职权主要分布在第78条、第79条和第80条三个条款中。除前述条款之外，还零星分布在第53条、第62条、第215条等关联条款中。从具体的权力类型上划分，审计委员会的特别监督权包含业务监督、财务监督、人事监督、程序性职权、诉讼代表权等，对监事会权力进行全面承接。除章程规定的监督职权外，从内容上

---

〔1〕［韩］崔埈璿：《韩国公司法（上）》，王延川、崔嫱燕译，中国政法大学出版社2020年版，第513页。

而言，审计委员会可承接的监督职权还包括以下方面。

3.1 审计委员会的业务监督权

审计委员会的业务监督权，包括对经营管理行为的具体监督、对经营情况的调查权和要求提交执行职务报告的权力三项职权。

第一，就经营管理行为的具体监督权而言，根据2023年《公司法》第78条第3项的规定，当董事、高级管理人员的行为损害公司的利益时，监事会可以要求董事、高级管理人员予以纠正。本项规定针对董事、高级管理人员的具体经营管理行为，审计委员会亦可援用之。例如，《上市公司章程指引（2025）》第102条规定，董事应当如实向审计委员会提供有关情况和资料，不得妨碍审计委员会行使职权。

第二，就对经营情况的调查权而言，根据2023年《公司法》第79条第2款的规定，监事会发现公司经营情况异常，可以进行调查；必要时，可以聘请会计师事务所等协助其工作，费用由公司承担。对于此项调查权，审计委员会也可直接承接并更好地予以履行。在双层制的公司治理实践中，监事会或监事无法有效履职的一大原因就是存在信息屏障，公司的经营管理信息掌握在董事和高级管理人员手中，监事会往往只能获得筛选后的信息，难以及时对经营异常情况作出判断并进行调查监督。而审计委员会的成员，由于本身即公司董事，因而可以克服这一信息屏障，获取公司经营异常情况的一手信息，进而激活已流于形式的调查权。[1]

第三，就要求提交执行职务报告的权力而言，2023年《公司法》第80条第1款规定，监事会可以要求董事、高级管理人员提交执行职务的报告。据此，应审计委员会的要求，董事、高级管理人员应当及时如实提供，不得妨碍审计委员会行使职权。本条所规定的执行职务报告，既包括整体的职务执行报告，也包括专项职务执行报告。

3.2 审计委员会的财务监督权

根据2023年《公司法》第78条第1项的规定，监事会有检查公司财务的权力，审计委员会可以直接承接该项职权。从检查公司财务的范围来看，审计委员会可以全面审查公司财务报告、会计凭证等财务信息，不存在时间、范围上之限制，也不限于某一具体事项。在必要时，可以要求财务人员予以解释和说明，也可以聘用会计师事务所等中介机构予以协助。

---

[1] Davies, P. L., & Hopt, K. J., Corporate Boards in Europe Accountability and Convergence, American Journal of Comparative Law, 61 (2013), p. 333.

此外，2023 年《公司法》第 215 条第 1 款规定，"公司聘用、解聘承办公司审计业务的会计师事务所，按照公司章程的规定，由股东会、董事会或者监事会决定"。本条规定系指引性规定，审计机构的选任权系公司章程规定事项，可由公司自主确定。根据 2023 年《公司法》第 69 条和第 121 条的规定，审计委员会作为承接监事会职权的机构，章程亦规定该项职权由审计委员会行使。存在疑问的是，对于上市公司而言，2023 年《公司法》第 137 条所规定的职权如何承接。如前所述，2023 年《公司法》第 137 条所规定的审计委员会职权虽然源自狭义审计委员会，但其系属于监督职权范围，广义审计委员会亦可援用之。

例如，《上市公司章程指引（2025）》第 161 条规定，内部审计机构向董事会负责。内部审计机构在对公司业务活动、风险管理、内部控制、财务信息等进行监督检查过程中，应当接受审计委员会的监督指导。内部审计机构发现相关重大问题或者线索，应当立即向审计委员会报告。第 164 条规定，审计委员会参与对内部审计负责人的考核。

3.3 审计委员会的人事监督权

根据 2023 年《公司法》第 78 条第 2 项的规定，监事会可以对董事、高级管理人员执行职务的行为进行监督，对违反法律、行政法规、公司章程或者股东会决议的董事、高级管理人员提出解任的建议。该项职权属于对董事、高级管理人员的人事监督，审计委员会应予承接。如果系董事失去任职适格性，审计委员会可向股东会提案解任该董事；如果系高级管理人员失去任职适格性，则可以向股东会提案解任该高级管理人员。

3.4 审计委员会的程序性职权承接

审计委员会的程序性职权，包括提议召开股东会会议、召集和主持股东会会议、提案权、质询权和建议权等。

第一，就提议召开股东会会议的职权而言，依照 2023 年《公司法》第 62 条的规定，监事会系提议召开股东会临时会议的权力主体，审计委员会亦可据此提议之。唯有允许审计委员会提议召开股东会临时会议，包括人事监督等职权方有实现之可能。例如，《上市公司章程指引（2025）》第 49 条明确规定，审计委员会提议召开临时股东会会议时，公司应当在两个月以内召开。

第二，就召集和主持股东会会议的职权而言，根据 2023 年《公司法》第 63 条第 2 款的规定，董事会不能履行或者不履行召集股东会会议职责的，由监事会召集和主持。由于股东会会议审议事项有可能与被监督的董事有利益冲突关系，此时，如果董事会怠于召集和主持会议，审计委员会可以召集和主持会议。比如，会议讨论事项包含审计委员会提起的罢免执行董事甚至董事长的议案，将导致董事长、副董事长怠于召集和主持会议，或将导致无法产生过半数董事推举的董事，凡此种种，均将导致股东会会议无法正常进行，应当允许审计委员会予以补位。这与 2023 年《公司法》第 78 条第 4 项的规定相一致，即监事会可以提议召开临时股东会会议，在董事会不履行本法规定的召集和主持股东会会议职责时召集和主持股东会会议。域外立法例上，韩国法可供参酌。依照《韩国商法》第 412 条的规定，监事可将载明会议目的与召集理由的书面材料提交董事会，以请求董事会召集临时股东大会。对此，代表董事应当按照这一请求，通过董事会毫无迟滞地召集股东大会，否则，监事可以在获得法院许可后直接以其名义召集股东大会。依照《韩国商法》第 415 条的规定，对于监事的此项职权，监查委员会可以准用之。之所以赋予监事或监查委员会对股东大会的召集权，是为了在股东大会中获得对监查结果的报告并对此制定对策，以保障监事或监查委员会进行监督的实效性。[1]

我国《上市公司章程指引（2025）》第 53 条明确规定了审计委员会召集股东会会议的程序："审计委员会向董事会提议召开临时股东会，应当以书面形式向董事会提出。董事会应当根据法律、行政法规和本章程的规定，在收到提议后十日内提出同意或者不同意召开临时股东会的书面反馈意见。董事会同意召开临时股东会的，将在作出董事会决议后的五日内发出召开股东会的通知，通知中对原提议的变更，应征得审计委员会的同意。董事会不同意召开临时股东会，或者在收到提议后十日内未作出反馈的，视为董事会不能履行或者不履行召集股东会会议职责，审计委员会可以自行召集和主持。"

《上市公司章程指引（2025）》第 54 条规定了审计委员会应股东请求召开股东会会议的程序："……董事会不同意召开临时股东会，或者在收到请求后十日内未作出反馈的，单独或者合计持有公司百分之十以上股份（含表决权恢复的优先股等）的股东向审计委员会提议召开临时股东会，应当以书面形式向审计委员会提出请求。审计委员会同意召开临时股东会的，应在收到请求后五日内发出召开股东会的通知，通知中对原请求的变更，应当征得相关股东的同意。审计委员会未在规定期限内发出股东会通知的，视为审计委员会不召集和主持股东会，连续九十日以上单独或者合计持有公司百分之十以上股份（含表决权恢复的优先股等）的股东可以自行召集和主持。"

《上市公司章程指引（2025）》第 72 条第 2 款规定了审计委员会召集股

---

[1] ［韩］崔埈璿：《韩国公司法（上）》，王延川、崔嫱燕译，中国政法大学出版社 2020 年版，第 283 页。

东会会议时的主持程序：审计委员会自行召集的股东会，由审计委员会召集人主持。审计委员会召集人不能履行职务或者不履行职务时，由过半数的审计委员会成员共同推举的一名审计委员会成员主持。

此外，《上市公司章程指引（2025）》第56条和第57条还规定，对审计委员会召集的股东会会议，董事会和董事会秘书应当予以配合，会议所必需的费用由公司承担。

第三，就提案权而言，该权利是一项起始性权利，是启动决议的前提。从形式上而言，提议解任董事、高级管理人员的人事监督权，需通过向股东会或董事会的提案实现，因此，审计委员会应具有独立的提案权。2023年《公司法》第78条第5项亦规定，监事会可以向股东会会议提出提案，该项职权审计委员会可直接承接。

第四，质询权和建议权。2023年《公司法》第79条第1款规定，监事可以列席董事会会议，并对董事会决议事项提出质询或者建议。由于审计委员会成员本身即董事会成员，可以径行参会，前述监事列席董事会会议的职权可以为董事参与董事会会议的权利所吸收。前述质询权或建议权，亦可在董事会上行使，且通过最终的表决机制获得更为有效的决策监督效果。本项职权，无需集体行使，审计委员会成员可通过个体方式行使权力。

第五，提议召开董事会会议。审计委员会所决议的事项，部分涉及董事会职权和决议，需要具有提议召开董事会会议的权利。正如《上市公司章程指引（2025）》第117条规定，代表1/10以上表决权的股东、1/3以上董事或者审计委员会，可以提议召开董事会临时会议。董事长应当自接到提议后10日内，召集和主持董事会会议。

3.5 审计委员会的诉讼代表权

股东代表诉讼，本质上是股东代表公司行使诉权，通常应以公司不行使或无法行使诉权为前提。根据2023年《公司法》第189条第1款的规定，董事、高级管理人员违反法律、行政法规、公司章程给公司造成损害的，股东应先书面请求监事会向人民法院提起诉讼；监事存在前述行为的，股东应书面请求董事会向人民法院提起诉讼。只有当监事会或者董事会收到前款规定的股东书面请求后拒绝提起诉讼，或者自收到请求之日起30日内未提起诉讼时，股东方可提起代表诉讼。除了履行前置程序之外，如果股东能够证明属于"情况紧急、不立即提起诉讼将会使公司利益受到难以弥补的损害"的情形，也可直接提起诉讼。

根据2023年《公司法》第69条和第121条的规定，如果公司选择单层制的公司治理架构，由审计委员会行使本法规定的监事会的职权。根据该条文作体系解释，前述前置程序中的监事会，应由审计委员会替代。但是，理论上对此仍有争议，反对意见认为，此时无需请求审计委员会起诉，股东可以径行起诉。对此，基于前文论述，广义审计委员会具有全面监督的法定职权，在以监督义务作为后盾保障的基础上，可以代表公司与其他董事进行利益冲突事项的处理。因此，应当由审计委员会承接较为合适。当然，根据2023年《公司法》第83条的规定，规模较小或者股东人数较少的有限责任公司，可以不设监事会，设一名监事，行使本法规定的监事会的职权；经全体股东一致同意，也可以不设监事。在该种情形下，既无监事会或监事，也无审计委员会，故无需履行上述前置程序。

例如，《上市公司章程指引（2025）》第38条即规定了审计委员会的诉讼代表权："审计委员会成员以外的董事、高级管理人员执行公司职务时违反法律、行政法规或者本章程的规定，给公司造成损失的，连续一百八十日以上单独或者合计持有公司百分之一以上股份的股东有权书面请求审计委员会向人民法院提起诉讼；审计委员会成员执行公司职务时违反法律、行政法规或者本章程的规定，给公司造成损失的，前述股东可以书面请求董事会向人民法院提起诉讼。

审计委员会、董事会收到前款规定的股东书面请求后拒绝提起诉讼，或者自收到请求之日起三十日内未提起诉讼，或者情况紧急、不立即提起诉讼将会使公司利益受到难以弥补的损害的，前款规定的股东有权为了公司的利益以自己的名义直接向人民法院提起诉讼。

他人侵犯公司合法权益，给公司造成损失的，本条第一款规定的股东可以依照前两款的规定向人民法院提起诉讼。

公司全资子公司的董事、监事、高级管理人员执行职务违反法律、行政法规或者本章程的规定，给公司造成损失的，或者他人侵犯公司全资子公司合法权益造成损失的，连续一百八十日以上单独或者合计持有公司百分之一以上股份的股东，可以依照《公司法》第一百八十九条前三款规定书面请求全资子公司的监事会、董事会向人民法院提起诉讼或者以自己的名义直接向人民法院提起诉讼。

注释：公司全资子公司不设监事会或监事、设审计委员会的，按照本条第一款、第二款的规定执行。"

审计委员会的具体权力清单见表3-3：

表3-3　审计委员会权力清单

审计委员会权力	
一般监督权	特别监督权
参与董事会决策	1. 业务监督权：（1）对经营行为的监督；（2）对经营行为的调查；（3）要求提交执行职务报告。 2. 财务监督权：（1）检查公司财务；（2）聘用、解聘承办公司审计业务的会计师事务所；（3）援用上市公司审计委员会的相关职权。 3. 人事监督权：（1）对执行职务行为进行监督；（2）提出解任建议。 4. 程序性职权：（1）提议召开股东会会议；（2）召集和主持股东会会议；（3）提案权；（4）质询权和建议权；（5）提议召开董事会会议。 5. 诉讼代表权：代表公司向人民法院提起诉讼。

问题 87 ▷ 审计委员会成员应当集体履职还是个体履职，如何刀刃向内开展监督？

审计委员会行使一般监督权时，由审计委员会成员作为董事在董事会中履职；作为法定董事会内设机构，审计委员会各成员在行使特别监督权时，既包括集体通过决议方式履行职责，也包括审计委员会成员单独履职。

1. 审计委员会成员履职的集体性与个体性

从承接方式上看，审计委员会的监督职权应包括集体承接和个体承接两种。我国监事会履职不畅的一个重要原因即未厘清集体行使职权和个体行使职权的关系。[1]

在董事会进行决议的过程中，审计委员会成员作为董事也要参与董事会的决策，其表决权的行使具有个体性，并独立对公司董事会决议的通过产生影响。因此在审计委员会成员履行一般监督权职能时具有个体性，而并非仅对董事会的决议作出过程进行旁观式的监督。审计委员会成员履行一般监督权参与董事会决议表决的责任由全体董事承担，但依据2023年《公司法》第

---

〔1〕　施天涛：《让监事会的腰杆硬起来——关于强化我国监事会制度功能的随想》，载《中国法律评论》2020年第3期。

125 条第 2 款规定的免责情形除外。

在特别监督权的履行方面，审计委员会通过"会"的形式作出决议来履行其特别监督权，此时审计委员会权力的行使存在集体性。此外，应当允许审计委员会成员独立行使部分监督职权。例如，检查公司财务、进行业务监督等事项，并非必须通过决议的方式进行，可通过个体行使监督职权进行，以保障监督效率。

2. 审计委员会行使监督权的程序

审计委员会的一般监督权是通过参与董事会会议决策来行使；而其特别监督权的行使路径则包括通过审计委员会决议的形式行使以及审计委员会成员通过个体行使特别监督权，二者分别适用不同的行权程序。

2.1 审计委员会一般监督权的行使程序

审计委员会通过参与董事会会议的决策来行使其一般监督权，将监督职能融入决策过程，是该体制所具有的独特监督优势。[1]2023 年《公司法》第 79 条规定，监事可以列席董事会会议，并对董事会决议事项提出质询或者建议。由于审计委员会成员为董事，因此其本身即出席董事会会议，其一般监督权的行使也是通过每个审计委员会成员在董事会会议上进行质询、建议和投票来完成的。在董事会会议决策过程中，审计委员会成员作为董事也可以进行同意、不同意或弃权的投票安排。根据 2023 年《公司法》第 125 条第 2 款之规定，股份公司"董事应当对董事会的决议承担责任。董事会的决议违反法律、行政法规或者公司章程、股东会决议，给公司造成严重损失的，参与决议的董事对公司负赔偿责任；经证明在表决时曾表明异议并记载于会议记录的，该董事可以免除责任"。审计委员会成员作为董事参与表决，其责任由全体董事承担，该免责条款对参与表决履行一般监督职能的审计委员会成员也可适用。需要注意的是，此处的"表明异议"包括投反对票和弃权票。[2]

2.2 审计委员会特别监督权的行使程序

审计委员会特别监督权的行使程序是指审计委员会行使监事会职权时的相关程序，一般通过决议的形式行使。2023 年《公司法》第 121 条第 3 款、第 4 款、第 5 款对此作出了具体规定，基本与董事会及监事会保持一致。[3]

---

[1] ［德］斯蒂芬·格伦德曼：《欧盟公司法》，周万里主译，法律出版社 2018 年版，第 237 页。
[2] 李建伟主编：《公司法评注》，法律出版社 2024 年版，第 542 页。
[3] 周友苏：《中国公司法论》，法律出版社 2024 年版，第 401 页。

由于审计委员会本质上属于行使监事会职权的董事会组成部分，其决策程序沿用董事会和监事会的规定也可以保证决策程序的一致性。[1]

2023年《公司法》第121条第3款规定："审计委员会作出决议，应当经审计委员会成员的过半数通过。"表明审计委员会是以决议的形式行使其特别监督权，且决议并无法定的特别通过比例要求，仅要求过半数表决通过。此处"成员的过半数"应当指审计委员会成员总人数的过半数通过，而非参会的审计委员会成员的过半数通过。2023年《公司法》第121条第4款规定："审计委员会决议的表决，应当一人一票。"审计委员会成员平等行使权利，实行民主表决方式，也是审计委员会监督职能定位的必然要求。2023年《公司法》第121条第5款规定："审计委员会的议事方式和表决程序，除本法有规定的外，由公司章程规定。"赋予了公司章程对单层制公司治理结构中承担监督职能的审计委员会在程序规则方面进行规定，是公司自治的体现。

然而，2023年《公司法》第121条虽然规定了审计委员会的部分规则，但是并不全面。比如，审计委员会如何召集？召集人由何人担任？召集人不能履行职责如何处理？审计委员会的会议时间和频次？前述问题均需制定专门的审计委员会工作规范，规范审计委员会的运作。

2023年《公司法》第69条未规定有限责任公司审计委员会的议事规则与表决方式，应当认为是交由公司章程进行自治。同时，2023年《公司法》第121条第3款、第4款中审计委员会决议的表决过半数通过比例及表决权行使一人一票的规定对有限责任公司同样适用也属应有之义。

此外，正如上文所述，部分监督事项如检查公司财务、进行业务监督等，并非必须通过决议的方式进行，审计委员会成员也可以以个人的形式来行使此类特别监督权。在审计委员会成员以个体形式来履行审计委员会的特别监督权时，只需要遵循公司内部的相关管理规范即可。

问题88 ● **2023年《公司法》中有哪些董事类型，为什么要区分这些董事类型？**

在2023年《公司法》中，董事会成员的多元化被法律所肯认。根据董事身份、外部性、独立性的程度，可将该法中的董事分为执行董事与非执行董事、内部董事与外部董事、独立董事与非独立董事、职工董事七类董事。

---

　　[1]　最高人民法院民事审判第二庭编著：《中华人民共和国公司法理解与适用（上）》，人民法院出版社2024年版，第556页。

1. 执行董事和非执行董事

执行董事，是指除了在公司中担任董事职务之外，还兼任公司高级管理人员并代表公司执行业务的董事。非执行董事，是指除在公司中担任董事外不担任其他任何职务，不负责公司业务执行的董事。但是，2023 年《公司法》并没有径直采用执行董事概念，而是在第 10 条采取了"代表公司执行公司事务的董事"的含蓄表述方式，从而与非执行董事相对应，避免了新法与旧法中用语的混淆，也使得国内外公司治理实践更为一致。

2. 内部董事和外部董事

内部董事，是指由公司经营管理人员或者其他员工等内部人员担任的董事。外部董事与非执行董事一样，在公司中除了担任董事职务，不担任其他任何职务，不负责执行公司业务。与非执行董事的区别是，外部董事不在公司中领取除津贴之外的报酬。外部董事的概念适用于国家出资公司领域。

3. 独立董事和非独立董事

独立董事除应当符合外部董事的条件外，还应当与公司的股东、实际控制人以及其他董事、监事、高级管理人员等不存在可能影响其独立客观判断和独立履行职务的关系。非独立董事是指不满足前述独立性要求的董事。目前，我国公司法要求上市公司设独立董事。独立董事概念适用于股份公司特别是上市公司之中。

4. 职工董事

为了解决单层制改革所产生的职工无法参与公司治理的问题，2023 年《公司法》第 68 条规定了职工董事，即规定职工人数 300 人以上的有限责任公司，除依法设置职工监事的情形之外，其董事会成员中应当有公司职工代表。

通常而言，董事应当以集体的方式行使权力，同时集体对产生的后果承担责任。然而，过于沉重的集体责任将抑制董事行使权力的积极性。美国经济学家肯尼斯·阿罗指出，责任必须有能力纠正错误，但又不至于破坏权力的真正价值：如果责任十分严格或者持续不断，很可能等同于对权力的否定；如果责任十分松散，则难以制衡权力的滥用。[1]事实上，责任的单纯介入也并不必然能够提升权力行使的质量。斯蒂芬·班布里奇教授指出，在一定意

---

〔1〕 ［美］肯尼斯·阿罗：《组织的极限》，陈小白译，华夏出版社 2014 年版，第 98 页。

义上，董事的权力和责任之间的矛盾是不可调和的：更大的责任将降低决策的效率，而更有效率的决策机制将会降低董事的责任。[1]因此，对于董事类型进行精细化区分，对各类型董事在行使职权过程中的过错进行区别认定，有助于实现对董事的精准问责，避免特定类型的董事承担过重的责任。

总之，从责任角度而言，我国公司法上所设定的董事义务呈现出整体性、同一性、绝对性，相应地，董事责任呈现出连带性、同质性、严苛性。但是，基于董事的差异化职权与身份，董事职权差异决定了其义务标准差异，进而应当配置差异化的董事责任，包括商事判断规则的区别适用、董事责任的限额区分等。[2]因此，唯有董事责任匹配其权利，对其施加信义义务方有逻辑上和价值上之正当性，避免法律上之强人所难，以夯实公司治理之董事基础。

问题 89 ▷ 审计委员会成员应当如何问责？

审计委员会的权力行使不可避免地会发生错误，故而必须负担相应的责任。根据董事权力行使的集体行动程度不同，至少包括董事会集体行使的权力、专门委员会集体行使的权力、特定董事集体行使的权力、董事个体行使的权力等层面。这种区分清晰呈现了集体权力和个体权力的差异，相应地，在责任一端也应当相应予以映射。

1. 区分审计委员会责任与董事会责任

如前所述，审计委员会在公司治理中的监督职能包括一般监督和特别监督。对于审计委员会的一般监督职能，审计委员会成员是通过参与董事会决议来行使的，其是依托董事会承担责任的分配，因此应当由董事会集体负责，而非由审计委员会负责。而特别监督权则是通过审计委员会作出审计委员会决议或者审计委员会成员单独行使的方式实现，相应的责任则由审计委员会承担。因此，对董事会内部的集体行动权力应当予以区分，比如董事会集体行使的权力、董事会专门委员会的权力。虽然严格意义上来说，董事会专门委员会的权力也是董事会权力的一部分，但是，在法律对二者的法定权力作出专门规定时，兼任审计委员会的董事获得了其他董事不具有的法定权力。比如，法定型的审计委员会作为法定的专门委员会，其法律地位不同于任意

---

[1] Stephen M. Bainbridge, Director Primacy: The Means and Ends of Corporate Governance, Northwestern University Law Review, 97（2003），p. 605.

[2] 曾祥生：《董事责任规制的困境与应对——以董事个体差异为视角》，载《法学杂志》2022年第 6 期。

型的专门委员会，这种法律地位上的差异导致董事会和审计委员会与其他专门委员会之间的关系完全不同。[1]在审计委员会中任职的董事负有法定的监督职责，其权力也不同于其他董事。

2. 区分集体责任与个人责任

在区分董事会内部不同集体的基础上，董事权力和董事会权力仍有区分的必要，董事个人并不能行使董事会权力，董事个人行为也并不等同于董事会的行为，董事权力并不完全等同于董事会权力。与董事权力的个体行使相比，董事会权力的行使具有团体性、多数决和程序性等特征。[2]由于董事会没有主体资格，董事会履职中违反法律、公司章程等所产生的法律责任由董事承担，董事们仍需作为一个整体对公司承担责任。[3]对应于董事权力的集体行使和个体行使，董事责任可以区分为集体责任和个体责任，进而审计委员会的责任也可以分为集体责任和个体责任。通常而言，董事应集体行使权力，集体承担责任。例如，对于独立董事而言，其享有独立聘请外部审计机构和咨询机构、向董事会提议召开临时股东会、提议召开董事会会议、依法公开向股东征集股东权利、对可能损害上市公司或者中小股东权益的事项发表独立意见等权力。其中，独立董事行使前述权力中的前三项需要取得全体独立董事的 1/2 以上同意，均系董事集体行使权力并承担集体责任的事项。[4]此外，在问责中，应当区分不同的董事类型和职能预设，精准问责，以实现权责平衡。[5]对于区分董事类型进行精准问责的问题，可以参考问题88 的回答。

对审计委员会而言，其一般监督权与特别监督权的行使过程中亦存在责任承担的集体性与个体性问题。在审计委员会行使一般监督权时，其参与董事会的集体决策并作出决议，此时若不存在 2023 年《公司法》第 125 条所规定的免责事由，审计委员会成员作为公司董事应当与其他董事一起承担董事会的集体责任。在行使审计委员会的特别监督权时，若审计委员会的特别监督权是通过作出审计委员会决议的方式来行使的，此时审计委员会各成员对所作出的决议集体对外担责，是审计委员会的集体责任；若审计委员会成员

〔1〕 刘斌：《公司治理中监督力量的再造与展开》，载《国家检察官学院学报》2022 年第 2 期。

〔2〕 王勇华：《董事会权力法律制度研究：理论与规则》，法律出版社 2014 年版，第 104 页。

〔3〕 ［英］托尼·兰顿、约翰·瓦特肯森：《公司董事指南：职责、责任和法律义务》，李维安等译，中国财政经济出版社 2004 年版，第 131 页。

〔4〕 《上市公司独立董事管理办法》，第 18 条。

〔5〕 刘俊海：《论〈公司法〉的法典化：由碎片化走向体系化的思考》，载《法律科学（西北政法大学学报）》2024 年第 1 期。

个人行使审计委员会的特别监督权，此时其应当承担作为审计委员会成员的个别责任。基于权力行使与责任承担的统一性，通过审计委员会一般监督权与特别监督权的行使路径来划分相应的集体责任与个人责任，也属逻辑上的应有之义。

问题 90 ▷ 公司和董事之间是何种法律关系？

2023 年《公司法》第 70 条在 2018 年《公司法》第 45 条的基础上，新增了第 3 款，明确了董事辞任规则，并与前两款董事任期规则、董事的强制留任义务一起，共同为董事聘任合同中的相关内容提供了更为明确的规范指引。实践中，董事与公司之间，在董事正式任职前往往要签署董事聘任合同，约定董事的职权范围、待遇安排、离职方式、违约责任等内容。那么，在董事聘任合同之下，公司与董事本质上究竟是何种法律关系？

1. 公司与董事之间系委托关系

有关公司与董事间的法律关系，世界各国的立法与理论均有所不同，主要有以下观点。

代理关系说。该说可见诸英美法系。代理关系说认为董事是公司的代理人，应当适用代理的一般规则，董事以公司的名义对外签订合同时，公司既享受由此取得的权利，亦承担相应的义务。[1]有观点认为，依代理之法理，代理人对业务范围没有权力，只能按被代理人的指示行事，否则即为越权，因此，若将董事与公司之间的关系理解为代理，则董事只能依股东会决议行事，本身并无权力可言，这不但与我国公司立法相悖，亦不利于推动公司制度改革的进行。[2]同时，代理关系是一种特殊的民事法律关系，由三方当事人构成，即本人、代理人、相对人，[3]而公司与董事之间的关系无需相对人的参与即可成立。代理行为是一种行为方向对外的民事法律行为，而董事的履职行为可能是非法律行为，此处亦与代理关系中的行为不同。

信托关系说。信托关系说已渐有英美法系之通说的趋势，即虽然董事不能作为传统信托关系中的受托人对公司财产享有法律上的所有权，但其依旧应当处于受托人的地位上，对公司承担信托义务，履职时对公司尽忠效力，

---

〔1〕 范健、蒋大兴：《论公司董事之义务——从比较法视角考察》，载《南京大学法律评论》1998 年第 1 期。

〔2〕 范健、蒋大兴：《论公司董事之义务——从比较法视角考察》，载《南京大学法律评论》1998 年第 1 期。

〔3〕 梁慧星：《民法总论》，法律出版社 2021 年版，第 231 页。

谨慎行事。然而董事与受托人的义务却又并非完全一致，甚至在行为上存在相反的倾向。换言之，一般受托人的义务是对受益人的财产谨慎处置，尽量使其避免风险，而董事的主要义务则是通过从事合法的风险性交易，以使公司和股东尽可能地获取更多的利润。[1]

委任关系说。委任关系说源自大陆法系国家，其主要观点为董事因公司的授权委任而取得对于公司事务的经营决策权和业务执行权，依照公司委托处理公司事务。[2]值得说明的是，德国法上认为聘用合同是某种意义上的劳务合同与商务代理合同，强调了聘任和解聘作为公司法律行为，与聘用合同是有所不同的，[3]可见其基础关系应当并非代理关系，更似委托关系。董事接受委任后，组成董事会，在与公司利益不冲突、不违反法律法规与公司章程的前提下，对于公司的日常经营工作享有一定的自主决策权，而并非只能听从公司或股东会的指示行事。由于董事与公司之间的关系系公司内部关系，董事之任职需经其承诺，董事亦多有报酬，因此，以"委任关系说"论证公司与董事之关系，显然比"代理关系说"更为优越。[4]

在我国公司法中，董事与公司之间的关系虽未以法律条文进行明文规定，但考虑到董事会拥有相当程度的自身职权与商业判断权力，二者采委任关系或委托关系，在解释上最为适当与融洽。

2. 公司和董事的关系不是劳动合同关系

在董事与公司之间法律关系的讨论过程中，不可规避的问题是，董事与公司之间的基础法律关系是否是签订劳动合同的关系？

劳动关系本身具有三要素。一是主体资格，即用人单位与劳动者均需具备相应的资格要求。用人单位须为企业、个体经济组织、民办非企业单位，以及实行聘任制的国家机关、事业组织、社会团体，[5]劳动者应为年满16周岁的自然人。二是从属关系，包括人身从属性：劳动者应当遵守用人单位的规章制度，接受用人单位的管理，从事用人单位安排的劳动；经济从属性：劳动者从用人单位领取劳动报酬。三是劳动性质，即劳动者提供的劳动是用人单位业务的组成部分。而董事履职时，通常具有较强的自主性，并非简单

---

〔1〕 沈四宝编著：《西方国家公司法概论》，北京大学出版社1989年版，第150-151页。

〔2〕 王保树、崔勤之：《中国公司法原理》，社会科学文献出版社2006年版，第207-208页。

〔3〕 〔德〕托马斯·莱赛尔、吕迪格·法伊尔：《德国资合公司法（上）》，高旭军等译，上海人民出版社2019年版，第200页。

〔4〕 范健、蒋大兴：《论公司董事之义务——从比较法视角考察》，载《南京大学法律评论》1998年第1期。

〔5〕 《劳动合同法》第2条。

听从公司的命令从事业务活动，往往并不具有从属关系，认定二者存在劳动关系是不恰当的。

在关系解除上，我国公司法规定，董事可以随时以书面形式通知公司进行辞任，公司收到通知之日起辞任生效；公司可以随时通过股东会决议解任董事，决议作出之日解任生效。[1]《劳动合同法》则规定，劳动者提出解除劳动合同的，应当提前 30 日以书面形式通知用人单位。用人单位意欲单方解除劳动合同的，也具有诸多条件限制，无过失性辞退的，应当提前 30 日以书面形式通知劳动者并额外支付劳动者一个月公司工资。[2]可见，如果将董事与公司之间的关系简单认定为劳动关系，在适用聘任、辞任等规则时便会出现部门法之间的矛盾与冲突。

事实上，虽然现行有效的法律法规及各种规范性文件中并未对董事与公司之间的法律关系进行确定，但 2002 年《上市公司治理准则》第 32 条曾规定，上市公司应和董事签订聘任合同，明确公司和董事之间的权利义务、董事的任期、董事违反法律法规和公司章程的责任以及公司因故提前解除合同的补偿等内容。[3]在司法层面，最高人民法院也曾作出说明。《最高人民法院民二庭第八次法官会议纪要》认为："非由职工代表担任的董事，且没有任何法律规定公司可以强迫任何人担任董事，故公司与董事之间实为委托关系，依股东会的选任决议和董事答应任职而成立合同法上的委托合同。"《最高人民法院民二庭相关负责人就关于适用〈中华人民共和国公司法〉若干问题的规定（五）答记者问》中说明："在我国公司法上，对董事与公司的关系并无明确的规定，但公司法理论研究与司法实践中已经基本统一认识，认为公司与董事之间实为委托关系，依股东会的选任决议和董事同意任职而成立合同法上的委托合同。"

实践中，也早有司法案例认可双方的基础法律关系为委任关系（委托关系）。在"百万星光文化发展有限公司、辽宁地质工程勘察施工集团有限责任公司借款合同纠纷案"中，最高人民法院认为："根据《中华人民共和国公司法》相关规定，虽然董事长、执行董事系负责公司业务决策和行使经营权的职务主体，但是，本质上仍然为公司高级管理人员的一种，其与公司之间可以理解为一种委任关系。董事长或者执行董事不能直接等同于实际控制人。

---

〔1〕　2023 年《公司法》第 70—71 条。

〔2〕　《劳动合同法》第 37—42 条。

〔3〕　该条款被 2018 年《上市公司治理准则》第 20 条承继并修改为：上市公司应当和董事签订合同，明确公司和董事之间的权利义务、董事的任期、董事违反法律法规和公司章程的责任以及公司因故提前解除合同的补偿等内容。

本案中，李某在案涉争议发生期间担任再审申请人的董事长与被申请人的执行董事，但未有证据证明存在相关持股情况，因此李某与双方的关系均为委任关系而非控制关系，申请人主张的关联交易不成立。"[1]在"孙某祥与吉林麦达斯轻合金有限公司劳动争议案"中，最高人民法院认为，"从公司法的角度看，公司依据章程规定及股东会决议聘任董事行使法定职权，董事同意任职并依法开展委托事项，公司与董事之间即形成委任关系，从双方法律行为的角度看实为委托合同关系"。[2]

观诸比较法，董事与公司之间往往也并不构成劳动关系。德国公司董事的聘任采取聘用合同，并特别强调聘任合同不是雇佣合同，董事不是雇员。[3]《韩国商法》规定，董事和公司的关系准用有关委任的规定。[4]

因此，除 2023 年《公司法》有特别规定外，关于公司与董事之间的关系，可以适用《民法典》中委托合同的相关规定。

3. 委托关系并不排斥双方劳动关系的存在

值得说明的是，认定公司与董事之间是委任关系，并不是否认双方之间一定不存在劳动关系。2023 年《公司法》中关于职工董事的规定已经通过法律形式明确肯定了董事与公司之间可以具有劳动关系，委任关系与劳动关系并非绝对排斥、不能兼容。[5]实践中也有案例印证上述观点。例如，孙某祥与吉林麦达斯轻合金有限公司劳动争议案的裁判要旨认为："公司与董事之间形成委任关系并不排斥劳动合同关系的存在，二者在符合特定条件时可同时构成劳动法上的劳动合同关系。公司与董事之间虽然没有签订书面劳动合同，但公司董事同时担任法定代表人，从事公司经营管理等董事职权以外的其他具体业务，以公司所付工资为主要生活来源，符合劳动关系的构成要素，董事主张与公司同时形成事实劳动关系的，人民法院应予支持。当公司解除董事职务且一并免除其法定代表人职务，亦未再安排董事从事公司其他工作时，该事实劳动关系因形成基础丧失应随委任关系一并解除。"[6]

[1] 最高人民法院（2021）最高法民申 7399 号民事裁定书。

[2] 最高人民法院（2020）最高法民再 50 号民事判决书。

[3] ［德］托马斯·莱赛尔、吕迪格·法伊尔：《德国资合公司法（上）》，高旭军等译，上海人民出版社 2019 年版，第 201 页。

[4] 《韩国商法》第 382 条第 2 款。

[5] 2023 年《公司法》第 68 条第 1 款规定，职工人数 300 人以上的有限责任公司，除依法设监事会并有公司职工代表的外，其董事会成员中应当有公司职工代表。董事会中的职工代表由公司职工通过职工代表大会、职工大会或者其他形式民主选举产生。

[6] 最高人民法院（2020）最高法民再 50 号民事判决书。

因此，委任关系并不排斥劳动关系的存在。在判断委任关系之外是否存在劳动关系时，可以参考《劳动和社会保障部关于确立劳动关系有关事项的通知》中劳动关系的特征予以确定。例如，因担任法定代表人而从事除董事职权以外的公司其他具体业务、适用公司的管理规定、以工资为主要生活来源、进行日常考勤记录、公司缴纳"五险一金"等事实，均可成为证明事实上的劳动关系的参照凭证。

问题 91 ▷ **董事如何正确地辞职？董事辞职是否需要征得公司同意？**

董事会是公司治理的核心，是公司得以善治的组织保障。董事拥有在任职期满前依照自身意愿辞职的自由与权利，实乃应有之义。我国原《公司法》对董事制度的规范侧重于董事的职责与义务，对其辞任的程序多有空白。2023 年《公司法》修订后，第 70 条第 3 款新增了董事辞任规则。在实践中，董事究竟应该如何正确地辞职？公司辞职是否需要征得公司的同意？

1. 董事辞职无需征得公司同意

2023 年《公司法》第 70 条第 3 款规定，董事辞任应当以书面形式通知公司，该辞任自公司收到通知之日生效。循该条文义，董事辞职无需公司同意。究其原因，公司与董事之间的法律关系应为委任关系或委托合同关系，适用《民法典》合同编中关于委托合同的一般规定。

《民法典》第 933 条规定："委托人或者受托人可以随时解除委托合同。因解除合同造成对方损失的，除不可归责于该当事人的事由外，无偿委托合同的解除方应当赔偿因解除时间不当造成的直接损失，有偿委托合同的解除方应当赔偿对方的直接损失和合同履行后可以获得的利益。"该条款中的"可以随时解除"便指明，委托合同的解除属于无因解除，委托合同的任意解除权属于形成权，一经单方行使即可对法律关系作出变动。本条为董事在任期届满前的辞任提供了合同法上的依据。

赋予委托合同双方以任意解除权，主要基于委托关系具有极强的人身信赖性，以及合同的履行具有较强不确定性之考量。[1]值得强调的是，这种信赖关系的存在与否往往具有较强的主观性，即并非通过理性一般人的客观评价，而是基于当事人的主观判断。正因于此，董事与公司对于委托合同均具有任意解除权。二者之间通常互负信任，一旦出现信任危机，或是基于自身

---

〔1〕 最高人民法院民法典贯彻实施工作领导小组主编：《中华人民共和国民法典合同编理解与适用（四）》，人民法院出版社 2020 年版，第 2526-2527 页。

职业规划选择作出改变，董事便可以行使通过委托合同的任意解除权，向公司提出辞任。

在司法实践中，在法律和公司章程没有相反规定的情况下，公司董事辞职一般应于董事辞职书送达公司董事会时发生法律效力。例如，在实务中，法院认为，董事在辞职时表示"望公司批准"，以及公司在董事辞职后作出召集公司临时股东会会议决议免除其董事职务等等，均属相关主体对公司与董事之间的法律关系，以及董事辞职何时生效的法律认识偏差，并不影响董事辞职的到达生效。[1]

综上所述，董事在任期届满前提出辞任属于单方民事法律行为，无需经公司的批示或同意即可生效。[2]

2. 董事辞任的形式要件与生效时点

2023 年《公司法》第 70 条第 3 款规定，董事辞任的，应当以书面形式通知公司，公司收到通知之日辞任生效，但存在前款规定情形的，董事应当继续履行职务。循该条文义，董事辞任应当采取书面形式通知公司，并明确了董事辞任的生效时间为公司收到通知之日。

2.1 形式要件：书面形式

董事辞任应当采取书面形式通知公司，不得以口头或者其他形式提出，否则该辞任不生效力。尽管不要式原则属于合同缔结的一般原则，但由于董事辞任对于董事与公司之间法律关系的存续有着举足轻重的影响，且经单方意思表示即可实现，董事权利的行使成本较低，在商业实践中亦是纠纷频发。因此，采取书面形式能够确定董事辞任行为的发生与否与具体时间，有据可查、明确清晰。在商业纠纷发生时，有利于举证便利与事实清查。

《民法典》第 469 条第 2 款、第 3 款规定，书面形式是合同书、信件、电报、电传、传真等可以有形地表现所载内容的形式。以电子数据交换、电子邮件等方式能够有形地表现所载内容，并可以随时调取查用的数据电文，视为书面形式。由此，除公司章程另有规定外，辞任的书面形式并不限于纸质打印文件或手写件，传真、电子邮件等信息传递方式亦符合法定要求。

2.2 生效时点：到达主义

根据 2023 年《公司法》第 70 条第 3 款之规定，公司收到董事辞任通知

---

[1] 最高人民法院（2017）最高法民再 172 号民事判决书。

[2] 最高人民法院民事审判第二庭编著：《中华人民共和国公司法理解与适用（上）》，人民法院出版社 2024 年版，第 325-327 页。

之日时，董事辞任生效。作为通过董事对公司进行单方意思表示而发生效力的行为，董事辞任的生效规则与《民法典》中的意思表示生效规则保持了一致。

《民法典》第 137 条第 2 款规定，以非对话方式作出的意思表示，到达相对人时生效。以非对话方式作出的采用数据电文形式的意思表示，相对人指定特定系统接收数据电文的，该数据电文进入该特定系统时生效；未指定特定系统的，相对人知道或者应当知道该数据电文进入其系统时生效。当事人对采用数据电文形式的意思表示的生效时间另有约定的，按照其约定。对于向不在场人作出之意思表示的生效，采取了受领主义的做法。受领主义（又称到达主义或达到主义），即意思表示进入了相对人的支配领域，从而相对人能够了解该意思表示，或通常情况下可以期待相对人获悉该意思表示内容时，意思表示即生效。[1]采用受领主义作为非对话形式意思表示的生效规则，正是因为受领主义能够在当事人之间较好地分配意思表示中途遗失或者迟到的风险。[2]

采到达主义，这也与董事辞任的生效规则相符合。董事通过纸质形式提交辞任申请的，自公司指定的人员收到相关材料时起，董事的辞任生效；董事通过电子邮箱等电文形式提交辞任申请的，自电文进入公司所指定的电子邮箱地址时生效；公司未指定电子邮箱的，董事可以选择向公司常用的工作邮箱发送辞任申请，并通知相关人员以使其知悉情况，自相关人员知道或应当知道董事辞任申请进入公司邮箱时，董事辞任生效。

3. 例外情形：辞任董事负有强制留任义务

基于委托关系，董事可以自由地辞去受托人角色，但解除仍应遵循诚信原则对相对人的利益予以合理照顾。[3]为确保公司的正常经营不因个别董事的辞任而停摆，辞任董事理应善始善终地站好最后一班岗，尽好对于公司的忠诚勤勉义务。[4]正是基于维护公司合法利益之考量，2023 年《公司法》第 70 条第 3 款的但书条款规定了辞职董事应当在特定情形下负有留任义务。

3.1 负有留任义务的具体情形

2023 年《公司法》第 70 条第 2 款规定，董事任期届满未及时改选，或者

---

〔1〕 ［德］卡尔·拉伦茨：《德国民法通论》（下册），王晓晔等译，法律出版社 2004 年版，第 574—578 页。

〔2〕 梁慧星：《民法总论》，法律出版社 2011 年版，第 176 页。

〔3〕 武藤：《委托合同任意解除与违约责任》，载《现代法学》2020 年第 2 期。

〔4〕 刘俊海：《公司法中四重制度失灵的破解之道——以董事辞职僵局为中心》，载《中国政法大学学报》2022 年第 6 期。

董事在任期内辞任导致董事会成员低于法定人数的，在改选出的董事就任前，原董事仍应当依照法律、行政法规和公司章程的规定，履行董事职务。该条第3款则以"存在前款规定情形的，董事应当继续履行职务"的表述，明确了辞任董事负有留任义务的例外情形。

我国公司法规定，有限公司和股份公司的董事会成员不得低于3人。[1]倘若董事辞职导致董事会成员的人数少于法定人数，如果此时允许其终止履行董事职责，则会导致董事会因董事缺额而无法召开董事会会议作出决议，导致董事会无法正常履职，影响公司的正常运营。[2]因此，在此时，提交辞任书的董事应当继续履行董事义务，直至改选出的董事就任。

观诸比较法，为保证公司的正常运转，在特定情形下要求原董事继续履职，直至选任新董事，实乃较为常见的做法。《韩国商法》第386条第1款规定，在董事人数未达到法律或者章程规定的情形下，因任期的届满或者辞职而退任的董事，在新选任的董事就任前，仍具有董事的权利义务。《日本公司法》第351条规定，代表董事空缺或本法、章程规定的代表董事人数缺员的，因任期届满或辞职已离任的代表董事，在新选定的代表董事（含下款应临时执行代表董事职务者）就任前，仍继续履行作为代表董事的权利义务。

因此，在董事辞任导致董事会缺额时，该董事应当继续承担董事的职责与义务，维持公司的正常运转，直至新改选的董事就任。

3.2 董事留任义务的合理限度问题

之所以要求董事强制留任，原因有二：一是董事换届工作系股东会职权事项，但董事提名、股东会召集等事项又由董事会负责，董事本身可以通过法定程序开展董事会的正常换届工作。2023年《公司法》第59条第1款第1项规定，选举和更换董事是股东会的职权，因此，在董事辞任时，理应由股东会进行选任与增补。[3]此时，对股东会而言，及时选任新董事，不仅是其拥有的权力，也是其应当积极履行的职责。二是为了保护公司利益，确保公司治理机制有效运行，避免公司陷入治理僵局。但是，由于2023年《公司法》规定了法定的留任义务，实践中经常出现公司迟迟不组织董事会换届工作，导致董事严重超期留任，严重损害了董事的合法权益。对此，应当如何予以救济？

董事辞职触发看守情形的，2023年《公司法》对于留任的期限并没有予

---

[1] 2023年《公司法》第68条、第120条。
[2] 王瑞贺主编：《中华人民共和国公司法释义》，法律出版社2024年版，第107页。
[3] 王瑞贺主编：《中华人民共和国公司法释义》，法律出版社2024年版，第107页。

以明确的规定。但是，基于公司正义原则的考量，对于参与公司治理的各主体，应当实现负担与利益的恰当分配。[1]从这个意义上看，董事留任义务应当是有限度的。[2]在实践中，有法院另辟蹊径，提供了可供参考的方案，即在合理期限内，倘若公司不能及时选任新的董事，该辞任董事的留任义务应当豁免，并请求公司及时变更工商登记。公司拒绝或拖延进行变更登记的，董事可向法院提起涤除登记之诉。

在"单某与甲公司请求变更公司登记纠纷案"中，法院认为，董事辞任的过渡期间应当是一个合理期间。倘若距离董事辞任时间已有数年之久，公司并未进行新董事的改选，拖延办理董事辞职事项；且通过某些迹象，可以看出该公司已经营不正常，不可能再行通过股东会完成董事补选。因此，董事的辞职发生法律效力，公司应至工商登记机关涤除其作为公司董事的登记事项。[3]该法院从董事留任义务的制度目的出发，认为该制度是为了保证公司不因个别董事的离职而陷入营业困难之境地。因此，倘若公司已陷入无力正常经营之状态，则不应要求该辞任董事继续履职。

在"郁某与南通爱网特实业有限公司等请求变更公司登记纠纷案"中，法院认为，2018年《公司法》第45条第2款规定，辞职、离任的董事应继续履行董事职务直至改选的董事就任，该条款的立法初衷是保障公司正常的经营管理，避免公司运营因董事缺额而陷入停滞，以维护股东利益乃至不特定债权人的合法权益。法律要求董事继续履职以维护公司的存续，但未虑及可能出现的公司股东消极不作为而长期无法选出继任董事的情形。因此，为衡平公司、股东利益与辞任、离任董事权益，要求辞任、离任董事继续履行职务并非绝对，应以股东会能及时进行选举并选出新的董事为前提。如有可归责于股东会的原因导致不能及时选出继任董事，则辞任或离任董事已无继续履行董事职务的必要，法律应当保护其辞任或离任的权利。[4]亦即，作为委任关系双方的董事与公司，在法律关系中的地位是平等的。倘若公司怠于行使其组建董事会的权力，因此产生的对于公司治理的不利后果，也不应当由辞任董事个人予以承担。

纵观上述案例，强制留任的董事提起请求涤除登记之诉实际上缺乏请求

---

[1]　梁上上：《论公司正义》，载《现代法学》2017年第1期。

[2]　徐强胜：《董事辞职留任规则的制度逻辑》，载《扬州大学学报（人文社会科学版）》2024年第3期。

[3]　江苏省无锡市中级人民法院发布公司诉讼十大典型案例（2021—2022）之四：单某与甲公司请求变更公司登记纠纷案。

[4]　郁某与南通爱网特实业有限公司等请求变更公司登记纠纷案，江苏省南通市中级人民法院（2020）苏06民终192号民事判决书。

权基础的支撑，使其更为符合民法典与公司法的途径如下：其一，基于侵权法的原理，由董事向公司提起损害赔偿之诉；其二，如双方所签订的董事聘任合同中存在相关约定，可基于该合同提起违约责任之诉；其三，如公司满足清算的条件，董事应当积极启动清算程序，待公司清算完毕进行解散或破产后，董事的身份自然得以解除。

问题 92 ▶ 董事任期届满后，既没有解任，也无法辞任，其履行职务行为的效力如何？

在公司治理的实践中，董事任期届满，但由于股东会未按法定程序选举新董事，而导致原董事继续以董事身份留任的现象并不少见。倘若该原董事也并未选择行使其单方解除权，以书面形式向公司提出辞任，那么此时，作为委任关系已经超出合同约定期限的董事受托人，其履行董事职务的行为效力如何？例如，留任董事在董事会会议中参与表决的决议效力如何？更加值得探讨的是，其留任过程中的董事身份的合法性基础何在？

1. 超期任职董事的履职行为有效

2023 年《公司法》第 70 条第 2 款规定："董事任期届满未及时改选，或者董事在任期内辞任导致董事会成员低于法定人数的，在改选出的董事就任前，原董事仍应当依照法律、行政法规和公司章程的规定，履行董事职务。"该条规定了任期届满的董事，在新董事未就任的情况下，具有继续履行董事职务的义务。

该款制定于 2005 年《公司法》修订时，在其后近二十年间的数次《公司法》修改中均未发生实质性变动。针对该款的具体意涵，理论界也存在不同的解释。有观点认为，只要在董事任期届满且公司尚未改选出新任董事前，全体董事均应当按照规定继续履行董事职务。[1]也有观点从制度目的出发，认为董事任期届满的，其职责自动终止，但当董事会人数少于三人时，将导致董事会无法履职。因此，为保护公司正常经营，此时该任期届满的董事应当继续承担董事的职责。[2]

可以看出，对于董事在任期届满后，原董事究竟是否全体负有留任义务，

---

〔1〕 最高人民法院民事审判第二庭编著：《中华人民共和国公司法理解与适用（上）》，人民法院出版社 2024 年版，第 326 页；宋燕妮、赵旭东主编：《中华人民共和国公司法释义》，法律出版社 2019 年版，第 95 页。

〔2〕 王瑞贺主编：《中华人民共和国公司法释义》，法律出版社 2024 年版，第 107 页；安建主编：《中华人民共和国公司法释义》，法律出版社 2005 年版，第 74 页。

还是触发董事会最低法定人数红线后才进行强制留任，历来存在争议。对此，基于立法本旨，本书采取第二种观点，即任期届满的董事，只有在留任董事少于三人时才需要强制留任。

在解释清楚上述留任规则的适用问题后，其履职行为的效力似乎也就不言自明。在公司法加诸任期届满而未改选的董事以法定的留任义务后，势必会承认其基于履行上述义务，依照董事职责而作出的行为的合法性与有效性，否则，岂非陷入自相矛盾之境地？因此，对于董事任期届满后，既没有解任，也没有辞任的情况，其履行职务的行为应当有效。

2. 董事留任纠纷的司法实践

对于留任董事的履职行为有效这一观点，实践中亦有司法裁判予以支持。例如，在以下案例中，甲公司系有限责任公司，公司章程载明：公司设董事会，是公司的最高权力机构，决定公司的一切，包括批准公司的利润分配方案等，董事每届任期为3年，任期届满，经投资双方继续委派可连任。2011年8月股东胡某任董事。2015年3月甲公司召开董事会，决议不增加注册资本及分红。2017年7月吴某等股东向甲公司提议召开临时股东会，要求分配2012年至2016年的利润，后因甲公司的大股东乙公司，以及监事均未出席，吴某等股东要求分配利润的决议未通过。吴某等股东提出董事胡某2014年8月董事身份届满，2015年不分红的董事会决议不生效，要求甲公司回购其股份。[1]

对此，法院生效判决认为，甲公司于2015年3月召开董事会时，虽然胡某在董事任期届满后未及时改选，但是在改选出的董事就任前，胡某仍应履行董事职务。甲公司作出的"决定不分红"决议，并不存在不成立、可撤销或无效的事由，应属合法有效。而且，根据甲公司章程约定，董事会是公司最高权力机构，决定公司的一切（批准公司的利润分配方案等）。因此，甲公司于2015年3月作出的"决定不分红"的董事会决议对全部股东均有约束力。吴某等股东不符合法律规定的公司回购股权的法定情形，故驳回吴某等的诉讼请求。

该案被收录于无锡法院系统公司类纠纷案件典型案例（2019—2020年）中，在该案的意义中，法院进一步指出，法律出于维护公司正常经营和保障市场交易稳定的价值考量，会承认董事超期任职的合法性，否则如果董事任期届满就终止一切职责，董事会将因董事缺额而无法正常运转，必然影响公司的日常营运，上述规定正是填补了原董事任期届满和新董事就任前的真空

---

[1] 无锡市中级人民法院（2019）苏02民终3301号民事判决书。

地带。据此，原董事任期届满后，在改选出的董事就任前，应当继续履行董事职务，这不仅是权利，更是对公司应尽的义务，故由其参加董事会表决形成的董事会决议不能因此认为存在程序瑕疵。在新一届董事会改选完成前，只要董事会的召集程序、表决方式、决议内容符合法律、行政法规及公司章程的规定，董事会所作出的决议即为合法有效。[1]

3. 事实董事：身份关系的解释进路选项

叙明留任属于任期届满董事的一项法定义务，并不代表解决了董事身份正当性的问题。从2023年《公司法》第70条第2款中，使用"原董事"来称呼任期届满未及时改选的董事，也可以看出立法者对于其身份的预设并非形式上的正式董事。

现代公司以委托管理为其基本特征，董事作为受托管理者，构成了公司治理的实质核心。我国公司法向来采取董事的形式主义模式，董事身份的获得以公司的正式委任为基础，基于选任获得的身份构成了履行董事职权、承担董事义务与责任的基本前提。[2]换言之，公司的委任是董事的身份与权力来源，至少在形式上应然如此。然而，在商业实践中，出现了大量的并不具备董事资格或者任命程序资格的人在事实上负责着公司日常的经营决策，或者公司的实际控制人、控股股东等具有优势地位的人，通过控制董事对公司行使决定权的现象。在如此现状下，如何将不具备形式董事的"外观"，却参与公司日常经营管理，或对公司决策有重大影响的人纳入董事规则体系中进行规制，便成为一个新的问题。[3]

对于上述问题，域外法以引入"事实董事"和"影子董事"的方式予以回应。《英国2006年公司法》第250条规定，所谓董事包括任何占据董事职位之人，而不论其称谓为何；第251条规定，影子董事为公司董事习惯听从其指令或命令而为行为之人。[4]《澳大利亚公司法》第9条规定，公司董事意指依法选任的董事、事实上执行董事职务者，以及董事习惯于听从其指令或意愿者。[5]《新加坡公司法》第4条规定，董事包括以任何名义担任公司董事的任何人，以及公司董事或大多数董事习惯于听从其指示或指令的人，以及

---

[1] 无锡法院公司类纠纷案件典型案例（2019—2020年），案例五。

[2] 刘斌：《重塑董事范畴：从形式主义迈向实质主义》，载《比较法研究》2021年第5期。

[3] 郑彧：《实质董事的法律规制：因何、为何与如何》，载《财经法学》2024年第3期。

[4] Sections 250, 251, UK Company Act of 2006.

[5] Section 9, Australia-Corporations Act 2001.

候补或替代董事。[1]美国、日本等国家，其虽在成文法中未对事实董事进行明确定义，但在判例法上对于事实董事的承认却也已常见。[2]

上述规定虽表述有所不同，但总结而言，均是将董事的权责义务与事实上执行董事业务或者操控公司之行为相连接，也可以称之为董事的实质主义模式。[3]确立"事实董事"的概念意味着，无论是在公司架构中拥有正式董事身份的人员，还是实际上履行董事职责的事实董事，在面对股东、公司以及与公司相关的利益相关人时，都必须承担相同的董事职责、责任与义务，从而保障各方的合法权益，维护公司治理的规范与公平。[4]

我国在 2023 年《公司法》修订的过程中，也分别引入了"事实董事"与"影子董事"的相关规定。该法第 180 条第 3 款规定，"公司的控股股东、实际控制人不担任公司董事但实际执行公司事务的，适用前两款规定"；第 192 条规定："公司的控股股东、实际控制人指示董事、高级管理人员从事损害公司或者股东利益的行为的，与该董事、高级管理人员承担连带责任。"可以看出，2023 年《公司法》的修订仅仅将不具有董事身份而承担董事责任的主体扩张至公司的控股股东及实际控制人，在体系上仍欠缺一定的考量。然而，难以否认的是，这也意味着对于董事的定义之制度选择已经出现转向趋势，为公司法理的运用提供了解释空间。首先，实际控制人的概念本身即具有延展性，任期届满董事执行公司事务的，可能与其他董事一起构成共同的实际控制人。其次，任期届满的留任董事，由于其已经超出了公司的委任期限，作为逾期董事，其董事身份存在不可通过除公司决议续任外的其他方式实现消除的形式瑕疵。通过其履行董事职务的行为，将逾期留任董事系于事实董事，使其承担信义义务，方能在强制留任的情形下实现权责的统一。

问题 93 ▷ 公司如何正确地解任董事？

在公司的日常经营活动中，公司能否依照自身实际需要自由地解任董事，成为所有权与管理权日渐分离的公司治理结构下，事关各方主体利益平衡的重要问题，观点上历来存在争议。2023 年《公司法》和之前的《公司法司法解释（五）》均采取无因解任的路径。一方面，有利于敦促董事勤勉工作；

---

[1] Section 4, Singapore Companies Act.

[2] 黄爱学：《论董事的概念》，载《时代法学》2009 年第 4 期。

[3] 刘斌：《重塑董事范畴：从形式主义迈向实质主义》，载《比较法研究》2021 年第 5 期。

[4] 郑彧：《实质董事的法律规制：因何、为何与如何》，载《财经法学》2024 年第 3 期。

另一方面，也有利于确保董事对于多数股东的"忠诚"。[1]

1. 我国公司法采董事无因解任规则

1.1 解任规则的历史变迁与域外考察

2023 年《公司法》第 71 条第 1 款规定："股东会可以决议解任董事，决议作出之日解任生效。"本条乃 2023 年《公司法》修订过程中的新增条款，该款对于股东会解任董事的理由未作限制，即该项解任属于无因解任[2]，第一次以法律的形式明确了股东会对于董事具有无因解除权。

纵观我国公司法的修改历史，对于有因解任与无因解任，规则立场出现过重大转向。1993 年《公司法》第 47 条第 2 款规定："董事在任期届满前，股东会不得无故解除其职务。"可以看出，此时法律对于期前解除董事职务采取有因解除的立场。在 2005 年《公司法》修订中，该条被删去，这似乎可以看作立法观点的转变，但是自 2005 年至 2023 年修订前，对于相关问题，立法机关始终保持沉默的态度。至于其中原因，或许可以从当时的立法资料中窥见端倪。张穹主编的《新公司法修订研究报告》（上册）记载，2005 年《公司法》修订时对于董事解任制度的具体规定广泛征求了意见与建议，但是人大代表、监管层、学术界、实务界等各方意见并不一致。正是由于分歧过大，最终通过的公司法选择淡化了该问题。[3]

2019 年《公司法司法解释（五）》第 3 条第 1 款规定："董事任期届满前被股东会或者股东大会有效决议解除职务，其主张解除不发生法律效力的，人民法院不予支持。"作为司法裁判的风向标，该款在某种程度上体现了司法机关对于无因解任的明确肯定，体现了与国际接轨的倾向。

在比较法领域，公司对董事的无因解任早已成为较为通行的规定。《美国示范公司法》规定，无论是否有理由，股东均可免除一名或者多名董事的职务，除非公司章程规定免除董事职务必须要有理由。[4]为了平衡股东间的利益，该节对解任董事作出了更多规定。例如，若一名董事由一个股东投票团体选举，则只有该投票团体的股东才有权参加免除该董事职务的投票；董事只有在为免除其职务而召开的股东会议上才能够被免除职务，且会议通知上

---

〔1〕 施天涛：《公司法论》，法律出版社 2025 年版，第 323 页。

〔2〕 王瑞贺主编：《中华人民共和国公司法释义》，法律出版社 2024 年版，第 108 页。

〔3〕 袁坚：《董事无因解任的体系评析和制度完善——兼评〈关于适用《中华人民共和国公司法》若干问题的规定（五）〉第三条》，载《东北大学学报（社会科学版）》2020 年第 3 期；张穹主编：《新公司法修订研究报告》（上册），中国法制出版社 2005 年版，第 118 页。

〔4〕 Model Business Corporation Act § 8.08 (a).

必须写明该会议的目的或者目的之一为免除该董事的职务。[1]《英国 2006 年公司法》第 168 条第 1 款规定："无论董事和公司之间任何协议的任何约定，公司可以在其任期届满之前，通过会议上的普通决议罢免该董事。"[2]除此以外，《日本公司法》第 339 条第 1 款规定："公司负责人以及会计监查人，可随时通过股东大会的决议解任"；《韩国商法》第 385 条第 1 款规定："根据第四百三十四条规定的股东大会决议，可以随时解任董事"。

值得说明的是，虽然我国 2023 年《公司法》明确了股东会可以随时通过决议解任董事，而无需说明理由，但在其任期届满前无正当理由解任的，仍需承担损害赔偿责任，该点将于本回答第三部分进行详细说明。

1.2 无因解任董事的法理基础

公司与董事之间属于委任关系，公司无因解任董事的权利便与董事单方辞任的权利性质相同，均属于委托合同。双方所具有的任意解除权，于传统民法与合同法上，符合委任关系的基础法理。那么在公司法领域，赋予股东会以无因解除董事委任权力的正当性又何在？

在所有权与管理权分离的情况下，所有权不等同于对企业资产的控制权，公众公司大量存在对管理层的授权，导致控制权实际上分散在不同的主体当中。那么，在规范层面，公司法（公司治理规则）的作用就在于做好事前的控制权分配，以激励当事人事前敢于作出投资行为，特别是作出更有利于专业化分工和更有效率的资产专用性投资。[3]

在剩余控制权理论下，最理想的权力分配模型是对董事会的职权采取"负面清单"的制度模式，即法律、法规或公司章程等具有规范效力的文件，通过列举等方式，明确规定或约定股东会之具体享有的权限范围，并明确说明除此范围以外的其他经营事务决策权均归属于董事会所有。[4]2021 年《公司法（修订草案一审稿）》第 62 条曾经规定："有限责任公司设董事会。董事会是公司的执行机构，行使本法和公司章程规定属于股东会职权之外的职权。"该条属于较为典型的剩余控制权立法模式，而出于种种原因，该种立法模式最终被列举式立法模式所取代。[5]例如，有观点认为，法律文本对董事会职权进行列举规定，有利于简化公司及投资者为制定公司章程而进行的专门调研，省却了逐项磋商和审议的艰难过程，能够降低当事人的契约

---

〔1〕　Model Business Corporation Act §8.08 (b) (d).

〔2〕　Section 168, UK Company Act of 2006.

〔3〕　朱慈蕴、沈朝晖：《不完全合同视角下的公司治理规则》，载《法学》2017 年第 4 期。

〔4〕　赵万一主编：《公司治理的法律设计与制度创新》，法律出版社 2015 年版，第 154 页。

〔5〕　李建伟：《公司法学》，中国人民大学出版社 2024 年版，第 330 页。

成本。[1]

然而，剩余控制权的归属在我国公司法的语境下似乎更类似于立法技术的选择。"从董事会的独立经营决策权限和股东会不得逾越权力边界的意义上讲，至少从法律条文来看，我国公司法并不是典型的股东会中心主义。"[2]同时，在我国公司的治理实践中，董事在经营上具有明显的主要和核心地位。2023年《公司法》的修订，为董事会职权增加了"股东会授权"的权力来源，从股东会和董事会的关系角度来看，立法者似乎有意构建动态的权力流动机制，即允许公司权力从股东会向董事会单向流动。[3]董事职权在公司治理中膨胀，董事不断地参加到公司的经营之中，加之以董事责任商业判断规则的庇护，股东利益最大化的原则维持需要依赖诸多复杂的问责机制予以执行，股东投票解任董事即为其中之一。[4]从有因到无因，则是对股东权益保护的再一次强调。股东会无需寻找法律上的"正当理由"，只需形成有效的决议，即可决定董事身份的"生死存亡"，以对董事在该公司董事会职业生涯的"否决权"来约束董事行为，遏制权力滥用，敦促其忠实、勤勉地履职。

换言之，在将经营者权力大量分配给董事会的同时，应当对其束以一条掌握在公司所有者手中的"缰绳"，通过加强监督机制，为所有权利益的实现添加一枚砝码。无论选任、续任或是解任，董事身份之决定权的重要性不言而喻，其影响着相关人员能否以董事的身份参与公司的日常经营决策，影响职权与责任的归属，赋予股东会无因解任董事权力便自然具有了公司法法理上的正当性。

2. 解任方式：股东会决议

根据2023年《公司法》第71条第1款之规定，股东会需要通过形成决议来对董事进行解任。决议的合法、有效是成功解任的前提，因此，解任股东决议倘若存在不成立或者可撤销的情况时，董事可向人民法院主张该决议存在瑕疵，则该决议无法产生解任董事的效果。例如，根据2023年《公司法》第25条之规定，决议内容违反法律法规的无效。如果股东会形成的解任职工董事之决议，由于职工董事并不由董事会决议任免，该解任决议应属于无效决议。

解任生效的时间，根据该款规定，自股东会作出解任决议时起生效，董

---

[1] 赵旭东：《公司组织机构职权规范的制度安排与立法设计》，载《政法论坛》2022年第4期。

[2] 潘林：《论公司机关决策权力的配置》，载《中国法学》2022年第1期。

[3] 马可欣：《权力动态配置下的董事会中心主义》，载《北京社会科学》2024年第8期。

[4] 赵峰：《论董事职务期前解任与补偿请求权》，载《南大法学》2022年第5期。

事即被解除任职关系，无需等待解任决议送达董事之时。

3. 解任董事的特殊情况

在董事解任规则中，如果存在如下特殊情形，将导致解任规则的适用发生变化。

3.1 拥有其他身份的董事

（1）职工董事

2023 年《公司法》第 68 条第 1 款规定，"有限责任公司董事会成员为 3 人以上，其成员中可以有公司职工代表。职工人数 300 人以上的有限责任公司，除依法设监事会并有公司职工代表的外，其董事会成员中应当有公司职工代表。董事会中的职工代表由公司职工通过职工代表大会、职工大会或者其他形式民主选举产生"。

职工董事由职工代表大会等形式民主选举产生，而并非由股东会决议选任，即使 2023 年《公司法》并未明确其解任程序，考虑到授权机制，也应当由其董事身份的来源，即职工代表大会、职工大会或者其他形式的民主程序，决定罢免。考虑到职工董事在公司治理中具有保护职工合法权益的重要作用，作为保障劳动者的应有之义，亦不应当将解任其之权力赋予股东会。

（2）具有劳动关系的董事

当董事与公司存在除委任关系之外的劳动关系时，如解除劳动关系，则需同时适用《劳动法》《劳动合同法》的规定。董事向人民法院提起诉讼的，可能以劳动仲裁程序为进入法院审理程序的前置条件。

实践中，其赔偿问题也较为复杂，存在仅支持董事劳动合同补偿的案例。在王某奕与安波福电气系统有限公司等委托合同纠纷一案中，法院认为，关于被告安波福公司解除原告总经理职务，是否需要承担补偿责任的问题。原告与被告安波福公司之间的劳动关系已经解除，原告已经获得了解除劳动合同经济补偿及代通知金，现原告以委托合同关系要求被告安波福公司支付相应补偿，并无合同及法律依据，故法院对于原告要求被告安波福公司承担解除其总经理职务予以补偿的诉讼请求，依法不予支持。[1]

从请求权基础而言，公司应当对被无正当理由解任的董事给予劳动关系与董事身份的双重赔偿，二者权利基础并行不悖。

---

〔1〕　上海市嘉定区人民法院（2021）沪 0114 民初 12791 号民事判决书。但值得说明的是，本案中，公司与董事未就董事报酬达成一致约定，法院则根据公司章程，倾向于认为原告基于董事身份并无报酬。

3.2 解任规则适用于其他特殊类型董事

（1）国有独资公司的董事

根据2023年《公司法》第173条的规定："国有独资公司的董事会依照本法规定行使职权。国有独资公司的董事会成员中，应当过半数为外部董事，并应当有公司职工代表。董事会成员由履行出资人职责的机构委派；但是，董事会成员中的职工代表由公司职工代表大会选举产生。董事会设董事长一人，可以设副董事长。董事长、副董事长由履行出资人职责的机构从董事会成员中指定。"

国有独资公司不设股东会，由履行出资人职责的机构行使股东会职权。[1]除职工董事外，其余国有独资公司的董事由履行出资人职责的机构委派，因此，其罢免决定也应当由该有权机构作出。

（2）上市公司的独立董事

根据证监会《上市公司独立董事管理办法》第14条第1款之规定，独立董事任期届满前，上市公司可以依照法定程序解除其职务。提前解除独立董事职务的，上市公司应当及时披露具体理由和依据。独立董事有异议的，上市公司应当及时予以披露。[2]该条规定了期前解任独立董事的，以及独立董事对于该解任决定存在异议的，上市公司均具有对于上述信息均具有对外信息披露的义务，应当及时公告披露。

问题94 ▷ 无正当理由期前解任董事的，公司应当承担何种法律责任？

国际上采取董事无因解任制度的国家或地区往往会赋予被解任的董事以请求赔偿或补偿的权利，作为公司无正当理由解任董事的法律责任。例如，《英国2006年公司法》第168条第5款规定，本条并不剥夺被罢免的人就终止其董事任命或导致其不再是董事的任何任命，要求向其补偿或赔偿。[3]《韩国商法》第385条第1款规定，"……但是，规定董事任期的情况下，若董事在其任期届满前无正当理由被解任时，可以向公司请求因解任而产生的损害

---

[1] 2023年《公司法》第172条。

[2] 该条第3款规定了在特定条件下限期补选董事的规则。具体参见《上市公司独立董事管理办法》第14条第3款规定，独立董事因触及前款规定情形提出辞职或者被解除职务导致董事会或者其专门委员会中独立董事所占的比例不符合本办法或者公司章程的规定，或者独立董事中欠缺会计专业人士的，上市公司应当自前述事实发生之日起60日内完成补选。

[3] Section 168, UK Company Act of 2006.

赔偿"。《日本公司法》第 339 条第 2 款规定，"根据前款的规定已被解任者，就该解任有正当理由的情形除外，可请求股份公司赔偿因解任所遭受的损害。"

2023 年《公司法》修订后，也吸纳了该制度。其第 71 条第 2 款规定："无正当理由，在任期届满前解任董事的，该董事可以要求公司予以赔偿。"该款规定了公司无正当理由解任董事的赔偿责任。《公司法司法解释（五）》第 3 条曾规定了董事解任后的补偿请求权，本条进一步将其规定为赔偿请求权，强化了对董事的保护和救济。在股东会没有正当理由的情况下，允许其随意解任董事将对董事的权益造成损害，为了减少股东会无因解除董事职务对董事权益造成损害，本条规定了董事享有要求公司赔偿其损失的权利。因此，公司无正当理由解任董事的，应当承担损害赔偿责任。

1. 损害赔偿请求权的产生前提

1.1 董事于任期届满前被解任

董事损害赔偿请求权的产生前提之一是，股东会的解任决议必须形成于董事任期届满前。关于董事的任期期长，2023 年《公司法》第 70 条第 1 款明确，董事任期由公司章程明确，但每届任期不得超过 3 年。任期届满，可以连选连任。

1.2 解任无正当理由

董事损害赔偿请求权的产生前提之二，是公司对其解任无正当理由。值得说明的是，正当理由只影响董事是否具有损害赔偿请求权，而并不影响公司解任行为的效力。

（1）正当理由的理论考察

关于正当理由的界定，我国立法机关与司法机关尚未给出较为权威的回答。在我国，有学者尝试对正当理由予以界定或类型化。有观点认为，当董事资格欠缺、能力欠缺，或违反信义义务而导致公司无法相信其能正确履职时，应当认为此时存在正当事由；能力欠缺中，除了专业技能和身体健康状况外，人际交往能力亦可能构成解任的正当事由。[1]也有观点认为，正当理由的判断应当自"公司利益"出发，即判断董事任职是否与公司利益相冲突，并在上述起点下，可以具体拆解为行为原因与个人原因。[2]

---

〔1〕　楼秋然：《董事职务期前解除的立场选择与规则重构》，载《环球法律评论》2020 年第 2 期。

〔2〕　赵峰：《论董事职务期前解任与补偿请求权》，载《南大法学》2022 年第 5 期。

观诸比较法，他山之石，可资参考。德国股份公司法中，法律列举的重大原因有：重大的违反义务行为、不具备正常的管理能力、股东大会宣布不信任。[1]而实践中解任往往有如下重大原因：违法的行为（如贪污贿赂、违反禁止竞争禁令、故意损害公司利益等），不具备履职能力（如长期生病或者心理上的衰退等），开户银行要求解任等。值得强调的是，大多数股东的更替或者大股东的不信任均不构成提前解聘的重大理由。[2]

韩国公司法中，可以不赔偿损害的解任事由主要包括"侵权行为、违反法令及章程的重大事实"，也包含职务的显著不适任（如长期疾病、重大的经营失败）等。[3]也有观点认为，这里所谓的正当理由不仅指丧失股东与董事、监事之间单纯的主观信赖关系的情形，还包括董事、监事实施违反相关法令或章程的行为，或精神与肉体上都难以承担经营者职责的情况，因未能制订公司重要的经营计划或很好地推进业务而丧失对其经营能力的基本信任等严重影响董事、监事业务执行的客观情形等；正当事由的存在与否应当以解任时的具体情况为准进行判断。[4]

日本公司法中，解任的正当理由如：发生了对该董事实施经营活动产生障碍的客观状况，董事存在职务懈怠、不正当行为，乃至违法行为和经营能力明显欠缺等情况；既往判例也认为，董事因为病情恶化而专心疗养的，属于正当事由；董事经营判断的失败也可以作为解任的正当理由。[5]

（2）正当理由的可能方案

在进行正当理由的判断时，首要遵循个案评判的原则与比例原则。对于正当理由的判断标准，综合上述理论观点与最高人民法院关于本条的释义，可采取如下观点。

其一，个人董事资格的丧失或能力的欠缺构成正当理由。资格丧失主要是指董事出于某些原因，丧失了公司法等法律法规、部门规章等所规定的董事任职资格。[6]能力欠缺则包括，专业能力欠缺，缺乏专业知识或技能来应

---

[1]《德国股份公司法》第84条第3款。

[2][德]托马斯·莱赛尔、吕迪格·法伊尔：《德国资合公司法（上）》，高旭军等译，上海人民出版社2019年版，第197-198页。

[3][韩]李哲松：《韩国公司法》，吴日焕译，中国政法大学出版社2000年版，第443页。

[4][韩]崔埈璿：《韩国公司法（上）》，王延川、崔嫦燕译，中国政法大学出版社2020年版，第377页。

[5][日]近藤光男：《最新日本公司法》，梁爽译，法律出版社2016年版，第223页。

[6]关于董事任职资格的具体规定，参见2023年《公司法》第178条。除2023年《公司法》以外，仍存在许多具体规定：例如，上市公司独立董事的任职资格，参见《上市公司独立董事管理办法》第6—8条。

对公司的经营需求等；履职能力欠缺，如长期生病无法处理公司事务、存在严重的个人品德瑕疵乃至影响公众形象等；至于董事会关系不睦，需要审慎适用。

其二，行为违反法律法规或公司章程的规定构成正当理由。该部分主要是指董事实施了违反法定义务的行为，该义务可能来源于法律，如刑法、公司法、证券法等；可能来源于法规、部门规章等，如上市公司、国有独资公司等的特别管理规定；可能来源于公司章程的规定，甚至公司与董事之间的特别约定。举例而言，如股东不得实施犯罪行为、不得违反忠实、勤勉义务，不得违反董事对公司和股东的信义义务等（行为可能包括违反竞业禁止、恶意关联交易、制作虚假报告等）。[1]

其三，其他正当理由。对于正当理由是否存在，必须以个案的具体案情为基础进行判断。尤其是在客观的资格丧失或明确违反义务的场景之外：例如，重大经营方案失误时，董事的错误行为是否造成了公司的损失，是否损害公司利益，是否对公司的正常经营产生影响，是否已经达到认为该董事不再适宜继续其职务的程度；董事会出现人际关系问题，该问题是否影响到董事会的正常履职，影响公司的正常经营等情况。在需要加诸主观判断时，需要结合公司的经营状况、董事个人陈述、股东会的解任理由等各方观点与情况谨慎判断。必要时，可以咨询该公司职工以了解当时的具体情况。

2. 离职赔偿的数额范围

公司与董事间为委任关系，适用委托合同的相关规定。《民法典》第933条规定："委托人或者受托人可以随时解除委托合同。因解除合同造成对方损失的，除不可归责于该当事人的事由外，无偿委托合同的解除方应当赔偿因解除时间不当造成的直接损失，有偿委托合同的解除方应当赔偿对方的直接损失和合同履行后可以获得的利益。"因此，董事的损害赔偿请求数额应当以其因解任而产生的直接损失以及合同履行后可以获得的利益为限。在具体数额上，应当根据如下原则进行确定。

2.1 董事与公司间有约定的，从其约定

当公司与董事就离职赔偿存在合同约定，或公司章程存在规定时，可以依照约定或规定进行赔偿数额的确定。例如，《上市公司治理准则》第20条规定："上市公司应当和董事签订合同，明确公司和董事之间的权利义务、董

---

[1] 最高人民法院民事审判第二庭编著：《中华人民共和国公司法理解与适用（上）》，人民法院出版社2024年版，第329页。

事的任期、董事违反法律法规和公司章程的责任以及公司因故提前解除合同的补偿等内容。"而在实践中，公司与董事经常通过委任合同补偿条款予以明确赔偿方式或赔偿数额。为了防止敌意收购，有公司章程规定了较高的解任补偿金额，以此来提高收购后解任董事的成本，防范控制权变动，此类条款也被称为"金色降落伞"条款。[1]

2.2 董事与公司间无约定的，综合判断

当公司与董事不存在具体的合同约定或章程规定时，董事可以依据法律、行政法规的规定主张离职赔偿。至于损害赔偿的数额，人民法院可以依据法律、行政法规的规定，综合考虑解除的原因、剩余任期、董事薪酬等因素综合判断。值得说明的是，由于《民法典》第 933 条将赔偿的范围限于直接损失和可得利益，因此，关于精神损害赔偿或律师费等，除有特殊约定外，理论上不应计算在损害赔偿的范围内。

作为首次明确规定董事解任补偿规则的司法解释，最高人民法院民事审判第二庭相关负责人就《公司法司法解释（五）》答记者问时发言如下："无因解除不能损害董事的合法权益。为平衡双方利益，公司解除董事职务应合理补偿，以保护董事的合法权益，并防止公司无故任意解除董事职务。从本质上说，离职补偿是董事与公司的一种自我交易，其有效的核心要件应当是公平，所以本条强调给付的是合理补偿。我国合同法中明确规定了委托人因解除合同给受托人造成损失的，除不可归责于该当事人的事由外，应当赔偿损失。本条对法院审理此类案件时的自由裁量权行使进行了相应指引。"因此，在确认离职赔偿的数额时，应当坚持公平原则，保护董事的合法利益，以填平损失为目的，综合考量赔偿数额。

问题 95 ▷ 董事会表决时发生僵局，董事长是否可以多投一票？

在我国公司治理中，董事会成员是偶数的情况下，在董事会投票表决时，往往容易产生平票的结果，导致董事会发生僵局。此时，为作出有效决议，董事长能否多投一票？除此情形外，公司章程规定，在董事会投票时，董事长一票按照两票计数，该章程条款是否有效？对于上述问题，本书认为，无论何种情况，董事长均不能多投一票，一票亦不可加权按照两票计算。

2023 年《公司法》第 73 条规定："董事会的议事方式和表决程序，除本法有规定的外，由公司章程规定。董事会会议应当有过半数的董事出席方可

---

[1] 刘斌编著：《新公司法注释全书》，中国法制出版社 2024 年版，第 333 页。

举行。董事会作出决议，应当经全体董事的过半数通过。董事会决议的表决，应当一人一票。董事会应当对所议事项的决定作成会议记录，出席会议的董事应当在会议记录上签名。"根据该条规定，董事会的决议由董事投票表决形成，实行一人一票。在董事会中，各董事地位平等，并无高下之分，平等享有表决权。在 2023 年《公司法》修订中，有意见建议赋予董事长在表决平局的情况下再投一票的权利，这与董事会内部的民主平等原则相冲突，未被采纳。[1]

究其原因，主要是如下几点：首先，实践中，考虑到我国公司治理中控股股东"一股独大"的情况常见，相较于公司决议效率低下，大股东欺压小股东、董事长话语权过大等情况更为突出，因此，在公司治理中应当优先确保平等公正，而非效率。[2]其次，民主的基本原则强调法律面前的平等与公正，对于遵循圆桌机制的董事会决议，这一原则自然同样适用：董事长作为董事会成员，其表决权并无特殊之处，不应被赋予特权，允许董事长再投一票来化解僵局，实质上是对其他董事权益的侵害，与董事会作为合议制机关的民主精神亦严重不符。最后，根据 2023 年《公司法》第 26 条之规定，违反"一人一票"规则的董事会决议属于董事会的会议表决方式违反法律规定，对决议产生实质影响，属于严重的效力瑕疵，股东自该董事会决议作出之日起 60 日内，可以请求人民法院撤销。

同时，从立法目的以及条文文义来看，2023 年《公司法》第 73 条第 3 款应为强制性规范，否则，在第 1 款已经明确董事会议事方式和表决程序原则上为公司自治事项的前提下，无需设定第 3 款予以规定。因此，章程不得排除，也不得作出其他规定，即董事会发生僵局时，董事长不得多投一票；公司章程也不得规定董事长一票以两票进行计算。

问题 96 ◎ 2023 年《公司法》删除了总经理职权的具体列举，改采概括条款，这将为总经理职权带来何种变化？

公司法语境下的经理是指在授权范围内，在董事会的领导下负责公司日常生产经营管理工作的业务执行机构，由董事会决定聘任或解聘，在董事会的领导下工作，对董事会负责，是对公司日常经营管理工作总负责的管理人员，实践中更多将其称为"总经理"。[3]而实践中，"经理"这一称呼则被广

---

〔1〕 刘斌编著：《新公司法注释全书》，中国法制出版社 2024 年版，第 340 页。

〔2〕 最高人民法院民事审判第二庭编著：《中华人民共和国公司法理解与适用（上）》，人民法院出版社 2024 年版，第 338-339 页。

〔3〕 最高人民法院民事审判第二庭编著：《中华人民共和国公司法理解与适用（上）》，人民法院出版社 2024 年版，第 343 页。

泛采用，甚至被用于称呼部门负责人。由此可见，由于词语文义变化，实践中的"经理"与法律意义上的"经理"含义并不相同。

自 2005 年公司法修订将经理由有限责任公司的必设机构改为选设机构开始，至 2023 年《公司法》修订删去了经理法定职权的规定，法律上对于经理的强制性规定呈现逐渐放宽的趋势。[1]由此，经理职权将在实践中呈现出更为多样化的发展路径。

1. 2023 年《公司法》总经理职权的变化

2023 年《公司法》第 74 条规定："有限责任公司可以设经理，由董事会决定聘任或者解聘。经理对董事会负责，根据公司章程的规定或者董事会的授权行使职权。经理列席董事会会议。"

本条在 2023 年的修改中发生了重大变化。2018 年《公司法》第 49 条规定了经理的职权，包括：①主持公司的生产经营管理工作，组织实施董事会决议；②组织实施公司年度经营计划和投资方案；③拟订公司内部管理机构设置方案；④拟订公司的基本管理制度；⑤制定公司的具体规章；⑥提请聘任或者解聘公司副经理、财务负责人；⑦决定聘任或者解聘除应由董事会决定聘任或者解聘以外的负责管理人员；⑧董事会授予的其他职权。该条还规定，公司章程对经理职权另有规定的，从其规定，以及经理应当列席董事会会议。

删除前述规定后，根据本条规定，经理根据公司章程的规定或董事会的授权行使职权。根据该规定，经理的职权来源有二：一是公司章程规定，二是董事会授权。因此，经理在履行职责时，无论是内部管理，抑或对外活动，均需要遵守公司章程或董事会的授权，正式确立了总经理的授权负责制。

2. 总经理授权负责制的内涵与效果

总经理授权负责制明确了我国公司法上经理在公司治理中的地位，内涵如下：其一，经理由董事会选聘，辅助董事会进行业务执行和经营管理工作；其二，经理的职权不再由法条进行列举式授予，权力来源于公司章程以及董事会的授权；其三，经理应当受董事会管理，对董事会负责。

改采总经理授权负责制，明显地体现出对公司自治的尊重。将经理职权的决定权交予公司决定，会使得实践中总经理职权的差异化与多元化，总经理的职权范围既有可能更为广阔，也可能因为公司的经营安排而被限缩。实践中，总经理在日常治理中的职权主要包括如下两个方面：一是组织经营权，

---

〔1〕 王瑞贺主编：《中华人民共和国公司法释义》，法律出版社 2024 年版，第 111 页。

包括进行日常生产经营管理工作，执行董事会制订的公司年度经营计划、投资方案等各种决议；二是公司内部规章的拟定、制定权，包括公司内部机构设置方案、公司基本管理制度的拟定与其他具体规章的制定等。[1]公司可以将上述事项写入章程予以明确。值得说明的是，根据2023年《公司法》第67条第2款第8项之规定，经理有权向董事会提名公司副经理、财务负责人的人选。

总经理授权负责制亦顺应了国有企业改革的潮流。国企改革强调进一步完善国有企业法人治理结构，保障经理层经营自主权，激发经理层活力。[2]在《央企章程指引》第62条中，对于总经理职权的列举要远远大于2018年《公司法》的规定；同时，在部分国有企业中，总经理可能兼任党委书记，这也会使得国有企业总经理的职权得到扩张。

在总经理授权负责制下，无论董事会是选择将日常经营决策的权力更多地分解给经理，回归战略决策和经营评价者的自我定位，以提高制定公司日常经营决策的效率；还是自我保留更多的经营者权力，以促进公司前后决策的统一，实现更可能的民主与科学决策，均是业务权力在公司内部的细化与分层。通过这种细化与分层，董事会非但没有丧失经营者权力，其权力中心的地位甚至在这个自主分配的过程中得到了重新解释甚至强化。[3]本次经理职权规定的修改，在规范层面明确了经理的权力来源，可以说厘清了董事会与作为执行机构的经理之间的关系。[4]从该角度而言，将自主分配内部业务的权力授予董事会，可以说是对于董事会治理核心地位的遵循，给予了公司充分的自治空间。在实践层面上，由董事会依照实际公司经营情况自主作出规定与选择，有利于提高公司内部的治理效率，满足公司良性发展的需要。

问题97 ▷ 对于总经理的职权范围，交易相对人是否负有审查义务？

在公司对外的经营活动中，交易相对人对于总经理的职权范围是否具有审查义务，在理论上向来存在争议。《民法典》第170条规定，执行法人或者非法人组织工作任务的人员，就其职权范围内的事项，以法人或者非法人组

---

〔1〕　最高人民法院民事审判第二庭编著：《中华人民共和国公司法理解与适用（上）》，人民法院出版社2024年版，第342页。

〔2〕　中共中央、国务院《关于深化国有企业改革的指导意见》；国务院办公厅《关于进一步完善国有企业法人治理结构的指导意见》。

〔3〕　蒋大兴：《公司董事会的职权再造——基于"夹层代理"及现实主义的逻辑》，载《现代法学》2020年第4期；潘林：《论公司机关决策权力的配置》，载《中国法学》2022年第1期。

〔4〕　刘斌：《董事会权力的失焦与矫正》，载《法律科学（西北政法大学学报）》2023年第1期。

织的名义实施的民事法律行为，对法人或者非法人组织发生效力。法人或者非法人组织对执行其工作任务的人员职权范围的限制，不得对抗善意相对人。但是，总经理的职权范围为何，并无明确规定。2023 年《公司法》修订后，经理的法定职权被删去，全部由公司章程或董事会授予。那么，交易相对人对于公司章程关于经理职权的规定是否具有审查义务，以明确经理是否具有职务代理权？是否需要总经理出具授权委托书方能签署合同？

1. 交易相对人对于总经理职权没有概括的审查义务

就交易相对人的审查义务，有两种观点：一种观点认为，由于 2023 年《公司法》明确规定了经理的职权来自公司章程或者董事会决议，并不享有法定职权，交易相对人应当审查经理的职权来源和内容；另一种观点则认为，交易相对人并不当然负有对经理职权的审查义务。[1]

本书倾向于第二种观点，即交易相对人对总经理的职权范围不负有概括上的审查义务。原因如下：其一，虽然我国公司法并未规定经理的法定职权，但经理仍然是执行公司事务的重要主体，深度参与公司日常经营管理，经理在公司治理中的职能定位并未发生改变，系执行公司事务的高级管理人员。2023 年《公司法》第 10 条第 1 款规定，公司的法定代表人按照公司章程的规定，由代表公司执行公司事务的董事或者经理担任。经理之所以为法定代表人的适格选任对象，是因为其本身负担着全面执行公司事务的职能。其二，从公司经营管理和商事交易实践来看，经理具有日常经营管理权系属商业惯例，应当尊重由此形成的经理权外观。其三，公司章程和董事会决议均非法定公示事项，相对人无法自公开渠道得知二者的内容；商事组织的内部治理（包括权力分配、管理制度等情况）对于交易相对人来说本就是一个"黑箱"，推高了代理权的核查难度。[2]因此，倘若交易时要求总经理提供公司章程和董事会决议以证明其职权，则会大大增加交易成本，有违商事效率原则。当然，在实务中，基于审慎原则，为避免法律风险，相对人予以审查更能保障交易安全。

2. 由股东会及董事会行使的法定职权事项，相对人应当予以审查

法律一经公布则推定为全民皆知，因此，对于 2023 年《公司法》第 59 条中列举的股东会行使职权，第 67 条中列举的董事会行使职权，以及第 15

---

[1]　刘斌编著：《新公司法注释全书》，中国法制出版社 2024 年版，第 345 页。
[2]　杨秋宇：《融贯民商：职务代理的构造逻辑与规范表达——〈民法总则〉第 170 条释评》，载《法律科学（西北政法大学学报）》2020 年第 1 期。

条对外担保等相关规定，倘若相对人与经理交易的内容属于上述条文之中的事项，则相对人特别地负有审查股东会决议或董事会决议的义务。究其原因，公司法明确归于股东会或董事会的职权，倘若不存在有权主体的授权决议，于该事项上，经理的代理行为属于超越权限，根据代理之法理，其代理行为当然不对公司发生效力。

这与《民法典合同编通则司法解释》的规范逻辑相一致。其第 21 条规定："法人、非法人组织的工作人员就超越其职权范围的事项以法人、非法人组织的名义订立合同，相对人主张该合同对法人、非法人组织发生效力并由其承担违约责任的，人民法院不予支持。但是，法人、非法人组织有过错的，人民法院可以参照民法典第一百五十七条的规定判决其承担相应的赔偿责任。前述情形，构成表见代理的，人民法院应当依据民法典第一百七十二条的规定处理。

合同所涉事项有下列情形之一的，人民法院应当认定法人、非法人组织的工作人员在订立合同时超越其职权范围：

（一）依法应当由法人、非法人组织的权力机构或者决策机构决议的事项；

（二）依法应当由法人、非法人组织的执行机构决定的事项；

（三）依法应当由法定代表人、负责人代表法人、非法人组织实施的事项；

（四）不属于通常情形下依其职权可以处理的事项。

合同所涉事项未超越依据前款确定的职权范围，但是超越法人、非法人组织对工作人员职权范围的限制，相对人主张该合同对法人、非法人组织发生效力并由其承担违约责任的，人民法院应予支持。但是，法人、非法人组织举证证明相对人知道或者应当知道该限制的除外。

法人、非法人组织承担民事责任后，向故意或者有重大过失的工作人员追偿的，人民法院依法予以支持。"

根据上述规定，依法应当由公司的股东会或董事会进行决议的事项，经理擅自与相对人订立相关合同的属于超越职权范围。

值得特别说明的是，当经理担任法定代表人时，经理对外履行的职务行为类型便会扩充。例如，经理作为法定代表人进行对外担保时，有观点认为，在非关联担保的情形下，由公司章程决定对外担保的决议由股东会作出还是董事会作出，此时，基于合理审查标准，相对人应当审查公司章程。[1]对此，

---

〔1〕　最高人民法院民事审判第二庭：《最高人民法院民法典担保制度司法解释理解与适用》，人民法院出版社 2021 年版，第 136 页。

本书持不同见解，此时相对人仍以审查决议为已足。

综上所述，对于总经理的职权范围，交易相对人不负有概括的审查义务，而对于 2023 年《公司法》上明确属于股东会或董事会职权的事项，应当特别地对决议进行审查。基于公司内部职权的法定分配，构建差异化的代理权审查规则，也是尊重商事外观主义，提高商事交易效率的应有之义。

第四章

有限责任公司的股权转让

问题98 公司章程可否对股权转让设定其他股东的同意权或其他限制?

在股权对外转让的限制规则上，2023 年《公司法》第 84 条将 2018 年《公司法》第 71 条中"其他股东同意权+优先购买权"的双层模式修改为"其他股东优先购买权"的单层模式，系 2023 年《公司法》修订的重点内容。针对股权对外转让，2018 年《公司法》设置了其他股东的同意权和优先购买权的双重保障机制，皆旨在维系有限责任公司的封闭性。2023 年《公司法》之所以作此简化，是因为在实践中，有限责任公司封闭性强，股权转让的市场本就十分有限，加之复杂的对外股权转让规则，更加不利于股权对外转让的顺利进行。

之所以选择保留优先购买权而非同意权规则，系因为同意权规则很大程度上已经被虚化。2018 年《公司法》第 71 条第 2 款规定，其他股东不同意股权对外转让时必须购买该股权，否则视为同意，实际上导致同意权规则的价值较为有限。因此，2023 年《公司法》第 84 条删除了同意权规则，减少了股权对外转让的限制。除上述变化外，2023 年《公司法》第 84 条第 3 款还沿用了 2018 年《公司法》第 71 条第 4 款的规定，即授权公司章程对股权转让进行规定。由于法律规定过于抽象，理论和司法实践对公司章程对股权转让限制的界限存在较大争议。

1. 域外公司法上公司章程对股权转让限制的界限

美国公司法上封闭公司章程对股权转让的限制以合理目的为界限。美国公司法一般将公司分为公众公司和封闭公司，其封闭公司的特点与我国有限公司相类似。《美国示范公司法》第 6.27 节第（a）小节规定，"公司章程、内部细则、股东协议或者股东与公司之间的协议可以对公司股票的转让或者转让登记加以限制。该限制对被通过之前已发行的股票不产生影响，除非股票持有者是限制协议的当事人或者投票赞成此种限制"。该节第（c）小节规定，"授权对股票转让或者转让登记进行限制是为了：（1）当公司依赖股东的数量或者身份而存在时，维持公司的地位；（2）依据联邦或者州证券法保留豁免权；（3）出于其他合理的目的"。[1]《美国特拉华州普通公司法》也追随

---

〔1〕 沈四宝编译：《最新美国标准公司法》，法律出版社 2006 年版，第 54-55 页。

了《美国示范公司法》的有关规定。在 Tracey V. Franklin 案中，法院认为，对股权转让的任意限制是禁止的，除非施加的限制是为了公认的目的，否则将被视为无效。如果特定案件的情况使法院确信这是实现公认适当目的的合理手段，则反对限制的公共政策可能会放松。[1]由于合理目的的标准过于模糊，美国法院通常从以下几个方面进行考察：①公司规模；②股东人数；③外部人成为股东对公司造成侵害的可能性；④限制转让的期间及其严苛程度；⑤是否存在其他更为宽松的可替代限制手段。[2]

英国公司法上封闭公司章程对股权转让的限制以善意地为了公司整体利益为界限。《英国 2006 年公司法》第 544 条第 1 款规定，任何成员在公司中的股份或其他利益，根据公司章程是可转让的。[3]但是，英国的成文法未明确规定公司章程对股权转让限制的界限，其判例法发展出"善意地为了公司整体利益"的标准。该标准来源于 Allen V. Gold Reefs of West Africa Ltd. 一案，该案中法院认为，章程的修改必须同时受到法律和衡平法通用原则的约束，除必须依照法律要求的方式进行外，还必须善意地为了公司整体的利益而修改，如果该善意被得以证明，法院将不会去具体审查被修订的公司章程的合理性，即默认章程限制有效。由于善意地为了公司整体利益的标准比较抽象，英国有学者结合诸多判例，总结出如下判断方法：①不要求任何公司成员都将从修改中获益用以判断章程修改得是否有效；②同理，个别成员因章程修改而受到损害也不必然导致章程无效；③必须是善意地修改公司章程，并且不存在支持修改的股东对少数股东有欺诈或压迫的情况，不过基于某一股东的特殊情形而促使多数股东修改章程本身并不构成恶意；④除善意地修改章程外，章程的修改还必须是为了假定的单个股东利益，即在章程修改之后，从长远来看，每个股东都能平等地从章程的规定中获得利益，或者即使未能受益也与其他股东负担着相同的义务，每个假定成员的确定应根据修订章程情况的不同而定，不是机械地依据修改章程时股权分布状态或表决权大小而定。[4]

德国公司法对有限公司章程对股权转让的限制以股东平等和忠实义务两个原则为界限。《德国有限责任公司法》第 15 条规定营业份额可以让与和继承，股东转让营业份额必须以公证的形式签订合同，公司章程可以对营业份额转让规定其他条件，特别是可以规定营业份额的转让需经公司同意。在公

---

〔1〕 Tracey v. Franklin, 67 A. 2d 56, 1949 Del. LEXIS 31, 31 Del. Ch. 477, 11 A. L. R. 2d 990.

〔2〕 Edward P. Welch, Andrew J. Turezyn, Robert S. Saunders, Folk On The Delaware General Corporation Law, Aspen Publishers, 2008. p. 421.

〔3〕 《英国 2006 年公司法》，葛伟军译，法律出版社 2012 年版，第 357 页。

〔4〕 Robert R Pennington, Company Law, 8th edition, Butterworths, 2001. p. 94.

司章程规定营业份额的转让需经公司同意的情况下，是否同意取决于公司的自由裁量。以往的主流观点曾认为，只要不滥用法律或违反股东平等原则，公司的自由裁量就没有限制。但鉴于如今越来越强调公司与股东之间的忠实义务，现在一般认为，公司的自由裁量必须符合比例原则。公司董事抑或多数股东必须在限制股权转让、保护公司利益与转让股权以满足股东利益之间进行权衡，当然原则上必须首先考虑公司利益。如果拒绝转让违反了自由裁量权行使的限制或者违反了股东平等原则，那么，股东有权提起诉讼，要求公司同意转让。如果事后加入有关同意权保留的规定，不仅需要对公司章程进行修改，而且还必须征得所有相关股东的同意，因为这削弱了股东基于成员权所享有的处分权。但是，如果符合公司的利益，那么，忠实义务也要求股东对此予以许可。如果转让限制通过为其他单个或者多个股东设定的特别权利来保障，那么，根据《德国民法典》第 35 条〔1〕的规定，也必须征得这些股东的同意。〔2〕

从美国、英国、德国关于封闭公司或有限公司章程对股权转让限制的界限的规定可以看出：其一，这些标准都比较模糊，并且在司法案例中不断发展；其二，这些标准都把公司利益放在首位，如美国公司法要求章程对股权转让的限制须具备合理目的，英国公司法要求善意地为了公司整体利益，德国公司法则注重公司的同意；其三，这些标准在保护公司利益的基础之上，同时兼顾股东权益的保护。

2. 公司章程可以对股权转让另设限制

2023 年《公司法》第 84 条第 3 款规定，公司章程对股权转让另有规定的，从其规定。据此，公司章程可以对股权转让另设限制，具体而言，包含以下方面。

其一，公司章程可以对股东之间的股权转让加以限制，包括转让股份数量、持股比例限制等内容。对于章程对股权转让限制条款的边界，有观点认为，股权的自由转让原则是强行性法律规范中的效力规定，自由转让股权是股东的固有权，凡违反该原则、限制股权自由转让的章程条款应归于无效。但是，多数见解认为，凡不违反强行法规、公序良俗或有限责任公司之本质，章程所设定的股权转让限制措施均无不可，但不能实质性导致禁止股权转让

---

〔1〕《德国民法典》第 35 条规定，社员之一的特别权利非经其同意，不得以社员大会的决议加以侵害。参见《德国民法典》，陈卫佐译注，法律出版社 2020 年版，第 16 页。

〔2〕［德］托马斯·莱塞尔、吕迪格·法伊尔：《德国资合公司法（下）》，高旭军等译，上海人民出版社 2019 年版，第 145–152 页、第 619–620 页。

的后果。比如，在最高人民法院 96 号指导案例中，"人走股留所持股份由企业收购"的章程条款即被认定为合法条款。[1]

其二，公司章程也可以对股权对外转让作出不同于 2023 年《公司法》第 84 条第 2 款的规定，如排除其他股东优先购买权的行使。对于股东优先购买权，公司可以通过章程作出其他特别安排。如果公司章程对股权转让作出了不同于 2023 年《公司法》的规定，应遵照公司章程执行。[2]

因此，由于 2018 年《公司法》第 71 条第 2 款规定的股权对外转让时其他股东的同意权规则不违反强行法规、公序良俗或有限责任公司之本质，也未实质性导致禁止股权转让的后果，将该规则再规定入公司章程中并无不可，公司章程也可对股东的股权转让加以其他限制。但是，若控股股东或实际控制人滥用资本多数决，操纵股东会决议修改章程，损害中小股东的股权处分权，受害股东可采取决议效力瑕疵之诉、控股股东滥用股权之诉或股权回购之诉等制度维护自身合法权益。

此外，在限制股权转让的章程文件上，有学者区分了初始章程和修订章程，初始章程具有合同的性质，修订章程具有自治规范的性质，初始章程可对股权转让的程序和股权处分权作出限制，修订章程可对股权转让的程序作出限制，但因股权处分权属于股东私权，修订章程对股权处分权的限制只对投赞成票的股东有效。[3]但是，2023 年《公司法》第 84 条并未作此区分。其理由在于：公司章程是规范公司组织和行为的基本规则，公司在经营活动中必须遵守其规定。股东作为公司的成员，无论是先加入公司的创始股东，还是后加入公司的股东均需要遵守公司章程的规定。当然，如果部分股东利用资本多数决通过此类章程条款限制或剥夺少数股东的权利、利益、合理期待等，该条款将因滥用权利损害股东利益而归于无效。

问题 99 ▷ **2023 年《公司法》删除了同意权规则之后，实际出资人显名应当遵循什么规则？**

对于实际出资人的显名问题，原《公司法》没有专门规定。参照公司股权转让须经其他股东过半数同意的规则，《公司法司法解释（三）》第 24 条第 3 款规定了过半数同意规则，《九民纪要》进一步在明示同意的基础上增加

---

[1] 宋某军诉西安市某餐饮有限公司股东资格确认纠纷案，陕西省高级人民法院（2014）陕民二申字第 00215 号民事裁定书。

[2] 刘斌编著：《新公司法注释全书》，中国法制出版社 2024 年版，第 374-375 页。

[3] 钱玉林：《公司章程对股权转让限制的效力》，载《法学》2012 年第 10 期。

了默示同意规则，即对实际出资人行使股东权利未提出异议。追本溯源，该规则系来源于股权对外转让中的同意权规则。但是，对于有限公司的股权转让，2023 年《公司法》第 84 条删除了同意权规则，保留了其余股东的优先购买权规则，即公司法不再要求对外转让股权需要其他股东过半数同意。那么，实际出资人的显名规则是否需要随 2023 年《公司法》删除同意程序而调整？

1. 原《公司法》上实际出资人的显名程序

《公司法司法解释（三）》第 24 条第 3 款规定："实际出资人未经公司其他股东半数以上同意，请求公司变更股东、签发出资证明书、记载于股东名册、记载于公司章程并办理公司登记机关登记的，人民法院不予支持。"该条规定表明实际出资人请求股权变更登记必须经过公司其他股东过半数同意，本质上是将实际出资人显名化类比于对外转让股权，需要履行 2018 年《公司法》第 71 条规定的股权对外转让同意程序。在此基础上，《九民纪要》第 28 条将"其他股东半数以上同意"情形扩张到默示同意情形，实际出资人能够提供证据证明有限责任公司过半数的其他股东知道其实际出资的事实，且对其实际行使股东权利未曾提出异议的，实际出资人可以直接显名不需再经过其他股东半数以上同意。

那么，在 2023 年《公司法》删去同意权规则之后，实际出资人显名是否适用优先购买权规则？对于该问题的回答与实际出资人显名与股权对外转让相似性程度认定相关。若认为本质相同，则应当适用相同规则，即实际出资人显名也应履行优先购买程序。反对观点则认为优先购买权规则存在"同等条件"之适用要件，因而仅适用于交易型的股权转让情形，实际出资人显名是无法确定"同等条件"的非交易型股权转让，如股权继承，不适用优先购买权规则。优先购买权规则根本在于平衡股权转让自由和股东人合性，而实际出资人显名是对实际出资人股东身份的确认，并不涉及股权交易。允许其他股东在此情形下行使优先购买权，存在对公司其他股东过度保护的嫌疑。

2. 删除股权转让同意程序后的实际出资人显名规则争议

2.1 路径一：延续经其他股东同意规则

有观点认为，实际出资人显名毕竟只是一定程度上与股权对外转让存在相似性，但不完全相同，股权对外转让取消"经其他股东过半数同意"的条件，并不意味着实际出资人显名的程序性要件发生变化。究其原因，实际出资人的显名仅系"参照"股权外转让，而非真正的转让。若删除同意程序，对实际出资人显名不加任何限制，将有损有限公司股东之间的信任关系。故而，在 2023 年《公司法》针对实际出资人显名问题没有规定的情况下，《公司法司法解释（三）》第 24 条仍有适用空间。此类保留同意权规则的观点，具体可分为经其他股东过半数以上同意、经其他股东全体同意两种。

观点一：沿用经其他股东过半数同意的规则。在非交易型的股权转让中，"同意权"仍然发挥着重要作用。[1]如《最高人民法院关于适用〈中华人民共和国民法典〉婚姻家庭编的解释（一）》第 73 条仍然规定对于作为夫妻共同财产的股权分割，配偶一方如欲成为公司股东必须经"过半数同意"，其他股东享有优先购买权。

观点二：应当经其他股东全体同意。在实际出资人未显名的情况下，其不能直接向公司主张权利，只能通过名义股东享有投资权益。根据《民法典》第 925 条规定："受托人以自己的名义，在委托人的授权范围内与第三人订立的合同，第三人在订立合同时知道受托人与委托人之间的代理关系的，该合同直接约束委托人和第三人；但是，有确切证据证明该合同只约束受托人和第三人的除外。"易言之，如果公司其他股东知道股权代持关系的，股东可以直接行使股东权利。但是，由于公司的组织性和团体性，此处应该要求其他股东一致同意。

就前述方案，实务中的普遍共识是，实际出资人显名规则亦应柔化程序性要件。[2]公司法理论上也趋于认为，应当弱化公司法层面对有限公司封闭性的保护，转而交给章程等文件予以承接。[3]因此，前述观点二的合理性和共识程度，肯定低于观点一。

2.2 路径二：经公司董事会同意规则

除了前述经股东同意的观点，还有观点认为，实际出资人的显名应当征得董事会同意。究其原因有二：一则，董事会为公司的意志中枢，为意思的当然产生机构，也是公司利益的责任主体，且有信义义务为保障，故而应当经董事会同意。二则，根据《民法典》第 925 条规定，委托关系直接约束第三人的前提为第三人知道存在代理关系。股权的行使对象为公司，因而，此处应当获得公司同意。

---

〔1〕 王毓莹：《有限公司股权对外转让中"同意权"规则的反思与重构》，载《中国法律评论》2024 年第 2 期。

〔2〕 刘崇理、唐荣娜：《论有限责任公司实际出资人显名的程序性要件》，载《中国应用法学》2023 年第 5 期。

〔3〕 梁上上：《人合性在有限公司中的终结》，载《中国社会科学》2022 年第 11 期。

2.3 路径三：适用优先购买权规则

持适用优先购买权的观点认为，由于实际出资人显名与股权对外转让在接受"新的股东"方面具有相似性，《公司法司法解释（三）》的规范逻辑是将实际出资人显名与股权对外转让做同样处理。由于股权对外转让同意程序的规定被修改，《公司法司法解释（三）》第24条第3款的规定也应作出修改。从法律解释角度出发，《公司法司法解释（三）》是针对原《公司法》法律适用作出的解释，在2023年《公司法》出台后，与之矛盾冲突之处应予修改。2023年《公司法》删除股权对外转让的同意程序，意味着《公司法司法解释（三）》第24条第3款规定的同意程序的准用基础不复存在，该款规定因不符合2023年《公司法》第84条的规定而不再适用。在尚未有进一步司法解释对实际出资人显名需要同意程序作出特别规定的情况下，实际出资人显名不再需要其他股东的同意。

依照该观点，在2023年《公司法》取消同意权规则之后，维护有限责任公司封闭性只能依靠优先购买权规则实现，这一逻辑在实际出资人显名情形下同样适用。按照实际出资人显名程序随2023年《公司法》修订而删除同意程序的逻辑，若不适用优先购买权规则，则相当于实际出资人显名没有了任何限制，只要实际出资人提出显名请求即显名成功，这不符合有限责任公司注重股东之间信任关系的特质。另外，在隐名代持投资模式下，投资人需自行承担显名登记失败的法律风险。实际出资人主张显名时，公司不负有协助显名的法定义务，亦不得不当减损其他股东在类似股权转让情形下享有的法定权益。鉴于此，通过优先购买权规则的适用来衡平各方主体间的利益关系，此系维护公司治理秩序与股东权益保护的合理选择。

因此，应对实际出资人显名程序进行重新构造。实际出资人显名应通知公司其他股东行使优先购买权；若其他股东放弃行使优先购买权，则显名成功，实际出资人可以要求公司签发出资证明书、记载于股东名册、记载于公司章程并办理公司登记机关登记；若其他股东行使优先购买权，则显名失败，股权由行权股东获得。同样，结合《九民纪要》第28条规定的默示同意规则，其他股东在此情形下是否享有优先购买权，应根据其是否知道实际出资人存在的情形予以区分。具体而言：其他股东知道实际出资人实际出资事实，且对实际出资人实际行使股东权利未曾提出异议的，在实际出资人显名时不享有优先购买权；其他股东不知道实际出资人实际出资且行使股东权利的，在实际出资人显名时享有优先购买权。

至于股权对价确定问题，理论上，非交易型股权转让可由当事人根据客观市场价格确定。但是，由于股权价值的主观性，采取优先购买权规则的最大难题为同等条件的确定。就股权价格的确定方式，可参见本书问题 118 的讨论。

3. 实际出资人显名规则的实务应对：司法解释与公司章程

面对前述解释争议，对于公司而言，最好的解决方法当属于通过章程的方式予以明定。2023 年《公司法》第 84 条明确允许章程对股权转让规则另作规定，同理，实际出资人的显名规则亦可通过章程予以细化，诸如经其他股东一致同意、过半数同意、董事会认可等规则可择一订入章程。

对于章程没有明确规定的公司，有待于最高人民法院在未来的司法解释中予以明确。前述三类方案实则各有合理性：优先购买权规则在解释逻辑上最为融贯，但存在股权价格的确定难题。经董事会同意的规则，最有利于保障公司利益，但有可能加剧大小股东冲突。经其他股东过半数同意的规则，则系原规则的延续，是较为符合路径依赖的选择。无论如何，未来的公司法司法解释中均应当择一设置，以避免适用分歧，统一裁判尺度。

问题 100 ▷ 行使优先购买权的同等条件如何判定？

早在 1993 年，《公司法》第 35 条第 3 款便规定，股东同意转让的出资，在同等条件下，其他股东享有优先购买权。这一条款确立了有限公司股东向外转让股权时，其他股东在相同条件下享有优先购买权。2005 年《公司法》第 72 条第 3 款规定，股东同意转让的股权，在同等条件下，其他股东有优先购买权；若有多名股东主张行使此权利，应通过协商确定各自的购买比例；协商不成时，则按照转让时各自的出资比例行使优先购买权。同时，2005 年《公司法》第 73 条还明确规定，人民法院依据法律程序强制执行股东股权转让时，应通知公司及全体股东，其他股东在同等条件下享有优先购买权；若自通知之日起 20 日内未行使此权利，则视为放弃。这一修订将优先购买权的适用范围扩展至股权被强制执行的情形。尽管此后股权转让与强制执行中的优先购买权行使规则经历了多次调整，但"同等条件"的具体界定始终未在法律条文中得以明确。

在司法解释层面，2017 年《公司法司法解释（四）》第 18 条试图通过不完全列举的方式，将"股权数量、价格、支付方式及期限"等因素纳入"同等条件"的考量范畴，规定："人民法院在判断是否符合公司法第七十一条第三款及本规定所称的'同等条件'时，应当考虑转让股权的数量、价格、支付方式及期限等因素。"然而，这种列举方式并未从根本上解决"同等条件"的界定难题，如何准确判定优先购买权行使的"同等条件"，至今仍是一个亟待解决的问题。

1. 同等条件判断标准之争议

就"同等条件"的界定，理论上主要有绝对同等说、相对同等说和折中说三种主流学说，此外还有其他不同观点。

其一，绝对同等说。绝对同等说系在借鉴此域外法规定的基础上形成的学说，该学说认为"同等条件"意味着优先购买权人提出的购买条件需与第三人提出的购买条件完全吻合。[1]《德国民法典》第464条第2款规定，权利人与义务人之间的买卖，自先买权行使时起，按义务人与第三人约定的条款成立。绝对同等说可溯源至先买权的民法规范，虽然有利于保护转让人之利益，但是学界和司法机关多认为并不合理。正如权威解释所言，绝对同等说将导致优先购买权人行权困难，难以行使优先购买权。[2]进一步而言，还可能会出现转让人与第三人约定一项其他股东无法履行的义务以规避优先购买权的情况。[3]

其二，相对同等说。相对同等说则持较为宽松的态度，认为购买条件在优先购买权人与第三人之间大致相当即可，不必追求一字不差。[4]持相对同等说观点的学者指出，在同等条件判断标准这个问题上，我国通说系相对同等说，但此学说的缺陷在于同等条件的模糊性，容易产生不确定性。[5]对于相对同等说的这一缺陷，司法机关则提出了"有偿性+可替代性"的标准，试图使得相对同等说更为明确。在此标准下，同等条件应以第三人提供的交易条件可以被替代为限，具体包括三方面内容：其一，转让行为是有偿行为；其二，此行为的有偿性系基于市场规律而生，与身份、地位等因素无关；其三，第三人提供的交易条件可以被替代。[6]

其三，折中说。折中说则试图在绝对同等说和相对同等说之间寻求平衡，该说批评绝对同等说过于僵化，而相对同等说又可能导致实践操作上的不便，折中说主张，"同等条件"主要聚焦于价格和根本上影响出卖人利益的合同条

---

〔1〕 杜景林、卢谌：《德国民法典——全条文注释》（上册），中国政法大学出版社2015年版，第343页。

〔2〕 最高人民法院民法典贯彻实施工作领导小组主编：《中华人民共和国民法典物权编理解与适用（上）》，人民法院出版社2020年版，第508页。

〔3〕 杜万华主编、最高人民法院民事审判第二庭编著：《最高人民法院公司法司法解释（四）理解与适用》，人民法院出版社2017年版，第397页。

〔4〕 叶林：《公司法研究》，中国人民大学出版社2008年版，第228页。

〔5〕 梁上上：《优先购买权中转让人的利益失衡与校正》，载《中国法学》2024年第2期。

〔6〕 最高人民法院民法典贯彻实施工作领导小组主编：《中华人民共和国民法典物权编理解与适用（上）》，人民法院出版社2020年版，第509页。

款的一致，而那些未对出卖人利益造成根本影响的条件差异，不应视为对"同等条件"的违背。[1]司法机关则指出，虽然折中说和相对同等说在实质内容上没有区别，但是折中说所主张的标准更为清晰。在折中说之下，应把同等条件作为转让人、第三人和其他股东利益平衡的桥梁，在判断是否构成同等条件时，不仅应以第三人提出的给付为标准，还应结合具体交易情况加以判断。[2]

其四，除了这三大主流学说，还存在其他学说。有观点主张，"同等条件"应涵盖价款、付款期限、付款方式的一致性，以及担保和从给付的相同性。有学者则强调，"同等条件"不仅包括价格条件的等同（如对价形式、价款数额、付款时间、支付方式等），还应考虑除价格因素以外的条件，如职工的安置、高管的聘用、资本投入的增加等。[3]更有学者提出，在不同场景下，"同等条件"的内涵应有所差异。在强制执行场合，它主要指的是价格的一致；而在股权对外转让的场合，则要求价格和付款期限的同时满足。[4]

2. 同等条件判断标准之选择：实质同等说

2.1 采实质同等说之合理性

尽管上述学说各有所长，但也各有局限性。绝对同等说在维护转让人与第三人利益方面确有优势，然而，正如司法机关所言，由于其标准设定得过于严苛，其他股东的优先购买权行使可能会因此受到严重阻碍，甚至面临无法行使的困境。相较于绝对同等说，相对同等说显得更为合理，但仍存在标准模糊不清的问题，这在实际操作中往往会引发诸多困扰与不便。虽然折中说更为清晰明了，但该学说在判断"同等条件"时，仍需结合交易的具体情况进行分析，这种做法与相对同等说一样，都面临着标准不明确的困境，从而给实践操作带来了不小的挑战。至于上述三种学说之外的其他观点，大多仅触及了同等条件下的某一侧面，未能形成一个完整且明确的标准体系。若将这些观点作为判断同等条件的依据，同样会产生不利于实践操作的弊端。

股东优先购买权制度之立法目的，一方面在于保护股东自由转让股权之

---

〔1〕 王利明：《关于房屋买卖中的优先购买权》，载王利明主编：《中国民法案例与学理研究（物权篇）》，法律出版社 2003 年版，第 144 页。

〔2〕 杜万华主编、最高人民法院民事审判第二庭编著：《最高人民法院公司法司法解释（四）理解与适用》，人民法院出版社 2017 年版，第 397-398 页。

〔3〕 刘俊海：《论有限责任公司股权转让合同的效力》，载《法学家》2007 年第 6 期。

〔4〕 薛瑞英：《股东优先购买权制度若干问题探析》，载《北京邮电大学学报（社会科学版）》2009 年第 3 期。

权利，另一方面在于维护有限公司的封闭性和其他股东的正当利益。[1]就前者而言，有权解释曾指出一个明确的标准：合同条款若能影响转让人的实质利益实现，则应被视为判断"同等条件"的一个重要因素。[2]此亦即学者所言，同等条件的考量应涵盖出让股东所合理重视、且能对交易产生实质性影响的各项因素。[3]简言之，对于转让人股权转让自由的保护，可以通过设立此标准来实现：凡是能被转让人所看重的与交易相关的因素，应视为判断"同等条件"的一个重要因素。就维护有限公司封闭性和其他股东正当利益的立法目的而言，可以通过保护有限公司股东优先购买权的可实现性来实现：在判断是否为"同等条件"时，应综合考虑交易的具体情境，"同等条件"应指第三人提供的交易条件能够被替代的条件。[4]据此，同等条件的判断标准可以用实质同等说来概括：同等条件是指能够影响转让人实质利益实现，且能够由其他股东向转让人履行的条件相同。

2.2 实质同等说的具体内容

就具体内容而言，同等条件不仅包含《公司法司法解释（四）》第18条列举的因素，其他能对交易产生实质性影响的各项因素亦应相同。

（1）股权数量、价格、支付方式及期限应相同

股权数量和价格是合同的核心条款，系影响转让方重大利益的合同条款，股权数量相同和价格相同理应是同等条件的内容。就股权数量相同而言，其他股东在行使优先购买权时，需要按照转让人与第三人约定的股权数量行使，不可仅购买部分股权。就价格相同而言，原则上其他股东应当以与第三人提供的价格行使优先购买权。

支付方式相同是否构成同等条件的内容，需要受上述所说的该条款是否系能够影响转让人实质利益实现的条款的检验。例如，当某种支付方式的信用更强，更有利于转让人债权的实现，其他股东主张行使优先购买权时应提供相同的或更优渥的支付方式；当某种支付方式对转让人利益没有实质影响时，不应将其作为是否构成同等条件的考量因素。[5]

---

〔1〕 最高人民法院民事审判第二庭编著：《中华人民共和国公司法理解与适用（上）》，人民法院出版社2024年版，第377页。

〔2〕 杜万华主编、最高人民法院民事审判第二庭编著：《最高人民法院公司法司法解释（四）理解与适用》，人民法院出版社2017年版，第402页。

〔3〕 李建伟主编：《公司法评注》，法律出版社2024年版，第393页。

〔4〕 最高人民法院民法典贯彻实施工作领导小组主编：《中华人民共和国民法典物权编理解与适用（上）》，人民法院出版社2020年版，第508-509页。

〔5〕 杜万华主编、最高人民法院民事审判第二庭编著：《最高人民法院公司法司法解释（四）理解与适用》，人民法院出版社2017年版，第401页。

履行期限直接关系转让人何时能够获得价款，系对转让人主要权利产生影响的条款，应作为同等条件的考量因素。

（2）其他能对交易产生实质性影响且能由其他股东履行的各项因素亦应相同

除上述列举的股权数量、价格、支付方式、期限应相同外，凡是能对交易产生实质性影响的因素亦应相同。例如，一些可对交易产生实质性影响的从给付条款、担保条款、违约责任条款等应作为同等条件的考量因素。在丁某明等与瞿某建优先购买权纠纷一案中，最高人民法院指出："税费、保证金等对转让人利益存在实质影响的条款应当作为同等条件的考量因素。"[1]

同等条件亦需满足能由其他股东向转让人履行这一要求，正如学者所强调，虽然《公司法司法解释（四）》第18条还为其他相关因素的考量预留了空间。但值得注意的是，这些因素不应包含其他股东无论如何也无法具备的条件，如血缘、亲情或友情等个人关系，这些显然不属于同等条件的考量范畴。[2]

3. 强制执行程序中同等条件的判断标准

针对强制执行程序中行使优先购买权的同等条件与股东对外转让股权时其他股东行使优先购买权的同等条件是否一致的问题，最高人民法院认为，在强制执行股权时，通常采取司法拍卖模式转让股权，且股权转让的数量、支付方式、期限等原则上由法院决定，而非当事人之间商定，因此，在此情境下，"同等条件"主要指的是同等价格。[3]然而，这一观点仍有待商榷。举例而言，若其他股东在此时提出同等价格条件，但不同意法院确定的支付方式、期限等条件，他们是否能够取得股权呢？显然，在这种情况下，他们无法取得股权。因此，尽管数量、支付方式、期限等条件由法院决定，但这些条件同样应被视为"同等条件"的组成部分。

对此，本书持以下观点：两种情形下的同等条件应视为一致，这一结论可从文义与体系解释、规范目的两个维度得以确证。从文义与体系解释的角度来看，两条规范在文字表述上并未对同等条件作出区别性的规定，同时，两条规范均聚焦于有限公司的股权转让，体系上具有内在的一致性。从规范目的来看，强制执行中的优先购买权与股东对外转让股权时的优先购买权，共同构成了股东优先购买权的两大支柱，其核心目的均在于维护有限公司的

---

[1] 最高人民法院（2012）民抗字第31号民事判决书。

[2] 刘斌编著：《新公司法注释全书》，中国法制出版社2024年版，第372页。

[3] 最高人民法院民事审判第二庭编著：《中华人民共和国公司法理解与适用（上）》，人民法院出版社2024年版，第390页。

封闭性，并在此过程中寻求利益的平衡。[1]若将两者在同等条件下加以区分，势必导致利益保护上的偏差。因此，从实现规范目的的角度出发，在缺乏充分的扩张或限缩理由时，不应将两者在同等条件上视为不同。基于此，同样没有理由认为两者在同等条件上存在本质的差异。因此，无论是从文义与体系解释，还是从规范目的的角度，强制执行程序中行使优先购买权的同等条件与股东对外转让股权时其他股东行使优先购买权的同等条件是一致的。

问题 101 ◎ 损害优先购买权的股权转让合同是否为无效合同？

根据 2023 年《公司法》第 84 条第 2 款的规定，有限责任公司的股东向股东以外的人转让股权的，应当将股权转让的数量、价格、支付方式和期限等事项书面通知其他股东，其他股东在同等条件下有优先购买权。其他股东主张优先购买权的，应当在收到通知之日起 30 日内予以答复，未答复的，视为主动放弃优先购买权，不得再次向股权交易双方主张行使优先购买权。有两个以上股东同时行使优先购买权的，应先协商确定各自的购买比例，协商不成的应按照其各自所认缴的出资额的比例购买该转让股权。实务中，股东在转让股权时会基于多种原因，可能采用多种方式规避其他股东的优先购买权，由此产生损害优先购买权的股权转让合同是否有效的问题。

1. 损害优先购买权并不导致股权转让合同无效

对于损害优先购买权的行为，《公司法司法解释（四）》第 21 条规定，有限责任公司的股东向股东以外的人转让股权，未就其股权转让事项征求其他股东意见，或者以欺诈、恶意串通等手段，损害其他股东优先购买权，其他股东主张按照同等条件购买该转让股权的，人民法院应当予以支持，但其他股东自知道或者应当知道行使优先购买权的同等条件之日起 30 日内没有主张，或者自股权变更登记之日起超过 1 年的除外。前款规定的其他股东仅提出确认股权转让合同及股权变动效力等请求，未同时主张按照同等条件购买转让股权的，人民法院不予支持，但其他股东非因自身原因导致无法行使优先购买权，请求损害赔偿的除外。股东以外的股权受让人因股东行使优先购买权而不能实现合同目的的，可以依法请求转让股东承担相应民事责任。

对于侵害其他股东优先购买权的股权转让合同效力，司法实践中曾经存在争议。对此，《九民纪要》第 9 条规定，审判实践中，部分人民法院对《公

---

〔1〕 杜万华主编、最高人民法院民事审判第二庭编著：《最高人民法院公司法司法解释（四）理解与适用》，人民法院出版社 2017 年版，第 396 页。

司法司法解释（四）》第 21 条规定的理解存在偏差，往往以保护其他股东的优先购买权为由认定股权转让合同无效。准确理解该条规定，既要注意保护其他股东的优先购买权，也要注意保护股东以外的股权受让人的合法权益，正确认定有限责任公司的股东与股东以外的股权受让人订立的股权转让合同的效力。一方面，其他股东依法享有优先购买权，在其主张按照股权转让合同约定的同等条件购买股权的情况下，应当支持其诉讼请求，除非出现该条第 1 款规定的情形。另一方面，为保护股东以外的股权受让人的合法权益，股权转让合同如无其他影响合同效力的事由，应当认定有效。其他股东行使优先购买权的，虽然股东以外的股权受让人关于继续履行股权转让合同的请求不能得到支持，但不影响其依约请求转让股东承担相应的违约责任。

根据上述两个条文的规定，损害优先购买权的股权转让合同如无其他影响合同效力的事由，应当认定为有效。

2. 损害优先购买权的股权转让合同的履行

以上两个条文行文烦琐，关于损害优先购买权的股权转让合同的履行，要点如下：

第一，除非其他股东未主张优先购买权，或者其他股东主张同等条件优先购买但不在法定期间内，即其他股东主张优先购买权时已经超过其知道或者应当知道行使优先购买权的同等条件之日起 30 日，或者超过自股权变更登记之日起 1 年，否则第三人可以请求履行股权转让合同，从而取得股权。

第二，若第三人不能取得股权，其可以追究有效的股权转让合同下的违约责任。

第三，其他股东非因自身原因无法基于优先购买权取得股权的，可向转让股东主张损害赔偿责任。

面对优先购买权的损害，其他股东在寻求救济时需要注意以下两点：

其一，若其他股东主张在同等条件下优先购买，其需要在法定期限内主张。其他股东在起诉时应当将转让人与受让人作为被告，若股权已经变更登记，还可将公司列为共同被告，以判令其办理撤销变更登记。

其二，若其他股东非因自身原因无法基于优先购买权取得股权，其可向转让股东主张损害赔偿。但是，法律未明确规定该损害赔偿的范围，且缺乏相关指导案例。在司法实践中，需要考量股东因失去股权交易机会所产生的间接损失、扣除交易成本以及股权价值变化等因素，进行综合裁量。

问题 102 ▷ 通过间接收购方式规避优先购买权的行为是否无效？

由于优先购买权只能向本公司的股东主张，实践中有的股权交易为了规避公司其他股东优先购买权的行使，收购方并不直接收购目标公司的股权，而是收购目标公司股东的股权，以间接方式实现对目标公司股权的收购。实践中，该收购手段被充分运用于两个典型案例，2013 年的"上海外滩地王案"和 2023 年的"南钢沙钢收购案"。两起纠纷时隔 10 年仍饱受争议且久议未果，此种间接收购行为是否侵害了其他股东的优先购买权，是否应否定间接收购行为的效力，公司其他股东在间接收购中如何保护自己的合法权益等问题殊值研究和讨论。

1. 间接收购的典型案例

1.1 上海外滩地王案

复星商业与 SOHO 中国的股权纠纷涉案标的 40 亿元，因其涉案标的巨大且采用间接收购手段而进入大众视野并被广泛讨论，媒体上一般称之为"上海外滩地王案"。本案中的目标公司海之门公司持有上海外滩地王项目公司的所有股权，其股权结构为：复星商业持 50%股权、证大五道口持 35%股权、绿城合升持 10%股权、磐石持 5%股权。具体交易前股权结构如图 4-1 所示。

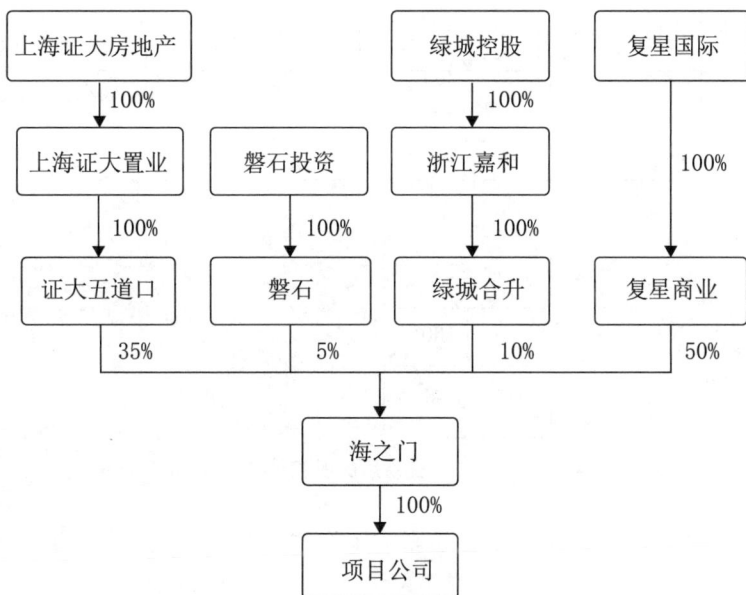

图 4-1　交易前的股权结构

此后，证大置业因资金紧张欲出售项目土地的开发权益。证大置业于2011年12月22日致函通知复星商业行使优先购买权但未得到明确答复。2011年12月29日证大置业与SOHO中国达成了转让协议，为避免复星商业行使优先购买权，转让海之门公司中除复星商业之外的其他法人股东的控制权。上海长烨（SOHO中国的全资子公司）与嘉和公司、证大置业签订《框架协议》，约定上海长烨受让证大置业、嘉和分别持有的证大五道口、绿城合升100%的股权及相关权益。[1] 该协议中明确表示本次交易目的为SOHO中国"实现间接持有海之门公司50%股权以及项目公司50%股权的收购目的"。实际上，在交易前海之门公司的股权结构由三方利益集团持有，即复星商业持有50%，绿城合升持有10%，证大五道口持有40%，SOHO中国通过间接收购方式取得了绿城合升和证大五道口合计持有的海之门公司50%股权。最终的股权结构如图4-2所示。

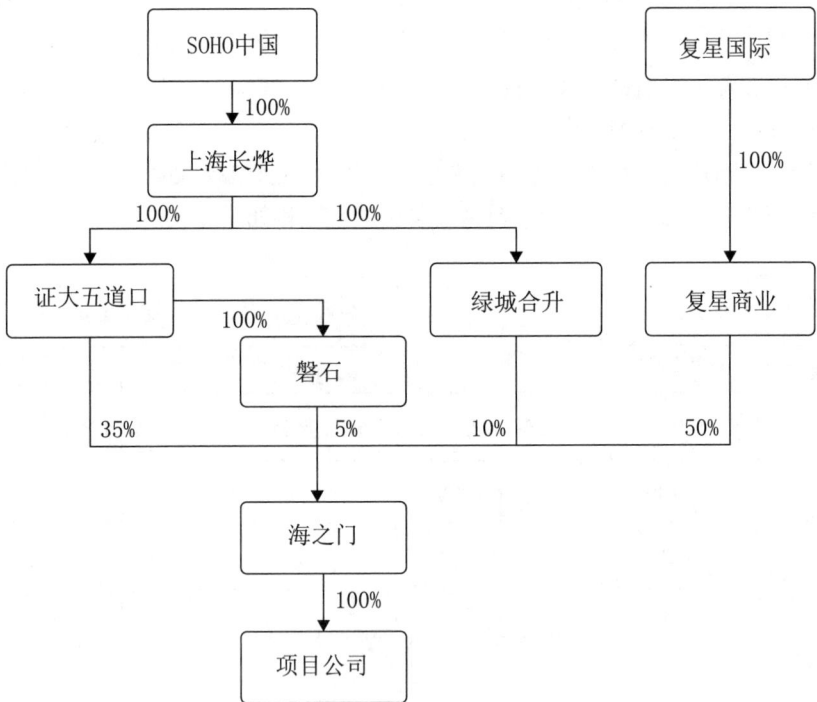

图4-2 交易后的股权结构

复星商业认为，案涉股权交易影响了海之门公司的人合性，系上述各方

---

〔1〕 2011年12月29日，证大五道口已受让磐石公司100%股权。

之间恶意串通损害其优先购买权，案涉股权转让协议应无效。2013 年 4 月，上海市第一中级人民法院对该案作出一审判决[1]，认为案涉股权交易最终结果直接损害了原告的利益，即原告对于海之门公司的相对控股权益受到了实质性的影响和损害，海之门公司股东之间最初设立的人合性和内部信赖关系遭到了根本性地颠覆，属于明显规避了 2005 年《公司法》第 72 条之规定，符合 1999 年《合同法》第 52 条第 3 项规定之无效情形，应当依法确认为无效。但本案二审却一直拖延未作出判决，最终双方达成和解：海之门公司以 84.93 亿元向复星商业出售上海外滩地王项目公司的全部股权，SOHO 中国全面退出。

1.2 南钢沙钢收购案

南京南钢钢铁联合有限公司（以下简称南钢钢联）由南京钢铁集团有限公司（以下简称南钢集团）持有 40% 股权，复星高科、复星产投及复星工发分别持有剩余 30%、20%、10% 股权。2022 年 10 月 14 日，复星集团与沙钢集团签署《投资框架协议》，有意转让所持南钢钢联 60% 的股权。框架协议的主要内容如下：①此次收购意向价格不超过 160 亿元。沙钢集团将分两期支付 80 亿元诚意金，复星系的 3 家公司则分 2 次将南钢钢联 60% 股权质押给沙钢集团，第一次质押 49%，收到全部意向金后再质押剩余 11%；②约定"排他期"，即在排他期内，复星方不得与任何其他第三方就标的股权转让事宜进行任何商谈（包括尽调）；③沙钢立即开展尽调工作；④约定复星方需促使南钢集团放弃优先购买权。

2023 年 3 月 14 日，复星系三家公司与沙钢集团及其关联方沙钢投资达成转让协议，沙钢集团以 135.8 亿元的价格受让 3 家公司持有的南钢钢联 60% 股权，将 80 亿元诚意金全部支付到位。

2023 年 4 月 2 日，中信公司以 135.8 亿元分三期增资南钢集团，获得其约 55.25% 股份，成为南钢集团的控股股东，并行使优先购买权，同时承诺承担沙钢集团 80 亿元诚意金的利息约 3 亿元。根据三家上市公司南钢股份、复星国际及中信股份于 2023 年 4 月 2 日下午公开披露的公告信息显示，中信集团通过旗下湖北新冶钢有限公司向南钢集团增资 135.8 亿元（与标的股权对价完全一致）取得南钢集团 55.2482% 股权的方式，成为南钢集团控股股东及实际控制人后，以南钢集团名义行使所谓"优先购买权"，从而"截胡"沙钢方的收购交易。

2023 年 3 月 27 日，沙钢集团以复星产投未将其持有的南钢钢联 11% 股权

---

〔1〕　上海市第一中级人民法院（2012）沪一中民四（商）初字第 23 号民事判决书。

质押给沙钢集团为由，向上海市第二中级人民法院提起诉讼，要求复星产投将11%南钢钢联股权质押给沙钢集团，并对复星产投持有的这部分股权进行了冻结。2023年4月，沙钢集团、沙钢投资作为原告又向江苏省高级人民法院提起民事诉讼，要求履行整个股权转让协议。2023年8月29日，上海市第二中级人民法院裁定准许沙钢撤诉，相关诉讼费用由沙钢负担。

2023年10月13日，经江苏省高级人民法院主持调解，各方自愿达成协议，并经江苏省高级人民法院确认，主要内容包括：沙钢自愿退出案涉南钢钢联60%股权的交易，南钢集团向沙钢支付补偿款。在收到补偿款之日起3个工作日内，沙钢集团配合办理质押于沙钢集团的南钢钢联49%股权的解除质押登记手续。

2. 间接收购侵害优先购买权不影响合同效力

在上海外滩地王案中，上海市第一中级人民法院认为间接收购行为规避了2005年《公司法》第72条有关其他股东享有优先购买权的规定，属于1999年《合同法》第52条第3项"以合法形式掩盖非法目的"的合同无效事由。此裁判观点一出即引发广泛讨论。

有观点认为，法院对于"以合法形式掩盖非法目的"存在理解适用错误。"以合法形式掩盖非法目的"即法律规避行为，是在当事人双方规避法律效力性、强制性规定时，被用来阻却表面看起来合法的法律行为生效的理由。[1] 2005年《公司法》第72条的优先购买权规范系选择适用和推定适用的任意性规范[2]而非效力强制性规范，且本案所涉为复星商业之私人利益而非公共利益，采用"以合法形式掩盖非法目的"否认间接收购行为的效力并不合理。

有观点对案涉间接收购行为是否满足"非法目的"要件存疑。[3]既然因优先购买权规则的任意性规范属性而无法达成法规范规避之"非法目的"，那么是否构成侵害复星商业合法权益的"非法目的"？法院在裁判文书中表述，存在以"实质性影响原告相对控股权益、破坏公司人合性和信赖关系、剥夺原告优先购买权的行使"等损害结果以证成"非法目的"之要件。但复星商业之前对证大置业两次优先购买权行使通知均未作出行使优先购买权的明确

---

〔1〕 彭冰：《股东优先购买权与间接收购的利益衡量——上海外滩地王案分析》，载《清华法学》2016年第1期；楼秋然：《优先购买权、法律规避与独立法意义——以"上海外滩地王案"为分析视角》，载《西南政法大学学报》2016年第5期。

〔2〕 赵旭东：《股东优先购买权的性质和效力》，载《当代法学》2013年第5期。

〔3〕 楼秋然：《优先购买权、法律规避与独立法意义——以"上海外滩地王案"为分析视角》，载《西南政法大学学报》2016年第5期。

表示，以及在诉讼中也未提出行使优先购买权的诉求，复星商业并不想真正行使优先购买权，何来侵害之说？至于复星商业相对控股权益和公司人合性与信赖关系的损害确有发生，但该权益损害并无具体的强制性法规范依托，可能属于"恶意目的"但不是"非法目的"，造成上述权益损害的行为并不属于 1999 年《合同法》第 52 条第 3 项下的法律行为无效事由。

另有观点基于不同法律规范的"独立法律意义"理论，认为"法院应尊重不同法律规范之间的独立性，尊重当事人对法律规范的信赖和所作的类型选择"。[1] 换言之，独立法律意义规则意味着，如果交易是根据特定法律的一项规定进行的，则法院不能因未能遵守法律的另一部分要求而使该交易无效，即使交易的实质是可以根据另一部分进行构造的。但此观点的反对者认为独立法律意义规则在其诞生国美国已面临式微，以此为基础的司法克制主义并不足取。[2]

如今对该问题的讨论已告一段落，法律法规对间接收购行为的效力问题已有明确答案。因概念内涵之抽象以及司法适用混乱，《民法典》针对合同无效删除了"以合法形式掩盖非法目的"的事由，将具体行为是否无效置于是否违反强制性规定项下讨论，故而间接收购违反属于任意性规范的优先购买权规范并非无效。另外，《公司法司法解释（四）》第 21 条的规定，已明确揭示出损害其他股东优先购买权，并不必然影响股权转让合同的效力。对于如复星商业一样仅主张股权转让合同无效而未主张行使优先购买权，人民法院不予支持。《九民纪要》第 9 条进一步阐释了《公司法司法解释（四）》第 21 条的规范内涵，为保护股东以外的股权受让人的合法权益，股权转让合同如无其他影响合同效力的事由，应当认定有效。其他股东行使优先购买权的，虽然股东以外的股权受让人关于继续履行股权转让合同的请求不能得到支持，但不影响其依约请求转让股东承担相应的违约责任。

3. 优先购买权不能"穿透"适用

既然主张合同无效路径无法实现复星商业的权益保护及损害救济，此时理论探讨的焦点就转移到在间接收购情形下，股东优先购买权可否穿透行使的问题上，即能否以穿透视角认为间接收购情形下股权持有人实质发生变化，其他股东可对间接方式转让的目标公司法人股东所持有的股权行使优先购买

---

〔1〕　彭冰：《股东优先购买权与间接收购的利益衡量——上海外滩地王案分析》，载《清华法学》2016 年第 1 期。

〔2〕　楼秋然：《优先购买权、法律规避与独立法意义——以"上海外滩地王案"为分析视角》，载《西南政法大学学报》2016 年第 5 期。

权。在 2023 年南钢沙钢收购案中已不存在对间接收购合同效力的争议，而围绕优先购买权是否具有穿透效力的焦点展开。以上两个案例实际上反映了法院在该问题上的观点差异。

在"上海外滩地王案"中，SOHO 中国在法院穿透形式的实质判断立场的压力下退场，本案中法院认为间接收购情形下持股主体发生实质性变化，导致公司人合性的破坏，因而需要适用优先购买权规范发挥保护公司人合性的规范意旨。在"南钢沙钢收购案"中，通过增资法人股东方式间接收购控制南钢钢联 40% 股权的中信集团，在收购战中挫败采取直接股权收购方式的沙钢。但是，本案对于公司原股东的优先购买权能否向间接收购的收购方穿透行使的问题并未给出答案。对中信集团成功间接收购南钢钢联"逻辑上的一瞬"进行分析，中信集团间接控制南钢钢联 40% 股权并未触发尚为公司股东的复星的优先购买权，此可理解为优先购买权不能行使，亦可理解为复星可以行使但放弃行使。在前种理解下，中信集团不受其他股东优先购买权行使的阻碍，当然可以顺利完成间接收购，成为南钢钢联 40% 股权的实际持有者，可对沙钢主张行使其优先购买权，此为形式认定一以贯之的结果。后种理解采取优先购买权可以穿透行使的解释路径，复星在可得行使而放弃行使优先购买权的情况下，中信集团顺理成章成为南钢钢联 40% 股权持有者，亦可得对沙钢主张行使其优先购买权。由于逻辑推演结果的相同，无法探知本案中法院在优先购买权能否穿透行使问题上的裁判观点。

在理论探讨中，有观点肯定"上海外滩地王案"中法院认为优先购买权可以穿透适用的实质裁判立场，有利于保护有限责任公司股东之间的合作信赖关系，避免间接收购后公司股东关系不合而导致公司僵局和无法运营的更大损失。

但是，大多数观点认为优先购买权不具有穿透效力，论证观点和角度各有不同，主要是基于以下角度进行说理。

其一，对优先购买权规范进行解释，间接收购不属于"向股东以外的人转让股权"的文义解释范围，间接收购中股权行使主体并未变更。

其二，对优先购买权规范的立法目的进行分析，基于有限公司"人合性"与股权自由转让的利益衡量展开。所谓"人合性"更准确来说应为"封闭性"，"人合性"是与"资合性"对立之概念，指公司的资产信用基础在于股东的个人条件，而"封闭性"与"开放性"为对立概念，强调公司股东之间的信赖合作关系不可轻易分割背弃。然优先购买权之规范目的并非单纯限制股权转让而严守有限公司的封闭性，其更是促进股权自由转让以及保护受转让方权益的利益平衡机制，股东优先购买权行使的"同等条件"，以及章程可另行约定降低股权转让限制都是对股权自由转让价值的彰显，优先购买权对股权转让的限制应仅适用于公司的直接股东之间，以避免对股权自由转让过多的约束。另有学者从公司作为合同概括转让的载体价值角度出发，认为公司法律制度的重要优势和基石之一就在于公司作为一个法律实体便利了合同群的捆绑转移，股权并购不影响目标公司合同权益这一原则不能被轻易穿透刺破，否则将造成难以想象的交易成本，即未来任何公司控制权转让时，都要考虑该公司所参股的子公司中其他股东的优先购买权是否行使的问题。[1]

其三，对优先购买权的性质分析，学界主流观点存在"附条件的形成权""期待权""请求权"的不同意见，无论何种学说，优先购买权之权利属性具有相对性，仅能向转让股权之直接股东主张，并不具有绝对排他性而可追及穿透适用于除公司直接股东之外的他人。

其四，从公司法人的独立人格来看，公司作为一个独立的法律实体，具有独立的财产权、民事权利能力和民事行为能力，是公司稳定发展和股东有限责任的基石，在间接收购法人股东形式未变更的情况下，不能轻易穿透公司人格追究实际控制人的变更。

本书认为，优先购买权不具有穿透效力，对优先购买权规范进行文义解释，优先购买权的适用情形仅为股权直接转让。对规范目的进行解释，无法得出在当事人没有另行约定的情况下，有限公司封闭性优于对股权自由转让的保护，应扩张适用至间接收购情形的结论。

4. 间接收购争议的解决路径

虽然优先购买权无法穿透适用于间接收购情形，但在间接收购中确实存在利益失衡局面，以及对其他股东救济的必要。收购方以间接收购方式规避优先购买权对公司股东信任关系的保护，导致公司的股权甚至控股权变更而公司其他股东却无计可施，有限公司的"封闭性"得不到任何程度的保护，不符合有限公司注重股东信赖的公司属性以及我国公司法对有限公司"封闭性"保护的价值选择。在此情形下，间接收购完成后可能会对公司股东信赖关系造成根本性颠覆，导致公司陷入僵局和无法运营的重大损失。当然，在一般情况下控股权转让属于控股股东对自己财产的处置不应受到限制，但在特殊情况下会对其他股东造成损害，如将控股权转移给公司资产"劫掠者"、出售公司管理职位以及侵占公司收购的集体机会。让留驻公司的原股东因转

---

[1]　彭冰：《股东优先购买权与间接收购的利益衡量——上海外滩地王案分析》，载《清华法学》2016年第1期。

让股东的不当行为独自承担不利后果并不合理，这也是为何间接收购方式广受争议和诟病的本质所在，此时需要救济机制保护间接收购情形下公司其他股东可能受到的损害。

4.1 股东权利保护的约定路径

2023 年《公司法》第 84 条第 3 款规定，公司章程可以对股权转让另行约定。故公司章程可以规定间接收购情形下优先购买权可以穿透行使。另外，也可以通过协议方式约定间接收购情形下优先购买权可以穿透行使，或约定控股权转让的其他限制条件。有学者在分析法定优先购买权不具有穿透效力的基础上，认为在当事人特别约定的情况下可穿透适用，进而提出了对此股权转让限制约定合理性的检验标准。[1]但需要注意的是，基于合同效力的相对性，控股权转让限制协议需要由目标公司股东的控制权人之间达成。例如，在"上海外滩地王案"中，法院认定，2010 年 4 月 25 日，证大房地产公司、复星集团、绿城合升曾经分别签订了《合作投资协议》，其中有这样的条款：除非本协议另有规定，未经对方事先书面同意，任何一方均不得全部或部分转让其在本协议项下的任何权利和义务。但是该协议的签订方证大房地产公司是实际控制人，根据协议其不得转让对海之门公司的控制权益，即所持有的证大五道口公司的全部股权。但另一签订方绿城合升并非实际控制人，真正的实控人嘉和公司并不受上述协议约束。因此，该协议并不能约束嘉和公司转让其持有的绿城合升全部股权的行为。

4.2 股东权利保护的法定路径

在当事人没有约定情况下，优先购买权规则无法妥当解决如"上海外滩地王案"及"南钢沙钢收购案"中的间接收购利益冲突问题。间接收购并非单纯的股权转让问题，其更是公司控股权的争夺。间接收购情形下，穿透形式主体发生的控制权人变化非优先购买权规范范畴所能涵盖。约束不当控股权转移行为，提供受损害股东救济渠道的意旨亦无法为优先购买权规范目的所包含。具体规则无法解决争议，应探讨一般条款之适用。在公司法规范体系下，间接收购情形之利益平衡与权利救济，在当事人没有另行约定的情况下，可以明确禁止股东权利滥用和股权回购等救济方式的具体适用。

---

[1] 郑彧：《股东优先购买权"穿透效力"的适用与限制》，载《中国法学》2015 年第 5 期。

问题 103 ▷ **2023 年《公司法》中，有限责任公司股权变动采取何种模式？股权变动的标志是什么？**

有限责任公司的股权变动模式问题是困扰我国公司法理论界和实务界多年的重大争议问题，形成了形式主义说、纯粹意思主义说、修正意思主义说等多种认识。形式主义说主张股权变动作为一种准物权行为，若按照物债二分原则，股权转让合同的生效并不会当然地发生股权变动，只是在合同当事人之间产生债的效果，股权之变动，除须有效的股权转让合同之外，还需一定的准物权行为。纯粹意思主义说认为有限责任公司的股权变动，只要出让人与受让人之间达成股权转让的合意，即存在有效的股权转让合同，即可发生股权转让的效力，受让人完全取得公司股东资格。修正意思主义说是指在纯粹意思主义说的基础上，基于对有限责任公司自身存在的特殊性考量，股权变动还需要公司意思的介入，征得公司同意。

关于有限责任公司股权变动模式，2018 年《公司法》未能对股权变动的效力规则进行具体明晰的规定，股权变动的效力规则存在"草色遥看近却无"的景象。[1]2023 年《公司法》第 86 条明确规定有限责任公司股权变动采形式主义说，以股东名册的变更记载作为股权变动的标志。

1. 有限责任公司股权变动的三种模式

1.1 形式主义模式

处分行为是指直接让与权利、变更权利内容、设定权利负担或废止权利之法律行为。[2]处分行为包括对物权进行处分的物权行为，以及对其他财产权利进行处分的准物权行为，如债权让与、著作财产权让与以及股权转让等。因此，股权转让作为一种准物权行为，若按照物债二分原则，股权转让合同的生效并不会当然发生股权变动，只是在合同当事人之间产生债的效果。股权之变动，除需有效的股权转让合同外，还需一定的准物权行为，此即形式主义模式核心观点。至于准物权行为究竟为何，学界存在多种主张，具体而言，主要包括以下几种。

（1）以内部登记为生效要件——股东名册变更记载

主张一以内部登记为股权变动的生效要件，是指出让人与受让人完成股

---

〔1〕　刘俊海：《论股权转让时的股权变动规则：契约自由、公司确认与登记公示的三重维度》，载《上海政法学院学报（法治论丛）》2022 年第 5 期。

〔2〕　朱庆育：《民法总论》，北京大学出版社 2016 年版，第 156 页。

权变动，当事人之间除需具备对股权转让达成一致合意的生效股权转让合同外，还需完成公司股东名册的变更登记，只有在股东名册的变更登记完成后，受让人才取得股权，成为公司的股东。[1]在斯某西等诉李某宝等损害股东利益责任纠纷一案中，最高人民法院则采股东名册变更生效主张，其认为："股权转让合同当事人之间的股权变动，应以股权的交付作为股权变动的认定标准，而非以股权转让款是否全部支付来认定。股东名册作为公司置备的记载股东个人信息和股权信息的法定簿册，具有权利推定效力。股权转让合同中，在证明权利归属的股东名册上进行记载的行为应视为股权交付行为。"[2]

在2023年《公司法》生效以前，主张以内部登记为生效要件的学者大多依据2018年《公司法》第32条第2款规定论证其主张，即"记载于股东名册的股东，可以依股东名册主张行使股东权利"。但是，亦有学者主张该款的用语为"可以"，即记载于股东名册上的股东，可以推定为股东主张股东权利，但未被记载于股东名册上的股东，并非就一定不是股东，即"记载于股东名册"为"取得股权"的充分不必要条件。[3]股东名册仅为认定股东资格的推定证据，而非源泉证据。[4]若立法有意将其作为充分必要条件，将股东名册变更记载作为股权变动的生效要件，那么立法应规定为"只有记载于股东名册的股东，才能行使股东权利"。[5]同时，我国公司法虽规定股东名册的置备是公司的一项法定义务，但未规定未置备情形下的处罚措施，缺乏有效监管，股东名册亦并非公司对外公司登记所需提交的文件。[6]因此，在实践中，公司股东名册名存实亡，不少公司并未置备股东名册。

（2）以外部登记为生效要件——变更公司登记

主张二以外部登记为股权变动的生效要件，是指出让人与受让人完成股权变动，当事人之间除需具备股权转让达成一致合意的生效的股权转让合同

---

〔1〕 张双根：《论有限责任公司股东资格的认定——以股东名册制度的建构为中心》，载《华东政法大学学报》2014年第5期；叶金强：《有限责任公司股权转让初探——兼论〈公司法〉第35条之修正》，载《河北法学》2005年第6期；陈立斌主编：《股权转让纠纷》，法律出版社2015年版，第53页。

〔2〕 斯某西等诉李某宝等损害股东利益责任纠纷案，最高人民法院（2017）最高法民申1513号民事判决书。

〔3〕 李建伟：《有限责任公司股权变动模式研究——以公司受通知与认可的程序构建为中心》，载《暨南学报（哲学社会科学版）》2012年第12期。

〔4〕 刘俊海：《论股权转让时的股权变动规则：契约自由、公司确认与登记公示的三重维度》，载《上海政法学院学报（法治论丛）》2022年第5期。

〔5〕 陈圣利：《有限责任公司股权转让模式的争论及评述》，载《河南财经政法大学学报》2022年第2期。

〔6〕 张双根：《论有限责任公司股东资格的认定——以股东名册制度的建构为中心》，载《华东政法大学学报》2014年第5期。

外，还需完成公司对外的公司登记变更，只有在变更公司登记后，受让人才取得股权，成为公司股东。[1]在"河南卫群公司与上海金丝猴公司民间借贷纠纷案"中，最高人民法院即采工商变更登记生效的主张，认为，上海金丝猴公司按照《增资扩股协议》约定履行了出资义务，但河南卫群公司未将其持有的河南卫原公司的股份变更登记至上海金丝猴公司名下，也未提交充分证据证明上海金丝猴公司已经成为河南卫原公司的隐名股东，在此情形下，其主张上海金丝猴公司已经成为河南卫原公司的股东缺乏事实依据和法律依据。[2]

外部登记生效主义在我国公司法立法规范层面即存在较大的问题。2023年《公司法》第34条第2款明确规定："公司登记事项未经登记或者未经变更登记，不得对抗善意相对人。"即公司登记仅具有对外部第三人的对抗效力，而非生效要件。

（3）以公司签发新的出资证明书为生效要件

主张三以签发出资证明书作为股权变动生效的形式要件，即有限责任公司股权变动除需要有当事人之间有效的股权变动合同外，还需要公司向新股东签发新的出资证明书，股权方发生变动。股东名册的变更与公司登记变更分别是股权转让的内部对抗要件和外部对抗要件。

但是，有限责任公司所签发的出资证明书为证权证书，缺乏设权效力，且不具备相应的流通性，需要由公司向受让股东进行签发。因此，出资证明书并不具备作为股权变动形式要件的条件。

1.2 纯粹意思主义模式

纯粹意思主义认为，有限责任公司的股权转让，只要出让人与受让人之间达成股权转让的合意，即存在有效的股权转让合同，即可发生股权转让的效力，受让人完全取得公司股东资格。[3]在李某华与宋某、蔡某周等股权转让纠纷一案中，湖南省永州市中级人民法院即采合同成立生效主张，认为："本案《股权转让协议书》的合同目的为取得股权，取得股权并不以股权变更登记为必要条件，双方在签订《股权转让协议书》后，李某已经取得股权，涉案股权变更登记是否完成不影响《股权转让协议书》的合同目的的实现。"[4]

---

〔1〕 赵旭东、邹学庚：《股权变动模式的比较研究与中国方案》，载《法律适用》2021年第7期。

〔2〕 河南省卫群多品种盐有限公司与上海金丝猴集团有限公司民间借贷纠纷案，最高人民法院（2021）最高法民申5094号民事判决书。

〔3〕 张双根：《论股权让与的意思主义构成》，载《中外法学》2019年第6期。

〔4〕 李某华与宋某、蔡某周等股权转让纠纷案，湖南省永州市中级人民法院（2024）湘11民终417号民事判决书。

纯粹意思主义模式下，仅需有效的股权转让合意即可发生股权的变动，最大程度尊重了出让人与受让人之间的意思自治，虽避免了形式主义模式下公司主导股权变动，但又完全忽视了公司的意思。在合同相对性下，单凭一个合同即可使得公司对受让人承担义务缺乏正当性，也不符合商法的外观主义原则。[1]同时，纯粹意思主义模式完全排除了公司所享有的正当的异议权，股权变动因股权转让合同的生效而生效，在股权转让侵害其他股东的优先购买权、违背公司章程的相关规定时，此时公司对此种侵害行为只能通过否定协议效力的方式实施事后救济。[2]

1.3 修正意思主义模式

修正意思主义模式是指在纯粹意思主义的基础上，基于对有限责任公司自身存在的特殊性考量，有限责任公司股权变动应当介入公司意思，通知公司方可发生股权变动效力。

主张有限责任公司股权变动需要介入公司意思的学者认为，首先，公司是股权的权利义务主体，股权实际上涉及三方主体，即出让人、受让人与公司。若股权转让合同的生效即可发生股权变动，则公司此时对新股东需负担相应的义务，但根据合同相对性原则，仅凭一个转让合同即可使公司对第三人负担一定义务缺乏合理性。尤其在两权分离不明显的有限责任公司，股东多半还将作为公司的经营管理者，与公司息息相关。[3]因此，有限责任公司股权变动应当介入公司意思，通知公司乃至赋予公司以同意权。

2. 2023 年《公司法》采形式主义模式，以股东名册变更记载为有限责任公司股权变动标志

2023 年《公司法》第 86 条第 2 款规定："股权转让的，受让人自记载于股东名册时起可以向公司主张行使股东权利。"该条进一步明确了以股东名册变更为股权移转的标志。股东名册具有确定股东身份的效力，记载于股东名册的股东可依股东名册向公司主张行使股东权利。可见，我国公司法系以股东名册作为股权变动的生效要件，公司变更股东名册后，受让人才真正取得股权。自记载于股东名册开始，股权才在真正意义上发生变动。此即股东名册的确定效力、推定效力，即实质上的权利人在尚未完成股东名册的登记或

---

〔1〕 李建伟：《有限责任公司股权变动模式研究——以公司受通知与认可的程序构建为中心》，载《暨南学报（哲学社会科学版）》2012 年第 12 期。

〔2〕 蔡慧永：《有限责任公司股权转让效力研究》，人民法院出版社 2020 年版，第 111 页。

〔3〕 赵威：《股权转让研究》，中国政法大学出版社 2017 年版，第 66-67 页。

者名义变更前，不能对抗公司，只有在完成股东名册的登记或者名义变更后，才能成为对公司行使股东权利的人。[1]

凭股东名册发生股权变动的观点不仅是我国公司法所持的立场，也是最高人民法院在《九民纪要》等文件以及司法裁判中的态度。《九民纪要》第8条规定："当事人之间转让有限责任公司股权，受让人以其姓名或者名称已记载于股东名册为由主张其已经取得股权的，人民法院依法予以支持，但法律、行政法规规定应当办理批准手续生效的股权转让除外。未向公司登记机关办理股权变更登记的，不得对抗善意相对人。"对此，《〈全国法院民商事审判工作会议纪要〉理解与适用》一书指出："受让人取得股权是股权转让合同与股东名册变更共同作用的结果，而股东名册的变更是受让人取得股权的标志。"[2]

但是，不可否认的是，2018年《公司法》虽业已规定股东名册的置备是公司的一项法定义务，但因缺乏有效的监管，已有的实证调查数据表明，我国5200万家存量的有限公司内部置备股东名册的少之又少，立法却以其变更记载为股权变动要件，恐有空中楼阁之虞。[3]因此，不少学者对以股东名册作为有限责任公司股权变动的标志多有诟病。本书认为，2023年《公司法》第86条明确股东名册在股权转让中的地位，有利于解决上述股东名册名存实亡的问题。出于诚信缔约原则，无论出让股东或是受让股东，无人希望股权转让存在效力瑕疵。因此，受让股东可要求出让股东请求公司变更股东名册以确保其股权受让无瑕疵，出让股东为了自身能够脱离该公司亦会积极请求公司变更股东名册，而此种主张正是会倒逼公司注重股东名册的制定，从而保障公司的正常运行。并且，2023年《公司法》第86条亦赋予了出让股东与受让股东在公司无股东名册或不依法变更股东名册记载时的诉讼权利，即"公司拒绝或者在合理期限内不予答复的，转让人、受让人可以依法向人民法院提起诉讼"。

同时，对于股东名册的审查原则应当坚持实质重于形式，在公司无股东名册时，应当综合其他材料综合确定股东身份。[4]实践中，对于股东较稳定但管理不规范的小公司而言，大多数都存在股东名册虚设甚至根本未设立股

---

〔1〕 王瑞贺主编：《中华人民共和国公司法释义》，法律出版社2024年版，第125页。

〔2〕 最高人民法院民事审判第二庭编著：《〈全国法院民商事审判工作会议纪要〉理解与适用》，人民法院出版社2019年版，第135页。

〔3〕 李建伟主编：《公司法评注》，法律出版社2024年版，第404页。

〔4〕 王长军等：《股东名册与股权变动——新公司法第八十六条规定的意义、影响与应对》，载《人民司法》2024年第13期。

东名册的情况。考虑到将受让方记载于股东名册是为了证明公司对于股权转让的认可，在以股东名册作为认定股权变动的依据时，还应注重对公司文件的审查，而非一定要以格式化的股东名册为准。对于那些根本没有设置股东名册的公司，显然不能仅以缺乏股东名册的记载否认股东的资格，而应结合公司章程、会议纪要、公司注册资料及公司财务凭据等证据审查公司是否知晓并认可受让方为新股东。

问题 104 ▶ 以股东名册作为股权变动的标志，将对实务产生何种影响？

2023 年《公司法》第 86 条第 2 款明确有限责任公司股权变动的生效标志为公司股东名册的变更记载，该条规定打破了多年以来我国学界和实务界对于有限责任公司股权变动生效要件的巨大争议，为司法裁判提供了一条明晰的裁决路径。同时，亦对涉及股权转让的相关规则产生了新的影响。

1. 有限责任公司股权变动时点的司法裁判规则应当统一

如前所述，有关有限责任公司股权变动模式，学界主要存在形式主义说、纯粹意思主义说、修正意思主义说等多种认识，未能统一，司法实践亦是如此。司法实践中，关于有限责任公司股权变动的生效要件，采合同成立生效与工商变更登记生效的裁判居多数，分别占到 48.72% 和 41.03%，只有10.26% 的少数判决以股东名册变更作为股权转让生效节点。[1]据此可知，司法实践中有关有限责任公司股权变动时点的判断裁决不一，造成众多同案不同判，类案不类判的情形，我国公司法明确以股东名册作为股权变动的标志，有利于司法裁判规则的统一。

2. 公司应当积极置备股东名册

2018 年《公司法》虽业已规定股东名册的置备是公司的一项法定义务，但因未明确规定股东名册的制度功能，缺乏有效的监管，公司重视程度不够，有限责任公司股东名册置备名存实亡。[2]2023 年《公司法》明确以"股东名册的变更记载"作为有限责任公司股权变动的时点，为避免有限责任公司股

---

〔1〕 王逸等：《一股多买纠纷案例统计》（北京大学 2020 年企业与公司法课程 PPT），转引自蒋大兴：《合意型股权变动的法律结构——"多重买卖"与股权变动预告登记》，载《清华法学》2021年第 3 期。

〔2〕 蒋大兴：《公共信息的回归路径？——股东名册和营业执照保管的乌托邦》，载《河北法学》2005 年第 10 期。

权变动纠纷频发，允许公司出让股东与受让股东的合法权益，以及公司法关于有限责任公司股权变动规则的落地实施，有限责任公司应当积极置备股东名册，落实股权转让相关规则，营造良好的股权流通环境。

3. 一股二卖情形下受让股东应当审查并变更股东名册记载

股东将股权转让并变更股东名册后，在未进行变更工商登记的情况下，又将该股权转让或质押给他人，致使第一受让人与第二受让人或质权人之间发生权利冲突，如何解决？根据 2023 年《公司法》第 86 条规定，自股东名册变更之时受让人即取得股东资格，谁先记载于股东名册，谁成为公司股东。因此，若第二受让人未完成股东名册变更，则不符合《民法典》第 311 条善意取得的第三个要件，未完成登记或交付。[1]并且，第二受让股东负有审查股东名册的义务，否则不构成善意，事实上，在审查股东名册后，此时第二受让股东的善意几乎没有存在的空间。

4. 查封冻结股权应当首先保全股东名册

《最高人民法院关于人民法院强制执行股权若干问题的规定》第 4 条第 1 款规定："人民法院可以冻结下列资料或者信息之一载明的属于被执行人的股权：（一）股权所在公司的章程、股东名册等资料；（二）公司登记机关的登记、备案信息；（三）国家企业信用信息公示系统的公示信息。"该款本质上采用多元化判断标准，即只要公司章程、股东名册、公司登记机关的登记备案信息、国家企业信用信息公示系统的公示信息之一载明被执行人为股东，人民法院即可予以冻结。由于 2023 年《公司法》明确股东名册变更记载为有限责任公司股权转让的必要条件，根据该条规定，首先应当保全股东名册而非工商登记，以规避股权的变动。

5. 股权强制执行程序应当包括股东名册的变更

根据《最高人民法院关于人民法院强制执行股权若干问题的规定》第 2 条规定，被执行人是公司股东的，人民法院可以强制执行其在公司持有的股权，但不得直接执行公司的财产。在强制拍卖股权后，买受人可以持人民法院的执行裁定书要求公司办理股东名册变更和公司登记信息变更；若公司拒绝办理的，人民法院可以向公司送达协助执行通知书，强制要求其办理。

---

〔1〕　刘贵祥：《关于新公司法适用中的若干问题》，载《法律适用》2024 年第 6 期。

问题 105 ▷ 我国大多数公司没有置备规范的股东名册，应当如何进行规范的股东名册管理？

股东名册是公司治理过程中重要的书面文件，对于明确股东与公司之间的股权关系、保障股东对公司知情权具有重要的意义，尤其在 2023 年《公司法》第 86 条第 2 款明确了有限责任公司股权变动的生效标志为公司股东名册的变更记载，进一步强化了股东名册的重要地位。置备股东名册是公司的一项法定义务，但实践中，多数公司并未置备规范的股东名册，由此引发了大量的纠纷。公司进行规范的股东名册管理，应当注意以下几点。

1. 明确股东名册置备主体

2018 年《公司法》虽业已规定股东名册的置备是公司的一项法定义务，但实践中，多数公司往往并未置备股东名册。之所以出现股东名册缺位问题，与我国公司法常年来仅规定"公司应当置备股东名册"，却并未明确股东名册置备的义务主体以及未履行股东名册置备义务的法律责任有关，以至于该法定义务并未发挥出其应有的作用。因此，明确公司股东名册的置备主体及其责任义务是规范进行股东名册管理的首要任务。

多数学者主张，公司股东名册应当由董事会置备，这是董事会履行公司管理职能的一个重要方面。[1]具体承担管理职责的可以是公司董事会秘书，未设置董事会秘书的就应当由公司董事长承担责任。[2]本书认同此种观点，董事会作为公司的权力核心，由其承担股东名册置备义务更为妥当。特别是在股权转让、股权代持等情形下，股权的变动和股东显名等需要公司意思的参与，而董事会为作出公司意思的应然主体，由其承担该项职责更符合股权转让的逻辑。

2. 细化股东名册记载事项

2023 年《公司法》第 56 条、第 102 条分别规定了有限责任公司与股份有限公司股东名册的记载事项。有限责任公司股东名册记载事项包括：股东的姓名或名称及住所；股东认缴和实缴的出资额、出资方式和出资日期；出资证明书编号；取得和丧失股东资格的日期。相应的，股份有限公司股东名册应记载：股东的姓名或者名称及住所；各股东所认购的股份种类及股份数；发行纸面形

---

〔1〕 王长军等：《股东名册与股权变动——新公司法第八十六条规定的意义、影响与应对》，载《人民司法》2024 年第 13 期。

〔2〕 王志刚：《新公司法下，如何做好股东名册管理？》，载《董事会》2024 年第 9 期。

式的股票的编号；各股东取得股份的日期。对于上述必要记载事项，公司应当完整准确记载，发生变更时及时更新，确保股东名册的准确性与真实性。

3. 引进股东名册受托管理人制度

从节约公司董事会精力的视角考量，可将复杂专业的股权管理、股务事务进行外包，委托给专门的独立第三方托管。[1]考察域外法，各国多存在较为普遍的股东名册受托管理人制度。例如，《日本公司法》第 123 条规定，股份有限公司可以按章程规定设置股东名册管理人（指代理股份有限公司处理股东名册的制作、置备及其他有关股东名册事务的人），并委托处理该事务。[2]允许公司董事会将股东名册委托专业的管理机构进行管理，除可以节约公司管理层精力外，更重要的原因是增强公司股东对股东名册的信赖。若将股东名册交由本身与其存在利害关系的公司自身置备并保管，加之我国股东名册无需交由登记机关进行备案，那么如何让身处公司管理之外的股东相信其会善意保管、公平保管、妥善保管呢？[3]如此之下，股东名册的准确性以及信息的及时性都无法得到保障。相反，将股东名册的置备管理交由外部的独立专业机构管理，可以更大程度地保障股东名册信息的准确性与真实性。

4. 保障股东对股东名册的查阅权、复制权

2023 年《公司法》第 57 条新增有限责任公司股东对公司股东名册的查阅权及复制权，至此有限责任公司股东与股份有限公司股东均对公司股东名册享有知情权。这进一步保障了股东对股东名册的监督作用，能够督促公司积极置备股东名册，确保股东名册信息的准确性及真实性。因此，出于股东对公司股东名册的监督作用，维护公司股东名册的规范性，应当保障股东对股东名册的查阅权、复制权，以发挥其应有的监督功能。

问题 106 ▷ **未届出资期限的股权转让，转让人所承担的补充责任是什么样的责任形态？是否考虑股权转让时间和债权形成时间，是否存在数额、顺位等方面的限制？**

2013 年《公司法》修正时，立法者虽引入了注册资本认缴制，但并未对

---

[1] 傅曦林：《股东名册受托管理人制度初探》，载《学术论坛》2009 年第 1 期。

[2] 吴建斌编译：《日本公司法：附经典判例》，法律出版社 2017 年版，第 57 页。

[3] 蒋大兴：《公共信息的回归路径？——股东名册和营业执照保管的乌托邦》，载《河北法学》2005 年第 10 期。

未届出资期限股权转让的法律责任作出规定。《九民纪要》虽对股东出资义务加速到期问题有所规定，但同样未涉及未届出资期限股权转让的法律责任。2021年《公司法（修订草案一审稿）》第89条第1款规定："股东转让已认缴出资但未届缴资期限的股权的，由受让人承担缴纳该出资的义务。"此后，《公司法（修订草案二审稿）》和《公司法（修订草案三审稿）》在一审稿的基础上，进一步增加了转让人（出让人）对受让人未按期缴纳的出资承担补充责任的规定，这一规定最终被纳入2023年《公司法》第88条第1款。然而，尽管该条款明确了转让人对受让人未届期缴纳的股款承担补充责任，但并未对补充责任的具体形态及其是否应受股权转让时间、债权形成时间、数额及顺位等因素的限制作出进一步规定。

1. 未届期股权转让责任的理论与实践争议

1.1 转让人补充责任的责任形态之争议

在转让人所承担的补充责任的责任形态这一问题上，学者们存在不同的认识，有学者认为此责任之形态系不完全免责的债务承担，另有学者认为其系补充担保责任。

持不完全免责的债务承担说的观点认为，先由新债务人承担责任，若其不能履行，则由原债务人承担补充责任。持转让人承担的补充责任系不完全免责的债务承担观点的学者认为，免责的债务承担和并存的债务承担系人为划分的产物，在二者之外，当事人亦可以合意创设新的责任形式，可以以不完全免责的债务承担解释出让人的补充责任。但该学者也强调，转让人的补充责任与不完全免责的债务承担并无完全一致。[1]

认可转让人补充责任系补充担保责任的学者认为转让人承担确保转让股权行为不增加公司信用风险的义务，在担任股东期间对公司负有促进公司经营等股东责任，且对选择受让人负有注意义务，故应令转让人对其转让股权前形成的债务承担补充担保责任。[2]

1.2 股权转让时间和债权形成时间的争议

在转让人所承担的补充责任是否存在股权转让时间、债权形成时间方面限制这一问题上，学者们观点尚存分歧。

认可转让人承担的补充责任存在时间限制的学者，主要是从转让人是否

〔1〕 王毓莹：《论未届期股权转让的责任承担》，载《中国应用法学》2024年第3期。

〔2〕 范健、杨金铭：《出资未届期股权转让后的责任承担研究——兼论新〈公司法〉理解及适用中的理念与原则》，载《经贸法律评论》2024年第4期。

具有长期监督能力方面加以论述。例如，有学者认为可能存在多次转让股权的情况，且转让人不具备长期监督受让人出资能力的能力，为避免形成过长的责任链条，可以借鉴域外法有关转让人承担补充责任的时间限制，限制转让人承担补充责任的时间。[1]另有学者认为基于商事外观主义，交易时债权人信赖的是交易时被记载于工商登记簿、股东名册的股东的出资承诺和出资能力，若要求转让人在转让股权后依然要承担补充责任，则与交易风险控制理论相悖，故债权形成时间可以作为归责考量因素。[2]司法实践中，有的裁判认为若股权转让发生在公司债务产生后，则转让人对公司债务承担补充责任，以青岛某某国际工贸有限公司、耿某等股东损害公司债权人利益责任纠纷一案为例，无锡市中级人民法院认为："某丙公司的初始股东耿某于 2021 年 3 月 8 日将其 450 万元出资额转让给徐某，以及徐某于 2021 年 4 月 19 日又将其 499.5 万元出资额转让给某甲公司的行为，均是在出资期限届至前将股权转让，且均发生于某乙公司与某丙公司发生业务往来产生债务之后，其转让股权不能排除存在逃避债务的可能。因此，在本案符合股东出资加速到期条件的情况下，耿某、徐某虽然已经将股份转让，但仍需对转让之前的公司债务承担相应的股东出资责任，其应分别在未出资范围内对受让股东的相关责任承担补充赔偿责任。"[3]

否认转让人承担的补充责任存在时间限制的学者系从出让人认缴承诺的意思、资本维持之必要、债权人信赖的是公司信用而非股东信用等角度出发，对此问题加以论述。例如，有学者认为基于出让人认缴承诺履行维护的需要和维护资本充实的要求，不应当对出让人补充责任作时间限制。[4]亦有学者认为，转让人在债权形成之前转让股权无需承担责任，反之则需要承担责任的观点值得商榷，因为公司债权人与公司交易的时候信赖的是公司的信用而非股东个人的信用，故区分债权形成时间认定转让人的责任并不合理。[5]

1.3 责任数额、顺位等争议

在转让人所承担的补充责任是否存在数额或顺位方面限制这一问题上，

---

〔1〕泽君茹：《出资责任新样态的适用困境及其破解——评未届期出资股权转让后的补充责任》，载《北京理工大学学报（社会科学版）》2024 年第 3 期。

〔2〕参见魏丹、唐荣娜：《论未届期股权转让后的出资责任归属——以新〈公司法〉第 88 条第 1 款为研究对象》，载《经贸法律评论》2024 年第 5 期。

〔3〕（2024）苏 02 民终 2961 号民事判决书。

〔4〕薛波：《论出资未届期股权转让出让人的补充责任——新〈公司法〉第八十八条第一款的解释论》，载《学术论坛》2024 年第 2 期。

〔5〕王东光：《论股权转让人对公司债权人的补充责任》，载《法律科学（西北政法大学学报）》2020 年第 2 期。

学者们亦存在不同见解。

认为补充责任存在数额、顺位方面限制的学者和判决并不少见。有学者认为补充责任具有顺序性，公司或者债权人请求转让人承担补充责任时，需要依据顺序依次向前手转让人主张责任。[1]有学者主张补充责任额度应受两方面的限制：其一为股权转让合同约定的未届期出资义务范围，其二为受让人未按期足额缴纳的出资部分。[2]在司法裁判方面，同样有法院认可补充责任需要受到数额或顺位方面限制，有的裁判认为转让人承担补充责任的范围限定在股权转让的范围之内，以吴某某等与四川某有限责任公司等股东损害公司债权人利益责任纠纷一案为例，四川省高级人民法院即持此观点："根据《公司法》第88条第1款……黄某某、向某某甲、吴某某、曾某某作为转让方应当在股权转让范围内对受让人毛某某未按期缴纳的出资承担补充责任。"[3]亦有裁判认为转让人承担补充责任的范围应限定在其认缴出资的范围之内。[4]

否认转让人补充责任存在顺位方面限制的学者认为补充责任的适用前提系强制执行前手股东财产而不能清偿债务，此已体现对转让人退出自由的保护，故在依文义解释方法无法对2023年《公司法》第88条解释出补充责任的顺序承担规则的情况下，也没有续造补充责任顺序承担规则的必要。[5]

2. 转让人补充责任系法定担保责任，此责任虽存在数额、顺位等方面的限制，但不受股权转让时间和债权形成时间限制

2.1 转让人补充责任的形态系法定担保责任

事实上，转让人之补充责任是公司法为保障公司资本充实利益而作出的政策选择，应将其阐释为一种资本充实责任中的法定担保责任。广义出资责任样态多元，既包括股东对股东的责任，又包括股东对公司的责任，而后者主要是指资本充实责任。资本充实的原义是"发起人对自己违反出资义务的行为承担出资责任，并对公司资本的充实相互承担出资担保责任"，[6]公司法

〔1〕林一英：《未缴纳出资股权转让的责任规则构建》，载《环球法律评论》2024年第1期。
〔2〕薛波：《论出资未届期股权转让出让人的补充责任——新〈公司法〉第八十八条第一款的解释论》，载《学术论坛》2024年第2期。
〔3〕（2024）川民申6438号民事裁定书。
〔4〕（2024）沪0115民初54401号民事判决书。
〔5〕赵旭东、陈萱：《论未出资股权转让后的出资责任——新〈公司法〉第88条的正当性与适用解读》，载《交大法学》2024年第5期。
〔6〕赵旭东主编：《公司法学》，高等教育出版社2015年版，第192页。

为防止转让人利用未届期股权转让逃避出资义务，扩张了资本充实责任的责任主体，不再拘泥于公司发起人间承担连带缴纳出资的责任，而是法定拟制在未届期股权转让中，转让人与受让人之间形成出资担保关系。转让人认缴出资之承诺，亦包含未届期股权转让后对受让人按期足额履行出资义务进行担保，以证明其不具有逃避出资之故意。当出资期限届满后，受让人仍未按期足额出资的，转让人作为对该部分出资的担保人理应承担补充责任。可见，只有将其补充责任解释为法定担保责任，才符合转让人第二顺位出资义务人之地位。

2.2 转让人补充责任存在数额、顺位等方面的限制

既然将转让人承担的补充责任认为是一种法定担保责任，那么此担保是否与《民法典》中一般担保完全相同呢，此担保是否也受债务数额、顺位等方面的限制呢？本书认为，此担保责任依然受数额、顺位方面的限制。

之所以担保责任受数额、顺位方面的限制，一是因为担保的从属性以及转让人认缴出资之承诺限于一定的数额，即担保责任存在数额方面的限制；二是因为转让人补充责任的顺位关系可以适度缓和责任规制对股权流转的负面影响，法定期限是限制转让人责任的重要手段，亦可平衡转让人利益与公司利益，并对股权交易效力稳定提供重要保障。2023 年《公司法》并未像前文提及的大陆法系国家立法一般，对转让人责任设置法定期限，为平衡相关主体的利益，应当对转让人补充责任的顺位予以限制：其一，转让人责任须以受让人不能承担出资责任为前提；其二，公司未向受让人追缴出资，而直接以转让人为被告提起诉讼的，转让人依其责任顺位享有先诉抗辩权；其三，在未届期股权历经多次转让的情形下，受让人不能履行出资义务，公司须按顺序逐一要求历次转让人承担责任。

2.3 转让人补充责任不受股权转让时间和债权形成时间限制

比较法上，德国法规定出资未实缴股份转让后，不仅受让人负有缴清所有款项的义务，而且 2 年内持有过未实缴股份的前手股东同样负有缴清股款的义务，[1] 除此之外，《德国股份公司法》第 65 条还规定在后手转让人承担责任的情况下，在前的转让人才承担责任。法国法规定在股权转让后 2 年内，转让人与受让人、认股人对未缴纳的股款承担连带缴纳责任。[2] 意大利法虽规定转让人和受让人对尚未缴纳的股款承担连带缴纳责任，但是规定了 3 年

---

〔1〕［德］托马斯·莱塞尔、吕迪格·法伊尔:《德国资合公司法（上）》，高旭军等译，上海人民出版社 2019 年版，第 144 页。

〔2〕《法国商法典》，金邦贵译，中国法制出版社 2000 年版，第 210 页。

的脱责期。[1]《日本公司法》第 586 条规定份额公司中的转让人仍在以前责任的范围内承担清偿该债务的责任，但该责任对在同款规定的登记后的 2 年内未提出请求或者未进行请求预告的份额公司的债权人，在该登记后经过 2 年时消灭。

虽然转让人承担的补充责任的责任形态是法定担保且转让人享有类似一般保证人享有的先诉抗辩权，但是在是否受到期限限制这一方面，转让人承担的补充责任与一般保证并不一样。

一方面，就补充责任是否受到股权转让时间限制而言，前文提及的譬如德国法和日本法在资本缴纳环节采用的是全额实缴制或最低资本额制，并未在资本缴纳环节设置期限。我国公司法在资本缴纳环节采用的是限期认缴制且未规定最低资本额，因此，立法者为确保股东出资到位，实现公司资本充实，未对转让人的补充责任设置期限限制。但由于 2023 年《公司法》第 88 条系最长不超过 5 年的限期认缴制的配套规定，实际上转让人责任到期的时点最长不会超过 5 年。

另一方面，就补充责任是否受到债权形成时间限制而言，需要考察债权人是否系转让人向公司承担补充责任这一法律关系中的权利主体，可以从以下两方面对此问题进行分析：首先，从法律关系角度析之，公司债权人始终仅与具有独立人格的公司形成债权债务关系，公司与股权转让双方间存在直接利害关系，除发生法定事由外，公司债权人不能随意穿透公司人格直面股东。其次，从实践运行角度观之，允许公司债权人超越公司实体直索股东出资的做法，本质上系资本信用理念的产物。债权人债权实现应首先取决于公司的实际清偿能力，以公司资产发挥对公司债务的担保与清偿作用，当公司不能清偿债务时，公司法提供的救济手段是允许债权人提出股东出资义务加速到期。但是，加速到期的对象也仅限于"已认缴但未届出资期限的股东"，并不包括此前已通过股权转让退出公司的转让人。故转让人承担的补充责任不受股权转让时间、债权形成时间的限制。

问题 107 ▷ 未届出资期限的股权转让，转让人承担补充责任后有无追偿权？

在 2023 年《公司法》修订前，我国公司法并未对未届出资期限股权转让的法律责任作出明确规定。修订后的 2023 年《公司法》第 88 条第 1 款虽然

---

[1]《意大利民法典》，陈国柱译，中国人民大学出版社 2010 年版，第 389 页。

规定，转让人需对受让人未按期缴纳的出资承担补充责任，但并未明确转让人在承担补充责任后是否享有向受让人追偿的权利。因此，未届出资期限的股权转让中，转让人承担补充责任后是否享有追偿权，仍需进一步探讨。

1. 转让人承担补充责任后有无追偿权存在争议

根据追偿权产生方式的不同，可以把追偿权区分为依据当事人约定的追偿权和依据法律规定产生的追偿权。对于前者，大多数学者均认可当事人可以约定转让人承担补充责任后有权向受让人追偿；[1]对于后者，争议颇大。以下将以转让人与受让人是否就追偿权存在约定作为区分标准，分别阐述在有明确约定和无约定两种情形下，学界对于转让人在承担补充责任后能否享有追偿权的不同见解。

1.1 无约定情况下有追偿权之观点

支持转让人享有追偿权的学者，主要是从转让人承担的补充责任的形态系担保责任、维护法律规范的统一、促进交易公平和股权流转等角度进行说理。有学者认为转让人承担的补充责任系补充担保责任，转让人承担补充责任后可以依据权利与义务相一致的原则取得受让人未缴纳出资的股权，如果转让人不主张此项权利，那么转让人对受让人享有追偿权，可以在其承担的担保责任范围内向受让人追偿。[2]有学者认为，《民法典》中涉及补充责任的条款明文规定追偿权，且属于股权转让后出资责任分配领域的《公司法司法解释（三）》第18条同样规定了追偿权，为维护法律表述的统一，在立法论上应当肯定无约定时转让人的追偿权。[3]还有学者认为，不承认转让人的追偿权，既违背了商事公平原则，也会削弱股东转让未到期股权的积极性。具体而言，在未到期股权转让中，成交价格通常已剔除了未缴出资部分的股权价值，导致转让人不仅无利可图，还需承担补充责任却无权追偿，这显然有违商事公平原则；从另一方面来看，若转让人在承担补充责任后仍无法追偿，这无疑会挫伤股东转让股权的积极性。[4]

---

〔1〕 赵旭东、陈萱：《论未出资股权转让后的出资责任——新〈公司法〉第88条的正当性与适用解读》，载《交大法学》2024年第5期。

〔2〕 范健、杨金铭：《出资未届期股权转让后的责任承担研究——兼论新〈公司法〉理解及适用中的理念与原则》，载《经贸法律评论》2024年第4期。

〔3〕 泽君茹：《出资责任新样态的适用困境及其破解——评未届期出资股权转让后的补充责任》，载《北京理工大学学报（社会科学版）》2024年第3期。

〔4〕 王毓莹：《论未届期股权转让的责任承担》，载《中国应用法学》2024年第3期。

1.2 无约定情况下无追偿权之观点

反对转让人享有追偿权的学者，主要是从转让人承担补充责任的立法目的这一角度出发进行论述的。有学者指出，如果承认转让人在承担补充责任后仍享有追偿权，那么这意味着转让人在股权交易中无需谨慎处理股权转让事宜，甚至通过股权转让来规避出资责任，从而无法实现要求转让人承担补充责任的立法目的。就转让人利益保护而言，可以通过先诉抗辩权、时间限制规则、"切断"规则等方式保护转让人的预期利益。[1]

2. 转让人承担补充责任后享有追偿权

2.1 转让人可以与受让人约定追偿权

未届期的股权转让，双方若有约定，则转让人承担补充责任后享有追偿权。虽然公司法规定了转让人与受让人之间的责任，但并不排斥股权转让双方内部对出资责任约定的效力，转让方可以与受让方在合同中作出相应的约定，该约定可以被解释为转让人与受让人就追偿权作出了约定。[2]

2.2 无约定情况下转让人承担补充责任后亦享有追偿权

在无约定的情况下，同样应当肯定转让人的追偿权：

第一，转让人承担补充责任的责任形态类似于法定的保证责任，那么转让人在承担补充责任后取得类似于保证人承担保证责任后享有的追偿权。

第二，转让人承担补充责任或连带责任的立法旨趣，不仅旨在捍卫公司资本的充盈与稳固，更在于精心构筑转让人与受让人之间和谐有序的法律纽带。在瑕疵股权转让的情境中，转让人无疑深知该股权潜藏瑕疵，即便在与受让人共同承担连带出资责任后，仍有权向受让人进行追偿。相比之下，在未届期股权转让的情形里，由于彼时仍享有期限利益的保护，转让人的主观恶意相较于瑕疵股权转让中的受让人显然较轻。倘若否认转让人在此情形下的追偿权，无疑会使其背负的责任重于那些主观恶意更深的瑕疵出资股权转让中的受让人，这显然有失公允。

第三，承认转让人在承担补充责任后享有追偿权，无疑能够最大限度地降低股权转让的成本，同时有力保障股东的退出自由。尽管有学者提议，可以通过设定时间限制和采用"切断"规则来维护转让人的预期利益，但鉴于

---

〔1〕 赵旭东、陈萱：《论未出资股权转让后的出资责任——新〈公司法〉第 88 条的正当性与适用解读》，载《交大法学》2024 年第 5 期。

〔2〕 刘斌编著：《新公司法注释全书》，中国法制出版社 2024 年版，第 396 页。

我国资本缴纳制度与德国法、日本法之间存在着显著差异，我国法律不宜贸然采纳时间限制的规则。同时，从我国法中亦难以直接解释出"切断"规则。[1]

因此，转让人追偿权的替代制度在我国目前尚不成熟。为了妥善平衡转让人与受让人的利益，应当承认转让人在承担补充责任后享有追偿权。

问题 108 ▷ **2023 年《公司法》第 88 条是否可以溯及适用？**

2023 年《公司法》修订时，立法者在第 88 条第 1 款和第 2 款中分别规定了未届期股权转让和出资瑕疵股权转让的法律责任，其中前者系新增条款，后者源于《公司法司法解释（三）》第 18 条。自 2024 年 7 月 1 日《公司法》正式施行以来，直至 2024 年年末，关于第 88 条这一新法规范是否具有溯及力的问题，始终存在争议。根据立法机关的备案审查和最高人民法院的批复文件，2023 年《公司法》第 88 条第 1 款不具备溯及既往的效力，而第 2 款则不存在溯及适用的问题。

1. 2023 年《公司法》第 88 条溯及力问题争议始末

1.1 2023 年《公司法》第 88 条的溯及力争议

2024 年 7 月 1 日，与 2023 年《公司法》同日起施行的《最高人民法院关于适用〈中华人民共和国公司法〉时间效力的若干规定》（以下简称《公司法时间效力司法解释》）第 4 条第 1 项，赋予 2023 年《公司法》第 88 条第 1 款以溯及力，但该司法解释并未对第 88 条第 2 款的溯及力问题作出规定。2024 年 10 月，最高人民法院民事审判第二庭编著的《中华人民共和国公司法理解与适用（上）》以"空白溯及"的原理论证 2023 年《公司法》第 88 条第 1 款具有溯及力的合理性。[2]然而，这一观点却产生了巨大争议。

认可 2023 年《公司法》第 88 条第 1 款具有溯及力的学者，主要是从代位权、空白溯及、在此问题之下当事人对原《公司法》无合理预期等角度进行论述。有学者认为债权人能够依据代位权请求股权转让双方承担责任，该请求属于 2023 年《公司法》第 88 条第 1 款的溯及范围。[3]有学者认为，《公

---

〔1〕　赵旭东、陈萱：《论未出资股权转让后的出资责任——新〈公司法〉第 88 条的正当性与适用解读》，载《交大法学》2024 年第 5 期。

〔2〕　最高人民法院民事审判第二庭编著：《中华人民共和国公司法理解与适用（上）》，人民法院出版社 2024 年版，第 7-8 页。

〔3〕　刘俊海：《论公司债权人对瑕疵出资股东的代位权——兼评〈公司法（修订草案二审稿）〉》，载《中国应用法学》2023 年第 1 期。

司法时间效力司法解释》第 4 条第 1 项提示该种情形的当事人应谨慎选择交易相对人，否则需要承担相应的责任，其背后的原理是新法填补旧法无规定之部分以更好地实现公司法的目的。[1]有学者认为，原《公司法》及相关司法解释未对未届期股权转让法律责任作出规定，且以往裁判尺度不一，当事人对未届期股权转让法律责任无合理预期可言，故 2023 年《公司法》第 88 条第 1 款具有溯及力。[2]以甲公司、乙公司等股东出资纠纷一案为例，对于未届期股权转让适用的规范这一问题，法院多依据《公司法时间效力司法解释》第 4 条第 1 项之规定，适用 2023 年《公司法》第 88 条第 1 款进行裁判，即认可第 88 条第 1 款具有溯及力。[3]

认为 2023 年《公司法》第 88 条第 1 款原则上不具有溯及力的学者则指出，2023 年《公司法》实施前，未届期股权转让后出资责任并不明确，且司法实践中存在大量否认未届期股权转让后转让人继续承担出资责任的裁判，故转让人并不当然具有继续承担出资责任的预期，那么原则上 2023 年《公司法》第 88 条第 1 款不具有溯及力，除非有证据证明转让股权系为了恶意规避出资义务。[4]

对于 2023 年《公司法》第 88 条第 2 款，主流意见认为，因第 88 条第 2 款不是新规定，故第 88 条第 2 款不存在有无溯及力问题。[5]然而，在这一时期的司法裁判中，对于出资瑕疵股权转让法律责任适用的规范，则存在不同的观点，多数裁判适用的是《公司法司法解释（三）》第 18 条，[6]即认可第 88 条第 2 款不具有溯及力。少数裁判则认为，2023 年《公司法》第 88 条第 2 款具有溯及力，以武陟县某某食品有限公司与郑州市惠济区某某食品商行、魏某东等买卖合同纠纷一案为例，一审法院适用第 88 条第 2 款处理瑕疵股权转让的责任承担问题，二审法院虽未写明第 88 条第 2 款具有溯及力，但是亦表示一审判决法律适用正确。[7]

---

[1] 傅穹、赵亦彤：《公司法溯及力条款的影响力何在?》，载《董事会》2024 年第 8 期。

[2] 高晓力、麻锦亮、丁俊峰：《〈关于适用公司法时间效力的若干规定〉的理解与适用》，载《人民司法》2024 年第 19 期；刘贵祥：《关于新公司法适用中的若干问题》，载《法律适用》2024 年第 6 期。

[3] （2024）苏 03 民终 7470 号民事判决书。

[4] 范健、王建文：《公司法》，法律出版社 2024 年版，第 280 页。

[5] 刘俊海：《论新〈公司法〉的溯及力——对最高人民法院司法解释的诠释》，载《地方立法研究》2024 年第 5 期。

[6] （2024）京 01 民终 9728 号民事判决书、（2024）陕 01 民再 133 号民事判决书、（2024）苏 03 民终 3650 号民事判决书。

[7] （2024）豫 01 民终 16683 号民事判决书。

1.2《公司法时间效力司法解释》第 4 条的备案审查结论

在 2024 年 12 月 22 日公布的《全国人民代表大会常务委员会法制工作委员会关于 2024 年备案审查工作情况的报告》中，全国人大常委会法工委明确表示 2023 年《公司法》第 88 条第 1 款因不满足《立法法》规定的有利溯及的条件，故该规范不具有溯及力："有的司法解释规定，公司法施行前，股东转让未届出资期限的股权，受让人未按期足额缴纳出资的，关于转让人、受让人出资责任的认定，适用公司法第八十八条第一款的规定。有些公民、组织对这一规定提出审查建议，认为公司法第八十八条不应适用于法律施行前发生的行为。全国人大常委会法工委经审查认为，立法法第一百零四条规定：'法律、行政法规、地方性法规、自治条例和单行条例、规章不溯及既往，但为了更好地保护公民、法人和其他组织的权利和利益而作的特别规定除外。'这是一项重要法治原则；公司法第八十八条是 2023 年修订公司法时新增加的规定，新修订的公司法自 2024 年 7 月 1 日起施行；公司法第八十八条规定不溯及既往，即对新修订的公司法施行之后发生的有关行为或者法律事实具有法律效力，不溯及之前；公司法第八十八条规定的事项不存在立法法第一百零四条规定的但书情形。全国人大常委会法工委将督促有关司法解释制定机关采取适当措施予以妥善处理。"

1.3 最高人民法院的一项批复与四则入库案例

2024 年 12 月 24 日，《最高人民法院关于〈中华人民共和国公司法〉第八十八条第一款不溯及适用的批复》否定了《公司法时间效力司法解释》第 4 条第 1 项的规定，明确 2023 年《公司法》第 88 条第 1 款不具有溯及力："2024 年 7 月 1 日起施行的《中华人民共和国公司法》第八十八条第一款仅适用于 2024 年 7 月 1 日之后发生的未届出资期限的股权转让行为。对于 2024 年 7 月 1 日之前股东未届出资期限转让股权引发的出资责任纠纷，人民法院应当根据原公司法等有关法律的规定精神公平公正处理。本批复公布施行后，最高人民法院以前发布的司法解释与本批复规定不一致的，不再适用。"

2024 年 12 月 27 日，最高人民法院新增的四则相关入库案例亦肯定了 2023 年《公司法》第 88 条第 1 款不具有溯及力，但认为在转让人存在恶意的情形下，转让人需承担相应的法律责任。[1]

2024-08-2-527-001 号案例的裁判要旨指出，2023 年《公司法》第 88

---

[1]　人民法院案例库：2024-08-2-527-001 号案例、2024-08-2-527-002 号案例、2024-08-2-277-003 号案例、2024-08-2-277-004 号案例。

条第 1 款不具有溯及力，但转让股东在明知公司存在巨额负债的情况下，将未届期股权转让给没有生活来源的低保户，具有逃避出资义务的恶意，应承担相应的法律责任。

2024-08-2-527-002 号案例的裁判要旨指出，2023 年《公司法》第 88 条第 1 款不具有溯及力，转让人将未届期股权转让给欠付助学贷款的在校学生，系以股权转让方式恶意逃避出资义务，转让人应依法承担出资责任。

2024-08-2-277-003 号案例的裁判要旨指出，2023 年《公司法》第 88 条第 1 款不具有溯及力，案涉股权转让时公司不存在不能清偿到期债务的情形，且不存在受让人明显缺乏缴纳出资义务的情形，该股权转让系正常商业行为，转让人不应承担缴纳出资的法律责任。

2024-08-2-277-004 号案例的裁判要旨指出，2023 年《公司法》第 88 条第 1 款不具有溯及力，之所以第一次股权转让的转让人不需要承担责任而第二次股权转让的转让人需要承担责任，是因为两次股权转让时转让人主观状态存在区别。在第一次股权转让中，尽管公司具有少量债务，但是在完成股权转让后较短期限内，该债务就得以清偿，无证据显示转让人具有逃避出资义务的主观恶意。在第二次股权转让中，转让人系在公司被起诉偿还大量债务的情况下转让股权，且股权转让后公司债务未得到清偿，转让人在转让股权时具有主观恶意，应令其承担法律责任。

2. 应分别考察 2023 年《公司法》第 88 条第 1 款和第 2 款是否具有溯及力

对于 2023 年《公司法》第 88 条是否具有溯及力这一问题，应该分别对第 88 条第 1 款和第 2 款进行考察。具体而言，第 88 条第 1 款不具有溯及力，第 88 条第 2 款则不存在是否具有溯及力这一问题。

2.1 2023 年《公司法》第 88 条第 1 款不具有溯及力

就 2023 年《公司法》第 88 条第 1 款而言，该规范作为本次修法新增的规范，需要考察其是否满足溯及适用的条件。依据《立法法》第 104 条，新法原则上不具有溯及力，有利溯及则为例外。2023 年《公司法》第 1 条开宗明义地表明立法目的系保护公司、股东、职工和债权人的合法权益，若承认第 88 条第 1 款具有溯及力可以更好地维护公司、股东、职工和债权人的合法权益，那么该规范便存在有利溯及的空间。就该条款是否会给予当事人利益这一问题而言，适用该条款虽然有利于保护公司及公司债权人利益，但是会对转让人不利，且转让人在转让股权时并未有承担补充责任的预期。在并非所有当事人都能获得利益的情况下，不能认为该规范溯及既往会给予当事人利益，故有利溯及既往的条件不满足，2023 年《公司法》第 88 条第 1 款不具有溯及力。

虽然 2023 年《公司法》第 88 条第 1 款不具有溯及力，但是依据前述提及的四个入库案例的指导精神，若转让人在转让未届期股权时存在明知公司存在大量无法清偿的债务、向没有出资能力的受让人转让未届期股权等情形，应认定此时转让人系恶意转让股权以逃避出资义务，仍应令其承担相应的法律责任。需要明确的是，虽然恶意转让人仍需承担相应的法律责任，但并非认可第 88 条第 1 款具有溯及力。

2.2 2023 年《公司法》第 88 条第 2 款不存在有无溯及力的问题

关于 2023 年《公司法》第 88 条第 2 款的来源，可追溯至《公司法司法解释（三）》第 18 条。相较于后者，从文字表述上看，第 88 条第 2 款有所调整。原规定中，受让人通常不承担责任，仅在知道或应当知道股权瑕疵时才需承担法律责任；而 2023 年《公司法》第 88 条第 2 款一般要求受让人承担责任，除非其不知道且不应当知道该股权系瑕疵股权。然而，就核心要义而言，两者均要求受让人在受让瑕疵股权时与转让人共同承担连带责任，实质内容并未发生根本性变动。[1] 而溯及适用的前提是新法对旧法进行了实质性修改，[2] 故对于 2023 年《公司法》施行前发生的瑕疵股权转让纠纷，应当依据《公司法司法解释（三）》第 18 条进行处理，即 2023 年《公司法》第 88 条第 2 款不存在有无溯及力的问题。

问题 109 ● **2023 年《公司法》第 88 条所规定的未届出资期限股权转让，能否和股东出资义务加速条款一并适用？**

2013 年《公司法》修正后，除少数公司仍采用实缴制外，绝大多数公司均采用了认缴制。在认缴制下，未届出资期限股权转让及出资期限未届满但公司已无法清偿到期债务的情形逐渐显现，然而公司法及相关司法解释并未对未届出资期限股权转让及出资义务加速到期问题作出明确规定。《九民纪要》虽对非破产情况下的出资义务加速到期问题有所规定，但同样未涉及未届期股权转让的法律责任。2023 年《公司法》第 54 条和第 88 条分别对出资义务加速到期及股权转让后出资责任承担的问题作出了规定，但二者能否一并适用，法律尚未给出明确回应。本书认为，2023 年《公司法》第 54 条可

---

〔1〕　最高人民法院民事审判第二庭编著：《中华人民共和国公司法理解与适用（上）》，人民法院出版社 2024 年版，第 408 页。

〔2〕　高晓力、麻锦亮、丁俊峰：《〈关于适用公司法时间效力的若干规定〉的理解与适用》，载《人民司法》2024 年第 19 期。

以和第 88 条一并适用。

1. 2023 年《公司法》第 54 条与第 88 条能否一并适用之争议

对于 2023 年《公司法》第 54 条和第 88 条能否一并适用的问题，学者们多认为不可一概而论，应当对第 88 条第 1 款和第 2 款分别讨论：一是第 54 条与第 88 条第 1 款能否一并适用，二是第 54 条与第 88 条第 2 款能否一并适用。为方便叙述，以下亦分别对两个问题作出回答。

1.1 2023 年《公司法》第 54 条能否与第 88 条第 1 款一并适用

对于 2023 年《公司法》第 88 条第 1 款能否与第 54 条一并适用的问题，学界存在不同观点。一部分学者认为可以一并适用。[1]其中有的学者认为可以将第 54 条理解为法律对股东期限利益的例外规定：一般情形下股东享有期限利益，在出资加速到期的情况下，期限利益将被剥夺。如果受让人未完全履行出资义务，那么应当认为转让人需要在受让人不能完全履行出资义务的范围内承担补充责任。[2]许多裁判观点亦认可 2023 年《公司法》第 54 条与第 88 条第 1 款可以一并适用。[3]在傅某、甲公司等股东损害公司债权人利益责任纠纷一案中，江苏省徐州市中级人民法院指出前述两规范可以一并适用："郑某某作为乙公司现股东，如上所述其出资加速到期，应承担出资责任，对乙公司不能清偿的债务，向债权人甲公司承担补充赔偿责任。郑甲作为未届期股权转让人，应对郑某某的该项责任承担补充责任。故一审法院判定郑甲在其转让未届期股权 950 万元本息范围内，对郑某某不能履行上述补充赔偿责任的部分承担补充责任，认定正确，本院亦予以确认。"[4]在周某、张某君甲等股东损害公司债权人利益责任纠纷一案中，江苏省无锡市中级人民法院亦认可 2023 年《公司法》第 54 条可以与第 88 条第 1 款一并适用："某甲公司未能清偿对新区某某公司的到期债务，经人民法院穷尽执行措施仍无财产可供执行，刘某兴作为某甲公司认缴出资的股东，其出资应加速到期。新区某某公司有权要求某甲公司股东刘某兴在未出资范围内对公司不能清偿的债

---

〔1〕 薛波：《论出资未届期股权转让出让人的补充责任——新〈公司法〉第八十八条第一款的解释论》，载《学术论坛》2024 年第 2 期；林一英：《未缴纳出资股权转让的责任规则构建》，载《环球法律评论》2024 年第 1 期。

〔2〕 薛波：《论出资未届期股权转让出让人的补充责任——新〈公司法〉第八十八条第一款的解释论》，载《学术论坛》2024 年第 2 期。

〔3〕 （2024）苏 03 民终 3638 号民事判决书、（2024）苏 02 民终 4919 号民事判决书、（2024）皖 08 民终 2488 号民事判决书、（2024）豫 01 民终 13623 号民事判决书。

〔4〕 （2024）苏 03 民终 3638 号民事判决书。

务承担补充赔偿责任。因新区某某公司一审时是以刘某兴作为某甲公司的唯一股东，未举证个人财产独立于公司财产，要求刘某兴承担连带责任，该责任已涵盖了刘某兴的缴纳出资责任。而周某、张某君甲、张某君乙转让已认缴出资但未届缴资期限的股权，依法应当承担的是在各自未出资范围内对刘某兴的出资责任的补充责任。"[1]

持相反观点的学者认为在公司不能清偿到期债务的情况下，转让人转让的是瑕疵股权而非未届期的股权，故 2023 年《公司法》第 54 条无法与第 88 条第 1 款一并适用，但可以与第 88 条第 2 款一并适用。[2]

1.2 2023 年《公司法》第 54 条能否与第 88 条第 2 款一并适用

部分学者认为，因适用前提不同，2023 年《公司法》第 54 条虽无法与第 88 条第 1 款一并适用，但可以与第 88 条第 2 款一并适用。其中，有学者主张，如果股东转让的股权已处于加速到期的状态，该股权实质上系瑕疵股权，故与第 54 条一并适用的是第 88 条第 2 款。[3]另有学者认为，在出现公司不能清偿到期债务的情况下，若双方恶意串通将股权由"富股东"转让给"穷股东"，那么，第 54 条应当与第 88 条第 2 款一并适用。[4]

2. 2023 年《公司法》第 54 条与第 88 条可以一并适用

本书认为，虽然 2023 年《公司法》第 88 条第 1 款和第 2 款规定的情形并不一致，但是第 54 条不仅能够与第 88 条第 1 款协同适用，同样也能与第 88 条第 2 款一并适用。

2.1 2023 年《公司法》第 54 条可以和第 88 条第 1 款一并适用

有些学者反对将 2023 年《公司法》第 54 条与第 88 条第 1 款一并适用的主要理由在于，未到期股权出资义务若提前到期，则该股权即视为瑕疵股权，瑕疵股权的转让应遵循第 88 条第 2 款而非第 1 款。然而，这些观点实则预设

────────────

[1] （2024）苏 02 民终 4919 号民事判决书。

[2] 陈景善、郜俊辉：《股权转让后的未届期出资义务承担》，载《国家检察官学院学报》2022 年第 6 期。

[3] 赵旭东、陈萱：《论未出资股权转让后的出资责任——新〈公司法〉第 88 条的正当性与适用解读》，载《交大法学》2024 年第 5 期；魏丹、唐荣娜：《论未届期股权转让后的出资责任归属——以新〈公司法〉第 88 条第 1 款为研究对象》，载《经贸法律评论》2024 年第 5 期；泽君茹：《出资责任新样态的适用困境及其破解——评未届期出资股权转让后的补充责任》，载《北京理工大学学报（社会科学版）》2024 年第 3 期；陈景善、郜俊辉：《股权转让后的未届期出资义务承担》，载《国家检察官学院学报》2022 年第 6 期。

[4] 薛波：《未届期股权转让受让方出资责任规则之构造与缺漏填补——〈公司法（修订草案）〉第 89 条第 1 款释评》，载《法治研究》2023 年第 5 期。

了一个前提：股权出资义务加速到期先于股权转让发生。在此情境之下，股权一旦加速到期，便确凿无疑地成为了瑕疵股权，而该股权的转让，也自然而然地归类于瑕疵股权转让的范畴之中，适用法条无疑包括第 54 条及第 88 条第 2 款。但问题在于，若股权转让先于出资义务加速到期，则情况迥异。因为转让人在转让股权时，其出资义务尚未届期，故应依据第 88 条第 1 款，要求转让人承担出资义务的法定保证责任，而非第 2 款。即便未届期股权转让后出资义务加速到期，从转让时点和转让人的主观意图考量，转让人亦应承担补充责任，而非连带责任。因此，在股权转让先于出资义务加速到期的情况下，2023 年《公司法》第 54 条与第 88 条第 1 款可一并适用。

2.2 2023 年《公司法》第 54 条可以和第 88 条第 2 款一并适用

当公司无法清偿到期债务时，股东的期限利益随之丧失，其股权实质上转化为瑕疵股权。若此时该瑕疵股权发生转让，则转让行为本质上属于瑕疵股权转让，转让人需根据第 88 条第 2 款的规定承担相应的法律责任。关于此情境下的法律适用问题，首先应考虑适用第 54 条关于加速到期的规定。其次，由于加速到期后的股权已成为瑕疵股权，此时转让该股权即转让瑕疵股权，根据文义解释，应同时适用第 88 条第 2 款的规定。因此，2023 年《公司法》第 54 条与第 88 条第 2 款在此情境下也可一并适用。

问题 110 ▶ **2023 年《公司法》第 88 条第 2 款中，瑕疵股权转让的受让人"不知道且不应当知道"应当如何判断？**

2023 年《公司法》修订时，立法者在《公司法司法解释（三）》第 18 条的基础上，在 2023 年《公司法》第 88 条第 2 款中规定了瑕疵股权转让的法律责任。尽管该条款将受让人承担责任的表述从"如果受让人知情则受让人承担相应的法律责任"调整为"如果受让人不知情则受让人不承担相应的法律责任"，但对于瑕疵股权转让中受让人"不知道且不应当知道"的具体含义，法律并未作出明确界定。因此，如何判断受让人是否"不知道且不应当知道"，仍需进一步探讨。

1. 瑕疵股权受让人"不知道且不应当知道"的理论争议

学理上，虽然学者们对于"不知道且不应当知道"存在不同认识，但是学者们认为可以通过以下几个方面，判断受让人的主观状态是否系"不知道且不应当知道"。例如，转让人是否已向受让人明确披露该股权为瑕疵股权，双方是否就瑕疵出资责任达成了豁免协议，转让价格是否显著低于市场合理水平，以及受让人是否对该股权进行了全面而细致的尽职调查。

有学者认为，基于理性经济人之假设，受让人在受让股权的时候若明知该股权是瑕疵股权，即会采取一定的方式避免投资风险，例如要求转让人降低转让价格。若存在以下情形，则可推定受让人的主观状态并非"不知道且不应当知道"，"不知道且不应当知道"的界定可采用"具体列举+兜底条款"的方式予以阐释：诸如受让人无偿受让股权，或以低价、不对称价格受让；或与转让人恶意串通以规避责任；或与出让人事先就瑕疵出资责任的豁免达成约定等，此时，受让人的主观状态均不应被认定为"不知道且不应当知道"。[1]

有学者依据 2023 年《公司法》中关于信息公示的规定指出，注册资本作为公司登记事项需向公众公示，因此，在受让股权时，受让人理应知悉出资认缴情况、实缴情况以及缴纳期限等相关信息。虽然受让人的主观状态被法律推定为知悉该股权可能存在的瑕疵，但受让人可以通过举证证明，即便查阅了已公示的信息，其仍然无法获知具体的出资情况，且确实没有其他途径可以知晓，从而证明其主观上处于"不知道且不应当知道"的状态。[2]

还有学者认为，在两种情形下，受让人的主观状态应被视为"知道或者应当知道"。其一，当转让人明确告知受让人该股权未出资时，受让人的主观状态显然为明知该股权系瑕疵股权。其二，若出资期限和未缴出资信息已经依法公示，鉴于这些信息通常会在公司章程等相关文件中明确记载，因此，除非存在特定的免责事由，否则应推定受让人应当知道该股权系瑕疵股权。[3]

2. 瑕疵股权受让人"不知道且不应当知道"的司法实践

司法实践中，虽然法官对受让人"不知道且不应当知道"的判断标准存在区别，但是大多数裁判是从股权转让价格是否合理、受让人与转让人之间的关系、转让人是否依据交易习惯对公司情况进行充分尽调等方面判断受让人的主观状态是否是"不知道且不应当知道"。

2.1 受让人不属于"不知道且不应当知道"：股权转让价格明显过低

基于"理性人"假设，当受让人以不合理的价格接受股权转让时，这往

---

〔1〕　肖海军：《论瑕疵出资股权转让后承担补充清偿责任之主体范围——评〈公司法司法解释（三）〉第 19 条第 1 款》，载《法商研究》2012 年第 4 期。

〔2〕　崔艳峰、丁巍：《未出资股权转让后的出资义务——兼评〈公司法（修订草案）〉第 89 条》，载《学术交流》2022 年第 6 期。

〔3〕　陈克：《弱化抑或调整——论〈公司法〉修订后的涉出资责任诸问题》，载《财经法学》2015 年第 5 期。

往可能是其通过某种约定方式，旨在降低潜在风险的一种策略。更可能的情况是，受让人在受让股权时，已充分知晓该股权存在瑕疵。司法裁判亦认为若股权转让价格明显偏离正常价格，受让人的主观状态难言"不知道且不应当知道"。[1]

在唐某南、江西萍钢实业股份有限公司追偿权纠纷一案中，最高人民法院指出，杨某平将其股权中的 5% 转让给唐某南，却并未对转让价格作出约定，原审判决据此认定受让人唐某南知道或者应当知道出让人杨某平未履行或者未全面履行出资义务即转让股权的情形，并判令其在该 5% 股权对应的抽逃出资额 45 万元的范围内与杨某平共同向债权人萍钢公司承担连带责任，不仅符合本案的实际情况，也符合前述司法解释的规定。[2]

在黄某军等与陕西亿安建设工程有限公司股东出资纠纷一案中，最高人民法院指出：陕西福源旅游开发有限公司（以下简称原乐泰公司）分别与黄某军、吴某玲签订股权转让协议，约定黄某军、吴某玲需在协议签订后 3 日内各向原乐泰公司支付股权转让款 500 万元。此后，黄某军、吴某玲自述其仅支付了三四十万元现金。因此，原审法院认定黄某军、吴某玲获取股权时未支付合理对价，有事实根据。一审、二审法院认定受让股东黄某军、吴某玲应当知道转让股东存在出资瑕疵，有证据证明。[3]

2.2 受让人不属于"不知道且不应当知道"：转让人与受让人系亲属关系

许多裁判在考量受让人主观状态时，会依据转让人与受让人的关系进行判断。法院认为，若转让人与受让人之间存在亲属关系，那么受让人在受让股权时理应知晓该股权存在瑕疵。[4]

在蔡某周等诉中国农业发展银行绵阳市分行等金融借款合同纠纷一案中，四川省高级人民法院指出，结合本案实际情况，认定姜某作为恒富公司 49% 股权的受让人及蔡某周的妻子，应当知道蔡某周、龚某抽逃出资的事实，并无不当。姜某因受让股权支付的股权转让款，是其向转让股权的股东支付的股权转让对价，恒富公司被股东抽回的出资并未因此补足。姜某作为受让人所受让的并不是股东的出资，而是股东的资格权利，其因此成为公司的股东。由于其受让的股权是瑕疵出资的股权，所以当其知道该股权是瑕疵股权时，

---

[1] （2022）鲁 16 民终 2247 号民事判决书、（2023）粤 2071 民初 840 号民事判决书、（2023）苏 1283 民初 8616 号民事判决书、（2020）京 03 民终 3634 号民事判决书。

[2] （2018）最高法民申 2986 号民事裁定书。

[3] （2020）最高法民申 3426 号民事裁定书。

[4] （2024）川 1402 民初 2253 号民事判决书、（2022）浙 0109 民初 837 号民事判决书、（2023）苏 1283 民初 8616 号民事判决书。

就理应知道受让该股权的法律后果，即应当承担该瑕疵股权项下的股东出资不实或抽逃出资的民事责任。因此，即使能够认定姜某已实际向原股权转让人支付了490万元的股权转让款，亦不能免除其作为具有过错的受让人向公司或者债权人应承担的责任。[1]

在赖某、张某莲案外人执行异议之诉一案中，最高人民法院指出，本案中，金钜公司原股东林某贤与林某宏系姐弟关系，作为金钜公司现股东的赖某与林某贤系夫妻关系，股权转让方与受让方之间存在亲属关系；赖某主张其以475万元对价受让金钜公司股权，却未提供转款凭证、资金往来等相关证据，其在一审庭审时述称以现金方式支付上述款项，但未举示款项交付凭证等证据。综上，原判决认定赖某知道或者应当知道金钜公司的原股东未全面履行出资义务即转让股权，并无不当。[2]

2.3 受让人不属于"不知道且不应当知道"：受让人未尽合理注意义务

有的裁判认为，受让人本应当通过查询工商登记信息、公示信息获取股权出资情况，但受让人并没有查询相关信息，其行为违反了审慎义务，故此时受让人的主观状态不是"不知道且不应当知道"[3]。

以林某等与某公司1纠纷一案为例，北京市第一中级人民法院指出："本案中，叶某自某公司4成立之初，即为公司股东，后其又受让某公司4其他股东股份，其应当知道公司股东认缴出资情况。林某的股权虽受让自他人，但作为享有50%股权的股东，林某受让股权时应当对公司资产情况进行详尽的尽职调查，且法律未对林某作为受让人应尽到的注意审查义务作出除外规定，考虑到林某与章某的关系及未支付受让股权对价等，故其对于原始股东抽逃出资情况亦属"应当知道"的情形。"[4]

2.4 受让人不属于"不知道且不应当知道"的其他情形

受让人主观状态系"不知道且不应当知道"，除了上述提及的几种情形之外，司法裁判亦认为若出现出让股东瑕疵出资的行为已经生效法律文书确认[5]、受让股东未在合理期限内提出异议或寻求救济[6]、受让人自认其知

---

[1]　(2014) 川民终字第99号民事判决书。
[2]　(2019) 最高法民申1768号民事裁定书。
[3]　(2024) 川1402民初2253号民事判决书、(2024) 京01民终8127号民事判决书、(2023) 粤20民终4463号民事判决书、(2023) 粤2071民初840号民事判决书、(2022) 鲁16民终2247号民事判决书。
[4]　(2024) 京01民终8127号民事判决书。
[5]　(2014) 鲁商终字第193号民事判决书。
[6]　(2022) 辽01民终4372号民事判决书。

晓该股权系瑕疵股权[1]等情况，受让人的主观状态并非"不知道且不应当知道"。

3. 瑕疵股权受让人"不知道且不应当知道"的适用情形

就瑕疵股权受让人"不知道且不应当知道"的判断而言，可以采取"具体列举+兜底条款"的方式。就具体的判断要点而言，包括股权转让价格是否明显过低、转让人与受让人是否系亲属关系、受让人是否未尽合理注意义务等。

3.1 股权转让价格是否明显过低

受让人在购买股权时，出于趋利避害的本能，通常不会以正常价格接纳瑕疵股权。一旦选择购买，他们往往会争取更为优惠的交易条件。因此，当股权转让价格显著不合理时，可以合理推测，受让人在购买时可能已明知该股权存在瑕疵，并据此争取了更为低廉的价格。所以，在股权转让价格明显偏低的情况下，应认定受让人主观上并非"不知情或不应知情"。

3.2 转让人与受让人是否系亲属

若转让人与受让人之间存在亲属关系，受让人在受让瑕疵股权时，知悉该股权瑕疵的概率往往较高，尤其是当双方为近亲属时，更应推定受让人的主观状态并非"不知情或不应当知情"。然而，我们亦需认识到，并非所有与转让人有亲属关系的受让人在受让股权时都知晓或应知晓股权瑕疵，特别是当双方亲属关系较为疏远时。因此，在依据亲属关系判断受让人的主观状态时，需综合考虑双方关系的亲疏程度以及其他相关因素，作出全面而准确的判断。

3.3 受让人是否未尽合理注意义务

受让人在受让股权时负有审查义务，应当通过查阅公司章程、公司登记信息或国家企业信用信息公示系统，对目标公司进行充分尽调，核实转让人的实际出资情况。在2023年《公司法》第88条第2款将受让人"不知道且不应当知道"规定为受让人抗辩的背景下，[2]受让人可以举证证明其已经履行了前述审查义务，其主观状态是"不知道且不应当知道"，以排除

---

[1] （2020）湘04民初46号民事判决书。
[2] 赵旭东、陈萱：《论未出资股权转让后的出资责任——新〈公司法〉第88条的正当性与适用解读》，载《交大法学》2024年第5期。

连带责任。[1]

3.4 受让人系"不知道且不应当知道"的其他情形

对于受让人系"不知道且不应当知道"的具体情形，实在难以完全列举，若证据可以证实受让人主观状态并非"不知道且不应当知道"，那么亦可认定受让人系"不知道且不应当知道"。

问题 111 ◎ **2023 年《公司法》第 88 条第 2 款规定的瑕疵股权转让是否包括抽逃出资的情形?**

早在 1993 年制定《公司法》时，立法者便明确禁止抽逃（抽回）出资，并规定了相应的法律后果。此后，《公司法》虽历经多次修改，但这一规范始终得以保留。为进一步明确抽逃出资的情形及法律责任，立法者在《公司法司法解释（三）》中作出了更为详细的规定。2023 年修订《公司法》时，立法者在《公司法司法解释（三）》第 18 条的基础上，于 2023 年《公司法》第 88 条第 2 款中规定了瑕疵股权转让的法律责任。然而，被抽逃出资的股权是否属于瑕疵股权，转让此类股权是否属于转让瑕疵股权，以及 2023 年《公司法》第 88 条第 2 款能否适用于规制此类行为，仍需进一步探讨。

1. 瑕疵股权转让是否包括抽逃出资的情形存在争议

学理上，对于抽逃出资的认定标准，存在"侵占公司财产说"[2]、"侵蚀股本标准说"[3]、"偿债能力标准说"[4]等多种对抽逃出资进行检讨的学说。从文义上而言，难以解释出《公司法司法解释（三）》第 18 条涵盖了抽逃出资的情形。[5]那么，是否可以通过目的性扩张的方式，使得抽逃出资行为可以受到瑕疵股权转让的规则控制呢？学界对此存在不同的认识。

有观点认为，抽逃出资和瑕疵出资都是损害债权人利益的行为，若受让股东知道或者应当知道该股权系被抽逃出资的股权，为保护债权人的利益，

〔1〕刘斌编著：《新公司法注释全书》，中国法制出版社 2024 年版，第 395-396 页。

〔2〕樊云慧：《从"抽逃出资"到"侵占公司财产"：一个概念的厘清：以公司注册资本登记制度改革为切入点》，载《法商研究》2014 年第 1 期。

〔3〕刘燕：《重构"禁止抽逃出资"规则的公司法理基础》，载《中国法学》2015 年第 4 期。

〔4〕王军：《抽逃出资规则及公司分配制度的系统性改造》，载《法学研究》2021 年第 5 期。

〔5〕赵旭东、陈萱：《论未出资股权转让后的出资责任——新〈公司法〉第 88 条的正当性与适用解读》，载《交大法学》2024 年第 5 期。

可以进行目的性扩张以填补法律漏洞。[1]司法实践中，亦有法院认为受让人知悉受让的股权存在出资被抽逃的情况，可以参照适用受让人受让瑕疵股权的规定进行处理。在重庆智溢物资有限公司、潘某合同纠纷一案中，山东省青岛市中级人民法院指出：股东抽逃出资的行为与股东未履行或未全面履行出资义务，本质上并无区别。二者均属于股东瑕疵出资的情形，均侵害了公司和债权人的权益，在法律后果上是相同的。受让人知道或应当知道股东抽逃出资的，与其知道或应当知道股东未履行或未全面履行出资义务的法律后果也应当相同，可以参照适用《公司法司法解释（三）》第18条的规定。[2]

相反观点则认为，应当根据事实情况进行价值判断，严格遵守文义解释的方法解释法律，不能进行目的性扩张，否则将会令受让人承担过重的审查义务。[3]司法实践中，有法院裁判认为应当严格进行文义解释，不能令受让被抽逃出资股权的受让人承担受让瑕疵股权的法律责任。在东平中联美景水泥有限公司与聊城美景中原水泥有限公司股东出资纠纷一案中，最高人民法院指出："《公司法司法解释（三）》第19条（2020年《公司法司法解释（三）》第18条）的字面意思只规定了原股东虚假出资转让股权后，受让股东明知或应知的，对公司承担连带责任。对于原股东抽逃的责任是否也由受让股东承担没有明确。从《公司法司法解释（三）》规定的前后体例看，涉及虚假出资和抽逃出资的相关规定，并未全部作为同一条文规定，也没有基于互相包含的关系而只列举一种情形规定，因此，严格按照文义理解更符合该规定的精神。"[4]

2. 受让人受让被抽逃出资股权的法律责任

2.1 瑕疵股权转让不包括抽逃出资的情形，但存在扩张适用的空间

追本溯源，就受让人受让被抽逃出资股权的法律责任这一问题而言，实乃瑕疵股权转让的规定是否包括抽逃出资的情形这一问题。于此，首先需要回答瑕疵出资与抽逃出资是否等同或具有包含关系，若认为瑕疵出资与抽逃出资等同或瑕疵出资与抽逃出资的关系是包含与被包含的关系，那么瑕疵股

---

〔1〕 吴红忠、柯抗：《抽逃出资的瑕疵股权转让后受让人对债权人责任的承担》，载《中国检察官》2022年第8期。

〔2〕 (2018)鲁02民终77号民事判决书。

〔3〕 张曦：《关于抽逃出资后股权转让适用〈公司法解释三〉第18条的实证研究》，载《法律适用》2022年第2期。

〔4〕 (2013)民申字第1795号民事裁定书。

权转让的规定可用于转让被抽逃出资股权这一情形。若认为瑕疵出资与抽逃出资无法等同且不是包含与被包含的关系，那么则需要考虑是否可以通过目的性扩张的方法，使得瑕疵股权转让的规定可以规制转让被抽逃出资股权的行为。

从形式上而言，瑕疵出资与抽逃出资并不一致，且二者的关系也不是包含关系，故无法直接适用瑕疵股权转让的规定以规制转让被抽逃出资股权的行为。最高人民法院亦认为抽逃出资与其他违反出资义务的形态并不一致，因为抽逃出资的前提是已经完成出资义务。虽然因二者并不相同且非包含关系，但不可否认的是，就可归责性和后果而言，抽逃出资并不弱于瑕疵出资，故从填补法律漏洞的角度看，应当以目的性扩张的方式，令转让被抽逃出资股权的行为同样受到瑕疵股权转让规范的规制。

2.2 受让人受让被抽逃出资股权时"不知道且不应当知道"的判断

虽然受让人受让被抽逃出资的股权，应参照瑕疵股权转让中受让人的责任规则进行处理，但是，受让人是否"不知道且不应当知道"的判断标准存在实质区别。股权转让时，受让人核查的重点系转让人是否按时足额出资，这是判断受让人过错的事实基础，一旦完成核查即为金额已足。至于对抽逃出资事实的核查，由于抽逃出资行为的事后性，在该事项上不应为受让人设定过高的审查义务。

问题 112 ▷ **有限责任公司的股东能否通过章程或协议的方式约定股权回购？回购协议的履行是否受公司注册资本的约束和限制？**

股权回购可分为法定回购和约定回购。法定回购是指股东依据法律的规定请求公司收购自己所持股权或股份；约定回购是指股东依据公司章程或股东协议要求公司或其他股东收购自己所持股权或股份。2023 年《公司法》第 89 条规定的股权回购属于法定回购。2023 年《公司法》对有限公司的约定回购并无规定，由此导致实务中产生有限公司的股东能否通过章程或协议的方式约定股权回购的问题。因股权回购可能会减损公司资本，域外法上关于公司章程或股东协议能否规定股权回购情形的讨论主要集中于回购的财源限制。

1. 有限责任公司与股东可以约定股权回购

法律未明确禁止有限公司收购本公司的股权，所以公司可以通过章程或股东协议的方式扩充 2023 年《公司法》第 89 条规定的股权回购情形。最高人民法院在《公司法司法解释（二）》第 5 条[1]、《公司法司法解释（五）》第 5 条[2]、第 96 号指导案例[3]中也持肯定观点。但是，因公司回购股权会触及资本维持原则，股权回购需符合财源限制。在当前的司法观点下，若公司使用资本回购股权，在没有履行减资程序的情况下，将导致股权回购无法履行。至于当事人之间由特定股东回购股权的约定，只要不存在法律行为无效或可撤销的事由，应当尊重当事人的意思自治。

2. 我国关于股权回购财源限制的规范

2023 年《公司法》第 89 条、第 161 条、第 162 条、第 219 条均未对公司回购股权规定财源限制，由此产生了公司及债权人利益保护的漏洞。[4]2005年《公司法》第 143 条第 3 款曾规定公司将股份奖励给本公司职工的，用于收购的资金应当从公司的税后利润中支出，但 2018 年《公司法》将此规定删除，理由与此次的修法目的有关，即赋予公司更多自主权、促进完善公司治理、推动资本市场稳定健康发展。[5]

根据《九民纪要》第 5 条第 2 款的规定，在"对赌协议"纠纷中，投资方请求目标公司回购股权的，后者必须完成减资程序。公司可能基于多种目的回购股权，减资只是其中之一，《九民纪要》的上述规定实际上颠倒了股权回购与减资的顺序，原因在于我国公司法采用资本维持模式对公司分配进行规制，而资本维持模式的核心在于限制分配的规则。[6]基于资本维持模式，我国公司法未对股权回购的财源限制作出规定，从而导致上述不减资就不得回购的尴尬境地。[7]

证监会对股权回购财源限制的态度也发生了变化。在 2018 年发布的《关

---

[1] 《公司法司法解释（二）》第 5 条规定，人民法院审理解散公司诉讼案件，应当注重调解。当事人协商同意由公司或者股东收购股份，或者以减资等方式使公司存续，且不违反法律、行政法规强制性规定的，人民法院应予支持。当事人不能协商一致使公司存续的，人民法院应当及时判决。经人民法院调解公司收购原股份的，公司应当自调解书生效之日起 6 个月内将股份转让或者注销。股份转让或者注销之前，原告不得以公司收购其股份为由对抗公司债权人。

[2] 《公司法司法解释（五）》第 5 条规定："人民法院审理涉及有限责任公司股东重大分歧案件时，应当注重调解。当事人协商一致以下列方式解决分歧，且不违反法律、行政法规的强制性规定的，人民法院应予支持：（一）公司回购部分股东股份；……"

[3] 陕西省高级人民法院（2014）陕民二申字第 00215 号民事裁定书。

[4] 张保华：《对赌协议下股份回购义务可履行性的判定》，载《环球法律评论》2021 年第 1 期。

[5] 张保华：《债权人保护：股份回购资金来源限制的法律漏洞及其填补》，载《证券市场导报》2020 年第 5 期。

[6] 刘斌：《认真对待公司清偿能力模式》，载《法律科学（西北政法大学学报）》2021 年第 4 期。

[7] 刘燕：《"对赌协议"的裁判路径及政策选择——基于 PE/VC 与公司对赌场景的分析》，载《法学研究》2020 年第 2 期。

于支持上市公司回购股份的意见》中规定上市公司以现金为对价，采用邀约、集中竞价形式回购股份的，视同为上市公司现金分红，但又支持上市公司通过发行优先股、债权等多种方式为股权回购筹集资金。[1]在 2023 年修订的《上市公司股份回购规则》中仅规定上市公司用于回购的资金来源需合法合规，事实上放弃了资本维持的僵化要求。[2]

我国各大证券交易所对股权回购财源限制的态度较为明晰，注重公司股权回购后的债务履行能力和持续经营能力，类似《美国示范公司法》规定的清偿能力测试模式。[3]但是，若回购的股权因未转让而注销，仍需履行相应的减资程序。[4]

3. 我国有限公司股权回购的具体财源标尺

公司法中各种公司分配具体制度的财源限制根据是否损害公司资本或一般意义上的公司利益而有所不同，可根据股权回购规范上的重要特征寻找可类推适用的规范以弥补财源限制的法律漏洞。[5]公司股权回购的规范上的重要特征在于股权回购是否导致公司资产不当地流向股东，可根据回购股权的处置方式进行判断。

公司使用资产回购股权，回购后的股权或转让或注销。首先，回购股权的转让具有或然性，在公司经营不利时转让的可能性则更小，且转让价格可能低于回购的价格，因此，公司采转让的方式处置回购股权可能不能收回股权回购所支出的对价。其次，若回购后注销股权，公司则不能收回股权回购所支出的对价，注册资本也因此实质或形式上减少。基于上述原因，英国和欧盟国家公司法虽规定回购股权在资产负债表上体现为资产，但必须从可分配利润中转入公积金，并且当时不得用于分配。[6]1980 年修订的《美国示范

---

〔1〕《关于支持上市公司回购股份的意见》第 1 条。

〔2〕《上市公司股份回购规则》（2023 年）第 12 条。

〔3〕《深圳证券交易所上市公司自律监管指引第 9 号——回购股份》（2023 年）第 4 条、第 5 条；《上海证券交易所上市公司自律监管指引第 7 号——回购股份》（2023 年）第 5 条、第 6 条；《北京证券交易所上市公司持续监管指引第 4 号——股份回购》第 6 条；《全国中小企业股份转让系统挂牌公司回购股份实施细则》第 6 条。

〔4〕《深圳证券交易所上市公司自律监管指引第 9 号——回购股份》（2023 年）第 46 条、《上海证券交易所上市公司自律监管指引第 7 号——回购股份》第 49 条、《北京证券交易所上市公司持续监管指引第 4 号——股份回购》第 48 条、《全国中小企业股份转让系统挂牌公司回购股份实施细则》第 38 条。

〔5〕黄茂荣：《法学方法与现代民法》，法律出版社 2007 年版，第 492 页。

〔6〕刘燕：《"对赌协议"的裁判路径及政策选择——基于 PE/VC 与公司对赌场景的分析》，载《法学研究》2020 年第 2 期。

公司法》则取消了库藏股的概念，将之视为已授权但未发行的股份。[1]我国财政部规定公司应当将库藏股作为所有者权益的备抵项目反映。[2]综上所述，在公司顺利以合理价格转让回购股权之前，公司资产必将因回购股权而减损，从而损害公司、债权人的利益，股权回购将导致公司资产流向股东，甚至会减损公司资本。

在公司法的资本维持模式下，股权回购财源限制的类推适用规范因用以回购的资产是否会导致注册资本减少而不同。

其一，公司使用可分配利润回购股权的经济本质与利润分配类似，应当对其采用与后者相同的财源限制。[3]司法实践中，部分仲裁委员会并未遵循《九民纪要》第5条的指引，在审理"对赌协议"的裁决中已采纳上述观点。公司法规定的资本公积金、法定公积金、任意公积金是为了巩固公司的财产基础，加强公司的信用，其性质属于附加资本。[4]因此，根据2023年《公司法》第214条的规定，上述公积金除用于弥补公司亏损、扩大公司生产经营、转为增加公司注册资本外，不得用于向股东分配。有学者认为，2023年《公司法》第214条第2款将禁止使用资本公积金弥补亏损改为先使用任意公积金和法定公积金弥补亏损，仍不能弥补的可按照规定使用资本公积金，意味着2023年《公司法》要打破资本公积金与利润在职能上的界限，因此前者可用于股权回购。[5]其实，资本公积金用于弥补亏损只是一种会计处理程序，并不会导致公司资产向股东分配，2023年《公司法》相关制度的修改，是为了改变之前粗暴地限制公司财务运作自主权的规定，明确资本公积金用于弥补亏损的顺序，降低了利润分配的门槛。[6]司法实践中，若使用公积金回购股权，需先履行减资程序中的债权人利益保护程序，或者将公积金转增注册资本后再履行上述程序。[7]

其二，公司使用资本回购股权的经济本质与减少注册资本类似，应当对其采用与后者相同的债权人利益保护程序，即将股权回购事项在相应期限内通知债权人并进行公告，债权人在相应期限内有权要求公司清偿债务或提供

---

〔1〕 潘林：《股份回购中资本规制的展开——基于董事会中心主义的考察》，载《法商研究》2020年第4期。

〔2〕 《财政部关于〈公司法〉施行后有关企业财务处理问题的通知》。

〔3〕 刘燕、王秋豪：《公司资本流出与债权人利益保护——法律路径与选择》，载《财经法学》2020年第6期。

〔4〕 王军：《中国公司法》，高等教育出版社2018年版，第175页。

〔5〕 吴飞飞：《论"人走股留"纠纷裁判规则的适用困境与改进》，载《现代法学》2023年第1期。

〔6〕 刘燕：《新〈公司法〉的资本公积补亏禁令评析》，载《中国法学》2006年第6期。

〔7〕 江苏省高级人民法院（2019）苏民终1446号民事判决书。

担保。[1]但类推适用减少注册资本中债权人利益保护程序会导致该程序是否可诉，以及可强制执行的问题。对于这个问题，《九民纪要》第5条第2款规定："投资方请求目标公司回购股权的，人民法院应当依据《公司法》第35条关于'股东不得抽逃出资'或者第142条关于股份回购的强制性规定进行审查。经审查，目标公司未完成减资程序的，人民法院应当驳回其诉讼请求。"最高人民法院民事审判第二庭在《〈全国法院民商事审判工作会议纪要〉理解与适用》一书中更是指出，公司减资程序属于公司自治事项，司法不宜介入。即使介入，也不能强制执行，社会效果不好，由此导致了股权回购无法履行的困境。[2]

4. 他山之石：域外公司法对股权回购的财源限制

比较法上各国或地区公司法关于公司股权回购的财源限制模式主要有清偿能力测试模式、保留收益或资产与负债的流动比率模式、盈余模式、可分配利润并提取公积金模式。

其一，清偿能力测试模式，是指以公司分配后能否偿还通常经营中的到期债务（衡平清偿能力测试）和资产是否大于负债（资产负债表清偿能力测试）作为公司能否进行分配的标准。[3]该模式以《美国示范公司法》为例，[4]并主要为美国大部分州、欧盟国家和英国的私人公司所采用。[5]

其二，保留收益或资产与负债的流动比率模式以美国加利福尼亚州2011年修改前的公司法为代表。该州公司法中将股权回购的财源放在广义分配中进行规制，保留收益是指收益盈余。该州2011年修改前的公司法规定公司在不因分配导致公司或子公司丧失清偿到期债务能力的前提下：①可用公司的保留收益进行分配；若无保留收益，在下面两种情况下也可进行分配；②分配后

---

〔1〕　张保华：《对赌协议下股份回购义务可履行性的判定》，载《环球法律评论》2021年第1期。

〔2〕　最高人民法院民事审判第二庭编著：《〈全国法院民商事审判工作会议纪要〉理解与适用》，人民法院出版社2019年版，第120页。

〔3〕　刘燕、王秋豪：《公司资本流出与债权人利益保护——法律路径与选择》，载《财经法学》2020年第6期。

〔4〕　《美国示范公司法》第6.40节第（c）条规定："如果公司进行分配后将产生下述后果，则不得分配：（1）公司将无法偿还通常经营过程中的到期债务；或者（2）公司总资产将少于其总负债与（除非公司章程另行规定）公司所需金额之和，如果公司在分配时即将解散，该所需金额需足以满足股东在公司解散时享有的优先于他人获得分配的优先权。"沈四宝编译：《最新美国标准公司法》，法律出版社2006年版，第58-59页。

〔5〕　李晓春：《论公司买回自己股份之财源限制——比较法考察及我国立法模式之选择》，载《法商研究》2015年第4期。

总资产不小于总负债的 1.25 倍，且流动资产不小于流动负债；③公司过去两年的平均流动资产不小于流动负债的 1.25 倍。该州 2011 年修改后的公司法将上述②③条件修改为：分配后公司的总资产不小于总负债和累积的各项优先权利之和。该州 2011 年修改后的公司法实质上放弃了保留收益或资产与负债的流动比率模式，转而采用清偿能力测试模式。[1]

其三，盈余模式是指公司不得用公司的资本回购股权，只能用各类"盈余"回购股权。在各类"盈余"下，各国或地区一般都允许使用收益盈余进行股权回购，而对于缴入盈余（资本公积金）、减资盈余、其他盈余公积金能否用于股权回购，不同国家或地区对不同股权回购事由的规定不尽相同。采用盈余模式的主要国家或地区有美国特拉华州、纽约州及日本等。[2]

其四，可分配利润并提取公积金模式主要以欧盟国家和英国为代表，这些国家公司法只允许采用可分配利润回购股权，且回购股权后还要提取等额的公积金，该公积金不得用于股利分配或回购股权。

上述盈余模式与可分配利润并提取公积金模式都属于资本维持模式。所谓资本维持模式，是指以公司分配是否导致公司净资产（所有者权益）低于公司名义资本作为公司能否进行分配的标准，并为各种分配方式设定具体规则。[3]因为上述两种模式都以公司资本作为标尺，只是附加条件不尽相同。甚至美国加利福尼亚州 2011 年修改前的公司法采用的保留收益或资产与负债的流动比率模式也类似于资本维持模式的严格限制，只不过将资本数额的限制替换为资产负债比率的限制。[4]采用这两种模式的国家中，除美国特拉华州公司法允许使用资本回赎优先股和英国公司法允许私人公司使用资本购买股份外，其他国家公司法均不允许使用资本回购股权。[5]

问题 113 ▷ 2023 年《公司法》第 89 条第 3 款可否类推适用于实际控制人？

2023 年《公司法》第 265 条第 3 项规定："实际控制人，是指通过投资关系、协议或者其他安排，能够实际支配公司行为的人。"相较于 2018 年

---

[1] 刘斌：《认真对待公司清偿能力模式》，载《法律科学（西北政法大学学报）》2021 年第 4 期。

[2] 李晓春：《论公司买回自己股份之财源限制——比较法考察及我国立法模式之选择》，载《法商研究》2015 年第 4 期。

[3] 刘燕、王秋豪：《公司资本流出与债权人利益保护——法律路径与选择》，载《财经法学》2020 年第 6 期。

[4] 刘斌：《认真对待公司清偿能力模式》，载《法律科学（西北政法大学学报）》2021 年第 4 期。

[5] 李晓春：《论公司买回自己股份之财源限制——比较法考察及我国立法模式之选择》，载《法商研究》2015 年第 4 期。

《公司法》，新法删除了实际控制人不是公司股东的规定。作此修改的原因在于，实务中存在股东不通过控股，而通过协议等其他方式控制公司的情形。在这种情况下，由于该股东不是控股股东，却又实际控制公司，2018年《公司法》无法将之纳入实际控制人的规制范围。2023年《公司法》第89条第3款文义上适用于控股股东自不待言，问题在于本款制度是否可适用于实际控制人？

1. 控股股东的认定标准

2023年《公司法》第89条第3款文义上将滥用股权的行为主体限定为控股股东。2023年《公司法》第265条第2项从形式和实质两个角度对控股股东的认定标准进行了界定。[1]从形式角度而言，只要股东出资额占有限公司资本总额或所持股份占股份公司股本总额超过50%即为公司的控股股东；从实质角度而言，虽然股东出资额或所持股份未超过50%，但依其出资额或所持股份所享有的表决权足以对股东会的决议产生重大影响的也是公司的控股股东。对于实质认定标准而言，关键在于如何判断股东是否依其出资额或所持股份所享有的表决权足以对股东会的决议产生重大影响。

本书认为，股东所持表决权是否会对股东会的决议产生重大影响，应当根据公司章程规定的股东会表决事项有效通过比例及公司股权结构等事实因素来具体认定。证监会在其公布的相关文件中指出，发行人股权较为分散但存在单一股东控制比例达到30%的情形的，若无相反的证据，原则上应当将该股东认定为控股股东或者实际控制人。[2]重大影响的判断关键是分析投资方是否有实质性的参与权而不是决定权。投资方有权力向被投资单位委派董事，一般可认为对被投资单位具有重大影响，除非有明确的证据表明其不能参与被投资单位的财务和经营决策。[3]此外，财政部发布的相关规范性文件也对财务上的重大影响进行了解释。[4]证监会、财政部发布的规范性文件或适用于上市公司的监管，或效力层级较低，但可供司法实践参考。

---

[1]　王建文：《论我国构建控制股东信义义务的依据与路径》，载《比较法研究》2020年第1期。

[2]　《〈首次公开发行股票注册管理办法〉第十二条、第十三条、第三十一条、第四十四条、第四十五条和〈公开发行证券的公司信息披露内容与格式准则第57号——招股说明书〉第七条有关规定的适用意见——证券期货法律适用意见第17号》。

[3]　《监管规则适用指引——会计类第1号》。

[4]　《企业会计准则第36号——关联方披露》第3条第4款。

2. 2023 年《公司法》第 89 条第 3 款可类推适用于实际控制人

公司控制是控制者对一个公司的经营者或方针政策所具有的决定性影响力。[1]美国学者伯利和米恩斯认为，股东可以通过五种方式选举或更换公司董事，从而对公司进行控制。[2]除选举或更换董事外，还存在如通过协议等其他方式对公司进行控制。[3]其中，前者是控制公司的主要方式，而实现前者的前提是支配足以对公司股东会决议产生重大影响的表决权，股东会表决权是公司所有与公司控制的连接点。[4]2023 年《公司法》第 265 条第 2 项规定，持股虽未过半数，但持有足以对股东会决议产生重大影响的表决权的股东也是公司控股股东，该规定已经识别到公司控制的关键在于股东会表决权。[5]

在此基础上，证监会在 2020 年《上市公司收购管理办法》第 84 条规定了"上市公司控制权"概念，并列举了几种拥有上市公司控制权的情形，而这几种情形紧紧围绕投资者实际支配上市公司股东会表决权对上市公司的控制权进行描述。[6]表决权与表决程序的自治性使表决权可以多种形式对股东会决议产生重大影响；表决权可以分离或合并行使，以及表决权可以被间接支配使表决权的支配方式错综复杂。上述因素的结合，使股东的持股数量与表决权不一定呈正相关关系，因而公司的控制者不一定为控股股东。

本书认为，2023 年《公司法》第 89 条第 3 款可类推适用于滥用控制权的实际控制人。首先，将本款制度类推适用于滥用公司控制权的实际控制人符合本款的制度目的。本款制度目的是对封闭公司中控股股东滥用股权的行为进行特别规制。但如前所述，我国公司法上控股股东的概念不能涵盖全部类型的公司控制者；滥用股权的行为主要为操纵股东会表决权。因此，公司法

---

〔1〕殷召良：《公司控制权法律问题研究》，法律出版社 2001 年版，第 2 页。

〔2〕五种方式分别为完全所有权控制（Control through almost complete ownership）、多数所有权（Majority ownership）、通过非多数所有权的法律方法控制（Control through a legal device without majority ownership）、少数控制（Minority control）、经营者控制（Management control），前三种方式以法律为基础，后两种方式以事实为基础。参见［美］阿道夫·A. 伯利、加纳德·C. 米恩斯：《现代公司与私有财产》，甘华鸣等译，商务印书馆 2005 年版，第 79 页。

〔3〕邓小明：《控制股东义务法律制度研究》，清华大学 2005 年博士学位论文。

〔4〕梁上上：《股东表决权：公司所有与公司控制的连接点》，载《中国法学》2005 年第 3 期。

〔5〕王建文：《论我国构建控制股东信义义务的依据与路径》，载《比较法研究》2020 年第 1 期。

〔6〕2020 年《上市公司收购管理办法》第 84 条规定："有下列情形之一的，为拥有上市公司控制权：（一）投资者为上市公司持股 50% 以上的控股股东；（二）投资者可以实际支配上市公司股份表决权超过 30%；（三）投资者通过实际支配上市公司股份表决权能够决定公司董事会半数以上成员选任；（四）投资者依其可实际支配的上市公司股份表决权足以对公司股东大会的决议产生重大影响；（五）中国证监会认定的其他情形。"

关于禁止股东权利滥用的规则应同样适用于实际控制人。[1]其次，我国公司法、证券法及相关司法解释、证券监管规则对控股股东与实际控制人的规制程度相当。例如，2023 年《公司法》第 15 条对关联担保的规制、第 22 条对利用关联关系损害公司利益的赔偿责任、第 180 条第 3 款和第 192 条新增的实质董事制度、《证券法》第 24 条关于违法发行的责任、第 85 条关于证券虚假陈述的责任等等。在股权滥用的情况下，公司法没有理由对控股股东和实际控制人的责任作区别对待。

从规范对象而言，2023 年《公司法》第 89 条第 3 款不适用于中小股东滥用股权，除非中小股东构成实际控制人滥用公司控制权。如上所述，控股股东滥用股权主要是指利用资本多数决滥用表决权，由于中小股东持有较少表决权，不存在滥用股权的前提。但是，由于表决权与表决程序的自治性、表决权支配方式的复杂性，以及存在除表决权外的公司控制方式，因此，中小股东在特定情况下可以成为公司的实际控制人或共同实际控制人，从而滥用公司控制权。[2]

在实践中，即使中小股东对公司不存在控制关系，也可以利用超多数决或共同就特定事项滥用股权。例如，在美国马萨诸塞州最高法院审理的 Smith v. Atlantic Property. Inc. 案中，案涉公司 4 位股东各持股 25%，公司章程规定股东会决议通过的比例为全部表决权的 80%。在案涉公司存在大量可分配利润，不分配利润将会使公司遭受税务机关处罚的情况下，某一股东在股东会上就公司分配利润事项投反对票，致使公司未能分配利润，从而遭受处罚，法院认为该股东的行为违反了信义义务。[3]再如，在美国俄勒冈州最高法院审理的 Stringer v. Car Data Systems，Inc. 案中，原告及其他两名股东合计持有案涉公司 43%股权，被告 32 名股东合计持有 57%股权，32 名被告以不公平的价格对原告实施挤出合并，法院认为 32 名被告作为一个整体违反了信义义务。[4]虽然我国公司法并未规定股东的信义义务，但上述中小股东的共同行为可纳入禁止滥用股东权利的范畴，若其行为严重损害公司或其他股东的利益，也可类推适用本款制度规定，由公司回购其他股东的股权。

---

〔1〕　陈洁：《实际控制人公司法规制的体系性思考》，载《北京理工大学学报（社会科学版）》2022 年第 5 期。

〔2〕　关于共同实际控制人的认定标准，参见《〈首次公开发行股票注册管理办法〉第十二条、第十三条、第三十一条、第四十四条、第四十五条和〈公开发行证券的公司信息披露内容与格式准则第 57 号——招股说明书〉第七条有关规定的适用意见——证券期货法律适用意见第 17 号》第 2 条。

〔3〕　Smith v. Atlantic Property. Inc. 422N. E. 2d798（Mass. App 1981）.

〔4〕　Stringer v. Car Data Systems，Inc. 841 P. 2d 1183（Or. 1992）.

问题 114 2023 年《公司法》第 89 条第 3 款规定了控股股东滥用权利时其他股东的回购请求权，触发该条款需要满足什么条件？

我国公司治理中的主要冲突类型是大股东与中小股东之间的利益冲突。股东权益受损可来自三个方面：一是股东与股东之间产生利益冲突；二是股东与公司董事、监事、高级管理人员产生利益冲突；三是股东与前述主体之外的主体，如公司债权人产生利益冲突。[1]根据国家市场监督管理总局的统计，截至 2023 年 12 月，在我国近四千万家有限公司中，99%以上的公司是股权结构分布集中、股东与管理者身份重合的封闭性公司，这也决定了我国公司治理中的主要冲突类型是大股东与中小股东之间的利益冲突。[2]大股东与中小股东之间的利益冲突往往又会演变为中小股东与公司董事、监事、高级管理人员之间的利益冲突。[3]为了保护中小股东利益，我国公司法上规定了包括知情权、抽象的利润分配请求权、催缴失权、异议股东股权回购请求权、解散公司请求权等。在封闭公司中，若股东权益受到一般损害，适用防御性或恢复性股东权益保护制度便足以为股东提供救济。[4]但是，若股东权益受到严重损害，由于封闭公司股权流动性不足，公司法有必要在这种情况下为股东设置退出渠道，以防止股东权益继续遭受损害。

2023 年《公司法》修订新增了第 89 条第 3 款，作为控股股东滥用股东权利时少数股东的救济措施，实质扩大了本条第 1 款所规定的异议股东股份回购情形。公司实践中控股股东滥用权利的行为纷繁复杂，但本条第 1 款规定的情形较为狭窄，对实践中控股股东通过"象征性分红"等方式规避适用的行为难以实现有效规制。前述修改有助于克服本条第 1 款适用的有限性，进一步为少数股东提供更充分的救济。但是，由于本款规定过于抽象，司法实践中可能会出现裁判尺度不一的现象，因此需对本款制度的构成要件进行解释。

1. 域外法对控股股东的规制路径

英国公司法针对控制股东的交易公平性审查规则主要是《英国 2006 年公司法》第 994 条至第 998 条规定的不公平损害救济制度。根据《英国 2006 年公司法》第 994 条和第 996 条的规定，如果公司事务不公平地损害股东利益，

---

〔1〕 赵旭东：《公司治理中的控股股东及其法律规制》，载《法学研究》2020 年第 4 期。

〔2〕 刘斌编著：《新公司法注释全书》，中国法制出版社 2024 年版，第 399 页。

〔3〕 梁上上：《论股东强制盈余分配请求权——兼评"河南思维自动化设备有限公司与胡克盈余分配纠纷案"》，载《现代法学》2015 年第 2 期。

〔4〕 杨靖、张敏：《股东之间利益冲突与退出公司机制的反思》，载《法律适用》2012 年第 2 期。

则股东可向法院申请法令寻求救济，法院可以颁布其认为"合适"的法令，通常包括但不限于司法解散、强制购买、司法监管。不公平损害的难点在于如何认定"不公平"，诸多案例显示"不公平"往往是受害股东"合理期待"的另一种说法。[1]

美国法关于针对控制股东的交易公平性审查规则的多数观点是赋予控制股东对公司、其他股东的信义义务。以美国马萨诸塞州最高法院为主的多数观点认为，控制股东对其他股东负有类似合伙组织中合伙人之间的信义义务，必须以最大的善意和诚信对待公司其他股东。[2]在救济措施上，由于解散公司过于激烈，[3]法院一般会通过股权评估让多数股东或公司购买少数的股权，但特殊情况下也会由少数股东购买多数股东的股权。[4]

以美国特拉华州最高法院为主的少数观点不承认控制股东的信义义务，鼓励股东之间通过章程或合同扩大彼此责任。[5]例如特拉华州最高法院在Nixon v. Blackwell 案中认为，普通公司法已经规定了封闭式公司的问题，如果股东之间没有特殊的合同约定，法院不能给控股股东创设其他义务。[6]但该州法院以"整体公平测试"（entire fairness test）或"商事判断规则"（business judgment rule）判断控制公司董事会的多数股东在自我交易中是否违反对公司的信义义务，适用后者的前提是经过无私益的董事和股东批准的双重程序，[7]或不存在控制股东以牺牲少数股东利益牟取不正当利益的可能。[8]在救济措施上，且除非股东在章程或合同中另有约定，否则少数股东不得请求解散公司，或由多数股东或公司收购其股权，[9]但可请求法院发布禁令、撤销不公平的自我交易合同、判令损害赔偿等。[10]

德国法上对控股股东的规制主要是指股东对公司以及股东之间的忠实义

〔1〕 刘斌：《中国公司法语境下的不公平损害救济》，载《法律适用》2023 年第 1 期。

〔2〕 朱大明：《美国公司法视角下控制股东信义义务的本义与移植的可行性》，载《比较法研究》2017 年第 5 期。

〔3〕 除 11 个州外，美国其他州都在其公司法中规定了强制解散条款，且股东压制是主要的解散事由。参见彭冰：《理解有限公司中的股东压迫问题——最高人民法院指导案例 10 号评析》，载《北大法律评论》2014 年第 1 期。

〔4〕 朱锦清：《公司法学》，清华大学出版社 2019 年版，第 430 页。

〔5〕 张学文：《封闭式公司中的股东信义义务：原理与规则》，载《中外法学》2010 年第 2 期。

〔6〕 Nixon v. Blackwell, 626 A. 2d 1366, 1380 (Del. 1993).

〔7〕 Kahn v. Lynch Comc'n Sys. , Inc. , 638 A. 2d 1110 (Del. 1994).

〔8〕 Sinclair Oil Corp. v. Levien, 280 A. 2d 71, 92 (Del. Sup. 1971).

〔9〕 范世乾：《论控制股东滥用控制权行为的法律规制——中国公司法相关制度构建》，中国政法大学 2008 年博士学位论文。

〔10〕 周淳、肖宇：《封闭公司控股股东对小股东信义义务的重新审视——以控股股东义务指向与边界为视角》，载《社会科学研究》2016 年第 1 期。

务。德国成文法并未明文规定股东的忠实义务，仅对独立股份公司的控股股东和关联企业的控制公司分别作出不同的规制。但德国司法实践承认股东忠实义务并不断扩大其适用范围。德国学者认为，因股东需进行长期合作，故股东的忠实义务比诚信原则要求高，但小股东除外。忠实义务包括以下内容：第一，股东不得损害公司的利益；第二，股东需考虑其他股东的利益；第三，股东需严肃负责地行使股东权利及发挥影响力。在救济措施上，若股东违反忠实义务，权利人可主张股东会决议无效或撤销、作为或不作为、损害赔偿，在有限公司中，权利人还可主张解散公司、退股或除名。[1]

2. 控股股东规制的理论争议

在 2023 年《公司法》引入第 89 条第 3 款之前，针对封闭公司中存在的股东压制现象，我国多数学者主张控股股东对公司、其他股东承担信义义务或诚信义务，但具体的制度设置以及义务的范围和程度不尽相同。[2]有学者认为，2023 年《公司法》第 21 条规定的具体内容与美国控制股东的信义义务的基本内容大略相同，通过对第 21 条进行解释，便可对控制股东进行有效规制。[3]有学者认为，控股股东的信义义务理论是建立在高度发达的司法体系上的，我国以成文法为法律渊源，更适合引入不公平损害救济制度。[4]还有部分学者认为，不公平损害救济制度存在制度优势，但对 2018 年《公司法》上的股东权益保护制度进行修改便可达到相同或类似的效果。[5]我国学者普遍认为应当增加损害股东权益的救济措施类型，特别是拓宽中小股东的

---

〔1〕 尚晨光：《有限责任公司股东压制问题研究》，中国政法大学 2005 年博士学位论文。

〔2〕 施天涛：《公司法论》，法律出版社 2006 年版，第 382-383 页；赵旭东：《公司治理中的控股股东及其法律规制》，载《法学研究》2020 年第 4 期；朱慈蕴：《资本多数决原则与控制股东的诚信义务》，载《法学研究》2004 年第 4 期；王建文：《论我国构建控制股东信义义务的依据与路径》，载《比较法研究》2020 年第 1 期；邹学庚：《控股股东信义义务的理论反思与类型化》，载《比较法研究》2023 年第 4 期；李建伟：《再论股东压制救济的公司立法完善——以〈公司法〉修订为契机》，载《北京理工大学学报（社会科学版）》2022 年第 5 期；张学文：《封闭式公司中的股东信义义务：原理与规则》，载《中外法学》2010 年第 2 期。

〔3〕 朱大明：《美国公司法视角下控制股东信义义务的本义与移植的可行性》，载《比较法研究》2017 年第 5 期。

〔4〕 翁小川：《受压迫股东的救济路径研究：股东受信义务与法定压迫救济制度》，载《比较法研究》2021 年第 4 期。

〔5〕 林少伟：《英国不公平损害救济制度述评》，载梁慧星主编：《民商法论丛》（第 67 卷），社会科学文献出版社 2018 年版，第 44 页；刘斌：《中国公司法语境下的不公平损害救济》，载《法律适用》2023 年第 1 期。

退出渠道，包括增加强制购买、拓宽司法解散事由等措施。[1]

3. 2023 年《公司法》第 89 条第 3 款的构成要件解释

《民法典总则编司法解释》第 3 条第 3 款规定："构成滥用民事权利的，人民法院应当认定该滥用行为不发生相应的法律效力。滥用民事权利造成损害的，依照民法典第七编等有关规定处理。"因此，可将 2023 年《公司法》第 89 条第 3 款置于侵权责任的构成要件下进行讨论。根据该款的规定，其他股东请求公司回购股权，需满足以下几个构成要件：其一，行为主体为控股股东；其二，行为要件为滥用股权；其三，损害后果为严重损害公司或其他股东利益；其四，控股股东具有主观过错；其五，行为与后果之间具备因果关系。本书问题 113 已经对本款制度的主体要件进行解释。下文将主要对行为要件、损害后果、主观过错、因果关系进行解释，首先分别对控股股东滥用股权、严重损害公司或其他股东利益的含义进行解释，其次再分别对其认定标准进行解释，最后一并解释主观过错和因果关系。

3.1 2023 年《公司法》第 89 条第 3 款的行为要件

权利滥用在学理上主要有四种学说，即恶意行使说、本旨说、界限说、目的与界限混合说。[2]仅凭抽象的概念难以把握控股股东滥用股权的含义及其法律适用，需结合类型化的方法才能为立法和司法提供参考。控股股东主要是利用股东身份或董事或高级管理人员身份滥用股权，因此应当从这两个层面对控股股东滥用股权的情形进行类型化分析。

（1）控股股东利用股东身份滥用股权

首先，控股股东滥用表决权操控股东会决议。2023 年《公司法》第 59 条第 1 款、第 2 款规定了公司股东会的职权，同时授权公司章程可以规定其他职权。若控股股东利用资本多数决规则滥用表决权，操纵公司股东会，在上述股东会职权范围内通过损害公司或其他股东的决议，即构成滥用股东权利。例如控股股东利用资本多数决不公平地剥夺中小股东的董事或监事身份、

---

[1] 张学文：《封闭式公司中的股东信义义务：原理与规则》，载《中外法学》2010 年第 2 期；周淳、肖宇：《封闭公司控股股东对小股东信义义务的重新审视——以控股股东义务指向与边界为视角》，载《社会科学研究》2016 年第 1 期；李建伟：《再论股东压制救济的公司立法完善——以〈公司法〉修订为契机》，载《北京理工大学学报（社会科学版）》2022 年第 5 期；刘斌：《中国公司法语境下的不公平损害救济》，载《法律适用》2023 年第 1 期。

[2] ［法］路易·若斯兰：《权利相对论》，王伯琦译，中国法制出版社 2006 年版，第 29 页；史尚宽：《民法总论》，中国政法大学出版社 2000 年版，第 714 页。

进行不公平的分配、不公平地改变股东持股比例、不公平地挤出合并等。[1]

其次，控股股东在出售控股板块时滥用股权。控股股东可以通过转让公司资产或转让其所持股权的方式转让控制板块，前者是基于股东会表决权，后者是基于股权处分权。由于控股板块牵涉公司、其他股东的利益，在美国公司法上经由司法判例的发展，形成了控股股东出售控股板块的信义义务群，包括禁止向掠夺者出售控制板块、禁止不伴随控制板块出售公司职务等。若控股股东在出售控制板块时的周边环境足以引起普通谨慎人的怀疑，受让人可能会通过受让控制板块损害公司或其他股东的利益，则控股股东有义务不出售，或进行进一步调查，直到有合理理由排除怀疑方可出售。[2]若控股股东不伴随控制板块出售公司职务，则该项交易因违反公共政策而无效。[3]我国公司法虽未直接规定上述控股股东的义务，但本书认为上述行为可纳入控股股东滥用股权的规制范围。因为不论控股股东是通过资产转让还是股权转让出售控股板块，其都是在行使股权，而禁止权利滥用原则具有高度抽象性，完全可以涵盖美国公司法上控股股东转让控制板块的信义义务的内容。

（2）控股股东利用董事或高级管理人员身份滥用股权

公司的封闭性和控制权的集中决定了本款制度有必要适用于控股股东利用董事或高级管理人员的身份从事损害公司或其他股东利益的行为。封闭公司一般具有股东人数少、规模小的特点，控股股东往往在法律上或事实上担任公司董事或高级管理人员，即使控股股东未担任董事或高级管理人员，其利用资本多数决选举的多数董事或经其控制的董事会任选的高级管理人员也往往听从其指示，因而控股股东可利用董事或高级管理人员身份损害公司或其他股东的利益。根据统计数据显示，我国司法实践中绝大部分的控股股东滥用股权属于控股股东违反法定程序，利用董事或高级管理人员身份滥用股权的情形。[4]根据《英国 2006 年公司法》第 994 条至第 996 条的规定，只要公司事务不公平损害股东利益，股东即可请求公司或控股股东回购其股权。其中，公司事务包括控股股东以董事身份（包括影子董事）参与的公司事务。[5]而美国有关控股股东信义义务的案例可以分为两类，一类是控股股东担任董事，

---

[1] 赵旭东主编：《新公司法重点热点问题解读：新旧公司法的比较分析》，法律出版社 2024 年版，第 224-227 页。

[2] 朱锦清：《公司法学》，清华大学出版社 2019 年版，第 722 页。

[3] 邹学庚：《控股股东信义义务的理论反思与类型化》，载《比较法研究》2023 年第 4 期。

[4] 傅穹、虞雅曌：《控制股东滥用权利规制的司法观察及漏洞填补》，载《社会科学战线》2022 年第 1 期。

[5] 刘斌：《中国公司法语境下的不公平损害救济》，载《法律适用》2023 年第 1 期。

通过董事会决议损害其他股东利益，另一类是控股股东不担任董事但控制董事会，从而间接损害其他股东利益。[1]在作为多数派承认控股股东信义义务的州，其他股东均可请求公司或控股股东回购其股权。控股型公司的公司治理模式既不是股东会中心主义，也不是董事会中心主义，而是"控股股东中心主义"，以控股股东为中心的公司治理选择和追求的是集权而非民主。[2]传统公司法上所有与经营二分的公司治理模式适用于控股型公司并不合适。因此，控股股东利用董事或高级管理人员身份从事损害公司或其他股东利益行为属于滥用股权，是一种实质性判断。

3.2　2023 年《公司法》第 89 条第 3 款的后果要件

本款制度保护的公司利益与股东利益需进行区分，公司利益包括本公司与全资子公司的利益，公司或股东的利益则包括既有利益和所失利益。

第一，公司具有独立人格，其利益与股东利益相对独立。公司利益的界定既非易事，也缺乏意义，[3]但不可否认公司利益相对股东利益而言具有独立性。对于公司利益与股东利益的区分，可适用股东直接诉讼与派生诉讼的区分标准，即损害后果是否直接及于股东以及诉讼后果是否直接归属股东。[4]

第二，公司利益包括本公司与全资子公司的利益。2023 年《公司法》第189 条第 4 款规定了双重股东派生诉讼制度，即当全资子公司董事、监事、高级管理人员损害全资子公司利益时，符合条件的母公司股东可按照法定程序对上述人员提起诉讼。除此之外，2023 年《公司法》第 57 条第 5 款和第 110条第 3 款均支持母公司股东查阅、复制全资子公司的相关材料。上述制度都在一定程度上否认了母子公司间独立的法人人格，实则是对母公司控股股东或实际控制人利用母子公司架构规避其他股东行使权利进行规制。[5]基于该种立法目的，本款制度应同样适用于控股股东滥用股权损害公司的全资子公司利益的情形。

第三，公司或股东的利益包括财产损害项下的所受损害和所失利益。所受损害，又称积极损害，在本款制度中是指因控股股东滥用股权而导致公司

---

〔1〕 范世乾：《论控制股东滥用控制权行为的法律规制》，中国政法大学 2008 年博士学位论文。

〔2〕 赵旭东：《公司治理中的控股股东及其法律规制》，载《法学研究》2020 年第 4 期。

〔3〕 甘培忠、周游：《公司利益保护的裁判现实与理性反思》，载《法学杂志》2014 年第 3 期。

〔4〕 甘培忠：《论股东派生诉讼在中国的有效适用》，载《北京大学学报（哲学社会科学版）》2002 年第 5 期。

〔5〕 李建伟、段程旭：《双重股东派生诉讼的理据重述》，载《青海民族大学学报（社会科学版）》2024 年第 1 期。

或其他股东既有法益减少，例如控股股东通过关联交易攫取公司利益；所失利益，又称消极损害，在本款制度中是指因控股股东滥用股权而导致公司或其他股东势能取得的利益丧失，例如控股股东滥用股权剥夺中小股东在公司中的职位以减少或免除其薪酬，又如控股股东篡夺公司商业机会。[1]根据我国台湾地区"民法"第216条的规定，[2]所失利益可分为以下三种：其一，确实可以获得的利益；其二，因通常情形可得的预期利益；其三，依已定计划、设备或其他特别情事可得的预期利益。[3]

第四，公司或其他股东的利益需达到被严重损害的程度，应以挫败其他股东的合理期待为判断标准。一般的权利滥用并不必然要求造成实际损害后果，只需存在实际损害后果的潜在可能即可。[4]由于本款制度的法律效果是由公司回购受害股东的股权，回购股权触及公司资本事项，背后涉及公司、公司债权人、其他股东等主体的利益，因而损害后果需达到"严重"的程度，可以挫败其他股东的合理期待为判断标准。合理期待原则是英美国家判断控股股东是否存在压制中小股东的行为以解散公司的标准，而强制购买作为替代解散的救济措施，同样适用合理期待原则。合理期待（reasonable expectations）是指股东相互负有以真诚、公平、符合理性的方式运营公司的义务，以及股东间、股东与公司间最初具有和后来发展起来的良好盼望和愿望。[5]封闭公司中股东参与公司的目的与公众公司中公众股东参与公司的目的不同，前者往往希望参与公司的经营管理并获得报酬，后者主要是为了获得金钱回报，因而公司法需对这种因信任而产生的目的进行特别保护。股东的合理期待有以下几个特征：其一，这种期待需被其他股东知悉但不必存在书面文件中。其二，这种期待是股东参与公司的前提或根本目的。其三，这种期待不必存在于公司成立之时，也可产生于股东参与公司的全过程。因为商事活动

〔1〕 郑玉波：《民法债编总论》，中国政法大学出版社2004年版，第229页。

〔2〕 我国台湾地区"民法"第216条规定，损害赔偿，除法律另有规定或契约另有订定外，应以填补债权人所受损害及所失利益为限。依通常情形或依已定之计划、设备或其他特别情事，可得预期之利益，视为所失利益。参见陈忠五主编：《新学林分科六法——民法》，新学林出版股份有限公司2018年版，第B-367页。

〔3〕 李昊：《纯经济上损失赔偿制度研究》，北京大学出版社2004年版，第12页。

〔4〕 2017年《民法总则》第132条规定的"损害"并未严格区分"侵害"与"损害"，直至《民法典》侵权责任编制定时才认为损害是指实际损害后果，而侵害并不必然包含实际损害后果，但《民法典》第132条纳入了《民法总则》第132条的规定。参见王利明：《论禁止滥用权利——兼评〈总则编解释〉第3条》，载《中国法律评论》2022年第3期。

〔5〕 杨曙东：《合理期待原则下的美国股东权益救济制度及其启示》，载《法律科学（西北政法大学学报）》2012年第2期。

是不断变化的，股东的主观状态也在变化。[1]从上述合理期待的概念和特点可以看出，合理期待不同于合同中所失利益中的期待利益，更类似于合同目的，控股股东滥用股权的行为类似于根本违约行为，而根据是否挫败其他股东合理期待来判决解散公司或强制购买股权，类似于我国《民法典》第563条规定的因根本违约致使合同目的不能实现而解除合同。

4. 2023 年《公司法》第 89 条第 3 款行为和后果要件的认定标准

《民法典总则编司法解释》第 3 条第 2 款和第 1 款分别采取具体规则与一般原则的方式规定了一般权利滥用的认定标准。具体而言，该条第 2 款规定行为人以损害国家利益、社会公共利益、他人合法权益为主要目的的行使民事权利的应当认定构成滥用民事权利。该条第 1 款规定判断是否构成权利滥用时，应综合考量权利行使的对象、目的、时间、方式、造成当事人之间的利益失衡等因素，属于动态系统论的认定模式，本质上是基于比例原则，对权利超出界限的比例进行判断。这种认定模式本身就是高度抽象的，在损害公司利益的情形下尚且容易判断，适用于股东权益救济时更是难得其要旨。在民事权利的救济中，其所需要权衡的是不同主体之间的利益关系。在公司法上，还附加了资本多数决、公司利益等组织元素，更加复杂。比如，资本多数决本身即蕴含着持有多数表决权的股东意志上升为公司意志的安排小股东天然地难以对公司决策产生实质性影响，使得部分权利滥用行为天然地在形式上具有合法的外衣。

要构成滥用股权，首先要求控股股东存在权利行使的外观，应在相应主体或公司组织机构的权限范围内进行认定，以此区别于直接侵权行为。在此基础之上，下文将民法上的权利滥用认定规则与英美公司法上的交易公平性审查规则进行结合，按照具体规则与一般原则的顺序，对本款制度构成要件的认定标准进行解释。

4.1 具体认定标准

根据《民法典总则编司法解释》第 3 条第 2 款以及 2023 年《公司法》第89 条第 3 款的规定，本款制度构成要件的具体认定标准应为以损害公司或其他股东利益为主要目的、严重损害公司或其他股东的利益。

首先，控股股东以损害公司或其他股东利益为主要目的。以损害他人为主要目的对应的主观状态为直接故意，具有强烈的道德可非难性，因而成为典型的权利滥用主观构成要件。相较而言，《德国民法典》第 226 条的主观构

---

〔1〕　张学文：《英美法中的股东合理期待原则》，载《比较法研究》2011 年第 4 期。

成要件更为苛刻，要求行为人专以损害他人为目的。[1]原因在于德国司法实践更倾向于适用公序良俗与诚信原则对权利行使进行规制。[2]而我国《民法典总则编司法解释》第 3 条第 2 款规定较为宽松，仅需以损害他人为主要目的。尽管法律要求滥用权利的主观构成要件为以损害他人为主要目的，但行为人的主观目的主要还是通过其行为与结果等要素进行客观判断，特别是行为造成当事人之间的利益严重失衡时，除非有相反证据，否则便可认定行为人存在损害他人的主要目的。

控股股东滥用股权的主观要件可以根据合理商事目的标准进行判断，此亦权利行使的客观目的。在英美公司法上，与以损害公司或其他股东利益为主要目的几乎可以替换的概念是没有"合理商事目的"（legitimate business purpose）的，因为控股股东几乎不存在除损害公司或其他股东利益目的与合理商事目的之外的权利行使目的。合理商事目的是马萨诸塞州最高法院对"平等机会"（equal opportunity）标准进行的修正。马萨诸塞州最高法院在 Donahue v. Rodd Electrotype Co. 案中提出了平等机会标准，在该案中，多数股东授权公司购买其股权，而没有给予少数股东以相同价格出售股权的平等机会。[3]但在 Wilkes v. Springside Nursing Home 案中，该法院认识到平等机会标准会限制控股股东的合法行为，例如解雇不称职的担任公司职位的中小股东，不当地影响为了全体股东的利益而经营公司的效率，因而转采用合理商事目的的标准。在控股股东提出其行为具有合理商事目的时，中小股东可以提出应当以对其最少损害的手段以达到该目的的抗辩。只有在控股股东没有合理商业目的或目的与手段不成比例时，控股股东才违反了对少数股东严格的善意义务。[4]

其次，严重损害公司或其他股东的利益应以挫败其他股东合理期待为判断标准。关于其他股东合理期待的认定，美国学者提出了一种认定模式，即法院在认定股东合理期待时需要两套证据，一套是关于典型封闭公司中行为模式的一般证据，一套是争议中公司股东行为符合该行为模式的证据。对于前者，需进行广泛的经验调查，以获知封闭公司的股东投资公司期望获得什么利益，如果缺乏该种调查，可以转而调查封闭公司的股东投资公司事实上获得了什么利益。多数封闭公司股东都存在一种显而易见的行为模式，例如股东辞去原来的工作而投资公司，在公司任职并获得报酬，直至股东间发生

---

〔1〕《德国民法典》第 226 条规定，某项权利的行使专以损害他人为目的的，不准许行使该项权利。参见《德国民法典》，陈卫佐译注，法律出版社 2020 年版，第 83 页。

〔2〕 朱庆育：《民法总论》，北京大学出版社 2016 年版，第 527 页。

〔3〕 Donahue v. Rodd Electrotype Co. of New England, Inc. , 367 s. 578, 328 N. E. 2d 505（Mass. 1975）.

〔4〕 Wilkes v. Springside Nursing Home, Inc. , 370 Mass. 842, 353 N. E. 2d 657（1976）.

争议。对于后者，当事人需就其个人的行为符合上述行为模式提供证据，但该证据的证明力标准是极其轻微的，例如在上述案例中，股东只需证明其投资公司后便一直在公司任职即可。[1]因此，为便于本款制度的适用，股东在投资封闭公司时，将其投资目的载入股东协议、公司章程等文件中显得尤为重要。若控股股东的行为挫败了其他股东的合理期待，便可认为严重损害公司或其他股东的利益，控股股东严重损害公司利益可视为间接挫败其他股东的合理期待。

4.2 一般认定标准

需通过动态系统论下的司法自由裁量将复杂的权利滥用情形纳入规范范围。因权利滥用的事实情况复杂，上述权利滥用的具体认定标准无法涵盖全部的权利滥用类型，特别是在权利人的主观状态和当事人之间的利益失衡程度之间产生冲突时，需要利用动态系统论的方法对权利行使中的具体因素进行衡量，从而判断是否构成权利滥用。例如，虽然我国台湾地区"民法"第148条第1款要求权利滥用的主观构成要件为以损害他人为主要目的，但是在权利行使时因过失造成当事人之间利益严重失衡的情况下，法院也会将该款作扩大解释，将过失行为纳入权利滥用的规制范围。[2]再如，一般情况下，控股股东行使权利挫败其他股东的合理期待往往不存在合理的商业目的，但是也存在控股股东存在合理商业目的却挫败其他股东合理期待的行为。在 Bonovita v. Corbo 案中，股东甲与股东乙各持股 50%，但股东甲担任公司首席执行官，股东甲与股东乙及二者家人均在公司任职并领取薪酬，但在股东乙及其家人退休后，公司停发他们的薪酬，也不进行分红，给出的理由是公司需要现金。法院认为，虽然公司不分红具有合理商业目的，但股东甲及其家人却通过不分红获取了更多利益，挫败了股东乙的合理期待，构成压迫行为。[3]

整体公平原则（entire fairness）是权利滥用动态系统论认定模式在公司法中的体现。整体公平原则是美国特拉华州法院审理决策者与决策事项有重大利害关系的案件的最高审查标准。[4]整体公平原则包括交易公平（fair dealing）与价格公平（fair price）。前者是对交易的过程进行审查，包括交易时间、交易如何启动、构建、谈判、向董事披露以及如何获得董事和股东的批准等问题；后者是对交易的经济和财务进行审查，包括资产、市场价值、收

---

〔1〕　Douglas K. Moll: Reasonable Expectations v. Implied-in-Fact Contracts: Is the Shareholder Oppression Doctrine Needed? 42 B. C. L. Rev 989（2001）.

〔2〕　施启扬:《民法总则》，中国法制出版社 2010 年版，第 373 页。

〔3〕　Bonovita v. Corbo, 300N. J. 179, 692A. 2d JJ9（NJ 1996）.

〔4〕　Lewis v. Vogelstein, 669 A. 2d 327, 330（Del. Ch. 1997）.

益、未来前景以及影响公司股票内在或内在价值的任何其他因素。整体公平原则强调交易的"整体"公平性，单项对价公平可能无法通过该项审查，作为被告的控股股东应对上述因素承担举证责任。[1]从整体公平原则的内容可以看出，其与《民法典总则编司法解释》第3条第1款规定的内容并无本质区别，区别仅在于前者仅适用于控股股东自我交易领域，而后者适用于控股股东滥用权利的全部领域，前者对后者在自我交易领域中的判断因素进行了细化。

5. 主观过错和因果关系

在损害赔偿法领域，通常运用相当因果说来判定行为与损害之间的因果关系。在适用上须先肯定某个事由系肇致权益侵害（责任成立）及结果损害（责任范围）的条件（若无—则不），然后再检视该条件对权益侵害及结果损害的相当性。[2]行为主体违反法律对其主观状态的要求是责任成立的前提。在此基础之上，才能进一步判断行为与损害后果之间是否具有相当因果关系。由于控股股东既可直接通过股东身份滥用股权，又可通过董事、高级管理人员身份滥用股权，而公司法对不同身份主体履行职责时的主观要求不同，因此在动态系统论下控股股东的主观状态具有不同的审查标准。

首先，就与公司、其他股东利益冲突事项而言，控股股东直接通过股东身份滥用股权比通过董事、高级管理人员身份滥用股权的审查标准高。因控股股东是通过出资而换取其所持股权，其与公司存在等价交换的基础，因此，控股股东原则上可为了自己的利益而行使股权。但由于股权中的共益权涉及公司或其他股东的利益，基于权利滥用原则的基本要求，控股股东不得损害公司或其他股东的利益，但其没有必要为此牺牲自己的利益。在控股股东向掠夺者出售控制板块时，虽然其股权处分权不属于共益权，但其在周边环境足以引起一个普通谨慎人的怀疑，特别是对价异常高昂的情况下依然出售其控制板块，导致受让者损害公司或其他股东的利益，可见控股股东对公司、其他股东利益的损害存在间接故意。此外，由于控股股东具有投资自由，其原则上并不负有竞业禁止义务，但其不得恶意篡夺公司商业机会，损害公司或其他股东的利益。[3]相较而言，董事、高级管理人员是基于公司股东会或董事会的委任才享有职权，其与公司、股东存在委托关系，根据2023年《公司法》第180条第1款的规定，董事、高级管理人员对公司负有忠实义务，应当采取措施避免自身利益与公司利益冲突，不得利用职权牟取不正当利益。

---

〔1〕 Weinberger v. UOP, Inc., 457 A. 2d 701, 711 (Del. 1983).

〔2〕 王泽鉴：《损害赔偿》，北京大学出版社 2017 年版，第 96 页。

〔3〕 邹学庚：《公司治理中控股股东的法律规制》，中国政法大学 2022 年博士学位论文。

也就是说，董事、高级管理人员在行使职权时不得将其个人利益放在公司、股东利益之上。[1]

其次，就对公司、其他股东利益的注意义务而言，控股股东直接通过股东身份滥用股权还是比通过董事、高级管理人员身份滥用股权的审查标准高。基于上述同样的原理，控股股东在行使股权时原则上不对公司、其他股东利益承担注意义务，但其通过董事、高级管理人员身份行使股权时，根据2023年《公司法》第180条第2款的规定，其对公司负有勤勉义务，执行职务应当为公司的最大利益尽到管理者通常应有的合理注意。一般情况下，董事、高级管理人员是否违反勤勉义务不适用整体公平原则进行判断，而适用商事判断规则（business judgment rule）。商事判断规则是指法院推定董事作出商业决策是基于充分信息、善意，并真诚地相信所采取的行动符合公司最佳利益，除非原告有相反证据足以推翻上述推定，否则法院将会尊重董事的决策，董事不会承担个人责任。[2]若董事与决策事项存在重大利害关系，即有违反忠实义务之嫌时，此时还需回归到整体公平原则进行判断，但经过无私益的董事和股东批准的双重程序，[3]或不存在控制股东以牺牲少数股东利益谋取不正当利益可能的除外。[4]

只有控股股东违反了上述法律对其主观状态的要求，才能进一步讨论其行为与结果之间是否具有相当因果关系。实务上多以"通常足以产生此种损害"作为因果关系相当性的判断标准。需要注意的是，商事活动复杂万变，商事主体的一个行为往往会引发诸多连锁反应，应从理性商人的视角来判断行为与后果之间因果关系的相当性。但是，若控股股东以损害公司或其他股东利益为主要目的行使权利，严重损害公司或其他股东的利益，因其主观状态为故意，此时不论其行为与损害后果之间是否具有相当因果关系，其都需对自己的行为负责，受害股东亦有权根据公司法的规定请求公司回购股权。[5]

问题 115 ◇ **2023 年《公司法》第 89 条第 3 款可否类推适用于股份有限公司？**

2023 年《公司法》第 89 条第 3 款新增控股股东压迫情形下中小股东的股

---

〔1〕　邹学庚：《控股股东信义义务的理论反思与类型化》，载《比较法研究》2023 年第 4 期。

〔2〕　Todd M. Aman：Cost-Benefit Analysis of the Business Judgment Rule：A Critique in Light of the Financial Meltdown，74 Alb. L. Rev. 1，7-8（2010-2011）。

〔3〕　Kahn v. Lynch Comc'n Sys. , Inc. , 638 A. 2d 1110（Del. 1994）。

〔4〕　Sinclair Oil Corp. v. Levien, 280 A. 2d 71, 92（Del. Sup. 1971）。

〔5〕　王泽鉴：《损害赔偿》，北京大学出版社 2017 年版，第 91-92 页。

权回购请求权，作为中小股东的新救济措施；第 161 条以第 89 条为基础，新增股份有限公司股东的异议股东回购请求权，但公开发行股份的公司除外。第 161 条并没有吸收第 89 条第 3 款关于控股股东滥用权利时的回购救济规则，导致股份公司能否准用该规定存在争议。

针对股份公司能否准用第 89 条第 3 款关于控股股东滥用权利时的回购救济规则，主要存在赞成说和反对说两种观点。赞成说认为，第 161 条未规定第 89 条第 3 款关于股东压制情形下的回购救济机制。虽然第 161 条未作规定，但基于该条旨在保护非公开发行的股份有限公司中的股东权益，其立法本旨并无二致，因此，第 89 条第 3 款所规定的股东压制情形下的回购救济措施应同样适用于非公开发行的股份有限公司。

反对论者则主要持以下观点：其一，该条未引入股东压制的可回购情形，是立法有意对两类公司作出的区分。考虑到有限公司与非上市股份公司具有高度的同质性，2023 年《公司法》虽在总体上拉近了其距离，但仍保留了区分的空间。非上市股份公司直接类推适用第 89 条第 3 款所规定的股东压制情形下的回购救济措施并不具有充分的合理性。[1]其二，这是因为股份公司股东可自由转让股份，受到的限制较少。在股东压迫情形下，受压迫股东无须通过回购方式救济权益，而是可以直接通过股份转让退出公司，摆脱压迫。[2]其三，立法的主要考虑是基于股东滥用权利这种侵害股东权利的情形主要发生在有限公司中。[3]

1. 2023 年《公司法》第 89 条第 3 款可类推适用于封闭性股份公司

所谓类推适用，是指将法律的明文规定适用到法律未直接规定，但规范上重要特征与法律明文规定相同的案型。法律规定能否类推适用取决于案型之间的规范上重要特征是否相同，而这一判断需借助法律规定的立法目的。[4]如前所述，2023 年《公司法》第 89 条第 3 款的立法目的是对封闭公司中控股股东滥用股权的行为进行特别规制，因此，相关案例规范上的重要特征应为封闭公司、控股股东滥用股权严重损害公司或其他股东的利益。

其一，绝大部分股份公司具有封闭性。封闭公司是指股份不公开发行，

---

[1] 《新公司法股东回购请求权的规则创新及裁判展望（上）》，载微信公众号"石家庄仲裁委员会"，发布日期：2024 年 6 月 17 日。

[2] 赵旭东主编：《新公司法重点热点问题解读：新旧公司法的比较分析》，法律出版社 2024 年版，第 348 页。

[3] 王瑞贺主编：《中华人民共和国公司法释义》，法律出版社 2024 年版，第 224 页。

[4] 黄茂荣：《法学方法与现代民法》，法律出版社 2007 年版，第 492 页。

股份转让受到一定限制，股份没有公开交易市场的公司。[1]首先，除公开募集设立的股份公司外，发起设立或定向募集设立的股份公司的股份都不公开发行，且绝大部分股份公司在公司设立后未向社会公开募集股份。其次，股份公司股份转让会受到一定限制。根据 2023 年《公司法》第 157 条的规定，股份公司章程可以对股份转让作出限制。最后，除上市公司与非上市公众公司外，绝大部分的股份公司都没有公开的股份交易市场。因此，绝大部分股份公司具有封闭性，与有限公司在本质上并无差别。

根据国家市场监督管理总局的统计，截至 2023 年底，全国股份有限公司超过 52 万家，沪深京三市上市公司共计 5300 余家。由此来看，股份有限公司中绝大多数股份有限公司是小型化、封闭性强的公司，与有限责任公司并无二致，有必要对其股东提供更加充分的救济。

其二，股份公司中也存在控股股东滥用股权严重损害公司或其他股东利益的情况。控股股东滥用股权的核心是滥用表决权，因此，只要有资本多数决规则的存在，控股股东就有滥用股权严重损害公司或其他股东的利益的可能。非上市的股份公司在面对控股股东滥用权利的情形时同样需要救济。2023 年《公司法》第 161 条已排除了公开发行股份的股份公司适用异议股东回购请求权的可能，因为其股票具有较强的流通性。一般情况下，对于异议股东来说，可以直接在证券市场上转让股份进而退出公司，无须通过公司回购退出。对于非公开发行股份的股份公司而言，虽然更加强调资合性，其股份的转让通常也较有限责任公司而言更为容易，但其两权分离程度较低，股东会成员通常就是董事会成员，仍会出现对公司经营、决策不满的股东难以离开公司的情况。[2]

其三，就立法目的而言，异议股东股份回购请求权是赋予中小股东的救济手段，当少数股东客观上受到"绑架"或"裹挟"时，其合理预期落空时，可以退出公司。股东回购请求权的事项不应限于具体的个别情形，而应当扩充至继续留在公司将对股东造成实质不公平损害的各类情形，否则将导致该制度的救济目的落空。[3]

综上所述，本款制度可类推适用于封闭性股份公司控股股东滥用股权严重损害公司或其他股东利益的情形。实际上，英美国家法院受理的控股股东

〔1〕　李建伟：《公司法学》，中国人民大学出版社 2022 年版，第 16–17 页。

〔2〕　最高人民法院民事审判第二庭编著：《中华人民共和国公司法理解与适用（下）》，人民法院出版社 2024 年版，第 712 页。

〔3〕　刘斌：《中国公司法语境下的不公平损害救济》，载《法律适用》2023 年第 1 期。

滥用股权损害中小股东利益的案件几乎都发生在封闭公司中，[1]德国法院在司法实践中也将股东的忠实义务适用于股份公司。[2]我国多数学者指出，我国公司法将公司类型划分为有限公司与股份公司并未抓住问题的实质，我国公司类型应划分为封闭公司与公开公司。[3]我国公司法上的制度也应根据封闭公司与公开公司类型的划分作相应的设置。2023年《公司法》新增的关于控股股东的进行特别规制的制度除本款制度外，还有第180条第3款关于事实董事制度、第192条关于影子董事制度的规定，两项制度都规定于2023年《公司法》第八章"公司董事、监事、高级管理人员的资格和义务"，都适用于有限公司和股份公司。本款制度新增于2018年《公司法》第74条关于有限公司股东的异议股权回购请求权的规定中，而2023年《公司法》第161条新增股份公司的公开市场例外规则，却没有新增本款制度，由此导致的法律漏洞只能通过类推适用填补。

2. 我国封闭性股份公司的范围界定

封闭性股份公司是指股份在规范上或事实上不能自由流动的股份公司。在我国，除在证券交易所上市、在全国中小企业股份转让系统挂牌的公司外，其余股份公司都属于封闭性股份公司。

首先，股份在规范上不能自由流动的股份公司属于本款制度的规制范围。根据2023年《公司法》第157条的规定，股份公司章程可以对股份转让作出限制。若股份公司章程对股东转让股份作出了限制，其他股东在面临控股股东滥用股权，严重损害其本身或公司的利益时，很难通过转让股份的方式退出公司。因此，此时应当允许其根据2023年《公司法》第89条第3款的规定请求公司回购其股权。

其次，股份在事实上不能自由流动的股份公司属于本款制度的规制范围。我国公司法将公司分为有限责任公司和股份有限公司，而股份有限公司又被分为上市公司和非上市公司。根据2023年《公司法》第134条，上市公司是指股票在证券交易所上市交易的股份有限公司。一般认为，上市公司属于公众公司，与之对应的是封闭公司。但是，2012年证监会发布了《非上市公众

---

〔1〕 朱慈蕴：《资本多数决原则与控制股东的诚信义务》，载《中国法学》2004年第4期。

〔2〕 ［德］托马斯·莱塞尔、吕迪格·法伊尔：《德国资合公司法（上）》，高旭军等译，上海人民出版社2019年版，第147页。

〔3〕 王保树：《公司法律形态结构改革的走向》，载《中国法学》2012年第1期；刘斌：《公司类型的差序规制与重构要素》，载《当代法学》2021年第2期；李建伟：《公司组织形态重构与公司法结构性改革》，载《财经法学》2015年第5期。

公司监督管理办法》，首次从部门规章的层面界定了非上市公众公司的概念。所谓非上市公众公司，证监会《非上市公众公司监督管理办法》第2条规定，"本办法所称非上市公众公司是指有下列情形之一且其股票未在证券交易所上市交易的股份有限公司：（一）股票向特定对象发行或者转让导致股东累计超过二百人；（二）股票公开转让"。此外，证监会还制定了包括《非上市公众公司信息披露管理办法》等一系列监管规则，从而创设了介于上市公司与封闭性股份公司之间的特别公司类型规范体系，规制强度亦介于二者之间。[1]根据我国现有公司立法分类和证券监管规则，公众公司的"公众性"主要体现为股份的自由流转，而非公开上市交易。[2]考虑到证监会在公众公司进行股权融资、债权融资、资产重组等领域设定的监管规则对公司治理和公司资本运行发挥着正式的制度约束作用，证监会的前述规章实质性地起到了对公众公司与封闭公司的类型划分作用。因而，从正式制度层面看，我国股份公司已经分化为上市公司、非上市公众公司、封闭公司三种类型，并受到监管规则的差序规制。[3]

但是，并非所有非上市公众公司都具有股份自由流动的市场。在我国多层次资本市场的建设中，主板市场和二板市场等固然有着较好的流动性，但新三板、区域性股权交易市场的流动性并不一致，甚至长期处于缺乏流动性的状态。特别是我国非挂牌公众公司的股份托管和转让仍处于非常复杂的状态。根据2012年证监会《关于未上市股份有限公司股票托管问题的意见》的规定，未上市公司股份托管问题成因复杂、涉及面广，清理规范工作应主要由地方政府负责。根据证监会《关于加强非上市公众公司监管工作的指导意见》，非挂牌公众公司应当选择在中国证券登记结算公司、证券公司或者符合规定的区域性股权市场或托管机构登记托管股份。然而，在实践中，大量的非挂牌公众公司并未在地方股权交易中心办理股份托管，市场监督部门也因非属于工商登记事项不予登记管理，由此造成了所谓的公开转让实属处于窘境，难堪其谓。因而，前述股份自由转让的事实判断标准也一以贯之，缺乏托管登记和股权交易市场的非挂牌公众公司，其在股份转让上并不明显优于非公众公司。[4]在此类非上市公众公司以及非公众公司中，若控股股东滥用

---

〔1〕　刘沛佩：《非上市公众公司概念拷问下的公司形态改革》，载《安徽大学学报（哲学社会科学版）》2015年第2期。

〔2〕　祁畅：《中国非上市公众公司监管的结构性变革——兼论中国公众公司的法律内涵重构》，载《云南社会科学》2018年第1期。

〔3〕　刘斌：《公司类型的差序规制与重构要素》，载《当代法学》2021年第2期。

〔4〕　刘斌：《公众公司的公司法地位再审视》，载《法学杂志》2021年第7期。

股权严重损害公司或其他股东的利益，由于缺乏股份自由流动的市场，其他股东也难以通过转让股份的方式退出公司。因此，应当允许其根据 2023 年《公司法》第 89 条第 3 款请求公司回购其股权。

问题 116 ◎ **2023 年《公司法》第 89 条第 3 款能否适用于公司僵局情况？**

2023 年《公司法》第 89 条第 3 款预设的使用场景系控股股东滥用权利、严重损害公司或其他股东利益的情形，那么，在公司发生僵局的情况下，该条款可否援用？

1. 公司僵局的规范界定与形成原因

公司经营管理发生严重困难，也称"公司僵局"，是指因股东间或公司管理人员之间的利益冲突和矛盾，公司治理机制完全失灵，股东会、董事会、监事会等组织机构无法对公司的任何事项作出决议，公司的经营管理事务处于瘫痪状态，公司的运行陷于僵局。此时公司的经营管理事务难以正常进行，公司财产面临损耗和流失，但公司的组织机构却无能为力。在该种情形下，根据 2023 年《公司法》第 231 条，持有公司 10% 以上表决权的股东，可以请求人民法院解散公司。最高人民法院在《公司法司法解释（二）》第 1 条中列举了三种属于公司僵局的情形，并设置了兜底条款。此外，最高人民法院在第 8 号指导案例中指出，"'公司经营管理发生严重困难'的侧重点在于公司管理方面存有严重内部障碍，如股东会机制失灵、无法就公司的经营管理进行决策等，不应片面理解为公司存在资金缺乏、严重亏损等经营性困难"。[1] 我国司法实践和理论界对《公司法司法解释（二）》第 1 条规定的情形达成了较为一致的观点。

首先，针对该条第 1 款第 1 项，公司在客观上超过 2 年未召开股东会并不等于无法召开股东会，更不等于股东会议机制失灵，不能单纯以是否超过 2 年未召开股东会作为公司经营管理发生严重困难的判断标准。[2] 换言之，公

---

〔1〕 林某清诉凯莱公司、戴某明公司解散纠纷上诉案，江苏省高级人民法院（2010）苏商终字第 0043 号民事判决书。

〔2〕 栾某华、聊城鲁西纺织有限责任公司公司解散纠纷再审审查与审判监督案，最高人民法院（2019）最高法民申 5183 号民事裁定书；赵某峰、陕西义禧投资管理有限公司公司解散纠纷再审审查与审判监督案，最高人民法院（2019）最高法民申 2477 号民事裁定书；杜某萍、长春凯购投资有限公司等公司解散纠纷民事申请再审审查案，最高人民法院（2020）最高法民申 7067 号民事裁定书；昆仑能源（辽宁）有限公司、昆仑能源（鞍山）有限公司公司解散纠纷再审审查与审判监督案，最高人民法院（2020）最高法民申 2318 号民事裁定书；杨某、曲靖市某有限公司等公司解散纠纷民事申请再审审查案，最高人民法院（2023）最高法民申 3200 号民事裁定书。

司持续 2 年以上无法召开股东会仅限于"应当召开而不能召开"的持续状态。对于客观上能够召开股东会却不召开，并反而以此为由申请解散公司的，法院通常不予支持。此外，若是公司重大事项事实上不由股东会决策，即使公司持续 2 年无法召开股东会或作出有效的股东会决议，法院也不会认定公司存在僵局。[1]

其次，针对该条第 1 款第 2 项，实践中主要表现为以下三种情形：其一，持股比例各半的两派股东意见相左，难以形成有效决议。[2]其二，公司章程所设置的决策比例较为严苛，如约定全部决策事项均须全体一致决等。[3]其三，特殊表决事项无法得到代表 2/3 以上表决权的股东通过。[4][5]

再次，该条第 1 款第 3 项通常发生在中外合资经营企业中，因为根据《中外合资经营企业法》（已失效）的规定，董事会是公司的最高权力机构，其人数组成由合营各方协商，在合同、章程中确定，并由合营各方委派和撤换。若公司董事长期冲突，合营各方也不能通过合同、章程等方式解决，由此就造成公司僵局。[6]值得注意的是，2020 年 1 月 1 日施行的《外商投资法》及《外商投资法实施条例》废止了《中外合资经营企业法》《中外合作经营企业法》《外资企业法》几部法律，规定外商投资企业的组织形式、组织机构及其活动准则，适用原《公司法》《合伙企业法》等法律的规定，同时设置了 5 年过渡期，现过渡期已至。根据 2023 年《公司法》第 59 条第 1 款第 1 项的规定，公司董事由股东会选举或更换，因此公司中董事的冲突可能只是股东冲突的表现，《公司法司法解释（二）》第 1 条第 1 款第 3 项的规定可能多用于辅助论证公司股东会形成僵局。

---

〔1〕　张某成与海南天懋投资有限公司公司解散纠纷再审案，最高人民法院（2021）最高法民申 3042 号民事判决书。

〔2〕　林某清诉凯莱公司、戴某明公司解散纠纷上诉案，江苏省高级人民法院（2010）苏商终字第 0043 号民事判决书；广西南宁红白蓝投资有限责任公司与刘某宁等公司解散纠纷再审申请案，最高人民法院（2017）最高法民申 4394 号民事裁定书。

〔3〕　海南龙润恒业旅业开发有限公司、海南博烨投资有限公司公司解散纠纷再审审查与审判监督案，最高人民法院（2018）最高法民申 280 号民事裁定书。

〔4〕　何某林诉清远市泰兴房地产有限公司等公司解散纠纷案，最高人民法院（2017）最高法民申 4437 号民事裁定书。

〔5〕　《观点｜公司解散纠纷中"经营管理发生严重困难"的认定》，载微信公众号"北大法宝智慧法务研究院"，发布日期：2024 年 6 月 14 日。

〔6〕　富钧新型复合材料（太仓）有限公司与仕丰科技有限公司（SHINFENGTECHNOLOGYCO.，LTD）公司解散纠纷上诉案，最高人民法院（2011）民四终字第 29 号民事判决书；海门佑东贸易有限公司与欧阳某某等公司解散纠纷上诉案，江苏省高级人民法院（2014）苏商外终字第 0006 号民事判决书；山东博斯腾醇业有限公司、昌邑永盛泰供热有限公司公司解散纠纷再审审查与审判监督案，最高人民法院（2019）最高法民申 6231 号民事裁定书。

最后，关于《公司法司法解释（二）》第1条第1款第4项的兜底规定，学者多认为可适用于股东压迫的情形。例如，有学者认为，我国司法实践已将我国公司法上的司法解散事由"公司经营管理发生严重困难"限定于"公司管理发生严重困难"，属于封闭公司的"人合性治理障碍"，而"人合性治理障碍"既可以是因股东间势均力敌造成的公司僵局，也可以是因股东间力量悬殊造成的控股股东滥用股权，因此将后者纳入司法解散的事由属于扩张解释，不存在解释的障碍。[1]将司法解散事由作如此解释不仅可拓宽控股股东滥用股权时受害股东的退出渠道，也可为受害股东提供一个讨价还价的工具，为股权回购或其他救济的落实提供保障，因为若公司解散，特别是经营情况良好的公司解散，相较于中小股东，控股股东将遭受更大的经济损失。[2]将司法解散作为控股股东滥用股权的救济措施可能会给动机不良的受害股东对公司或控股股东进行敲竹杠的机会，但是任何权利都可滥用，权利可能被滥用并不是不赋予权利的理由。[3]司法解散是一种成本高昂、后果难以预测的法律制度，中小股东一般不愿意采用，而且司法解散制度具有谦抑性，是"通过其他途径不能解决"时受害股东的救济渠道，若法院在案件审理过程中发现受害股东滥用权利，可不对其提供救济。[4]

2. 部分公司僵局可以适用2023年《公司法》第89条第3款

首先，2023年《公司法》第89条第3款不能适用于《公司法司法解释（二）》第1条第1款第1项规定的情形。公司持续2年以上无法召开股东会中的"无法召开"是指应当召开而不能召开，因我国公司法对股东会出席的股东人数和持股数没有特殊要求，这一"无法召开"主要表现为"无人召集"或者"召集之后没有一个股东出席会议"等两种情形。在具有控股股东的公司中，即使控股股东控制的董事会不召集股东会，根据2023年《公司法》第63条第2款的规定，也可由监事会召集和主持；监事会不召集和主持的，代表1/10以上表决权的股东可以自行召集和主持。

其次，2023年《公司法》第89条第3款可适用于《公司法司法解释（二）》第1条第1款第2项规定的情形。在上文总结的属于《公司法司法解释（二）》第1条第1款第2项的情形中，除持股比例各半的两派股东意见

---

[1] 李建伟：《司法解散公司事由的实证研究》，载《法学研究》2017年第4期。
[2] 张学文：《有限责任公司股东压制问题研究》，法律出版社2011年版，第161页。
[3] 李建伟：《司法解散公司事由的实证研究》，载《法学研究》2017年第4期。
[4] 耿利航：《有限责任公司股东困境和司法解散制度——美国法的经验和对中国的启示》，载《政法论坛》2010年第5期。

相左，难以形成有效决议这种情形外，其他两种情形都可能存在股东滥用股权。一般而言，股东会决议事项分为一般决议事项和特别决议事项，前者经全体股东所持表决权或出席会议股东表决权过半数通过，后者过 2/3 通过。基于私法自治原则，股东会一般决议事项的通过比例应当属于任意性规范，公司章程可另行规定其通过比例。出于保护少数股东的需要，股东会特别决议事项属于强制性规范，但公司章程可规定比法定通过比例更高的通过比例。[1]因此，公司章程可以设置更高的股东会决议事项通过比例，以提高小股东的话语权。在这种情况下，小股东可能会滥用股权，在股东会上行使否决权，导致股东会表决事项不能获得通过。根据《公司法司法解释（二）》第 1 条第 1 款第 2 项的规定，若公司持续 2 年以上不能作出有效的股东会决议，则公司经营管理发生严重困难，导致包括控股股东在内的其他股东的合理期待落空。因此，在这种情况下，其他股东可根据 2023 年《公司法》第 89 条第 3款请求公司回购其股权。

最后，如上所述，《公司法司法解释（二）》第 1 款第 3 项通常发生在中外合资经营企业中，在"三资企业法"被废止的情况下，该项可能多用于辅助论证公司股东会形成僵局。在这种情况下能否适用 2023 年《公司法》第 89条第 3 款参照上述股东会僵局的标准即可。至于《公司法司法解释（二）》第 1 条第 1 款第 4 项的兜底规定，学界多认为可适用于股东压迫，而股东压迫正是 2023 年《公司法》第 89 条第 3 款需要解决的问题。

"解散公司既涉及公司股东利益，也涉及公司债权人、公司员工等相关方的利益，解散公司对公司而言，是最严厉、最具破坏性的结果，若非万不得已，就不宜选择解散公司的办法来解决股东之间的争议，以保持市场主体的稳定性、严肃性。"[2]因此，本书认为，相较于无需解散公司的股权回购，司法解散应适用于更严重的股东压迫情形。或者说，在 2023 年《公司法》第 89条第 3 款与第 231 条发生竞合时，应当优先适用前者。

问题 117 ▷ 能否根据 2023 年《公司法》第 89 条第 3 款要求控股股东购买股权？

根据 2023 年《公司法》第 89 条第 3 款文义，在控股股东滥用股权，严重损害公司或其他股东利益时，其他股东只能要求公司回购其股权。控股股

---

〔1〕 李建伟主编：《公司法评注》，法律出版社 2024 年版，第 289-291 页。

〔2〕 马某与王某芬、山西鑫四海纯净水有限公司公司解散纠纷再审申请案，最高人民法院（2014）民申字第 1023 号民事裁定书。

东作为滥用权利的行为人，如果不承担回购责任，是否导致其脱离了应有的可归责性？

1. 2023 年《公司法》第 89 条第 3 款的规范溯源

在本次公司法修订过程中，针对控股股东滥用股权的救济措施，各方提出了很多意见。例如，英国公司法不公平损害救济制度中的司法解散、强制购买、司法监管等救济措施。立法者最终只选择了强制购买中的由公司回购受害股东的股权的救济措施，这是因为控股股东滥用权利的构成要件较为抽象，我国第一次引入这个制度，法官容易在司法适用中对这个问题产生分歧，造成裁判尺度不统一的现象，具体的法律适用效果还有待观察。英国公司法上不公平损害的救济措施虽然广泛，但是被广为运用的还是股权回购。因此，我国择其精华而用之，可以说是制度借鉴中一种成本较低的模式。[1]

实际上，2023 年《公司法》第 89 条第 3 款的制度目的与功能在于为受害股东提供一个退出公司的渠道，以防止其利益继续遭受控股股东的损害。该款并不具备损害填补功能，在适用该款的同时，受害股东亦可根据 2023 年《公司法》第 21 条等规定追求控股股东的损害赔偿责任，以填补自身损害。若将该款中的股权回购解释为具有损害填补功能，由公司替代控股股东承担损害赔偿责任，将造成对公司的不公平，也是对公司其他股东的不公平，违反股东平等原则。

2. 无法要求控股股东购买股权

有学者认为，2023 年《公司法》第 21 条第 2 款与第 89 条第 3 款具有相同的规范目的和制度功能。在构成要件层面，若基于第 21 条第 2 款请求控制股东回购其股权，该请求权即应满足第 89 条第 3 款中"控股股东""严重损害"的要件评价标准；若直接基于第 89 条第 3 款请求公司回购股权，其要件评价需以公司存在过错为必要。规范效果层面，当两款条文的事实构成重合时，应优先适用第 21 条第 2 款，即请求控制股东以恢复原状之方式回购中小股东股权。控制股东责任财产不足以回购中小股东全部股权时，不足部分由同样具有过错的公司回购。[2]本书认为，前述观点将 2023 年《公司法》第 21 条第 2 款损害赔偿的法律效果解释为包含控股股东收购受害股东的股权，超出了该条款的文义范围。

---

〔1〕 林少伟：《让期待可以被期待——新〈公司法〉下的不公平损害救济》，载《地方立法研究》2024 年第 5 期。

〔2〕 李若祺：《股东控制权滥用下股权回购请求权的规范构造》，载《法学家》2024 年第 6 期。

还有学者认为，在控股股东损害公司利益时，由公司回购股权会违反公司利益独立性以及董事对公司负责的一般公司法原理，控股股东作为损害行为的实施方，应当对自己的行为负责。因此，应当将2023年《公司法》第89条第3款的责任主体解释为：其一，当控股股东滥用股东权利严重损害小股东利益时，小股东可以请求控股股东或者公司回购其股权；其二，当控股股东滥用股东权利严重损害公司利益时，小股东只能请求控股股东回购其股权。[1]本书认为，将2023年《公司法》第89条第3款解释为可由控股股东回购同样超出了本款的文义范围。

学者们之所以将2023年《公司法》第89条第3款的回购义务解释为由控股股东承担，主要是因为由公司回购股权可能会减损公司资本，从而损害公司债权人的利益。根据资本维持原则，在公司的分配中应当首先保护公司和债权人的利益。因此，其他股东根据第89条第3款请求公司回购应当满足相应的财源限制。

若本款制度中的股权回购无需满足相应的财源限制，则公司债权人的利益只能交由破产法保护。根据《企业破产法》第32条的规定，在人民法院受理破产申请前六个月内，债务人具有破产原因，仍对个别债权人进行清偿的，管理人有权请求人民法院予以撤销。在控股股东滥用股权严重损害公司或其他股东利益时，受害股东往往通过诉讼的方式维护自身权益。但是，根据《企业破产法解释（二）》第15条的规定，除债务人与债权人恶意串通损害其他债权人利益外，债务人经诉讼、仲裁、执行程序对债权人进行的个别清偿不适用破产撤销权。由此可见，《企业破产法》的相关规定无法满足保护公司债权人利益的需求，2023年《公司法》第89条第3款的股权回购仍需满足资本维持原则下的财源限制。

综上所述，在控股股东滥用股权严重损害公司或其他股东利益时，其他股东无法根据2023年《公司法》第89条第3款要求控股股东购买股权。不过，根据《公司法司法解释（二）》第5条、《公司法司法解释（五）》第5条的规定，人民法院在审理解散公司案件或有限公司股东重大分歧案件时，可以由公司回购股权、他人受让股权或公司减资、分立等方式解决。上述规定有利于缓和法律的僵硬性，但适用上述方式的前提是经当事人协商同意。

---

〔1〕徐方亮：《有限公司中的强制购买股权——以〈公司法〉第89条第3款为中心》，载《环球法律评论》2024年第5期。

问题 118 ▷ 在司法实践中，股权回购的合理价格应当如何认定？

我国法院审理的异议股东股权回购之诉普遍呈现判决方式不一、股权价值认定方法错乱、认定费用承担方法不一的特点，若不解决相应问题，将不利于保护当事人的合法权益。其一，判决方式不一，不利于纠纷的一次性解决。在支持原告股权回购的判决中，部分法院认为原告不能证明股权的合理价格，从而驳回其诉讼请求权；部分法院判决被告"以合理的价格"回购原告股权；部分法院判决被告以确定的价格回购原告股权。相较而言，前两种判决方式都不利于纠纷的一次性解决。其二，股权价值认定方法错乱，可能会造成原被告之间的利益失衡。在显示股权价值认定方法的判决中，部分法院通过当事人之间的合意确定股权价值；多数法院通过根据公司委托的审计机构出具的审计报告，确定公司的净资产，再根据股东的持股比例计算相应的股权价值；还有部分法院通过其他非专业性的认定方法对股权价值进行认定，如参考其他股东股权回购的价格；很少有法院委托专门机构对股权价值进行鉴定或评估，即使委托了专门机构，也多采用净资产法对股权价值进行认定。[1]其三，股权价值认定费用的承担方法不一，影响当事人申请鉴定或评估的意愿。在采用司法鉴定或司法评估的案件中，部分法院认为费用应由申请人承担；部分法院认为应由败诉方承担；部分法院认为应在当事人之间进行分配。[2]

基于我国异议股东股权回购的司法实践状况，2023 年《公司法》第 89 条下的股权价值认定至少应当解决股权价值认定方法、基准日、股权价值认定费用承担的问题，相关问题及解决方式分述如下。

1. 股权价值认定方法及选择

在比较法上，股权价值可通过交换价值、成本价值或账面价值、市场价值等方法进行认定，应根据选择的股权价值认定方法确定相应的认定程序。交换价值通过当事人提供的证据材料根据自由心证确认，成本价值或账面价值的认定涉及司法会计鉴定，市场价值的认定则涉及司法评估。司法评估与

---

[1] 我国法院普遍采用净资产法对封闭公司股权价值进行评估是受到我国国有资产评估普遍采用该方法的影响；法院不愿对公司资产进行专项评估是基于减少当事人诉讼成本的考虑。参见叶林：《反对股东股权收购请求权的行使与保障——〈公司法〉第 75 条评述》，载《社会科学》2012 年第 9 期。

[2] 杨瑜娴、陈婷：《公司治理中异议股东股份回购定价纠纷的非讼解决》，载《财会月刊》2019 年第 12 期。

司法鉴定不同,《民事诉讼法》第166条显然将二者作为并列的程序,[1]虽然二者都是由具有专门知识的人对案件涉及的专门性问题出具的专家意见,但司法鉴定方法有其严谨的科学与逻辑的方法,而司法评估方法大都带有自由心证的成分,由此导致相关证据的证明力不同。[2]《民事诉讼法》第66条规定了鉴定意见的证据形式,但未规定评估报告或意见的证据形式,本书认为后者可以参照前者的相关规范进行规制。

不同的股权价值认定方法会考量不同的股权价值构成因素,不同类型的公司应选择不同的方法对其股权价值进行认定。股权价值建立在公司价值的基础之上,而公司价值的构成因素是一个抽象和开放的体系。一般认为,股权价值构成因素包括股权的市场价值、少数股东股权的折扣因素、股息、公司的资产价值、公司的运营价值、公司的业务及其前景、公司的经营管理、公司的商誉,等等。[3]因不同公司以及不同股东的股权价值构成因素不同,在经济学或会计学上存在多种股权价值认定方法,分别涉及司法鉴定或司法评估,以下对主要的方法进行简要介绍。

其一,净资产法。净资产法的原理是用被认定公司的总资产减去总负债,再乘以股东的持股比例,得到的结果即是被认定公司股权的价值。在此基础之上:为了反映账面价值的折旧与减值,会利用重置成本法计算上述结果;实践中为了反映公司的运营价值、公司的业务及前景等因素,还会用上述结果乘以相应的调整系数。净资产法更关注公司的清算价值,因此在公司尚未形成持续经营规模或公司经营遭到严重破坏时,用净资产法认定股权价值较为合理。[4]

其二,现金流量贴现法。现金流量贴现法的原理是将公司未来一段时间内的现金流量及剩余价值按照一定的比例折算为当前价值,再乘以股东的持股比例,得到的结果即是被认定股权的价值。相较于净资产法,现金流量贴现法更关注公司的潜在收益,因此在公司正常经营时,使用现金流量贴现法认定股权价值较为合理。

其三,市场比较法。市场比较法的原理是分析与比较被认定公司与多个相类似的公众公司之间的重要指标,修正被认定公司的价值,最终得到被认

---

〔1〕《民事诉讼法》第166条规定:"人民法院审理下列民事案件,不适用小额诉讼的程序:……(三)需要评估、鉴定或者对诉前评估、鉴定结果有异议的案件;……"

〔2〕《司会时事丨重磅:法律明确评估不是鉴定,实践中该如何操作(于朝老师的解答太实用了)!》,载微信公众号"司法会计FC",发布日期:2022年3月3日。

〔3〕谭津龙:《公司法体系中的异议股东评估权制度》,法律出版社2015年版,第89-90页。

〔4〕叶林、刘慈航:《论股权估价之法律介入与公平价格判断》,载《西南政法大学学报》2024年第3期。

定股权的价值。实践中一般选取同行业的数家公众公司作为相类似的公司，一般以市盈率或市净率作为重要指标。市场比较法更关注类似公众公司的股票价格，其关键在于所选取的公众公司的类似性，若市场上没有相类似的公众公司，或者公众公司的类似性较差，则无法适用该方法或得到的结果的可靠性较差。

其四，第三方价格法。第三方价格法的原理是将被认定股权出售，第三人所出最高价格即为被认定股权的价值。由于封闭公司缺乏公开的股权交易市场，其股权的市场价格不易确定，而用第三方价格法可以得出封闭公司股权的市场价值，其结果相对其他方法来说较为合理。

其五，加权平均法。特拉华州的加权平均法曾是美国法院长期使用的股权价值认定方法，其原理是选取被认定股权的几个价值构成因素并赋予一定的权重，各价值构成因素与其各自权重的乘积之和即为公司股票的公平价值。实践中一般选取公司的净资产价值、股权的盈余价值、股权的市场价值作为加权平均的对象。该方法的合理性在于股权的价值是由不同的价值构成因素组成，但使用该方法时最大的问题在于如何确定不同价值构成因素的权重。[1]

本书认为，使用加权平均法认定股权价值比较合理，因为股权价值构成要素以及公司类型是多样性的，[2]因此在认定不同公司的股权价值时，应当针对该公司的特征设定各种价值因素的权重，从而得出相对合理的股权价值。与此同时，若当事人之间关于股权价值的认定形成了合意，只要不违反法律法规的强制性规定，特别是2023年《公司法》第53条关于禁止股东抽逃出资、第211条关于股东违法分配利润的规定，法院就应当支持当事人之间的意思自治。因此，为保障2023年《公司法》第89条下纠纷的顺利解决，股东间在公司章程、股东协议中明确约定股权的价值认定方法显得尤为重要。

2. 少数股东股权的折扣因素影响

基于少数股东的地位以及封闭公司股权缺乏流动性，市场会对少数股东的股权价值予以一定的折扣。首先，少数股东的股权价值受到一定折扣的影响。如上文所述，控制公司的主要方式是支配足以对公司股东会决议产生重大影响的表决权，而少数股东所支配的表决权往往达不到上述效果，这一方面决定了公司控股股东或实际控制人能否决定公司的经营者或方针政策，另一方面意味着公司控股股东或实际控制人存在滥用股权从而损害公司或其他

---

〔1〕 谭津龙：《公司法体系中的异议股东评估权制度》，法律出版社2015年版，第108-112页。

〔2〕 徐洪涛：《异议股东股份收买请求权研究》，清华大学2004年博士学位论文。

股东利益的风险。因此，潜在的购买者会对少数股东的股权价值予以一定的折扣。其次，少数股东的股权价值受到市场折扣的影响。相较于公众公司，封闭公司缺乏公开的股权交易市场，封闭公司股东转让股权需要花费更多的金钱和时间寻找潜在的买家，因此市场会将这部分成本计入少数股东的股权价值。由于少数折扣和市场折扣是市场对少数股东股权价值的评价，上述部分股权价值认定方法实际上已经全部或部分包含了这两种折扣因素，前者如第三方价格法，后者如特拉华州的加权平均法。因此，若需对少数股东的股权价值适用以上两种折扣，须在股权的市场价值之外的价值构成因素上适用，否则将构成重复评价。[1]

2023 年《公司法》第 89 条下的股权价值认定应排除少数折扣和市场折扣的适用。基于上述原因，在少数股东股权的自由转让中，在股权的价值认定中适用两种折扣因素具有合理性。但是在本条制度下，少数股东是基于公司发生根本性变更或控股股东的滥用股权行为使其被迫转让其股权于公司，违背了其对公司整体经营价值的预期。且若在控股股东滥用股权时适用少数折扣和市场折扣，控股股东将会获得不正当利益，将会变相地鼓励控股股东滥用股权，损害公司或其他股东的利益。因为公司回购股权后，库存股相关股东权利受到限制，控股股东的持股比例将实际上升，其对公司的控制将获得巩固，其控制权的溢价将会增加。[2]因此，在 2023 年《公司法》第 89 条下，应当根据公司的整体价值进行鉴定或评估，异议股东或受害股东根据其持股比例获得相应的对价，如此操作才符合本条制度的立法目的。基于类似的原因，《美国示范公司法》已在异议股东股权回购的股权价值认定中排除了以上两种折扣因素的适用，并被十多个州所采用。[3]

3. 股权价值认定的基准日

由于公司的价值随着公司的经营不断变化，如何确定 2023 年《公司法》第 89 条下被回购股权价值认定的基准日可能对股权的价值产生重大影响，从而对公司、受害股东以及其他股东的利益产生重大影响，但 2023 年《公司法》第 89 条未作规定。由于 2023 年《公司法》第 89 条第 1—2 款与第 3 款

---

〔1〕谭津龙：《公司法体系中的异议股东评估权制度》，法律出版社 2015 年版，第 106 页。

〔2〕叶林、刘慈航：《论股权估价之法律介入与公平价格判断》，载《西南政法大学学报》2024 年第 3 期。

〔3〕《美国示范公司法》第 13.01 节第（4）条规定："'公平价值'指根据下述情况决定的公司股票的价值：……（ⅲ）不因缺乏可销售性或者居于少数股东地位而被低估，除非在适当情况下依照第 13.02 节第（a）小节第（5）款对相关文件进行修改。"沈四宝编译：《最新美国标准公司法》，法律出版社 2006 年版，第 183 页。

属于不同的制度，股权价值认定的基准日并不相同。

首先，2023 年《公司法》第 89 条第 1—2 款下的股权价值认定应以股东会决议作出之前一日作为基准日。我国公司法并未对异议股东股权回购的基准日作出规定。有法院认为，"异议股东股份收购请求权是形成权。异议股东行使股份收购请求权属于股东的单方行为，其提出股份收购的请求，无需公司承诺。现行法律并未对评估基准日进行明确规定，一般而言可选择表决日、请求回购日、变更登记日或者起诉日，从形成权的性质看，应以请求回购日确定为妥"。[1]本书认为，异议股东的行权之日并不能直接推定为股权价值认定的基准日。异议股东之所以决定退出公司，是因为其认为公司的根本性变化将导致其自身固有权益受损或投资风险发生变化。若以其行权之日作为股权价值认定的基准日，则公司根本性变化就包含在了股权价值认定的因素当中。美国大多数州的公司法规定，异议股东股权价值认定应以"股东所反对的公司交易完成的之前（一日）"作为基准日，并将整合价值排除在股权价值之外。所谓整合价值，是指因公司交易而导致的股权增值或贬值。[2]因此，2023 年《公司法》第 89 条第 1—2 款下的股权价值认定应以股东会决议作出之前一日作为基准日。

其次，2023 年《公司法》第 89 条第 3 款下的股权价值认定应以受害股东合理期待落空之日为基准日。根据我国《民法典》第 1184 条的规定，侵害他人财产应按照损失发生之日作为损失计算的基准日。结合《民法典总则编司法解释》第 3 条第 3 款的规定，由控股股东滥用股权严重损害公司或其他股东利益而引发的损害赔偿责任应以损失发生之日作为损失计算的基准日，而作为公司法规定的特别救济措施，公司回购股权也应以损失发生之日作为股权价值认定的基准日，也就是受害股东合理期待落空之日。控股股东滥用股权的行为发生之时可能损害后果尚未发生，不符合本款制度的构成要件，不能成为股权价值认定的基准日；由于本款制度是受害股东的退出性救济措施，并不具备弥补受害股东财产损失的功能，所以也不得以控股股东滥用股权行为发生之前的日期作为股权价值认定的基准日；若以受害股东权利行使之日或起诉之日作为股权价值认定的基准日，控股股东为自身利益也会在相应期间内对公司资产作不当处分，从而加剧股东之间利益冲突，因此也不宜以受害股东权利行使之日或起诉之日作为股权价值认定的基准日。

---

[1] 绍兴东方税务师事务所有限公司、单某清、王某庆等与公司有关的纠纷上诉案，浙江省绍兴市中级人民法院（2021）浙 06 民终 210 号民事判决书。

[2] 谭津龙：《公司法体系中的异议股东评估权制度》，法律出版社 2015 年版，第 91—92 页。

4. 股权价值认定费用的承担

由于股权价值认定会涉及复杂的经济学或会计学知识，而我国法官大多不具备相应的知识，法院在未经鉴定或评估下作出的认定很可能对当事人不公平。所以，股权价值认定往往需当事人向法院申请鉴定或评估，而不公正的费用承担规则将打击当事人申请鉴定或评估的意愿，从而导致不公平的判决。

关于司法鉴定或司法评估的费用承担，我国司法实践有两种观点。一种观点认为，该费用属于诉讼费用，应由败诉方承担。因为虽然《诉讼费用交纳办法》第 6 条仅规定鉴定人员出庭的费用属于诉讼费用，而未规定鉴定费或评估费用属于诉讼费用，2019 年《最高人民法院关于民事诉讼证据的若干规定》第 38 条规定鉴定人出庭的费用应由有异议的当事人预交，《诉讼费用交纳办法》第 29 条规定诉讼费用由败诉方承担，但根据类推适用的原则，鉴定或评估费用也应参照上述交纳办法执行。另一种观点认为，根据《诉讼费用交纳办法》第 12 条第 1 款的规定，鉴定或评估费用应根据"谁主张、谁负担"的原则承担。[1]

本书赞成第一种观点，因为《诉讼费用交纳办法》第 12 条第 1 款规定的目的是解决法院就相关费用"代收代付"的问题，而不是解决相关费用的最终承担问题，[2]该款规定的负担应理解为预交，相关费用的最终交纳还是应当按照《诉讼费用交纳办法》第 29 条的规定由败诉方承担。[3]在原告根据 2023 年《公司法》第 89 条第 3 款提起诉讼的情况下，若原告胜诉，则股权价值认定费用由公司承担；若公司胜诉，则不会产生相应的股权价值认定费用，因为法院只会在查明案件事实、确定责任归属之后才会启动股权价值认定程序。如此操作不但有利于案件事实的查清，更有利于平衡当事人之间的利益。值得注意的是，公司因败诉而承担的股权价值鉴定或评估费用、诉讼费用、律师费用等各项成本或费用产生的原因可能是控股股东滥用股权，公司本身可能并无过错，公司承担后可根据 2023 年《公司法》第 21 条等规定向控股股东进行追偿。而根据我国的司法实践，受害股东所支付的律师费用等费用原则上由其自行承担。

---

〔1〕　最高人民法院民事审判第一庭编：《民事审判实务问答》，法律出版社 2021 年版，第 333-334 页。

〔2〕　江西省亿隆建筑装饰工程有限公司与江西桑海投资开发有限公司等建设工程施工合同纠纷上诉案，最高人民法院（2018）最高法民终 557 号民事判决书。

〔3〕　贺小荣主编：《最高人民法院第二巡回法庭法官会议纪要》（第三辑），人民法院出版社 2022 年版，第 418-420 页。

问题 119 ▷ 我国是股权代持的大国，有限责任公司和非上市股份有限公司的股权代持协议效力应当如何判断？

股权代持，是指股权的名义持有者与实际利益享有者相分离的现象。在 2023 年《公司法》修订之前，原《公司法》既没有对有限公司股权代持问题作出规制，也没有对股份公司股票代持问题加以规定。为此，《公司法司法解释（三）》填补了这一空白，对有限公司的股权代持行为进行了规范。2023 年《公司法》虽新增了禁止违法代持上市公司股票的规定，但仍未对非上市股份公司股票代持问题和有限公司股权代持问题作出回应。鉴于上市公司股票代持的特殊性，本问题的重点将聚焦于有限公司股权代持协议效力和非上市股份公司股票代持协议效力的探讨上，至于上市公司股票代持协议效力的问题，专设下一问题予以回答。

1. 代持协议效力：原则有效，例外无效

《公司法司法解释（三）》第 24 条第 1 款规定，有限责任公司的实际出资人与名义出资人订立合同，约定由实际出资人出资并享有投资权益，以名义出资人为名义股东，实际出资人与名义股东对该合同效力发生争议的，如无法律规定的无效情形，人民法院应当认定该合同有效。根据该规定，股权代持协议的效力系"原则有效，例外无效"。

学界主流观点与司法机关普遍认同，代持协议在原则上具备法律效力，仅在特定例外情形下才会被视为无效。意思自治作为私法领域的核心原则，在股权代持的情境中，理应尊重当事人的这一特殊约定，当然，这种自治不应被用来规避法律规范。[1]最高人民法院亦明确指出，实际出资人与名义股东间的代持协议效力，需依据合同法的一般原理加以评判，若双方约定未触及法律强制性规定，则该代持协议应当认定为有效。综上所述，无论是学界的理论阐释，还是司法机关的权威解读，均一致认可代持协议系"原则上有效，例外情况下无效"。

在司法实践中，法院对代持协议效力的判定，同样秉持着"原则上有效，例外无效"的态度。在周某江、山东鲁阳节能材料股份有限公司侵权责任纠纷一案中，最高人民法院指出："《股权受托证明》的内容不违反法律和行政法规的禁止性规定，周某江与李某安等九人之间的委托持股关系应认定有

---

〔1〕 赵旭东主编：《新公司法条文释解》，法律出版社 2024 年版，第 303 页。

效。"[1]同样，在黄某贲与重庆翰廷投资有限公司合同纠纷一案中，最高人民法院再次重申了代持协议效力的判定原则：原则上，代持协议有效，仅在例外情形下才会被视为无效。该案裁判文书详细阐述道："本院经审查认为，本案双方当事人均认可《股权代持协议书》及《补充协议》是双方真实意思表示，亦不违反法律法规的强制性规定，故上述协议合法有效，并对双方均有约束力。"[2]

总之，在当事人意思表示真实的情况下，原则上代持协议有效，例外情况下代持协议方才无效。具体而言，有限公司的股权代持协议以及非上市股份公司的股份代持协议，在一般情况下均被视为有效。

2. 代持协议无效的认定路径与典型情形

如前所述，若代持协议存在违反法律、行政法规强制性规定等情况，则适用民事法律行为违反强制性规定的效力判断规则。除法律与行政法规外，尚有规章对代持协议效力有所规制，尤以金融监管领域为典型。关于这些规章如何影响代持协议的效力，是一个值得探讨的议题。以下将分别探讨代持协议无效的认定路径和几种典型的无效情形。

2.1 代持协议违反法律、行政法规的效力认定路径

《民法典》第 153 条第 1 款规定，违反法律、行政法规的强制性规定的民事法律行为无效。但是，该强制性规定不导致该民事法律行为无效的除外。对于违反法律、行政法规强制性的行为效力判断，2019 年最高人民法院在《九民纪要》第 30 条中指出：《合同法司法解释（二）》第 14 条将《合同法》第 52 条第 5 项规定的"强制性规定"明确限于"效力性强制性规定"。此后，《最高人民法院关于当前形势下审理民商事合同纠纷案件若干问题的指导意见》进一步提出了"管理性强制性规定"的概念，指出违反管理性强制性规定的，人民法院应当根据具体情形认定合同效力。随着这一概念的提出，审判实践中又出现了另一种倾向，有的人民法院认为凡是行政管理性质的强制性规定都属于"管理性强制性规定"，不影响合同效力。这种望文生义的认定方法，应予纠正。

最高人民法院在 2023 年发布的《民法典合同编通则司法解释》中放弃了长期使用的效力性强制性规定、管理性强制性规定的概念。最高人民法院 2023 年 12 月 5 日公布的《最高人民法院民二庭、研究室负责人就民法典合同

---

〔1〕　（2015）民申字第 2889 号民事裁定书。

〔2〕　（2017）最高法民申 2851 号民事裁定书。

编通则司法解释答记者问》指出，"在解释起草的过程中，考虑到效力性强制性规定的表述已被普遍接受，不少同志建议继续将效力性强制性规定作为判断合同是否因违反强制性规定而无效的标准。经过反复研究并征求各方面的意见，解释没有继续采用这一表述。主要是因为，虽然有的强制性规定究竟是效力性强制性还是管理性强制性规定十分清楚，但是有的强制性规定的性质却很难区分。问题出在区分的标准不清晰，没有形成共识，特别是没有形成简便易行、务实管用的可操作标准，导致审判实践中有时裁判尺度不统一"。

《民法典合同编通则司法解释》第16条规定："合同违反法律、行政法规的强制性规定，有下列情形之一，由行为人承担行政责任或者刑事责任能够实现强制性规定的立法目的的，人民法院可以依据民法典第一百五十三条第一款关于'该强制性规定不导致该民事法律行为无效的除外'的规定认定该合同不因违反强制性规定无效：（一）强制性规定虽然旨在维护社会公共秩序，但是合同的实际履行对社会公共秩序造成的影响显著轻微，认定合同无效将导致案件处理结果有失公平公正；（二）强制性规定旨在维护政府的税收、土地出让金等国家利益或者其他民事主体的合法利益而非合同当事人的民事权益，认定合同有效不会影响该规范目的的实现；（三）强制性规定旨在要求当事人一方加强风险控制、内部管理等，对方无能力或者无义务审查合同是否违反强制性规定，认定合同无效将使其承担不利后果；（四）当事人一方虽然在订立合同时违反强制性规定，但是在合同订立后其已经具备补正违反强制性规定的条件却违背诚信原则不予补正；（五）法律、司法解释规定的其他情形。法律、行政法规的强制性规定旨在规制合同订立后的履行行为，当事人以合同违反强制性规定为由请求认定合同无效的，人民法院不予支持。但是，合同履行必然导致违反强制性规定或者法律、司法解释另有规定的除外。依据前两款认定合同有效，但是当事人的违法行为未经处理的，人民法院应当向有关行政管理部门提出司法建议。当事人的行为涉嫌犯罪的，应当将案件线索移送刑事侦查机关；属于刑事自诉案件的，应当告知当事人可以向有管辖权的人民法院另行提起诉讼。"

据此，即使违反了法律、行政法规的股权代持行为，也并非一律无效，而要根据前述司法解释的规定予以判断。

2.2 代持协议违反规章的效力认定路径

如果代持协议并未违反法律、行政法规的强制性规定，而是违反了其他层级的法规或规章，其效力如何？最高人民法院在《九民纪要》第31条中规定，违反规章一般情况下不影响合同效力，但该规章的内容涉及金融安全、市场秩序、国家宏观政策等公序良俗的，应当认定合同无效。由此可见，尽管规章的规范层级较低，但其背后有可能代表公序良俗，违反其规定同样有可能导致行为无效。此时，否定行为效力的基础在于，《民法典》第153条第2款规定，违背公序良俗的民事法律行为无效。

最高人民法院在《民法典合同编通则司法解释》第17条中进一步规定，合同虽然不违反法律、行政法规的强制性规定，但是有下列情形之一，人民法院应当依据《民法典》第153条第2款的规定认定合同无效：①合同影响政治安全、经济安全、军事安全等国家安全的；②合同影响社会稳定、公平竞争秩序或者损害社会公共利益等违背社会公共秩序的；③合同背离社会公德、家庭伦理或者有损人格尊严等违背善良风俗的。如果代持协议存在前述情形，也将导致其无效。

除了法律、行政法规外，还有部门规章禁止未经批准的股权代持行为，如《证券公司股权管理规定》第29条第1款第6项规定，未经批准，委托他人或接受他人委托持有或管理证券公司股权，变相接受或让渡证券公司股权的控制权。《证券公司股权管理规定》为部门规章，其强制性规定并不等同于法律、行政法规的强制性规定。然而，从规范目的出发，若不对代持证券公司股权的协议效力予以否定，将难以达成维护金融安全的立法初衷。针对这一问题，学界提出了不同的解释路径，旨在探讨如何使规章的强制性规定在禁止股权代持方面发挥效力。

多数学者倾向于认为，若此类强制性规定背后的法益关乎公序良俗，则违反此类规定的行为应视为违反公序良俗而无效。[1]在"杨某国诉林某坤、亚玛顿公司股权转让纠纷再审案"中，最高人民法院正是通过此路径否定代持协议的效力："本案杨某国与林某坤签订的《委托投资协议书》与《协议书》，违反公司上市系列监管规定，而这些规定有些属于法律明确应予遵循之规定，有些虽属于部门规章性质，但因经法律授权且与法律并不冲突，并属于证券行业监管基本要求与业内共识，并对广大非特定投资人利益构成重要保障，对社会公共利益亦为必要保障所在，故依据《中华人民共和国合同法》第五十二条第四项等规定，本案上述诉争协议应认定为无效。"[2]

另有学者认为，可以用授权立法的逻辑进行解释：尽管《商业银行股权管理暂行办法》等规范的效力位阶低于法律、行政法规，但它们可视为上位

〔1〕　李建伟：《行政规章影响商事合同效力的司法进路》，载《法学》2019年第9期；李雯倬、蔡唱：《公序良俗在我国金融领域的司法适用》，载《时代法学》2024年第4期；牛安琪、王轶：《金融规章对合同效力的裁判影响力研究》，载《吉林大学社会科学学报》2024年第5期；杜一华、尹鑫鹏：《金融监管规章影响合同效力的公序良俗通道研究》，载《河北法学》2020年第11期。

〔2〕　（2017）最高法民申2454号民事裁定书。

法具体授权立法的体现，违反此类规范即等同于违反法律、行政法规的强制性规定，故代持协议应判定无效。[1]在"福州天策实业有限公司诉福建伟杰投资有限公司、君康人寿保险股份有限公司营业信托纠纷上诉案"中，最高人民法院则以授权立法的逻辑进行解释："从《保险公司股权管理办法》禁止代持保险公司股权的制定依据和目的来看，尽管《保险公司股权管理办法》在法律规范的效力位阶上属于部门规章，并非法律、行政法规，但中国保险监督管理委员会是依据《中华人民共和国保险法》第一百三十四条关于'国务院保险监督管理机构依照法律、行政法规制定并发布有关保险业监督管理的规章'的明确授权，为保持保险公司经营稳定，保护投资人和被保险人的合法权益，加强保险公司股权监管而制定。据此可以看出，该管理办法关于禁止代持保险公司股权的规定与《中华人民共和国保险法》的立法目的一致，都是为了加强对保险业的监督管理，维护社会经济秩序和社会公共利益，促进保险事业的健康发展。"最高人民法院最终认定该代持行为违背公序良俗，判定该代持协议无效。[2]

授权立法虽有抽象与具体之分，且具体授权的规范可视为法律、行政法规的延伸，但诸多规范并无具体授权，直接将其视为法律、行政法规授权立法的产物并不合理。因此，在违反低于法律、行政法规效力位阶的规范的强制性规定时，应以公序良俗为判断依据。就股权代持协议而言，若其违反了规章的强制性规定，则需判断该强制性规定背后的法益是否关乎公序良俗。根据《九民纪要》第31条的规定，违反规章一般情况下不影响合同效力，但该规章的内容涉及金融安全、市场秩序、国家宏观政策等公序良俗的，应当认定合同无效。人民法院在认定规章是否涉及公序良俗时，要在考察规范对象基础上，兼顾监管强度、交易安全保护以及社会影响等方面进行慎重考量，并在裁判文书中进行充分说理。

2.3 代持协议无效的典型情形

在有限公司股权代持及非上市股份公司股票代持的情形中，代持协议无效的常见原因是违反金融监管规范，代持金融机构股权。具体而言，无论是证券业、商业银行、基金业、期货业，抑或信托业，其相关的监管规范均对股权代持行为持明确的禁止立场，这类规范正是导致有限公司股权代持协议及非上市股份公司股票代持协议无效的典型情形。如前所述，存在两种代持

---

〔1〕 钱玉文、郭江雪：《金融监管规章在民商事裁判中的适用研究》，载《上海财经大学学报》2024 年第 6 期。

〔2〕 (2017) 最高法民终 529 号民事裁定书。

协议无效的原因：若代持协议违反法律、行政法规的强制性规定，则该协议因违法而无效；若代持协议违反规章的强制性规定，那么导致该协议无效的原因系违反公序良俗。

具体规定列举如下：

在证券业监管方面，《证券公司监督管理条例》与《证券公司股权管理规定》明确禁止违法代持证券公司股权。《证券公司监督管理条例》（2014 年修订）第 14 条第 2 款规定，未经国务院证券监督管理机构批准，任何单位或者个人不得委托他人或者接受他人委托持有或者管理证券公司的股权。《证券公司股权管理规定》第 29 条第 1 款第 6 项则规定，未经批准，委托他人或接受他人委托持有或管理证券公司股权，变相接受或让渡证券公司股权的控制权。

《公开募集证券投资基金管理人监督管理办法》第 30 条第 4 项规定，基金管理公司股东、实际控制人不得为其他机构、个人代持基金管理公司的股权，或者委托其他机构、个人代持股权；占有或者转移基金管理公司资产。

《期货交易管理条例》（2017 年修订）第 16 条第 4 款规定，未经国务院期货监督管理机构批准，任何单位和个人不得委托或者接受他人委托持有或者管理期货公司的股权。

《商业银行股权管理暂行办法》（2018 年施行）第 12 条第 1 款规定，商业银行股东不得委托他人或接受他人委托持有商业银行股权。

《保险公司股权管理办法》（2018 年施行）第 31 条规定，投资人不得委托他人或者接受他人委托持有保险公司股权。

《信托公司股权管理暂行办法》第 24 条规定，投资人不得委托他人或接受他人委托持有信托公司股权。

问题 120 ○ 上市公司股份代持行为的法律效力应当如何判断？

2023 年《公司法》第 140 条第 2 款规定："禁止违反法律、行政法规的规定代持上市公司股票。"本款系新增规定。本规定引发的问题在于：上市公司股权代持的行为是否一律无效？该条款是否适用于上市公司之外的非上市公众公司？至于非公众公司的股权代持问题请参见前一问题的回答。

1. 最高人民法院在法答网的意见

2024 年 8 月，最高人民法院在第九批法答网精选答问中就新三板挂牌公司股权代持协议效力及如何处理问题进行了回答。答复内容如下：

2023 年《公司法》第 140 条规定："上市公司应当依法披露股东、实际控制人的信息，相关信息应当真实、准确、完整。禁止违反法律、行政法规的规定代持上市公司股票。"上述规定的主要理由是：一是代持上市公司股票涉嫌违反证券账户实名制要求。我国股票市场实行直接持有制度，《证券法》从开立、使用两个环节规定了证券账户实名制。第 106 条、第 107 条规定，投资者应当实名开立账户，并使用实名开立的账户进行交易；第 58 条规定，任何单位和个人不得违反规定，出借自己的证券账户或者借用他人的证券账户从事证券交易。代持上市公司股票，必然涉及出借、借用证券账户，涉嫌违反证券法关于账户实名制的规定。二是基于防范"影子股东"和资本无序扩张的考虑。近年来，在反腐败斗争和全面加强监管的高压态势下，金融腐败、资本无序扩张的方式更加隐蔽，权钱交易等呈现出新形态。一些腐败分子通过股份代持成为"影子股东"，借助发行上市等实现非法利益输送和放大；一些企业通过股份代持、多层嵌套等手段形成复杂的股权结构，实施规避监管和监管套利，严重破坏金融监管秩序，甚至危害国家政治安全、经济安全、金融安全，亟须加以规范。三是违法代持上市公司股票损害资本市场管理秩序。信息披露真实、准确、完整是资本市场的基本原则。如允许代持上市公司股票，将使得监管机构无法得知股份的实际所有人，容易导致有关上市公司信息披露、控股股东和实际控制人认定、股份减持、关联交易等一系列制度的规制目的落空，损害资本市场秩序和公众投资者的合法权益。

因此，关于违法代持上市公司股票合同的效力，公司法虽然未作明确规定，但考虑到该条采用了"禁止"这一比较严厉的表述，理解上应属于效力性强制性规定，可以依据《民法典》第 153 条的规定，认定代持合同无效。关于新三板挂牌公司股权代持合同的效力，鉴于现行证券法及资本市场相关制度规则对于非上市公众公司信息披露真实准确完整的原则、股权清晰及证券账户实名制等方面的要求与上市公司总体是一致的，逻辑上应当与上市公司一致，禁止违法代持非新三板挂牌公司股权，在法律适用层面，可将违反相关监管规定认定为属于违反公序良俗的范畴，并由此认定代持合同无效。

据此，最高人民法院倾向于将上市公司的股权代持合同认定为无效合同。与之相似，有学者也持此观点，认为禁止代持上市公司股票实际上是信息披露制度的必然要求，似有上市公司股票代持行为一律无效之隐意。[1]

2. 上市公司股权代持行为效力："原则允许、例外禁止"

本书持不同见解，2023 年《公司法》第 140 条第 2 款虽然规定禁止违反

---

[1] 周游：《新公司法条文解读与适用指引：案例·规则·文献》，法律出版社 2024 年版，第 297 页。

法律、行政法规的规定代持上市公司股票，但并非对上市公司股票代持行为一概地予以禁止，而只是对违法违规的代持行为加以禁止。从我国上市公司股份持有的情况来看，除了账户实名制下投资者"穿透式"直接持有股份外，也存在沪港通、深港通、QFII 等业务中的名义持有制度，这种外观上代持的间接持有是一种合法的制度安排，也能印证上述观点。[1]

追本溯源，2023 年《公司法》第 140 条所规定的上市公司股份代持规范的核心意涵是"原则允许、例外禁止"。易言之，在一般情况下，个人或机构代持上市公司股票的行为并非必然无效，只有违反法律、行政法规的强制性规定，才有可能导致代持行为无效，违反法律、行政法规的任意性规定并不导致无效。进一步而言，也并非一旦违反法律、行政法规的强制性规定，就必然导致代持行为无效，还需要进一步进行判断。《民法典合同编通则司法解释》第 16 条规定，合同违反法律、行政法规的强制性规定，如果由行为人承担行政责任或者刑事责任能够实现强制性规定的立法目的的，人民法院可以依据《民法典》第 153 条第 1 款关于"该强制性规定不导致该民事法律行为无效的除外"的规定认定该合同不因违反强制性规定而无效。具体情形包括：合同的实际履行对社会公共秩序造成的影响显著轻微，认定合同无效将导致案件处理结果有失公平公正；强制性规定旨在维护政府的税收、土地出让金等国家利益或者其他民事主体的合法利益而非合同当事人的民事权益；强制性规定旨在要求当事人一方加强风险控制、内部管理等，对方无能力或者无义务审查合同是否违反强制性规定，认定合同无效将使其承担不利后果；当事人一方虽然在订立合同时违反强制性规定，但是在合同订立后其已经具备补正违反强制性规定的条件却违背诚信原则不予补正；法律、司法解释规定的其他情形。

2023 年《公司法》第 140 条采取引致型条款的立法技术，将合法与违法的判断标准赋予具体的法律或行政法规，而不包括其他层级的规范性文件。然而，事实上，关于禁止股权代持的各项规定，大多出现在证监会或国家金融监督管理总局所出台的各项规章文件中。部门规章在效力级别上低于法律、法规，那么违反了此种规章性文件而实施代持行为是否同样可纳入本条规制的范畴？最高人民法院在《民法典合同编通则司法解释》第 17 条第 1 款中规定，"合同虽然不违反法律、行政法规的强制性规定，但是有下列情形之一，人民法院应当依据民法典第一百五十三条第二款的规定认定合同无效：（一）合同影响政治安全、经济安全、军事安全等国家安全的；（二）合同影

〔1〕　赵旭东主编：《新公司法条文释解》，法律出版社 2024 年版，第 301 页。

响社会稳定、公平竞争秩序或者损害社会公共利益等违背社会公共秩序的；（三）合同背离社会公德、家庭伦理或者有损人格尊严等违背善良风俗的"。

从规范位阶来看，违反部门规章并不直接导致法律行为无效。但是，如果某个部门规章背后所体现的是金融秩序和金融安全等价值，那么违反相关规定可能会导致该行为因违反公序良俗而无效。因此，核心的判断标准就是代持行为是否会严重损害国家的金融安全或特定领域的社会公共秩序。基于此，如果是一般的代持行为，并不违反法律法规的具体规定或原则性规定，其效力不受影响。如果损害国家安全、社会公共秩序、善良风俗的，代持行为就会因违反公序良俗而无效。

综上所述，代持行为的有效与否，还需要进行更进一步的利益衡量和价值判断，并不能仅因违反法律、行政法规的强制性规定就认定为无效。

3. 司法实践：趋于严格的裁判标准

在司法裁判的过程中，多数法院往往倾向于通过违反监管规定或违反公序良俗原则，认定上市公司股权代持协议为无效合同；而认定上市公司股权代持行为有效的法院，通常会进行较为严密的论证。以 2023 年《公司法》生效的时间为节点，本书选取了部分典型案例如下：

3.1 2023 年《公司法》生效前

（1）上市公司股权代持行为无效的裁判观点

在"中小企业公司与华懋公司股权转让纠纷上诉案"[1]中，最高人民法院认为，实际出资人华懋公司作为境外的金融机构委托中小企业公司投资入股民生银行因违反了内地金融管理制度的强制性规定，违反了 1999 年《合同法》中第五十二条规定的"以合法形式掩盖非法目的"而无效。对无效的后果，最高人民法院确认名义股东中小企业公司的股东地位，对华懋公司要求返还民生银行股权不予支持，而根据公平原则和上述法律规定的基本精神，判令中小企业公司返还投资款，补偿华懋公司股份增值部分的 40%。该案的两点特殊之处在于：第一，民生银行（被持股公司）属于金融特殊行业；第二，本案的股权代持协议签订于民生银行上市前。

在"杨某国诉林某坤、亚玛顿公司股权转让纠纷案"[2]中，最高人民法院认为，上市公司股权代持协议效力的认定则应当根据上市公司监管相关法律法规，以及《合同法》等规定综合予以判定。首先，在亚玛顿公司上市前，

---

[1] （2002）民四终字第 30 号民事判决书。

[2] （2017）最高法民申 2454 号民事裁定书。

林某坤代杨某国持有股份，以林某坤名义参与公司上市发行，实际隐瞒了真实的股东或投资人身份，违反了发行人如实披露义务，为上述规定所明令禁止。其次，证监会根据《证券法》授权对证券行业进行监督管理，是为保护广大非特定投资者的合法权益。要求拟上市公司股权必须清晰，约束上市公司不得隐名代持股权，系对上市公司监管的基本要求，杨某国与林某坤签订的《委托投资协议书》与《协议书》，违反了公司上市系列监管规定，而这些规定有些属于法律明确应予遵循之规定，有些虽属于部门规章性质，但因经法律授权且与法律并不冲突，并属于证券行业监管基本要求与业内共识，并对广大非特定投资人利益构成重要保障，对社会公共利益亦为必要保障所在，故依据1999年《合同法》第52条的规定，本案上述诉争协议应认定为无效。

在杉浦某某诉龚某股权转让纠纷一案[1]中，上海金融法院认为，杉浦某某与龚某签订的《股份认购与托管协议》实质构成了股权隐名代持，杉浦某某是实际出资人，龚某是名义持有人。结合A公司首次公开发行股票并上市时，龚某以股东身份作出系争股份未有代持的承诺，杉浦某某在A公司发行上市前后未向公司或监管部门披露代持情况，发行上市后系争股份登记在龚某名下等情形，系争股份隐名代持涉及公司发行上市过程中的股份权属。发行人应当如实披露股份权属情况，禁止发行人的股份存在隐名代持情形，属于证券市场中应当遵守，不得违反的公共秩序。系争股权隐名代持行为因违反证券市场的公共秩序而无效。杉浦某某与龚某一致表示以系争股票拍卖、变卖后所得向实际投资人返还投资款和支付股份增值收益，属于依法处分自身权利的行为，不违反法律法规的禁止性规定，可予支持。

在王某青与张某股权转让纠纷一案[2]中，上海金融法院二审认为，《证券法》明确规定，证券的发行及交易活动必须遵守法律和行政法规，若法律对依法发行证券的转让期限有限制性规定的，则在限定的期限内不得买卖（转让）。《证券法》亦明确规定了证券的交易活动，必须遵循公开、公平、公正的原则，结合上市公司监管要求中关于上市公司股东应在证券登记机构明确记载且属于证券市场公开信息，应清晰明确且必须经合法程序交易其持有的股票等规定，《转让合同》应为无效合同。总结而言，违反禁售期规定的股权转让协议无效，而由于股权无法在禁售期内转让，则协议中必然包含解禁前的股权代持条款，该条款也应当随之无效。

〔1〕　上海金融法院（2018）沪74民初585号民事判决书。
〔2〕　上海金融法院（2020）沪74民终474号民事判决书。

在深圳机场候机楼有限公司与东旭蓝天新能源股份有限公司证券返还纠纷一案〔1〕中，本案的特殊之处在于，股权代持的事实发生在 1992 年，即《证券法》等相关法律法规出台前。但法院依旧认为股权代持行为效力应属无效，并详细展开了论证，主要有以下三点理由：其一，上市公司股权代持违反公序良俗，以及证券发行中清晰的股权结构、无争议的股份权属信息等基础性要求；其二，股权代持违反证券交易秩序稳定性的要求；其三，证券发行和监管规范是《证券法》授权证监会所制定形成的能够及时回应证券市场规范需求的《证券法》规则体系，股权代持行为违反相关规定。目标公司上市前的隐名代持行为，虽然当时法律法规无具体明确的禁止性规定，但涉案代持行为是持续性行为，作为代持协议的双方，在其知晓股份隐名代持行为不符合上述法律及规章规定后，应当在合理的期限内及时进行处理，纠正违法行为，维护社会公序良俗，保障广大非特定投资人的利益。但本案双方当事人对此持放任态度，直至于 2019 年起诉，故本案可适用前述法律或规章。

（2）上市公司股权代持行为有效的裁判观点

在陈某明与荆某国、大康公司股权转让纠纷一案〔2〕中，最高人民法院认为，《股份转让协议》签订时大康公司为股份有限公司，尚未上市，陈某明作为大康公司的股东转让其持有的大康公司股份是对自己权利的正常处分，不违反法律、行政法规的强制性规定。从本案查明的事实看，在《股份转让协议》签订后，陈某明并未将拟转让的股份交付荆某国，而是由其继续持有，而对于股份交付或者变更的具体期限，双方当事人亦未明确约定。该股份转让关系不会引起陈某明股东身份及大康公司股权关系的变化，亦不会导致对股份转让市场秩序的负面影响。陈某明主张《股份转让协议》无效，最高人民法院不予支持。值得说明的是，虽然最高人民法院承认了转让协议中代持行为的效力，然而其认为在大康公司上市公告中并未将荆某国登记在股东名册。如果向被代持方交付股票，势必与大康公司首次公开募股已经行政部门审查确认的内容不一致，也与大康公司向社会公开披露的信息相悖。为维护大康公司首次公开募股的行政审查效力及对公众披露信息的确定性，对原告荆某国要求被告陈某明交付股票的诉讼请求不予支持，而是判令被告向原告支付相应的财产权利。

在深圳市兴云信投资发展有限公司（以下简称兴云信）与广州市华美丰收资产管理有限公司（以下简称华美）等信托纠纷一案〔3〕中，本案案情较

---

〔1〕 广东省深圳市中级人民法院（2020）粤 03 民终 11682 号民事判决书。

〔2〕 最高人民法院（2018）最高法民终 60 号民事判决书。

〔3〕 最高人民法院（2018）最高法民终 359 号民事判决书。

为复杂，且涉及刑事案件，目标上市公司是国家战略资源型企业，当地国资委要求股权受让方有国资背景。华美与有国资背景的兴云信签订协议，约定兴云信作为名义股东持有股份。最高人民法院认为，虽然该上市公司是战略资源型企业，但现行法律法规并不禁止借名投资、委托投资或民营资本投资这一行业，"我国法律和行政法规没有直接对委托代持股合同作出效力性强制性规定，故委托代持股行为本身不是否定合同效力的理由，具体应看合同是否存在《合同法》第五十二条规定的无效情形"。《协议书》所涉钾肥开发产业并非对非公有资本的禁入或限入产业，因而并不具有兴云信主张的"以合法形式掩盖非法目的以及违反我国法律、行政法规强制性规定"，合法有效。本案中，极为值得关注的一点是，2008 年 6 月 3 日，兴云信对股权转让、所持盐湖集团股份及相关信托持股情况进行了依法披露。名义持股人作为信息披露义务人，依法披露了隐名持股情况，这可能也是最高人民法院认为案涉代持协议没有违反 1999 年《合同法》第 52 条规定的重要原因。此案中，最高人民法院没有分析代持协议是否违反社会公共利益或公共秩序。

在林某青、林某全案外人执行异议之诉一案[1]中，最高人民法院认为，上市公司隐名持股本身并不为法律、行政法规所明文禁止，林某全作为隐名股东持有山鹰股份的权利，不能被剥夺。除此之外，商事外观主义基本原则是指相对人基于登记外观的信任所作出的交易决定，即便该权利外观与实际权利不一致，亦应推定该权利外观真实有效，以保证相对人的信赖利益，维持交易安全。故，登记对抗中，所谓的"第三人"以及"善意相对人"均应是指基于对登记外观信任而作出交易决定的第三人。本案中，林某青系案涉股票登记权利人吴某雄的金钱债权的执行人，并不是以案涉股票为交易标的的相对人，又无法证明自己的信赖，不得适用相关条款。

在王某与杨某强合同纠纷一案[2]中，法院认为：首先，法律和行政法规未明确规定上市公司的股权不能代持。《证券法》未对拟上市公司的股权代持情形作出禁止性规定，《首次公开发行股票并上市管理办法》《上市公司信息披露管理办法》系证监会出台的部门规章，并非法律或行政法规。其次，《委托持股协议》未损害社会公共利益。王某代杨某强持有目标公司股票的持股比例为 0.74%，且王某并非目标公司董事、监事、高级管理人员。因此，《委托持股协议》中关于股权代持的约定并非《首次公开发行股票并上市管理办法》规定的重大权属纠纷，并不影响交易安全和社会公共利益。

---

〔1〕　最高人民法院（2019）最高法民申 2978 号民事判决书。
〔2〕　北京市第三中级人民法院（2021）京 03 民终 6293 号民事判决书。

在陈某怡、杨某洋与谢某玉、第三人李某波股权转让纠纷一案〔1〕中，法院最终认定了股权代持协议有效，支持了隐名股东要求将上市公司股票变更登记至其名下的主张。案件的特殊性有二：第一，原有代持行为发生于有限责任公司，后该有限责任公司被上市公司以"以股换股"的方式收购，显名股东在没有取得授权的情况下参与该交易，事后隐名股东方才进行书面追认，隐名股东主观上没有回避监管的故意，且协议签订远早于目标公司的上市时间，并非为了刻意规避上市公司相关监管规定和信批义务；第二，客观上，涉及代持股权仅占上市公司全部股份的 4.3%，即使该部分股份发生股权变动，既不违反相关监管规定，也不需要上市公司履行信息披露义务，对公众利益影响不大。

3.2 2023 年《公司法》生效后

2023 年《公司法》生效后，主要以无效案例为主。在孙某某与陈某某及其合伙企业一案中〔2〕，北京市石景山区人民法院经审理认为，根据《民法典》第 153 条及《民法典合同编通则司法解释》第 17 条规定，违背公序良俗的合同无效。2023 年《公司法》第 140 条规定，上市公司应当依法披露股东、实际控制人的信息，相关信息应当真实、准确、完整。禁止违反法律、行政法规的规定代持上市公司的股票。本案中，根据协议约定及有关部门发布的警示函、专项核查报告，可以认定孙某某通过受让陈某某持有的合伙企业财产份额的方式间接持有某公司的股份，各方在协议中约定了股权归属，存在公众公司股权隐名代持问题，难以保障股权清晰，且违反了公众公司股东信息如实披露义务，危害资本市场基本交易秩序与交易安全，损害社会公共利益，故案涉《股份认购协议》《解除协议》《回购承诺函》均属无效。法院判决陈某某及合伙企业向孙某某返还认购款并赔偿利息损失。案例公开时，该案件尚未生效。

在徐某某、汪某某股权转让纠纷一案〔3〕中，法院认为，首先，双方的股权代持关系自某甲公司上市之前持续至上市之后，且该协议履行持续至民法典施行后，在某甲公司上市前，徐某某委托汪某某代持股份，某甲公司上市发行后，实际隐瞒了真实股东或投资人身份，违反了发行人如实披露义务，为上述规定所明令禁止。其次，上市公司保证股权清晰是资本市场的普遍共

---

〔1〕 广东省深圳市中级人民法院（2018）粤 03 民初 2960 号民事判决书。

〔2〕 本案公开时并未公开案号，具体参见《新修订〈公司法〉已实施，隐名违规代持上市公司股票交易是否有效?》，载微信公众号"北京石景山法院"，发布日期：2024 年 7 月 2 日。

〔3〕 新疆维吾尔自治区乌鲁木齐市中级人民法院（2024）新 01 民终 2982 号民事判决书。

识，上市公司是否存在股权代持是证券监管机构的重要监管内容。虽然股权代持属于双方意思自治的合同行为，但因上市公司股权代持行为涉及有关金融安全和市场秩序的规章制度，关系到不特定的多数投资者的切身利益和社会公共利益，[1] 故隐名代持上市公司股权损害公共利益。综上，根据《民法典》第 153 条的规定，违反法律、行政法规的强制性规定的民事法律行为无效，案涉股权代持协议应为无效。

4. 上市公司股权代持效力的区分标准

对上述理论以及实践案例进行总结，可以看出，虽然自理论上而言，上市公司股权代持行为效力应为"原则有效、例外无效"，但实践中已经出现了"原则无效、例外有效"的裁判倾向。为此，有必要重新梳理和强调上市公司股权代持的效力判断路径。

4.1 是否违反法律法规

即该代持行为违反法律法规的强制性规定，且不属于《民法典合同编通则司法解释》第 16 条规定的情况。例如，被代持人员为禁止经商人员，包括公务员为规避法律规定而要求他人持有股份，或者在政治腐败现象中收受他人"干股"等行为。再如，2023 年《公司法》第 15 条规定，关联担保经股东会决议时，关联股东或被关联实控人控制的股东应当回避表决，为躲避前述回避规定而进行上市公司股权代持的，应当属于违反法律法规。

4.2 是否违反金融监管规定

如果上市公司股权代持行为直接违反或躲避了金融监管规定，并有损公序良俗的，该股权代持行为应当归于无效。例如，在上市公司股票交易中，存在大量的管理规定，例如首次上市公司的股票在上市后存在禁售期限；持有或通过协议、其他安排与他人共同持有公司 5% 以上股份就触发了收购警戒线，在进一步发生股份变动时需要依法履行信息披露义务，买入或卖出股票应当严格按照法定程序进行，收购人拥有权益的股份达到该公司已发行股份的 30% 时，应当进行要约收购；为保证非特定投资人对交易市场的信任、维护证券市场的公共秩序与交易安全，绝对禁止内幕交易；禁止违规借用他人账户等。

---

〔1〕 "其次……"至脚注前的观点亦可见于北京市第一中级人民法院（2024）京 01 民终 10111 号民事判决书。

4.3 是否损害社会公共利益

法院判决损害社会公共利益或扰乱市场秩序时，条文往往取自《民法典》的公共秩序原则条款，而非具体法律规则，因此，对该点的判断具有较强的不确定性。实践中，法院可能会基于如下情形，认定上市公司股权代持行为是否因违反公序良俗而无效。

其一，信息披露程度。信息披露作为证券法最关键的制度，不仅保护广大投资者的知情权，也是维护投资市场稳定的重要砝码，其在代持协议效力中的重要程度不言自明。虽然违反信息披露规则并不一定导致股权代持行为无效，但是当上市公司已经对外明确披露隐名持股的情况时，如若没有违反具体法律法规的其他情况存在，应倾向于股权代持行为有效。

其二，代持股权数额或比例。在认定代持合同有效的判决中，法院论理多会提及代持比例较小，不属于必须披露或者纳入监管的情形，对社会公共利益或非特定投资者的损害较小。至于具体数额，可以明确的是，根据《上市公司信息披露管理办法》第14条的规定，上市公司的年度报告应当记载持股5%以上股东、控股股东及实际控制人情况。如果法院裁决禁止控股股东转让其所持股份；任一股东所持公司5%以上股份被质押、冻结、司法拍卖、托管、设定信托或者被依法限制表决权等，或者出现被强制过户风险，属于应当进行临时报告的重大事件。如果持有公司5%以上股份的股东或者实际控制人持有股份或者控制公司的情况发生较大变化，公司的实际控制人及其控制的其他企业从事与公司相同或者相似业务的情况发生较大变化，上市公司的股东、实际控制人应当主动告知上市公司董事会，并配合上市公司履行信息披露义务。可以看出，持股5%是信息披露的标准线，因此，一旦代持比例超过5%，基本不可能被认定为代持比例较小。

5. 新三板公司股权代持可参照适用

在2023年《公司法》生效后的法答网精选答问中，回复内容指出，关于新三板挂牌公司股权代持合同的效力，鉴于现行证券法及资本市场相关制度规则对于非上市公众公司信息披露真实准确完整的原则、股权清晰及证券账户实名制等方面的要求与上市公司总体是一致的，逻辑上应当与上市公司一致，禁止违法代持非新三板挂牌公司股权，在法律适用层面，可将违反相关监管规定认定为属于违反公序良俗的范畴，并由此认定代持合同无效。由此可见，新三板公司股权代持的效力可以参照前述上市公司股权代持的规则。

总结而言，司法机关呈现出否认效力的观点倾向，对于新三板股权代持行为之效力，由于新三板公司与上市公司在公众性的层面，实际上别无二致，均有信息披露、股权清晰等要求。因此，应当采取相同的效力判断逻辑，即新三板公司股权代持行为效力为原则上有效，例外情况下禁止。

问题 121 ▷ **在股权代持协议无效的情况下，应当如何判断股权归属和法律责任？**

股权代持协议无效时，如何处理其股权归属和增值分配，是司法实践中的重大疑难问题。《民法典》第 157 条规定，民事法律行为无效、被撤销或者确定不发生效力后，行为人因该行为取得的财产，应当予以返还；不能返还或者没有必要返还的，应当折价补偿。有过错的一方应当赔偿对方由此所受到的损失；各方都有过错的，应当各自承担相应的责任。法律另有规定的，依照其规定。但是，对于股权代持而言，被代持股权或不存在返还之可能，而名义持有人获得股权往往又缺乏法理基础，争议甚多。如果采取折价补偿的方式，如何确定各方分担数额，也殊为困难。

本书认为，如果实际出资人具有持股资格，可以按照公司法上的显名程序办理显名手续，成为公司的显名股东。如果实际出资人不具备持股资格，或者无法根据公司法的规定完成显名程序，那么其就无法成为公司的显名股东。如果实际出资人不具备持股资格或者无法按照显名程序成为显名股东的，人民法院应当判决拍卖、变卖股权，拍卖所得价款可以用于支付实际出资人投资本息。如果产生代持费用，代持人可以向实际出资人请求支付。如果代持协议约定有报酬等事项，可以根据代持人的履行情况予以酌定。对于投资损益的分配，应当依据比例原则在实际出资人和名义股东之间进行合理分配。

1. 股权代持协议无效的法律责任之理论争议

对于股权归属、投资收益的处理，理论上存在诸多争议。

有学者认为，如果股权代持协议因违法背俗或恶意串通而无效，股权应当被拍卖给适格主体，拍卖款可以用于填补实际出资人的股本金损失。基于违法者不能从中获益的理念，实际出资人和名义股东均不能主张获得股权和投资收益，且持股期间的持股收益应作为违法所得罚没。[1]

有学者认为，在上市公司股权代持的场合，如果股权代持协议被认定为无效，那么应当判令限期转让违规股权。对于投资收益，应当基于不能使实际出资人和名义股东获得投资收益的原则，依据公司是否知情分别处理：若公司对股权代持不知情，公司可以被视为受到损害的第三人，股权代持的投

---

〔1〕 刘迎霜：《股权代持协议的性质与法律效力》，载《法学家》2021 年第 3 期。

资收益部分归公司所有；如果公司对股权代持知情，那么投资收益部分应当归国家、集体或第三人所有。[1]

还有学者认为，应当依据投资是否增值进行分别处理：如果投资增值，那么实际出资人除了可以基于不当得利返还请求权请求名义股东返还出资本息以外，还可以请求分享增值收益；如果投资贬值，那么实际出资人可以向名义股东主张缔约过失责任，取得投资剩余价值。[2]

2. 股权代持协议无效后果的司法实践

司法实践中，在代持协议无效的情况下，法院裁判一般将股权归于名义股东，但实际出资人可以向名义股东请求折价补偿或公平分割相关委托投资利益。对于投资增值部分，法院倾向于支持实际出资人有权分享这部分利益。

在华懋金融服务有限公司与中国中小企业投资有限公司委托投资纠纷一案中，法院在认定代持协议无效后，判令股权归名义股东所有，但实际出资人可以向名义股东请求返还出资额。至于投资增值部分，则在实际出资人和名义股东之间"四六分成"。[3]

此后，法院基本延续此裁判思路，对代持协议无效后股权归属、投资增值归属进行处理。在杨某国诉林某坤、亚玛顿公司股权转让纠纷再审一案中，最高人民法院指出："本案中双方协议因涉及上市公司隐名持股而无效，但这并不意味着否认杨某国与林某坤之间委托投资关系的效力，更不意味着否认双方之间委托投资的事实；同样，也不意味着否认林某坤依法持有上市公司股权的效力，更不意味着否认林某坤与亚玛顿公司股东之间围绕公司上市及其运行所实施的一系列行为之效力。据此，因本案双方协议虽认定为无效，但属于'不能返还或者没有必要返还的'情形，故杨某国要求将诉争股权过户至其名下的请求难以支持，但杨某国可依进一步查明事实所对应的股权数量请求公平分割相关委托投资利益。"[4]

在苗某诉吴某合同纠纷一案中，南京市中级人民法院同样持此观点，该案裁判文书中载明："在代持股权最终归属名义股东的前提下，且投资购买股权通常是实际投资者的真实意思表示，股权代持协议无效后的法律后果应是

---

[1] 王莹莹：《〈证券法〉2019 年修订背景下股权代持的区分认定》，载《法学评论》2020 年第 3 期。

[2] 吴至诚：《违法无效合同不当得利返还的比例分担 以股权代持为中心》，载《中外法学》2021 年第 3 期。

[3] (2002) 民四终字第 30 号民事判决书。

[4] (2017) 最高法民申 2454 号民事裁定书。

由名义股东依据股权的实际价值，折价补偿实际投资者，而非名义股东将投资款返还给实际出资者，性质类似返还不当得利，折价补偿应坚持公平原则，避免利益失衡。股份投资是以获得股份收益为目的并伴随投资风险的行为，折价补偿时应着重考虑以下因素：一是对投资收益的贡献程度，即谁实际承担投资期间的机会成本和资金成本，按照'谁投资、谁收益'原则，将收益主要分配给承担投资成本的一方；二是对投资风险的交易安排，即考虑谁将实际承担投资亏损的不利后果，按照'收益与风险相一致'原则，将损失主要分配给承担投资风险的一方。"[1]

3. 股权代持协议无效的责任配置

针对股权代持协议无效后的法律责任问题，需从股权归属的判定、投资本息的返还、投资损益的分配等多个方面予以厘定。

3.1 代持股权归属

代持协议被确认无效后，股权应当归属于名义股东还是实际出资人？这首先取决于实际出资人是否具有持股资格。例如，代持金融机构股权的行为，如果因违反金融监管规定而无效，若允许实际出资人在此情况下取回股权，既不利于金融秩序稳定，也不利于惩戒不诚信行为。

如果实际出资人具有持股资格，可以按照公司法上的显名程序办理显名手续，成为公司的显名股东。如果实际出资人不具备持股资格，或者无法根据公司法的规定完成显名程序，那么其就无法成为公司的显名股东。因此，如果判令股权归属于实际出资人，则可能涉及优先购买权的问题。此外，还有学者指出，由于法律的公开性和普及性，名义股东理应知晓其行为可能违法，在代持协议因违法而无效的情况下，依据"不能从违法行为中获得利益"的理念，名义股东不应取得股权。正如最高人民法院强调，实际出资人仅在合法合规且不损害他人利益时方能显名。

对于名义股东而言，由于其仅为代持股权的主体，事实上也缺少取得股权的正当性基础。如果允许名义股东取得股权，也必将导致违反代持协议反而获利、并得到法院肯认的结果。[2]因此，本书认为，如果实际出资人不具备持股资格或者无法按照显名程序成为显名股东的，人民法院应当判决拍卖、变卖股权，拍卖所得价款可以用于支付实际出资人的投资本息。如果产生代持费用，代持人可以向实际出资人请求支付。如果代持协议约定有报酬等事

---

〔1〕　（2021）苏 01 民终 9144 号民事判决书。

〔2〕　刘迎霜：《股权代持协议的性质与法律效力》，载《法学家》2021 年第 3 期。

项，可以根据代持人的履行情况予以酌定。

具体而言，对于拍卖所得，可以根据《民法典合同编通则司法解释》第24条的规定予以处理。该条规定：

"合同不成立、无效、被撤销或者确定不发生效力，当事人请求返还财产，经审查财产能够返还的，人民法院应当根据案件具体情况，单独或者合并适用返还占有的标的物、更正登记簿册记载等方式；经审查财产不能返还或者没有必要返还的，人民法院应当以认定合同不成立、无效、被撤销或者确定不发生效力之日该财产的市场价值或者以其他合理方式计算的价值为基准判决折价补偿。

除前款规定的情形外，当事人还请求赔偿损失的，人民法院应当结合财产返还或者折价补偿的情况，综合考虑财产增值收益和贬值损失、交易成本的支出等事实，按照双方当事人的过错程度及原因力大小，根据诚信原则和公平原则，合理确定损失赔偿额。

合同不成立、无效、被撤销或者确定不发生效力，当事人的行为涉嫌违法且未经处理，可能导致一方或者双方通过违法行为获得不当利益的，人民法院应当向有关行政管理部门提出司法建议。当事人的行为涉嫌犯罪的，应当将案件线索移送刑事侦查机关；属于刑事自诉案件的，应当告知当事人可以向有管辖权的人民法院另行提起诉讼。"

3.2 实际出资人可向名义股东请求返还投资本息

如果判令名义股东取得股权，那么需要探讨实际出资人是否可以向名义股东请求返还投资本息的问题，这涉及不法原因给付的相关理论。不法原因给付，指的是违反法律，损害公共利益、公序良俗的给付。[1] 就不法原因给付的效果而言，受损方不得请求返还，但不法原因仅存在于受益方的除外。在域外法上，亦有相关立法表达，如《日本民法典》第708条规定，因不法原因而未给付的，不得请求返还，但是，不法原因仅存在于受益人一方时，不在此限。为实现利益的平衡，学理上认为在不法原因给付是否需要返还的问题上，需要结合法律目的、过错程度、得利和损失等方面综合判断。[2]

从法律目的、过错程度、得利和损失这几个方面看，在判令股权归属于名义股东的情况下，应认可实际出资人可向名义股东请求返还投资本息。首

---

[1] 最高人民法院民法典贯彻实施工作领导小组主编：《中华人民共和国民法典总则编理解与适用（下）》，人民法院出版社2020年版，第623页。

[2] 许德风：《论合同违法无效后的获益返还——兼议背信行为的法律规制》，载《清华法学》2016年第2期。

先，相关监管规定的规范目的在于维护金融秩序，在此规范目的得以实现的情况下，再剥夺实际出资人请求返还本息的权利并无必要。其次，在双方均对代持协议无效且具有过错的情况下，应令双方对合同无效合理分担，而非由一方承担。再者，完全令名义股东取得股权而无须向实际出资人返还投资本息，有所不公。

值得注意的是，在通过拍卖方式处置股权的情况下，实际出资人可以获得拍卖款以弥补其投资本息损失，此时，实际出资人不可请求名义股东返还出资本息。

3.3 投资损益应在双方之间合理分配

除投资本息归属之外，还存在投资损益的分配问题。对此，可以依据比例原则，在实际出资人和名义股东之间进行合理分配。首先，以平均分配为基础，具体考察双方对投资损益的贡献情况，确定初始分配额。其次，将初始分配额与可抵销的金额综合考量，确定投资损益在双方之间的最终分配额。[1]

问题 122 ▷ 名义股东擅自将代持股权转让给其他人，实际出资人应当如何救济？

关于名义股东擅自转让代持股权时，实际出资人应如何寻求救济的问题，2023 年《公司法》未设条文，《公司法司法解释（三）》第 25 条对此予以了回应。根据该条规定，若名义股东将登记于其名下的股权转让、质押或以其他方式处分，而实际出资人以其对股权享有实际权利为由请求认定该处分行为无效时，人民法院可参照《民法典》第 311 条的规定处理。若名义股东的处分行为导致实际出资人遭受损失，且受让人因满足善意取得条件而合法取得股权，则实际出资人有权向名义股东请求赔偿。

1. 名义股东擅自处分股权适用善意取得规则

根据《公司法司法解释（三）》第 25 条之规定，当名义股东未经实际出资人同意便擅自处分其代持的股权时，实际出资人有权主张该名义股东的行为构成无权处分。面对实际出资人的这一主张，受让人亦可提出自己符合善意取得条件，从而主张取得该股权。该司法解释第 25 条采用了"无权处分及善意取得"的制度框架来解释名义股东擅自处分代持股权的行为，以及受让

---

〔1〕 吴至诚：《违法无效合同不当得利返还的比例分担——以股权代持为中心》，载《中外法学》2021 年第 3 期。

人可能提出的抗辩。然而，有学者指出，若将名义股东处分股权的行为定性为无权处分，会使该司法解释第 25 条与第 24 条、第 26 条产生立场上的不一致。[1]

对学界的上述观点，司法机关作此解释：股权的取得源于实际出资人的出资，因此股权最终归属于实际出资人。虽然名义股东可以行使股东权利，但无权擅自处分股权，其擅自处分的行为应被视为无权处分。在判断受让人是否构成善意取得时，由于公司登记仅具有权利推定的效力，因此不能仅凭公司登记信息就断定受让人为善意，而应结合具体情况来综合判断受让人是否满足善意取得的条件。

因此，从司法实践角度来看，在名义股东擅自处分代持股权的情形下，应当遵循最高人民法院所确立的"无权处分及善意取得"的处理路径。

2. 受让人善意的判断标准

就善意取得的构成要件而言，在股权善意取得的情况下，受让人善意的判断标准值得关注。在域外法上，已经登记的公司事项会对善意相对人发生权利推定的效力。善意相对人基于对登记事项的相信，可以被推定为善意，除非其知道或者应当知道登记事项与真实情况并不一致。《德国商法典》第 15 条第 2 款规定："已将此种事实进行登记和公告的，第三人必须承受事实的效力。"2023 年《公司法》第 34 条第 2 款虽然未采取此种表述，但是司法机关亦认为可由此推断出公司登记事项可产生权利推定的效果。[2]虽然公司登记事项可以产生权利推定的效果，但是正如前述所言，此种权利推定亦存在例外之处，即在相对人知道或者应当知道的情况下，相对人不可主张自己是善意的。

2023 年《公司法》对有限公司股权变动模式采股东名册记载的形式主义模式，即以股东名册变动作为股权变动的生效要件，公司变更股东名册后，受让人才取得股权。[3]正如法谚所言：不可主张不知法而免责，既然我国公司法将股东名册变动作为股权变动的生效要件，那么受让人为取得股权，自然应当查看公司股东名册并要求公司变更股东名册。若受让人未对股东名册进行合理审查，或在请求公司变更股东名册的过程中知晓记载事项与真实权利状况不符，那么其主观状态难言善意。

---

〔1〕 李建伟：《公司法学》，中国人民大学出版社 2024 年版，第 266 页。

〔2〕 最高人民法院民事审判第二庭编著：《中华人民共和国公司法理解与适用（上）》，人民法院出版社 2024 年版，第 145 页。

〔3〕 刘斌编著：《新公司法注释全书》，中国法制出版社 2024 年版，第 387-388 页。

因此，在名义股东擅自转让代持股权的情形下，受让人若要主张自己是善意的，并依据善意取得制度获得股权，不仅应当对公司登记事项和股东名册进行合理审查，还需确保在请求公司变更股东名册的过程中，未发现记载事项与真实权利状况存在不符之处。至于善意取得的充分构成，则既要完成股东名册的变更，也要完成工商登记的变更。

3. 实际出资人的救济途径

3.1 若受让人构成善意取得，实际出资人可以向名义股东请求赔偿

依据《公司法司法解释（三）》第 25 条第 1 款、2023 年《公司法》第 34 条第 2 款和第 86 条的规定，如果受让人已对登记事项及股东名册进行了合理审查，且在请求公司变更股东名册时未发现记载事项与真实权利状况存在不符之处，那么表明其主观状态为善意。若其还符合善意取得的其他构成要件，则有权主张构成善意取得，从而终局性地取得该代持股权。对于名义股东擅自处分代持股权给实际出资人带来的损失，实际出资人有权向名义股东请求损害赔偿。

3.2 若受让人不构成善意取得，实际出资人可以请求名义股东取回股权

依据《公司法司法解释（三）》第 25 条第 2 款、2023 年《公司法》第 34 条第 2 款和第 86 条的规定，若受让人未对登记事项及股东名册进行合理审查，或在请求公司变更股东名册时察觉记载事项与真实权利状况存在不符，抑或不符合善意取得的其他构成要件，则其无法取得该股权。在此情形下，实际出资人有权依据股权代持协议，要求名义股东严格履行代持义务，从受让人处收回该代持的股权。但是，如果后续进行了股权转让，导致实际出资人实际上无法取回股权的，则只能向名义股东请求损害赔偿。

问题 123 ▶ 在股权让与担保的情况下，担保权人是否享有参与公司管理的权利？是否承担股东的出资义务？

股权让与担保是交易实践中产生的一种非典型担保方式，其法律构造可概括为：担保人（通常为债务人）将股权按法定程序移转给担保权人（通常为债权人），若债务人未履行或未完全履行债务，债权人可就已取得的股权获得清偿。[1]《九民纪要》第 71 条，《民法典》第 388 条，以及《最高人民法院关于适用〈中华人民共和国民法典〉有关担保制度的解释》（以下简称

---

〔1〕 蔡立东：《股权让与担保纠纷裁判逻辑的实证研究》，载《中国法学》2018 年第 6 期。

《民法典担保制度司法解释》）第 68 条、第 69 条共同构成了我国民商事法律中让与担保的完整规范体系。尽管上述条文承认了让与担保的担保功能，但并未明确在股权让与担保中，担保权人是否享有参与公司管理的权利以及是否承担股东的出资义务。为回答这一问题，需从让与担保的法律构造入手，明确担保权人是否具有股东资格，进而判断其是否享有参与公司管理的权利及是否承担出资义务。

1. 股权让与担保的规范变迁

在《九民纪要》出台之前，我国并未明确承认让与担保的有效性。《九民纪要》第 71 条明确规定了让与担保的合同效力：债务人或第三人可与债权人订立合同，约定将财产形式上转让至债权人名下。若债务人到期清偿债务，则该财产需返还给债务人或第三人；若债务人到期未能清偿债务，则债权人有权对财产进行拍卖、变卖或以折价方式偿还债权。此类合同，人民法院应认定其有效。然而，若合同中约定债务人到期未清偿债务则财产直接归债权人所有，人民法院则应认定该部分约定无效，但这并不影响合同其他部分的效力。当事人如已根据合同约定完成财产权利变动的公示并转让至债权人名下，而债务人到期仍未清偿债务时，债权人若请求确认财产归其所有，人民法院将不予支持；但债权人若请求参照担保物权的相关法律规定对财产进行拍卖、变卖或以折价方式优先受偿，人民法院将依法予以支持。同样，债务人因到期未清偿债务而请求对该财产进行拍卖、变卖或以折价方式偿还所欠债权的，人民法院亦应依法予以支持。

《民法典》第 388 条进一步明确了担保物权的设立原则，指出应当依照本法和其他法律的规定订立担保合同，其中包括抵押合同、质押合同以及"其他具有担保功能的合同"。这一表述为功能主义担保提供了广阔的解释空间，使得更多形式的担保合同得以在法律框架内得到认可和保护。

在此基础上，《民法典担保制度司法解释》进一步延续了《九民纪要》和《民法典》第 388 条的规定。其中，第 68 条详细规定了让与担保的一般规定，明确了债务人或第三人与债权人约定将财产形式上转移至债权人名下时，若债务人不履行到期债务，则债权人有权对财产进行折价或以拍卖、变卖所得价款偿还债务，此类约定人民法院应认定有效。同时，该条还规定了已完成财产权利变动公示的债权人在债务人不履行到期债务时的优先受偿权，以及债务人履行债务后的财产返还或清偿请求权。此外，对于回购等特殊情形的处理也进行了明确规定。第 69 条则专门规定了股权让与担保的情形，明确指出股东以将其股权转移至债权人名下的方式为债务履行提供担保时，公司或其债权人若以股东未履行或未全面履行出资义务、抽逃出资等为由请求名义股东（即债权人）与股东承担连带责任的，人民法院将不予支持。

2. 股权让与担保的法律构造

比较法上，让与担保的法律构造大体上可以分为所有权构造说和担保权构造说两大类，前者以德国法为典型，后者以美国法为典型。我国学界通过吸收和借鉴上述域外学说，形成了所有权构造说、担保权构造说和折中说等几种学说。对于此问题，与学界存在不同观点一样，我国司法裁判中亦存在不同的裁判观点。

2.1 所有权构造说

以德国法为典型的所有权构造说下又存在着绝对的所有权构造说和相对的所有权构造说的区分。绝对的所有权构造说认为让与担保的结构是"所有权移转+债之关系的约束"，在这个结构中，虽然债权人取得了完全的所有权，但是其权利需要受到债之关系的约束，该说的优势在于巧妙回避物权法定主义原则的限制，劣势在于弱化了对债务人的保护。[1]相对的所有权构造说则对内部关系和外部关系进行区分，认为在内部关系中让与人是所有权人，在外部关系中受让人是所有权人。[2]我国学界中，亦有对股权让与担保持所有权构造说的学者，持所有权构造说观点的学者认为应当区分对内关系和对外关系，分别阐述其效力。在债权人与担保人的对内关系中，虽然债权人行使股东权利受到合同约定和诚实信用原则两个方面的限制，但是并非否定债权人系股权的所有人。在对外关系中，因限制债权人行使股权的合同不对第三人产生约束，故善意第三人亦可依据外观主义主张信赖保护。[3]

司法实践中，一些裁判对股权让与担保持所有权构造说的观点，以"喻某、袁某生等股权转让纠纷案"为例，最高人民法院认为担保权人系公司股东："无论喻某取得案涉股权是否系因股权让与担保，均不能否认喻某已经实际取得了源通公司的股权。喻某作为源通公司的股东，有权主张公司权益受损的股东救济和股东权益受损的诉讼救济。原审仅以本案认定为股权让与担保正确，既未否定喻某的源通公司股东身份，即认为喻某不具有提起股东代表诉讼的主体资格，其作为原告的诉讼主体不适格，遂裁定驳回原告喻某的

---

[1] 王洪亮：《让与担保效力论——以〈民法典担保解释〉第 68 条为中心》，载《政法论坛》2021 年第 5 期。

[2] 钱进、钱玉文：《股权让与担保的法律构成及效力建构》，载《河南财经政法大学学报》2022 年第 1 期。

[3] 蔡立东：《股权让与担保纠纷裁判逻辑的实证研究》，载《中国法学》2018 年第 6 期。

起诉，该认定明显有悖于《中华人民共和国公司法》第 151 条和第 152 条之规定。"[1]

2.2 担保权构造说

以美国法为典型的担保权构造说则采取功能主义的担保观和一元化的担保概念，主张将所有不与担保体系冲突的担保纳入担保体系，让与担保中受让人仅有可依担保权主张优先受偿的权利。[2]持担保权构造说观点的学者认为让与担保转移所有权的目的是担保债权，故担保人仍然享有所有权。[3]之所以债权人未取得完整的股权，是因为债权人与担保人设立此法律关系的目的是担保债务的清偿。在担保权构造说的视角下，债权人仅可主张行使担保权利而不可主张其取得完整的股权，其不享有股东权利，亦不承担出资义务。[4]

司法实践中，不乏裁判对股权让与担保持担保权构造说的观点。在昆明哦客商贸有限公司、熊某民与李某友等股东资格确认纠纷一案中，江西省高级人民法院即采此观点："名为股权转让，但转让各方资金往来表现为借贷关系，存在以债务清偿为股权返还条件、转让后受让方未接手公司管理、表达了担保意思等不享有股东权利特征的，应当认定为股权让与担保，股权让与担保权人仅为名义股东，不实际享有股东权利。股权让与担保人请求确认自己享有的股权的，应予支持。在清偿完被担保的债务前，股权让与担保人请求变更股权登记至其名下的，不予支持。"[5]在修水县巨通投资控股有限公司、福建省稀有稀土（集团）有限公司合同纠纷一案中，最高人民法院亦持担保权构造说的观点："案涉股权虽已变更登记至稀土公司名下，但该转让系以担保债权实现为目的，稀土公司作为名义上的股权受让人，其权利范围不同于完整意义上的股东权利，受担保目的等诸多限制。"[6]

2.3 折中说

除前述学说外，还有学者提出了折中说的观点。持折中说观点的学者认为，在股东资格认定、让与担保期间股东权利行使和义务承担等内部关系上，应当采所有权构造说的观点进行处理，即认可担保权人的股东地位，

---

〔1〕 （2023）最高法民再 7 号民事裁定书。

〔2〕 王萌：《组织法视域下的股权让与担保及其效力体系》，载《法学家》2024 年第 2 期。

〔3〕 高圣平：《动产让与担保的立法论》，载《中外法学》2017 年第 5 期。

〔4〕 高圣平、曹明哲：《股权让与担保效力的解释论——基于裁判的分析与展开》，载《人民司法（应用）》2018 年第 28 期。

〔5〕 （2020）赣民终 294 号民事判决书。

〔6〕 （2018）最高法民终 119 号民事判决书。

担保权人可以行使股东权利，亦需要履行出资义务；基于调和所有权构造说和担保权构造说的目的，在对外关系上，应当采担保权构造说的观点进行处理。[1]

3. 应采担保权构造说解释股权让与担保

3.1 采担保权构造说之合理性

本书认为，基于我国股权让与担保的规则体系，采用担保权构造说的理论框架来阐释股权让与担保的法律构造更为恰当。

首先，从文义解释和体系解释的角度看，能得到担保权构造说更为合理的结论。从文义解释的角度出发，《民法典担保制度司法解释》第69条中提及"请求作为名义股东的债权人与股东承担连带责任的"这一表述，显然预设了债权人非股东的身份。因为如果债权人就是股东，那么基于二者身份同一的逻辑，该条款便无必要将债权人与股东并列阐述。从体系解释的角度审视，鉴于《民法典担保制度司法解释》第68条与第69条均是在承袭《九民纪要》第71条及《民法典》第388条所倡导的功能主义担保观念基础上制定的，且这两条均属于同一规范中关于让与担保的规定。因此，股权让与担保理应遵循一般财产让与担保的处理原则，即债权人仅享有担保权益。

其次，在股权让与担保中，债权人的核心意图在于掌控股权的交换价值，以保障其债权到期得以兑现，而非谋求完整的股权。因此，从当事人的真实意思表示角度出发，将债权人的立场理解为未取得股权，这一观点更为合理。最高人民法院同样认为，债权人成为名义股东，旨在获取担保权利，以保障其债权的顺利实现。因此，债权人仅能基于其目的，在限定的范围内行使权利，具体而言，即仅限于主张其担保权利。债权人并非真正的股东，无法享有并行使股东权利。[2]

再次，采用担保权构造说的理论框架来阐释股权让与担保的法律构造并不违反物权法定原则。所有权构造说的优势，在于其能够巧妙地规避物权法定原则的限制。然而，正如前文所述，自《九民纪要》到《民法典》，再到《民法典担保制度司法解释》，担保体系已不再固守严格的物权法定主义，转

〔1〕　刘牧晗：《股权让与担保的实行及效力研究——基于裁判和学说的分析与展开》，载《国家检察官学院学报》2022年第2期。
〔2〕　最高人民法院民事审判第二庭：《最高人民法院民法典担保制度司法解释理解与适用》，人民法院出版社2021年版，第574页。

而采纳了功能主义的担保观念，以此缓和物权法定主义的刚性。[1]在当前的法律框架下，让与担保的担保效力已获广泛认可。鉴于此，规避物权法定原则限制的必要性似乎已不复存在，所有权构造说的优势因此不再显著，而在内部关系中采取折中的所有权构造说，同样显得不够合理。

最后，采纳担保权构造说的视角在解释股权让与担保规范与《公司法司法解释（三）》关于名义股东责任的规定时面临挑战，且难以满足债权人有时希望通过股权登记获得股东身份，进而影响公司决策，有效保障债权实现的愿望。然而，正如司法解释的制定者所指出，《公司法司法解释（三）》并未将股权让与担保的情形纳入考量。因此，在股权让与担保的语境下，公司债权人无权要求名义股东承担出资义务。[2]

3.2 担保权人不享有股东权利且不承担出资义务

在担保权构造说的理论框架下，担保权人仅对作为担保物的股权持有担保权利，但并不具备股东身份。因此，那些源自股东资格的股东权利与出资义务，自然不应由未取得股东资格的担保权人所享有或承担。故而，在担保权构造说的视角下，担保权人无权以股东之名参与公司管理，亦无需履行出资义务。

3.3 担保权人可以通过协议安排等方式参与公司管理

对于债权人希望通过获得股东身份来影响公司决策，进而确保债权实现的目标，对此，有学者主张：尽管在担保权构造说下，债权人并非公司股东，但这并不妨碍债权人通过协议安排的方式行使类似股东的权利。[3]司法实践中，亦有裁判持此观点，在吴某诉北京某某公司等公司决议纠纷一案中，北京市第三中级人民法院的裁判要旨指出："股权让与担保情形中，受让股权的名义股东原则上不享有公司法规定的股东所享有的参与决策、选任管理者、分取红利等实质性股东权利，但当事人之间另有约定的除外。"[4]因此，依据意思自治原则，在以担保权构造说解释股权让与担保的视角下，债权人可以通过协议与相关主体达成合作，参与公司管理。

---

[1] 杨立新：《"其他具有担保功能的合同"概念的实用功能》，载《中国政法大学学报》2022年第3期。

[2] 最高人民法院民事审判第二庭：《最高人民法院民法典担保制度司法解释理解与适用》，人民法院出版社2021年版，第575页。

[3] 王毓莹：《新公司法二十四讲：审判原理与疑难问题深度释解》，法律出版社2024年版，第226页。

[4] 人民法院案例库：2024-08-2-270-001号案例。

问题 124 公司章程是否可以限制股权的继承？如果继承人不能取得股东资格，其如何获得相关投资权益？

在 2005 年《公司法》修订之前，我国公司法未就股权继承问题，以及公司章程能否对此进行限制作出明确规定。2005 年《公司法》第 76 条首次明确规定，有限公司的自然人股东有权继承其股权，并且公司章程可以对股权继承进行限制。2023 年《公司法》在前条规定的基础上进一步规定，股份有限公司的自然人股东同样可以继承其股权，且对于股份转让受限的股份有限公司，其章程亦有权对股权继承进行限制。据此，公司章程有权对股权继承加以限制，当继承人因受章程条款所限而无法获得股东资格时，其仍有权主张获取与所持股权相对应的投资权益。

1. 公司章程可以限制股权继承

对于有限公司章程能否限制股权继承的问题，2005 年《公司法》规定有限公司章程可以限制继承人继承股东资格。在此之后，有限公司章程可以限制股东资格继承渐渐成为学界通说，即在处理有限公司股东资格继承的问题时，原则上继承人当然继承股东资格，除非有限公司章程另行作出规定。[1]在司法实践中，司法机关亦认可有限公司章程可以限制股权继承。最高人民法院指出，基于维护有限公司封闭性的考虑，应当允许有限公司章程对股东资格继承问题作出规定。[2]启东市建都房地产开发有限公司与周某股东资格确认纠纷上诉一案的裁判要旨指出："公司章程明确规定股东不得向股东以外的人转让股权，自然人股东死亡后，其合法继承人无权继承股东资格。"[3]

在股份公司章程能否限制股份继承的问题上，2023 年《公司法》在保留股份有限公司章程可以限制股权继承规范的基础上，新增的"股份转让受限的股份有限公司章程可以限制股东资格继承"的条款。权威解释指出，2023 年《公司法》第 167 条是新增规范，借鉴了有限公司股东资格继承的规定，为维护股份自由流转，仅股份转让受限的股份公司章程可以对股东资格继承作出限制规定。[4]有学者亦认为此类股票属于 2023 年《公司法》第 144 条第 1 款第 3 项所指的"转让须经公司同意等转让受限的股份"，发行此类股票的

---

〔1〕 赵旭东主编：《公司法学》，高等教育出版社 2015 年版，第 259-260 页。

〔2〕 最高人民法院民事审判第二庭编著：《中华人民共和国公司法理解与适用（上）》，人民法院出版社 2024 年版，第 424 页。

〔3〕 （2018）最高法民终 88 号民事判决书。

〔4〕 王瑞贺主编：《中华人民共和国公司法释义》，法律出版社 2024 年版，第 233 页。

股份公司与有限公司在性质上都具有封闭性，基于两类公司具有的封闭性这一共性，对两类公司股权继承一体化规制的做法是合理的。[1]

因此，依据 2023 年《公司法》，有限公司的章程有权对股东资格的继承作出限制，同样，对于股份转让受限的股份公司，其章程亦可对这类受限股份的股东资格继承进行限制。

2. 公司章程限制股权继承的正当性边界

2.1 公司章程限制股权继承存在正当性边界

虽然有限公司章程和股份转让受限的股份公司章程可以对股东资格继承作出限制，但是 2023 年《公司法》并没有明确规定此种限制的合理范围。对此问题，学者们和有权机关均指出章程限制股权（股份）继承应限定在合理的范围之内。

学理上，有学者主张公司章程限制股权继承的正当性边界存在两方面的内容：其一，章程虽能限制股东资格的继承，但不能违反继承的基本原则，剥夺继承人取得与股权经济价值相当的利益。其二，章程限制股东资格继承需要在公司利益、其他股东利益、已故股东生前意志和继承人利益之间寻求平衡。[2]有学者指出，章程可以对股东资格继承作出限制，但是公司应当向因受到限制而无法取得股东资格的继承人支付与股权财产利益相当的对价。同时，为避免发生纠纷，公司章程应当对不能继承的股权处理方法作出详细安排。[3]亦有学者指出，章程对股东资格继承的限制应受到以下限制：一方面，章程不得剥夺继承人取得与股权价值相对应财产的权益；另一方面，应当用比例原则对章程限制股权继承的合理性进行考察。[4]总体来看，学者们认为章程可以限制股东资格继承，但是公司应当向不能继承股东资格的继承人支付合理价格。

立法者指出，章程限制股东资格继承应遵守继承法的基本原则，不得剥夺继承人取得与股权经济价值相当的财产性利益的权利。同时，该限制要受到合理性标准的检验，即是否实现公司利益、其他股东利益、已故股东生前意志和继承人利益之间的协调。[5]最高人民法院则指出，章程限制股东资格

---

[1] 赵玉：《股权继承的公司组织法建构》，载《政法论坛》2024 年第 2 期。

[2] 赵旭东主编：《新公司法条文释解》，法律出版社 2024 年版，第 213 页。

[3] 周游：《新公司法条文解读与适用指引：案例·规则·文献》，法律出版社 2024 年版，第 202 页。

[4] 朱慈蕴主编：《新公司法条文精解》，中国法制出版社 2024 年版，第 159 页。

[5] 王瑞贺主编：《中华人民共和国公司法释义》，法律出版社 2024 年版，第 130 页。

继承应当遵循以下标准：不得限制继承人取得股权的财产性利益、应实现各主体之间利益的平衡、应遵循股东平等原则、不得在股东去世后通过章程限制继承人继承其股东资格。[1]

因此，章程可以对股东资格继承作出限制，但是正如前述学者和权威机关所言，此类限制同样应当设定在合理的范围之内。

2.2 公司章程限制股权继承的正当性边界之范围

就章程限制股权继承的正当性边界之范围而言，结合前述学者观点和权威机关的观点，章程限制股权继承的正当性边界之范围应为：其一，章程不得剥夺继承人取得与股权经济价值相当的财产性利益的权利；其二，应遵循合理性的标准；其三，限制股权继承的规定应于股东生前形成。

（1）章程不得剥夺继承人取得与股权经济价值相当的财产性利益的权利

为维护公司的封闭性，有限公司和发行转让受限制股份的股份公司可以在章程中对股东资格继承作出限制。尽管如此，股权是具有财产性的权利，基于继承的基本原则，继承人可以主张取得与股权经济价值相当的财产性利益的权利。前述学理解释和有权解释亦认为，在允许章程对股东资格继承作出限制的同时，还应当保证继承人取得与股权经济价值相当的财产性利益的权利。

司法实践中，法院同样认为公司章程不得剥夺继承人获得与股权经济价值相适应的财产对价的权利。以某房地产开发有限公司与周某股东资格确认纠纷上诉一案为例，最高人民法院认为因章程限制无法取得股东资格的继承人可以取得相应的财产补偿。[2]章程限制股东资格继承的规定与"人走股留"的规定相类似，在第96号指导性案例宋某军诉西安市某餐饮有限公司股东资格确认纠纷一案中，陕西省高级人民法院亦肯定在章程限制股东资格取得的情况下，应向受章程限制不能取得股权的一方支付合理对价。[3]

（2）遵循合理性标准

公司章程中对股东资格继承的限制，应受合理性标准的检验。条文起草者认为，此种合理性，体现为公司利益、其他股东利益、已故股东生前意志和继承人利益之间的协调和统一。[4]在最高人民法院关于章程限制合理性标

---

〔1〕　最高人民法院民事审判第二庭编著：《中华人民共和国公司法理解与适用（上）》，人民法院出版社2024年版，第424-425页。

〔2〕　（2018）最高法民终88号民事判决书。

〔3〕　陕西省高级人民法院（2014）陕民二申字第00215号民事裁定书。

〔4〕　王瑞贺主编：《中华人民共和国公司法释义》，法律出版社2024年版，第233页。

准的阐述中，亦持此观点。[1]

(3) 限制股权继承的规定应于股东生前形成

在比较法上，关于章程限制股权继承的形成时间，存在两种模式：事前模式与事后模式。事前模式强调，对股权继承的限制必须在股东生前于章程中明确规定，法国法和日本法便是此模式的典型代表。而事后模式则相反，它主张章程对股权继承的限制不能在股东生前作出，德国法即为该模式的典范。

学界和权威机关多认为，我国法采取的是事前模式。学理上，通说认为限制股权继承的章程条款须于股东生前订立。[2]最高人民法院明确指出：章程中限制股东资格继承的规定，其形成时间应为股东生前。[3]司法实践中，法院同样认为，那些在股东去世后才制定的限制股东资格继承的章程条款，对于股东的继承人而言，并不具备法律效力。以张某1与徐某1等法定继承纠纷一案为例，北京市第二中级人民法院指出："兆尊有限公司公司章程在被继承人张某3、被继承人孟某去世前并未对股东资格的继承作出约定，故作为张某3、孟某合法继承人的张某2、张某1，均能依法共同继承张某3、孟某在兆尊有限公司的股东资格。"[4]前述提及的启东市建都房地产开发有限公司与周某股东资格确认纠纷上诉一案，最高人民法院亦与北京市第二中级人民法院持相同观点，即限制股权继承的规定应于股东生前订立。[5]

3. 继承人若不能取得股权，仍可获得投资权益

若公司章程在正当性边界内对股东资格继承作出规定，则继承人无权直接继承股东资格。然而，依据该章程所设定的正当性边界，继承人仍有权主张获得与股权经济价值相当的财产性利益。基于维护公司封闭性之考虑，章程中对于被继承人生前持有的股权处理办法一般为公司回购该股权和其他股东支付价款取得该股权。对于后者，并无太多争议问题需要讨论；对于前者，公司向继承人给付金钱以回购股权，系公司资金向"股东"这一端流出的情况，有可能损害公司清偿能力，故上述投资权益的支付均应符合公司法关于资本制度的规定。

---

[1] 最高人民法院民事审判第二庭编著：《中华人民共和国公司法理解与适用（上）》，人民法院出版社 2024 年版，第 424 页。

[2] 赵旭东主编：《新公司法适用与最高人民法院公布案例解读》，法律出版社 2024 年版，第 321 页。

[3] 最高人民法院民事审判第二庭编著：《中华人民共和国公司法理解与适用（上）》，人民法院出版社 2024 年版，第 425 页。

[4] （2022）京 02 民终 7236 号民事判决书。

[5] （2018）最高法民终 88 号民事判决书。

第五章

股份有限公司的设立和组织机构

问题 125 ▷ **2023 年《公司法》将股份有限公司的"股东大会"修改为"股东会"，公司章程是否需要与公司法保持严格一致?**

答案是并不需要，本条仅为形式性修改。至于公司股东会的名称，由公司章程自主选择，无须与公司法的规定保持严格一致。

2023 年《公司法》第 111 条规定："股份有限公司股东会由全体股东组成。股东会是公司的权力机构，依照本法行使职权。"本条自 2018 年《公司法》第 98 条修改而来，除在文字上将"股东大会"修改为"股东会"，将公司权力机构的名称统一表述为"股东会"外，并未进行实质性修改。此前立法中将有限责任公司的权力机构称为股东会，股份有限公司的权力机构称为股东大会，其目的主要是体现股份有限公司股东人数较多、股东会会议召集及会议程序等相对复杂、决议形式也更为严格等特点。[1]然而，从实质上讲，二者作为权力机构在性质以及组成方式、权力类型等方面并无明显不同。实践中，我国有限责任公司与股份有限公司在规模上也出现了一定的趋同性，90%以上的股份有限公司均为中小型公司，和有限责任公司没有实际区别。观诸比较法，多数国家和地区也并未根据公司组织形式对权力机构的名称进行区分。因此，此次修改，将二者统一表述为"股东会"，一方面有利于公司法术语的统一性，另一方面也体现了公司法适用的整体性倾向。

事实上，如"经理"与"总经理"[2]、"公司章程"与"章程""公司宪章"、"审计委员会"与"风险委员会""审计与风险委员会""内控委员会"等规范表述与实务称谓并不一致的现象屡见不鲜。由于不涉及实质性的变动，存量股份有限公司无需特意将公司章程及历史文件中对于"股东大会"的表述修改为"股东会"，立法者也并不期待为公司增添不必要的"负担"。即使在 2023 年《公司法》生效后的公司文件中，也依旧如此。

问题 126 ▷ **在股份有限公司的设立和增资环节，2023 年《公司法》是否已经全面改采实缴制? 是否需要验资?**

2023 年《公司法》第 98 条第 1 款规定："发起人应当在公司成立前按照

---

〔1〕 最高人民法院民事审判第二庭编著：《中华人民共和国公司法理解与适用（上）》，人民法院出版社 2024 年版，第 508 页。

〔2〕 二者区别可详见本书问题 96。

其认购的股份全额缴纳股款。"这是 2023 年《公司法》修订的重要内容，即发起设立的股份有限公司改采实缴制。2023 年《公司法》第 101 条规定，"向社会公开募集股份的股款缴足后，应当经依法设立的验资机构验资并出具证明"。根据本条规定，公开募集设立的股份有限公司采实缴制。那么，是否所有股份有限公司均改采实缴制？私募设立的股份有限公司是否也改采实缴制？增资环节是否还有认缴的空间？

1. 股份有限公司的设立与增资环节均采实缴制

1993 年以来，我国股份有限公司注册资本制度发生过数次转向。1993 年《公司法》采完全实缴制，股份有限公司注册资本为在公司登记机关登记的实收股本总额，并规定股份有限公司注册资本的最低限额为人民币 1000 万元。[1] 2005 年《公司法》则逐渐放宽，区分了发起设立与募集设立的股份有限公司，规定以发起设立方式设立的股份有限公司的注册资本为全体发起人认购的股本总额，首次出资额不得低于其 20%，其余部分自公司成立起 2 年内缴足，投资公司可以在 5 年内缴足；并降低股份有限公司注册资本的最低限额为人民币 500 万元。[2] 2013 年《公司法》则全面取消对于发起设立的股份有限公司的限制，不再规定注册资本最低限额，首次出资最低比例以及出资期限，采取了完全认缴制。[3] 2023 年《公司法》修订后，股份有限公司全面转回实缴制。《公司法（修订草案四审稿）》的审议说明指出，是为了进一步完善公司出资制度，强化股东出资责任。

从条文解释的角度而言，2023 年《公司法》第 98 条第 1 款明确了发起设立的股份公司采实缴制，第 101 条明确了公募设立的股份公司采实缴制。那么，私募设立的股份公司在公司法层面适用何种规则？实际上，2023 年《公司法》第 103 条已然作出了规定，该条第 1 款规定："募集设立股份有限公司的发起人应当自公司设立时应发行股份的股款缴足之日起三十日内召开公司成立大会。发起人应当在成立大会召开十五日前将会议日期通知各认股人或者予以公告。成立大会应当有持有表决权过半数的认股人出席，方可举行。"根据该规定，公司设立前"应发行股份的股款"即应当缴足，显然属于实缴制。

在增资环节，2023 年《公司法》第 228 条第 2 款规定："股份有限公司为增加注册资本发行新股时，股东认购新股，依照本法设立股份有限公司缴

---

[1] 1993 年《公司法》第 78 条。

[2] 2005 年《公司法》第 81 条。

[3] 2013 年《公司法》第 80 条。

纳股款的有关规定执行。"根据该条规定，增资认购的新股与设立时的相关规定应当保持一致，因此，股份有限公司增资中认购出资的股东亦应当即时实缴。

针对股份有限公司的资本缴纳问题，《注册资本登记管理规定》第2条规定，2024年6月30日前登记设立的股份有限公司，发起人应当在2027年6月30日前按照其认购的股份全额缴纳股款。《公司登记管理实施办法》第5条第2款规定，采取发起设立或者向特定对象募集设立的方式成立的股份有限公司，办理登记时无需提交验资机构出具的验资证明。到期未能实缴的部分，股份有限公司应当办理相应的减资手续。

在增资环节，《公司登记管理实施办法》第7条规定，有限责任公司增加注册资本的，股东认缴新增资本的出资按照公司章程的规定自注册资本变更登记之日起5年内缴足。股份有限公司为增加注册资本发行新股的，应当在公司股东全额缴纳新增股款后，办理注册资本变更登记。根据本条规定，股份公司的增资显然系采实缴制。

由此，在全部类型的股份有限公司中，在设立与增资的两大环节，发起人或股东对于认购的股份，均应在公司设立登记前或注册资本变更登记前完成实缴。

2. 以无需验资为原则，验资须以明文规定

2023年《公司法》第101条规定，"向社会公开募集股份的股款缴足后，应当经依法设立的验资机构验资并出具证明"。《公司登记管理实施办法》第5条规定，采取向社会公开募集设立的方式成立的股份有限公司，办理登记时应当依法提交验资机构出具的验资证明；有限责任公司、采取发起设立或者向特定对象募集设立的方式成立的股份有限公司，办理登记时无需提交验资机构出具的验资证明。

因此，根据上述规定，在公司设立环节，除采取向社会公开募集设立的方式成立的股份有限公司外，其他类型的股份公司以及有限责任公司在办理登记时原则上无需提交验资机构出具的验资证明；在公司增资环节同上。

然而，当存在特别规范规定需要提交验资报告时，应以特殊规定为准。目前，实践中仍有下列公司或资产在登记注册时需要提交验资报告，详见表5-1。

表 5-1　登记注册时需要提交验资报告的公司或资产

序号	类型	依据	条款
1	向社会公开募集设立的股份有限公司	2023 年《公司法》	第 101 条
2	商业银行	《商业银行法》	第 15 条
3	外资银行	《外资银行管理条例》	第 17 条
4	金融资产管理公司	《银行业监督管理法》	第 2 条
5	信托投资公司		
6	财务公司		
7	金融租赁公司		
8	农村信用合作社		
9	城市信用合作社		
10	证券公司	《证券公司监督管理条例》	第 9 条
11	基金	《证券投资基金法》	第 58 条
12	保险公司	《保险公司管理规定》	第 13 条
13	外资保险公司	《外资保险公司管理条例》	第 11 条
14	保险专业代理公司	《保险代理人监管规定》	第 10 条、第 15 条
15	直销企业	《直销管理条例》	第 8 条
16	对外劳务合作企业	《对外劳务合作管理条例》	第 6 条、第 7 条
17	融资性担保公司	《融资性担保公司管理暂行办法》	第 11 条
18	劳务派遣企业	国务院《关于印发注册资本登记制度改革方案的通知》〔1〕 2013 年 10 月 25 日国务院第 28 次常务会议决定	附件
19	典当行		
20	保险资产管理公司		
21	小额贷款公司		

---

〔1〕 国务院国发〔2014〕7 号文件。该文件中提示，汽车金融公司、消费金融公司、货币经纪公司、期货公司、农村资金互助社、贷款公司、保险经纪人等均采实缴制，需进行验资。但编者在查阅法律法规时并未检索到相关规定，予以说明。

问题 127 ⊙ 有限责任公司股东出资的规定，是否全部适用于股份有限公司？

2023 年《公司法》第 98 条第 2 款规定："发起人的出资，适用本法第四十八条、第四十九条第二款关于有限责任公司股东出资的规定。"第 107 条规定："本法第四十四条、第四十九条第三款、第五十一条、第五十二条、第五十三条的规定，适用于股份有限公司。"为立法表述简洁不至冗余，上述两项条款采用准用型条款的立法模式，将股份有限公司关于股东出资的相关规定，引致到规定在"有限责任公司的设立和组织机构"一章的规范。

值得说明的是，2023 年《公司法》第 50 条规定："有限责任公司设立时，股东未按照公司章程规定实际缴纳出资，或者实际出资的非货币财产的实际价额显著低于所认缴的出资额的，设立时的其他股东与该股东在出资不足的范围内承担连带责任。"该条规定了有限责任公司股东的出资补足责任，以及设立时发起人股东的连带责任。针对股份有限公司的发起人连带责任，其请求权基础并非准用第 50 条，而是直接适用第 99 条："发起人不按照其认购的股份缴纳股款，或者作为出资的非货币财产的实际价额显著低于所认购的股份的，其他发起人与该发起人在出资不足的范围内承担连带责任。"

1. 条文适用对照表

表 5-2　条文适用对照表

股份公司能否适用	条文序号	内容	解读
不能适用	第 50 条	发起人连带责任	股份公司的发起人承担连带责任适用第 99 条，但具体适用方式可参考本书问题 34
	第 54 条	出资义务加速到期	股份公司不适用加速到期，有限公司具体适用的问题可参见本书问题 46—49

续表

股份公司能否适用	条文序号	内容	解读
适用	第44条	发起人的设立责任	参见本问题下文
	第48条	出资方式	参见本书问题31、32
	第49条第2款	出资义务的履行方式	参见本问题下文
	第49条第3款	未足额出资的损害赔偿责任	参见本问题下文
	第51条	董事的催缴义务	参见本书问题35
	第52条	催缴失权	参见本问题下文及本书问题36—41
	第53条	抽逃出资	参见本书问题42—44

2. 股份公司股东出资责任的特殊问题

对于股份有限公司发起人的设立责任、出资义务的履行方式、未足额出资的损害赔偿责任，由于本书并无其他问题对有限责任公司的相关内容进行详细解读，特于本部分说明；对于股份有限公司的催缴失权制度，由于其已全面采取实缴制，适用上与有限责任公司有异，特于本部分提示。

2.1 股份有限公司发起人的设立责任

2023年《公司法》第44条规定："有限责任公司设立时的股东为设立公司从事的民事活动，其法律后果由公司承受。公司未成立的，其法律后果由公司设立时的股东承受；设立时的股东为二人以上的，享有连带债权，承担连带债务。设立时的股东为设立公司以自己的名义从事民事活动产生的民事责任，第三人有权选择请求公司或者公司设立时的股东承担。设立时的股东因履行公司设立职责造成他人损害的，公司或者无过错的股东承担赔偿责任后，可以向有过错的股东追偿。"

该条规范指向的是公司发起人为设立公司所实施的行为，若公司发起人的行为并未为了设立公司而是为了其个人利益，则不属于本条规范的行为。在实践中，设立公司中的常见行为包括购买或租赁住所、采购生产设备、聘请中介机构等。具体的法律后果有如下四个方面。

（1）公司成立后设立行为的法律后果

公司发起人为设立公司从事活动的法律后果由公司承担。由于设立中的公司不具有法人人格，因此无法以其名义独立承担任何法律后果。公司成立后，公司发起人为设立公司而从事的活动所产生的权利、义务、责任都由公司承担。值得注意的是，如果股份有限公司的发起人是以自己的名义实施上述行为，则其法律后果的承担方式须遵循 2023 年《公司法》第 44 条第 3 款的规定。

（2）公司设立失败时的责任承担

股份有限公司设立失败时法律后果的承担规则准用 2023 年《公司法》第 44 条第 2 款。无论公司设立失败的原因是什么，其结果均是公司无法有效成立。对此，如果仅有一名发起人时，公司设立过程中产生的权利、义务、责任均由该发起人独自承担。如果存在两名以上发起人时，公司设立过程中产生的权利、义务、责任均由全体公司发起人共同承受。通说认为，设立中公司的财产为全体发起人共同共有。对于公司设立过程中产生的债权，全体公司发起人享有连带债权，部分或者全部公司发起人均可以请求债务人履行债务。对于公司设立过程中产生的债务，全体公司发起人承担连带债务。

根据《公司法司法解释（三）》第 4 条的规定，债权人有权请求全体或者部分公司发起人对设立公司行为所产生的费用和债务承担连带清偿责任；部分公司发起人承担责任后，可以请求其他公司发起人按照公司设立协议约定的责任承担比例分担责任；若公司设立协议中没有约定责任承担比例，公司发起人按照约定的出资比例分担责任；若公司发起人未签订设立协议或设立协议中没有约定出资比例，公司发起人按照均等份额分担责任。

（3）公司发起人以个人名义从事活动的法律后果承担

股份有限公司发起人以个人名义从事活动的法律后果承担规则同时适用于公司成立和公司设立失败的情形。在公司设立成功的情况下，债权人享有选择权，有权请求公司或者公司设立时的股东承担。在公司设立失败的情形下，债权人也可以请求其他发起人承担连带责任。

（4）公司发起人因履行公司设立职责造成他人损害的责任承担

股份有限公司发起人因履行公司设立职责造成他人损害的责任承担规则，也包括公司成立后的责任承担规则和公司设立失败时的责任承担规则。

在公司设立成功的情形下，设立中公司的主体地位为成立后公司所承继，由此所产生的责任同样由成立后的公司负担。公司承担责任后，可以向有过错的公司发起人追偿。

在公司设立失败的情形下，对外关系上，全体公司发起人承担连带赔偿责任。在内部关系中，无过错的公司发起人可以向有过错的公司发起人追偿，并由有过错的公司发起人承担最终责任。

2.2 股份有限公司股东出资义务的履行方式

股份有限公司股东出资义务的履行方式，准用 2023 年《公司法》第 49 条第 2 款："股东以货币出资的，应当将货币出资足额存入有限责任公司在银行开设的账户；以非货币财产出资的，应当依法办理其财产权的转移手续。"

由于出资形式不同，出资义务的履行方式也不相同。以货币出资时，股东应当将用于出资的货币足额存入股份有限公司在银行预先开设的特殊账户。以非货币财产出资时，股东应当依法办理该非货币的形式财产的财产权转移手续。完整的财产权移转包括权属变更和权能移转。权属变更是法律上的权利转让，各财产权利的转让方式有所区别。具体而言，动产物权一般通过交付转让，不动产物权一般通过登记转让，债权因股东达成债权让与合意而转让，股权以股东名册变更为变动方式，知识产权一般以登记为转让方式。权能移转则是事实上的权利转让，意指股东将具体非货币财产实际交由公司占有、使用、处分、收益。

根据《公司法司法解释（三）》第 10 条规定，出资人以房屋、土地使用权或者需要办理权属登记的知识产权等财产出资，已经交付公司使用但未办理权属变更手续，公司、其他股东或者公司债权人主张认定出资人未履行出资义务的，人民法院应当责令当事人在指定的合理期间内办理权属变更手续；在前述期间内办理了权属变更手续的，人民法院应当认定其已经履行了出资义务；出资人主张自其实际交付财产给公司使用时享有相应股东权利的，人民法院应予支持。出资人以前款规定的财产出资，已经办理权属变更手续但未交付公司使用，公司或者其他股东主张其向公司交付、并在实际交付之前不享有相应股东权利的，人民法院应予支持。

2.3 股份有限公司股东未足额出资的损害赔偿责任

2023 年《公司法》第 107 条及第 49 条第 3 款规定，股份有限公司的股东未按照规定足额实际缴纳出资的，除应当向公司足额缴纳外，还应当对给公司造成的损失承担赔偿责任。出资损害赔偿责任是基于公司法资本充实原则所产生的一种责任，属于无过错责任。但是，该责任的认定应当满足存在股东未足额实缴出资的行为、该行为导致了公司损失、二者之间具有因果关系等要件。

2018 年《公司法》第 28 条第 2 款规定，股东未按期或未按照法律规定的程序足额缴纳出资时应当承担两种责任：一是按照法律规定向公司足额缴纳；二是向已按期足额缴纳出资的股东承担违约责任。其中，第一项责任规定于本法第 49 条第 3 款。第二项责任虽然被删除，但并非意味着无须承担该责任，而是因为出资违约责任系合同责任，而非组织法上的责任，适用民法典合同编的相关规则即可。

2.4 股份有限公司的催缴失权制度

2023 年《公司法》第 52 条规定了董事的催缴失权制度，根据第 107 条之规定，催缴失权制度适用于股份有限公司。

关于股份有限公司催缴失权制度，由于股份有限公司已全面采取实缴制，理论上，自 2023 年《公司法》生效后设立的股份有限公司，其成立后，未完成实缴的股东便已达成"股东未按照公司章程规定的出资日期缴纳出资"的适用情形，董事会即可依照公司经营之需要进行安排。而存量股份有限公司，则应当按照《注册资本登记管理规定》第 2 条之规定，及时对公司章程中的出资期限进行调整，并按照调整后的出资期限，适用催缴失权制度。

关于催缴失权制度的具体适用问题，本书已于第三章叙明，为避免冗余，在此不多做赘述。

问题 128 ▶ 上市公司未按照《民法典担保制度司法解释》的规定进行担保决议的披露，此时上市公司的责任如何承担？

上市公司作为公众公司，与一般有限公司甚至非上市股份公司所具有的封闭性与人合性不同，其因股东人数较多、分布范围广泛，具有极为明显的资合性与开放性。尤其是资本市场中存在众多投资者，成为上市公司的中小股东，此时，保护投资者利益，维护证券市场秩序稳定，便成为上市公司治理的应有之义。

上市公司在对外担保的情况下，一旦债务人违约，上市公司作为担保人就要承担担保责任，代为履行清偿义务，是具有较高风险的行为，其不仅有关已持有上市公司股票投资者之利益，也影响着潜在投资者的投资判断，与证券市场的健康发展紧密相关。因此，对于上市公司对外担保的治理规则处于不断完善之中，而在体系的建构中，公告开始成为上市公司对外担保效力的核心判断标准。

1. 上市公司对外担保的效力规范

上市公司违规担保现象在资本市场中屡见不鲜。在实践中，法定代表人越权担保的现象频发，为规制乱象，2023 年《公司法》第 15 条明确了公司对外担保的限制，即相关决议应当由董事会或股东会决议作出。[1]然而该条款聚焦于决议有权主体，也并未区分公众公司与非公众公司对外担保适用规则的不同之处。

《九民纪要》曾对相关问题予以回应，认为债权人根据上市公司公开披露的关于担保事项已经董事会或者股东大会决议通过的信息订立的担保合同，人民法院应当认定有效。[2]上述回应从正面明确了，根据经披露的担保决议签订担保合同的，该担保合同应当有效。然而，在未经披露的情况下，法院往往仍需借助相对人未履行合理的审查义务，因此并非善意相对人之路径，对于未经披露担保决议之合同效力进行无效认定。虽然法律解释的逻辑并不矛盾，却无疑增加了法官审理类似案件的难度；而自由裁量与解释空间的存在，也并不利于同案同判[3]的实现。

为加大上市公司违规担保规制力度，《民法典担保制度司法解释》第9条进行了更详细的规定：

"相对人根据上市公司公开披露的关于担保事项已经董事会或者股东大会决议通过的信息，与上市公司订立担保合同，相对人主张担保合同对上市公司发生效力，并由上市公司承担担保责任的，人民法院应予支持。相对人未根据上市公司公开披露的关于担保事项已经董事会或者股东大会决议通过的信息，与上市公司订立担保合同，上市公司主张担保合同对其不发生效力，且不承担担保责任或者赔偿责任的，人民法院应予支持。相对人与上市公司已公开披露的控股子公司订立的担保合同，或者相对人与股票在国务院批准的其他全国性证券交易场所交易的公司订立的担保合同，适用前两款规定。"

基于上述规定，上市公司未按照《民法典担保制度司法解释》的规定进行对外担保披露时，担保合同对上市公司不发生效力，上市公司并不承担担保责任或赔偿责任。易言之，上市公司既不承担担保合同有效的责任，也不

---

[1] 2023年《公司法》第15条规定："公司向其他企业投资或者为他人提供担保，按照公司章程的规定，由董事会或者股东会决议；公司章程对投资或者担保的总额及单项投资或者担保的数额有限额规定的，不得超过规定的限额。公司为公司股东或者实际控制人提供担保的，应当经股东会决议。前款规定的股东或者受前款规定的实际控制人支配的股东，不得参加前款规定事项的表决。该项表决由出席会议的其他股东所持表决权的过半数通过。"

[2] 《九民纪要》第22条。

[3] 例如，在上海市中级人民法院（2020）沪民终599号案中，法院认为，关于债权人是否履行监管要求的公告等审查义务等问题，其主要是监管部门为维护金融市场秩序、防范金融风险而提出的相关要求，对于当事人之间的民事权利义务关系并不产生必然影响；系争质押担保依法履行了股东决议程序，符合公司章程要求，并不存在越权担保的情况。在此种情况下，担保人以债权人未尽审核义务、不具有善意为由主张《质押合同》无效，法院不予采信。

承担担保合同无效的责任。

2. 公告是担保效力的判断标准

基于前文所述，上市公司的对外担保行为实际上已经采取公告作为其担保效力的判断标准。由于上述规则的初衷是为了防止上市公司违规担保，损害广大中小投资者的利益，出于维护市场秩序之考量，才以公告的方式进行效力判断。如果上市公司为自身债务进行担保，实际上并没有损害上市公司之利益，亦是因其未能履行自身债务之缘故，而非为其他主体代为清偿。因此，为自身债务提供担保的，不适用上述规则。[1]

2.1 采取公告标准的原因

根据《证券法》第 80 条第 1 款及第 2 款第 3 项之规定，发生可能对上市公司、股票在国务院批准的其他全国性证券交易场所交易的公司的股票交易价格产生较大影响的重大事件，投资者尚未得知时，公司应当立即将有关该重大事件的情况向国务院证券监督管理机构和证券交易场所报送临时报告，并予公告，说明事件的起因、目前的状态和可能产生的法律后果；而上市公司订立重要合同、提供重大担保或者从事关联交易，可能对公司的资产、负债、权益和经营成果产生重要影响属于上述重要事件。该规定为上市公司对外担保应当予以信息披露提供了法律上的规范基础。

虽然证券法将披露的范围限定于重大担保，但是作为股票上市交易的平台，证交所的规则中却直接将"提供担保"作为应当披露的重大事项，如《深圳证券交易所股票上市规则》第 6.1.1 条之规定。由此，在实践监管层面，上市公司所有提供担保的决议均应当对外公告披露。

在程序层面，根据《上市公司股东会规则》第 40 条第 1 款之规定，"股东会决议应当及时公告，公告中应列明出席会议的股东和代理人人数、所持有表决权的股份总数及占公司有表决权股份总数的比例、表决方式、每项提案的表决结果和通过的各项决议的详细内容"，即倘若该上市公司章程规定，对外担保事项由股东会决议作出，则自上市公司股东会应当全部公告的角度来看，相关决议也应当进行公开。而当对外担保事项由董事会作出时，根据深圳证券交易所规定，"董事会决议公告应当包括会议通知发出的时间和方式、会议召开的时间、地点和方式、委托他人出席和缺席的董事人数和姓名、缺席的理由和受托董事姓名、每项议案的表决结果以及有关董事反对或者弃

---

〔1〕 最高人民法院民事审判第二庭：《最高人民法院民法典担保制度司法解释理解与适用》，人民法院出版社 2021 年版，第 156 页。

权的理由等。重大事项公告应当按照中国证监会有关规定、本所有关规定及本所制定的公告格式予以披露"[1]，也通过提供担保属于应当披露的事项之路径，将董事会决议作出的对外担保纳入强制信息披露的范畴。

因此，根据上述规定，即上市公司只要进行担保，均应当进行公告，是强制信息披露之事项。故现实中要求相对人查询担保事项信息并不存在实现上的实质障碍，以是否公告作为上市公司承担责任的标准具有较强的可适用性。

2.2 公告内容的要求

实践中，在公告内容上，往往存在年度担保额度披露与单项担保披露两种披露方式。所谓年度担保额度披露，一般是指在单笔担保事项尚未发生时，通过年度股东大会决议的方式，对年度内预计可能发生的融资担保额度进行集中决议并公告披露。关于仅进行年度担保额度披露，而未进行单项担保披露的担保行为效力，目前争议较大。

最高人民法院认为，无论是单项担保公告，还是集中担保公告，债权人要审查的最重要的内容有：第一，该担保事项是否已经董事会或者股东大会决议通过的信息；第二，被担保人也就是主债务人是谁；第三，为主债务人担保的金额是多少。[2]

在证交所规则中，自文义而言，即使进行了集中担保公告，在单笔担保发生时，也应当具体披露，如上海证券交易所之指南规定，上市公司进行年度担保预计的，在担保预计额度内发生具体担保事项时，应当参照本公告格式披露实际发生的担保情况，披露本次担保的基本情况、担保余额等主要信息，并就担保对象的财务状况、资产负债率等是否发生显著变化作出特别提示。即使因担保发生频次较高，逐笔披露确有不便的，也应当按月汇总披露上市公司为子公司、子公司之间等上市公司并表范围内实际发生的担保情况，但同时应当充分论述原因及合理性。[3]

在实践裁判中，也存在不同的裁判立场。例如，安徽省高级人民法院曾在案例中判决：上市公司发布了《关于增加对全资子公司提供担保额度的公告》，该公告列明了主要的银行、融资租赁公司债权人名称，并未披露案涉债权人名称，法院最终认定债权人未能举证证明其在签订案涉担保合同前已经

---

[1] 《深圳证券交易所股票上市规则》（2024年修订）第4.2.11条第3款。

[2] 最高人民法院民事审判第二庭：《最高人民法院民法典担保制度司法解释理解与适用》，人民法院出版社2021年版，第158页。

[3] 《上海证券交易所上市公司自律监管指南第1号—公告格式》：《第四号上市公司为他人提供担保公告》（2023年）之适用情形。

通过公开市场信息核实相关担保事项已经上市公司董事会或者股东大会决议通过。[1]而北京市第一中级人民法院曾作出如下判决：上市公司在出具《担保书二》前，已经通过对外公告的方式，确认其公司内部《关于为公司全资孙公司融资提供担保总额度的决议》已经股东大会审议通过。上市公司在本案中为其孙公司的债务提供连带保证，无论是担保期限还是担保金额，均未超过公告决议的范围，故应认定《担保书二》系上市公司的真实意思表示。[2]

对于该问题，本书认为，考虑到集中担保公告多出现在上市公司对子公司进行担保的集中授权情况下，如担保额度经股东大会审议通过并进行了公告，并能举证证明该项担保属于公告的担保事项，明确该项担保已被披露，担保合同便应当认为对上市公司有效力。

2.3 公告时点的要求

该问题实则是公告内容问题之衍生，原指如果上市公司对外担保公告并未表明该担保已经董事会或股东会进行决议通过，而仅记载了担保内容，此时担保合同效力如何？关于该问题，最高人民法院认为，在担保公告中未载明已通过决议，且实际上不存在决议的，担保合同应当无效。[3]考虑到对于单项担保公告，证交所往往具有公告指南文件，其中要求上市公司就本次担保事项履行的内部决策程序及尚需履行的决策程序进行记载，难以出现未载明已决议通过的情形。因此，问题便演化为，在不存在单项担保公告的情况下，上市公司在年报中载明担保，是否可达到追认担保的效力？

对于该问题，实践中存在两例裁判观点相反的经典案例。

否定的观点如以下案例，在（2021）粤民终 982 号案（以下简称"广东982 号案"）中，二审法院认为：担保人《2017 年年度报告》"或有事项"中载明："2016 年 11 月 22 日，本公司为债务人向债权人借款 55 000 万元提供担保。"从该报告的内容来看，担保人仅在"或有事项"中载明存在案涉担保，并未载明该担保已经担保人股东大会决议追认，因此债权人上诉主张担保人通过 2017 年年度报告公开披露了案涉担保事项，《2017 年年度报告》已经股东大会决议审议通过，担保人已通过有效的股东大会决议对案涉担保事项进行了追认，缺乏事实与法律依据，本院不予采纳。[4]

---

〔1〕 安徽省高级人民法院（2020）皖民终 1157 号民事判决书。

〔2〕 北京市第一中级人民法院（2020）京 01 民初 63 号民事判决书。

〔3〕 最高人民法院民事审判第二庭：《最高人民法院民法典担保制度司法解释理解与适用》，人民法院出版社 2021 年版，第 154 页。

〔4〕 广东省高级人民法院（2021）粤民终 982 号民事判决书。

与之相反，（2019）沪74民终920号案例（以下简称"上海920号案"）作出了肯定上市公司年报具有追认效力的判决。法院认为，债权人已提供证据证明其在接受担保人的担保时获取了该公司董事会决议并进行了审查，该董事会决议的表决人数符合公司章程的规定，应当认定债权人构成善意。担保人《2018年年度报告》《2019年年度报告》均载明了关联担保情况：被担保方（涉案担保人名称），担保金额1860万元，担保起始日为2018年6月30日。据此，担保合同有效。[1]

事实上，"广东982号案"与"上海920号案"的具体案情均为上市公司于集团内提供担保，案情相似，但判决结果却大不相同，究其原因，自裁判说理来看，是对年报公告中是否应当明确记载股东大会已对担保进行追认，法院对此持不同的观点。

对此，本书认为，首先，年度报告通常以格式文件的形式予以规制，内容繁复庞杂，记载股东大会对于某项担保的追认决议并不符合一般的实践习惯。其次，或有事项，是指过去的交易或者事项形成的，其结果须由某些未来事项的发生或不发生才能决定的不确定事项，[2]将担保事项记载至或有事项中，并经过股东大会决议通过，应当证明股东大会已然基于其意思认可担保实际发生；即使记载于年报的其他部分，亦应当因股东大会对年报的表决通过而采取相同的解释逻辑。

值得说明的是，从上述两例生效裁判文书的文本来看，双方观点差异之处在于股东大会是否需要"明示追认"，观之底层逻辑，均未否认追认可以实现上市公司对外担保行为之有效。除此以外，在（2021）最高法民终511号案中，最高人民法院认为，"上市公司为控股股东提供担保仅通过了董事会决议，却没有经过公司股东大会审议，事后亦未得到公司股东大会追认，作为上市公司对公章及工作人员疏于管理，对《补足协议》无效亦存在过错"，[3]似乎亦有认可担保追认效力之一般逻辑。

综上所述，上市公司在年度报告中对担保事项进行披露的，应当认定为该担保行为对其具有效力。

2.4 有公告而无决议时，公司应当承担担保责任

值得说明的是，只要相对人对上市公司对外担保事项的公告进行了审查，只要公告内容中表明已通过决议，而无论相对人是否对公司的担保决议进行

---

[1] 上海金融法院（2019）沪74民终920号民事判决书。

[2] 《企业会计准则第13号——或有事项》第2条。

[3] 最高人民法院（2021）最高法民终511号民事判决书。

了单独审查，该担保行为均应当有效。该观点也符合最高人民法院之理解，其认为，如果担保事项事实上未经决议通过，但是上市公司在公告信息中虚假陈述其已经董事会或股东大会决议通过，该担保对上市公司发生效力。[1]

究其原因，大抵可从以下三点出发：首先，在该规则下，由于公司决议不再成为生效条件，即暗示着决议的授权效果已然转移至上市公司的公告，相对人对其信赖值得保护。其次，商事外观主义系商事交易领域一项重要原则，上市公司公告由公司自主对公众进行公开发布，而不似一般交易中由业务人员将决议对相对人进行展示。存在对外公告，而不具有内部决议，实乃上市公司内部治理与控制之问题，具有可归责性。最后，有观点认为，在法理上，该种认定方式可以构成"授权表见"型表见代理，债权人可向上市公司主张成立表见代理。[2]自此路径，亦能解释其担保应为对上市公司有效。

3. 相对人的审查义务范围

由于对外担保决议的有权主体由公司章程规定，因此，产生的问题是，相对人是否负有审查上市公司章程之义务，以明确决议主体为股东会抑或董事会？是否需要对该笔担保符合上市公司的章程规定与否进行具体判断？

在实践中，对于上述问题，法院亦存在不同的观点。在"广东982号案"中，法院认为，债权人作为专业的基金管理公司，并未根据担保人的章程规定审查其股东大会决议，且债权人作为专业的基金管理公司，亦应知晓担保人作为上市公司，其股东大会或董事会作出的决议以及对外提供担保均应依照相关规定进行公开披露，债权人在担保人未依规披露案涉担保的相关事项时，理应知晓该担保存在违规之处，但其仍签订案涉《保证合同》并发放案涉融资款项，故债权人并不属于当时《合同法》第50条所保护的善意相对人，担保合同对担保人不发生效力。

与之相反，在（2021）最高法民申1267号案中，法院认为，债权人对担保人的董事会决议进行了形式审查，《董事会决议》声明担保金额和相关事项完全符合公司法和公司章程的规定。虽然担保人公开披露的《公司章程》《对外担保管理制度》显示，案涉担保数额超过公司最近一期经审计净资产10%需股东会表决，但该事项的核查需要进一步计算及实质审查，增加了债权人

---

〔1〕　最高人民法院民事审判第二庭：《最高人民法院民法典担保制度司法解释理解与适用》，人民法院出版社2021年版，第154页。

〔2〕　房绍坤、寇枫阳：《论上市公司对外担保公告的体系定位——以〈民法典担保制度解释〉第9条为中心》，载《法学评论》2022年第5期。

的举证责任和交易成本。综上，属于善意相对人，案涉担保合同有效。[1]在上述"上海920号案"中，也存在如此情形：担保人主张，《公司章程》规定，为关联企业提供担保的，应当由股东大会决议。而法院则认为，担保行为不是法定代表人所能单独决定的事项，而必须以公司股东（大）会、董事会等公司机关的决议作为授权的基础和来源。当事人主张担保行为系越权担保的，应当根据订立合同时债权人是否善意认定合同效力。本案中，2017年6月20日，担保人董事会决议审议通过《关于向上海某资产公司出具最高额债权回购承诺函，并为上海某资产公司与山东某公司之间的债务提供无限连带担保的议案》，公司五名董事在决议上签字。担保人《公司章程》第106条、第120条规定，该公司董事会由9名董事组成，董事会会议应有过半数的董事出席方可举行，董事会作出决议，须经全体董事的过半数通过。可以说，债权人已提供证据证明其在接受担保人的担保时获取了该公司董事会决议并进行了审查，该董事会决议的表决人数符合公司章程的规定，应当认定债权人构成善意。

对于实践中存在的分歧，最高人民法院倾向于认为担保债权人对公告的信赖利益应当受到保护；如果在上市公司公告之外，还要求担保债权人审查公司章程，将使《民法典担保制度司法解释》形同具文，不符合法律解释的逻辑；参考物权法中"公示公信"原理，担保债权人有理由相信，只要是经过公告的公司决议，就应当是符合监管规则和公司章程的。[2]

本书认为，在上市公司对外担保时，相对人无需审查公司章程中的决议适格主体等相关规定。上市公司对外担保行为的效力并不取决于决议，而是公告本身，正如前述所言，公告实乃上市公司自主公开发布之文件，其面向全体投资者与证券市场，而非由交易人员对相对人进行出示，上市公司理应更加审慎，公告其可信赖程度应当更高。因此，相对人只需审查上市公司公开披露的关于担保事项已经董事会或者股东大会决议通过的信息即可。

4. 因缺乏披露而导致的无效，上市公司不承担任何责任

《民法典担保制度司法解释》第9条第2款规定，"相对人未根据上市公司公开披露的关于担保事项已经董事会或者股东大会决议通过的信息，与上市公司订立担保合同，上市公司主张担保合同对其不发生效力，且不承担担保责任或者赔偿责任的，人民法院应予支持"。根据该款规定，担保合同对上市公司不发生效力的，上市公司不仅不承担担保责任，也无需承担赔偿责任。

---

[1] 最高人民法院（2021）最高法民申1267号民事判决书。

[2] 最高人民法院民事审判第二庭：《最高人民法院民法典担保制度司法解释理解与适用》，人民法院出版社2021年版，第158页。

此处与非上市公司对外担保责任的适用规则不同。此处的赔偿责任，应指《民法典担保制度司法解释》第17条中所规定的担保合同无效后，法律后果中的担保人的赔偿责任。[1]

究其原因，上市公司作为公众性公司，是资本市场的基石，在金融体系运行中牵一发而动全身，事关广大中小投资者的合法权益与证券市场的健康发展。同时，实践中，提供担保的市场交易往往交易关系较为复杂，资金来往数额巨大，参与者通常均具有较为专业的经营资质与业务能力。上市公司具有法定的信息披露平台，其各项经营事项的公开程度与透明程度远高于非公众公司；随着信息技术与移动电子设备的普及，交易相对人查询担保事项的便利程度也随之上升，可以说，在具有一定交易专业知识的情况下，相对人获取信息的难度并不高。倘若其疏于进行合理审查致使担保无效，上市公司最终仍要承担赔偿责任，无疑是将相对人未尽审查义务的过失或过错转移到了上市公司的中小股东及众多的投资者身上。

值得说明的是，考虑到《民法典》之溯及力的问题，倘若在《民法典》生效前，相对人与上市公司便已订立担保合同，该合同被认定为无效的，上市公司应当视情况承担不超过主债务人不能履行部分的1/2或1/3的民事赔偿责任。[2]

5. 上市公司对外担保披露规则的适用公司范围

上市公司对外担保披露规则的适用公司范围，即新三板挂牌公司是否适用上述披露规则。自体系解释来看，由于我国公司法所规制的对象为在中国境内设立的有限责任公司和股份有限公司；上市公司，则是指其股票在证券交易所上市交易的股份有限公司。[3]因此，该条的规制对象至少包括在境内注册、境内上市的股份有限公司。同时，《民法典担保制度司法解释》第9条第3款规定，"相对人与上市公司已公开披露的控股子公司订立的担保合同，或者相对人与股票在国务院批准的其他全国性证券交易场所交易的公司订立

---

〔1〕《民法典担保制度司法解释》第17条规定："主合同有效而第三人提供的担保合同无效，人民法院应当区分不同情形确定担保人的赔偿责任：（一）债权人与担保人均有过错的，担保人承担的赔偿责任不应超过债务人不能清偿部分的二分之一；（二）担保人有过错而债权人无过错的，担保人对债务人不能清偿的部分承担赔偿责任；（三）债权人有过错而担保人无过错的，担保人不承担赔偿责任。主合同无效导致第三人提供的担保合同无效，担保人无过错的，不承担赔偿责任；担保人有过错的，其承担的赔偿责任不应超过债务人不能清偿部分的三分之一。"

〔2〕最高人民法院民事审判第二庭：《最高人民法院民法典担保制度司法解释理解与适用》，人民法院出版社2021年版，第157页。

〔3〕2023年《公司法》第2条、第134条。

的担保合同，适用前两款规定"，而目前国务院批准的其他全国性证券交易场所仅有全国中小企业股份转让系统，俗称"新三板"。因此，除上市公司外，新三板挂牌公司也应当适用上述效力规则。

问题 129 ▷ 董事会秘书和董事会办公室主任是什么关系？董事会秘书有哪些职权？

2023 年《公司法》第 138 条规定："上市公司设董事会秘书，负责公司股东会和董事会会议的筹备、文件保管以及公司股东资料的管理，办理信息披露事务等事宜。"第 265 条第 1 款规定："高级管理人员，是指公司的经理、副经理、财务负责人，上市公司董事会秘书和公司章程规定的其他人员。"根据上述规定，董事会秘书是上市公司的必设机构，且上市公司董事会秘书属于公司高级管理人员范畴；同时，概括地规定了上市公司董事会秘书的职权，即负责公司股东会和董事会会议的筹备、文件保管以及公司股东资料的管理，办理信息披露事务等事宜。可见，董事会秘书在公司治理中发挥着重要的作用。

与此同时，实践过程中，部分公司选择性地设立了董事会办公室主任这一职位。那么，在规范意义上，董事会秘书与董事会办公室主任之间究竟是什么关系？董事会秘书又拥有哪些职权？

1. 董事会秘书与董事会办公室主任的关系

1.1 董事会秘书与董事会办公室主任的不同之处

董事会秘书与董事会办公室主任的地位不同。正如前文所述，董事会秘书由公司法在法律的规范层级上予以明确规定，其不仅是上市公司的必设组织机构，也属于公司高级管理人员，受到公司法中关于高级管理人员的相关规定所规制，例如股东抽逃出资的连带赔偿责任，不得兼任监事等规定。[1]而董事会办公室主任并非规范意义上的公司治理机构，而是公司实践需要的产物。包括上市公司在内，公司也并不必然设立董事会办公室主任。

董事会秘书与董事会办公室主任的产生方式不同。根据《上市公司章程指引（2023）》第 107 条第 1 款第 10 项之规定，董事会秘书由董事会进行聘任，这不仅是上市公司董事会的职权，也是其应当履行的义务。[2]而董事会

---

〔1〕 2023 年《公司法》第 53 条、第 76 条。

〔2〕《上市公司章程指引（2023）》第 107 条第 1 款第 10 项规定，决定聘任或者解聘公司经理、董事会秘书及其他高级管理人员，并决定其报酬事项和奖惩事项；根据经理的提名，决定聘任或者解聘公司副经理、财务负责人等高级管理人员，并决定其报酬事项和奖惩事项。

办公室主任的聘任，实践中存在大量不同的做法，可能由董事会进行聘任，[1]也可能由总经理、董事长等进行决定，其产生方式具有较强的可选择性，公司的自主权较大。

董事会秘书与董事会办公室主任的职责不同。董事会秘书的职责由证监会的部门规范性文件与证券交易所的行业规定进行明确，具有较强的规范效力，职责内容详见本问题第 2 部分；而董事会办公室主任的具体职责范围往往由公司内部自主进行规定，与董事会办公室的职责息息相关。通常情况下，董事会办公室作为董事会的办事机构，配备法律、财务等专业人员，负责董事会制度体系建设、筹备董事会相关会议、组织开展董事调研、与董事沟通联系等工作，为董事会、董事履职提供必要的专业支持和服务，董事会办公室主任则在其中承担领导工作的责任。[2]

1.2 董事会秘书与董事会办公室主任可能由一人担任

由于董事会办公室主任并非法定的公司机构，因此目前并不存在对于二者不得同时担任的禁止性规定。事实上，《股份制商业银行公司治理指引》（已失效）中，曾明确规定商业银行的董事会秘书应当兼任董事会办公室主任[3]，也可窥见监管侧的应允倾向。因此，在公司章程不存在相反规定的情况下，董事会秘书与董事会办公室主任可以由同一人担任。[4]

2. 董事会秘书的职责

在规范体系中，2023 年《公司法》第 138 条仅笼统地规定了董事会秘书的职责范围，而更为具体的规定，则主要由证监会出台的部门规范性文件以及三大证券交易所制定的行业规定来进行明确。《上市公司治理准则》和《上市公司章程指引（2023）》等规范性文件对董事会秘书的职责作出了较为具体的规定。根据上述两份部门规范性文件，董事会秘书的主要职责有：

其一，负责公司股东会的会议筹备、记录、相关文件保管事宜。股东会召开时，董事会秘书应当出席会议，股东会的会议记录由董事会秘书负责。对于监事会或股东自行召集的股东会，董事会和董事会秘书应当予以配合。

其二，协助董事处理董事会的日常工作，负责董事会会议的筹备、记录、

---

[1] 例如，京投发展（证券代码 600683）临 2022-032 号《京投发展股份有限公司关于董事会办公室主任兼证券事务代表辞职及聘任的公告》。

[2] 国务院国资委办公厅《关于中央企业加强子企业董事会建设有关事项的通知》

[3]《股份制商业银行公司治理指引》第 47 条。

[4] 实践中也并不缺乏如此做法，如深圳瑞捷（证券代码 300977）2024-040 号《关于聘任董事会办公室主任、董事会秘书的公告》。

相关文件保管事宜。董事会会议记录应当真实、准确、完整，出席会议的董事、董事会秘书和记录人应当在会议记录上签名。

其三，负责公司投资者关系的管理工作。董事会秘书负责保管股东名册和股东资料的管理工作，接受股东咨询，听取股东建议等。

其四，负责办理信息披露事务。董事会秘书负责办理公司与证券监督管理部门、证券交易所、中介机构、媒体等之间的沟通事宜，特别是负责组织和协调公司信息披露事务，办理上市公司信息对外公布等相关事宜。

除《上市公司治理准则》和《上市公司章程指引（2023）》外，关于上市公司董事会秘书的其他规定，散见于现行有效的各类法律法规、规范性文件以及证券交易所的各项规定之中，为便于读者查阅，本书予以整理，详见表5-3。

表5-3 关于上市公司董事会秘书的其他规定

职责	规范名称	条文序号
投资者关系管理	《上市公司监管指引第10号——市值管理》	第6条
	《上市公司投资者关系管理工作指引》	第23条
	《深圳证券交易所股票上市规则》（2024年修订）	第4.1.5条、第4.4.2条
信息披露	《上市公司监管指引第10号——市值管理》	第6条
	《上市公司信息披露管理办法》	第32条、第33条、第38条、第51条
	《深圳证券交易所股票上市规则》（2024年修订）	第4.2.2条、第4.4.1条、第4.4.2条
每季度检查大股东减持本公司股份的情况，违法违规及时报告	《上市公司股东减持股份管理暂行办法》[1]	第6条
管理公司董事、监事和高级管理人员的身份及所持本公司股份的数据	《上市公司董事、监事和高级管理人员所持本公司股份及其变动管理规则》	第14条
协助独立董事履行职责	《上市公司独立董事管理办法》	第19条、第31条、第35条

---

〔1〕 下文简称《减持新规》。

职责	规范名称	条文序号
接受证监会约见董事长谈话的通知	《上市公司监管指引第 6 号——上市公司董事长谈话制度实施办法》	第 5 条
办理上市公司内幕信息知情人的登记入档和报送事宜	《上市公司监管指引第 5 号——上市公司内幕信息知情人登记管理制度》	第 7 条
董事会秘书必须在上市公司领薪，不得由控股股东代发	《中国证券监督管理委员会关于上市公司总经理及高层管理人员不得在控股股东单位兼职的通知》	第 2 条
到我国香港地区上市公司必须设置董事会秘书	《到香港上市公司章程必备条款》	第 4.3 条
参与双控人、董监高及其他员工的调研	《上海证券交易所上市公司自律监管指引第 1 号——规范运作》（2023 年修订）	第 7.4.3 条
督促董事、监事、高级管理人员签署《声明及承诺书》	《深圳证券交易所股票上市规则》（2024 年修订）	第 4.3.4 条
组织筹备董事会会议以及股东大会会议、参会、负责董事会会议工作记录并签字	《深圳证券交易所股票上市规则》（2024 年修订）	第 4.4.2 条
负责信息披露的保密工作，未公开重大信息泄露时及时报告		
关注公司传闻、主动求证情况		
组织董监高进行培训		
督促董监高遵规守纪，决议违法违规时进行提醒并报告		
负责公司股票及其衍生品种变动的管理事务		

续表

职责	规范名称	条文序号
有权了解财务经营情况、参加信息披露会议，查阅相关文件，要求有关人员提供信息	《深圳证券交易所股票上市规则》（2024 年修订）	第 4.4.3 条
履职中受到不当妨碍和严重阻挠，有权进行报告		
提示：证交所文件，以《深圳证券交易所股票上市规则》（2024 年修订）为主进行整理		

关于表格的其他说明：

上述规则中，值得说明的是，董事会秘书在履行职责过程中受到不当妨碍和严重阻挠时，可以直接向证券交易所或证监会报告。

证券交易所的股票上市规则中，对于董事会秘书的任职条件与聘任、解聘程序作出了明确规定，例如，上市公司解聘董事会秘书应当具有充分理由，不得无故解聘。考虑到与本问题关联性较弱，本书于此不予详细列明，具体可查阅三大证交所股票上市规则之董事会秘书专章。

综合上述规定，董事会秘书最为重要的职责之一便是参与上市公司的信息披露事项，在公司的诸多高级管理人员中，与投资者的联系最为密切，互动最为频繁。或许正是基于如上考量，《公开发行证券的公司信息披露内容与格式准则第 54 号——北京证券交易所上市公司中期报告》以及《公开发行证券的公司信息披露内容与格式准则第 53 号——北京证券交易所上市公司年度报告》均将董事会秘书之信息作为上市公司定期报告的披露事项，内容包括：公司董事会秘书的姓名、联系地址、电话、传真、电子信箱。[1]

问题 130 ▷ 对于股份有限公司股东提案权的法定持股比例要求，公司章程是否可以调整？

对于股份有限公司股东提案权的法定持股比例要求，公司章程可以进行调整，但存在调整的限制。根据我国公司法之规定，在正常的情况下，股东会会议由董事会召集，董事长主持；召开股东会会议的，应当将会议审议的

---

〔1〕《公开发行证券的公司信息披露内容与格式准则第 54 号——北京证券交易所上市公司中期报告》第 15 条；《公开发行证券的公司信息披露内容与格式准则第 53 号——北京证券交易所上市公司年度报告》第 15 条。

事项等于会议召开前 20 日通知各股东[1]，意即，董事会对于股东会会议中应当具体审议哪些事项具有决定的权力，是决定提案列入股东会议案的唯一有权主体。[2]

在现代公司中，由于股权过于分散或者过于集中，公司的管理层或大股东均有滥用其地位的倾向，从而形成股东压制，严重损害其他股东的利益。而在我国治理实践中，控股股东或实际控制人控制董事会的现象并不少见，进一步加剧了上述问题。因此，公司法赋予股东以临时提案权，使中小股东能够独立提出股东会审议事项，以改变公司管理层垄断股东大会提案权的局面，为一部分积极参与公司治理的股东更多介入公司事务提供机会。对于促进公司民主、预防资本多数决之滥用、保护中小股东的利益均作用匪浅。[3]

1. 股东提案权制度的由来与功能

股东提案权，是指符合一定条件的股东，依据法定的形式要件提出提案，并作为股东大会审议事项的权利。股东提案权属于共益权，它与表决权密切相关，即股东为维护包括自己利益在内的公司利益和全体股东利益而行使的权利。[4]

股东提案权制度滥觞于美国。不同于 19 世纪的大型企业多采用闭锁公司的模式，20 世纪时，随着大型企业逐渐为在股票市场上购买少量公开交易的股票持有者所有，公司的管理权逐渐转移至职业经理人，即公司的所有权与管理权分离，控制权转移至管理层；随着股东权力的日益退化和萎缩，管理层滥用职权中饱私囊的现象却频发，美国国会表示对于公司透明度与民主性的担忧，自此，股东提案权制度在美国证券法领域登场，并在实践中不断完善，对于世界各国各地区的公司法都产生了深刻的影响。[5]

对于其制度价值，通常认为，体现在如下三个方面。首先，股东提案权制度有利于实现公司民主。股东可以通过行使提案权，将自身的意见向公司的管理层表达。在股权过于分散的情况下，有利于避免管理层滥用自身在公司经营中的决定权，损害公司与股东的利益；而在股权较为集中时，也有利于打破大股东通过控制董事会以对中小股东产生强烈压制的局面，保护中小股东的合法利益，为中小股东参与公司民主治理提供便捷通道。

---

〔1〕　2023 年《公司法》第 114 条、第 115 条第 1 款。
〔2〕　李建伟主编：《公司法评注》，法律出版社 2024 年版，第 499 页。
〔3〕　刘俊海：《股份有限公司股东权的保护》，法律出版社 2004 年版，第 393 页
〔4〕　肖金峰：《上市公司股东提案权制度研究》，载《江西行政学院学报》2013 年第 4 期。
〔5〕　肖和保：《股东提案权制度：美国法的经验与中国法的完善》，载《比较法研究》2009 年第 3 期。

其次，股东提案权制度有利于推动公司信息透明化，明确管理责任。在上市公司中，股东大会召集人应当在收到临时提案后，发出补充通知，公告临时提案的内容。因此，无论该提案是否最终进入股东大会的表决程序中，都有利于相关信息在公司内外的交换；而该提案往往代表着股东对于管理层的质疑，这种质疑有利于管理者审视他们的政策与行动的正当性，从而督促其谨慎作为。[1]

最后，有观点认为，股东提案权制度有利于督促企业承担社会责任。虽然在制度初期，提案集中于公司内部事务，例如管理层的报酬、股利分派、反收购措施的采用等；但自 20 世纪 70 年代以来，有关公司外部事务的提案逐渐增多，涉及人权、种族歧视、环境保护以及消费者权益保护等领域，对公司和管理层的行为施加了重大影响，极大促进了公司社会责任的实现。[2]

2. 我国公司法上股东提案权规范的变迁

在我国 1993 年制定《公司法》时，并未将股东提案权纳入法律条文之中，事实上，股东提案权制度在我国法领域首次出现时，仅限于上市公司的范围。

1994 年国务院《关于股份有限公司境外募集股份及上市的特别规定》第 21 条规定："公司召开股东大会年会，持有公司有表决权的股份 5% 以上的股东有权以书面形式向公司提出新的提案，公司应当将提案中属于股东大会职责范围内的事项，列入该次会议的议程。"随后，证监会在《上市公司章程指引（1997）》和 2000 年《上市公司股东大会规范意见》（已废止）中规定了该制度，并在 2006 年起开始施行的《上市公司股东大会规则》中保留并沿用至今。[3]

出于加强对股东利益的保护需要[4]，同时也是顺应各国公司法发展的趋势。2005 年修订《公司法》时，将股东提案权制度进行了吸收。2005 年《公司法》第 103 条第 2 款规定："单独或者合计持有公司百分之三以上股份的股东，可以在股东大会召开十日前提出临时提案并书面提交董事会；董事会应当在收到提案后二日内通知其他股东，并将该临时提案提交股东大会审议。临时提案的内容应当属于股东大会职权范围，并有明确议题和具体决议事

〔1〕 肖和保：《股东提案权制度：美国法的经验与中国法的完善》，载《比较法研究》2009 年第 3 期。
〔2〕 伍坚：《股东提案权制度：美国的立法与启示》，载《证券市场导报》2012 年第 1 期。
〔3〕 《上市公司股东大会规则》（2022 年修订）第 13 条、第 14 条。
〔4〕 安建主编：《中华人民共和国公司法释义》，法律出版社 2005 年版，第 151 页。

项。"可以看出，我国公司法在吸收该项制度时，较之上市公司的相关规定，进行了调整，将股东持股比例由上市公司中的 5% 下降至 3%。至此，直至 2023 年《公司法》修订前，立法机关对于股份有限公司的股东提案权再未进行过调整。

2023 年《公司法》对于股东提案权制度进行了两处实质性修改；[1] 其一，将股东提案的股权比例从单独或合计持有公司 3% 以上股份降低为 1% 以上，且规定公司不得提高持股比例要求；其二，新增了临时提案应当符合法律、行政法规和公司章程的要求。

总结而言，股东通过临时提案的权利将意见传递至股东会的平台，能够间接地参与公司的经营决策，强化了股东会对于经营者的监督制衡作用，有利于最终实现各方利益的平衡，形成良好的公司治理结构。[2]

3. 公司章程调整股东提案权持股限制的制度空间

对于公司章程调整股东提案权持股限制的空间，主要有如下要点：不得提高持股比例的要求，可以降低持股比例的要求，不得增加关于股东持股期限的限制。

3.1 禁止提高持股比例

根据 2023 年《公司法》第 115 条第 2 款之规范文本，公司不得提高提出临时提案股东的持股比例。而从保护股东权益的立法意旨来看，本条为强制性规范，即无论在何种情况下，公司均不能在章程及各种形式的公司决议中规定比 1% 的股份更高的持股比例。

3.2 可以降低持股比例

正如上述所言，本条之目的在于强化股东权益保护，而持股比例的下调，更是加强了对于中小股东的照顾。降低持股比例并不会损害股东的权益，反而使得该公司有更多数量的股东拥有提案的权利，能够鼓励股东更加积极地参与公司治理。而事实上，对于股东同样重要的知情权，在其行权条件一款中，2023 年《公司法》采取了如此表述，"公司章程对持股比例有较低规定的，从其规定"[3]。从体系解释的角度来看，法律规范不应当对立法目的具有统一性的两种制度作出相反的处理，否则会导致解释上的矛盾。因此，在股东提案权上，如果公司章程选择进一步降低该持股比例，并不违反法律规

---

[1]　2023 年《公司法》第 115 条第 2 款。

[2]　伏军：《公司投票代理权法律制度研究》，北京大学出版社 2005 年版，第 151 页。

[3]　2023 年《公司法》第 110 条第 2 款。

定，应当有效。至于立法机关为何并未明确表述，盖因此乃应有之义，无需多费笔墨导致规范文本过于繁琐冗余。

3.3 不得限制股东持股期限

对于股东提案权制度，观诸域外法，例如美国、日本、韩国等国家，为防止提案权被竞争对手所利用，通过恶意收购等方式提出干扰性提案，扰乱股东会正常运行，往往会选择在立法中规定1年或者6个月不等的持股期间要求。[1]

在我国商法领域，无论是2023年《公司法》，抑或《上市公司股东会规则》，均未对股东的最低持续持股期间作出规定。因此，面临的问题就是，公司能否在章程中作出规定，要求股东行使提案权必须满足一定的持股期限呢？

该问题的答案是不能。无论是在法条沿革中，立法机关有意放宽股东提案权之行使条件，以加强对于少数股东的保护力度的倾向，还是在法律条文中，明文禁止公司提高提出临时提案的股东的持股比例，防止股东权利被公司缩减甚至变相剥夺的规定，均能看出立法机关对于公司不当限制股东权利的行为予以否定性评价的态度。而设立持股期限，无疑会提高股东行使临时提案权的门槛，正与立法机关的倾向背道而驰。因此，于公司章程中增加持股期限的限制，应当属于无效条款。

在司法实践中，人民法院在中证中小投资者服务中心有限责任公司（以下简称投服中心）与上海海利生物技术股份有限公司（以下简称海利生物）决议效力确认纠纷一案中的观点也与我们的观点相一致。2017年4月17日，作为海利生物的普通股股东，投服中心向海利生物发出《股东质询建议函》，就海利生物公司章程第82条第2款第1项中对单独或合计持股3%以上股东的董事提名权增加"持股90日以上"的条件提出质询，认为该条款涉嫌侵害中小投资者的合法权益，不合理地限制了股东对董事的提名权，违反了我国公司法及相关规定，建议取消此限制类条款。2017年4月24日，海利生物回复认为，公司章程相关条款并未违反公司法的规定。2017年6月26日，投服中心以海利生物公司章程相关条款限制股东董事提名权，涉嫌违反公司法有关规定向上海市奉贤区人民法院提起诉讼并获法院受理。在该案中，法院的态度十分明确，认为根据公司法规定，只要具有公司股东身份，就有选择包括非独立董事候选人在内的管理者的权利，在权利的行使上并未附加任何限制条件，被告海利生物在有关公司章程中设定"连续90天以上"的条件，违

---

〔1〕 李建伟主编：《公司法评注》，法律出版社2024年版，第503页。

反了公司法的相关规定，限制了部分股东就非独立董事候选人提出临时提案的权利，相关条款内容应认定为无效。[1]股东对于董事的提名权本就属于股东提案权的一种表现形式，只不过内容较一般的提案更为特殊。因此，该案具有一定的参考价值。

问题 131 ○ **对于股份有限公司股东的提案，董事会是否有审核、修改、拆分、合并、排除的权力？**

股东提案权有其积极意义，但是，滥用股东提案权将会扰乱公司股东会秩序，甚至影响公司的正常经营。长期以来，对于董事是否能够审查股东的临时提案，存在较大的争议。2023 年《公司法》明确赋予了董事会对于股东临时提案之审查的权力，但是针对董事会对于股份有限公司股东提案之审查权范围，仍有待明晰。

1. 董事会临时提案审查权的现实争议

自 2005 年《公司法》引入股东提案权制度以来，董事会是否有权审查股东临时提案的争议也伴随而来。有学者认为，应该赋予董事会对临时提案的审查权；[2]也有学者认为，应借鉴美国法，规定对股东提案的排除理由；[3]还有观点认为，不符合条件的股东提案，公司董事会有权不提交股东大会审议。[4]也有相反观点认为，董事会无权审核、过滤股东的提案，必须无条件地将股东提案提交股东大会审议。[5]

与此同时，实践中有大量的实证案例显示，股东提案权的行使常常伴随着公司控制权的争夺纠纷，例如著名的"广西慧球案"。2017 年 1 月，广西慧金科技股份有限公司（以下简称 ST 慧球）的一份股东大会议案公告被上海证券交易所拦截，在上海证券交易所下发监管函的过程中，相关内容为公众所知，包括"1001 项议案"。其中，大量议案不符合《上市公司股东大会规则》的规定。之所以产生上述乱象，正是由于 ST 慧球当时正处于公司控制权的争夺之中：ST 慧球事件发生时，信息披露中的实际控制人因所持股权比例

---

〔1〕 上海市奉贤区人民法院（2017）沪 0120 民初 13112 号民事判决书。

〔2〕 徐浩：《董事会对于股东提案的审查权探讨》，载《安徽大学学报（哲学社会科学版）》2012 年第 2 期。

〔3〕 肖和保：《股东提案权制度：美国法的经验与中国法的完善》，载《比较法研究》2009 年第 3 期。

〔4〕 桂敏杰、安建主编：《新公司法条文解析》，人民法院出版社 2006 年版，第 244 页。

〔5〕 刘俊海：《新公司法的制度创新》，法律出版社 2006 年版，第 371 页。

极低，争夺失败而败走；ST 慧球实际控制人控制了公司的董事会，却无法低价拿到股份；瑞莱嘉誉时为 ST 慧球的第一大股东，意图通过临时股东大会改组董事会。多方势力用尽手段，争夺公司控制权。正如上海证券交易所屡次通报所称，ST 慧球"信息披露和内部治理的混乱状态不但没有改善，反而愈演愈烈。少数人操纵董事会肆意违规，相关董事违背了最基本的忠实和勤勉义务，丧失了基本的职业操守，突破了守法底线，对公司信息披露和内部治理的混乱状态负有不可推卸的责任"。

2. 董事会临时提案审查权的规范变迁

2023 年《公司法》第 115 条第 2 款规定："单独或者合计持有公司百分之一以上股份的股东，可以在股东会会议召开十日前提出临时提案并书面提交董事会。临时提案应当有明确议题和具体决议事项。董事会应当在收到提案后二日内通知其他股东，并将该临时提案提交股东会审议；但临时提案违反法律、行政法规或者公司章程的规定，或者不属于股东会职权范围的除外。公司不得提高提出临时提案股东的持股比例。"

上述规定是我国公司法首次明确股东提案适格的实质性条件。然而，早在 2006 年，证监会首次发布的《上市公司股东大会规则》中，便已明确规定"提案的内容应当属于股东大会职权范围，有明确议题和具体决议事项，并且符合法律、行政法规和公司章程的有关规定"，该条款直至 2022 年修订时，也并未发生变更。[1]因此，可以说 2023 年《公司法》之修订，实乃吸收 2022 年《上市公司股东大会规则》中关于提案权排除事由的规定，以作为董事会审查、排除的标准。

由于股东会本身只对是否通过提案进行表决，而不涉及对于提案内容的审查与核实。因此，赋予董事会以审查股东提案的权力，亦成为对股东滥权的制衡之举，也有利于保证公司股东会的议案质量。同时，董事会审查并提交股东之临时提案，不仅是一项权力，也应是一项尽职义务，作为对于股东临时提案权之保障。[2]

3. 董事会临时提案审查权的行使规则

虽然 2023 年《公司法》赋予董事会对股东临时提案的审查权，但其审查权具有明确的限制，仅能在限定的范围中行使。在 2023 年《公司法》修订过程

---

〔1〕 参见 2022 年《上市公司股东大会规则》第 13 条。
〔2〕 梁上上、〔日〕加藤贵仁、朱大明：《中日股东提案权的剖析与借鉴——一种精细化比较的尝试》，载《清华法学》2019 年第 2 期。

中，有意见建议赋予董事会以全面审查临时提案合理性的权力，但并未得到采纳。[1]

3.1 临时提案审查权的行使主体

2023 年《公司法》第 115 条第 2 款进行表述时，将审查权主体限制于董事会中；而《上市公司股东会规则》第 15 条，则将审查权赋予召集人。事实上，在我国公司法中，股东会的召集程序还包括如下两种：第一，董事会不能履行或者不履行召集股东会会议职责的，监事会应当主持和召集股东会；第二，监事会不召集和主持的，连续 90 日以上单独或者合计持有公司 10% 以上股份的股东可以自行召集和主持。

在上述两种情形中，董事会往往已经陷入了无力运转或消极履职的状态之中，此时，如果仍将审查权赋予该董事会，无异于将股东的临时提案置于泥沼，难得回应。最高人民法院认为，人民法院在审理过程中应当采取体系解释的方法，结合 2023 年《公司法》第 114 条之规定，审慎把握通知和提交股东会审议的义务主体。[2]本书认为，在由监事会召集和主持股东会的情况下，审查权应当由监事会行使；在股东自行召集股东会的情况下，则无需对临时提案进行审查。

3.2 形式审查的范围

（1）提案是否有明确议题和具体决议事项

提案的内容不能过于空洞或者不包含可以实施的内容，如仅提出公司内部经营存在重大漏洞，应当补足，而不提出具体策略；提案仅具有标题而不具有决议事项的，也不符合要求。

（2）程序是否合法

具体包括以下事项：其一，提案权主体是否适格，应为单独或者合计持有公司 1% 以上股份的股东。其二，提出临时提案的时间应为股东会会议召开 10 日前。其三，临时提案应当以书面的形式提交，而非其他形式。电子邮件等数据电文属于书面形式。

3.3 实质审查的范围

（1）是否属于股东会的职权范围

关于股东会的职权范围，可以参照 2023 年《公司法》第 59 条第 1 款、

---

〔1〕　刘斌编著：《新公司法注释全书》，中国法制出版社 2024 年版，第 461 页。

〔2〕　最高人民法院民事审判第二庭编著：《中华人民共和国公司法理解与适用（上）》，人民法院出版社 2024 年版，第 527 页。

第 2 款之规定，包含以下内容：选举和更换董事、监事，决定有关董事、监事的报酬事项；审议批准董事会的报告；审议批准监事会的报告；审议批准公司的利润分配方案和弥补亏损方案；对公司增加或者减少注册资本作出决议；对发行公司债券作出决议；对公司合并、分立、解散、清算或者变更公司形式作出决议；修改公司章程；公司章程规定的其他职权；股东会可以授权董事会对发行公司债券作出决议。

值得说明的是，关于我国股东会之职权，2023 年《公司法》仍采"列举+章程规定"的模式，董事会亦采取类似模式。然而，不完全性乃是法律、章程、契约的本质属性，无论法律法规，抑或公司章程都很难事先对公司的所有事务作出尽善尽美的规定，在过往的上市公司实践中，关于某项提案的事项是否属于股东会的职权范围，亦产生过众多纠纷。出于股东提案权制度目的之考量，本书认为，在提案内容未明确落入董事会之法定或章程规定职权、经理之授权职权范围的情形下，对于提案内容不属于股东会职权的排除事由，应当审慎适用或不予适用。

（2）是否违反法律、行政法规或者公司章程的规定

股东临时提案的内容不得违反法律、行政法规的规定，如果违法违规，将会导致股东会相关决议产生效力瑕疵。例如，提案内容不能违反法律的强制性规定，要求进行违法分红等。此外，值得说明的是，审查范围应当仅限于是否违反法律法规或者公司章程的规定，至于该议案的可实现性、可操作性、盈利可能性、商业价值性等可以进行主观上的商业判断的标准与理由，均不包含在内。

（3）股东可以以临时提案提出任免董事、监事

从《公司法（修订草案一审稿）》至《公司法（修订草案三审稿）》，均有对于选举、解任董事、监事不得在临时提案中提出的规定，然而最终通过的 2023 年《公司法》却删除了上述表述。通过立法机关的转向选择，可以明确的是，在公司章程没有相反规定的情况下，股东可以以临时提案的方式提出选举或解任董事、监事的事项。

3.4 提案的合并、拆分与修改

我国公司法中，董事会的临时提案审查权是通过列明临时提案的适格要求，并将董事会作为通知、向股东会提交临时提案的权责主体的方式进行规定的，而并非明确表示董事会应当，或有权对股东提案进行审查。因此，立法机关对于董事会的审查权的行使仍处于较为审慎的立场。基于如上考量，在未出现法律法规明确授权允许上述改动的情况下，本书认为，董事会无权对提案进行合并与拆分，更无权对提案内容进行实质性变更。

4. 股东权利救济路径

股东提案被董事会不当地审查排除后，有如下四种救济路径。

第一，如果该股东之最终目的在于实现提案进入股东会进行审议表决，则可以根据 2023 年《公司法》第 114 条第 2 款、第 3 款之规定，申请监事会主持召开股东会或者自行召开股东会。然而该种方式，对于股东持股数量及持续持股时间具有一定的限制，履行难度较大。

第二，如果股东因提案被董事会不当排除而遭受损失，可以依据 2023 年《公司法》第 190 条之规定，"董事、高级管理人员违反法律、行政法规或者公司章程的规定，损害股东利益的，股东可以向人民法院提起诉讼"，向人民法院提起诉讼，请求有责董事予以赔偿，至少有可能实现损害填平的效果。

第三，股东可以依据 2023 年《公司法》第 26 条第 1 款之规定，公司股东会、董事会的会议召集程序、表决方式违反法律、行政法规或者公司章程，或者决议内容违反公司章程的，股东自决议作出之日起六十日内，可以请求人民法院撤销，即以不当排除属于股东会召集程序违反法律，存在程序瑕疵为由，向人民法院提起股东会决议撤销之诉。[1]然而该种情形的诉讼难度大、耗费时间长、救济成本较高；且自救济效果来看，不仅股东并未实现其提案之目的，动辄撤销股东会之决议，也并不利于实现公司治理之稳定，似乎形式价值远高于实际意义。然而最高人民法院也认同了可以通过决议撤销之诉以维护自身合法权益，并指出，法院在审理时应当审查临时提案和股东会决议内容的关联程度。[2]

第四，学界有观点认为，董事会不当排除股东提案属董事会决议的实体瑕疵，而非股东会议的召集程序瑕疵，可以通过董事会决议无效之诉救济。[3]如果拒绝提案的审核结论是以董事会决议形式作出，是董事会决议内容违法而非股东大会召集程序有瑕疵，若股东认为董事会对提案的审核或修改不合法、不合理或违背股东原意，侵害其提案权，应诉请确认董事会决议无效。该学者亦承认此救济途径成本高、效率低，并非长久之计。[4]提起董事会决议无效之诉的确是股东权利被侵害的一条可行救济路径，但维权效率较低。

---

〔1〕 马黎：《公司治理的司法介入 从股东应然治理权救济的视角》，载《法律适用》2008 年第 C1 期。

〔2〕 最高人民法院民事审判第二庭编著：《中华人民共和国公司法理解与适用（上）》，人民法院出版社 2024 年版，第 529 页。

〔3〕 高达：《我国股东提案审核制度的再建》，载《社会科学家》2022 年第 3 期。

〔4〕 徐浩：《董事会对于股东提案的审查权探讨》，载《安徽大学学报（哲学社会科学版）》2012 年第 2 期。

5. 董事会临时提案审查权的域外参考

事实上，我国公司法规定的提案权排除事由，属于概括式的事由，反而可能会导致董事会临时提案审查权的滥用。制定清晰详尽的股东提案排除事由，有助于提高董事会审查临时提案的客观性，避免董事会滥用审查权，但相关规则仍有待相关机关予以明晰。

美国证券法作为股东代表权之滥觞，其排除事由具有相当的研究价值，典型情形包括：①根据公司所在地法律，不属于股东决议的适当议题；②公司如果执行提案，将违反州法、联邦法或相关外国法律；③提案的内容或请求支持的理由违反 SEC 制定的委托书规则者；④提案涉及个人恩怨或特别利益；⑤相关性：如果提案涉及的营业低于上一会计年度公司总资产的 5%，并低于净利润与销售总额的 5%，且与公司营业无重大关系；⑥提案事项非公司权限所能执行；⑦提案系关于公司一般营业事务；⑧提案涉及董事会或类似机构的选举事务[1]；⑨提案与公司将提交给同次股东大会的提案相冲突，公司可将其排除；⑩实质上已实施；⑪提案事项与其他股东的提案实质上重复，且公司已计划将其他股东的提案列入委托书征求材料中；⑫实质上相同的提案在过去 5 年内曾经被提出，其提出于一次会议，经表决后赞成票低于 3%的；或提出于 2 次会议，经表决后赞成票低于 6%的；或提出于 3 次会议，经表决后赞成票低于 10%的，公司可在该提案最近提出的 3 年内排除与其相同的提案；⑬提案事项涉及特定数额的现金股利或股票股利的。[2]

问题 132 ▷ 股东是否可以委托律师、会计师、亲朋好友等参加股东会？

实践中，随着公司规模的增大，股东人数增加，居住地可能分散于各地，参加股东会的成本较高，股东的出席意愿未必强烈；同时，股东也可能出于健康、交通、时间等原因无法亲自出席股东会。此时，如果不允许其委托代理人代理其参加股东会，会导致公司决策的民主程度下降，也并不利于股东表决权的平等行使。

根据 2023 年《公司法》第 118 条之规定，"股东委托代理人出席股东会会议的，应当明确代理人代理的事项、权限和期限；代理人应当向公司提交股东授权委托书，并在授权范围内行使表决权"，股东可以委托代理人出席股

---

[1] 该项已于前文叙明，应当属于我国公司法上允许股东提案之事项。

[2] 伍坚：《股东提案权制度：美国的立法与启示》，载《证券市场导报》2012 年第 1 期。

东会会议，该种制度称为股东表决权代理制度。根据该规定，股东可以委托律师、会计师、亲朋好友等参加股东会。

1. 代理人的范围与数量

针对代理人资格的问题，我国公司法未对代理人的资格作出限制性规定。因此，股东的代理人可以是本人以外的任何拥有（完全）民事行为能力人，包括自然人、法人甚至非法人组织，而不限于本公司股东，也不考虑其是否为公司的董事、监事、高级管理人员。但是，公司本身不得代理行使股东的表决权。[1] 因此，问题中所提到的律师、会计师、亲朋好友等均可以被股东委托代为参加股东会。然而，如果公司章程中约定，股东的代理人以本公司股东为限，法律对此约定的效力应当予以肯定。[2]

针对代理人人数的问题，有如下两点值得讨论。

第一，一名股东可以委托多个代理人吗？对于该问题，我国公司法并未予以明确规定。《德国股份公司法》明确规定只可以委托一人。[3] 而我国学界存在不同观点，主流观点认为，代理人的人数可以是一人，也可以是数人。[4] 代理人为数人时，为共同代理，由代理人统一行使表决权；如果表决权为不统一行使时，则可以分开行使，各自代理一部分。[5]

第二，一名代理人可以代理多个股东吗？对于该问题，我国公司法也并未明确规定。然而自代理理论观之，似乎并无不可。上述所列比较法也并未限制代理人的可代理人数。事实上，最高人民法院对该问题的答案似乎也持积极态度，即一名代理人可以代理多个股东。其认为，股东表决权代理制度为中小股东的保护提供了新的路径，中小股东可以通过表决权代理制度将表决权集中起来，从而在决策中发挥更大的影响力，无论是在具体的商业决策中，还是选择代表中小股东利益的董事。[6]

2. 表决权代理需办理委托手续

股东委托代理人出席股东会会议的，应当向代理人出具授权委托书。

---

〔1〕　曹守晔主编：《公司法修改条文理解与适用》，法律出版社 2024 年版，第 365 页。

〔2〕　最高人民法院民事审判第二庭编著：《中华人民共和国公司法理解与适用（上）》，人民法院出版社 2024 年版，第 541 页。

〔3〕　《德国股份公司法》第 134 条规定，表决权也可以由一名全权代表来行使。授予全权必须而且只需采用书面形式。全权证书应向公司呈交，并由公司留存。

〔4〕　曹守晔主编：《公司法修改条文理解与适用》，法律出版社 2024 年版，第 365 页。

〔5〕　施天涛：《公司法论》，法律出版社 2025 年版，第 305 页。

〔6〕　最高人民法院民事审判第二庭编著：《中华人民共和国公司法理解与适用（上）》，人民法院出版社 2024 年版，第 539 页。

2023 年《公司法》修订新增了委托书所应当载明的事项，包括代理人代理的事项、权限和期限。当然，委托书中还应当载明委托人和代理人的姓名，所参加的股东会，并由委托人在委托书上签名或者盖章。进行上述修改，一方面与《民法典》中委托代理书面形式的规定[1]相符，另一方面，也是考虑到公司决议本身具有复杂性，代理权瑕疵会导致股东会决议效力瑕疵，对决议稳定性与公司治理效率均会产生负面影响。无行为能力的股东，或者法人股东的法定代表人，基于法定代理权而行使表决权时，无须出具委托书。[2]根据 2023 年《公司法》第 118 条规定，授权委托书限于书面，口头、电话等委托方式均为无效委托；其中，电子邮件等数据电文视为书面形式。[3]

股东的委托代理人出席股东会，应当在其授权范围内行使表决权，进行投票。如果代理人超出授权范围行使表决权的，该行为无效，公司应拒绝其投票或将其投票计为废票。代理人违背委托人的指示，但是并未超过其授权范围的，表决行为对公司有效。[4]对委托人造成损失的，代理人向委托人承担违约责任。

3. 股东表决权代理的域外立法

在世界各个国家或地区的公司法中，股东表决权代理制度为通行立法例。例如，《美国示范公司法》第 7.22（a）条规定，"股东可以亲自投票或者委托代理人投票"。《英国 2006 年公司法》第 324 条规定，"公司成员有权任命其他人作为其代理人，行使该成员全部或任何参加并在公司会议上发言以及表决的权利"。《德国股份公司法》第 134 条规定："表决权也可以由一名全权代表来行使。授予全权必须而且只需采用书面形式。全权证书应向公司呈交，并由公司留存"。《日本公司法》第 310 条第 1 款规定，"股东，可通过代理人行使其表决权。此时，该股东或代理人需向股份公司提交证明代理权的书面文件"。《韩国公司法》第 368 条第 2 款规定，"股东可以委托代理人行使其表决权。在这种情况下，该代理人应当向大会提出证明代理权的书面文件。"观诸比较法，对于代理人身份予以限制的国家或地区较为少见，至少在上述所列举国家中，并未存在相关规定。

---

〔1〕《民法典》第 165 条规定："委托代理授权采用书面形式的，授权委托书应当载明代理人的姓名或者名称、代理事项、权限和期限，并由被代理人签名或者盖章。"

〔2〕 王瑞贺主编：《中华人民共和国公司法释义》，法律出版社 2024 年版，第 167 页。

〔3〕《民法典》第 469 条规定，当事人订立合同，可以采用书面形式、口头形式或者其他形式。书面形式是合同书、信件、电报、电传、传真等可以有形地表现所载内容的形式。以电子数据交换、电子邮件等方式能够有形地表现所载内容，并可以随时调取查用的数据电文，视为书面形式。

〔4〕 李建伟主编：《公司法评注》，法律出版社 2024 年版，第 516 页。

问题133 ◎ **对于董事会决议持异议的董事，需要满足什么要求才能免责？**

根据2023年《公司法》第125条第2款之规定，董事应当对董事会的决议承担责任。董事会的决议违反法律、行政法规或者公司章程、股东会决议，给公司造成严重损失的，参与决议的董事对公司负赔偿责任；经证明在表决时曾表明异议并记载于会议记录的，该董事可以免除责任。该款是董事责任异议免责条款的具体规定。

根据该规定，董事异议免责的条件包括两项，一是在表决时表明异议；二是记载于会议记录。二者缺一不可。具体而言，应当符合如下条件：

第一，该董事在表决时表明异议，要求在投票时明确投反对票，或对决议违反法律法规、公司章程或股东会决议的部分明确表示反对。若仅为会议过程中口头表示反对，在决议时投赞成票，即使有证人证言、录音等证据辅以证明，也不应当视该异议为有效异议。在上市公司独立董事的证券市场虚假陈述侵权民事赔偿责任中，对于独立董事是否具有过错，亦采取如此判断标准。[1]有观点认为，考虑到董事会决议需要全体董事过半数才能通过，因此，不出席、投弃权票和投反对票都一样具有阻止议案通过的效果，因此，董事投弃权票也应当符合该情形。[2]实践中，证监会多数情况下认为弃权票可以减轻法律责任，而不能免除法律责任。[3]本书认为，董事投弃权票，对决议的通过并无促进作用，应当予以免责。

第二，董事所表明的异议被记载于董事会会议记录之中。董事会应当将所议事项的决定作成会议记录，并由出席董事在记录上签名，此为董事会会议中决议作出的最权威书证；董事的异议表示应当已被记载于会议记录中，且董事在会议记录上签名，则异议有效，董事可免除相应责任。[4]针对会议记录的形式，既可以是纸质的会议记录，也可以是电子的会议记录。关于电子通信会议记录的详细内容，请参见本书问题10、问题11的回答。

---

〔1〕《最高人民法院关于审理证券市场虚假陈述侵权民事赔偿案件的若干规定》第16条第1款规定："……（三）在独立意见中对虚假陈述事项发表保留意见、反对意见或者无法表示意见并说明具体理由的，但在审议、审核相关文件时投赞成票的除外；……"

〔2〕李建伟主编：《公司法评注》，法律出版社2024年版，第541页。

〔3〕《不能一味去追责——对董事责任，立法上激励和监督要兼容》中楼秋然之观点，载微信公众号"商法李建伟"，发布日期：2024年7月17日。

〔4〕最高人民法院民事审判第二庭编著：《中华人民共和国公司法理解与适用（上）》，人民法院出版社2024年版，第571页。

问题 134 ▶ 金融机构是否必须废除监事会？

2023 年《公司法》第 121 条第 1 款规定，"股份有限公司可以按照公司章程的规定在董事会中设置由董事组成的审计委员会，行使本法规定的监事会的职权，不设监事会或者监事"，该条为 2023 年《公司法》修订的重要新增条款，是股份有限公司单层制改革的基础性条款。就其改革动因，大抵有以下三点：其一，就国企改革而言，外派监事会制度的改革是本轮公司治理架构改革的基点；其二，便利公司治理架构与国际接轨，包括中国公司"走出去"和外国公司"走进来"；其三，允许公司自主选择监督机构，改善内部监督效能。[1]

在 2023 年《公司法》中，有限责任公司与股份有限公司均可以选择设立审计委员会，然而，实践中出于公司所处行业、上市与否等因素，存在大量不同的监管规则。其中，关于金融机构，国家金融监督管理总局出台如下文件。

2024 年 12 月 17 日，国家金融监督管理总局《衔接通知》指出：金融机构可以按照公司章程规定，在董事会中设置由董事组成的审计委员会，行使公司法和监管制度规定的监事会职权，不设监事会或者监事。根据上述文件之表述，金融机构可以选择性地设置审计委员会，而并不必须废除监事会。由此可见，采取选择制也是国家金融监督管理总局在该问题上的立场，金融机构可自主选择治理模式，这一点与 2023 年《公司法》保持了一致，值得肯定。

因此，金融机构并不必须废除监事会，可以自行选择设立监事会或者审计委员会。对于公司机构的选择模式，只能为二选一，不能同时设置行使监事会职权的审计委员会和监事会。如果金融机构选择废除监事会，那么审计委员会必须改采公司法上全面履行监督权的设置模式，对现有的审计委员会的机构职权进行充分、完整地调整与改革。

从实践来看，在公司法允许选择性设置监督机构之后，多数金融机构选择废除监事会。例如，2025 年 4 月 29 日，中国金融业迎来历史性时刻：工行、农行、中行、建行、交行五大国有银行，以及招商银行、华夏银行同日发布公告，宣布将撤销或不再设立监事会。这场涉及数万亿元资产的治理架构变革，标志着运行 30 年的"三会一层"（股东大会、董事会、监事会、管理层）模式被彻底打破。

---

[1] 刘斌：《新公司法引入审计委员会制度的底层逻辑》，载《董事会》2024 年第 9 期。

问题 135 ▷ 上市公司是否必须废除监事会？

基于不同的公司类型、不同的行业性质，我国存在大量的监管规定。如前所述，金融机构并非必须废除监事会。那么，同样具有特殊性的上市公司，是否必须废除监事会？

1. 上市公司的强制性单层制改革

2024 年 7 月 1 日，国务院发布了《注册资本登记管理规定》，其中第 12 条规定："上市公司依照公司法和国务院规定，在公司章程中规定在董事会中设置审计委员会，并载明审计委员会的组成、职权等事项。"在上述规定中，国务院并未采用"可以"或是"应当"的表述，也仅仅表明上市公司设置审计委员会这一观点，对于是否强制要求废除监事会并未明确表示态度。

2024 年 12 月，证监会发布了《过渡期安排》，并在其中指出，对于申请首发上市的企业，"仍设有监事会或监事的，应当制订公司内部监督机构调整计划，确保于上市前根据《公司法》《实施规定》的规定，在公司章程中规定在董事会中设审计委员会，行使《公司法》规定的监事会的职权，不设监事会或者监事。企业上市前完成公司内部监督机构调整的，审计委员会应当承接监事会职权，并按照相关规定对发行上市申请文件进行审核、重新出具书面意见。中介机构应当按规定对审计委员会成员的任职资格、履职情况等进行核查，并对调整完成情况、调整前后的内控规范性和公司治理结构有效性发表明确意见。申报企业应当在最近一次更新披露招股说明书时，对'发行人基本情况'等部分的相应内容进行调整"；对于上市公司，"上市公司应当在 2026 年 1 月 1 日前，按照《公司法》《实施规定》及证监会配套制度规则等规定，在公司章程中规定在董事会中设审计委员会，行使《公司法》规定的监事会的职权，不设监事会或者监事。上市公司调整公司内部监督机构设置前，监事会或者监事应当继续遵守证监会原有制度规则中关于监事会或者监事的规定"。根据上述证监会文件，上市公司应当强制性地采取单层制的治理结构。

2. 2023 年《公司法》第 121 条应有之义

2023 年《公司法》第 121 条第 1 款规定，股份有限公司在组织架构的选择上，可以选择设置监事会，也可以选择设置审计委员会，并由审计委员会行使本法规定的监事会职权。在选择模式上只能为二选一，不能同时设置行使监事会职权的审计委员会和监事会。

2023 年《公司法》第 137 条规定："上市公司在董事会中设置审计委员会的，董事会对下列事项作出决议前应当经审计委员会全体成员过半数通过：（一）聘用、解聘承办公司审计业务的会计师事务所；（二）聘任、解聘财务负责人；（三）披露财务会计报告；（四）国务院证券监督管理机构规定的其他事项。"同时，《上市公司治理准则》第 39 条第 1 款规定："上市公司董事会应当设立审计委员会，并可以根据需要设立战略、提名、薪酬与考核等相关专门委员会。专门委员会对董事会负责，依照公司章程和董事会授权履行职责，专门委员会的提案应当提交董事会审议决定。"有学者认为，结合前文所述，二者只能二选一，在已明确规定上市公司董事会应当设立审计委员会的情况下，要求其必须废除监事会似乎顺理成章。

但需要注意的是，2023 年《公司法》第 121 条所规定的审计委员会，实际上是全面行使监督权的监督委员会或者监察委员会，其不同于我国当前上市公司中设置的审计委员会。上市公司的审计委员会主要负责财务会计、内部控制的监督，并不全面行使监督职权。在该问题上，要避免望文生义，误将狭义的审计委员会与本条全面行使监督职权的审计委员会同等视之。因此，如果公司设置的审计委员会，并不行使本法规定的监事会职权，则其仍然可以与监事会同时设置。

综上所述，本书仍坚持认为，上市公司对于 2023 年《公司法》第 121 条之规定可以选择性适用，而不必然废除监事会。证监会作为监管部门，并不享有干涉公司治理自主选择的权力。

问题 136 ▶ 为什么禁止上市公司控股子公司持有母公司股份？

2023 年《公司法》第 141 条规定："上市公司控股子公司不得取得该上市公司的股份。上市公司控股子公司因公司合并、质权行使等原因持有上市公司股份的，不得行使所持股份对应的表决权，并应当及时处分相关上市公司股份。"这并非相关规定在我国各项规范性文件或行业自治规章中第一次出现，我国各证券交易所在其制定的股票上市交易规则中均明确规定，上市公司控股子公司不得取得该上市公司发行的股份。然而，直到 2023 年《公司法》修订，法律方才一改原《公司法》的暧昧态度，予以直接回应，即上市公司控股子公司禁止持有母公司股份。

1. 交叉持股的法律含义

交叉持股，是指两个或两个以上的公司之间相互持有对方公司的股份。按照交叉持股的公司之间是否存在控制关系，可以分为纵向交叉持股和横向交叉持股。如果交叉持股的公司之间存在控制关系，则属于纵向交叉持股，横向交叉持股则相反。本条规定的上市公司与其控股子公司之间的交叉持股即属于纵向交叉持股。按照公司之间交叉持股的方式，可分为直接交叉持股和间接交叉持股。直接交叉持股是指相互持股的公司之间不存在第三方公司，互相之间是其他公司的股东。间接交叉持股是指通过第三方公司进行的交叉持股。如甲公司持有乙公司80%的股份，乙公司持有丙公司70%的股份，丙公司又持有甲公司20%的股份。相较于直接交叉持股，间接交叉持股更为隐蔽，治理难度更大。

交叉持股之所以会出现，是有其商业合理性的。交叉持股可以降低相互持股公司之间的交易成本，实现互惠互利和风险共担。在公司治理上，交叉持股可以稳定公司的控制权，由于被控股的子公司不得行使表决权，相当于降低了其他股东控制公司所需的股权比例。在资本市场上，交叉持股可以促进公司的长期投资，抵御外来投资者的恶意收购。

但是，交叉持股也存在消极价值，比如危害公司的资本维持原则，损害债权人的利益。在资本市场上，也可能因交叉持股导致利益输送，进而损害中小投资者的合法权益。

2. 2023年《公司法》禁止上市公司纵向交叉持股的原因

2023年《公司法》最终选择禁止上市公司控股子公司取得该上市公司的股份，主要是因为上市公司的纵向交叉持股不仅对公司资本存在极大的潜在危害，也会扭曲公司的正常估值，导致公司的股权结构不清晰，影响公司、中小股东甚至债权人的合法利益。同时，也会限制证券市场的公平竞争，破坏证券供需平衡与市场定价原则，扰乱证券市场的正常运作秩序。具体而言，包括如下几个部分。

第一，损害资本的真实性与充实性。上市公司在与控股子公司交叉持股的情况下，公司向控股子公司注入的资本金，又重新以出资的形式流回到公司，公司与控股子公司的股本仅在名义上增加，但背后缺乏真实资金的支撑，导致相应股本虚置，出资责任在母公司和控股子公司之间无尽循环[1]，导致注册资本被虚增、空置。体现在会计数据中，即存在重复计算资本风险，若子公司持有母公司股份，同一笔资本可能在母子公司资产负债表中被重复计算，导致整体资本规模虚增，误导投资者对真实财务状况的判断；同时，财务报表透明度下降，交叉持股可能掩盖实际债务或资产质量，使财务数据失

---

[1] 王瑞贺主编：《中华人民共和国公司法释义》，法律出版社2024年版，第210页。

去可比性，影响市场定价效率。同时，存在上市公司股东利用控股子公司收购自身所持股份，实际上则是变相将公司投入子公司的资产和资金据为己有，实现抽逃出资的目的，损害了公司的资本充实。

第二，损害上市公司的独立性。倘若上市公司的子公司成为母公司的控股实体，在反向持股的情况下可能通过投票权干预上市公司经营决策，甚至控制上市母公司，形成"下级控制上级"的局面，造成不当控制，破坏公司治理层级，同时也破坏了上市公司的独立性与自主性。

第三，损害股东权益公平性。[1]上市公司与其控股子公司交叉持股容易导致控制权过度集中，控股股东与实际控制人可能利用结构复杂性侵害中小股东利益，借助虚增股本，无须额外投入资金就可以降低中小股东的持股比例，变相稀释中小股东享有的表决权和其他权益。

第四，具有操纵股价与诱发内幕交易的风险。上市公司与其控股子公司可通过互相买卖股份，以循环出资的手段快速扩大资产规模，虚构业绩，人为拉高股价，[2]制造虚假市场信号，为内幕交易提供便利；同时，复杂的股权结构可能隐藏实际控制人行为，将股权结构作为利益输送工具，例如通过低价定向增发、高价回购等方式转移资产，损害公司整体利益，增加监管难度，损害市场公平性。

第五，可能降低上市公司治理效率。上市公司与控股子公司特殊的交叉持股状态难免陷入某种矛盾状态，公司治理往往存在潜在的利益冲突，例如，控股子公司的决策层可能会面临需要在上市公司与其控股子公司之间进行抉择的局面。同时，也可能导致母子公司之间的相互制约与掣肘，使得公司的决策质量与治理效率趋于低下，影响上市公司的正常经营。同时，也可能导致公司利用此种复杂的股权关系牟取不正当利益。

3. 被动型交叉持股的处理方式

2023 年《公司法》第 141 条第 1 款规定了上市公司控股子公司不得取得该上市公司的股份。根据该款规定，上市公司的控股子公司不得直接或间接地购买或持有上市公司的股份。由此可见，该款规定仅适用于纵向型交叉持股的情形。如果各公司之间不存在控股或控制关系，则不受该条规制。然而，实践过程中，可能基于种种原因，导致控股子公司不得不持有上市公司（或拟上市公司）的股份，例如，上市对赌协议即将或已经到期，采用公司定向

---

〔1〕 最高人民法院民事审判第二庭编著：《中华人民共和国公司法理解与适用（上）》，人民法院出版社 2024 年版，第 625 页。

〔2〕 王瑞贺主编：《中华人民共和国公司法释义》，法律出版社 2024 年版，第 210 页。

回购并注销的方式，需全体股东同意且履行减资等程序；而大股东或实控人通常因资金实力不足而无法履行回购义务。为解决股东矛盾、稳定公司经营管理等目的，拟上市企业可能不得已通过全资或非全资子公司筹措资金受让股份，从而形成拟上市企业与子公司交叉持股。

　　考虑到实践需要，本条第2款规定了在特殊情形下，即上市公司控股子公司因公司合并、质权行使等原因持有上市公司股份时，原则上允许该交叉持股状态的短期存在，但应遵守本条规定的特别限制，包括三项限制：一是控股子公司不得行使所持股份对应的表决权，一方面出于上市公司独立性之考量；另一方面也是避免存在大股东控制并利用董事会行使控股子公司的表决权，变相压迫中小股东。二是控股子公司持有的上市母公司股份，在上市公司进行分红时不得参与。三是控股子公司应当及时处分相关上市公司股份，该规定旨在防止长期交叉持股，维护上市公司的独立性。而针对"及时处分"的具体时间要求，目前仅存在于行业规定之中。2024年《深圳证券交易所股票上市规则》第3.4.15条规定，上市公司控股子公司不得取得该上市公司发行的股份。确因特殊原因持有股份的，应当在1年内消除该情形，在消除前，上市公司控股子公司不得对其持有的股份行使表决权。[1]因此，控股子公司应当在1年内处分相关上市公司股份。至于具有更高效力位阶的相关规范，仍有待有权主体予以制定。

---

〔1〕　北京证券交易所、上海证券交易所与深圳证券交易所相同，均采取1年处置期的规定。具体参见2024年《北京证券交易所股票上市规则（试行）》第4.1.12条，2024年《上海证券交易所股票上市规则》第3.4.15条。

第六章
股份有限公司的股份发行和转让

问题 137 ⊙ **2023 年《公司法》引入的无面额股制度，具有什么样的应用价值？**

无面额股（non par-value stock）是指股票票面仅记载其所代表的股份数量，而不记载每股的票面金额的股份。2023 年《公司法》回应实践需要，引入了无面额股制度，对我国股票面额制度作出重大革新。其中，第 142 条是针对无面额股制度的专门规定，第 1 款赋予股份有限公司择一发行面额股或无面额股的权利，第 2 款明确面额股与无面额股之间可以相互转换，第 3 款规定发行无面额股公司的注册资本处理规则。在此之外，2023 年《公司法》中的无面额股制度规范还涉及第 149 条、第 151 条、第 154 条和第 213 条，规则体系较为完整。

2018 年《公司法》第 125 条规定，股份有限公司的资本划分为股份，每一股的金额相等。该规定确立了强制性的面额股制度，股份有限公司只能发行面额股。面额股制度作为传统公司法理论中法定资本制和资本维持原则的基础性制度，一般被认为具有维护股东平等、保护债权人利益的功能。但是随着资本市场的发展，面额股制度的此种功能遭到质疑，并且限制了公司筹资的弹性和空间，致使公司资金运作僵化，逐渐无法满足实践需求。相较而言，无面额股制度具有便利公司融资和资本重组、改善公司财务状况的功能。

1. 助力公司摆脱融资困境

无面额股制度的首要优势和价值在于其能够方便公司筹集资金。[1] 2018 年《公司法》第 127 条规定："股票发行价格可以按票面金额，也可以超过票面金额，但不得低于票面金额。"票面金额是面额股发行的最低价格，公司不得折价发行。区别于面额股，无面额股不存在票面金额，公司可以根据财务状况和现实需要自行决定发行价格，享有较大的定价空间和筹资空间，不受禁止折价发行规则的限制。这对财务上处于困境的公司尤有意义。公司股票价值下跌并不一定是因为公司经营管理水平不佳，也可能是因为股市整体行情低迷等原因，规范上有必要为具有发展潜力但面临财务困境的公司提供重新融资以自救的途径，以便其东山再起。反之，如果机械地以禁止折价发行规则限制公司融

---

〔1〕 赵旭东主编：《新公司法重点热点问题解读：新旧公司法的比较分析》，法律出版社 2024 年版，第 164-165 页。

资，将剥夺跌破面值但急需资金的亏损企业融资再生的机会。[1]除此之外，限定股票发行价格本质上是对股票价格的人为干预手段，无面额股制度使股票价格回归市场价格，有利于充分发挥二级市场的价格发现机制。[2]

2. 降低公司资本运作成本

无面额股制度使得公司股份拆分合并的操作更为流畅，从而便利公司资本运作。实践中，公司资本运作的一种代表性手段即股份的拆分合并，通过股份拆分合并，有助于调整股票市价，刺激投资者的购买欲，增强股份流动性。在面额股的情况下，股票的拆分合并需要变更股票面额，这意味着公司需要回收注销已发行的股票，并发行新股票。此操作大大增加了公司资本运作成本，拖延了公司资本运作的效率。相较而言，无面额股制度之下，仅需通过改变股票发行数量便可达到股票拆分合并的效果，使公司的资金运作更加灵活，更适应于发展迅速、变化不穷的股票市场。[3]除此之外，无面额股在公司增资、减资过程中也有重要价值，在增资、减资过程中，公司只需要实际上增加或减少每股所代表的资产或资本额，无须再发行增加新的股份或回收注销已发行股份，大大节省了程序成本。

3. 适应授权资本制改革要求

无面额股制度强化了公司股票发行的定价权，适应授权资本制的改革要求。2023 年《公司法》为了便利股份有限公司融资，契合董事会中心主义的改革诉求，确立了授权资本制，强化了公司董事会的资本决策权。在无面额股制度的协同之下，获得股东会新股发行授权的董事会可以基于商业判断，决定更符合公司融资需求的发行价格、发行所获股权 1/2 以上计提注册资本的额度或比例，在满足公司融资需求的同时，妥善调节新老股东之间的持股比例，作出最为符合各方利益的安排，充分发挥授权资本制的制度效能。

---

[1] 官欣荣：《论我国无面额股制度之推行》，载《华南理工大学学报（社会科学版）》2013 年第 5 期。

[2] 朱慈蕴、梁泽宇：《无面额股制度引入我国公司法路径研究》，载《扬州大学学报（人文社会科学版）》2021 年第 2 期。

[3] 卢宁：《股份面额制度的式微与无面额股的引入》，载《东岳论丛》2018 年第 9 期。

问题138 ◎ **2023年《公司法》第144条规定了类别股，具体可以发行哪些类别股？公司可以自主决定类别股的内容吗？**

以股东承担的风险和享有的权益不同为标准，可以将股份有限公司的股份划分为普通股和类别股两种类型。[1]普通股是指每一股享有一个表决权，且每一股享有同等的利润分配权的股份。传统公司的股权结构以普通股为基础框架，遵循一股一权、同股同权原则，体现了对股东形式平等的追求。但随着资本市场的不断演进，这种股权结构的单一性难以满足不同主体的差异化诉求。为适应这一变化，各国公司法纷纷探索引入类别股制度，允许公司于普通股之外发行类别股，以满足不同投资者的多元化需求，增加公司融资的灵活性与吸引力。2023年《公司法》第144条首次引入类别股概念，与第145条、第146条共同构成了类别股制度，就类别股的类型、章程记载事项、分类表决制度进行了规定，拓展了原先以普通股为主导的股份类型体系。

1. 类别股制度的立法沿革

我国公司法及配套制度对于类别股的规定最早可以追溯到20世纪90年代，1992年5月，国家经济体制改革委员会发布《股份有限公司规范意见》，第23条规定，公司设置普通股，并可设置优先股。普通股的股利在支付优先股股利之后分配。公司章程中可对优先股的其他权益作出具体规定。公司终止清算时，优先股股东先于普通股股东取得公司剩余财产。据此，股份有限公司可以在普通股之外设置优先股，该优先股在股利和剩余财产分配方面具有优先权，且章程可以对优先股的其他权益作出灵活规定。

1993年12月，《公司法》正式颁布，在股份有限公司的股份发行部分授权国务院可以对公司发行普通股以外的其他种类股票另行作出规定。随后，在公司法的历次修改过程中，对国务院可以发行其他类别股票的这一授权规定被一直保留了下来。可见，在2023年《公司法》之前，我国公司法仅规定了普通股，并未直接规定类别股，但是通过授权国务院另行规定的方式预留了类别股的适用空间。

2013年11月，国务院《关于开展优先股试点的指导意见》提出在上市公司和非上市公众公司开展优先股试点工作，该优先股指的是优先分配公司利润和剩余财产，但参与公司决策管理等权利受到限制的股份，属于资产收

---

[1] 赵旭东主编：《新公司法条文释解》，法律出版社2024年版，第314页。

益型类别股。随后，2014 年 3 月证监会出台《优先股试点管理办法》，为优先股试点工作的全面展开提供了操作办法，在发行主体、发行程序、转让登记、股东权利行使、信息披露、法律责任等方面进行了细化。随后，对于优先股的探索在商业银行、金融租赁公司、农业产业化经营等领域展开。[1]在国有企业改革过程中，也出现了对类别股的应用，2015 年 8 月，中共中央、国务院《关于深化国有企业改革的指导意见》明确，在推进公司制股份制改革过程中，允许将部分国有资本转化为优先股，在少数特定领域探索建立国家特殊管理股制度。2019 年 1 月，证监会《关于在上海市证券交易所设立科创板并试点注册制的实施意见》允许科技创新企业发行具有特别表决权的类别股份，每一特别表决权股份拥有的表决权数量大于每一普通股份拥有的表决权数量，其他股东权利与普通股份相同，拓展了除优先股之外的类别股范围。

2021 年 12 月，《公司法（修订草案一审稿）》审议说明指出，为适应不同投资者的投资需求，对已有较多实践的类别股作出规定，包括优先股和劣后股、特殊表决权股、转让受限股等。[2]为了提高融资效率，适应多元化的投资需求，2023 年《公司法》最终引入了类别股制度，在股份有限公司中形成了包括股份类型、章程记载事项、权利行使等内容的类别股规则体系。

2. 类别股制度的立法模式

世界范围内存在两种类别股的立法模式选择：以英美为代表的章定主义模式和以德日为代表的法定主义模式，代表了两大法系公司法对类别股立法模式的不同选择。

章定主义模式下，公司法并不对股份的权利内容作出具体规定，只对类别股的种类作出概括性规定，诸如利润分配、剩余财产分配、表决权等具体的权利内容则由公司在章程中自由规定。章定主义模式主要为英美法系公司法所采用，充分肯定了契约自治在类别股创设中的本体地位以及商事主体创设股票类型的自由，体现了类别股的契约性权利属性。[3]例如，在美国法上，《美国示范公司法》明确规定公司必须在章程中规定授权公司发行的股份类别。[4]《美国特拉华州普通公司法》允许公司发行一种或者以上类别的股

---

〔1〕 《中国银监会、中国证监会关于商业银行发行优先股补充一级资本的指导意见》；国务院办公厅：《关于促进金融租赁行业健康发展的指导意见》；原农业部办公厅：《关于组织申报土地经营权入股发展农业产业化经营试点方案的通知》。

〔2〕 王瑞贺：《关于〈中华人民共和国公司法（修订草案）〉的说明》，载《中华人民共和国全国人民代表大会常务委员会公报》2024 年第 1 期。

〔3〕 李燕、郭青青：《我国类别股立法的路径选择》，载《现代法学》2016 年第 2 期。

〔4〕 Model Business Corporation Act（2016 Revision），Section 6.01.

份，或者在某个类别的股份内发行一种或者以上系列的股票；不同类别或系列的股票具有各自的名称，可以有完全的、受限制的或者没有表决权，也可以有优先权、参与权、选择权等其他权利，以上内容须由公司在章程中进行记载。〔1〕在英国法上，《英国 2006 年公司法》于"公司股本"部分设置第九章"股份类别与类别权"，规定了类别股种类的划分标准，即权利在所有方面都相同的股份属于同一类别，但是并未将股份划分为不同的种类，也未就类别股的具体内容进行规定。〔2〕

法定主义模式下，公司法对类别股的类型进行了明确限定，因此公司只能在法定范围内设置类别股，不能通过章程自治方式自由设定类别股。根据法定的内容不同，法定主义模式还可以进一步区分为类别法定模式和子权利法定模式，类别法定模式是指法律对类别股的种类进行严格规定，公司只能在法定类别中进行选择；子权利法定模式是指公司对构成类别股的子权利进行规定，公司可以对这些法定子权利进行选择和自由组合，从而形成不同的类别股。〔3〕法定主义模式为大陆法系公司法所广泛运用，公司在构建类别股权利架构时，须严格遵循既定规范，不得超越法定的类别股类型边界，自行创设或随意变更类别股的权利事项。例如，《德国股份公司法》第 11 条规定，股票可以具有不同的权利，特别是在盈余分配和剩余财产分配方面，具有相同权利的股票构成一个种类；结合第 23 条公司章程只有在该法明确允许的情况下才可以作出与该法不同的规定，可见德国法上类别股制度的法定主义特征。〔4〕《日本公司法》第 108 条详细列举了 9 种公司可以发行的股份类型，〔5〕因此日本法上的类别股虽然类型法定，但是种类广泛，能够更好满足不同主体的投资需求。

在类别股的引进过程中，就我国应该采取何种立法模式存在不同的观点。有学者从公示和利益衡量角度论证应当选择法定主义的立法模式，因为类别股类型法定是股权性质的本质要求，能够解决经济利益权与投票权分离所产生的信息披露问题，是公示的基础，且有利于有效建立与公司利益相关者之

---

〔1〕　Delaware General Corporation Law, Section 102（a）（4）, Section 151（a）；《特拉华州普通公司法》，徐文彬等译，中国法制出版社 2010 年版，第 50 页。

〔2〕　UK Companies Act 2006, § 629.

〔3〕　刘凯湘：《构建中国大陆类别股制度的原则、依据与方案》，载《月旦法学杂志》2020 年第 307 期。

〔4〕　《德国商事公司法》，胡晓静、杨代雄译，法律出版社 2014 年版，第 69 页。

〔5〕　刘凯湘：《构建中国大陆类别股制度的原则、依据与方案》，载《月旦法学杂志》2020 年第 307 期。

间的衡平体系，缓解投资者之间的权利失衡。[1]有观点主张应当区分不同的公司形态选择不同的立法路径，对上市公司，宜采用类别法定类别股立法路径；对非上市公众公司，运用子权利法定的类别股立法路径；对封闭公司，应选择强调自治的章程自治式类别股立法路径。[2]从 2023 年《公司法》的规定来看，我国法上最终采取的是类别股的法定主义立法模式，公司只能发行第 144 条规定的类别股种类，不能创设法定类别股之外的其他股份类型。诚然，英美法系的章定主义立法模式在类别股的适用上具有极大的灵活性，但是这与其授权资本制的背景及完备成熟的资本市场分不开，并不必然能够移植到我国公司法中。相较之下，法定主义立法模式能够兼顾各方利益，便于投资者对类别股进行了解和选择，更加适合我国资本市场有待进一步完善、投资者和公司股东素质参差不齐的情况。

3. 类别股制度的实践发展

在经济领域，商业实践优先于法律发展是常态，在逐利目标的刺激下新兴的商业模式与交易手段不断涌现，相比之下法律则具有滞后性，为了维护法秩序的安定性，新规则的出台往往需要经过充分的调研论证。早在 2023 年《公司法》引入类别股制度之前，实践中就已经出现了对普通股之外的特殊权利类型股份的探讨和运用，不少公司也在章程中引入了特殊类型股份。

在公司上市实践中，有企业采纳了差异化表决权安排。早在 2010 年，阿里巴巴集团董事局主席马云就提出了合伙人治理制度，旨在保证上市后对公司的控制权。在阿里巴巴的股权架构与治理体系中，核心管理人的持股比例相对较低，然而他们所持有的股票却被赋予了多票表决权。此外，作为公司治理的独特安排，阿里巴巴的合伙人拥有提名董事的权力，以此深度参与并有效主导公司管理层的治理工作。阿里巴巴有意赴港上市，但是由于港交所坚持阿里巴巴的合伙人制度体现出与双重股权制类似的不平等投票权，这种不平等投票权与港交所一贯的"平等对待每一个股东"的规则相悖。最终双方均未妥协，阿里巴巴集团赴港上市未果。2019 年 4 月 1 日，"优刻得公司"成为上海证监会公布的科创板第 30 家受理企业与首家采纳差异化表决安排的公司。据《招股说明书》披露：2019 年 3 月 17 日，"优刻得公司"召开 2019

---

〔1〕 朱慈蕴、沈朝晖：《类别股与中国公司法的演进》，载《中国社会科学》2013 年第 9 期；傅穹、肖华杰：《我国股份有限公司类别股制度构建的立法路径》，载《西南民族大学学报（人文社会科学版）》2019 年第 8 期。

〔2〕 李燕、郭青青：《我国类别股立法的路径选择》，载《现代法学》2016 年第 2 期；赵玲：《我国类别股创设的法律路径》，载《法学杂志》2021 年第 3 期。

年第一次临时股东大会，通过了设置特别表决权股份的决议，将为创始人及实控人设置特别表决权，共计约9768.82万股A类股份。扣除A类股份后，剩余约2.66亿股为B类股份。每份A类股份拥有的表决权数量为每份B类股份拥有的表决权的5倍，每份A类股份的表决权数量相同。A类股份合计表决权上升至64.71%，对公司的经营管理以及对需要股东大会决议的事项具有绝对控制权。

在公司章程中，有企业也就特殊表决权股进行了规定。比如京东采用了双层股权结构，其公司章程规定，A类普通股持有人和B类普通股持有人在提交股东表决的所有决议上应始终作为同一类别一起表决。每股A类普通股就所有提交本公司股东大会表决的事项享有一（1）票表决权，每股B类普通股就所有提交本公司股东大会表决的事项享有二十（20）票表决权。每股B类普通股可由持有人随时转换成一（1）股A类普通股。B类普通股持有人行使转换权时，应向本公司提交书面通知，通知本公司其选择将特定数量的B类普通股转换成A类普通股。

4. 我国法上可以发行的类别股类型

根据2023年《公司法》第144条第1款规定，我国股份有限公司具体可以发行以下类别股。

4.1 优先或劣后分配利润或者剩余财产的股份

优先或劣后分配利润或剩余财产的股份是典型的资产收益型类别股，具有融资功能。从文义解释的角度，股份有限公司可以发行8种类别的类别股，分别为优先分配利润的股份、劣后分配利润的股份和优先分配剩余财产的股份、劣后分配剩余财产的股份四类股份，以及在此基础上将前述股份内容进行组合，发行优先分配利润且劣后分配剩余财产的股份、优先分配利润且优先分配剩余财产的股份、劣后分配利润且劣后分配剩余财产的股份、劣后分配利润且优先分配剩余财产的股份四类组合型股份。

在前述类别股的基础上，还可以进行进一步的区分，如优先股可分为可回赎优先股和不可回赎优先股。可回赎优先股还可以进一步区分为强制回赎优先股和任意回赎优先股。

4.2 每一股表决权数多于或少于普通股的股份

差异化表决权股打破了一股一票表决结构下所有权与控制权之间的均衡状态，使得公司的股权框架呈现出双层或者多层股权结构的样态。这种差异化表决权结构系强化公司控制权的安排，通过赋予特别表决权股份每股多数表决权的方式实现公司控制权的集中，能够保证创始人等股东保持对公司的控制权，实践中阿里巴巴、京东、小米等企业都采用了此种同股不同权的股权结构。

然而在解释上本项亦存在争议：一为"多于""少于"是否包含具体幅度限制；二为本项类别股是否包括黄金股。本书认为，法条并没有设定差异化表决权的最高或最低倍数限制，从私法自治的角度，应当完全交由公司自治，不宜在解释上施加过多限制。至于本项所包含的复数表决权股是否能扩张解释为英国法上的黄金股，还是应当严格遵循法条的文字表述，"多于"只能解释为该类别股可以被赋予复数表决权，并不能解释出该类别股能够享有一票否决权，因此本项所列举的类别股并不包括黄金股。

4.3 转让须经公司同意等转让受限的股份

一般而言，股份有限公司股东转让其持有股份的，不受任何限制，但本项允许公司设置转让受限股，公司可以通过章程作出例外规定。此处的"等"为等外等，除转让须经公司同意的股份外，还包括人走股留的股份等。

除了这一项，2023 年《公司法》第 157 条还规定了股份公司章程对股权转让另有限制的，从其规定。第 144 条与第 157 条看似都能够解读为公司章程可以对股份转让进行限制，但是两者所谓的转让限制是不一样的。第 144 条是股权本身附带的限制，属于类别股的一种；而第 157 条是章程上对转让方式、内容等其他因素的限制，没有嵌入股权内部，因此不限于类别股，也包括对普通股在内的股份设置转让限制的情形。

4.4 国务院规定的其他类别股

本项为类别股的兜底性规定，延续了公司法对国务院规定其他类别股份的授权，也体现了我国类别股法定主义的立法模式。既往实践中，国务院曾于 2013 年 11 月发布《关于开展优先股试点的指导意见》，提出在上市公司和非上市公众公司开展优先股试点工作，在各行业开启了优先股的应用浪潮。兜底性规定为日后法律扩展类别股的权利义务内容预留了空间，基于本项规定，可回赎股、反稀释股、董事提名股、可转换股等特殊股份类型也可能随着实践的发展被纳入公司法的类别股体系中。

需要说明的是，前述类别股之间还可以进行排列组合，以形成新的类别股类型。类别股制度的理论基础是股权的各项子权利可相互分离，重新组合，[1] 因此公司可根据不同的融资需求，自由组合股份的权利内容。譬如，优先股

---

〔1〕 朱慈蕴、沈朝晖：《类别股与中国公司法的演进》，载《中国社会科学》2013 年第 9 期。

股东享有优先权的代价通常是让渡一定的股权权能，如表决权，这也与证监会在 2023 年 2 月修订的《优先股试点管理办法》第 2 条中对于优先股"股份持有人优先于普通股股东分配公司利润和剩余财产，但参与公司决策管理等权利受到限制"的规定相契合。

5. 类别股类型的域外借鉴

在遵循类别股章定主义立法模式的国家，类别股的类型较为开放。美国法对于公司可以发行的股份类型进行了宽泛授权，以《美国特拉华州普通公司法》第 151 条为例，公司可以发行的类别股种类包括有完全的、受限制的或者没有表决权的差异化表决权股，也包括具有优先权、参与权、选择权等其他权利的类别股。[1]英国公司法则未规定类别股的具体种类，公司可以通过章程赋予不同的类别股相应的权利，较为常见的是在利润分配、表决权，以及剩余财产分配权等方面规定股东享有差异化的特别权利。[2]实务中，英国法上还有"黄金股"这一特殊的股份类别，黄金股的持股人享有在特殊事项上的一票否决权，通常来说其应用场景是政府代表国家持有"黄金股份"。

在法定主义立法模式下，类别股的类型完全取决于法律规定。在德国法上，对不同的股份类型的规定散落在《德国股份公司法》的各章节中，具体来说主要包括无表决权股以及盈余分配优先股。[3]《法国公司法》中规定的类别股包括无表决权股和优先股。[4]《日本公司法》第 108 条列举了九种公司可以发行的股份类型，分别为分配盈余金的类别股、分配公司剩余财产的类别股、限制表决权的类别股、限制转让的类别股、附带请求权的类别股、附带有取得条件的类别股、附带全部取得条件的类别股、附带拒绝权的类别股、跟董事或者监事选任相关的类别股等。[5]相比于我国 2023 年《公司法》第 144 条对四种类别股的列举，比较法上的类别股类型多样、规范细致，在适用上也更具灵活性。

---

〔1〕 Delaware General Corporation Law, Section 151（a）;《特拉华州普通公司法》，徐文彬等译，中国法制出版社 2010 年版，第 50 页。

〔2〕 [英] 丹尼斯·吉南:《公司法》，朱羿锟等译，法律出版社 2005 年版，第 117 页。

〔3〕《德国商事公司法》，胡晓静、杨代雄译，法律出版社 2014 年版，第 134–138 页。

〔4〕《法国公司法典》（上册），罗结珍译，中国法制出版社 2007 年版，第 261–262 页。

〔5〕 刘凯湘:《构建中国大陆类别股制度的原则、依据与方案》，载《月旦法学杂志》2020 年第 307 期。

问题 139 ▷ 发行类别股的公司，召开股东会时是否必须分别召开股东会和类别股股东会？

在复杂多变的资本市场环境下，类别股的引入为公司融资带来了新的活力，也为公司的股权框架提供了新的选择。2023 年《公司法》第 146 条新增对类别股股东会的规定，明确了发行类别股的股份有限公司应当实行分类表决制度，系类别股制度的重要组成部分。然而，这一创新也引发了诸多公司治理层面的问题。其中，发行类别股的公司在召开股东会时，是否必须分别召开股东会和类别股股东会，成为理论界与实务界共同关注的焦点。这一问题不仅涉及公司决策效率，更关乎不同类别股股东权益的平衡与保护，需要进一步明确。

1. 类别股分类表决制度的立法沿革

分类表决制度系 2023 年《公司法》的新增条文，其雏形可以追溯到 2014 年 3 月证监会为配合国务院《关于开展优先股试点的指导意见》出台的《优先股试点管理办法》。2023 年修订的《优先股试点管理办法》第 10 条保留了对分类表决制度的规定，明确优先股股东有权出席股东大会会议，在涉及修改公司章程中与优先股相关的内容、一次或累计减少公司注册资本超过 10%、公司合并、分立、解散或变更公司形式、发行优先股以及公司章程规定的其他情形时与普通股股东分类表决，且上述事项的决议除了须经出席会议的普通股股东所持表决权的 2/3 以上通过之外，还须经出席会议的优先股股东所持表决权的 2/3 以上通过。

在 2023 年《公司法》修订过程中，全国人大常委会于 2021 年 12 月 24 日公布的《公司法（修订草案一审稿）》第 158 条引入了类别股股东会以及分类表决制度，之后的审议稿对于类别股的分类表决制度未再进行实质性的修改，仅在条文序号以及细微文字表述上进行了调整。

2. 类别股分类表决制度的理论剖析

分类表决是指在普通股股东会之外，以另行召集类别股股东会，或与普通股股东共同开会但进行单独表决、计票的形式，由类别股股东对议案进行的单独表决。从理论层面看，分类表决制度涉及公司自治与股东权益保护的权衡，关乎决策效率与公平的博弈，各国在立法模式上也存在差异。

2.1 公司法规定的程序要求

一方面，股东会和类别股股东会形成的双重表决机制，会拉长决策周期，从而减损决策效率。且在此机制下，议案能否通过在很大程度上取决于类别股股东的表决，易诱发类别股股东基于自身利益考量而实行的机会主义行为，对公司决策的公正性造成潜在威胁。另一方面，公司法设置类别股股东会以及分类表决制度的目的在于调整不同类别股股东的利益，维护决策正义和公平。伴随着类别股的引入，股东之间的利益关系难以维系均一状态，不同类别股份所承载的权利义务差异致使不同股东在公司财产分配、经营管理等诸多方面形成差异化的诉求，因此分类表决制度的设置有利于保护不同类别股股东的利益。法律追求的价值在于尽可能公正地实现对各种社会资源、财富、权利义务责任进行分配，作为法律的内在价值，正义应当优先于效率。[1]因此，分类表决制度的设置虽然牺牲了一定的决策效率，但仍然具有正当性。

根据 2023 年《公司法》第 146 条规定，我国法上的分类表决事项既包括本条第 1 款需经类别股股东会决议的法定事由，也包括第 2 款中由公司章程规定的事项。第 1 款明确规定了须经分类表决的法定事由，即"股东会作出修改公司章程、增加或者减少注册资本的决议，以及公司合并、分立、解散或者变更公司形式的决议"等可能影响类别股股东权利的事项，与类别股股东权益具有直接利害关系。第 2 款将公司章程作为扩张分类表决适用范围的通道，仍应坚持该事项与类别股股东权益具有直接利害关系这一准则。

2.2 分类表决制度的立法模式

就分类表决制度的立法模式来看，根据需要分类表决的事项不同，可以总结出以下三种立法例。

第一种是概括式立法模式，即仅笼统规定凡涉及变动、损害类别股股东权益的事项，应征得类别股股东的同意，此种模式以英国公司法为典型。比如《英国 2006 年公司法》第 9 章规定，类别股的变动需要经股份类别持有人的同意。

第二种是列举式立法模式，将适用分类表决的各种情形详尽列出，美国、日本、韩国属于此种模式。比如《韩国商法》规定，在因章程变更给某一种类的股东带来损害、按股份种类作出特别规定的结果是对某一种类的股东带来损害以及因公司合并对某一种类的股东带来损害时，须经类别股股东大会的决议。[2]

第三种是概括加列举式立法模式，一方面通过概括式方式总括须经类别股股东会通过的事项，另一方面又具体列举须经类别股股东决议的事项内容，

---

〔1〕　周永坤：《法理学——全球视野》，法律出版社 2016 年版，第 193-194 页。

〔2〕　［韩］李哲松：《韩国公司法》，吴日焕译，中国政法大学出版社 2000 年版，第 434-435 页。

该种模式以德国为代表。[1]《德国股份公司法》第179条以概括性的表述明确股东会的决议内容涉及对类别股股东权利的改变或损害的，该项决议必须经由类别股股东会通过。除此之外，在该法第141条与第204条中，针对特定事项优先股权益的废止或限制以及新优先股的发行等具体事项，特别规定须经类别股股东的决议。可见，不同国家和地区对分类表决事项规定的实质性差异在于是否允许对法定分类表决事项作出变更，尤其是可否允许公司章程增加或减少分类表决事项。[2]

3. 类别股分类表决制度的会议和表决程序

公司法设置类别股股东大会，用于调整不同类别股股东的利益，而作为类别股股东权益的保护手段，分类表决制度具有不可替代的制度价值。然而2023年《公司法》仅笼统规定了在法定和章定事由下，公司除需通过股东会决议外还应当再经由类别股股东会进行决议，并没有明确类别股股东会的开会方式等程序性事项，导致发行类别股的公司是否必须分别召开股东会和类别股股东会产生解释争议。有观点认为，类别股股东制度下应当坚持"两次开会、两次表决、两次计票、两个决议"，如此，才能确保类别股股东会的独立性，在最大限度上避免普通股股东对类别股股东的压制。[3]有观点认为，应当区分公司类型决定表决模式，公众公司的分类表决模式原则上应当强制规定为分别开会、分别表决；对于非公众公司，则应给予其充分的自治空间，允许其通过公司章程自由选择具体的分类表决模式。[4]还有意见认为，类别股股东会可以和普通股股东会同时开会，但分别表决。[5]

本书认为，在表决模式上，类别股股东会可以和普通股股东会同时开会、分别表决，但是要在程序上保障类别股股东单独进行信息交流的权利。

一方面，从程序效率角度审视，类别股股东会与普通股股东会同时开会具有合理性，公司能够将准备工作整合，一次完成材料准备、场地安排与股东通知等事宜，股东也无需在不同时间分别参与会议，大大减少了时间成本的消耗，优化资源配置。

---

〔1〕 沈朝晖：《公司类别股的立法规制及修法建议：以类别股股东权的法律保护机制为中心》，载《证券法苑》2011年第2期；王建文：《论我国类别股股东分类表决制度的法律适用》，载《当代法学》2020年第3期。

〔2〕 王建文：《论我国类别股股东分类表决制度的法律适用》，载《当代法学》2020年第3期。

〔3〕 李建伟主编：《公司法评注》，法律出版社2024年版，第602页；刘俊海：《建立社会公众股东单独表决机制的有关问题》，载《中国金融》2004年第23期。

〔4〕 王建文：《论我国类别股股东分类表决制度的法律适用》，载《当代法学》2020年第3期。

〔5〕 赵旭东主编：《新公司法条文释解》，法律出版社2024年版，第320-321页。

　　另一方面，从类别股股东权益保护的要求来看，分类表决机制的核心目的在于实现对类别股股东的团体性保护，并有效调整公司内部复杂的利害关系。类别股股东会作为一个仅由具有共同利害关系的类别股股东组成的合议体，应当通过单独表决的形式作出集团性意思决定，从而确保类别股股东在免受其他股东干扰的情况下充分表达自身利益诉求。[1]

问题 140 ▷ 我国授权资本制和域外法上授权资本制有什么异同？

　　资本制度作为公司法律制度的核心部分，对于公司的设立、运营起着重要作用。授权资本制以其独特的灵活性与适应性，为世界诸多国家所采用或吸收。2023 年《公司法》修订后，于第 152 条引入授权资本制，以适应市场经济发展的需求。由于不同国家的历史文化、经济发展水平以及法律传统各异，我国授权资本制与域外法上的授权资本制既有相似之处，即两者都具有授权的因素。同时，又存在差异——我国法上所谓"授权资本制"的运作机制是法定资本制加上部分授权权限，其核心仍然是法定资本制，与域外法上的法定许可资本制相当。深入探究二者之异同，不仅有助于更全面地理解我国授权资本制的特点与优势，精准把握其在本土实践中的运行逻辑，还能为我国公司资本制度的进一步优化提供有益的域外经验参考，以便更好地与国际规则接轨。

1. 域外法上的授权资本制

　　纵观世界各国的资本形成制度，若采取三分法的分类方式，主要存在授权资本制、法定资本制、折中资本制三种类型，其中折中资本制又可分为许可资本制和折中授权资本制。若以二分法为标准审视资本发行规制的谱系，则公司的资本制度可以被分为法定资本制和授权资本制两种基本类型。法定资本制是指公司设立时，必须在章程中对公司的资本总额作出规定，并由股东全部认足，否则公司不能成立的公司资本制度。授权资本制是指公司设立时，在公司章程中确定股份总数，不必全部发行，发起人只要认购部分股份，公司即可成立；未发行部分，授权董事会根据需要，在公司成立后随时募集的公司资本制度。

　　授权资本制滥觞于英美法系，19 世纪末起源于美国新泽西州的公司法州际竞争为美国法上的法定资本制转向授权资本制提供了契机。随后，《美国特

---

〔1〕　朱慈蕴、[日] 神作裕之、谢段磊：《差异化表决制度的引入与控制权约束机制的创新——以中日差异化表决权实践为视角》，载《清华法学》2019 年第 2 期。

拉华州普通公司法》第 161 条规定，公司章程大纲授权发行的资本股股份，如果还没有全部发行或认购完毕，也还没有以其他方式承诺发行的，董事会可以随时追加发行资本股股份，或者接受对追加发行的资本股股份的认购，直到达到章程大纲授权的数额，[1]对授权资本制的核心内涵和基本特征进行了阐释，即章程授权董事会发行股份。《美国示范公司法》取消了对董事会发行股份的决策年限和发行股份的倍数限制，放宽了授权资本制下董事会的决策权限。英国法上对授权资本制的规定始于《英国 1985 年公司法》，在该部法律中董事会被授予股份发行的权利，股东会则有权对董事会发行股份的比例进行限制。在《英国 2006 年公司法》声明资本制的背景下，法律取消了对章程载明授权发行资本的比例限制，董事会因此享有股份发行的更高决策权限，董事会可以根据公司的实际需要声明实际发行的资本状况。

在大陆法系国家，以德国为代表发展出了一种结合法定资本制和授权资本制特点的许可资本制，虽然公司的资本总额需要一次发行、全部认足或募足，但是公司章程可以授权董事会在公司成立后一定期限内，在授权时公司资本一定比例的范围内，发行新股，增加资本，而无需股东会的特别决议。譬如，根据《德国股份公司法》第 202 条至第 206 条规定，公司章程可以授权董事会在公司成立后 5 年内，在授权时公司资本的半数范围内，经监事会同意而发行新股，增加资本。[2]对比之下，日本公司法则深受法定资本制的影响，在引入授权资本制的同时仍保留了法定资本的要素，形成了折中授权资本制。1950 年，日本于商法典中引入了授权资本制，规定公司设立时发行的股份总数不得低于公司股份总数的 25%，其余股份可授权董事会发行。在商法典的历次修订中，这一首次发行股份比例的限制被一直保留了下来。[3]

2. 2023 年《公司法》上的授权资本制

从我国公司资本制度的变迁来看，我国 1993 年《公司法》实行严格的法定资本制，强调一次性发行、一次性认购和股款一次性缴清，并设定了最低注册资本限额和严格的抽逃出资规制。2005 年《公司法》，要求公司资本在公司设立时必须全部认足，但可以在 3 年或 5 年内分次缴付。2013 年《公司法》修正时，取消了出资期限、首期出资比例等限制，改采认缴资本制，即公司设立时，公司章程记载公司资本总额，并由股东全额认购，按照约定的期限分期缴纳股款。直到 2023 年《公司法》才引入授权资本制，形成了有限

---

[1] 《特拉华州普通公司法》，徐文彬等译，中国法制出版社 2010 年版，第 60 页。

[2] 《德国商事公司法》，胡晓静、杨代雄译，法律出版社 2014 年版，第 163-165 页。

[3] 崔文玉：《日本公司法精要》，法律出版社 2014 年版，第 135 页。

公司法定资本制和股份公司有选择的授权资本制并存的二分格局。

从授权资本制的引入过程来看，《公司法（修订草案一审稿）》所说的授权资本制没有任何时间和比例上的限制，其表述为"章程或者股东会可以授权董事会发行股份"，则按照一审稿董事会的职权没有数额和时间上的限制，此时确立的是全面的授权资本制。但是《公司法（修订草案二审稿）》在此基础上增加了两个限制，即3年的授权时间限制以及不超过已发行股份50%的发行范围限制，最终通过的2023年《公司法》也延续了二审稿在这两个方面的限制。

鉴于2023年《公司法》第152条所设定的发行比例、发行期限的限制，我国确立的授权资本制实际上属于法定资本制基础上的许可资本制。但是，如果采用法定资本制与授权资本制的二分法，第152条因存在授权发行机制，也可归入授权资本制下。全国人大常委会在草案说明中，亦径行使用了授权资本制的概念，此后授权资本制的概念一直沿用下来。因此，我们在论及第152条及第153条所涉资本形成制度时统一使用授权资本制这一术语。

3. 我国与域外法授权资本制的异同

综合以上内容，我国法与域外法授权资本制的相同点在于：两者都具有授权的因素，都赋予董事会在资本运作方面较大的决策权，允许董事会在授权范围内根据公司的经营状况以及市场形势自主决定新股分批次发行事宜，从而赋予公司在资本募集方面较大的灵活性。

两者的差别在于：域外法上的授权资本制指的是在公司设立时，在章程中载明公司资本总额，但公司不必发行资本的全部，只要认足或缴足资本总额的一部分公司即可成立，其余部分授权董事会在认为必要时一次或分次发行或募集。而我国法上授权资本制的制度内核是法定资本制基础上的许可资本制，而不是完全的授权资本制。即股份公司在设立时，必须在章程中明确规定公司资本的总额并一次性发行、全部认足或募足，公司章程可以授权董事会在公司成立后的一定期限内以及公司资本一定比例的范围内，发行新股，增加资本，而无需股东会的特别决议。

可见，我国法上所谓"授权资本制"的运作机制是法定资本制加上部分授权权限，其核心仍然是法定资本制，与域外法上的法定许可资本制相当。

问题 141 授权资本制有哪些方面的功能和价值？股份有限公司选择引入授权资本制时应考虑哪些因素？

2023年《公司法》引入授权资本制，形成了有限公司法定资本制和股份公司授权资本制的二元结构。该法第 152 条第 1 款规定，"公司章程或者股东会可以授权董事会在三年内决定发行不超过已发行股份百分之五十的股份。但以非货币财产作价出资的应当经股东会决议"。由此形成了中国版的授权资本制，重塑了两种公司类型的资本制度结构。作为首次引入的全新制度，对于授权资本制的功能价值以及企业是否要引入授权资本制，引起了理论界和实务界广泛的关注和讨论。

1. 授权资本制的功能价值

授权资本制突破了传统法定资本制的局限，为公司的运营与发展带来了全新的可能性，在全球范围内被众多国家和地区采用，具有如下功能价值：

1.1 简化公司新股发行程序

在传统的法定资本制下，公司增发新股需要经过增资程序，其需要经过较为复杂的召集和表决程序，且存在决议不被通过的风险。一方面，增资属于公司的重大变更事项，需要通过召开股东大会来决定增资程序的开展与否。2023 年《公司法》第 62 条规定，召开临时股东会需要代表 1/10 以上表决权的股东、1/3 以上的董事或者监事会提议。但实践中有增资意向的股东或董事、监事很可能不满足上述法定要求，因此在提议召开股东会的环节就可能出现困难。另一方面，股东会通过增资决议的难度较高。根据 2023 年《公司法》第 66 条规定，增资事项需要股东会的特别决议通过，即由股东会对增资方案进行审议表决，并经 2/3 以上享有表决权的股东同意。在此规定下，除非潜在意向股东的持股比例具有绝对优势，否则难以获得 2/3 以上表决权的支持。

相比之下，授权资本制赋予公司在资本发行上更大的灵活性。授权发行新股无需股东会进行增资决议，只需要由董事会经全体董事 2/3 以上决议通过即可。此外，在发行新股之后的配套要求方面，董事会发行股份后如导致公司注册资本或已发行股份数发生变化，相关章程记载事项的修改也无需再提交股东会表决，简化了资本变动的程序。企业对资金的需求呈现动态性，授权资本制通过授权董事会发行股份简化了公司新股的发行程序，使得公司能够灵活响应市场变化增加公司资本，从而避免了复杂的增资程序。

1.2 提高公司融资便利程度

授权资本制的引入使得公司可通过灵活的股份发行制度实现快速募资，即所谓"闪电配售"，加快融资速度，提高资本效率。在法定资本制的框架下，董事会肩负向原股东催缴出资的职责，其募集对象仅局限于原有的股东群体，能够筹集到的资金数量也比较有限，使得公司在融资规模的拓展上遭遇瓶颈。而授权资本制下，董事会拥有代表公司向新股东募集资金的权力，这种募集方式简化了新股发行程序，从宏观上为公司扩大总体融资规模创造了更为便利的条件。

我国有关授权资本制的立法及政策变迁实际上体现的就是对公司利用授权资本制扩充融资便利程度的探索过程。对授权资本制的探索最早可以追溯到1993年国家经济体制改革委员会发布的《关于到香港上市的公司执行〈股份有限公司规范意见〉的补充规定》。根据该部门规章第5条，公司章程规定的股份总数可在公司成立后15个月内分次发行，首次发行的股份不少于总数的40%。分次发行需按国家证券主管机构规定程序办理核准，并遵循：拟发行的H种股份原则上应全部一次发行，特定预留股份发行可视同当次发行部分；分次发行要在招股说明书中详尽披露，按披露计划发行股份由董事会决定，无需股东会或类别股股东会另行批准；股份分次发行时，公司注册资本为已发行股份的实收股本。这一规定体现了授权资本制度内含的分次发行、董事会根据商业判断作出决定、公司注册资本应为已发行股份的实收股本的三项原理。[1]

2005年《公司法》修订时，就是否引入授权资本制引发过激烈争论，但是当时的主导观点认为社会信用不足，引入授权资本制的条件尚未成熟。[2]且彼时学界存在将分期认缴制与授权资本制混为一谈的倾向，使得"注册资本""授权资本"以及"实缴资本"等关键概念之间的界限未能得到清晰界定，基于此，立法机关在权衡之下最终未采纳授权资本制规则。[3]

2012年证监会《非上市公众公司监督管理办法》第41条引入储架发行制，规定公司申请定向发行股票的可以申请一次核准，分期发行。公司应当在证监会核准之日起3个月内完成首期发行，剩余股票应当在12个月内发行完毕，且首期发行数量应当不少于总发行数量的50%。储架发行机制中"分次发行"的制度设计构造与授权资本制的理念存在相似性，且两者在操作规程上亦存在衔接与重合，而当时法定资本制却与证券储架发行制存在诸多冲突，客观上产生授权资本制的引入需求。[4]2014年后，为进一步提高公众公

〔1〕赵旭东主编：《新公司法重点热点问题解读：新旧公司法的比较分析》，法律出版社2024年版，第146页。

〔2〕沈朝晖：《授权资本制的被代理人成本》，载《月旦民商法杂志》2024年10月特刊。

〔3〕赵旭东：《中国公司资本制度的改革与未来》，载赵旭东主编：《国际视野下公司法改革——中国与世界：公司法改革国际峰会论文集》，中国政法大学出版社2007年版，第280页。

〔4〕刘兰伟：《论证券储架发行制与授权资本制的契合——兼谈我国法定资本制的修正》，载《上海金融》2014年第2期。

司再融资便利，在我国沪深京证券交易所及全国股转公司陆续推出简易审核程序下的"授权发行机制"。[1]

2021年12月，《公司法（修订草案一审稿）》审议说明点明了引入授权资本制提高融资便利度的立法目的，其指出，"为提高投融资效率并维护交易安全……，丰富完善公司资本制度"，在股份有限公司引入授权资本制，公司设立时只需要发行部分股份，章程或者股东会可以授权董事会根据公司运营的实际需要决定发行剩余股份，给予了公司发行新股筹集资本的灵活性。[2]

1.3 适应公司并购与反并购需求

在资本市场中，公司并购与反并购活动已成为企业战略布局、资源整合以及控制权争夺的重要手段。这不仅关乎公司的生存发展，更深刻影响着资本市场的格局。而资本制度作为公司运营的基石，在其中扮演着举足轻重的角色。授权资本制以其独特的灵活性与适应性，在公司并购与反并购博弈中发挥着重要作用，并在资本制度较为成熟的国家得到了广泛运用。从灵活调配资金以支持并购战略，到为反并购策略提供支撑，授权资本制的运作机制对公司在资本市场的命运走向有着深远影响，其制度功能主要通过董事会在适当时机分次发行股份来实现。

在并购情形下，为了捆绑被收购方股东，缓解资金匮乏局面，公司常以发行新股作为支付手段。对于公司而言，授权资本制的引入简化了新股发行程序，更有利于公司在竞标收购等场合把握商机，避免了法定资本制下因召开股东会造成的时间拖延以及股东会决议不通过的风险。具体而言，在法定资本制下股份发行的决议权主要掌握在股东会手中，公司发行新股必须先经过股东会的批准，而股东会的召开和决策过程通常需要耗费大量时间，在需要快速响应市场需求时可能会使公司处于被动和不利地位。相比之下，授权资本制下股份发行的决策权被下放至董事会，这意味着只要获得2/3以上董事的同意，公司就可以迅速地发行新股，这种灵活性大大提高了公司的融资效率，使得公司在收购中能够更快地响应市场变化，更灵活地保护公司和现有股东的利益。[3]

在反并购情形下，当公司面临敌意收购时，董事会可以向"白衣骑士"

---

[1] 傅穹：《授权资本制的中国运行机理》，载《中国社会科学》2024年第6期。

[2] 王瑞贺：《关于〈中华人民共和国公司法（修订草案）〉的说明》，载《中华人民共和国全国人民代表大会常务委员会公报》2024年第1期。

[3] 《授权资本制：中国公司法的创新与展望》，载微信公众号"商法李建伟"，发布日期：2024年9月11日。

等善意投资人定向增发新股以稀释收购人持股比例，维护公司利益。[1]在商事实践中，比较典型的应用场景是"毒丸计划"。"毒丸计划"本质上是授权资本制下的股权摊薄反收购措施，其运作逻辑是董事会发行特别股票阻碍敌意收购，即允许目标公司向除敌意收购者外的股东以折扣价发行公司股票，以稀释敌意收购者的持股比例。美国广泛采用"毒丸计划"的新股发行抵御敌意收购。比如，在马斯克收购 Twitter 的过程中，Twitter 通过实行"毒丸计划"使得收购价格从最初的 430 亿美元提升至 440 亿美元。又如，2021 年瑞幸发布公告称，将实施股权摊薄反收购措施，以应对此前出现的针对公司的恶意收购行为。[2]

1.4 健全资本市场基础性制度

首先，授权资本制的引入有利于健全资本市场基础性制度，激发资本市场活力，这也是 2023 年《公司法》修订的重要方向。正如《公司法（修订草案一审稿）》审议说明所述，2023 年《公司法》修订的目标定位之一在于推进资本市场改革，完善授权资本制这一公司资本的基础性制度是促进市场健康发展、有效服务实体经济的重要举措。[3]

其次，资本市场基础性制度的健全在公司法层面表现为公司资本与公司治理的互动完善，而授权资本制是衔接公司资本与公司治理改革的制度中介。[4]一方面，授权资本制作为 2023 年《公司法》修订中资本制度的重要改革成果，丰富了我国法上资本形成制度的类型。授权资本制从多维度完善了公司的资本制度，比如，在设立与运营灵活性上，它允许公司在设立时不必一次性募足全部资本，降低设立门槛，且后续能依市场变化和业务需求，由董事会灵活决策适时募集资金，迅速把握发展机遇。另一方面，授权资本制更加契合以董事会为核心的公司治理体系。在公司资本制度改革中，董事地位与公司治理制度密切相关。[5]授权资本制下董事会掌握公司资本发行的决策权，有助于发挥其在公司经营决策上的判断作用，拓宽决策空间。因此，授权资本制的确立与推行董事会中心主义治理模式的改革相呼应。[6]

〔1〕 马更新、安振雷：《重塑资本形成：授权资本制的本土化建构》，载《经贸法律评论》2023年第 3 期。
〔2〕《授权资本制改革背景下的上市公司反收购（资本治理前沿沙龙实录）》，载微信公众号"资本治理前沿"，发布日期：2023 年 5 月 5 日。
〔3〕 王瑞贺：《关于〈中华人民共和国公司法（修订草案）〉的说明》，载《中华人民共和国全国人民代表大会常务委员会公报》2024 年第 1 期。
〔4〕 傅穹：《授权资本制的中国运行机理》，载《中国社会科学》2024 年第 6 期。
〔5〕 刘斌：《重塑董事范畴：从形式主义迈向实质主义》，载《比较法研究》2021 年第 5 期。
〔6〕 辛海平：《中国公司治理的董事会集权模式研究》，中国政法大学 2023 年博士学位论文。

最后，授权资本制优化了我国融入国际资本市场的制度基础。授权资本制的引进符合全球公司法的改革趋势，使我国资本制度与国际接轨，一方面有助于进一步开放国内资本市场，吸引更多的外资，另一方面也有利于我国企业开展跨国投资、跨国经营活动。[1]

2. 股份有限公司是否应当选择引入授权资本制

需要注意的是，股份有限公司有选择引入或者不引入授权资本制的自由。在规范性质上，2023年《公司法》第152条属于任意性规范，"可以"一词赋予公司在法定资本制和授权资本制两种发行模式间自主选择的权利。因此，股份有限公司可以自主决定是否选择授权资本制模式。如果公司章程未置入授权发行条款或股东会未授权，则仍然采取法定资本制模式。

就股份有限公司是否引入授权资本制，主要考虑前述功能价值有没有在公司中展开的必要性，因此应当由公司根据经营和治理需要，结合自身具体情况和市场环境，在权衡利弊的基础上审慎考虑。

一方面，授权资本制符合公司法演进的趋势，具备更灵活的制度优势。从全球公司法改革与演变的历史来看，公司资本制改革的演变路径呈现从法定资本制迈向授权资本制的轨迹。[2]从1993年到2005年再到2013年，我国公司法资本形成制度的改革历程也呈现逐步宽松的趋势。且如上文所述，授权资本制相较于法定资本制在简化新股发行程序，提高融资效率，灵活应对并购和反并购等方面存在显著优势。

另一方面，授权资本制在股份有限公司中的应用也面临着公司治理方面的挑战。由于股份有限公司没有类似于有限公司的优先认购机制，所以董事会授权发行股份可能会使得股权存在稀释风险，降低股东的投票权和分红权，削弱股东对公司的控制力，给股东造成潜在不利益。

此外，在以董事会为中心的授权资本制下，公司的运营和治理有赖于董事会这一经营决策机构，董事会可能滥用在一定范围内自主决定股份发行的权力，不当发行授权股份。

---

〔1〕 郭富青：《我国授权资本制的时代价值、创新与实施展望》，载《法律科学（西北政法大学学报）》2025年第2期。

〔2〕 黄辉：《现代公司法比较研究——国际经验及对中国的启示》，清华大学出版社2011年版，第76-77页。

问题 142 ▷ 根据 2023 年《公司法》的规定，公司引入授权资本制时需遵循何种法定限制？

在当今复杂多变的商业环境中，公司资本制度的选择对其运营与发展具有深远影响。2023 年《公司法》在股份有限公司内部引入授权资本制，为公司在融资、决策等方面提供了诸多优势，正逐渐受到股份有限公司的青睐。然而，任何制度都需在合理的框架内运行，以确保股东权益的保护与市场秩序的稳定。在我国公司法上，公司引入授权资本制时需要遵循的法定限制包括期限限制、比例限制以及股份发行的出资形式限制。对授权资本制的法定限制不仅关乎公司自身的规范运作，更与股东、债权人等多方利益息息相关。深入探讨这一问题，对于公司在享受授权资本制带来便利的同时，规避潜在风险，实现可持续发展具有重要意义。

1. 我国公司法对授权资本制的法定限制

1.1 期限限制

就授权期限而言，公司章程或者股东会可以授权董事会的最长期限为 3 年。这一规定旨在确保公司权力的分配与行使处于合理且可控的状态，避免因过长时间的授权而可能引发的权力滥用或管理失控等问题。但具体的授权期限并非一概而论，而是可以根据公司章程或股东会授权的具体内容来最终确定，公司章程或股东会可以根据实际经营情况设定短于或等于 3 年的授权期限，以精准匹配公司的业务需求。一般来说，稳定的、长期的授权通常采用章程条款形式进行授权，短期的授权则采用股东会形式进行授权，两种机制各有其预设的功能。

需要明确的是，3 年是法定的严格限制，任何突破这一上限的行为均无法产生相应的法律效力，不具备相应的法律拘束力，从而可能导致相关决策或行为面临无效的法律后果。

1.2 比例限制

我国公司法授权董事会决定发行股份的最高比例为不得超过已发行股份的 50%。董事会获得授权后可以发行的具体股份比例，需通过公司章程予以明确规定，或由股东会作出相关决议。股东在考量这一关键事项时，需兼顾公司未来股权融资的潜在规模，同时谨慎权衡自身股权可能被稀释的限度。基于此，公司法选择进行比例限制而非具体数额限制。对董事会发行股份的权力施加比例限制具有双重意义，一方面，此举旨在防范董事滥用新股发行权力，避免因权力失控而对公司和股东利益造成损害。另一方面，它为既有股东持股比例的降低设定了底线，确保既有股东的股权不会被过度稀释，从而维护公司股权结构的相对稳定，保障股东在公司中的合理权益与影响力。

在公司同时发行普通股和优先股的情况下，50%的最高发行比例限制系针对股份总数不超过50%，还是每一类股份都要遵守不超过50%的发行方式存在解释分歧。结合2023年《公司法》第152条第2款规定，通过反面解释可以得出除了董事会授权发行股份导致公司注册资本、已发行股份数发生变化之外的其他情形都应当通过股东会决议。因此本书认为，由于第145条规定的类别股章程记载事项已然超出第152条第2款规定的范畴，因此采用细分计算法更符合体系解释的逻辑。

1.3 股份发行的出资形式限制

根据2023年《公司法》第152条第1款的规定，以非货币财产作价出资的应当经股东会决议。我国公司法规定的股东出资形式包括货币财产出资和非货币财产出资，其中货币财产出资价值明确，非货币财产出资则呈现出更为复杂的情形。非货币财产出资的形式包括但不限于实物、知识产权、土地使用权等，其价值的确定并非像货币那样直观且固定，有时甚至需要借助专业的评估机构作价评估，存在一定的主观性与不确定性，很有可能会导致公司资本虚增或虚减，进而对公司的财务状况与资产结构产生重大影响。鉴于非货币财产出资存在的潜在风险，为切实保护公司利益，确保公司资本的真实性、稳定性以及公司运营的健康有序，本款针对以非货币财产出资的股份发行设定了董事会和股东会的双层决策限制机制。

2. 授权资本制法定限制的形成过程

《公司法（修订草案一审稿）》第97条以及第164条构成了授权资本制的基本框架，其没有对采取授权资本制的股份有限公司资本的认缴期限和认缴比例进行强制性规定。《公司法（修订草案一审稿）》第97条规定："公司章程或者股东会可以授权董事会决定发行公司股份总数中设立时应发行股份数之外的部分，并可以对授权发行股份的期限和比例作出限制。"第164条规定："公司章程或者股东会授权董事会决定发行新股的，董事会决议应当经全体董事三分之二以上通过。发行新股所代表的表决权数超过公司已发行股份代表的表决权总数百分之二十的，应当经股东会决议。"可见，一审稿所规定的授权资本制没有任何时间和比例上的法定限制，其表述为"章程或者股东会可以授权董事会发行股份"，仅在发行新股所代表的表决权数超过公司已发行总数20%的情况下需要经股东会决议。质言之，此时董事会的职权不存在任何法定限制，授权发行的时间可以无限长、发行的比例可以无限大。

《公司法（修订草案二审稿）》在《公司法（修订草案一审稿）》的基础上，对授权模式作出了修改，增加了对授权期限和比例的限制。其第 152 条规定："公司章程或者股东会可以授权董事会在三年内决定发行不超过已发行股份百分之五十的股份。但以非现金支付方式支付股款的应当经股东会决议。"在授权期限和发行比例层面对董事会的职权施加了法定限制，将一审稿中股东会限制授权发行股份期限和比例的职权变更为特定股款支付方式下需要经过其决议。第 153 条规定："公司章程或者股东会授权董事会决定发行新股的，董事会决议应当经全体董事三分之二以上通过。"删去了发行新股的表决权超过 20% 需要股东会决议的规定，在这个意义上又扩大了董事会的职权。

最终通过的 2023 年《公司法》基本上延续了《公司法（修订草案二审稿）》的规定，保留了 3 年的法定发行期限和 50% 的发行比例上限，仅将"以非现金支付方式支付股款的应当经股东会决议"的表述变更为"以非货币财产作价出资的应当经股东会决议"，从语义角度，"非货币"的概念范畴相对来说更宽泛。对于授权资本制的规则，从法律规制的强度来看，较 2013 年《公司法》对股份公司造成的实际限制更多了，因为原来完全认缴制的情况下股份有限公司在资本缴纳上没有时间的限制，但是授权资本制之后要求首批发行的股款要缴足，因此在股份有限公司层面资本制度变得更加严格。

3. 比较法上对授权资本制的法定限制

美国法对授权资本制的法定限制主要体现在特定情形下董事会的决策权回归股东会。《美国示范公司法》第 6.21 条第（f）款规定，在以下情形之一发生时，董事会发行新股应当经股东会的同意：支付股份的对价是现金以外的其他形式；新发行的股份所代表表决权超过当前流通股份代表表决权的 20%。[1]《美国特拉华州普通公司法》沿用了 20% 的标准，于第 251（f）条规定发行新股超过 20% 要经股东会同意。纽交所上市公司手册第 312.03 条亦将 20% 作为决策权是否回归的标准。[2]

英国法对授权时间进行了限制，将最长授权期限规定为 5 年。《英国 1985 年公司法》规定，除非公司章程或公司决议将一般发行股份的权力或某项特定发行的权力授予董事，否则该权力由股东会保有。对于公众公司来说，将该项权力授予董事会的最长期限为 5 年；对于私人公司来说，通过投票决议，

---

〔1〕　Model Business Corporation Act（2016 Revision），Section 6.21.

〔2〕　Delaware General Corporation Law，Section 251.

可以将该权力无限期地授予董事。《英国2006年公司法》取消了公司章程中必须载明可发行的最高股本限额的要求，但保留了授权期限不能超过5年的规定；针对只有一种股份类别的私人有限公司，除公司章程明确禁止外，董事会可以根据公司的实际运营需要随时发行股本，且没有数额限制。[1]

日本法对授权发行的比例、授权期限以及决策权回归事项都作出了规定。在授权发行比例上，《日本公司法》遵循"四倍规则"，于第37条规定公开公司的股东会授权董事会可发行股份总数不得超过已发行股份总数的四倍。[2]在授权期限方面，《日本公司法》第200条第3款规定非公开公司的授权期限为1年，自授权决议之日起1年内有效。[3]在决策权回归事项上，《日本公司法》对可能导致控制权变动的新股发行增加了应当经股东会表决的限制，规定当新股发行导致公司控制权发生变化时，新股发行须经股东会表决；此外，还附加了其他程序限制：其一，公开公司向非股东配发新股时，发行生效后其持股比例达到公司表决权半数以上的，公司需要在股款缴纳日或者期间开始日的2周前向股东通知或公告该认购人的信息；其二，如果持有10%以上股份的股东向公司表达了反对该认购人的意思，则应通过股东大会的同意方可向该认购人发行新股。[4]

德国公司法对授权资本发行的规定存在时间或比例上的限制，无论是针对有限公司还是股份公司。《德国有限责任公司法》第55a条规定，公司章程可以授权业务执行人最长在公司登记后5年内发行新股，也可以通过变更公司章程在变更登记后最长5年的授权，授权资本的数额不得超过授权时基本资本的一半。[5]《德国股份公司法》第202条规定，章程可以授权董事会在公司登记成立后5年内，发行不超过授权时公司资本半数的新股。[6]

问题143 ▶ 公司引入授权发行条款时，有什么需要特别注意的事项？

公司若选择授权资本制，除存在"问题126"所述的法律上的限制外，还有需要特别注意的事项，比如适用授权资本制的公司类型，实行授权资本制的授权方式、授权时间、授权内容，以及授权回复股东会的情形等。

---

[1] UK Companies Act 2006, §550-551.
[2] 吴建斌编译：《日本公司法：附经典判例》，法律出版社2017年版，第17页。
[3] 吴建斌编译：《日本公司法：附经典判例》，法律出版社2017年版，第101页。
[4] 吴建斌编译：《日本公司法：附经典判例》，法律出版社2017年版，第106页。
[5] 《德国商事公司法》，胡晓静、杨代雄译，法律出版社2014年版，第48页。
[6] 《德国商事公司法》，胡晓静、杨代雄译，法律出版社2014年版，第163页。

1. 适用授权资本制的公司类型

授权资本制条款规定于股份有限公司章节之中，因此只能适用于股份有限公司，不适用于有限责任公司。区分有限责任公司与股份有限公司并采取不同的资本形成规则的逻辑在于两者的组成与特征存在较为明显的差异。有限公司兼具人合性与资合性特征，股东之间往往存在较为紧密的信任关系，公司规模相对较小，经营活动具有一定封闭性。授权资本制下资本的发行权被授予董事会，由董事会根据公司实际经营需要发行股份，便于提高融资效率。实践中，我国绝大多数有限责任公司股东人数较少，且股东多直接参与公司经营管理，所有权与管理权不分离或者分离不明显，因此，将发行权转移给董事会并无必要，还将徒增代理成本。相较而言，股份有限公司资合性更甚，开放程度更高，股份有限公司中的上市公司、非上市公众公司等公众公司，所有权与管理权分离，更适合授权资本制发挥其制度价值。因此，赋予股份有限公司以更自由的资本形成能够最大程度上实现授权资本制的制度目的，提升公司融资效率。[1]

在 2023 年《公司法》修订过程中，有观点认为授权资本制不必局限于股份有限公司，应当允许有限责任公司选择和参照适用。[2]对此，我国授权资本制尚处于首次引入的尝试阶段，仍应限于股份有限公司，不宜扩张至有限责任公司。其一，除《德国有限责任公司法》第 55a 条外，域外成熟市场尚不存在将授权资本制扩张至有限责任公司的做法，且德国法的扩张适用与其通过《对有限责任公司法进行现代化改革和反滥用的法律》的特殊背景有关。[3]其二，有限责任公司由于其股东人数较少、股权没有完善的市场定价机制等特点，引入授权资本制的必要性不大。其三，授权资本制的适用若不当扩张至有限责任公司，不仅无助于其融资灵活性，反而会平添股东会与董事会的治理冲突。[4]

2. 实行授权资本制的授权方式

在股份有限公司实行授权资本制的授权方式上，2023 年《公司法》第

---

〔1〕 马更新、安振雷：《重塑资本形成：授权资本制的本土化建构》，载《经贸法律评论》2023年第 3 期。

〔2〕 沈朝晖：《授权股份制的体系构造——兼评 2021 年〈公司法〉（修订草案）相关规定》，载《当代法学》2022 年第 2 期。

〔3〕 ［德］托马斯·莱赛尔、吕迪格·法伊尔：《德国资合公司法（下）》，高旭军等译，上海人民出版社 2019 年版，第 776 页。

〔4〕 傅穹：《授权资本制的中国运行机理》，载《中国社会科学》2024 年第 6 期。

152 条规定了两种途径，一为通过公司章程授权，二为经股东会决议授权。其一，股份有限公司实行授权资本制可通过公司章程授权来实现。公司章程作为公司的"宪章"，是公司设立与运营的基本准则，承载着公司股东的共同意志。通过在公司章程中明确授权资本制相关内容，包括授权对象、授权期限、授权比例等关键事项，能够从公司设立之初就为授权资本制的实施提供明确的指引，有利于公司在遵循法律法规的基础上根据行业特点、发展战略以及股东意愿，量身定制适合自己发展的资本运作模式。其二，股东会授权是股份有限公司实行授权资本制的另一途径。股东会作为公司的最高权力机构，由全体股东组成，代表着股东的整体利益。当公司面临是否实行授权资本制这一重大决策时，股东们基于对公司经营状况、发展前景以及自身权益的综合考量，以投票表决的方式作出是否授权以及如何授权的决议，体现了公司决策的民主性与科学性。对于股东会授权的表决通过比例问题，本书认为在法律文本对此没有作出特别规定的情况下，适用过半数通过即可，无须遵循多数决的限制。

2023 年《公司法》第 152 条提供的这两种授权途径为股份有限公司实行授权资本制提供了全面且灵活的选择，为股份有限公司在市场经济中的稳健发展提供了有力的制度支撑。考虑到 2023 年《公司法》第 152 条属于任意性规范，股份有限公司有选择引入或者不引入授权资本制的自由，因此在引入授权资本制时股份有限公司需要通过在章程中置入授权发行条款或者通过股东会决议，否则只能认定为其仍然采取的是法定资本制模式。此外，依据 2023 年《公司法》第 67 条规定，公司法赋予董事会的法定职权中并不包含发行公司股份的权力，因此，董事会决定发行一定数量股份的权力只能源自公司章程或股东会授权。从授权来源来看，公司章程或股东会决议任一形式均可予以授权，股份有限公司可任意选择其中一种方式对董事会进行授权。

3. 实行授权资本制的授权时间

公司章程或者股东会授权董事会发行股份的最长期限为 3 年。具体的授权期限可以根据公司章程或股东会授权的内容来最终确定，公司章程或股东会可以根据实际经营情况设定短于或等于 3 年的授权期限，以精准匹配公司的业务需求。

关于授权时间的详细论述请参见"问题 142"。

4. 实行授权资本制的授权内容

我国公司法授权董事会决定发行股份的最高比例为不得超过已发行股份

的 50%。董事会获得授权后可以发行的具体股份比例，需通过公司章程予以明确规定，或由股东会作出相关决议。董事授权发行的股份类型既可以包括普通股，也可以包括类别股。根据 2023 年《公司法》第 144 条的规定，公司可以按照公司章程的规定发行与普通股权利不同的类别股，包括：优先或者劣后分配利润或者剩余财产的股份；每一股的表决权数多于或者少于普通股的股份；转让须经公司同意等转让受限的股份；国务院规定的其他类别股。需要注意的是，若公司属于公开发行股份的公司，则董事会不得授权发行表决权差异或转让受限的类别股。因此，在授权资本制下，董事在授权范围内可以灵活地选择发行各种类别的股份，以满足投资者的差异化投资需求。

5. 授权回复股东会的情形

在授权资本制中，可能需要股东会决议的事项有二：一是以非货币财产作价出资的，应当经股东会决议；二是董事会授权发行股份后导致除注册资本和已发行股份数变化外章程修改的，亦需要经股东会表决。

其一，根据 2023 年《公司法》第 152 条第 1 款规定，非货币财产出资的股份发行应当经过董事会和股东会的双层决策限制机制。相较于货币财产出资，非货币财产出资需要评估作价，存在一定的主观性与不确定性，甚至可能导致公司资本虚增或虚减，影响公司的发展规划。因此，为确保公司资本的真实性，针对以非货币财产出资的股份发行还需要经过股东会决议，极大限制了授权资本制的适用情形。

其二，根据 2023 年《公司法》第 152 条第 2 款规定，董事会依照前款规定决定发行股份导致公司注册资本、已发行股份数发生变化的，对公司章程该项记载事项的修改不需再由股东会表决。之所以作此规定，2023 年 12 月 29 日，全国人民代表大会宪法和法律委员会在《关于〈中华人民共和国公司法（修订草案四次审议稿）〉修改意见的报告》中指出，有的常委委员提出，董事会根据公司章程或者股东会授权决定发行股份，会导致公司注册资本、已发行股份数发生变化，仅因此项记载事项发生变化需要修改公司章程的，不需再由股东会表决，建议予以明确。因此，宪法和法律委员会经研究，建议采纳这一意见。通过反面解释可以得出，除了上述两项情形之外的章程记载变化仍应当通过股东会决议。

问题 144 ▷ 对于滥用发行权的董事会，股东可以采取何种救济措施？

在法定资本制之下，公司发行新股必须经过股东会决议、变更公司章程等程序。如果公开发行股份，还涉及注册程序，融资效率较低，甚至可能影响公司发行股份的目的实现，比如在通过发行股份阻却敌意收购时可能因效率不足而宣告失败。相较而言，授权资本制简化了新股发行的决策程序，便于公司快速发行新股，提升了融资效率，适应了市场需求。但是，权力若缺乏有效制衡，便易滋生滥用风险。授权资本制下董事会拥有发行权力，董事会权力增加，董事职能扩张，因而可能引发董事的机会主义行为，冲击股东的切身权益。对于滥用发行权的董事会，探究股东可以采取的救济措施不仅关乎股东个体的利益诉求，更对公司治理的完善以及资本市场的稳定发展具有深远意义。

1. 股份不当发行中股东救济的机制

司法保护股东利益的制度结构为规定各种监督、救济制度，而救济制度基本上是诉讼救济模式。[1]针对授权资本制模式下董事滥用发行权，2023 年《公司法》并没有规定股东可以采取的具体救济措施。结合有关公司法理论以及比较法经验，可以将不当发行语境下的股东救济措施分为事前和事后两个维度，作为事前救济，股东享有新股发行停止请求权，即股份发行的诉前禁令，股东可以提起新股发行停止之诉以维护自身利益；作为事后救济，股东可以提起新股发行不成立之诉、新股发行无效之诉，或追究董事违反信义义务的法律责任。

1.1 股东事前救济手段

作为事前救济手段的新股发行停止之诉，是指公司发行新股时，若违反法令或者章程发行，或以明显不公正定价或方式发行，因该发行有可能受损失的股东可以要求公司停止发行新股。新股发行停止之诉具有预防于先的阻断功能，旨在避免新股发行完毕后再恢复原状的不可逆转性。[2]其正当性基础在于，股东与公司之间的发行与认购行为如果存在公司违反法律规定的情形，就应停止发行。[3]其构成要件可以解构如下：就诉讼提起的时间来看，停止之诉需要在新股发行生效缴纳日期之前启动；就诉讼事由而言，董事会在发行股份时违反法律、公司章程规定、不公正发行构成股东提起停止之诉的三大事由，如在超出授权股份数发行、未由法定组织机构作出决议与未进行公告或通知、发行价格不公允等情况下股东都可以提起停止之诉。比较法

---

〔1〕 陈景善：《公司社会责任的股东共益权实现路径》，载《政法论坛》2020 年第 1 期。

〔2〕 傅穹：《授权资本制的中国运行机理》，载《中国社会科学》2024 年第 6 期。

〔3〕 陈景善：《授权资本制下股份发行规制的重构》，载《华东政法大学学报》2022 年第 2 期。

上，日本是比较典型的采用新股发行停止之诉的国家，在法律中直接规定了不当发行时的停止请求权，《日本公司法》第210条规定，募集股份的发行以违反法令或章程规定的情形或明显不公正的方式进行时，股东对股份公司可请求停止该募集股份的发行。即一旦发现董事会在股票发售中存在上述违法背章行为时，股东即可中止该股票的发售。韩国公司法亦存在类似规定。美国法则通过判例方式确立了不当发行停止制度，如在美国法上董事会若决定进行不正当发行股份以损害现有股东利益，股东可以向法院请求禁令。[1]新股发行停止之诉可以避免新股发行完毕后再恢复原状的不可逆转性，相比之下，我国2023年《公司法》所规定的三种公司决议瑕疵之诉，主要是针对新股发行进行的事后效力判断，在实际情况中很难真正实现恢复原状的法律效果。[2]因此，这种股份发行的诉前禁令有其独特的制度价值。

1.2 股东事后救济手段

从事后救济角度看，股东可以选择提起新股发行无效之诉、新股发行不成立之诉，也可以追究滥用发行权的董事违反信义义务的法律责任。

（1）新股发行无效之诉

新股发行无效之诉是指新股发行存在严重违反法律、章程的情形时，股东可以在一定期间内提起无效诉讼。此种诉讼模式主要适用于股份已经发行生效之后，属于形成之诉。在无效事由方面，日本司法上判决股份发行无效的典型案例为超过章程规定的可发行股份总数或章程未规定的种类股而发行的行为；[3]《韩国商法》没有规定新股发行的无效事由，实践中一般从超出授权资本制的局限、违反资本充实、侵害新股认购权这三个维度判定新股发行是否无效。[4]

在权利行使期间方面，《日本公司法》第828条规定针对股份公司的股份发行无效之诉，非公开公司须在股份发行生效之日起1年内提起，公开公司须在股份发行生效之日起6个月内提起；《韩国商法》第429条规定应当自发行新股之日起6个月内提起诉讼。

需要说明的是，新股发行不成立之诉与决议无效之诉存在一定的区别：其一，在行权期限方面，公司决议无效之诉没有除斥期间的特殊设定，而比较法上只对新股发行无效之诉设置了除斥期间；其二，在溯及力方面，公司

---

〔1〕 李卓卓：《授权资本制中不当发行停止请求权的建构与行使》，载《财经法学》2023年第1期。

〔2〕 傅穹：《授权资本制的中国运行机理》，载《中国社会科学》2024年第6期。

〔3〕 陈景善：《授权资本制下股份发行规制的重构》，载《华东政法大学学报》2022年第2期。

〔4〕 [韩] 李哲松：《韩国公司法》，吴日焕译，中国政法大学出版社2000年版，第578页。

决议无效之诉为自始无效，而新股发行无效之诉没有溯及力，发行行为从判决生效之日起无效。

（2）新股发行不存在之诉

新股发行不存在之诉，是指根本不存在新股发行的程序，或者由不具备合法资格的组织机构作出发行决策，则不能视为具有组织法上的发行效力。[1] 不存在之诉系确认之诉，其主要适用情形为公司实体不存在，程序上出现明显不公正的违反法律规定的情形，以及新股发行无效之诉未能救济股东权利。[2]

在行权期限上，不存在之诉没有提起诉讼的期限限制，比较法上也没有相应规定。不存在之诉的判决效力与新股发行无效之诉的判决不同，没有对世效力，其溯及力也不受限制。[3]

2. 股份不当发行的其他救济措施

在我国公司法下，当董事会滥用发行权时，主要可以通过追究董事违反信义义务的法律责任和股东提起股份发行的决议瑕疵之诉两种路径来对股东权利进行救济。

2.1 追究滥用发行权的董事责任

在授权资本制下，股东通过股东大会或者章程对董事会进行了授权，董事和股东之间存在信任关系，要求董事在履行职务时应当保护股东固有利益。总的来说，董事需要遵守 2023 年《公司法》第 180 条所规定的忠实义务和勤勉义务，否则将导致违反信义义务的法律责任，从而衔接股东代表诉讼或者股东直接诉讼。根据二元论的观点，授权资本制下董事信义义务可以被拆分为忠实义务和勤勉义务，董事在决策时应当遵循两方面的要求。一方面，忠实义务要求董事在授权发行股份时应当避免自身利益与公司利益冲突，不得利用职权牟取不正当利益；另一方面，董事也应当坚守勤勉义务，必须始终以公司利益为首要考量，尽到管理者通常应有的合理注意。因此，董事应当基于充分的商业信息进行审慎决策。违反信义义务的行为将导致本法规定的董事责任。

董事违反信义义务的情况下股东有两条追责路径。其一，若董事滥用发行权损害了公司利益，则股东可以提起股东代表诉讼要求董事承担赔偿责任，

---

〔1〕 傅穹：《授权资本制的中国运行机理》，载《中国社会科学》2024 年第 6 期。

〔2〕 陈景善：《授权资本制下股份发行规制的重构》，载《华东政法大学学报》2022 年第 2 期。

〔3〕 ［韩］李哲松：《韩国公司法》，吴日焕译，中国政法大学出版社 2000 年版，第 584 页。

由此获得的诉讼利益由公司享有。譬如，当董事以非公允的价格发行股份，导致股价下跌，给公司带来可得利益损失，严重损害了公司这一独立法人的利益，若监事会拒绝起诉、在30日内仍未起诉或者情况紧急，则连续180日以上单独或合计持有1%以上的股东可以提起股东代表诉讼。司法实践中，法院一般援引《民法典》第1184条的规定，根据损失发生时的市场价格计算财产损失。[1]其二，若损害的是股东利益，则股东可以根据2023年《公司法》第190条提起股东直接诉讼，从而衔接股份发行的决议瑕疵之诉。

2.2 股份发行的决议瑕疵之诉

我国2023年《公司法》不存在域外法上的新股发行停止之诉，其制度功能可以借助司法实践中的诉前保全来实现。我国法上也没有单独的新股发行不成立之诉以及新股发行无效之诉，因此股东可以通过股份发行的公司决议瑕疵之诉进行权利救济。公司决议瑕疵之诉属于股东权利的事后救济手段，可以分为决议无效、决议可撤销和决议不成立之诉。

（1）决议无效之诉

决议无效之诉适用于公司董事会的决议内容违反法律以及行政法规。具体到董事滥用发行权的情形，在董事会的股份发行决议违反法律、章程、股东会议的授权事项，股份发行价格不公允，侵害原股东优先认购权等情况下股东都可以提起决议无效之诉。

在授权资本制下，决议无效类型和普通的决议无效类型不一样。根据2023年《公司法》第25条规定，一般的决议无效类型是违反法律、行政法规的规定；而在董事不当发行股份时，决议无效的类型应当扩展到决议违反法律、章程、股东会议的授权事项，因为超出上述授权的股份发行属于无权发行，所以对应的决议是无效的决议。

在股份发行价格不公允的情况下，发行价格不公允会对既有股东的权利造成损害。2023年《公司法》第21条就禁止权利滥用进行了规定，"公司股东应当遵守法律、行政法规和公司章程，依法行使股东权利，不得滥用股东权利损害公司或者其他股东的利益。公司股东滥用股东权利给公司或者其他股东造成损失的，应当承担赔偿责任"。《民法典》第132条规定，"民事主体不得滥用民事权利损害国家利益、社会公共利益或者他人合法权益"，此系民事主体不得滥用权利的一般条款。结合2023年《公司法》第21条禁止权利滥用的规定以及《民法典》第132条民事主体不得滥用权利的一般条款，滥

---

〔1〕 王艳梅、祝雅柠：《论董事违反信义务赔偿责任范围的界定——以世界银行〈营商环境报告〉"董事责任程度"为切入点》，载《北方法学》2019年第2期。

用权利的决议也是无效的决议。在侵害原股东优先认购权的情况下，虽然立法上没有规定股份公司股东有优先认购权，但是可以写入章程，质言之，在优先认购权的问题上在股份公司采用的是默示排除、明示引入的模式，如果股份公司在章程中写了原来的股东有优先认购权，但是在新股发行过程中又没有考虑，则亦违反 2023 年《公司法》第 21 条及《民法典》第 132 条属于滥用权利的决议，因而也可以纳入决议无效的情形。

（2）决议可撤销之诉

决议可撤销之诉，是指公司股东会、董事会的会议召集程序、表决方式违反法律、行政法规或者公司章程，或者决议内容违反公司章程的规定时，股东可以直接提起的诉讼。在董事会授权发行新股的决议存在召集程序、表决方式的不属于瑕疵，该瑕疵不可治愈，且对决议产生实质影响时，股东可以提起可撤销之诉。在撤销期间上，股东需要在董事会作出决议之日起 60 日内提出请求。决议被撤销后，对公司自始没有拘束力，依据决议进行的行为应当恢复原状。[1]

（3）决议不成立之诉

决议不成立之诉，指董事会没有开会、没有表决即作出决议，或者出席会议人数或所持表决权数、同意决议事项的人数或所持表决权数没有达到法律或章程规定要求时，股东可以提起决议不成立的诉讼。如果决议不成立，则不存在撤销与否的问题。根据 2023 年《公司法》第 153 条规定，董事会决定发行新股的，必须经过董事会决议，且需要经全体董事的 2/3 以上通过。换言之，如果发行新股没有召开董事会、没有经过董事会决议，出席会议的董事少于半数、决议最终没有经绝对多数通过，股东都可以提起决议不成立之诉进行救济。

可以预见，授权资本制引入之后，董事会发行股份的决议之诉将成为重要的诉讼情形。

2.3 发行程序中的表决权回避瑕疵

在董事授权发行新股的决策程序上，2023 年《公司法》第 153 条明确规定："公司章程或者股东会授权董事会决定发行新股的，董事会决议应当经全体董事三分之二以上通过。"因此，只有经全体董事 2/3 以上通过的，董事会发行新股的决议方能通过。在通过比例上，董事会决议采用一人一票表决规则，此处设置了绝对多数的决议通过比例，目的在于防止董事滥用新股发行权，对股东或公司的合法权益造成损害。因为公司资本的增加常导致股权的

---

〔1〕 刘斌编著：《新公司法注释全书》，中国法制出版社 2024 年版，第 133 页。

稀释和股权结构的调整，直接影响到现有股东利益并可能导致严重利益冲突的公司重大事项。而在法定资本制的框架下，增加公司资本属于股东会的特别多数决事项，必须经代表 2/3 以上表决权的股东通过。基于相同的价值判断，对股东会特别多数决的限制也应当沿用至董事会决议发行新股的情形。[1]

此外，根据 2023 年《公司法》第 185 条规定，"董事会对本法第一百八十二条至第一百八十四条规定的事项决议时，关联董事不得参与表决，其表决权不计入表决权总数。出席董事会会议的无关联关系董事人数不足三人的，应当将该事项提交股东会审议"。因此，关联董事在涉及定向发行股份的决策过程中，必须遵循回避表决程序。

问题 145 ◦ 2023 年《公司法》第 160 条第 3 款规定的股份出质限制，是否包括限制流通股和减持新规中不能减持的股份，以及股东承诺不减持的情况？

2023 年《公司法》第 160 条第 3 款规定："股份在法律、行政法规规定的限制转让期限内出质的，质权人不得在限制转让期限内行使质权。"作为股份有限公司股份限售的重要情形之一，该规定系 2023 年《公司法》修订过程中的新增规定，债务人不清偿到期债务或出现当事人约定的实现担保物权的其他情况时，如果作为质押标的的股份仍处于法律、行政法规规定的限制转让期间内的，质权人无权处置该标的股权。

2024 年 5 月 24 日，证监会发布《减持新规》，旨在规范上市公司股东减持股份行为，保护投资者的合法权益，维护证券市场秩序，促进证券市场长期稳定健康发展。《减持新规》中规定了不能减持股份的情形，此类股份虽然不能减持，但仍然可以出质，在一定程度上也可以实现股份转让的目的。

就立法目的来看，对于股份出质进行限制主要是考虑到实践中持股人通过将股份出质并叠加表决权委托机制，可以实质实现股份转让的效果。具体而言，特定股份持有人在法定期间内被禁止转让股份的，以限售股设定质权之行为虽与股份转让行为存在本质区别，但若约定的债务履行期限先于限售期限届满，且债务届期未获得清偿的，质权人便可以根据《民法典》第 386 条规定行使质权，主张对限售股进行变价处置。在此情形下，将产生类似于股份转让的权属变动法律后果，规避既有的股份转让限制规范。因此，为了

---

〔1〕 赵旭东主编：《新公司法重点热点问题解读：新旧公司法的比较分析》，法律出版社 2024 年版，第 161 页。

规避质权实现导致的权属变动构成对限售股安定的威胁，公司法将限制环节前移，通过禁止质权人在限售期内基于质权请求变价，消除引发限售股权属变动的原因，避免司法执行环节发生冲突。[1]

2023年《公司法》第160条所涉股份在限售期内出质时质权人不得行使质权的规则限制仅限于法律和行政法规层面。股份转让限制的规范位阶仅包括两个层级：一是法律，譬如2023年《公司法》第160条第1款、第2款的概括性规定，以及《证券法》第36条关于证券限售的规定。在法理学上，法律有狭义和广义之分，狭义的法律是指全国人民代表大会及其常务委员会制定的法律，广义的法律则涵盖法律、行政法规、地方性法规、自治条例和单行条例、部门规章和地方政府规章。结合文义，2023年《公司法》第160条第3款将法律与行政法规并列，因此，此处仅指全国人民代表大会及其常务委员会制定的狭义的法律，否则将在逻辑上产生解释困境。二是行政法规，根据《立法法》第72条，行政法规的制定主体为国务院，是国务院为领导和管理国家各项行政工作，根据宪法和法律制定的政治、经济、教育、科技、文化等各类法规。因此，2023年《公司法》第160条第3款规定的股份出质限制仅针对法律和行政法规对股份转让限制的规定，而不包括部门规章、行业规范性文件、公司章程或者当事人约定中对股份限售的规定。

针对限制流通股情形，限制流通股系公司章程对股份流通进行限制的产物，不属于法律、行政法规对股份转让期限的限制，2023年《公司法》对股份出质限制的规定不包括该情形。针对《减持新规》中规定的大股东、实控人等不能减持的股份，由于该规定系证监会制定，在效力位阶上属于部门规章，无法比肩法律或者行政法规，因此，应当不属于对股份出质限制的射程范围。针对股东承诺不减持的情形，对于该承诺期限与法律、行政法规规定的限制转让股份期限的重合部分，可以适用第160条第3款的规定；对于该承诺期限长于法定期限的部分，则当事人约定不属于法律、行政法规的范畴，因此该超出部分不适用股份出质限制的规定。

问题146 2023年《公司法》第163条新引入了禁止财务资助规则，如何界定财务资助？

2023年《公司法》第163条新增了禁止财务资助规则，是我国首次在公司法层面对股份有限公司提供财务资助行为予以规制。该条按照"原则禁止，

---

[1] 葛伟军、李攀：《限售股质权实现过程中的法益冲突解决——以〈公司法（修订草案二次审议稿）〉第160条为对象》，载《证券法苑》2022年第3期。

具体例外，一般例外，法律责任"的体系构建了我国的禁止财务资助规则，是公司资本维持原则的重要制度体现，旨在规范公司在特定情形下的资金流动，避免公司因不合理的财务资助行为损害自身资本结构与股东利益。然而，该规则自实施以来，其模糊性条款与复杂多变的商业实践之间逐渐显现张力，围绕如何界定财务资助等问题仍然存在争议。这些争议不仅折射出法律原则与商事效率的价值冲突，更凸显了制度移植过程中本土化调适的必要性，亟待通过理论辨析与司法实践的互动予以回应。

1. 财务资助行为的定义

比较各国的公司立法，对于财务资助的定义或笼统拆解字义或通过列举资助形式的方式描述制度本身，因此，对于财务资助的含义探究主要依靠理论界以及实务界提炼出的观点。在理论界，有观点认为，财务资助是指公司或其控股公司对购买自身股份的人"提供财务上的帮助"；[1]有观点主张，财务资助是公司对于购买其股份"予以财务资助的行为"；[2]还有观点认为，公司提供财务资助的行为是指公司为他人取得本公司股份或控股公司股份而提供的财务资助的行为，具体包括担保、贷款等使公司资产向公司股东或潜在股东流出的行为。[3]在司法实践中，Hoffmann 法官在 Charterhouse Investment Trust Ltd 诉 Tempest Diesels Ltd 案中指出，现有法规没有对财政资助进行定义，正确的做法应当是在商业现实的背景下界定财务资助的概念。这些词本身没有任何技术意义，它们仅仅是普通的商业用语，必须审查交易的商业现实才能决定是否可以将其恰当地描述为公司提供财政资助——如果交易的唯一或主要目的是使购买人能够购买股份，即属违反该条。[4]

综合上述内容，结合 2023 年《公司法》第 163 条规定，本书认为，公司提供财务资助可以被定义为公司为他人取得本公司股份或控股公司股份而提供财务资助的行为，包括贷款、担保、债务减免等使公司资产向公司股东或未来股东流出的行为。[5]

〔1〕　林少伟：《英国现代公司法》，中国法制出版社 2015 年版，第 665 页。

〔2〕　[英] 艾利斯·费伦：《公司金融法律原理》，罗培新译，北京大学出版社 2012 年版，第 265 页。

〔3〕　沈朝晖：《财务资助行为的体系化规制——兼评释 2021〈公司法（修订草案）〉第 174 条》，载《中国政法大学学报》2022 年第 5 期。

〔4〕　Charterhouse Investment Trust Ltd v. Tempest Diesels Ltd.［1986］1 BCLC 1（ChD）at 10.

〔5〕　刘斌编著：《新公司法注释全书》，中国法制出版社 2024 年版，第 590 页。

2. 禁止财务资助的规范梳理

在 2023 年《公司法》引入禁止财务资助规则之前，禁止财务资助的相关规范散见于证监会的部门规章和交易所规则之中。

2.1 证监会层面关于禁止财务资助的规则

在证监会规则层面，2018 年《上市公司股权激励管理办法》第 21 条规定，激励对象参与股权激励计划的资金来源应当合法合规，不得违反法律、行政法规及中国证监会的相关规定。上市公司不得为激励对象依股权激励计划获取有关权益提供贷款以及其他任何形式的财务资助，包括为其贷款提供担保。

2020 年《上市公司收购管理办法》第 8 条第 2 款规定，被收购公司董事会针对收购所做出的决策及采取的措施，应当有利于维护公司及其股东的利益，不得滥用职权对收购设置不适当的障碍，不得利用公司资源向收购人提供任何形式的财务资助，不得损害公司及其股东的合法权益。

2020 年《非上市公众公司收购管理办法》第 8 条规定，被收购公司的董事、监事、高级管理人员对公司负有忠实义务和勤勉义务，应当公平对待收购本公司的所有收购人。被收购公司董事会针对收购所做出的决策及采取的措施，应当有利于维护公司及其股东的利益，不得滥用职权对收购设置不适当的障碍，不得利用公司资源向收购人提供任何形式的财务资助。

2023 年《证券发行与承销管理办法》第 38 条规定，上市公司向特定对象发行证券的，上市公司及其控股股东、实际控制人、主要股东不得向发行对象做出保底保收益或者变相保底保收益承诺，也不得直接或者通过利益相关方向发行对象提供财务资助或者其他补偿。

2023 年《非上市公众公司监督管理办法》第 16 条规定，进行公众公司收购，收购人或者其实际控制人应当具有健全的公司治理机制和良好的诚信记录。收购人不得以任何形式从被收购公司获得财务资助，不得利用收购活动损害被收购公司及其股东的合法权益。在公众公司收购中，收购人应该承诺所持有的被收购公司的股份，在收购完成后 12 个月内不得转让。

2023 年《公司债券发行与交易管理办法》第 45 条规定，发行人及其控股股东、实际控制人、董事、监事、高级管理人员和承销机构不得操纵发行定价、暗箱操作；不得以代持、信托等方式谋取不正当利益或向其他相关利益主体输送利益；不得直接或通过其利益相关方向参与认购的投资者提供财务资助；不得有其他违反公平竞争、破坏市场秩序等行为。发行人不得在发行环节直接或间接认购其发行的公司债券。发行人的董事、监事、高级管理人员、持股比例超过百分之五的股东及其他关联方认购或交易、转让其发行的公司债券的，应当披露相关情况。

2023 年《上市公司证券发行注册管理办法》第 66 条规定，向特定对象发行证券，上市公司及其控股股东、实际控制人、主要股东不得向发行对象做出保底保收益或者变相保底保收益承诺，也不得直接或者通过利益相关方向发行对象提供财务资助或者其他补偿。

2.2 交易所层面禁止财务资助的规则

在交易所规则层面，2023 年《北京证券交易所向不特定合格投资者公开发行股票注册管理办法》第 42 条第 7 项规定，发行人、承销商及相关人员不得存在以下行为：直接或通过其利益相关方向参与申购的投资者提供财务资助或者补偿。

2023 年《北京证券交易所上市公司证券发行注册管理办法》第 14 条规定，上市公司及其控股股东、实际控制人、主要股东不得向发行对象作出保底保收益或者变相保底保收益承诺，也不得直接或者通过利益相关方向发行对象提供财务资助或者其他补偿。

2.3 国资委层面禁止财务资助的规则

在国资委规则层面，2025 年公布的《企业国有资产交易操作规则》第 69 条规定，交易各方不得在增资协议中或以其他方式约定股权回购、股权代持、名股实债等内容，不得以交易期间企业经营性损益等理由对已达成的交易条件和交易价格进行调整。除另有规定外，国家出资企业及其子企业参与增资活动的，不得为其他股东提供借款、担保等资金支持。

综上，2023 年《公司法》第 163 条对财务资助的规定相比于证监会、交易所及国资委的规则来说并非强化管制，而是放松了对财务资助行为的监管。

3. 财务资助行为的认定要点

3.1 "他人"的范围

财务资助仅指公司向他人提供的财务方面的帮助行为。既包括公司向股份购买方的直接资助，也包括公司通过向第三方提供资金，再由第三方将该资金提供给股份购买方的间接资助。"他人"一词涵盖了除公司以外的所有个人或实体，既包括未来可能成为公司新股东的购买方，也包括增持公司股份的原股东。具体而言，可能是公司的股东、董事、高级管理人员、关联方、员工，以及其他与公司存在利益关系的主体等可能希望通过公司提供的财务资助来获取公司股权、其他利益的个人或实体。[1]

3.2 "取得"的内涵

此处的"取得"应作广义理解，"取得"的对象既包括已发行股份也包括新股，"取得"的方式既包括购买公司已发行股份，也包括认购公司新发行股份，[2]"取得"的数量和方式均不影响对行为性质的判定。[3]

在"取得"的时点上，资助行为既可以发生在股份收购行为前，也可能发生于股份收购行为后。2023年《公司法》第163条并未明确提供财务资助的时间与股份取得的先后顺序，一般而言，财务资助行为与股份取得之间不存在时间上的先后要求，而是强调公司资产对股份购买者的净输出行为与股权取得之间的实质联系，先获得股权后提供补偿等行为也应当属于财务资助规制的范畴。在域外亦存在资助行为可以发生在股份收购行为之后的立法例，比如《英国2006年公司法》第678条规定，当某一主体计划取得公众公司股份时也可以构成财务资助。[4]对于选择授权资本制的股份公司来说，财务资助中"取得"既包括通过现金认购的已发行股份，又包括公司回购股份后在三年内对外转让的股份。[5]

3.3 "股份"的外延

在股份的类型方面，2023年《公司法》第163条所指的本公司与母公司的"股份"，不应该局限于普通股，也应该包括2023年《公司法》第144条规定的类别股。他人取得的股份除了包括股份自身，也包括可转换债券等具有股权性质的权益凭证，但不包括债券类的非股权性质的权益凭证。相较于一般债券，可转换债券在性质上更接近股份，结合维持公司资本的立法目的，似乎可以将股份扩张解释为可转换为股份的债券，从而列入禁止财务资助的股份范围。针对非股权性质的权益凭证，其在性质上与股权存在本质差异，因此在法律没有规定的情况下不宜进行类推解释。在比较法上也存在将非股权性质的权益凭证剔除出财务资助禁止范围的立法例，《新西兰1955年公司法》第62条规定，提供金钱取得股份期权的，不属于以金钱方式提供财务资

---

〔1〕 最高人民法院民事审判第二庭编著：《中华人民共和国公司法理解与适用（下）》，人民法院出版社2024年版，第727页。

〔2〕 皮正德：《禁止财务资助规则的公司法建构》，载《法学研究》2023年第1期。

〔3〕 李建伟主编：《公司法评注》，法律出版社2024年版，第661页。

〔4〕 于莹、申玮：《我国〈公司法〉禁止财务资助的规则展开》，载《当代法学》2024年第6期；林少伟：《英国现代公司法》，中国法制出版社2015年版，第676页。

〔5〕 傅穹、赵奕彤：《授权资本制语境下的禁止财务资助规则》，载《社会科学研究》2024年第4期。

助以取得股份的禁令调整范围。

4. 财务资助行为的具体方式

针对公司提供财务资助的具体方式，2023 年《公司法》第 163 条第 1 款以列举加兜底的方式进行了规定：

其一，赠与。为他人购买本公司或者母公司股份提供无偿资助，将直接导致公司资产减少并不当流出，损害资本充实和公司利益，系属于本条财务资助规定的规制范畴。

其二，借款。他人购买本公司或者母公司股份，公司以自有资金向其提供借款的，该部分资产将转换为债权，公司或将面临新的债务偿付风险。但是，此时公司仍然可能通过有偿借贷行为获得收益，未必绝对损害公司利益。

其三，担保。公司以担保形式为他人取得本公司或者其母公司股份提供财务资助的，当被资助人无力清偿债务时，公司资产会因公司承担担保责任而减少。当公司无法获得追偿时，公司替被资助人清偿债务的行为实质上亦构成公司向未来股东变相分配财产利益，损害了公司、其他股东和公司债权人的合法权益。

其四，其他财务资助形式。此为兜底性规定，既包括条文中所列举的赠与、借款、担保等积极利益的给予，又包括诸如应履行义务的减免等消极负担的削减。[1]实践中，财务资助还可能包括免除他人债务、支付收购费用等方式。在认定某一行为是否属于被禁止的财务资助形式时，应秉持实质重于形式的判断标准，主要审查该财务资助行为是否会导致公司资产不当减少，是否构成公司资产向未来股东或原股东的变相分配。

问题 147 ▷ 2023 年《公司法》中禁止财务资助规则是否适用于有限责任公司？

针对禁止财务资助制度的适用范围问题，存在两种观点：一种观点认为可以一体适用于股份有限公司和有限责任公司；另一种观点则认为该禁止规范仅适用于股份有限公司。[2]

---

〔1〕　皮正德：《禁止财务资助规则的公司法建构》，载《法学研究》2023 年第 1 期；沈朝晖：《财务资助行为的体系化规制——兼评释 2021〈公司法（修订草案）〉第 174 条》，载《中国政法大学学报》2022 年第 5 期。

〔2〕　傅穹、赵奕彤：《授权资本制语境下的禁止财务资助规则》，载《社会科学研究》2024 年第 4 期；王几高：《禁止财务资助的制度逻辑和规则重构——以降低代理成本为视角》，载《证券法苑》2018 年第 2 期；刘斌编著：《新公司法注释全书》，中国法制出版社 2024 年版，第 591 页。

循立法文义，答案是十分明确，禁止财务资助规则仅适用于股份有限公司，不适用于有限责任公司。其一，该规则被规定在 2023 年《公司法》第六章"股份有限公司的股份发行和转让"部分，在有限责任公司部分并未被提及。其二，不同类型的公司在经营过程中所面临的代理成本、治理成本、规模大小等因素不同，在财务资助规制的严厉度上也应做相应差异化管理。对于股份有限公司而言，其所有权与控制权较有限责任公司更为分离，因而股份有限公司的股东与董事等雇用经营人员之间、大股东或控股股东与中小股东之间、公司与债权人之间的利益冲突更大。[1]其三，从比较法角度考察，基于中小企业合规成本与公司自治考虑，无论是英国、新西兰还是新加坡等国的公司法均将闭锁性公司从禁止范畴中排除，仅仅适用于公众公司。[2]

综上，财务资助的禁止规范仅适用于股份有限公司，有限责任公司可以为他人取得本公司及其母公司股权的行为提供财务资助，具体交由公司自治。[3]

问题 148 ▷ 2023 年《公司法》中禁止财务资助规则有哪些例外情形?

公司实施财务资助行为并不当然构成不公平的利益输送。例如，设置公允的甚至高于一般市场利率的贷款安排，公司在提供贷款的同时也取得了债权，此系资产形态的转换而并不必然造成实质减损，非但没有造成公司权益受损的必然结果，反而存在实现公司资产增值的可能。比较法上公司法立法例的演进趋势也表明，财务资助行为的规制模式已经由全面禁止转向原则禁止与例外允许相结合的规制路径。我国公司法参考比较法上的成熟经验，构建了一套"原则禁止，具体例外，一般例外，法律责任"的财务资助规范体系。

1. 禁止财务资助的具体例外情形

2023 年《公司法》第 163 条第 1 款规定了禁止财务资助的具体例外情形，即允许公司为实施员工持股计划而向员工提供财务资助，该除外规定属于无条件例外。员工持股计划是指公司根据员工意愿，通过合法方式使员工获得本公司股票并长期持有，股份权益按约定分配给员工的制度安排。[4]劳动者

---

〔1〕 王几高：《禁止财务资助的制度逻辑和规则重构——以降低代理成本为视角》，载《证券法苑》2018 年第 2 期。

〔2〕 傅穹、赵奕彤：《授权资本制语境下的禁止财务资助规则》，载《社会科学研究》2024 年第 4 期。

〔3〕 刘斌编著：《新公司法注释全书》，中国法制出版社 2024 年版，第 591 页。

〔4〕 刘斌编著：《新公司法注释全书》，中国法制出版社 2024 年版，第 593 页。

参与公司治理的正当性根植于人力资本（资源）创造公司财富的重大贡献，以及劳动者因受劳动契约拘束而承担的义务与风险。[1]一旦公司治理机构科层冗余，可能不利于职工利益保护，降低决策效率，增加经营成本，制造治理僵局，阻碍公司可持续健康发展。[2]而参与持股计划的员工可能薪酬有限，不足以购买公司股份，故本款允许公司对员工持股提供财务资助。

　　针对该条所规定的员工持股计划例外是否包括高管股权激励，2023年《公司法》第163条第1款并未予以纳入；如果符合第163条第2款的一般例外情形，在履行完该款规定的程序外也可以对高管进行股权激励。从配套规范来看，2018年修正的《上市公司股权激励管理办法》将股权激励排除出财务资助行为的允许范畴，于第21条规定，激励对象参与股权激励计划的资金来源应当合法合规，不得违反法律、行政法规及中国证监会的相关规定。上市公司不得为激励对象依股权激励计划获取有关权益提供贷款以及其他任何形式的财务资助，包括为其贷款提供担保。2020年《中央企业控股上市公司实施股权激励工作指引》第62条同样指出，股权激励对象应当承担行使权益或者购买股票时所发生的费用。上市公司不得直接或通过关联方间接为激励对象依股权激励计划获取有关权益提供贷款以及其他任何形式的财务资助，包括为其贷款提供担保。从体系解释角度来看，2023年《公司法》第162条第1款第3项在论及股份有限公司股权回购事宜时，将"员工持股计划"和"股权激励"并列，可见两者并不等同，否则就构成了语义重复。因此，本书认为，为了保持解释上的一致性，不宜将高管股权激励纳入员工持股计划这一具体例外情形，但是在满足第163条第2款规定的情况下可以将其纳入一般例外情形。

　　《公司法（修订草案一审稿）》第174条第1款规定，"公司及其子公司不得为他人取得本公司的股份提供赠与、贷款、担保以及其他财务资助。公司实施员工持股计划或者金融机构开展正常经营业务的除外"。彼时"金融机构开展正常经营业务"与"公司实施员工持股计划"并列，都属于禁止财务资助的一般例外情形。但是在其后的修订稿直至最后的通过稿中，"金融机构开展正常经营业务除外"的规则被删除。同理可得，金融机构开展正常经营业务的情形并不属于2023年《公司法》上的具体例外情形，在解释上仅能被纳入第163条第2款规定的一般例外情形。

---

〔1〕　刘俊海：《论公司社会责任的制度创新》，载《比较法研究》2021年第4期。

〔2〕　刘俊海：《新公司法的制度创新》，中国法制出版社2024年版，第481页。

2. 禁止财务资助的一般例外情形

2023 年《公司法》第 163 条第 2 款规定了一般例外情形，即允许公司为其自身利益，为他人取得本公司或其母公司的股份提供财务资助。然而，其中包含了"财务资助"和"公司利益"的双重不确定法律概念，在财务资助本身范畴不确定的基础上，又引入了"公司利益"的考量，使得公司利益的具体内涵成为法官在司法裁量中面临的首要问题。[1]

"为公司利益"实质上要求公司提供财务资助行为应具有正当性。"公司利益"本身是一个非常抽象的问题，[2]需要加以具体化才能更好判断公司的行为是否属于财务资助。在公司法理论上，公司利益的判断机制可以分为资本维持路径下的公司利益以及信义义务路径下的公司利益两种。资本维持路径下，公司利益聚焦于公司的资本，其具体面向是财务资助行为是否将导致资本从公司转移到其股东，从而损害或可能损害公司的债权人利益。[3]这种判断机制与采资本维持原则的大陆法系国家普遍奉行法人实在说的背景有关，因为公司作为一个独立的法人实体，拥有自己的法律地位和权利义务，其各项公司法规则就格外注重对公司独立利益的保护。[4]然而，对于禁止财务资助而言，即使某一具体的财务资助行为没有对公司造成损害，也并不意味着该资助行为具有合法性。[5]

在信义义务路径下，"公司利益"通常落脚于董事这一公司受托人的忠实义务和勤勉义务之上，更尊重董事会的商业判断。[6]第 163 条的"为公司利益"与 2023 年《公司法》第 22 条的"公司的控股股东、实际控制人、董事、监事、高级管理人员不得利用关联关系损害公司利益"相互衔接，也与 2023 年《公司法》第 180 条第 2 款关于董事、监事与高级管理人员为公司的最大利益履行勤勉义务相互吻合。[7]为此，在判断财务资助行为是否"为公司利益"时有必要结合本法关于董事、监事、高级管理人员负有忠实义务和勤勉义务的相

---

〔1〕 张弓长：《论公司财务资助的价值面向和规制结构》，载《华东政法大学学报》2023 年第 3 期。

〔2〕 甘培忠、周游：《公司利益保护的裁判现实与理性反思》，载《法学杂志》2014 年第 3 期。

〔3〕 张弓长：《论公司财务资助的价值面向和规制结构》，载《华东政法大学学报》2023 年第 3 期。

〔4〕 吴飞飞：《资本维持原则的当下意蕴及其对偿债能力测试的借鉴》，载《政法论坛》2023 年第 4 期。

〔5〕 葛伟军：《英国公司法要义》，法律出版社 2014 年版，第 160 页。

〔6〕 赵旭东主编：《新公司法重点热点问题解读：新旧公司法的比较分析》，法律出版社 2024 年版，第 195 页。

〔7〕 傅穹、赵奕彤：《授权资本制语境下的禁止财务资助规则》，载《社会科学研究》2024 年第 4 期。

关规定予以判断，在认定相关主体是否违反忠实勤勉义务时还有必要考虑引入商业判断规则。[1]正如 Hoffmann 法官曾这样描述财务资助行为的识别："人们必须审查交易的商业现实，并决定是否可以恰当地将其描述为公司提供财务资助。"[2]在 MT Realisations Ltd v. Digital Equipment Co Ltd 案中，法院以"从商业眼光来看，目标公司的安排只是被简化了程序，属于交易中正常的商业行为"为由不赞同发生了财务资助行为的判断。[3]

问题 149 ▷ 2023 年《公司法》中禁止财务资助的行为效力是什么？

对于违反 2023 年《公司法》第 163 条规定进行财务资助行为的效力认定问题，直接关系到交易安全与市场秩序的稳定性，而公司法对此未作规定，实践中也尚未形成统一的认定标准，导致司法实践中裁判不尽一致，有待进一步厘清。

1. 违反禁止财务资助的行为效力

在 2023 年《公司法》修订过程中，对违法财务资助行为的效力也存在多种观点。无效说认为，在法效果层面，从保护公司少数股东与债权人利益的规范目的出发，该条属于强制性规范，因此违反该规定的财务资助行为无效。[4]英国在判例中明确了任何包括非法资助的交易是不合法、自动无效的，并且公司因此所负担的义务不可强制执行。[5]有效说持相反见解，认为违反本条规定将导致赔偿责任，但并不一定导致财务资助行为无效。澳大利亚公司法即采有效说，认为违法财务资助以及其他交易行为的效力不受影响。《澳大利亚公司法》第 260D 条规定，"违反禁止财务资助行为的规定不影响财务资助或与其有关的任何合同或交易的有效性"。[6]

对此，应当区分不同的类型予以分别判断。第一种情况下，如果财务资助行为违反了 2023 年《公司法》第 163 条规定的一般例外情形，相对人未审查相关决议，可参照公司对外担保中相对人的审查义务，根据相对人的善意

---

〔1〕　周游：《新公司法条文解读与适用指引：案例·规则·文献》，法律出版社 2024 年版，第 349 页。

〔2〕　Charterhouse Investment Trust Ltd v. Tempest Diesels Ltd［1986］B. C. L. C. 1.

〔3〕　MT Realisations Ltd v. Digital Equipment Co Ltd［2003］2 BCLC 117, CA.；于莹、申玮：《我国〈公司法〉禁止财务资助的规则展开》，载《当代法学》2024 年第 6 期。

〔4〕　李建伟主编：《公司法评注》，法律出版社 2024 年版，第 662 页。

〔5〕　Brady v. Brady［1989］AC 755.

〔6〕　Australian Corporations Act 2001, Section 260（D）.

与否判断其效力。公司违法提供财务资助行为时，若相对人是善意的，资助行为有效；反之，若相对人知道或应该知道公司违法实施财务资助行为，则资助行为无效。第二种情况下，如果财务资助行为违反了法律、行政法规的强制性规定，将导致资助行为无效，但不导致无效的除外。

2. 违反禁止财务资助的诉权主体

2.1 违反禁止财务资助时享有诉权的主体

对于违法财务资助行为，2023年《公司法》第163条同样没有明确享有诉权的主体是谁。一方面，针对董事、监事、高级管理人员违反禁止财务资助规定给公司造成损失的行为，公司可以提起诉讼；若董事会或监事会拒绝代表公司提起诉讼，或情况紧急必须立即提起诉讼的，将触发股东代表诉讼。根据2023年《公司法》第189条第1款至第2款规定，董事、高级管理人员有前条规定的情形的，有限责任公司的股东、股份有限公司连续180日以上单独或者合计持有公司1%以上股份的股东，可以书面请求监事会向人民法院提起诉讼；监事有前条规定的情形的，前述股东可以书面请求董事会向人民法院提起诉讼。监事会或者董事会收到前款规定的股东书面请求后拒绝提起诉讼，或者自收到请求之日起30日内未提起诉讼，或者情况紧急、不立即提起诉讼将会使公司利益受到难以弥补的损害的，前款规定的股东有权为公司利益以自己的名义直接向人民法院提起诉讼。另一方面，违反禁止财务资助规则不仅可能给公司造成损失，亦可能构成抽逃出资等变相分配行为而给其他股东和公司债权人的权益造成损害。根据2023年《公司法》第191条规定，"董事、高级管理人员执行职务，给他人造成损害的，公司应当承担赔偿责任；董事、高级管理人员存在故意或者重大过失的，也应当承担赔偿责任"，在这种情况下，股东和债权人作为利益相关主体，也应赋予其相应的诉权。[1]

2.2 违反禁止财务资助时诉权主体的实践案例

在实践中，亦存在债权人直接起诉违法财务资助行为的案例，譬如在"中丝集团、中建海西建设有限公司民间借贷纠纷案"中，中丝集团采用了集团内循环增资的方式先向中丝海南公司增资2500万元并实缴，之后中丝海南公司将该笔款项转回，双方通过7次循环虚增了中丝海南公司的注册资本，

---

［1］ 皮正德：《禁止财务资助规则的公司法建构》，载《法学研究》2023年第1期；赵旭东主编：《新公司法重点热点问题解读：新旧公司法的比较分析》，法律出版社2024年版，第196页。

构成违法财务资助，其后债权人将中丝海南公司诉至法院，法院最终亦判决中丝海南公司向债权人清偿债务。[1]

在具体适用上，股东可以参照 2018 年《公司法》第 190 条提起股东直接诉讼，债权人可以依据第 191 条董事、高级管理人员对第三人责任的规定请求有关主体承担赔偿责任。比较法上，1987 年新加坡公司法、1981 年澳大利亚公司法都曾赋予股东和债权人针对违法财务资助行为的异议权。[2]

---

〔1〕 河南省商丘市中级人民法院（2019）豫 14 民终 5359 号民事判决书。
〔2〕 王几高：《公司法中禁止财务资助制度研究》，华东政法大学 2018 年博士学位论文。

第七章
国家出资公司组织机构的特别规定

问题 150 ▷ 国家出资公司的范围是什么？是否仅限于一级公司？

2023 年《公司法》新引入了"国家出资公司"这一新概念，但未做界定。由于国家出资公司概念的外延直接决定了公司法上相关规则的适用公司范围，这是国有企业治理中的一个重要问题。在 2023 年《公司法》实施之后，产生的主要问题是，国家出资公司的外延范围是什么？是否限于一级公司？与《企业国有资产法》上的国家出资企业概念又有何区别？

1. 国家出资公司的引入背景

在我国特定的社会主义市场经济语境下，公司法的制定与修改始终绕不开对国有企业的调整与规范。1993 年《公司法》是在服务国企改革的政策目标下制定的，由于我国经济体制由计划经济向市场经济转轨，经济体制的转型则需要快速建立起市场经济中的企业主体，国有企业的股份制改造成为短期内快速构建市场主体的捷径，作为市场经济中典型企业组织形态的公司成为国企改革的基本方向。公司法自其产生之时起，就有着浓厚的国企色彩，其被赋予的基本任务就是为国企改革设定法律途径和组织形态。[1]其所蕴含的过度管制因素不当削弱了公司法作为商事主体法的私法品格。

2005 年《公司法》全面修订力图还原公司法私法品格，在"公司法修改与国有企业改革立法应当适当分别进行"的指导思想下，有关"国有公司"的特殊规则被修正或大量裁减，但仍保留了"国有独资公司"的专门制度，并与"一人有限责任公司"分节并列。经过多年的混合所有制改革，国有资本控股公司、国家参股公司如雨后春笋般涌现，在数量上远超国有独资公司。尽管 2008 年《企业国有资产法》实现了国有独资公司、国有资本控股公司和国家参股公司一体规制，但是以所有制为逻辑起点的《企业国有资产法》的资产规制无法代替公司法的组织规制，使得公司法对大量具有国家出资因素的公司组织规制大面积缺位。[2]"国有独资公司的特别规定"专节规定一直保留至 2018 年《公司法》，从实际适用来看，原《公司法》的规范效果并不理想。其中既有原《公司法》自身规则难以满足国企治理现实需求的内因，

---

〔1〕 漆多俊：《中国公司法立法与实施的经验、问题及完善途径》，载《中南工业大学学报（社会科学版）》2002 年第 1 期。

〔2〕 李建伟、何健：《论公司法规制国家出资公司的口径与路径》，载《中南大学学报（社会科学版）》2024 年第 3 期。

如未能对国有公司进行全覆盖调整、未能契合不同类型国有公司的制度需求；也有其他法律或大量政策性文件对公司法的外部冲击。[1]

中共中央、国务院 2015 年出台的《关于深化国有企业改革的指导意见》对国有企业完善现代企业制度提出更高的要求：推进公司制股份制改革、健全公司法人治理结构以及建立国有企业领导人员分类分层管理制度等，最终目标是完善产权清晰、权责明确、政企分开、管理科学的现代企业制度。国有企业承载了国家在经济领域中的一系列重要职能，需要不断深化改革和完善治理。深化国资国企改革要"健全国有企业推进原始创新制度安排，深化国有资本投资、运营公司改革"，"国家出资公司"的引入可以促进公司法的功能扩展和回应国企改革发展需求。[2]2023 年《公司法》第 168 条引入了全新的国家出资公司概念，即国家出资的国有独资公司、国有资本控股公司，包括国家出资的有限责任公司、股份有限公司，该项修订具体落实了国企改革的法律路径。

2023 年修订的《公司法》将原"国有独资公司的特别规定"专节升格为"国家出资公司组织机构的特别规定"专章规定，共 10 条。该章内容涵盖了国家出资公司的概念、出资人、党组织、合规治理等规则，以及国有独资公司的章程制定、股东会职权、董事会、经理、高管兼职限制、审计委员会职权等事项。特别需要注意的是本法第七章的章节标题变化，从原"国有独资公司的特别规定"一节，到"国家出资公司组织机构的特别规定"单独成章，特别增加了"组织机构"一词，强调国家出资公司在公司法上的特殊性仅在于其组织机构层面，而非其在公司法上的地位差异。这种特殊性植根于其出资人主体的特殊性，而非其法律地位的特殊性。体现了本轮公司法修订对国有企业和民营企业提供公平、平等的产权保护的一大主线。[3]另外，"组织机构"一词也体现了公司法对国家出资公司主要侧重于组织机构层面的规制。

2. 国家出资公司的内涵

对国家出资公司内涵的界定重点在于对"国家出资"和股权结构的理解。准确界定国家出资公司的概念还关系到公司法与《企业国有资产法》等国资监管法规的协同。

首先，就"国家出资"而言，要求国家出资公司中必须有国家作为出资

---

〔1〕 胡改蓉：《〈公司法〉修订中国有公司制度的剥离与重塑》，载《法学评论》2021 年第 4 期。

〔2〕 汪青松：《国家出资公司治理模式选择与法律制度保障》，载《政治与法律》2023 年第 9 期。

〔3〕 王瑞贺：《关于〈中华人民共和国公司法（修订草案）〉的说明》，载《中华人民共和国全国人民代表大会常务委员会公报》2024 年第 1 期。

者，代表国家利益进行资本投入。[1] 根据 2023 年《公司法》第 169 条以及《企业国有资产法》的相关规定，"国家出资"的理解有四层逻辑：一是公司国有资产归属于国家所有，国家为所有权主体；二是国务院代表国家行使国有资产所有权，是所有权代表主体；三是国务院和地方人民政府代表国家对国家出资公司履行出资人职责，享有出资人权益，为出资人主体；四是国务院国有资产监督管理机构和地方人民政府按照国务院的规定设立的国有资产监督管理机构（统称履行出资人职责的机构）或者其他部门、机构，根据本级人民政府的授权，代表本级人民政府对国家出资公司履行出资人职责，为出资人代表。

其次，就股权结构而言，国家出资应在公司股权结构中达到一定程度，即只有在公司中占据独资或控股地位才属于国家出资公司范畴。按照 2023 年《公司法》第 265 条的规定，此处的国有资本控股公司包括两种情形：①国家出资的出资额或持有股份占比 50% 以上。由于本轮公司法修订引入了类别股制度，如果存在类别股安排的话，国有资本控股公司中的控股界定基础应系表决权比例，而非出资额比例。②虽然不足 50% 但依其出资额或持有股份所享有的表决权已足以对股东会的决议产生重大影响。对于股权分散的公司，国有资本持有的表决权即使未达到 50% 也可能产生重大影响，此时也属于国有资本控股公司。

综上，国家出资公司的内涵可总结为由国务院或者地方人民政府分别代表国家依法享有出资人权益，履行或者授权特定机构或部门代表本级人民政府履行出资人职责，国家出资在公司中占据独资或控股地位的公司。

3. 国家出资公司的外延

国家出资公司的概念源于《企业国有资产法》，依照该法第 5 条的规定，国家出资企业，是指国家出资的国有独资企业、国有独资公司，以及国有资本控股公司、国有资本参股公司。2023 年《公司法》所称国家出资公司不同于《企业国有资产法》，因主要聚焦于对国有独资公司和国有资本控股公司组织机构的规范，故 2023 年《公司法》所称国家出资公司是指国家出资的国有独资公司、国有资本控股公司。[2] 国家出资公司的概念外延比国家出资企业要窄，就所包含公司形式而言，前者不包括"国有资本参股公司"。主要原因

---

〔1〕　汪青松：《国家出资公司的范畴厘定与实践价值》，载《国家检察官学院学报》2025 年第 1 期。

〔2〕　王翔主编：《中华人民共和国公司法释义》，中国法制出版社 2024 年版，第 237 页；王瑞贺主编：《中华人民共和国公司法释义》，中国法律出版社 2024 年版，第 234 页。

在于不同立法目的导致了规制主体范围的差异。《企业国有资产法》是国有资产监管法，主要立法目的与制度功能是"加强对国有资产的保护"，因此，主要以"国有资产"为依据，凡是存在由国有资产出资形成的投资性权益的企业都应纳入《企业国有资产法》的规范之下，不论这些权益在企业出资人权益中的占比是多少。[1] 而公司法立法是"为了规范公司的组织和行为"，对国有出资公司主要侧重于组织机构层面的规制，主要解决国有一级公司及其出资关系的特殊问题，而不聚焦于国有资产转让、国有资本经营预算、国有资产监督等企业国有资产保护事项。加之影响公司组织治理和权力配置的主要是资本多数方，所以 2023 年《公司法》将"国家出资公司组织机构的特别规定"适用的范围限定在国有独资公司和国有资本控股公司。

另外，2023 年《公司法》并没有单独规定实践中大量出现的"国有全资公司"[2] 类型，实践中对于应否将其归入国有独资公司存在分歧。[3] 由于国有独资公司形态为一人公司，将国有全资公司归入国有资本控股公司更为合适，但仅限于一级国有全资公司，即由国务院或者地方人民政府授权国有资产监督管理机构或者其他部门、机构代表本级人民政府直接持股为 100% 的一级公司。因为，在公司层级上，国家出资公司仅包括国务院、地方人民政府和其他履行出资人职责的机构出资设立的一级公司，不包括一级公司再投资设立的其他层级公司。如果系由两个以上的不同层级、不同区域、不同部门的履行出资人职责的机构共同出资设立的一级公司，仍然属于公司法上的国家出资公司。如果是二级公司、三级公司等下属企业，即便在资本构成上属于国有全资，也不属于公司法上的国家出资公司范畴。国家出资公司的类型见图 7-1。

---

〔1〕 汪青松：《国家出资公司的范畴厘定与实践价值》，载《国家检察官学院学报》2025 年第 1 期。

〔2〕 国务院国资委、财政部发布的《企业国有资产交易监督管理办法》第 4 条规定："本办法所称国有及国有控股企业、国有实际控制企业包括：（一）政府部门、机构、事业单位出资设立的国有独资企业（公司），以及上述单位、企业直接或间接合计持股为 100% 的国有全资企业……"

〔3〕 不少地方国资监管机构对于国有全资公司，在履行出资人职责、国资监管、利润上缴等方面视同国有独资公司对待。有的国有全资公司从不召开股东会。

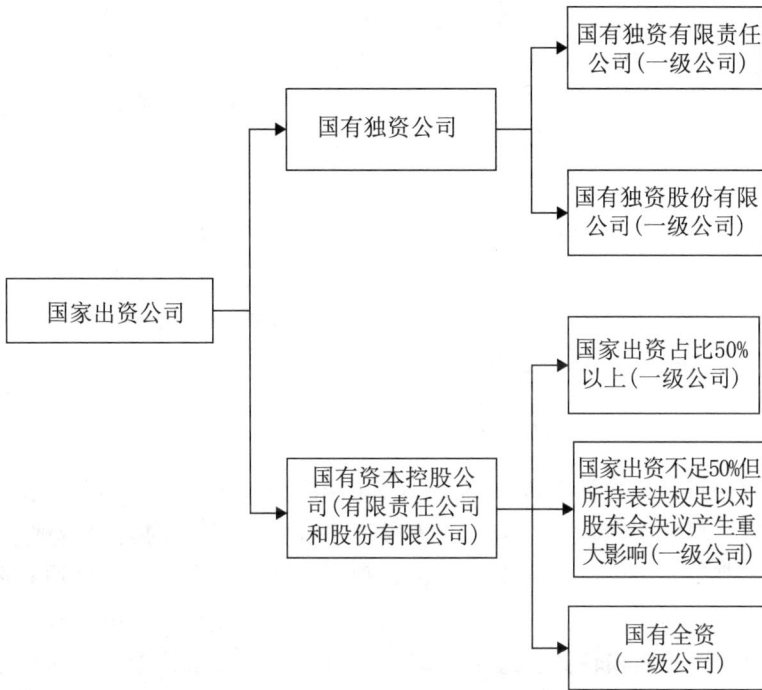

图 7-1　国家出资公司类型

问题 151 ◎ 国有独资公司是否可以采取股份有限公司形态?

我国原《公司法》仅允许一人有限公司，不允许一人股份公司。相应地，国有独资公司只能采取有限责任公司形态。2023 年《公司法》修订后，由于新引入了一人股份公司，故国有独资公司还可以采取股份有限公司形态。

1. 国有独资公司的概念

2023 年《公司法》引入国家出资公司的概念，并将 2018 年《公司法》"国有独资公司的特别规定"的专节，升格为"国家出资公司组织机构的特别规定"专章。2023 年《公司法》的国有独资公司是指国家单独出资、国务院或者地方人民政府可以授权国有资产监督管理机构或者其他部门、机构代表本级人民政府对国家出资公司履行出资人职责的公司，系属于一人公司范畴。

2. 国有独资公司可采用一人股份公司形态

1993 年《公司法》第 75 条规定："设立股份有限公司，应当有五人以上为发起人，其中须有过半数的发起人在中国境内有住所。国有企业改建为股份有限公司的，发起人可以少于五人，但应当采取募集设立方式。"2005 年《公司法》第 79 条修改了股份有限公司发起人的人数要求，将其人数下限设定为 2 人，人数上限修改为 200 人，并将其一体适用于发起设立和募集设立的公司，这一修改一直延续至 2018 年《公司法》。1993 年至 2018 年《公司法》规定的一人公司都仅限为一人有限公司。在 2018 年《公司法》第 78 条的基础上，2023 年《公司法》第 92 条将设立股份公司的发起人人数下限修改为 1 人，这意味着允许一人发起设立股份有限公司，一人股份有限公司的法律地位获得正式承认。国有独资公司作为特殊的一人公司，亦可以选择设立一人有限责任公司或一人股份有限公司。

3. 允许采用一人股份有限公司的意义

原《公司法》之所以没有将一人公司制度推广至股份有限公司，主要是因为股份有限公司可以向社会公开融资的属性，在当时的公司治理水平下，确立一人股份公司可能会冲击金融市场秩序。然而，有限责任公司和股份有限公司同为公司法定形态，在一人公司类型上并无差别对待的法理基础。股份有限公司因为股权转让、继承或赠与等原因导致股权集中于一名股东的现象十分普遍，这些公司因不符合法定公司形式只能解散或改制为有限责任公司，造成资源成本的浪费。一人股份有限公司设立便捷，并且后续公开融资无须改制，符合初创企业设立发展需求。

随着我国公司治理水平不断提高，无论是基于一人股份有限公司存续的现实需要，还是设立一人股份有限公司的需求，一人股份有限公司是经济发展和回应现实需求的必然产物。正式承认一人股份有限公司的法律地位，有利于降低股份有限公司设立的门槛，进而充分调动社会投资者的积极性；[1]亦有利于鼓励和引导社会资金投向经济领域，促进市场经济的发展。[2]

问题 152 ▷ 国有独资公司能否视为一人公司？能否适用一人公司人格否认中的举证责任倒置规则？

由于 2005 年《公司法》和 2018 年《公司法》将"一人有限责任公司的特别规定"和"国有独资公司的特别规定"两节并列置于"有限责任公司的设立和组织机构"一章，由此司法实践中就产生了国有独资公司是不是一人公司的疑问。这决定了我国公司法关于一人公司的特殊管制的规则是否适用

---

〔1〕 朱慈蕴主编：《新公司法条文精解》，中国法制出版社 2024 年版，第 161 页。

〔2〕 王瑞贺主编：《中华人民共和国公司法释义》，法律出版社 2024 年版，第 132 页。

于国有独资公司，特别是我国公司法关于一人公司法人人格否认举证责任倒置的规则。此外，2020 年《最高人民法院关于民事执行中变更、追加当事人若干问题的规定》（以下简称《变更、追加当事人规定》）第 20 条的规定能否适用于国有独资公司的问题备受关注。

1. 我国公司法上国有独资公司的范围

2023 年《公司法》扩展了 2018 年《公司法》上国有独资公司的概念内涵和适用范围，引入国家出资公司的概念，[1]并将 2018 年《公司法》"国有独资公司的特别规定"的专节，升格为"国家出资公司组织机构的特别规定"专章。根据 2023 年《公司法》第 168 条第 2 款的规定，国家出资公司，是指国家出资的国有独资公司和国有资本控股公司。2023 年《公司法》没有对国有独资公司进行定义，但第 169 条第 1 款对国家出资公司的出资人及其职责进行了规定。相较 2018 年《公司法》而言，2023 年《公司法》第 169 条第 1 款扩张了履行出资人职责的机构范围。参照 2018 年《公司法》第 64 条第 2 款的规定，2023 年《公司法》中的国有独资公司应当是指国家单独出资、国务院或者地方人民政府可以授权国有资产监督管理机构或者其他部门、机构代表本级人民政府对国家出资公司履行出资人职责的公司。

由于 2023 年《公司法》的修订引入了一人股份有限公司，国有独资公司不再拘泥于一人有限责任公司的形式，也可以采取一人股份有限公司的形式。需要注意的是，在公司层级上，国家出资公司仅包括国务院、地方人民政府和其他履行出资人职责的机构出资设立的一级公司，不包括一级公司再投资设立的其他层级公司。如果系由两个以上的不同层级、不同区域、不同部门的履行出资人职责的机构共同出资设立的一级公司，仍然属于公司法上的国家出资公司，但由于出资人不止一个，这种公司不属于国有独资公司，而应当属于国有资本控股公司。如果是二级公司、三级公司等下属企业，即便在资本构成上属于国有全资，也不属于公司法上的国家出资公司范畴。

2. 我国公司法上一人公司制度的发展

一人公司，系指股东仅为一人并由该股东持有公司的全部出资或所有股份的公司。一人公司最大的法律特征在于其股东只有一人，除此之外，其具备公司的全部特征，即具备独立的法律人格、独立的财产、独立承担责任。

---

〔1〕 赵旭东主编：《新公司法重点热点问题解读：新旧公司法的比较分析》，法律出版社 2024 年版，第 486 页。

传统观点质疑一人公司冲击了公司的社团属性，并且可能将实质上的个人企业伪装成公司法人，滥用法人独立人格，以达到不当享有有限责任和税收上的利益。但是公司人格独立的本质并不在于其社团性，而在于公司是否具有独立的意思形成机关，是否能独立作出意思表示并对自己的行为负责。独立的财产是公司人格的物质保障。股东人数并非公司独立人格的决定性因素。另外，否认一人公司形态无法杜绝实践中股东、董事、高管由一人兼任而导致公司人格的混同，股东滥用公司独立人格和有限责任可通过法人人格否认制度来规制。

我国 1993 年《公司法》不承认一人公司，但承认国有独资有限公司。[1] 2005 年《公司法》在第二章"有限责任公司的设立和组织机构"增设一节，即第三节"一人有限责任公司的特别规定"，继而承认一人有限责任公司的法律地位，但也设置了诸多法律限制，包括：①股东只能是一个自然人或法人；②一人注册资本最低限额为 10 万元并要求实缴；③一个自然人只能投资一个有限公司，该一人有限公司不能投资设立新的一人有限公司；④一人有限公司的股东不能证明公司财产独立于股东自己的财产的，应当对公司债务承担连带责任。2018 年《公司法》取消了一人有限公司的投资限制与注册资本最低限额，除此之外，延续了 2005 年《公司法》的有关规定。

2023 年《公司法》进一步放松了对一人公司的管制。其一，2023 年《公司法》在结构上删除了 2018 年《公司法》的第二章第二节，并将 2018 年《公司法》第 63 条关于一人公司法人人格否认举证责任倒置的规则置于第一章"总则"第 23 条的第 3 款。其二，2023 年《公司法》放宽了一人公司的股东类型。《公司法（修订草案一审稿）》第 37 条曾规定，一个自然人股东或一个法人股东设立的有限责任公司为一人有限责任公司。后来该规定在后续的历次审议稿中均被删除，由此可见，一人公司的股东并不限于自然人和法人，个体工商户、合伙企业和个人独资企业等非法人单位同样可以成为一人公司的股东。其三，2023 年《公司法》删除了 2018 年《公司法》第 58 条，取消了一个自然人只能投资一个有限公司，该一人有限公司不能投资设立新的一人有限公司的限制。其四，2023 年《公司法》扩展了一人公司的类型，允许设立一人股份公司。其五，2023 年《公司法》删除了 2018 年《公司法》第 59 条关于一人公司在登记中的特别规定。除上述修改外，2018 年《公司法》关于一人公司的章程制定、股东决定、年度审计等内容被 2023 年

---

〔1〕 我国 1993 年《公司法》第 20 条规定："有限责任公司由二个以上五十个以下股东共同出资设立。国家授权投资的机构或者国家授权的部门可以单独投资设立国有独资的有限责任公司。"

《公司法》各章节的有关条文吸纳。

3. 2023 年《公司法》之前的司法实践：国有独资公司不是一人公司

由于上述 2005 年《公司法》和 2018 年《公司法》的立法安排，2023 年《公司法》之前的司法观点普遍认为国有独资公司不是一人公司，公司法关于一人公司法人人格否认举证责任倒置的规则不能适用于国有独资公司。例如，最高人民法院在（2020）最高法民申 1439 号民事判决书中认为，我国 2018 年《公司法》第二章"有限责任公司的设立和组织机构"中分设第三节"一人有限责任公司的特别规定"及第四节"国有独资公司的特别规定"，其中第四节第 64 条第 1 款规定，国有独资公司的设立和组织机构，适用本节规定；本节没有规定的，适用本章第一节、第二节的规定。可见一人有限责任公司及国有独资公司系两种不同形态的有限责任公司，分别适用公司法的特别规定。在无公司法特别规定的情形下，国有独资公司应当适用该法关于有限责任公司的一般规定而不是适用一人有限责任公司的特别规定。2018 年《公司法》第三节"一人有限责任公司的特别规定"第 63 条，以及《变更、追加当事人规定》第 20 条，均是对一人有限责任公司的特别规定，不能适用于国有独资公司。[1]

又如，在陕西省商洛市中级人民法院审理的柞水县溶洞景区管理处（以下简称溶洞管理处）、柞水县旅游公司（以下简称旅游公司）等建设工程施工合同纠纷一案中，被告溶洞管理处是被告国有独资公司旅游公司的履行出资人职责的机构，而被告柞水百川生态农业旅游开发有限公司（以下简称百川公司）是旅游公司的全资子公司。旅游公司与百川公司发生了人格混同，百川公司的债权人苏州金螳螂园林绿化景观有限公司将上述三被告起诉至法院。陕西省商洛市中级人民法院与上述最高人民法院的裁判观点相同，认为 2018 年《公司法》在第二章第四节对国有独资公司作了特别规定，在第二章第三节对一人有限责任公司作了特别规定，因此国有独资公司不适用关于一人有限责任公司的特别规定。[2]

再如，广东省广州市中级人民法院在（2022）粤 01 民终 17777 号民事判决书中认为，国有独资公司与一人有限责任公司是有限责任公司组织形式下不同类型的公司，国有独资公司应适用其专门的特别规定。[3]

---

〔1〕　最高人民法院（2020）最高法民申 1439 号民事判决书。

〔2〕　陕西省商洛市中级人民法院（2021）陕 10 民初 24 号民事判决书。在此判决中，法院只通过体系论证得出一人公司法人人格否认举证责任倒置的规则不适用于国有独资公司，但没有论证公司法人人格的双层或多层否定的问题。

〔3〕　广东省广州市中级人民法院（2022）粤 01 民终 17777 号民事判决书。

即便在本次公司法修订后，有学者也持类似的观点，认为虽然形式上国有独资公司也只有一个"股东"，但其并非公司法语境下的"一人公司"，其仅仅在股东只有一人的形式上与一人公司相似，但其本质上在于出资人身份的特殊性——出资人是国家，国家是唯一股东，国家作为一种抽象的存在无法履行股东职责，故国家授权由"履行出资人职责的机构"代为履行出资人职责。[1]

4. 2023 年《公司法》：国有独资公司系一人公司之一种

从 2023 年《公司法》的体系变化而言，一人公司法人人格否认举证责任倒置的规则应当适用于国有独资公司。2023 年《公司法》在结构上删除了 2018 年《公司法》第二章的第二节，并将 2018 年《公司法》第 63 条关于一人公司法人人格否认举证责任倒置的规则置于第一章"总则"第 23 条的第 3 款；同时，2023 年《公司法》将 2018 年《公司法》"国有独资公司的特别规定"的专节，升格为"国家出资公司组织机构的特别规定"专章。除此之外，2018 年《公司法》第 57 条第 2 款规定，"本法所称一人有限责任公司，是指只有一个自然人股东或者一个法人股东的有限责任公司"，而 2023 年《公司法》不再对一人公司进行定义，第 23 条、第 60 条、第 112 条只是将一人公司称为"只有一个股东的公司"，从此变化也可看出，"只有一个股东的公司"自然包括国有独资公司。综上所述，再不能通过体系解释得出"一人有限责任公司及国有独资公司系两种不同形态的有限责任公司，分别适用公司法的特别规定"的结论。相反，由于一人公司法人人格否认举证责任倒置的规则置于第一章"总则"之下，所以该规则适用于所有的一人公司，包括国有独资公司。

从平等保护国有企业和民营企业的法律政策而言，一人公司法人人格否认举证责任倒置的规则也应当适用于国有独资公司。2023 年《公司法》第七章的章节标题发生了变化，从 2018 年《公司法》"国有独资公司的特别规定"一节，到"国家出资公司组织机构的特别规定"单独成章，特别增加了"组织机构"一词，强调国家出资公司在公司法上的特殊性之处仅在于其组织机构层面，而非其在公司法上的地位差异。这种特殊性植根于其出资人主体的特殊性，而非其法律地位的特殊性。除上述差异外，国有独资公司与其他一人公司在法人人格、财产以及责任承担方面不存在任何差异。对国有企业和民营企业提供公平、平等的产权保护，是本轮公司法修改中的一大主线，该

---

〔1〕 李建伟主编：《公司法评注》，法律出版社 2024 年版，第 678 页。

项标题修改也呼应了这一主线。[1]将一人公司法人人格否认举证责任倒置的规则适用于国有独资公司，也有利于督促履行出资人职责的机构或部门对公司进行合规管理。从这个角度而言，最高人民法院在（2020）最高法民申1439号民事判决书中，通过援引2018年《公司法》第64条第1款"国有独资公司的设立和组织机构，适用本节规定；本节没有规定的，适用本章第一节、第二节的规定"，从而说明一人有限责任公司及国有独资公司系两种不同形态的有限责任公司，分别适用公司法的特别规定，是不成立的。

综上所述，在2023年《公司法》下，国有独资公司属于法律上的一人公司。根据2023年《公司法》第23条第3款的规定，若履行出资人职责的机构或部门不能证明公司财产独立于自己的财产，应当对公司债务承担连带责任。根据《变更、追加当事人规定》第20条的规定，若作为被执行人的国有独资公司，其财产不足以清偿生效法律文书确定的债务，履行出资人职责的机构或部门不能证明公司财产独立于自己的财产，申请执行人有权变更、追加该机构或部门为被执行人，并对公司债务承担连带责任。

5. 国有独资公司的全资子公司属于公司法上普通的一人公司

国有独资公司的全资子公司不属于国有独资公司，其属于我国公司法上普通的一人公司。我国公司法对国有独资公司的规定，历来仅限于一级公司。一级公司之外的其他公司，即便是100%国有资本背景，也不适用国有独资公司的特别规定，仅属于公司法上的普通一人公司。公司法对国家出资公司的特别规定仅限于其组织机构层面，主要解决国有一级公司及其出资关系的特殊问题，而不聚焦于国有资产转让、国有资本经营预算、国有资产监督等企业国有资产保护事项。从组织层面而言，一级公司之外的其他国有公司有着明确的股东主体，权属主体清晰，组织机构上不存在予以特别规定的价值。相较而言，《企业国有资产法》《企业国有资产交易监督管理办法》的立法目的和制度功能与公司法不同，因此规制的企业范围有所不同。[2]国有独资公司与其子公司的出资关系与一般有限公司或股份公司的母子公司出资关系并无不同，公司法无需对其作出特别调整。因此，国有独资公司的全资子公司属于公司法上普通的一人公司，其组织机构适用我国公司法关于一人有限公司或股份公司组织机构的有关规定。

当然，一人公司法人人格否认举证责任倒置的规则也同样适用于国有独

---

〔1〕　王瑞贺：《关于〈中华人民共和国公司法（修订草案）〉的说明》，载《中华人民共和国全国人民代表大会常务委员会公报》2024年第1期。

〔2〕　汪青松：《国家出资公司的范畴厘定与实践价值》，载《国家检察官学院学报》2025年第1期。

资公司的全资子公司。在上述陕西省商洛市中级人民法院审理的案件中，法院虽然没有判决履行出资人责任的机构溶洞管理处承担责任，但作为母公司的旅游公司与其子公司百川公司发生人格混同，且旅游公司不能证明百川公司的财产独立于自己的财产，因此法院判决旅游公司对百川公司的债务承担连带责任。[1]该案的二审法院陕西省高级人民法院维持了一审判决。[2]

问题 153 ▷ 在国家出资公司中，党组织的地位与作用是什么？

2023 年《公司法》在维持 1993 年《公司法》和 2005 年《公司法》关于公司党组织的设立和活动的规定外，第 170 条新增国家出资公司中的党组织及其作用的规定，明确了国家出资公司党组织在公司法人治理结构中的法定地位。但是，该条规定的国家出资公司中党组织的地位及其作用较为抽象，可能会导致实务中党组织与其他组织机构的职权分工不明，因此需对国家出资公司中党组织地位与作用作规范解释。

1. 确立国家出资公司中党组织发挥领导作用的历史沿革

党组织参与公司治理，是我国国家出资公司治理中的一大特色。早在1989 年 8 月 28 日，《中共中央关于加强党的建设的通知》就规定，企业党委要参与讨论企业的重大问题并提出意见和建议，支持厂长独立负责地处理经营管理、生产指挥、技术开发中的问题。1992 年 10 月 18 日，党的十四大修改的《中国共产党章程》第 32 条第 2 款规定，全民所有制企业中党的基层组织，发挥政治核心作用，围绕企业生产经营开展工作。1993 年《公司法》第17 条规定："公司中中国共产党基层组织的活动，依照中国共产党章程办理。"

1996 年第十四届中央纪委第六次全会公报首次对党员领导干部在政治纪律方面提出"三重一大"的要求。1997 年 1 月 24 日，《中共中央关于进一步加强和改进国有企业党的建设工作的通知》明确了国有企业党组织参与重大问题决策的内容、途径和方法，规定了公司制企业党组织参与重大问题决策的范围，一般指公司提交股东会、董事会审议决定的问题，首次提出"双向进入、交叉任职"的领导体制。2005 年《公司法》第 19 条规定：在公司中，根据中国共产党章程的规定，设立中国共产党的组织，开展党的活动。公司应当为党组织的活动提供必要条件。2010 年 6 月 5 日，中共中央办公厅、国务院办公厅颁布《关于进一步推进国有企业贯彻落实"三重一大"决策制度

---

〔1〕 陕西省商洛市中级人民法院（2021）陕 10 民初 24 号民事判决书。
〔2〕 陕西省高级人民法院（2021）陕民终 1107 号民事判决书。

的意见》（以下简称《"三重一大"意见》），为进一步推进国有企业贯彻落实"三重一大"决策制度提出了详细意见。

2015 年 6 月 5 日，《关于在深化国有企业改革中坚持党的领导加强党的建设的若干意见》规定，坚持党的建设与国有企业改革同步谋划，把加强党的领导和完善公司治理统一起来，明确国有企业党组织在公司法人治理结构中的法定地位。2015 年 6 月 11 日，中共中央印发的《中国共产党党组工作条例（试行）》第 16 条首次规定重大经营管理事项应当经党组研究讨论后由董事会或者经理层作出决定。2015 年 8 月 24 日，中共中央、国务院《关于深化国有企业改革的指导意见》规定，要把党建工作总体要求纳入国有企业章程。2016 年 10 月 11 日，《关于印发〈贯彻落实全国国有企业党的建设工作会议精神重点任务〉的通知》正式将"讨论前置"确立为所有国有企业都必须采用的决策机制。

2017 年 10 月 24 日，党的十九大修改的《中国共产党章程》第 33 条第 2款规定，国有企业党委（党组）发挥领导作用，把方向、管大局、保落实，依照规定讨论和决定企业重大事项。国有企业和集体企业中党的基层组织，围绕企业生产经营开展工作。2019 年 12 月 30 日，中共中央印发的《条例》规定，国有企业应当将党建工作要求写入公司章程，写明党组织的职责权限、机构设置、运行机制、基础保障等重要事项，明确党组织研究讨论是董事会、经理层决策重大问题的前置程序，落实党组织在公司治理结构中的法定地位。2023 年《公司法》第 170 条规定，国家出资公司中中国共产党的组织，按照中国共产党章程的规定发挥领导作用，研究讨论公司重大经营管理事项，支持公司的组织机构依法行使职权。

习近平总书记指出："中国特色现代国有企业制度，'特'就特在把党的领导融入公司治理各环节，把企业党组织内嵌到公司治理结构之中，明确和落实党组织在公司法人治理结构中的法定地位，做到组织落实、干部到位、职责明确、监督严格，不能搞成摆设。"[1] 公司治理结构中党的领导及企业中党组织地位本是一种政治关系，2023 年《公司法》将其转化为法律关系并以明确的法律规范表达出来，实质上是将公司治理结构的政治性与法律性有机结合，这正是中国特色现代企业制度实践创新的同时也需要公司法有效体现的标志性成果。[2]

2. 国家出资公司中党组织地位与作用的规范解释

2023 年《公司法》在"总则"一章的第 18 条规定了公司党组织的设立

---

〔1〕 习近平：《论坚持党对一切工作的领导》，中央文献出版社 2019 年版，第 148 页。

〔2〕 陈甦：《中国特色现代企业制度的法律表达》，载《法治研究》2023 年第 3 期。

和活动，在"国家出资公司组织机构的特别规定"一章的第 170 条特别规定了国家出资公司中的党组织及其作用。由此可见，2023 年《公司法》对国家出资公司与其他公司中党组织的地位与作用具有不同的安排。2013 年以来，国有资产管理体制发生了根本性变化，国家出资公司中党组织的地位与作用也随之产生了变化。在公司治理中，需准确把握党组织的地位与作用，以避免党组织和其他组织机构产生权力冲突。

2.1 党组织在国家出资公司与非国家出资公司中发挥不同作用

我国以公有制为主体的经济体制决定了国有经济在国民经济中的主导地位，国有企业作为国民经济的重要支柱，其发展关系着国家经济稳定。党的十八大以来，习近平总书记多次对发展壮大国有经济发表重要讲话、作出重要指示批示，强调国有企业是中国特色社会主义的重要物质基础和政治基础，是党执政兴国的重要支柱和依靠力量，必须做强做优做大。因此，国家出资公司中的党组织应当比非国家出资公司中的党组织发挥更重要的作用。

根据《中国共产党章程》第 33 条第 2 款的规定，国有企业党委（党组）发挥领导作用，把方向、管大局、保落实，依照规定讨论和决定企业重大事项。国有企业和集体企业中党的基层组织，围绕企业生产经营开展工作。保证监督党和国家的方针、政策在本企业的贯彻执行；支持股东会、董事会、监事会和经理（厂长）依法行使职权；全心全意依靠职工群众，支持职工代表大会开展工作；参与企业重大问题的决策；加强党组织的自身建设，领导思想政治工作、精神文明建设、统一战线工作和工会、共青团、妇女组织等群团组织。根据《中国共产党章程》第 33 条第 3 款的规定，非公有制经济组织中党的基层组织，贯彻党的方针政策，引导和监督企业遵守国家的法律法规，领导工会、共青团等群团组织，团结凝聚职工群众，维护各方的合法权益，促进企业健康发展。

2.2 国家出资公司中党组织地位与作用的变化

2017 年党的十九大修改的《中国共产党章程》第 33 条第 2 款将之前国有企业党委（党组）的地位与作用的部分表述由"国有企业和集体企业中党的基层组织，发挥政治核心作用，围绕企业生产经营开展工作"，修改为"国有企业党委（党组）发挥领导作用，把方向、管大局、保落实，依照规定讨论和决定企业重大事项。国有企业和集体企业中党的基层组织，围绕企业生产经营开展工作"，其他表述不变。从表述的变化中可以看出，国家出资公司中党组织地位与作用发生了两处变化：其一，把发挥政治核心的作用改为发挥领导作用，把方向、管大局、保落实，依照规定讨论和决定企业重大事项；

其二，区分国有企业党委（党组）与国有企业中党的基层组织，前者发挥领导作用，把方向、管大局、保落实，依照规定讨论和决定企业重大事项，后者围绕企业生产经营开展工作。

首先，国有资产管理体制的根本性变化赋予国家出资公司党委（党组）完整决策权。2016 年 10 月 10 日，习近平总书记在全国国有企业党的建设工作会议上的讲话指出："党对国有企业的领导是政治领导、思想领导、组织领导的有机统一。国有企业党组织发挥领导核心和政治核心作用，归结到一点，就是把方向、管大局、保落实。"从中可以看出，国家出资公司党委（党组）发挥领导核心或政治核心的意思都是把方向、管大局、保落实。但是，国有资产管理体制的根本性变化实际上赋予了国家出资公司党委（党组）完整决策权。

20 世纪 80 年代以来，虽然"政企分离""松绑放权"一直是国企改革的重要内容，但至今国企仍面临较强的外部政治干预，这种较强的外部政治干预体现在"管人"和"管事"两个方面。首先，在"管人"方面，国有资产管理体制改革的基本立场是坚持党管干部原则不动摇。其次，在"管事"方面，国有资产管理体制改革要求最大限度放松。[1]

2013 年 11 月 12 日，党的十八届三中全会通过的《中共中央关于全面深化改革若干重大问题的决定》指出：完善国有资产管理体制，以管资本为主加强国有资产监管，改革国有资本授权经营体制，组建若干国有资本运营公司，支持有条件的国有企业改组为国有资本投资公司。2015 年 8 月 24 日，中共中央、国务院《关于深化国有企业改革的指导意见》指出：国有资产监管机构要准确把握依法履行出资人职责的定位，科学界定国有资产出资人监管的边界，建立监管权力清单和责任清单，实现以管企业为主向以管资本为主的转变。该管的要科学管理、决不缺位，重点管好国有资本布局、规范资本运作、提高资本回报、维护资本安全；不该管的要依法放权、决不越位，将依法应由企业自主经营决策的事项归位于企业，将延伸到子企业的管理事项原则上归位于一级企业，将配合承担的公共管理职能归位于相关政府部门和单位。科学界定国有资本所有权和经营权的边界，国有资产监管机构依法对国有资本投资、运营公司和其他直接监管的企业履行出资人职责，并授权国有资本投资、运营公司对授权范围内的国有资本履行出资人职责。由此，国家出资公司的运营模式由"国资委+国有企业"的双层运营模式，改变为双层

---

〔1〕 强翾：《"国有企业党委（党组）发挥领导作用"如何改变国有企业公司治理结构？——从"个人嵌入"到"组织嵌入"》，载《经济社会体制比较》2019 年第 6 期。

运营模式与"国资委＋国有资本投资公司＋国有企业"的三层运营模式共存。[1]管资本改革目标就是要在事权上坚决松绑，持续推进政企分离，确保国企有独立完整的决策权。上述国有资产管理体制的改革将国有资产监管机构干预企业决策的权力缩减，赋予国家出资公司完整的决策权，而国家出资公司党委（党组）需在企业重大事项上把方向、管大局、保落实。可以说，"领导作用"就等于过去的"政治核心"加上政府部门"管事"职能。[2]

其次，2017 年党的十九大修改的《中国共产党章程》明确了国有企业党委（党组）与国有企业中党的基层组织的分工，纠正了实务中产生的一些错误。2017 年修改之前的《中国共产党章程》只是概括地表述"国有企业和集体企业中党的基层组织，发挥政治核心作用，围绕企业生产经营开展工作"。由此导致实务中出现国有企业各级党的基层组织的职责分工不清的问题。例如，一些国有企业中不具有人财物重大事项决策权的党的基层组织将本单位的一些日常事项纳入"三重一大"事项范围进行集体讨论，或是实行"讨论前置"，这实际上是对这两个制度的误解。

根据《中国共产党章程》第 30 条的规定，党的基层组织包括党的基层委员会、总支部委员会、支部委员会。因此，《中国共产党章程》第 33 条第 2 款提及的国有企业党委（党组）属于国有企业中的党的基层组织，国有企业党委（党组）除了围绕企业生产经营开展工作，还需发挥领导作用，把方向、管大局、保落实，依照规定讨论和决定企业重大事项。《条例》第 4 条规定了国有企业中各类党的基层组织的设立条件，[3]其中，党委设立的条件是企业中党员人数 100 人以上，或党员人数不足 100 人、确因工作需要的，经上级党组织批准；经党中央批准，中管企业一般设立党组，中管金融企业设立党组性质党委。《条例》第 11 条规定国有企业党委（党组）发挥领导作用，把方向、管大局、保落实，依照规定讨论和决定企业重大事项，并列举了其主要职责。《条例》第 12 条规定国有企业党支部（党总支）以及内设机构中设

---

[1] 赵旭东主编：《新公司法重点热点问题解读：新旧公司法的比较分析》，法律出版社 2024 年版，第 488 页。

[2] 强舸：《"国有企业党委（党组）发挥领导作用"如何改变国有企业公司治理结构？——从"个人嵌入"到"组织嵌入"》，载《经济社会体制比较》2019 年第 6 期。

[3] 《条例》第 4 条规定，国有企业党员人数 100 人以上的，设立党的基层委员会（以下简称党委）。党员人数不足 100 人、确因工作需要的，经上级党组织批准，也可以设立党委。党员人数 50 人以上、100 人以下的，设立党的总支部委员会（以下简称党总支）。党员人数不足 50 人、确因工作需要的，经上级党组织批准，也可以设立党总支。正式党员 3 人以上的，成立党支部。正式党员 7 人以上的党支部，设立支部委员会。经党中央批准，中管企业一般设立党组，中管金融企业设立党组性质党委。

立的党委围绕生产经营开展工作，发挥战斗堡垒作用，并列举了其主要职责。此外，《条例》第 15 条第 3 款规定，具有人财物重大事项决策权且不设党委的独立法人企业的党支部（党总支），一般由党员负责人担任书记和委员，由党支部（党总支）对企业重大事项进行集体研究把关。

根据上述规定，国有企业中依照规定进行"三重一大"集体讨论或"讨论前置"的党的基层组织限于国有企业党委（党组）以及具有人财物重大事项决策权且不设党委的独立法人企业的党支部（党总支），国有企业中其他党的基层组织不具有这些权力，这是民主集中制的体现。

2.3 国家出资公司中党组织地位与作用的具体展开

党的十八大之前，党的基层组织参与公司治理主要是通过"三重一大"决策制度行使建议权，以及党委（党组）成员通过"双向进入，交叉任职"的方式，以董事、经理等公司高级管理人员的身份在履行职责时贯彻党组织的意见或决定。

首先，以组织形式行使建议权。《"三重一大"意见》规定，董事会、未设董事会的经理班子研究"三重一大"事项时，应事先与党委（党组）沟通，听取党委（党组）的意见。《"三重一大"意见》还明确规定了"三重一大"事项的主要范围、"三重一大"事项决策的基本程序，以及组织实施和监督检查等具体内容。根据该意见，国有企业应当制定全面科学的"三重一大"事项范围、严密的决策程序、有效的责任追究措施。

其次，党委（党组）成员以董事、经理等公司高级管理人员的身份在履行职责时贯彻党组织的意见或决定。《"三重一大"意见》规定，进入董事会、未设董事会的经理班子的党委（党组）成员，应当贯彻党组织的意见或决定。1997 年 1 月 24 日，《中共中央关于进一步加强和改进国有企业党的建设工作的通知》首次提出了"双向进入，交叉任职"的国企领导机制，并一直改善并沿用至今。"双向进入，交叉任职"是指符合条件的党委（党组）班子成员可以通过法定程序进入董事会、监事会、经理层，同时，董事会、监事会、经理层成员中符合条件的党员也可以依照有关规定和程序进入党委（党组）。由此，党委（党组）成员得以以董事、经理等公司高级管理人员的身份在公司决策中贯彻党组织的意见或决定。

党的十八大之后，党的基层组织参与公司治理除了延续上述制度，还新增"讨论前置"制度。根据《条例》第 15 条的规定，国有企业重大经营管理事项必须经党委（党组）研究讨论后，再由董事会或者经理层作出决定，该条还列举了一些研究讨论的主要事项，并规定国有企业党委（党组）应当结合企业实际制定研究讨论的事项清单，厘清党委（党组）和董事会、监事会、经理层等其他治理主体的权责。

"三重一大"与"讨论前置"是两项重要且并行的决策制度，在国有企业的治理中发挥着不同但互补的作用。二者的区别与联系在于：首先，从制度的建立初衷来看，"讨论前置"旨在明确和赋予公司党委在公司治理中的地位和职责，确保重大决策符合党的方针政策，有利于企业长远发展和契合国企社会责任要求；"三重一大"决策制度重在确保重大决策经由集体研究讨论作出，确保决策的科学性、民主性和合法性，保障企业和职工的合法权益。[1]其次，从制度的执行主体来看，"讨论前置"制度的贯彻执行主体，主要为企业党委（党组）；而"三重一大"决策制度的执行主体包括董事会、经理层和企业党委（党组）。再次，从制度的规范领域来看，"讨论前置"制度关注的是重大经营管理事项，而"三重一大"决策制度关注的是重大事项决策、重要干部任免、重要项目安排、大额资金使用，存在一定程度的重叠交叉。[2]最后，从制度效果来看，"讨论前置"制度是董事会、经理层重大决策的前置程序，党委（党组）对企业重大经营管理事项具有否决权；而"三重一大"决策制度强调企业董事会、经理层研究"三重一大"事项时，应事先与党委（党组）沟通，听取党委（党组）的意见，企业董事会、经理层享有完整的决策权。

2016年，习近平总书记在全国国有企业党的建设工作会议上明确指出："要明确党组织在决策、执行、监督各环节的权责和工作方式，使党组织发挥作用组织化、制度化、具体化。要处理好党组织和其他治理主体的关系，明确权责边界，做到无缝衔接，形成各司其职、各负其责、协调运转、有效制衡的公司治理机制。"2023年《公司法》第170条概括指出党组织应当参与公司治理，对于党组织在国家出资公司治理结构中应处于何种地位或应如何履职未予明确，不过本条的概括性规定也为国家出资公司党组织参与公司治理的模式留出了创新空间。[3]在上述制度要求的基础上，国家出资公司也可根据自身的具体情况，探索党组织参与公司治理的其他模式，并通过公司章程予以明确。[4]

---

[1]《金诺法谈｜解锁现代公司治理秘籍 第六期：党委前置研究讨论与"三重一大"的制度界分》，载微信公众号"金诺律师"，发布日期：2024年10月10日。

[2]《国有企业"三重一大"决策事项清单和党委前置研究讨论重大经营管理事项清单的关系》，载微信公众号"国资冲锋"，发布日期：2024年4月4日。

[3] 赵旭东主编：《新公司法重点热点问题解读：新旧公司法的比较分析》，法律出版社2024年版，第493—494页。

[4] 王金柱、王晓涵：《新时代国有企业党组织"三权两责"建构分析》，载《中共中央党校（国家行政学院）学报》2022年第3期。

问题 154 ▷ 在 2023 年《公司法》删除经理层法定职权的背景下，国有企业董事会是否会架空经理层权利？

2023 年《公司法》删除了对经理职权的具体列举，改为概括规定的一般条款，经理采授权负责制，其职权来源由法律明确规定变为公司章程规定或董事会授权。这一改变体现了法律对于公司自治的尊重，公司章程和董事会在授予经理职权方面具有了更大的自主权。在此背景下，经理职权可通过章程或董事会的授予得到扩张，但随之而来的问题是，大股东可能通过章程对经理职权进行过度限制，将日常经营决策权收归董事会，导致经理层沦为执行工具，由此引发董事会架空经理层权利的隐忧。

对于国有企业而言，根据《国有企业公司章程制订管理办法》规定，其公司章程应该依照法律、行政法规、规章及规范性文件的规定进行制订。此处的规范性文件，可参考国务院国资委在 2024 年 8 月下发的《央企章程指引》。不同于 2023 年《公司法》对经理的概括授权规定，该章程指引对国有公司总经理职权进行了具体列举，在此基础上，存在股东会的国有企业难以通过章程限制经理职权，很大意义上避免了国有企业董事会架空经理层职权的情形发生。

1. 2023 年《公司法》关于国有企业经理的规定变化

2023 年《公司法》引入国家出资公司的全新概念，并将 2018 年《公司法》中"国有独资公司的特别规定"的专节规定升格为"国家出资公司组织机构的特别规定"专章。根据 2023 年《公司法》第 168 条规定，国家出资公司是指国家出资的国有独资公司、国有资本控股公司，包括国家出资的有限责任公司、股份有限公司。国家出资公司组织机构优先适用本章规定，没有规定的适用本法其他规定。在经理的规定上，2023 年《公司法》第 174 条明确规定，国有独资公司的经理由董事会聘任或解聘。经履行出资人职责的机构同意，董事会成员可以兼任经理。相较于 2018 年《公司法》第 68 条，本条有以下几点修改之处：第一，修改了 2018 年《公司法》对于"国有独资公司设经理"的强制性规定表述；第二，删除了经理依照一般公司规定行使职权的规定；第三，将"国有资产监督管理机构"修改为"履行出资人职责的机构"。

对于第一点，虽然在条文表述上进行了修改，似乎改变了经理作为国有独资企业必设机构的地位，但实践中，国有独资公司的经理作为董事会的辅助机关和执行机关，能够分担董事会的更多职能。特别是，国有独资公司的董事会中过半数为外部董事，外部董事一般不参与公司的经营管理和运行，更多的是发挥其决策公平性的职能，所以公司经营管理的绝大部分事务都由公司经理完成和执行。[1]因此，仍应认为经理为国有独资公司的必设机构，国有独资公司的董事会成立以后，必须聘任经理。[2]对于第二点，虽然2023年《公司法》删除了关于经理行使职权的规定，但国有独资公司经理的职权，还是应当按照普通公司关于经理的规定行使职权，即根据公司章程的规定或者董事会的授权行使职权。[3]此外，基于国有企业的特殊性质，其可参照国务院国资委下发的《央企章程指引》进行对经理的授权。至于第三点，在引入国家出资公司新概念的背景之下，由于国有资产监督管理机构不再是唯一的履行出资人职责的机构，直接使用"履行出资人职责的机构"的表述更为准确。

2. 《央企章程指引》对于国有企业经理职权作出明确列举

根据《国有独资公司章程指引》第62条以及《国有资本控股公司章程指引》第74条规定，总经理行使下列职权：①主持公司的经营管理工作，组织实施董事会的决议；②拟订公司的发展战略和规划、经营计划，并组织实施；③拟订公司年度投资计划和投资方案，并组织实施；④根据公司年度投资计划和投资方案，决定一定额度内的投资项目，批准经常性项目费用和长期投资阶段性费用的支出；⑤拟订公司年度债券发行计划及一定金额以上的其他融资方案，批准一定金额以下的其他融资方案；⑥拟订公司的担保方案；⑦拟订公司一定金额以上的资产处置方案、对外捐赠或者赞助方案，批准公司一定金额以下的资产处置方案、对外捐赠或者赞助方案；⑧拟订公司年度财务预算方案、决算方案，利润分配方案和弥补亏损方案；⑨拟订公司增加或者减少注册资本的方案；⑩拟订公司内部管理机构设置方案，以及分公司、子公司的设立或者撤销方案；⑪拟订公司的基本管理制度，制定公司的具体规章；⑫拟订公司的改革、重组方案；⑬按照有关规定，提请董事会聘任或者解聘公司有关高级管理人员；⑭按照有关规定，聘任或者解聘除应当出董事会决定聘任或者解聘以外的人员；⑮拟订公司及子公司职工收入分配方案；按照有关规定，对子公司职工收入分配方案提出意见（国有资本控股公司）；

[1] 最高人民法院民事审判第二庭编著：《中华人民共和国公司法理解与适用（下）》，人民法院出版社2024年版，第776-777页。

[2] 王瑞贺主编：《中华人民共和国公司法释义》，法律出版社2024年版，第241页。

[3] 最高人民法院民事审判第二庭编著：《中华人民共和国公司法理解与适用（下）》，人民法院出版社2024年版，第775页。

⑯拟定内部监督管理和风险控制制度，拟订公司建立风险管理体系、内部控制体系、违规经营投资责任追究工作体系和法律合规管理体系的方案，经董事会批准后组织实施；⑰建立总经理办公会制度，召集和主持公司总经理办公会议；⑱协调、检查和督促各部门、分公司、子公司的生产经营管理和改革发展工作；⑲提出公司行使所出资企业股东权利所涉及事项的建议；⑳法律、行政法规规定或者董事会授权行使的其他职权。

由此可见，《央企章程指引》规定了相当详细的经理职权列举条款，远超2018年《公司法》第49条第1款[1]对经理职权的八项列举规定，经理职权得到了较大扩张。对比来看，首先，在公司事务决策方面，国有企业总经理能够拟定公司的发展战略和规划、经营计划、年度预算和决算方案等，以及批准一定范围内的投融资和公司增资减资方案等，实质上行使了一般公司董事会的部分职能；其次，在公司内部管理方面，国有企业总经理的职权范围更为多样且具体，如拟定公司重组方案、公司内部监督管理和风险控制制度等；最后，在组织建设方面，国有企业总经理还可拟订公司及子公司职工收入分配方案，协调各部门以及分公司、子公司工作，建立总经理办公会等。在该文件指导下，经理职权实际由"章程固化+董事会动态授权"构成，经理层不仅不会被董事会架空，反而承接了更为广泛的董事会下沉职权，成为国有企业日常经营管理中不可或缺的重要部分。通过公司章程的细化和董事会的动态授权，经理层可快速响应市场变化，从而大大提升公司治理的灵活性和效率性，为国有企业的发展提供助益。

当然，明确了董事会不能架空经理层职权的同时，经理职权的授予也应具有一定限度，不能无限扩张。基于自身特殊性，国有企业存在多重机制保证内部治理权力制衡。首先体现为党委前置程序，根据《国有独资公司章程指引》第22条规定，公司重大经营管理事项须经党委（党组）前置讨论研究后，再由董事会等按照职权和规定程序作出决定。党委一般仅对战略方向把关，而不对具体授权作出干预。其次，该指引第31条明确，董事会为规范授权管理的责任主体，不因授权而免除相关法律责任。"授权不免责"的机制也在一定程度上限制了董事会随意授权。实践中，国有企业常建立"负面清单"

---

[1]　2018年《公司法》第49条第1款："有限责任公司可以设经理，由董事会决定聘任或者解聘。经理对董事会负责，行使下列职权：（一）主持公司的生产经营管理工作，组织实施董事会决议；（二）组织实施公司年度经营计划和投资方案；（三）拟订公司内部管理机构设置方案；（四）拟订公司的基本管理制度；（五）制定公司的具体规章；（六）提请聘任或者解聘公司副经理、财务负责人；（七）决定聘任或者解聘除应由董事会决定聘任或者解聘以外的负责管理人员；（八）董事会授予的其他职权。"

以明确董事会不得授权的领域，此外，也有国有企业采取定期评估的方式来考察授权效果，并对授权事项进行动态调整，防止权力滥用。

3. 董事会成员可兼任经理不意味着架空经理层

根据 2023 年《公司法》第 174 条第 2 款规定，经履行出资人职责的机构同意，董事会成员可以兼任经理。该条款常被误解读为国有企业董事会架空经理层的立法依据。根据《企业国有资产法》第 25 条规定，未经履行出资人职责的机构同意，国有独资公司的董事长不得兼任经理。之所以作此限制，是为确保公司董事会和经理层各司其职，避免因兼任职务而导致董事会监督效能降低。以外部董事为主体的国有独资公司董事会，系典型的监督型董事会，而经理作为负责日常业务执行的主体，系主要的监督对象。二者之间存在监督与被监督的关系，因此本款规定了通常情形下的兼任禁止。[1]但是，经履行出资人职责的机构同意，则可以例外允许兼任。

对于公司法中规定的一般有限责任公司和股份有限公司，其总经理的聘任权限在于董事会。国有独资公司有所不同，因公司董事会成员由履行出资人职责的机构委派，代表国家行使出资人的职权，因此，出于国有资产保值增值的需要，国有独资公司的董事会成员可以兼任经理，但是董事会作出聘任或者解聘经理的决定前，应当征得履行出资人职责的机构同意。[2]根据本款规定，董事会成员是否可兼任经理的决定权在于履行出资人职责的机构，而非归于董事会自身，这实质上是对于董事会职权的限制而非扩张。

另外，2023 年《公司法》也允许了规模较小或者股东人数较少的有限责任公司和股份有限公司在不设董事会而仅设 1 名董事的情形下，该董事兼任公司经理无需经过股东会同意。实践中，国有企业的下级公司也有可能存在此种情形，而根据相关监管要求，董事兼任经理仍需经过股东会同意。即使不考虑股东会同意的因素，这种兼任也是出于公司实际需要的选择，对治理机构进行最大化精简以降低运行成本、提高工作效率。在这种情况下，董事与经理区分意义并不大，公司管理层被简化为一人，无所谓董事会架空经理层，经理层的职权也并未受到影响。

---

〔1〕 刘斌编著：《新公司法注释全书》，中国法制出版社 2024 年版，第 628 页。
〔2〕 最高人民法院民事审判第二庭编著：《中华人民共和国公司法理解与适用（下）》，人民法院出版社 2024 年版，第 777 页。

问题 155 ▷ 在国有独资公司外部董事人数要多于内部董事人数的规定下，若某外部董事辞职导致内外部董事人数相等，此时作出的董事会决议效力如何认定？

2023 年《公司法》第 173 条第 2 款新增国有独资公司中董事会成员"应当半数为外部董事"的规定。所谓外部董事，是指在担任董事职务的公司不同时担任其他职务的董事。[1]该条规范的立法意图旨在加强国有独资公司中履行出资人职责的机构对公司经营决策的监督权，防止国有资产的流失，为公司治理的规范性要求，而非效力性规范，并不因此影响公司决议的效力。

1. 国有独资公司外部董事过半数的规范沿革

早在公司法层面规定国有独资公司董事会中外部董事应当过半数以前，中央企业在探索中就形成了一系列的规范性文件。2004 年国务院国资委《关于国有独资公司董事会建设的指导意见（试行）》规定董事会成员原则上不少于 9 人，其中至少有 1 名由公司职工民主选举产生的职工代表。试点初期外部董事不少于 2 人。根据外部董事人力资源开发情况，在平稳过渡的前提下，逐步提高外部董事在董事会成员中的比例。2009 年发布的《董事会试点中央企业董事会规范运作暂行办法》中，进一步要求公司外部董事人数原则上应当超过董事会全体成员的半数。2017 年，国务院办公厅在《关于进一步完善国有企业法人治理结构的指导意见》中提出，国有独资、全资公司全面建立外部董事占多数的董事会，国有控股企业实行外部董事派出制度，完成外派监事会改革。从上述规范性文件中可以看出，关于国有独资公司董事会中外部董事过半数的改革从局部试点逐步过渡到全面要求。2020 年制定的《国有企业公司章程制定管理办法》第 10 条规定，国有独资公司、国有全资公司应当明确由出资人机构或相关股东推荐派出的外部董事人数超过董事会全体成员的半数。2023 年 4 月国务院办公厅《关于上市公司独立董事制度改革的意见》提出，鼓励上市公司优化董事会组成结构，上市公司董事会中独立董事应当占 1/3 以上，国有控股上市公司董事会中外部董事（含独立董事）应当占多数。

总之，公司法系统地反映和吸收了近年来的国企改革成果，将外部董事过半数规则写入公司法中，使之成为国企法人治理结构中的重要法定机制。[2]

---

[1] 王瑞贺主编：《中华人民共和国公司法释义》，法律出版社 2024 年版，第 240 页。
[2] 王宏哲：《"过半数"是外部董事制度成功与否之关键》，载《董事会》2022 年第 5 期。

2. 国有独资公司外部董事过半数的规范旨意

2.1 国有独资公司中董事会为权力中心

《企业国有资产法》第17条第2款规定："国家出资企业应当依法建立和完善法人治理结构，建立健全内部监督管理和风险控制制度。"国有独资公司作为国家出资公司之一，由国家单独出资、国务院或者地方人民政府授权本级人民政府国有资产监督管理机构履行出资人职责，缺乏相应的股东会决策机构，公司运营更多地依赖于董事会。2021年9月印发的《中央企业董事会工作规则（试行）》亦强调了其董事会的地位，即董事会是企业经营决策的主体，定战略、作决策、防风险，依照法定程序和公司章程就企业重大经营管理事项进行决策。换言之，在国有独资公司中，董事会为公司权力中心，是建立和完善国企法人治理结构的核心所在。国家及相应的各级国有资产监督管理机构若想维护国家出资公司的企业正常运行，防止国有资产的流失，则应当着眼于公司董事会。但是，如果这些董事会不能在实际运作中真正到位，真正发挥作用，结果可能会适得其反，导致人们对"董事会"制度本身失去信心。[1]

2.2 外部董事具有独立性与专业性

国务院国资委发布的《关于中央企业建立和完善国有独资公司董事会试点工作的通知》明确指出，要建立外部董事制度，使董事会能够作出独立于经理层的客观判断。充分发挥非外部董事和经理层在制定重大投融资方案和日常经营管理中的作用。国有企业设立外部董事的目的即在于对出资人负责，追求投资回报，确保国有资产保值增值，及时向国有资产管理部门报告工作，确保公司和董事会的运作对国务院国资委的透明度。[2]国有独资企业中的外部董事，是一种典型的政府供给主导型的制度安排。[3]换言之，国有独资公司中的外部董事由履行出资人职责的机构委派，代理国家股东行使和维护国家股权各种权利和权益，通过行使表决权受托决策公司重大经营事项、执行营业事务。[4]且未在公司中担任任何职务，与公司没有利益关联，具备相当的独

---

[1] 仲继银：《国企董事会制度建设的关键问题》，载《董事会》2024年第11期。

[2] 郑书前：《我国国有企业公司法人治理结构的制度创新——以外部董事为视角》，载《经济与社会发展》2007年第5期。

[3] 冯梅：《国有独资企业外部董事、外派监事会制度：一种政府供给主导型的制度安排》，载《生产力研究》2006年第3期。

[4] 肖海军：《政府董事：国有企业内部治理结构重建的切入点》，载《政法论坛》2017年第1期。

立性。同时，外部董事往往是具备专业知识与商业经验的专业性人才，能够提升国企内部决策的科学性和有效性。[1]

2.3 "过半数"的实质是"外部董事控制"

根据公司法规定，董事会作出决议，应当经全体董事的过半数通过。即我国公司董事会决议原则上采一般多数决，过半数董事的意志可决定公司董事会的决议结果。国有独资公司在数量上要求外部董事"过半数"，实则是要求外部董事集团表决权大于内部董事集团，由代表国家出资人意志的外部董事控制董事会决议，从而实现国家股东对国有独资公司董事会的实质控制。[2]

3. 国有独资公司外部董事不足半数不影响董事会决议的效力

如前文所述，国有独资公司由于缺乏股东会这一权力机关，国家作为公司唯一股东无法直接通过股东会的决策机制参与公司治理，董事会为公司的权力中心。因此，为健全国家出资公司法人治理结构，保障国家股东对公司的参与权与监督权，维护国有资产的保值增值，2023 年《公司法》新增规定要求国有独资公司董事会成员中应过半数为外部董事，由履行出资人职责的国家机构委派，代表国家股东的意志行使董事职权。

若某外部董事辞任致使国有独资公司董事会中外部董事人数不足半数时，此时，履行出资人职责的国家机构，如各级国资委应当及时履行相应的选任义务，补任新的外部董事进入公司以维护自身权益。但是，该规范的目的仅在于保障国家股东的利益，因而赋予相关履行出资人职责的机构以相应的选任权。若未及时补任的，此亦履行出资人职责机构的职责疏忽，导致公司治理结构不符合法定要求，但这并非董事会决议内容或程序存在瑕疵，不应当仅因此影响董事会决议的效力。此时，董事会决议的效力仍应结合其他事实进行判断，是否存在致使决议无效、可撤销或不成立的其他情形。

---

[1] 李建伟主编：《公司法评注》，法律出版社 2024 年版，第 692 页。
[2] 王宏哲：《"过半数"是外部董事制度成功与否之关键》，载《董事会》2022 年第 5 期。

问题 156 ▶ 国有独资公司要求外部董事数量大于内部董事，但是地方国资委要求下属各级国有控股公司在董事会成员中均要落实"外大于内"的要求，是否在执行中曲解了这项政策？

2023 年《公司法》第 173 条第 2 款仅规定国有独资公司的董事会成员中外部董事数量应大于内部董事，并未将规范对象扩张至下属各级国有控股公司。关于国有控股公司董事会是否可要求外部董事数量大于内部董事，应当允许其参照适用一级国有独资公司的相关规定，同时，基于股东会有权选任董事会成员这一职权，在国有企业中履行出资人职责的机构有权决定董事会结构。

1. 地方国资委关于国有控股公司董事会成员"外大于内"枚举相关规定

表 7-1　地方国资委关于国有控股公司董事会成员"外大于内"的规定

北京市	《中共北京市委北京市人民政府关于全面深化市属国资国企改革的意见》	围绕首都经济社会发展要求，将市属国有企业分为三类：城市公共服务类、特殊功能类、竞争类。对竞争类企业，积极推进以外部董事占多数的董事会构成
上海市	《关于进一步深化我市区属国有企业改革的指导意见》	健全以公司章程为基础的公司治理制度体系，实现董事会应建尽建、配齐建强，外部董事原则上占多数
浙江省	《浙江省省属企业混合所有制改革操作指引》	推进董事会配齐建强，依据出资比例协商确定董事会规模和席位分配，外部董事原则上占董事会成员的多数
江苏省	《关于全面加强国有企业监管的意见》	推进外部董事占多数的董事会建设实现全覆盖，加强外部董事专业化建设。完善董事会决策程序，实行董事长末位发言制度
广东省	《关于深化省属国资国企改革发展的若干措施》	加强公司章程管理，完善外部董事制度，全面建立外部董事占多数的董事会，制定省属企业董事会及外部董事考核评价暂行办法

2. 地方国资委可要求落实"外大于内"的要求

地方国资委要求下属各级国有控股公司在董事会成员中均要落实"外大于内"的要求，并非对 2023 年《公司法》第 173 条第 2 款仅要求国有独资公司董事会中外部董事人数大于内部董事人数规则的曲解，相反，该要求符合第 173 条第 2 款的立法意旨。如上所述，外部董事除担任公司董事外不同时担任其他职务，具有相当的独立性，且外部董事往往为具备财务、法律等相关专业知识的专业人士，具备相应的专业能力，具有专业性。董事会成员中外部董事过半数有利于极大地提高董事会决策的合理性与科学性，完善国有企业公司法人治理结构。因此，除国有独资公司外，在下属各级国有控股公司中均践行外部董事过半数要求亦有利于优化国有企业董事会结构，监督国有资产的正常有序运营。

同时，根据 2023 年《公司法》的规定，股东会有权选任公司董事，地方国资委通过控制一级公司而实质上对各级国有控股公司股东会进行控制，事实上亦有权自主决定公司董事会中的多数成员构成。

问题 157 ▶ 2023 年《公司法》是否要求国家出资公司必须强制性地选择单层制，从而不设监事会或监事吗？

2023 年《公司法》第 176 条规定，国有独资公司在董事会中设置由董事组成的审计委员会行使本法规定的监事会职权的，不设监事会或者监事。该条为 2023 年《公司法》修订的新增条款，允许国有独资公司引入以审计委员会为核心的单层制治理架构，不再设立监事会或者监事。在该条文的理解上，有观点认为，本条规定系对国有独资公司单层制的强制性规定，必须强制选择单层制，不能设置监事会或监事。该观点实际与本条意旨不符，本条并非强制性规定。

1. 修法历程：从强制性单层制到选择制

上述观点的产生可能系受到 2021 年《公司法（修订草案一审稿）》规定的影响使然。2021 年《公司法（修订草案一审稿）》第 153 条规定，国有独资公司按照规定不设监事会或者监事，在董事会中设置由董事组成的审计委员会等专门委员会，审计委员会的成员应当过半数为外部董事。审计委员会负责对公司财务、会计进行监督，并行使公司章程规定的其他职权。二审稿沿用一审稿观点，第 176 条规定，国有独资公司不设监事会或者监事，在董事会中设置审计委员会，行使本法规定的监事会职权。由于草案一审稿、二审稿直接规定国有独资公司不设监事会或者监事的观点过于激进，引起争议较大，三审稿随之作出了缓和，最终通过的 2023 年《公司法》便采用了三审稿草案的表述。允许国有独资公司以单层制治理模式替换现有的双层制治理模式的可选方案，将审计委员会作为董事会的"内植"机构，意在从整体层面降低国有独资公司的治理成本。[1]

这种选择式单层制，既实现了国有公司与民营公司、外资公司的平等对待，又给履行出资人职责的机构预留了相应权限，是一种体系上最为融洽的方案。基于国有公司和非国有公司的平等保护原则，不应认为公司法对国家出资公司监督机构的设置存在特殊要求。[2]

2. 基于行使股东会权力的单层制改革

由于组织机构设置事项系公司自治事项，国家出资公司的组织机构设置也应当遵循该权利逻辑。例如，2023 年《公司法》第 172 条规定，国有独资公司不设股东会，由履行出资人职责的机构行使股东会职权。履行出资人职责的机构可以授权公司董事会行使股东会的部分职权，但公司章程的制定和修改，公司的合并、分立、解散、申请破产，增加或者减少注册资本，分配利润，应当由履行出资人职责的机构决定。

因此，虽然公司法层面未做强制性要求，但履行出资职责的机构可以通过股东权利的行使推进单层制改革。具体而言，根据《央企章程指引》《深化党和国家机构改革方案》等文件对于国有企业的特别规定，国家出资公司仍然应当按照要求转向单层制治理结构，设置审计委员会，不设监事会或监事。因此，在公司法一般规定和国资监管机构特殊规定的双重要求下，国家出资公司理应选择单层制治理模式。

问题 158 ▷ 规模较小或股东人数较少的国有公司，可以不设立董事会，只设一名董事吗？

根据 2023 年修订的《公司法》第 75 条和第 128 条的规定，规模较小或股东人数较少的有限责任公司与股份有限公司，有权选择不设立董事会，而仅设立一名董事来行使董事会的职权。国有公司类型亦为有限责任公司或股份有限公司，那么，对于那些规模较小或股东人数较少的国有公司，是否同样能够依据上述法规简化其公司治理结构？对此问题，应当依据公司层级分别予以判断：一级公司通常而言系大型公司，必须设立董事会，不能仅设一名董事来代替；对于二级及以下公司，则可依据其实际规模和股东人数，灵活选择是否设立董事会，以简化公司治理结构。

---

〔1〕 赵旭东等：《新〈公司法〉若干重要问题解读（笔谈）》，载《上海政法学院学报（法治论丛）》2024 年第 2 期。

〔2〕 刘斌编著：《新公司法注释全书》，中国法制出版社 2024 年版，第 632 页。

1. 一级公司需设置董事会

一级公司必须设立董事会作为其执行机关，这一要求不仅可以从公司规模的角度来审视，还需要结合其他法律规定、政策文件和国企改革的目标来综合考量。

就公司规模而言，一级公司的注册资本额通常较高，系规模较大甚至巨大的公司。为确保公司有效治理，大型公司需要维持一个完整的公司治理架构，不能选择不设立董事会。从投资者理性决策的角度看，注册资本额的变化与机构设置的繁简程度息息相关。在面对机构繁简的选择时，投资者会权衡代理成本以及为此投入的监督成本。具体而言，"注册资本额"的大小直接左右着这些成本的变化趋势。当注册资本额相对较小时，潜在的损失成本往往低于所需的监督成本。基于此种理性考量，投资者更倾向于选择简化组织机构的路径，以优化资源配置。相反，在注册资本额较为庞大的情境下，鉴于收益预期通常能超越成本支出，投资者则更有可能倾向于构建完整的公司治理结构，旨在通过这一举措有效降低代理成本，进而实现公司的高效与有序治理。一级公司通常系规模庞大的公司，为实现一级公司的有效治理，应当认为一级公司不能不设置董事会。

不仅 2023 年《公司法》对国有公司的治理结构作出了明确规定，其他法律如《企业国有资产法》亦对此有所规定。具体而言，《企业国有资产法》第 32 条明确规定，对于国有独资企业和国有独资公司，若涉及本法第 30 条所列事项，除非依据本法第 31 条及相关法律、行政法规和企业章程的规定需由履行出资人职责的机构决定外，国有独资企业应由企业负责人集体讨论决定，而国有独资公司则由董事会决定。此外，该法第 33 条亦明确规定，对于国有资本控股公司和国有资本参股公司，若涉及本法第 30 条所列事项，则应依照法律、行政法规及公司章程的规定，由公司股东会、股东大会或董事会决定。其中，若由股东会、股东大会决定，则履行出资人职责的机构委派的股东代表需依照本法第 13 条的规定行使权利。由此可见，国有独资公司与国有资本控股公司均须设立董事会作为其执行机关，董事会之设立，对于此类公司而言，实为不可或缺之组织架构。

从国企改革的目标来看，《国民经济和社会发展第十四个五年规划和2035年远景目标纲要》、国务院办公厅《关于进一步完善国有企业法人治理结构的指导意见》等政策文件均着重强调，在国有公司治理改革中，应加强董事会建设，确保董事会职权的落实。具体来看，《国民经济和社会发展第十四个五年规划和2035年远景目标纲要》第二节"推动国有企业完善中国特色现代企业制度"规定，坚持党对国有企业的全面领导，促进加强党的领导和完善公司治理相统一，加快建立权责法定、权责透明、协调运转、有效制衡的公司治理机制。加强董事会建设，落实董事会职权，使董事会成为企业经营决策主体。按照完善治理、强化激励、突出主业、提高效率的要求，深化国有企业混合所有制改革，深度转换经营机制，对混合所有制企业探索实行有别于国有独资、全资公司的治理机制和监管制度。推行经理层成员任期制和契约化管理，完善市场化薪酬分配机制，灵活开展多种形式的中长期激励。

国务院办公厅《关于进一步完善国有企业法人治理结构的指导意见》亦强调：董事会是公司的决策机构，要对股东会负责，执行股东会决定，依照法定程序和公司章程授权决定公司重大事项，接受股东会、监事会监督，认真履行决策把关、内部管理、防范风险、深化改革等职责。国有独资公司要依法落实和维护董事会行使重大决策、选人用人、薪酬分配等权利，增强董事会的独立性和权威性，落实董事会年度工作报告制度；董事会应与党组织充分沟通，有序开展国有独资公司董事会选聘经理层试点，加强对经理层的管理和监督。

总之，为完善中国特色现代企业制度，一级公司应保持完整的公司治理结构，不可以不设置董事会。

2. 二级及以下公司可以依法不设立董事会

就国家出资公司的范畴而言，2023 年《公司法》中的国家出资公司是指一级公司，并不涵盖二级公司及更低级别的公司。在公司法的框架下，二级及以下公司被视为普通公司。[1]根据 2023 年《公司法》第 75 条与第 128 条的规定，这类公司有权根据其自身规模和股东人数的实际情况，简化公司治理结构，选择不设立董事会，而仅设一名董事来履行董事会的职权。

尽管选择不设立董事会的公司缺少了董事间的相互监督机制，但对公司执行机关的监督仍可通过监督机关监督、上级公司的监督、党纪监督等多种途径来实现。在监督机关监督方面，若二级及以下公司决定保留监事会，那么监事会作为公司内部的监督机关，应当积极且恰当地发挥其监督职能，对公司的执行机关进行全面而有效的监督，确保其决策与行为均符合法律法规及公司章程的要求。若二级及以下公司选择不设置监事会，那么审计委员会承接原监事（会）职权，具有检查公司财务的权利，监督董事、高级管理人

---

[1] 最高人民法院民事审判第二庭编著：《中华人民共和国公司法理解与适用（下）》，人民法院出版社 2024 年版，第 752 页。

员履职情况，并对违法违规且损害公司利益的董事、高级管理人员提出整改、解聘及诉讼建议的权利，以及提出召开临时股东会议及议案的建议权。

鉴于当前国企改革普遍性选择推行单层制，除了由审计委员会承接监督职权，还可以通过设立董事专题会观察员制度、完善董事向上级公司定期报告机制、推动党委巡察与审计监督的深度融合等方式，确保对不设董事会的二级及以下公司实施有效的监督。

其一，建立董事专题会观察员制度。股东可结合议题情况派出相关人员列席出资企业董事专题会、总经理办公会等决策会议，观察员可以发表意见建议，但是无表决权，既强化决策过程监督，又解决监督渠道削减的问题。

其二，完善董事向上级公司定期报告机制。对股东，建立健全董事定期报告机制，董事至少每半年向股东（会）定期报告行权情况，重要情况随时报告，加强股东对出资企业的监督。对董事，建立健全董事定期听取内部监督检查工作情况机制，以及经理层定期汇报工作机制，强化董事监督力度。

其三，发挥"大监督"力量优势。加强巡察、审计等监督的贯通协调，开展"巡察+专责+专业+职能"联动监督，统一监督重点及到位标准。构建统一管理的问题库，应用监督控制管理平台统一开展问题整改销号，推动巡察、审计、内控等各类监督资源共享、问题共商、力量共用、成果共享，提升监督质效。

问题 159 ▷ 国有公司的董事、监事、高级管理人员，相比普通公司而言有哪些特殊之处？

国有公司肩负着国有资产保值增值的重任，关乎国家经济布局和结构调整的落实。国有公司的董事、监事、高级管理人员作为公司的核心管理层，其决策和管理行为直接影响国有公司的发展战略、资源配置和经济效益。为了督促其正确履职，保障国有公司的稳健运营，对于国有公司的董事、监事、高级管理人员，存在大量的不同于普通公司的董事、监事、高级管理人员的特殊规范，包括高级管理人员的范围、任职条件、职责、监管主体、特殊责任等方面。

1. 国有公司高级管理人员的范围

2023 年《公司法》第 265 条第 1 款规定，公司的高级管理人员包括公司的经理、副经理、财务负责人，上市公司董事会秘书以及公司章程规定的其他人员，该条文将扩张高级管理人员范围的权力授予公司章程。《国有企业公司章程制定管理办法》规定，国有企业的董事会秘书、总法律顾问应当明确为高级管理人员。[1]《董事会试点中央企业董事会规范运作暂行办法》规定，在国务院国资委履行出资人职责的董事会试点国有独资公司中，高级管理人员应当包括总会计师。[2]

因此，国有公司的高级管理人员应当包括经理、副经理、财务负责人、董事会秘书、总法律顾问、总会计师（央企），以及国有公司章程中规定的其他人员。

2. 国有公司董事、监事、高级管理人员的特殊任职规定

2.1 国有公司董事、监事、高级管理人员的任免

在对国有独资公司的董事、监事以及高级管理人员进行任免时，通常需要经过党政程序、组织程序与公司治理程序，其特殊性突出地表现在关于组织程序的规定上。

对于国有独资公司的董事选任，根据 2023 年《公司法》第 173 条规定，国有独资公司的董事会成员中，应当过半数为外部董事，并且应当有公司职工代表。其中，董事应当由履行出资人职责的机构委派，职工代表董事由职工代表大会选举产生。董事长，副董事长由履行出资人职责的机构在董事会成员中进行指定。对于国有独资公司的监事选任，根据《企业国有资产法》第 22 条第 1 款第 2 项及第 2 款之规定，监事会主席以及监事应当由履行出资人职责的机构进行任免；其中，职工代表监事应当由职工代表大会选举产生。[3]董事、监事在组织程序与公司治理程序上均由履行出资人职责的机构进行任免与聘任、解聘，前者是国资监管的需要；后者则与公司法上股东会有权选举董事、监事的一般规则相符合。

对于国有独资公司高级管理人员的选任，在组织程序上，根据《企业国有资产法》第 22 条第 1 款第 1 项之规定，经理、副经理、财务负责人等高级

---

[1] 《国有企业公司章程制定管理办法》第 11 条规定，经理层条款应当明确经理层谋经营、抓落实、强管理的职责定位；明确设置总经理、副总经理、财务负责人的有关要求，如设置董事会秘书、总法律顾问，应当明确为高级管理人员；载明总经理职责；明确总经理对董事会负责，依法行使管理生产经营、组织实施董事会决议等职权，向董事会报告工作。

[2] 《董事会试点中央企业董事会规范运作暂行办法》第 138 条规定，本办法中的高级管理人员是指公司总经理、副总经理、总会计师和董事会秘书。

[3] 《企业国有资产法》第 22 条规定："履行出资人职责的机构依照法律、行政法规以及企业章程的规定，任免或者建议任免国家出资企业的下列人员：（一）任免国有独资企业的经理、副经理、财务负责人和其他高级管理人员；（二）任免国有独资公司的董事长、副董事长、董事、监事会主席和监事；（三）向国有资本控股公司、国有资本参股公司的股东会、股东大会提出董事、监事人选。国家出资企业中应当由职工代表出任的董事、监事，依照有关法律、行政法规的规定由职工民主选举产生。"

管理人员应当由履行出资人职责的机构进行任免。在公司治理的程序上，根据 2023 年《公司法》第 174 条之规定，经理由董事会进行聘任或解聘；国有独资公司的其余高级管理人员也应当参照经理之规定，由董事会进行聘任或解聘。不同于董事与监事，高级管理人员在组织上的选任程序与公司治理层面上的聘任程序分别由两个有权主体进行。

对于国有资本控股公司、国有资本参股公司的董事、监事之选任，由履行出资人职责的机构依照法律、行政法规以及企业章程的规定，向股东会提出人员，仅为建议任命，由股东会进行选举或更换，而不似国有独资公司一般由履行出资人职责的机构直接进行任命。

同时，履行出资人职责的机构在任命或建议任命董事、监事、高级管理人员前，应当对其进行考察，考察合格方能进行任命。[1]

2.2 国有公司董事、监事、高级管理人员的资格限制

2023 年《公司法》第 178 条规定了不得担任公司董事、监事及高级管理人员的 5 种情形。在上述负面规定之外，《企业国有资产法》第 23 条规定了担任国有公司董事、监事以及高级管理人员应当具备的条件，包括：有良好的品行；有符合职位要求的专业知识和工作能力；有能够正常履行职责的身体条件；法律、行政法规规定的其他条件。

除此以外，应当未受禁入限制。禁入限制，是指根据《企业国有资产法》第 73 条规定，国有独资企业、国有独资公司、国有资本控股公司的董事、监事、高级管理人员违反本法规定，造成国有资产重大损失，被免职的，自免职之日起 5 年内不得担任国有独资企业、国有独资公司、国有资本控股公司的董事、监事、高级管理人员；造成国有资产特别重大损失，或者因贪污、贿赂、侵占财产、挪用财产或者破坏社会主义市场经济秩序被判处刑罚的，终身不得担任国有独资企业、国有独资公司、国有资本控股公司的董事、监事、高级管理人员。国务院办公厅《关于建立国有企业违规经营投资责任追究制度的意见》中规定，对于国有企业违规经营投资行为，根据资产损失程度、问题性质等，对相关责任人可以采取禁入限制的处理方式，即 5 年内直至终身不得担任国有企业董事、监事、高级管理人员。[2]目前，针对中央企业，国务院国资委已经出台了《中央企业禁入限制人员信息管理办法（试行）》，落实前述规定。

对于中央企业，董事长、副董事长、董事（不包含外部董事与职工董

---

〔1〕《企业国有资产法》第 24 条。

〔2〕国务院办公厅《关于建立国有企业违规经营投资责任追究制度的意见》中"五、责任追究处理"。

事），总经理、副总经理以及总会计师的任职资格存在更为严格的规定，包括工作经历时长、文化程度等。[1]针对总会计师，应当具有注册会计师、注册内部审计师等职业资格，或者具有高级会计师、高级审计师等专业技术职称或者类似职称。[2]

同时，在部分国有独资公司中存在任职回避的规定。《国有重要骨干企业领导人员任职和公务回避暂行规定》中明确规定了企业领导人员的任职回避情形。

2.3 国有公司董事、监事、高级管理人员的兼职、兼任规则

在外部兼职上，对于国有独资公司的董事、高级管理人员，2023年《公司法》第175条规定，国有独资公司的董事、高级管理人员，未经履行出资人职责的机构同意，不得在其他有限责任公司、股份有限公司或者其他经济组织兼职。《企业国有资产法》第25条第1款亦进行了相似规定，未经履行出资人职责的机构同意，国有独资公司的董事、高级管理人员不得在外兼职；未经股东会同意，国有资本控股公司与国有资本参股公司的董事、高级管理人员不得同业兼职。[3]具体外部兼任规则见表7-2。

表7-2 国有公司董事、监事、高级管理人员的外部兼任规则

国有独资公司	董事	未经履行出资人职责的机构同意	不得在外兼职
	高级管理人员		
国有资本控股公司	董事	未经股东会同意	不得在外同业兼职
	高级管理人员		
国有资本参股公司	董事	未经股东会同意	不得在外同业兼职
	高级管理人员		

---

[1]《中央企业领导人员管理暂行规定》第5条。

[2]《中央企业总会计师工作职责管理暂行办法》第10条规定："担任企业总会计师应当具备以下条件：（一）具有相应政治素养和政策水平，坚持原则、廉洁奉公、诚信至上、遵纪守法；（二）大学本科以上文化程度，一般应当具有注册会计师、注册内部审计师等职业资格，或者具有高级会计师、高级审计师等专业技术职称或者类似职称；（三）从事财务、会计、审计、资产管理等管理工作8年以上，具有良好的职业操守和工作业绩；（四）分管企业财务会计工作或者在企业（单位）财务、会计、审计、资产管理等相关部门任正职3年以上，或者主管子企业或单位财务、会计、审计、资产管理等相关部门工作3年以上；（五）熟悉国家财经法规、财务会计制度，以及现代企业管理知识，熟悉企业所属行业基本业务，具备较强组织领导能力，以及较强的财务管理能力、资本运作能力和风险防范能力。"

[3]《企业国有资产法》第25条第1款规定，未经履行出资人职责的机构同意，国有独资企业、国有独资公司的董事、高级管理人员不得在其他企业兼职。未经股东会、股东大会同意，国有资本控股公司、国有资本参股公司的董事、高级管理人员不得在经营同类业务的其他企业兼职。

在内部兼任上，对于国有独资公司的董事、监事以及高级管理人员，2023 年《公司法》第 174 条规定，董事经履行出资人职责的机构同意，可以兼任经理。《企业国有资产法》第 25 条第 2 款规定，未经履行出资人职责的机构同意，国有独资公司的董事长不得兼任经理；第 3 款规定，董事、高级管理人员不得兼任监事。国务院办公厅《关于进一步完善国有企业法人治理结构的指导意见》中指出，国有独资公司的董事长与总经理在原则上应当分设，应当均为内部执行董事。而对于中央企业，《董事会试点中央企业董事会规范运作暂行办法》第 23 条规定，公司总经理担任董事，公司副总经理与总会计师原则上不担任董事。综上所述，对于董事长及其他董事，在法律的规范层级上，经担任出资人职责的机构同意，可以兼任经理。对于国有资本控股公司，未经股东会同意，国有资本控股公司的董事长不得兼任经理。[1]具体内部兼任规则见表 7-3。

表 7-3　国有公司董事、监事、高级管理人员的内部兼任规则

国有独资公司	董事长	未经履行出资人职责的机构同意，不得兼任（原则上分置）	经理
		应为	内部执行董事
	董事	经履行出资人职责的机构同意，可以兼任	经理
	经理	应为	内部执行董事
中央企业	经理	担任	董事
	副总经理	原则上不担任	董事
	总会计师		
国有资本控股公司	董事长	未经股东会同意不得兼任	经理
说明：1. 中央企业属于国有独资公司，为表明其特殊规定，予以单独列出； 　　　2. 未列明有特殊规定的，内部兼任规则适用公司法之一般规定。			

3. 国有公司董事、监事、高级管理人员的职责

3.1 董事、监事、高级管理人员负有忠实、勤勉义务

根据《企业国有资产法》，国家出资公司的董事、监事、高级管理人员应

---

〔1〕《企业国有资产法》第 25 条第 2 款。

当遵守法律、行政法规及公司章程，对于公司负有忠实、勤勉义务，不得利用职权收受贿赂或者取得其他非法收入和不当利益，不得侵占、挪用企业资产，不得超越职权或者违反程序决定企业重大事项，不得有其他侵害国有资产出资人权益的行为。[1]

具体行为而言，在《企业国有资产法》中存在如下详细规定：

其一，与关联方的交易。董事、监事、高级管理人员及其近亲属，以及这些人员所有或者实际控制的企业是国家出资公司的关联方。关联方不得利用与国家出资公司之间的交易，谋取不当利益，损害国家出资公司的利益。[2]国家出资公司不得无偿向关联方提供资金、商品、服务或者其他资产，不得以不公平的价格与关联方进行交易。[3]未经履行出资人职责的机构同意，国有独资公司：不得与关联方订立财产转让、借款的协议；不得为关联方提供担保；不得与关联方共同出资设立企业，或者向董事、监事、高级管理人员或者其近亲属所有或者实际控制的企业投资。[4]法律、行政法规或者国务院国有资产监督管理机构规定可以向本企业的关联方转让的国有资产，在转让时，关联方参与受让的，应当与其他受让参与者平等竞买；转让方应当按照国家有关规定，如实披露有关信息；相关的董事、监事和高级管理人员不得参与转让方案的制定和组织实施的各项工作。[5]

其二，资产评估。国家出资公司的董事、监事、高级管理人员应当向资产评估机构如实提供有关情况和资料，不得与资产评估机构串通评估作价。[6]

针对中央企业，《董事会试点中央企业董事会规范运作暂行办法》则对于董事的忠实义务与勤勉义务作出了更为详细的规定。[7]

其中，忠实义务包括：保护公司资产的安全，维护出资人和公司的合法权益；保守公司商业秘密；不得利用职权收受贿赂或者其他非法收入，不得侵占公司的财产；不得利用职务便利，为本人或者他人谋取利益；不得经营、未经国资委同意也不得为他人经营与公司同类或者关联的业务；不得违反国资委有关规定接受受聘公司的报酬、津贴和福利待遇；不得让公司或者与公司有业务往来的企业承担应当由个人负担的费用，不得接受与公司有业务往来的企业的馈赠；外部董事不得接受公司的馈赠；遵守国有

---

〔1〕《企业国有资产法》第26条。
〔2〕《企业国有资产法》第43条。
〔3〕《企业国有资产法》第44条。
〔4〕《企业国有资产法》第45条。
〔5〕《企业国有资产法》第56条。
〔6〕《企业国有资产法》第49条。
〔7〕《董事会试点中央企业董事会规范运作暂行办法》第62—64条。

企业领导人员廉洁从业的规定；法律、行政法规和公司章程规定的其他忠实义务。

勤勉义务则包括：投入足够的时间和精力履行董事职责，除不可抗力等特殊情况外，外部董事一个工作年度内在同一任职公司履行职责的时间应当达到国资委规定的时间；出席公司董事会会议、所任职专门委员会会议，参加董事会的其他活动，除不可抗力等特殊情况外，董事一个工作年度内出席董事会定期会议的次数应当不少于总次数的3/4；在了解和充分掌握信息的基础上，独立、客观、认真、谨慎地就董事会会议、专门委员会会议审议事项发表明确的意见；熟悉和持续关注公司的生产经营和改革管理情况，认真阅读公司的财务报告和其他文件，及时向董事会报告所发现的、董事会应当关注的问题，特别是公司的重大损失和重大经营危机事件；自觉学习有关知识，积极参加国资委、公司组织的有关培训，不断提高履职能力；如实向国资委提供有关情况和资料，保证所提供信息的客观性、完整性；法律、行政法规和公司章程规定的其他勤勉义务。

职工代表董事除履行上述义务外，还应当履行关注和反映职工正当诉求、代表和维护职工合法权益的义务。

3.2 董事、监事、高级管理人员应当廉洁从业

廉洁从业不仅是中央企业董事忠实义务之内容，还具有更为广泛的适用范围。《国有企业领导人员廉洁从业若干规定》第2条规定，其适用于国有独资公司等国有企业的领导班子成员。对于"领导班子成员"这一表述，目前并无规范性文件对其进行明确。根据中共中央纪律检查委员会及国家监察委员会之观点，国有独资公司的领导班子成员，应当包括董事长、副董事长、董事，总经理、副总经理，党委书记、副书记、纪委书记，工会主席等。[1]同时，其第26条明确，国有企业领导班子成员以外的对国有资产负有经营管理责任的其他人员应当参照执行该规定。基于上述内容，本书认为，国有公司的董事、监事以及高级管理人员，均负有廉洁从业的义务。

廉洁从业则主要包括以下行为规范：其一，切实维护国家和出资人利益，不得滥用职权、损害国有资产权益；其二，忠实履行职责，不得利用职权谋取私利以及损害本企业利益；其三，正确行使经营管理权，防止可能侵害公共利益、企业利益行为的发生；其四，勤俭节约，依规进行职务消费；其五，加强作风建设，注重自身修养，增强社会责任意识，树立良好的公众形象。同时，

---

〔1〕　中共中央纪律检查委员会法规室、中华人民共和国国家监察委员会法规室编写：《〈中华人民共和国监察法〉释义》，中国方正出版社2018年版，第112页。

《国有企业领导人员廉洁从业若干规定》中对于违反上述5项规范的具体行为进行了明确列举[1]，董事、监事、高级管理人员应当严格遵守相关规定。

3.3 中央企业董事的权利

公司法聚焦于作为组织机构的董事会进行职责规定，而《董事会试点中央企业董事会规范运作暂行办法》则对董事在任职期间所享有的权利进行了具体明确。这一点也在《央企章程指引》中有所体现。

中央企业中，董事的权利主要包括如下内容：获得履行董事职责所需的公司信息；出席董事会会议，充分发表意见，对表决事项行使表决权；可以对提交董事会会议的文件、材料提出补充、完善的要求；可以提出召开董事会临时会议、缓开董事会会议和暂缓对所议事项进行表决的建议；出席任职的专门委员会的会议并发表意见；根据董事会或者董事长的委托，检查董事会决议执行情况，并要求公司有关部门和人员予以配合；根据履行职责的需要，可以到公司进行工作调研，向公司有关人员了解情况；按照国资委关于公司董事报酬管理的有关规定领取报酬、津贴；按照有关规定在履行董事职务时享有办公、出差等方面的待遇；董事认为有必要，可以书面或者口头向国资委、监事会反映和征询有关情况和意见；法律、行政法规和公司章程规定的其他权利。

4. 国有公司董事、监事、高级管理人员的监督问责

国务院办公厅《关于进一步完善国有企业法人治理结构的指导意见》中指出，要充分发挥纪检监察、巡视、审计等监督作用，国有企业董事、监事、经理层中的党员每年要定期向党组（党委）报告个人履职和廉洁自律情况。国有公司的董事、监事与高级管理人员，受到多重主体的监管、承担多种责任。

4.1 国有公司董事、监事、高级管理人员中的党员受到党的监督

党的二十大对全面加强党的纪律建设作出战略部署，不断推动全面从严治党向纵深发展。党组织在国家出资公司中的作用已于本书问题153释明，国有公司的董事、监事以及高级管理人员，政治面貌为党员的，自然应当受到党的教育、管理和监督。违反党的纪律的，将受到党纪处分。

4.2 国有公司董事、监事、高级管理人员受监察委员会监察

国家监察体制进行全面改革后，监察机关统一行使监察权，对所有行使

---

[1] 《国有企业领导人员廉洁从业若干规定》第4—8条。

公权力的公职人员实现监察全覆盖。《监察法》第15条规定，监察机关对国有企业管理人员进行监察。对于"国有企业管理人员"的具体范围，《监察法实施条例》第43条进行了解释：在国有独资、全资公司、企业中履行组织、领导、管理、监督等职责的人员；经党组织或者国家机关，国有独资、全资公司、企业，事业单位提名、推荐、任命、批准等，在国有控股、参股公司及其分支机构中履行组织、领导、管理、监督等职责的人员。总结而言，国有公司的董事、监事与高级管理人员属于监察委员会的监察范围。

根据《监察法》第52条的规定，监察委员会根据监督、调查结果，可以作出如下处置：谈话提醒、批评教育、责令检查，或者予以诫勉等处理；警告、记过等政务处分；问责决定、问责建议；将监察对象移送检察院；对廉政建设等提出监察建议。国有独资公司的董事、监事以及高级管理人员有违法违规行为的，可能受到上述处置。其中，政务处分具体以《公职人员政务处分法》为标准。特殊的刑事责任请参见本问题的4.6部分。

4.3　国有公司的董事、监事、高级管理人员受到履行出资人职责机构的监督

《企业国有资产法》第71条规定，国家出资企业的董事、监事、高级管理人员属于国家工作人员的，依法给予处分。履行出资人职责的机构有权对国有公司的董事、监事以及高级管理人员进行管理，对于相关人员的违法行为有权进行处分。

2024年5月21日，国务院出台《国有企业管理人员处分条例》，处分的决定主体为管理人员的任免机关、单位，适用对象为国有企业管理人员，包括国有独资公司的董事、监事以及高级管理人员等。[1]该条例将《公职人员政务处分法》第三章关于违反政治要求、组织程序、廉洁要求、薪酬管理制度，违规从事或者参与营利性活动，侵犯服务对象合法权益或者社会公共利益，以及违反工作要求等违法行为有关规定具体化为51项违法情形，并明确了相应的处分，共六类情形，包括：警告，6个月；记过，12个月；记大过，18个月；降级，24个月；撤职，24个月；开除。

值得说明的是，4.2中监察委员会作出的"政务处分"与本部分中履行出资人职责的机构所作出的"处分"究竟是何关系？首先，二者在适用范围、违法情形、种类和适用规则上实现了统一。其次，名称上，监察机关作出的惩戒称为政务处分，任免机关、单位作出的惩戒称为处分；最后，监察机关和任免机关、单位按照管理权限对违法的国有企业管理人员给予政务处分和处分，但是对国有企业管理人员的同一违法行为，不得重复给予政务处分和

---

〔1〕《国有企业管理人员处分条例》第2条。

处分，即"一过不能两罚"，监察机关发现任免机关、单位应当给予处分而未给予，或者给予的处分违法、不当的，应当及时提出监察建议。[1]综上所述，国有独资公司的董事、监事、高级管理人员，存在违法行为的，既可能由监察委员会作出政务处分，也可能由任免机关、单位作出处分，但对于同一行为不得处分两次。

除上述一般处分外，针对违规经营投资行为，造成国有资产损失或其他严重不良后果的，还可以基于损失程度、问题性质等，进行组织处理、扣减薪资、进入限制等处理；[2]违反廉洁从业规定的亦有相关规定。[3]

4.4 国有资产监督管理机构的监管

《企业国有资产监督管理暂行条例》规定，对于国有企业的相关责任人员，出现下列两种情形时，作出纪律处分：国有独资公司未履行国有资产定期报告义务，情节严重的；国有及国有控股企业滥用职权，玩忽职守，造成国有资产损失的。[4]国有资产监督管理机构并非直接对国有公司的董事、监事、高级管理人员个人行为进行监管，而是在出现国有资产损失的情况下，通过对相关责任人员进行处理，间接地拥有了监管国有企业董事、监事、高级管理人员的权力。

处理方式为纪律处分。纪律处分，通常指党组织依据《中国共产党纪律处分条例》作出的党纪处分，其处分对象以具有党员身份为适格条件。然而根据上述规定的语境，其似乎并不等同于党组织所作出的纪律处分，自该条例出发，只能明确决定主体为国有资产监督管理机构，对象则为国有企业中的相关责任人员。

对相关法律法规进行考察，有相似表述如下：《国有企业领导人员廉洁从业若干规定》明确，国有企业领导人员违反本规定第二章所列行为规范的，视情节轻重，由有关机构按照管理权限分别给予警示谈话、调离岗位、降职、免职等处理。应当追究纪律责任的，除适用前款规定外，视情节轻重，依照

---

[1] 《政务处分法解读之二丨政务处分与处分是什么关系》，载 https：//www.ccdi.gov.cn/yaowenn/202006/t20200620_80195.html，最后访问日期：2025 年 3 月 14 日。

[2] 国务院办公厅《关于建立国有企业违规经营投资责任追究制度的意见》中"五、责任追究处理"。

[3] 《国有企业领导人员廉洁从业若干规定》"第四章 违反规定行为的处理"。

[4] 《企业国有资产监督管理暂行条例》第 37 条规定，所出资企业中的国有独资企业、国有独资公司未按照规定向国有资产监督管理机构报告财务状况、生产经营状况和国有资产保值增值状况的，予以警告；情节严重的，对直接负责的主管人员和其他直接责任人员依法给予纪律处分。第 38 条规定，国有及国有控股企业的企业负责人滥用职权、玩忽职守，造成企业国有资产损失的，应负赔偿责任，并对其依法给予纪律处分；构成犯罪的，依法追究刑事责任。

国家有关法律法规给予相应的处分；国务院办公厅《关于建立国有企业违规经营投资责任追究制度的意见》指出，"纪律处分由相应的纪检监察机关依法依规查处"。前者对于纪律责任处分的有权主体采以语焉不详的引致；后者则为纪检监察机关，可以明确为由纪委进行的党纪处分与由监察委员会所进行的政务处分之结合。然而无论如何，主体均并非《企业国有资产监督管理暂行条例》中的国有资产监督管理机构。国有资产监督管理机构所作出的"纪律处分"之内涵难以自明。

4.3 中所提及的《国有企业管理人员处分条例》出台时，相关机关曾作出如下解读：长期以来，关于国有企业管理人员的处分规定散见于各行业领域法律法规文件和企业内部管理制度中，国家层面没有对处分的种类及其适用、处分的程序等作出专门规定。有必要制定一部行政法规，建立健全国有企业管理人员监督制约机制，统一规范对各级、各类国有企业管理人员的处分事宜。[1]

在统一规范国有企业管理人员的处分事宜的背景下，对于"纪律处分"之问题，本书认为，《企业国有资产监督管理暂行条例》中的"纪律处分"，对于未履行国有资产定期报告义务，情节严重的行为，可以由国有资产监督管理机构参照《国有企业管理人员处分条例》进行处理；对于滥用职权，玩忽职守，造成国有资产损失的行为，本就落入《国有企业管理人员处分条例》的违法行为范围，可以由履行出资人职责的机构直接进行处理，即使最终由国有资产监督管理机构处理的，亦应当遵循"一过不二罚"的原则。

4.5 《刑法》中的特殊刑事罪名

在开展本部分内容前，首先应当明确的是，国有公司的董事、监事、高级管理人员是否属于《刑法》中的"国家工作人员"？根据《刑法》第 93 条之规定，国有公司、企业、事业单位、人民团体中从事公务的人员，以国家工作人员论。究竟何为"从事公务"？对此，最高人民法院举例指出，国有公司的董事、经理、监事、会计、出纳人员等管理、监督国有财产等活动，属于从事公务。[2]因此，本书认为，国有独资公司的董事、监事、高级管理人员等应当以国家工作人员论处。

基于此，国有独资公司的董事、监事、高级管理人员的特殊刑事罪名由如下三部分组成：其一，明确犯罪主体包括国有公司董事、监事、高级管理

---

[1]《司法部 国务院国资委 财政部负责人就〈国有企业管理人员处分条例〉答记者问》。
[2]《最高人民法院关于印发〈全国法院审理经济犯罪案件工作座谈会纪要〉的通知》。

人员的，即非法经营同类营业罪[1]。其二，明确犯罪主体包括国有公司工作人员的，包括为亲友非法牟利罪[2]，签订、履行合同失职被骗罪[3]，国有公司、企业、事业单位人员失职（滥用职权）罪[4]，徇私舞弊低价折股、出售公司、企业资产罪[5]。其三，明确犯罪主体包括国家工作人员的，包括贪污罪[6]，挪用公款罪[7]，受贿罪[8]，斡旋受贿罪[9]，巨额财产来源不明罪、隐瞒境外存款罪[10]。

值得说明的是，目前，《刑法修正案（十二）》已经将非法经营同类营业罪，为亲友非法牟利罪，徇私舞弊低价折股、出售公司、企业资产罪的犯罪主体扩展至其他公司、企业的董事、监事、高级管理人员或工作人员，但是本书认为司法实践中应当审慎适用。

4.6 国有公司的法定代表人属于经济责任审计对象

为了强化对国有企业主要领导人员的管理监督，促进领导干部履职尽责、担当作为，《党政主要领导干部和国有企事业单位主要领导人员经济责任审计规定》中明确，领导干部经济责任审计对象包括国有和国有资本占控股地位或者主导地位的企业（含金融机构）的法定代表人或者不担任法定代表人但实际行使相应职权的主要领导人员。因此，国有公司的法定代表人应当接受经济责任审计。经济责任审计可以在法定代表人的任职期间进行，也可以在法定代表人离任后进行；审计内容以法定代表人任职期间公共资金、国有资产、国有资源的管理、分配和使用为基础进行确定。[11]

4.7 监管主体与特殊责任之汇总

监管主体与特殊责任及其依据如表7-4所示。

---

[1] 《刑法》第 165 条。
[2] 《刑法》第 166 条。
[3] 《刑法》第 167 条。
[4] 《刑法》第 168 条。
[5] 《刑法》第 169 条。
[6] 《刑法》第 382 条。
[7] 《刑法》第 384 条。
[8] 《刑法》第 385 条。
[9] 《刑法》第 388 条。
[10] 《刑法》第 395 条。
[11] 《党政主要领导干部和国有企事业单位主要领导人员经济责任审计规定》第 4 条、第 5 条、第 16 条。

表 7-4　监管主体与特殊责任相关依据

有权主体	责任形式	依据	备注
党组织（纪委）	党纪处分	《中国共产党纪律处分条例》	/
监察委员会	处理	《监察法》	/
	问责		
	政务处分	《公职人员政务处分法》	监察委员会之政务处分与履行出资人职责机构之处分，"一过不二罚"
履行出资人职责的机构	处分	《企业国有资产法》	
		《国有企业管理人员处分条例》	
	组织处理	《关于建立国有企业违规经营投资责任追究制度的意见》《国有企业领导人员廉洁从业若干规定》	/
	禁入限制		
	扣减薪资		
国有资产监督管理机构	（纪律）处分	《企业国有资产监督管理暂行条例》	本书认为，在统一规范国有企业管理人员的处分事宜的背景下，应参照《国有企业管理人员处分条例》执行，并坚持"一过不二罚"
人民法院	刑事责任	《刑法》	由上述有权主体移送司法机关后开启相关程序

其他说明：

1. 监察委员会依据《监察法》可以作出监察建议，由于并非国有公司董事、监事、高级管理人员之责任形式，表中未予列明；

2. 前四个主体均有权将实施犯罪行为的责任人员移送司法机关，由于并非国有公司董事、监事、高级管理人员之责任形式，表中未予列明；

3. 国有公司法定代表人的经济责任审计仅为监管制度，并非责任形式，表中未予列明；

4. （组织）处理主要包括谈话提醒、警示谈话、批评教育、责令（书面）检查、通报批评、诫勉、停职、调离工作岗位、降职、改任非领导职务、责令辞职、免职等；

5. 扣减薪资指扣减和追索绩效年薪或任期激励收入，终止或收回中长期激励收益，取消参加中长期激励资格等；

6. 国务院办公厅《关于建立国有企业违规经营投资责任追究制度的意见》中明确，行为后果为一般资产损失的，可以由国有企业依据相关规定自行开展责任追究工作。

第八章

公司董事、监事、高级管理人员的资格和义务

问题160 ▷ **2023 年《公司法》第 180 条规定的事实董事的主体范围是否可以扩张到双控人之外？**

2023 年《公司法》第 180 条第 3 款新增了事实董事制度，采取的路径是对形式上不具有董事身份但实际上实施董事行为的控股股东、实际控制人，赋予忠实、勤勉义务。[1]本款规定与本法第 192 条规定的影子董事制度，共同构成了我国公司法上强化控股股东、实际控制人义务责任的实质董事制度。然而，针对第 180 条第 3 款规定存有争议的问题是，事实董事应如何认定？事实董事的主体范围是否可以扩张到控股股东和实际控制人之外？

1. 事实董事规则的引入动因

在 2023 年《公司法》修订中，有的人大常委会委员、地方、部门、专家学者和社会公众提出，实践中有的控股股东、实际控制人虽不在公司任职但实际控制公司事务，通过关联交易等方式，侵害公司利益，建议进一步强化对控股股东和实际控制人的规范。在我国股权高度集中模式之下，控股股东或实际控制人常常通过各种方式操纵董事会及董事，使得董事会或董事沦为公司治理中的提线木偶，股东和董事的角色日渐难以厘清：股东可以像董事一样对经营决策施加影响，但由于股东在法律上不属于形式董事之列，从而可以规避法律上设定的董事义务，而无须为其不当行为负责。因此，为了解决这种权责不符的问题，宪法和法律委员会经研究，建议增加规定，控股股东、实际控制人不担任公司董事但实际执行公司事务的，适用董事对公司负有忠实义务和勤勉义务的规定。[2]

2. 我国法上事实董事的主体构成

在事实董事的构成要件上有二：首先，控股股东、实际控制人不具有形式董事身份；其次，事实上进行了董事行为。控股股东、实际控制人应达到事实上发挥董事功能的程度，即履行或实施了只有公司董事才能进行的职责或者行为。控股股东、实际控制人打破投资性权利与经营性权利的界限，将权利的触角延伸至公司事务执行领域时，属于实际行使董事职权。"实际执行

---

〔1〕 最高人民法院民事审判第二庭编著：《中华人民共和国公司法理解与适用（下）》，人民法院出版社 2024 年版，第 805 页。

〔2〕 刘斌编著：《新公司法注释全书》，中国法制出版社 2024 年版，第 648 页。

公司事务"之判断，应依据法律、行政法规和公司章程的规定，在个案中具体考察控股股东、实际控制人行使的是何种类型的董事职权。一般来说，公司董事会职权由董事集体行使，当控股股东和实际控制人参加董事会并对 2023 年《公司法》第 67 条规定事项进行表决时，可认为其行使了董事职权。[1]控股股东或实际控制人构成事实董事的情形通常包括存在董事选任瑕疵、以董事身份参与董事会会议与决议、以董事身份签字、作为执行董事行使董事会职权等。

总之，由于 2023 年《公司法》已将事实董事的主体范围明确限定为控股股东和实际控制人，在具体适用中不宜随意扩张到非控股股东、实际控制人的其他主体。但是，实际控制人概念极具延展性，非为公司董事但实际执行公司事务，构成对公司行为的支配，可能符合实际控制人认定，而在一定程度上弥补事实董事制度主体范围的不周延性。

3. 公司法理论上事实董事的构成并不以控制权为前提

出于强化实际控制人、控股股东责任的立法目的，2023 年《公司法》第 180 条第 3 款规定的事实董事主体范围限于控股股东和实际控制人，但仅就事实董事规制之核心"不具有形式董事身份而事实上实施董事行为"而言，控制权存在与否并不必要。早在 19 世纪，英国法院就开始将信义义务适用于事实董事，1880 年的判例中即出现了事实董事概念。[2]英国公司法将事实董事主要分为两种类型：一种是从来没有有效任命却以董事身份行事的人；另一种是虽然已被任命为董事但存在任命瑕疵的人。[3]未获得委任却以董事身份行事的此种董事行为可能包括对外宣称自己为公司董事、参与董事会决策、以董事身份缔结交易等。对事实董事的具体判断并不存在单一的判断标准，其核心问题即判断行为人是否构成"公司治理架构中的一部分"或者"是否具备董事的地位和职责"。[4]循此标准，事实董事的判断标准应该为履行了只有公司董事才能进行的职责或者行为，或者执行了公司方才具有之功能。[5]可见，在英国法上并未将控制力作为事实董事认定的前置要件。

在澳大利亚，法院判断事实董事的裁量因素主要包括公司规模、公司内部惯常做法、公司治理结构、外部人的认知等。比如，在 Grimaldi v. Chameleon

---

〔1〕 最高人民法院民事审判第二庭编著：《中华人民共和国公司法理解与适用（下）》，人民法院出版社 2024 年版，第 806 页。

〔2〕 Alan Dignam & John Lowry, Company Law 13-17 (11th ed. , Oxford University Press 2016).

〔3〕 葛伟军：《英国公司法要义》，法律出版社 2014 年版，第 217 页。

〔4〕 Paul L. Davis & Sarah Worthington, Principles of Modern Company Law 16-18 (10th ed. , Sweet & Maxwell 2016).

〔5〕 In Re Hydrodam (Corby) Ltd (1994).

Mining NL 案中，法院将一位公司顾问认定为事实董事，其依据在于公司赋予行为人的职权足以使相对人以为其具有董事身份：其有权进行包括公司收购的谈判、进行融资、股份处置等诸多事项。[1]如果公司经理以董事名义签署文件，并对外宣称其为董事，也可能被认定为事实董事。[2]也并未将控制权要素作为主体限制性要件。

英国、澳大利亚等普通法系国家是采用通过对"董事"一词广义界定的方式，将"董事"的概念界定为可以行使董事职责的（无论是否有董事的名分或者称号）的任何人，可以涵盖的主体范围更加广泛，不仅是控股股东、实际控制人，甚至公司的银行债权人、公司的律师都有可能因为对于公司管理权的控制而被认定为公司事实董事。[3]比较而言，我国 2023 年《公司法》上的事实董事，其主体范围较为狭窄。

除了强化实际控制人、控股股东责任，确立"事实董事"的根本意义在于，通过对于事实董事的认定，使得真正行使公司管理权力的人无法逃离法律对于公司董事责任的基本要求，对于股东、公司以及与公司有关的利益相关人而言承担着与形式董事相同的董事职责、责任和义务。[4]未对公司达到控制程度的主体亦可能属于事实董事制度的规制范畴，事实董事可以是那些没有经过有关机关正式任命，但是通过对公司财产和管理的控制给他人以错觉认为其担任董事职务之人，[5]也可以是虽经股东会选任，但股东会对于董事之选任在程序或董事资格上存在法律上的瑕疵而导致任命无效之人，亦可能是在任期届满后仍继续以董事之名义行使公司管理权力之形式董事。[6]另外，事实董事在一定程度上是建立在外观主义的基础之上的，需要考量代表事实、第三人信赖等要素。[7]出于对第三人合理信赖之充分保护，亦有必要扩大解释我国事实董事责任主体范围。

问题 161 ▷ 2023 年《公司法》中的控股股东如何界定？

控股股东是公司治理领域的重要概念，其认定直接关系控制权配置、中

---

〔1〕　Grimaldi v. Chameleon Mining NL（No 2）（2012）.

〔2〕　Forkserve Pty Ltd v. Jack and Aussie Forklift Repairs Pty Ltd（2000）19 ACLC 299.

〔3〕　郑彧：《实质董事的法律规制：因何、为何与如何》，载《财经法学》2024 年第 3 期。

〔4〕　郑彧：《实质董事的法律规制：因何、为何与如何》，载《财经法学》2024 年第 3 期。

〔5〕　David S. Garland & Lucius P. McGehee, American and English Encyclopaedia of Law, 2nd Edition, Edward Thompson Company, 1896, p. 773.

〔6〕　仲继银：《揭秘"事实董事"：从内涵到认定》，载《董事会》2023 年第 10 期。

〔7〕　Brian Studniberg, The Uncertain Scope of the De Facto Director Doctrine, 75 U. Toronto Fac. L. Rev. 69, 98（2107）.

小股东保护及市场秩序稳定。然而，对于如何界定控股股东，司法实践和理论讨论中仍存在争议。

1. 我国相关规范对控股股东的界定

根据 2023 年《公司法》第 265 条第 2 项的规定："控股股东，是指其出资额占有限责任公司资本总额超过百分之五十或者其持有的股份占股份有限公司股本总额超过百分之五十的股东；出资额或者持有股份的比例虽然低于百分之五十，但依其出资额或者持有的股份所享有的表决权已足以对股东会的决议产生重大影响的股东。"本条规定对控股股东定义微调，将出资占比描述从"50%以上"改为"超过 50%"。控股股东是指通过股权对公司的重大决策实现控制的股东。我国公司法采取控股股东和实际控制人并列的概念界定公司"控制权"，对控股股东界定采用持股超过 50%的绝对形式标准以及表决权对股东会决议具有重大影响的实质判断标准。

除了公司法对控股股东的界定，其他法规文件也有所体现。2020 年《上市公司收购管理办法》第 84 条规定，有下列情形之一的，为拥有上市公司控制权：①投资者为上市公司持股 50%以上的控股股东；②投资者可以实际支配上市公司股份表决权超过 30%；③投资者通过实际支配上市公司股份表决权能够决定公司董事会半数以上成员选任；④投资者依其可实际支配的上市公司股份表决权足以对公司股东大会的决议产生重大影响；⑤中国证监会认定的其他情形。2021 年《证券公司股权管理规定》第 5 条第 1 项规定，控股股东，指持有证券公司 50%以上股权的股东或者虽然持股比例不足 50%，但其所享有的表决权足以对证券公司股东（大）会的决议产生重大影响的股东。

2. 控股股东的认定标准

由于公司控制权对公司治理的重要性，很多国家和地区都对控制权予以特殊关注，并以控制权规则设置特殊要求。股权控制的本质在于表决权的控制，表决权是联系股东所有权和公司经营管理的纽带。在不具有股权权利特殊构造的情形下，持有的股权比例通常代表所能支配的表决权比例。因而通过持股比例来认定控制权属于简易的形式认定，股权经济利益和表决权利分离的特殊情况下则需要实质性判断。理论上，根据不同的持股临界比例可以将控股股东区分为以下几种：

一是绝对控股股东，持股比例要求超过 50%。当公司中的股东所持股份或股权占公司有表决权的股份或股权总数超过 50%时，便可根据资本多数决原则在股东会上作出各种有利于自己的决议。一般情况下对公司的一般决议事项具有决定作用，对公司特殊决议事项具有重大影响性。故而，持股超过50%的绝对形式标准被部分国家和地区采用。《澳大利亚公司法》第46条第（a）款第（2）项从对子公司的判断来界定控制权，"一个法人团体（在本条中称为第一法人团体）在下述且仅在下述情况下是另一个法人团体的子公司：能够投出或控制投出在第一法人团体股东大会上可能投出的最多票数的一半以上"。[1]

二是相对控股股东，此分类判断标准为持股比例50%以下，具体数值涉及所持表决权对股东会决议事实上影响力的判断，与公司的所有权结构和表决规则息息相关。美国公司股权结构较为分散，《美国公共事业控股公司法》第2条第（a）款第（7）项对控股公司的定义是，任何公司直接或者间接所有、控制或者持有10%以上投票权或者公开发行的拥有投票权的证券的公司。[2]《美国投资公司法》将25%投票权作为控制权临界值。欧洲国家公司所有权结构相对集中，如德国、法国采用30%的表决权比例作为控制权划分线。就表决规则的影响而言，我国公司法规定特殊表决事项需要2/3以上表决权通过，因而对特殊决议有较大影响力的表决权比例为33.4%，享有一票否决权。我国2020年修正的《上市公司收购管理办法》将"可以实际支配上市公司股份表决权超过30%"认定为拥有公司控制权。

虽然相对控股股东的认定涉及对控制力的实质判断，但与绝对控股股东认定相同，是立法者人为设定的形式标准，只需符合标准即视为控股股东。此种方式虽然使控股股东认定更为清晰便捷，但同时也较为僵硬机械，不利于不同情形的灵活处理，如低于设定比例的持股人也可能构成对公司事实上的控制；高于设定比例的持股人也可能因表决权与股权分离而不具有公司中的话语权。因此，应当认为符合形式标准为法律推定的公司控制人，可以通过实质控制权认定予以推翻。《美国投资公司法》第2条第（9）款对控股股东的定义规定："'控制'，是一种可以对公司管理层或者政策造成控制性影响的权力，除非这种权力是由这个公司官员单独造成的。任何一个主体拥有超过25%投票权的证券，无论是直接还是通过一个或者多个被控制的主体而享有的，将会被推定为控制这家公司。任何主体若没有持有超过25%投票权的证券，将会被推定为没有控制这家公司。"[3]虽然该规则确立了25%的形式比例标准，但是正如"推定"表述所体现的含糊摇摆，美国司法实践对公司

---

〔1〕 Australian Corporations Act 2001.

〔2〕 Public Utility Holding Company Act of 1935.

〔3〕 Investment Company Act of 1940.

控制人的认定一般不受特定比例约束，而是重视具体个案的实质判断。[1]

3. 我国控股股东的具体认定

由上述分析可知，我国公司法对控股股东的界定包含持股超过 50% 的绝对控股股东与持股低于 50% 的相对控股股东，公司法对相对控股股东并未设置确定的比例，留下了实质判断的空间。2023 年《公司法》基于立法惯性，只弥补了实际控制人的概念缺漏，保留了控股股东、实际控制人的并列概念。控股股东与实际控制人概念的本质区别在于，控股股东是通过直接持股方式实现对公司的控制，而实际控制人系以直接持股之外的方式，如通过投资关系、协议或者其他安排，实现对公司行为的支配。2023 年《公司法》第 265 条第 2 项前半句规定持股超过 50% 为公司的绝对控股股东，但未顾及表决权分离场合下，尽管持股超过 50% 也可能对公司事项不具有话语权的情形，加之没有推翻形式标准认定的相关规则，可能会导致公司控制人责任主体的不当扩大。后半句规定的"股东会决议"应包括公司的一般决议事项和特殊决议事项。"产生重大影响"应理解为对决议的通过或不通过具有决定权或重大影响，如支配表决权 33.4% 的股东对特殊决议事项享有一票否决权属于对公司具有一般意义上的控制力；股权较为分散的公司需要根据股权结构具体分析，比如支配表决权 25% 可能已构成绝对多数持股，对股东会决议具有重大影响力。

我国各法规范之间对控股股东的界定并不完全一致。《上市公司收购管理办法》（2020 年修正）针对上市公司设定了表决权超过 30% 的相对控股比例。此处是否存在法规范上的冲突？从适用效果来看，若投资者实际支配上市公司 40% 表决权，根据公司法的规定并不必然构成控股股东，尚需对股东会决议产生重大影响。还有可能被认定为实际控制人。而根据《上市公司收购管理办法》（2020 年修正）则视为公司控制人。产生该问题的核心在于《上市公司收购管理办法》（2020 年修正）是从上位概念"控制权"来界定公司控制权人，基于上市公司股权结构相对分散的情况，为便于认定，在 50% 持股比例之下设置 30% 的形式标准，但应明确不构成事实控制情况下可以推翻该形式标准的认定。而公司法采取控股股东和实际控制人的并列概念，因对相对控股股东界定的实质判断与实际控制人界定方式部分重合，[2] 造成我国公

---

[1] 美国司法实践对公司控制权人的认定经历了从一般意义上的形式判断到具体个案实质判断的发展过程，在下文对实际控制人的认定中具体阐述。

[2] 如持股比例较小，但能够通过投资关系、协议或其他安排使其实际控制的股权表决权对股东会决议产生重大影响，此时其同时构成控股股东和实际控制人。

司法中控股股东、实际控制人概念存在部分交叉，而导致概念界定的"文字陷阱"。若置于控股股东、实际控制人的上位概念"控制权"判断视角观之，则殊途同归。实际上，无论是控股股东抑或实际控制人都是对公司控制权归属的界定，而控制权归属判断可以存在形式标准和实质认定两种界定方式，以统一的上位概念"控制权"统括"控股股东"和"实际控制人"概念是更为清晰的界定体系。

最后，对于控股股东不应局限于一般意义上的控股认定，对特定决议具有重大影响的也应被认定为控股股东。2023 年《公司法》针对股份有限责任公司的规定，未对股东会最低出席人数作出要求，因此股份有限责任公司作出决议所需的表决权比例可能很低，每次出席股东会的表决权总数也不一致，在具体诉讼中对控股股东的认定，应考虑对具体决议有决定性或重大影响的表决权股东。

问题 162 ○ 2023 年《公司法》上对实际控制人如何界定?

相较于控股股东的界定，实际控制人概念更具延展性，面临着更大的界定困难。特别是，公司法和证券法中，界定实际控制人的目的也存在差异，更加剧了实际控制人界定的场域差异和限定性。那么，在公司法中，实际控制人应当采用何种界定标准?

1. 我国对实际控制人界定的相关规范

与控股股东相比，实际控制人不通过直接持股对公司施加控制，而是通过投资关系、协议或者其他安排，实现对公司行为的支配。因此，二者区分的标准不在于是否具有股东身份，而是在于通过何种方式实现对公司的控制。与"控股股东"的识别相较而言，"实际控制人"之内涵和外延均具有不稳定性，其识别完全依赖于实质判断而不易把握。原《公司法》将实际控制人定位于股东之外，导致的结果是虽然一部分小股东能够通过投资关系、协议或者其他安排实际支配公司行为，但持股比例达不到控股股东认定标准，也不是实际控制人。2023 年《公司法》第 265 条将"实际控制人"界定为"通过投资关系、协议或者其他安排，能够实际支配公司行为的人"，删除了"不是公司的股东"的限制前提，弥补了原《公司法》主体范围的缺漏。实际控制人这一概念由"投资关系""协议""其他安排"三个选择性的形式要件，辅以"能够实际支配公司行为"这一实质要件组成。但是，对于"能够实际支配公司行为"这一实质要件未作阐释，其具体含义可以参酌证监会、财政部的相关规定。

证监会层面的《上市公司收购管理办法》（2020 年修正）第 84 条将对股东会决议和董事会成员的选任纳入控制权考量因素，规定："有下列情形之一的，为拥有上市公司控制权：（一）投资者为上市公司持股 50% 以上的控股股东；（二）投资者可以实际支配上市公司股份表决权超过 30%；（三）投资者通过实际支配上市公司股份表决权能够决定公司董事会半数以上成员选任；（四）投资者依其可实际支配的上市公司股份表决权足以对公司股东大会的决议产生重大影响；（五）中国证监会认定的其他情形。"2007 年证监会印发的《〈首次公开发行股票并上市管理办法〉第十二条"实际控制人没有发生变更"的理解和适用——证券期货法律适用意见第 1 号》第 3 项对控制权的判断以投资人对股东会、董事会决议及董事、高管任命的影响程度为判断标准。因上述两部规范性文件是对上层概念"控制权"的界定，在公司法层面，直接持股比例对股东会决议有重大影响属于控股股东范畴，而通过协议等其他安排对股东会决议产生重大影响则属于实际控制人范畴，故对实际控制人界定相关的考量因素应包括对股东会、董事会决议和管理层任命的影响程度。

《企业会计准则第 36 号——关联方披露》第 3 条第 2 款则强调从公司财务和经营政策的决定权两个方面判断控制权的归属：控制，是指有权决定一个企业的财务和经营政策，并能据以从该企业的经营活动中获取利益。然而，会计规则对控制的解读具有限缩性，主要考虑对公司财务的影响，公司法上的控制表现还可能延伸到控制公司关键生产要素等方式[1]，因而应扩展到对公司经营管理的影响。综上，我国相关规范对实际控制人"支配公司行为"界定的考量因素包括对股东会、董事会决议的影响、对管理层任命的影响，以及对公司经营财务管理的影响。

2. 比较法上对实际控制人的认定

美国和英国对公司控制权的认定都较为重视实质判断，对于我国需要实质判断认定的"实际控制人"概念界定具有参考意义。

在美国，将对公司具有控制权的股东称为"控股股东"（controlling shareholder），此概念不同于我国公司法中的控股股东，前者的认定并不侧重于股权控制，不依赖形式比例标准，也没有"避风港"（safe harbor）式规定，即当股东拥有的表决权低到一定程度，便不会再被当作控股股东，反而近年来，特拉华法院一再降低控股股东的持股比例要求，被称为"少数控股股东"（minority controlling shareholder）。在认定少数控股股东时，特拉华法院注重的

---

［1］ 宋燕妮、赵旭东主编：《中华人民共和国公司法释义》，法律出版社 2019 年版，第 408 页。

并非股东形式上的持股多寡，而是对公司的"实际控制"（actual control）。

美国法上对控股股东的认定的考量因素包括对董事会的控制以及对公司日常运营管理的参与程度。此外，司法实践对于"实际控制"的认定经历了从一般意义控制力到进一步分析对具体个案控制力的发展过程。在关于 Cysive 公司股东诉讼案[1]中，针对本案被告，累计持有公司 36% 股票的 Carbonell 是否构成控股股东的问题，法官 Leo Strine 认为必须从现实角度出发，股东是否同时拥有足够的表决权和管理公司的权威，以致可以控制董事的选举，以及是否对公司的日常管理深度参与。最终，综合表决权和管理权两方面，Strine 法官认定持股 36% 的 Carbonell 是控股股东。本案法官根据股东表决权对董事选任的控制，推定出其对董事会的一般控制力，再加上股东对公司日常运营管理深度参与，从而确定其为控股股东，即考量了表决权对董事选任的控制以及公司日常运营管理参与程度两个因素。

在上案中，法院并没有考察股东对作出具体交易决策的董事是否形成支配。在关于特斯拉汽车公司股东诉讼案[2]中，法院指出对于董事会的控制力，有两种不同的情况足以认定，第一种是少数股东能够一般性地支配、控制多数董事；第二种是少数股东能支配、控制对讼争的特定交易作出决策的多数董事。本案中，法院认为持股 22.1% 的 Musk 对讼争交易投票的多数董事都具有控制影响力，从而认定 Musk 为控股股东。

从美国法对董事会的一般意义控制的认定，到进一步对董事会具体决策控制力的认定，意味着在控股股东的认定中，持股比例，即对表决权的控制不再具有核心地位。对董事会形成一般性控制地位，需要通过持有多数表决权控制董事选举才能形成。但在具体交易中对决策的多数董事进行控制则不需要多数表决权，这意味着可以被认定为控股股东的持股比例下限可以被不断刷新。在 Front Four Capital Group LLC 诉 Taube 案[3]中，特拉华衡平法院将持股比例不到 15% 且表决权还受到限制的 Taube 兄弟，以对讼争交易决策的董事会具有实际控制而认定为控股股东。由于，我国公司法中实际控制人与控股股东概念的界分，实际控制人的认定对持股比例也没有要求，重点在于"实际支配公司行为"的判断。

《英国 2006 年公司法》第 1159 条第 1 款规定："一个公司是另一个公司即其'控股公司'的子公司，如果该另一公司——（a）持有该公司多数表决权；（b）是该公司成员并有权任命或罢免其董事会的大多数；（c）是该公

---

[1] Inre Cysive, Inc. Shareholders Litigation (836A. 2d 531, Del. Ch. 2003).

[2] Inre Tesla Motors, Inc. Stockholder Litigation (C. A. No. 12711-VCS, Del. Ch. Mar. 28, 2018).

[3] Front Four Capital Group LLC v. Taube (C. A. No. 2019-0100-KSJM, Del. Ch. Mar. 22, 2019).

司成员并根据与其他成员的协议，单独控制该公司多数表决权；或者如果该公司是该另一公司子公司的子公司。"[1]从该规定可以看出，英国对控制权的界定从多数表决权以及对董事会的控制角度判断，同时注重实质判断，对于"多数表决权"并未设定形式比例标准。

3. 我国对实际控制人的认定方式

3.1 实际控制人的认定采实质判断标准

对实际控制人的认定属于对公司控制关系的实质判断，但该实质标准缺乏明确具体的指引。对于需要实质性判断的事项往往很难在语义上给予充分明确的界定，需要根据具体案件事实具体判断，因此需要进一步借由司法实践梳理构成实际控制人的具体情形，并通过法律或司法解释予以明确。

"投资关系"可以包括直接投资方式，也可以包括多层级的间接投资方式。"协议"则主要指向具有一方对另一方管理内容的经营管理类协议，主要包括租赁经营协议、承包经营协议、委托经营协议和托管经营协议等。[2]在"上海中科英华科技发展有限公司与郑州投资控股有限公司等公司关联交易损害责任纠纷案"[3]中，法院认定股权托管关系中的受托人在托管关系存续期间是相应公司的实际控制人。"其他安排"的兜底表述，则可能包括法律规定、法院指令、章程规定、亲属关系等。[4]在"王某某等5人申请执行某实业公司劳动仲裁案"[5]中，法院通过检查某实业公司的办公地点，综合搜查所得材料、员工对公司运行、财务的陈述等，认定公司实际控制人并非登记的法定代表人而是刘某夫妇。

司法实践中，在识别"实际控制人"时，对于前述多元形式通常予以综合认定，有学者统计这些因素根据考量次数多寡，通常依次为协议控制（含隐名出资）、重大决策、对外代表、财务控制、亲属关系、证章照控制、重大资产控制、间接持股等。[6]

总而言之，虽然实际控制的具体表现与方式不同，但本质上仍是对股东会、董事会决议和管理层任命的控制力以及对公司经营管理和财务管理的深度参与。司法实践中，法院对实际控制人的认定也主要权衡上述因素：一是

〔1〕《英国2006年公司法》，葛伟军译注，法律出版社2017年版，第947页。

〔2〕 郭富青：《公司权利与权力二元配置论》，法律出版社2010年版，第180页。

〔3〕 河南省高级人民法院（2020）豫民终799号民事判决书。

〔4〕 邓峰：《普通公司法》，中国人民大学出版社2009年版，第171页。

〔5〕 上海市浦东区人民法院（2021）沪0115执10459号执行裁定书。

〔6〕 周游：《实际控制人识别标准的差异化实践与制度表达》，载《政法论坛》2024年第1期。

决策因素，即对股东会或董事会决议的影响；二是人事因素，即对董事及高级管理人员的提名或任免的影响；三是治理因素，即对公司日常经营管理的影响；四是财务因素，即对公司资金往来的影响等。[1]

3.2 实际控制人的认定路径

对实际控制人的认定包括对股东会和董事会两方面控制力的判断。我国理论界一般将 2023 年《公司法》第 265 条规定的"能够实际支配公司行为"界定为"对公司的经营管理、决策、人事甚至财产具有单方面的决定权或重大影响能力"，并没有区分是对股东会还是董事会的控制力。该法同时揽括对股东会决议（非直接持股方式）和董事会的控制权，与美国重视"控股股东"对董事会控制的界定思路存在区别，原因在于公司所有权结构和治理环境的差异。我国公司的股权分布普遍较为集中，股东会基本为公司的权力中心，董事大多为大股东本身或其附庸，此时掌控股东会表决权基本上意味着掌控了公司的运营管理，包括董事会，此时对实际控制人的认定必然强调表决权比例对股东会的支配。美国法上，更加注重集中管理，公司的日常运营管理由董事会决策，"控股股东"对公司的控制多体现为对董事的控制，因而在界定方面格外重视对董事的影响。

3.3 实际控制人认定的穿透层级

对实际控制人主体的认定不应仅限于对公司控制关系一般意义上的认定，应根据具体行为个案判断。有学者认为，实际控制人概念所承载的公司治理和责任分配功能决定了其概念的静态属性，也即只有在一定时期内公司控制力稳定地归于某一主体才可以认定为"实际控制"，否则就不具备在公司法内对其进行规制的必要性。[2]此种一般意义上的认定，在具体诉讼争议中可能缺乏针对性和灵活性，导致涉案主体错位。如一般意义上的公司控制人在涉案具体交易中可能并未实施其控制力，反而可能是不具有一般性控制地位的股东在具体交易中行使其对个别事项的控制力。在 2023 年《公司法》构建实质董事体系，强化控股股东和实际控制人义务与责任的规范体系下，更应该精确严谨认定公司控制权归属，可以根据具体行为个案判断具体实施控制权的主体。

就实际控制人应追溯至何种主体而言，证券市场上，公司披露的实际控

---

〔1〕　比较系统地总结实际控制人认定因素的案件，浙江省台州市中级人民法院（2023）浙 10 民终 273 号民事判决书。

〔2〕　岳万兵：《实际控制人的公司法识别》，载《法律科学（西北政法大学学报）》2024 年第 5 期。

制人中相当一部分为法人，[1]但司法实践中也存在只以最终自然人为实际控制人的实例。[2]有观点认为，实际控制人的规制目的是将公司的事实权力人纳入组织规则和行为规则的规范中，若不穿透认定法人背后的控制主体，则会造成规制目的的落空。[3]除非该法人具备良好的集体决策机制，未受控于某一单独或复数主体，否则，其不应被认定为公司的实际控制人，而应继续追溯其背后之控制主体。[4]也有观点认为，监管部门由于不能且不应直接干预公司治理，惟有通过外部视角以穿透方法对公司施以监管。然而，作为强调公司自治且专注于优化公司内部治理规则的公司法，在构建实际控制人规则时不宜秉持这一监管视角。监管层面重在风险防范，主要以识别最终控制人为主要抓手；司法层面重在责任承担，只要确认承担责任的主体，就无需穿透至最终控制人。[5]

我们认为，应在监管层面和司法层面采取差异化认定，在证券监管上，"追首恶"的穿透式做法无可厚非。但是，在公司法上，动辄穿透到底并不符合公司独立性原则，本质上是对股东有限责任以及法人人格独立的弱化甚至无视，从而可能动摇公司法的根基。

问题 163 ▷ 2023 年《公司法》中的高级管理人员包括公司的哪些人员？

根据 2023 年《公司法》第 265 条第 1 项规定："高级管理人员，是指公司的经理、副经理、财务负责人，上市公司董事会秘书和公司章程规定的其他人员。"本项规定了高级管理人员的范围包括两类：一类是指公司法直接规定的高级管理人员，即法定高级管理人员，包括公司的经理、副经理、财务负责人，上市公司董事会秘书。另一类是公司章程规定的高级管理人员，即章定高级管理人员。在 2023 年《公司法》规范体系中，高级管理人员还存在第三种分类，即实质高管。

1. 高级管理人员的类型

其一，就法定的高级管理人员而言，其当然属于公司的高级管理人员，无需公司章程进行规定。其中，经理是指总经理，在实践中多称总经理、总

〔1〕 鲁桐、党印：《上市公司实控人治理报告》，载《董事会》2016 年第 3 期。

〔2〕 湖南省永州市中级人民法院（2022）湘 11 民终 2470 号民事判决书。

〔3〕 岳万兵：《实际控制人的公司法识别》，载《法律科学（西北政法大学学报）》2024 年第 5 期。

〔4〕 汪翠荣、马传刚：《上市公司实际控制人信息披露问题研究》，载《证券市场导报》2006 年第 8 期。

〔5〕 周游：《实际控制人识别标准的差异化实践与制度表达》，载《政法论坛》2024 年第 1 期。

裁、CEO 等，是公司的日常业务执行机关。副经理，即副总经理。根据 2023 年《公司法》第 67 条的规定，经理由董事会聘任或解聘，对董事会负责；副经理由经理提请董事会聘任或解聘。财务负责人同样是由经理提请董事会聘任或者解聘，是负责公司财务的重要人员。根据 2023 年《公司法》第 138 条的规定，上市公司董事会秘书是上市公司的必设机构，负责公司股东会和董事会会议的筹备、文件保管以及公司股东资料的管理，办理信息披露事务等事宜。《上市公司章程指引（2025）》第 12 条也对高级管理人员进行界定，"本章程所称高级管理人员是指公司的经理、副经理、财务负责人、董事会秘书和本章程规定的其他人员。注释：公司可以根据实际情况，在章程中确定属于公司高级管理人员的其他人员。"

其二，章程规定的其他人员。2023 年《公司法》第 265 条规定赋予了公司自治的权力，允许公司通过章程自主确定高级管理人员范围。但这些人员（职位）必须在公司章程中明文规定。[1]明确规定于公司章程的高级管理人员，应当符合本法关于高级管理人员的任职资格，履行本法规定的高级管理人员的义务。章程规定高级管理人员常见的有公司首席法律顾问、总会计师、总工程师、重要部门经理、审计负责人等。

章程规定高级管理人员主要有三种方式：

首先，章程明确规定高级管理人员范围，如 2021 年《中国联合网络通信股份有限公司章程》规定，本章程所称其他高级管理人员是指公司的高级副总裁、总法律顾问、董事会秘书、首席财务官、财务负责人。

其次，章程规定高级管理人员可由董事会决议确定，如《招商证券股份有限公司章程》（2018 年版）规定，公司总经理、副总经理、董事会秘书、财务负责人、合规负责人、首席风险官以及董事会决议确认为高级管理人员的其他人员为公司高级管理人员。董事可受聘兼任高级管理人员。

最后，章程规定高级管理人员可由董事会聘任，如《平安银行股份有限公司章程》（2020 年版）中规定，本行章程所称高级管理人员是指行长、副行长、财务负责人、董事会秘书以及由董事会聘任的其他高级管理人员。需要注意的是，上市公司在章程中对于公司高级管理人员的界定更应谨慎，一旦被认定为高管，则须严格遵守上市公司对高管的相关规定，如买卖股份敏感期限制、短线交易限制、减持预披露限制等等。

其三，实质高管。此外，2023 年《公司法》中的高级管理人员还存在第三种分类，即实质高管。控股股东、实际控制人未在公司中担任名义上的高

---

〔1〕　王瑞贺主编：《中华人民共和国公司法释义》，法律出版社 2024 年版，第 363 页。

管职务，但实际行使了公司高管的职权或利用其影响力指示公司高管行事，构成事实高管和影子高管。2023 年《公司法》第 192 条规定了影子高管，但第 180 条却未涵盖事实高管，下一问题将讨论控股股东、实际控制人实际实施高管职务，亦应被认定为事实高管，适用信义义务规则。

2. 实质高管的具体认定

高级管理人员的认定不仅关系到公司内部的治理结构和决策执行，还影响着公司与外部交易相对人的权利义务关系。然而，高级管理人员的认定在实践中却存在较大争议。

一方面，公司法对高级管理人员的主体范围认定采较为封闭式的列举，但实践中诸多公司的实际管理情况远超法定范围。比如，在有些公司中，公司治理结构多元化、公司高管体系复杂化，部门、事业部（群）等职能单元鳞次栉比，其中任何一个职能单元的管理者都可能拥有超越法定公司高管的决策管理权。

另一方面，在司法实践案例中，不乏公司法规定的法定主体范围之外的履行公司经营管理重要职权的人员被认定为高级管理人员，如股东、监事、区域负责人（或分公司负责人）和部门负责人等。在"周某与甘肃中集华骏车辆有限公司关联交易损害责任纠纷案"[1]中，最高人民法院即将营销部经理认定为公司高管。此扩张化认定主要与法院对高管主体认定的判断标准有关。有学者对我国司法实践现状进行了分析，主要的判断标准为形式判断或实质判断。[2]形式判断是指法官只依照被告主体是否符合公司法列举的四种职位以及公司章程规定的其他职位，据此判定被告主体是否构成高级管理人员，如（2009）沪二中民三（商）终字第 510 号民事判决书。实质判断则指法官需要综合判断被告主体是否具备总经理、副总经理、财务负责人、上市公司董事会秘书或公司章程规定的其他高级管理人员相同的职权且实际履行，如（2015）鞍审民终再字第 6 号民事判决书。此两种判断标准处于对立位置，但采用实质判断标准的法院占大多数。

同时还存在其他辅助性判断要素，如：

①在"爱韩华（无锡）电子有限公司与沈某宏、何某等损害公司利益责任纠纷案"[3]中，法官考量了被告主体的形式职位或实质职权之上，是否还

---

[1] 最高人民法院（2019）最高法民申 2728 号民事裁定书。

[2] 周林彬、冯平：《公司高级管理人员的主体范围研究——基于法经济学模型的解释与指导》，载《学术论坛》2019 年第 2 期。

[3] （2010）锡滨商初字第 0617 号民事判决书。

存在除总经理、董事会（执行董事）之外的其他公司人员，由此判定难以明确管理职权大小的公司人员是否属于高级管理人员；

②在"北京大道昌盛科技有限公司诉北京恒华腾信科技有限公司等高级管理人员竞业禁止纠纷案"[1]中，法官审查了被告的形式职位或实质职权，是否来源于董事会的聘任或经过公司章程规定程序的任命；

③在"韩某旋等诉庄某虹公司利益责任纠纷案"[2]中，法官以公司的人员结构、组织架构的情况为判断前提；

④在"李某永等与姬某星公司债权人利益纠纷上诉案"[3]中，法官在考虑被告主体的实质职权时，会兼而考虑公司股东、实际控制人、董事、监事等具有一定公司控制权的人员与被告的亲疏程度，进而分析被告的实质职权大小；

⑤在涉及商事交易安全和第三人信赖保护时，还会考虑工商登记以及被告在商事活动中是否对外宣称或在对外材料中签署"自己为高级管理人员"等因素。[4]

总而言之，对高级管理人员的认定应采实质判断路径，不仅限于法定主体范围。实践中，法定高级管理人员所对应的职位在各家公司的具体称谓可能并不一样。例如，公司法文本中的经理、副经理，在实践中有称总经理、副总经理，也有称总裁、副总裁、高级副总裁、执行副总裁、资深副总裁等。至于财务负责人，有称财务总监、财务部部长、财务部高级经理、总会计师等。对于高级管理人员身份而言，名实不符是常见的情况。

在法定主体范围之外的高管认定上，首先看是否属于章程规定的高级管理人员，章程没有规定的，不应拘泥于职务名称，而应考察该职务的实质内涵，具体指相关职务在公司对应的管理职权是否符合高级管理人员的实质认定[5]，即是否实质上具备与高级管理人员相同的职权且实际履行。对公司整体业务具有经营决策权的人员，或即便对公司不享有整体的经营决策权，但对公司重要事务（人事任免/考核、财务报销/预算/决算、对外签署合同）具有决策权，或者担任公司重要部门的负责人，都有可能被认定为高级管理人员。

---

〔1〕　(2009) 海民初字第 5924 号民事判决书。

〔2〕　(2017) 粤民申 3712 号民事裁定书。

〔3〕　(2016) 豫 07 民终 3614 号民事判决书。

〔4〕　(2016) 沪 01 民终 5164 号民事判决书；(2009) 深南法民二初字第 403 号民事判决书。

〔5〕　《高管的认定：实质重于形式?》，载微信公众号"商法李建伟"，发布日期：2025 年 3 月 4 日。

问题 164 ▷ 2023 年《公司法》第 180 条的规定是否可以涵盖事实高级管理人员？

2023 年《公司法》第 180 条仅规定了公司的控股股东、实际控制人不担任公司董事但实际执行公司事务的构成事实董事。若控股股东、实际控制人未履行董事职务，仅实施了高级管理人员职务能否构成事实高管？根据事实董事条款的规范目的以及制度逻辑来看，第 180 条未规定事实高级管理人员情形存在立法漏洞，应可根据本条规定类推出事实高管规则。

我国公司法中的高级管理人员，是指在公司管理层中担任重要职务、负责公司经营管理的人员。2023 年《公司法》第 265 条第 1 项规定，高级管理人员，是指公司的经理、副经理、财务负责人，上市公司董事会秘书和公司章程规定的其他人员。本法第 67 条规定，经理由董事会聘任或解聘，对董事会负责；副经理由经理提请董事会聘任或解聘。另外，本法第 74 条、第 126 条规定了经理的职权，经理对董事会负责，根据公司章程的规定或者董事会的授权行使职权，经理列席董事会会议。财务负责人同样是由经理提请董事会聘任或者解聘，是负责公司财务的重要人员。根据本法第 138 条的规定，上市公司设董事会秘书，负责公司股东会和董事会会议的筹备、文件保管以及公司股东资料的管理，办理信息披露事务等事宜。

从公司经营管理实践以及上述高级管理人员的职权范围来看，高级管理人员在我国公司商事实践中发挥公司日常事务经营管理的职能。相较于本法第 192 条涵盖了影子董事、影子高管两种情形，第 180 条第 3 款仅规定了事实董事。对此是否意味着对控股股东、实际控制人的规制不包括事实高级管理人员情形？有见解认为此实际上是公司法内部规则的不协调一致。[1]本法第 180 条前两款分别规定董事、高级管理人员对公司负有忠实义务与勤勉义务。然而第 3 款却只把董事单列出来，而对高级管理人员未置一词。根据事实董事的制度逻辑，一个人是不是事实上的董事，完全是一个事实问题，取决于该人在公司中实际扮演的角色。[2]依此逻辑，既然有事实董事，也应当有事实高级管理人员。控股股东、实际控制人不仅可利用自己的影响力指示高级管理人员行事，也可亲自实施高级管理人员职务。基于高级管理人员与董事负有相同的忠实义务和勤勉义务，因而控股股东、实际控制人在亲自实施高

---

[1] 罗培新：《新〈公司法〉的立法缺陷及其完善》，载《政法论坛》2024 年第 6 期。

[2] 黄辉：《现代公司法比较研究——国际经验及对中国的启示》，清华大学出版社 2020 年版，第 191 页。

级管理人员职责时也应遵守相应的信义义务规则。故而本款规定也应适用于事实高级管理人员，即控股股东、实际控制人不担任公司高级管理人员但实际执行公司事务的，同样适用本法第 180 条前两款规定。

总之，对于控股股东、实际控制人是否构成事实高级管理人员应与事实董事的判断逻辑相同，当控股股东、实际控制人实际履行高级管理人员相同的职权时，即构成事实高级管理人员。那么控股股东和实际控制人从事何种职务事项会构成事实高级管理人员，这涉及上文所述高级管理人员的认定问题，应采实质判断路径，不仅限于法定主体范围之职权，控股股东、实际控制人对公司整体业务具有经营决策权，或即便对公司不享有整体的经营决策权，但对公司重要事务（人事任免/考核、财务报销/预算/决算、对外签署合同）具有决策权，或者行使重要部门负责人职权，都有可能被认定为事实高级管理人员。早在 2023 年《公司法》修订之前，我国司法实践中即存在以实质视角认定董事、高级管理人员的裁判观点，如广西壮族自治区高级人民法院民二庭发布的《关于审理公司纠纷案件若干问题的裁判指引》第 34 条规定，任何实际上享有或行使董事高管职权的人员，都可以属于勤勉义务的责任主体。

问题 165 ◐ 对于不设监事会的公司，在股东代表诉讼中，请求审计委员会提起诉讼是否属于法定前置程序？

2023 年《公司法》第 189 条规定了股东代表诉讼，根据本条第 1 款规定，董事、高级管理人员违反法律、行政法规、公司章程给公司造成损害的，股东应先书面请求监事会向人民法院提起诉讼；监事存在前述行为的，股东应书面请求董事会向人民法院提起诉讼。只有当监事会或者董事会收到前款规定的股东书面请求后拒绝提起诉讼，或者自收到请求之日起 30 日内未提起诉讼时，股东方可提起代表诉讼。除了履行前置程序，如果股东能够证明属于"情况紧急、不立即提起诉讼将会使公司利益受到难以弥补的损害"的情形，也可直接提起诉讼。

值得注意的是，前述内容仅适用于董事会与监事会并存的双层制治理架构。2023 年《公司法》引入单层制后将产生体系性结构变革，那么，在仅设置审计委员会而未设置监事会的单层制公司中，提起股东代表诉讼是否需要履行请求审计委员会提起诉讼的前置程序？

1. 单层制下股东代表诉讼前置程序争议

当公司利益受到侵害而公司不能或怠于起诉时，公司股东可以为了公司利益以自己的名义代表公司提起诉讼。公司作为具有独立地位的法人，其合法权益受到侵害，应当由公司提起诉讼。当公司利益因董事、监事、高级管理人员的违法行为受到损害时，追究其赔偿责任的权利属于公司，但此时公司往往由与责任人存在利益关系的董事、高级管理人员控制，从而可能怠于追究上述人员的责任。为了解决这种公司丧失起诉能力的问题，发展出了股东代表诉讼的替代救济措施。另外，股东代表诉讼也可以有效敦促公司董事、监事、高级管理人员勤勉尽责。但同时也产生了股东恶意诉讼干扰公司正常经营的担忧，法律对股东代表公司提起诉讼作了必要的限制。股东代表诉讼本质上是公司诉讼能力丧失时，股东代表公司行使诉权，通常应以公司不行使或无法行使为前提，因而通常设有前置程序。

单层制治理架构冲击了股东代表诉讼交叉请求规则的适用逻辑，在此次公司法修订中争议较大。根据 2023 年《公司法》第 69 条和第 121 条规定，公司可选择单层制的公司治理架构，由审计委员会行使该法规定的监督职权。对该条文作体系解释，前述前置程序中的监事会，应由审计委员会替代。但是，理论上对此仍有争议，反对意见认为，在单层制下应简化前置程序，无须请求审计委员会起诉，股东可以径行起诉。审计委员会属于董事会的内设机构，实际关系是"一套班子、两块牌子"。若公司依法设立审计委员会而未设立监事/监事会的情况下，如果董事、高级管理人员损害公司利益，由于股东履行前置程序实际上将不可避免地最终由董事会履行，根据前置程序请求审计委员会无实际意义。也有见解认为，尽管 2023 年《公司法》赋予了审计委员会"行使本法规定的监事会的职权"，但这一赋权仅应限缩解释其职权行使的范围为公司内部事务，不宜扩张为外部诉讼权，因为审计委员会是董事会的下属非独立机构，没有监事会或监事那样的"独立性"，且其本身也不能与董事会或董事具有同等法律地位，审计委员会是公司内设机构，没有代表公司的权力。[1]

2. 由审计委员会替代履行前置程序

前述问题的答案在于审计委员会的职能定位，尤其是其独立性程度。虽然审计委员会属于董事会内设机构，但其本质上系享有广义监督职权的独立性专门委员会，其在决议事项上具有独立性，在组织运行上具有自治性，可不受董事会影响独立履行法定监督职权。[2] 从公司法修订审议稿条款的变化

---

[1] 施天涛：《公司法上的受信义务：评新〈公司法〉的相应修改》，载《财经法学》2024 年第 3 期。

[2] 刘斌：《中国式审计委员会：组织基础与权责配置》，载《法律科学（西北政法大学学报）》2024 年第 4 期。

来看，《公司法（修订草案一审稿）》第 64 条、第 125 条规定，有限责任公司和股份有限公司可以按照公司章程的规定，在董事会中设置由董事组成的审计委员会，负责对公司财务、会计进行监督，并行使公司章程规定的其他职权。《公司法（修订草案二审稿）》第 69 条、第 121 条则将审计委员会的职权规定改为"行使本法规定的监事会的职权"。最终 2023 年《公司法》第 69 条和第 121 条对审计委员会职权的规定为"行使本法规定的监事会的职权"，体现了审计委员会职权不再限于对公司财务、会计的监督，而是对监事会职权的承接，履行同监事会一样的法定监督职权。

从体系解释角度观之，单层制下的审计委员会将继续扮演监事会角色，审计委员会具有全面监督的法定职权，在以监督义务作为后盾和保障的基础上，可以代表公司，处理公司与其他董事存在利益冲突的事项。因此，该项诉讼代表权应由审计委员会承接。与之相适应，《公司登记管理实施办法》第 13 条规定，"设置审计委员会行使监事会职权的公司，应当在进行董事备案时标明相关董事担任审计委员会成员的信息"。此规定有利于通过备案的方式明确审计委员会履职的具体主体。

在单层制下应继续认可前置程序存在的价值，结合当前规范，将接受申请的公司机关调整为公司的审计委员会，不宜因公司治理结构改变而轻易否认前置程序的独立价值。[1] 前置程序不仅是防止股东滥用诉权的重要手段，也是调节公司人格独立与股东监督的关键阀门。如果允许单层制公司直接排除前置程序，有可能为股东滥诉打开方便之门。当然，根据 2023 年《公司法》第 83 条的规定，规模较小或者股东人数较少的有限责任公司，可以不设监事会，设一名监事，行使该法规定的监事会的职权；经全体股东一致同意，也可以不设监事。在这种情形下，既无监事会或监事，又无审计委员会，故行使诉权无需履行上述前置程序，符合法定条件的股东可以直接提起代表诉讼；如果系非董事会成员损害公司利益，则股东仍然须向董事会履行前置程序。

进一步而言，履行前置程序要求的前提是存在公司起诉的可能性。《九民纪要》第 25 条明确规定，一般情况下，股东没有履行前置程序的，应当驳回起诉，但前置程序针对的是公司治理的一般情况，即在股东向公司有关机关提出书面申请之时，存在公司有关机关提起诉讼的可能性。如果公司不存在该种可能性，股东履行前置程序的义务也应被免除。典型的情形如公司的董事会成员与监事均为被告，无法既代表公司又代表被告；或是有权代表公司

---

〔1〕 刘斌、梁樱子：《新〈公司法〉股东双重代表诉讼规则的展开》，载《西南政法大学学报》2024 年第 3 期。

提起诉讼的董事或监事均因利益冲突而须回避，无法代表公司提起诉讼。在单层制公司治理结构下，若审计委员会缺乏独立性，则属于不存在公司有关机关提起诉讼的可能性，而无需履行前置程序。

3. 审计委员会交叉前置的制度设计

《上市公司章程指引（2025）》第38条即规定了审计委员会的诉讼代表权："审计委员会成员以外的董事、高级管理人员执行公司职务时违反法律、行政法规或者本章程的规定，给公司造成损失的，连续一百八十日以上单独或者合计持有公司百分之一以上股份的股东有权书面请求审计委员会向人民法院提起诉讼；审计委员会成员执行公司职务时违反法律、行政法规或者本章程的规定，给公司造成损失的，前述股东可以书面请求董事会向人民法院提起诉讼。

审计委员会、董事会收到前款规定的股东书面请求后拒绝提起诉讼，或者自收到请求之日起三十日内未提起诉讼，或者情况紧急、不立即提起诉讼将会使公司利益受到难以弥补的损害的，前款规定的股东有权为了公司的利益以自己的名义直接向人民法院提起诉讼。

他人侵犯公司合法权益，给公司造成损失的，本条第一款规定的股东可以依照前两款的规定向人民法院提起诉讼。

公司全资子公司的董事、监事、高级管理人员执行职务违反法律、行政法规或者本章程的规定，给公司造成损失的，或者他人侵犯公司全资子公司合法权益造成损失的，连续一百八十日以上单独或者合计持有公司百分之一以上股份的股东，可以依照《公司法》第一百八十九条前三款规定书面请求全资子公司的监事会、董事会向人民法院提起诉讼或者以自己的名义直接向人民法院提起诉讼。

注释：公司全资子公司不设监事会或监事、设审计委员会的，按照本条第一款、第二款的规定执行。"

问题 166 ▶ 在股东代表诉讼中，针对"他人侵犯公司合法权益"的诉讼范围是否包括侵权和违约？

2023年《公司法》第189条第3款规定，他人侵犯公司合法权益，给公司造成损失的，符合条件的股东可以提起股东代表诉讼。公司的合法权益受到侵害往往来自两个方面：董事、监事、高级管理人员；除董事、监事、高级管理人员之外的他人，多为控股股东、实际控制人、发起人、清算人等。在股东代表诉讼中，可以针对"他人侵犯公司合法权益"诉讼范围的认定，涉及公司合法权益的保护，同时也需要避免股东滥诉干扰公司正常的经营管理和商业决策。

1. 诉讼范围包括侵权之诉

从公司合法权益受到侵犯的内涵包括公司财产权、人格权等权益损害，股东代表诉讼的诉讼范围包括侵权之诉应无疑问。实践中，通常表现为控股股东、实际控制人或董监高侵占公司财产、进行不公平的自我交易或关联交易、利用公司机会造成重大损失等；会计人员或审计人员出具虚假财务报告导致公司利益受损等，多属于侵权行为范畴。基于保障公司合法权益不受侵犯的制度宗旨，原则上任何侵害公司权益的侵权行为都可以成为股东代表诉讼的对象。

2. 诉讼范围包括合同之诉

股东代表诉讼的范围是否包括合同之诉存在争议。《公司法司法解释（五）》第 1 条、第 2 条明确，关联交易损害公司利益时，股东可就关联交易合同存在无效、可撤销或者对公司不发生效力的情形提起股东代表诉讼，但并未明确是否可对违约之诉提起。司法实践中通常采用较为宽松的诉讼范围认定，在"艺传国际有限公司与四川广播电视台合作合同纠纷上诉案"中，最高人民法院肯认了一审法院的观点，从更好地维护公司及股东自身的合法权益出发，对规定中"他人"的范围、可以提起代表诉讼的对象应作宽泛的理解和适用。在对象上，应当包含公司的控股股东、其他股东、实际控制人、发起人、清算人及其成员和公司的债务人等；在种类上，既应包含侵权之诉，也应包含合同之诉。[1]

在"中融国际信托有限公司、广西建设燃料有限责任公司买卖合同纠纷案"[2]中，最高人民法院认为从条文文义看，2018 年《公司法》第 151 条第 3 款规定并未排除合同之诉，不能当然认为股东代表诉讼的诉因仅限于侵权之诉。中融信托公司有权通过股东代表诉讼请求广西燃料公司履行《煤炭买卖合同》并追究违约责任。在"陈某勇、浙江万达建设集团有限公司损害公司利益责任纠纷案"[3]中，最高人民法院同样认为股东代表诉讼不仅包括侵权之诉，相关规定并非排除合同之诉，案涉合同违约之诉可纳入股东代表诉讼范围。

可见，司法实践中通常根据股东代表诉讼保护公司和股东权益的宗旨出

---

〔1〕　最高人民法院（2011）民四终字第 15 号民事判决书。
〔2〕　最高人民法院（2020）最高法民终 208 号民事裁定书。
〔3〕　最高人民法院（2019）最高法民终 597 号民事裁定书。

发，借助公司法及司法解释规定并未将合同之诉排除于股东代表诉讼的范围，采取股东代表诉讼范围包括侵权之诉与合同之诉（包括合同违约之诉）的观点。

3. 股东代表诉讼与公司利益

然而，前述宽松认定的观点是否会过度干预董事的正常经营判断或影响公司的正常经营，有待进一步考察分析。有观点采取相对保守的认定思路，认为在关联交易里，即便存在合同无效、可撤销或合同相对方违约的情况，公司往往难以主动主张权利。为保护中小投资者利益，根据《公司法司法解释（五）》第2条规定，在公司不主张权利时，符合条件的股东可提起股东代表诉讼。有观点认为，在非关联交易中，涉及合同无效、可撤销等否定合同效力情形时，应纳入对"他人"提起股东代表诉讼的范围，但不包含合同违约情形。[1]

本书认为，根据文义解释，2023年《公司法》第189条第3款规定并未将合同之诉（包括合同违约之诉）排除在股东代表诉讼范围之外。至于干扰公司正常经营的担忧，因公司在诉讼中也有表达意思的机会，法院应审慎查明案涉违约情形是否真正对公司造成损害。若公司并未在诉讼中发表意见，实际上反映了公司管理层的渎职懈怠，此时允许小股东以诉讼方式介入公司经营管理并无不妥，至于公司管理层是否真的存在渎职，以及公司是否受到损害，仍应由法院根据事实具体判断。若公司在诉讼中发表意见认为正常经营受到干扰，在法院查明公司损害并不存在的情况下，可以驳回。由此可见，通过合理的诉讼程序设置，公司正常经营并不一定因股东代表诉讼受到干预，反而将违约之诉一概排除在诉讼范围之外，会使股东利益得不到及时充分的救济。

问题 167 ▶ 提起股东代表诉讼的主体，是否限于损害公司利益行为发生时持有股份的股东？

根据2023年《公司法》第189条第1款对股东代表诉讼的原告资格作出的规定，股东代表诉讼的原告因有限责任公司和股份有限公司而不同，有限责任公司的任一股东即可，股份有限公司的股东则需要满足连续180日以上单独或者合计持有公司1%以上股份的条件。由此可见，股份有限公司的股东提起股东代表诉讼，存在持股时间和持股比例两项限制。之所以要对股份有限公司的股东设定限制，是为了平衡公司与股东利益，避免代表诉讼制度被

---

[1] 刘贵祥：《关于新公司法适用中的若干问题》，载《法律适用》2024年第6期。

滥用。提起股东代表诉讼的主体必须具备股东身份，原告股东若在诉讼中丧失股东资格，无权提起股东代表诉讼，将被裁定驳回起诉。[1]

至于股东是否可针对其取得股权之前发生的损害公司利益的行为提起股东代表诉讼则存在争议，《九民纪要》第 24 条对上述问题已作出明确回答，"股东提起股东代表诉讼，被告以行为发生时原告尚未成为公司股东为由抗辩该股东不是适格原告的，人民法院不予支持"。成为股东的时间，并不影响股东的原告资格，股东可以针对其受让股权之前发生的侵害公司利益的行为提起股东代表诉讼。

该问题本质上属于避免股东滥诉规范模式的选择问题。为防止股东滥诉，影响公司的正常经营，确有必要对原告股东资格条件作相应限制。各国立法例多对原告股东持股期限、取得股权时间、持股数量等提出相应要求。在比较法立法例中，对股东持股时间的限制存在两种模式，第一种模式为"当时股份持有原则"，要求股东代表诉讼的原告必须在侵害公司利益行为发生时就已持有公司股份，并在诉讼期间一直持有，不得对持有股份之前的行为提起诉讼。该原则为美国联邦最高法院在 Hawes v. City of Oakland 案中确立，多为英美法系国家采用。第二种模式为"持股期限原则"，要求提起股东代表诉讼的原告在起诉之前持股达到法律规定的期限，对何时取得股权不作要求，股东可针对其取得股权之前的侵害公司利益行为提起诉讼。该原则多为大陆法系国家采用，如德国、法国公司法要求股东持股 3 个月以上；《日本商法典》第 267 条第 1 款规定，提起代表诉讼的股东必须是连续持有股份六个月以上的股东。

以上两种规范模式各有利弊，"当时股份持有原则"有利于避免侵害行为发生后为提起诉讼而购买少量股份的投机行为，但同时亦限制了侵害行为发生后善意受让股份的股东的合法权益。"持股期限原则"通过股东的持股期限反映股东个人利益与公司利益的密切程度，从而有利于侵害行为发生后才取得股权的股东满足维护与公司利益紧密相关的自身利益需求，法定持股期限的要求在一定程度上亦起到防止购买诉讼的作用。但该原则却也限制了未达到法定持股期限的股东，使其无法提起股东代表诉讼。

两种模式并无绝对优劣，采取何种模式需要置于本土公司法规范体系下整体考虑。我国公司法对有限责任公司股权对外转让设置了优先购买权的限制规则，在侵害公司利益行为发生后进行购买诉讼在客观上难以实现。虽然我国股份有限公司的股份转让不受限制，但对于股份有限公司股东代表诉讼

---

[1]　最高人民法院（2015）民申字第 2204 号民事裁定书。

的原告资格要求连续 180 日以上单独或者合计持有公司 1% 以上股份，购买诉讼基本上亦无法实现，因此无须再对股权取得时间限制在侵害行为发生之前。

此外，基于股东代表诉讼保护公司利益以及中小股东利益的制度目的，中小股东在公司治理中通常处于弱势地位，其取得股权时未必知晓其在受让股权时侵害行为已经发生，受让股权的对价亦无法体现受侵害行为影响的扣减，若不允许其提起股东代表诉讼，可能造成其合法权益的减损。加之股东代表诉讼是对公司利益的维护，诉讼效果归属于公司，股东在公司不能或怠于起诉时代表公司行使诉权不应受到侵害行为发生时间的限制。

问题 168 ▷ 董事对第三人责任是否会导致董事责任的泛化，从而过分加重了董事责任？

我国《公司法》在 2023 年修订前并未规定董事对第三人责任，相关规范散见于公司资本维持、公司清算阶段、上市公司虚假陈述等特定领域。近年来，董事滥用权利通过公司损害第三人利益的案例大量增加，"长生疫苗造假""中植系定融产品爆雷""康美药业虚假陈述"等案件造成损害的范围广、影响大，给社会公众造成了人身权、财产权的严重损害。在规模化经营的效果增持下，公司行为的外部性更强，给社会公众造成的损害相较于作为个人的董事更大，体现出规制董事不当行为的迫切现实需求，促使我们重新认识董事对第三人责任的问题。

2023 年《公司法》第 191 条首次将董事对第三人责任上升为一般性条款，实现了董事对第三人责任内外区分立场的规则转变，重构了董事对第三人责任规则，充分回应了规制董事滥权行为的实践需求，是对因董事滥权而无法在传统公司法人制度框架内获得周全救济的第三人的有效保障。但是，对该条规定的讨论和疑虑也层出不穷，如该条规定是否会导致董事责任泛化而过分加重董事责任？在明晰董事对第三人责任的性质以及 2023 年《公司法》第 191 条规范构造的基础上，防止董事对第三人责任的滥用应从法律适用上进行严格把控，具体体现为严格的构成要件、与董事过错相适应的责任范围。

1. 董事对第三人责任的立法背景

关于董事是否承担对第三人责任的问题，我国《民法典》与原《公司法》均未在一般性条款的层面展现出肯定态度。《民法典》第 1191 条规定了工作人员职务侵权时用人单位的雇主替代责任，用人单位的工作人员因执行工作任务造成他人损害的，由雇主对外承担侵权责任；雇主承担责任后，再于内部向有故意或者重大过失的工作人员追偿。[1]同时,《民法典》第 62 条确立了法定代表人职务行为造成他人损害时,由法人对外承担单独责任,再向有过错的法定代表人追偿的责任规则。由此可见,在 2023 年《公司法》修订之前,除法律另有规定的情形之外,我国关于董事对第三人责任的基本立场均采取外部求偿关系与内部追偿责任相区分的配置方案。

事实上,无论是历史上还是当下的法律实践中,在我国公司法体系内抑或特别法领域,均从未放弃对董事对第三人责任的规则探索,并开展了相应的研究和讨论。早在 1992 年,《海南经济特区股份有限公司条例》第 106 条就曾规定,董事履行职务犯有重大过错,致使第三人受到损害,应当与公司承担连带赔偿责任。在 2005 年修订《公司法》前,已经有学者关注到董事对第三人的责任的问题并主张公司法应增加董事对第三人责任的规定。[2]基于域外立法例考察结果,2005 年《公司法》修订相关的立法研究指出,各国(地区)大多规定了对公司和对第三人两种责任,后者是现代公司法立法的趋势,应在我国公司法中有所体现。[3]然而,2005 年《公司法》坚持从严恪守法人机关理论,并未引入董事对第三人责任。伴随实践中因董事不当行为严重损害第三人的事例频发,为了回应规制董事行为的制度需求,公司法与商事特别法均逐渐发展出董事对第三人责任的规范经验。

一方面,公司法体系内部创设了董事在公司经营的特殊阶段应对第三人直接承担责任。2005 年《公司法》第 189 条规定了公司清算时清算组成员因故意或者重大过失损害债权人的赔偿责任;《公司法司法解释(二)》第18—20 条在公司清算领域率先规定了股份有限公司的董事怠于履行清算义务、恶意处置公司财产、违法清算造成债权人损害时的对第三人责任;《公司法司法解释(三)》第 13 条、第 14 条在资本维持领域中规定了董事对债权人责任的框架。

另一方面,商事特别法也基于特殊场景的制度需求率先作出了尝试。《证券法》第 85 条规定了董事、监事、高级管理人员进行虚假陈述时对投资人的连带责任,系证券法域为加强资本市场监管,针对上市公司董事对投资人信

---

[1] 最高人民法院民法典贯彻实施工作领导小组主编:《中华人民共和国民法典侵权责任编理解与适用》,人民法院出版社 2020 年出版,第 235—238 页。

[2] 王保树:《股份有限公司的董事和董事会》,载《外国法译评》1994 年第 1 期;梅慎实:《论董事的民事责任》,载《法律科学(西北政法学院学报)》1996 年第 2 期;王保树主编:《中国公司法修改草案建议稿》,社会科学文献出版社 2004 年版,第 147 页;吴建斌、吴兰德:《试论公司董事第三人责任的性质、主观要件及归责原则》,载《南京大学学报(哲学·人文科学·社会科学版)》2005 年第 1 期。

[3] 张穹主编:《新公司法修订研究报告》(上册),中国法制出版社 2005 年版,第 67 页。

息披露义务所作出的制度尝试。此外，破产法学者通常认为，《企业破产法》第 125 条回应了董事、监事或者高级管理人员违反忠实义务、勤勉义务致使所在企业破产时债权人的董事问责问题。[1]由此观之，董事在特殊情形中应当例外对第三人承担责任的合理性逐渐为立法与司法实践所接纳，也不乏存在应在公司法层面系统性回应这些分散的例外规则的呼声。[2]2023 年《公司法》修订过程中，是否应在制定法层面将特别领域"点状"的董事对第三人责任规则上升为一般性条款，引起了学界广泛的讨论，成为本轮公司法在审议过程中最大的争议问题之一。

基于本轮公司法修订中"强化控股股东和经营管理人员的责任"的要求[3]，2023 年《公司法》第 191 条借鉴域外经验，规定了董事、高级管理人员对第三人的直接责任，改变了现行公司法和民法典关于董事对第三人责任承担内外区分的立场。该条规定，"董事、高级管理人员执行职务，给他人造成损害的，公司应当承担赔偿责任；董事、高级管理人员存在故意或者重大过失的，也应当承担赔偿责任"。该条前半句规定，董事、高级管理人员执行职务，给他人造成损害的，由公司首先承担赔偿责任，这是董事职务行为造成他人损害的一般规则，意在重申法人机关理论。后半句规定董事、高级管理人员存在故意或者重大过失的，董事对第三人承担直接责任，这是董事、高级管理人员在特定情形下对第三人承担责任的例外规则。由此，我国公司法上形成了"公司对外责任+董事直接责任"的董事责任模式；通过公司法一般规定与资本维持领域、清算领域的特别规定，公司法与证券法、企业破产法等特别法的相互关系，形成了完整的董事对第三人责任的有机规范体系。

必须予以澄清与强调的是，从 2023 年《公司法》第 191 条的条文构造上看，董事对第三人承担直接责任具有严格的适用条件，这表明董事对第三人责任在制定法中的规范定位是特定情形下对法人责任的补充。董事对第三人责任系公司对外责任的例外规则，是穿越法人机关与外部第三人间藩篱的特殊现象，这是深入剖析第 191 条须明晰的前提。

---

[1] 陈夏红：《从康美药业重整看大规模侵权的破产法应对》，载《中国法律评论》2022 年第 1 期。解正山：《论公司临近破产时的董事义务及问责制——基于公司法与破产法交错视角的思考》，载《当代法学》2022 年第 6 期。

[2] 《董事的信义义务完善：董事负有对第三人的责任吗？》，中国法学会商法学研究会 2022 年年会第三分论坛会议简报，第 31 页。

[3] 《关于〈中华人民共和国公司法（修订草案）〉的说明——2021 年 12 月 20 日在第十三届全国人民代表大会常务委员会第三十二次会议上》，载 http://www.npc.gov.cn/npc/c2/c30834/202312/t20231229_433993.html，最后访问日期：2025 年 3 月 10 日。

2. 董事对第三人责任的责任属性：法定责任

关于 2023 年《公司法》第 191 条所规定的董事对第三人责任的性质定位，我国学界和比较法上的学说争议均较大，在本轮修订过程中也产生了激烈的讨论，主要有特殊侵权责任说和商事侵权说、法定责任说三种学说。

特殊侵权责任说认为，董事对第三人责任本质上是侵权行为责任，系公司法针对民法上一般侵权责任作出的特别法规范。[1]由于民法上法人机关成员责任承担规则的缺失，在 2023 年《公司法》第 191 条规定董事对第三人责任之前，民法上董事的责任承担只能区分是否担任公司的法定代表人分别适用《民法典》的法人侵权责任或是雇主责任，即均仅由公司直接承担责任。比较法规定与此不同，在特殊侵权责任说的视角下，董事对第三人责任系公司法在法人侵权责任和雇主责任规则之外，特别规定了董事直接对第三人承担侵权赔偿责任。同时，考虑到董事需处理大量庞杂的公司职务和纷繁的商业实践，所以又排除了一般民事侵权的轻过失责任，而仅限于故意或重大过失。侵权责任的性质决定了董事对第三人责任按照侵权责任的构成要件承担责任即可，无需判断董事是否违反组织法上的义务，"故意或者重大过失"作为侵权责任的"加害要件"，针对的是第三人损害，且保护范围仅限于直接损害。[2]

商事侵权责任说同样站在侵权责任说的立场上，但认为董事对第三人责任是基于特别的商事侵权行为而非一般民事侵权行为发生。商事侵权说的特殊性在于认为董事并非对第三人损害的直接过错，而是对公司的职务懈怠行为对于第三人的损害存在可归责性，因此要求董事违反了对公司的信义义务，且对职务懈怠存在故意或重大过失；同时认为损害包括直接损害与间接损害。[3]由此观之，商事侵权责任说在董事对第三人责任的责任构成上与法定责任说的要件已经并无区别，只是将责任性质定位为侵权责任而已。二者在司法适用上并没有实质差别，也不存在价值判断的正误问题，只存在解释路径的选择和体系上的解释力强弱之分。商事侵权责任说在侵权法的体系下解

---

〔1〕　由于对日本公司法学界学说的翻译不同，一些日本法著作或比较法研究中，也有将本书使用的"特殊侵权责任说"称为"侵权行为特别法说"或"侵权行为特则说"等，并将"商事侵权责任说"译为"特殊侵权责任说"，为了便于区分内涵，本书使用"特殊侵权责任说"与"商事侵权责任说"的说法。采特殊侵权责任说的有刘道远：《董事对第三人赔偿责任的法理基础与规范解释》，载《比较法研究》2024 年第 2 期。

〔2〕　[日] 近藤光男：《最新日本公司法》，梁爽译，法律出版社 2016 年版，第 309 页；冯果、柴瑞娟：《论董事对公司债权人的责任》，载《国家检察官学院学报》2007 年第 1 期。

〔3〕　[日] 山本为三郎：《日本公司法精解》，朱大明等译，法律出版社 2015 年版，第 211–212 页。

释组织法要件，可能会导致概念间的混淆，界定为法定责任相较而言在解释上更具有逻辑和体系上的简洁性，避免侵权法理论上的矛盾。

法定责任说则认为，董事对第三人责任系公司法为保护第三人利益规定的法定责任，是不同于债务不履行责任与侵权责任的特别责任。[1]董事对第三人责任的本质是董事违反对公司的信义义务导致第三人损害，应同时具备组织法要件和侵权法要件，董事对执行职务存在组织法上的故意或重大过失的主观过错，同时对外构成侵权行为；保护的损害范围包括第三人的直接损害和间接损害。需要特别说明的是，此处法定责任说与比较法上的法定责任说具有不同的内涵。日本法上的主流学说法定责任说认为《日本公司法》第429条第1款的第三人责任仅需董事满足就职务履行存在故意或重大过失的组织法层面，[2]没有认识到损害赔偿责任建立在与第三人关系的违法性基础上，不但存在董事责任泛化的风险，而且无法体现董事对第三人责任的理论性构造，近年来已经引起日本学界的反思。[3]虽然《韩国商法》第401条也未在立法层面要求具有侵权法层面的要件，但韩国法院在实践中通过司法判例作出了修正，肯认了董事行为外部关系的违法性要件。[4]因此，准确地说，我们主张的法定责任说是一种修订的法定责任说。

主要的争议仍在于法定责任说与特殊侵权责任说。法定责任说与特殊侵权责任说区分的本质在于对责任来源的认识不同，主要体现为是否需要满足董事违反信义义务的组织法要件不同，导致主观过错中"故意或者重大过失"的指向对象不同。法定责任说主张董事对第三人责任的构成应包含组织法的要件，即董事违反了对公司的信义义务，所以故意或者重大过失系指向"执行职务"，即公司的职务懈怠行为；而特殊侵权责任说则基于侵权责任的基本原理，认为故意或者重大过失的对象系第三人的直接损害。

本书认为，董事对第三人责任的责任来源和基础在于组织法和行为法上

---

〔1〕 陈景善：《论董事对第三人责任的认定与适用中的问题点——以日本法规定为中心》，载《比较法研究》2013年第5期。采法定责任说的还有，高泓：《董事第三人责任的反思与建构——〈公司法〉第191条的解释论》，载《中国法律评论》2024年第4期；郭富青：《我国公司法设置董事对第三人承担民事责任的三重思考》，载《法律科学（西北政法大学学报）》2024年第1期。王琦认为董事职务行为可以分为对内管理行为与对外代理行为两类，董事对内实施不当管理行为导致债权人无法充分受偿，需按照2023年《公司法》第191条规定承担违反信义义务的赔偿责任（违信责任）；董事对外实施代理行为损害第三人利益，依《民法典》第1191条第1款承担侵权责任。王琦：《董事外部责任条款的规范解构》，载《北方法学》2024年第5期。

〔2〕 ［日］前田庸：《公司法入门》，王作全译，北京大学出版社2012年版，第343-344页。

〔3〕 ［日］山本为三郎：《日本公司法精解》，朱大明等译，法律出版社2015年版，第211-212页。

〔4〕 大法院1985.11.12宣告82DaKa2490判决；大法院2002.3.29宣告2000Da47316判决，该案为韩国大法院明确适用《韩国商法》第401条认定董事对第三人责任的第一个案件。

的双重可归责性，对责任性质的认识应当覆盖两个法域面向的要求，特殊侵权责任说显然无法容纳组织法层面的法律构造。一方面，董事的首要任务系维护公司利益，在公司利益与第三人利益冲突的情形下，董事必然应以公司的利益为先，避免董事的一仆侍二主。若董事恪守了信义义务，为维护公司利益而损害第三人，其不具有组织法上的可归责性，该行为后果应由公司承担。另一方面，2023 年《公司法》在组织法层面确立董事对第三人责任，对该责任性质的认定也应从组织法上的注意义务角度理解，不能囿于民法的规范体系，而应与侵权法上行为人对第三人的一般注意义务有所区别。将董事对第三人责任界定为侵权责任，忽视了其法律关系的组织法特征，不可避免地会遭遇应被民事侵权法吸收的法域归属上的困境。在这个意义上，董事对第三人责任的责任定位首先且更根本的是一种组织法的责任归属，这是公司法单独规定董事对第三人责任的本质意义所在。法定责任说的性质界定具有复合性，将组织法和行为法两个面向的性质有机嵌合起来，组织法上的要求即为董事对公司的信义义务。

最后，回到 2023 年《公司法》第 191 条的规范构造上。有主张特殊侵权责任说的学者认为第 191 条的规范模式系典型的过错侵权责任规范，这仅仅认识到了其规范构造的一面。首先，过错侵权责任的一般规范[1]的规制重心在于过错、权益侵害、损害，而第 191 条的规范要素仅包含过错和损害结果，系一般损害赔偿责任的基本特征，并不必然解释为侵权责任的性质。其次，第 191 条具有丰富的解释空间，蕴含着严格的构成要件。第一，该条两个分句之间的适用关系具有结构化的联系，前半句表明本条的规范对象系董事的职务行为，对于后半句董事存在故意或重大过失时应承担赔偿责任中主观过错的内容应在同一语境下协调，可被解释为董事对"执行职务"的故意或者重大过失。第二，如何判断董事职务行为是否存在主观过错，取决于董事是否违反了信义义务。第三，董事行为造成了损害后果，这是损害赔偿责任性质的题中之义。第四，损害赔偿责任建立在违法行为的基础上，并非所有董事违反信义义务的行为都能基于因果关系直接对第三人发生责任，根据董事对第三人责任的行为法属性，董事违反组织法上的信义义务的职务懈怠行为应当在与第三人的关系上存在违法性，即构成对第三人的侵权行为。

责任性质的界定将进而影响责任构成的要件，从而影响董事对第三人的责

---

〔1〕《民法典》第 1165 条第 1 款规定，行为人因过错侵害他人民事权益造成损害的，应当承担侵权责任。

任强度，需要考虑的是我国的社会情况需要何种程度的董事对第三人责任。[1] 董事对第三人责任作为例外规则，其构成要件应具有严格的条件限制，以缓和理论和实务上对董事对第三人责任泛化的担忧。法定责任说在行为法要件之外兼顾了组织法的行为要求，双重属性的复合构成要件客观上也限制了董事对第三人责任规则的滥用。将董事对第三人责任定位为法定责任更接近董事对第三人责任的责任本质，也更符合我国商业实践的语境中对董事履职尽责的要求。可以认为，董事对第三人责任的构成要件应与董事基于勤勉义务对公司责任的构成要件基本相同，只是过错程度存在差别，即必须在董事对执行职务有故意或重大过失时才对第三人担责。[2]

3. 董事对第三人责任的责任构成

如上所述，董事对第三人责任是需要同时满足组织法要件与行为法要件的法定责任，其中，组织法要件包括：①责任主体为董事、高级管理人员；②行为要件为执行公司职务；③组织法上的违法性要件为违反信义义务；④主观要件为存在组织法上的故意或重大过失。侵权法要件包括：①客观行为要件，董事执行职务时的严重背信行为具有违法性；②给他人造成损害；③董事行为与损害存在相当因果关系。

3.1 董事对第三人责任的组织法要件

（1）主体要件：董事、高级管理人员

2023年《公司法》第191条明确对第三人责任的责任主体应作实质层面的理解，即包括名义董事、高管和实质董事、高管。我国现行公司法的董事范畴建立在形式主义基础之上，为了解决控股股东或实际控制人名责不符的问题，2023年《公司法》转变了对董事范畴的认识，选择了实质董事的规制路径。[3] 就公司治理的内在体系而言，董事的规制模式具有内在统一的逻辑主线和价值取向的一致性，这意味着形式董事和构成实质董事的控股股东、实际控制人的义务—责任应当权责对等，尤其是在规范上保持责任同质性。就董事对第三人责任的目的实现而言，在股权结构高度集中的公司实践中，控股股东、实际控制人的个人意志可能对公司行为形成主导或支配作用，在公司经营中占据控制地位，滥用这种控制权，利用公司对第三

---

〔1〕［日］佐藤孝弘：《董事对第三人责任：从比较法和社会整体利益角度分析》，载《河北法学》2013年第3期。

〔2〕刘贵祥：《关于新公司法适用中的若干问题》，载《法律适用》2024年第6期。

〔3〕刘斌：《重塑董事范畴：从形式主义迈向实质主义》，载《比较法研究》2021年第5期。

人造成损害，此时第三人、公司与控股股东或实际控制人之间的利益状态与形式董事的情形无异。董事对第三人责任的司法适用经验较为丰富的域外判例中，也均认定虽不担任董事，但作为公司事实上持续地执行公司事务的实际经营者应类推适用董事对第三人责任。[1]如果控股股东或实质控制人因为不具有形式上的董事身份而不对第三人承担责任，对于第191条强化第三人保护的制度目的实现来说无异于是"隔靴搔痒"。因此，在我国公司治理集权化的"东董相护"实践背景下，联动适用2023年《公司法》第191条与第180条第3款、第192条，协同发挥董事对第三人责任机制与事实董事、影子董事体系作用的意义更为深刻。第191条所规定的董事对第三人责任与影子董事、事实董事责任，从体系解释的角度而言，无疑存在关联性，作为事实董事、影子董事的双控人同样应对第三人承担责任，这相当于在双控人与第三人之间通过事实董事、影子董事制度架起了一座桥梁，直接发生法律关系。[2]

此外，因为在这种情形下使得控股股东、实际控制人突破公司藩篱直接对第三人承担责任，实际上起到了类似法人人格否认的作用。域外的经验也表明，董事对第三人责任的机制实际上发挥着代替法人人格否认之法理的功能。[3]2023年《公司法》第191条与第180条第1款、第192条的协同适用客观上也为第三人提供了丰富的诉讼策略与救济路径。如果说，控股股东滥用控制权损害债权人利益走法人人格否认之路往往因举证、法官过于谨慎等原因，而无法实现或难以实现其诉讼目的的话，综合运用董事对第三人责任制度及事实董事、影子董事制度，可谓为追究双控人滥用控制权相应民事责任开辟了一条新的路径。[4]

（2）行为要件：执行公司事务

首先，董事对第三人责任限于董事的职务行为，若董事所从事行为与公司无关，或与董事职位无关，则应考虑直接构成董事个人的侵权责任，而不属于2023年《公司法》第191条的规范范畴。董事对第三人责任的核心功能与立法初衷在于解决董事作为法人机关组成人员的对外责任问题，其适用情景限于该个人的机关组成人员身份。董事个人的行为要能够通过组织法机制传导给公司，董事即应符合其公司治理结构中的角色，董事执行公司职务，

---

〔1〕　京都地判平4年2月5日，判时第1436号第115页；名古屋地判平22年5月14日，判时第2112期，第66页。

〔2〕　刘贵祥：《关于新公司法适用中的若干问题》，载《法律适用》2024年第6期。

〔3〕　[日]前田庸：《公司法入门》，王作全译，北京大学出版社2012年版，第343-346页。

〔4〕　刘贵祥：《关于新公司法适用中的若干问题》，载《法律适用》2024年第6期。

实质上指的是董事履行了董事职责或行使了董事权利。具体而言，董事在其法定或章程规定的职权范围内行使职权，或者在具有前述职权外观的范围内行使职权。需要强调的是，一是董事执行职务的行为并不一定符合股东或公司利益，可能恰恰相反，甚至可能是犯罪行为，这正是组织法上突破公司责任的遮蔽产生对第三人责任的归责来源。二是董事的职务行为并不一定为直面第三人的外部行为，相反，董事的违法行为大多发生于公司内部意志形成过程，尤其是董事行为给第三人造成间接损害的情形。

就董事行为而言，我国公司法上董事通过董事会的方式集体行权，董事个人参与行使董事会的职权即董事个人的职务行为；同时根据 2023 年《公司法》第 10 条，代表公司执行公司事务的董事还可能具有公司的对外代表权。由此，董事的职务行为可首先根据法律效果的作用方向分为内部行为与外部行为，外部行为即代表公司直接与第三人发生法律关系的行为，如签署合同、履约或违约。其次，根据 2023 年《公司法》对公司治理机构和董事会职能的调整，内部行为可被类型化为：①经营决策及管理行为，如决定公司的经营计划和投资方案、制订公司的利润分配方案和弥补亏损方案、制订公司增加或者减少注册资本以及发行公司债券的方案等；②业务执行行为，这里的业务并不仅限于公司的营业事务，而是扩大至需要公司处理的所有事务等广义范畴；[1]③内部监督行为，如单层制架构审计委员会的监督行为。

（3）组织法上的违法性要件：违反信义义务

如前所述，法定责任说下 2023 年《公司法》第 191 条规定的"故意或者重大过失"要件的认识对象系"执行职务"，比较法上称之为职务懈怠行为，这是组织法层面特别创设董事对第三人责任之实质基础。判断是否存在职务懈怠取决于公司法对董事的履职要求，根据 2023 年《公司法》第 179 条、第 180 条的规定，董事应当遵守法律、行政法规和公司章程，履行对公司的忠实义务和勤勉义务。因此，董事违反对公司的信义义务系董事对第三人责任在组织法上的基础要件。关于"违反信义义务"要件与"故意或者重大过失"要件的关系，有一种理解认为，前者可被后者吸收。本书认为，违反信义义务与故意或重大过失在责任认定标准上并非同一面向，董事是否违反信义义务决定了董事履行职务时是否达到应有的注意程度，系认定其是否存在故意或重大过失的行为标准；而故意或重大过失的主观过错系对董事主观状态的否定性评价，是个人过错相对于公司过错具有可识别性的法定标准，强调主

---

〔1〕 赵旭东：《再思公司经理的法律定位与制度设计》，载《法律科学（西北政法大学学报）》2021 年第 3 期。

观过失的严重程度。此外，由于我国的信义义务体系上并未形成稳定的主观判断标准，信义义务的违反也非与组织法上的故意或重大过失完全对应，因此二者不宜放在构成要件的同一层次上。

根据 2023 年《公司法》第 180 条的规定，董事对公司负有忠实义务，应当采取措施避免自身利益与公司利益冲突，不得利用职权牟取不正当利益；董事对公司负有勤勉义务，执行职务应当为公司的最大利益尽到管理者通常应有的合理注意义务。关于董事涉嫌违反信义义务的行为是否构成对第三人责任，存在以下典型争议情景：①董事操纵公司故意实施侵害第三人绝对权的行为。此时董事的行为导致公司对外承担赔偿责任，造成公司损失，违反了对公司的信义义务，同时造成第三人损害，应承担对第三人责任。例如，董事、高级管理人员明知某种行为是违法犯罪行为，却仍然形成公司决议并亲自参与实施该行为或者授意他人实施该行为。[1]②董事恶意使公司对外违约，或明知公司丧失清偿能力或从公司的经营状态明知无法偿还到期债务，但隐瞒该情况对外负债或签发票据，导致第三人无法受偿或兑付。此时董事看似对公司并无直接损害，但这种对第三人的欺诈行为实则消耗了公司信用或进一步减损了公司责任财产，[2]从公司利益和经营目标而言有害无益，可以认定董事在与公司的关系中也严重违反了合理注意义务，应当直接对债权人承担责任。这也是日韩公司法实践中最典型的董事对第三人责任案型。[3]③效率违约的场合。如公司与甲签订购买原材料的采购合同，合同履行过程中，董事发现市场上存在价格更低、质量更优的替代材料，经衡量收益和成本，董事决议使公司购买该替代材料而对甲违约导致甲受损。在不违反企业社会责任及公序良俗的情形下，董事决定效率违约恰恰正是为公司的最佳利益，恪守了对公司的勤勉义务，虽然造成对交易第三人的损害，但此时并不产生董事对第三人责任。④公司暂时无法清偿债务，董事为避免公司陷入破产境地对外借贷，但公司最终再建失败，导致债权人无法受偿。与情形②不同，董事系为公司利益防止其彻底丧失清偿能力，该行为虽然也造成债权人损失，但董事已经恪尽勤勉义务，不应对外承担责任，应当允许董事为维持公司责任

---

〔1〕 王翔主编：《中华人民共和国公司法释义》，中国法制出版社 2024 年版，第 274 页。

〔2〕 陈景善：《论董事对第三人责任的认定与适用中的问题点——以日本法规定为中心》，载《比较法研究》2013 年第 5 期。

〔3〕 日本法上的经典判例如，最判昭 44 年 11 月 26 日，民集第 23 卷第 11 号第 2150 页。韩国法上的经典判例如，大法院 2002. 3. 29 宣告 2000Da47316 判决，大法院 1985. 11. 12 宣告 84DaKa2490 判决。

财产，挽救暂时陷入经营困难的公司的行为。[1]因此，即使公司行为造成第三人损害，但其中董事并未违反对公司的信义义务，并无组织法上的可归责性，该损害仍应全部归属于公司承担，董事不对外承担个人责任。

（4）主观要件：组织法上的"故意或者重大过失"

2023年《公司法》第191条规定的董事对第三人责任的主观状态限于故意或重大过失，且系过错责任，并非推定过错，应由第三人举证证明。这种严重的过错程度系董事对第三人责任的核心要件，是董事执行职务时的个人过错突破公司过错，产生内部主体对第三人个人责任的关键。这意味着董事在执行职务中的一般过错并不具有区分于公司过错的可归责性，因一般过失给第三人造成的损害不承担责任，这是董事经营决策的必要保障，否则可能导致董事责任泛化，虚增董事经营压力，吓退担任董事的热情，限制公司的商业创新。

此处所指的故意或者重大过失仍应从组织法层面理解，区分于行为法层面的故意或重大过失，其认识对象为公司职务，而非第三人损害。在行为法层面董事对第三人损害的主观过错程度仅为一般过失，无需达到重大过失的程度。所谓故意，是指董事故意违反信义义务进行损害行为的主观状态，违反忠实义务的行为通常为故意行为，其可归责性较强。所谓重大过失，通常系违反勤勉义务的行为，指董事严重违反管理者通常应有的合理注意义务。

3.2 董事对第三人责任的行为法要件

董事的职务身份系来源于公司的委任关系，其与第三人并不存在直接的法律关系。董事违反对公司的信义义务，存在故意或重大过失的职务懈怠行为，何以产生了第三人的损害？如前所述，董事个人对第三人负有不得侵害他人权益的一般性义务，该义务不因组织关系而消灭。外部关系的责任根源上是由于董事违反了该一般性注意义务，形成的公司行为侵害了第三人的权益，侵权法层面的构成要件是外部关系上产生损害赔偿责任的题中之义。2023年《公司法》第191条虽未陈列侵权法层面的要件，但基于法律分工，该层面的要件应以《民法典》侵权责任的一般规定为规范基础。

（1）侵害行为

侵权法上的行为要件系对董事行为客观层面的审查，即董事的执行职务行为系通过公司侵害第三人民事权益的加害行为。董事职务行为具有显著的

---

〔1〕〔日〕吉原和志：《公司责任财产的维持与债权人的利益保护》，法协102卷8号，第1480页，转引自陈景善：《论董事对第三人责任的认定与适用中的问题点——以日本法规定为中心》，载《比较法研究》2013年第5期。

组织属性，所涉及的第三人权益具有广泛性和复杂性，在评价董事行为是否侵害第三人的权益时，可结合所涉权益的具体类型以及侵害行为的表现样态等因素进行判断，以平衡董事的商事决策自由与第三人权益保护。董事行为在行为法上的可归责性来源于侵害法定权利，违反保护性法律，以及违背商事属性的秩序规则、善良风俗或商业道德。[1]

具体而言，董事的加害行为可作如下类型化细分：其一，侵害第三人人身权、财产权等绝对权的情形，如"毒奶粉""问题疫苗"等侵害公众人身健康的安全事件，作出决议的董事构成典型的"权利侵害"行为。其二，违反保护性法律的情形，如"e租宝"非法集资案中董事违反以保护金融管理秩序为目的的刑法规范，"康美药业"虚假陈述案中董事违反保护公众投资者财产权益和证券市场秩序的金融监管法规。其三，董事违反商事领域的注意义务或善良风俗侵害他人权益，这主要发生在第三人系公司债权人的情形中，如董事非为公司利益使公司恶意违约、恶意违法减资或违法分配、协助股东抽逃出资等行为。虽然公司在正常经营的情形下，董事不对第三人负有信义义务，但第三人已经获取或者可以合理期待从公司获取的利益应受到保护，董事应对债权人负有不刻意损害的不作为义务。董事的行为使得债权人商业风险不合理地升高，违反了对债权人的一般性注意义务和商事领域的善良风俗，同样构成对债权人的侵害行为。同理，在公司丧失清偿能力、濒临破产的情形下，董事隐瞒该情形对外负债或不当经营，董事的行为构成对新债权人的欺诈，同时破坏了既有债权人对于公司交易的风险预期，对二者的权益均构成侵害。[2]

（2）结果要件：给他人造成损害

首先，关于损害的范围，应包括直接损害和间接损害。所谓直接损害，指董事故意或重大过失的职务行为直接导致的第三人损害，即董事的职务履行不仅违反了对公司的信义义务，而且通过公司外衣直接侵害他人权益，呈现出"董事—第三人"的直接关系。如前述公司直接侵权、证券虚假陈述、非法集资、商事欺诈等行为，直接损害中董事在侵权法上的可归责性具有明显的可识别性，应受到董事对第三人责任的保护并无争议。问题在于间接损害的认定。所谓间接损害，是指董事的职务懈怠行为给公司造成损失的结果导致第三人受损，呈现出"董事—公司—第三人"的间接关系。此时导致第三

---

〔1〕　张瀚：《商事侵权构成要件研究》，法律出版社 2020 年版，第 29 页。

〔2〕　域外法中也有案例认为此时董事的信义义务扩张至债权人，如英国判例 IA1986s. 214（2）（b）；美国特拉华州判例 Credit Lyonnais Bank Nederland, N. V. v. Pathe Communications Corp., 1991WL277613（Del. Ch. 1991）。

人受损的直接原因通常是公司的清偿能力下降，这类情形在传统民事侵权理论中被认为是纯粹经济损失，特殊侵权责任说因此认为董事对第三人责任并不包括这类间接的损害。这种看法不仅狭隘地理解了商事行为法上侵权行为的范畴和本质，也无法周全地实现董事对第三人责任的制度目的。在间接损害的情形下，对公司而言，董事严重违反对公司资本维持的信义义务，导致公司责任财产减少、清偿能力受损；对债权人而言，董事的行为使债权人本身不一定会发生的预期损害转化为现实损害。再者，在公司无法清偿债务的情况下，通过负有责任的董事的法定责任来强化对债权人的保护显得尤为必要和紧迫，这正是董事对第三人责任制度核心关注之处。从这个意义上说，强调对间接损害的保护更契合实现董事对第三人责任的制度初衷。〔1〕

其次，此处的他人系指公司的外部人，不应包括公司股东。一是从公司法规定的董事责任体系上看，2023 年《公司法》第 188 条、第 190 条和第 191 条分别规定了董事对公司损失、股东利益损害和第三人损害的赔偿责任，在董事的责任对象上明显区分了股东与第三人，董事行为造成对股东利益的直接损害，应通过 2023 年《公司法》第 190 条规定的直接提起诉讼解决。二是董事行为通过损害公司利益间接导致了股东利益损害，如董事不当经营，履行职务存在故意或重大过失导致公司价值下降，股份市值缩水。这种所谓股东的间接损害本质上仍是对公司的损害，董事的损害赔偿首先应归入公司以弥补公司损失，再经由利润分配或剩余财产分配弥补股东的间接损害，而非由董事直接向股东承担损害赔偿，〔2〕股东应基于 2023 年《公司法》第 188 条规定的股东代表诉讼寻求救济。因此，为了避免在规范构造上叠床架屋，不应将股东纳入"第三人"范畴。

最后，除股东外，2023 年《公司法》第 191 条对第三人的范围并未作出限制，应当涵盖利益相关者，包括职工、消费者、供应商和社区等各类自愿及非自愿债权人，如职工被拖欠工资、消费者因产品质量瑕疵遭受损害、供应商被恶意违约、公司环境污染侵权等。

（3）董事行为与损害结果之间存在相当因果关系

行为与结果之间的因果关系是损害赔偿责任的基本构成要件，分为责任成立的因果关系和责任范围的因果关系，后者涉及责任成立后的份额确定问题。

我国侵权法实践中主要借鉴德国法的相当因果关系理论判断侵权责任的

---

〔1〕《中国式现代化中的商事法律制度》，中国法学会商法会研究会 2023 年年会主旨发言实录，第 6-7 页。

〔2〕［日］前田庸：《公司法入门》，王作全译，北京大学出版社 2012 年版，第 345-346 页。

成立。在董事行为造成第三人直接损害时，因果关系的认定较为清晰；但在造成第三人间接损害的情况下，董事对公司的懈怠行为与第三人权益受损之间，存在公司偿债能力因素的隔离，因果关系的链条较远，且公司偿债能力受各种市场因素的影响，认定客观行为产生损害后果的相当性不无障碍。对于此种间接损害的情形，可结合风险增加理论判断董事的懈怠行为是否明显增加了损害结果发生的客观可能性；[1]同时，结合因果关系的举证责任转换规则减轻第三人的举证负担。以董事的违法分配行为为例，第三人只要初步举证董事不合理地增加了既有债权人无法获偿的商业风险，而由董事证明公司财产在债务履行期内已经无法清偿，或是公司财产状况恶化存在其他市场因素影响，系公司正常经营难以避免的结果。

综上所述，董事对于第三人所负的责任，因其法定责任属性，致使该规则在适用时存在组织法与行为法层面的双重构成要件。对于董事责任加重及泛化的担忧，可通过严格把控适用要件，以及结合与董事过错程度相匹配的责任范围得以妥善排解。

问题 169 ▷ 董事对第三人的责任形态是连带责任，还是补充责任？

2023 年《公司法》第 191 条规定的董事对第三人的责任形态应为连带责任还是补充责任，在比较法上与公司法修订过程中均产生过争议。肯定董事对第三人责任的国家或地区立法例大多采取了连带责任的责任形式，如《韩国商法》第 401 条明确"董事因故意或者重大过失怠于其任务时，对第三人承担连带损害赔偿责任"。日本公司法虽未在立法中明确董事的责任形式，仅规定董事对第三人承担"赔偿责任"，但理论上也有认为是连带责任者。[2]我国《公司法（修订草案一审稿）》第 190 条也曾经规定董事"应当与公司承担连带责任"。然则，责任形态的区分及范围的确定取决于董事的过错及责任范围的因果关系，蕴含着过责相称的价值判断。应当明确第 191 条"赔偿责任"的内涵，以避免董事责任不当扩张、过罚失当。

目前，对于 2023 年《公司法》第 191 条规定的董事对第三人承担的"赔偿责任"，主要存在以下观点：其一，认为是连带责任或不真正连带责任，董事在执行职务时存在故意或者重大过失的，需对因此给他人造成的损失承担

---

〔1〕　叶金强：《相当因果关系理论的展开》，载《中国法学》2008 年第 1 期。
〔2〕　[日] 前田庸：《公司法入门》，王作全译，北京大学出版社 2012 年版，第 343 页。

连带赔偿责任。[1]其二，认为并非连带责任，而是补充责任。[2]其三，有观点根据不同董事行为性质进行区分，董事违反法定义务侵害公司财产，严重损害公司债权人利益的，应当对公司债务承担连带责任；董事为控制股东逃避债务的行为提供帮助的，应当对公司债务承担补充责任。[3]其四，有观点区分直接损害和间接损害，认为董事对直接损害行为承担连带责任，即董事执行职务过程中董事本人或董事操纵公司直接侵害债权人利益的行为；对间接侵害行为承担补充责任，即董事通过损害公司利益间接损害债权人利益的行为，债权人利益因公司责任财产的不当减损而受到损害。[4]

1. 董事对第三人责任并非连带责任

从解释论展开，董事对第三人责任的形态并非连带责任。

第一，从规范逻辑上看，董事欠缺承担连带责任的正当性基础。私法上意思自治的基本原则体现在损害赔偿责任上即为自己责任，连带责任作为责任自负原则的例外，应有充分的正当性支撑。根据《民法典》第178条第3款的规定，连带责任仅在法律规定或当事人约定时产生，不可随意创设。连带责任的本质在于全体行为人被视为一个不可分割的整体，以所有行为人的清偿能力对该损害的全部承担责任，董事行为与公司行为并不存在这种共同性或一体性的正当性基础。[5]一是董事的职务行为体现为董事会决议的方式，因董事身份的双重性，董事的个人意思与公司意思的关系是组织意思形成机制下的不同环节，二者不存在且无法构成共同故意等共同意思联络。董事对第三人承担连带责任是依据共同侵权法理，但董事对内履行管理职责时，系在团体内部按照团体规则管理公司事务，并不直接与外部第三人产生联系，无所谓共同实施侵权行为的问题。[6]二是董事行为与公司行为的责任来源不同，董事对第三人责任的根本特征在于组织法和侵权法的复合属性，且组织法可归责性系其责任的本质特征，而公司对外承担责任系基于外部行为的侵

---

〔1〕 王宗正：《董事对第三人的民事责任：当代公司法的发展与我国公司法的重构》，载《求索》2003年第3期。

〔2〕 王琦：《董事外部责任条款的规范解构》，载《北方法学》2024年第5期；刘贵祥：《关于新公司法适用中的若干问题》，载《法律适用》2024年第6期。

〔3〕 岳万兵：《董事对第三人责任的公司法进路》，载《环球法律评论》2023年第1期。

〔4〕 高泓：《董事第三人责任的反思与建构——〈公司法〉第191条的解释论》，载《中国法律评论》2024年第4期。

〔5〕 民法上认为关于连带责任的共同性基础，逐渐由强调意思联络的"主观关联共同"走向强调行为关联的"客观关联共同"，也有学者将这种"共同性"的正当性来源类型化为基于共同过错与基于可能的因果关系，叶金强：《共同侵权的类型要素及法律效果》，载《中国法学》2010年第1期。

〔6〕 王琦：《董事外部责任条款的规范解构》，载《北方法学》2024年第5期。

权属性。三是董事与公司的义务对象不同，董事对公司负有信义义务且违反信义义务系其责任产生的首要缘由，而公司的主观过错仅包含违反对第三人的一般注意义务，二者的注意义务对象、义务属性与义务标准均不同。由此，董事和公司的主观过错并非同一层次，不存在共同过错，承担连带责任的正当性基础不足。

第二，从董事对第三人责任的制度环境上看，董事对第三人承担连带责任也不符合我国公司治理的现实基础。由于我国公司治理实践中董事的实质权力长期不足，且同时受到控股股东或实际控制人的操纵以及经理层管理权等多方面的抑制，使董事承担过重的责任将导致过责失当，不符合公平原则，可能导致公司治理结构进一步异化。[1]同时，连带责任的责任形态容易引发董事的寒蝉效应，使董事在经营决策中畏首畏尾，降低公司治理效率，抑制公司商业创新的活力。

第三，从比较法上的实证经验上看，由于董事个人的清偿能力通常逊色于公司，针对董事的第三人责任诉讼通常在公司丧失清偿能力后展开，让董事对外承担连带责任相较于补充责任而言在制度效果上并不会增加对第三人的保护力度，制度收益与成本之间严重不平衡。当然，如董事行为符合特别法规定的连带责任行为，则该法律规定构成连带责任的基础，应优先适用特别法规则，如证券虚假陈述的董事连带责任、股东抽逃出资时董事对公司债务的连带责任。2023 年《公司法》第 191 条并未保留《公司法（修订草案一审稿）》关于连带责任的表述，转而规定"赔偿责任"，可见立法者实则摒弃了董事对第三人承担连带责任的立场。

2. 董事对第三人责任属于补充责任

董事对第三人承担的"赔偿责任"系补充责任。如前所述，董事对第三人责任旨在对法人机关理论进行补充，董事本质上作为公司法人机关的组成人员，法人理论的基本原理决定其职务行为的对外效果首先应归属于公司。而且，在发生对第三人责任的情形中，董事的意思通常只是公司内部决策基础的一环，还需经过决议的意思形成机制，董事行为的对外效果是间接的，应区别于公司直接的对外行为。根据 2023 年《公司法》第 191 条的规范表达，公司系第一责任主体，董事责任顺位在公司责任之后，将董事的责任形态界定为补充责任一方面遵循了法人机关理论的一般原则，另一方面也有助于更清晰地按照直接行为与间接行为的义务层次、责任强度区分责任的承担

---

〔1〕 刘斌：《董事会权力的失焦与矫正》，载《法律科学（西北政法大学学报）》2023 年第 1 期。

顺位，同时也能够有效避免董事承担过重责任而损害其履职的积极性。

进一步地，就承担的责任范围而言。由于董事通过会议集体履职的方式，一方面，如前所述，董事行为的对外效果与公司行为并不相同，其责任范围的因果关系也并不相同。某一董事参与内部决议的行为并不必然决定公司行为，应当根据董事个人的过错程度及对损害的作用力确认其份额。公司承担第一顺位的责任后，可以在其责任份额内向董事追偿。另一方面，董事之间的责任分配应结合不同类型董事的职责要求、参与决策的程度、独立性程度等具体确认个人的过错程度和原因力，以实现公司治理的差异化问责。

问题 170 ▷ **2023 年《公司法》第 192 条规定的影子董事规则，其构成要件与法律责任分别是什么？**

我国公司股权分布高度集中，控股股东、实际控制人在公司治理中往往有较强的控制力，滥用权利损害公司、股东、债权人利益的情形十分普遍。控股股东或实际控制人时常通过各种方式操纵董事会及董事，使得董事会或董事沦为公司治理中的提线木偶。如果控股股东、实际控制人的指示行为不当，导致公司和中小股东利益受损，在之前的公司法制度下，仅仅能追究董事、高级管理人员怠于履职的法律责任，控股股东、实际控制人等实际决策者则难以得咎，董事和高级管理人员成为罪魁祸首的替罪羊。

对此，在 2023 年《公司法》修订过程中，各方面意见均建议强化控股股东、实际控制人的法律责任，以与事实上的控制权一致。2023 年《公司法》第 192 条规定："公司的控股股东、实际控制人指示董事、高级管理人员从事损害公司或者股东利益的行为的，与该董事、高级管理人员承担连带责任。"这一条款被大多数学者称为我国公司法中的影子董事制度，其充分回应了落实产权平等保护、完善公司法中责任追究机制等要求。[1] 可以预见的是，该规范如果能够妥善实施，控股股东和实际控制人滥用权利损害公司和股东利益的问题将极大程度得以改善。在具体的规范构造层面，该规定在主体要件、行为要件、责任要件层面表述得相对抽象概括，在规范适用的过程中仍有必要对其内涵进行阐释。

1. 影子董事制度的源起和域外经验

影子董事制度起源于英国，根据《英国 1985 年公司法》定义，影子董事是指"公司董事习惯于按他的指示（directions）或指挥（instructions）而行事

---

[1] 全国人大常委会《关于〈中华人民共和国公司法修订草案〉的说明》（2021 年）。

的人，但不能只因为董事依某人职业身份提供的建议（advice）而行动就主张该人为影子董事"[1]。同时，该法中的董事概念也采取实质界定的方法，即"董事包括任何担任（occupy）董事职务的人，不管其名称是什么"。但是，由于这一概念界定模式相对概括抽象，容易造成理解适用的偏差，英国法院随后又通过判例进一步明确了其内涵，比较代表性的案例包括 Re Tasbian Ltd.（No. 3）Official Receiverv. Nixon 案、Re Hydrodam（Corby）Ltd. 案和 Secretary of State for Trade and Industry v. Deverell 案。Re Tasbian 案的 Millet 法官将影子董事的认定要件具体化，即：根据客观标准判断董事行为，如果某人以超出其职业身份的职责范围的方式控制公司事务，不论其出于何种动机，都会被认定为影子董事。[2]而在 Re Hydrodam 案中，Millet 法官进一步细化了行为要件的内涵并由此确立了影子董事的构成要件：①影子董事于幕后操纵形式董事或事实董事，不直接参与公司业务的决策执行；②影子董事对公司业务执行决策具有支配和控制的影响力，足以使得董事会遵守其指令；③此种支配控制力须达到持续影响，使得董事会习惯于服从影子董事之指令；④不必须以支配控制公司的所有行为为限。[3]但是，在随后的 Deverell 案中，Morritt 法官则放宽了构成要件，他指出：如果能够证明全部或部分董事将自己置于服从的地位或者放弃其独立判断时，支配和控制者自然可以构成影子董事，并不以董事会完全丧失独立性为前提。[4]由此，历经成文法和判例法的发展，英国影子董事的概念构成基本得以明确。

　　一些大陆法系国家和地区实际上也继受了影子董事制度。譬如《韩国商法》第 401 条之二规定了"业务执行干与人责任"，该规定以责任为导向，制度核心是：将利用对公司的影响力指示董事执行业务的人视为董事。[5]韩国的"业务执行指示人责任"制度实际上也一定程度继受于《德国股份公司法》第 117 条的"损害赔偿义务"，但是后者的行为要件核心是"利用对公司的影响指使董事、监事、经理或者全权代办人损害公司或者其股东利益"。[6]德国学者莱赛尔指出：德国该项制度实际上是为了避免在公司法中直接规定股东的忠诚义务，而发挥替代条款的功能。[7]但从功能定位上看，德国的这

---

〔1〕　Companies Act 1985（UK），s. 741.

〔2〕　Re Tasbian Ltd（No. 3）.［1993］BCLC. 297.

〔3〕　Re Hydrodam（Corby）Ltd.［1994］2BCLC. 180.

〔4〕　Secretary of State for Trade and Industry v. Deverell［2000］BCLC. 1057.

〔5〕　王延川、刘卫锋编译：《最新韩国公司法及施行令》，法律出版社 2014 年版，第 84-85 页。

〔6〕　《德国商事公司法》，胡晓静、杨代雄译：法律出版社 2014 年版，第 121 页。

〔7〕　［德］托马斯·莱赛尔、吕迪格·法伊尔：《德国资合公司法（上）》，高旭军等译，上海人民出版社 2019 年版，第 146 页。

一规定，实际也与英国的影子董事制度类似，均是在特定情况下赋予董事幕后的指示人特定的法律责任。

2. 影子董事制度的本土移植

由于我国公司法一直未曾规定这一制度，学者研究始终缺乏规范抓手。然而，随着控制权滥用的问题日益突出以及传统控制权规制策略的失灵，学界也逐渐开始关注影子董事这一制度的价值。随着《公司法（修订草案一审稿）》对影子董事制度的引入，更多与之相关的研究成果也在不断涌现。相关文献主要围绕引入的必要性、引入的路径及其与现有控制权规制制度的关系之协调等角度展开。

针对现行法中控制权人损害公司或者中小股东利益的现象高发、冲击现有的公司组织机构分权体系、公司治理的究责体系等问题，2023 年《公司法》不再因循过往单方面强化控股股东、实际控制人责任的直接规制思路，转而间接将其责任嫁接至董事责任的轨道之上。2023 年《公司法》第 192 条的规定"文义内涵可见英国影子董事制度之本质"。[1]也有学者认为，这一模式实际上借鉴了《德国股份公司法》第 117 条的规定："任何利用自己对公司的影响指使一名董事或监事会的成员、经理或一名代办商实施损害公司或股东利益行为的人，对公司负有赔偿公司由此发生损害的责任。除了公司受到的损害，如果还对其他股东造成损害的，也必须对受害股东承担损害赔偿责任。此时，董事会和监事会的成员在违反法定职责范围内与违法行为人承担连带责任。"[2]英国法的核心在于采取"董事的实质主义认定模式"[3]将一切实质指挥董事执行业务行为的主体，认定为公司董事并赋予其董事义务，进而强化董事会公司治理中心的地位。德国法则试图通过究责条款的构造，弥补其法制中缺乏股东忠诚义务的规范缺漏，对于利益受损的公司和股东，在其管理机构成员完全屈服于股东或第三者的压力而没有履行义务时，赋予相应的诉权，这也使该规定更具有侵权法的特征。[4]事实上，这两种模式并无本质冲突，仅于规制视角层面有所差异，德国法直接立足于责任承担的视角，而英国法虽立足于主体界定的视角，但仍然间接拟制构成影子董事的主

---

〔1〕 丁亚琪：《实质董事的规范结构：功能与定位》，载《政法论坛》2022 年第 4 期。

〔2〕 陈洁：《实际控制人公司法规制的体系性思考》，载《北京理工大学学报（社会科学版）》2022 年第 5 期。

〔3〕 刘斌：《重塑董事范畴：从形式主义迈向实质主义》，载《比较法研究》2021 年第 5 期。

〔4〕 ［德］托马斯·莱赛尔、吕迪格·法伊尔：《德国资合公司法（上）》，高旭军等译，上海人民出版社 2019 年版，第 146 页。

体的法律责任。[1]英国法和德国法的规定在发展中已然呈现相互融合的趋势。

2023 年《公司法》总体上采取了一种实用主义的立法模式，以求处理妥善该制度继受过程中"在地性"与"本土性"的关系。[2]首先，在立法理念上，该条款采取实质董事的认定思路，将指示董事从事不当行为而致公司、股东利益受损的主体与法定董事功能主义上的同等对待，要求其与后者一起承担特定的法律责任。其次，在规范表达上，该规定未将指示董事为具体行为的主体直接认定为"董事"，并未过分扩大其概念范畴，符合我国公司法中固有的"董事"概念的外延以及商业用语的本土习惯。[3]

3. 我国影子董事制度构成要件分析

3.1 影子董事的主体要件

根据 2023 年《公司法》第 192 条的规定，构成"控股股东"或"实际控制人"系影子董事承担特定责任的前提条件，影子董事制度主体要件的界定，本质就是对"控股股东""实际控制人"概念之涵射过程。根据本法第 265 条规定，控股股东，是指其出资额占有限责任公司资本总额超过 50%或者其持有的股份占股份有限公司股本总额超过 50%的股东；出资额或者持有股份的比例虽然低于 50%，但依其出资额或者持有的股份所享有的表决权已足以对股东会的决议产生重大影响的股东。实际控制人，是指通过投资关系、协议或者其他安排，能够实际支配公司行为的人。[4]

就法人控股股东影子董事制度的适用问题，我国公司法并不承认法人董事，董事必须为自然人。那么，如果公司的控股股东、实际控制人为法人，其是否为承担本条所规定责任的适格主体？域外立法中，对于集团公司内部作为控股股东的母公司，通常豁免其构成影子董事。《英国 2006 年公司法》第 251 条第 3 款规定：法人并非仅因子公司的董事习惯于根据其指导或指示行事而视为其任何子公司的影子董事。[5]《澳大利亚公司法》第 9 条则规定：特定主体因公司董事习惯于根据其指导或指示行事而可能被视为公司董事，但公司董事根据其指示行事是因为存在商业关系的，不在此限。[6]该条款虽

---

〔1〕　黄爱学：《法人董事制度的法律分析》，载《西部法学评论》2012 年第 2 期。
〔2〕　陈甦：《我国公司立法的理念变迁与建构面向》，载《中国法律评论》2022 年第 3 期。
〔3〕　施天涛：《公司法应该如何规训关联交易？》，载《法律适用》2021 年第 4 期；傅穹：《公司利益范式下的董事义务改革》，载《中国法学》2022 年第 6 期。
〔4〕　控股股东、实际控制人的具体认定见本书问题 161、162。
〔5〕　Companies Act (UK) 2006, s. 251 (3).
〔6〕　Corporations Act 2001 (Austr.), s. 9.

未明确指出母公司应予豁免，但是由于母子公司之间一般均存在商业关系，司法判例多以此为据对母公司予以豁免。域外立法直接对法人控股股东予以豁免，有其可取之处。原因在于其具备相对成熟的集团企业立法模式。在域外不少国家或地区，公司和中小股东如果利益受损，可以另行通过其特有的集团企业相关法制获得救济。譬如在澳大利亚的集团企业立法中，成员公司的董事可以服务于集团的整体利益，但条件是，其行为获得公司章程或者小股东的授权，且不会损害成员公司偿还债务的能力。[1]但是，我国公司法关于集团公司或者关联企业的规定，仅止步于"关联关系"的定义条款，缺乏为子公司提供保护的关联企业法制。有基于此，在我国公司法的框架下，不能直接将法人控股股东豁免认定为影子董事。从 2023 年《公司发》第 192 条和第 265 条的规定来看，承担影子董事责任的主体并不限于自然人，法人在作为控股股东、实际控制人的情形下，如果有违反本条规定的行为，仍然要承担责任。[2]

此外，在我国公司治理实践中，经常存在多重持股关系，那么，对于穿越多重持股关系而操控公司董事、高级管理人员的行为，可否予以穿透认定？根据本条文义，但凡公司的控股股东、实际控制人存在指示董事、高级管理人员从事损害公司或者股东利益的行为的，均需承担法律责任，并不限于直接指示的本公司股东。易言之，如果置身于多重持股关系幕后的控股股东、实际控制人存在本条规定的违法行为，仍然是承担责任的适格主体，对此可予以穿透认定。[3]

然而一味强调对控股股东、实际控制人的行为规制，可能偏离影子董事制度应有的规制基点。影子董事之认定，重在判断其是否实质上指挥董事行为，而"控股股东""实际控制人"的概念，所蕴含的系对公司行为之支配，而非对董事行为之支配，由对公司的控制力而所传导的对董事的影响力，不应与对董事直接的影响力相混淆。影子董事制度其实重在"间接规制幕后主体"而非仅仅是"间接规制幕后控制主体"。控股股东和实际控制人之外的其他主体，也可能构成影子董事，譬如隐名持股情形下的中小股东、为公司董事提供咨询建议的专家顾问等，此类主体并不必然需要取得对公司的控制权，即可因其指示董事的行为而被认定为影子董事。

---

〔1〕 黄辉：《现代公司法比较研究——国际经验及对中国的启示》，清华大学出版社 2020 年版，第 311 页。

〔2〕 刘斌编著：《新公司法注释全书》，中国法制出版社 2024 年版，第 697 页。

〔3〕 刘斌编著：《新公司法注释全书》，中国法制出版社 2024 年版，第 697 页。

英国法中，在 2000 年的 Secretary of State for Trade and Industry v. Deverell 案[1]中，法官改变了 1994 年 Re Hydrodam（Corby）Ltd. 案[2]中对影子董事构成要件的界定，认为影子董事的成立不再要求董事会与控制者之间存在绝对服从关系，如果能够证明全部或部分董事将自己置于服从的地位或者放弃其独立判断时，支配和控制者自然可以构成影子董事，并不以董事会完全丧失独立性为前提。由此可见，影子董事之构成与否，与控制人是否具备公司控制权并非必然等同。另外，《英国 2006 年公司法》第 251 条第（2）款规定了影子董事的排除情形，一个人并不仅因下列事项行事而被视为影子董事：基于专业身份提供建议者；该人在行使或根据一项制定法赋予的职责提出的指示、指导、指引或建议；根据该人以内阁阁员身份提出的指引或建议。尽管存在前述例外情形，但如果前述主体超出了职业活动的范围而实质性地涉入公司管理事务，同样可能被认定为影子董事。比如，在 Re Tasbian Ltd 案中，公司的会计决定偿付某些债权人的债务，被法院认定为事实上进行公司事务决策，进而被判定为影子董事。[3]故而，专业咨询服务人员虽然对公司财务、业务等专业事务影响力巨大，但此是其职业之本旨价值，通常不应纳入影子董事之列，除非其逾越了专业咨询的职业边界，实质性地涉足了公司决策。

3.2 存在指示行为

2023 年《公司法》第 192 条规定的行为要件是控股股东和实际控制人"指示"董事、高级管理人员从事损害公司或者股东利益的行为。但本条规定对指示行为的构成标准问题未予回答。

所谓指示，是指控股股东、实际控制人对董事、高级管理人员处理公司事务所作出的表示行为，并要求董事、高级管理人员按照其指示的方式处理事务。对于董事而言，这种指示包括投赞成票、反对票或弃权票的指示，通过某个议案的指示等。对于高级管理人员而言，这种指示包括对财务、业务等事项的指示。[4]"指示"这一核心语词实系借鉴自域外传统的影子董事立法，后者亦使用包括"instruction"或"direction""wish"等语词作为行为要件的组成部分。域外成文法中，影子董事的识别，在"指示"要件之外，尚需配合被指示人一端"习惯于服从"（accustomed）这一反映指示程度或强度的构成要件。实践中，判例也要求"存在一个长期受到指示的行为模式"[5]。在

---

[1] Secretary of State for Trade and Industry v. Deverell [2000] B. C. C. 1057.

[2] Re Hydrodam（Corby）Ltd [1994] B. C. C. 161, at 163.

[3] Re Tasbian Ltd No 3（1993）.

[4] 刘斌编著：《新公司法注释全书》，中国法制出版社 2024 年版，第 697-698 页。

[5] Secretary for Trade and Industry v. JA Becker [2003] 1BCLC555.

我国影子董事制度的行为要件中，并不存在此种辅助性的要件构成。

关于指示的方式，可包括明示、默示、沉默三种类别。对于明示的指示，例如有书面的决议或批示，显然可以被涵盖进本条的规制范围，即使没有正式的批示，但有直接的聊天记录或其他非正式的指示性内容，应当也可以解释为作出了指示。而在默示的情形下，被指示人对于指示的内容，被指示人亦应有所察知，只是此时指示的方式较为隐蔽。[1]沉默行为具备法律效力需以法律规定、当事人约定或者存在交易习惯为前提，现实中以此种方式指示他人为侵权行为，并不常见。默示和沉默都属于暗示的指示方式，如果控股股东并不存在明确的指示内容，但是通过某种行动或者语言暗示了董事或高管实施某种行为，此时的指示虽然可以充分构成，但因具有隐蔽性而可能存在举证上的困难。[2]

3.3 董事、高级管理人员基于指示从事损害公司或者股东利益的行为

"损害公司或者股东利益"在逻辑层面应存在三种理解。其一，仅损害公司利益而不损害股东利益；其二，既损害公司利益又损害股东利益；其三，仅损害股东利益而不损害公司利益。损害公司利益的情形是较为清晰且普遍的，其应当与2023年《公司法》第180条以下关于董事不得违反忠实义务和勤勉义务的规定衔接适用。董事损害公司利益的代表情形具体包括：侵夺公司机会、从事与本公司相竞争的同类业务、进行不公允的关联交易等。由于股东是公司利益的剩余所有权人，公司利益的受损通常也意味着股东利益的受损。比较难以界定的是仅损害股东利益而不损害公司利益的类型，此种代表性的情形可能包括：控股股东、实际控制人指示董事故意不召开董事会，使公司内部决策实施机制瘫痪；在股东会会议的筹办过程中未及时通知股东，使得股东未能行使表决权，从而使公司形成了有损于其利益的决议等。[3]

3.4 前述行为与损害结果之间存在因果关系

责任的认定以损害的发生和因果关系的存在为其前提。虽然有基于指示从事损害公司或者股东利益的行为，但并未造成损害发生，也不存在法律责任。如果前述行为与损害结果之间不存在因果关系，则不存在法律责任。原因在于，董事未必听从控股股东或董事而为具体行为。美国特拉华州法院曾审理的 Frank v. Elgamal 案即表明，即使董事系由控股股东所提名，其也未必

---

〔1〕 赵旭东主编：《新公司法条文释解》，法律出版社 2024 年版，第 424 页。

〔2〕 刘斌编著：《新公司法注释全书》，中国法制出版社 2024 年版，第 698 页。

〔3〕 赵旭东主编：《新公司法条文释解》，法律出版社 2024 年版，第 425 页。

会感谢后者并根据其指示的内容行事。[1]我国司法实践中也不乏著例，在"佛山市顺德区南华投资有限公司与佛山市顺德区港华燃气有限公司等公司决议效力确认纠纷案"中，原告股东主张被告法人股东通过委派人员担任公司董事，利用其操纵董事会形成关联交易的决议损害自身利益。对此，法院严格区分股东在股东会层面的表决与董事在董事会层面的表决，并不仅因为股东、董事之间存在委派关系即当然拟制指示行为与损害后果之间的因果联系。[2]除此之外，在逻辑层面，也存在董事对于控股股东、实际控制人的指示理解并不到位，从而导致他种损害发生的情况。若仍然要求控股股东、实际控制人与董事一同承担连带责任，可能欠缺合理性。

4. 影子董事的责任形式

2023 年《公司法》第 192 条将影子董事制度的责任形式确立为"连带责任"，由此，控股股东、实际控制人因其指示董事、高级管理人员为不当行为，须对利益受损的公司和股东承担连带责任。从文义解释和体系解释的层面观之，此处的"连带责任"应是《民法典》第 178 条意义上的共同的、无顺位的连带责任。

值得讨论的是，在公司或利益受损的股东请求控股股东、实际控制人或董事、高管承担责任之后，在二者内部如何分配责任的终局性归属。有观点认为，应当确立二者间的不真正连带责任，由实施指示行为的控股股东承担终局性的责任。这种观点关注了控股股东对董事、高管决策的实质性影响，认为控股股东才是实质的"始作俑者"，故而应当承担终局责任。但是，虽然在客观上控股股东对于董事、高管行为的影响力较大，但毕竟法律施以董事和高管明确的信义义务，二者也必须基于自己的考量对其决策进行审慎的评估，如果其明知控股股东的指示行为会损害公司或股东利益，而仍实施了该行为，那么其自身同样有不可忽视的过错，也同样应当承担相应的责任。

总之，应根据《民法典》第 172 条第 2 款规定，首先，按照各自责任大小来确定相应的赔偿数额。应当综合考量控股股东和董事、高管对损害造成的作用力和自身过错两方面内容，在个案中具体分析二者对损害行为产生的作用以及自身在主观上的过错程度来确认责任分配比例。其次，如果无法确定原因和过错的，平均分摊。最后，实际承担责任超过自己责任份额的，有

〔1〕 Yaron Nili, Servants of Two Masters-The Feigned Hysteria over Activist-Paid Directors, 18 University of Pennsylvania Law Review 509, 551-552 (2016).

〔2〕 (2017) 粤 06 民终 12697 号民事判决书。

权向其他连带责任人追偿。

问题 171 2023 年《公司法》对董事、监事、高级管理人员责任的规定有无溯及力？是否可以溯及适用？

2023 年《公司法》从各个维度强化了公司治理中董事、监事和高级管理人员的义务与责任。法不溯及既往是基本原则，对于法律事实发生在法律施行前的，原则上适用当时的法律、司法解释规定。只有符合《立法法》第104 条 "为了更好地保护公民、法人和其他组织的权利和利益而作出的特别规定" 即有利溯及规则，适用新法更能够体现立法目的的情形下，才赋予相关条文溯及适用的效力。最高人民法院《公司法时间效力司法解释》严格将溯及适用的条文限定在实质性修改、新增规定、具体细化规定中，以上规定是否溯及适用均需以有利溯及为判断标准。对于不符合有利溯及规则的实质性修改、背离相关当事人合理预期的新增规定，不赋予溯及力。因而，针对 2023 年《公司法》规定的董事、监事、高级管理人员责任应区分具体情况判断其溯及力。

1. 具体细化规定适用 2023 年《公司法》

2023 年《公司法》第 180 条对董事、监事、高级管理人员忠实义务和勤勉义务的内涵进行了详细的明确，第 181—184 条明确挪用公司资金等禁止性行为、违法关联交易、自我交易、不当谋取公司商业机会、经营限制的同类业务的赔偿责任等规定的适用主体包括监事，即在原《公司法》对监事具有忠实义务的原则性规定基础上，进一步将监事纳入忠实义务具体行为规制主体范围。同时放宽董事、高级管理人员利用公司商业机会、经营限制的同类业务的条件。上述规定是对 2018 年《公司法》的具体细化，根据《公司法时间效力司法解释》第 5 条，属于原来法律、司法解释已有原则性规定，2023年《公司法》作出具体规定的情形，应适用 2023 年《公司法》的规定。

2. 原《公司法》没有规定的情形遵循有利溯及原则

2.1 可溯及适用的条款

对于原来法律、司法解释没有规定而 2023 年《公司法》作出规定的情形，是否具有溯及力应严格遵循有利溯及原则。对于实质性修改的有利溯及在公司法中的判断内涵为 "溯及适用对各方当事人均更加有利，或至少对一方更加有利的同时，不减损另一方在旧公司法秩序下的应有权益，不破坏另一方在旧公司法秩序下的合理预期"。[1]《公司法时间效力司法解释》第 1 条列举了有利于溯及的实质性修改规则，其中包括 2023 年《公司法》第 211 条、第 226 条规定新增的负有责任的董事、监事、高级管理人员的违法分配利润和违法减资的责任。此二规定契合 2023 年《公司法》修订加强董事、监事、高级管理人员维护资本充实义务的立法目标，有利于保护债权人利益，可溯及适用。

另外，《公司法时间效力司法解释》第 4 条规定了公司法新增规定的空白溯及情形。相较于实质修改规定，新增规定对旧公司法秩序下的合理预期一般无影响，或影响不大。对新增规定的有利溯及判断，即空白溯及规则，更侧重于考量公司法溯及适用是否与旧公司法无规定情况下填补法律漏洞具有同样的正当性，或同样没有减损民事主体预期利益。[2] 2023 年《公司法》第 180 条第 3 款、第 192 条新增了事实董事、影子董事制度，属于对实质董事义务责任的新增规定。在旧公司法价值秩序判断之下，控股股东、实际控制人滥用其控制地位指示董事或实际执行公司事务即被赋予滥用权利的负面评价，其行为并不具有正当性的合理预期，因而 2023 年《公司法》对事实董事、影子董事附加义务与责任并不超过当事人的合理预期范围，符合空白溯及规则。

对于 2023 年《公司法》新增的第 51 条董事催缴义务责任规定，《公司法时间效力司法解释》未明确其是否具有溯及力，对其是否具有溯及力的判断亦应秉持"原则上不具有溯及力，除非符合有利溯及原则"的判断标准。第 51 条与上述董事、监事、高级管理人员的违法分配利润与违法减资责任相同，符合 2023 年《公司法》修订加强董事、监事、高级管理人员维护资本充实义务的立法目标，有利于债权人利益保护，且属于董事勤勉义务的合理预期范围，因而，应符合有利溯及原则而可予溯及适用。在"深圳斯曼特微公司与胡某生等损害公司利益责任纠纷案"[3]中，该案发生时，2018 年《公司法》并未规定董事的催缴义务，但最高人民法院依据董事的一般信义义务和勤勉义务，并参照《公司法司法解释（三）》第 13 条关于董事催告股东履行增资义务的规定，判决胡某生等 6 名董事对深圳斯曼特公司股东未出资部分承担连带责任。本案之司法裁判反映了董事催缴义务系董事勤勉义务的具体细化，属于董事勤勉义务的合理预期范围。

---

〔1〕 高晓力、麻锦亮、丁俊峰：《〈关于适用公司法时间效力的若干规定〉的理解与适用》，载《人民司法》2024 年第 19 期。

〔2〕 高晓力、麻锦亮、丁俊峰：《〈关于适用公司法时间效力的若干规定〉的理解与适用》，载《人民司法》2024 年第 19 期。

〔3〕 （2018）最高法民再 366 号。

2.2 不可溯及适用的条款

2023 年《公司法》中也存在不具有溯及力的董事、监事、高级管理人员责任规定。《公司法时间效力司法解释》明确规定不具有溯及力的为董事的清算义务人责任。2023 年《公司法》对旧公司法司法解释规定的清算义务主体作出实质性修改，将董事确立为清算义务人并规定了未及时清算的责任。《公司法时间效力司法解释》第 6 条第 1 款规定董事清算义务与责任原则上不具有溯及力。因董事需在解散事由出现之日起 15 日内组成清算组进行清算，故而清算的法律事实发生在公司法施行前，但至公司法施行日未满 15 日的，可适用 2023 年《公司法》第 232 条的规定。

对于 2023 年《公司法》新增的第 191 条董事、高级管理人员对第三人责任规定，《公司法时间效力司法解释》未明确其是否具有溯及力，对于其是否具有溯及力的问题存在争议，有观点认为董事对第三人责任来源于董事对公司的责任，而旧公司法规定了董事对公司的责任，可以认为 2023 年《公司法》第 191 条只是改变了向董事主张权利的主体，并未加重董事责任，故而可以溯及适用。另有观点认为，董事直接向第三人承担责任，是对董事责任的加重，打破其合理预期，故而不应溯及适用。

总之，该问题的核心在于明确董事对第三人责任的本质属性，董事对第三人责任同时具备行为法和组织法上的特性，属于特殊的法定责任。该责任不同于传统行为法中已有规定的法人成员的侵权责任，是公司法另行施加于董事之强化责任，因而超出旧法中董事责任的合理预期，本书认为，不应溯及适用。

问题 172 ▷ 董事信义义务的规则是否一体适用于影子董事？

2023 年修订的《公司法》第 180 条前两款，对董事的信义义务内涵作出了明确且具体的规定。其中，董事对公司的忠实义务体现为需采取有效措施，避免自身利益与公司利益产生冲突，坚决杜绝利用职权谋取不正当利益的行为；而勤勉义务则要求董事在执行职务时，应当为公司的最大利益，尽到管理者通常应具备的合理注意义务。与此同时，该条第 3 款创造性地引入了事实董事制度，即明确规定"公司的控股股东、实际控制人不担任公司董事但实际执行公司事务的"，同样适用前两款所规定的忠实义务和勤勉义务。这一款与本法新增的第 192 条相互配合，共同构建起我国公司法上的实质董事制度，对公司控股股东、实际控制人虽未担任公司董事却实际执行公司事务，或利用自身影响力指示董事行为的情形，进行了全面且有效的规制。然而，该条款仅明确了事实董事适用董事对公司所负的忠实义务和勤勉义务，对于影子董事是否适用这一规定，却并未给出明确答案。本书认为，董事信义义务的规则应同样适用于影子董事。

1. 影子董事适用信义义务的域外经验

各国对控股股东、实际控制人规制的范式主要有直接规制和间接规制。直接规制模式是指对"双控人"的行为直接加以规制，将"双控人"视为公司法上的行为主体，[1]确立控制权人在特殊情形下对公司、股东或债权人负有信义义务，违反该义务需承担赔偿责任，因而并不借助董事信义义务规制。间接规制模式，对"双控人"不直接加以规范，而是在特定情形下将其视为董事，明确控制权人在亲自执行董事职务或指示董事执行公司业务时，从而通常一体适用与董事相关的义务和责任，但也存在讨论争议。

在影子董事制度的发源地英国，基于私人财产神圣的传统，尊重股东权利自由行使，不愿确认股东间的信托义务，在规制控制权方面采取灵活变通策略，确立控制股东作为事实董事或影子董事的责任。将影子董事拟制为董事，在影子董事作为实质董事需承担一定董事义务这一点上，基本达成了共识。但是，对于影子董事究竟应承担何种类型以及何种程度的义务，却存在着较大的争议。例如，影子董事是否应当承担与形式董事完全相同的义务？英国公司法和判例上对这一问题都未臻明确。[2]《英国2006年公司法》第170条第5项规定，在相应的普通法及衡平原则下，有关董事的一般义务适用于影子董事。[3]所谓董事的一般义务分别体现在《英国2006年公司法》第171—177条，涵盖了不逾越权限、善意行事、独立行使权利、合理主义、避免利益冲突等信义义务内容。由于普通法及衡平原则对影子董事义务的规定罕见，故而《英国2006年公司法》第170条第5项的适用范围受到实质限缩，但在关联交易等具体规则中则明确其适用于影子董事。[4]在2005年的Ultraframe（UK）Ltd. v. Fielding案中，法院认为信义义务并不当然适用于影子董事。[5]但是，在后续的Vivendi SA v. Richards案中，影子董事与形式董事被同等对待。2015年英国通过的《小微经营、企业和就业法案》（Small Business,

---

〔1〕葛伟军：《中国特色影子董事：新〈公司法〉第192条评析》，载《法学杂志》2024年第5期。

〔2〕林少伟：《英国现代公司法》，中国法制出版社2015年版，第439页。

〔3〕Section 170（5），UK Company Act of 2006.

〔4〕曾宛如：《影子董事与关系企业——多数股东权行使界限之另一面向》，载《政大法学评论》2013年第5期。

〔5〕Ultraframe（UK）Ltd v. Fielding［2005］EWHC 1638.

Enterprise and Employment Act 2015）对于影子董事施加了与形式董事完全相同的信义义务。[1]

《澳大利亚公司法》要求被认定为影子董事的人必须遵守澳大利亚公司法所规定的董事义务。[2]新加坡同样要求影子董事须与形式董事、事实董事承担相同的董事责任与义务。[3]法国也规定控制股东若干涉公司经营管理事务要承担作为事实或影子董事的责任。《法国商法典》第246条第2项规定，控制股东越俎代庖对公司进行指导、经营或管理时要适用与滥权的董事长、董事和总经理相同的责任条款。第651条第2项规定，若控制股东命令管理层违反信托义务，有义务赔偿公司损失。新西兰公司法更是通过影子董事的概念界定，史无前例地将影子董事自我交易限制等义务写入成文法，进而明确指出影子董事的义务与责任。[4]

以责任为导向规制公司控制人滥用影响力的部分立法例，对是否适用董事信义义务持不同观点。《德国股份公司法》第117条规定了影响力行使人对公司损害和对股东直接损害的赔偿责任。并且德国公司法明确股东负有诚信义务（Mitgliedschaftliche Treuepflichten），并由《康采恩法》进行更细化的调整，与英国法借助董事信义义务规则模式不同。关于影响力行使人的损害赔偿责任，德国通说及判例认为是基于故意的侵权责任。可见不同法域对控制股东规制模式的选择不同，导致了控制股东是否适用董事信义义务规则的结论不同。

1998年《韩国商法》修订时，在第401条之二引入了业务执行干与人制度，该制度是对《德国股份公司法》第117条规定的影响力行使人和《英国2006年公司法》第251条的影子董事制度的借鉴。所谓业务执行干与人包括："1. 利用其对公司的影响力，指示董事执行业务的人（业务执行指示人）；2. 以董事名义直接执行公司业务的人（无权代行人）；3. 虽非董事，但使用名誉会长、会长、社长、副社长、专务、常务、董事及其他能够被认定为有权执行公司业务的名称实际执行公司业务的人（表见董事）。"《韩国商法》规定这类人员就其指示或执行的业务，与董事一样适用本法第399条、第401条、第403条、第406条之二条规定，视为董事，对公司或第三人承担损害赔偿责任。与德国法上的侵权责任解释路径不同，韩国主流学说对业务执行

---

[1] Colin R. Moore, Obligations in the Shade: The Application of Fiduciary Directors´ Duties to Shadow Directors, 36Legal Study 326, 326（2016）.

[2] Section 9（b）（ii）, Australian Corporation Act 2001.

[3] Sakae Holdings Ltd v. Gryphon Real Estate Investment Corp Pte Ltd,［2017］SGHC 73.

[4] Companies Act 1993（New Zealand）, s. 126（1）.

干与人责任承担路径解释采取机关责任说，这一学说将业务执行干与人视为董事这一公司机关，应与董事承担相同的责任，董事与公司存在委任关系而不得作出懈怠任务行为，在认定业务执行干与人责任时，亦应判断业务执行干与人的指示是否构成懈怠任务行为。简言之，赋予业务执行干与人与董事相同的事务执行注意义务和责任。该规范模式既吸收了英国法将影子董事视为形式董事而同等对待的精髓，又融合了德国法责任规制的精粹。

2. 影子董事制度的规制逻辑及责任性质

对影子董事是否适用信义义务问题的回答，本质在于探究公司控制权人在公司治理中的地位和承担责任之性质。

2.1 影子董事的责任基础在于构成了事实上的公司治理机构

影子董事在公司治理中的地位体现在其规制路径的选择上。在 2023 年《公司法》修订过程中，有意见认为，对于强化控股股东、实际控制人的法律责任，在公司法层面应当直接赋予控股股东、实际控制人信义义务，而非借助实质董事制度并进一步探讨其是否适用董事信义义务规则。若采用前述路径，则信义义务是特别针对控股股东、实际控制人的控制权所设，而非指董事之信义义务。该观点实际上将公司控制权人视为公司治理中需单独规制的主体。

基于对公司独立性以及权力和责任平衡的考量，这一观点未被采纳。有学者认为 2023 年《公司法》第 21 条、第 22 条、第 23 条体现了直接规制模式，系直接规制模式与间接规制模式兼而有之的折中模式。2023 年《公司法》第 21—23 条尽管没有包含"信义义务"的字样，但是如果不对"双控人"施加信义义务，将难以证明"双控人"的滥权行为。[1]然而本书认为，法律没有明文规定，就不能推断出我国法存在"双控人"的信义义务。[2]股东不得滥用股东权利的规定并未对股东施加对其他股东的信义义务，而是要求股东不得超越权利边界行使股东权利，行使权利不得损害公司或者其他股东的利益。[3]2023 年《公司法》采取了实质董事的间接规制路径，未确立控股股东、实际控制人的信义义务。采取何种规制路径，本质上源于对控制权

---

〔1〕 郭富青：《控股股东、实际控制人公司法规制范式研究——我国〈公司法〉双控人规制范式的变革与完善》，载《学术论坛》2024 年第 1 期。

〔2〕 朱大明：《美国公司法视角下控制股东信义义务的本义与移植的可行性》，载《比较法研究》2017 年第 5 期。

〔3〕 林一英：《控制股东制度规范化的法律路径》，载《法律科学（西北政法大学学报）》2024 年第 5 期。

人在公司治理中的地位以及公司治理结构的不同认识。重视董事会在公司治理中的中枢地位，强化公司的人格和独立性，将公司控制权人纳入实质董事规制路径，是本次公司法修改的价值选择和立法趋势。由此可见，公司控制权人并非直接规制之公司治理主体，其在实质上实施董事行为或行使董事权利时，可与董事这一公司治理主体同等看待。

在实质董事规制路径的选择下，大多数学者认为影子董事制度的本质是借助董事制度，影子董事因在实质上履行董事职责，所以承担董事的信义义务，影子董事同形式董事一样都对公司负有信义义务。[1]有学者进一步提出，新公司法有关董事义务与责任的条款原则上普适于影子董事，除非依据其规范性质与公序良俗不适合准用。[2]以上观点本质上均以实质董事制度的规制逻辑为基点，既然影子董事制度借助董事制度规制相关主体责任，就应适用有关董事义务与责任规则。另有学者从公司积极利益和消极利益的差异化需求角度分析，认为"从公司的积极利益即企业增值出发，基于公司的董事席位与外观法理，勤勉义务以名义董事为义务主体，勤勉义务不会穿透到近亲属、关联人或控制股东。从公司的消极利益即避免利益减损出发，基于自我交易的隐蔽性或董事行为被操控的间接性，化解利益冲突的董事忠实义务实有必要且必须穿透到隐藏其后的近亲属、关联人或控制股东，以求得交易的实质公平"。[3]也即实际上区分了勤勉义务和信义义务的可穿透性，认为勤勉义务不适用于影子董事，而忠实义务应适用于影子董事。该观点具有一定合理性，但未关注到影子董事指示名义董事执行职务时，作为事实上的管理者，亦应当遵循勤勉义务规则，为公司的最大利益尽到管理者通常应有的合理注意义务。

再者，2023年《公司法》第180条第3款规定了事实董事适用信义义务规则，影子董事与事实董事的制度规制路径相同，都属于事实上的公司治理机构，区分对待事实董事和影子董事的信义义务，缺乏基本的法理基础。

总之，实质董事制度的规制基点在于董事行为的实施或操控，无论是事实董事抑或影子董事均着力于董事权利的行使，其实质进入公司治理之中，构成公司之实质董事，适用信义义务之规则。[4]因此，影子董事实际上与形

〔1〕 陈洁：《实际控制人公司法规制的体系性思考》，载《北京理工大学学报（社会科学版）》2022年第5期；刘斌：《重塑董事范畴：从形式主义迈向实质主义》，载《比较法研究》2021年第5期；赵旭东主编：《新公司法重点热点问题解读：新旧公司法的比较分析》，法律出版社2024年版，第409-412页。

〔2〕 刘俊海：《论实际控制人作为影子董事的民事责任：以新〈公司法〉第192条的解释为中心》，载《法律适用》2024年第7期。

〔3〕 傅穹：《公司利益范式下的董事义务改革》，载《中国法学》2022年第6期。

〔4〕 刘斌：《重塑董事范畴：从形式主义迈向实质主义》，载《比较法研究》2021年第5期。

式董事一样，是参与公司治理并行使董事职权的事实上的治理机构，基于权责一致原则，应当适用董事这一公司治理机构的相关义务责任规则。

2.2 影子董事的法律责任具有组织法特征

就影子董事的责任性质而言，若如德国公司法传统理论观点认为仅为单纯的侵权责任，那么其规范中影响力行使人责任的构成与董事信义义务的违反无关。我国部分学者也认为属于共同侵权责任。[1]有观点认为，2023 年《公司法》第 192 条与第 188 条规定相同，董事、监事、高级管理人员执行职务违反法律、行政法规或者公司章程的规定，故意损害公司或者股东利益的行为不属于正当的职务行为，不属于违反信义义务的范畴，而是构成侵权行为。[2]

但是，从影子董事作为公司治理机关的观点出发，影子董事责任并非仅为与形式董事共同构成的侵权责任。基于与公司之间的委任关系，影子董事作为治理机关尚需承担相应的信义义务。有学者即认为，影子董事与傀儡董事的行为既构成共同滥用权利，也构成共同背信，更构成共同侵权。影子董事与傀儡董事承担的连带责任是滥用股东权利、违反忠实勤勉义务与共同侵权行为的混合性民事责任。[3]总之，影子董事责任并非单纯的侵权责任，其同时具备公司法中的组织特性，在责任构成上需讨论董事信义义务之适用。

综上，从影子董事制度的规制逻辑出发，影子董事在公司中的地位是公司的治理机关，影子董事责任不仅是侵权责任，更是因违背治理机关对公司的信义义务而产生，故而影子董事亦应适用董事的信义义务规则。

3. 信义义务之于影子董事的具体适用

3.1 影子董事的忠实义务

影子董事应遵循 2023 年《公司法》第 180 条第 1 款规定，对公司负有忠实义务，应当采取措施避免自身利益与公司利益冲突，不得利用职权牟取不正当利益。本法第 181—184 条对忠实义务进一步作出具体规定。影子董事需遵守第 181 条规定的行为红线，不得实施以下行为：①侵占公司财产、挪用公司资金；②将公司资金以其个人名义或者以其他个人名义开立账户存储；

---

〔1〕 葛伟军：《中国特色影子董事：新〈公司法〉第 192 条评析》，载《法学杂志》2024 年第 5 期；赵磊：《公司法上信义义务的体系构成——兼评新〈公司法〉相关规定》，载《财经法学》2024 年第 3 期。

〔2〕 赵磊：《公司法上信义义务的体系构成——兼评新〈公司法〉相关规定》，载《财经法学》2024 年第 3 期。

〔3〕 刘俊海：《论实际控制人作为影子董事的民事责任：以新〈公司法〉第 192 条的解释为中心》，载《法律适用》2024 年第 7 期。

③利用职权贿赂或者收受其他非法收入；④接受他人与公司交易的佣金归为己有；⑤擅自披露公司秘密；⑥违反对公司忠实义务的其他行为。影子董事进行自我交易或关联交易需要遵循第182条规定的程序规则，应当就与订立合同或者进行交易有关的事项向董事会或者股东会报告，并按照公司章程的规定经董事会或者股东会决议通过。除了本法第183条规定的两种除外情形，影子董事不得谋取公司的商业机会。对于违反上述忠实义务的行为，根据本法第186条规定，所得的收入应归公司所有。

3.2 影子董事的勤勉义务

根据本法第180条第2款规定，影子董事对公司负有勤勉义务，执行公司事务应当勤勉尽责，执行职务应当为公司的最大利益尽到管理者通常应有的合理注意。需要注意的是，控股股东和实际控制人对公司并不负有一般意义上的勤勉义务，这一点与形式董事的日常性、普遍性勤勉义务不同，不需要为公司日常经营管理活动处处勤勉尽责，只有在指示形式董事实施董事行为而构成影子董事时，才应对特定的指示行为以及受指示行为尽到勤勉义务。

我国目前在《上市公司治理准则》第21条至第23条、《上市公司章程指引（2025）》第102条中对勤勉义务的具体内容作出了规定，同时参考《美国示范公司法》第8.30节的董事行为准则，董事、监事、高级管理人员的勤勉义务应包含以下方面：①应谨慎、认真、勤勉地行使公司赋予的职权，保证公司经营符合国家法律、法规的有关规定；②公平对待所有股东；③及时了解公司业务经营管理状况；④对决议事项应进行合理的和必要的调查；⑤在公司章程与股东会授予的权限范围内履行职权，不超越权限；⑥法律、行政法规、公司章程规定的其他应尽的注意义务。除日常性的注意义务外，影子董事实施指示行为时应谨慎、认真、勤勉，公平对待所有股东，对欲进行之事项进行合理和必要的调查，不得损害公司或股东的利益。

问题173 ▶ 2023年《公司法》第180条第2款是商事判断规则吗？

商业判断规则作为美国判例法发展的产物，多被认为是董事是否违反勤勉义务的司法审查规则。商业判断规则所发挥的鼓励创造性商业决策以及促进自由竞争的市场经济发展的价值，为其他许多国家借鉴引入。我国2023年《公司法》第180条第2款对董事的勤勉义务内涵作出了进一步规定，要求董事在执行职务时，应当为公司的最大利益，尽到管理者通常应具备的合理注意。那么，本款规定是否意味着我国法上引入了商业判断规则？这一点有待讨论。

1. 商业判断规则的域外起源与内涵

在美国，商业判断规则本质上是司法实质公平审查在商事决策领域介入的谦抑性体现，为鼓励董事进行创造性商业决策所提供的限制董事责任的避风港规则。美国法律协会（American Law Institute，ALI）起草的《公司治理原则：分析与建议》简单地概括了商业判断规则的基本政策，公司法应当鼓励知情的商业判断，并为之提供特殊的保护（不论以后的事件证明这些判断是正确的或是错误的），以便激励风险承担、革新和其他的创造性企业行为。[1]美国公司法以股东利益最大化为公司经营的目标追求，若董事因承担事后责任的压力规避有利于公司发展和股东投资利益的合理风险，则不符合股东的本质期望。因而，商业判断规则所保护的董事决策属于股东接受的风险范围，即虽然董事知情的商业决策是诚实的，并被理性地相信是为公司最佳利益作出的，但该决策不一定能为事后的成功所证明。

在1927年经典的Bodell v. General Gas&Elec. Corp. 案中，美国特拉华州法院初次揭示了商业判断规则的司法适用逻辑，其观点表明法院基于衡平法对董事商业决策进行实质公平审查时应保持克制，因法院的公平审查存在固有的局限性，往往仅能针对结果，而无法对决策程序、内容以及董事作出商业决策处境下的行为和动机进行整体性审查。每个董事作出决策的环境影响因素多样，如该董事在公司中的地位、决策事项的重要性、必须作出决策的时间紧迫性等，法官既不是商业专家，也无法在事后还原董事决策时的整体处境，作出合理公正的审查几乎无法实现。总体而言，美国法上的商业判断规则是基于鼓励创造性商业决策以及审慎介入的司法审判逻辑而形成。

ALI起草的《公司治理原则：分析与建议》第4.01c款规定了商业判断规则的内容，"高级主管或董事在做出一项商业判断时符合下述条件的，即履行了本节中规定的诚信义务：（1）与该商业判断的有关事项没有利益关系；（2）所知悉的有关商业判断的事项的范围是高级主管或董事在当时情况下合理相信是恰当的；（3）理性地相信该商业判断是为公司最佳利益做出的。"《美国示范公司法》第8.31节第（a）小节第2款也对商业判断规则的具体内容进行了规定，就是否采取某项行为的决定或者未采取任何行为，董事不对公司或者其股东作为一名董事承担责任，除非在程序中主张该董事应承担责任的一方可以证明：遭到异议的董事行为是以下行为或者决定，或者是由以下行为或者决定导致：①非善意的行为；②对于一项决定：a. 不能合理地认

---

〔1〕《公司治理原则：分析与建议》（下卷），楼建波等译，法律出版社2006年版，第155-156页。

为该董事的决定合乎公司的最大利益；b. 或该董事没有就该决定获得根据当时情况其应该获得的信息；③董事和一个与受异议的行为有重大利害关系的另一人存在家庭、财务或者商业关系因而缺少客观性，或者董事由于该支配或者控制而缺乏独立性：a. 可以合理地预期该关系，支配或者控制将对董事就受异议的行为作出的判断产生不利于公司的影响；b. 在证明上述合理的预期存在之后，董事无法证明其有理由相信该受异议的行为合乎公司最大利益；④董事持续地未能对公司的经营和事务行使其监察职能，或者当出现特定事实和意义重大的情况且该情况会使任何一名负有合理注意义务的董事予以注意时，该董事未能亲自或者责成他人合理调查以尽到及时注意的义务；⑤董事接受其无权享有的经济利益，或者任何违反董事与公司及其股东公平交易的义务，且可以根据可适用的法律起诉的其他违约行为。

通过上述规定内容以及美国司法实践中的一系列判例，商业判断规则审查适用基本包括以下几个方面：①无利害关系，董事在作出决策时必须没有个人利益与公司利益的冲突。②充分了解相关信息，董事在决策前应当对决策内容有充分的了解。这包括对公司的财务状况、市场环境、行业趋势等方面的信息进行合理的调查和分析，并且对事项范围的了解在当时情况下可以合理相信为恰当的。③董事必须出于善意作出决策。善意通常被理解为董事真诚地相信他们的行为是为了公司的最大利益，而不是出于恶意、欺诈或不当目的。④为公司的最大利益。董事的决策必须是为了公司的最大利益，法院在判断董事的决策是否符合公司的最大利益时，通常会考虑多种因素，如决策的长期和短期影响、公司的财务状况、股东的利益等。在 Smith v. Van Gorkom 案[1]中，美国特拉华州最高法院明确指出，在商业判断规则的适用中，对董事责任应当以重大过失的标准进行判定。这与董事勤勉义务要求中的尽到"在类似情况下通常管理者所应有的谨慎"所蕴含的一般过失标准存在差异。可以说，商业判断规则是为避免司法对商事决策的过度干预并限制董事责任，在司法审查中对董事违反勤勉义务责任构成标准的提高，从而降低董事为其合理的商业决策承担事后责任的风险。

2. 2023 年《公司法》第 180 条第 2 款系勤勉义务的具体化而非商业判断规则

有关我国是否应当引入商业判断规则以及以何种方式引入的讨论久议未决。有观点认为，应当如同美国一样以判例规则的方式确立商业判断规则，

---

[1] Smith v. Van Gorkom，488A. 2d858，863-864（1985）.

因其认为将商业判断规则成文法化难以抽象概括出其丰富内涵[1]。有观点认为应当以成文法形式引入商业判断规则，持有该观点的学者认为判例并非我国的正式法源，以判例法方式确立商业判断规则会导致司法裁判中没有具体规则可予援引的法律适用困境。[2]另有观点反对商业判断规则的引入，主要理由在于我国的公司法体系中公司或者股东对董事提起诉讼的举证难度已经较高，不宜再引入商业判断规则作为保护董事的安全港。[3]

2023年《公司法》第180条第2款对董事勤勉义务的内涵进一步具体规定，但该规则对信义义务的判断仍较为笼统，仅规定了勤勉义务的积极标准，即董事"为公司的最大利益尽到管理者通常应有的合理注意"，未体现美国法上商业判断规则所具有的司法介入谦抑性理念，以及司法审查中的其他具体判断标准，如董事需对决策事项无利害关系，在充分了解相关信息的情况下，为了公司的最大利益善意作出决策时，不需要对公司或股东承担责任。法院无法根据该款规定在具体个案中适用商业判断规则的内容。因此，2023年《公司法》第180条第2款仅为勤勉义务的具体化，而非成文法化的商业判断规则。

3. 商业判断规则在我国的适用实践与展望

虽然我国目前不存在成文法化的商业判断规则，但在司法实践中，法院参照商业判断规则来对董事是否违反勤勉义务进行认定已有大量案例，法院大多借助商业判断规则来为司法审查的审慎介入进行裁判说理。在"衡阳市南东有色金属有限公司与湖南安化渣滓溪矿业有限公司侵害股东利益责任纠纷案"[4]中，湖南省高级人民法院甚至在判决书中明确阐述了商事判断规则的概念，"公司董事作为由股东选举产生的公司管理者，对公司事务具有独立的决定权，有权依照其对公司经营状况的判断独立作出相应的经营决策选择，只要该经营决策没有故意损害其他人的合法权益，即使该经营决策事后被证明对公司造成了损害，董事的该种基于公司经营状况作出商业决策的职权也应受到法律的保护，而无须承担责任，这也即所谓的公司管理者的商业判断规则"。虽然湖南省高级人民法院采用商业判断规则的具体内容进行说理的大

---

〔1〕　胡晓珂：《论我国〈公司法〉修改中对董事注意义务规则的完善——兼析业务判断规则对董事注意义务的衡平》，载《中央财经大学学报》2005年第4期。

〔2〕　冯琴：《商业判断规则在我国的适用研究》，载《财经法学》2023年第6期；傅穹、陈洪磊：《商业判断规则司法实证观察》，载《国家检察官学院学报》2021年第2期。

〔3〕　林一英：《董事责任限制的入法动因与路径选择》，载《政法论坛》2022年第4期。

〔4〕　湖南省高级人民法院（2014）湘高法民二终字第73号民事判决书。

胆尝试值得肯定，但其似乎只考虑到董事决策的善意因素，对商业判断规则的内涵界定并不完善和准确。

在"吕某辉、林某伟损害公司利益责任纠纷案"〔1〕中，广东省广州市中级人民法院对商业判断规则的界定则与 ALI 起草的《公司治理原则：分析与建议》中的规定更为相似。其认为，"基于公司经营业务的复杂性和商业决策自身的特点，考量公司执行董事经营管理行为的合理性，可以参照商业判断规则。根据执行董事这一公司治理机构的运作特点，如果作出商业判断的执行董事与作出判断的内容没有利害关系，其有正当理由相信其在当时情形下掌握的有关商业判断信息充分、妥当、可靠，其商业判断符合公司的最佳利益，就应当认定为忠实、勤勉地履行了义务"。但其将商业判断规则亦适用于董事忠实义务的认定存在瑕疵。

在"范某、蒋某保损害公司利益责任纠纷案"〔2〕中，安徽省合肥市中级人民法院对商业判断规则的内涵理解与广州市中级人民法院相同，但在法律效果上存在差异。广州市中级人民法院认为若符合以上商业判断规则的行为标准，则认定董事履行了信义义务而无需承担责任。合肥市中级人民法院认为符合商业判断规则的行为标准可以减轻或者免除责任，也即在一定条件下仍需承担减轻责任。除以上案例之外，实践中大多司法裁判并不会对商业判断规则的内涵展开解释，而是直接认为根据商业判断规则，被告尽到或未尽到勤勉义务。〔3〕

另外，亦有裁判观点认为不应参照适用商业判断规则，在"刘某某等诉孙某某其他与公司有关的纠纷案"〔4〕中，上海市第一中级人民法院认为商业判断规则仅为学理上的概念，而不应在裁判中适用。

从以上司法裁判可见，我国法上不存在明确的商业判断规则概念及内涵，导致司法实践中法院对是否可以参照商业判断规则，以及商业判断规则的具体内涵理解不一，亟待统一司法适用的要求与标准。2023 年《公司法》第 180 条第 2 款实际上已经提供了以司法适用的方式创设商业判断规则的基础。由于判例规则并非我国正式法源，司法实践中对商业判断规则的摸索需要有明确的规则予以整理和统一，若担心成文法规定难以涵盖商业判断规则的丰

---

〔1〕 广东省广州市中级人民法院（2021）粤 01 民终 1056 号民事判决书。

〔2〕 安徽省合肥市中级人民法院（2017）皖 01 民终 7901 号民事判决书。

〔3〕 浙江省淳安县人民法院（2009）杭淳商初字第 1212 号民事判决书；贵州省高级人民法院（2020）黔民终 456 号民事判决书；江苏省镇江经济开发区人民法院（2018）苏 1191 民初 1435 号民事判决书。

〔4〕 上海市第一中级人民法院（2011）沪一中民四（商）终字第 270 号民事判决书。

富内涵，通过司法解释规则明确我国的商业判断规则也是不错的选择。

问题 174 ▷ 董事、高级管理人员对股东是否负有忠实义务和勤勉义务？

信义义务是董事、高级管理人员对公司所负有的法定义务。在理论和实践中，董事和高级管理人员对股东是否负有信义义务，存在巨大争议。如果董事和高级管理人员对股东不负有信义义务，那么其对股东负有何种义务？

1. 信义义务理论基础

在英美法中，信义关系（fiduciary relation）起源于信托法，信义义务是指受信人（fiduciary）对于受益人（beneficiary）所承担的义务。后来，信义关系逐渐扩展到其他领域，包括公司法等。英美法系传统理论通过信托原理来理解信义义务，信托理论将董事职位视为信托职位，董事是与公司签订信托协议而产生的公司受托人，受托管理公司财产。但因为信托只是一种财产上的关系，被学者指出董事信义义务与信托关系并不完全吻合，如董事、高级管理人员可以从事不涉及财产的行为；受托人不得将信托财产用于冒险和投资而董事和高级管理人员可以；董事、高级管理人员并非公司财产的法律所有人，不能以其个人名义全权处置公司财产等与信托规则存在差异。而且信托关系理论更倾向于将公司看作财产，忽略公司的独立主体地位。现代公司法所定义的公司董事和高级管理人员的信义义务早已超越了传统的信托概念，而具有了自身独特的含义。但根据信托理论延伸出来的信义义务理论认为，董事并非股东个人或与公司存在合约的第三人的受托人，[1]董事只对公司承担勤勉义务和忠实义务，其经营管理公司的目标是公司长远利益的最大化而不是某个股东和股东团体的利益最大化。[2]

大陆法系传统理论则认为，董事、高管与公司之间是委任代理关系，董事、高级管理人员属于受委任人，应当积极地为委任人利益处理事务。原《日本商法典》第 254 条之一第 3 项规定："公司与董事之间的关系，依照关于委任的规定。"但在修订后的《日本公司法》中并未直接规定公司与董事之间的关系依照委任之规定。《德国民法典》第 26 条规定，董事会在诉讼上和

---

〔1〕　[英] R. E. G. 佩林斯、A·杰弗里斯：《英国公司法》，《公司法》翻译小组译，上海翻译出版公司 1984 年版，第 222 页。

〔2〕　郭富青：《我国公司法设置董事对第三人承担民事责任的三重思考》，载《法律科学》2024 年第 1 期。

诉讼外代表社团，具有法定代理人的地位，其代表权的范围可以章程加以限制。在基础法律关系上实际上是一种聘用合同，《德国股份公司法》第 84 条第 1 款第 5 句、第 3 款第 5 句规定[1]，实际上是《民法典》第 611 条、第 675 条等条款意义上的一种劳务合同和商务代理合同。[2]董事、高级管理人员是公司的委任人或代理人，应对公司之最大利益负责且忠诚。

我国公司的董事、高级管理人员与公司的关系是由公司法、公司章程和合同分别规定。公司法并未明确公司与董事、高级管理人员的关系适用民法典中何种合同规定，但一般认为公司与董事、高级管理人员之间存在委托合同。[3]在公司与董事、高级管理人员之间的委任关系中，委托人是公司，受托人是董事、高级管理人员，委任标的是公司财产的经营与管理（包括相应的监督）。因而，受托人董事、高级管理人员对委任者公司，应该诚心诚意，忠实于委任者，对公司负有忠实义务和勤勉义务。当然，也有学者采用信托理论讨论董事、高级管理人员与公司的关系，路径各异，角度不同，但其结论本质上一样。

2. 信义义务的对象不包括股东的观点及理由

公司内部存在的最主要的利益冲突有两个：一个是公司股东和公司管理层之间由于所有权和管理权的分离而导致的利益冲突；另一个是公司不同股东之间，特别是控股股东和非控股股东之间的利益冲突。

第一个利益冲突是由公司所有权和管理权分离而导致的代理成本问题。对于如何有效地减少和控制代理成本问题，一个重要的解决方法就是为董事和高级管理人员施加信义义务和相应的责任机制，以阻却公司管理层偏离公司利益的行为。一般来说，董事、高级管理人员只对公司负有义务。这意味着董事、高级管理人员的职责就是追求公司利益最大化。在传统公司法上，公司利益最大化与股东利益最大化是一致的。因此，董事、高级管理人员对公司的义务也就是对股东的义务，只不过是对股东作为一个整体而承担义务，而不是对个别股东或者某一类股东承担义务。[4]但由于公司独立的法人人格横亘于股东与董事、高级管理人员之间，公司利益并不完全等同于股东利益，

〔1〕《德国股份公司法》第 84 条规定："（1）监事会选任董事，任期至多五年……对于聘任合同，参照适用此规定；该合同可以规定，在任职期限延长的情况下，其效力延长至任期届满；……（3）有重大事由的，监事会可以撤销对董事的选任和对董事会主席的任命……对于聘任合同中的请求权，适用一般规定。"《德国商事公司法》，胡晓静、杨代雄译，法律出版社 2014 年版，第 102 页。

〔2〕 [德]托马斯·莱塞尔、吕迪格·法伊尔：《德国资合公司法（上）》，高旭军等译，上海人民出版社 2019 年版，第 200 页。

〔3〕 王保树、崔勤之：《中国公司法原理》，社会科学文献出版社 2006 年版，第 207 页。

〔4〕 施天涛：《公司法论》，法律出版社 2025 年版，第 363 页。

董事、高级管理人员信义义务应首先指向公司，并以公司利益最大化为原则，原因有以下几个方面：

其一，公司作为具有独立法人地位的主体，其利益区别于股东利益。公司的利益具有整体性，需要从宏观层面进行综合考量。董事作出有利于公司利益的决策不一定对股东有利。公司和部分股东的利益有时是冲突的，董事作为公司的经营决策者，应站在公司整体利益的高度，平衡各方利益关系。在制定公司发展战略时，董事需要考虑到公司的长期可持续发展，不仅要关注股东的投资回报，还要考虑如何提升公司的市场竞争力、创新能力，以满足消费者的需求，为社会创造价值。

其二，不同的股东在具体事项上的利益也可能是冲突的。在公司运营过程中，股东之间的利益并非总是一致的，往往存在着各种冲突。[1]不同股东由于持股比例、投资目的、风险偏好等因素的差异，其利益诉求也各不相同。大股东可能更关注公司的长期战略发展，通过扩大公司规模、进行大规模投资来提升公司的市场地位，从而实现自身股权价值的最大化；而小股东则可能更注重短期的股息分配，希望公司能够尽快实现盈利并发放较高的股息。若董事过于关注股东利益，可能会在决策过程中受到股东的不当干预，导致决策缺乏科学性和合理性。明确董事、高级管理人员对公司负有信义义务，有利于保证职责行使的独立性，保障公司治理的有效性和稳定性。

其三，不能脱离理论基础来由法律直接规定董事对股东的信义义务。从信托法理分析，在法律关系结构上，公司是受益人，董事、监事、高级管理人员是受托人，他们在履职时理应对公司负有信义义务，为了受益人公司的利益履职。股东并非董事、高级管理人员履职行为的直接受益人。[2]比如，由于董事义务的对象是公司，因此，如果董事违反义务造成损害，受害人就是公司，救济权也归于公司。而当公司被大股东或董事控制而不去追究责任时，股东只能基于公司的诉权而提起派生诉讼。如果董事对于股东承担义务，股东就可以直接提起诉讼，追究董事违反义务的责任，可能导致讼累，影响公司治理机制的正常运转。[3]董事、高级管理人员对股东不负有公司法上的义务，董事、高级管理人员对股东的责任是法律特别规定的，董事、高级管理人员

---

〔1〕　张巍等：《董事对股东有无信义义务——新公司法第一百九十一条、第一百九十二条之法理与现实》，载《人民司法》2024 年第 4 期。李志刚观点。

〔2〕　赵磊：《公司法上信义义务的体系构成——兼评新〈公司法〉相关规定》，载《财经法学》2024 年第 3 期。

〔3〕　张巍等：《董事对股东有无信义义务——新公司法第一百九十一条、第一百九十二条之法理与现实》，载《人民司法》2024 年第 4 期。黄辉观点。

的行为如果直接损害股东利益，股东才可以向法院起诉。[1]

3. 信义义务的对象包括股东的观点及理由

在涉及控股股东和非控股股东之间的利益冲突时，董事和高级管理人员在其中的站位和发挥的作用值得推敲。一方面，作为理性的经济人，控股股东投资而享有控股权就是为了实现其自身财富最大化，并有权为此而斗争。控股股东有权在一定范围内为了自我利益而行使控股权，而不需要绝对地服从公司利益或小股东利益。另一方面，控股股东在公司具有的控制地位使得其可以支配或影响非控股股东的利益，而非控股股东的合法利益不应当受控股股东的不当侵害。此时董事所面临的就不纯粹是绝对的公司利益至上问题，而是控股股东和非控股股东的利益平衡问题。在我国公司股权集中的情况下，董事并非理论分析中仅对公司利益负责的理想模样。董事在法律上系由股东会多数决定或选举产生，在事实上却与股东行使提名权、股东持股比例或股东协议等相关。经股东提名或分配席位而产生的董事，与提名股东之间存在密切关系，董事基本上是委派、推举他的控制股东的代言人，心中只装着委派股东的利益。是否应明确在控制股东与非控制股东利益冲突下，代表控制股东利益的董事也应对其他股东承担信义义务，保持较高程度的中立性来平衡两者之利益就显得十分重要。

相反观点认为承认董事、高级管理人员对股东负有信义义务，更有利于保护股东权利，主要有以下几点论述。

第一，公司利益多元，如债权人利益、顾客和员工利益等，以公司利益为对象存在测度难题。公司股东之间的利益冲突，比公司不同组成成员之间的冲突总体上更小。股东的共同利益是经济利益最大化，此共同利益有客观的测度标准；[2]另外，公司作为一个法律拟制的存在，公司利益从本质上说主要就是股东利益。

第二，传统普通法只要求董事对公司负有信义义务，结果使得对信义义务违反只能借助股东代表诉讼，而在缺乏适当激励制度的法域，股东代表诉讼往往少有发生，最终让信义义务有落空之虞。[3]延伸到2023年《公司法》第238条，清算组也对公司负有信义义务，义务违反时的起诉主体难以确定。

---

[1] 葛伟军：《中国特色影子董事：新〈公司法〉第192条评析》，载《法学杂志》2024年第5期。

[2] 张巍等：《董事对股东有无信义义务——新公司法第一百九十一条、第一百九十二条之法理与现实》，载《人民司法》2024年第4期。张巍观点。

[3] 张巍等：《董事对股东有无信义义务——新公司法第一百九十一条、第一百九十二条之法理与现实》，载《人民司法》2024年第4期。张巍观点。

第三，董事对股东的信义义务可以由法律直接规定，不必基于某种学理推演。[1] 实践中，美国法以股东和公司同时作为信义义务的受益方，也没有发生什么大问题。

第四，在我国股权相对集中且职业经理人市场尚不成熟的背景下，董事会在公司治理中的应然作用难以有效发挥。这就导致董事会席位基本上都是由股东根据持股比例及约定委派产生，而不是在"两权分离"框架下真正基于全体股东意志选举产生。[2] 董事在法律上是公司利益的代表者，但是事实状态却是委任股东的利益代言人，无法得出董事当然独立于股东而代表公司利益的结论。[3]

第五，在公司并购情形下，公司的拟制人格消失，董事无法对公司这个消失主体负责，公司利益也不再存在，董事既不对股东负有信义义务，到并购决策的时候就难免只考虑自己的利益。[4]

从比较法中董事、高级管理人员信义义务对象范围考察，美国的理论和实践，经历了从信义义务只能指向股东，到明确董事、高级管理人员应首先向公司负责，然后为股东的长期利益负责以及特定情形下考虑更多群体的利益，包括员工、债权人等。并且美国公司法为控股股东施加了在涉及利益冲突交易时对公司及非控股股东的信义义务。在英联邦国家中，董事信义义务的对象一般指向公司，只是在特殊情况下直接指向股东。对于控股股东与中小股东之间的利益冲突，不认为控股股东对中小股东普遍负有信义义务，甚至拒绝使用控股股东信义义务的提法，通过借助实质董事制度和不公平损害救济规则规制控股股东行为。

4. 我国法上信义义务的对象不包括股东

对于我国公司法来说，董事、高级管理人员是否对公司以外的股东、利益相关人承担信义义务，理论上的争议莫衷一是。2023 年《公司法》第 180条仍明确规定董事、监事、高级管理人员仅对公司负有忠实义务、勤勉义务，避免自身利益与公司利益冲突，执行职务应为公司的最大利益尽到管理者通常应有的合理注意。第 191 条明确董事、高级管理人员对第三人责任，从效

〔1〕　张巍等：《董事对股东有无信义义务——新公司法第一百九十一条、第一百九十二条之法理与现实》，载《人民司法》2024 年第 4 期。李建伟、张巍观点。

〔2〕　张巍等：《董事对股东有无信义义务——新公司法第一百九十一条、第一百九十二条之法理与现实》，载《人民司法》2024 年第 4 期。李建伟、张巍、王建文观点。

〔3〕　叶林：《董事忠实义务及其扩张》，载《政治与法律》2021 年第 2 期。

〔4〕　张巍等：《董事对股东有无信义义务——新公司法第一百九十一条、第一百九十二条之法理与现实》，载《人民司法》2024 年第 4 期。张巍观点。

果上将信义义务对象扩张到利益相关者，包括职工、消费者等各类自愿及非自愿债权人。有见解认为第 191 条规定的"他人"包括股东，则实际上承认了董事、高级管理人员对股东的信义义务，但本书前文已讨论，"他人"的主体范围不应包含股东。[1] 在控制股东规制模式的选择上，借鉴了英国的实质董事制度，未单独针对控制股东设定对公司和其他股东的信义义务。[2] 也不存在借双人人事实董事、影子董事身份将董事信义义务对象扩张到其他股东的解释路径。因而，2023 年《公司法》中董事、高级管理人员信义义务对象应不包含股东。

在公司治理中，平衡控股股东与非控股股东之间的利益冲突，并非依靠董事、高级管理人员对其他股东承担信义义务来实现。解决之道在于，要求控股股东的行为标准等同于形式董事、高级管理人员，需符合公司整体的最大利益，而无需对其他股东的利益直接负责。这种机制在一定程度上有效规制了控股股东的权利滥用行为，同时也为控股股东合理追求自身利益预留了空间。当控股股东亲自履行董事职责，或通过指示董事开展工作，进而引发与非控股股东的利益冲突时，在判断控股股东作为事实董事或影子董事，与形式董事是否违反信义义务的问题上，应明确公司利益优位于其他股东利益。换言之，即便控股股东的行为对其他股东的利益造成了损害，只要该行为符合公司利益最大化原则，就不应认定为违反信义义务。

问题 175 ▷ 公司为董事投保董事责任保险，需要遵循什么程序？

2023 年《公司法》第 193 条规定了公司可以为董事投保责任保险或者续保，明确了董事责任保险的合法性。虽然本条仅规定了董事责任保险情形，但公司也可参照本条规定为监事、高管投保责任保险或续保。在我国证券违规行为打击力度越来越严的背景下，董事责任迎来"强责任时代"，证券市场对投资者的保护愈发完善，但同时也意味着证券违法行为责任人被追责的可能性和责任负担大幅提升。2019 年修订的《证券法》大幅提高了对证券违法行为的处罚力度，并且该法证券特别代表人制度的确立使专业的投资者保护机构可以作为诉讼代表人提起诉讼，董事所面临的诉讼风险大幅提高。在

---

[1] 详见问题 168。

[2] 林一英认为，股东不得滥用股东权利的规定并未对股东施加对其他股东的信义义务，而是要求股东不得超越权利边界行使股东权利，行使权利不得损害公司或者其他股东的利益。"林一英：《控制股东制度规范化的法律路径》，载《法律科学（西北政法大学学报）》2024 年第 5 期。

"康美药业案"[1]中，董事、高级管理人员承担的巨额赔偿责任更是被认为可能引发独立董事的"寒蝉效应"。[2]在董事责任风险增加和董事免责规则体系不够完备的背景下，董事责任保险便成为降低董事履职风险，激发管理层创造性、积极性的重要制度工具。但是，本条规定较为概括笼统，具体程序规则仍有待明确。

1. 董事责任保险的源起与引入

董事责任保险，是指当董事因履职过错被追究赔偿责任时，由保险机构予以赔付的职业责任保险。除了董事责任保险，实践中还包括董事、高级管理人员的责任保险。董事、监事及高级管理人员责任保险（Directors and Officers Liability Insurance，简称 D&O 保险），最早出现在 20 世纪的美国，在 19 世纪 60 年代后开始快速发展，彼时美国经历经济危机，大量公司因经营不善甚至倒闭，投资者为维护权益，向任职的董事、监事及高级管理人员提起民事索赔，众多董监高人员承担高额赔偿责任。为转移董事、监事、高级管理人员履职过程中的过失风险，上市公司纷纷投保董事责任保险，此后董事责任保险在美国市场逐步发展壮大。如今，董事责任保险在欧美等发达国家资本市场已高度成熟和广泛普及，美国上市公司的投保率高达 95% 以上，在一些高科技、金融等高风险行业，投保率甚至接近 100%；在欧洲，英国的董事责任保险市场最为成熟，其市场占有率在欧洲处于领先地位。《美国特拉华州普通公司法》第 145 条规定，公司有权为下列任何人购买和维持董事责任保险，该人现在或过去是公司的董事、高级职员、雇员以及代理人，或者应公司要求现在正在或过去为其他公司、合伙组织、联合企业、信托组织或其他企业工作并成为它们的董事、高级职员、雇员以及代理人的人。[3]《德国股份公司法》第 93 条第 2 项规定，若公司有投保董事责任保险，则应规定董事应至少有损害之 10% 至至少固定年薪之 1.5 倍的自负额。

在我国，1996 年，第一张董事责任保险单由美国美亚保险公司上海分公司签发，标志着董事责任保险正式进入中国市场。2002 年《上市公司治理准则》（已失效）规定，经股东大会批准，上市公司可以为董事购买责任保险，

---

〔1〕 （2020）粤 01 民初 2171 号民事判决书，本案中，被告应对 5 万多名投资者负超过 24 亿元的赔偿责任，其中董事长和副董事长（分别是总经理和副总经理，也都是实际控制人）承担连带赔偿责任，参与和知晓财务造假的董事、高管承担连带赔偿责任，其他董事（包括独立董事）、监事和高管依据各自的过错大小分别在投资者损失 20%、10% 和 5% 范围内承担连带赔偿责任。

〔2〕 李曙光：《康美药业案综论》，载《法律适用》2022 年第 2 期。

〔3〕 Delaware General Corporation Law, s. 145.

随后平安保险公司率先推出董事责任保险，并与深圳万科企业股份有限公司签下第一份保单。然而，在此后的较长时间里，董事责任保险在国内市场的发展一直较为缓慢，处于"不温不火"的状态。直到 2020 年，新《证券法》实施以及瑞幸咖啡财务造假事件、康美药业财务造假案等标志性事件的发生，使得董事责任保险逐渐走入大众视野。这些事件引发了投资者对上市公司治理和董监高责任的高度关注，也促使上市公司开始重视董事责任保险在转移风险方面的作用。

2023 年《公司法》，首次通过立法形式确立了董事责任保险制度，为公司投保董事责任保险提供了明确的法律依据，进一步激发了市场对董事责任保险的关注和需求。据东方财富 Choice 数据梳理，2024 年年内已有超 270 家上市公司发布公告购买或拟购买董事责任保险，较 2023 年同期上升四成。随着 2023 年《公司法》的实施，不仅上市公司对董事责任保险的需求持续增长，非上市公司也开始关注董事责任保险，市场上已经出现针对非上市公司的专项董事责任保险产品和服务。

2. 公司为董事投保董事责任保险的法律依据

2.1 2023 年《公司法》关于董事责任保险的规定

2023 年《公司法》第 193 条规定，"公司可以在董事任职期间为董事因执行公司职务承担的赔偿责任投保责任保险。公司为董事投保责任保险或者续保后，董事会应当向股东会报告责任保险的投保金额、承保范围及保险费率等内容"。该条款明确赋予了公司为董事投保董事责任保险的权利，从法律层面认可了董事责任保险在公司治理中的合法性和重要性，为公司投保董事责任保险提供了直接的法律依据。

本条第 1 款规定，公司可以在董事任职期间为董事因执行公司职务承担的赔偿责任投保责任保险。本款规定为倡导性规定，对资本市场而言是一个积极信号。董事责任保险具有以下价值：其一，保护董事利益。董事是宝贵的人力资源，董事责任保险可以为董事履职提供保障，免去或减少董事的后顾之忧，维护董事履职的积极性和创造性，避免董事如履薄冰。商业经营风险与收益通常是同比例的，风险越大收益越大。通过合理转移董事责任，可以降低董事履职风险，便于公司吸收优秀的管理人才。其二，保护公司利益。董事责任保险可以为公司和董事承担赔偿责任提供保险支撑，有助于提升公司的责任能力。其三，保护投资者权益。董事责任保险有助于保护投资者权益，提升证券民事诉讼案件的执行率，从而促进资本市场发展。

本条第 2 款规定，为董事投保责任保险或者续保后，董事会应当向股东会报告责任保险的投保金额、承保范围及保险费率等内容，即董事会具有董事责任保险的报告义务。之所以作此规定，系为了保障股东的知情权，避免董事通过责任保险机制自我卸责。通过向股东会报告，股东可以对投保金额是否合理、承保范围是否足够以及保险费率是否过高进行审查，确保公司的投保决策符合公司和股东的利益。在实际操作中，董事会应当在投保或续保后的合理时间内，以书面报告或在股东会会议上进行详细说明的方式，向股东会报告董事责任保险的相关信息。

2.2 其他相关法律法规

《上市公司治理准则》第 25 条规定，"经股东会批准，上市公司可以为董事购买责任保险。责任保险范围由合同约定，但董事因违反法律法规和公司章程规定而导致的责任除外"。这一规定对上市公司投保董事责任保险的程序和责任范围进行了规范。明确了责任保险范围由合同约定，但排除了董事因违反法律法规和公司章程规定而导致的责任，这有助于界定保险公司的赔偿责任，避免因责任界定不清而引发纠纷。

2023 年，国务院办公厅印发的《关于上市公司独立董事制度改革的意见》指出，鼓励上市公司为独立董事投保董事责任保险。这一意见进一步强调了对独立董事权益的保护，鼓励上市公司通过投保董事责任保险，为独立董事在履行职责过程中提供风险保障。证监会 2023 年发布的《上市公司独立董事管理办法》第 40 条规定："上市公司可以建立独立董事责任保险制度，降低独立董事正常履行职责可能引致的风险。"

2020 年出台的《责任保险业务监管办法》第 6 条规定："责任保险应当承保被保险人给第三者造成损害依法应负的赔偿责任。保险公司应当准确把握责任保险定义，厘清相关概念及权利义务关系，严格界定保险责任，不得通过责任保险承保以下风险或损失：（一）被保险人故意制造事故导致的赔偿责任；（二）刑事罚金、行政罚款；（三）履约信用风险；（四）确定的损失；（五）投机风险；（六）银保监会规定的其他风险或损失。"这一规定对董事责任保险的保险责任范围进行了明确的限制，保险公司在设计董事责任保险产品和理赔时，必须遵循这些规定。被保险人故意制造事故导致的赔偿责任不属于董事责任保险的承保范围，这是为了防止道德风险，确保保险资金的合理使用。这些规定有助于规范董事责任保险市场，保障保险公司和投保人的合法权益。

3. 公司为董事投保董事责任保险的具体程序

根据 2023 年《公司法》第 193 条第 2 款的规定，采用的默认程序模式为投保或续保的决策权在董事会，股东会对董事会的监督是通过事后听取报告的形式进行。

对此，有观点认为投保决策权原则上应由股东会享有。由董事会批准董事责任保险存在利益冲突，董事直接享有保险带来的利益，因此更有动力花费高额资金为自己购买条件过于优越的保险。[1]而保费却由公司缴纳，如果将保险金额、保险公司的选择等细节的决定权交给董事会，可能会导致董事为了自己的利益不计成本地提高责任限额，造成公司权益的受损，[2]有违权力制衡的公司治理理念。[3]另外，董事责任保险在一定程度上，类似于董事的津贴。[4]2023 年《公司法》第 59 条规定，董事的报酬应由股东会作出决议，出于性质上的类似与体系上的统一，由股东会掌握决策权较为合理。

事实上，2023 年《公司法》第 193 条第 2 款规定的默认程序规则之下，投保决策权由董事会享有，股东会可通过事后听取报告的形式对董事会进行监督。董事过分追求私利的不当行为可由董事信义义务规则调整。在默认模式之外，公司章程可以自行规定董事责任保险决策权由股东会或董事会享有。[5]

3.1 董事会决策模式

董事会决策模式为公司法规定的默认模式，主要适用于非上市公司。

首先，董事长、专门委员会、经理等可提出投保或续保董事责任保险的议案，议案中包括被保险人、责任限额、保险费总额以及保险期限等保险合同的主要条款。

其次，按法定和章定程序召开董事会，并对投保或续保董事责任保险议案进行表决。独立董事和外部董事可参与表决，对决策事项进行监督，避免利益冲突的发生。

最后，公司为董事投保责任保险或者续保后，董事会应当向股东会报告责任保险的投保金额、承保范围及保险费率等内容。此项程序属于对董事责

---

〔1〕 梁泽宇：《董事责任保险的功能检视与制度建构》（中国法学会商法学研究会 2023 年学术年会论文集）。

〔2〕 刘豪杰、何丽新：《董事责任保险制度的本土化困境与纾解路径》，载《保险研究》2024 年12 期。

〔3〕 张怀岭、邵和平：《董事责任保险制度的他国镜鉴与本土重构》，载《学习与实践》2019 年第 8 期。

〔4〕 Joseph F. Johnston, Jr., Corporate Indemnification and Liability Insurance for Directors and Officers, 33 BUS.

〔5〕 王翔主编：《中华人民共和国公司法释义》，中国法制出版社 2024 年版，第 278 页；王瑞贺主编：《中华人民共和国公司法释义》，法律出版社 2024 年版，第 273 页。

任保险投保、续保行为的事后监督，以确保董事责任保险的具体内容符合董事会决议。

3.2 股东会决策模式

股东会决策模式既可以适用于非上市公司，也可以适用于上市公司。

首先，董事会应提出投保或续保董事责任保险的议案，议案中包括被保险人、责任限额、保险费总额以及保险期限等保险合同的主要条款。在上市公司中，还应当披露董事责任保险的重要事项。在实践中，大部分上市公司经董事会审议后提交股东会决策，还有部分公司在召开董事会审议的同时也经监事会审议通过，[1]如2021年8月17日福建福日电子股份有限公司披露了《第七届监事会2021年第二次临时会议决议公告》，审议通过了《关于购买2021年董责险的议案》。[2]在上市公司取消监事会的改革背景之下，未来实践中，董事会审议通过之后提交股东会即可。

其次，应按照法定和章定的程序召开股东会，并对投保或续保董事责任保险议案进行表决。除章程另有规定外，该决议事项应属于一般决议事项，在有限责任公司中应当经代表过半数表决权的股东通过，在股份有限公司中应当经出席会议的股东所持表决权过半数通过。

最后，公司为董事投保责任保险或者续保后，董事会应当向股东会报告责任保险的投保金额、承保范围及保险费率等内容。此项程序属于对董事责任保险投保、续保行为的事后监督，以确保董事责任保险的具体内容符合股东会决议。

问题176 ▷ 公司的董事长、总经理、法定代表人出具授权委托书，概括委托公司业务负责人行使其权利的行为是否有效？

在复杂多变的公司运营环境中，董事长、法定代表人以及总经理作为公司的核心决策和管理层，有时会基于业务拓展、专项事务处理等实际需求，出具授权委托书，将自身的部分权利委托给公司业务负责人行使。这一委托行为在商业实践中屡见不鲜，比如在市场开拓、项目推进、合同谈判等场景中发挥着重要作用。然而，围绕这一行为的有效性问题，存在争议与探讨。

董事长、总经理、法定代表人执行公司事务权限的理论基础存在差异。根据《民法典》第161条、第162条、第170条的规定，公司董事长、总经理

---

〔1〕《上市公司董责险白皮书》，载微信公众号"天册律师事务所"，发布日期：2022年6月17日。

〔2〕《福建福日电子股份有限公司关于购买2021年董责险的公告》。

执行公司业务是基于职务代理权或特殊事项的代理权。[1]2023 年《公司法》第 74 条第 2 款规定，经理可根据公司章程的规定或者董事会的授权行使职权。法定代表人享有公司代表权，《民法典》第 61 条第 1 款至第 2 款规定，法定代表人是依照法律或者法人章程的规定，代表法人从事民事活动的负责人。法定代表人以法人名义从事的民事活动，其法律后果由法人承受。2023 年《公司法》第 11 条第 1 款规定，法定代表人以公司名义从事的民事活动，其法律后果由公司承受。法定代表人可就具体公司业务事项进行委托授权，实践中此种具体授权也较为多见，如法定代表人授权公司员工进行诉讼。

本处主要探讨法定代表人概括授权行为的效力。法定代表人可由代表公司执行公司事务的董事或者经理担任，故三类主体可能重合，下文将区分非法定代表人的董事长、总经理授权行为效力和法定代表人授权行为效力进行讨论。

1. 非法定代表人的董事长、总经理授权行为效力

对于非法定代表人的董事长、总经理而言，基于公司事务代理权，其为他人出具授权委托书本质上属于转委托行为。《民法典》第 169 条规定："代理人需要转委托第三人代理的，应当取得被代理人的同意或者追认。转委托代理经被代理人同意或者追认的，被代理人可以就代理事务直接指示转委托的第三人，代理人仅就第三人的选任以及对第三人的指示承担责任。转委托代理未经被代理人同意或者追认的，代理人应当对转委托的第三人的行为承担责任；但是，在紧急情况下代理人为了维护被代理人的利益需要转委托第三人代理的除外。"因而，基于业务拓展处理等实际需求，董事长、总经理将其特定事项的代理权转授他人，且经过公司同意，即股东会或董事会决议通过，不超越法律法规及章程规定权限，能够满足《民法典》第 165 条授权委托书的内容及形式要件，应属有效之授权。

但是，对于董事长、总经理就其代理权的概括授予不应允许，因公司法和公司章程对于董事长、总经理的选任替代程序有明确规定，概括授权本质上相当于委托第三人担任董事长、总经理，使法定及章定的选任替代机制失效，董事长、总经理之人选应通过公司组织相关程序来确定。最高人民法院在"金伍岳公司诉物资储备公司确认合同无效纠纷案"[2]中即采此观点。

---

〔1〕 赵旭东：《再思公司经理的法律定位与制度设计》，载《法律科学（西北政法大学学报）》2021 年第 3 期。

〔2〕 最高人民法院（2019）最高法民再 35 号民事判决书。

2. 法定代表人转授权行为的效力

由于法定代表人的产生途径、职权职能基于法律及章程的规定，其特定的身份与职权决定了代表权之专属特质。另外，代表权之转授意味着受授人能够直接全面代表公司，反复且持续地实施代表行为，即产生概括授权的效果。因而对于法定代表人职权的概括授权存在较大争议。第一种见解认为，只要是法定代表人真实意思，且不违反法律强制性规定，法定代表人就可以将自己的职权转授给他人。第二种见解认为，前一观点忽视了法定代表人产生变更的特殊法律机制以及概括授权的特殊性，概括授权本质上相当于委托第三人担任法定代表人，而法定代表人的担任、变更、登记有明确法律要求，若允许法定代表人职权私相授受，与私法设定法定代表人制度的本质相悖。[1]

在司法实践中，否定法定代表人转授权行为的效力主要有以下考量因素。

其一，委托名义。[2]若法定代表人以个人名义而非公司名义委托他人处理公司事务，则法律后果不由公司承担。如最高人民法院在"北京中裕安泰能源投资有限公司、吉林市裕华盛世商品批发城有限公司与吉林市荣德汽贸有限责任公司合同纠纷案"中认为"当公司法定代表人以个人名义而非公司名义委托他人处理其在公司中的全部事务时，应理解为该行为仍属于个人之间的委托代理，其法律后果应由其个人承担，而不宜直接认定为他人因此已经得到公司授权代表公司对外从事法律行为并且由公司承担相关法律后果"。该案之裁判观点否认了法定代表人以个人名义委托他人处理公司事务对公司产生效力。

其二，法定程序与概括授权。概括授权方式相当于让渡职权，法定代表人之选任或变更应经法定程序。在"金伍岳公司诉物资储备公司确认合同无效纠纷案"[3]中，袁某因被采取监视居住而不能正常履行其董事长及法定代表人职务，其在未经公司股东会或董事会决议的情况下，向丁某出具《授权委托书》，委托其"代为行使物资储备公司董事长和法定代表人职权、保管公司公章印鉴并依法开展公司经营活动"，将其公司董事长、法定代表人的职权概括授权给丁某。最高人民法院认为，"董事长作为董事会的负责人，对于公司的总体发展、生产经营等承担着重要的职责，因此，参照公司法相关规定，董事长因故不能履职时，理应通过法定程序让渡权利或者进行改选，而不能通过个人总体概括授权的方式让渡董事长职权。丁某不能因此获得物资储备

---

〔1〕《公司法上的转授权问题》，载微信公众号"商法李建伟"，发布日期：2025年2月26日。
〔2〕采此裁判思路的案件还有：（2023）新01民终6926号民事判决书。
〔3〕最高人民法院（2019）最高法民再35号民事判决书。

公司法定代表人及董事长的职权"。

然而，也存在肯定法定代表人转授权行为效力的裁判。在"江苏丹徒蒙银村镇银行股份有限公司与江苏勤和机械有限公司等金融借款合同纠纷案"[1]中，法院认为，"王甲在因涉嫌故意伤害罪被公安部门刑事拘留的当日出具授权委托书，以其个人及群飞公司的名义委托其子王乙全面接管群飞公司所有工作，决定由王乙为公司法定代表人，其个人权利也由王乙代表，将公司印章及个人印章主动交出。此行为可以看出其目的是保障群飞公司在其失去人身自由期间的正常经营运转，同时反映了其对王乙的充分信任。从授权委托书的内容上，可以看出王甲对自己作为公司法定代表人及股东等身份所享有的权利作出了概括授权。王甲的这一民事法律行为，既与公司章程第十四条规定相符，也符合民事主体在特定时期、特定关系下作出的决策，合乎情理。该授权委托书的文字表达方式，亦不存在违反常规或者引发歧义之处，且更容易被第三方接受，以达到王甲授权的目的。本院认定该授权委托书具备法定要件，授权期限及范围不存在不明确的情况，也无法定或约定不可委托代理事项，应属有效"。在"崔某芳、浙江得久新材料有限公司决议撤销纠纷案"[2]中，法院认为，"张某健系上诉人得久公司的总经理，且受得久公司法定代表人沈某华的委托，全权代表法定代表人沈某华办理得久公司的所有事项，张某健实施的行为可以视为得久公司的行为"。

本书认为，法定代表人职权不可概括转授权他人，法定代表人委托他人处理公司事务不对公司产生效力。基于代表权的特殊性，法定代表人授权他人行使其职权，即产生概括授权的效果，相当于委托第三人担任法定代表人。而法定代表人具有身份特殊、人身信赖的特征，只能由执行董事、总经理担任且需依法登记。在法定代表人因特殊情形不能履职时，应通过法定或章定的替代程序规则确定履职人选，如 2023 年《公司法》第 72 条规定，董事长不能履行职务或者不履行职务的，由副董事长召集和主持，副董事长不能履行职务或者不履行职务的，由过半数的董事共同推举一名董事召集和主持，法定代表人不能独自决定替代人选之事项，应由公司相关组织程序确定。另外，法定代表人产生、变更方法是有限责任公司、股份有限公司章程记载事项，如通过股东委派、股东选举或董事会聘任等方式，若允许法定代表人以授权方式实际上产生换任之效果，将使法定及章程规定的法定代表人产生及变更机制失效。

---

〔1〕 江苏省镇江市丹徒区（县）人民法院（2020）苏 1112 民初 1606 号民事判决书。
〔2〕 浙江省衢州市中级人民法院（2021）浙 08 民终 1384 号民事判决书。

第九章

公司债券

问题 177 ◎ 2023 年《公司法》关于公司债券的规定是否适用于企业债券、非金融企业债务融资工具?

在我国债券市场上,存在名称各异的各类公司债券,比如企业债券、公司债券、非金融企业债务融资工具等典型债券,以及其他非典型债券。在司法实践中,债券纠纷的主要类型包括:不能按期还本付息、欺诈发行、虚假陈述等等,可能导致合同、侵权和破产等各类纠纷。对于构成公司债券的各类工具,在司法实践中均应适用同样的规则。

1. 公司债券市场的条块分割与监管体制变革

自 20 世纪 80 年代以来,我国债券市场逐渐形成了企业债券、公司债券、非金融企业债务融资工具三大市场,并分别由国家发展改革委、证监会、中国人民银行分头监管,产生了监管差异和监管套利空间。据中国人民银行统计,截至 2021 年底,我国债券市场余额超 131 万亿元,其中公司债券余额近 78.6 万亿元,两者规模均为全球第二、亚洲第一,2021 年公司债券的净融资额度约为同期股票净融资的 6 倍。就融资数额而言,公司债券是比股票更为重要的融资方式,是仅次于银行信贷的第二大企业融资渠道,意义重大。2023 年 3 月,中共中央、国务院印发了《党和国家机构改革方案》,对我国金融监管框架进行了重大调整,将证监会由国务院直属事业单位调整为国务院直属机构。在债券监管领域,将由国家发展改委统一负责的公司(企业)债券发行审核工作划入证监会,由证监会统一负责公司(企业)债券发行审核工作。由此,债券市场的三头监管机构(央行、国家发展改革委和证监会)调整为央行与证监会,进一步体现了功能监管理念。

尽管我国公司债券市场中形成了企业债券、公司债券和非金融企业债务融资工具等类型,但三者均具有共同的法律属性,均系还本付息的有价证券。各类公司债券应当适用相同的法律规则,包括公司债券发行、行政管理、信息披露和司法救济等方面。在发行机制上,2019 年《证券法》废除了公司债券发行的审核制,改采注册制。国务院办公厅公布的《关于贯彻实施修订后的证券法有关工作的通知》指出,"依据修订后的证券法规定,公开发行公司债券应当依法经证监会或者国家发展改革委注册"。发行机制的统一推动了债券市场的统一和融合。在信息披露方面,为推动公司信用类债券信息披露规则统一,完善公司信用类债券信息披露制度,促进我国债券市场持续健康发展，中国人民银行会同国家发展改革委、证监会，制定了《公司信用类债券信息披露管理办法》，以实现对公司信用类债券的统一规制。

2. 公司债券的法律性质识别

根据 2023 年《公司法》第 194 条规定，公司债券具有以下两个特征：其一，公司债券的约定条件系按期还本付息。公司债券持有人本质上属于公司的债权人，不同于股东，不基于公司法享有利润分配、选择管理者等权利。按照公司债券的约定条件，无论公司盈亏，公司债券持有人均有权按期要求公司还本付息，其权利属于固定收益请求权。在公司解散时，公司债券持有人的债权优先于股东的剩余财产分配权。其二，公司债券在法律性质上属于有价证券。不同于公司订立的借贷合同，公司债券具有证券属性，适用《证券法》上的证券发行、证券交易等规则。即使是非公开发行的公司债券，其也受公司法和证券法的规制。凡是具备前述法律特征的融资工具，均适用 2023 年《公司法》第九章的规定。

在法律适用上，最高人民法院在《全国法院审理债券纠纷案件座谈会纪要》（以下简称《债券纠纷纪要》）中明确指出："人民法院在审理此类案件中，要根据法律和行政法规规定的基本原理，对具有还本付息这一共同属性的公司债券、企业债券、非金融企业债务融资工具适用相同的法律标准。"

3. 2023 年《公司法》修订系针对各类公司债券

2023 年《公司法》对公司债券一章进行了系统修改，以适应公司债券管理体制改革要求和债券市场发展实践需要。在公司法审议过程中，有的地方、部门、专家学者和社会公众建议，落实党中央关于公司债券管理体制改革要求，适应债券市场发展实践需要，完善相关规定。2023 年《公司法》主要作出了以下修订：一是，根据《关于国务院机构改革方案的决定》将国家发展改革委的企业债券审核职责划入证监会的要求，删去国务院授权的部门对公开发行债券注册的规定；二是，明确公司债券可以公开发行，也可以非公开发行；三是，将债券存根簿改为债券持有人名册；四是，将发行可转债的公司由上市公司扩大到所有股份有限公司；五是，增加债券持有人会议决议规则和效力的规定，增加债券受托管理人相关规定。总之，以上公司法对公司债券的规定均适用于各类公司债券。

问题 178 ▶ 债券持有人会议的决议是否对全体债券持有人具有约束力?

债券持有人会议作为债券持有人的议事平台,既可以发挥集体行动的优势,也可能因其内容或程序瑕疵而造成个别债券持有人权利受损的情况。从实践来看,债券持有人会议决议公告所涉及的主要议题依顺序为提前偿付、要求发行人进行信息披露、减资、修订债券持有人会议规则、变更募集资金用途、股份回购、延期兑付、资产出售及划转、公司合并、豁免债券违约、清算清偿等。[1]这些事项对债券持有人的权利影响巨大。那么,在债券持有人形成决议的情况下,个别债券持有人是否可以单独行使权利,或者说,债券持有人会议的决议是否对全体债券持有人具有约束力呢?对没有参加会议或者持异议的债券持有人,会议决议是否具有约束力?

1. 2023 年《公司法》对债券持有人会议决议效力的规定

债券持有人之间既有共同利益,也存在利益冲突,需要法律层面的利益分配规范。根据《立法法》第 80 条的规定,没有法律或者国务院的行政法规、决定、命令的依据,部门规章不得设定减损公民、法人和其他组织权利或者增加其义务的规范。债券持有人会议采决议机制,通过后的决议必然剥夺或限制少数债券持有人的权利。由此视之,债券持有人会议决议的效力范围以及效力瑕疵,已经超出了部门规章和交易所规制的范畴。虽然通过自治约定的方式能够厘定债券持有人会议的一般规则,但仍然面临约束力之质疑。2019 年修订后的《证券法》第 92 条第 1 款规定了公开发行债券时的债券持有人会议制度:公开发行公司债券的,应当设立债券持有人会议,并应当在募集说明书中说明债券持有人会议的召集程序、会议规则和其他重要事项。但是,该条并未规定债券持有人会议的决议效力问题。对此,2023 年《公司法》第 204 条做了进一步规定,针对性地克服了前述问题,明确了债券持有人会议决议对同期全体债券持有人发生效力,但公司债券募集办法可以另外作出自治安排。

2023 年《公司法》第 204 条第 2 款规定,除公司债券募集办法另有约定外,债券持有人会议决议对同期全体债券持有人发生效力。根据该规定,在债券持有人会议的决议表决通过后,按照少数服从多数的原则,应当对全体债券持有人具有约束力。如果允许少数债券持有人不同意决议而与公司单独

---

〔1〕 广发证券发展研究中心:《2020 年以来 126 份持有人会议的议题分布》(2020 年 4 月)。

开展协商或提起诉讼，那么将很难起到债券持有人会议对公司集体协商、集体监督的效果，债券持有人会议的设立效果将大打折扣。[1]由此可见，我国公司法采决议生效主义，这与域外法上的法院认可生效主义不同。

在债券持有人会议决议的效力发生机制上，存在不同的立法例。日本、韩国等国家采法院认可生效主义，即决议须经法院认可并公告后，方可对公司债券持有人发生效力。究其原因，固然是为了防止"债权多数决"之滥用，通过司法审查保护少数债券持有人利益。[2]更为深层次的考虑是，这种机制也是效率性的安排。鉴于公司债券面向公众发行的实际情况，比起通过决议生效后再让公司债债权人纠正相关瑕疵的方法，更有利于保护公司债券持有人。[3]为克服司法审查带来的生效滞期问题，日本公司法要求召集人从决议作出之日起一周内向法院申请认可。与日本法不同，德国采表决通过生效主义，即债券持有人会议决议自表决通过之日即生效并执行，但涉及变更募集说明书核心条款的需要待异议期届满方可实施；在此基础上，决议生效后还需要完成文件变更，而登记托管机构就材料的形式是否符合要求进行独立判断。[4]

对于不得认可决议效力的事由，日本、韩国的规定基本相同。比如，《日本公司法》第733条规定的事由包括召集程序违反法律或者募集书的记载、决议通过不正当的方式达成、决议明显不公正、决议违反债权人的一般利益四项事由。

就我国而言，2023年《公司债券发行与交易管理办法》和交易所规定都没有将法院认可作为决议生效要件，2023年《公司法》亦延续了这一规定。正如有学者指出，若需法院进行事后认可，则认可的标准又难以确定——若进行实质审查则未免效率太低，不符合商事行为高效的要求；若进行形式审查则该制度又恐流于形式，难以达到保护异议持有人的目的。[5]

2. 债券持有人会议决议具有约束力的逻辑基础

就债券持有人团体而言，会议决议缘何能够对没有参加会议或者持异议的债券持有人具有约束效力？从价值基础上而言，其约束力基础主要包括尊重自治安排、维护公司债券的标准化证券属性、优化债券持有人决策效率、

〔1〕 王翔主编：《中华人民共和国公司法释义》，中国法制出版社2024年版，第291页。
〔2〕 ［日］近藤光男：《最新日本公司法》，梁爽译，法律出版社2016年版，第382页。
〔3〕 ［日］前田庸：《公司法入门》，王作全译，北京大学出版社2012年版，第511页。
〔4〕 甘需原、成睿：《德国债券持有人会议制度研究》，载《金融市场研究》2019年第11期。
〔5〕 伍坚、黄入凌：《债权人参与公司治理视野下的债券持有人会议制度研究》，载《上海金融》2016年第7期。

为债券发行人提供便利等动因。从规范层面，如何协调对待公司债券的集体因素，兼顾其中的个体权利与集体权利，公司法上的债券规则有必要予以回应。[1]

当债券发生违约时，协调众多债券持有人形成一致意见往往十分困难，集体行动机制的设计十分重要。[2]比如，在德国法上，集体约束原则系债券法的基本原则，其隐含了债券的流动性、互异性、效率性、统一性等多元价值，对于债券市场运行具有决定性的作用。[3]在法国法上，《法国商法典》对公司债券持有人会议的规定较为详尽，乃是基于单个债券持有人相对于公司的弱势地位，以及建立群体性组织予以保护的必要。[4]当然，对于债券持有人会议的组织化和团体化，域外亦不乏反对声音。比如，在德国法上，批评的意见认为，将团体法规则适用于债法领域将产生诸多不足：其一，将团体法的规则移植到债券领域，将增加法律解释和虚造的难度，造成团体法和债法规则的错误趋同，是理念错误；其二，股东和债权人的地位并不相同，二者的请求权不同，调整债券条款的多数决与公司股东会的决议不能相提并论。[5]

在法律肯认债券持有人会议的法律地位之前，其职权之行使与效力基础系于自治安排：通过债券发行人发布的募集说明书和债券持有人会议规则作为双方合意的基础，实现债券持有人之间的团体自治。在法律明确承认债券持有人会议的团体性之后，其法律地位为法定的临时性合意机构，但并非公司内部的法定机关，仅对债券持有人产生约束力而无法对发行人产生直接约束力。此时，决议对债券持有人的约束基础来自其自身权利的合意让渡。基于债券持有人会议制度的自治基础，会议决议的事项范围亦仅能限于约定范围而不能超越。此时的问题是，面对公众投资者，募集说明书和债券持有人会议规则所设定的让渡权利是否都是公平的？虽然合意能够提供形式上的权利让渡基础，但其中条款的公平性仍然有待于司法审查。由此，债券持有人决议的事项范围，除了债券持有人自治让渡的内容限制，还存在以债券持有人的共同利益为其边界。

---

〔1〕　叶林：《公司债券的私法本质及其规则展开》，载《清华法学》2022年第2期。

〔2〕　符望：《国际视野下中国企业债券违约的若干法律问题研究》，载蔡建春、卢文道主编：《证券法苑》（第31卷），法律出版社2021年版，第319页。

〔3〕　邹青松：《德国债券组织法的理念、构造及启示》，载梁慧星主编：《民商法论丛》（第72卷），社会科学文献出版社2022年版，第163页。

〔4〕　赵植旭：《公司债券持有人会议实践、镜鉴与完善》，载《金融发展研究》2021年第10期。

〔5〕　邹青松：《德国债券组织法的理念、构造及启示》，载梁慧星主编：《民商法论丛》（第72卷），社会科学文献出版社2022年版，第163页。

在立法上确立债券持有人会议制度的团体约束力，除了根源于当事人的合意基础，另一重要的价值动因在于维护公司债券的标准化证券属性。同一类别、批次、期限的债券，其承载的权利义务是完全相同的。这种个体分散但整体集合的特点，使得债券持有人群体系作为与债券发行人利益相对的整体而存在。[1]如果各债券持有人单独行使权利，由于其规模和能力差异，将造成各债券持有人获得的利益呈现差异，导致债券持有人行使权利时的竞争，进而损害公司债券的流通性和债券市场。对于公众投资者而言，由于其在法律、信息、维权能力等方面的弱势，单独行使权利的诸多劣势可能导致债权落空。职是之故，债券持有人会议也是强化债券持有人利益保护的重要途径，从而避免大额债券持有人取得优先清偿或者优先安排，损害其他债券持有人的权利。

对于债券发行人而言，债券持有人会议制度可以优化债券持有人决策效率并为其提供便利。有学者指出，公司债债权人团体法制化的缘由，或谓实为发行人之便而设立，当发行人遇有财务危机而需要公司债债权人进行某种程度的牺牲，可以较为高效地取得公司债债权人的同意，比如允许缓期清偿、降低利率、解除部分担保措施等。[2]如果不能及时取得债券持有人的同意，公司或不免走向破产，进而造成债券持有人利益的更大损害。另外，由于发行人掌握着制定债券持有人会议规则的主动权，甚至对会议决议的形成有巨大的影响力，在公司法层面对债券持有人会议决议的公平性作原则性规定就显得十分必要。这种集团性处理模式，是效率优先、兼顾公平的原则使然，有利于债券持有人会议参与公司事项的决策。[3]

总之，债券持有人会议是就公司债券债权人的共同利害关系事项作出决议的临时合议团体，其在组织法逻辑上包括两重价值：其一，为促进债券持有人整体利益，实现债券持有人团体的内部治理价值；其二，为间接保障债券持有人利益，在特定情形下以集体方式以债权人身份参与公司治理。

3. 债券持有人会议决议的约束力需要法律层面的肯认

在前述价值的基础上，债券持有人会议的团体性以及其决议的约束力应该得到组织法的肯认。但是，这也意味着团体决议剥夺了异议债券持有人的部分权利。这种冲突在司法救济层面表现为债券持有人会议的决议与各债券

---

〔1〕 王瑞贺主编：《中华人民共和国证券法释义》，法律出版社 2020 年版，第 181 页。

〔2〕 廖大颖：《公司债法理之研究》，正典出版文化有限公司 2003 年版，第 161 页。

〔3〕 刘迎霜：《论公司债债权人对公司治理的参与》，载《财经理论与实践》2010 年第 1 期。

持有人的个别诉权之间的冲突。[1]证券法并未明确债券持有人会议决议的约束力，《公司债券发行与交易管理办法》第 62 条规定了合法的债券持有人会议决议对全体债券持有人具有约束力，但持有人会议规则另有约定的除外。上海证券交易所在 2022 年 4 月发布的《债券上市规则》中删除了现行规则第 4.312 条规定的"债券持有人会议通过的决议，对所有债券持有人均有同等约束力。受托管理人依据债券持有人会议决议行事的结果由全体债券持有人承担"。在交易所规则层面将该条款予以删除的做法是妥当的，债券持有人会议的团体决议效力适宜由公司法予以规定。在域外立法上，债券持有人会议的效力范围也要通过法律予以规范。比如，《日本公司法》第 734 条第 2 款规定，公司债权人会议决议对持有该类别公司债的所有公司债权人有效。《韩国商法》第 498 条第 2 款规定，公司债债权人集会的决议对全体公司债债权人生效。

为了填补法律层面债券持有人会议决议的效力规范空缺，最高人民法院在《债券纠纷纪要》第 15 条中明确了债券持有人会议决议的效力，即合法决议对全体债券持有人具有约束力，但同时设定了债券持有人保留重大事项决定权等例外情形。但是，会议纪要并非司法解释，其对当事人权利义务的安排设置更多是在立法缺失情况下的权宜之计。总而言之，债券持有人会议决议的团体效力已经超出了部门规章和自治规则的效力范围，应当在公司法层面予以明确规定。

与此同时，在债券持有人会议机制的运行实践中，存在开会难、投资者参会率低、决议效率低下、易于被发行人操纵、决议难以执行等问题，与债券持有人会议的主体资格缺失、决议门槛不合理、缺乏对少数债券持有人的保护机制等制度缺陷密切相关。[2]正如有学者所指出的，虽然债券持有人会议符合债券持有人集体保护和民主控制的核心诉求点，但在实践运作中由于制度固有缺陷和债券持有人的自身短板，单一制度运行未必能达到理想水平。[3]在形式主义的团体运行机制之下，为了削减团体决议的消极影响，法律也应当为其提供防止多数决损害异议债券持有人的规则供给，以平衡团体行为对个体债券持有人的权利损害。这种平衡性设置在《债券纠纷纪要》中亦有体现，包括对全体债券持有人具有约束力事项的限制、关联方回避表决、

[1] 冯果、刘怿：《债券投资者司法救济规则建构论纲》，载《财经法学》2020 年第 3 期。
[2] 洪艳蓉：《论公司债券市场化治理下的投资者保护》，载《兰州大学学报（社会科学版）》2020 年第 6 期。
[3] 汪文渊：《公司债券持有人组织性保护制度的理念更新与法律变革》，载黄红元、徐明主编：《证券法苑》（第 17 卷），法律出版社 2016 年版，第 317 页。

决议瑕疵救济等规则。

4. 债券持有人会议决议的约束力例外

如果债券持有人对决议有异议，债券持有人会议决议的约束力是否存在例外情形，比如可以单独提起诉讼或仲裁？《债券纠纷纪要》第15条规定，债券持有人会议根据债券募集文件规定的决议范围、议事方式和表决程序所作出的决议，除非存在法定无效事由，人民法院应当认定为合法有效，除本纪要第5条、第6条和第16条规定的事项外，对全体债券持有人具有约束力。由此可见，根据该纪要，债券持有人会议决议的约束力存在以下三项例外。

例外一：《债券纠纷纪要》第5条规定了债券受托管理人的诉讼主体资格。根据该条规定，"债券发行人不能如约偿付债券本息或者出现债券募集文件约定的违约情形时，受托管理人根据债券募集文件、债券受托管理协议的约定或者债券持有人会议决议的授权，以自己的名义代表债券持有人提起、参加民事诉讼，或者申请发行人破产重整、破产清算的，人民法院应当依法予以受理。受托管理人应当向人民法院提交符合债券募集文件、债券受托管理协议或者债券持有人会议规则的授权文件"。易言之，该条规定并未排除债券持有人自行提起诉讼的主体资格，其仍然具有单独诉权。

例外二：《债券纠纷纪要》第6条规定了债券持有人自行或者共同提起诉讼。根据该条规定，"在债券持有人会议决议授权受托管理人或者推选代表人代表部分债券持有人主张权利的情况下，其他债券持有人另行单独或者共同提起、参加民事诉讼，或者申请发行人破产重整、破产清算的，人民法院应当依法予以受理。债券持有人会议以受托管理人怠于行使职责为由作出自行主张权利的有效决议后，债券持有人根据决议单独、共同或者代表其他债券持有人向人民法院提起诉讼、申请发行人破产重整或者破产清算的，人民法院应当依法予以受理"。易言之，债券持有人可以在决议授权的诉讼主体之外，单独或者共同通过诉讼等方式主张权利，且人民法院应当予以受理，以保障债券持有人的程序权利。

例外三：《债券纠纷纪要》第16条规定了债券持有人对重大事项可保留决定权。根据该条规定，"债券持有人会议授权的受托管理人或者推选的代表人作出可能减损、让渡债券持有人利益的行为，在案件审理中与对方当事人达成调解协议，或者在破产程序中就发行人重整计划草案、和解协议进行表决时，如未获得债券持有人会议特别授权的，应当事先征求各债券持有人的意见或者由各债券持有人自行决定"。易言之，在前款规定的重大事项上，债券持有人具有单独决定的保留权。

当然，为了实现程序推进，在破产程序中，如果债券持有人自行主张权利的，根据该纪要第 17 条第 2 款规定，人民法院在破产重整、清算、和解程序中确定债权人委员会的成员时，可以责成自行主张权利的债券持有人通过自行召集债券持有人会议等方式推选出代表人，并吸收该代表人进入债权人委员会，以体现和代表多数债券持有人的意志和利益。

问题 179 ▷ 债券持有人会议是否可以就所有债券事项作出处分？不同事项是否存在决策程序的差异？

由于公司债券权利兼具个体性与整体性，权利中有让渡权利和保留权利之分，相应地，对债券持有人会议的决议事项亦应当有所限制。从立法预设的角度来看，债券持有人会议的主要职权是当债券价值、偿付方式以及发行人履约能力发生重大变化时，以全体债券持有人的名义作出决议。[1]从实践来看，债券持有人会议决议公告所涉及的主要议题依顺序为提前偿付、要求发行人进行信息披露、减资、修订债券持有人会议规则、变更募集资金用途、股份回购、延期兑付、资产出售及划转、公司合并、豁免债券违约、清算清偿等。[2]《债券纠纷纪要》第 16 条规定了债券持有人重大事项决定权的保留：债券持有人会议授权的受托管理人或者推选的代表人作出可能减损、让渡债券持有人利益的行为，在案件审理中与对方当事人达成调解协议，或者在破产程序中就发行人重整计划草案、和解协议进行表决时，如未获得债券持有人会议特别授权的，应当事先征求各债券持有人的意见或者由各债券持有人自行决定。对于前述决议事项，债券持有人会议是否均可作出有约束力的决议？在进行决议时是否需要区分事项而设定不同的表决比例？前述问题与债券持有人会议的职权内容设定密切相关。

1. 债券持有人会议决议事项的范围

域外立法例上，通常对债券持有人会议的重要职权作出明确列举。比如，在日本公司法上，债券持有人会议的决议事项包括债券支付缓期或责任免除、受托管理人的辞任同意与解任请求、对资本金额减少或合并的异议、特别代表人的选任、决议执行人的选任、会议的延期或续会、不公正行为撤销请求诉讼的提起、担保的变更等，前述事项均由法律直接规定。在此基础上，日本公司法上规定的决议方法分为普通决议和特别决议，普通决议经出席会议

---

〔1〕 王瑞贺主编：《中华人民共和国证券法释义》，法律出版社 2020 年版，第 181 页。
〔2〕 广发证券发展研究中心：《2020 年以来 126 份持有人会议的议题分布》（2020 年 4 月）。

的表决权过半数即可通过，特别决议则需要拥有表决权总额 1/5 以上，而且出席会议的表决权总额 2/3 以上方可通过。需要特别决议的事项包括支付缓期、债务不履行而发生的责任免除、特别代表人的选任、决议执行人的解任或变更、担保或担保顺序的变更等。[1]

就债券持有人会议的决议事项而言，应当以债券持有人的共同利益为限制，此为法定列举和债券持有人自愿让渡权利的基础。比如，《法国商法典》第 L228-46 条规定，同一次发行的公司债债券持有人可以为维护其共同利益组成集团。这种安排一方面是为了保护债券持有人利益，另一方面也是为了避免债券持有人会议过分干扰公司的正常运营。[2]对于非属于共同利益的事项，应当允许债券持有人单独行使权利，如果其选择让渡，应具有可让渡性和公平性。在各项权利中，债券持有人的核心权利是获得清偿，影响其获得清偿的事情应当为债券持有人会议的核心关切。在出现影响债券持有人获得偿付的情况下，债券持有人会议可以通过变更募集说明书的约定、减免发行人义务、与发行人磋商谈判、采取法律手段维护权利等决议进行集体行动。由此，对于法定列举的事项和债券持有人自愿让渡的权利，持有人会议具有形成约束力决议的权力。

对全体债券持有人具有约束力的例外情形主要包括非属于共同利益的权利、程序性权利，以及保留的重大事项决定权。非属于共同利益的权利包括给付请求权、对债券进行处分的权利、合同法上的撤销权及代位权等。[3]在公司法上，可由债权人行使的权利亦可由债券持有人行使，不限于集体行使。比如，公司人格否认、债权人可以提起的公司决议瑕疵诉讼、公司清算义务人责任等，亦可由债券持有人单独提起。就可单独行使的程序性权利，《债券纠纷纪要》第 5 条、第 6 条规定了债券持有人单独诉讼的权利，即另行单独或者共同提起、参加民事诉讼，或者申请发行人破产重整、破产清算的，人民法院应当依法予以受理。《债券纠纷纪要》第 16 条规定了债券持有人重大事项决定权的保留，在受托管理人或者代表人作出减损、让渡债券持有人利益的行为时，如果未获得债券持有人会议的特别授权，需要征求各债券持有人的意见或由各债券持有人自行决定。由此可见，《债券纠纷纪要》所列举的例外情形不但并非穷尽列举，还存在一般和特别关系倒置的问题。在债券持

---

[1] ［日］前田庸：《公司法入门》，王作全译，北京大学出版社 2012 年版，第 509 页。

[2] 王作全、解萌：《公司债券持有人会议制度探析》，载《青海师范大学学报（哲学社会科学版）》2016 年第 6 期。

[3] 朱峰等：《论债券持有人会议决议效力》，载蔡建春、卢文道主编：《证券法苑》（第 30 卷），法律出版社 2020 年版，第 485 页。

有人会议的决议事项范围内，应当明确限于"共同利益"事项而非所有事项，债券持有人让渡的权利部分则应当具有可让渡性。否则，超越职权范围内所作出之决议，系决议内容违法或违反募集说明书，不能产生约束力。由此，在法律上明确债券持有人会议决议事项为共同利害关系事项，系债券持有人会议实体规制的第一步。

2. 区分一般决议事项和特别决议事项

因债券持有人会议的决议事项的重要性不同，需要区分一般决议和特别决议。就该问题，由于公司债券市场的切割，各监管部门的规则不一。在适用证监会规章的公司债券领域，募集说明书和持有人会议规则通常规定的都是普通决议通过即可。在 2013 年《银行间债券市场非金融企业债务融资工具持有人会议规程》中，普通决议的通过比例为由出席会议的本期债务融资工具持有人所持表决权的 3/4 以上通过后生效。2019 年修订后的规程规定，持有人会议决议应当由持有本期债务融资工具表决权超过总表决权数额 50% 的持有人同意后方可生效；针对特别议案的决议，应当由持有本期债务融资工具表决权超过总表决权数额 90% 的持有人同意后方可生效。所谓特别决议，系指该规程第 26 条规定的变更发行文件中与本息偿还相关的发行条款、同意第三方承担债务融资工具清偿义务等重大事项。在中国人民银行、国家发展改革委、证监会于 2020 年发布的《关于公司信用类债券违约处置有关事宜的通知》中，在完善债券持有人会议制度部分明确提出了建立分层表决机制。

《债券纠纷纪要》所列举的债券持有人保留重大事项决定权仅为事项区分之冰山一角。事实上，2019 年《银行间债券市场非金融企业债务融资工具持有人会议规程》第 26 条需要特别议案方式通过的事项均可能造成债券持有人获得偿付，与《日本公司法》上所列的特别决议事项高度耦合。该条规定的特别事项包括：①变更债务融资工具发行文件中与本息偿付相关的发行条款，包括本金或利息金额、计算方式、支付时间、信用增进协议及安排；②新增或变更发行文件中的选择权条款、投资人保护机制或投资人保护条款；③解聘、变更受托管理人或变更涉及持有人权利义务的受托管理协议条款；④同意第三方承担债务融资工具清偿义务；⑤授权他人代表全体持有人行使相关权利；⑥其他变更发行文件中可能会严重影响持有人收取债务融资工具本息的约定。总体而言，需要设定特别决议的事项包括三类：其一，影响债券持有人获得偿付的数额、时间、方式的事项，此为最核心事项；其二，受托管理人选任或变更事项，受托管理人负责日常的事务管理，召集债券持有人会议，代表债券持有人进行维权等，事关权利实现；其三，担保事项变更，将直接影响债权偿付的责任财产。

对于前述事项，2019 年《证券法》虽然规定了改变资金用途必须经过债券持有人会议通过、债券持有人会议可以通过决议方式变更债券受托管理人等法定事项，但并未区分其他事项的重要性程序。这意味着在实践中，此类议案一般系通过普通决议即可通过。《韩国商法》第 490 条更是将公司债债权人会议的决议事项定位于有重大利害关系事项。但是，法定比例过高，也会导致会议难以召集，决议难以通过，也产生了诸多质疑。比较而言，我国实践中的普通决议比例又无出席数的定足要求，或有失之过宽的问题。在债券持有人参会积极性普遍不高的情况下，对于与债券持有人利益攸关的重大事项处置，宜采绝对多数决的特别决议。

问题 180 ▷ 召开债券持有人会议时，在会议程序上有哪些注意事项？

在我国的债券融资实践中，突击开会并要求决议豁免会议程序瑕疵的开会方式不断出现，会议的正当程序规则并未得到严格遵循。比如，2020 年 4 月 14 日 18：30，债券持有人收到来自海航集团的邮件，邮件称将于当日 20 点召开持有人会议，持有人需在 19：00 前（即半小时内）完成参会登记并发送相关材料，引发了投资者的不满。在"凯迪生态环境科技股份有限公司、方正证券承销保荐有限责任公司公司债券交易纠纷案"中，债券持有人会议的召集程序与募集说明书和债券持有人会议规则不符，但法院认为"已经债券持有人会议表决并通过的《关于豁免本次债券持有人会议提前 15 日发出会议通知的议案》同意豁免该规定，进而确认了该次债券持有人会议在通知、召集、召开、表决程序及决议的合法有效性"。[1]此外，要求债券持有人会议连续进行直至完成所有议案通过、发行人通过利益关系影响大额债券持有人表决等现象亦不鲜见，被称为"没有通不过的债券持有人大会"。

1. 债券持有人会议应当保障程序公正

对于债券持有人会议的程序要求，《证券法》第 92 条仅规定应当在募集说明书中说明债券持有人会议的召集程序、会议规则和其他重要事项。具体而言，召集程序一般包括应当召集会议的情形、会议召集人、会议通知、拟审议事项、会议的延期和取消、债券登记日等事项。[2]将会议程序事项完全交由当事人自治的方式而产生的疏漏，虽然会被部门规章、自律规则等填

---

[1] 最高人民法院（2020）最高法民终 708 号民事判决书。

[2] 王瑞贺主编：《中华人民共和国证券法释义》，法律出版社 2020 年版，第 181 页。

补，但仍然可能导致发行人利用起草文件的主动权而落空投资者合法权益的风险。[1]这种过于依赖募集说明书和约定会议规则的方式，将进一步消解在债券违约时债券持有人会议决议的约束力。虽然债券持有人会议规则应当公平、合理，但该标准并未呈现于法律条文之中。[2]为克服债券持有人会议程序的随意性，域外法上通过强制性规范予以规制，以实现为债券持有人提供程序性保障。[3]

与之相比，日本公司法则对公司债债权人会议的召集决定、召集通知、表决权的行使与代理、书面表决与电子表决、表决权的不统一行使、会议的延期或续会、会议记录的制作保管等事项均有详细规定。[4]基于我国公司法运行实践中对程序的重视不足，公司法层面上债券持有人会议规则的建设完善更显重要。此次修订的公司法应当明确债券持有人会议运作的基本规则，并进而引致违反会议程序的决议瑕疵。具体而言，应主要规定债券持有人会议的召集与主持、分组表决、关联方回避制度，至于出席会议的定足数要求，则可交由当事人自治。

2. 债券持有人会议的程序事项

首先，在债券持有人会议的召集与主持规则上，应当明确召集权人、召集规则以及主持规则。《公司债券发行与交易管理办法》第 63 条规定了债券受托管理人应当召集债券持有人会议的十一种情形，如果债券受托管理人应当召集而未召集债券持有人会议时，单独或合计持有本期债券总额 10% 以上的债券持有人有权自行召集债券持有人会议。上海证券交易所和深圳证券交易所的《债券上市规则》在前述主体范围内增加了发行人作为召集主体。《日本公司法》第 717 条和第 718 条、《韩国商法》第 491 条所规定的召集权主体均为发行人、受托管理人和少数债券持有人（10%）。在召集规则上，为避免"双头债券持有人会议"的现象出现，应当明确不同召集权主体行使权利的顺位。比如，上海证券交易所《债券上市规则》第 4.3.3 条规定，发行人、少数债券持有人向受托管理人提议召开持有人会议的，受托管理人应当自收到书面提议之日起 5 个交易日内向提议人书面回复是否召集持有人会议，并说明召集会议的具体安排或不召集会议的理由；同意召集会议的，应当在 15 个交易日内召开，不同意的，前述请求召开会议的主体可以自行召开，但应以履

---

〔1〕　洪艳蓉：《新〈证券法〉债券规则评析》，载《银行家》2020 年第 3 期。

〔2〕　王瑞贺主编：《中华人民共和国证券法释义》，法律出版社 2020 年版，第 181 页。

〔3〕　甘需原、成睿：《德国债券持有人会议制度研究》，载《金融市场研究》2019 年第 11 期。

〔4〕　[日]近藤光男：《最新日本公司法》，梁爽译，法律出版社 2016 年版，第 382-386 页。

行前述请求为前置程序。在债券持有人会议的主持问题上，实践中多遵循"谁召集、谁主持"的规则，考虑到会议的决策效率和激励问题，此规则宜沿用之。

至于债券持有人会议的出席比例要求，《公司债券发行与交易管理办法》和《债券上市规则》均未规定，有其合理之处。再加上我国实践中公司债券持有人参会比例畸低，设置会议出席比例要求或将导致决议难以形成。在无出席比例要求的情况下，参加债券持有人会议的持有人数量和代表债权数量都十分有限。比如，"天创转债"2022年第一次债券持有人会议上，仅有债券持有人2人参会，代表表决权占表决权总数的约2%。[1]与之不同，《银行间债券市场非金融企业债务融资工具持有人会议规程》则规定，出席持有人会议的债务融资工具持有人所持有的表决权数额应超过本期债务融资工具总表决权数额的50%，会议方可生效。

域外立法例上，日本、韩国等多数国家亦未作规定。我国公司法上对股东会等决议亦未设定定足数要求。股东会决议关涉公司重大事项，在组织法上的重要程度并不逊色于债券持有人会议。由此，组织法上可对债券持有人会议的出席比例予以同等处之。

其次，应当明确债券持有人分组召开和分组表决机制。由于公司债券类型的多元化，不同批次的债券持有人的利益诉求存在差异。我国证券法上虽然未明确债券持有人会议的分组召开和表决机制，但其所指的债券持有人会议即由同次发行的公司债券持有人组成，亦蕴含了分组召开和分组表决的意涵。《公司债券发行与交易管理办法》和《债券上市规则》均规定，债券持有人会议的参会范围为本批次的债券持有人，与其他批次的债券持有人分别召开。《日本公司法》第715条明定，公司债债权人，按照公司债的类别组织公司债权人会议。

最后，应当明确关联方的表决回避。基于非集体行动的方式，大额公司债券持有人经常受到发行人的利益干扰，进而形成一些违反商业逻辑的决议。究其原因，系债券持有人会议的整体性和独立性未得到保障。在债券持有人为发行人的关联方时，其应当回避表决，该要求在交易所规则层面已经得以规定。例如，上海证券交易所《债券上市规则》第4.3.11条规定，发行人、发行人的关联方以及对决议事项存在利益冲突的其他债券持有人应当回避表决。对于存在利益转移关系的债券持有人参与表决的决议，因其具体情况而确定决议效力状态。

---

[1]《天创时尚股份有限公司"天创转债"2022年第一次债券持有人会议决议公告》，载 http://www.sse.com.cn/disclosure/listedinfo/announcement，最后访问日期：2025年4月1日。

综上，总结我国债券持有人会议制度的既有经验，在部门规章、交易所规则、募集说明书和债券持有人会议的范本等基础上，抽象规定债券持有人会议的基本程序规则具有重要意义，有助于在法律层面明确会议的正当程序要求，并为违反会议程序形成的决议提供决议瑕疵因由，衔接后续救济机制。此外，对于召集通知、表决权的行使与代理、书面表决与电子表决等事项，如果立法上未能作出细密完备的规定，可交由规章或交易所规则、债券募集文件等予以规范。

问题 181 ▷ 债券持有人会议的决议如果存在瑕疵，债券持有人该如何救济？

债券持有人会议决议属于决议的一种，在法律性质上为民事法律行为。债券持有人会议的决议瑕疵事由既包括程序上的原因，如会议的召集程序和决议作出方式违反规定或约定；也包括内容上的原因，如决议违反债券持有人的共同利益、显失公平等。虽然公司法并未专门规定债券持有人会议决议效力瑕疵规则，但由于债券持有人会议决议与股东会决议、董事会决议同属组织法决议，具有规范适用上的同质性，完全可以参照公司法上股东会、董事会的决议效力瑕疵制度。对此，后续的公司法司法解释可进一步予以明确规定。具体而言，公司债券持有人请求人民法院宣告债券持有人会议决议无效、撤销或者不成立的，人民法院应当依法予以受理。人民法院审理债券持有人会议决议效力纠纷案件时，对债券持有人会议决议效力的判断，参照适用公司法有关公司决议效力判断事由的规定。

1. 债券持有人会议决议属于法律行为之一种

债券持有人会议决议系决议之一种，本质上属于法律行为，虽然有其特殊性，但受法律行为规则的一般规制。2023 年《公司法》第 204 条规定，公开发行公司债券的，应当"在债券募集办法中对债券持有人会议的召集程序、会议规则和其他重要事项作出规定"；《公司债券发行与交易管理办法》第 62 条则规定，债券持有人会议规则应当明确债券持有人通过债券持有人会议行使权利的范围，债券持有人会议的召集、通知、决策生效条件与决策程序、决策效力范围和其他重要事项。由此可见，2023 年《公司法》与《公司债券发行与交易管理办法》等规范均未规定法定的决议通过规则及效力瑕疵情形，而是交由债券募集办法或债券持有人会议规则进行规定。

鉴于债券持有人会议与公司董事会决议、股东会决议等同属组织法上的决议，应当将其适用相同的效力瑕疵规制路径。

1.1 债券持有人会议属于法定的会议类型

2023 年《公司法》第 204 条对债券持有人会议规则的引入，呼应了《证券法》第 92 条对债券持有人会议规则的规定，是债券持有人会议制度在组织法中的引入，肯认了债券持有人会议的组织属性。在 2023 年《公司法》明确规定了债券持有人会议制度的情况下，若没有债券募集办法或债券持有人会议规则明确规定，债券持有人会议决议的瑕疵情形也应当参照 2023 年《公司法》中的决议效力瑕疵规则进行判断。2023 年《公司法》第 25 条、第 26 条、第 27 条分别规定了股东会决议与董事会决议效力存在无效、可撤销、不成立的效力瑕疵情形，在债券持有人会议决议被 2023 年《公司法》明确规定，但并无相关效力规范的情形下，债券持有人会议决议的效力瑕疵情形可以参照适用股东会、董事会的效力瑕疵规则进行一体判断，对其效力瑕疵规则的缺失进行类推适用填补。

1.2 债券持有人会议决议适用决议形成规则

债券持有人会议决议的作出规则虽未在 2023 年《公司法》、《证券法》或《公司债券发行与交易管理办法》等规范中予以明确，而是交由债券募集办法或债券持有人会议规则进行规定，但债券持有人会议决议的作出仍需要符合组织法决议中的多数决作出规则，由参加会议的债券持有人过半数表决权通过而形成会议决议。《公司法（修订草案三审稿）》第 204 条第 2 款曾规定，债券持有人会议决议应当经出席债券持有人会议且有表决权的持有人所持表决权的过半数通过，但最终在 2023 年《公司法》中予以删除。"考虑到实践中债券持有人会议也存在开会难、持有人参会率低、决议效率低下、易被公司操纵、决议难以执行等问题"，[1]2023 年《公司法》最终将债券持有人会议规则交由公司债券募集办法进行规定，背后的考量可能是认为债券持有人会议的组成及表决方式等内容属于公司内部程序，应尊重公司自治，同时防止对少数债券持有人权益的侵害。[2]虽然当前法律规范上并无明确地对债券持有人会议决议作出规制，但根据债券持有人会议的组织法性质，其决议作出仍然应当符合参会的债券持有人表决权过半数通过，只是在是否需要满足表决权总数比例要求方面存在解释空间。因此债券持有人会议决议与股东会、董事会决议在形成规则方面相同，也会因此存在程序与内容方面的瑕疵，从而形成决议无效、可撤销、不成立等瑕疵情形。

---

〔1〕 王翔主编：《中华人民共和国公司法释义》，中国法制出版社 2024 年版，第 291 页。
〔2〕 李建伟主编：《公司法评注》，法律出版社 2024 年版，第 812 页。

1.3 债券持有人会议决议适用决议效力规则

长期以来，学界对于决议性质的分析存在学说争议，包括意思形成说、商行为说、非法律行为说、法律行为说等。[1]但是无论公司决议的性质如何，不可否认的是，决议一旦形成，即对所有成员具有约束力，董事会、股东会决议的效力范围皆如此。[2]与董事会、股东会决议相同，2023 年《公司法》第 204 条第 2 款规定："除公司债券募集办法另有约定外，债券持有人会议决议对同期全体债券持有人发生效力。"债券持有人会议决议同样对未参与表决的其他债券持有人发生效力。而产生效力即要伴随救济，在债券持有人会议决议存在程序或者内容方面的瑕疵时，如果不对其他债券持有人予以救济，则可能导致其权利受到严重的侵害。因此债券持有人会议决议因效力范围的作用也需要对其瑕疵情形予以规制。

2. 债券持有人会议决议的效力瑕疵类型

如先前分析所述，债券持有人会议决议也可能由于程序瑕疵或内容瑕疵而存在无效、可撤销、不成立的效力瑕疵情形，债券持有人可以向人民法院提起诉讼请求确认债券持有人会议决议无效、不成立或撤销债券持有人会议决议。程序瑕疵情形如会议的召集程序和决议作出方式违反规定或约定，内容上的瑕疵情形则包括决议违反债券持有人的共同利益、显失公平等。

2.1 债券持有人会议决议无效

根据 2023 年《公司法》第 25 条之规定，债券持有人会议决议无效的情形是指"决议内容违反法律、行政法规"。如果债券持有人会议决议内容违反法律、行政法规的强制性规定，可能导致债券持有人会议决议无效。债券持有人可以向法院提起诉讼请求对债券持有人会议决议无效的情形予以确认。

在实践中，决议损害债券持有人利益的情形主要包括显失公平和损害债权人的一般利益两种。这两种情形下，内容和程序可能均符合法律和债券持有人协议的规则，但对部分债券持有人会造成绝对不利益或相对不利益。比如，有公司债券的发行人要求提前兑付，在债券的市场价值至少超过面值 2 元的情况下，债券持有人会议统一通过了以面值提前兑付的决议；有公司债

---

〔1〕　学说争议见陈醇：《意思形成与意思表示的区别：决议的独立性初探》，载《比较法研究》2008 年第 6 期；叶林：《商行为的性质》，载《清华法学》2008 年第 4 期；陆俊伟：《公司股东会决议性质研究》，载《东南大学学报（哲学社会科学版）》2016 年第 A2 期；李建伟：《决议的法律行为属性论争与证成——民法典第 134 条第 2 款的法教义学分析》，载《政法论坛》2022 年第 2 期。

〔2〕　施天涛：《公司法论》，法律出版社 2025 年版，第 293 页。

券发行人将"初始票面利率+上调"改为"初始票面利率+调整"，在明显给部分债券持有人产生不利益的情况下顺利通过决议。在前述情形下，即可能构成对债券持有人一般利益之损害。如果形成的协议条款变更并非单方利益调整，但双方利益调整不均衡，则构成显失公平的情形。这种决议内容上对债券持有人权利和利益的不正当损害，也将导致决议无效。

2.2 债券持有人会议决议可撤销

根据 2023 年《公司法》第 26 条之规定，债券持有人会议决议可撤销的情况包括：会议召集程序、表决方式违反法律、行政法规或者公司章程，或者决议内容违反公司章程。对于股东会与董事会决议，股东可以自决议作出的 60 日内请求人民法院予以撤销。在债券募集办法或债券持有人会议规则没有明确规定的情况下，债券持有人会议决议也可以参照股东会、董事会决议的撤销期限，自决议作出的 60 日内请求人民法院予以撤销。债券持有人会议规则或债券募集办法也可对债券持有人的决议撤销权期限予以另行规定，但不宜低于 60 日。比如，"13 海航债"中，债券持有人会议未按《上海证券交易所公司债券上市规则》的规定对会议召开进行公告，来自海航集团的会议召开邮件到参会登记也只有 30 分钟，严重损害了债券持有人参会的程序权利，债券持有人可以请求撤销作出的债券持有人会议决议。

对于撤销权的期限，理论和实务上存在争议。对此，本书认为，应当适用公司法上对决议撤销权的期限规定。未被通知参加债券持有人会议的债券持有人，也可以参照未被通知参会的股东，自知道或者应当知道债券持有人会议决议作出的 60 日内请求人民法院撤销，同时存在自决议作出之日起 1 年内没有行使撤销权的撤销权消灭事由。债券持有人会议规则或债券募集办法也可对债券持有人的决议撤销权期限予以另行规定，但不宜低于 60 日。

此外，债券持有人会议的会议召集程序或者表决方式仅有轻微瑕疵，对决议未产生实质影响的，也应当适用 2023 年《公司法》第 26 条第 1 款中决议瑕疵轻微豁免规则，不应允许在此情形下债券持有人行使撤销权。

2.3 债券持有人会议决议不成立

根据 2023 年《公司法》第 27 条之规定，债券持有人会议决议不成立的瑕疵情形也包括未召开会议作出决议、会议未对决议事项进行表决、出席会议的人数或者所持表决权数未达到规定的人数或者所持表决权数以及同意决议事项的人数或者所持表决权数未达到规定的人数或者所持表决权数。以上事由皆导致未形成有效的会议决议。债券募集办法与债券持有人会议规则应当不允许对以上事由进行排除适用，因为上述事项皆是导致组织法上决议不成立的严重瑕疵情形。当上述瑕疵情形发生时，债券持有人可以向人民法院起诉请求确认债券持有人会议决议不成立。

问题 182 ▷ 债券受托管理人有哪些义务和责任？

2023 年《公司法》第 205 条承接了《证券法》第 92 条及《公司债券发行与交易管理办法》的相关条文，引入了债券受托管理人制度；第 206 条则进一步规定了债券受托管理人的义务与责任，从而在公司法中形成了较为完善的债券受托管理人制度规则。

1. 债券受托管理人制度引入的立法背景

1.1 债券受托管理人制度的立法沿革与域外法借鉴

公司债券托管制度肇始于 2007 年证监会发布的《公司债券发行试点办法》（已失效），该办法第 23 条第 1 款首次引入了债券受托管理人的概念规定，公司应当为债券持有人聘请债券受托管理人，并订立债券受托管理协议；在债券存续期限内，由债券受托管理人依照协议的约定维护债券持有人的利益。2015 年中国证券业协会发布的《公司债券受托管理人执业行为准则》第 4 条第 1 款规定：发行公司债券的，发行人应当为债券持有人聘请受托管理人。受托管理人应当与发行人订立公司债券受托管理协议。2019 年《证券法》第 92 条第 2 款规定，公开发行公司债券的，发行人应当为债券持有人聘请债券受托管理人，并订立债券受托管理协议。受托管理人应当由本次发行的承销机构或者其他经国务院证券监督管理机构认可的机构担任，债券持有人会议可以决议变更债券受托管理人。债券受托管理人应当勤勉尽责，公正履行受托管理职责，不得损害债券持有人利益。此规定细化了债券受托管理人的制度规则，第一次将实践中的债券受托管理人制度规定纳入法律中。2023 年《公司债券发行与交易管理办法》第 57 条第 1 款规定，公开发行公司债券的，发行人应当为债券持有人聘请债券受托管理人，并订立债券受托管理协议；非公开发行公司债券的，发行人应当在募集说明书中约定债券受托管理事项。在债券存续期限内，由债券受托管理人按照规定或协议的约定维护债券持有人的利益，进一步完善了公司债券受托管理人的产生、职责等事项。[1]

域外法上，债券受托管理人制度起源于英美国家的信托法中，在《美国

---

〔1〕　最高人民法院民事审判第二庭编著：《中华人民共和国公司法理解与适用（下）》，人民法院出版社 2024 年版，第 911 页。

1939 年契约信托法》第 302 条中，美国对受托管理人的资格、权利义务、职责等内容进行了全面的规定。[1]《法国商法典》也规定可以在发行合同中指定或由债券持有人集体推选的方式任命债券持有人代表，从而以债券持有人集体的名义进行除债券持有人会议决议限制事项外的债券管理活动。[2]《日本公司法》第 704 条、第 705 条、第 706 条和《韩国商法》第 480 条等也借鉴英美等国的经验，明确规定了发行公司债券应当聘请债券受托管理人，以及债券受托管理人的代债券持有人办理债券偿付、保全及其他管理事项等职责内容。[3]

1.2 债券受托管理人的职能定位

根据 2023 年《公司法》第 205 条规定，公开发行公司债券的，发行人有义务为债券持有人聘请债券受托管理人。非公开发行公司债券的，《公司债券发行与交易管理办法》第 57 条规定，发行人应当在募集说明书中约定债券受托管理事项。对于可转换公司债券，向不特定对象发行可转债的，发行人应当为可转债持有人聘请受托管理人，并订立可转债受托管理协议。向特定对象发行可转债的，发行人应当在募集说明书中约定可转债受托管理事项。

从委任机制上而言，受托管理人由公司债券的发行人聘请，受托管理协议的签订主体系发行人和受托管理人。从利益归属上而言，债券受托管理协议系为了维护债券持有人的利益。在实务中，发行人通常在债券募集说明书中约定，投资者认购或持有本期公司债券视作同意债券受托管理协议、债券持有人会议规则及债券募集说明书中其他有关发行人、债券持有人权利义务的相关约定。

基于受托管理协议，公司债券的受托管理人取得代理公司债券全体持有人办理担保登记、代持增信措施、受领清偿、债权保全、与债券相关的诉讼以及参与债务人破产程序等事项的实体权利与程序权利。依照《证券法》第 92 条第 3 款规定，债券发行人未能按期兑付债券本息的，债券受托管理人可以接受全部或者部分债券持有人的委托，以自己的名义代表债券持有人提起、参加民事诉讼或者清算程序。最高人民法院《债券纠纷纪要》规定，债券发行人不能如约偿付债券本息或者出现债券募集文件约定的违约情形时，受托管理人根据债券募集文件、债券受托管理协议的约定或者债券持有人会议决议的授权，以自己的名义代表债券持有人提起、参加民事诉讼，或者申请发

---

〔1〕 王翔主编：《中华人民共和国公司法释义》，中国法制出版社 2024 年版，第 292 页。
〔2〕 王翔主编：《中华人民共和国公司法释义》，中国法制出版社 2024 年版，第 292 页。
〔3〕 李建伟主编：《公司法评注》，法律出版社 2024 年版，第 818 页。

行人破产重整、破产清算的，人民法院应当依法予以受理。由此可见，债券受托管理人只有在取得全部或部分债券持有人授权的情况下，方能采取诉讼等措施，债券持有人的授权是其采取诉讼等措施的权利基础。由受托管理人代为诉讼或参加清算程序，有助于维护中小投资者利益、节约诉讼成本和提高债券违约的处置效率。

在任职资格上，根据《公司债券发行与交易管理办法》第58条的规定，债券受托管理人由本次发行的承销机构或其他经证监会认可的机构担任。债券受托管理人应当为中国证券业协会会员。为本次发行提供担保的机构不得担任本次债券发行的受托管理人。

2. 债券受托管理人的职权

根据2023年《公司法》第205条的规定，债券受托管理人的职权为办理受领清偿、债权保全、与债券相关的诉讼以及参与债务人破产程序等事项。基于债券持有人的集体性、同质性、众多性等特征，《债券纠纷纪要》也指出："采用共同诉讼的方式能够切实降低债券持有人的维权成本，最大限度地保障债券持有人的利益，也有利于提高案件审理效率，节约司法资源，实现诉讼经济。案件审理中，人民法院应当根据当事人的协议约定或者债券持有人会议的决议，承认债券受托管理人或者债券持有人会议推选的代表人的法律地位，充分保障受托管理人、诉讼代表人履行统一行使诉权的职能。"

2023年《公司债券发行与交易管理办法》第59条则详细列举了债券受托管理人的具体职权，包括八项：①持续关注发行人和保证人的资信状况、担保物状况、增信措施及偿债保障措施的实施情况，出现可能影响债券持有人重大权益的事项时，召集债券持有人会议；②在债券存续期内监督发行人募集资金的使用情况；③对发行人的偿债能力和增信措施的有效性进行全面调查和持续关注，并至少每年向市场公告一次受托管理事务报告；④在债券存续期内持续督导发行人履行信息披露义务；⑤预计发行人不能偿还债务时，要求发行人追加担保，并可以依法申请法定机关采取财产保全措施；⑥在债券存续期内勤勉处理债券持有人与发行人之间的谈判或者诉讼事务；⑦发行人为债券设定担保的，债券受托管理人应在债券发行前或债券募集说明书约定的时间内取得担保的权利证明或其他有关文件，并在增信措施有效期内妥善保管；⑧发行人不能按期兑付债券本息或出现募集说明书约定的其他违约事件的，可以接受全部或部分债券持有人的委托，以自己名义代表债券持有人提起、参加民事诉讼或者破产等法律程序，或者代表债券持有人申请处置抵质押物。已失效的《公司债券受托管理人执业行为准则》第11条至第26

条也详细列举了债券受托管理人的职责。

上述受托管理人的职责主要可分为三大部分：其一，对发行人偿债能力的常态化关注，包括日常监督检查、定期报告等；其二，发行人出现重大风险事件时，进行特别关注，包括专项调查、临时报告和采取措施；其三，发行人违约后，为债券持有人利益采取违约后救济措施。

除了《公司债券发行与交易管理办法》第59条所列举的债券受托管理人的八项具体职权，债券受托管理人还需要勤勉履行债券受托管理协议中的约定义务。

3. 债券受托管理人的义务和责任

受托管理人作为受托者，根据法律规定和受托管理协议履行管理职责。受托管理人的义务主要来源于两部分，一部分是法律规定的职责，另一部分是债券受托管理协议中的约定职责。

2023年《公司法》第206条第1款规定了债券受托管理人的勤勉、忠实义务，要求债券受托管理人为了债券持有人的利益勤勉履职，是债券受托管理人的法定义务。债券受托管理人制度设置的初衷，即为借助其专业能力与独立地位对公司经营进行监督，从而解决因债券持有人众多而导致的决策低效与不便的问题，因而债券持有人应当严格为债券持有人利益行事。[1]这也是债券受托管理人承担信义义务的理论基础。

当然，学界在债券受托管理人与债券持有人的法律关系方面也存在"委托代理说"与"信托说"等相关争议。[2]"委托代理说"认为公司债券受托管理人与债券持有人为委托关系。"委托代理说"分为两种观点，一种观点认为，受托管理人的权力来源于债券持有人的授权，其是债券持有人的代理人；另一种观点则认为，受托管理人是根据受托管理协议而设立的维护债券持有人利益的机构，该受托管理协议是发行人与管理人签订的以债券持有人为受益人的利他契约。"信托说"则又分为"附担保信托说"与"完全信托说"。"附担保信托说"认为公司债券的基础关系应当根据公司发行债券时有无附担保来进行区分。若公司发行附担保公司债券，发行人与管理人之间的受托管理协议是信托契约，以二者间转让的担保物权为信托财产。而对于无担保的公司债券部分，由于不存在信托财产，故二者间的受托管理协议实为委任协议，二者之间为委托关系。"完全信托说"则认为没有必要区分公司债券有无

---

〔1〕 王翔主编：《中华人民共和国公司法释义》，中国法制出版社2024年版，第293页。

〔2〕 赵旭东主编：《新公司法条文释解》，法律出版社2024年版，第453页；李建伟主编：《公司法评注》，法律出版社2024年版，第817页。

设立担保。债券持有人在公司债券的信托关系中同时作为委托人和受益人而存在，而发行人则作为债券持有人的代理人而存在，在债券持有人实际确定前代其签订信托合同。投资者认购债券的行为表明其对发行人代其签订信托协议行为的认可，从而受到该信托契约的约束。[1]

在忠实义务层面，债券受托管理人应当在处理债券相关事务时避免与债券持有人发生利益冲突，不得将自身利益置于债券持有人利益之上；在债券持有人之间发生利益冲突时，债券受托管理人应当公平公正，不得有偏袒、歧视之行为。[2]同时，对于可能存在的利益冲突情形，债券受托管理人应当及时予以披露，并给出风险防范及处理办法。如 2023 年《公司债券发行与交易管理办法》第 58 条规定，对于债券受托管理人在履行受托管理职责时可能存在的利益冲突情形及相关风险防范、解决机制，发行人应当在债券募集说明书及债券存续期间的信息披露文件中予以充分披露，并同时在债券受托管理协议中载明。从理论与实践来看，债券受托管理人在履行职务时可能的利益冲突主要存在于三个方面：债券受托管理人与发行人存在利害关系；同一债券受托管理人担任发行人所发行的多批次债券的受托管理人；债券受托管理人享有发行公司的债权。[3]实践中债券受托管理人应当关注以上层面的利益冲突情况，并及时对可能出现的利益冲突情形进行规避与排除。

在勤勉义务层面，债券受托管理人在处理债券相关事务时应当依照善良管理人的标准，借助其专业技能及行业经验履行职责，维护债券持有人的利益。需要注意的是，债券受托管理人的勤勉义务相较于普通信托及公司管理层存在特殊性：在未发生债券违约时承担对发行公司运营的监督义务，及时预见、制止违约的发生并对债券持有人进行提醒；在债券违约发生时，积极督促发行公司偿付债券，必要时可以采取追加担保等其他保障措施。[4]因此债券受托管理人履行勤勉义务需要注意在债券违约后承担主动的积极义务，以偿付债券本金与利息，维护债券持有人的利益。

此外，2023 年《公司法》第 206 条第 2 款规定了利益冲突情形下债券受托管理人的变更机制。受托管理人为发行人所聘请，但须为债券持有人利益而履行职责，本身即存在潜在的利益冲突。如果受托管理人与债券持有人之间存在直接利益冲突，可能损害债券持有人利益，债券持有人会议有权通过

〔1〕 刘迎霜：《公司债券受托管理的信托法构造》，载《法学评论》2020 年第 3 期。

〔2〕 王翔主编：《中华人民共和国公司法释义》，中国法制出版社 2024 年版，第 294 页。

〔3〕 最高人民法院民事审判第二庭编著：《中华人民共和国公司法理解与适用（下）》，人民法院出版社 2024 年版，第 915 页。

〔4〕 赵旭东主编：《新公司法条文释解》，法律出版社 2024 年版，第 455 页。

决议的方式予以变更。拟变更债券受托管理人的，需要按照规定或约定召集债券持有人会议。在债券受托管理人应当召集而未召集债券持有人会议时，单独或合计持有本期债券总额 10% 以上的债券持有人有权自行召集债券持有人会议。决议的表决比例等事项，适用 2023 年《公司法》第 204 条的规定和公司债券募集说明书的约定。

4. 债券受托管理人的法律责任

2023 年《公司法》第 206 条第 3 款规定了债券受托管理人的法律责任。债券受托管理人应当遵守法律、行政法规，执行债券持有人会议决议，妥当保护债券持有人利益。在 2023 年《公司法》修订前，对于债券受托管理人的不当行为仅有《公司债券发行与交易管理办法》第 74 条所规定的行政责任：发行人及其控股股东、实际控制人、债券受托管理人等违反本办法规定，损害债券持有人权益的，证监会可以对发行人、发行人的控股股东和实际控制人、受托管理人及其直接负责的主管人员和其他直接责任人员采取本办法第 69 条规定的相关监管措施；情节严重的，处以警告、罚款。2023 年《公司法》第 206 条第 1 款规定了债券受托管理人的法定义务，如果债券受托管理人未勤勉履职，导致了债券持有人利益受损，将产生违反法定义务之侵权责任。债券受托管理协议中约定受托管理人和债券持有人之间的合同权利和义务，受托管理人违反协议将承担违约责任。总之，如果债券受托管理人未尽其法定或约定义务，债券持有人可以基于侵权或违约向受托管理人主张损害赔偿。

第十章

公司财务、会计

问题 183 ◐ **2023 年《公司法》关于财务会计的规定和《会计法》《企业会计准则》之间是什么关系？**

财务会计制度是公司资本制度中不可缺失的制度，我国公司法历次修改均对公司的财务会计制度进行了相应的规定，但该规定多为一般性规范，需要由《会计法》《企业会计准则》等具体财务会计制度予以实现。

1. 公司法和财务会计制度是一般规定和具体规则的关系

2023 年《公司法》第 207 条规定："公司应当依照法律、行政法规和国务院财政部门的规定建立本公司的财务、会计制度。"本条确立了公司依法建立财务、会计制度的法定义务。所谓公司财务制度，是指与公司财务管理相关的各项制度，包括财务预算决算、资产管理、负债管理、成本与费用管理、税款缴纳、利润分配、公积金提取等内容。所谓公司会计制度，是指公司会计核算、会计记账的各项制度。公司财务制度和公司会计制度密切关联，公司法上所规定的财务制度需要会计制度来具体实现。换言之，公司法是对公司财务会计的一般规定，《会计法》《企业会计准则》等会计制度规范是具体操作的要求。

具体而言，除公司法的一般规定外，公司建立财务、会计制度的基本依据有：①法律，包括《会计法》《注册会计师法》等。其中，《会计法》是会计领域的基本法律制度，规定了会计核算、会计监督、会计机构和会计人员、法律责任等内容。②行政法规，即国务院通过或批准的规范性文件，如国务院《企业财务会计报告条例》《总会计师条例》等。③部门规章，即国务院财政部门颁布的规范性文件，如财务部《企业会计准则——基本准则》等。

2. 公司法和会计制度的联动适用

2.1 编制公司财务会计报告

2023 年《公司法》第 208 条规定，公司应当在每一会计年度终了时编制财务会计报告并依法经会计师事务所审计。

首先，《企业会计准则——基本准则》第 44 条规定了财务会计报告的基本内涵，公司财务会计报告，是指公司对外提供的反映公司某一特定日期财务状况和某一会计期间经营成果、现金流量的文件。财务会计报告包括会计报表及其附注和其他应当在财务会计报告中披露的相关信息和资料。会计报表至少应当包括资产负债表、利润表、现金流量表等报表。小企业编制的会计报表可以不包括现金流量表。

其次，根据《企业财务会计报告条例》第 6 条、第 7 条等规定，财务会计报告分为年度、半年度、季度和月度财务会计报告。年度、半年度财务会计报告应当包括会计报表、会计报表附注、财务情况说明书。会计报表应当包括资产负债表、利润表、现金流量表及相关附表。

再次，《会计法》第 11 条规定，每一会计年度计算是自公历 1 月 1 日起至 12 月 31 日止。

最后，《会计法》《企业财务会计报告条例》等法律法规明确了财务会计报告制作流程，如按照《会计法》第 21 条规定，财务会计报告应当由单位负责人和主管会计工作的负责人、会计机构负责人（会计主管人员）签名并盖章；设置总会计师的单位，还须由总会计师签名并盖章。公司应当保证财务会计报告真实、完整。

2.2 明确公司利润、资本公积金等概念

（1）公司利润

2023 年《公司法》第 210 条规定了公司税后利润分配的基本要求，即公司应当在提取法定公积金、任意公积金后分配剩余利润。根据《企业会计准则——基本准则》第 37 条的规定，公司利润是指公司在一定会计期间的经营成果。利润包括收入减去费用后的净额、直接计入当期利润的利得和损失等。利润金额取决于收入和费用、直接计入当期利润的利得和损失金额的计量。在利润表上，利润应当按照营业利润和净利润等利润的构成分类分项列示。

（2）资本公积金

根据 2023 年《公司法》第 213 条、第 214 条的规定，公司股票溢价款、发行无面额股所得股款未计入注册资本的金额，以及国务院财政部门规定列入资本公积金的其他项目列为公司资本公积金，资本公积金可用于弥补亏损。具体而言，列为资本公积金的其他项目主要指《企业会计制度》第 82 条规定的诸项目，如公司资产评估增值、公司接受捐赠等。

2.3 规定违法进行会计操作的法律责任

2023 年《公司法》第 216 条、第 217 条明确规定公司应当履行提供真实会计资料的义务，不得从事另立会计账簿、以任何个人名义开立账户或存储公司资产等违法行为。同时，本法第 254 条规定，公司违反上述义务的，将由县级以上人民政府财政部门依照《会计法》等法律、行政法规的规定处罚，即相关法律后果引致适用《会计法》等法律法规。根据《会计法》第 42 条至

第 45 条规定，存在会计违法行为的应当责令其限期改正，对有关单位及其直接责任人员可处以罚款，属于国家工作人员的，还应当由其所在单位或者有关单位依法给予行政处分，构成犯罪的，依法承担相应的刑事责任。

问题 184 **2023 年《公司法》允许资本公积金用于弥补亏损的背景是什么？具体该如何操作？**

资本公积金能否弥补公司亏损，在我国公司法的数次修改过程中呈现了截然不同的两种观点。1993 年《公司法》规定"公积金"可用于弥补亏损，未区分盈余公积金与资本公积金。2005 年《公司法》基于规避大量公司通过资本公积金弥补亏损以美化公司报表的监管需要，明确禁止资本公积金弥补公司亏损。直至 2023 年《公司法》修订，重新允许资本公积金弥补亏损，且在弥补顺序上具有一定的劣后性，将资本公积金弥补亏损的具体制度规定交由国务院财政部门制定的下位法规制。事实上，资本公积金弥补亏损并非一个简单的"是""非"判断问题，关键在于如何对资本公积金弥补亏损的具体实施路径进行相应的细致化建构，1993 年《公司法》对于资本公积金补亏的制度的规定过于简陋，缺乏实质性规定。公司法重新允许资本公积金补亏后，则应更加着眼于资本公积金如何补亏这一具体实施路径上，避免重蹈覆辙。

1. 资本公积金补亏的历史沿革：从禁止到允许

1993 年《公司法》第 179 条第 1 款规定，公司的公积金用于弥补公司的亏损，扩大公司生产经营或者转为增加公司资本，并未限制资本公积金补亏。而后 1999 年与 2004 年两次公司法修正亦沿袭上述规定，允许资本公积金弥补亏损。同时，2001 年《公开发行证券的公司信息披露规范问答第 3 号》第 1 条，进一步明确了公积金补亏的顺序，应当按照任意盈余公积、法定盈余公积的顺序依次弥补，仍有不足的，则可通过资本公积中的股本溢价、接受现金捐赠、拨款转入及其他资本公积明细科目部分加以弥补。

2005 年修订的《公司法》第 169 条改变了 1993 年《公司法》关于资本公积金可以用于弥补公司亏损的规定，明确规定公司的资本公积金用于弥补公司的亏损、扩大公司生产经营或者转为增加公司资本，但是资本公积金不得用于弥补公司亏损。该规定一直延续到 2018 年《公司法》第 168 条。直到 2023 年《公司法》修订，改变了 2018 年《公司法》关于资本公积金不得用于弥补亏损的规定，规定任意公积金和法定公积金不能弥补公司亏损的，可以按照规定使用资本公积金。

在资本公积金补亏这一规范从允许到被禁止的过程中，2001 年的"郑某文—三联"重组事件是其中的重要导火索。在该事件中，三联豁免郑某文的14.47亿债权被郑某文作为资本公积金用于弥补亏损，使得公司亏损得以填补，产生了粉饰财务报表的效果。如此一来，郑某文的净资产由负变正，加之经营再产生利润，使其开始重组不到3年就从行将退市的境地实现扭亏为盈。这一重组案例引发了广泛效仿，使资本公积金补亏成了美化财务报表的常用手段。因为掩盖了"亏损情况"这一监测市场主体健康状况的重要指标，因此，自2005年《公司法》修订起便禁止资本公积金补亏，资本和利润从此泾渭分明。

事实上，从"弥补亏损"到"不得补亏"，我国公司法有关资本公积金规则的急剧转变并未像其他条款的修改那样有充分理由，相反更多是为回应证券市场监管的需要而被动修改。"资本公积金补亏"并非一个简单的"是"或"非"的判断问题，1993年《公司法》的问题在于对资本公积金补亏条款的规定过于简略，没有规定其具体操作要求。[1]因此，公司法规定"按照规定使用资本公积金"，其重点则在于"按照规定"。

2. 公司法允许资本公积金补亏的逻辑基础

2.1 厘清证券监管与公司治理的界限

关于"允许资本公积金补亏"问题，在理论界其实并不存在过多争议，从公司角度看，资本公积金在法律性质上属于公司财产，原则上属于公司自主使用的财产范围，包括用于弥补亏损。从会计角度而言，资本公积金本质上属于股东的剩余索取权标的，在性质上应当可以用于弥补公司亏损。从域外立法例来看，仅存在资本公积金弥补亏损的顺位限制，但并不绝对禁止用资本公积金弥补亏损。

"资本公积金补亏禁令"实则源自证券市场的会计监管。为真实呈现上市公司盈利情况，避免上市公司用债务重组收益弥补亏损扭亏为盈，证券监管规定债务重组不得直接用于弥补公司亏损，而是将债务豁免所得计入公司资本公积金。[2]而后，郑某文运用债务重组所得的资本公积金间接弥补公司亏损的操作，使得将债务重组等利得计入资本公积金的会计处理规则失去了部分意义。[3]基于此种情形，2005年《公司法》修订响应证券监管要求，禁止

---

〔1〕 刘燕：《公司财务的法律规制——路径探寻》，北京大学出版社2021年版，第324页。

〔2〕 史习民：《资本公积补亏问题的分析》，载《财务与会计》2001年第6期。

〔3〕 谢德仁：《资本公积金可否用于弥补公司亏损？——基于股东对公司承担的有限责任之价值边界的分析》，载《会计之友》2022年第9期。

资本公积金补亏。但是，即便如此，2005 年，＊ST 飞彩通过资本公积金转增股本再减资补亏的组合，也事实上实现了资本公积金补亏的目的，使得资本公积金不得补亏的规则被架空。

换言之，"禁止资本公积金补亏"作为证券监管者所追求的目标，以此维护其"连续三年亏损退市"和"连续三年盈利可再融资"等证券监管规则，具有较大的局限性。相反，证券监管者首先应当反思的是上述监管规则本身的正当性，通过改变公司法的规则作为维护监管规则的手段，显然是公司法的越俎代庖。立法者和监管者更应当关注的不是资本公积金补亏行为本身，而是上市公司滥用资本公积金补亏的目的。[1]从公司法层面看，允许资本公积金补亏这一制度本身是有充分合理性的。

2.2 资本公积金补亏不违反资本维持原则

2018 年《公司法》基于资本维持原则禁止资本公积金用于弥补亏损，超出了资本维持的必要限度。无论股份有限责任公司抑或有限责任公司，股东对债权人承担责任的边界均为其注册资本，附加资本的维持超出了对债权人保护的法定限度。同时，所谓的资本公积金弥补亏损，不过是将"资本公积账户"中的金额转入因亏损而呈负数的"未分配利润账户"，在账面上消除公司亏损，但其实并不涉及资产的真实流出。而无论公司是否允许资本公积金弥补亏损，资本公积金所对应的资产早已在公司经营过程中与公司其他资产混同。[2]因此，所谓基于资本维持原则而禁止资本公积金补亏实则是无稽之谈。

2.3 资本公积金补亏符合企业维持原则

根据相关数据，2005—2016 年，65% 左右的上市公司扭亏当年未能弥补累计亏损，40% 左右公司扭亏后连续盈利三年亦未能弥补亏损，25% 左右公司扭亏后连续盈利五年仍未能弥补亏损，这意味着相当部分上市公司受制于亏损包袱，带来股利分配受阻、新股发行受限等诸多不利因素。[3]同时，统计显示，2023 年年末未分配利润为负值的上市公司共有 790 家，其中超过 600 家盈余公积金和资本公积金合计规模超过账面累计亏损金额，可以足额弥补历史亏损。[4]因此，允许公司在一定条件下动用资本公积金弥补亏损，为公

〔1〕 刘燕：《公司财务的法律规制——路径探寻》，北京大学出版社 2021 年版，第 330 页。

〔2〕 李建伟主编：《公司法评注》，法律出版社 2024 年版，第 856 页。

〔3〕 刘红霞、幸丽霞、田学浩：《上市公司补亏政策变化及其经济后果研究——基于资本公积金补亏禁令的视角》，载《财政研究》2017 年第 12 期。

〔4〕 杨霞：《资本公积金补亏落地 上市公司分红空间打开》，载《证券时报》2024 年 7 月 12 日，第 A01 版。

司提供了一种应对危机、缓解经济困境的有效途径，对于弥补企业亏损、纾解企业困境而言具有重要意义。[1]特别是对于那些历史累计亏损较大但具有恢复潜力的企业来说，这一规定为其财务重组和持续经营带来了新的可能。[2]对于债权人而言，公司通过资本公积金补亏既能获得新的融资机会，推动其生产经营，也有利于其债权的实现。

3. 资本公积金补亏的具体操作路径

2023 年《公司法》对于资本公积金弥补亏损仅作出了原则性规定，即"可以按照规定使用资本公积金"。关于资本公积金补亏的具体操作路径，除公司法的一般规则外，2024 年 11 月 1 日，财政部办公厅通告草拟了《财政部关于新公司法、外商投资法施行后有关企业财务处理问题的通知》，对使用资本公积金弥补亏损的范围、程序进一步作出规定，并面向社会征求意见。根据前述规范，资本公积金弥补亏损的具体操作路径主要有以下几个方面。

3.1 程序要件：交由公司股东会自治

首先，2023 年《公司法》规定公司"可以按照规定使用资本公积金弥补亏损"，换言之，此为公司自治事项，公司可自行决议。同时，根据 2023 年《公司法》第 59 条、第 67 条、第 120 条及第 112 条的规定，由董事会制订使用公积金弥补亏损的方案，具体说明亏损的主要构成、弥补亏损的原因、金额和方式等，形成董事会决议，提交股东会审议批准。同时，为保护特殊股东权益，尊重企业自治，对于使用根据公司章程或股东间协议约定的、属于特定股东专享或限定用途的资本公积金弥补亏损的，应当取得权属方或用途设定方的同意。

3.2 实体要件：范围、顺序与限额

（1）限制资本公积金补亏范围

随着公司资本运作的普遍化，"资本公积金"的内容愈发庞杂。除股权溢价这一常见的来源外，也存在大量基于特定会计处理程序产生的资本公积金，在没有更合适的会计账户对它们加以吸纳的情形下，则被统统归入资本公积金项下，资本公积账户实际上成为一个会计上的"聚宝盆"。[3]根据《企业

---

〔1〕 周肖肖、方飞虎：《新〈公司法〉下弥补以前年度亏损的问题探析》，载《财会通讯》2024 年第 17 期。

〔2〕 孙旭辉、王怡然：《新〈公司法〉视域下资本公积金补亏实务初探》，载《中国律师》2024 年第 6 期。

〔3〕 刘燕：《公司财务的法律规制——路径探寻》，北京大学出版社 2021 年版，第 326 页。

会计制度》等法规的规定，资本公积金的项目主要包含资本溢价、接受非现金资产捐赠、接受现金捐赠、股权投资准备、债务豁免、拨款转入、外币资本折算差额以及长期股权投资等。

对于上述项目，并非所有项目都是公司实际所有的真实资产，亦存在基于会计程序而引起的所有者权益的账面增加。对此，所谓资本公积金弥补亏损，应当以真实存在的、具有确定性的资本公积金项目弥补。具体而言，包括货币股本溢价、接受现金捐赠、拨款转入、债务豁免等。至于非现金资产捐赠、非货币出资溢价，此种基于市场变动其价值存在不确定性，只有在将其处分转换为货币资产后方能确定的资本公积金，则不应用于弥补公司亏损。[1]同时，合并报表长期股权投资等基于会计核算规则而发生的资本公积金的增加，实际上公司并无资产流入，此种亦不应用于弥补公司亏损。

（2）明确资本公积金补亏顺序

关于资本公积金补亏的顺序，根据2023年《公司法》第214条第2款的规定，公司当年年度存在亏损的，首先提取法定公积金和任意公积金，因为其来源于公司盈利，其目的本身就是应对公司经营的潜在风险。至于法定公积金和任意公积金弥补亏损的顺序，本法未作规定，可由公司自主确定。对于公司当年年度存在盈利但存在以前年度累计亏损的，则应当先用当年利润弥补累计亏损，弥补不能的，再使用资本公积金弥补。之所以如此，目的在于防范公司先用资本公积金补亏，而后将当年利润进行分配，实则是对资本公积金的变相分配。

（3）资本公积金补亏的限额

资本公积金弥补亏损作为会计账面数字操作，即将"资本公积账户"中的金额转入因亏损而呈现负数的"未分配利润账户"，在账面上消除亏损，此种转入以消除亏损为限，换言之，即"以未分配利润负数冲减至零为限"。之所以如此，其底层逻辑在于资本公积金只能弥补亏损，而不能进行分配。若将"资本公积账户"中的金额转入"未分配利润账户"而使之呈现正数，这意味着将资本公积金转化为公司盈利收入，但事实上公司并未通过经营活动获取利润，公司对此进行分配，不符合"无盈不分"前提，为资本维持原则所禁止。

资本公积金之所以不能用于分配，主要基于以下几点考量：首先，资本公积金的主要来源即股权溢价，此乃来自股东出资，具有资本属性。[2]其次，

---

[1]　曾斌、寇英步：《资本公积金补亏重获准：七大问题待解》，载《董事会》2024年第5期。
[2]　郑彧：《股东溢价出资的会计表达与法律属性》，载《法学研究》2023年第4期。

公司具有独立的法人人格，资本公积金作为公司独立财产的组成部分，股东无正当理由不得转出。[1]最后，2023 年《公司法》对于资本公积金的用途进行了法律明确规定，即扩大生产经营、转增股本、弥补亏损，虽并未直接规定"资本公积金不得用于分配"，但立法上要求资本公积金作为一种公积金留存于公司的意图明显。[2]

---

〔1〕 持此种观点案例：银基烯碳新材料集团股份有限公司、连云港市丽港稀土实业有限公司公司增资纠纷案，最高人民法院（2018）最高法民终 393 号民事判决书。

〔2〕 刘燕：《公司财务的法律规制——路径探寻》，北京大学出版社 2021 年版，第 329 页。

第十一章
公司合并、分立、增资、减资

问题 185 ▷ 母子公司合并需要遵循什么样的法定程序？

公司合并是指两个以上的公司订立合并协议，不经过清算程序而合并成为一个公司。公司合并关乎公司及股东利益，且涉及公司资产的重新配置，将对公司的债务清偿能力产生实质影响，进而波及债权人利益。2023年《公司法》第219条新增简易合并制度，包括母子公司的合并以及小规模合并，简化了合并程序，大大提升了合并效率。然而，并非所有的母子公司合并情形都适用于简易合并程序，只有在母公司持有子公司90%以上股权的情况下，才可以选择适用简易合并程序。除此之外，其他母子公司合并的情形仍应当适用公司合并的普通程序。

1. 母子公司合并的普通程序

一般来说，非简易合并情形下的公司合并须遵循以下法定程序：

（1）签订合并协议

公司合并协议是进行合并的两个或两个以上的公司就合并事项签订的书面协议。书面协议应当包括合并的主要事项，公司法并未就此进行具体规定，只对部分特别规定进行了列举，比如《外商投资企业合并与分立规定》第20条列举的主要事项，包括协议各方的名称、住所、法定代表人、解决争议方式、签约日期和地点等程序性事项，以及合并前后的各公司基本情况、合并后公司的公司章程、注册资本、股东、股权比例或股份数额、资产处理方案、债权债务的处理方案等实质性内容。对此，在相关情况下可以进行参照。

（2）编制资产负债表和财产清单

合并各方应当全面、真实地编制资产负债表，反映公司的资产和负债情况。同时，公司应当编制财产清单，以反映公司的真实财产状况。

（3）形成合并决议

除简易合并情形外，进行合并的各方应当由股东会形成合并决议。有限责任公司股东会对公司合并作出决议，必须经代表2/3以上表决权的股东通过；股份有限公司股东会对公司合并作出决议，必须经出席会议的股东所持表决权的2/3以上通过。对于国有独资公司，根据2023年《公司法》第172条的规定，应由履行出资人职责的机构决定。除此之外，履行出资人职责的机构在作出决定前应当按照《企业国有资产法》第34条的要求报本级人民政府批准。

（4）向债权人发出通知或公告

公司应当自作出合并决议之日起 10 日内通知债权人，并于 30 日内在报纸上或者国家企业信用信息公示系统公告。其中，通知方式适用于公司的已知债权人，公告方式适用于未知或难以通过通知方式告知的债权人。债权人自接到通知之日起 30 日内，未接到通知的自公告之日起 45 日内，可以要求公司清偿债务或者提供相应的担保。其中，对于已经到期的债权，债权人可以要求公司清偿；对于未到期的债权，债权人只可以要求提供担保，合并各方无法提供担保时，债权人可以主张清偿，但应当扣除未到期的利息。

（5）合并登记

在合并完成后，因新设合并或吸收合并所需要办理的变更事项不同。在新设合并中，参与合并的各方公司均需办理注销登记，同时新设公司要办理设立登记手续，经公司登记机关审核通过后领取营业执照，取得法人资格。在吸收合并中，存续公司需办理变更登记，申请变更公司的注册资本、经营范围、股东信息等登记事项；被吸收公司则需办理注销登记，终止其法人资格。

2. 2023 年《公司法》引入简易合并规则

2.1 简易合并的概念澄清

简易合并，是指无须通过股东会决议，仅需经董事会决议即可进行的公司合并。根据 2023 年《公司法》关于股东会、董事会职权的规定，普通的公司合并需要由董事会制定合并方案、股东会通过特别决议进行合并。与普通合并相比，简易合并不需要股东会决议，只需要经过董事会决议即可，大大提升了合并效率。根据 2023 年《公司法》第 219 条的规定，简易合并适用于母公司持股子公司 90% 以上股份的母子公司合并，以及公司合并支付的价款不超过公司净资产 10% 的小规模合并两种情形。域外法上，通常将第 219 条第 1 款规定的情形称为简易合并，第 2 款称为小规模合并。考虑到二者均简化了某一公司的股东会决议程序，因此在我国法上将其统称为简易合并。

2.2 母子公司合并的特殊性

母子公司合并较一般的公司合并存在特殊性，合并双方之间具有"母子关系"这一特殊的连接纽带。从持股比例上看，母公司系子公司的控股股东，因此实际控制着子公司的股东会，在母公司对子公司持股 90% 以上时，要求股东会形成特别决议的意义不大，因为决议被通过的结局在母公司考虑与子公司进行合并之时就已然注定，此时召开股东会是为了符合公司法的强制性规定。持股 10% 的少数股东是否决议合并仅具有流程性的表征作用，无法对合并的结果造成实质性的影响。从独立性角度，子公司虽然是独立的法人，但是在经营管理和财务等方面或多或少对母公司存在依赖。在经营管理方面，鉴于母公司在子公司中持有极高比例的股权，母公司在子公司股东会决议、董事以及经理等管理层的选任和治理机构的设置方面拥有绝对话语权，从子公司的日常经营决策到合并战略规划皆处于母公司的掌控中，因此子公司在实际运营中已然丧失独立性。在财务会计方面，根据《企业会计准则第 33 号——合并财务报表》的规定，母公司在会计处理上将子公司纳入合并财务报表。合并报表反映的是母公司和子公司形成的企业集团整体财务状况、经营成果和现金流量，由此可见两者财务命运共同体的关联关系，母子公司合并既不会对子公司，也不会对母公司权益产生实质性影响。就合并对双方股东造成的影响而言，考虑到股东构成上的高度同一性，母子公司合并相较于普通公司之间的合并对双方股东造成的影响更小。

3. 母子公司合并适用简易合并规则的法定程序

在母公司持有子公司 90% 以上股权的情况下，可以选择适用简易合并程序，其基本内容如下：

3.1 股东会决议的省略

需要说明的是，2023 年《公司法》第 219 条第 1 款所说的"合并公司"是指母公司，"被合并公司"是指子公司。我国法上，针对母子公司合并时所豁免的决议程序，采取的是省略被合并公司的股东会决议这一立法模式。因此，在母子公司简易合并中，母公司与子公司分别适用不同的决议程序：对于母公司，仍然按照公司合并的一般程序进行，即由董事会制定公司合并方案，股东会对公司合并作出特别决议。除非母公司合并支付的价款不超过其净资产的 10%，即满足本条第 2 款规定的小规模合并条件，母公司也可以适用简易程序。对于子公司，其合并不需要经过股东会决议，原因在于小股东仅持有不足 10% 的公司股份，无法阻却股东会决议的形成，使得子公司的股东会决议不具有实质价值。作为替代程序，子公司合并时需要经过董事会决议。

3.2 被合并公司通知其他股东

由于简易合并中子公司省去了股东会决议程序，因此其持股不足 10% 的小股东实质上无法通过股东会决议方式维护自身合法利益。为了确保子公司的小股东能够合法行使权利，2023 年《公司法》第 219 条规定了被合并公司的通知义务。通过该义务，实际上赋予了小股东知情权。

就通知义务的主体而言，由于被合并公司未进行股东会决议，董事会作为合并决议的作出机构应当对合并事项负责，也应当对股东负责，承担公司法要求的通知义务。

3.3 被合并公司股东行使回购请求权

2023 年《公司法》第 89 条第 1 款规定，"有下列情形之一的，对股东会该项决议投反对票的股东可以请求公司按照合理的价格收购其股权：（一）公司连续五年不向股东分配利润，而公司该五年连续盈利，并且符合本法规定的分配利润条件；（二）公司合并、分立、转让主要财产；（三）公司章程规定的营业期限届满或者章程规定的其他解散事由出现，股东会通过决议修改章程使公司存续"。第 162 条第 1 款规定，"公司不得收购本公司股份。但是，有下列情形之一的除外：（一）减少公司注册资本；（二）与持有本公司股份的其他公司合并；（三）将股份用于员工持股计划或者股权激励；（四）股东因对股东会作出的公司合并、分立决议持异议，要求公司收购其股份；（五）将股份用于转换公司发行的可转换为股票的公司债券；（六）上市公司为维护公司价值及股东权益所必需"。

由于母子公司简易合并时子公司不召开股东会，其股东无法通过 2023 年《公司法》第 89 条以及第 162 条的规定对股东会作出的合并决议表示异议。因此，在简易合并中 2023 年《公司法》规定了被合并公司股东的回购请求权，以达到代替一般合并情形下异议股东回购请求权的效果。其他股东据此可以要求公司按照合理价格收购自己的股权或股份，从而实现退出公司的结果。

4. 母子公司合并适用简易合并程序的比较法考察

4.1 决议豁免的规范路径

在母子公司合并适用简易合并程序时，考虑到此时股东会决议对于被合并公司没有实质性意义，因此可以省略股东会决议，仅由董事会决议合并即可。对于母子公司合并时所豁免的决议程序，域外法上存在三种规范路径：其一，规定可省略被合并公司的股东会决议。例如，《韩国商法》第 527 条之二规定："将要合并的公司的一方在合并之后存续时，若因合并而消灭的公司的全体股东已同意，或者由合并后存续的公司所有该公司的发行股份总数的 90% 以上时，可以以董事会的承认替代因合并而被消灭的公司的股东大会的承认。在第 1 款之情形下，因合并而被消灭的公司，应自制作合并合同之日起两周之内，将不经股东大会承认而合并之意进行公告或者通知给股东。但是，全体股东同意时除外。"其二，规定可省略存续公司的股东会决议。例如，《德国公司改组法》第 62 条规定，存续公司持有消灭公司 90% 以上股权时，在吸收合并中，不需要存续公司股东大会作出合并决议。其三，规定母子公司均可省略股东会决议。《美国示范公司法》第 11.04 条规定："任何公司，如至少拥有另一公司各类别发行在外股份总数的 90%，可将该公司合并过来而无需双方公司股东表决同意。"

4.2 保护少数股东的法律措施

在公司合并进程中，域外法上对简易合并制度的批判主要集中在对子公司少数股东权益的保护失衡上。针对少数股东权益保护这一重要议题，各国及各地区大多确立了异议股东回购请求权（或称"异议股东评估权"）制度。其中，美国的异议股东评估权制度较为典型。美国法上对于简易合并中小股东利益的保护，不断在完全公正测试和异议股东评估权之间徘徊。在著名的温伯格案中，特拉华州最高法院废除了商业目的规则，此后主要将完全公平测试和评估权作为少数股东保护的手段。然而，2001 年，Glassman v. Unocal Exploration Corp. 案宣布了完全公平测试的"曲终人散"，最终确立了教科书式的规制模板——若无欺诈或违法，异议股东评估权将会是简易并购中子公司小股东的唯一救济手段。[1] 在简易合并情形下，制定法免去了子公司需经董事会、股东会决议通过这一要件，同时，法院判定，倘若在简易合并中采用完全公平原则，将会与立法者的初衷相悖。所以，除非出现欺诈等违法事由，少数股东仅能借助评估权来寻求救济。但是这种保护框架存在明显的问题，在失去了商业目的要求之后，合并可能会沦为利益输送的工具；充满缺陷的评估权也难以为股东提供足够的保护。[2] 因此，衡平法上的救济、特别委员会的介入、恢复小股东投票权、有限公平听证、重构评估程序等补强性措施成为弥补异议股东评估权缺陷的手段。

问题 186 ▷ **小规模合并需要遵循什么样的法定程序？可以简化何种程序？**

小规模合并，又称不对称合并，是指合并双方规模差异很大，由规模较

---

〔1〕 薛前强：《挤压式并购中少数派股东保护——以美国简易合并的司法实践为中心》，载《证券法苑》2017 年第 2 期。

〔2〕 楼秋然：《母子公司合并中的少数股东保护问题——以美国特拉华州公司法为借鉴》，载《西部法学评论》2015 年第 6 期。

大的公司将规模较小的公司收购、合并的情况。根据 2023 年《公司法》第 219 条第 2 款规定，公司合并支付的价款不超过本公司净资产 10% 的，构成小规模合并，其中"合并公司"即为收购公司，"被合并公司"为被收购公司。[1] 2023 年《公司法》对公司合并规则的改革主要集中在母子公司以及小规模合并的决议程序调整上。[2] 就小规模合并而言，其适用的程序与母子公司合并存在一定差异。

1. 我国小规模合并的法定程序

根据 2023 年《公司法》第 219 条第 2 款及第 3 款的规定，公司合并支付的价款不超过本公司净资产 10% 的，可以不经股东会决议；但是，公司章程另有规定的除外。公司合并不经股东会决议的，应当经董事会决议。可见，在小规模合并中，收购公司与被收购公司分别适用不同的程序。

对于被收购公司来说，其依照一般合并程序进行，需要履行如下具体步骤：①董事会制订公司合并方案，由进行合并的两个或两个以上的公司就合并事项签订书面协议；②全面、真实地编制资产负债表和财产清单，反映公司真实的资产和负债情况；③股东会对公司合并作出决议。有限责任公司股东会对公司合并作出决议，必须经代表 2/3 以上表决权的股东通过；股份有限公司股东会对公司合并作出决议，必须经出席会议的股东所持表决权的 2/3 以上通过。对于国有独资公司，由履行出资人职责的机构决定。④自作出合并决议之日起 10 日内通知债权人，并于 30 日内在报纸上或者国家企业信用信息公示系统公告；⑤进行相应的合并登记。

对于收购公司来说，除了董事会决议代替股东会决议，小规模合并的签订合并协议、编制资产负债表及财产清单、通知债权人和公告等程序仍参照合并的一般程序进行。收购公司可以省去股东会决议，其原因在于：小规模合并在效果上与公司正常经营活动过程中的资产收购实质相似。[3] 被合并公司相对于合并公司而言，其规模较小，合并结果对合并公司的实质影响不大，对股东利益也不会产生重大影响，所以可适用简易合并程序，不需要经合并公司股东会决议即可进行。根据 2023 年《公司法》第 219 条第 3 款规定，在省略股东会决议的情况下仍应当经过董事会决议。需要说明的是，出于对中小股东利益的保护考量，在公司章程另有规定的情况下，不能以董事会决议

---

〔1〕 刘斌编著：《新公司法注释全书》，中国法制出版社 2024 年版，第 786 页。

〔2〕 李欢：《公司法的"公"与"私"——大型平台公司组织规范中的公共性考量》，载《财经法学》2024 年第 1 期。

〔3〕 李建伟主编：《公司法评注》，法律出版社 2024 年版，第 871 页。

代替股东会决议。

在股东权利保护方面，被收购公司的股东可以依据 2023 年《公司法》第 89 条、第 162 条主张异议股东回购请求权。收购公司因未召开股东会，也未形成股东会决议，其股东可以通过董事会决议瑕疵诉讼、股东代表诉讼等方式实现权利救济。

2. 比较法对小规模合并程序的规定

韩国于 1998 年修改商法时，新设小规模合并。根据《韩国商法》第 527 条之三规定，小规模合并时，在合并后存在的公司其发行债券不超过发行总数的 5% 时，股东大会的承认可以代替董事会的承认，而且排除了反对股东的请求，因而简化了合并程序；只有在拥有股份发行总数的 20% 以上的股东反对时，才不允许进行小规模合并。[1]在韩国法上，小规模合并的程序简化体现在以股东会决议代替董事会决议，并且排除股东异议。

《美国示范公司法》第 11.04 条 g 款规定，"除非公司章程另有规定，在下列情况下，合并或者股票交换计划不须公司股东批准：（1）公司在合并后将继续存续或者股票交换中公司为取得股票的一方；（2）除第 10.05 节所允许的修改之外，其公司章程将不会修改；（3）在合并或者股票交换生效日前一日持有公司发行在外股票的股东，在变化生效日后一日将持有同样数量、相同优惠、限制以及相关权利的股票；且（4）在合并或者股票交换中，发行股票或者其他可以转换成股票的证券，或者形成可行使的取得股票的权利，根据第 6.21 节第（f）小节无须投票表决"。据此，美国法上，特定情形下的合并计划不需要公司股东批准，省略了合并中的股东会决议。

日本法在吸收合并中，对于合并对价的金额在存续公司的纯资产额 20% 以下的情况，不需要经过存续公司股东大会的决议。因为与存续公司相比，在被收购公司的规模较小的情况下，合并对存续公司的股东仅产生轻微的影响，使之在没有股东大会决议的情况下也能进行合并。[2]

问题 187 ▷ **2023 年《公司法》第 225 条规定的"为弥补公司亏损而进行的公司减资"，和一般减资的区别是什么？**

减少资本，简称减资，是指公司依照法定条件和程序，减少公司的注册

---

[1] 李挍哲：《从金融危机及 IMF 的救助探析韩国商法制度之修改》，载《华东政法学院学报》2001 年第 1 期。

[2] 崔文玉：《日本公司法精要》，法律出版社 2014 年版，第 241 页。

资本总额。从减资的效果而言，减资可分为实质减资和形式减资。实质减资，又称真实减资，是指在公司资本过剩时，为了避免资本的闲置和浪费，公司通过减少注册资本的方式，将该部分资产退还给股东。形式减资，又称名义减资，是指在公司亏损的情况下，公司资本额与实有资产严重不符，为了避免传递出错误的偿债能力信息、误导债权人，根据公司的亏损数额相应地减少公司的资本金额数，从而反映出公司的真实资本情况。[1]

2023 年《公司法》第 225 条引入简易减资制度，在构成要件以及程序方面针对减少注册资本弥补亏损的情况进行了特殊规定，从而区别于既往《公司法》规定的一般减资。简易减资程序是形式减资在我国公司法上的程序表现，是对公司亏损情况下减资程序的简化处理，与一般减资的主要区别如下：

1. 简易减资旨在弥补公司亏损

为弥补公司亏损而进行的公司简易减资和一般减资的区别首先体现在减资目的方面。

公司一般减资通常基于以下原因：①缩小经营规模，减少资本过剩和浪费。②提升资本运营效率。如果原定公司资本过高，将导致资本的运营效率下降，不利于充分发挥社会财富的经济效益。③缩小资本与净资产差距，真实反映公司资本信用状况。如果公司亏损严重，资本与其净资产差额过大，公司资本会失去其应有的标示公司资本信用状况的法律意义，通过减资，可以使得二者保持基本的一致。④降低利润分配门槛，便利股利分配。在"无盈不分"的盈利分配原则之下，公司的盈利必须首先用于弥补亏损，如果公司亏损严重，将使股东长期得不到股利的分配。通过减资，可以尽快改变公司的亏损状态，使公司具备向股东分配股利的条件。⑤公司分立。在派生分立情况下，原公司的主体地位不变，但资产减少，也会要求资本的相应减少。

相比之下，简易减资的目的较为单一，即通过减资手段来弥补公司的亏损，使得公司的注册资本与净资产回归一致。且需要强调的是，为弥补公司亏损进行的简易减资并非向股东进行分配，也不免除股东缴纳出资或股款的义务。在此情境下，公司没有向股东分配资产，其真实持有的资产并未减少，偿债能力也并未发生实质性变化，更多的是会计账簿上的调整，其目的系让真实的注册资本反映出公司的实际信用和经营能力。[2]

---

〔1〕 赵旭东主编：《新公司法重点热点问题解读：新旧公司法的比较分析》，法律出版社 2024 年版，第 176 页。

〔2〕 张俊勇：《论公司法修订中减资制度的完善》，载《法律适用》2023 年第 1 期。

2. 简易减资以公司亏损数额为其上限

在一般减资情况下，减资范围取决于股东会的决议，属于公司自治的范畴。而在简易减资中，减资的数额仅限于亏损数额之内，不能超范围减资，否则将构成实质减资，须被纳入一般减资的范畴。公司在出现亏损后，应当首先考虑用当年实现的利润来弥补。根据 2023 年《公司法》第 214 条的规定，"公司的公积金用于弥补公司的亏损、扩大公司生产经营或者转为增加公司注册资本。公积金弥补公司亏损，应当先使用任意公积金和法定公积金；仍不能弥补的，可以按照规定使用资本公积金。法定公积金转为增加注册资本时，所留存的该项公积金不得少于转增前公司注册资本的百分之二十五"。穷尽当年利润仍不足以弥补公司亏损的，先使用任意公积金和法定公积金，之后再使用资本公积金补亏。结合第 225 条第 1 款，只有在公司依照第 214 条第 2 款的规定弥补亏损后仍有亏损的，才可以通过减资手段弥补亏损，进入简易减资程序。因此，简易减资中的亏损数额，指的应该是公司以当年利润、任意公积金和法定公积金、资本公积金弥补亏损之后剩余的亏损数额。若公司未遵循法定的补亏顺序，直接以简易减资的会计处理方式来弥补亏损，而将公司当年利润或者盈余公积金用于分配股利，则系变相将公司资本返还股东，实质上规避了债权人保护程序以达到一般减资的效果。

早在公司法引入简易减资之前，就曾出现过上市公司以减资方式弥补亏损的案例。2006 年 7 月，﹡ST 飞彩为实施股权分置改革，推出了"资产重组+转增+赠股+减资补亏"的组合方案——公司先以资本公积金向全体股东每 10 股转增 22 股，再由非流通股股东将其获增股份中的 29 120 000 股转送给流通股股东，最后全体股东以每 10 股减 6.733 5 股的方式减资弥补亏损。针对彼时资本公积金不可以用来弥补公司亏损的情况，﹡ST 飞彩委托的律师事务所发表了专项法律意见书，认为减资弥补亏损并未违反公司法的利润分配规则，与资本公积金不得用于弥补公司亏损的规则也没有冲突。[1]

3. 简易减资的程序简化

由于效果差异，二者所适用的程序不同，一般减资适用 2023 年《公司法》第 224 条的普通减资程序，简易减资适用第 225 条更为简化的简易减资程序。实际上，为弥补公司亏损而进行的公司简易减资和一般减资的区分，更多是从减资程序的角度进行的分类。

---

〔1〕 王军：《公司资本制度》，北京大学出版社 2022 年版，第 445-446 页。

在一般减资中，公司净资产向股东流出，因此必须严格履行编制资产负债表及财产清单、向债权人发出通知公告、向债权人清偿债务或提供担保等一系列减资程序。具体而言：在进行减资时，必须首先编制资产负债表和财产清单。其次，公司董事会或董事制定减资方案并提交股东会表决，由股东会对减资事项作出特别决议。需要注意的是，在一般减资的减资比例方面，应当以同比例减资为原则，以不同比例减资为例外。原则上，持有相同内容和相同数量股份的股东在基于股东地位而产生的法律关系中应当享有同等待遇，[1]从而防止控制股东利用控制权从公司中抽离资本，随意退出公司，损害公司、其他股东或债权人的利益。再次，公司应当自减资决议作出之日起10日内，通知债权人，并于30日内通过报纸或国家企业信用信息公示系统公告。最后，债权人请求公司清偿债务或者提供担保的，公司应当依照债权人的要求完成债务清偿或提供相应担保。

在简易减资中，公司不需要履行债权人保护程序，也不存在同比例减资问题。如前所述，简易减资本质上是会计账簿的处理，不发生公司资本向股东的返还，因此相较于一般减资不会对债权人利益造成太大的损害。在承认资本信用的前提下，设定严格的公司减资程序的确是为了防范股东抽逃出资、逃避债务，但若公司是为了弥补亏损而仅在会计账簿上进行了减资处理，则并不能展现出债权人保护的必要性。在公司资本信用向资产信用的演变过程中，减资已经不再能直接决定公司对外清偿债务的范围，从而进一步影响债权人的利益，故出于运营效率、操作成本的考量，减资程序应当进行简化，不能采取一刀切的方式要求所有情形下的减资都履行复杂的程序。[2]但是公司仍需要通知或公告债权人。所谓应受通知的债权人，其范围既包括在公司作出减资决议时对公司享有债权的主体，又包括公司在减资决议作出后至工商变更前产生债权的债权人。公司作出减资决议时对公司享有债权的主体是当然应受通知的主体，但需要注意其认定不以经生效法律文书确认为必要，不以债权数额明确为前提，也不要求债权已经到期。[3]

需要说明的是，在2023年《公司法》修订后带来的存量公司减资问题上，若存量公司非出于弥补亏损目的而减资，仅仅是为了避免在短期内支付高额的实缴资本，减轻股东出资压力，应对新制度带来的经济负担，则其仍然应当遵循一般减资的规定，而不能适用简易减资程序。

---

〔1〕 刘俊海：《论股权平等原则》，载《法学杂志》2008年第3期。

〔2〕 赵旭东：《从资本信用到资产信用》，载《法学研究》2003年第5期。

〔3〕 上海某建筑装潢材料有限公司诉陆某、汤某损害公司债权人利益责任纠纷案，上海市高级人民法院（2021）沪民申3189号民事判决书。

问题 188 ▷ 违法减资的法律后果是什么？债权人如何主张救济？

减资作为公司资本制度的重要一环，必须严格遵循法定程序与条件。然而，实践中违法减资的乱象时有发生，不仅破坏了公司资本的稳定性，更对债权人的合法权益构成威胁。在 2023 年《公司法》修订之前，针对违法减资的法律后果及债权人救济方式存在立法空白，导致实践中产生诸多争议。2023 年《公司法》新增第 226 条明确违法减资的法律后果，包括股东的返还责任、股东及负有责任的董事、监事、高级管理人员的赔偿责任，建构了恢复原状与损害赔偿的双层责任安排，解决了长期以来规范依据缺失的实践困境。探究违法减资会产生何种法律后果，不仅关乎公司资本制度以及内部治理结构，更影响着公司外部债权人的权益保障，需要予以关注。

1. 违法减资的行为效力和法律后果

2023 年《公司法》第 226 条规定，"违反本法规定减少注册资本的，股东应当退还其收到的资金，减免股东出资的应当恢复原状；给公司造成损失的，股东及负有责任的董事、监事、高级管理人员应当承担赔偿责任"。由此，在违法减资的行为效力方面，法律并没有给出明确的回答；在违法减资的法律后果方面，2023 年《公司法》区分了股东的返还责任，以及给公司造成损失情况下股东及负有责任的董事、监事、高级管理人员的赔偿责任。

1.1 违法减资行为无效

2023 年《公司法》虽然对违法减资的法律后果进行了回应，但是并没有就违法减资的效力问题作出明确规定。对此，理论界存在绝对无效说、相对无效说、有效说、效力待定说等代表性观点。支持绝对无效说的观点认为，将违法减资行为认定为无效，能够与 2023 年《公司法》未通知债权人型违法减资行为责令改正的行政责任规定以及抽逃出资、违法分红的规定实现体系协调；[1]2023 年《公司法》的相关规定系强制性规定，违反法律强制性规定的后果即减资无效。[2]相比之下，相对无效说则认为，若公司在未通知特定债权人的情况下径行减资，减资行为仅对该债权人不发生效力。[3]主张有效说的观点认为，减资系公司自治事项，在不妨碍国家利益、社会公共利益的

---

〔1〕 李建伟、高玉贺：《违法减资的责任配置研究——新〈公司法〉第 226 条的解释论立场》，载《北方法学》2024 年第 4 期。

〔2〕 余斌：《公司未通知债权人减资效力研究——基于 50 个案例的实证分析》，载《政治与法律》2018 年第 3 期。

〔3〕 刘玉妹：《认缴资本制视野下公司减资制度的构建》，载《法律适用》2016 年第 7 期。

情况下，不宜直接否定减资行为的效力；[1]此外，应当对决议行为与实施决议的其他行为进行区分，无论在民法还是在公司法层面都已经为债权人利益提供了充分的制度保障，因此不应当赋予债权人过度介入公司治理与公司决议的权利。[2]支持效力待定说的观点，主张借鉴英国的立法例，由法院对公司减资进行审查，在法院裁定同意减资前，公司的减资行为处于效力待定状态。[3]

本书认为，违法减资的行为效力为无效。其一，法条中对于恢复原状的法律后果的规定，与法律行为无效的后果一致，实际暗含违法减资行为无效的判断。其二，2023 年《公司法》已经就减资的程序规则作出了明确规定，并未授权公司章程对此进行自治，因此违法减资行为属于违反法律规定的无效行为。

1.2 违法减资时股东的返还责任

违法减资的首要责任是股东的返还责任。根据 2023 年《公司法》第 226 条的规定，违反规定减少注册资本的，股东应当退还其收到的资金，减免股东出资的应当恢复原状。

在适用主体方面，返还责任仅针对公司股东，因为股东因违法减资而获取的财产构成不当得利，故而应当由其退还所得的资金或继续承担原有的认缴义务。[4]质言之，返还财产是股东获益后的恢复手段，违法减资使得股东获得利益，则股东应当对其进行返还。股东之外的其他主体并未基于违法减资行为从公司获得利益，因此不能成为该责任的适用主体。

在责任的表现形式方面，涵盖两种情形：一是股东退还收取的资金，此种情况下股东已然通过减资手段从公司抽回了资产，必须将其返还，实现恢复原状的法律效果；二是股东的出资义务恢复原状，即使股东实际并未从公司中获取资产，减资对其出资义务的减免也会损害公司的偿债能力，因此出资义务必须恢复原状。

在归责原则方面，股东返还责任属于无过错责任，[5]其内涵是行为人对

---

[1]　张俊勇：《论公司法修订中减资制度的完善》，载《法律适用》2023 年第 1 期。

[2]　刘春梅等：《公司法第一百七十七条之理解与适用：决议减资与债权人保护》，载《人民司法》2017 年第 16 期。

[3]　曹文兵、朱程斌：《〈公司法〉第 177 条减资规定的完善和适用研究》，载《法律适用》2019 年第 14 期。

[4]　李建伟主编：《公司法评注》，法律出版社 2024 年版，第 896 页。

[5]　最高人民法院民事审判第二庭编著：《中华人民共和国公司法理解与适用（下）》，人民法院出版社 2024 年版，第 981 页。

自己行为所造成的损害后果，不论是否具有故意或者过失的心理，都应当承担民事责任。无论是获得股本返还，抑或被减免出资义务的股东，都是违法减资的实际受益人。即使是在股东会决议上投出反对票的股东，只要其因减资从公司中获得了利益，就会造成公司责任财产流失，需要承担返还财产、恢复原状的责任。[1]比较法上，《德国有限责任公司法》第31条也规定了返还义务，此等返还义务不以过错为前提条件。[2]

在返还款项是否适用入库规则问题方面，实践中存在较大争议。有观点认为，应当适用入库规则。从文义解释角度，第226条规定的责任形式为恢复原状，而非减资股东应在减资范围内将相应资金直接给付债权人；从法人独立性角度，违法减资行为破坏了公司的资本制度和治理结构，无论违法减资的后果是返还还是恢复，指向的都是公司，公司作为独立法人主体，返还的资金应先回归公司以维护其资本完整性和正常经营秩序。与之相对，有观点坚持应当进行个别清偿，认为债权人是因公司违法减资而利益受损最直接的主体，且其主张权利往往是为了尽快实现自己的债权。[3]本书认为，结合法条文义，违法减资情况下股东返还的款项应适用入库规则。

1.3　违法减资时有关主体的赔偿责任

除了股东的返还，2023年《公司法》第226条还规定了违法减资情形下股东以及负有责任的董事、监事、高级管理人员的赔偿责任。该赔偿责任的适用主体包括股东及负有责任的董事、监事、高级管理人员，适用前提是上述主体的违法减资行为给公司造成了损失。

（1）股东赔偿责任

就股东的赔偿责任而言，其承担责任的基础为违法减资后占用公司资金的行为产生了相应的成本，给公司造成了损失。[4]针对责任承担主体，有观点认为，需要将承担赔偿责任的股东限缩解释为"负有责任的股东"。不同于返还责任的基础在于股东违法减少了缴纳资本的数额，损害赔偿责任配置的基础在于股东对违法减资存在过错，在股东故意实施违法减资行为的情况下，其主观上具有过错；而在股东过失情况下，需要考察股东就减资程序合法性

---

〔1〕　赵旭东主编：《新公司法条文释解》，法律出版社2024年版，第492页。

〔2〕　[德]托马斯·莱塞尔、吕迪格·法伊尔：《德国资合公司法（下）》，高旭军等译，上海人民出版社2019年版，第747页。

〔3〕　何睿：《新公司法第二百二十六条探究违法减资责任的理解与适用》，载《法人》2024年第10期。

〔4〕　王瑞贺主编：《中华人民共和国公司法释义》，法律出版社2024年版，第314页。

是否负有注意义务，而不能一概要求所有股东承担同质化的赔偿责任。[1]

从归责原则来看，第 226 条规定的赔偿责任实际上是一种过错责任。[2]承担过错责任的股东可能是通过减资程序从公司中取得财产的股东，该股东常常是直接责任人；也可能是协助其他股东作出减资决议的股东，若对股东会违法减资决议的作出存在故意或重大过失，即使自身并没有从公司取回资本，也可能要对公司承担赔偿责任。针对股东承担赔偿责任的范围，不仅需要涵盖公司的实际损失以及股东取回资产之后的利息，还应当将公司的机会利益损失纳入考量。首先，除了公司因违法减资负担的实际财产损失，公司为此进行公司内外组织变更所带来的成本，如工商变更登记费用等亦应纳入损失范围。[3]其次，针对股东因占用资金产生的利息，也应当纳入损害赔偿的范围。

从立法变迁来看，《公司法（修订草案一审稿）》第 222 条将股东因占用资金产生的成本纳入返还责任的范畴，但是在《公司法（修订草案二审稿）》中进行了删除。根据历史解释，虽然立法者将利息排除出返还责任的范畴，但将"损失"定义为"因为违法减资占用公司资金的成本"，实际上将利息重新纳入赔偿责任的范围。[4]从法理上看，只要是本应归属于权利人的利益被不当僭取，那么利益返还就是正当的。股东因违法减资的所得是以公司对该部分资金的占有所失为代价，矫正正义要求作为金钱受领方的股东交出该部分得利。[5]

从既往判例来看，实践中存在法院支持赔偿利息损失的案例，认为股东应当返还因减资后未能及时退还减资款而产生的利息损失。[6]最后，倘若公司因注册资本或实际资产减少而错失商业机会，此种机会损失亦包含在损失范围之内。[7]但需要注意的是，此种机会利益的损失必须是真正和实质的、

---

〔1〕 李建伟、高玉贺：《违法减资的责任配置研究——新〈公司法〉第 226 条的解释论立场》，载《北方法学》2024 年第 4 期。

〔2〕 最高人民法院民事审判第二庭编著：《中华人民共和国公司法理解与适用（下）》，人民法院出版社 2024 年版，第 981 页；赵旭东主编：《新公司法条文释解》，法律出版社 2024 年版，第 493 页；王瑞贺主编：《中华人民共和国公司法释义》，法律出版社 2024 年版，第 314 页。

〔3〕 李建伟、高玉贺：《违法减资的责任配置研究——新〈公司法〉第 226 条的解释论立场》，载《北方法学》2024 年第 4 期。

〔4〕 王瑞贺主编：《中华人民共和国公司法释义》，法律出版社 2024 年版，第 314 页。

〔5〕 邵永乐：《论合同无效后利息的返还——基于对司法案例的实证考察》，载《财经法学》2024 年第 1 期。

〔6〕 北京约瑟投资有限公司与裘某荣公司减资纠纷案，北京市第三中级人民法院（2022）京 03民终 2322 号民事判决书。

〔7〕 王瑞贺主编：《中华人民共和国公司法释义》，法律出版社 2024 年版，第 314 页。

而非臆想性的，在具体适用过程中需要公司按照举证证明规则进行举证。[1]

（2）董监高赔偿责任

就董监高的赔偿责任而言，在既往司法实践中一直存在争议，但是 2023 年《公司法》基于权责统一的原则要求负有责任的董事、监事、高级管理人员在职权范围内承担相应责任。

从董监高承担赔偿责任的理论基础来看，一方面，在所有权和管理权分离的现代公司结构中，董监高负责公司的日常运营，深入了解公司的经营情况，能够对公司是否符合减资条件作出判断，且公司减资亦离不开董事、监事、高级管理人员在程序召集、方案拟定等方面的协助，若完全忽视其法律责任是一种立法上的缺位；另一方面，董事、监事、高级管理人员在协助进行违法减资的过程中通常存在过错，应当追究相应的法律责任。

从董监高承担赔偿责任的主体范围来看，2023 年《公司法》将责任承担主体限定在"负有责任"的范围内，并非要求所有的董监高都承担赔偿责任。以公司董事为例，根据董事身份、外部性、独立性，2023 年《公司法》中的董事可以分为执行董事与非执行董事、内部董事与外部董事、独立董事与非独立董事、职工董事七类，董事职权差异决定了其义务标准差异，进而应当配置差异化的董事责任。[2]因此，应当对公司的执行董事、非执行董事、分管董事予以区分，不能要求所有董事都承担无差别的赔偿责任。

就责任形态来看，2023 年《公司法》第 226 条规定的是相应的赔偿责任而非连带责任，在具体操作中应当根据责任主体的过错程度和原因力大小要求其向公司承担按份赔偿责任，只有在董监高存在共同侵权行为时才对外产生连带责任。从文义解释角度看，法条中用的是"赔偿责任"而非连带责任，所谓赔偿责任指的应该是损害越大赔偿越多，谈不上连带。在体系解释视角下，2023 年《公司法》第 226 条中"股东及负有责任的董事、监事、高级管理人员应当承担赔偿责任"的表述也不同于第 53 条抽逃出资情况下"负有责任的董事、监事、高级管理人员应当与该股东承担连带赔偿责任"，因此应区别对待两者。在法理基础视角下，此处不存在董监高存在连带责任的法理基础，因为法定或者约定情形下才产生连带责任，例如董事、监事、高级管理人员存在共同侵权行为时，产生连带责任；且无差别的连带责任体现的是权利和责任的不均衡，有连坐的色彩。

如上所述，违法减资的赔偿责任系过错责任，董监高的过错主要表现为

---

〔1〕 崔建远：《论机会利益的损害赔偿》，载《法学家》2023 年第 1 期。

〔2〕 刘斌：《中国公司董事会迈入 3.0 时代》，载《董事会》2024 年第 C1 期。

提出的减资方案违反法律规定、未核实公司通知债权人的情况、协助公司违法办理减资登记等。董事、监事、高级管理人员不是公司减资的直接受益人，如果按照无过错责任归责，不仅有失公平，而且会导致董事、监事、高级管理人员的责任过重，不利于公司发展。因此，在责任厘定上，应根据各主体的过错进行划分，而不是由股东和董事、监事、高级管理人员承担不加区分的责任。

2. 债权人救济方式

公司有限责任制度的核心是公司责任与股东责任分离，公司以自己的独立财产承担清偿债务的责任，股东对公司债务不承担超过其出资义务的责任，但在违法减资的情况下，公司的行为影响到了外部债权人的利益。[1]债权人主要通过诉讼方式得到救济，但是在具体的诉讼类型方面存在争议，实践中主要存在以下几种模式：

其一，提起减资无效之诉，主张财产返还。针对违法减资行为，公司是当然的主张主体，但就债权人是否有权直接提起减资无效之诉、主张财产返还，则存在争议。反对者的理由主要集中在公司法未明确规定债权人有权向违法减资股东提起诉讼，因此其不享有诉权。支持者则认为注册资本不当减少将直接影响公司对外偿债能力，危及债权人，因此其有权提起诉讼。[2]本书认为，债权人有权提起诉讼，理由如下：首先，违法减资行为削弱公司资本，给债权人利益造成损害。其次，从大分配视角，违法减资与抽逃出资的性质相同，都属于公司资本的不当流出。从体系解释视角，2023年《公司法》第54条赋予债权人在"加速到期"情形下的行权资格，则对于因股东违法减资行为导致公司资本流出的，也应当支持债权人作为行权主体。再次，考虑违法减资情况下公司可能被股东、董监高等主体操纵，缺少提起违法减资之诉的动力，相关股东也不会就此提起代表诉讼，因此债权人实质上处于救济无门的状态。若此时适用《民法典》的代位权规则，则在法院判决前无法认定瑕疵减资股东对公司的债务到期，考虑到代位权规则要求代位求偿的债务已经到期，故债权人在提起代位之诉前需要提起减资无效之诉，确认减资无效。[3]此外，实践中亦存在债权人直接就减资纠纷提起诉讼的情形。在"南京诺利斯医药

---

〔1〕 张俊勇：《论公司法修订中减资制度的完善》，载《法律适用》2023年第1期。

〔2〕 王毓莹：《公司减资规则的反思与重构》，载《环球法律评论》2024年第1期；何睿：《新公司法第二百二十六条探究违法减资责任的理解与适用》，载《法人》2024年第10期。

〔3〕 何睿：《新公司法第二百二十六条探究违法减资责任的理解与适用》，载《法人》2024年第10期。

科技有限公司诉杨某等公司减资纠纷案"中，债权人作为原告提起了诉讼，上海市第一中级人民法院在判决书中明确指出，在违法减资情形下，应认定特定债权人对瑕疵减资的异议具有对抗效力，该减资行为对其不发生法律效力。[1]在"中储国际控股集团有限公司与山西煤炭运销集团曲阳煤炭物流有限公司公司减资纠纷案"中，债权人亦为原告，同时最高人民法院的裁判观点表明"公司债权人请求违法减资股东在减资范围内对债务人欠付债务承担补充赔偿责任的，应予支持"，间接认可了违法减资情形下债权人可以直接提起诉讼的主体资格。[2]

其二，提起代位权诉讼。有论者认为，债权人并非违法减资恢复原状的法律关系主体，允许债权人直接提起诉讼并不符合诉讼法理。因此，在法律并未明确赋予债权人直接诉权时，其可以按照《民法典》的规定提起代位权诉讼，以实现利益救济与防止滥诉的平衡。[3]然而，正如上文所述，提起代位权诉讼的前提是代位求偿的债务已到期，因此代位权诉讼的前置要求仍然需要通过减资无效之诉确认股东的债务履行期限届至。

其三，提起侵权之诉。实践中有判例认为，违法减资行为削弱了公司的清偿能力，侵害了债权人所持有的债权，股东的减资行为与债权人的损失存在因果关系，属于侵权之债。[4]

本书认为，在二元的私法体系下，作为特别法的商法规范应当优于作为一般法的民法规范，《民法典》第 11 条亦规定，其他法律对民事关系有特别规定的，依照其规定。因此，在 2023 年《公司法》针对违法减资行为作出具体规定的情况下，应当遵循特别法优于一般法的原则，直接适用 2023 年《公司法》第 226 条由债权人提起减资无效之诉。

---

〔1〕 南京诺利斯医药科技有限公司诉杨某等公司减资纠纷案，上海市第一中级人民法院（2021）沪 01 民终 4969 号民事判决书。

〔2〕 中储国际控股集团有限公司与山西煤炭运销集团曲阳煤炭物流有限公司公司减资纠纷案，最高人民法院（2017）最高法民终 422 号民事判决书。

〔3〕 李建伟、高玉贺：《违法减资的责任配置研究——新〈公司法〉第 226 条的解释论立场》，载《北方法学》2024 年第 4 期。

〔4〕 薛波：《公司减资违反通知义务时股东的赔偿责任——〈最高人民法院公报〉载"德力西案"评释》，载《北方法学》2019 年第 3 期；中国建设银行股份有限公司青岛经济技术开发区支行与山东神娃企业管理咨询有限公司公司减资纠纷案，山东省青岛市中级人民法院（2018）鲁 02 民终 3398 号民事判决书；韩某亮等诉袁某祯等借款合同纠纷案，山东省高级人民法院（2011）鲁商终字第 12 号民事判决书。

问题 189 ▷ 如何区分股东向公司付款的行为属于增资或借款？

在公司运营过程中，股东与公司之间的资金往来频繁且复杂。实践中，股东向公司付款的情形往往多样且模糊，付款时可能未明确款项性质，导致股东向公司付款行为的性质界定存在诸多争议。若界定为增资，将改变公司的股权架构，影响股东的持股比例，导致股东潜在的权利状态改变；若认定为借款，则公司需承担相应的还款义务，涉及利息计算、还款期限等一系列债权债务问题。可见，对付款行为的不同定性将直接影响到公司的资本结构、股东权益以及债权债务关系。因此，清晰厘定股东付款行为的性质，对于保障股东合法权益、维护公司正常运营秩序以及促进资本市场健康发展都具有重要的意义。

1. 关于股东出资性质的司法实践

人民法院案例库的一则入库案例就股东向公司付款的性质界定进行了论证。该案中，新疆建设兵团某团与陈某为酒泉某化工公司股东，公司注册资本 1000 万元且两名原始股东已实缴。其后，新疆建设兵团某团为公司项目建设与经营汇给该公司 1100 万元。因国企改革，新疆建设兵团某团将经营性资产及负债移交给阿拉尔市某国有资产投资公司。后者遂诉至法院，请求酒泉某化工公司返还 1100 万元借款及利息，而酒泉某化工公司辩称此款项为股东投资款，拒绝退还。最终，最高人民法院以股东向公司汇款的性质，需结合是否符合法律和公司章程有关增资的规定、股东增资决议、股东之间的协议、股东和公司会计账册的记载、公司审计报告的记载、股东和公司之间关于案涉款项的付款和收款凭证等各项证据加以判断为由，认定公司股东为公司运营投入目标公司的款项，属于目标公司的债务，不是公司股东的投资款项。[1]

在"枣庄市海天房地产开发有限公司诉单县太和房地产开发有限公司企业借贷纠纷再审案"中，最高人民法院指出，海天公司与太和公司之间没有就案涉借款达成书面借款合同。与股份有限公司的增资行为需要遵循公司法和公司章程的规定不同，签订书面合同并非民间借贷法律关系成立的必要条件。既然本案各方当事人均认可案涉 1545 万元的性质不是投资款而是借款，在有海天公司款项支付凭证和太和公司出具收条的情况下，如果能够排除案涉款项为海天公司追加的投资款，就可以确定案涉款项的性质。[2]

---

[1] 人民法院案例库案例：2023-16-2-103-005。

[2] 枣庄市海天房地产开发有限公司诉单县太和地产开发有限公司企业借贷纠纷再审案，最高人民法院（2016）最高法民再 307 号民事裁定书。

2. 股东向公司付款的性质认定在于审查当事人的真实意思

综合上述司法裁判实践，本书认为，股东向公司付款的性质应当结合是否符合法律和公司章程有关增资的规定、股东之间的协议等证据加以判断，充分考察当事人的真实意思。[1]相关证据包括增资协议、公司章程、国家企业信用信息公示系统记载、公司财务报表、审计报告、付款和收款凭证及其备注信息等。[2]

首先，应当从股东的意思表示入手探究其付款行为的真实目的系增资还是借款，若股东与公司之间存在书面协议，且协议中对款项性质有明确约定，则是判定行为性质的重要依据。

其次，从决策程序角度，增资决策程序通常较为严格，需要经股东会特别决议通过。针对有限责任公司，应由代表 2/3 以上表决权的股东通过决议；针对股份有限公司，应由出席会议的股东所持表决权的 2/3 以上通过；一人公司则应由股东签署书面决定。相比之下，借款决策的程序则较为宽松。

最后，从公司财务处理角度，在会计科目记录上，如果公司将股东支付的款项计入"实收资本"或"股本"科目，同时在财务报表附注中明确为增资行为，则很大程度上表明公司将该款项视为增资。反之，若记录在"短期借款"或"长期借款"科目，并按照借款进行利息计提和还款记录，则应认定为借款。此外，有关财务报表附注中也可能涉及重要会计事项的详细说明，可以作为判断股东付款行为性质的依据。

---

〔1〕 最高人民法院民事审判第二庭编著：《中华人民共和国公司法理解与适用（下）》，人民法院出版社 2024 年版，第 993 页。

〔2〕 《法官说法丨220 万元的身世之谜：股东出资还是借款?》，载微信公众号"北京二中院金色天平"，发布日期：2024 年 11 月 26 日。

第十二章
公司解散和清算

问题 190 ◯ **2023 年《公司法》第 231 条规定的 "公司经营管理发生严重困难" 该如何界定?**

公司经营管理发生严重困难,也称 "公司僵局",是指因股东之间或公司管理人员之间的利益冲突和矛盾,公司治理机制完全失灵,股东会、董事会、监事会等组织机构无法对公司的任何事项作出决议,公司的经营管理事务处于瘫痪状态,公司的运行陷于僵局。[1] 此时,公司的经营管理事务难以正常进行,公司财产面临损耗和流失,但公司的组织机构却无能为力。由于 2023 年《公司法》第 231 条及《公司法司法解释(二)》第 1 条未对 "公司经营管理发生严重困难" 的内涵做进一步说明,仅列举了主要适用情形,因此理论和实务中对该不确定概念的解释有不同的认定标准。

1. "公司经营管理发生严重困难" 的认定现状

1.1 "公司经营管理发生严重困难" 的规定

2023 年《公司法》第 231 条采用概括立法模式对司法解散的要件进行了规定,并没有列举具体的解散事由。根据该条规定,在公司经营管理发生严重困难的情况下,若公司继续存续会给股东利益带来重大损失,通过其他途径不能解决,则持有公司 10% 以上表决权的股东可以请求法院司法强制解散公司。司法解散的判断标准为 "公司经营管理发生严重困难",但是其本身是一个开放性的概念,在解释上存在诸多可能性。最高人民法院第 8 号指导案例明确指出,判断公司经营管理是否发生严重困难,应从公司组织机构的运行状态进行综合分析,公司虽处于盈利状态,但其股东会机制失灵,内部管理有严重障碍,已经陷入僵局状态,可以认定为公司经营管理发生严重困难。[2] 此后,经营管理发生严重困难常被替换为 "公司是否陷入僵局",即公司僵局。

作为对司法解散制度的补充,《公司法司法解释(二)》第 1 条为 2023 年《公司法》第 231 条提供了进一步解释,以列举加概括方式规定了公司经营管理发生严重困难的具体情形,分别为:①公司持续 2 年以上无法召开股东会或者股东大会,公司经营管理发生严重困难的;②股东表决时无法达到

---

〔1〕 刘斌编著:《新公司法注释全书》,中国法制出版社 2024 年版,第 821 页。
〔2〕 江苏省高级人民法院(2010)苏商终字第 0043 号民事判决书。

法定或者公司章程规定的比例，持续 2 年以上不能作出有效的股东会或者股东大会决议，公司经营管理发生严重困难的；③公司董事长期冲突，且无法通过股东会或者股东大会解决，公司经营管理发生严重困难的；④经营管理发生其他严重困难，公司继续存续会使股东利益受到重大损失的情形。

1.2 "公司经营管理发生严重困难"的司法实践界定

在最高人民法院公报案例"陈某与陕西博鑫体育文化传播有限公司等公司解散纠纷案"中，法院认为"公司法规定的严重困难包括对外的生产经营困难及对内的管理困难"。[1]在"吉林省金融控股集团股份有限公司与吉林省金融资产管理有限公司、宏运集团有限公司公司解散纠纷案"中，法院将经营管理发生严重困难解读为"大股东利用优势地位单方决策，擅自将公司资金出借给其关联公司，损害小股东权益，致使股东矛盾激化，公司经营管理出现严重困难，经营目的无法实现，且通过其他途径已无法解决，小股东诉请解散公司的，人民法院应予支持"。[2]在"吉林荟冠投资有限公司及第三人东证融成资本管理有限公司与长春东北亚物流有限公司、第三人董某琴公司解散纠纷案"中，法院认为"公司解散的目的是维护小股东的合法权益，其实质在于公司存续对于小股东已经失去了意义，表现为小股东无法参与公司决策、管理、分享利润，甚至不能自由转让股份和退出公司。在穷尽各种救济手段的情况下，解散公司是唯一的选择。公司理应按照公司法良性运转，解散公司也是规范公司治理结构的有力举措"。[3]

作为司法解散的典型案例，最高人民法院在第 8 号指导案例"林某清诉凯莱公司、戴某明公司解散纠纷上诉案"中指出，判断公司经营管理是否发生严重困难，应从公司组织机构的运行状态进行综合分析。公司虽处于盈利状态，但其股东会机制长期失灵，内部管理有严重障碍，已陷入僵局状态，可以认定为公司经营管理发生严重困难。[4]可见，公司是否盈利并不影响公司经营管理困难的认定，应主要审查公司组织机构能否有效运作，如果公司的股东会或董事会无法召开或虽能召开但长期无法形成有效决议，使得公司事务处于瘫痪状态，则应认定属于 2023 年《公司法》第 231 条所说的经营管理发生严重困难。

指导案例改变了既往裁判中将经营困难作为判断前提的标准，认为不能

---

〔1〕 最高人民法院（2021）最高法民申 6453 号。
〔2〕 最高人民法院（2019）最高法民申 1474 号。
〔3〕 最高人民法院（2017）最高法民申 2148 号。
〔4〕 江苏省高级人民法院（2010）苏商终字第 0043 号民事判决书。

当然以公司未发生亏损为由判定不存在经营管理困难，停业、亏损的经营情况也并非认定经营管理困难的必备因素，单纯的管理困难，如组织机构因股东对峙而瘫痪等公司治理严重障碍，也可以认定为"经营管理发生严重困难"。对于这一裁判观点，支持者认为其准确揭示了判断标准的实质系管理困难，而非经营困难，与美国法院的裁判思路相似。[1]反对论者则主张取消经营困难的限制性条件无异于赋予股东无理由甚至恶意退出公司的权利，将极大影响公司持续稳健运行。[2]

2. "公司经营管理发生严重困难"的理论阐释

在学理上，针对公司经营管理发生严重困难的界定主要存在管理困难说和并存说两种观点。管理困难说认为，公司经营管理发生严重困难专指公司内部管理层面出现困难，[3]主要聚焦于公司治理层面的问题。[4]若公司严重亏损，公司一般可以自主解散，不必诉请法院司法解散。[5]并存说认为，公司经营管理发生严重困难包括公司外部的经营困难和公司内部的管理困难两个方面。从立法语义角度分析，经营管理指的应当是经营和管理这两个独立的状态，并非仅强调管理一个方面。其中，经营困难是指公司的生产经营状况发生严重亏损的情形，而管理困难则是指公司的股东会、董事会等公司机关处于僵持状态，有关经营决策无法作出，公司日常运作陷入停顿与瘫痪状态。[6]

最高人民法院和全国人大常委会法工委都采管理困难说的立场。具体而言，其将"公司经营管理发生严重困难"进一步界定为如下三种情形：其一，基于资本多数决导致公司的经营管理出现严重困难，如股东会会议中表决无法达到法定或公司章程规定的表决比例而无法形成决议。其二，基于人数多数决导致公司的经营管理出现严重困难，如董事会会议在表决中无法达到法定或章程规定的表决比例而无法形成决议。其三，基于全体一致决导致公司

---

〔1〕　蒋大兴：《"好公司"为什么要判决解散——最高人民法院指导案例8号评析》，载《北大法律评论》2024年第1期。

〔2〕　耿利航：《公司解散纠纷的司法实践和裁判规则改进》，载《中国法学》2016年第6期。

〔3〕　周友苏：《中国公司法论》，法律出版社2024年版，第657页；张天玉、高桂林编著：《公司法理论与实务》，中国政法大学出版社2017年版，第416页。

〔4〕　周游：《新公司法条文解读与适用指引：案例·规则·文献》，法律出版社2024年版，第507页。

〔5〕　刘俊海：《新公司法的制度创新》，中国法制出版社2024年版，第651页。

〔6〕　《观点｜公司解散纠纷中"经营管理发生严重困难"的认定》，载微信公众号"北大法宝智慧法务研究院"，发布日期：2024年6月14日。

的经营管理出现严重困难，即股东会或者董事会因在表决中无法达到全部表决股份或者全体成员一致通过而不能作出决议。[1]实践中，有的公司章程甚至规定某些决议事项需要达到100%表决比例方能通过决议，更易导致公司僵局出现。

总之，结合司法解释的规定及相关实践案例，"公司经营管理发生严重困难"的界定应当适用管理困难说。首先，经营管理发生严重困难指的是发生公司治理上的困难，而非经营上的困难，单纯的是否盈利并不影响公司经营管理困难的认定。其次，从内涵来看，"公司经营管理发生严重困难"的界定除了经营管理困难本身，还可以结合2023年《公司法》第231条规定的其他两个要件来进行判断，即继续存续会使股东利益受到重大损失以及严重困难经过其他途径也不能解决。

问题 191 ▷ 2023 年《公司法》第 231 条规定的司法解散公司规则是否适用于股东压制的情形？

股东压制概念源于英美法系，通常是指多数股东利用其有利地位通过操纵公司的股利派发、人事任免、薪酬政策等手段排挤、欺压其他股东，使后者不能正常参与经营管理或不能获得相应的投资回报。[2]作为全球范围内普遍存在的公司治理难题，域外不少国家为股东压制问题提供了司法解散的救济路径，为股东提供了司法介入的退出机制，保护了权利受到侵害的股东。然而，在我国现行的司法解散制度框架下，股东压制并非法定的司法解散事由，由2023年《公司法》第231条以及《公司法司法解释（二）》第1条构成的司法强制解散规则仅列举了公司僵局作为司法解散的事由。由此，在股东压制情形下，中小股东除通过2023年《公司法》第89条第3款的异议回购制度实现救济外，能否借助司法解散公司规则实现救济也引发了理论和实务界的关注和讨论。

1. 司法解散救济股东压制的裁判观点

在以公司解散之诉为案由的案件中，常有股东以股东压制为理由申请司法强制解散，对此，法院的裁判立场并不统一，有法院认为不应当适用司法

---

[1] 最高人民法院民事审判第二庭编著：《中华人民共和国公司法理解与适用（下）》，人民法院出版社2024年版，第1002页；王瑞贺主编：《中华人民共和国公司法释义》，法律出版社2024年版，第321页。

[2] 李建伟：《股东压制的公司法救济：英国经验与中国实践》，载《环球法律评论》2019年第3期。

解散规则救济股东压制，有的法院对此则持相反观点，认为股东压制可以通过司法解散规则实现救济。

1.1 不应当适用司法解散规则救济股东压制的裁判观点

基于司法解散的严厉性、终局性特征，在司法裁判中法院对于公司解散持谨慎态度，多数情况下并不适用司法解散规则来救济股东压制。实践中，部分法院没有完全固守《公司法司法解释（二）》确立的公司僵局之形式标准，更强调公司陷入"经营管理困难"的实质性标准。但是对于原告主张的诸种股东压制事实，法院一般不轻易支持适用解散之诉的救济路径。[1]

例如，在人民法院的入库案例"邢某等人诉威海公司公司解散纠纷案"中，最高人民法院认为，大股东对小股东进行的股东压制并非我国法律规定的公司强制解散情形，公司应否解散应当严格按照《公司法司法解释（二）》第1条之规定进行判断。[2] 在"中节能科技投资有限公司与中节能城市照明节能管理有限公司公司解散纠纷案"中，法院亦认为是否存在所谓大股东压制、股东滥用权利损害其他股东利益的情形亦非公司司法解散的法定事由。[3]

1.2 允许司法解散规则救济股东压制的裁判观点

实践中，也不乏部分判决将司法解散适用于公司僵局之外的其他情形，从合目的性解释的视角，将股东压制尤其是"复合性的严重股东压制"列入司法解散事由之列。[4]

在最高人民法院公报案例"吉林省金融控股集团股份有限公司与吉林省金融资产管理有限公司、宏运集团有限公司公司解散纠纷案"中，最高人民法院认为，大股东利用优势地位擅自将公司资金出借给其关联公司，致使公司经营管理出现严重困难，经营目的无法实现，且通过其他途径已无法解决的，小股东有权诉请解散公司。[5] 最高人民法院对于经营困难的理解并未采取指导案例8号中对"公司组织机构的运行状态进行综合分析"的思路，而是从公司实际运营状态与公司设立目的差异角度得出多数股东利用优势地位导致经营目的无法实现的结论。然而，虽然本案符合股东压制的情形，但是最高人民法院在论述适用司法解散时采用的仍然是公司僵局的思路，并没有

---

〔1〕《"股东压制"可否作为公司司法解散法定事由？》，载微信公众号"商法李建伟"，发布日期：2023年6月2日。

〔2〕人民法院案例库案例：2023-08-2-283-001。

〔3〕上海市徐汇区人民法院（2022）沪0104民初1761号民事判决书。

〔4〕李建伟：《司法解散公司事由的实证研究》，载《法学研究》2017年第4期。

〔5〕最高人民法院（2019）最高法民申1474号。

直接以股东压制为由进行判决。

在"龙某与成都市燕波云科技有限责任公司公司解散纠纷案"中，成都市中级人民法院直接将股东压制解释为《公司法司法解释（二）》规定的"经营管理发生其他严重困难"这一兜底情形，认为"经营管理发生其他严重困难"主要是指"股东压迫""公司业务经营严重困难""公司丧失经营条件"等情形。[1]

2. 股东压制能否作为司法解散事由的理论探讨

针对 2023 年《公司法》第 231 条规定的司法解散公司规则能否适用于股东压制的情形，理论上存在两种不同的观点。

反对司法解散公司规则扩张适用于股东压制情形的观点认为，从法条文义来看，司法强制解散的事由仅限于公司僵局，并未明确包括股东压制这一未被承认的司法解散事由。此外，《公司法司法解释（二）》第 1 条所列举的四项司法解散的具体事由主要围绕 2023 年《公司法》中"经营管理发生严重困难"展开，难以确定在解释上是否包括股东压制。司法解释仅指向了公司僵局，并且将公司僵局形态限制得非常固定。[2]

支持观点则认为，2023 年《公司法》第 231 条规定的司法解散公司规则可以适用于股东压制的情形，主要理由如下：其一，司法解散公司规则为异议股东创造了一个类似公众公司的、能够对股东机会主义行为产生约束力的司法"退出"市场。[3]在穷尽各种救济手段仍不能改变股东压迫的情况下，公司存续对于小股东已经失去了意义，此时解散公司是股东维护其利益的唯一选择。[4]其二，基于同等情况同样对待的法理，需要将股东压制和公司僵局同等对待。公司治理的严重障阻无非形成"僵局""压制"两种情况，如果公司僵局能够成为解散事由，而股东压制被排除在外，则需从法理上提供正当性解释。[5]然而，并不存在足以支持两者不被同等对待的法理。其三，从立法目的角度，司法解散救济制度的本质目的不仅在于赋予少数股东解散公司的"平衡性权利"，坚持公司设立的原始结构，还旨在为终结不和谐的股东关系提供一种经济的法律通道。股东之间的僵局、压迫等人合性障碍是封闭性公司中非常普遍的导致司法解散的诉由。一旦出现公司僵局、股东压迫

---

〔1〕 成都市中级人民法院（2018）川 01 民终 4457 号民事判决书。

〔2〕 李建伟主编：《公司法评注》，法律出版社 2024 年版，第 916 页。

〔3〕 耿利航：《有限责任公司股东困境和司法解散制度——美国法的经验和对中国的启示》，载《政法论坛》2010 年第 5 期。

〔4〕 最高人民法院（2017）最高法民申 2148 号。

〔5〕 李建伟：《司法解散公司事由的实证研究》，载《法学研究》2017 年第 4 期。

这类典型的"人合性障碍",必须为股东提供一种相对便捷的退出通道,以解决此种不和谐问题,而司法解散恰恰是此种法律通道。[1]

3. 股东压制作为司法解散事由的比较法考察

比较法上,域外主要国家都将司法解散作为股东压制的重要救济路径。

在美国法上,19 世纪 30 年代以后,以伊利诺伊州为代表的州公司法规定了股东在受到压迫或不公平行为侵害时,可以向法院请求强制解散公司。随后,《美国示范公司法》第 14.30 节规定,董事或者控制公司的人已经、正在或将会实施非法的、压迫性的或者欺诈性的行为的,股东可以申请司法解散程序。[2]大部分州公司法都有相同或表达类似的条款。如今美国法院的总体趋势是不断地对其传统司法解散制度进行扩张解释,放松了公司解散的标准,使司法解散规则成为解决公司股东困境或争议最有效的方式。[3]

在英国法上,《英国 2006 年公司法》第 994 条至第 998 条构成了不公平损害规则体系,赋予了股东在受到压迫情况下的诉权。此外,1986 年《英国破产法》第 122 条也规定了受不公平对待的股东可以向法院申请解散公司。

在德国法上,《德国有限责任公司法》第 61 条明确了股东可以提起解散公司之诉,并将起诉前提界定为"公司的经营已无法实现其设立的目的,或根据公司的实际情况存在应当解散的'重大原因'"。但是针对"重大原因"的具体内涵法律未作进一步规定,因此属于不确定法律概念,需要法官结合个案具体情况作出裁量。此外,如果少数股东能够退出公司,其他股东能够继续经营,法院也可能认定不存在解散公司的"重大原因"。[4]

4. 司法解散规则能否适用于股东压制情形宜做开放处理

本书认为,从解释论的立场,结合司法解释以及公司法修改过程中对司法解散规则能否适用于股东压制情形的讨论,司法强制解散的事由仅限于公司僵局,在现行法框架内股东压制情形下司法解散规则并没有适用的空间。因此,股东只能依据 2023 年《公司法》第 89 条第 3 款通过异议股东回购权的方式获得救济。

---

[1] 蒋大兴:《"好公司"为什么要判决解散——最高人民法院指导案例 8 号评析》,载《北大法律评论》2024 年第 1 期。

[2] 沈四宝编译:《最新美国标准公司法》,法律出版社 2006 年版,第 212 页。

[3] 耿利航:《有限责任公司股东困境和司法解散制度——美国法的经验和对中国的启示》,载《政法论坛》2010 年第 5 期。

[4] 邓江源:《有限责任公司股东压制的困境与出路》,人民法院出版社第 2015 年版,第 72 页。

在未来发展过程中，随着股东压制规则的不断完善，最高人民法院可以在现行法规定的基础上结合司法实践经验，扩张股东压制的救济情形，为股东退出提供更加多元的通道。

问题 192 ▷ 清算人、清算义务人、清算组成员、股东等主体该如何区别？

在公司清算制度的规范框架中，清算人、清算义务人、清算组成员及股东等主体面临概念混同与功能错位的结构性难题。我国公司法明确了启动清算程序的基本规则，但是立法表述中"清算义务人""清算组""清算组成员"等术语的含义并不明确，且不同法律和司法解释、会议纪要的规定亦存在差异，导致实践中频繁出现责任主体的识别偏差，主体要件的模糊也引发类案裁判标准的分歧。不同主体的认知偏差不仅削弱了清算程序的效率价值，更导致责任追究机制的失序，有必要予以厘清。

1. 清算人等同于清算组或清算组成员

清算人并非严格意义上的法律概念，而是常见于学理和实践的惯用表述。针对其具体内涵存在两种不同的界定路径：其一，将"清算人"等同于"清算组"，强调其作为负责具体清算工作的临时性执行机构的组织法属性；其二，使用"清算人"笼统地指向清算义务人、清算组、清算组成员等内涵，不作具体区分。[1]从历史解释的维度出发，立法者偏向于采取第一种解释路径，将"清算人"的概念与"清算组"等同来看，认为"清算组也称清算人，是依法成立的用以接管解散公司，负责解散公司财产的保管清理、估价、处理、分配等事务的临时性专门机构"。[2]

本书认为，清算人通常又称清算组，是指由清算义务人组建、负责公司清算事务的组织，在清算过程中代表公司。但需根据语境区分清算人指向的是机构整体还是成员个体。与之对应，清算组成员则是在清算组中实际进行清算工作的人。根据 2023 年《公司法》的规定，清算组成员通常由董事担任，章程或者股东会决议也可以另选他人。该规定对 2018 年《公司法》进行了较大幅度的修改，删除了有限责任公司的清算组由股东组成的规定。

在德国法上，《德国有限责任公司法》第 66 条规定："在除支付不能程序情形以外的解散的情形中，未通过公司章程或者股东决议将清算委托于其他

---

〔1〕 赵旭东主编：《新公司法条文释解》，法律出版社 2024 年版，第 505 页。

〔2〕 最高人民法院民事审判第二庭编著：《中华人民共和国公司法理解与适用（下）》，人民法院出版社 2024 年版，第 1006 页。

人的，由业务执行人进行清算……对于清算人的选任，准用第 6 条第（2）款第 2 句和第 3 句的规定……"〔1〕可见，德国法上将业务执行人定义为清算人，同时也允许公司章程或股东会决议另行委托。我国 2023 年《公司法》第 232 条的改革方向与此种立法例具有一致性，有利于破解被泛化的股东清算责任困境。

2. 清算义务人不同于清算人或清算组

2.1 清算义务人的定义

清算义务人是公司清算的组织主体，不同于清算人或清算组。〔2〕针对清算义务人的定义，学理上存在诸多解释，第一种观点认为，清算义务人是基于其与公司之间存在的特定法律关系，在公司解散时负有在法定期限内启动清算程序、成立清算组织，并在未及时清算给相关权利人造成损失时依法承担相应责任的民事主体。〔3〕第二种观点较第一种观点更进一步认为清算义务人有保管公司相关清算文件和财产的职责，主张公司清算义务人是指应当及时启动清算程序并妥善保管公司财产及清算相关文件的主体。〔4〕第三种观点主张，公司清算义务人是从事法定的清算组织工作和重大的清算事项决策的主体。〔5〕第四种观点则构建了更加广义的清算义务人概念，认为清算义务人是指履行所有公司清算义务的主体，其职责内容包括组织清算组，担任清算组成员，启动清算程序，并竭尽全力对清算组的清算工作履行必要的协助义务（如提供财务会计报告和会计账簿、原始凭证、公司财产清单等）。〔6〕

2023 年《公司法》第 232 条对清算义务人和清算组成员进行了区分，可见二者并不相同，应该在定位上对其处于不同清算阶段的状态予以明确区分。因此本书认为，清算义务人是指在公司解散时负责启动清算程序、成立清算组的人，未履行清算义务时需要承担法律责任。2023 年修订的《公司法》明确将董事列为清算义务人，各国公司法也大多采取此种立法思路。

2.2 清算义务人和清算人的区别

如上所述，清算人（或称"清算组"）和清算义务人并非同一主体，两

---

〔1〕《德国商事公司法》，胡晓静、杨代雄译，法律出版社 2014 年版，第 58 页。

〔2〕 王瑞贺主编：《中华人民共和国公司法释义》，法律出版社 2024 年版，第 323 页。

〔3〕 王欣新：《论清算义务人的义务及其与破产程序的关系》，载《法学杂志》2019 年第 12 期。白莉：《公司清算制度法律问题研究——以债权人利益保护为中心》，法律出版社 2011 年版，第 68 页；刘敏：《公司解散清算制度》，北京大学出版社 2012 年版，第 57 页。

〔4〕 张新宝：《〈中华人民共和国民法总则〉释义》，中国人民大学出版社 2017 年版，第 134 页。

〔5〕 蒋大兴：《公司清算义务人规范之适用与再造——"谁经营谁清算" vs. "谁投资谁清算"》，载《学术论坛》2021 年第 4 期。

〔6〕 刘俊海：《现代公司法》（下册），法律出版社 2015 年版，第 1156 页。

者存在显著区别。2023 年《公司法》第 232 条通过"清算义务人"与"清算组"的规范界分，在立法层面系统性回应了各清算主体身份混同的实践困境，确认了二者在主体资格、责任基础层面的本质差异，体现了两者在职责和履职顺序这两个维度上的不同：清算义务人产生于公司解散事由出现时，负有事前启动义务；清算组成员则形成于清算组成立后，承担事中执行责任。清算人和清算义务人的概念也存在着紧密联系，一方面，清算人一般由清算义务人指定；另一方面，清算义务人和清算人存在主体重合的概率较高，在公司章程或者股东会决议没有另选他人作为清算人的情况下，在清算程序启动阶段担任清算义务人的董事同时将在清算程序中进一步担任清算人。

2.3 股东并非清算义务人

就清算义务人的身份而言，股东是否为清算义务人在理论和实务中存在较多争议，直至 2023 年《公司法》第 232 条明确董事为清算义务人，改变了此前有关司法解释、会议纪要等将股东列为清算义务人的做法。

从立法沿革来看，最高人民法院在《公司法司法解释（二）》第 18 条中规定："有限责任公司的股东、股份有限公司的董事和控股股东未在法定期限内成立清算组开始清算，导致公司财产贬值、流失、毁损或者灭失，债权人主张其在造成损失范围内对公司债务承担赔偿责任的，人民法院应依法予以支持。有限责任公司的股东、股份有限公司的董事和控股股东因怠于履行义务，导致公司主要财产、账册、重要文件等灭失，无法进行清算，债权人主张其对公司债务承担连带清偿责任的，人民法院应依法予以支持。上述情形系实际控制人原因造成，债权人主张实际控制人对公司债务承担相应民事责任的，人民法院应依法予以支持。"根据该规定，有限责任公司的股东为清算义务人，股份公司的董事和控股股东为清算义务人。司法实践表明，双轨制模式存在一定缺陷，法院存在机械适用《公司法司法解释（二）》第 18 条的倾向，将有限责任公司全体股东不加区分地认定为清算义务人，导致未参与公司经营的小股东被迫对公司债务承担连带清偿责任。[1]

针对这一现实困境，最高人民法院在《九民纪要》中指出，《公司法司法解释（二）》第 18 条规定的"怠于履行义务"，是指有限责任公司的股东在

---

[1] 上海存亮贸易有限公司诉蒋某东、王某明等买卖合同纠纷案，上海市第一中级人民法院 (2010) 沪一中民四（商）终字第 1302 号民事判决书。该案系最高人民法院 2012 年第 9 号指导性案例，法院裁判认为，有限责任公司的全体股东在法律上应一体成为公司的清算义务人，公司法及其相关司法解释并未规定例外条款，因此无论股东在公司中所占的股份为多少，是否实际参与了公司的经营管理，其在拓恒公司被吊销营业执照后，都有义务在法定期限内依法对公司进行清算。该指导案例已于 2021 年 1 月 1 日起不再参照。

法定清算事由出现后，在能够履行清算义务的情况下，故意拖延、拒绝履行清算义务，或者因过失导致无法进行清算的消极行为。股东举证证明其已经为履行清算义务采取了积极措施，或者小股东举证证明其既不是公司董事会或者监事会成员，也没有选派人员担任该机关成员，且从未参与公司经营管理，以不构成"怠于履行义务"为由，主张其不应当对公司债务承担连带清偿责任的，人民法院依法予以支持。[1]该会议纪要通过限缩解释"怠于履行义务"的内涵，为小股东提供了救济路径，即股东能够证明其已采取积极措施履行清算义务，或小股东举证其既未担任公司董监高职务，亦未参与公司经营管理，则可免除清算责任。

《民法典》第70条进一步明确了法人的清算义务人，法人解散的，除合并或者分立的情形外，清算义务人应当及时组成清算组进行清算。法人的董事、理事等执行机构或者决策机构的成员为清算义务人。法律、行政法规另有规定的，依照其规定。清算义务人未及时履行清算义务，造成损害的，应当承担民事责任；主管机关或者利害关系人可以申请人民法院指定有关人员组成清算组进行清算。根据该规定，法人的董事、理事等执行机构或者决策机构的成员为清算义务人，其中的但书条款为特别法预留了一定的空间。

与《民法典》的规定一致，2023年修订的《公司法》第232条通过将清算义务人明确限定为董事，实现了对既有《公司法》规范体系的突破，标志着清算义务主体从"谁投资谁清算"向"谁管理谁清算"的范式转型，也解决了长期以来股东是否应当列为清算义务人的争议。这一立法变革实质上否定了《公司法司法解释（二）》第18条确立的有限责任公司以股东为清算义务人、股份有限公司则以董事和控股股东为清算义务人的双轨制模式，将股东排除出清算义务人的范畴之外。

需要注意的是，虽然股东不属于法定的清算义务人，但并不意味着其在清算程序中绝对不承担任何责任。如果不担任董事的控股股东实质执行董事事务，则根据2023年《公司法》第180条第3款规定，构成事实董事，若其未及时履行清算义务的也需要参照董事的信义义务规定对公司承担赔偿责任。如果该控股股东指示董事在解散事由出现后拖延组建清算组进行清算，则其构成影子董事，结合2023年《公司法》第192条规定，需要与董事承担连带责任。换言之，不宜将股东直接纳入清算义务人范畴，但是在其构成事实董事和影子董事的情况下其仍应当承担清算义务人责任。

---

[1] 《九民纪要》第14条。

3. 清算人、清算义务人、清算组成员、股东等主体的区别总结

综上所述，根据 2023 年《公司法》第 232 条的规定，清算义务人系在公司解散时负责启动清算程序、成立清算组的人，由公司的董事担任，其核心职责是待解散事由出现后及时组成清算组。

清算人为学理概念，通常与清算组同义，是指由清算义务人组建、负责公司清算事务的组织，但仍然需要注意区分具体语境中的"清算人"指向的是清算机构整体还是成员个体。

清算组成员则是在清算组中实际进行清算工作的人，负责具体实施清算事务，一般由董事组成，但是章程或者股东会决议也可以另行选任清算组成员。

在 2023 年《公司法》下，股东不属于清算义务人的范畴，在章程另有规定或者股东会另行决议的情况下股东可以担任清算组成员。

问题 193 ▷ 董事怠于履行清算义务时，其责任的构成要件和抗辩事由是什么？

2023 年《公司法》第 232 条将清算义务人限定为董事，标志着我国公司法上清算责任主体从有限责任公司股东、股份有限公司董事和控股股东的"双轨制"模式转向所有公司董事的"单轨制"模式的重大变革。[1]在此背景下，明确董事怠于履行清算义务时责任的构成要件，有助于准确判定其是否应当承担法律责任，事关清算过程中公司与债权人的权利救济；同时，明确其抗辩事由，涉及董事如何防范和规避清算责任风险，能够在保障公司和债权人利益的同时给予董事合理的权益维护空间。然而，2023 年《公司法》框架下董事怠于履行清算义务责任的构成要件和抗辩事由尚存解释空间，这不仅涉及解决公司清算纠纷的迫切需求，更事关公司治理和法律责任体系的完善，需要予以进一步明确。

1. 董事怠于履行清算义务的构成要件

董事怠于履行清算义务时产生的赔偿责任系基于侵权责任原理，因此，在判断责任的构成要件时，应当按照清算义务人客观上未及时履行清算义务，造成损害，损害与清算义务人未及时履行清算义务之间存在因果关系，主观

---

〔1〕 王毓莹：《新公司法热点问题解析》，载《法律适用》2024 年第 12 期；胡改蓉：《我国公司清算主体模式的反思——由双轨制向单轨制的转换》，载《法治研究》2023 年第 4 期。

上有过错进行把握。[1]

1.1 未及时履行清算义务

公司清算涉及一系列过程，包括启动清算程序、成立清算组、进行清算、完成清算、发现公司财产不足以清偿债务应向法院申请宣告破产等。根据2023 年《公司法》第232 条第1 款的规定，清算义务人的义务不包括完成前述全部清算过程，其清算义务仅仅是指在解散事由出现之日起15 日内组成清算组进行清算。因此，如果在公司解散事由出现后15 日内董事仍未成立清算组的，即构成"清算义务人未及时履行清算义务"。

1.2 给公司或者债权人造成损失

《公司法司法解释（二）》第18 条规定，有限责任公司的股东、股份有限公司的董事和控股股东未在法定期限内成立清算组开始清算，导致公司财产贬值、流失、毁损或者灭失，债权人主张其在造成损失范围内对公司债务承担赔偿责任的，人民法院应依法予以支持。有限责任公司的股东、股份有限公司的董事和控股股东因怠于履行义务，导致公司主要财产、账册、重要文件等灭失，无法进行清算，债权人主张其对公司债务承担连带清偿责任的，人民法院应依法予以支持。上述情形系实际控制人原因造成，债权人主张实际控制人对公司债务承担相应民事责任的，人民法院应依法予以支持。可见，司法解释对损害后果的定位为"导致公司财产贬值、流失、毁损或者灭失"以及"导致公司主要财产、账册、重要文件等灭失，无法进行清算"。而2023 年《公司法》仅笼统规定"清算义务人未及时履行清算义务，给公司或者债权人造成损失的，应当承担赔偿责任"，并没有就造成损失的具体样态进行细化说明，因此对于董事怠于履行清算义务的损害后果认定存在两种解释路径。

第一种路径认为，仍然应该保留司法解释对损害后果的认定，需要证明董事怠于履行清算义务的行为造成公司无法进行清算。第二种路径则认为，应当回归到新法本身，仅需证明董事未及时履行清算义务给公司或债权人造成损害即可。本书认为，对于损害后果的判断应当遵循第二种解释路径，无须证明损害后果需要达到公司无法进行清算的程度，主要理由为：其一，根据新法优于旧法的基本原理，2023 年《公司法》对于损害后果的规定并不包含公司或债权人在主张清算义务人的赔偿责任时，需要证明公司因其行为无法进行清算这一逻辑链条；在董事责任承担方面，2023 年《公司法》的规定

---

[1] 王瑞贺主编：《中华人民共和国公司法释义》，法律出版社2024 年版，第323 页。

仅限于清算义务人的一般赔偿责任，而排除了连带责任。[1]诚然，公司无法进行清算系损害后果的表现之一，但是在法律没有规定的情况下，不宜要求当事人在所有情况下都证明董事怠于履行清算义务需要达到公司无法清算的后果。其二，"公司无法清算"的认定标准模糊，实践中对此也存在巨大争议。部分法院以"虽然债权人能够举证公司存在应清算未清算的事实，但在清算义务人能够提供部分公司资料时，公司是否无法清算的事实尚未确定"为由，认为债权人要求清算义务人承担怠于清算责任的前提条件尚不具备。[2]

综上所述，公司或债权人仅需要证明其实际受到了损失即可。对于公司而言，参考《公司法司法解释（二）》第18条第1款规定，董事怠于履行清算义务给公司造成的损害可能表现为使公司的财产贬值、流失、毁损或灭失；对于债权人而言，清算义务人造成的损害可能是债权延期获得清偿，债权实现的金钱成本增加，或者债权不能获得清偿。

1.3 行为与损害结果之间存在因果关系

清算义务人赔偿责任的因果关系要件为董事未及时履行清算义务的行为与公司和债权人的利益受损之间有关联。我国法上因果关系的判断标准采相当因果关系说，只要求原因事实和损害结果之间在通常情况下存在可能性即可，不要求公司及债权人利益受损的后果与董事怠于履行清算义务的行为之间存在必然联系。[3]需要注意的是，"清算义务人未及时履行清算义务"和"给公司或者债权人造成损失"在时间上须符合先后关系，只有当清算义务人怠于履行义务这一事实发生在损失之前，二者才有可能具备因果关系。

在因果关系的证明责任分配上，存在两种裁判观点：[4]一是采用因果关系推定，由清算义务人举证证明因果关系不存在；[5]二是由债权人来举证证明因果关系成立。[6]实践中，如侵权行为及损害结果均已被查证属实，则法院通常会推定两者之间存在因果关系，无需债权人对此进一步举证。若清算

〔1〕 刘贵祥：《关于新公司法适用中的若干问题》，载《法律适用》2024年第6期。

〔2〕 哈药集团医药有限公司、陈某英与公司有关的纠纷案，最高人民法院（2020）最高法民申2293号民事裁定书。

〔3〕 程啸：《侵权责任法》，法律出版社2021年版，第249-252页。

〔4〕《新公司法专栏（十四）：董事作为清算义务人的责任与风险》，载微信公众号"金杜研究院"，发布日期：2024年9月2日。

〔5〕 嘉兴云族资产管理合伙企业（有限合伙）与周某玉等股东损害公司债权人利益责任纠纷案，上海市宝山区人民法院（2022）沪0113民初1995号民事判决书。

〔6〕 北京领域安信科技有限公司等与沈某等股东损害公司债权人利益责任纠纷案，北京市高级人民法院（2021）京民申7784号民事裁定书。

义务人抗辩因果关系不存在的，则应当由其承担举证责任。[1]

1.4 存在主观过错

主观过错为侵权责任的构成要件之一，包括故意和过失两种形态。[2]从《民法典》第1165条的规定来看，承担侵权责任通常基于过错原则，而无过错责任则属于例外情况，需要法律明文规定。法律针对董事的清算义务人责任并没有作出特别规定，因此应当适用过错责任原则。在2023年《公司法》修订之前，《公司法司法解释（二）》及《九民纪要》对清算义务人责任的表述为"怠于履行清算义务"，其中包含对清算义务人过错的认定。《九民纪要》第14条将清算义务人的过错描述为：有限责任公司的股东在法定清算事由出现后，在能够履行清算义务的情况下，故意拖延、拒绝履行清算义务，或者因过失导致无法进行清算的消极行为。所谓故意，指的是董事有意不启动清算程序、成立清算组进行清算；过失则是指在出现法定清算事由的情况下，董事由于欠缺相应的法律知识而不知道要履行清算义务，从而导致无法对公司进行清算。[3]

2. 董事怠于履行清算义务的抗辩事由

作为清算义务人，董事有义务在公司解散事由出现之日起15日内组成清算组进行清算，否则将面临被公司或债权人追索承担赔偿责任的后果。在此背景下，如何有效防范和规避清算义务人责任风险，避免自身陷入法律纠纷，已然成为董事履职时亟须关注和解决的关键问题。结合《公司法司法解释（二）》第18条以及《九民纪要》相关规定，董事可以考虑以下几种抗辩事由作为防范和规避清算责任风险的措施。

2.1 不存在怠于履行清算义务的情形

董事可以举证证明其已经为履行清算职责采取了积极措施，或客观上无法履行清算义务，不存在怠于履行清算义务的情形和主观过错，从而实现抗辩目的。清算义务人未及时履行清算义务所隐含的前提是清算义务人能够采取措施实现义务履行，因此需要考察董事是否实际具备启动清算程序的条件和能力，只有在清算义务人"能为而不为"时，才能追究其赔偿责任。从法

---

[1] 《新〈公司法〉中董事怠于清算责任的构成要件及抗辩要点初探》，载微信公众号"中伦视界"，发布日期：2024年2月9日。

[2] 程啸：《侵权责任法》，法律出版社2021年版，第215页。

[3] 最高人民法院民事审判第二庭编著：《〈全国法院民商事审判工作会议纪要〉理解与适用》，人民法院出版社2019年版，第166页。

院判例来看，一方面，在公司未能进行或完成清算系因其他人员或事件所致的情况下，譬如由于实际控制公司主要财产、账册、重要文件的股东或其他人员故意拖延、拒绝配合等原因所致。[1]另一方面，如果董事因自身客观原因无法履行清算职责，譬如其在清算义务发生时处于被羁押、监禁或服刑状态，则其客观上无法进行清算工作，不构成怠于履行清算义务。[2]

2.2 行为与损害结果之间不存在因果关系

因果关系抗辩是《九民纪要》第15条明确列举的抗辩事由，有限责任公司的股东举证证明其"怠于履行义务"的消极不作为与"公司主要财产、账册、重要文件等灭失，无法进行清算"的结果之间没有因果关系，主张其不应对公司债务承担连带清偿责任的，人民法院依法予以支持。如果董事怠于履行清算义务的行为与公司和债权人的损害结果之间不存在因果关系，则也不能追究董事怠于履行清算义务的责任。譬如，如果董事能够举证证明在公司的清算事由出现之前公司已丧失偿债能力，则债权人的债权无法受偿并非由公司无法清算导致，清算义务人可以此作为抗辩避免被追究赔偿责任。

实践中，董事可以通过提供在清算事由出现前，公司已经因无可供执行的财产而被法院作出终结本次执行的裁定，以此证明公司在清算事由出现前即已丧失偿债能力。[3]部分法院则认为，如在清算事由发生前，公司已无财产可供执行，则即便公司可以清算，债权人的债权仍无法得到清偿，故债权人的权益受损并非由债务人公司无法清算导致，两者之间不存在因果关系。[4]又如，前述董事处于被羁押、监禁或服刑状态等期间公司或债权人权益受损的事实已经发生，若董事在恢复人身自由之后被诉怠于履行清算义务，则此前致损的事实已经发生，应当认定董事的行为与损害结果之间不存在因果关系。

2.3 权利人的请求权已经超过诉讼时效期间

在公司或债权人请求董事承担怠于履行清算义务的赔偿责任的情况下，董事可以其请求权已经超过诉讼时效期间为由进行抗辩。在董事未及时履行清算义务给公司或债权人造成损失时，如果有关权利主体未及时主张其损害

---

〔1〕 梅州市电力开发公司、深圳市联合宝利投资担保有限公司股东损害公司债权人利益责任纠纷案，广东省深圳市中级人民法院（2019）粤03民终7477号民事判决书。

〔2〕 徐州徐工液压件有限公司、曹某伟等损害公司债权人利益责任纠纷案，江苏省徐州市中级人民法院（2022）苏03民终2826号民事判决书。

〔3〕《新〈公司法〉中董事怠于清算责任的构成要件及抗辩要点初探》，载微信公众号"中伦视界"，发布日期：2024年2月9日。

〔4〕 北京明和建筑设备租赁有限公司等与周某银等股东损害公司债权人利益责任纠纷案，北京市高级人民法院（2022）京民申570号民事裁定书。

赔偿请求权的，则将丧失胜诉权，董事可以参考《九民纪要》第 16 条规定的思路提出诉讼时效抗辩。

需要说明的是，在诉讼时效起算点的具体认定方面，既往司法裁判存在不同的观点，有待司法解释等配套内容对此作出进一步明确。有法院认为，应以公司解散事由出现之日起满 15 天为标准认定诉讼时效的起算点。[1]有法院认为，应当以有关主体知晓公司无法清算为诉讼时效的起算点。[2]有法院以作为公司外部人的债权人无从知晓公司内部的财务状况为由，认为应以法院认定公司无法清算作为诉讼时效的起算点。[3]

问题 194 ▷ 简易注销存在哪些风险？公司应当如何选择适用简易注销程序？

我国公司法上的注销登记制度可以分为普通注销登记和简易注销登记。其中，简易注销制度是指针对特定的市场主体，以"便捷高效、公开透明、控制风险"为原则，简化企业注销的程序和提交的材料等方面内容，其实质是对普通注销制度的简化。[4]2015 年，为实现市场主体的退出便利化，原国家工商行政管理总局对市场主体退出推行了简易注销试点，自 2017 年 3 月 1 日起，在全国范围内实行企业简易注销登记改革。[5]2023 年《公司法》第240 条正式在法律层面引入简易注销制度，构成了我国注销制度的二元格局。在公司退出市场的诸多路径中，简易注销程序凭借其便捷、高效的特点，日益成为众多公司的选择。然而，简易注销制度在带来便利的同时也隐藏风险，部分环节的简化可能导致股东承诺不实、债权人利益保护不足等隐患。对于公司而言，如何在享受简易注销优势的同时，有效识别并规避潜在风险，准确判断如何选择适用这一程序，不仅关乎公司自身的合法退出，更影响着市场交易的安全与稳定，值得深入探讨。

---

〔1〕　北京市彤发伟业展览展示制作有限公司与汪某等股东损害公司债权人利益责任纠纷案，北京市高级人民法院（2021）京民申 6412 号民事裁定书。

〔2〕　王某平等与北京京佳世纪工贸有限公司股东损害公司债权人利益责任纠纷案，北京市第一中级人民法院（2018）京 01 民终 3805 号民事判决书。

〔3〕　天津汉通集装箱运输有限公司与北京资胜安科有限责任公司股东损害公司债权人利益责任纠纷案，北京市第一中级人民法院（2023）京 01 民终 3543 号民事判决书。

〔4〕　中国政法大学破产法与企业重组中心课题组：《完善市场主体退出制度的路径选择与制度构建》，载《中国市场监管研究》2019 年第 6 期。

〔5〕　《关于全面推进企业简易注销登记改革的指导意见》。

1. 简易注销存在的风险

1.1 对公司的风险

相较于普通注销程序严格的材料递交要求以及高额的注销成本，简易注销无疑减轻了申请注销企业的负担，因此大量企业选择通过简易程序完成注销。简易注销的适用范围是理想化的未开业或无债权债务的市场主体，本就不存在清算的对象，其真正形成的是对当事人注销申请的激励。[1]在公司未发生债权债务或已清偿债权债务，已结清职工工资、社保费用、应缴税款等，书面承诺承担相关法律责任并按规定公示的情况下，可以按照简易程序办理注销登记。[2]在简易注销程序中，为保证简易注销程序的效率，登记机关仅对申请材料进行形式审查，企业必须对其公告的拟申请简易注销登记和全体投资人承诺、向登记机关提交材料的真实性、合法性负责。

如果公司在不符合法定条件的情况下采取简易注销程序，甚至利用简易注销程序规避债务或侵害他人合法权利，则属于未经依法清算即注销，根据《市场主体登记管理条例》第40条的规定，提交虚假材料或者采取其他欺诈手段隐瞒重要事实取得注销登记的，登记机关可以依法作出责令改正、没收违法所得、罚款等处罚，同时依法撤销其注销登记，恢复公司的主体资格，并通过国家企业信用信息公示系统公示；有关直接责任人自市场主体登记被撤销之日起3年内不得再次申请市场主体登记。此外，根据《市场监督管理严重违法失信名单管理办法》第2条及第10条的规定，若公司违法进行简易注销性质恶劣、情节严重、社会危害较大，受到市场监督管理部门较重行政处罚的，还可能被列入严重违法失信名单。综上，在公司不具备简易注销条件而进行简易注销的情况下，不仅未能达到便利注销程序、节省注销成本的目的，反而会对公司后续办理普通的注销登记造成阻碍，甚至可能影响公司的信用记录。

1.2 对股东的风险

简易注销制度的关键环节是全体投资人签署承诺书，承诺公司不存在未结清清偿费用、职工工资、社会保险费用、法定补偿金、应缴纳税款（滞纳金、罚款），并对上述承诺的真实性承担相应的法律责任。该承诺书以全体投资人的信用背书公司的情形作为简易注销制度的适用条件，体现了注销由以

---

[1] 季奎明：《第三类破产："不算而销"的特别清理程序》，载《政法论丛》2021年第6期。

[2] 《司法部、市场监管总局负责人就〈中华人民共和国市场主体登记管理条例〉答记者问》，载 https://www.gov.cn/zhengce/2021-08/25/content_ 5633340. htm，最后访问日期：2025年2月5日。

往"背信推定"转变为"诚信推定"的市场经济理念。当公司隐瞒真实情况、弄虚作假时，全体投资人的承诺书便成为股东存在背信行为的证据，债权人及其他利害关系人据此可通过诉讼手段主张相应的民事权利。[1]

简易注销制度以实现市场主体高效退出为目的，其将 3 个月左右的注销简化为 20 日公示期，这种"诚信推定"的观念转变以后端惩治监管模式为核心。[2]在简易注销程序中，公司不需要进行清算，因此股东承诺不实进行的简易注销本质上属于规避清算程序办理的注销登记，根据《公司法司法解释（二）》第 20 条第 2 款的规定，公司未经依法清算即办理注销登记，股东或者第三人在公司登记机关办理注销登记时承诺对公司债务承担责任，债权人主张其对公司债务承担相应民事责任的，人民法院应依法予以支持。在具体的责任形式上，一旦存在承诺不实的情形，股东应当依据 2023 年《公司法》第 240 条第 3 款的规定，对注销登记前的债务承担连带责任，从而突破了对股东有限责任的保护。[3]

2. 公司应当如何选择适用简易注销程序

2.1 满足适用简易注销的积极和消极条件

根据 2023 年《公司法》第 240 条第 1 款的规定，简易注销程序仅适用于存续期间未产生债务，或者已清偿全部债务的公司。除此之外，《市场主体登记管理条例》对简易注销的适用范围进行了更为具体的列举，根据该条例第 33 条的规定，简易注销程序适用于未发生债权债务或者已将债权债务清偿完结，未发生或者已结清清偿费用、职工工资、社会保险费用、法定补偿金、应缴纳税款（滞纳金、罚款），并由全体投资人书面承诺对上述情况的真实性承担法律责任的公司。该规范表述也与 2023 年《公司法》第 236 条列举的"清偿费用、职工的工资、社会保险费用、法定补偿金、缴纳所欠税款"等债务内容相一致。

除了符合"存续期间未产生债务"或"无债权债务"这些积极条件，企业适用简易注销程序还需要满足一定的消极条件。结合《市场主体登记管理条例》第 33 条第 4 款以及《市场主体登记管理条例实施细则》第 48 条的细

〔1〕 张钦昱：《公司市场退出法律制度的嬗变逻辑与进化路径》，载《政治与法律》2021 年第 2 期。

〔2〕 李曙光：《论我国市场退出法律制度的市场化改革——写于〈企业破产法〉实施十周年之际》，载《中国政法大学学报》2017 年第 3 期。

〔3〕 周游：《新公司法条文解读与适用指引：案例·规则·文献》，法律出版社 2024 年版，第 525-526 页。

化规定，符合以下情形的，公司不得申请办理简易注销登记：注销依法须经批准的企业；涉及国家规定实施准入特别管理措施的外商投资企业；被列入企业经营异常名录或严重违法失信企业名单的；存在股权（投资权益）被冻结、出质或动产抵押等情形；有正在被立案调查或采取行政强制、司法协助、被予以行政处罚等情形的；企业所属的非法人分支机构未办理注销登记的；法律、行政法规或者国务院决定规定在注销登记前需经批准的；不适用企业简易注销登记的其他情形。

在简易注销程序的适用主体上，2023 年修订的《企业注销指引》作出了"上市股份有限公司除外"的规定，因此，简易注销程序只能适用于有限责任公司和未上市的股份有限公司。

2.2 提交申请书和全体投资人承诺书

根据《市场主体登记管理条例实施细则》第 47 条的规定，办理简易注销登记的申请材料包括申请书和全体投资人承诺书。其中，申请书指的是简易注销登记申请书，全体投资人承诺书则是指全体投资人对未产生债务，或者已清偿全部债务的书面承诺。为了避免承诺不实等恶意注销现象的出现，全体股东承诺书中不仅应体现全体投资人对具备简易注销条件的承诺，还应当提示恶意注销情况下股东需要对注销登记前的债务承担连带责任的法律风险。

2.3 履行简易注销程序

简易注销程序不包括清算程序的履行。简易注销以股东或第三人承诺为条件，因此债权人可依其承诺主张股东、第三人承担债务清偿责任，是不需要清算程序的注销，故不与清算义务人责任挂钩。[1]

具体而言，通过简易程序注销公司需要履行如下程序：其一，申请人应当将承诺书及注销登记申请提交至市场监督管理部门。其二，登记机关在收到申请后，应当对申请材料进行形式审查，满足简易注销的形式条件之后通过国家企业信用信息公示系统进行公示，公示期不少于 20 日。其三，在公示期内无相关部门、债权人及其他利害关系人提出异议的，公司可以于公示期届满之日起 20 日内向登记机关申请注销登记。[2]其四，对于公告期内被提出异议的公司，登记机关应当在 3 个工作日内依法作出不予简易注销登记的决定；对于公告期内未被提出异议的公司，登记机关应当在公告期满后 3 个工作日内依法作出准予简易注销登记的决定。[3]登记机关在受理申请后，应当

---

〔1〕刘贵祥：《关于新公司法适用中的若干问题》，载《法律适用》2024 年第 6 期。
〔2〕《市场主体登记管理条例实施细则》第 49 条。
〔3〕《市场主体登记管理条例实施细则》第 52 条。

于 3 个月内完成调查，并及时作出撤销或者不予撤销市场主体登记的决定，期满未办理的登记机关可根据实际情况予以延长时限。[1]

问题 195 ◎ 强制注销需要满足哪些要件？又将导致什么样的法律后果？

强制注销，也称依职权注销、依职能注销等，是指在满足法定条件的市场主体未主动组织清算、申请注销的情况下，公司登记机关依职权经特定程序注销市场主体资格、强制终止市场主体资格的行为。[2]公司退出机制是保障市场秩序的重要环节，作为一种特殊的公司退出方式，强制注销并非基于公司的自主意愿，而是在特定情形下，由有权机关依法对公司主体资格予以强制消灭。这种注销方式涉及公司、股东、债权人等多方主体的利益，因此，明确强制注销需满足的要件，探究其将引发的法律后果，具有重要的理论与实践意义。

我国强制注销制度最早源于地方的立法和政策试点，为贯彻落实国家发展改革委等印发的《加快完善市场主体退出制度改革方案》对于"研究建立市场主体强制退出制度"的要求，深圳、浙江、海南等地都曾出台强制注销规定和试行办法，探索开展经营主体强制退出工作试点。在《市场主体登记管理条例》制定的过程中，草案曾涉及强制退出制度，但因争议较大最终未被正式纳入条例之中。2023 年《公司法》为强制注销制度的建立提供了法律位阶的规范依据，旨在解决大量"僵尸企业"的清理问题。2025 年 2 月 14 日，国家市场监督管理总局制定了《关于实施〈中华人民共和国公司法〉强制注销公司登记制度的规定（征求意见稿）》[3]，围绕强制注销公司登记的操作程序，对强制注销的流程和要求进行了规范。

1. 强制注销的要件

1.1 强制注销的实体要件

根据 2023 年《公司法》第 241 条第 1 款的规定，强制注销的实体要件包括两个方面：其一，强制注销限于公司被吊销营业执照、责令关闭或者被撤销这三种情形。公司被吊销营业执照的情形可以参见 2023 年《公司法》第 250 条、第 260 条、第 262 条等的规定，《市场主体登记管理条例》第 44 条、

---

[1]　《市场主体登记管理条例实施细则》第 53 条。

[2]　刘斌编著：《新公司法注释全书》，中国法制出版社 2024 年版，第 867 页。

[3]　下文简称《强制注销公司登记制度的规定（征求意见稿）》。

第 45 条和第 46 条等的规定；被责令关闭的情形可以参见 2023 年《公司法》第 261 条、《市场主体登记管理条例》第 43 条等的规定；被撤销的情形可以参见 2023 年《公司法》第 39 条、《市场主体登记管理条例》第 40 条等的规定。之所以限于前述三种情形，是因为公司一旦被吊销营业执照、责令关闭或被撤销，就已经失去了经营资格和继续经营的可能，可能成为"僵尸公司"，有待完成清算后彻底退出市场。除了被吊销营业执照、责令关闭或者被撤销的公司，其他情形下公司都不可以适用强制注销程序，包括歇业企业等。[1]此外，根据《强制注销公司登记制度的规定（征求意见稿）》，法律、行政法规或者国务院决定规定公司在注销登记前须经批准的，也不适用强制注销公司登记。

其二，符合前述情形的公司满三年未向公司登记机关申请注销公司登记。根据 2023 年《公司法》第 232 条的规定，公司被吊销营业执照、责令关闭或者被撤销后，应当及时进行清算，并在清算结束后申请注销登记。但是，如果满三年仍未清算完毕，则表明公司怠于履行清算、注销程序，公司已然处于"死亡"状态，此时公权力介入有助于清理僵尸公司，净化市场环境。在"三年"期限的起算时点这一问题上，尚存解释空间。有观点主张，三年期限应从公司被吊销营业执照、责令关闭或被撤销之日起算，而不论其间是否成立清算组进行清算；[2]有解释方案强调关注清算在强制解散中的作用，认为由于公司出现"异常"情形须经清算，故三年期限应从成立清算组之日起算；未成立清算组的，从应当成立清算组的最后一日起算。[3]本书认为，从文义解释角度，采第一种解释路径较为合理，第 241 条中的"满三年"直接与前一分句中的"公司被吊销营业执照、责令关闭或者被撤销"相连，其文义并不能解释出清算的情形，因此不宜在解释时加入清算组是否成立这一考量。

1.2 强制注销的程序要件

强制注销具备制裁特征，将导致公司主体资格的灭失，因此需要满足特定的程序要件，以确保其合法性。

就强制注销的责任主体而言，公司登记机关是公司强制注销的唯一主体。公司登记机关作为公司设立、变更、注销的登记管理部门，具有实施强制注销的权力，其他任何行政管理部门不得越权进行注销公司登记。对于符合强

---

〔1〕 李建伟主编：《公司法评注》，法律出版社 2024 年版，第 951 页。

〔2〕 最高人民法院民事审判第二庭编著：《中华人民共和国公司法理解与适用（下）》，人民法院出版社 2024 年版，第 1041 页。

〔3〕 朱晓娟：《公司强制注销的规范定位与体系构造》，载《国家检察官学院学报》2023 年第 6 期。

制注销实体要件的公司，登记机关无须核查其是否存在欠缴税款、领用发票、在缴社保人员、拖欠工资记录、登记在册的不动产权利、存续的商标、专利知识产权、在诉案件或者待执行案件、股权质押或者被冻结等情形。

当公司存在强制注销规定的情形时，登记机关并不可直接办理注销登记，而是需要履行公告程序。在强制注销公司前，公司登记机关需要通过国家企业信用信息公示系统进行公告，并且公告期不少于 60 日。公告内容包括公司名称、住所、法定代表人、统一社会信用代码/注册号、强制注销法定事由、拟注销登记意见、异议方式、公告起止日期等。[1]

在公告期间内，公司及其他利害关系人有权提出异议，请求中止注销程序。在异议主体的范围问题上，公司法条文并未予以明确。结合公司解散和清算制度的规定，异议主体的范围可以包括公司、公司股东、清算义务人及债权人等利害关系人。[2]公告期内，相关部门、债权人以及其他利害关系人对拟强制注销公司登记有异议的，应当通过国家企业信用信息公示系统或者以书面形式向公司登记机关提出。相关部门提出异议的，应当提供异议理由和相关材料。债权人、其他利害关系人提出异议的，应当提供异议人的姓名或者名称、身份证明、联系方式，异议人与拟强制注销公司存在债权关系或其他利害关系证明，异议理由和相关材料。[3]

异议符合下列情形之一的，公司登记机关终止强制注销程序，通过国家企业信用信息公示系统公告：①公司处于破产、重整、清算程序中的；②公司处于诉讼、仲裁、调解、执行程序中的；③公司正在被立案调查或者采取行政强制措施的；④公司存在股权被冻结、出质或者不动产、动产抵押的；⑤强制注销可能对国家利益或者社会公共利益造成重大损害的；⑥法律、行政法规规定的其他情形。因上述原因终止强制注销程序满 3 年，公司仍未申请注销登记的，公司登记机关可以重启强制注销程序。[4]

在公告期限届满后，如果没有异议，公司登记机关方可以实施强制注销。需要说明的是，公司登记机关作出的强制注销登记具有强单方性，不需要与被注销的公司进行协商或经其同意。[5]

---

[1] 《强制注销公司登记制度的规定（征求意见稿）》第 2 条。
[2] 最高人民法院民事审判第二庭编著：《中华人民共和国公司法理解与适用（下）》，人民法院出版社 2024 年版，第 1040-1041 页。
[3] 《强制注销公司登记制度的规定（征求意见稿）》第 4 条。
[4] 《强制注销公司登记制度的规定（征求意见稿）》第 5 条。
[5] 最高人民法院民事审判第二庭编著：《中华人民共和国公司法理解与适用（下）》，人民法院出版社 2024 年版，第 1040 页。

2. 强制注销的法律后果

2.1 公司主体资格消灭

根据《民法典》的规定，在公司登记机关进行注销公司登记后，公司不再存续，其独立法人资格因注销而终止，主体资格灭失，从而彻底退出市场。公司被强制注销登记后，公司登记机关在国家企业信用信息公示系统将其标注为强制注销，并向社会公示。[1]一般认为，强制注销本质上是确认公司主体资格消灭的登记行为，既非行政处罚，也非行政许可，应纳入行政确认的范畴。[2]

强制注销不同于行政处罚，虽然强制注销与吊销营业执照具有相似性，消灭主体资格的行为符合行政处罚的制裁性特征，但从规制对象来看，其不局限于"违法"行为，对于长期不经营、无经营意愿等长期停业的企业，也存在被强制注销的可能，[3]强制注销并不属于《行政处罚法》明确规定的处罚种类。

强制注销不同于行政许可，根据《行政许可法》第 2 条的定义，行政许可是指行政机关根据公民、法人或者其他组织的申请，经依法审查，准予其从事特定活动的行为。注销登记和设立登记在性质上都属于公司登记，有学者曾将设立登记归为行政许可行为，[4]但是强制注销并不存在行政许可的"申请"环节，也不符合行政许可法理所蕴含的为法律所一般禁止的内涵。

强制注销应纳入行政确认的范畴，其是对公司终止这一法律事实的确认，是对公司在主体资格消灭进行的认定和宣告，使得公司在法律层面不再具有权利义务主体地位，因此具有行政确认的属性。

2.2 强制注销后的责任承担

根据 2023 年《公司法》第 241 条第 2 款的规定，原公司股东、清算义务人的相关义务和责任承担不受公司主体资格已被消灭这一法律事实的影响。强制注销的规制目的仅在于主体资格之消灭，而并非消灭既有的债权债务关

---

〔1〕《强制注销公司登记制度的规定（征求意见稿）》第 8 条。

〔2〕 李建伟：《市场主体强制退出法律机制考察：问题、经验与方案》，载《行政法学研究》2025年第 2 期；朱晓娟：《公司强制注销的规范定位与体系构造》，载《国家检察官学院学报》2023 年第 6期；赵旭东主编：《新公司法条文释解》，法律出版社 2024 年版，第 477-479 页；《新公司法强制注销规则的衔接适用》，载微信公众号"最高人民法院司法案例研究院"，发布日期：2024 年 9 月 4 日。

〔3〕 李建伟：《市场主体强制退出法律机制考察：问题、经验与方案》，载《行政法学研究》2025 年第 2 期。

〔4〕 应松年主编：《当代中国行政法》（上卷），中国方正出版社 2005 年版，第 694-696 页。

系。[1]因此，被强制注销的企业虽然不能再为营业行为，商号等权利亦随之消逝，但其债权债务关系、股权结构等不作实体上的变更。[2]公司注销后"原股东及清算义务人的责任不受影响"，可以理解为包括股东欠缴出资等责任以及董事不及时组成清算组的责任。[3]该规定不仅可以持续保障公司债权人的权利，也可以督促"僵尸公司"积极主动按照法定程序退出市场。在清算与注销的先后顺位上，强制注销制度也可以产生从"先清算，再注销"转换为"先注销，再清算"的结果。

对于股东而言，原公司股东的责任具体可以包括 2023 年《公司法》第 23 条规定的股东滥用公司法人独立地位和股东有限责任逃避债务的责任，第 47 条、第 49 条、第 50 条及第 99 条规定的出资责任和其他股东的连带责任，第 53 条规定的抽逃出资的责任。

对于清算义务人而言，强制注销属于应当清算而不清算以至于公司不得不注销的情况，因此清算义务人依法承担的组织清算义务不变，清算义务人应当申请办理注销登记，这使得强制退出发生于清算、注销环节前，类似于公司解散的一种原因，突破了我国 2023 年《公司法》第 180 条规定的五种公司解散情形。[4]在公司被吊销营业执照、责令关闭或者被撤销后 3 年内，被解散公司的清算义务人可能未组成清算组，也可能组成了清算组。在未组成清算组的情形下，清算义务人应当对其未及时组成清算组给公司或者债权人造成的损失，承担赔偿责任；在组成清算组的情形下，公司清算义务人已经履行了其所负的法定义务，有观点认为，此时清算组成员怠于履行清算义务导致无法清算时也将给其他主体造成损害，因此公司被强制注销后，清算义务未履行产生的法律责任应当由清算组而非公司清算义务人承担。[5]

2.3 强制注销后的恢复登记

公司被强制注销登记后，适格的异议人认为存在例外情形不应当强制注销的，可以提出恢复登记的申请。登记机关可以快捷地予以恢复公司登记，充分保障相关利益方的权益。[6]

---

〔1〕 李建伟：《市场主体强制退出法律机制考察：问题、经验与方案》，载《行政法学研究》2025 年第 2 期。

〔2〕 张钦昱：《僵尸企业出清新解：强制注销的制度安排》，载《法学杂志》2019 年第 12 期。

〔3〕 刘贵祥：《关于新公司法适用中的若干问题》，载《法律适用》2024 年第 6 期；周游：《新公司法条文解读与适用指引：案例・规则・文献》，法律出版社 2024 年版，第 527 页。

〔4〕 李建伟：《市场主体强制退出法律机制考察：问题、经验与方案》，载《行政法学研究》2025 年第 2 期。

〔5〕 朱晓娟：《公司强制注销的规范定位与体系构造》，载《国家检察官学院学报》2023 年第 6 期。

〔6〕 关于《强制注销公司登记制度的规定（征求意见稿）》的起草说明。

具体而言，恢复登记包括两种情形，其一为依申请恢复登记，相关部门、债权人以及其他利害关系人发现存在公司处于破产、重整、清算程序中，公司处于诉讼、仲裁、调解、执行程序中，公司正在被立案调查或者采取行政强制措施，公司存在股权被冻结、出质或者不动产、动产抵押，强制注销可能对国家利益或者社会公共利益造成重大损害这几项情形之一的，可以在强制注销登记决定公告之日起 1 年内，向公司登记机关提出申请恢复公司登记；[1]其二为依职权恢复登记，公司被强制注销登记后，公司登记机关发现强制注销可能对国家利益或者社会公共利益造成重大损害的，应当恢复公司登记。[2]

公司登记机关恢复公司登记的，通过国家企业信用信息公示系统将其标注恢复为注销前状态，并向社会公示。恢复登记的公司名称已被第三人注册使用的，只恢复其统一社会信用代码/注册号，不再保留公司名称。[3]

---

[1]《强制注销公司登记制度的规定（征求意见稿）》第 10 条。

[2]《强制注销公司登记制度的规定（征求意见稿）》第 11 条。

[3]《强制注销公司登记制度的规定（征求意见稿）》第 12 条。

第十三章
外国公司的分支机构

问题 196 ▷ **2023 年《公司法》中规定的外国公司和《外商投资法》中的外商投资企业有什么区别？**

在外国公司与国内公司的区分标准上，立法例上主要有以下四种标准：其一，以公司的主要营业所在地为标准，更关注法律实体的司法和经济一体性[1]；其二，以公司股东或者控制人的国籍为标准，该种方法的实践操作难度较大；其三，以公司设立时所依据的法律和成立的地点为区分标准，这也是域外公司法上的通行标准，以"巴塞罗那电力公司案"为经典案件；其四，以公司与某国存在真实且持续的联系为标准，强调实际经营、经营活动或真实利益等[2]。

2023 年《公司法》第 243 条规定："本法所称外国公司，是指依照外国法律在中华人民共和国境外设立的公司。"根据该条规定，我国公司法采准据法兼设立行为地的标准以区分外国公司与内国公司。[3]同时，根据该条，可以明确 2023 年《公司法》所规定的外国公司包括"依照外国法律"以及"在中华人民共和国境外设立"两个规范要件。《外商投资法》第 2 条第 3 款规定："本法所称外商投资企业，是指全部或者部分由外国投资者投资，依照中国法律在中国境内经登记注册设立的企业。"根据该款规定，外商投资企业的要件包括三点，即"由外国投资者投资""依照中国法律""在中国境内设立"。

因此，在规范层面上，二者存在如下区别：其一，准据法不同。2023 年《公司法》中的外国公司的设立准据法为外国法律，《外商投资法》中的外商投资企业的登记注册设立之准据法应为中国法律。其二，设立行为地不同。2023 年《公司法》中的外国公司之设立行为应当发生在中国境外，外商投资企业则应当在中国境内进行登记、注册与设立的程序。其三，投资人身份要件不同。外商投资企业要求其投资人中必须包括外国投资者，包括外国的自然人、企业或者其他组织，[4]可以由外国投资者全部投资，也可以由外国投资者部分投资，投资比例不限；2023 年《公司法》中的外国公司对此则在所不问。结合前文所述的我国所采之公司国籍认定标准，二者的本质区别在于，外商投资企业是一类特殊的国内企业，外国公司则正好相反。

---

〔1〕 冯硕：《公司国籍认定标准的制度演进与中国的法律调适》，载《法商研究》2023 年第 5 期。

〔2〕 最高人民法院民事审判第二庭编著：《中华人民共和国公司法理解与适用（下）》，人民法院出版社 2024 年版，第 1049 页。

〔3〕 刘斌编著：《新公司法注释全书》，中国法制出版社 2024 年版，第 871 页。

〔4〕《外商投资法》第 2 条第 1 款。

第十四章
法律责任

问题 197 ▷ 公司承担行政责任时，如何确定"负责"的人员？

2023 年修订的《公司法》虽然就不同违法行为中直接负责的主管人员的责任作出规定，但"负责"的具体含义并未明确，如何界定这些"负责"的人员尚不清晰。本书认为，应当根据公司法上的分权关系以及实际上的履职情况，确定"负责"的人员。

1. 基于公司法上的分权关系和实际履职情况确定"负责"的人员

与域外公司法一样，我国公司法亦以分权的理念划分公司权力，规定不同权力分属于不同的公司机关，以确保公司有效治理。依据 2023 年《公司法》，公司机关不仅拥有法定的职权，还具备经授权或章程所赋予的职权。股东会作为公司的权力机关，不仅掌握着任免管理层与决策重大事项的权力，还享有公司章程中明确的其他职权。董事会作为执行机关，除了享有经营管理决策、执行及监督经理人等法定职权，还承载着章程规定或股东会授予的其他职责，负责经营管理决策与监督经理人。至于监督权及相应职责，则由董事会下设的审计委员会或另立的独立机关监事会专职承担，这些监督机关，在履行公司法规定的监督职权的同时，还享有公司章程所赋予的其他职权。

由于公司权力被分配给不同的公司机关，因此负责特定事务的机关和人员也各不相同。在此基础上，我们应当依据公司法所确立的分权原则，准确界定各项事务的具体责任人。同时，根据权责一致的基本原理，如果负责人员在执行职务过程中存在违法行为，导致公司因此承担上述行政责任，那么该人员也应承担相应的法律责任。

依据分权原则来明确"责任"归属，这一举措深深植根于权责一致的理念之中，旨在确保任何违法行使职权的行为人都能为其违法行为承担相应的法律责任。通常而言，根据分权原则来界定"责任"归属，这一做法不仅与公司内部权力分散于不同机构的架构相契合，而且反映了公司权力的实际分布。然而，值得注意的是，公司权力的拥有者往往并不亲自实施违法行为，而是通过其他人员来执行。因此，在确定"负责"的人员时，我们不仅要将目光投向依据分权原则所确定的、作出不当决策的权力主体，还应关注那些直接实施这一不当行为的人员。换言之，确定"负责"的人员需综合考虑公司法规定的分权关系以及实际履职中的具体情况。

2. 具体违法情形中"负责"人员的范围

如上所述，"负责"人员包括依据分权原则确定的人员和实际执行此违法行为的人员。在不同的违法情形中，这两类人员可能各有差异，因此，我们需要针对每一种违法行为，分别判断并确定对其"负责"的人员。

2.1 欺诈登记中"负责"人员的范围

2023 年《公司法》第 250 条规定，"违反本法规定，虚报注册资本、提交虚假材料或者采取其他欺诈手段隐瞒重要事实取得公司登记的，由公司登记机关责令改正，对虚报注册资本的公司，处以虚报注册资本金额百分之五以上百分之十五以下的罚款；对提交虚假材料或者采取其他欺诈手段隐瞒重要事实的公司，处以五万元以上二百万元以下的罚款；情节严重的，吊销营业执照；对直接负责的主管人员和其他直接责任人员处以三万元以上三十万元以下的罚款"。就该规范指出的三种违法行为而言，因权力分属于不同机关，故"负责"的人员并不相同。虚报注册资本行为往往系因股东会作出虚报注册资本的决议而发生，此时对此决议投赞成票的股东可能系"负责"的人员。董事会、经理均有可能作出提交虚假材料或采取其他欺诈手段隐瞒重要事实取得公司登记的决定，此时作出该违法决定的董事、经理系"负责"的人员。明知上述违法行为且实施的分管公司登记信息的人员亦为此条规范中的"负责"人员。

2.2 未依法公示公司信息中"负责"人员的范围

2023 年《公司法》第 40 条要求公司如实公示有关信息。2023 年《公司法》第 251 条规定，"公司未依照本法第四十条规定公示有关信息或者不如实公示有关信息的，由公司登记机关责令改正，可以处以一万元以上五万元以下的罚款。情节严重的，处以五万元以上二十万元以下的罚款；对直接负责的主管人员和其他直接责任人员处以一万元以上十万元以下的罚款"。据此，负责公司信息公示的有关主管人员为"负责"人员。

2.3 虚假出资、抽逃出资中"负责"人员的范围

2023 年《公司法》第 252 条规定，"公司的发起人、股东虚假出资，未交付或者未按期交付作为出资的货币或者非货币财产的，由公司登记机关责令改正，可以处以五万元以上二十万元以下的罚款；情节严重的，处以虚假出资或者未出资金额百分之五以上百分之十五以下的罚款；对直接负责的主管人员和其他直接责任人员处以一万元以上十万元以下的罚款"。依据公司法的相关规定，董事会承担着核查与催缴股东出资的责任；而审计委员会或监

事会则负有监督董事及高级管理人员的义务。对于虚假出资、抽逃出资等违法行为，需承担法律责任的人员通常包括公司管理层成员，如董事、监事及高级管理人员等。若董事或高级管理人员协助抽逃出资，或董事未履行核查、催缴出资义务并给公司带来损失，他们均被视为"负责"人员。除此之外，实际帮助发起人、股东实施虚假出资、抽逃出资行为的有关主管人员亦为"负责"人员。

2.4 违法会计行为中"负责"人员的范围

2023 年《公司法》第 254 条虽未直接规定对违法会计行为采双罚制，但将此违法行为的法律责任引致到《会计法》。《会计法》第 21 条第 1 款规定："财务会计报告应当由单位负责人和主管会计工作的负责人、会计机构负责人（会计主管人员）签名并盖章；设置总会计师的单位，还须由总会计师签名并盖章。"《会计法》第 48 条规定，单位负责人，是指单位法定代表人或者法律、行政法规规定代表单位行使职权的主要负责人。若发生提供存在虚假记载或者隐瞒重要事实的财务会计报告的事件，那么前述主体系"负责"人员。就 2023 年《公司法》第 254 条第 1 项规定的"在法定的会计账簿以外另立会计账簿"这一违法行为，由于它同样属于违法会计行为范畴，因此，可以参照前述提供存在虚假记载或者隐瞒重要事实的财务会计报告违法行为的负责人确定方法，来界定这一行为的责任人员。

2.5 违法清算中"负责"人员的范围

2023 年《公司法》第 256 条规定，"公司在进行清算时，隐匿财产，对资产负债表或者财产清单作虚假记载，或者在未清偿债务前分配公司财产的，由公司登记机关责令改正，对公司处以隐匿财产或者未清偿债务前分配公司财产金额百分之五以上百分之十以下的罚款；对直接负责的主管人员和其他直接责任人员处以一万元以上十万元以下的罚款"。当公司进入清算阶段，清算业务执行权转交清算组，若发生违法清算行为，需承担法律责任的直接负责的主管人员为清算组的成员。

问题 198 ▷ **2023 年《公司法》第十四章所规定的"情节严重"情形都包括哪些？**

2023 年《公司法》于第十四章系统规定了法律责任，对违反公司法规定可能导致的民事责任、行政责任、刑事责任承担规则进行了整合。其中，第 250 条至第 252 条涉及对"情节严重"情形的表述。公司的违法行为呈现多种样态，并非所有情形都同等严重，对"情节严重"情形的精准判定不仅关乎公司的存续与发展，影响股东、债权人等各方利益群体的权益，也对司法准确裁判具有重要意义。

1. "情节严重"情形的立法沿革

在公司法制定颁布之前，1988 年国家工商行政管理总局在《企业法人登记管理条例施行细则》中对"情节严重"的规制体现在"超出核准登记的经营范围和经营方式从事经营活动""违反国家其他有关规定，从事非法经营""侵犯企业法人名称专用权""伪造、涂改、出租、出借、转让、出卖执照""拒绝监督检查、在接受监督检查过程中弄虚作假"这四种情况。1996 年修正的《企业法人登记管理条例施行细则》对此进行了调整，将"情节严重"的情形限定在"擅自改变主要登记事项，不按规定办理变更登记""超出核准登记的经营范围或者经营方式从事经营活动，同时违反国家其他有关规定，从事非法经营""伪造、涂改、出租、出借、转让、出卖营业执照""抽逃、转移资金，隐匿财产逃避债务"四种违法违规情形范围内。此后直至 2020 年，该部门规章的历次修改对于"情节严重"的规定都未作修改。

1993 年《公司法》对"情节严重"的规定涉及五个法条文本，分别对应：①违反公司法规定，办理公司登记时虚报注册资本、提交虚假证明文件或者采取其他欺诈手段隐瞒重要事实取得公司登记的"；②董事、经理违反公司法规定，以公司资产为本公司的股东或者其他个人债务提供担保的；③国务院授权的有关主管部门，对不符合公司法规定条件的设立公司的申请予以批准，或者对不符合公司法规定条件的股份发行的申请予以批准；④国务院证券管理部门对不符合公司法规定条件的募集股份、股票上市和债券发行的申请予以批准；⑤公司登记机关对不符合公司法规定条件的登记申请予以登记。其中，第 206 条关于"办理公司登记时虚报注册资本、提交虚假证明文件或者采取其他欺诈手段隐瞒重要事实取得公司登记"这一欺诈登记的情形与 2023 年《公司法》的规定基本重合，两者的差异主要体现在行政处罚的严厉程度方面。

1999 年、2004 年修正的《公司法》保留了 1993 年《公司法》对于"情节严重"的规定，未作其他修改。2005 年《公司法》将"情节严重"的规定大幅删除，仅保留了欺诈登记情况下对"情节严重"情形的规制。2013 年《公司法》与 2018 年《公司法》延续了 2005 年《公司法》对于"情节严重"的唯一规定。

2021 年国家市场监督管理总局通过《市场主体登记管理条例实施细则》，

使得《企业法人登记管理条例施行细则》失效。除了提交虚假材料或者采取其他欺诈手段隐瞒重要事实取得市场主体登记、实行注册资本实缴登记制的市场主体虚报注册资本取得市场主体登记这些欺诈登记，《市场主体登记管理条例实施细则》将"情节严重"的规定拓展到"未经设立登记从事经营活动的""市场主体未依照本条例办理变更登记的""市场主体伪造、涂改、出租、出借、转让营业执照的"这几种违法违规情形。

2023 年《公司法》第 250 条在保留欺诈登记情况对"情节严重"情形规定的基础上，新增第 251 条未依法公示信息、第 252 条虚假出资情况下的"情节严重"情形，以上三个条文共同构成了 2023 年《公司法》第十四章所规定的"情节严重"的三种实践样态。

2. 司法裁判对"情节严重"的界定

从既有案例来看，若公司的违法程度违反《刑法》，符合"两虚一逃"的构成要件或构成其他犯罪，则当然属于"情节严重"的情形。譬如，在检例 169 号"浙江省杭州市某区人民检察院督促治理虚假登记市场主体检察监督案"中，提交虚假材料取得公司登记用于违法犯罪活动，已严重损害人民群众的财产安全、信用安全，此时应当认定其行为构成"情节严重"，从而吊销其营业执照。[1]

在尚未构成犯罪的情形下，最高人民法院在（2014）行提字第 14 号行政判决书中指出，至少应综合权衡违法数额和社会危害性两个具体情节来判断虚报注册资本的违法程度，因此行政机关有较大的裁量空间；湖南省高级人民法院在（2016）湘行再 15 号行政判决书中指出，"情节严重"是指申请材料完全虚假、股东权益受到侵害等情形；温州市龙湾区人民法院在（2014）温龙行初字第 55 号行政判决书中提到，原告在申请办理公司变更登记中，多次提交虚假的股份转让协议书与股东会决议骗取公司变更登记，造成公司股东人员不清、股权不明，且原告曾因提交虚假材料骗取公司登记被被告处以行政处罚，因此对"情节严重"的判断可以考虑多次提交虚假材料。

可见，司法实践中对"情节严重"的认定可能包括违法行为性质、违法频率、违法数额、违法主体主观状态、社会危害性等要素，且赋予行政机关较大的裁量空间。

---

〔1〕　浙江省杭州市某区人民检察院督促治理虚假登记市场主体检察监督案，见《最高人民检察院公报》2023 年第 3 号。

3. 行政处罚过程中与"情节严重"有关的规定

从各地市场监督管理局颁布的具体操作办法来看，对于"情节严重"的认定也不存在明确统一的标准。以欺诈登记为例，根据《关于规范市场监督管理行政处罚裁量权的指导意见》第 10 条规定，同一罚款幅度内，存在从轻处罚、一般处罚、从重处罚三个罚款幅度。本书认为，"情节严重"的判断方法，可以采用"举轻以明重"的手段，通过比较案涉违法行为与应当从重处罚的一般违法行为的具体情节，考量案涉违法行为情节是否达到严重程度。

根据《上海市〈市场主体登记管理条例〉行政处罚裁量基准》，对于实行注册资本实缴登记制的市场主体虚报注册资本取得市场主体登记的行为，若虚报注册资本 70% 以上、违法行为持续 2 年以上、违法行为有较大危害性、造成较大危害后果、造成较大社会影响并被媒体报道，应当从重处罚。

《北京市市场监督管理局行政处罚自由裁量基准表》指出，对于虚报注册资本，取得公司登记的行为，有限责任公司虚报数额在法定最低限额的 20% 以上不满 40%、股份有限公司虚报数额在法定最低限额的 10% 以上不满 20% 的应当一般处罚，有限责任公司虚报数额在法定最低限额的 40% 以上不满 60%、股份有限公司虚报数额在法定最低限额的 20% 以上不满 30% 的应当从重处罚。由此，"情节严重"的违法行为必须在恶劣程度上超过应当一般或从重处罚的违法行为。

4. "情节严重"的判定属于行政机关的裁量事项

本书认为，对于"情节严重"的认定具备复杂性，属于行政机关的自由裁量范畴，在界定时需要综合考量违法行为性质、违法频率、违法数额、违法主体主观状态、社会危害性等多重因素。

从法律文本的解释角度出发，2023 年《公司法》第 250 条至第 252 条规定的"情节严重"均位于第十四章法律责任部分，因此在解释上宜一体判断。虽然文本在不同的语境之下所具有的含义不同，法律文本的意义取决于文本的语境，[1]但同一个法域内法律术语的理想状态是达致"法律共指"，即同一个法域内的现行法律条文中同一个术语指向同一个概念。[2]因此，从立法语言的准确性角度，在法律编纂过程中需要准确选择语言、准确使用语言，

---

〔1〕 李广德：《法律文本理论与法律解释》，载《国家检察官学院学报》2016 年第 4 期。

〔2〕《符号学视域下法律术语的时空属性》，载 https://baijiahao.baidu.com/s？id=16938056531 22397400&wfr=spider&for=pc，最后访问日期：2023 年 5 月 1 日。

这要求法条文本中的语言表达保持中性，且注重前后一致、逻辑周延。[1]

关于"情节严重"的具体判断标准，2023年《公司法》、《行政处罚法》、《刑法》及《关于规范市场监督管理行政处罚裁量权的指导意见》等文本中并没有进行明确规定。观诸实务部门及学者对相关法条的释义，其观点多为交由实践判断。譬如，针对欺诈登记中"情节严重"的认定，最高人民法院认为，什么样的违法行为算是情节严重，可以由公司登记机关总结执法经验作出具体规定；[2]有学者指出，关于"特别严重"的具体判断应交由实践具体判断。[3]有观点认为，对于虚报注册资本或者提交虚假材料的所谓"情节严重"主要是指因违法行为导致公司不能成立或者违法行为无法纠正的地步，比如股东无出资能力，无法正常运营公司业务，以虚报注册资本或者提交虚假材料获取公司登记，从事不正当业务活动，包括进行不正当的招投标活动或者将公司进行"出售"等，甚至进行虚开增值税发票等违法犯罪活动。[4]但该观点在操作上亦存在模糊性。针对未依法公示信息时"情节严重"的认定，有学者认为，此处的情节严重究竟具体指向哪些行为，并无可供操作的标准，最终可能交由公司登记机关自由裁量。[5]

"情节严重"的判定所涉及的行政机关自由裁量权属于判断性裁量，行政执法人员在对公司采取行为之前，首先需要对行为事实的性质、严重程度等问题予以判定，这是一种判断性自由裁量权。由于公司法对公司的行政违法行为的情节或其他情形未作出具体规定，而是运用了"情节严重"这一模糊和不确定的法律概念，因此，需要行政执法人员通过自身的经验和认识，对违法事实进行认定并判断其严重程度。[6]在行政机关行使自由裁量权的过程中，需要秉持谦抑性，遵循比例原则，坚持过罚相当，审慎判断公司行为是否达到了"情节严重"的程度。

---

〔1〕 朱涛：《民法典编纂中的立法语言规范化》，载《中国法学》2017年第1期。

〔2〕 最高人民法院民事审判第二庭编著：《中华人民共和国公司法理解与适用（下）》，人民法院出版社2024年版，第1071页。

〔3〕 李建伟主编：《公司法评注》，法律出版社2024年版，第967页。

〔4〕 《探讨！公司法"两虚一逃"行为如何定性？如何适用法律？》，载微信公众号"市场监管半月沙龙"，发布日期：2024年2月24日。

〔5〕 朱慈蕴主编：《新公司法条文精解》，中国法制出版社2024年版，第430页。

〔6〕 王锡锌：《行政自由裁量权控制的四个模型——兼论中国行政自由裁量权控制模式的选择》，载《北大法律评论》2009年第2期。

第十五章

附　则

问题 199 ▷ 在公司法理论和实践中，关联关系是如何界定的?

在公司法视域下，关联关系的界定横跨组织法与行为法双重维度，既是规制利益输送的核心抓手，亦是司法裁判的疑难领域。从立法进程来看，2005 年《公司法》首次规定了关联关系的基本概念，此后历次公司法修改都予以延续，未作实质修改。2023 年《公司法》第 265 条第 4 项规定，"关联关系，是指公司控股股东、实际控制人、董事、监事、高级管理人员与其直接或者间接控制的企业之间的关系，以及可能导致公司利益转移的其他关系。但是，国家控股的企业之间不仅因为同受国家控股而具有关联关系。"为关联关系的界定提供了法律层面的参照依据。作为认定关联交易的前提和依据，关联关系本身是客观存在的，并不当然侵害公司利益，但是基于关联关系发生的关联交易须受到公司法的管控。[1]由此，准确界定关联关系具有重要的理论和实践价值。

1. 关联关系界定的规范厘定

1.1 比较法对关联关系的界定

比较法上，对于关联关系的表述多通过"关联企业""关联公司"等概念来体现，在认定标准上也各不相同。《德国股份公司法》第 15 条规定，关联企业是法律上独立的企业，包括在相互关系上被多数参股的企业和多数参股企业、从属企业和控制企业、康采恩企业、相互参股企业或者关系企业合同的当事方。[2]《欧盟公司法指令》规定，当一家公司直接或间接拥有另一家公司 25% 以上的资本总额时，两公司彼此互为关联公司；当两家公司同时被第三家公司直接或间接地分别持有 25% 以上的股份时，这两家公司彼此互为关联公司。

1.2 我国法对关联关系的界定

我国法上，除 2023 年《公司法》第 265 条第 4 项之规定外，其他法律法规、规范性文件等亦为关联关系的认定提供了参考。其中，有的规范延续公司法形式标准与实质标准相结合的规定，采用具体列举叠加兜底条款的方式

---

〔1〕 施天涛：《公司法应该如何规训关联交易?》，载《法律适用》2021 年第 4 期。
〔2〕 《德国商事公司法》，胡晓静、杨代雄译，法律出版社 2014 年版，第 69 页。

对关联关系进行界定；有的规范则从主体角度出发，将关联关系的界定区分为关联法人和关联自然人。

（1）税收规范对关联关系的界定

在税收规范层面，2016 年国家税务总局《关于完善关联申报和同期资料管理有关事项的公告》规定，企业与其他企业、组织或者个人具有下列关系之一的，构成本公告所称关联关系：

①一方直接或者间接持有另一方的股份总和达到 25% 以上；双方直接或者间接同为第三方所持有的股份达到 25% 以上。如果一方通过中间方对另一方间接持有股份，只要其对中间方持股比例达到 25% 以上，则其对另一方的持股比例按照中间方对另一方的持股比例计算。两个以上具有夫妻、直系血亲、兄弟姐妹以及其他抚养、赡养关系的自然人共同持股同一企业，在判定关联关系时持股比例合并计算。

②双方存在持股关系或者同为第三方持股，虽持股比例未达到本条第①项规定，但双方之间借贷资金总额占任一方实收资本比例达到 50% 以上，或者一方全部借贷资金总额的 10% 以上由另一方担保（与独立金融机构之间的借贷或者担保除外）。

③双方存在持股关系或者同为第二方持股，虽持股比例未达到本条第①项规定，但一方的生产经营活动必须由另一方提供专利权、非专利技术、商标权、著作权等特许权才能正常进行。

④双方存在持股关系或者同为第三方持股，虽持股比例未达到本条第①项规定，但一方的购买、销售、接受劳务、提供劳务等经营活动由另一方控制。上述控制是指一方有权决定另一方的财务和经营政策，并能据以从另一方的经营活动中获取利益。

⑤一方半数以上董事或者半数以上高级管理人员（包括上市公司董事会秘书、经理、副经理、财务负责人和公司章程规定的其他人员）由另一方任命或者委派，或者同时担任另一方的董事或者高级管理人员；或者双方各自半数以上董事或者半数以上高级管理人员同为第三方任命或者委派。

⑥具有夫妻、直系血亲、兄弟姐妹以及其他抚养、赡养关系的两个自然人分别与双方具有本条第①至⑤项关系之一。

⑦双方在实质上具有其他共同利益。仅因国家持股或者由国有资产管理部门委派董事、高级管理人员而存在本公告第二条第①至⑤项关系的，不构成本公告所称关联关系。

2016 年修订的《税收征收管理法实施细则》第 51 条第 1 款规定，"税收征管法第三十六条所称关联企业，是指有下列关系之一的公司、企业和其他经济组织：（一）在资金、经营、购销等方面，存在直接或者间接的拥有或者控制关系；（二）直接或者间接地同为第三者所拥有或者控制；（三）在利益上具有相关联的其他关系"。

2024年修订的《企业所得税法实施条例》第109条规定，"企业所得税法第四十一条所称关联方，是指与企业有下列关联关系之一的企业、其他组织或者个人：（一）在资金、经营、购销等方面存在直接或者间接的控制关系；（二）直接或者间接地同为第三者控制；（三）在利益上具有相关联的其他关系"。

（2）会计准则对关联关系的界定

在会计准则层面，《企业会计准则第36号——关联方披露》第二章就关联方的认定进行了详细列举。第3条明确了关联方的定义，即"一方控制、共同控制另一方或对另一方施加重大影响，以及两方或两方以上同受一方控制、共同控制或重大影响的，构成关联方。控制，是指有权决定一个企业的财务和经营政策，并能据以从该企业的经营活动中获取利益。共同控制，是指按照合同约定对某项经济活动所共有的控制，仅在与该项经济活动相关的重要财务和经营决策需要分享控制权的投资方一致同意时存在。重大影响，是指对一个企业的财务和经营政策有参与决策的权力，但并不能够控制或者与其他方一起共同控制这些政策的制定"。

第4条从正面列举了构成企业关联方的具体情形，包括"（一）该企业的母公司。（二）该企业的子公司。（三）与该企业受同一母公司控制的其他企业。（四）对该企业实施共同控制的投资方。（五）对该企业施加重大影响的投资方。（六）该企业的合营企业。（七）该企业的联营企业。（八）该企业的主要投资者个人及与其关系密切的家庭成员。主要投资者个人，是指能够控制、共同控制一个企业或者对一个企业施加重大影响的个人投资者。（九）该企业或其母公司的关键管理人员及与其关系密切的家庭成员。关键管理人员，是指有权力并负责计划、指挥和控制企业活动的人员。与主要投资者个人或关键管理人员关系密切的家庭成员，是指在处理与企业的交易时可能影响该个人或受该个人影响的家庭成员。（十）该企业主要投资者个人、关键管理人员或与其关系密切的家庭成员控制、共同控制或施加重大影响的其他企业"。

第5条及第6条从反面明确了不构成企业关联方的情况，包括"（一）与该企业发生日常往来的资金提供者、公用事业部门、政府部门和机构。（二）与该企业发生大量交易而存在经济依存关系的单个客户、供应商、特许商、经销商或代理商。（三）与该企业共同控制合营企业的合营者"，以及"仅仅同受国家控制而不存在其他关联方关系的企业"等情形。

（3）挂牌规则对关联关系的界定

在挂牌规则层面，《全国中小企业股份转让系统挂牌公司信息披露规则》将关联方区分为关联法人和关联自然人。

其中，挂牌公司的关联法人包括：①直接或者间接控制挂牌公司的法人或其他组织（包括一致行动人）；②由前项所述法人直接或者间接控制的除挂牌公司及其控股子公司以外的法人或其他组织；③关联自然人直接或者间接控制的，或者担任董事、高级管理人员的，除挂牌公司及其控股子公司以外的法人或其他组织；④直接或者间接持有挂牌公司5%以上股份的法人或其他组织；⑤在过去12个月内或者根据相关协议安排在未来12个月内，存在上述情形之一的；⑥中国证监会、全国股转公司或者挂牌公司根据实质重于形式的原则认定的其他与公司有特殊关系，可能或者已经造成挂牌公司对其利益倾斜的法人或其他组织。

挂牌公司的关联自然人包括：①直接或者间接持有挂牌公司5%以上股份的自然人；②挂牌公司董事、监事及高级管理人员；③直接或者间接地控制挂牌公司的法人的董事、监事及高级管理人员；④上述第①、②项所述人士的关系密切的家庭成员，包括配偶、父母、年满18周岁的子女及其配偶、兄弟姐妹及其配偶，配偶的父母、兄弟姐妹，子女配偶的父母；⑤在过去12个月内或者根据相关协议安排在未来12个月内，存在上述情形之一的；⑥中国证监会、全国股转公司或者挂牌公司根据实质重于形式原则认定的其他与挂牌公司有特殊关系，可能或者已经造成挂牌公司对其利益倾斜的自然人。

（4）上市规则对关联关系的界定

在上市规则层面，《上海证券交易所股票上市规则》《深圳证券交易所股票上市规则》以及《北京证券交易所股票上市规则（试行）》均明确了上市公司的关联人包括关联法人（或者其他组织）和关联自然人。

上市公司的关联法人（或者其他组织）包括：在过去12个月内或者相关协议或者安排生效后的12个月内，①直接或者间接控制上市公司的法人（或者其他组织）；②由前项所述法人（或者其他组织）直接或者间接控制的除上市公司、控股子公司及控制的其他主体以外的法人（或者其他组织）；③关联自然人直接或者间接控制的、或者担任董事（不含同为双方的独立董事）、高级管理人员的，除上市公司、控股子公司及控制的其他主体以外的法人（或者其他组织）；④持有上市公司5%以上股份的法人（或者其他组织）及其一致行动人。

上市公司的关联自然人包括：在过去12个月内或者相关协议或者安排生效后的12个月内，①直接或者间接持有上市公司5%以上股份的自然人；②上市公司董事、监事和高级管理人员；③直接或者间接地控制上市公司的法人（或者其他组织）的董事、监事和高级管理人员；④本款第①项、第②项所述人士是关系密切的家庭成员。

在认定标准上，证监会、交易所或者上市公司可以根据实质重于形式的原则，认定其他与上市公司有特殊关系，可能或者已经造成上市公司对其利益倾斜的法人（或者其他组织）或者自然人为上市公司的关联人。

2. 关联关系的具体类型

2.1 关联关系界定的裁判标准

从司法裁判实践来看，对于关联关系的判断法院基本围绕公司法规定展开，并结合人员、资金、经营、公司利益转移等多方面因素进行综合界定。在最高人民法院第 68 号指导案例中，最高人民法院指出，公司法所称的关联公司，既包括公司股东的相互交叉，也包括公司共同由第三人直接或者间接控制，或者股东之间、公司的实际控制人之间存在直系血亲、姻亲、共同投资等可能导致利益转移的其他关系。[1]该指导案例所确定的关联关系的界定标准为其他法院所参考。[2]在"林某等与某某公司等公司关联交易损害责任纠纷案"中，上海市高级人民法院认为，与公司签订广告合同的案外人虽然并非公司的关联方，但签订广告合同并支付广告费并非公司出于自身商业考量和利益需求的真实意思表示，而是在公司实际控制人的控制下进行，该实际控制人利用其控制地位以公司名义对外签订合同并承担广告费，导致公司利益转移，显然符合关联关系的特征。[3]在"陈某、鞍山市立业机械制造有限公司劳动争议案"中，辽宁省鞍山市中级人民法院认为，根据 2023 年《公司法》以及《企业所得税法实施条例》的规定，是否为关联关系应从人员、资金、经营等方面是否存在关联，是否存在多方面的混同进行综合认定。[4]

2.2 关联关系界定的理论标准

结合有关规范及实践，可以将关联关系界定为三种类型：

其一，公司控股股东、实际控制人、董事、监事、高级管理人员与其直

---

[1] 上海欧宝生物科技有限公司诉辽宁特莱维置业发展有限公司企业借贷纠纷案，最高人民法院（2015）民二终字第 324 号民事判决书。

[2] 防城港务集团有限公司与广西桂建房地产有限责任公司等案外人执行异议之诉上诉案，广西壮族自治区高级人民法院（2020）桂民终 147 号民事判决书。

[3] 上海市高级人民法院（2023）沪民终 444 号民事判决书。

[4] 辽宁省鞍山市中级人民法院（2024）辽 03 民终 3684 号民事判决书。

接控制的企业之间的关系。比如某一公司的控股股东、实际控制人、董事、监事、高级管理人员与其控制或任职的公司之间的关系，[1]如买卖、租赁、贷款、担保等合同关系。[2]

其二，公司控股股东、实际控制人、董事、监事、高级管理人员与其间接控制的企业之间的关系。如果前述主体与某一企业虽然不存在前述直接控制关系，但是通过母子公司、第三方控制等间接方式实现控制的，也属于存在关联关系。[3]直接控制和间接控制情形主要着眼于主体规制，在理论上也被称为判断关联关系的形式标准。[4]

其三，可能导致公司利益转移的其他关系。该类关联关系的认定以实质影响为判断标准，即该关系是否可能导致公司利益转移，因此在理论上也被称为实质标准。[5]有观点认为，2023年《公司法》第265条列举的关联关系不周延，"其他关系"的兜底条款有助于将立法规定不明的形形色色的关联关系一网打尽。[6]例如，结合2023年《公司法》第182条关于关联交易的规定，董事、监事、高级管理人员的近亲属，董事、监事、高级管理人员或者其近亲属直接或者间接控制的企业，以及与董事、监事、高级管理人员有其他关联关系的关联人都应当纳入关联交易的主体范畴，该具体规范正是对第265条规定中"可能导致公司利益转移的其他关系"的进一步细化。[7]考虑到这一表述的"指导性和可操作性不强"，因此有观点主张在界定上可以借鉴《企业所得税法实施条例》《企业会计准则第36号——关联方披露》等规定，将关联关系进一步细化为"控制—受控关系、共同受控关系、重要投资关系（不形成控制但有重大影响力）、主要投资者与关键管理人员及其主要家庭成员与其所控制的企业之间的关系等"。[8]

此外，有必要区分国家控股的企业与其他企业在关联关系认定方面的区别。国家控股的企业之间不因为其同受国家控股而具有关联关系。虽然国家控股的企业同受国家控制，但各主体通常系独立的商事主体，并无利益转移

[1] 刘斌编著：《新公司法注释全书》，中国法制出版社2024年版，第934页。
[2] 施天涛：《公司法应该如何规训关联交易?》，载《法律适用》2021年第4期。
[3] 刘斌编著：《新公司法注释全书》，中国法制出版社2024年版，第934页。
[4] 李建伟主编：《公司法评注》，法律出版社2024年版，第996页。
[5] 李建伟主编：《公司法评注》，法律出版社2024年版，第996页。
[6] 刘俊海：《新公司法的制度创新》，中国法制出版社2024年版，第707页。
[7] 周游：《新公司法条文解读与适用指引：案例·规则·文献》，法律出版社2024年版，第575-576页。
[8] 汪青松：《公司控制权的规制变革与平衡进路》，载《现代法学》2024年第6期。

的动力，因此不应当认定存在关联关系。[1]需要明确的是，上述国家控股的企业必须是一级公司，否则仍然可能构成关联关系。

问题 200 ▷ 出资期限超过 2023 年《公司法》规定的公司，应当如何进行调整？

2023 年《公司法》对公司出资制度进行了重大修改，由原先的完全认缴制改为有限责任公司采 5 年限期认缴制，股份有限公司采实缴制。对于修订前设立的剩余认缴出资期限超过 5 年的有限责任公司，以及仍未实缴完毕的股份有限公司而言，2023 年《公司法》第 266 条第 2 款规定要求其"逐步调整至本法规定的期限以内"，至于具体调整办法则交由国务院进一步规定。

1. 出资期限的规范变化

1.1 有限责任公司由完全认缴制变为 5 年限期认缴制

由于完全认缴制在实践中出现了诸多问题，如认缴期限过长导致了大量股东出资纠纷和股权转让纠纷，滥用认缴制超长出资期限的情形层出不穷，多数公司资本信用低下，2023 年《公司法》新增有限责任公司认缴出资额应当在 5 年内缴足的规定，将公司对认缴出资期限的完全自治权进行限缩。该法第 47 条第 1 款规定："有限责任公司的注册资本为在公司登记机关登记的全体股东认缴的出资额。全体股东认缴的出资额由股东按照公司章程的规定自公司成立之日起五年内缴足。"之所以规定认缴期限为 5 年，主要是考虑到我国中小微企业占全部市场主体比重超 90%，但我国中小企业的寿命为 3 年左右，成立 3 年后的小微企业仍然正常营业的仅占 1/3，因此，绝大多数存量公司无法生存 5 年之久，5 年限期认缴制的新增条款对其影响不大。[2]若公司经过 5 年，发展良好，则公司亦可通过利润分配方式让股东获得资金用于实际缴纳出资，故 5 年出资期限规定顺应了企业发展规律。[3]

1.2 股份有限公司由完全认缴制变为实缴制

根据公司成立方式的不同，2018 年《公司法》对股份有限公司的出资制

---

〔1〕 刘斌编著：《新公司法注释全书》，中国法制出版社 2024 年版，第 934 页。

〔2〕《易纲行长在"第十届陆家嘴论坛（2018）"上的主旨演讲——关于改善小微企业金融服务的几个视角》，载 http://www.pbc.gov.cn/goutongjiaoliu/113456/113469/3557760/index.html，最后访问日期：2025 年 5 月 1 日。

〔3〕 沈朝晖：《重塑法定资本制——从完全认缴到限期认缴的动态系统调适》，载《中国法律评论》2024 年第 2 期。

度进行了区分规定，规定发起设立的股份有限公司采完全认缴制，募集设立的股份有限公司采实缴制。2023 年《公司法》第 98 条第 1 款规定："发起人应当在公司成立前按照其认购的股份全额缴纳股款。"根据该条规定，股份有限公司全面改采实缴制。之所以新增该规定，《公司法（修订草案四审稿）》的审议说明指出，是为了进一步完善公司出资制度，强化股东出资责任。[1]由此，股份有限公司不存在出资期限的缓冲区，公司设立时，股东就应完全实际缴纳出资。

2. 存量公司出资期限调整的三种模式争议

2.1 "法不溯及既往"模式

该种模式主张新老划断，新公司适用新法，存量公司适用旧法，即存量公司出资期限不受 5 年限期认缴制或实缴制约束。由于我国公司平均生命周期为 4.4 年，中位数 3.6 年，存量公司将逐渐退出市场，按照公司法设立的企业将逐渐成为市场中的多数，实现存量公司的市场化淘汰和自然更替。同时，这样的方案不会增加存量公司的过渡成本和负担。但是，该方案可能会导致出现大量倒卖存量公司的现象，影响社会经济秩序。由于存量公司认缴期限长，而新设立公司却受实缴制和 5 年限期认缴制限制，那么，相比于新设立公司，存量公司缴纳注册资本存在较大的期限利益。[2]

2.2 "一刀切"模式

该种模式主张存量公司直接适用公司法，在新法施行后，存量公司应直接根据新法调整其章程规定和资本缴纳情况。该方案的优势在于简单易行，但是"一刀切"的处理方式过于武断，将导致存量公司短期内面临巨大的压力。调整出资期限与公司、股东、债权人利益休戚相关，难以一蹴而就。出资期限的调整需要召开股东会会议、形成调整方案、协调股东间关系等，变更公司公示事项。前述事项均非行政手段可以替代和直接干预，难以实现直接调整。

2.3 "逐步调整"模式

该种模式主张设置一定的过渡期，要求存量公司在过渡期内逐步过渡至

---

[1] 《公司法修订草案四审稿进一步完善公司出资制度》，载 http://www.npc.gov.cn/npc/c2/c30834/202312/t20231225_433741，最后访问日期：2025 年 5 月 2 日。html

[2] 罗中棠：《如何平稳过渡——"五年认缴制"的理解与适用》，载《中国市场监管研究》2024 年第 4 期。

公司法规定的资本制度。这是一种折中方案。由于我国公司数量众多，不同公司间行业、投资者背景等差异巨大，需要区分对待。2023 年《公司法》第266 条第 2 款显然采取了第三种模式，即要求本法施行前已登记设立的公司，出资期限超过本法规定的期限的，除法律、行政法规或者国务院另有规定外，应当逐步调整至本法规定的期限以内。

3. "逐步调整"的具体措施

3.1 存量公司出资期限调整时点

《注册资本登记管理规定》第 2 条第 1 款规定："2024 年 6 月 30 日前登记设立的公司，有限责任公司剩余认缴出资期限自 2027 年 7 月 1 日起超过 5 年的，应当在 2027 年 6 月 30 日前将其剩余认缴出资期限调整至 5 年内并记载于公司章程，股东应当在调整后的认缴出资期限内足额缴纳认缴的出资额；股份有限公司的发起人应当在 2027 年 6 月 30 日前按照其认购的股份全额缴纳股款。"

根据该条规定，有限责任公司的调整采"3+5"模式，存量公司调整时点如下：有限责任公司自 2027 年 7 月 1 日起剩余出资期限不足 5 年的，无需调整出资期限；剩余出资期限超过 5 年的，应当在 2027 年 6 月 30 日前将剩余出资期限调整至 5 年内。换言之，存量有限责任公司的最迟出资期限是 2032年 6 月 30 日。存量股份有限公司则需在 3 年过渡期内逐步调整为实缴制，即存量股份有限公司的最迟出资期限是 2027 年 6 月 30 日。

3.2 存量公司出资期限调整决议

对于出资期限超过公司法规定的存量公司，法律并未强制"代为"调整，而是要求公司依法自行调整。[1]根据 2023 年《公司法》第 46 条、第 59 条以及第 112 条的规定，出资日期属公司章程记载事项，调整出资期限需修改公司章程，此属于公司股东会的重大决议事项，应当遵循资本绝对多数决，即有限责任公司代表 2/3 以上表决权的股东通过，股份有限公司经出席会议的股东所持表决权的 2/3 以上通过。因此，原则上调整方式为由存量有限公司自行召开股东会并以特别多数通过修改出资期限条款的决议。

但对于决议修改出资期限条款的表决通过比例，理论界与实务界也存在不同看法。有学者认为，出资期限属于股东的期限利益，是公司与股东合意的结果，修改股东出资期限将直接影响股东的根本利益，因此应当适用全体

---

[1] 缪因知：《新〈公司法〉条文解释的赋权导向》，载《地方立法研究》2024 年第 2 期。

股东一致同意规则，而非多数决。[1]在最高人民法院公报案例"姚某城与鸿大（上海）投资管理有限公司、章某等公司决议纠纷案"中，法院亦认为："有限责任公司章程或股东出资协议确定的公司注册资本出资期限系股东之间达成的合意。除法律规定或存在其他合理性、紧迫性事由需要修改出资期限的情形外，股东会会议作出修改出资期限的决议应经全体股东一致通过。"

但是，本书认为，对于存量公司因超出公司法规定的出资期限而需进行调整的，仍应当适用 2/3 以上的绝对多数决，而非一致决。主要考量有以下几点：一是存量有限责任公司最迟出资期限是 2032 年 6 月 30 日，存量股份有限公司的最迟出资期限是 2027 年 6 月 30 日，此为法律的强制性规定，即使部分股东有不同意见也无法产生实质影响。二是将存量公司出资期限调整至法律允许范围内，是符合公司利益的选择，避免公司因未及时调整而在企业信用信息系统上被特别标注公示，从而影响公司形象。当公司利益与股东个人期限利益冲突时，也应当维护公司利益，毕竟公司利益处于优位。

同时，此种调整应当遵循两个原则：一是全体股东同步调整；二是以最后期限作为调整时点，即公司股东会对出资期限调整时应当以最后期限进行调整，即将有限责任公司股东出资期限调整为 2032 年 6 月 30 日，股份有限公司出资期限调整为 2027 年 6 月 30 日，在符合法律规定的情形下，最大程度地保障股东的期限利益。若多数股东滥用其表决权损害少数股东利益，如仅缩短少数股东出资期限或将出资期限调整至最后期限前，少数股东可通过提起决议无效之诉进行救济。

3.3 少数存量公司豁免调整

《注册资本登记管理规定》在遵循公司法基本原则和要求的前提下，对涉国家利益或者重大公共利益的存量公司出资期限调整作出例外安排。根据《注册资本登记管理规定》第 2 条第 2 款的规定，公司生产经营涉及国家利益或者重大公共利益，国务院有关主管部门或者省级人民政府提出意见的，国务院市场监督管理部门可以同意其按原出资期限出资。因此，超出法定出资期限的存量公司承担国家重大战略任务、关系国计民生或者涉及国家安全、重大公共利益时，经国务院主管部门或者省级以上人民政府同意的，则无需调整出资期限。

事实上，生产经营涉及国家利益或者重大公共利益的存量公司主要存在于国有公司中。根据国务院国资委、财政部与国家发展改革委发布的《关于

---

〔1〕 庄龙平、李超、刘江：《修改股东出资期限不适用资本多数决规则》，载《人民司法》2021年第 26 期。

国有企业功能界定与分类的指导意见》中规定，立足国有资本的战略定位和发展目标，结合不同国有企业在经济社会发展中的作用、现状和需要，根据主营业务和核心业务范围，将国有企业界定为商业类和公益类。商业类国有企业以增强国有经济活力、放大国有资本功能、实现国有资产保值增值为主要目标，按照市场化要求实行商业化运作，依法独立自主开展生产经营活动，实现优胜劣汰、有序进退。其中，主业处于关系国家安全、国民经济命脉的重要行业和关键领域、主要承担重大专项任务的商业类国有企业，要以保障国家安全和国民经济运行为目标，重点发展前瞻性战略性产业，实现经济效益、社会效益与安全效益的有机统一。公益类国有企业以保障民生、服务社会、提供公共产品和服务为主要目标，必要的产品或服务价格可以由政府调控；要积极引入市场机制，不断提高公共服务效率和能力。

据此可知，公益类国有企业以保障民生、服务社会、提供公共产品和服务为主要目标，当然属于生产经营涉及重大公共利益的存量公司，应当予以豁免调整。商业类国有企业中，对于主业处于关系国家安全、国民经济命脉的重要行业和关键领域、主要承担重大专项任务，以保障国家安全和国民经济运行为目标的商业二类国有企业，如能源、军工类国有企业，由于其涉及国家重大利益，亦应当豁免调整。同理，对于少数非国有企业，若其涉及国家利益与重大公共利益，亦应当允许豁免调整。

问题 201 ▷ 如何界定"出资期限、出资额明显异常"的公司？此类公司又当如何调整？

2023 年《公司法》修订了有限责任公司与股份有限公司的出资制度，由原先的完全认缴制改为有限责任公司采 5 年限期认缴制，股份有限公司采实缴制。同时，第 266 条规定："……对于出资期限、出资额明显异常的，公司登记机关可以依法要求其及时调整……"如何认定公司出资期限或注册资本明显异常，以及认定为明显异常后应当如何调整，对于每一个公司均意义重大。《注册资本登记管理规定》第 3 条规定："公司出资期限、注册资本明显异常的，公司登记机关可以结合公司的经营范围、经营状况以及股东的出资能力、主营项目、资产规模等进行研判，认定违背真实性、合理性原则的，可以依法要求其及时调整。"该规定的征求意见稿曾以"出资期限超过三十年、出资额超过十亿元"作为判断标准，但因其过分僵化，未考虑到不同公司的不同情况，正式稿将其删除。对于"明显异常"的认定应当是一个相对值，不宜

"一刀切"。[1]本书认为应从以下几个方面对出资期限和注册资本明显异常的情形进行重新认定。

1. "出资期限明显异常"的认定与调整

1.1 出资期限审查的一般原则

对于存量公司明显异常的认定，《注册资本登记管理规定》规定了两种情形，一是出资期限明显异常，二是注册资本明显异常。根据《注册资本登记管理规定》出台背景，即"2023 年《公司法》针对公司注册资本认缴制实践中出现的'认缴出资期限过长''天价出资''空壳公司'影响交易安全、损害债权人利益、扰乱市场秩序等问题，对公司注册资本认缴制作了调整，规定有限责任公司全体股东认缴的出资额由股东按照公司章程的规定自公司成立之日起 5 年内缴足，股份有限公司发起人应当在公司成立前按照其认购的股份全额缴纳股款"。[2]由此可知，其背景主要为夯实注册资本的信用效力，防止注册资本过高、出资期限过长，损害债权人利益，避免出资人认缴过多而导致自身在公司不得清偿债务时产生沉重的提前缴纳出资义务。

2023 年《公司法》规定了有限责任公司的 5 年限期认缴制、股份有限公司的实缴制。对于存量公司，亦要求其在 3 年内进行相应的调整，有限责任公司在 2027 年 7 月 1 日起出资期限不得超过 5 年，股份有限公司在 2027 年 7 月 1 日前应当实缴全部出资。从夯实注册资本信用效力，保护债权人利益，避免股东背上沉重出资负担的考量来看，2023 年《公司法》及《注册资本登记管理规定》对存量公司的出资期限已经进行了相应的限制，即有限责任公司"3+5 年认缴"模式，股份有限公司"3 年实缴"模式。对于存量公司出资期限过长问题，实则已有足够规制，完全可交由公司在 3 年内自行过渡调整，而无需强制及时调整。3 年过渡期本就是为存量公司应对 2023 年《公司法》对资本制度调整所设定的一个宽限期，而强制调整下，要求出资期限异常的公司在短于 3 年过渡期的期限内进行调整，实则压缩了存量公司的生存空间。而单纯的出资期限异常并不一定影响公司资本信用，试举一例，公司出资期限 100 年，注册资本 1 元，何来对资本信用的损害呢？再举一例，公司出资期限 100 年，注册资本 100 亿元，显然此时就需要对其资本信用进行考量。

---

〔1〕 罗中棠：《如何平稳过渡——"五年认缴制"的理解与适用》，载《中国市场监管研究》2024 年第 4 期。

〔2〕 张维：《司法部市场监管总局负责人就〈国务院关于实施〈中华人民共和国公司法〉注册资本登记管理制度的规定〉答记者问》，载《法治日报》2024 年 7 月 2 日，第 3 版。

因此，对于存量公司出资期限明显异常的判断，公司登记机关应当审慎认定。[1]一般情形下，登记机关无需主动进行审查，3年过渡期下有限责任公司需在5年内实缴出资，股份有限公司需在过渡期限届满后实缴出资，已经能够对大多数公司出资期限过长的行为进行足够的调整，无需在此基础上进一步判断出资期限明显异常，要求其在过渡期前及时进行调整。

1.2 "出资期限明显异常"的标准

2023年《公司法》将有限责任公司出资实缴期限限定在5年内，股份有限公司由认缴制改为实缴制，体现了公司法对注册资本信用的进一步强化。如上所述，由于已有此种规制，对于存量公司的出资期限异常原则上无需提前判断，因为无论如何存量公司均需要在3年过渡期内将出资期限调整在合适范围内。但是，在一些特殊情形下，为维护公司资本信用，亦有必要对出资期限明显异常的情形进行被动审查，如当某公司因出资期限明显过长而引发舆情，社会影响较大时，此时登记机关对此也需要采取一定的审查措施并进行调整。那么，如何审查该公司是否属于出资期限明显异常的情形呢？

本书认为，对于出资期限明显异常的判断，可以继续采用《注册资本登记管理规定》征求意见稿中的标准，即以出资期限超过30年作为判断出资期限明显异常的标准。之所以继续采用30年这一临界值，原因主要有二：其一，根据相关数据，自2013年认缴制施行以来，公司的出资期限平均数为18.0年、中位数为17.9年。[2]其二，中国人民银行2023年发布的《中国企业发展报告》显示，中国企业的寿命平均数为4.4年、中位数为3.6年。从上述两组数据中可以看出，首先，认缴制公司的平均出资期限仅为18年，约有一半的公司短于18年，30年的认缴出资期限明显高于公司的平均出资期限。其次，我国公司的平均寿命为4.4年，约有一半的公司存续时间短于4年，30年的认缴出资期限明显超出中国公司平均寿命的7倍。因此，以30年标准作为公司"出资期限明显异常"的判断标准，是合理且宽松的。

1.3 "出资期限明显异常"的调整

当某公司因出资期限过长引发舆情或造成较大社会影响时，登记机关对其出资期限审查后发现超过30年，符合"出资期限明显异常"的判断标准，那么应该如何对该公司进行调整？本书认为，公司意思自治是商事交往中一

〔1〕 缪因知：《新〈公司法〉条文解释的赋权导向》，载《地方立法研究》2024年第2期。
〔2〕 李建伟主编：《公司法评注》，法律出版社2024年版，第186—187页。

个重要的原则，因此，对于存量公司出资期限明显异常的，应当交由公司自治，公司登记机关责令存量公司及时调整后，由存量公司通过其股东会决议程序进行出资期限的调整，逾期未改正的，由公司登记机关在国家企业信用信息公示系统作出特别标注并向社会公示。

2. "注册资本明显异常"的认定与调整

2.1 "注册资本明显异常"的一般认定

（1）审查基点：公司注册资本 10 亿元以上且未实缴完毕

关于公司注册资本是否明显异常的问题，主要是一个事实判断问题。《注册资本登记管理规定》原征求意见稿曾以注册资本是否超过 10 亿元作为判断标准，但显然该标准将市场上的各类公司同质化判断，忽略了不同公司的特性。后《注册资本登记管理规定》删除了该标准，将其交由公司登记机关制定细则并作出具体规定，制定适合不同公司的不同情况的弹性标准。本书认为，对于认定公司注册资本明显异常的，可以先以注册资本 10 亿元作为一个审查的起点，将注册资本超过 10 亿元且公司股东未实缴完毕的公司纳入研判的范围。之所以限定于"未实缴完毕的公司"，如前所述，主要在于"注册资本明显异常"调整的主要目的为夯实资本信用，保障公司债权人的合理信赖与交易安全。对于已经实缴完毕的公司，其资本信用显然已经得到保障，无需调整。

之所以继续采纳《注册资本登记管理规定》征求意见稿中的 10 亿元作为审查的起点，是基于以下几点考量。其一，以一个确定的数额作为审查起点，既有利于登记机关清晰划定审查对象，研判范围，同时对于公司经营主体而言，也有利于其心中有数，确保法的明确性与可预期性。其二，10 亿元作为《注册资本登记管理规定》征求意见稿提出的起算标准，是基于中国公司注册资本的一定统计数据研究后确定的标准，具有较强的参考性。若公司注册资本 10 亿元以上且未实缴完毕，则须审查公司自身资产状况。

（2）进阶审查一：基于公司自身资产状况

根据第一步判断，若某公司注册资本 10 亿元以上且未实缴完毕，则可以初步认为该公司注册资本存在异常，但此并非最终判断。注册资本所代表的是公司的资本信用，公司注册资本 10 亿元以上且未实缴完毕并不能表明公司的资本信用必然存在问题。若公司实际资产大于公司注册资本时，此时公司资产信用亦是真实的，资产信用可以在一定程度上代替资本信用，甚至对债权人权益的实际保护更充分。而衡量公司资产信用的指标，则为除去公司负债的公司的所有者权益。[1]所有者权益，又称为股东权益，是指企业资产扣除负债后，由所有者享有的剩余权益。所有者权益是所有者对企业资产的剩余索取权，它是企业的资产扣除债权人权益后应由所有者享有的部分，既可反映所有者投入资本的保值增值情况和公司的实际盈利情况，又体现了保护债权人权益的理念。但是，需要注意的一点是，对所有者权益的认定不应局限于公司资产负债表上的数字，而应当结合公司除负债外的资产数额进行认定。原则上，所有者权益=公司资产−公司负债，但该等式的成立应当以公司资产真实存在、作价合理为前提。

因此，在公司注册资本10亿元以上且未实缴完毕的情形下，若公司所有者权益高于公司注册资本，则亦表明公司经营状况良好，营收良好，实际资产信用得到保证，此时登记机关也无必要对该公司注册资本进行强制调整。若公司注册资本10亿元以上且未实缴完毕，公司所有者权益小于公司注册资本，则来到第二步。

（3）进阶审查二：基于公司股东出资能力

经过第一、二步判断后，若公司注册资本10亿元以上且未实缴完毕，公司所有者权益小于公司注册资本，即公司作为一个独立的法人主体无法证明其自身能够负担起高昂的注册资本时，由于公司注册资本充实是公司股东应尽的出资义务，此时的审查目光应当流转回公司股东处。最终认定公司注册资本明显异常需要考量公司未完全缴纳出资股东对剩余资本的实缴能力，即股东的出资能力。

在2018年《公司法》中，有限责任公司与股份有限公司均采认缴制，出资人认购公司股权即成为公司股东，享受股东权利，履行股东义务。股东对公司的主要义务是按期履行对公司的出资，股东对公司的出资义务本质上是一种债务。当公司注册资本在10亿元以上且公司所有者权益小于公司注册资本时，若公司股东对剩余未缴纳出资具有绝对清偿能力，则亦可认为公司具有足够的资本信用，公司债权人足以信赖公司的注册资本。

那么，股东如何显示其具有相应的出资能力呢？本书认为，此处有几种判断方法。首先，未完全实缴出资的股东若能够就其对公司未实缴完毕部分的出资提供足额物的担保，基于物权担保的优先受偿性，此时当然可以认为未完全缴纳出资股东对未缴纳出资部分具有完全的出资能力。但是，这是一种要求极高的证明条件，若股东能够提供足额物保，当然可以认为股东具有

---

[1]　公司资产=负债+所有者权益，公司负债显然作为一个未来需清偿的债务负担，不能够以此作为公司资产充实的体现，相反，负债越多，往往说明公司经营状况不算良好。

相应的出资能力；若股东未提供足额物保，亦不代表股东不具有相应的出资能力。若未完全实缴的股东能够提供相应的证明材料，如自然人股东具有稳定充足的收入来源或法人股东连年营利资产充实，此时，即使未完全缴纳出资的股东未提供足额物保，通过上述证明材料的佐证，亦可认定未完全缴纳出资股东对未缴纳出资部分具有足够的出资能力。

若注册资本 10 亿元以上且未实缴完毕，公司所有者权益小于公司注册资本，未完全缴纳出资的股东无法对未缴纳出资部分提供足够的材料证明其出资能力，则来到第四步。

（4）进阶审查三：基于公司所在行业情况

若经过循序渐进的三步判断，某公司满足以下三个条件：注册资本在 10 亿元以上，公司所有者权益小于公司注册资本，未完全实缴出资、股东无法证明其对未缴纳出资部分具有足够出资能力的，此时亦不应直接认定该公司属于"注册资本明显异常"。这是因为不同行业的公司对资本的需求是不同的，每一个行业有自身的行业生态，若某公司作为一个高新技术科技公司，其虽满足上述三个条件，但放眼同行业的其他公司，注册资本普遍较高，此时则应当认为某公司过高的注册资本属于该行业的正常生态，不能将其认定为明显异常。具体而言，将某公司与行业内其他公司进行比较应遵循以下原则。

其一，我国将公司类型分为两类，即有限责任公司与股份有限公司，此种判断应当在同类型公司之间，因为不同类型的公司注册资本缴纳制度亦存在不同，在 2023 年《公司法》中，有限责任公司仍存在 5 年认缴期限，但股份责任公司则完全变为实缴制，那么，对于有限责任公司因其具有 5 年的认缴期限缓冲，对其注册资本可更为宽容。

其二，以公司名称中的行政区划为准，同级比较。不同级别的行政区划，其对注册资本的要求不同，冠以更高行政区划的企业名称，对企业的注册资本金有更高条件。如使用不含行政区划的企业名称的申请条件，注册资本应不少于 5000 万元；冠省名企业名称的申请条件，要求注册资本不少于 1000 万元。行政区划的选择在一定程度上也反映了公司的资本能力。

其三，同级行政区划的公司中，应当在主营业务相同的同行业公司中进行比较。主营业务是指企业为完成其经营目标而从事的日常活动中的主要活动。非主营业务获得的收入，也即其他业务收入，是指各类企业主营业务以外的其他日常活动所取得的收入，可能来自企业对于废料的销售、原材料销售、辅助服务等产生的收入，具有收入金额小、发生频率低的特点。因此，主营业务收入是衡量发行人业务稳定性、持续经营能力的重要指标。之所以要区分不同行业的公司而不统一规定一个固定值，是因为不同行业发展态势不同，其注册资本的体量往往也存在极大差异。例如，华为技术有限公司作为通信系统设备制造行业中发展规模极大的企业，其注册资本高达 400 亿元；而海澜集团有限公司作为纺织品、针织品及原料批发行业中位列第二的百强企业，其注册资本仅 8 亿元。[1] 由此可以看出，不同行业之间其公司注册资本亦存在较大的不同，传统的劳动密集型产业相较于高新信息技术产业，其发展态势是远远不足的。对于一家注册资本 10 亿元的公司，在纺织品、针织品及原料批发行业中，其注册资本显然过高，但在通信系统设备制造行业，或许就稍显正常。

综上所述，若某公司满足以下四个条件：注册资本在 10 亿元以上，公司所有者权益小于公司注册资本，未完全实缴出资、股东无法证明其对未缴纳出资部分具有足够出资能力，公司过高注册资本不符合同级行政区划中同种行业的同类公司注册资本的一般情形，则可以认定该公司为注册资本明显异常的公司。

2.2 "注册资本明显异常" 认定中的特殊问题

（1） "注册资本 10 亿元以下" 也可能构成明显异常

根据上述对存量公司注册资本明显异常的一般认定步骤，公司注册资本在 10 亿元以上为认定的起点，只有注册资本 10 亿元以上的公司才会被纳入主动审查的范围。因此，原则上，注册资本在 10 亿元以下的公司不会被主动审查认定，但是，不排除其可能受到被动审查的情形。

与前述逻辑相似，若某公司注册资本不足 10 亿元且未实缴完毕，但在社会上产生了较大影响或者舆情，此时公司登记机关则需要主动介入其中，对该公司注册资本是否存在明显异常进行审查。若该公司满足除注册资本 10 亿元以上的其余条件时，亦应当认定为注册资本明显异常，需要责令其进行减资调整。

（2） "注册资本过低" 不构成明显异常

有观点认为，对于 "明显异常" 的认定，不仅指注册资本过高的情形，亦有可能存在注册资本过低的情形。基于我国公司法早已取消最低注册资本的限制，法律并不禁止以较低的注册资本设立公司，因此，登记机关审查认定注册资本极小的存量公司为明显异常的公司于法无据。从另一视角看，之所以要对注册资本明显异常的存量公司进行强制调整，主要在于维护注册资

---

〔1〕 来源于中国服装协会正式发布 "2023 年中国服装行业百强企业" 名单，载 https://cnga.org.cn/cngahtml/xwzx/xhdt/20240722/160.html，最后访问日期：2025 年 5 月 3 日。

本信用，保护在后债权人信赖利益，维护商事交易安全。那么，注册资本过低的存量公司，其所体现的注册资本信用是极其有限的，理性债权人等交易相对人对其信赖亦是有限的，无需登记机关的介入。

（3）登记机关认定不明时的处理

对于存量公司注册资本明显异常的一般认定四步骤而言，除第一步判断存量公司注册资本在10亿元以上的判断标准是固定的以外，其余三个步骤均需要公司登记机关进行相应的实质审查判断，在审查过程中必然会出现公司登记机关无法明确判断的情形。出于对存量公司合法权益的保护，对于此种判断不明情形下的注册资本明显异常的认定应当审慎，因此需要组织行业专业机构进行评估或与相关部门协商后进行判断，具体包括以下几个方面。

其一，对于存量公司所有者权益与注册资本的大小判断，由于所有者权益＝公司资产－公司负债，判断存量公司资产负债表中的所有者权益是否真实合理，关键在于对公司资产的评估作价。在公司资产中存在非流动资产与权利资产时，评估作价显得尤为重要。公司登记机关作为非专业的评估机构，若其无法进行专业评估作价，则应当组织专业的评估机构进行相应的评估作价，确保公司资产的价值真实。

其二，对于存量公司未完全缴纳，出资股东是否具有对剩余未缴纳出资的实缴能力的判断认定不明存在争议时，登记机关应当要求公司及其股东予以配合，提供情况说明以及相关材料。如自然人股东称其具有稳定充足的收入，足以覆盖未缴纳出资的，公司登记机关应当要求其提供每月连续性的收入流水。若自然人股东对外进行其他投资的，则应提供相应投资对象的营收情况等证明。对于法人股东，应当提交其自身公司的资产状况、盈利能力等证明。其中有关非货币财产评估作价的，仍然应当组织专业的评估机构进行评估。

其三，对于存量公司过高注册资本是否符合本行业多数公司注册资本一般情形的认定，公司登记机构则可协调存量公司所在地的行业协会了解该行业的实际经营状况，结合登记机构自身统计的公司注册资本信息综合判断。

2.3 "注册资本明显异常"的调整

当某公司满足上述四个步骤被认定为注册资本明显异常的公司后，公司登记机关可依法要求其及时调整。所谓的"调整"，即将过高的注册资本通过减资的程序降低到合适的范围内。而按照2023年《公司法》的规定，减资需要经过公司债权人同意，并按债权人要求提前清偿或提供相应担保。需要注意的是，2023年《公司法》新增第225条有关简易减资的规定仅适用于公司弥补亏损的情形，而在公司注册资本被认定为明显异常时是不适用的。

但是，若要求公司通过普通减资程序调整注册资本，对于公司而言，获得在先债权人同意绝非易事。因为对于在先债权人而言，该举措极大可能有损其利益，此亦与2023年《公司法》及《注册资本登记管理规定》的立法目的不符。基于此，本书认为，在实践中因无法征得债权人同意而无法通过普通减资程序将明显异常的注册资本调整至真实合理的范围时，不能因行政程序的无法推进而迫使民事程序让步，即在先债权人对减资的同意权应当得到保护。若因债权人要求注册资本明显异常的公司提前清偿债务或对债务提供担保后方可减资，公司无法满足上述条件而无法减资的，应当尊重债权人对自身权利的保护与处分。此时，公司登记机关仅能够对未及时调整的注册资本明显异常的存量公司在国家企业信用信息公示系统上进行相应的公示，而不能越过普通减资程序强制调整。

问题 202 ▷ **如果公司未按法律规定调整出资期限，将产生什么样的法律后果？**

2023年《公司法》在总结实践经验的基础上，进一步完善认缴登记制度，维护资本充实和交易安全，增加有限责任公司股东认缴期限不得超过5年的规定。[1]对于法律生效前认缴设立的公司，2023年《公司法》第266条第2款规定，本法施行前已登记设立的公司，出资期限超过本法规定的期限的，除法律、行政法规或者国务院另有规定外，应当逐步调整至本法规定的期限以内。因此，《注册资本登记管理规定》对法律生效前认缴设立的公司如何调整出资期限作出全面规定。

1. 私法效果：法定加速到期

2023年《公司法》第47条第1款规定："……全体股东认缴的出资额由股东按照公司章程的规定自公司成立之日起五年内缴足。"应当认为，股东的认缴期限有5年的最高限制，在5年的法定期间内享有意思自治的权利，且5年到期后，不得再次延长缴纳出资期限。[2]如果作出超过5年的出资期限的变更章程决议，应当认定违反本款规定而不发生效力。公司设立满5年后，应当认为全体股东的认缴出资已全部转化为实缴出资，即公司在公司登记机

---

〔1〕　王瑞贺主编：《中华人民共和国公司法释义》，法律出版社2024年版，第74页。

〔2〕　徐强胜：《公司法：规则与应用》，中国法制出版社2024年版，第149页；朱慈蕴主编：《新公司法条文精解》，中国法制出版社2024年版，第78页；周游：《新公司法条文解读与适用指引：案例·规则·文献》，法律出版社2024年版，第106页。

关登记的资本就是其实缴资本。[1]这种情形类似 2023 年《公司法》第 54 条的规定，属于一种法定的加速到期情形，任何超过 5 年的认缴期限皆会发生加速到期，在 5 年后发生出资义务到期的效果。

《注册资本登记管理规定》第 2 条第 1 款同时规定："2024 年 6 月 30 日前登记设立的公司，有限责任公司剩余认缴出资期限自 2027 年 7 月 1 日起超过 5 年的，应当在 2027 年 6 月 30 日前将其剩余认缴出资期限调整至 5 年内并记载于公司章程，股东应当在调整后的认缴出资期限内足额缴纳认缴的出资额；股份有限公司的发起人应当在 2027 年 6 月 30 日前按照其认购的股份全额缴纳股款。"虽然该条并没有直接对股东的出资最大时限作出要求，但考虑到本条系按照 2023 年《公司法》第 266 条的规定，逐渐将既存有限责任公司调整至 2023 年《公司法》第 47 条规范内的具体化规定，其规制性质应参考第 47 条，发生法定加速到期的效果，对于既存的有限责任公司，认为其自 2027 年 7 月 1 日起认缴出资期限应在 5 年内到期，即对于 2023 年《公司法》施行前已登记设立的有限责任公司，在 2032 年 6 月 30 日股东的全部认缴出资全部届期。否则，对于不变更公司章程的既存有限责任公司，逐渐调整为 5 年内缴足的规范便形同虚设。

2. 公法效果：特别标注

《注册资本登记管理规定》第 6 条规定了未按法律规定调整出资期限的后果，即"公司未按照本规定调整出资期限、注册资本的，由公司登记机关责令改正；逾期未改正的，由公司登记机关在国家企业信用信息公示系统作出特别标注并向社会公示"。

需要明确的是，目前对于未按期调整出资期限的公司，在法律、行政法规与部门规章外没有行政处罚的规范。《行政处罚法》第 16 条规定："除法律、法规、规章外，其他规范性文件不得设定行政处罚。"依据行政处罚法定原则，对于没有明确规定的事项，不得进行行政处罚。[2]因此，未按期调整出资期限不会引发直接的行政处罚。但公司登记机关首先会责令企业改正，但由于其无法代替企业调整出资期限、修改章程，如果企业仍然不予改正，则公司登记机关只能在国家企业信用信息公示系统上对企业的这一情况进行特别标注，并向社会进行公示。

---

〔1〕 李东方主编：《中华人民共和国公司法理解与适用》，中国法制出版社 2024 年版，第 87 页。
〔2〕 应松年、张晓莹：《〈行政处罚法〉二十四年：回望与前瞻》，载《国家检察官学院学报》2020 年第 5 期。

问题203 ▷ 2023年《公司法》的哪些规定可以溯及适用?

2023年《公司法》自2024年7月1日起施行,对于其实施中与2018年《公司法》适用不同的条款、新增条款的衔接适用,存在诸多解释的空间。266个条文中,只有36个条文是从旧公司法中平移过来的,此外的230个条文都有不同程度的修改甚至不少还是新增规定,新增和修改的条文约占全部条文的86%。〔1〕为此,最高人民法院在2024年6月29日颁布《公司法时间效力司法解释》,与2023年《公司法》同一时间施行,对该法与2018年《公司法》如何衔接适用的问题作出具体规定。

1. 基本原则:法不溯及既往

法不溯及既往,是法律适用的基本原则,中外概莫能外。〔2〕《立法法》第104条规定:"法律、行政法规、地方性法规、自治条例和单行条例、规章不溯及既往,但为了更好地保护公民、法人和其他组织的权利和利益而作的特别规定除外。"因此,为贯彻法不溯及既往的原则,对于以下情况应坚持不溯及适用2023年《公司法》中的规定。

首先,2023年《公司法》对原《公司法》仅进行文字、表述方式等技术性修改的,适用旧法或新法无实质差别,对2023年《公司法》实施前的法律事实发生争议适用原《公司法》即可。例如,2023年《公司法》将2018年《公司法》中"半数以上""二分之一以上"统一表述为"过半数"。〔3〕

其次,2023年《公司法》对2018年《公司法》作了实质性修改或增加,但修改、增加内容与2023年《公司法》实施前法律或司法解释一致,适用旧法及司法解释及适用2023年《公司法》无实质差别,以适用原规定为宜。例如,2023年《公司法》第26条关于决议程序轻微瑕疵除外后果的规定,与《公司法司法解释(四)》第5条规定无适用差异。〔4〕

最后,2018年《公司法》有规定,但规定比较抽象、不清,存在理解争议,2023年《公司法》作出更清晰、具体的解释性规定,原则上适用2018年《公司法》规定,但可参照2023年《公司法》有关规定进行裁判并阐明理由。〔5〕

---

〔1〕 高晓力、麻锦亮、丁俊峰:《〈关于适用公司法时间效力的若干规定〉的理解与适用》,载《人民司法》2024年第19期。

〔2〕 刘贵祥:《关于新公司法适用中的若干问题》,载《法律适用》2024年第6期。

〔3〕 刘贵祥:《关于新公司法适用中的若干问题》,载《法律适用》2024年第6期。

〔4〕 刘贵祥:《关于新公司法适用中的若干问题》,载《法律适用》2024年第6期。

〔5〕 刘贵祥:《关于新公司法适用中的若干问题》,载《法律适用》2024年第6期。

任何原则都有例外，法不溯及既往也存在例外情况。这一情况在《立法法》中即为"更好地保护公民、法人和其他组织的权利和利益"。因此，对于2023年《公司法》中得以溯及既往的唯一实质标准是"更有利于实现公司法立法目的"，即"更有利于规范公司的组织和行为，保护公司、股东、职工和债权人的合法权益，完善中国特色现代企业制度，弘扬企业家精神，维护社会经济秩序，促进社会主义市场经济的发展"。[1]这一标准曾在司法解释制定过程中被明确写入条文表述当中，虽然最终因篇幅问题没有保留，但仍然应以这一标准作为"有利溯及"规则是否溯及既往适用2023年《公司法》的标准。根据"有利溯及"规则，2023年《公司法》中有三类规范，因为利于实现公司法的立法目的而突破法不溯及适用原则得以溯及既往，分别叙述如下。

2. 实质性修改溯及

实质性修改包括2023年《公司法》对2018年《公司法》及其司法解释的假定条件、法律后果等实质内容均进行了修改；2023年《公司法》作了与2018年《公司法》司法解释实质不同的规定。[2]在新公司法对旧公司法实质性修改的情况下，依据有利溯及规则，公司法溯及适用一般应当对各方当事人均更加有利，或者在至少对一方更加有利的同时，不减损另一方在旧公司法秩序下的应有权益，不破坏另一方在旧公司法秩序下的合理预期。[3]但是，是否减损应有权益、破坏合理预期，要辩证地而不是机械地看待问题，要结合新旧法的共同立法目的、价值取向、基本原则、公序良俗等因素综合考虑，而不能仅囿于某一具体条款文义简单判断。[4]《公司法时间效力司法解释》对于实质性修改的有利溯及分为三种情况，利用1—3条三个条款进行了系统性规定。在最高人民法院的司法解释论证过程中，考虑到公司主体多元，利益此消彼长，曾在讨论过程中参照民法典的同时增加了一个义务人合理预期的限制。认为在实质性修改溯及这一法不溯及既往的例外情形中，存在背离当事人合理预期的例外限制。虽然在正式司法解释施行时并未保留这一情况，

---

〔1〕 高晓力、麻锦亮、丁俊峰：《〈关于适用公司法时间效力的若干规定〉的理解与适用》，载《人民司法》2024年第19期。

〔2〕 刘贵祥：《关于新公司法适用中的若干问题》，载《法律适用》2024年第6期；高晓力、麻锦亮、丁俊峰：《〈关于适用公司法时间效力的若干规定〉的理解与适用》，载《人民司法》2024年第19期。

〔3〕 高晓力、麻锦亮、丁俊峰：《〈关于适用公司法时间效力的若干规定〉的理解与适用》，载《人民司法》2024年第19期。

〔4〕 刘贵祥：《关于新公司法适用中的若干问题》，载《法律适用》2024年第6期。

但应当将"背离当事人合理预期"融入有利于实现公司法目的的判断当中，如果溯及适用明显背离一方当事人合理预期，应认为不满足更有利于公司法目的，不得溯及既往进行适用。

2.1 公司法规定实质性修改溯及

（1）关于股东撤销权的除斥期间

2018年《公司法》规定了股东提起撤销之诉，但没有对未接收通知的股东作出专门规定，因决议撤销的计算时点是作出之日，而未被通知的股东并不知道决议召开情况。2023年《公司法》第26条第2款规定，未被通知参加股东会会议的股东自知道或者应当知道股东会决议作出之日起60日内，可以请求人民法院撤销，进一步弥补了法律的漏洞，体现了对少数股东权益的尊重和保护，以及对公平和效率平衡的追求。

（2）关于决议被否定的外部效力

《公司法司法解释（四）》第6条规定，股东会或者股东大会、董事会决议被人民法院判决确认无效或者撤销的，公司依据该决议与善意相对人形成的民事法律关系不受影响。该司法解释未规定公司决议不成立情况下，公司与善意相对人形成的法律关系是否受影响的问题。2023年《公司法》第28条第2款规定，股东会、董事会决议被人民法院宣告无效、撤销或者确认不成立的，公司根据该决议与善意相对人形成的民事法律关系不受影响。更加周延地保护了善意第三人，可溯及适用。

（3）关于债权出资

2018年《公司法》未列举规定债权、股权出资形式，但在"但书"部分规定了法律、行政法规规定不得作为出资的财产除外。2018年《公司法》施行前，《市场主体登记管理条例》所列举的禁止出资形式中并未包括以股权、债权出资的方式，而配套实施的《市场主体登记管理条例实施细则》第13条认可了股权、债权出资的方式。一方面，《市场主体登记管理条例实施细则》系部门规章，不属于"当时的法律、司法解释已有规定的"情形，故债权出资属于实质性修改情形；另一方面，从当事人合理预期的角度而言，旧公司法、相关行政法规未禁止债权出资方式，相关部门规章对债权出资予以认可，故该规定的溯及适用，未破坏市场主体的合理预期。

至于股权出资，《公司法司法解释（三）》第11条规定："出资人以其他公司股权出资，符合下列条件的，人民法院应当认定出资人已履行出资义务……"根据前述法不溯及既往的原则，当时的法律、司法解释有规定，适用当时的法律、司法解释的规定。

（4）关于有限责任公司股东对外转让股权

2023年《公司法》第84条删除了2018年《公司法》第71条关于公司股东向股东之外的人转让股权需经其他股东过半数同意的规定。如果在2023年《公司法》实施之前发生的股权转让行为，2023年《公司法》第84条应溯及适用。因为新公司法的这一变化，没有背离以股东优先购买权保障有限责任公司人合性特性的立法目的，只是在操作上更简便易行而已。[1]

（5）关于违法分配和违法减资的法律责任

2023年《公司法》第211条、第226条增加规定了违法分配利润的法律后果、违法减资的法律后果，2018年《公司法》没有规定违法分配利润、违法减资人员的赔偿损失责任，2023年《公司法》进一步完善了公司违规分配利润、违法减资下的责任承担制度，有利于保护公司及债权人的利益，契合了本次《公司法》修订加强董事、监事、高级管理人员维护资本充实义务的整体立法趋势，可溯及适用。

（6）关于公司利润分配决议的实施期限

《公司法司法解释（五）》第4条第1款规定，决议、章程中均未规定时间或者时间超过1年的，公司应当自决议作出之日起1年内完成利润分配。2023年《公司法》第212条规定："股东会作出分配利润的决议的，董事会应当在股东会决议作出之日起六个月内进行分配。"将法定分配时间从1年减少为6个月。此举旨在解决当前实践中存在的股东会决议分配利润但公司拒不执行的问题，从而为盈余分配等纠纷提供了便利。

（7）非同比减资

2023年《公司法》第224条第3款规定："公司减少注册资本，应当按照股东出资或者持有股份的比例相应减少出资额或者股份，法律另有规定、有限责任公司全体股东另有约定或者股份有限公司章程另有规定的除外。"对于旧法中没有明确的同比减资为原则，非同比减资为例外的减资方式问题作出了规定，新公司法的规定有利于保护中小股东合法权益，实现股东平等，尊重公司意思自治，灵活平衡不同主体的利益诉求，适应商业实践需要。

2.2 法律行为效力实质性修改溯及

《公司法时间效力司法解释》第2条规定，2023年《公司法》施行前与公司有关的民事法律行为，依据当时的法律、司法解释认定无效而依据《公司法》认定有效，因民事法律行为效力发生争议的下列情形，适用《公司法》的规定。因此，对于成立于2023年《公司法》施行后的法律行为，应直接适

---

[1] 刘贵祥：《关于新公司法适用中的若干问题》，载《法律适用》2024年第6期。

用新法进行效力判断。只有发生时间在2023年《公司法》施行前的法律行为，才存在下述溯及适用的讨论空间。

（1）关于公司对外投资

2018年《公司法》第15条规定："公司可以向其他企业投资；但是，除法律另有规定外，不得成为对所投资企业的债务承担连带责任的出资人。"2023年《公司法》第14条规定："公司可以向其他企业投资。法律规定公司不得成为对所投资企业的债务承担连带责任的出资人的，从其规定。"从原则上禁止公司成为连带责任出资人到原则上允许公司成为其所投资企业债务的连带责任出资人，除非法律另有规定。这一转变体现了新法对公司自治和独立经营的支持。在我国，特定类型公司如国有独资公司、国有企业等被限制成为合伙企业普通合伙人，以避免因对外承担责任而造成国有资产或社会公共利益的损失。但同时在现代公司法理论中，公司对外投资是商业决策，与签订合同等经营行为无本质区别，因此，对于国有企业等少数公司的投资限制仍然存在，但总体上公司法鼓励公司自主决策，减少不必要的限制。这种转变有助于公司理顺经营理念，更好地利用资本，促进经济发展。

（2）关于公司资本公积金的使用规则

2018年《公司法》第168条第1款规定："公司的公积金用于弥补公司的亏损、扩大公司生产经营或者转为增加公司资本。但是，资本公积金不得用于弥补公司的亏损。"2023年《公司法》第214条第2款规定："公积金弥补公司亏损，应当先使用任意公积金和法定公积金；仍不能弥补的，可以按照规定使用资本公积金。"修改了不得使用资本公积金弥补公司亏损的规定，允许运用资本公积金弥补公司亏损。此变动契合了企业经营的实际需要，一方面有助于处于财政困境中的公司迅速恢复盈利能力，避免因资金短缺而陷入经营困境，维护公司市场价值，吸引新的投资；另一方面提升了资金利用效率，允许公司根据具体情况灵活调整资本结构，实现资本的最大化利用。

（3）关于母子公司的简易合并

2023年《公司法》第219条规定了公司的简易合并。2018年《公司法》并未规定简易合并情形。对于简易合并涉及股东会决议效力的判断，可溯及适用《公司法》。

需要注意的是，如果根据2023年《公司法》的规定应当认定民事法律行为无效，而根据2018年《公司法》的规定应当认定有效，则应当适用2018年《公司法》认定民事法律行为的效力。但是，如果2018年《公司法》虽无强制性规定，根据低位阶的法律规范可以认定为违背当时的公序良俗的，另当别论。[1]

2.3 合同履行的实质性修改溯及

当一个法律事实的不同部分，或者多个密切相关的法律事实分别落入了两部法律的有效施行期间，这时既不能说法律事实的全部发生时间在旧法有效施行期间，也不能说法律事实全部发生在新法有效施行期间。[2]因此，根据《公司法时间效力司法解释》第3条规定，2023年《公司法》施行前订立的与公司有关的合同，合同的履行持续至2023年《公司法》施行后，因2023年《公司法》施行前的履行行为发生争议的，适用当时的法律、司法解释的规定；因2023年《公司法》施行后的履行行为发生争议的下列情形，适用2023年《公司法》的规定。因此，对于合同履行争议发生于2023年《公司法》施行前的情况，不应适用2023年《公司法》。

值得注意的是，合同履行行为发生在2023年《公司法》施行之后，由于2018年《公司法》未否定相关合同的效力，而2023年《公司法》作了禁止性或者限制性规定，其继续履行将导致支持违法行为的后果，一般不应支持继续履行行为的请求。当事人有权主张解除合同，但因不能履行是法律变化所导致，故不应承担违约责任。但是因一方当事人迟延履行导致履行行为发生在公司法施行后的，应根据过错认定当事人各自承担相应的民事责任。[3]

（1）关于禁止非法代持上市公司股票

2023年《公司法》第140条第2款规定："禁止违反法律、行政法规的规定代持上市公司股票。"在此之前，《公司法》对此没有规定。虽然该条对此进行了规定，但并不意味着所有代持上市公司股票的情况无效，具体适用参见问题120。此修订目的在于保护投资者的权益、维护市场的公平性及稳定性，符合《公司法》立法目的，故可溯及适用。

（2）关于禁止上市公司交叉持股

2023年《公司法》第141条第1款规定："上市公司控股子公司不得取得该上市公司的股份。"2023年《公司法》施行前，法律、行政法规对此并未规定。但2019年修订的《深圳证券交易所股票上市规则》规定，上市公司控股子公司不得取得该上市公司发行的股份。确因特殊原因持有股份的，应

---

[1] 刘贵祥：《关于新公司法适用中的若干问题》，载《法律适用》2024年第6期。

[2] 高晓力、麻锦亮、丁俊峰：《〈关于适用公司法时间效力的若干规定〉的理解与适用》，载《人民司法》2024年第19期。

[3] 高晓力、麻锦亮、丁俊峰：《〈关于适用公司法时间效力的若干规定〉的理解与适用》，载《人民司法》2024年第19期；刘贵祥：《关于新公司法适用中的若干问题》，载《法律适用》2024年第6期。

当在一年内消除该情形，在消除前，上市公司控股子公司不得对其持有的股份行使表决权。上海证券交易所亦有相同规定。[1]此修订目的在于确保上市公司及其控股子公司的独立性，防止出现不当控制，从而维护资本市场的健康运作和公平性，2023年《公司法》可溯及适用。

（3）关于禁止股份公司对外提供财务资助

2023年《公司法》第163条第1款规定："公司不得为他人取得本公司或者其母公司的股份提供赠与、借款、担保以及其他财务资助，公司实施员工持股计划的除外。"该规定包括了公司为他人取得公司股份进行担保，此类交易中并不适用公司担保规则，并不能因为该交易进行了股东会或者董事会决议等法定程序后发生担保的效力。2018年《公司法》、2019年《证券法》并未明确规定禁止上述行为。如果允许股份公司为股东取得公司股份提供担保，本质上是侵蚀了公司资本，导致公司资本无偿流向股东，2023年《公司法》可溯及适用。

3. 新增规定空白溯及

相较于新公司法对旧公司法的实质修改，新增规定对旧公司法秩序下的合理预期一般无影响，或影响不大。并且新增规定多属填补旧公司法之空白，2023年《公司法》实施前所处理的公司纠纷，即使旧公司法无相关规定，人民法院也要依据习惯、公司法、民法典等其他法律的基本原则、立法精神进行个案处理中的法律漏洞填补。因此，对空白溯及，更侧重于考量公司法溯及适用是否与旧公司法无规定情况下填补法律漏洞具有同样的正当性，或同样没有减损民事主体预期利益。[2]

3.1 关于未届期股权转让后的出资责任

对于该条的规定，虽然司法解释认为可以溯及既往。但全国人大常委会法工委认为，2023年《公司法》第88条是2023年修订《公司法》时新增加的规定，新修订的《公司法》自2024年7月1日起施行；2023年《公司法》第88条规定不溯及既往，即对新修订的《公司法》施行之后发生的有关行为或者法律事实具有法律效力，不溯及之前；新《公司法》第88条规定的事项不

---

〔1〕　最高人民法院民事审判第二庭编著：《中华人民共和国公司法理解与适用（上）》，人民法院出版社2024年版，第625页。
〔2〕　高晓力、麻锦亮、丁俊峰：《〈关于适用公司法时间效力的若干规定〉的理解与适用》，载《人民司法》2024年第19期。

存在《立法法》第104条规定的但书情形。[1]随后，最高人民法院在2024年12月24日通过的《最高人民法院关于〈中华人民共和国公司法〉第八十八条第一款不溯及适用的批复》中明确，"2024年7月1日起施行的《中华人民共和国公司法》第八十八条第一款仅适用于2024年7月1日之后发生的未届出资期限的股权转让行为"。因此，对于未届期股权转让后出资责任不溯及适用。

3.2 关于股东压迫情形下中小股东主张回购救济

2023年《公司法》第89条第3款规定，公司的控股股东滥用股东权利，严重损害公司或者其他股东利益的，其他股东有权请求公司按照合理的价格收购其股权。2018年《公司法》未规定控股股东滥用股东权下的股东回购请求权，2023年《公司法》的规定有利于禁止控股股东权利滥用、保护中小股东合法权益，也无破坏相关利益者合理预期之虞，可溯及适用。

3.3 关于股份公司异议股东股份回购请求权

2023年《公司法》第161条新增关于非公开发行股份的股份有限公司异议股东回购请求权的规定。考虑到大量的非上市股份公司与有限责任公司并无实质区别，非上市股份公司中的部分中小股东也面临控股股东压迫的问题，也需要法律提供对应的救济路径，2023年《公司法》的修订有利于保护中小股东权益，可溯及适用。

3.4 关于事实董事、影子董事

2023年《公司法》第180条、第192条新增了关于事实董事、影子董事责任的规定，公司控制股东、实际控制人利用其控股、控制地位操纵董事或取代董事行使职权损害公司利益是滥用权利的一种方式，即便在旧公司法秩序下也是非正当的。实践中出现的重大风险处置事件，无不有控股股东、实际控制人操纵公司的现象，控股股东、实际控制人的违法行为亦无合理预期可言。2023年《公司法》对事实董事、影子董事进行追责，有利于进一步保护公司利益，提升公司治理水平。

3.5 不明显背离相关当事人合理预期的其他情形

如前所述，是否减损应有权益、破坏合理预期，要辩证地而不是机械地看待问题，要结合新旧法的共同立法目的、价值取向、基本原则、公序良俗

---

[1]《2024年备案审查报告提请全国人大常委会会议审议 公布多起案例回应社会关切》，载 https://www.bjrd.gov.cn/xwzx/fzlt/202412/t20241223_3971463.html，最后访问日期：2025年5月3日。

等因素综合考虑，而不能仅囿于某一具体条款文义简单判断。

比如，2023 年《公司法》第 51 条新增完善了董事的催缴义务。虽然《公司法司法解释（三）》仅规定了董事对公司增资时具有催缴义务，但司法实践已经有案例依据一般勤勉义务将董事催缴义务扩张到设立出资时。[1]因此，在 2023 年《公司法》施行前，已经存在董事的全面催缴义务，只是追究董事不催缴出资责任时因缺乏明确的法律依据，造成了一定困惑，故 2023 年《公司法》的规定可溯及适用。

再如，2023 年《公司法》第 191 条规定了董事对第三人责任的规定。有观点认为，董事对第三人责任来源于董事对公司的责任，而 2018 年《公司法》规定了董事对公司的责任，可以认为 2023 年《公司法》只是改变了向董事主张权利的主体，并未加重董事责任，没有背离董事合理预期，可以溯及适用。[2]相反的观点认为，董事直接向第三人承担责任，事实上加重了董事责任，打破了其合理预期。本书认为，司法实践中对于董事对第三人承担连带责任还是一般赔偿责任等问题，认识尚不统一，该条款明显不符合董事的合理预期，因为在 2018 年《公司法》中董事侵权不会对外直接承担责任，而是由公司对外承担责任，如公司财产不足以清偿债务导致破产，则董事事实上享受了公司有限责任的保护。但 2023 年《公司法》第 191 条导致了董事直接对外承担责任，突破了董事对此的合理预期，不能溯及适用。

4. 细化规定的溯及

2018 年《公司法》有规定，但规定比较抽象、原则或因含糊不清存在理解争议，2023 年《公司法》作出更清晰、具体的解释性规定，原则上适用 2018 年《公司法》规定，但是为了增强司法裁判的说理和统一裁判标准，可直接适用 2023 年《公司法》。

4.1 关于股份有限公司章程限制股份转让

2018 年《公司法》未规定股份有限公司章程可以限制股份转让。2023 年《公司法》第 157 条规定：“股份有限公司的股东持有的股份可以向其他股东转让，也可以向股东以外的人转让；公司章程对股份转让有限制的，其转让按照公司章程的规定进行。”允许股份有限公司章程对股份转让予以限制，给予股份有限公司更大的自治空间，体现了公司自治原则。

---

〔1〕 （2018）最高法民再 366 号。
〔2〕 刘贵祥：《关于新公司法适用中的若干问题》，载《法律适用》2024 年第 6 期。

4.2 关于监事忠实义务

2018年《公司法》第147条第1款规定，董事、监事、高级管理人员应当遵守法律、行政法规和公司章程，对公司负有忠实义务和勤勉义务，但既没有对忠实义务进行具体的类型化规定，在2018年《公司法》第148条中也没有涵盖监事违反忠实义务的情况列举。2023年《公司法》通过第181—184条共4个条文又进一步细化规定了违反忠实义务的具体行为，明确将监事纳入忠实义务体系。显然，2018年《公司法》规定监事的忠实义务可以推导出监事不得实施挪用公司资金等禁止性行为、违法关联交易、不当谋取公司商业机会、经营限制的同类业务，因此2023年《公司法》上述条款的溯及适用并未背离监事的合理预期。

4.3 关于董事、高级管理人员不当谋取商业机会、经营限制的同类业务的赔偿责任

针对"利用职务便利为自己或他人谋取属于公司的商业机会"的行为，2018年《公司法》第148条规定应当经过股东会或股东大会同意的豁免情况，2023年《公司法》第183条进一步规定了"向董事会或者股东会报告，并按照公司章程的规定经董事会或者股东会决议通过"或者"根据法律、行政法规或者公司章程的规定，公司不能利用该商业机会"这两种豁免情况。2023年《公司法》的规定属于对该行为条件的放宽，并未背离相关主体的合理预期，故可溯及适用。针对"自营或者为他人经营与所任职公司同类的业务"的行为，2023年《公司法》第184条增加了"董事、监事、高级管理人员未向董事会或者股东会报告，并按照公司章程的规定经董事会或者股东会决议通过"的豁免情况，不背离相关主体的合理预期，可溯及适用。

4.4 关于关联关系交易主体范围以及关联交易性质的认定

2018年《公司法》第148条第1款第4项对关联交易仅作了简单规定，该条禁止董事、高级管理人员"违反公司章程的规定或者未经股东会、股东大会同意，与本公司订立合同或者进行交易"。2023年《公司法》第182条作出更详细的规定：允许公司章程规定董事会或股东会作为关联交易的批准机关，不强制规定应由股东会决定；扩大了"关联关系"的主体范围，将董事、监事、高级管理人员的近亲属，董事、监事、高级管理人员或者其近亲属直接或者间接控制的企业，以及与董事、监事、高级管理人员有其他关联关系的关联人也纳入关联方范围。这一细化规定对关联交易主体范围、披露及表决程序进行了明确规定，完善了关联交易表决的程序，可溯及适用。

5. 清算义务人的司法解释特别溯及适用规定

《公司法时间效力司法解释》第 6 条规定："应当进行清算的法律事实发生在公司法施行前，因清算责任发生争议的，适用当时的法律、司法解释的规定。应当清算的法律事实发生在公司法施行前，但至公司法施行日未满十五日的，适用公司法第二百三十二条的规定，清算义务人履行清算义务的期限自公司法施行日重新起算。"

2023 年《公司法》第 232 条规定了清算义务人的义务与责任。2018 年《公司法》没有规定清算义务人。《公司法司法解释（二）》第 18 条通过规定清算义务责任人的方式明确了有限责任公司股东、股份有限公司控股股东、董事负有清算义务，而 2023 年《公司法》未区分有限责任公司、股份有限公司，改变了公司清算义务主体，规定董事是清算义务人，其义务是在公司解散等事由发生之日起 15 日内组成清算组。2023 年《公司法》对于清算义务人的规定作出了实质性修改，原则上不具有溯及力。但是在距离 2023 年《公司法》施行前未满 15 日，即组成清算组的 15 日期限届满之日跨越了 2023 年《公司法》施行之日的，则应当按照 2023 年《公司法》的规定，由董事担任公司清算义务人，负责组成清算组。由于处于新旧法交替过程中，董事也被授予一定的期限利益，其法定履职期限可以延后至公司法施行之日重新起算，而不是在解散等事由发生时起算。[1]

6. 既判力优于溯及力

《公司法时间效力司法解释》第 7 条规定："公司法施行前已经终审的民事纠纷案件，当事人申请再审或者人民法院按照审判监督程序决定再审的，适用当时的法律、司法解释的规定。"在 2023 年《公司法》施行后人民法院受理的民事纠纷案件，包括正在一审程序、二审程序中审理的案件，为维护生效裁判的权威性，不包括当事人申请再审或按照审判监督程序决定再审的案件。2023 年《公司法》施行前已经终审的民事纠纷案件，当事人申请再审或按照审判监督程序决定再审的案件，不适用 2023 年《公司法》的规定，此即所谓的既判力优于溯及力规则。[2]

---

〔1〕 高晓力、麻锦亮、丁俊峰：《〈关于适用公司法时间效力的若干规定〉的理解与适用》，载《人民司法》2024 年第 19 期。

〔2〕 高晓力、麻锦亮、丁俊峰：《〈关于适用公司法时间效力的若干规定〉的理解与适用》，载《人民司法》2024 年第 19 期。

7. 其他情形根据《立法法》第 104 条进行判断

《公司法时间效力司法解释》仅对 27 个条文的溯及适用进行了专门的规定。但不能据此反对解释，认为 2023 年《公司法》中修改、新增但未经《公司法时间效力司法解释》明确规定溯及适用的条文一概不能溯及既往进行适用。事实上，司法解释在制定过程中，曾对诸多条款的溯及适用进行过讨论与规定，但最终没有据此实施，这是因为 2023 年《公司法》中部分新增规定在认识上尚不统一，目前尚未积累相应的裁判经验，故暂未在司法解释中明确规定，留待司法实践中进一步研究。《公司法时间效力司法解释》实际上仍旧是《立法法》第 104 条的具体化解释。对于 2023 年《公司法》条文的溯及适用，可以依据《立法法》第 104 条的"有利溯及"规则，在溯及适用"更有利于实现公司法立法目的"的情况下，对 2023 年《公司法》的规范进行溯及适用。

需要强调的是，2023 年《公司法》的制定目的根据其第 1 条的规定，系"为了规范公司的组织和行为，保护公司、股东、职工和债权人的合法权益，完善中国特色现代企业制度，弘扬企业家精神，维护社会经济秩序，促进社会主义市场经济的发展"。不能将该目的片面理解为保护其中某一方的利益。因为其中多方利益在大部分情况下存在直接的冲突，对一方利益的保护，大概率涉及对另一方利益的牺牲。因此，应当全面系统地评估衡量公司法的目的，对于 2023 年《公司法》其他条款溯及适用是否能全面促进该目的的实现作出恰当、审慎而严谨的判断。